アメリカ本土全図
United States of America
カナダ
メキシコ
太平洋
大西洋
メキシコ湾
パシフィック・タイムゾーン
Pacific Time Zone
日本との時差-17
(夏時間-16)
マウンテン・タイムゾーン
Mountain Time Zone
日本との時差-16
(夏時間-15)
セントラル・タイムゾーン
Central Time Zone
日本との時差-15
(夏時間-14)
イースタン・タイムゾーン
Eastern Time Zone
(夏時間-13)
バンクーバー Vancouver
シアトル(P.131) Seattle
Spokane
ポートランド (P.144) Portland
Pendleton
ボーズマン(P.207) Bozeman
Billings
ビスマーク(P.210) Bismarck
Fargo
ウィニペグ Winnipeg
ボイジー(P.204) Boise
ラピッドシティ(P.212) Rapid City
ミネアポリス/セントポール Minneapolis/St. Paul(P.328)
Sioux Falls
リノ(P.153) Reno
サンフランシスコ (P.61) San Francisco
Sacramento
Oakland
ヨセミテ国立公園(P.84) Yosemite N.P.
グレート・ソルトレイク
ソルトレイク・シティ (P.183) Salt Lake City
シャイアン(P.216) Cheyenne
オマハ(P.220) Omaha
デモイン(P.345) Des Moines
ミルウォーキー(P.318) Milwaukee
シカゴ(P.295) Chicago
デトロイト(P.380) Detroit
デンバー(P.193) Denver
ラスベガス(P.158) Las Vegas
モニュメントバレー(P.178) Monument Valley
カンザスシティ(P.348) Kansas City
セントルイス(P.356) St. Louis
インディアナポリス(P.364) Indianapolis
シンシナティ(P.372) Cincinnati
ルイビル(P.441) Louisville
グランドキャニオン国立公園(P.171) Grand Canyon N.P.
ロスアンゼルス(P.89) Los Angeles
セドナ(P.234) Sedona
フラッグスタッフ(P.232) Flagstaff
サンタフェ(P.247) Santa Fe
Albuquerque
ウィチタ(P.224) Wichita
オクラホマシティ(P.228) Oklahoma City
サンディエゴ(P.119) San Diego
ティファナ Tijuana
フェニックス(P.238) Phoenix
Tucson
エルパソ(P.284) El Paso
リトルロック(P.453) Little Rock
メンフィス(P.447) Memphis
トゥペロ(P.451) Tupelo
ナッシュビル(P.443) Nashville
Birmingham
フォートワース(P.259) Fort Worth
ダラス(P.250) Dallas
Jackson
オースチン(P.268) Austin
ヒューストン(P.271) Houston
サンアントニオ(P.280) San Antonio
ニューオリンズ(P.457) New Orleans
モントゴメリー(P.455) Montgomery
アトランタ (P.427) Atlanta
Jacksonville
Tampa
オーランド(P.484) Orlando
マイアミ(P.498) Miami
キーウエスト(P.511) Key West
バハマ
キューバ
ケベック Québec
モントリオール Montréal
ストウ(P.566) Stowe
ポートランド(P.568) Portland
ポーツマス(P.570) Portsmouth
ボストン(P.548) Boston
ニューポート(P.572) Newport
ハートフォード (P.575) Hartford
トロント Toronto
ナイアガラフォールズ (P.413) Niagara Falls
クリーブランド(P.392) Cleveland
ニューヨーク(P.523) New York
フィラデルフィア(P.577) Philadelphia
ピッツバーグ(P.401) Pittsburgh
ウィルミントン(P.589) Wilmington
ボルチモア(P.618) Baltimore
アトランティックシティ Atlantic City(P.545)
ワシントンDC(P.593) Washington, DC
チャールストン(P.620) Charleston
リッチモンド(P.469) Richmond
シャーロット(P.471) Charlotte
チャールストン(P.477) Charleston
サバンナ(P.481) Savannah
スペリオール湖
ミシガン湖
ヒューロン湖
エリー湖
オンタリオ湖
ロッキー山脈 ROCKY MOUNTAINS
アパラチア山脈 APPALACHIAN MOUNTAINS
ミシシッピ川
WASHINGTON
OREGON
CALIFORNIA
NEVADA
IDAHO
MONTANA
WYOMING
UTAH
ARIZONA
COLORADO
NEW MEXICO
NORTH DAKOTA
SOUTH DAKOTA
NEBRASKA
KANSAS
OKLAHOMA
TEXAS
MINNESOTA
IOWA
MISSOURI
ARKANSAS
LOUISIANA
WISCONSIN
ILLINOIS
MICHIGAN
INDIANA
OHIO
KENTUCKY
TENNESSEE
MISSISSIPPI
ALABAMA
GEORGIA
FLORIDA
SOUTH CAROLINA
NORTH CAROLINA
VIRGINIA
WEST VIRGINIA
PENNSYLVANIA
NEW YORK
MARYLAND
DELAWARE
NEW JERSEY
CONNECTICUT
RHODE ISLAND
MASSACHUSETTS
VERMONT
NEW HAMPSHIRE
MAINE
首都
掲載都市
国境
州境
インターステートハイウエイ
USハイウエイ
0 500km
時差境界
12------アメリカ国内の時差
-17------日本との時差

行きたいアメリカの町＆国立公園を探す

1. サンディエゴには航空母艦ミッドウエイが停泊している　**2.** マンモスケイブ国立公園にある洞窟は世界最長といわれる　**3.** 野生のマナティやクロコダイルが暮らすエバーグレーズ国立公園　**4.** 西部劇でおなじみ、OK 牧場の決斗が起きたツームストン　**5.** ジャズ音楽はニューオリンズで生まれた　**6.** サンタフェは日干しレンガ（アドービ）建築が特徴的な町だ

1

2

3

4

5

6

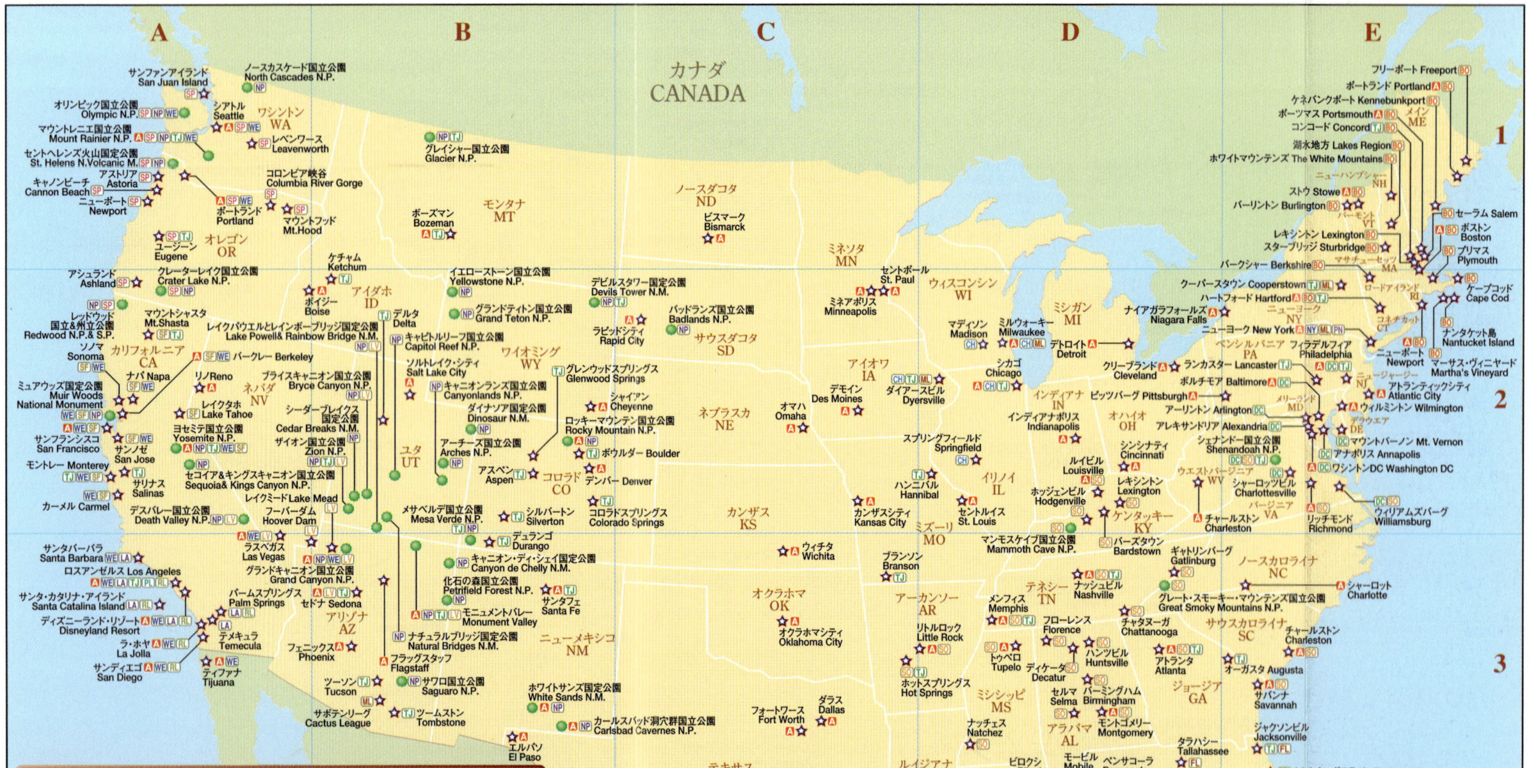

地球の歩き方アメリカシリーズ

シリーズ一覧　☆ 都市、見どころ　● 国立/国定公園

- A アメリカ編 B01
- WE アメリカ西海岸編 B02
- LA ロスアンゼルス編 B03
- SF サンフランシスコとシリコンバレー編 B04
- SP シアトル&ポートランド編 B05
- NY ニューヨーク編 B06
- BO ボストン編 B07
- DC ワシントンDC編 B08
- LV ラスベガス編 B09
- FL フロリダ編 B10
- CH シカゴ編 B11
- SO アメリカ南部編 B12
- NP アメリカの国立公園編 B13
- TJ テーマで旅するアメリカ編 B14
- RO リゾート／テーマパークinオーランド編 304
- RL リゾート／テーマパークinロスアンゼルス編 315
- PN ポケット／ニューヨーク編 19
- PL ポケット／ロスアンゼルス編 20
- ML 大リーグ観戦ガイド 404

行きたいアメリカの町＆国立公園を探す▶アメリカシリーズ　さくいん

地球の歩き方 B01 ● 2012～2013年版

アメリカ

U.S.A.

地球の歩き方 編集室

U.S.A. CONTENTS

基本情報

都市別ガイド

59 カリフォルニアと西海岸

181 ロッキー山脈と西部

出発前に必ずお読みください！ 旅のトラブルと安全対策…713

293 五大湖と中西部

425 フロリダと南部

521 ニューヨークと東部

旅の準備と技術

625

旅のアドバイス＆メモ

歩き方の使い方

エリア名、州名、州旗（その都市が属する州の旗で、州の特徴などを読み取ることができる）です

アメリカ全図で詳しい場所を見つけやすいよう、都市のおよその位置を★で示してあります

住	住　所（所在地）
☎	電話番号（一部を除き市内通話は最初の３ケタは不要）
Free	アメリカ国内は料金着信者払いの無料電話で、「1-800」「1-888」「1-877」「1-866」「1-855」で始まる番号。日本からは有料
URL	ホームページ・アドレスで、"http://"は省略
E-mail	Eメールアドレス
開	開館時間、営業時間
休	定休（休館）日
料	料　金
行	行き方、アクセス
地	地図位置
St.	Street
Ave.	Avenue
Dr.	Drive
Pl.	Place
Ln.	Lane
Cir.	Circle
Ct.	Court
Hwy.	Highway
Pkwy.	Parkway
Fwy.	Freeway
Epwy.	Expressway
E.	East
W.	West
S.	South
N.	North

カリフォルニアと西海岸 カリフォルニア州

太陽が輝くセレブの町 ロスアンゼルス Los Angeles

興味深い建物が多いロスアンゼルスで建築巡りをしてみるのもいい（ウォルト・ディズニー・コンサートホール）

ニューヨークなら摩天楼と自由の女神、サンフランシスコなら霧と坂の町と、町にはその町なりのイメージがある。では、ロスアンゼルスという町のイメージは何だろうか。ハリウッドなら映画の都、ビバリーヒルズでは高級ブランドショップや高級住宅地、またはカリフォルニアで一番有名なビーチであるサンタモニカを思い浮かべる人もいるだろう。ロスアンゼルスには、"これこそは" といったイメージがない。唯一共通しているのは、明るい太陽の下にそれぞれが存在しているということだ。ひとりずつ、イメージするものも、求めるものも違うのがロスアンゼルス。この町の魅力は、そんなたくさんのイメージすべてに、それぞれの楽しみ方を提供できること。

南カリフォルニアの中心地ロスアンゼルスは、スペイン語で天使の町という意味。ロスアンゼルスに住む天使に、あなたの願いを託してみてはいかがだろう。

ハリウッドのチャイニーズシアターは見逃せない

DATA

89

各都市の基本データです。人口、タックス（税金）などの情報を掲載しています。繁忙期は、訪問客の多い時期を記載しました。ホテルや航空券を手配する時期の参考にしてください。また、気候グラフには、その都市の月別平均降雨量（mm）、平均最高気温（℃）と平均最低気温（℃）、そして日本の東京の月別平均降雨量（mm）、平均最高気温（℃）と平均最低気温（℃）が記されています

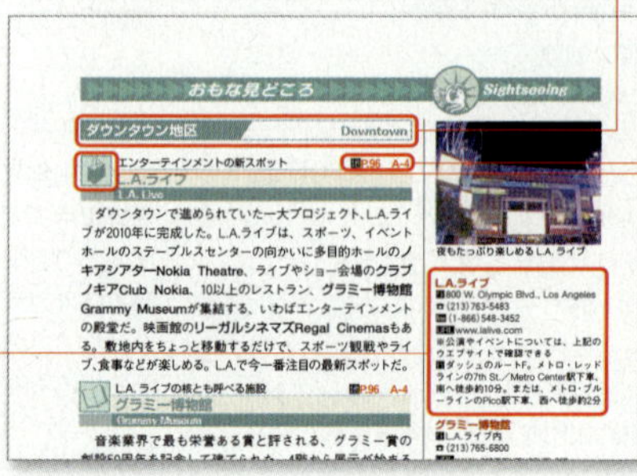

おもな見どころ Sightseeing

ダウンタウン地区 Downtown

エンターテインメントの新スポット L.A.ライブ L.A. Live

夜もたっぷり楽しめるL.A.ライブ

グラミー博物館 Grammy Museum

大きな都市の場合、見どころがいくつかのエリアに分かれています。エリア名から交通手段や移動に要する時間などを考慮し、スムーズに観光しましょう

都市の詳細なマップ位置を指しています

見どころの特色をわかりやすくするため、３つのマークから、最も該当すると思われるマークを付けてあります

- 歴史・文化・その土地らしさ
- 公園・レクリエーション・アトラクション
- 買い物・食事・娯楽

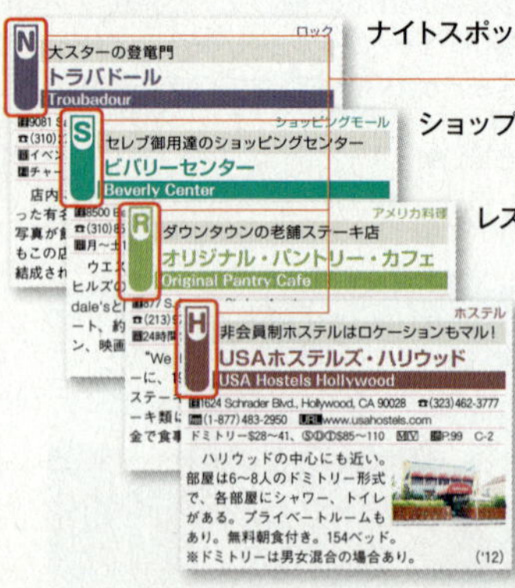

大スターの登竜門 トラバドール Troubadour

セレブ御用達のショッピングセンター ビバリーセンター Beverly Center

ダウンタウンの老舗ステーキ店 オリジナル・パントリー・カフェ Original Pantry Cafe

非会員制ホステルはロケーションもマル！ USAホステルズ・ハリウッド USA Hostels Hollywood

ナイトスポット

ショップ

レストラン

ホテル

ナイトスポット、ショップ、レストラン、ホテルがそれぞれ色分けされています

宿泊費の目安となるよう、ホテルは「エコノミーホテル（Ⓢ$40～60、Ⓣ$50～80）」、「中級ホテル（Ⓢ$80～170、Ⓣ$90～170）」、「高級ホテル（Ⓢ$170～、Ⓣ$190～）」としてあります。そのほか、ホステル（ほとんどが大部屋、若者向け）、B&B（ベッド&ブレックファストの略で高級ホテル並みの料金が多い）があります。ただし、料金は町や時期により差があります。ホテルの料金には、各都市ごとによるホテルタックス（宿泊税）は含まれておりません

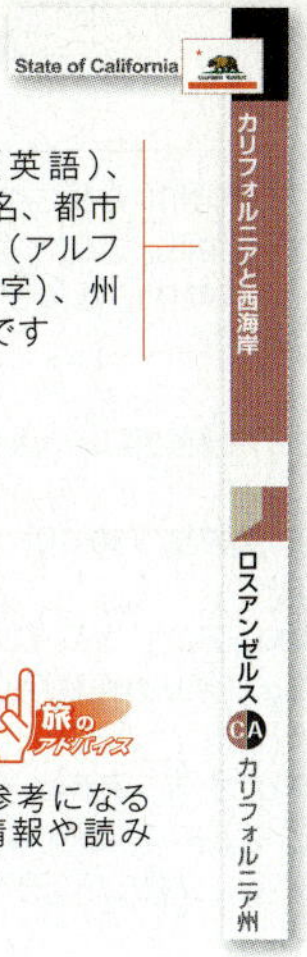

上から州名（英語）、州旗、エリア名、都市名、州の略名（アルファベット２文字）、州名（日本語）です

投稿

メモ　旅のアドバイス
旅行の参考になるような情報や読みもの

地　図

- 観光案内所
- ショップ
- レストラン
- ホテル
- ナイトクラブ
- 空　港
- アムトラック駅
- グレイハウンド・バスターミナル
- バスストップ
- インターステートハイウエイ
- US ハイウエイ
- ステートハイウエイ
- 郵便局

クレジットカード

- A アメリカン・エキスプレス
- D ダイナースクラブ
- J JCB カード
- M マスターカード
- V ビザ

ホテルの部屋

- Ⓢシングルルーム（1ベッド１人使用）
- Ⓓダブルルーム（1ベッド２人使用）
- Ⓣツインルーム（2ベッド２人使用）

データについて

本書は2011年７月～2012年３月の取材データ、現地レポーターからの情報、読者の皆さまの投稿をもとに作られています。また、追跡調査を2012年５月まで行いました。「具体的ですぐ役立つ情報」をモットーにしておりますが、記述がより具体的になるほど、時間の経過とともに内容の訂正、削除事項が出てきます。編集室で追跡調査をしておりますが、皆さんが旅行される時点で変更されていることも多いと思われます。その点をお含みのうえ、ご利用ください。

掲載情報のご利用にあたって

編集部では、できるだけ最新で正確な情報を掲載するように努めていますが、現地の規則や手続きなどがしばしば変更されたり、またその解釈に見解の相違が生じることもあります。このような理由に基づく場合、または弊社に重大な過失がない場合は、本書を利用して生じた損失や不都合などについて、弊社は責任を負いかねますのでご了承ください。また、本書をお使いいただく際は、掲載されている情報やアドバイスがご自身の状況や立場に適しているか、すべてご自身の責任でご判断のうえでご利用ください。

発行後の情報の更新と訂正について

本書に掲載している情報で、発行後に更新・訂正されたものにつきましては、『地球の歩き方』ウエブサイトの「ガイドブック更新・訂正情報」で、可能な限り最新のデータに更新・訂正しています（ホテル、レストラン料金の変更などは除く）。旅立つ前に、ぜひ最新情報をご確認ください。

URL ▶ http://support.arukikata.co.jp/

投稿記事について

読者投稿は多少主観的になっても、体験者の印象、評価などを尊重し、原文にできるだけ忠実に掲載してありますので、ホテル、レストランなどを選ぶ際にはご注意願います。

本文の脚注やコラム、ホテルやレストラン、ショッピングの項で、投稿記事のあとに（港区　地球 歩　'11）とあるのは、投稿者の旅行年度を表しています。その後の追跡調査でデータ修正されている場合は、調査年度を角カッコで（港区　地球 歩　'11）['12]と示しています。

表記について

本書では、都市名の省略表記に際しN.Y.（ニューヨーク）をNY、ワシントンD.C.をワシントンDCと表記しています。

体験記募集中

アメリカを旅して発見した新情報、新スポット、変更点などの情報がありましたら、巻末の投稿用紙、ウエブサイト、ハガキ、ファクスをご利用のうえ、下記までお送りください。

掲載させていただいた方には、該当の投稿が掲載された「アメリカ編」の改訂版（初回掲載分）をお送りいたします。

「読者投稿・受付デスク」
〒160-0022　東京都新宿区新宿 3-1-13　京王新宿追分ビル 5F
株式会社 地球の歩き方Ｔ＆Ｅ
地球の歩き方サービスデスク「アメリカ編」投稿係
FAX (03)5362-7891　URL www.arukikata.co.jp/guidebook/toukou.html

アドバイス

本書は大きく、都市別ガイドと、旅の準備と技術のふたつに分かれています。初めに旅の準備と技術を読んで、旅に必要なものを手配していきます。また、現地に着いたときのためのマナー、現地での移動方法などのハウツーもここで学んでおきましょう。出かける前に、各都市編のDATA欄も見逃さないように。服装の判断やタックス（税金）の計算に役立ちます。

現地に着いたら、まず初めに寄りたいのが観光案内所。場所によってはホテル紹介も行っていますし、現地の生きた情報が手に入ります。少なくとも地図や見どころのパンフレット、路線バスの時刻表などを入手しておきましょう。

ジェネラルインフォメーション

アメリカ合衆国の基本情報

国　旗
Stars and Stripes　13 本のストライプは 1776 年建国当時の州の数、50 の星は現在の州の数を表す。

正式国名
アメリカ合衆国 United States of America
アメリカという名前は、イタリアの探検家でアメリカ大陸を確認したアメリゴ・ベスプッチのファーストネームから取ったもの。

国　歌
Star Spangled Banner

面　積
約 962 万 8000km²。日本の約 25 倍（日本は約 37 万 7900km²）

人　口
約3億1343 万人

首　都
ワシントン特別行政区 Washington, District of Columbia
全米 50 のどの州にも属さない連邦政府直轄の行政地区。人口は約 62 万人。
　なお、経済の中心は東部のニューヨーク市。

元　首
バラク・オバマ大統領 Barack H. Obama

政　体
大統領制　連邦制（50 州）

人種構成
白人 72.4%、アフリカ系 12.8%、アジア系 4.8%、アメリカ先住民 0.9%など。

宗　教
キリスト教が主流。宗派はバプテスト、カトリックなどあり、都市によって分布に偏りがある。少数だがユダヤ教、イスラム教など。

言　語
主として英語だが、法律上の定めはない。スペイン語も広域にわたって使われている。

通貨と為替レート

$

▶旅の予算とお金
→ P.637

　通貨単位はドル（$）とセント（¢）。$1 ＝約 80.57 円（'12 年 5 月 26 日現在）。紙幣は 1、5、10、20、50、100 ドル。なお、50、100 ドル札は、小さな店では扱わないこともあるので注意。硬貨は 1、5、10、25、50、100 セント（= $1）の 6 種類だが、50 セント、1 ドル硬貨はあまり流通していない。

$1（ビル）

$5

$10

$20

25¢
（クオーター）

10¢
（ダイム）

5¢
（ニッケル）

1¢
（ペニー）

電話のかけ方

▶郵便と電話
→ P.710

日本からの電話のかけ方　例：ロスアンゼルス（213）123-4567 へかける場合

国際電話会社の番号		国際電話識別番号		アメリカの国番号		市外局番（エリアコード）		相手先の電話番号
001（KDDI）※1 **0033**（NTTコミュニケーションズ）※1 **0061**（ソフトバンクテレコム）※1 **005345**（au携帯）※2 **009130**（NTTドコモ携帯）※3 **0046**（ソフトバンク携帯）※4	＋	**010** ※2	＋	**1**	＋	**213**	＋	**123-4567**

※1「マイライン」の国際区分に登録している場合は不要。
　詳細は URL www.myline.org
※2 au は、010 は不要。
※3 NTT ドコモは事前登録が必要。009130 をダイヤルしなくてもかけられる。
※4 ソフトバンクは 0046 をダイヤルしなくてもかけられる。

祝祭日（連邦政府の祝日）

州によって祝日となる日（※印）に注意。なお、店舗などで「年中無休」をうたっているところでも、元日、サンクスギビングデイ、クリスマスの3日間はほとんど休み。また、メモリアルデイからレイバーデイにかけての夏休み期間中は、営業時間などのスケジュールを変更するところが多い。

1月	1/1		元日　New Year's Day
	第3月曜		マーチン・ルーサー・キング・ジュニア牧師誕生日 Martin Luther King, Jr.'s Birthday
2月	第3月曜		大統領の日 Presidents' Day
3月	3/17	※	セント・パトリック・デイ St. Patrick's Day
4月	第3月曜	※	愛国者の日 Patriots' Day
5月	最終月曜		メモリアルデイ（戦没者追悼の日）Memorial Day
7月	7/4		独立記念日 Independence Day
9月	第1月曜		レイバーデイ（労働者の日）Labor Day
10月	第2月曜	※	コロンブス記念日 Columbus Day
11月	11/11		ベテランズデイ（退役軍人の日）Veterans Day
	第4木曜		サンクスギビングデイ Thanksgiving Day
12月	12/25		クリスマス Christmas Day

▶アメリカの四季＆年中行事→P.40～43

ビジネスアワー

以下は一般的な営業時間の目安。業種、立地条件などによって異なる。スーパーは24時間、または24:00くらい。都市部のオフィス街なら19:00頃の閉店も珍しくない。

銀　行　月～金 9:00～17:00

デパートやショップ

月～金 10:00～19:00、土 10:00～18:00、日 12:00～17:00

レストラン

朝からオープンしているのはコーヒーショップなど。朝食 7:00～10:00、昼食 11:00～14:00、ディナー 17:30～22:00。バーは深夜まで営業。

電気＆ビデオ

電圧とプラグ

電圧は120ボルト。3つ穴プラグ。100ボルト、2つ穴プラグの日本製品も使えるが、電圧数がわずかではあるが違うので注意が必要。特にドライヤーや各種充電器などを長時間使用すると過熱する場合もあるので、時間を区切って使うなどの配慮が必要。

ビデオ・DVD映像方式

ビデオは日米ともNTSC方式。アメリカのソフトが日本で再生可能。アメリカのDVDは日本のリージョンコード「2」が含まれたソフトが再生可能。DVDを日本から持ち込む場合は、アメリカのリージョンコードが「1」のため再生不可　※リージョンコードはDVDソフト、プレーヤーに設定されているので、双方が一致しなければ再生できない。リージョンフリーのDVDプレーヤーならコードに関係なく再生可能。

アメリカから日本へかける場合　例：(03) 1234-5678※1

国際電話識別番号		日本の国番号		市外局番（頭の0は取る）		相手先の電話番号
011	＋	81	＋	3 ※2	＋	1234-5678

※1 公衆電話から日本へかける場合は上記の通り。ホテルの部屋からは、外線につながる番号を頭につける。

※2 携帯電話などへかける場合も、「090」「080」などの最初の0を除く。

▶アメリカ国内通話

市内へかける場合、市外局番は不要（ニューヨークやシカゴは除く）。市外へかける場合は、最初に1をダイヤルし、市外局番からダイヤルする。

▶公衆電話のかけ方

①受話器を持ち上げる

②都市により異なるが最低通話料50¢を入れ、相手先の電話番号を押す（プリペイドカードの場合はアクセス番号を入力し、ガイダンスに従って操作する）

③「はじめの通話は○分○ドルです」とアナウンスで流れるので、案内された額以上の金額を投入すれば電話がつながる

チップ

▶チップとマナー
→P.706

レストラン、タクシー、ホテルの宿泊(ベルマンやベッドメイキング)など、サービスを受けたときにチップを渡すのが慣習となっている。額は、特別なことを頼んだ場合や満足度によっても異なるが、以下の相場を参考にしよう。

レストラン
合計金額の15～20%。サービス料が含まれている場合は、小銭程度をテーブルやトレーに残して席を立つ。

タクシー
運賃の10～15%。

ホテル宿泊
ベルマンは荷物の大きさや個数によって1個につき$1～2。荷物が多いときはやや多めに。
ベッドメイキングは枕元などに$1～2。

飲料水

水道の水をそのまま飲むこともできるが、ミネラルウオーターを購入するのが一般的。スーパーやコンビニ、ドラッグストアなどで販売している。

気　候

▶アメリカの
おもな気候
→P.632～633

アメリカ本土の気候は、地域によって多様な変化がある。

全米の代表的な都市と東京の平均気温

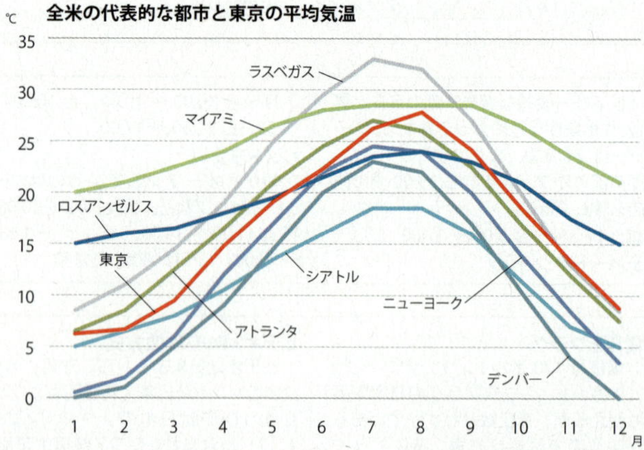

日本からのフライト

▶ひと目でわかる
アメリカ
→P.630

直行便の場合、成田からロスアンゼルス(西海岸)まで約9時間50分、ソルトレイク・シティ(西部)まで11時間30分、シカゴ(中西部)まで約11時間30分、アトランタ(南部)まで約12時間20分、ニューヨーク(東海岸)までは約13時間前後。

時差とサマータイム

▶ひと目でわかる
アメリカ
→P.631

アメリカ本土内には4つの時間帯がある。パシフィック・タイムゾーンPacific Time Zone(ロスアンゼルスなど)は日本時間マイナス17時間、マウンテン・タイムゾーンMountain Time Zone(デンバーなど)はマイナス16時間、セントラル・タイムゾーンCentral Time Zone(シカゴなど)はマイナス15時間、イースタン・タイムゾーンEastern Time Zone(ニューヨークなど)はマイナス14時間。夏はデイライト・セービング・タイム(夏時間)を採用し、1時間時計の針を進める州がほとんど。その場合、日本との時差は1時間短くなる。ただし、アリゾナ州、ハワイ州では夏時間は採用されていないので要注意。

夏時間を取り入れる期間は、3月第2日曜から、11月第1日曜(深夜2時)まで。移動日にあたる場合、タイムスケジュールに充分注意する必要がある。

郵　便

郵便料金

日本への航空便は封書、ハガキともに$1.05。規定の封筒や箱に入れるだけの荷物を定額で郵送できるタイプもある。

町によって営業時間は多少異なる。一般的な局は平日の8：30～16：00くらい。

▶郵便と電話
→P.709

出入国

ビザ

90日以内の観光、商用が目的ならば基本的にビザは不要。ただし、頻繁にアメリカ入出国を繰り返していたり、アメリカでの滞在が長い人は入国を拒否されることもある。なお、ビザ免除者はESTAによる電子渡航認証の取得が義務づけられている（陸路入国を除く）。

パスポート

パスポートの有効残存期間は、入国日から90日以上あることが望ましい。

▶ ESTA（エスタ）について
→P.646～647

税　金

物を購入するときにかかるセールスタックスSales Taxとホテルに宿泊するときにかかるホテルタックスHotel Taxがある。率（%）は州や市によって異なる。また、レストランで食事をした場合はセールスタックスと同額の税金、またそれに上乗せした税金がかかる。

なお、オレゴン州ポートランドではセールスタックスはなく、ルイジアナ州やテキサス州では海外からの観光客に対して税金の払戻制度がある。

安全とトラブル

日本人の遭いやすい犯罪は、置き引き、ひったくりなど。犯行は複数人で及ぶことが多く、ひとりが気を引いているスキに、グループのひとりが財布を抜いたり、カバンを奪ったりする。日本語で親しげに話しかけ、言葉巧みにお金をだまし取るケースも多い。日本から一歩でも出たら、「ここは日本ではない」という意識を常にもつことが大切。

警察・救急車・消防署

911

▶トラブル対処法
→P.715

年齢制限

州によって異なるが、飲酒可能な年齢はほぼ21歳から。場所によっては、お酒を買うときにも身分証明書の提示を求められる。ライブハウスなどお酒のサーブがあるところも身分証明書が必要。

アメリカでは若年層の交通事故がとても多く、大手レンタカー会社では一部の例外を除き25歳以上にしか貸し出さない。21歳以上25歳未満の場合は割増料金が必要なことが多い。

度量衡

距離や長さ、面積、容量、速度、重さ、温度など、ほとんどの単位が日本の度量衡とは異なる。

▶サイズ比較表／度量衡
→P.708

時差表

日本時間	0	1	2	3	4	5	6	7	8	9	10	11	12	13	14	15	16	17	18	19	20	21	22	23
イースタン・タイムゾーン	10	11	12	13	14	15	16	17	18	19	20	21	22	23	0	1	2	3	4	5	6	7	8	9
セントラル・タイムゾーン	9	10	11	12	13	14	15	16	17	18	19	20	21	22	23	0	1	2	3	4	5	6	7	8
マウンテン・タイムゾーン	8	9	10	11	12	13	14	15	16	17	18	19	20	21	22	23	0	1	2	3	4	5	6	7
パシフィック・タイムゾーン	7	8	9	10	11	12	13	14	15	16	17	18	19	20	21	22	23	0	1	2	3	4	5	6

※3月第2日曜から11月第1日曜まではデイライト・セービング・タイムを実施している。夏時間は時計の針を1時間進める政策。なお、赤い部分は日本時間の前日を示している。

Welcome to the United States of America

ようこそアメリカへ

自分だけのアメリカを探して……！

ニューオリンズの中心にあるジャクソン広場とセントルイス大聖堂

編集室おすすめの
デスティネーション

アメリカ生まれ

Made in U.S.A.で知るアメリカ

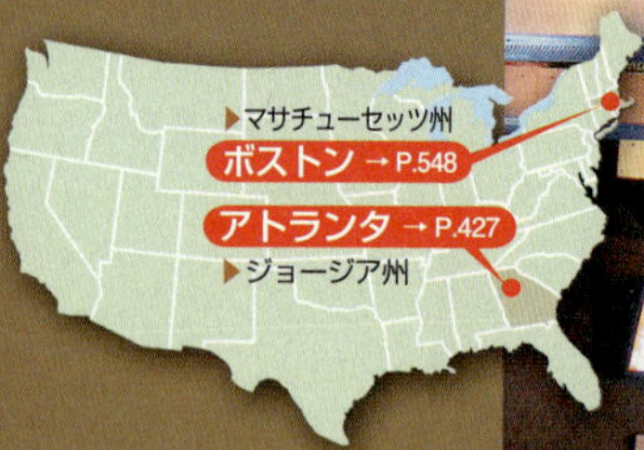

アメリカで誕生した飲み物、コカ・コーラとサミュエル・アダムス・ビール。普段何げなく口にしている商品も、詳しく知れば、もっと愛着がわくはず。博物館を訪れたり、工場見学ツアーに参加したりして、その会社の歴史や製造工程を学ぼう。

ボストンだけでなく、全米で飲むことができるサミュエル・アダムス・ビール。コクがあってまろやかな口当たりは、多くの人々に愛されている

❶コカ・コーラらしい斬新なデザインの建物❷約 60 種類のコカ・コーラ製品を試飲できるコーナー❸鮮やかな赤色のコップやコースターはギフトショップで購入できる❹コカ・コーラ生みの親、ジョン・ペンバートンの銅像❺瓶詰めされる前に、不具合がないか綿密に検査される

コカ・コーラの博物館
～ジョージア州アトランタ～

アメリカ人にとって国民的な飲み物であるコカ・コーラ。アトランタの薬剤師であるジョン・ペンバートンが風邪薬として発明したシロップに炭酸ソーダを混ぜたのが誕生のキッカケだったという。そのような経緯でできたコカ・コーラに関する世界最大の博物館が、ジョージア州アトランタにある。館内は、コカ・コーラのポスターやグッズなどで埋め尽くされ、ファンでなくても垂涎ものだ。コカ・コーラ社の歴史がわかる展示のほか、瓶詰めされる工程も見学できる。世界中で販売されているコカ・コーラ製品を試飲できるコーナーがあるので、いろいろな種類をぜひ味わってほしい。→ P.430

サミュエル・アダムス・ビール工場見学
～マサチューセッツ州ボストン～

1985 年に販売が開始されたボストン発祥の地ビール、サミュエル・アダムス。全米で第 2 の生産量を誇るボストン・ビール・カンパニーが製造する。爽やかなのどごしのラガービールで有名になったが、エールやデュンケル、スタウトなどさまざまな種類をもつ。特に、季節限定のサマーエールやウインターラガーが人気だ。ビール工場では 1 時間の見学ツアーを催行している。原料である大麦の選び方の説明を受けたあと、麦汁ろ過槽や発酵・熟成される過程を見学。ツアーの最後には、できたての新鮮なビールが試飲できるとあって参加者はみな満足顔だ。

Samuel Adams Brewery
住 30 Germania St., Boston, MA
☎(617)368-5080
URL www.samadams.com
開 見学ツアー：月～土 10:00 ～ 15:00（金～ 17:30）の 45 分間隔
料 $2（寄付制）　行 地下鉄オレンジラインStony Brook駅下車、徒歩5分

❶ 1 時間の見学ツアーを楽しもう❷ロゴ入りのビールグラスや栓抜きはおみやげにいい❸熟成したビールを濾過する過程を見学❹サミュエル・アダムス・ビールは数々の賞を受賞している

編集室おすすめの
デスティネーション

先住民の聖地で、身も心もリフレッシュ!!

セドナだからできる3つのこと

❶約１時間の空中散歩を楽しもう❷上空は肌寒いので、羽織るものを持っていくこと❸朝もやのなかのカセドラルロック

セドナ全体のパワーを上空からキャッチ
Air Balloon

セドナ全体のパワーを感じるには、気球ツアーに参加するのがいい。朝の薄暗いなか、気球は上昇し、空中散歩を始める。ボルテックスの合間から昇ってくる朝日の美しさは何物にも代え難い。

★ノーザンライト・セドナ気球ツアー
Northern Light Sedona Balloon

幻想的なセドナの大自然。最も美しく見えるのが、朝日を浴びて刻一刻と変化する瞬間だ。光り輝くボルテックスからは、セドナだけではない、地球全体のパワーを感じる人もいる。空中散歩も楽しめて、気分も爽快。

☎(928)282-2274　Free(1-800)230-6222
URL www.northernlightballoon.com
料$195。ホテルへの送迎付き

❶オーククリーク・キャニオンからカセドラルロックを眺める❷4大ボルテックスで1番パワーが強いボイントンキャニオン❸エアポートメサからはサンダーマウンテンが見渡せる❹ベルロックでは、トレッキングに挑戦してみよう

ボルテックスで地球のエネルギーをもらう Vortex

セドナには、地球の磁力が渦巻き、そのパワーの出入口ともいわれるボルテックスが数多くある。スピリチュアルに疎い人も、大きなやさしさで地球上のものを包み込む、セドナならではの空気を感じるはず。これを体験するには、4大ボルテックスのハイキングがベスト。

4大ボルテックス

エアポートメサ Airport Mesa

ウエストセドナの東にあり、アクセスが最も容易なボルテックス。メサからはセドナ全体とサンダーマウンテンを見渡すことができ、朝日と夕日が美しい。そのパワーの強さから多くの木がよじ曲がっているほど。

行AZ-89A 号と Airport Rd. の交差点を南へ、徒歩約 15 分

カセドラルロック Cathedral Rock

セドナの代表的な光景。とても神々しく、岩がまるで大聖堂のようにそそり立つことからこう呼ばれている。麓の川の流れも清らかで、女性性が強いところとされている。

行 タクシーかツアーで

ベルロック Bell Rock

名前のとおりベルのような姿で、凛とした美しさがある。男性性が強く、トレッキングルートとして人気があるが、下りにくいところなので注意。町の南東。

行 タクシーかツアーで

ボイントンキャニオン Boynton Canyon

ネイティブアメリカンに言い伝えられてきたパワースポット。女性性と男性性を合わせもつといわれている。カチーナウーマンと呼ばれる岩があり、子宝に恵まれるという。

行 タクシーかツアーで

新しい自分と出会う　リーディンク＆ヒーリング Reading & Healing

「聖地、セドナ」では、リーディングやヒーリングなどのスピリチュアルセッションが盛ん。「自分を変えなきゃ!!」と思っている人は、受けてみるといい。ヒーラーとの相性もあるが、これまで知らなかった自分に出会えるはず。ヒーラーの情報は、パワーストーンなどを販売するスピリチュアル系のショップで入手できる。

❶ミスティカルバザールのフェイドラさんのタロット占い❷パワーストーンなどを多数取り揃えるミスティカルバザール❸ヒーラーやリーダーの占い道具はいろいろ

★スピリチュアル系ショップ「ミスティカルバザール Mystical Bazaar」

ネイティブの血を引くフェイドラさんのタロットはミスティカルバザールで行っている。日時によってリーダーやヒーラーは代わる。

住1449 State Rd. 89A, Sedona, AZ　☎(928)204-5615

URL www.mysticalbazaar.com

ハイアー・セルフ・ディスカバリー Higher Self Discovery

過去にさかのぼって、忘れていたその人の本質を伝え、さらに高い次元へいざなうセッション。セッションの最中に不思議な体験をする人が多いという。

☎(928)282-8981

料1時間 30 分 $150

セドナ・サイキックウィズダム Sedona Psychic Wisdom

日本に 20 年住んでいたカヴィータさんが、日本語でセッションを行う。エネルギーリーディング、オーラソーマ、タロット、霊気などを交え、総合的にみてくれる。

☎(928)203-1194　URL www.sedonapsychicwisdom.com

料1時間 $150 ～

ミスティックツアーズ・ウィズ・ラヘーリオ Mystic Tours with Rahelio

ボルテックスを訪れ、太鼓やフルートを使ったヒーリングを行う。ネイティブアメリカンのラヘーリオさんの主宰。

☎(928)282-6735　URL rahelio.homestead.com

料 プライベート、グループなどにより $50 ～

※ スピリチュアル系のセッションを受けたくても、英語に不安な人も多いはず。ほとんどのところで日本語の通訳手配も行っているので、尋ねてみるといい。要追加料金。

編集室おすすめの
デスティネーション

アメリカワイン発祥の地 カリフォルニア州で、ワイナリー巡り!!

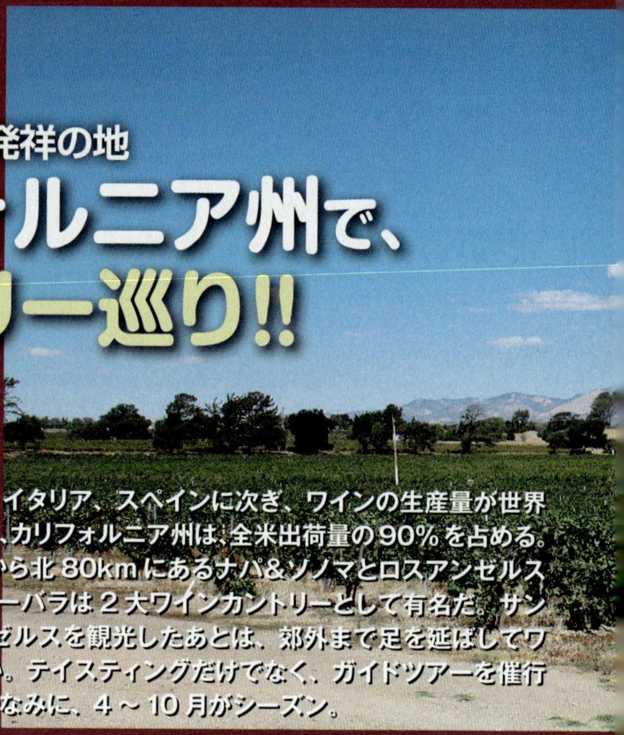

アメリカは、フランス、イタリア、スペインに次ぎ、ワインの生産量が世界で４番目に多い。なかでも、カリフォルニア州は、全米出荷量の90％を占める。特に、サンフランシスコから北80kmにあるナパ＆ソノマとロスアンゼルス北西100kmのサンタバーバラは２大ワインカントリーとして有名だ。サンフランシスコやロスアンゼルスを観光したあとは、郊外まで足を延ばしてワイナリー巡りをするといい。テイスティングだけでなく、ガイドツアーを催行しているところもある。ちなみに、４～10月がシーズン。

ナパ＆ソノマ Napa Valley & Sonoma County

カリフォルニア州を代表するワインの生産地。オーパス・ワンやロバート・モンダビなど大規模経営のものから、家族経営の小規模なものまで、400以上のワイナリーがある。スパークリングワインで有名なドメイン・シャンドンや日本人初のワインメーカー、パラダイスリッジ・ワイナリーなど見逃せないものばかりだ。カベルネ・ソーヴィニヨンやメルローがおすすめ。→P.79

Opus One
住7900 St. Helena Hwy., Oakville, CA
☎(707)944-9442
URL www.opusonewinery.com
開 毎日 10:00～16:00（おもな祝日を除く）

Robert Mondavi Winery
住7801 St. Helena Hwy., Oakville, CA
Free(1-888)766-6328
URL www.robertmondavi.com
開 毎日 10:00～17:00（おもな祝日を除く）

Domaine Chandon
住1 California Dr., Yountville, CA
Free(1-888)242-6366
URL www.chandon.com
開 毎日 10:00～17:00（おもな祝日を除く）

Paradise Ridge Winery
住4545 Thomas Lake Harris Dr., Santa Rosa, CA
☎(707)528-9463
URL www.prwinery.com
開 毎日 11:00～17:00（おもな祝日を除く）

❶中庭でワインを味わいながら食事ができるところもある❷スパークリングワインで世界的に有名なドメイン・シャンドン❸オーパス・ワン地下のセラーに置かれたオーク樽は、味を損なわないように積み上げない

❹緑あふれるドメイン・シャンドンのワイナリー
❺こぢんまりとしたカライラ・ワイナリー

サンタバーバラ Santa Barbara

アメリカ映画『サイドウェイ Sideways』の舞台になった、近年最も注目される産地。映画に登場したフェス・パーカー・ワイナリー&ビンヤードやカライラ・ワイナリーをはじめとして、周辺には100を超すワイナリーがある。ほとんどが家族経営の小規模なところが多い。こぢんまりとしている分、スタッフは親身になってアドバイスをしてくれ、気軽に立ち寄ることができるのもいい。日本人にはあまり知られていないが、ハリウッドセレブなどから高い評価を得ている。ピノノワールやシャルドネがおすすめ。

行 アムトラックで約2時間30分。車なら、ロスアンゼルスからUS-101を西に100マイル（所要約2時間）

Fess Parker Winery & Vineyard
住 6200 Foxen Canyon Rd., Los Olivos, CA
☎(805)688-1545
URL www.fessparkerwines.com
開 毎日 10:00～17:00（おもな祝日を除く）

Kalyra Winery
住 343 N.Refugio Rd., Santa Ynez, CA
☎(805)693-8864
URL www.kalyrawinery.com
開 月～金 11:00～17:00、土・日 10:00～17:00（おもな祝日を除く）

❻通常、3～5種類のワインをテイスティングできる❼テイスティングして気に入ったものがあれば、その場で購入しよう❽ワインの知識が豊富なフレンドリーなスタッフ

カウボーイ&カウガールの活躍を生で見よう

本場アメリカでロデオ観戦!!

1年をとおして全米各地で行われているロデオ。アメリカでは、プロスポーツのひとつとして認定されている。なかでも、テキサス州フォートワースのストックヤードは、ほぼ毎週末にロデオが開催される貴重な場所だ。熱気あふれるスタジアムで、カウボーイやカウガールの真剣勝負を観戦しよう。

ロデオ競技が始まる前に、アメリカ国旗を持ったカウガールが場内を一周する

荒れ狂う牛に、いかにかっこよく乗りこなせるかがロデオの醍醐味

❶カウボーイは、飛び跳ねる牛から落ちないようにロープにしがみつくが、体勢を崩されたらほとんどが振り落とされてしまう❷カウボーイが逃げまどう牛をコーナーに追いつめ、ロープを角に引っかけ、縛りあげる❸飛び跳ねる雄牛から振り落とされたカウボーイを助けるために、ピエロに扮したスタッフが牛を場外に誘導する

ロデオとは

カウボーイが牛の群れを誘導したり、牛に焼き印を押したりするときに、その腕前を披露したのが始まりといわれている。1883年に初めてテキサス州で本格的なロデオ競技が開催された。当時は度胸試しの要素が強かったが、現在は厳密なルールが定められたプロスポーツのひとつになっている。

ロデオの競技内容

ロデオは大きくふたつに分けられる。跳ねる牛や馬に乗り、乗り方や飛び跳ね具合を競うラフストック Rough Stock と時間を競うタイムドイベント Timed Event だ。

ラフストック

ブルライディング Bull Riding

8秒間飛び跳ねる雄牛に乗る。その間の乗り方と雄牛の暴れ方が採点される。

サドル・ブロンコ・ライディング Saddle Bronc Riding

サドル（鞍）のある跳ねる馬に8秒間乗り、乗り方と馬の跳ね具合が採点される。

ベアバックライディング Bareback Riding

サドル（鞍）のない跳ねる馬に8秒間乗り、乗り方と馬の跳ね具合が採点される。

タイムドイベント

タイダウン・ローピング Tie Down Roping

逃げ回る子牛を馬に乗って追いかける。牛の頭にロープを引っかけ、前足1本と後ろ足2本を縛りあげるまでの時間を競う。

バレルレーシング Barrel Racing

3ヵ所に置かれた樽の周りを、馬に乗ったカウガールが走り抜ける時間を競う。樽を倒したりカウボーイハットを落としたりしたら、5秒加算される。

チームローピング Team Roping

ふたり一組の競技。馬に乗ったひとりが牛の角にロープをかけたあと、もうひとりが後ろ足にロープを縛りあげるまでの時間を競う。

スティアレスリング Steer Wrestling

馬の上から牛に飛びつき、首をひねって地面に倒すまでの時間を競う。

●チケットの購入方法

インターネットや電話、ストックヤードのカウタウン・コロシアム前にある窓口で。

●開催場所

Cowtown Coliseum
住121 E. Exchange Ave., Fort Worth, TX
☎(817)625-1025
Free (1-888)269-8696
URL www.cowtowncoliseum.com
開 金・土 20:00～22:00
料 自由席：$15、子供（3～12歳）$10、指定席：$20

❹ロデオ競技の幕間（インターミッション）には、子供たちによる子牛の追いかけっこ大会が行われている❺チケットは、当日コロシアム前でも購入できる

メキシコの雰囲気が漂う都市

サンアントニオ

San Antonio

❶展望階からダウンタウンを見渡すことができるタワー・オブ・アメリカ❷荘厳な雰囲気を醸し出すアラモ砦❸日が暮れるとライトアップされるリバーウオーク

全米でも有数の観光地、サンアントニオ

テキサス州南部に位置するサンアントニオは、州で２番目に人口が多い大都市だ。メキシコ人が多く流入し、ダウンタウンには、みやげ物屋やメキシコレストランが並ぶ。町の中心を流れるサンアントニオ川沿いには遊歩道が敷かれ、朝から晩まで多くの人でにぎわっている。

サンアントニオは、テキサス州がメキシコから独立するキッカケとなった「アラモの戦い」が繰り広げられた地。砦があった場所は、現在、その戦いについての展示があるアラモ砦になっている。

アメリカでも有数の観光地として知られるサンアントニオは、１年をとおして暖かく、治安がいい。公共の交通機関が整っているうえ、ダウンタウンや郊外の見どころへ行くトロリーツアーも毎日催行されている。車のない人にとっても観光がしやすいおすすめの都市だ。

❹リバーボートに乗ってディナークルーズを楽しもう❺メキシコの装飾品や洋服を揃えるショップが集まるマーケットスクエア❻アラモの戦いで殉死した兵士の慰霊碑❼アンティークショップやギャラリーが並ぶラ・ヴィリータ地区❽トロリーに乗って市内観光するのが効率的

編集室おすすめの デスティネーション

円高の今だから、おトク感たっぷり

空港近くでショッピング

日本へ直行便が飛んでいるミネアポリス／セントポール国際空港とダラス／フォートワース国際空港。それぞれの空港から10km以内に巨大ショッピングモールがある。帰国前日は空港付近にホテルを取って、ショッピングに明け暮れるのもいい。買い忘れたおみやげも入手できるだろう。次の日に日本へ帰るのなら、買ったものをそのままパッキングするだけ。大きな荷物を持って次の都市へ移動する必要がないのでラクチンだ。荷物が増えたら、スーツケースも買っておく？

ビクトリアズ・シークレット

アメリカだけでなく、日本でも人気のビクトリアズ・シークレット Victoria's Secret。ボディバターが5本セットで$30なのはお買い得

ホリスター Hollister

日本未上陸ブランド、ホリスターHollisterのTシャツは、年齢を問わずおみやげにいい。いろいろなデザインが展開されているTシャツは$19.50～

モール・オブ・アメリカ~ミネソタ州ブルーミントン~

ミネアポリス／セントポール国際空港の南西約 3km にあるモール・オブ・アメリカ Mall of America は入店舗数約 520 と、全米いちの大きさを誇るショッピングモール。リッチな大人に評判がいいバーバリーやコーチ、スワロフスキーなどから、若者向けのベツィー・ジョンソンやホリスター、クラブモナコ、アーバン・アウトフィッターズ、ビクトリアズ・シークレットなどが入る。ショップのほかに、レストランやアミューズメントパーク、水族館、映画館もあり、1 日では足りないかも。うれしいことに、ミネソタ州は洋服や靴にセールスタックスがかからないので、さらにおトクだ。→ P.338

空港からのアクセス

ライトレールのハイアワサラインで空港から 12 分

❶東京ドーム 8 つ分の総面積をもつアメリカ最大のショッピングモール❷館内中央には、約 30 のアトラクションが楽しめるニコロデオンユニバースもある❸通路にはワゴンショップも出ている❹巨大なレゴの展示物も見られる　© Mall of America

グレープバインミルズ~テキサス州グレープバイン~

ダラス／フォートワース国際空港の北約 8km にあるグレープバインミルズ Grapevine Mills にはレストランやショップが約 180 店入る。正規店とアウトレットショップの両方が入る、アメリカでも珍しいショッピングモールだ。コーチやサムソナイト、サックス・フィフス・アベニューのアウトレットから、ホリスター、アメリカン・イーグル・アウトフィッターズ、Forever 21 など若者に人気のショップまで目白押し。レゴランドや映画館、水族館も併設する。→ P.266

空港からのアクセス

公共の交通機関はないので、タクシーで行くことになる。所要約 15 分

❶ショッピングに疲れたらフードコートでひと休み❷ 30 以上の展示コーナーがあるシーライフ水族館❸家族連れに人気のメリーゴーラウンド❹高級デパートのアウトレット店も入っているのがうれしい

真のアメリカを求めて、小都市に足を運ぶ、

グレイハウンドでアメリカ縦断

グレイハウンド（長距離バス）乗車ガイド付き

1970 ～ 80 年代、アメリカ横断を目指したバックパッカーはこぞって、グレイハウンドに乗ったものだ。当時は、移動手段として値段が安い反面、汚い、怖いなどマイナスのイメージがつきまとっていて、一般の観光客は近づきがたかった。

しかし、ここ最近は清潔で静か、安全なイメージを売り出している。テレビがついていたり、パソコンにつなげる電源があったり、Wi-Fi が備わっていたりとバスも近代化された。さらに、車内で飲酒や喫煙をしたり騒いだりした人は、無条件にバスから降ろされるほど厳格になった。また、アメリカ横断をする年輩夫婦の利用も増えているという。それだけ快適になったということだ。

グレイハウンドは、アムトラックがとおっていない小都市へも運行する。車窓から流れる景色を見ながら、ゆっくりと次の目的地まで移動するのがいい。偶然隣に座った人から、お菓子のお裾分けをもらったり、ちょっとしたキッカケで話が弾んだりすることもある。

大都市だけでなく、あまりなじみのない小都市へもグレイハウンドで訪れてみよう。きっと今まで知らなかった真のアメリカを知ることができるはず。（→ P.673）

時間に余裕をもってバスディーポに向かおう

グレイハウンド Greyhound

1914 年に創業されたグレイハウンドは、全米約 2300 都市を結ぶ長距離バス会社だ。鉄道のアムトラックが走っていない小さな町も通るので、自動車を持たない若者に人気がある。1 日 13000 便が走り、年間 2500 万人が利用しているという。飛行機や自動車の発展にともない、数多くあった長距離バス会社は吸収合併や統合・提携がすすんだ。現在全米最大の会社として残るのが、グレイハウンドだ。提携会社には、バレートランジット社（テキサス州）やクルーセロ USA（カリフォルニア、アリゾナ州）、アメリカーノ USA（テキサス州とニューメキシコ州）などがある。

グレイハウンドなら、
なじみのない小都市にも行きやすい

中西部縦断モデルコース

ミネアポリス → P.328

ミネアポリス～デモイン
5時間40分

バスディーポは、ダウンタウンのニコレットモールから4ブロック、歩いて約7分。最寄りのライトレール駅からも徒歩10分以内でアクセスできるので便利だ。

日本から直行便が飛ぶミネアポリスは、隣り合う都市セントポールとともに、ツインシティズと呼ばれる。見どころが多く、ショップやレストランも充実する大都市。

デモイン → P.345

デモイン～カンザスシティ
3時間

バスディーポは、ダウンタウンの北西800mにあり、小高い丘に位置するので、少し坂を上ることになる。近くには、お店がないので、事前に飲み物などを買っておくとよい。

トウモロコシや大豆など農業が盛んなアイオワ州の州都。政治や経済の中心であるダウンタウンには、レストランや博物館がある。

カンザスシティ → P.348

カンザスシティ～ウィチタ
4時間

バスディーポは、ダウンタウンから東に1km、歩いて15分のところにある。周りにショップやレストランがないので、人けがない早朝や深夜に利用するときは、気をつけよう。

200以上の噴水が、ダウンタウンや近郊にあることで有名な都市。おもな見どころが3つのエリアに分かれている。スペアリブがおいしい。

ウィチタ → P.224

ウィチタ～オクラホマシティ
3時間

バスディーポは、市バスのトランスファーセンターに近いダウンタウン中心部にある。近くには、ファストフード店があるので便利だ。

ボーイング社やセスナ社など航空産業が盛んな都市。ダウンタウンのオールドカウタウン博物館は、19世紀後半の町並みを再現した野外博物館になっている。

オクラホマシティ → P.228

オクラホマシティ～ダラス
5時間

バスディーポは、ホテルやレストランなどが集まるダウンタウンの中心にある。観光案内所まで歩いて5分もかからない。

郊外のストックヤードシティで、世界最大級の牛のオークションを開催するなど、牧畜が盛んな町。ステーキがおいしい。

ダラス → P.250

バスディーポは、ダウンタウンの中心にあり、最寄りのダートレイル（鉄道）駅まで300m。大都市なだけあり、いつも混雑している。

ジョン・F・ケネディ元大統領が暗殺された地は、石油ビジネスが盛んな商業都市。少し足を延ばして、MLBテキサス・レンジャース観戦もいい。

How to Ride Greyhound

グレイハウンドの乗り方

❶古いマークの看板が立っているところもある❷ Greyhound や Bus の看板が建物の目立つところにある

1 バスディーポ

バスの発着場所がバスディーポ。最低でも出発45分前にはバスディーポに着くように

大都市のバスディーポは混雑が予想されるので、最低でも発車2時間前に到着するように

❶荷物の目立つところにタグを付けること❷預け入れ荷物用のタグ

4 自分で荷物にタグを付ける

荷物の重さを量ったときにもらったタグを預け入れ荷物に付ける。預け入れ荷物も乗車まで自分で保管すること

チェックインの際にもらったタグの半券は、荷物を受け取るときに必要になるのでなくさないこと

❶希望するバスの発車時刻や行き先を聞かれる❷ 1列に並んで待つこと

2 チケット購入

Tickets・Information の窓口に並んで、チケットを購入する。ディスカバリーパスを所持している場合でも、窓口に行きチケットを発券してもらうこと

チケットを購入するときには、行き先とバスの発車時刻を聞かれるので準備しておこう。支払いは、現金、クレジットカードが使用できる

❶トイレのマーク❷スナックやジュースなども販売する❸優先乗車する人のための待ち合い座席

5 待合室

ほとんどの待合室には自動販売機が置いてある。また、ファストフード店やコンビニエンスストアがあるところもある。乗車前に飲みものを買っておくといい

車内はアルコール類を除き飲食可能

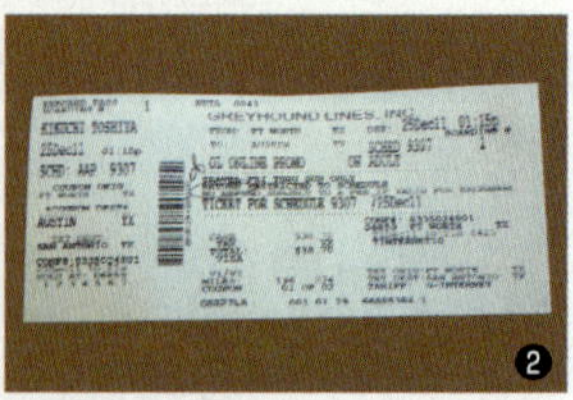

❶預け入れる荷物は自分で計量器に載せる❷渡されたチケットは、行き先と発車時刻を確認すること

3 チケット発券と荷物のチェックイン

バスに預け入れる荷物がある場合は、荷物を計量器に載せる

車内に持ち込める荷物や預け入れ荷物には、制限があるので注意すること（→ P.676）

❶優先乗車する人が並ぶ列❷係員にいわれたゲートに並ぶ

6 ゲートにて列に並ぶ

出発30分ぐらい前から、乗車するバスのゲート前に列ができる。希望の席があるなら早いうちから並んでおくこと

乗車ゲートは、チケット発券の際に係員が教えてくれる。荷物だけ列に置いておくことはやめること。紛失の恐れあり

行き先を確認してから、係員に荷物を渡そう

7 乗車前に荷物預け入れ

乗車が始まったら、すべての荷物を自分が乗るバスまで持っていく。乗車前に預け入れる荷物を係員に渡す

預け入れ荷物を渡すとき、荷物に付けたタグも係員に見せること

8 チケットもぎり

預け入れ荷物を係員に渡したら、チケットを係員に見せて乗車。その際、半券を必ずもらうこと

チケットの半券は、目的地に着くまで持っておく

チケットすべてを係員に渡す。確認のため、自分の行き先を告げよう

❶ステップにつまずかないように❷座席は前から埋まっていく

9 座席

座席は自由だが、前の1～2列目は高齢者や障害者用なので空けておくこと。また、レストストップで席を離れた際も、基本は再度の席取りが必要だが、荷物などでキープする人が多い

後ろのほうだとドライバーのアナウンスが聞こえないこともあるので、前方に座ったほうがいい

アドバイス

- 満席になった場合、次のバスに回される。1日1便しかない場合は翌日になるので、注意すること。チケットは座席数以上発券されることが多いので早めの行動を
- 車内は、冷房が強く効いている場合が多いので、羽織るものを持参しよう。また、車内は乾燥しているので、喉が渇きやすい。飲み物を持参しよう
- バスの乗り換えがあるときは、預けた荷物をピックアップして次のバスが出発するゲートの列に並ぶ

おトク情報

- 乗車する日にちが決まっていたら、ウエブサイトで購入したほうが、事前割引がきいてお得だ。また、ウエブサイトだけの特別料金もあるので、購入前に確認しよう

❶ドアの上に車体番号が表示されている❷バス正面上部にある行き先の表示を確認すること❸レストストップでは、飲み物や軽食を購入できる。また、喫煙も可能だ

10 レストストップ

約3時間おきに5～30分の休憩（レストストップ）がある。ガソリンスタンドやコンビニエンスストアで停車することが多いので、食べ物や飲み物を買ってもいい。所定の休憩時間を過ぎたら、ドライバーは点呼することなく出発することもある。絶対に乗り遅れないようにしたい

座席を離れる際は、必ず貴重品を身につけること。また、自分が乗っているバスの行き先や番号を必ず覚えておくように。バスが何台か停車していることがあるので注意

❶隣が空いていれば、ふた席使用して寝ることもできる❷最後尾にトイレがある

11 バスの中

隣の席が空いている場合は足を伸ばしてゆっくりしよう。携帯やパソコンの使用は可能だ

ラジオや音楽機器を使用の際は、必ずイヤホンを着用すること

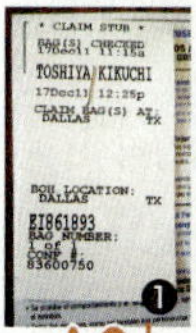

❶預け入れ荷物のタグの半券❷目的地では、荷物は係員がトランクから出してくれる❸荷物が見当たらない場合は、Baggage Claimで質問すること

12 下車＆荷物受取り

目的地に到着。預けた荷物がある場合は、タグの半券を係員に見せて、自分の荷物をピックアップ

荷物が見当たらない場合は、ドライバーに問い合わせること。そのとき、タグの半券とチケットが必要になる。ドライバーが見つからないときはBaggage Claimへ

編集室おすすめモデルコース 1

とことん楽しむメジャーリーグ・ベースボール 日本人選手を応援しに行こう！

日本人選手が数多く活躍しているメジャーリーグ・ベースボール（MLB）。テレビでも連日彼らの活躍する様子を伝えているが、球場の雰囲気やファンの声援などは実際に観戦した人にしかわからない。彼らが在籍するチームの本拠地とその町の見どころを楽しみながら、アメリカを周遊するコースを紹介しよう。

1日目 シアトル（→ P.131）

MLB シアトル・マリナーズ
球場 セーフコフィールド（→ P.141）

ココだけは見逃せない！ パイク・プレイス・マーケット（→ P.138）

シアトルで一番人気のある観光スポット。観戦の前に散策したり腹ごしらえするのにちょうどよい。日本でもおなじみのスターバックスコーヒーの1号店も近くにある。

❶ダウンタウンの南約 2km のところに位置する。バスで約 20 分の球場❷魚介類から手作りお菓子までさまざまな露店が並ぶパイク・プレイス・マーケット

2〜3日目 アナハイム（→ P.114）

旅程 シアトル→ロスアンゼルス
飛行機で約 2 時間 30 分
旅程 ロスアンゼルス→アナハイム
バスで約 1 時間
MLB ロスアンゼルス・エンゼルス・オブ・アナハイム
球場 エンゼル・スタジアム・オブ・アナハイム（→ P.107）

ナイターを観に行く場合はアナハイムに宿泊しよう

ココだけは見逃せない！ ディズニーランド・リゾート（→ P.114）

世界で一番初めにできたディズニーランドはここ。テーマパークの中に入らなくても、ダウンタウン・ディズニーと呼ばれるエリアではショッピングや食事を楽しむことができる。

ディズニーグッズの店はもちろんレストランや映画館もある ©Disney

4日目 アーリントン（→ P.256）

旅程 ロスアンゼルス→ダラス
飛行機で約 3 時間
旅程 ダラス→アーリントン
空港からタクシーで約 20 分、約 $30
MLB テキサス・レンジャース
球場 レンジャース・ボールパーク・イン・アーリントン（→ P.50、P.257）

ココだけは見逃せない！ シックスフロア（→ P.254）

アメリカ第 35 代大統領ジョン・F・ケネディは、1963 年にこの建物の 6 階から撃たれて命を奪われたといわれている。日本語のオーディオガイドもある。

❶球場は、ダラスの西約 30km に位置する（テキサス州政府観光局提供）
❷当時倉庫として使用されていた状態が復元されているシックスフロア

アーリントンへの交通手段

ダラス／フォートワース国際空港やダラス市内からアーリントンへは、タクシーで（ダラス／フォートワース国際空港から約 25 分、約 $35。ダラス市内から約 30 分、約 $40）。

球場近くのほとんどのホテルからは、宿泊者限定の無料のトロリー Arlington Trolley が球場まで行く。

● ArlingtonTrolley URL arlingtontrolley.com

5日目

ミルウォーキー (→ P.318)

旅程 アーリントン→ダラス（空港）
タクシーで約 20 分、約 $30

旅程 ダラス→ミルウォーキー
飛行機で約 2 時間 30 分

MLB **ミルウォーキー・ブリュワーズ**

球場 ミラーパーク（→ P.326）

ココだけは見逃せない！ **ビール工場見学ツアー** (→ P.325)

ミルウォーキー・ブリュワーズというチーム名からも想像できるとおり、この町に来たらビールを楽しまない手はない。日本では飲んだことのないようなビールが見つかるかも。

❶ダウンタウンの西約 7km に位置する球場。試合がある日には臨時バスが運行（所要約 20 分）❷ビールのタップハンドルにもさまざまなデザインがある

6～7日目

ニューヨーク (→ P.523)

旅程 ミルウォーキー→ニューヨーク
飛行機で約 2 時間～2 時間 30 分

MLB **ニューヨーク・ヤンキース**

球場 ヤンキースタジアム（→ P.539）

ココだけは見逃せない！ **タイムズスクエア** (→ P.531)

映画やドラマなどでよく見るニューヨークの風景はココ。世界各地から集まってきた観光客とニューヨーカーがせわしなく行き交う。

❶マンハッタン北東部、中心部から地下鉄で約 25 分の球場❷ニューヨークに暮らす人々のエネルギーが満ちあふれているタイムズスクエア

8日目

ボストン (→ P.548)

旅程 ニューヨーク→ボストン
飛行機で約 1時間～1時間 30 分

MLB **ボストン・レッドソックス**

球場 フェンウェイパーク（→ P.562）

ココだけは見逃せない！ **ハーバード大学** (→ P.560)

アメリカ最古の大学であり、歴代大統領やノーベル賞受賞者を数多く輩出している名門校。学校の授業がある時期の月～土曜であればキャンパスツアーに参加してみるのがいい。

❶ダウンタウンの西約 3km に位置する。地下鉄で約 15 分の球場❷緑あふれるハーバード大学のキャンパスを散策してみよう

ワンポイントアドバイス

楽しく観戦旅行をするために確認しておこう

スケジュール
訪問日に本拠地で試合をやっているかどうかチェック

試合開始時刻
平日はナイターが多く、週末や祝日にはデイゲームが多い

球場の場所
球場がダウンタウンから徒歩圏内にある場合もあれば、公共の交通機関がとおっていない場合もある。また、球場周辺の治安が悪いこともあるので宿泊地を選ぶときに注意しよう

訪問都市の気候
昼夜の温度差が激しい都市では夏でも長袖が必要になったり、雨の多い時期は雨具が必要になる場合もある（傘を持ち込めない球場が多いので注意すること）

持ち込める手荷物の大きさ制限
ほとんどの球場で 40（cm）× 40（cm）× 20（cm）より大きい手荷物は持ち込みが禁止されている。また素材も、やわらかいものに限られていて、ハードケースは持ち込めない。ロッカーや預かり所なども球場によって設置していないことがある。入場時に荷物検査あり

持ち込みが禁止されているもの
球場によって異なるが、以下のものは多くの球場で持ち込みが禁止されている。詳細は各チームのウエブサイトで確認を。
［食べ物、ビン、缶、一眼レフカメラ、三脚、騒音を出すもの、レーザーポインター、花火、刃物など人を傷つける恐れのあるもの］

観戦チケットの入手方法

球場の窓口で購入
球場によって、当日券（Today's Tickets または Game Day Ticket Sales）、前売り券（Advance Sales）など窓口が分かれていることがある

各チームのウエブサイトからインターネット経由で入手
クレジットカードが必要。チケットの受け取り方法は、購入後に E メールで送られてくるチケットをあらかじめプリントアウトして持参するか、試合当日に Will Call という窓口で受け取るなど

日本語が通じる現地のチケットブローカーに依頼
全米のメジャーリーグの観戦チケットを手配してくれる

●**オール・アメリカン・チケット All American Tickets, Inc.**
住 340 E. 2nd St., Little Tokyo Plaza #305, Los Angeles, CA 90012 Free (1-888)507-3287 FAX (213)217-5135
URL www.allamerican-tkt.com

※MLB の試合日程によっては、このモデルコースどおりに移動してもすべてのチームの試合観戦ができる訳ではありません。

編集室おすすめモデルコース 2

一度は走ってみたい、憧れのルート66

本当のアメリカを感じたいなら、レンタカーがおすすめ。飛行機や鉄道よりドライブのほうが、思いもよらなかった風景を目にしたり、新たな発見をしたりすることが多くなる。自分の思いのままにプランが立てられ、気に入ったところで立ち寄ることができるのがいい。ドライブでしか経験できない、旅の醍醐味をぜひ味わって欲しい。

ルート66（U.S. Route 66）とは

1926年にアメリカ合衆国が最初に整備した国道のひとつ。イリノイ州シカゴからカリフォルニア州サンタモニカまでの2448マイル（約4000km）、8つの州を結んでいた。インターステイトの発達により'85年に廃線となるまで、59年間大陸を横断する物流の大動脈としてアメリカの繁栄を支えたのだ。現在は、一部がヒストリックルート66（Historic U.S. Route 66）として残り、景観道路（National Scenic Byway）に指定されている

ニューメキシコ州 アルバカーキ

ダウンタウンにある66 Dinerは、70年代の雰囲気を醸し出すダイナー（レストラン）

66 Diner（住1405 Central Ave. NE, Albuquerque）

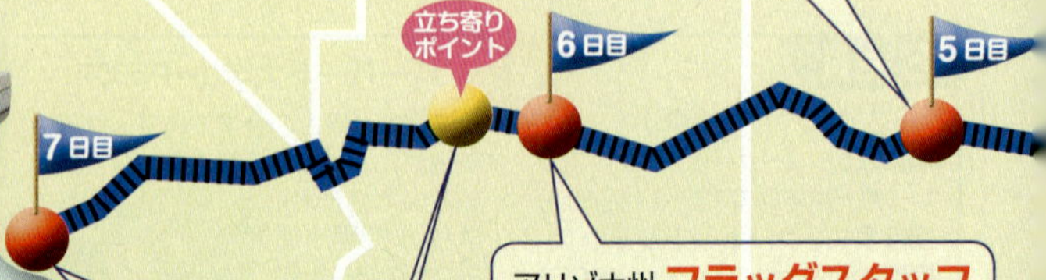

カリフォルニア州 ロスアンゼルス

サンタモニカが終着点。ピアの遊園地には、ルート66の看板が立つ

アリゾナ州 フラッグスタッフ

ルート66がとおるダウンタウンの観光案内所では、ルート66のステッカーやTシャツなどを販売する

アリゾナ州 セリグマン

廃れたルート66の復興運動を始めたディガルディーロ兄弟の店、Angel & Vilma Route 66 Gift Shop（写真上）とDelgadillo's Snow Cap（写真下）は、ルート66ファンならずとも立ち寄りたい観光名所

Angel & Vilma Route 66 Gift Shop（住217 E. Route 66, Seligman）
Delgadillo's Snow Cap（住301 E. Route 66, Seligman）

注意点

- インターステートは、ほぼまっすぐ。スピードの出し過ぎには注意しよう
- 長距離運転は疲労が増すので、2～3時間にいちど休憩するように。インターステートを降りたところにあるファストフードやコンビニエンスストアの駐車場がおすすめ
- ほとんどのインターステートには夜間照明がないので、昼間に運転するほうがいい

※アメリカ・ドライブの詳細は『地球の歩き方B25 アメリカ・ドライブ編』（1700円＋税）を参照して下さい。

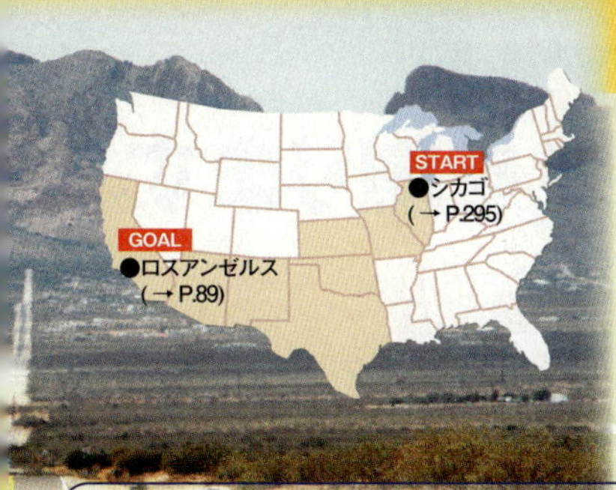

ダウンタウンのレストラン、Lou Mitchell's 前にはルート 66 の標識がある。ここから出発しよう

Lou Mitchell's（住565 W Jackson Blvd., Chicago）

イリノイ州 シカゴ

1日目 START

立ち寄りポイント

ミズーリ州 セントルイス

セントルイス郊外にある Ted Drewes Frozen Custard は、1929 年創業のアイスクリームスタンド。30 種類のトッピングが選べるソフトクリームが一番人気

Ted Drewes Frozen Custard（住6726 Chippewa St., St Louis）

2日目

イリノイ州 スプリングフィールド

ダウンタウンの南 3km にあるレストラン Cozy Dog Drive In では、ルート 66 のルートビアとアメリカンドッグが名物

Cozy Dog Drive In（住2935 S. 6th St., Springfield）

3日目

4日目

オクラホマ州 オクラホマシティ

牧畜業が盛んなオクラホマシティ。ダウンタウンには、ルート 66 をモチーフにしたモーテルやガソリンスタンドが多く残る

テキサス州 アマリロ

ダウンタウンから車で 15 分の Cadillac Ranch には、キャデラックが地面に突き刺さっている。夕食は、Big Texans でテキサスサイズのステーキを

Cadillac Ranch（住 I-40 の Exit 60 と 62 の間、南側）
Big Texans（住 7701 I-40 E., Amarillo）

行程表

イリノイ州シカゴ発→ P.295

↓ I-55（旧 US-66）300 マイル移動、所要約 5 時間（セントルイス泊）

ミズーリ州セントルイス→ P.356

↓ I-44（旧 US-66）500 マイル移動、所要約 8 時間（オクラホマシティ泊）

オクラホマ州オクラホマシティ→ P.228

↓ I-40（旧 US-66）260 マイル移動、所要約 4 時間 20 分（アマリロ泊）

テキサス州アマリロ

↓ I-40（旧 US-66）280 マイル移動、所要約 4 時間 30 分（アルバカーキ泊）

ニューメキシコ州アルバカーキ

↓ I-40（旧 US-66）320 マイル移動、所要約 5 時間（フラッグスタッフ泊）

アリゾナ州フラッグスタッフ→ P.232

↓ I-40（旧 US-66）、I-15（旧 US-66）、I-10 計 480 マイル移動、所要約 8 時間

カリフォルニア州ロスアンゼルス着→ P.89

アメリカで食べる 料理図鑑

Food Menu

アメリカ各地にはそれぞれの地方料理があり、
郷土料理を食べるのも旅の楽しみのひとつ。
また、世界中から集まった多民族が暮らすアメリカでは、
その数だけさまざまな料理が味わえる。

エッグベネディクト 朝 食

Egg Benedict

アメリカ版温泉卵。イングリッシュマフィンにポーチドエッグをのせ、卵黄とバターを合わせたソースがかかっている。

オムレツ 朝 食

Omelette

ベーコンやパプリカ、チーズなどお好みの具を選ぶ。ケチャップやチリソースをつけて食べるのもおすすめ。

パンケーキ 朝 食

Pancake

日本のホットケーキよりも薄く、たいてい3枚くらいがセットになっている。付け合わせにベーコンやフルーツなどを頼もう。

フレンチトースト 朝 食

French Toast

アメリカではメープルシロップや粉砂糖などで甘〜くして食べるのが基本。シナモンやホイップクリームをトッピングしてもいい。

ワッフル 朝 食

Waffle

アメリカンブレックファストのワッフルは、お菓子よりも優しい味で、周りはパリパリしている。フルーツやジャムをたっぷりのせて。

オートミール 朝 食

Oatmeal

オート麦で作ったお粥状のもの。レーズン入り、シナモンフレーバーなどが人気だ。ビタミンB_1、B_2、Eがたくさん含まれている。

シリアル 朝 食

Cereal

トウモロコシ、オート麦などを加工したもの。フルーツや牛乳、ヨーグルトと混ぜて食べる。

マフィン 朝 食

Muffin

朝食用としてポピュラーなパン。コンチネンタルブレックファストにもよく出る。温めてからバターをたっぷりつけて。

ハンバーガー
アメリカ料理

Hamburger

プレートに盛られた肉と野菜、そしてケチャップをお好みでバンズに挟んで食べる。これぞアメリカン！ な食事になるだろう。

カリフォルニアロール
アメリカ料理

California Roll

アボカドやマグロなどを巻いた寿司。酢の代わりにレモン汁を混ぜた米を使い、さっぱりとした後味だ。

ステーキ
アメリカ料理

Steak

アメリカのステーキはサイズが大きいうえ、フィレなどは厚みもかなりある。日本と違って赤身が主流なので、こってり感は少ない。

サワードゥブレッド
カリフォルニアの料理

Sourdough Bread

サワードゥブレッド（酸味のあるパン）をくり抜いたものに、たっぷりのクラムチャウダーが入っているものが人気。

ホットドッグ
アメリカ料理

Hot Dog

アメリカ人にとっては、大リーグ観戦時に欠かせない、定番メニュー。全米のボールパーク（野球場）で、ホットドッグを食べ比べてみるのもおもしろい。

バーベキュー
中西部の料理

Barbecue

おもに牛肉を焼き、こってりとしたソースをつけたもの。肉をバンズに挟み、ハンバーガー風にしてもおいしい。

スペアリブ
中西部の料理

Spareribs

豚肉の肋骨の周りの部位を独自のソースで味付けしたもの。骨付きで出てくる。脂っこいがしつこくなく、複雑な味わい。

ディープ・ディッシュ・ピザ
中西部の料理

Deep Dish Pizza

5cm ほどの深さのある器に敷かれたタルト生地の上に、たっぷりのチーズと具が入ったピザ。驚くほどボリュームがある。

ガンボスープ 南部の料理

Gumbo Soup → P.468

オクラとスパイスをたっぷり使った、どろりとした濃いスープ。具はエビやチキンなどさまざま。

キャットフィッシュ（ナマズ） 南部の料理

Catfish → P.468

南部ではポピュラーな食材のナマズを使った料理。トウモロコシの粉をまぶして揚げることが多い。淡泊な味。

フライド・グリーン・トマト 南部の料理

Fried Green Tomato

まだ青くて硬いトマトを輪切りにしたものにコーンミールをまぶして揚げたもの。中身は少し酸味が残る。

ジャンバラヤ 南部の料理

Jambalaya → P.468

トマトやオニオン、スパイスをベースに、米と肉や野菜などの具を一緒に炊き込んだご飯。日本人の口にもよくあう。

オイスターロックフェラー 南部の料理

Oysters Rockefeller → P.468

カキの上にホウレンソウのピューレやバターをかけてオーブンで焼いたもの。

バナナフォスター 南部の料理

Banana Foster

バナナにシナモンをまぶしソテーする。そのあとコニャックをかけてフランベしアルコールを飛ばしたデザート。甘さと渋さを同時に味わえる。

ブレッドプディング 南部の料理

Bread Pudding

パンとレーズンをカスタードソースに浸してオーブンで焼き、最後にラム酒の甘いソースをかける。ボリューム満点のデザート。

ピーカンパイ 南部の料理

Pecan Pie

南部原産のピーカン（オニグルミ）の甘～いパイ。カフェなどでコーヒーを飲みながらピーカンパイを食べよう。

クラムチャウダー ノースイーストの料理

Clam Chowder

アサリやハマグリに似たクラムという貝を使った、クリーム仕立てのスープ。ジャガイモやタマネギなどがたくさん入っていて、ニューイングランド地方のお袋の味。

クラブケーキ チェサピーク湾の料理

Crab Cake

カニのほぐし身をハンバーグのようにまとめあげたもの。新鮮なカニのほぐし身の食感は、味わった者にしかわからない。

ベーグル ニューヨークの料理

Bagel

生地をゆでてから焼いたモチモチッとした食感のパンに、クリームチーズやサーモンなど好きなものを挟んで食べる。

チーズステーキ フィラデルフィアの料理

Cheese Steak

チーズをのせた薄切り肉とタマネギをパンに挟んだもの。どこもかなりのボリューム自慢なので、おなかをすかせておこう。

チリ シンシナティの料理

Chili → P.378

挽き肉とタマネギ、甘くない豆（チリビーン）、細く切ったチーズを、スパゲティまたはパンにのせた料理。シンシナティはこれを名物としている。

ワイルドライス ミネソタ州の料理

Wild Rice

日本の米とは異なる、イネ科の細長くて黒い穀物。肉や魚料理の付け合わせとして出てくる。スープ仕立ての「ワイルドライススープ」はミネソタ州の名産。

エンチラーダ テックスメックス

Enchilada

メキシコ料理をアメリカ風にアレンジした代表的メニュー。コーンから作ったトルティーヤで肉や野菜などの具を包み、チーズがかけられる。

ファヒータ テックスメックス

Fajita

焼いた肉や野菜をトルティーヤに包んだもの。シンプルだが、好みに合わせてサルサやサワークリームなどをトッピングできる。

アメリカの
四季＆年中行事

風物詩に映し出される季節の味わい。広大な国土をもつアメリカでは一年をとおしてイベントが繰り広げられ、それぞれの土地柄を醸し出している。

2012 年、日本がワシントン DC に桜を贈って 100 周年を迎えた

Spring

MLB 春季キャンプ
MLB Spring Training
開催地▶アリゾナ、フロリダ州
開催日▶ 2 月中旬～ 3 月下旬
メジャーリーグ（MLB）の各チームは、アリゾナ州またはフロリダ州でキャンプをする。練習風景が見物でき、選手との距離が近い。

ヒューストンロデオ
Houston Livestock Show and Rodeo
開催地▶ヒューストン
開催日▶2月下旬～3月中旬の3週間
（2013年は2月26日～3月17日）
約 80 年の歴史をもつロデオ祭り。カウボーイによるロデオショーやコンサートが毎夜開催される。

セント・パトリック・デイ・パレード
St. Patrick's Day Parade
開催地▶全米
開催日▶ 3 月 17 日前後（2013 年は 3 月 17 日）
アイルランド系住民のお祭り。バグパイプやマーチングバンドによる演奏があり、沿道は緑色に染まる。

桜祭り
National Cherry Blossom Festival
開催地▶ワシントン DC
開催日▶ 3 月下旬～ 4 月上旬
春の風物詩のひとつに数えられるのがワシントンの桜。約 3000 本の桜がポトマック河畔を覆う。

イースターパレード
Easter Parade
開催地▶全米
開催日▶ 3 月下旬～ 4 月中旬
キリスト教の祝日であるイースター（復活祭）に行われる、春らしい華やかなパレード。

ボストンマラソン
Boston Marathon
開催地▶ボストン
開催日▶愛国者の日（2013 年は 4 月 15 日）
110 年以上の歴史をもつマラソン。州の祝日である愛国者の日 Patriots' Day に催される。

メンフィス・イン・メイ
Memphis in May
開催地▶メンフィス
開催日▶ 5 月の 1 ヵ月間
世界バーベキュークッキング大会やビール通り音楽祭など、5 月の 1 ヵ月間開催される。

ケンタッキーダービー
Kentucky Derby
開催地▶ケンタッキー州ルイビル
開催日▶ 5 月第 1 土曜（2013 年は 5 月 4 日）
世界最高峰の競馬レース。世界中から強豪が集まり、日本の馬が参戦することもある。→ P.442

夏は多くの人でにぎわうカリフォルニア州のビーチ

Summer

夏

インディ 500
Indy 500
開催地▶インディアナポリス
開催日▶メモリアルデイの前日
（2013 年は 5 月 27 日）
世界 3 大レースのうちのひとつ、インディカーのレース。決勝の 3 週間も前から予選などさまざまなイベントが行われる。→ P.367

ローズフェスティバル
Rose Festival
開催地▶オレゴン州ポートランド
開催日▶ 5 月下旬～ 6 月上旬
1907 年より行われている、バラの町ポートランド最大の祭典。生花で覆われたフロート（山車）のパレードやライブ演奏など、さまざまなイベントが催される。

シカゴ・ブルース・フェスティバル
Chicago Blues Festival
開催地▶シカゴ
開催日▶ 6 月中旬の 3 日間
世界最大といわれるブルースフェスティバル。一流ミュージシャンたちの演奏を無料で堪能できる。

シェイクスピア・フェスティバル
Shakespeare Festival
開催地▶ニューヨークなど全米各地
開催日▶ 6 ～ 9 月
全米大都市の野外劇場や公園などでシェイクスピアの演劇が上映される。

サマーフェス
Summerfest
開催地▶ミルウォーキー
開催日▶ 6 月下旬～ 7 月上旬
（2012 年は 6 月 27 日～ 7 月 8 日）
ミルウォーキーのダウンタウンから近いミシガン湖畔にあるヘンリー・マイアー・フェスティバル・パーク Henry Maier Festival Park で開かれる音楽祭。→ P.323

独立記念日
Independence Day
開催地▶全米
開催日▶ 7 月 4 日
7 月 4 日の独立記念日に全米各地でさまざまなイベントが催される。クライマックスの打ち上げ花火は盛大だ。

MLB オールスターゲーム
MLB All-Star Game
開催地▶毎年異なる
（2012 年はミズーリ州カンザスシティ）
開催日▶ 7 月第 2 火曜（2012 年は 7 月 10 日）
ファン投票などによって選ばれた選手たちによる、メジャーリーグ（MLB）のオールスターゲーム。

マサチューセッツ州をはじめニューイングランド地方は、秋の紅葉が美しい

Autumn

秋

オクトーバーフェスト
Oktoberfest
開催地▶全米（ミルウォーキーが有名）
開催日▶ 9 月中旬
ドイツ系住民のお祭り。ソーセージやビールの屋台が出る。

アルバカーキ国際バルーンフェスタ
Albuquerque International Balloon Fiesta
開催地▶ニューメキシコ州アルバカーキ
開催日▶ 10月上旬～中旬（2012年は10月6～14日）
毎年 30 万人もの人が訪れる世界最大級の熱気球の祭典。約 700 の熱気球が大空に舞い上がる。

シカゴマラソン
Chicago Marathon
開催地▶シカゴ
開催日▶ 10 月上旬の日曜（2012 年は 10 月 7 日）
平坦なコースのため、世界記録が出やすいことで有名なマラソンレース。

ブリッジ・デイ・フェスティバル
Bridge Day Festival
開催地▶ウエストバージニア州
ニュー・リバー・ゴージュ
開催日▶ 10 月第 3 土曜（2012 年は 10 月 20 日）
アメリカで 2 番目の高さにある橋、ニュー・リバー・ゴージュ・ブリッジで行われるイベント。思い思いに仮装をした人が橋の上からダイビングする。
→ P.623

ハロウィン
Halloween
開催地▶全米
開催日▶ 10 月 31 日
もとは宗教行事のひとつ。魔除けのカボチャのちょうちんが町なかで売られる。

ニューヨーク・シティ・マラソン
New York City Marathon
開催地▶ニューヨーク
開催日▶ 11 月第 1 日曜（2012 年は 11 月 4 日）
スタテン島を出発し、クイーンズをとおり、マンハッタンのセントラルパークがゴールの市民マラソン大会。3 万人の一般枠に、毎年多数の市民ランナーが応募し、抽選に当選した人のみ走ることができる。

サンクスギビングパレード
Thanksgiving Parade
開催地▶全米（ニューヨークが有名）
開催日▶サンクスギビングデイ（2012年は11月22日）
さまざまなバルーンやフロート（山車）などが繰り出す。人々は、その年を象徴するものに仮装するなどして、思いっきりパレードを楽しむ。

雪質がいいと評判のソルトレイク・シティ郊外のスキー場

Winter

クリスマス
Christmas

開催地▶全米

開催日▶ 12 月 25 日

11 月下旬から、町の中心に色とりどりのオーナメントで飾りつけされた巨大なクリスマスツリーが登場する。クリスマス当日は、ショップやレストランはほとんど休みとなるので注意。

ローズパレードとローズボウル
Rose Parade & Rose Bowl

開催地▶ロスアンゼルス（パサデナ）

開催日▶ 1 月 1 日

カレッジフットボールの決勝戦“ローズボウル”に合わせて、生花で飾られたフロート（山車）が、マーチングバンドの演奏とともにパレードする。

チャイナタウンの旧正月
Chinese New Year

開催地▶全米にあるチャイナタウン

開催日▶旧暦の正月頃
（2013 年は 2 月 10 日前後）

特にサンフランシスコ、ボストンやニューヨークのチャイナタウンでは、新年が盛大に祝われる。

NHL オールスターゲーム
NHL All-Star Game

開催地▶毎年異なる

開催日▶ 1 月下旬

アメリカ 4 大プロスポーツのひとつ、アイスホッケーリーグ NHL のオールスターゲーム。2013 年は 1 月 27 日、オハイオ州コロンバスで開催の予定だ。

NFL スーパーボウル
NFL Super Bowl

開催地▶毎年異なる（2013 年はニューオリンズ）

開催日▶ 2 月第 1 日曜（2013 年は 2 月 3 日）

プロアメリカンフットボール NFL の優勝チームを決める試合。試合の合間に行われるエンターテインメントショーにはハリウッドスターや大物歌手が出演し、会場の雰囲気が一気にヒートアップする。

NBA オールスター
NBA All-Star

開催地▶毎年異なる（2013 年はヒューストン）

開催日▶ 2 月中旬（2013 年は 2 月 17 日）

プロバスケットボールリーグ NBA のオールスターゲーム。

マルディグラ
Mardi Gras

開催地▶ニューオリンズ

開催日▶ 2 ～ 3 月の火曜（2013 年は 2 月 12 日）

世界 3 大祭りのひとつといわれている。約 60 の団体が巨大で華やかなフロートを出し、ビーズのネックレスや特製のコインを観客に投げ入れる。それをもらうと幸運が訪れるといわれ、争奪戦はすさまじいものになる。→ P.463

アメリカの世界遺産

World Heritage in the U.S.A.

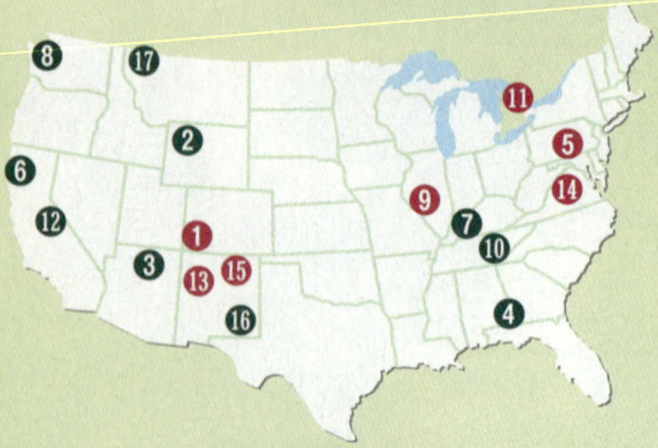

ユネスコにより選定された世界遺産。アメリカには大地の歴史が刻まれた自然遺産と、人々が作り出した文化遺産の計 21 の遺産が登録されている（2012 年 4 月現在）。
ここでは、アメリカ本土にある 17 の世界遺産を紹介しよう。

● 自然遺産　● 文化遺産

❶ メサベルデ国立公園 Mesa Verde National Park

文化遺産 →B13「アメリカの国立公園」

● 1978 年　● コロラド州
白人が入植するはるか以前の遺跡。ネイティブアメリカンによって作られた断崖の住居跡などがある。

❷ イエローストーン国立公園 Yellowstone National Park

自然遺産 →B13「アメリカの国立公園」

● 1978 年　● ワイオミング、モンタナ、アイダホ州
世界初の国立公園で、原始の森には野生動物も多く生息している。たくさんの間欠泉があることでも有名だ。

❸ グランドキャニオン国立公園 Grand Canyon National Park

自然遺産 →B13「アメリカの国立公園」

● 1979 年　● アリゾナ州
コロラド川によって浸食された大峡谷。朝日や夕暮れどきに刻々と色を変化させるさまは、まさに自然の芸術作品だ。→ P.171

❹ エバーグレーズ国立公園 Everglades National Park

自然遺産 →B13「アメリカの国立公園」

● 1979 年　● フロリダ州
フロリダ州南端の亜熱帯にある広大な湿原。バクテリア、カメやヘビ、そして鳥類やワニへと続く食物連鎖の舞台となっている。

❺ 独立記念館 Independence Hall

文化遺産 →B08「ワシントン DC」

● 1979 年　● ペンシルバニア州
独立宣言が採択された、フィラデルフィアにある独立記念館。近くには、自由の象徴であるリバティ・ベルもある。→ P.582

❻ レッドウッド国立＆州立公園 Redwood National and State Parks

自然遺産 →B13「アメリカの国立公園」

● 1980 年　● カリフォルニア州
レッドウッドとは、セコイアの一種である高木。カリフォルニア州北部の森にあるレッドウッドは高さ 100m 前後まで生長する。

❼ マンモスケイブ国立公園 Mammoth Cave National Park

自然遺産 →B13「アメリカの国立公園」

● 1981 年　● ケンタッキー州
世界いち長い洞窟で、その距離は 590km 以上にもなる。洞窟内を巡るツアーに参加して見学しよう。

※リストは登録年度が古い順に並んでいます。
※●は登録年度、●は所在する州を示す。

❽ オリンピック国立公園
Olympic National Park

自然遺産　→ B13『アメリカの国立公園』

● 1981 年　●ワシントン州

アメリカ本土の北西端にあるオリンピック半島。ジャングルを思わせる温帯森林から氷河まで変化に富んでいる。

❾ カホキア墳丘群州立史跡
Cahokia Mounds State Historic Site

文化遺産

● 1982 年　●イリノイ州

ネイティブアメリカン、カホキア族の遺跡で、マウンドと呼ばれる土を盛った墓が多く残る。→ P.362

❿ グレートスモーキー・マウンテンズ国立公園
Great Smoky Mountains National Park

自然遺産　→ B12『アメリカ南部』

● 1983 年　●ノースカロライナ、テネシー州

アメリカ東部を縦断するアパラチア山脈は今から 2 ～ 3 億年前に誕生した。その世界最古といわれる山並みには多くの野生動物が生息している。

⓫ 自由の女神
Statue of Liberty

文化遺産　→ B06『ニューヨーク』

● 1984 年　●ニューヨーク州

ニューヨーク湾に浮かぶリバティ島に立つ、ニューヨークのシンボル。フランスがアメリカ独立 100 年を祝って贈ったもの。→ P.534

⓬ ヨセミテ国立公園
Yosemite National Park

自然遺産　→ B13『アメリカの国立公園』

● 1984 年　●カリフォルニア州

季節により変化する自然のなかで、ハイキングやキャンプなどができる。落差のある滝も多い。→ P.84

⓭ チャコ・カルチャー国定史跡
Chaco Culture

文化遺産　→ B13『アメリカの国立公園』

● 1987 年　●ニューメキシコ州

西暦 850 ～ 1250 年頃のネイティブアメリカンの遺跡。住居などの建物は高度な石積みの技術が必要だったとされている。

⓮ シャーロッツビルのモンティチェロとバージニア大学
Monticello and the University of Virginia in Charlottesville

文化遺産　→ B08『ワシントン DC』

● 1987 年　●バージニア州

アメリカ建国の父と呼ばれるトーマス・ジェファソンの家と、彼が創立したバージニア大学。

⓯ プエブロ・デ・タオス
Pueblo de Taos

文化遺産　→ B14『テーマで旅するアメリカ』

● 1992 年　●ニューメキシコ州

ネイティブアメリカンの部族のひとつ。タオス・プエブロの住居は現在も人が住む。

⓰ カールスバッド洞穴群国立公園
Carlsbad Caverns National Park

自然遺産　→ B13『アメリカの国立公園』

● 1995 年　●ニューメキシコ州

内部は地下 489m、長さ 209km ある世界最大級の鍾乳洞。5 月下旬～ 10 月下旬の日暮れ時には数十万匹のコウモリが一斉に出てくる。→ P.291

⓱ グレイシャー国立公園
Glacier National Park

自然遺産　→ B13『アメリカの国立公園』

● 1995 年　●モンタナ州

その名のとおり、氷河が作り上げた雄大な風景が広がる国立公園。カナダとの国境にまたがっている。

8

11

13

14

15

16

17

※ → B06『ニューヨーク』 → B08『ワシントン DC』 → B12『アメリカ南部』 → B13『アメリカの国立公園』 → B14『テーマで旅するアメリカ』 は、それぞれの世界遺産が掲載されている地球の歩き方アメリカシリーズの名前です。

熱狂的なファンに囲まれて観戦する!!
パワーエンターテインメント

4大プロスポーツ

© NFL JAPAN.COM

©Greater Houston Convention and Visitors Bureau

アメリカ・スポーツチーム

最もアメリカらしい体験をしたいなら、４大プロスポーツの観戦がおすすめだ。４大プロスポーツとは、野球のMLB（Major League Baseball）、バスケットボールのNBA（National Basketball Association）、アメリカンフットボールのNFL（National Football League）、アイスホッケーのNHL（National Hockey League）を指す。アメリカではエンターテインメントのひとつとして考えられていて、観客を楽しませたり、会場を盛り上げたり、さまざまな工夫がなされている。熱狂的なファンに混じって観戦を楽しめば、ますますアメリカが好きになるに違いない！

© NFL JAPAN.COM

© American Airlines Center

© Greater Houston Convention and Visitors Bureau

© NFL JAPAN.COM

MLB

Major League Baseball

アメリカンリーグ 14 チームとナショナルリーグ 16 チームの 30 チームから構成されている。各リーグはさらに、東、中、西の 3 つのディビジョン（地区）に分かれる。両リーグともに、レギュラーシーズンで地区優勝した 3 チームと優勝したチーム以外でリーグ勝率上位 2 チームの計 5 チームがプレーオフを戦う。トーナメント形式のプレーオフを最後まで勝ち抜いたチームがワールドシリーズに進出。その勝者がワールドチャンピオンの栄誉に浴する。

NBA

National Basketball Association

全 30 チームは、東西ふたつのカンファレンス（地域）に分かれている。東に本拠地を置くチームはイースタンカンファレンス（15 チーム）、西に本拠地を置くチームはウエスタンカンファレンス（15 チーム）に所属。さらにカンファレンスのなかで 3 つのディビジョン（地区）に分かれ、レギュラーシーズンを戦う。レギュラーシーズンで各地区勝率 1 位のチームとそれらのチーム以外で各カンファレンス勝率上位 5 チームがプレーオフに進出。東西のカンファレンスの優勝チームが対戦するのが NBA ファイナルだ。

NFL
National Football League

アメリカンフットボール・カンファレンス（AFC）とナショナルフットボール・カンファレンス（NFC）の各16チームから成る。各カンファレンスはさらに東、北、南、西の4つのディビジョン（地区）に分かれてレギュラーシーズンを戦う。レギュラーシーズンで地区優勝した4チームとそれらのチーム以外でカンファレンスの勝率上位2チームがプレーオフに進出。両カンファレンスの優勝チームで戦うのが全米の注目を集めるスーパーボウルだ。

© NFL JAPAN.COM

NHL
National Hockey League

アメリカに23チーム、カナダに7チームの30チームあり、東のイースタンカンファレンス（15チーム）と西のウエスタンカンファレンス（15チーム）から成る。各カンファレンスはさらに3つのディビジョン（地区）に分かれ、レギュラーシーズンを戦う。各カンファレンスの勝ち点上位8チームがプレーオフに進出。各カンファレンスのプレーオフを勝ち抜いたチームがスタンレーカップに駒を進め、その勝者がNHLチャンピオンとなる。

2012年のMLB（メジャーリーグ・ベースボール）

2012年も多くの日本人がメジャーリーグに挑戦

ダルビッシュ有投手をはじめ岩隈久志投手、川崎宗則選手、青木宣親選手、和田毅投手などが新たに海を渡った。

なかでも、テキサス・レンジャースと6年5600万ドルプラス出来高400万ドルの総額6000万ドルで契約したダルビッシュ有投手は、アメリカでも注目されている投手のひとりだ。2005～11年まで日本ハム・ファイターズに7年間在籍した。その間、最優秀防御率、最高勝率、最多奪三振のタイトルを獲得し、沢村賞も受賞。また、防御率は5年連続1点台をマークした、日本球界を代表する投手だ。

テキサス・レンジャースの球場は、ダラスとフォートワースから車で約20分のところ　（テキサス州政府観光局提供）

テキサス・レンジャースはアメリカンリーグ西地区に所属。'10年、'11年と2年連続で地区優勝しているレンジャースは、'12年悲願のワールドシリーズ制覇を狙う。同じ地区には、イチロー選手や川崎選手がいるシアトル・マリナーズや高橋尚成投手がいるロスアンゼルス・エンジェルス・オブ・アナハイム、オークランド・アスレチックスが所属する。ダルビッシュ投手対イチロー選手の試合は誰もが見たいところだ。

テキサス・レンジャースの本拠地、レンジャース・ボールパーク・イン・アーリントンは、約4万8000人を収容する　（テキサス州政府観光局提供）

MLBで活躍するおもな日本人選手

ダルビッシュ有投手以外にも、イチロー選手や黒田博樹投手など多くの日本人選手がMLBで活躍する。松井秀喜選手もマイナーながら、タンパベイ・レイズ（URL tampabay.rays.mlb.com）で巻き返しを目指す。彼らが所属するチームは、全米に散らばっているので、下記を参考に現地で応援したい。MLBならではの迫力あるプレーが目の前で繰り広げられること間違いない。最高の舞台で、日本人同士の対決を見逃すことはできない。

2012年5月15日現在

アメリカの都市 ワンポイント紹介

広大な国だけに、所変われば町の雰囲気も異なる。
まずは本書で紹介されている都市を、5つのエリアに分けて紹介しよう。

カリフォルニアと西海岸 →P.59

日本人にもなじみのある町が多いアメリカ西海岸。
スペシャリティコーヒーで有名となったシアトルから、
メキシコと接するサンディエゴまでさまざまな雰囲気をもつ。
ディズニーランドのテーマパークやラスベガスのカジノ、
グランドキャニオンの大自然と見どころが豊富だ。
日本からの直行便が多く、アクセスしやすいのも特徴。

①シアトル →P.131
カナダ国境に近く、アメリカ北西部最大の町。自然に恵まれ、スペシャリティコーヒー発祥の地として有名だ。

②ポートランド →P.144
ファーマーズマーケットが頻繁に開かれ、地産地消が進むエコの先進都市。郊外のマウントフッドやコロンビアリバーではアウトドアスポーツが盛んだ。

③リノ →P.153
シエラネバダ山脈の麓に位置する小さなカジノの町。昔の西部の面影が今も残る。

④サンフランシスコ →P.61
ゴールデンゲート・ブリッジやケーブルカーなど、ドラマや映画で一度は見たことのある風景が広がる。

⑤ヨセミテ国立公園 →P.84
景観の美しさは筆舌に尽くしがたい。エルキャピタンは、世界最大の一枚岩の花こう岩として有名だ。

⑥ラスベガス →P.158
砂漠に忽然と姿を現すネオンの洪水。華やかなカジノとエンターテインメントを楽しみたい。

⑦ロスアンゼルス →P.89
映画の都ハリウッドや高級住宅街のビバリーヒルズ、太平洋岸のビーチ、ディズニーランドなどがある。

⑧サンディエゴ →P.119
メキシコとの国境沿いにある都市。動物園とシーワールドが世界的に有名だ。近郊のラ・ホヤは芸術家に愛されている風光明媚な町。

⑨モニュメントバレー →P.178
アメリカの原風景といわれ、西部の大平原に立つビュート（残丘）は数々の映画やテレビにも登場する。

⑩グランドキャニオン国立公園 →P.171
長い年月を経て形成された大自然の景観は"圧巻"のひとこと。アメリカを代表する国立公園だ。

①

②

④

⑦

ロッキー山脈と西部 →P.181

ロッキー山脈の北は、積雪があり、世界中のスキーヤーやスノーボーダーが訪れる。南下するにつれ、砂漠地帯が現れ、広大なアメリカの大地を実感できる。日本からは、ダラス／フォートワースとヒューストンへ直行便が飛ぶ。

❶ボーズマン →P.207
町の西側をロッキー山脈が縦断する自然の宝庫。アウトドアスポーツ好きが集まる。イエローストーン国立公園へのゲートシティのひとつ。

❷ボイジー →P.204
ポテトの生産量が全米いちを誇るアイダホ州の州都であるが、こぢんまりとしていて歩きやすい。

❸ビスマーク →P.210
カナダと接するノースダコタ州の州都。豊かな自然のなか、バードウオッチングやトレッキングができる。

❹ラピッドシティ →P.212
4人の大統領の顔が巨大な岩山に刻まれた"マウントラシュモア"への玄関口として有名。

❺シャイアン →P.216
世界最大級の野外ロデオイベントが開催されるカウボーイタウン。ウエスタンブーツのモニュメントが町なかに点在する。

❻ソルトレイク・シティ →P.183
2002年に冬季オリンピックが開催された町。モルモン教の総本山がある。

❼デンバー →P.193
ロッキーマウンテン国立公園への入口。標高が1マイル（約1609m）のこの町は、"マイル・ハイ・シティ"と呼ばれている。

❽オマハ →P.220
大陸横断鉄道がこの地でつながり、かつては鉄道の町として知られた。鉄道博物館がある。

❾ウィチタ →P.224
『オズの魔法使い』の舞台となったカンザス州最大の町。ボーイングやセスナの工場もあり、航空産業が盛んだ。

❿フラッグスタッフ →P.232
標高2100mにあり世界中のアスリートが高地トレーニングに訪れる。ルート66が町の中心をとおる。

⓫セドナ →P.234
大地のエネルギーを感じるパワースポット。スピリチュアルな場所として、多くの人が癒しを求めてやってくる。

⓬フェニックス →P.238
夏は40℃を超えるが、冬は快適な気候のため、フロリダ州と並ぶアメリカでも有数の避寒地だ。

⓭サンタフェ →P.247
ネイティブアメリカンとメキシコ文化がいり交じる町。美しい町並みにひかれ多くの芸術家が住む。

⓮エルパソ →P.284
メキシコのシウダーフアレスと国境を接し、ダウンタウンはメキシコ人観光客であふれる。

⓯オクラホマシティ →P.228
牧畜が盛んなオクラホマ州の州都。牛のオークションは世界最大規模だ。

⓰フォートワース →P.259
ストックヤードは西部劇のムードがいまだに息づく町。いかにも"テキサス"といった感じの古い町並みが広がる。

⓱ダラス →P.250
テキサス州を代表するビジネスシティ。ケネディ大統領が暗殺された町としても有名だ。

⓲サンアントニオ →P.280
テキサス独立のきっかけとなったアラモの戦いで知られる。アメリカ人観光客に大人気。

⓳オースチン →P.268
2012年にF1の開催地となることから、注目度急上昇中の町。毎年3月には、世界3大音楽見本市のひとつサウス・バイ・サウス・ウエストも開催される。

⓴ヒューストン →P.271
全米で4番目に人口が多い、テキサス州で最大の都市。郊外にNASAの宇宙センターがあり、"スペースシティ"の名をもつ。

2

16

五大湖と中西部 →P.293

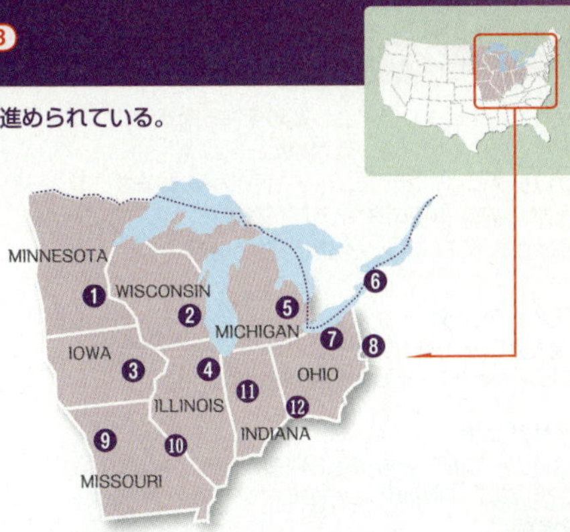

五大湖周辺は工業地帯として栄え、現在は再開発が進められている。ミネアポリス／セントポールやデトロイト、シカゴへ日本からの直行便が飛ぶ。

❶ミネアポリス／セントポール →P.328
ミシシッピ川沿いに並ぶふたつの町は“ツインシティズ”と呼ばれる。自然と都会が調和した町並みが美しい。

❷ミルウォーキー →P.318
ミシガン湖を望む穏やかな町は、ミラー·クアーズビールの工場とハーレー・ダビッドソン博物館がある。

❸デモイン →P.345
農業をおもな産業とするアイオワ州の州都。世界最大規模のスカイウエイがある。

❹シカゴ →P.295
アメリカ第３の都市。個性的なデザインの建物が多く林立し、まるで町全体が建築博物館のようだ。

❺デトロイト →P.380
アメリカの大手自動車会社、フォードとGM、クライスラーのビッグ３が本社を構える自動車産業の町。

❻ナイアガラフォールズ →P.413
ナイアガラの大瀑布で世界的に有名な観光スポット。洞窟や滝の裏側を見るツアーなど、滝を体験できるアトラクションは人気がある。

❼クリーブランド →P.392
五大湖工業地帯の中心都市であったが、現在は、再開発が進められ活気あふれる町に生まれ変わった。

❽ピッツバーグ →P.401
鉄鋼の町として知られた町は、再生を図り充実した文化施設と公共交通が発達した“住みやすい町”となっている。

❾カンザスシティ →P.348
アメリカのほぼ真ん中に位置する町。ダウンタウンには随所に噴水があり、世界第２位の数を誇る。スペアリブの本場。

❿セントルイス →P.356
大西部への入口を象徴するモニュメント、ゲートウエイアーチで有名。ミシシッピ川の河畔にある。

⓫インディアナポリス →P.364
毎年５月にインディ500が開催され、世界中からレースファンが押し寄せるカーレースの町。

⓬シンシナティ →P.372
“Queen City”の名のとおり、穏やかでゆったりとした雰囲気が漂う町。オハイオ川沿いに広がる。

4

5

6

7

10

フロリダと南部 →P.425

サザンホスピタリティとして知られる南部流おもてなし、
そしておいしい料理が魅力的だ。
フロリダには、ディズニー・ワールドのあるオーランドや
世界のリゾート都市マイアミがある。
日本からはアトランタへ直行便が飛ぶ。

❶アトランタ →P.427
『風と共に去りぬ』の舞台となった町。南部を代表するビジネスシティとして発展を続ける。

❷サバンナ →P.481
"Garden City" と呼ばれる緑豊かな町。石畳が敷かれ、コロニアル時代からのロマンティックな建物が並ぶ。

❸ルイビル →P.441
3 歳馬の世界最高峰を決める競馬、ケンタッキーダービーの開催地。

❹リッチモンド →P.469
南北戦争では南部同盟に属したバージニア州の州都。南北戦争に関する展示では全米最大規模の南部同盟博物館がある。

❺リトルロック →P.453
アーカンソー州の州都。クリントン元大統領の出身地として知られ、彼の博物館がある。

❻メンフィス →P.447
ロックンロールの帝王、エルビス・プレスリーの町として有名。キング牧師が銃弾に倒れた地でもある。

❼ナッシュビル →P.443
カントリー音楽の聖地。町を歩けばあらゆるジャンルの音楽が聴こえてくる。

❽シャーロット →P.471
ニューヨークに次ぐアメリカ第 2 の金融都市。人口の増加も著しく、町全体に勢いがある。

❾トゥペロ →P.451
エルビス・プレスリーの生まれた町。生家は博物館として公開されている。

❿モントゴメリー →P.455
公民権運動を広めるターニングポイントとなった"バスボイコット運動" が起きた町として有名。

⓫チャールストン →P.477
多くの教会が建ち並ぶ美しい町。アメリカ人の間で人気がある。

⓬ニューオリンズ →P.457
ヨーロッパの香りを残す町。ジャズ誕生の地として、いたるところでライブ演奏が行われている。

⓭オーランド →P.484
フロリダ半島のほぼ中央にある町。ディズニー・ワールドをはじめ 10 以上のテーマパークが集まる。

⓮マイアミ →P.498
冬は暖かく、避寒地として有名。美しいビーチを求めて世界中からやってくる観光客で一年中にぎわう。

⓯キーウエスト →P.511
作家ヘミングウェイの愛したアメリカ最南端の島として有名。陽気で開放的なムードはゲイの人たちにも人気だ。

ニューヨークと東部 →P.521

流行発信地として知られるニューヨークや政治の中心ワシントン DC、歴史豊かなボストンなどがあるアメリカ東部。日本からは、ニューヨークとワシントン DC、ボストンへ直行便がある。

❶ストウ →P.566
映画『サウンド・オブ・ミュージック』のモデルとなった、トラップ一家が巡り合った安住の地。

❷ポートランド →P.568
アメリカ本土最北のメイン州にある。中心部は赤レンガの建物が並び、ノスタルジックな雰囲気が漂う。

❸ポーツマス →P.570
日本では歴史の教科書に出てくる、ポーツマス講和条約が締結された町。

❹ボストン →P.548
アメリカ誕生時の町のひとつで、アメリカの歴史を語るうえで欠かせない。ハーバード大学など大学が多い。

❺ニューポート →P.572
ニューヨークの大富豪たちが別荘を建てたリゾート地として有名。豪華なヨットが並ぶ港は町の観光スポットだ。

❻ハートフォード →P.575
保険産業の中心地。『トム・ソーヤの冒険』を執筆したマーク・トウェインの家があることでも知られる。

❼ニューヨーク →P.523
ビジネスの中心、文化の発信源として常に世界をリードし続ける世界で一番エキサイティングな町。

❽フィラデルフィア →P.577
ボストンと肩を並べる"歴史の町"。独立宣言の起草がこの町で行われた。

❾アトランティックシティ →P.545
東海岸のラスベガスとも呼ばれる。大西洋に面して続く遊歩道やカジノホテルが有名。

❿ウィルミントン →P.589
合衆国憲法を最初に批准したデラウエア州の都市。総合化学メーカー、デュポン社の創業の地でもある。

⓫ボルチモア →P.618
大西洋が深く入り込んだチェサピーク湾にある。ベーブ・ルースが生まれた町として有名。

⓬ワシントン DC →P.593
アメリカ合衆国の首都。歴史的モニュメント、博物館や美術館など見どころが多く、無料で回れるところがほとんど。

⓭チャールストン →P.620
アパラチア山脈の自然に抱かれた町で、秋の紅葉が特に美しい。郊外ではラフティングなどアウトドアスポーツが盛ん。

編集室おすすめの おみやげ情報

アメリカに行ったら、日本へのおみやげは必須だろう。できれば、軽くてかさばらないものがいい。編集室がおすすめするのは、最近話題のエコバッグや定番のチョコレートなど。ここでは、身近なスーパーマーケットやデパートなどで入手できるものを中心に紹介しよう。

ベースボールキャップやＴシャツ
テキサス・レンジャースのオフィシャルショップは、レンジャースの球場以外にダラスやフォートワースにもある。
（Ｔシャツ $26.99～、キャップ $34.99～）

宇宙食のアイスクリーム
ワシントン DC の国立航空宇宙博物館や**ヒューストン**のスペースセンター、**オーランド**のケネディ宇宙センターで購入できる。
（$5 ～）

キーホルダー型栓抜き
ボストンの地ビール、サミュエル・アダムスはコクがあっておいしいと好評。ボストンから地下鉄で 20 分のビール工場にはギフトショップがある。
（$3.99 ～）

エコバッグ
カリフォルニア州を中心に全米に展開するグルメ・スーパーマーケットのトレーダー・ジョーズ。地域によりデザインが異なるエコバッグは、格安の値段。
（99¢～）

宇宙ブランケット
NASA で開発された特殊素材のブランケット。**オーランド**にあるスペースセンターのギフトショップには、宇宙に関連した商品が豊富に揃う。
（$5.99）

キャンディ
ソノラン砂漠の真ん中にある**フェニックス**は、サボテンがいたるところに繁殖している。サボテンを使ったカクタス・キャンディはアリゾナ州ならでは。
（$12.99 ～）

鉛筆立て

カウボーイタウンである**フォートワース**は、ウエスタンブーツにカウボーイハットをかぶった人が闊歩する。ウエスタンブーツがデザインされた鉛筆立て。
($10～)

ヘーゼルナッツ

オレゴン州はヘーゼルナッツの生産がアメリカいち。**ポートランド**ダウンタウンのスーパーマーケットやファーマーズマーケットで販売している。
($5.49～)

ピンバッジ

ヒューストンにもスペースセンターがあり、ロゴ入りグッズはおみやげの定番。なかでもピンバッジは人気商品のひとつだ。
($4.50)

メープルシロップ

バーモント州はメープルシロップの生産量が全米いち。**ストウ**にあるトラップ・ファミリー・ロッジのボトルに入ったもの。
($6.95～)

ファスナーの引き手

アメリカの首都、**ワシントンDC**にある国会議事堂をモチーフにした引き手は、素材やデザインによって値段もさまざま。
($4.49～)

バーベキューソース

カンザスシティで一番人気があるバーベキューレストラン(Jack Stack Barbecue)の味を自宅で再現することができる。
($4.95～)

リラックスグッズ

サンフランシスコ郊外のソノマで栽培されたラベンダーを使う、人気のリラックスグッズ。
(くつ下 $40、ボディローション $15.95、サシェ $3.95)

文房具

ボストンにあるハーバード大学は、アメリカ最古の大学。クープ(生協)には、ロゴ入りノートやペンなどが揃う。
(ペン $2.95～、ノート $3.95～)

チョコレート

サンフランシスコで最も有名なチョコレート(Ghirardelli Chocolate)は、アーモンドやキャラメルが入ったものなどいろいろ。スーパーマーケットなどで購入できる。
($2～)

アメリカへの誘い

「広いアメリカ」を実感するには、地平線が見える大地を突っ走るしかない。「おもしろいアメリカ」を体験したければ、イベントに自ら足を運ばなければならない。本当のアメリカを知るには、自分で北米大陸を歩いてみることだ。

『地球の歩き方 アメリカ』は、アメリカをひとり旅するためのガイドブックである。あまりお金がなくても、時間と体力のある人にふさわしい旅を目指している。すべてのページには、経済的で自由な旅、ユニークかつエキサイティングなアメリカ体験に必要な情報が集められている。

例えば、車社会であるアメリカの町を、バスや地下鉄を使って安全に旅する方法を追求したり、安くて満足できるホテルやレストランを紹介している。見どころの案内だけでなく、プロスポーツ、エンターテインメント、ナイトスポット、現地発のツアー情報も載せてある。ダウンタウン中心の役立つ地図も自慢のひとつだ。そして、ほかにもひとり歩きに必要な項目を満載してある。

『地球の歩き方』は、編集室の現地取材と実際に旅をしてきた人たちの投稿によってできた本である。したがって、データが具体的であり、体験的なものが多いので信頼できる。

「アメリカに行ってみよう」と思った瞬間から旅は始まっている。まずは、旅の準備と技術を読むことからスタートして、自信がついたら、自分自身のアメリカの旅を実現してほしい。

『地球の歩き方』を片手に気ままに歩くアメリカ。そして、その体験で、『地球の歩き方』がますます充実していくことになれば、とてもうれしい。

『地球の歩き方』編集室

California & West Coast

カリフォルニアと西海岸

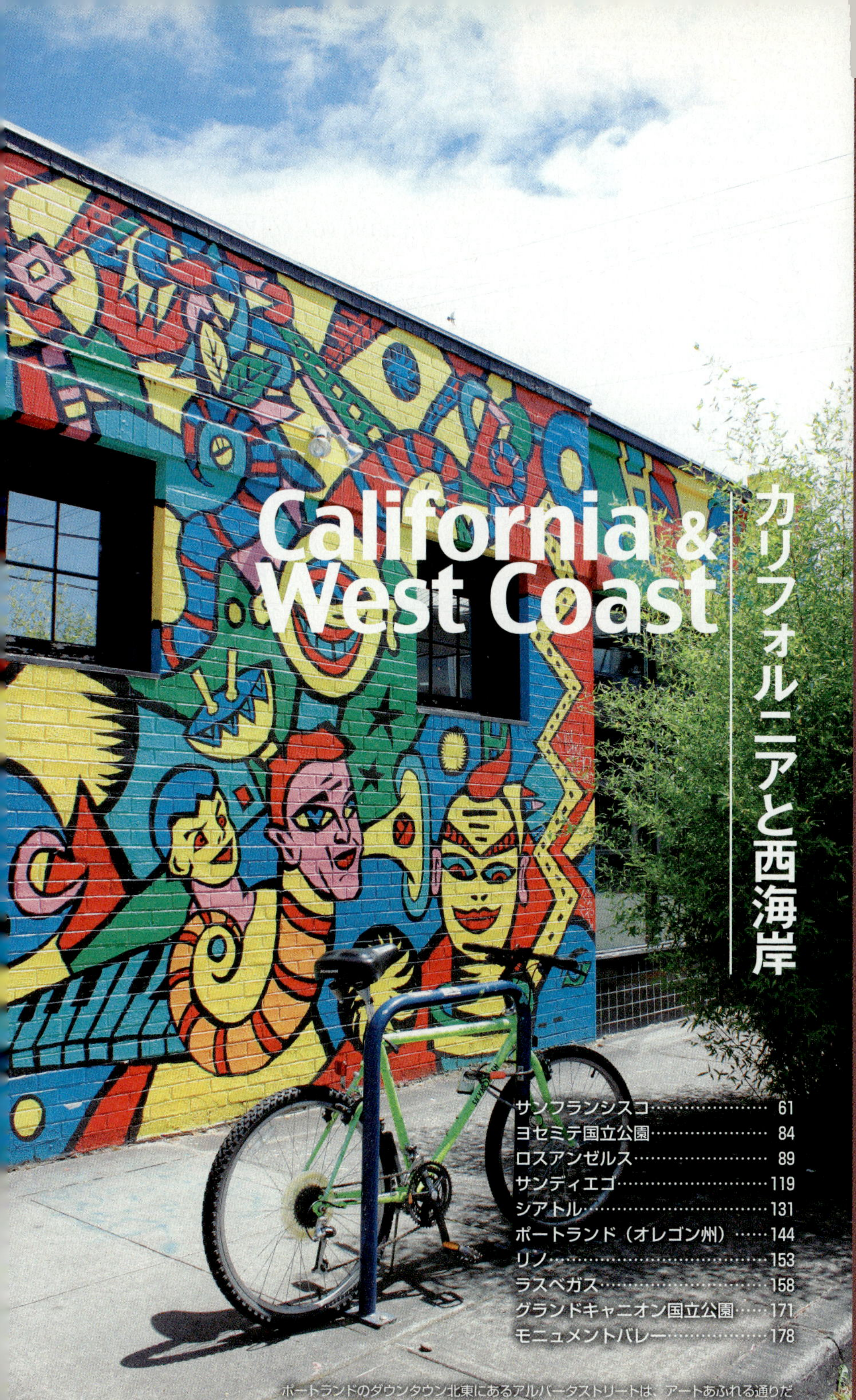

ポートランドのダウンタウン北東にあるアルバータストリートは、アートあふれる通りだ

カリフォルニアと西海岸
所要時間と料金／アクセスマップ

サンフランシスコ
San Francisco

霧がよく似合う坂の町

サンフランシスコのシンボル、ケーブルカーに乗ってみよう

サンフランシスコの町は、実に美しい。観光都市としてだけでなく、アメリカ人の間でも住みたい町の上位に長いこと輝いているのもうなずける。

1年をとおして気温差の少ない気候で、夏涼しく冬温かい。町の規模が小さいにもかかわらず、変化に富んだ美しい景観をもつ。そして、西と東のさまざまな文化を吸収してきた港町でもある。

サンフランシスコは、初めて海外を訪れる人にとってもうれしい町だ。サンフランシスコ国際空港から市内へのアクセスもよく、路線バス、地下鉄などの公共交通機関も発達している。また、町が碁盤の目のように整備されているうえに、おもな見どころは歩いて行ける範囲にあるのでアメリカ旅行を始めるにはうってつけの町なのである。ここで歩き方をマスターして、アメリカでの第一歩を踏み出そう。

ワインカントリーは町から車で1時間ほど

GUIDE BOOK 地球の歩き方B02アメリカ西海岸編（1700円＋税）、B04サンフランシスコ編（1700円＋税）でもサンフランシスコを紹介していますので、ご活用ください。

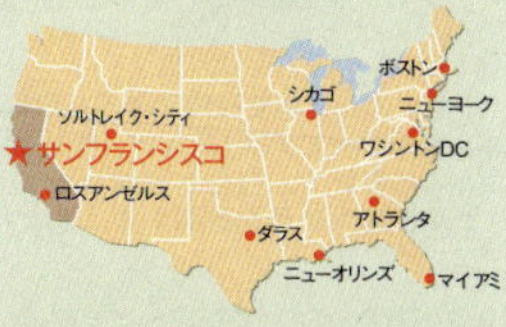

DATA

人口 約80万5200人
面積 121km²
標高 最高282m　最低0m
TAX セールスタックス　8.50%
ホテルタックス　14%
属する州 カリフォルニア州
California
州のニックネーム 黄金州
Golden State
州都 サクラメント　Sacramento
時間帯 パシフィック・タイムゾーン
P.631
繁忙期 年間をとおして

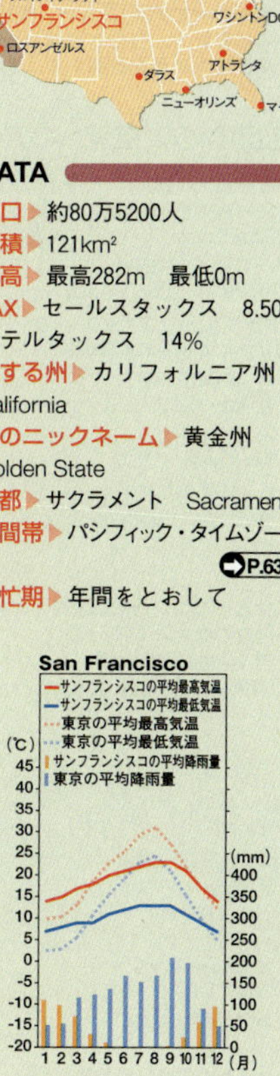

飛行機 Plane

サンフランシスコ国際空港
San Francisco International Airport (SFO)

ダウンタウンの南約25kmに位置する国際空港。ロスアンゼルスやシカゴ、ニューヨークなどおもな都市から乗り入れる。空港内の各ターミナル、駐車場、レンタカーセンター、国内線からバート駅などへの移動は、無人電動列車エアトレインAirTrainで簡単だ。またバートP.68を利用すればダウンタウンへも約30分で行ける。

ターミナルは4つ。国内線専用のターミナル1〜3と国際線ターミナルがある。日本からの直行便は国際線ターミナルに到着する。ターミナルは駐車場を円状に囲んで位置し、各ターミナル間は連絡通路でつながっている。

ターミナルの構造は、到着階（2階）のLevel 2と出発階（3階）のLevel 3から構成される。出発階には各航空会社のチェックイン・カウンター、出発ゲート、みやげ物屋やレストランが、到着階にはバゲージクレーム（機内預け荷物のピックアップ場所）、案内所などがある。タクシー、空港シャトルバン、郊外への空港バスなどは到着階または出発階から、路線バスは1階から出発する。

サンフランシスコ国際空港
地P.78 A-2、P.65 E-4外
☎(650)821-8211
Free(1-800)435-9736
URL www.flysfo.com

日本の成田国際空港からデルタ航空、全日空、ユナイテッド航空が、また関西国際空港からはユナイテッド航空の直行便がそれぞれ運航されている。羽田空港からは日本航空が直行便を毎日運航中

ダウンタウンへも近くて便利な空港だ

SFOから市内への交通
市内へ向かう各交通機関の乗り場は、利用するターミナル（国際線、国内線）によって異なる。自分が到着したターミナルの案内表示を確認するように

空港から／空港へのアクセス

	種類／名称／連絡先	行き先／運行／料金	乗車場所／所要時間／備考
空港シャトルバン	スーパーシャトル SuperShuttle ☎(415)558-8500 URL www.supershuttle.com アメリカン・エアポーター・シャトル American Airporter Shuttle ☎(415)202-0733 URL www.americanairporter.com ベイシャトル Bay Shuttle ☎(415)564-3400 URL www.bayshuttle.com	行き先▶市内や周辺どこでも 運行▶24時間随時 料金▶ダウンタウンまで片道$17前後	空港発▶国際線の場合は出発階（3階）を出た中洲、国内線は出発階（2階）を出た中洲から乗車 空港行き▶事前に電話予約 所要時間▶ダウンタウンまで約30〜50分
路線バス	サムトランズ #KX、292 SamTrans #KX, 292 Free(1-800)660-4287 URL www.samtrans.com	行き先▶市内のMission & 7th Sts.、Mission & 1st Sts.のトランスベイ・テンポラリーターミナル P.63 運行▶KX（急行）は空港発月〜金6:20〜22:44、土7:24〜21:33、日・祝日7:31〜21:41の1時間に1〜2本運行 #292は空港発月〜金5:30〜翌1:16、土・日・祝日5:37〜翌1:18の1時間に1〜3本運行 料金▶KXは$5、#292は$2	空港発▶国際線は1階の路線バス乗り場A、Gから、国内線はターミナル1の1階の路線バス乗り場2から乗車 空港行き▶トランスベイ・テンポラリーターミナルまたはMission St.沿いなどから乗車 所要時間▶KXで約30分、#292で約1時間 ※KXには大きな荷物の持ち込み不可 ※夜間はタクシーやシャトルなどを利用すること
電車	バート BART ☎(650)992-2278 URL www.bart.gov	行き先▶市内のPowell St.駅、Montgomery St.駅、Embarcadero駅などのバート駅 運行▶空港発は毎日4:09〜23:54（土6:07〜、日8:07〜）の15〜20分間隔 料金▶$8.10	空港発▶国際線の場合はターミナル3階のバート駅へ。国内線は空港内を走るエアトレインでGarage G / San Francisco Int'l Airport駅へ行き、そこからバートに乗車 空港行き▶バート各駅から乗車 所要時間▶ダウンタウンまで約30分
タクシー	イエローキャブ Yellow Cab ☎(415)333-3333	行き先▶市内や周辺どこでも 運行▶24時間随時 料金▶ダウンタウンまで$37、フィッシャーマンズワーフまで$44（空港利用料$2が加算）	空港発▶国際線の場合は到着階（2階）から、国内線は到着階（1階）を出たところから乗車 ※毎日7:00〜翌1:00までタクシー係がいる 空港行き▶事前に電話予約、または主要ホテルから乗車 所要時間▶ダウンタウンまで約20〜40分

※それぞれの乗り物の特徴についてはP.665

投稿 空港シャトルバン▶空港から市内までシャトルバンで行こうと客待ちしているシャトルのスタッフに値段を聞いたところふたりで$60とのこと。「高い！」と言うと$50にまけてくれたが、結局バートで行くことに。↗

オークランド国際空港
Oakland International Airport (OAK)

ベイブリッジを挟んでサンフランシスコの対岸にある空港。

オークランド国際空港
地P.78　B-2
住1 Airport Dr., Oakland
☎(510)563-3300
URL www.flyoakland.com

■ 空港から／空港へのアクセス

種類／名称／連絡先		行き先／運行／料金	乗車場所／所要時間／備考
路線バス＋電車	エアバート＋バート AirBart + BART ☎(510)465-2278	**行き先**▶市内のPowell St.駅、Montgomery St.駅、Embarcadero駅などのバート駅 **運行**▶OAK発エアバート毎日5:00～24:00（日・祝日8:00～）の10～20分間隔、空港バート駅発毎日4:48～翌0:23（土6:00～、日8:06～）の5～15分間隔 **料金**▶$6.80（エアバート$3＋バート$3.80）	**空港発**▶バゲージクレーム付近のエアバート専用バス停からエアバートに乗車し、Coliseum/Oakland Airport駅（バート駅）でバートに乗り換え市内へ **空港行き**▶バート各駅から乗車 **所要時間**▶ダウンタウンまで約35～40分
タクシー	フレンドリーキャブ Friendly Cab ☎(510)536-3000	**行き先**▶市内や周辺どこでも **運行**▶24時間随時 **料金**▶約$60～80(チップ含む)	**空港発**▶各ターミナルの前から乗車 **空港行き**▶事前に電話予約、または主要ホテルから乗車 **所要時間**▶ダウンタウンまで約45分

※それぞれの乗り物の特徴については➡P.665

ノーマン・Y・ミネタ・サンノゼ国際空港
Norman Y. Mineta San José International Airport (SJC)

サンフランシスコの南約75km、車で約1時間、シリコンバレーにある空港。空港内は無料のシャトルバスが走っており、各ターミナル間、駐車場、レンタカーセンターへの移動も簡単だ。また、各ターミナルにインフォメーションブースがある。

ノーマン・Y・ミネタ・サンノゼ国際空港
地P.78　地図外
住2077 Airport Blvd., San Jose
☎(408)277-4759
URL www.flysanjose.com
●American Airporter Shuttle（空港シャトル）
☎(415)202-0733
料サンフランシスコダウンタウンまで1時間30分、$99

■ 空港から／空港へのアクセス

種類／名称／連絡先		行き先／運行／料金	乗車場所／所要時間／備考
路線バス＋鉄道	VTA バス＋カルトレイン Valley Transportation Authority + Caltrain VTAバス　☎(408)321-2300 カルトレイン Free(1-800)660-4287	**行き先**▶市内のカルトレイン駅 **運行**▶Santa Clara駅発月～土4:30～22:35（土7:05～）、日・祝日8:05～21:05の15～60分間隔 **料金**▶$8.75〔VTAバス＃10（無料）＋カルトレイン$8.75〕	**空港発**▶各ターミナルにあるバス停からVTA Airport Flyer #10（Westbound 西向き）でSanta Clara駅へ。そこからカルトレインに乗りサンフランシスコ市内へ **空港行き**▶カルトレインの各駅から乗車 **所要時間**▶ダウンタウンまで約1時間20～50分

※それぞれの乗り物の特徴については➡P.665

長距離バス　Bus

トランスベイ・テンポラリーターミナル
Transbay Temporary Terminal

ダウンタウンの東にある総合バスターミナル。ここからグレイハウンドやミュニバスをはじめ、空港に行くサムトランズやオークランドに行くACトランジットなどが発着している。グレイハウンドの乗り場などはFolsom St.側にある。

トランスベイ・テンポラリーターミナル
地P.73　F-4　住Beale & Main Sts.
URL temporaryterminal.org
※トランスベイターミナルは改装工事中。詳細はURL transbaycenter.org/
●Greyhound
☎(415)495-1569
開毎日5:30～翌1:00（チケット売り場は23:59まで）
行ユニオンスクエアまでは徒歩20～25分。または、ターミナルHoward St.側から#38、38Lのミュニバスで約8分、Powell St.で下車（料$2）

鉄道　Train

アムトラック駅
Amtrak Station

アムトラックの鉄道はサンフランシスコ市内に直接乗り入れていない。東対岸の**エメリビルEmeryville**と**オークランドOakland**に駅がある。サンフランシスコのダウンタウンとそれらの駅間は、**アムトラック連絡バスAmtrak Thruway Bus**が運行している。バス停はカルトレイン駅、ウエストフィールド・サンフランシスコ・センター、ピア39など。アムトラックの鉄道利用者は無料。オフィスはフェリービルディング隣にある。

アムトラック駅
Free(1-800)872-7425
●Emeryville
住5885 Horton St., Emeryville
●Oakland
住245 2nd St., Oakland
●フェリービルディングのバス停
地P.73　F-2
住101 The Embarcadero
開毎日6:00～18:30、19:00～22:50(チケットはターミナル閉鎖の30分前まで)
行場所はMarket St.の東端。Market St.を西に20分も歩けば観光案内所だ。2ブロック西のEmbarcadero駅からミュニメトロに乗車しPowell St.駅で下車。出口を出れば観光案内所は目の前。暗くなってからはタクシーを使うように

↘人数が揃っていなかったから高くなったのかは分からないが、観光客プライスだと思った。
（埼玉県　柴野ひとみ　'10）['12]

Getting Around サンフランシスコの歩き方

夏でも防寒対策を
アメリカ西海岸というと、一年中快晴で温暖なイメージが強いが、サンフランシスコはちょっと異なる。1日のなかでも、天気や気温の変化が激しい。春夏も防寒対策が必要だ。重ね着が基本、ストールなどもあると心強い。驚くほど急な坂道も多いので、スニーカーのほうが安心だ

サンフランシスコは、こぢんまりしてとても歩きやすい町だ。三方を海に囲まれ、坂の多い風光明媚な町としても知られている。町を歩くときは急な坂も多いので、ケーブルカーなどの交通機関をうまく使おう。道路は規則正しく碁盤の目のように走っているので、ふたつの通りの名前がわかっていれば、自分がどこにいるのかすぐに見当がつく。

スタート地点は、町の中心である**ユニオンスクエア Union**

メモ **水陸両用のツアーバス▶**市内観光とベイクルーズが体験できるRide the Ducks San Francisco。ユニークなパフォーマンスが評判のキャプテン兼ガイドによる90分のツアー。チケットブースはフィッシャーマンズ↗

Squareがいい。ケーブルカー、ミュニバス、ミュニメトロなどの交通機関が、ここを中心に走っており、近くには観光案内所もある。この町で見逃せない観光ポイントは、フィッシャーマンズワーフ、アルカトラズ島、ゴールデンゲート・ブリッジ、チャイナタウンなど。観光シーズンのアルカトラズ島は大変な混雑で、できれば1週間前には予約を入れたい。また、サンフランシスコは、ユニオンスクエアを中心としたエリアにデパートや有名ブランド店が集中しているため、「全米で最もショッピングしやすい町」ともいわれている。

しっかり計画を立てれば、中身の濃い旅ができること間違いなし!

世界いち曲がりくねった通り、ロンバードストリート

観光案内所は Powell St. 駅前だ

サンフランシスコ観光案内所
地P.72　C-5
住900 Market St.
☎(415) 391-2000
開毎日9:00～17:00（土・日・祝日～15:00）
休11～4月の日曜、サンクスギビング、12/25、1/1

●サンフランシスコ観光協会
URL www.sf-japan.or.jp（日本語）
www.sanfrancisco.travel
日本語によるイベント案内
☎(415) 391-2101

サンフランシスコ市交通局
サンフランシスコ・シティ・サービス
☎311（SF市内からの通話のみ）
URL www.sfmta.com

旅行者に便利なミュニパスポート
交通局では、ケーブルカー、ミュニバス、ミュニメトロに乗り放題のミュニパスポートMuni Passportを発行している。SFMTAのカスタマーサービスセンター（住11 S. Van Ness Ave. at Market St.）や上記の観光案内所、空港のインフォメーションブースで購入可能
料1日券$14、3日券$21、7日券$27

電子カード、クリッパーCLIPPER
ミュニ、バート、ゴールデンゲート・トランジット、ACトランジット、サムトランズ、カルトレイン、VTA（サンタクララバレー交通局）などのベイエリア一帯の交通機関に相互で使える（'12年4月現在）、電子カード、クリッパーCLIPPERのサービスが昨年より開始。カードはPowell St.駅の券売機、フェリービルディング内にあるKiosk、ウォルグリーンズなどで販売($5)。使用方法は、クリッパーのリーダーに音がなるまでカードをタッチするだけ。入金（チャージ）は駅にある専用機でできる

サンフランシスコが初めてなら

春と初夏の午前中は霧が出やすいので、早いうちにゴールデンゲート・ブリッジを見学し、#28のミュニバスでフォートメイソンまで行こう。そこから東へ歩いてフィッシャーマンズワーフへ。ワーフからチャイナタウンへは、ケーブルカーで移動。チャイナタウンのあとは、ショッピングを楽しみながら歩いてユニオンスクエアに戻るといいだろう。

観光案内所 ……………… Visitors Information

サンフランシスコ観光案内所
San Francisco Visitor Information Center

ケーブルカーの発着所、Powell & Market Sts.の角。バートとミュニメトロのPowell St.駅への階段を下りると目の前だ。地図、イベント情報、ツアーのパンフレット、ホテルリストなど観光に必要な情報のほとんどを入手することができる。日本語を話せるスタッフ、日本人スタッフもいるので安心。

市内の交通機関 ……… Public Transportation

サンフランシスコ市交通局
San Francisco Municipal Transportation Agency (SFMTA)

サンフランシスコ市民の足となっているケーブルカー、ミュニバス、ミュニメトロ（おもに中心部は地下、郊外は路面）を管理運営している機関。24時間運行の路線もあり、実に便利な観光の足となる。観光案内所でもらえるSan Francisco Visitor Mapで行きたい場所と、そこを走っているバスなどの路線番号を確認しよう。

目的地までバスやメトロを乗り継いで行くのなら、トランスファー（乗り換え）チケット（料無料）をもらっておこう。乗り換えはバスからメトロ、メトロからバスといった相互の乗り換えも可能で、90分以内なら何回でも乗車できる。なお、トランスファーチケットはケーブルカー、バートとの乗り換えはできない。

ミュニメトロPowell St.駅

旅のアドバイス　トータルで半額近い！　お得なシティパス

ブルー＆ゴールドフリート湾内クルーズ、カリフォルニア科学アカデミー、アクアリウム・オブ・ザ・ベイ、SF MOMA、エクスプロラトリウムかデ・ヤング美術館、アルカトラズクルーズ（ツアー予約を電話☎(415) 981-7625で行う場合のみ有効）と7日間のミュニバス、ミュニメトロとケーブルカー乗り放題のパスや特典が含まれた、大変お得なパス。使用開始日から9日間有効。対象施設のチケット売り場で買える。➔P.693
Free (1-888) 330-5008　URL www.citypass.com
料$69、5～12歳 $39

メモ　**美しいサンフランシスコ**▶霧に包まれたゴールデンゲート・ブリッジ、坂の多い町並み、鈴なりに人が乗っているケーブルカー……。目に映る風景のすべてが、絵ハガキのような雰囲気だ。

ケーブルカー　Cable Car

1873年に、サンフランシスコの丘を初めてケーブルカーが走ってから、すでに140年近く。この町のシンボルのひとつでもあるケーブルカーは、2世紀前と同じく、今も人々の足として活躍している。

ケーブルカーの路線は**パウエル―ハイド線 Powell-Hyde Line**、**パウエル―メイソン線 Powell-Mason Line**、**カリフォルニア線 California Line**の計3本。パウエル―ハイド線、パウエル―メイソン線はPowell & Market Sts.の交差点のターミナル発。ここではケーブルカーの向きを変えるために、ターンテーブルの上の車体を、グリップマン（ケーブルカー運転手）たちが人力で回転させるシーンが見られる。終点は両方ともフィッシャーマンズワーフの手前。ケーブルカーは、急坂が多い南北の移動にはおおいに力を発揮する。カリフォルニア線は、Market St.からVan Ness Ave.までのCalifornia St.を東西に走っているので、横の移動に便利。

坂道の移動もケーブルカーでスムーズ

●Cable Car
運行／毎日6:00～翌0:30前後（路線によっては翌1:00過ぎまで）
料$6
※ターミナル近くの自動券売機でチケットを買うか、または乗り込んでから車掌に直接支払ってもよい。ミュニパスポートも使える

ケーブルカーにうまく乗るコツ

サンフランシスコ名物のケーブルカーは非常に人気がある。観光シーズンともなると、ケーブルカーの発着所には、乗ろうとする観光客の長い列が見受けられる。スムーズに乗りたいのであれば、早朝がすいている。また、途中から乗るときは、ケーブルカーが来たら手を挙げて合図すること。混雑ぶりによっては、途中の停留所からの客を乗せてくれないこともある

ケーブルカー

東西に走るカリフォルニア線は乗客もまばらでのんびりしていた。ほかの2路線は込んでいるので、ケーブルカーに乗りたいだけならおすすめ。
（大分県　黒岩史郎　'06）['12]

ミュニバス　Muni Bus

効率よく市内を移動するには、やはりバスが一番。道のわかりやすいサンフランシスコは、アメリカでのバスの乗り方をマスターするには絶好の町だ。

まずは観光案内所でもらったSan Francisco Visitor Mapで目的地までのバス番号と、どこを走っているかを確認する。同じバス停を何本ものルートのバスが通過するので、バス停に表示されている路線番号を最初に確認する。次に近づいてきたバスのフロントにある表示を見て、自分が乗りたいバスかどうかをもう一度チェックし、手を振るなどして運転手に乗車の意志を伝えよう。

基本的に乗車は前からで、乗車する際に運賃を投入箱に入れる。コインでもお札でもOKだが、おつりが出ないので、料金分のお金を用意すること。このときに必ずトランスファーチケットをもらっておこう。

通常、車内のアナウンスがないので、降りるときは、窓から通りの名前を確認していくか、ドライバーや周りの人に停留所の場所を確認するしかない（車内に次のバス停を知らせる電光表示板をもつバスもある）。下車する地点に近づいたら、窓の上に張ってあるワイヤーを引くか、窓の枠のゴムテープを強く押して合図する。降りるときは後ろのドアから降りる（前から降りる人もいるが……）。

ミュニバスはサンフランシスコ市内をほぼ網羅している

●Muni Bus
運行／路線によっては24時間
料$2
※ミュニパスポート利用可能

バスに乗るときの注意

アメリカは日本と違って、右側通行。逆の方向のバスに乗らないように注意しよう

トランスファーチケットは必ずもらうこと

ミュニバスやミュニメトロの運賃を現金で払ったら乗り換えの有無にかかわらず、料金を支払った証明として必ずトランスファーチケットをもらうこと。トランスファーチケット不携帯の場合、検札で罰金をとられることがある。

ただし、電子カードのクリッパーで乗車した場合は、トランスファーチケットの発券はされない

旅のアドバイス　現地で確認を！ ▶ 現在、SF市内および近郊都市間との交通網整備、拡大のためミュニが運営するバス、メトロの運行路線の変更が著しい。

観光客にも大人気のミュニメトロＦライン

ミュニメトロ　Muni Metro

Market St.の端、フェリービルディングを中心に、サンフランシスコのダウンタウンを縦横に走る電車。以前はMarket St.の地上を走っていたが、交通渋滞緩和のため地下を走るようになった（Fラインは地上）。

ダウンタウンのMarket St.沿いの駅は、バートの駅入口とミュニの改札が同じ階なので間違えないように。ミュニメトロは、改札口のターンスティールにお金を投入して、バーを押して駅構内に入る。ミュニパスポートやトランスファーチケットで入るときは、係員のいる窓口からトランスファーチケットを見せて入る。地上駅から乗る場合は、一番前の車両の入口から入り、そこで料金を払い、トランスファーチケットをもらう。

ミュニメトロは**F、J、K、L、M、N、S（平日ピーク時のみ）、T**の8路線運行されている。また、フィッシャーマンズワーフとカストロを結ぶFラインはカラフルで個性的なデザインの車体で、地上を走り、観光客に人気がある。ダウンタウンからフィッシャーマンズワーフに行くのにも便利。

バート

BART (Bay Area Rapid Transit)

周辺の交通ラッシュを緩和するために、1974年に造られたバートは、サンフランシスコとイーストベイを結ぶ近代的な交通システム。切符の販売から改札、運行スケジュールにいた

●Muni Metro
運行／毎日5:00～翌1:00（土6:00～、日8:00～）
※時間は駅、系統によって異なる
料$2
※ミュニパスポート利用可能

バート
☎(415)989-2278
URL www.bart.gov
運行／路線によって異なるが、毎日4:00～翌1:00（土6:00～、日8:00～）
※日曜に運休する路線もある
料行き先によって異なり、最低$1.75～。自動券売機で使えるお金は5¢、10¢、25¢、$1のコインと、$1、$5、$10、$20の紙幣
※ミュニのトランスファーチケットやミュニパスポートは使えない
Powell St.駅からの料金
料Downtown Berkeley駅まで$3.65、Coliseum/Oakland Airportまで$3.80

ベイエリアの交通情報
Free 511
URL 511.org

バート

サンフランシスコ市内からバークレーまで、またはバークレーからサンフランシスコ市内までバートに乗った場合、ほとんど途中のマッカーサーMacArthur駅で乗り換えなくてはならない。乗り換えの連絡がうまくいっている場合は問題ないが、夕方以降や週末は本数も減ってくるので気をつけた方がよい。
（埼玉県　柴野ひとみ　'10）['12]

メモ **ミュニメトロの「Tライン」**▶カストロCastroと南サンフランシスコにあるサニーデールSunnydale間を運行する。AT&Tパークやキャンドルスティックパークなどのスタジアムへのアクセスが便利になった。

るまで、すべてコンピュータで管理されている。ダウンタウンだけを観光する分には、あまり利用することはないが、サンフランシスコ国際空港から、サンフランシスコのダウンタウンやベイエリアの町への交通手段としておおいに活用できる。また、郊外のバークレーやオークランドで野球やフットボールを観戦するときに利用する。

路線は全部で5本。サンフランシスコの中心部にはEmbarcadero、Montgomery St.、Powell St.、Civic Centerといった駅があり、観光案内所に近いPowell St.駅が便利だ。ミュニパスポートは使えず、乗るときはチケットが必要。チケットはフェアカード式になっており、販売機に入れた分だけ料金が磁気カードに記録される。何回も乗る予定のある人はまとめて買っておこう。出口近くには精算機もある。

空港とダウンタウンを約30分で結ぶバート

ツアー案内 ……………… Sightseeing Tours

グレイライン
Gray Line of San Francisco

ツアーはピア39、ピア41のチケット売り場やTix Bay Area P.70で申し込む。Motorized Cable CarとTrolley Hopのツアー以外はホテルへの送迎あり。

グレイライン
Free (1-888) 428-6937
URL sanfranciscosightseeing.com

ツアー名	料金	運行	所要時間	内容など
Deluxe City Tour	$47	毎日9:15、11:15、14:15発	3時間30分	シビックセンター、ツインピークス、ゴールデンゲート・パーク、ゴールデンゲート・ブリッジなど。※日本語ガイドテープ付きは9:15発のみ
San Francisco Trolley Hop	$20	毎日10:00から30分ごと運行。最終は17:30	1時間15分	ピア41-1/2、ユニオンスクエアなど市内4ヵ所の乗り場から乗車可。市内の名所を回る。オプションとして湾内クルーズ$38、アクアリウム・オブ・ザ・ベイツアー$32、ハードロックカフェランチ$38との組み合わせも可
San Francisco Sky-View Tour	$20	毎日10:00〜	2時間	オープントップのダブルデッカーで市内の名所を回る。ピア41のツアーオフィスから出発
Motorized Cable Car Plus Bay Cruise	$48	毎日10:00から30分ごとの運行	3時間30分（市内観光）	フィッシャーマンズワーフ、ゴールデンゲート・ブリッジ、チャイナタウンなどの市内の名所を網羅。約1時間の湾内クルーズ付き。ピア39発着
An Evening in San Francisco Including Chinatown Walking Tour & Dinner	$66	木〜土 18:00発	3時間30分	チャイナタウンでディナー（中華料理）を楽しんだあと、ガイド付きのウオーキングツアーを開始。バスで車窓からサンフランシスコの夜景を見学
Muir Woods and Sausalito Tour	$50	毎日9:15、14:15発	3時間30分	サンフランシスコの対岸にあるミュアウッズナショナルモニュメントを訪れ、サウサリートを散策する
Yosemite in a Day by Motor Coach	$139	5〜10月毎日、11〜4月は火・木・日7:00発	14時間	バスでヨセミテ国立公園へアプローチ。ヨセミテビレッジを中心に、ヨセミテ滝やエルキャピタンなどを回る
Monterey／Carmel and 17-Mile Drive ※Bay Aquariumはオプション扱い	$70 ※$90（オプションあり）	5〜10月毎日、11〜4月は火・木を除く毎日9:15発	11時間	風光明媚なCA-1を南下し、モントレーではキャナリーロウに足を運ぶ。景色の美しいパシフィックグローブと17マイルドライブ、カーメルなどを回る　※オプションで水族館可
Wine Country Tour	$67	毎日9:15発	9時間	ソノマとナパを訪れ、ワイナリーで試飲やショッピングを楽しむ

ヨセミテ国立公園にはツアーで行くのが便利

ミュアウッズでは森林浴でリフレッシュ

旅のアドバイス **Blue & Gold Fleet**▶ベイクルーズのほか、エンゼルアイランドやサウサリート、オークランドなどのサンフランシスコ湾の各都市を結ぶフェリーも運航。シティパスP.693の対象アトラクション。☎(415)705-8200、URL www.blueandgoldfleet.com

ダウンタウン中心部 Central Downtown

ダウンタウンのヘソ　地P.72　C-4

ユニオンスクエア
Union Square

週末にはライブなども行われるユニオンスクエア

ダウンタウンの中心が、ユニオンスクエアと呼ばれる小さな公園だ。ひとことでいえば単なる公園だが、地下には巨大駐車場があり、周辺にはデパート、有名ブランド店、レストラン、ホテルが建ち並ぶ。このあたりでは、ショッピングが一番楽しい。買い物好きなら1日いても飽きないところだ。Powell St.側には演劇などのディスカウントチケットを扱う**Tix Bay Area**がある。

西のウォールストリート　地P.73　D～F-2、3

ファイナンシャルディストリクト
Financial District

フェリービルディング・マーケットプレイスには洗練されたおしゃれな店が並ぶ

ユニオンスクエアを東に進むと、西海岸のウォールストリートともいうべき、ファイナンシャルディストリクトに突きあたる。このあたりには銀行、保険会社、大きなオフィスビルが林立し、平日の活気は観光都市サンフランシスコからは想像もつかない。町のランドマークともいえる三角形のビルは、**トランスアメリカピラミッド Transamerica Pyramid**。48階建て、高さ260mはサンフランシスコでは最高を誇っている。なお、このビルの内部は一般には開放されていない。**エンバーカデロセンター Embarcadero Center**は6つの近代的なビルから構成され、オフィスのほかに、ホテル、レストランやショップもある。また、**フェリービルディング・マーケットプレイス Ferry Building Marketplace**では、サンフランシスコの人気レストランや有名なグルメショップが軒を連ね、多くの人でにぎわう。週3回はファーマーズマーケットが開かれる。

芸術鑑賞に浸りたい　地P.65　E-2

シビックセンター
Civic Center

観光案内所からMarket St.を西へ進むと、シティホールを中心に連邦政府の建物が集まるエリアがある。ここは西海岸で

ユニオンスクエア
行スクエアを囲む通りのひとつPowell St.はケーブルカー(パウエル－ハイド線、パウエル－メイソン線)が走っている

●Tix Bay Area
演劇などの当日券が半額で買える。正規前売り券、ミュニパスポート、シティパスも販売している。また、グレイラインツアーの申し込みもできる
地P.72　C-4
住350 Powell St.(bet. Geary & Post Sts.)
☎(415)433-1235
URL www.tixbayarea.org
開火～土11:00～17:00
休月、日、サンクスギビング、12/25、1/1

ファイナンシャルディストリクト
行徒歩ならユニオンスクエア周辺から10分、チャイナタウンからは5分。ミュニメトロのEmbarcadero駅、ケーブルカーのカリフォルニア線の利用が便利
●Ferry Building Marketplace
地P.73　F-2
住1 Ferry Building　☎(415)983-8030
URL www.ferrybuildingmarketplace.com
開月～土10:00～18:00（土9:00～）、日11:00～17:00
休サンクスギビング、12/25、1/1
行ミュニメトロFライン。フェリービルディング前下車
●Farmers Market
URL www.cuesa.org
開火・木10:00～14:00、土8:00～14:00

シビックセンター
行ケーブルカーの発着所からMarket St.を西に徒歩10分。ミュニメトロのCivic Center駅、Van Ness駅から徒歩5分
※シビックセンター周辺は治安が悪い。移動にはバスやミュニメトロを使おう
●Asian Art Museum
地P.65　E-2
住200 Larkin St.　☎(415)581-3500
URL www.asianart.org
開火～日10:00～17:00(1～10月の木～21:00)
休月、サンクスギビング、12/25、1/1
料$12、シニア$8、13～17歳／学生$7。月1回の指定日の17:00以降は$10、第1日曜は入場無料

1、2を争うパフォーミングアートの殿堂だ。世界的なオペラやバレエが上演される**戦争記念オペラハウスWar Memorial Opera House**や、サンフランシスコ交響楽団のコンサートが行われる**ルイス・デイビス・シンフォニーホール Louis Davis Symphony Hall**、全米最大規模の**アジア美術館Asian Art Museum**などがある。観光をするというよりは、エンターテインメントを楽しみたいところ。公演の詳しいスケジュールなどは観光案内所で尋ねてみよう。

白亜の美しい建物、シティホール

今、サンフランシスコで成長著しいエリア 地P.73 D〜F-4、5

サウス・オブ・マーケット
South of Market (SoMa)

Market St.の南側は、再開発が進み、続々と新しい博物館、アトラクション、レストラン、ナイトクラブが登場しているエリア。頭文字を取って、別名**ソーマSoMa**。

アフリカ文化にまつわる**アフリカン・ディアスパラ博物館Museum of the African Diaspora**、ユダヤ人の文化や芸術、歴史などを伝える**ジューイッシュ現代博物館Contemporary Jewish Museum**は、ソーマでも比較的新しい見どころだ。

サンフランシスコ近代美術館
San Francisco Museum of Modern Art（SF MOMA）

近代美術館としてはニューヨークに次いで全米第2位の規模を誇り、収蔵するコレクションの数は、絵画の約4000点を含めて2万6000点を超える。ピカソ、マチスなど20世紀の巨匠の作品から、地元カリフォルニアのアーティストの作品まで幅広く展示。また、写真やビデオ、テレビを使ったメディアアートのフロアも見逃せない。カフェやギフトショップもある。

カートゥーン・アート・ミュージアム　Cartoon Art Museum

アメリカ版漫画「カートゥーン・アート」＝アメリカンコミックスの作品を集めた博物館。併設のギフトショップでは海外アニメ文化に関する本や写真集などが手に入る。

メトレオン　Metreon

4階建てのビルには最新技術を駆使したアトラクション、ゲームセンター、アイマックスシアターなど16のスクリーンをもつ映画館、レストランやショップなどが11軒入店している。

チルドレンズ・クリエイティビティ・ミュージアム
Children's Creativity Museum

8〜18歳をターゲットにした、アート&テクノロジーセンター。デジタル機器を使い、3-Dアニメーションやウエブページを作ったり、テレビスタジオでオリジナルのマルチメディアショーを制作したりと、大人でも夢中になってしまいそうだ。建物の横には回転木馬やボーリング場、アイススケート場などもある。

SF MOMA。屋上にはルーフトップガーデンもあり彫刻が展示されている

サウス・オブ・マーケット
行ユニオンスクエアから南西へ徒歩5分

●Museum of the African Diaspora
地P.73 D-5
住685 Mission St.
☎(415)358-7200
URL www.moadsf.org
開水〜土11:00〜18:00、日12:00〜17:00
休月、火、おもな祝日
料$10、シニア／学生$5

●Contemporary Jewish Museum
地P.73 D-5
住736 Mission St.
☎(415)655-7800
URL www.thecjm.org
開金〜火11:00〜17:00、木13:00〜20:00
休水、ホームページで要確認
料$12、シニア／学生$10、木曜17:00以降$5、第1火曜は入場無料

●San Francisco Museum of Modern Art
地P.73　D-5
住151 3rd St.
☎(415)357-4000
URL www.sfmoma.org
開木〜火11:00〜17:45(木〜20:45)。夏期は10:00から
休水、サンクスギビング、12/25、1/1
料$18、シニア／学生$12。木曜18:00以降は半額、第1火曜は入場無料

●Cartoon Art Museum
地P.73　D-4
住655 Mission St.
☎(415)227-8666
URL cartoonart.org
開火〜日11:00〜17:00
休月、おもな祝日
料$7、シニア／学生$5、子供$3

●Metreon
地P.73　D-5
住101 4th St.
☎(415)369-6000
URL westfield.com/metreon
開毎日10:30〜20:30(金・土〜21:30)

●Children's Creativity Museum
地P.73　D-5
住221 4th St. (at Howard St.)
☎(415)820-3320
URL creativity.org
開水〜日10:00〜16:00
休月・火、おもな祝日
料$10／シニア／学生／3〜18歳$10

投稿 ケーブルカーのおすすめコース▶ステイ先の人からのアドバイスでPowell - Hyde Lineに乗車してみた。アップダウンのコースで、終点に近づくにつれ、海岸の景色が眺められ最高だった。(埼玉県　イッツ '07) ['12]

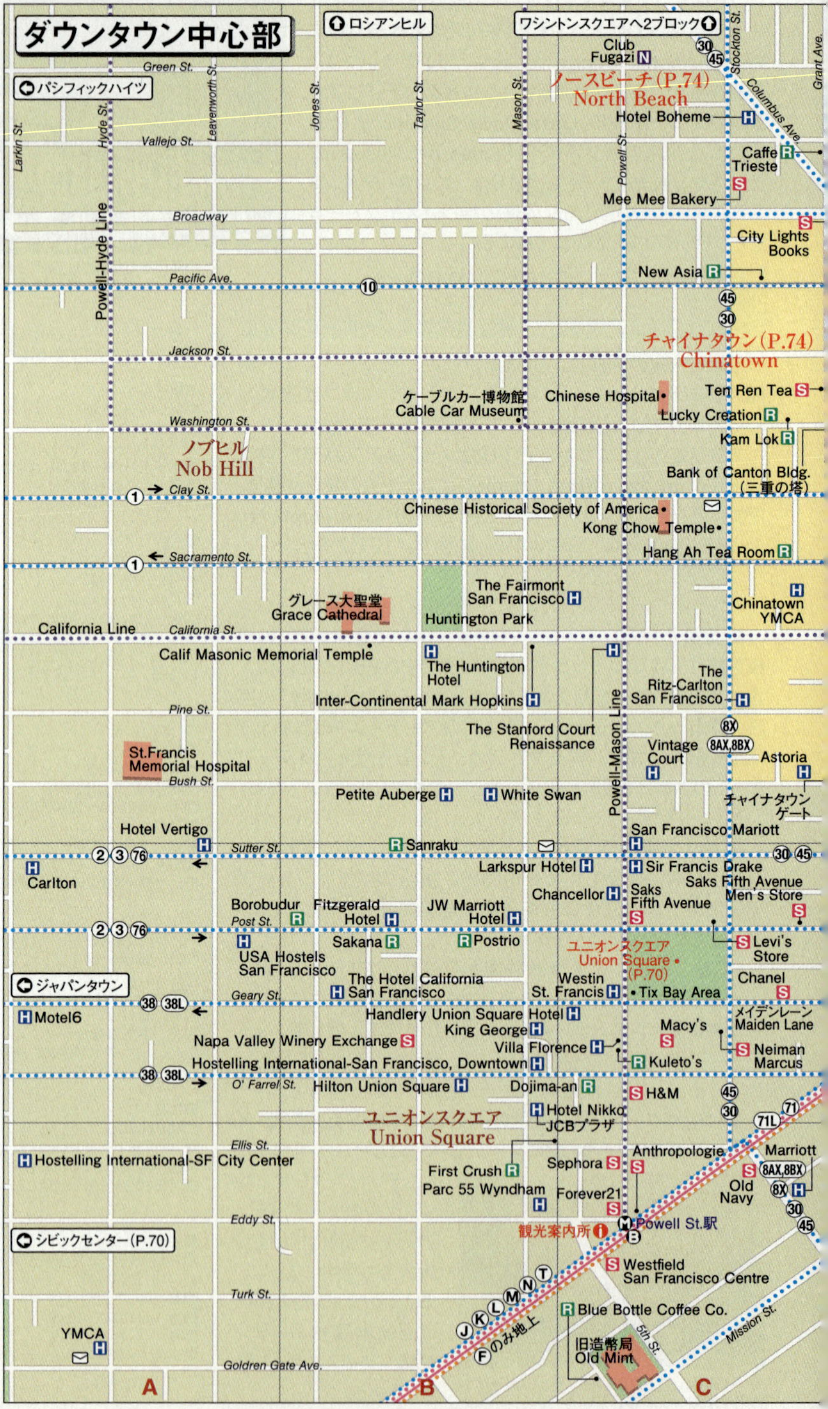

投稿 **公共交通機関**▶アメリカでは車での移動が一般的で、公共交通機関は低所得者の人が多く利用すると言われている。私がミュニバスを利用したときは、車内で急に叫びだす人、物乞い、酔っぱらいが乗車。↗

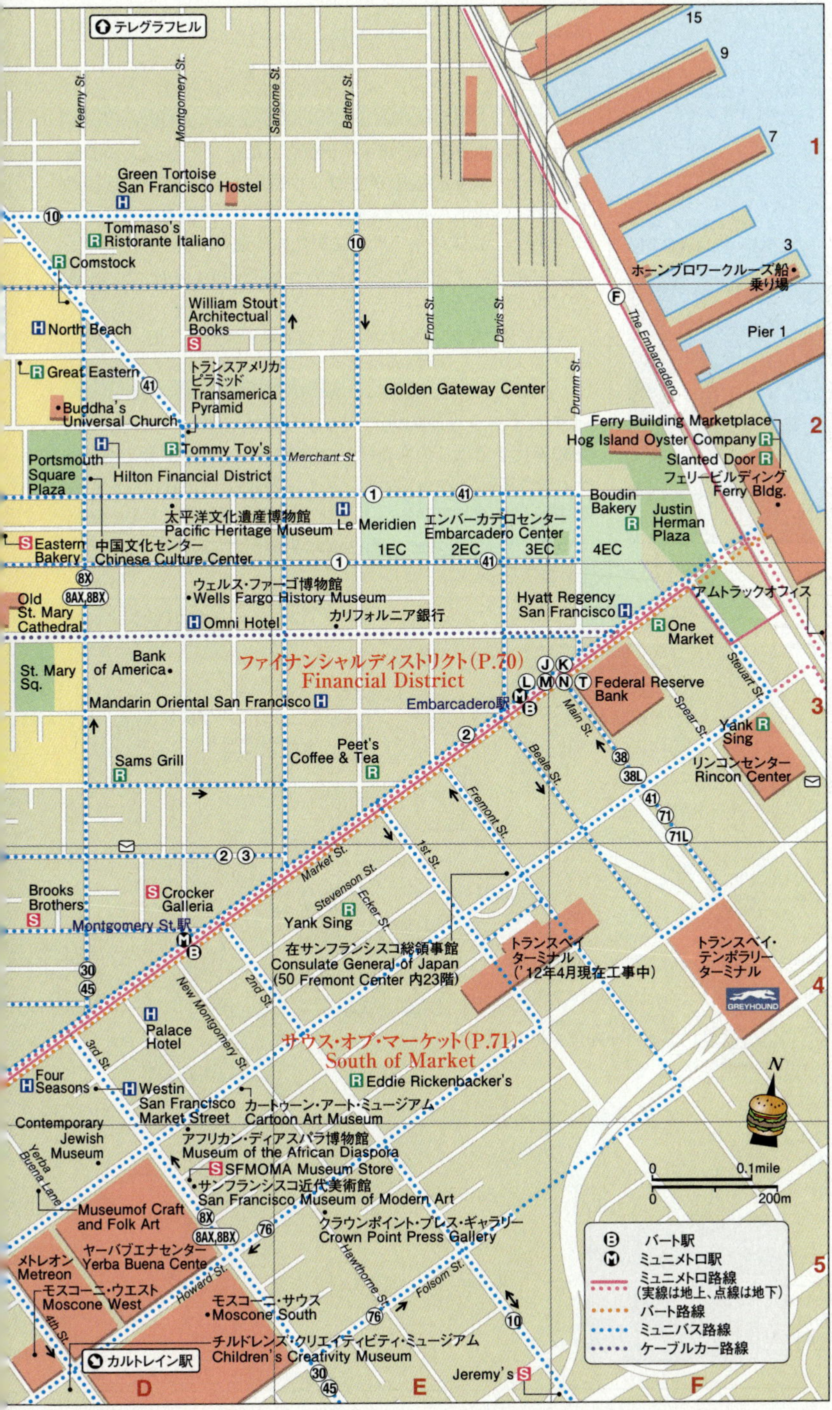

↘すると隣に座っていた酔っぱらいが突然立ち上がり、目の前にいた老人に対して殴る蹴るの暴行を働き、バスから強制的に追い出された。とても恐ろしい体験だった。（足立区　西山啓太　'10）［'12］

チャイナタウン
行ユニオンスクエアからPost St.を1ブロック東、Grant Ave.を2ブロック北上すると、チャイナタウンゲートがある

ノースビーチ
行Broadwayを挟んでチャイナタウンのすぐ北隣。ミュニバスの#8X、30、45がWashington Squareの周辺を走る

ノースビーチにはおいしいエスプレッソが楽しめるコーヒーショップも多い

ダウンタウン北部 North Downtown

中国系住人のパワーに圧倒される 地P.72、73 C〜D-2、3

チャイナタウン Chinatown

サンフランシスコのチャイナタウンは全米でも最大級の規模を誇る。漢字の看板が並び、中国語が飛び交い、異国の雰囲気。Grant Ave.が観光客の通りなら、西側を平行に走るStockton St.はパワフルな住民たちの通り。チャイナタウンのシンボル、チャイナタウンゲートはGrant Ave. & Bush St.の北側にある。

エスプレッソの香りが漂う、リトルイタリー 地P.72 C-1

ノースビーチ North Beach

チャイナタウンの北は、イタリア人街のノースビーチ。1860年代まではこのあたりが海岸線だったため、今でもビーチという名前が残っている。メインの通り、Columbus Ave.を中心にイタリアンレストランやカフェが並ぶ。Broadwayから南のWashington Square周辺は特ににぎやかで、ナイトスポットも多い。

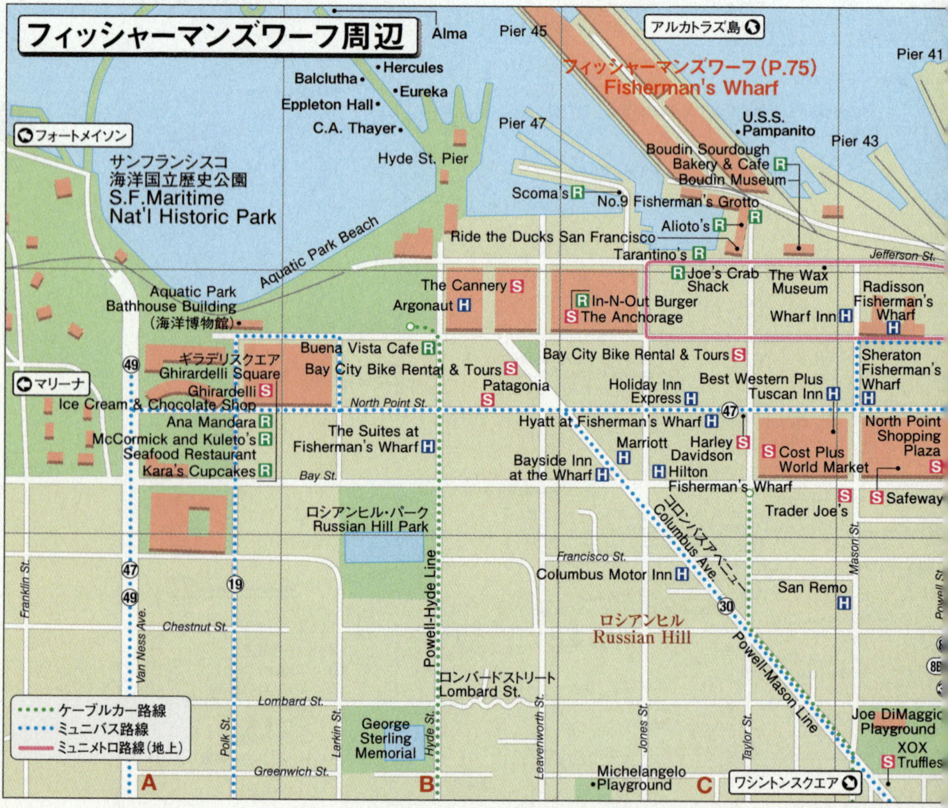

投稿 **上着は必須アイテム▶**フィッシャーマンズワーフは昼間でも寒い。アルカトラズ島へはウインドブレーカーが必須。ナイトツアーでは手袋に帽子まで用意している人もいた。 (埼玉県 柴野ひとみ '10) ['12]

フィッシャーマンズワーフ周辺 Fisherman's Wharf

人気No.1の観光スポット 地P.74、75

フィッシャーマンズワーフ Fisherman's Wharf

その昔、イタリア人漁師の船着き場だったところが、今は観光客で一年中にぎわっている。Jefferson St.とTaylor St.の角の巨大なカニのマークは、フィッシャーマンズワーフのランドマーク。付近にはカニやエビなどの魚介類の屋台が軒を連ねている。

ピア 39 Pier 39

フィッシャーマンズワーフの東端にある桟橋に造られたショッピングモール。建物の横ではアシカが昼寝を楽しんでおり、桟橋の先から見るサンフランシスコ湾の眺めもすばらしい。また、同敷地内には水族館の**アクアリウム・オブ・ザ・ベイAquarium of the Bay**がある。

ギラデリスクエア Ghirardelli Square

ケーブルカーのパウエル—ハイド線のターミナルの斜め前にあるショッピングモール。かつてのチョコレート工場を改造したレンガ造りの建物の中には、ブティックやレストランがある。夜になると“Ghirardelli Square”の大きなイルミネーションが灯り、港を行く船からもはっきりと見える。ちなみにギラデリというのは、サンフランシスコ名物のチョコレート。ここだけでなく市内随所で入手できる。

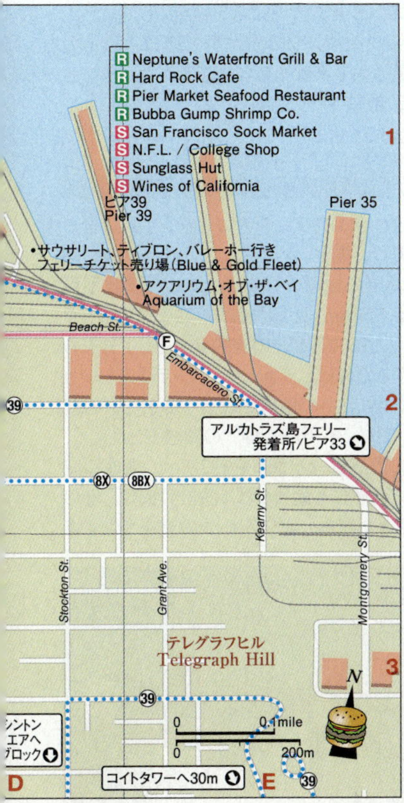

フィッシャーマンズワーフ
行ケーブルカーのパウエルーハイド線、またはパウエルーメイソン線で終点まで行く。バスの場合は、#30が便利。ミュニメトロのFラインでも行ける

●**Pier 39**
地P.75 D、E-1
住Beach St. & The Embarcadero
☎(415)705-5500
URL www.pier39.com
開ショップは毎日10:00～21:00(金・土～22:00)、レストランは毎日11:30～22:00(金・土～23:00)。冬期は閉店時間が1時間短縮

●**Aquarium of the Bay**
地P.75 E-2
☎(415)623-5300
URL www.aquariumofthebay.org
開毎日9:00～20:00、冬期は毎日10:00～18:00(金～日～19:00)
休12/25
料$16.95、シニア／3～11歳$10

●**Ghirardelli Square**
地P.74 A、B-2
住900 North Point St.
☎(415)775-5500
URL www.ghirardellisq.com
開毎日10:00～18:00(金・土～21:00、日11:00～)、冬期は短縮、店舗により異なる

サンフランシスコのおみやげには、ギラデリのチョコレートを

カニのランドマークで有名なフィッシャーマンズワーフ

ピア39にはショップやレストランが集結。アシカが集まる桟橋としても有名だ

メモ SF名物、ボウディン・サワードゥ・ベーカリー＆カフェ▶フィッシャーマンズワーフで有名なクラムチャウダーを味わおう。レストランやギフトショップ、博物館（料$3）も併設。レストラン情報はP.82

ツアーで楽しみたい、アルカトラズ島

アルカトラズ島
URL www.nps.gov/alca
●Alcatraz Cruises
☎(415)981-7625
URL www.alcatrazcruises.com
出発場所／ピア33
ツアー／〈夏期〉毎日9:10～15:55の間、14本運航。〈冬期〉毎日9:00～13:55の間、10本運航。Night Tourは夏期18:10、18:45。冬期16:20
休 サンクスギビング、12/25
料 Day Tour（カッコ内はNight Tour）／フェリー往復運賃＋セルフ・オーディオガイドツアー込みで$28（$35）、シニア$26.25（$32.25）、5～11歳$17（$20.50）。予約はウエブサイトからのオンライン予約、電話予約（90日前から予約可能）で。予約したチケットはピア33にあるチケット販売所の窓口（Will Call）で受け取る。要写真付きID

ヘイトアシュベリー
行 Market St.を走る#6、7、71、71LでCole St.下車

ユニークなお店も多い、ヘイトアシュベリー

ゴールデンゲート・ブリッジ
URL www.goldengatebridge.org、www.nps.gov/goga
料 車で渡る場合は南行き（サンフランシスコに入る場合）のみ通行料がかかる。2012年4月現在、徒歩や自転車で渡る場合は無料。ただし、徒歩で通行できるのは東側の歩道のみで、夏時間5:00～21:00（夏時間以外は18:00まで）
行 ダウンタウンのトランスベイ・テンポラリーターミナルからゴールデンゲート・トランジットのバス#10、70、80、101で橋のたもとまで。フィッシャーマンズワーフから#28のミュニバスもとおる

ゴールデンゲート・ブリッジのおすすめポイント
北側の丘にある公園からはサンフランシスコの町並みとゴールデンゲート・ブリッジがきれいに見える

脱出不可能といわれた
アルカトラズ島
Alcatraz Island

地 P.74 C-1外

にぎやかなフィッシャーマンズワーフの沖3kmのところに浮かぶ小さな島が、かつて『悪魔島』と呼ばれていた連邦政府の刑務所だったとは、なかなか想像できない。1934～63年の間、ここには誘拐犯や銀行強盗犯、脱獄の常習犯などが投獄された。島ではオーディオガイドを聞きながら刑務所跡を歩くツアーがある（日本語もある）。計4年半のアルカトラズ生活を送ったアル・カポネが収容された独房などに入ることもできて、とても人気が高い。年間をとおしてかなり混雑するので、できるだけ早く予約をしたほうがよい。

その他の地域 Other Area

ヒッピーカルチャーの発信地
ヘイトアシュベリー
Haight Ashbury

地 P.64～65 C～D3

アメリカにとって激動の時代、1960年代に誕生したのが、「反戦、平和、自由」を求めたヒッピーと呼ばれる若者たち。彼らは、ヘイトアシュベリーに住み、独自の文化を生み出していった。ミュージシャンのジャニス・ジョプリンもここを拠点にしていた。

現在は古着店やロック、パンクの店が軒を連ね、独特の雰囲気が漂う。個性的なおしゃれを楽しむ若者たちが集まっている。カフェも多く、散策するのも楽しい。

サンフランシスコのシンボル
ゴールデンゲート・ブリッジ
Golden Gate Bridge

地 P.64 B-1

ケーブルカーと並び、サンフランシスコのシンボルになっており、世界で一番美しい橋といわれている。冷たく速い潮流と霧の多い天候、両岸の地形の複雑さのため「建設不可能な橋」（Unbuildable Bridge）といわれた。このプロジェクトを1937年、4年の歳月と3500万ドルの建設費、そして11人の尊い命をかけて完成させたのは、ジョセフ・ストラウスというエンジニア。世界中に400以上の鉄橋を設計してきた彼の総決算ともいえるのが、この“不可能な橋”の建設だった。

全長2737m、橋脚の最高部は水面から約227m、風速毎時100マイル（約160km）の風にも耐えられる設計の橋は、その技術的確かさもさることながら、単にふたつの岸をつなぐための手段以上に、芸術品ともいえるほどの美しさをもつ。

サイクリングや徒歩で橋を渡ることもできる

メモ **ジャパンタウン**▶ダウンタウンからバスで西に約15分、日本食のレストランや書店、スーパーが集まる。4月の桜祭りはサンフランシスコの民族祭のなかでも最大規模。URL www.sfjapantown.org

文化施設も整った世界最大規模の公園 地P.64 A～C-3

ゴールデンゲート・パーク
Golden Gate Park

1887年、サンフランシスコ市が購入した荒れ地に、ジョン・マクラーレンが5000種類を超える植物を移植して造り上げた。園内には数々のレクリエーション施設、博物館、美術館、日本庭園などがあり、サンフランシスコ市民の憩いの場になっている。

公園の東側にある**マクラーレンロッジMcLaren Lodge**がインフォメーションセンター。ここで公園のパンフレットや地図（有料）を入手しよう。園内の移動には**園内シャトル**、またはレンタルバイクショップで自転車を借りると便利。

カリフォルニア科学アカデミー
California Academy of Science

熱帯雨林が再現された展示は見逃せない

有名建築家のレンゾ・ピアノが設計、構想段階を含め10年の歳月を経て2008年完成した。建物はジーンズなどのリサイクル素材を使用したり、ソーラーパネルを配したりと、環境保護にも重点を置いている。屋上庭園や熱帯雨林、水族館、プラネタリウムなどが集結、見ごたえ充分だ。

デ・ヤング美術館　De Young Museum

現代アート色の強い美術館。アメリカ絵画の殿堂と呼ばれ、ジョージア・オキーフ、フランク・ロイド・ライト、エドワード・ホッパー、アンディ・ウォーホルなど、巨匠たちの作品が目白押しだ。建物のデザインもユニークで、館内や屋外のいたるところに、モダンアートの彫刻やオブジェを配置している。

太平洋を望む美術館 地P.64 A-2

リージョン・オブ・オナー美術館
Legion of Honor

総工費3400万ドル、6つのギャラリースペース、自然光のあふれるコートエリア、そしてカフェ、ミュージアムショップもある。ゴールデンゲート・ブリッジと太平洋を望む絶好のロケーション。全米でも指折りのヨーロピアンアートの殿堂として、紀元前2500年から20世紀にまたがる絵画や彫刻など8万点以上の所蔵を誇る。建物の外にはロダンの「考える人」があり、そちらも必見だ。

入口にはロダンの彫刻もある

ウォルトの思いが込められた博物館 地P.64 C1

ウォルト・ディズニー・ファミリー博物館
The Walt Disney Family Museum

長編アニメーション映画の制作から、夢の王国の創造までも手がけたウォルト・ディズニー。彼の生涯とアートワークに焦点をあてた博物館。入場券購入時に、日本語のオーディオガイドを借りてから見学すると、いっそう理解が深まる。ディズニーファンのみならず、アニメに興味がある人も必見だ。

ゴールデンゲート・パーク
行ダウンタウンのMarket St.から＃5、21のミュニバスに乗り、＃5はFulton St. & 8th Ave.で下車、＃21は公園東側のStanyan St.で下車

●McLaren Lodge（案内所）
地P.64 C-3
住501 Stanyan St.
☎(415)831-2700
URL sfrecpark.org/ggp.aspx
開月～金8:00～17:00
休土・日、おもな祝日

●ゴールデンゲート・パークシャトル（園内シャトル）
運行／土・日・祝日9:00～18:00　料無料

●California Academy of Science
地P.64 C-3
住55 Music Concourse Dr.
☎(415)379-8000
URL www.calacademy.org
料$29.95、シニア／12～17歳／大学生$24.95、4～11歳$19.95、3歳以下無料
開月～土9:30～17:00、日11:00～17:00
休サンクスギビング、12/25

●De Young Museum
地P.64 C-3
住50 Hagiwara Tea Garden Dr.
☎(415)750-3600
URL deyoung.famsf.org
開火～日9:30～17:15（3/30～11/30の金～20:45）
休月、サンクスギビング、12/25
料$10、シニア$7、13～17歳／大学生$6、12歳以下は無料。第1火曜、リージョン・オブ・オナー美術館に同日入場の場合は入場無料

リージョン・オブ・オナー美術館
住100 34th Ave. at Clement St.
☎(415)750-3600
URL legionofhonor.famsf.org
開火～日9:30～17:15
休月、サンクスギビング、12/25
料$10、シニア$7、13～17歳$6、12歳以下は無料。第1火曜、デ・ヤング美術館に同日入場の場合は入場無料
行California St.を走るミュニバス#1で33rd Ave.下車。#38ならら33rd Ave.とGeary St.の角下車。どちらも＃18に乗り換える。＃18は美術館前まで行く

ウォルト・ディズニー・ファミリー博物館
住104 Montgomery St.
☎(415)345-6800
URL www.waltdisney.org
開水～月10:00～18:00（入場は16:45まで）
休火、サンクスギビング、12/25、1/1
料大人$20、シニア／学生$15、6～17歳$12、5歳以下無料（ウエブサイトで60日前から予約購入可）
行Lombard St.を走るミュニバス#28でDoyle Dr.& Lincoln Blvd.周辺で下車

メモ **プレシディオ▶**ゴールデンゲート・ブリッジの付け根周辺から南東に広がるエリアは、プレシディオと呼ばれるアメリカ陸軍跡地。現在は、国立公園に指定されている。園内には、無料のシャトルバスが毎日運行。詳細はURL www.presidio.gov

Excursion 郊外の見どころ

サウサリート

行トランスベイ・テンポラリーターミナルからゴールデンゲート・トランジットバス#10に乗って約40分(URL www.goldengatetransit.org 料$4.25)。1時間に1本の割合で運行。

フェリーならMarket St.の東端、Ferry BuildingからGolden Gate Ferry(料片道$9.25)と、フィッシャーマンズワーフのピア41からBlue & Gold Fleet(料片道$10.50)のふたつのフェリーがある。片道約30分

●レンタルバイクの店
Bay City Bike Rental & Tours

フィッシャーマンズワーフに複数店舗がある。自転車レンタル時に地図をもらい、サウサリートまでのルートを確認しよう。パスポートなどのID要。ガイド付きのツアーも催行している

地P.74 C-2
住1325 Columbus Ave.
☎(415)346-2453
URL www.baycitybike.com
開毎日8:00～19:00
料自転車の種類によるが1日$32～

バークレー

行バートでダウンタウンからRichmond行きに乗って約30分でDowntown Berkeley駅に到着(料$3.65)。駅からUniversity Ave.沿いに歩いてキャンパスへ約10分。Telegraph Ave.までは約20分。日曜やRichmond行きがなかなか来ないときは、MacArthur駅まで出てRichmond行きを待つ。

バスならトランスベイ・テンポラリーターミナルから、ACトランジットFに乗る(料$4.20)。ベイブリッジは二重構造で、東方面に行くときは下、サンフランシスコに戻るときは上をとおる。行きにバートを使ったら、帰りは眺めのよいバスを利用しよう。片道約40分

サイクリングで芸術家たちが愛する町へ 地P.78 A-1
サウサリート
Sausalito

半日くらい時間をとって、ゆっくり散策したい場所だ

ゴールデンゲート・ブリッジを渡って、サンフランシスコ湾の北側がサウサリートの町だ。ブリッジから続く海岸線を走るBridgeway Blvd.の1kmほどの沿道に、おしゃれなギャラリーやレストラン、ブティックなどが並び、芸術家の町にふさわしい雰囲気が感じられる。また、このあたりは高級住宅地としても知られ、マリーナには豪華なヨットやクルーザーが停泊している。サンフランシスコが霧に包まれていても、ここは晴れていることが多い。フィッシャーマンズワーフあたりから自転車を借りて、ゴールデンゲート・ブリッジを越えて行くのがおすすめ。エクササイズがてら訪れ、のんびりするにはもってこいの町。帰りはフェリーに自転車を乗せて帰ってくることもできる。

自由で独特の雰囲気をもつ学生の町 地P.78 B-1、2
バークレー
Berkeley

サンフランシスコからベイブリッジを渡ってバートで約30分。バークレーは、**カリフォルニア大学バークレー校University of California Berkeley(UCバークレー)**を中心とする学生の町だ。1960年代に全米を巻き込んだ学生運動発祥の地のイメージが強いが、ここは西海岸の大学では1、2を争うレベルの学校で、数多くのノーベル賞受賞者が輩出したことからも、その学力の高さがよくわかる。

キャンパスは一般的なアメリカの大学に比べて小さいので、キャンパスを見学し終わったら、学生が集まるTelegraph Ave.やグルメな店が並ぶShattuck Ave.を散策してみよう。

キャンパス内のセイザータワーからSFのベイエリアも眺められる

メモ **ベイエリアとは？▶**サンフランシスコを中心とする、サンフランシスコ湾周辺の地域は“ベイエリアBay Area”と呼ばれ、ひとつの大きな都市圏を形成している。そのベイエリアと近郊には、それぞれ特徴をもった魅力的な町が多い。

カリフォルニアワインの産地 地P.78 B-1

ワインカントリー（ナパ&ソノマ）
Wine Country (Napa & Sonoma)

サンフランシスコから北へ約1時間も走れば、のどかな丘陵地帯が広がるワインカントリーがある。ワインカントリーは、ナパとソノマに代表されるカリフォルニアワインの産地で、大小さまざまなワイナリーが400以上も点在している。また、ワイン以外にもカリストーガの温泉や、スヌーピーの博物館など見どころも多い。

ワインカントリーへは、サンフランシスコから公共の交通機関でアクセスしにくいので、レンタカーを借りる予定のない人はグレイラインなどの観光バスを利用するといいだろう。なお、ワイナリーでの試飲は有料のところも多い。

ナパ Napa

カリフォルニアワインの代表的産地。主要道路であるCA-29沿いに有名ワイナリーやレストラン、ショップが並ぶ。

●オーパスワン　Opus One

カリフォルニアワインを代表するワイナリーといえば、オーパスワンだ。高級ワインとして有名。カリフォルニアワインの父、ロバート・モンダビが創業者のひとり。

●ナパバレー・ワイントレイン　Napa Valley Wine Train

ナパのダウンタウンから、北の町セントヘレナを走る観光列車。車窓から美しいワイン畑を眺めたり、車内でカリフォルニア料理を楽しめる。

カリストーガ Calistoga

ナパの北にある、温泉保養地。飲料水としても親しまれているカリストーガの水には、ミネラルやカルシウムなどが豊富に含まれていて、肌もなめらかにする。その水と火山灰を混ぜた泥風呂（マッドバス）が有名。デトックス効果も高い。

ソノマ Sonoma

ナパほどの知名度はないものの、個性的なワイナリーが多く、注目度も高まってきている。ワイナリー以外にも、スヌーピーの作者、チャールズ・M・シュルツの博物館がある。

●マタンザス・クリーク・ワイナリー　Matanzas Creek Winery

ワイナリーの随所に和のテイストが感じられる、こぢんまりとしたワイナリー。テラス席でのんびりしたり、ここの名物でもあるラベンダー畑を散策してみよう。

●チャールズ・M・シュルツ博物館　Charles M. Schulz Museum

チャールズ・M・シュルツが晩年を過ごした町、サンタローザにある博物館。スヌーピーの原画の展示などはもちろん、日本人アーティスト大谷芳照氏によるダイナミックな作品も必見だ。ギフトショップやアイススケートリンクもある。

入口からスヌーピーが迎えてくれるチャールズ・M・シュルツ博物館

風景を見るだけでもリフレッシュできる

ワインカントリー

行 サンフランシスコからはグレイラインなどの観光バスが、ソノマやナパを訪れる。車なら、ベイブリッジを渡ってI-80を東に向かい、バレーホからCA-29に入るか、ゴールデンゲート・ブリッジを渡って、US-101からCA-37に進み、ナパやソノマを目指す方法がある

●Opus One
住 7900 St. Helena Hwy., Oakville
☎ (707) 944-9442（ツアー予約）
URL en.opusonewinery.com
開 毎日10:00～16:00（試飲）
料 入場無料だが、試飲（$35）・ツアー（$50）ともに要予約

●Napa Valley Wine Train
住 1275 McKinstry St., Napa
☎ (707) 253-2111
URL www.winetrain.com/jp
料 $99～。車両によって料金が異なる。サンフランシスコからはフェリー＆シャトルでアクセスできる（前日までに要予約）。日本語で問い合わせ可

●Calistoga Chamber of Commerce
住 1133 Washington St., Calistoga
☎ (707) 942-6333
URL www.calistogachamber.com
開 毎日9:00～17:00

●Matanzas Creek Winery
住 6097 Bennett Valley Rd., Santa Rosa
☎ (707) 528-6464
URL www.matanzascreek.com
開 毎日10:00～16:30（ツアー要予約。毎日10:30～）
料 入場無料（試飲$5～10、ツアー$20）

●Charles M. Schulz Museum
住 2301 Hardies Lane., Santa Rosa
☎ (707) 579-4452
URL www.schulzmuseum.org
開 毎日11:00～17:00（土・日10:00～）
休 9月上旬～5月下旬の火、おもな祝日
料 $10、シニア／4～18歳$5

投稿 top dog▶バークレーの学生たちが飲んだあとによく立ち寄るホットドッグ専門店。いろいろな種類のソーセージがあり安くて旨い！UCバークレー周辺に3店舗あり。　住 2503 Hearst Ave., Berkeley　開 月～金10：00～23：00、土・日11：00～20：00　URL www.topdoghotdogs.com　（埼玉県　柴野ひとみ　'10）['12]

SF交響楽団の本拠地、デイビス・シンフォニーホール

サンフランシスコ交響楽団
San Francisco Symphony

1911年創設で、過去には小澤征爾氏も籍を置いていたオーケストラだ。現在の音楽監督はマイケル・ティルソン=トーマス。座席のほとんどは定期会員で占められるが、余った席がシングルチケット（定期会員のシーズンチケットに対して単発で売られるチケット）として売り出される。シーズン前なら、コンサートホールに直接電話して入手するか、ウエブサイトからオンラインで申し込めばよい。シーズン開始後は、ホールの窓口で直接購入するのが確実だ。

サンフランシスコ・オペラ San Francisco Opera

1923年創設のサンフランシスコ・オペラは、アメリカ三大オペラのひとつ。出演者も超一流で、国際的にも高い評価を得ている。ファンも多く、旅行者がチケットを確保するのは容易ではない。ウエブサイトでチェックをするか、ホテルのコンシェルジュ、チケットブローカーに手配してもらうのが得策だ。

サンフランシスコ・バレエ San Francisco Ballet

アメリカで最も古いバレエ団のひとつで、いつも大胆な振り付けで市民を魅了し続けている。毎年12月の定期公演、『くるみ割り人形』の人気が高い。チケットはウエブサイトでチェックしてみよう。

オペラハウスではバレエ鑑賞も楽しめる

ミュージカル『ビーチ・ブランケット・バビロン』
Beach Blanket Babylon

初演以来37年目を迎える、サンフランシスコ名物のコメディミュージカル。主人公が世界中を旅している間に、さまざまな人間に出会うのだが、それがエルビス・プレスリーやマリリン・モンローのそっくりさんだったりする。大きな帽子を使うのもひとつの特徴になっている。英語がわからなくても、それなりに楽しめるだろう。料金は座席のランクや曜日によって異なり、$25～130。21歳未満は入場不可。

サンフランシスコ交響楽団
ホームホール――デイビス・シンフォニーホール Davies Symphony Hall
地P.65　E-3
住201 Van Ness Ave.
☎(415)864-6000(チケット)
URL www.sfsymphony.org

サンフランシスコ・オペラ
ホームホール――戦争記念オペラハウス War Memorial Opera House
地P.65　E-2
住301 Van Ness Ave.
☎(415)864-3330(チケット)
URL sfopera.com

サンフランシスコ・バレエ
ホームホール――戦争記念オペラハウス War Memorial Opera House
地P.65　E-2
住301 Van Ness Ave.
☎(415)864-3330(チケット)
URL www.sfballet.org

ビーチ・ブランケット・バビロン
劇場／Club Fugazi
地P.72　C-1
住678 Green St.(ノースビーチ)
☎(415)421-4222(チケット)
URL www.beachblanketbabylon.com
開演／水～金20:00、土18:30と21:30、日14:00と17:00
※写真付きのIDを求められる場合がある

ミュージカルを楽しんだあとはノースビーチでナイトライフを楽しみたい。夜の移動はタクシーで

メモ　ジャズクラブYoshi's▶名だたるジャズプレイヤーが出演する、全米でも有名なクラブ。クラブ内には創作和食のレストランもあり、一流の創作和食とジャズが堪能できる。住1330 Fillmore St.　☎(415)655-5600

観戦するスポーツ Spectator Sports

ベースボール MLB

サンフランシスコ・ジャイアンツ（ナショナルリーグ西地区）
San Francisco Giants

2010年のワールドチャンピオン。リーグ屈指の投手力を武器に、西海岸移転後初の優勝となった。ナショナルリーグ創設メンバーとして1883年ニューヨークに誕生。1958年サンフランシスコに移転した。名物はガーリックフライ。

オークランド・アスレチックス（アメリカンリーグ西地区）
Oakland Athletics

「コストパフォーマンス」の高い球団。球界のカリスマGMであるビリー・ビーンの手腕で、プレーオフ進出率はリーグ屈指。映画『マネーボール』にもなった。ただし現在は低迷中。

アメリカンフットボール NFL

サンフランシスコ・フォーティナイナーズ（NFC西地区）
San Francisco 49ers

2011年は'02年以来の勝ち越しと2桁勝利を刻み、周囲の予想を裏切り、プレーオフ決勝まで進む快進撃を見せた。'14年のサンタクララ移転が確定、古き良き本拠地も'13年までの契約だ。チームカラーはスカーレット、49ersゴールド。

オークランド・レイダース（AFC西地区）
Oakland Raiders

2011年10月、AFL最後の牙城ともいえる名物オーナー・アル・デイヴィスを失った。'11年は5割の成績を残したが、タイブレーク・システムでプレーオフを落とし、弔い戦とはならなかった。チームカラーはシルバー&ブラック、ファン以外にも人気が高く、グッズ売り上げはリーグ上位を占める。

バスケットボール NBA

ゴールデンステート・ウォリアーズ
Golden State Warriors（西・太平洋地区）

ここ18シーズンで勝ち越しわずか2回、BAA発足時の初代チャンプという名門ながら、低迷が続く。「戦士」の愛称はフィラデルフィア発足時から引き継ぎ、フランチャイズ名は州の愛称を背負っている。チームカラーはロイヤル・ブルー、ゴールデン・イエロー、ホワイト。マスコットは「サンダー」。

アイスホッケー NHL

サンノゼ・シャークス（西・太平洋地区）
San Jose Sharks

1991年に創設された新しいチームだが今ではベイエリアには欠かせないスポーツチームとして絶大な人気を誇る。2008年から4シーズン連続で地区優勝するなど実力も折り紙付き。シャークタンクと呼ばれているアリーナは毎試合満員になる。

サンフランシスコ・ジャイアンツ
（1883年創設） 地P.65 F-3
本拠地――エイティ・アンド・ティ・パーク AT&T Park（4万1503人収容）
住24 Willie Mays Plaza
☎(415)972-2000
行カストロからMarket St.を走るミュニメトロT、Nで。試合時のみシャトル運行あり

この選手に注目！
バスター・ポジー（捕手）

オークランド・アスレチックス
（1901年創設）
本拠地――コロシアム The Coliseum（3万5067人収容）
地P.78 B-2（オークランド内）
住7000 Coliseum Way, Oakland
☎(510)638-4900
行バートのFremont行きに乗り約25分でColiseum駅。球場は駅の目の前

この選手に注目！
カート鈴木（捕手）

サンフランシスコ・フォーティナイナーズ
（1946年創設） 地P.65 E-4 外
本拠地――キャンドルスティックパーク Candlestick Park（7万207人収容）
住490 Jamestown Ave.
☎(415)464-9377（チケット）
行ミュニメトロTのGilman/Paul駅下車、#87のシャトルがスタジアムまで運行

この選手に注目！
アレックス・スミス

オークランド・レイダース（1960年創設）
本拠地――オーバーストック・ドットコム・コロシアム Overstock.com Coliseum（6万3122人収容）
地P.78 B-2（オークランド内）
住7000 Coliseum Way, Oakland
Free(1-800)724-3377（チケット）
行アスレチックス参照

この選手に注目！
セバスチャン・ジャニコウスキー

ゴールデンステート・ウォリアーズ
（1946年創設）
本拠地――オラクルアリーナ Oracle Arena（1万9596人収容）
地P.78 B-2（オークランド内）
住7000 Coliseum Way, Oakland
Free(1-888)479-4667
行コロシアムの向かい

この選手に注目！
デイビッド・リー

サンノゼ・シャークス
（1991年創設） 地P.78 地図外
本拠地――HPパビリオン HP Pavilion（1万7562人収容） 住525 W. Santa Clara St., San Jose ☎(408)287-7070
行サンノゼSan Jose行きのカルトレインに乗り、San Jose Diridon駅下車

この選手に注目！
ジョン・ソーントン

S ショッピングセンター

約130店のショップがある

ウエストフィールド・サンフランシスコ・センター
Westfield San Francisco Centre

住865 Market St. ☎(415)495-5656
URL www.westfield.com/sanfrancisco
開毎日10:00～20:30(日～19:00) ADJMV 地P.72 C-5

ウエストフィールド・サンフランシスコ・センターの地下には、スーパーのBristol Farmsがあり便利。惣菜が豊富で、お寿司や照り焼き丼まである。(東京都 N.N '09) ['12]

S ワイン&おみやげ

ワインを選ぶなら専門店で

ナパバレー・ワイナリー・エクスチェンジ
Napa Valley Winery Exchange

住415 Taylor St. Free(1-800)653-9463 URL www.nvwe.com
開月～土10:00～18:00 休日
ADJMV 地P.72 B-4

気軽に飲めるワインから、ワイン通もうなるヴィンテージまで、幅広いワインを取り扱っている。ワインへの造詣も深い、日本語を話すスタッフや日本人スタッフがいるので安心だ。('12)

S ファッション

人気ブランドのアウトレット

ジェレミーズ
Jeremy's

住2 S. Park St. ☎(415)882-4929
URL www.jeremys.com 開月～土11:00～18:00(木～20:00)、日12:00～18:00 AMV 地P.73 F-5

人気ブランドの服、バッグや靴が手頃な値段で買えると評判のデパートメントストア。レディース、メンズともに品揃えあり。AT&Tパークから約3ブロックのところにある。('12)

S 書店

創業約60年、サンフランシスコを代表する書店

シティ・ライツ・ブックス
City Lights Books

住261 Columbus Ave. ☎(415)362-8193
URL www.citylights.com 開毎日10:00～24:00
AMV 地P.72 C-1

ビートニク世代にはおなじみの書店。写真集や詩集などが特に充実している。オリジナルグッズはおみやげにいい。('12)

R カフェ

こだわりのコーヒーが大人気

ブルー・ボトル・コーヒー・カンパニー
Blue Bottle Coffee Co.

住66 Mint St. ☎(510)653-3394(Oakland本部)
URL www.bluebottlecoffee.net 地P.72 C-5
開月～金7:00～19:00、土・日8:00～18:00 MV

サンフランシスコで絶大な人気を誇る店。SF MOMAやフェリービルディングにもスタンドがある。オーガニックのコーヒー豆を自家焙煎し、1杯1杯ていねいにドリップ。大人気なのも納得のおいしさだ。('12)

R カフェ

酸味のあるパンがSF名物

ボウディン・サワードゥ・ベーカリー&カフェ
Boudin Sourdough Bakery & Cafe

住160 Jefferson St. ☎(415)928-1849
開毎日8:00～21:30(金・土～22:00)
URL www.boudinbakery.com ADJMV 地P.74 C-1

サワードゥブレッドは1849年にこの店で焼き上げられたのが始まり。酸味のあるパンとコクのあるクラムチャウダーとの相性はぴったり。SF市内に複数店舗がある。予算は$6～。('12)

R カリフォルニア料理

ワインと食事を楽しむなら

ファーストクラッシュ
First Crush

住101 Cyril Magnin St. ☎(415)982-7874
URL www.firstcrush.com 開毎日17:00～22:00(木～土～23:00)
AJMV 地P.72 B-5

落ち着いた雰囲気のレストラン。日本人の口に合うテイストの料理は値段も手頃で、なかでもシーフードがおすすめ。料金は量によって異なり、スモール$9～15、ラージ$17～32。要予約。('12)

R オイスターバー

新鮮なカキがウリ!

ホッグ・アイランド・オイスター・カンパニー
Hog Island Oyster Company

住1 Ferry Bldg. ☎(415)391-7117
URL www.hogislandoysters.com 開月～金11:30～20:00、土・日11:00～18:00(ハッピーアワー月・木17:00～19:00)
AMV 地P.73 F-2

生ガキをはじめ、焼ガキ、カキシチューなどカキ尽くしのメニューがいっぱい。週2回のハッピアワーでは、カキが半額、ビールやワインも通常よりプライスダウンで提供される。('12)

投稿 Crab House▶ピア39にある。カニのローストがおいしい。秘伝のにんにくソースが絶品。住203 C Pier 39 ☎(415)434-2722 URL www.crabhouse39.com 開毎日11:30～22:00 (神奈川県 渡辺勝恵 '09)['12]

ホテル Hotels

ホステル

立地もよい人気ホステル
USAホステルズ・サンフランシスコ
USA Hostels San Francisco

住711 Post St., San Francisco, CA 94109 ☎(415) 440-5600
FAX(415) 651-8802 URL www.usahostels.com
ドミトリー$29～49、個室$76～122 MV 地P.72 A-4

ユニオンスクエアからも近く、人気のユースホステルだ。ドミトリーは男女別で4人ひと部屋。バス付きルームあり。最寄りのバートの駅まで7ブロック。無料の朝食付き。210ベッド。('12)

ホステル

ユニオンスクエア近くのユース
ホステリング・インターナショナル・サンフランシスコ・ダウンタウン
Hostelling International-San Francisco, Downtown

住312 Mason St., San Francisco, CA 94102 ☎(415) 788-5604
FAX(415) 788-3023 URL www.hiusa.org
ドミトリー$30～、個室$86～ AJMV 地P.72 B-4

Geary St.とO'Farrell St.の間にあり、ユニオンスクエアだけでなく、ソーマ、チャイナタウンも徒歩圏内。基本はドミトリーだが個室もある。無料の朝食付き。292ベッド。('12)

ホステル

ホテルを改築したユース
ホステリング・インターナショナルSFシティセンター
Hostelling International-SF City Center

住685 Ellis St., San Francisco, CA 94109 ☎(415) 474-5721
FAX(415) 776-0775 URL www.hiusa.org ドミトリー$28～、個室$85～ AJMV 地P.72 A-5

ドミトリーはひと部屋に4～6ベッド。大きなロッカーがあり、荷物も安心だ。移動にはバス#38が便利。治安がよくないエリアの近くなので夜間の外出時には注意が必要。185ベッド。('12)

ホステル

環境も設備も最高のユース
ホステリング・インターナショナルSFフィッシャーマンズワーフ
Hostelling International-SF Fisherman's Wharf

住240 Fort Mason, San Francisco, CA 94123
☎(415) 771-7277 FAX(415) 771-1468 URL www.hiusa.org
ドミトリー$30～、個室$85～ AJMV 地P.65 E-1

アクセスはユニオンスクエアからは、Stockton St.とSutter St.の角から#30で。キッチンやランドリー、無料のWi-Fiなど完備。無料の朝食付き。ネット予約をすすめる。164ベッド。('12)

エコノミーホテル

アットホームなホテル
ワーフイン
The Wharf Inn

住2601 Mason St., San Francisco, CA 94133 ☎(415) 673-7411
Free(1-877) 275-7889 FAX(415) 776-2181 地P.74 D-2
URL www.wharfinn.com ⓈⒹⓉ$139～225 ADJMV

フィッシャーマンズワーフを満喫できるロケーション。ロビーにてコーヒーの無料サービスを実施。駐車場とインターネットの接続は無料。全室禁煙。51室。('12)

中級ホテル

シビックセンターにある歴史的建物
ルノアールホテル
Renoir Hotel

住45 McAllister St., San Francisco, CA 94102 ☎(415) 626-5200
Free(1-800) 576-3388 FAX(415) 626-0916 URL www.renoirhotel.com
ⓈⒹⓉ$119～219、スイート$175～350 ADJMV 地P.65 E-2

外観は古いが、改装されているので内装や設備は整っている。周辺の雰囲気がやや気になるがユニオンスクエアへは徒歩約15分と便利。全室禁煙。130室。('12)

中級ホテル

ヨーロピアンスタイルのゴージャスなホテル
サー・フランシス・ドレーク・ホテル
Sir Francis Drake Hotel

住450 Powell St., San Francisco, CA 94102
Free(1-800) 795-7129 FAX(415) 319-8719 地P.72 C-4
通常料金ⓈⒹ$299～ ADJMV

ユニオンスクエアからわずか1ブロック、客室は英国風にまとめられ、明るくモダンな雰囲気。手頃な料金で幅広い層に人気がある。高野氏割引料金➔下記ⓈⒹ$179。417室。('12)

中級ホテル

ユニオンスクエアそばの居心地がよいホテル
ハンドレリー・ユニオンスクエア・ホテル
Handlery Union Square Hotel

住351 Geary St., San Francisco, CA 94102 ☎(415) 781-7800
FAX(415) 781-0216 ADJMV 地P.72 C-4
通常料金ⓈⒹⓉ$230～、ファミリースイート$310～

ファミリースイートは家族連れやグループ客から大好評。高野氏割引料金➔下記ⓈⒹⓉ$160、デラックスルーム$220、ファミリースイート$240。377室。('12)

※サンフランシスコで紹介しているホテルでは、日本セールス担当の高野氏をとおせば、特別料金で滞在できることもある。要クレジットカード。詳細は各ホテルを参照のこと（割引料金がないホテルに関しては予約の手配が可能）
☎(650) 827-9491（24時間直通） FAX(650) 827-9105 URL www.nishikaigan.com E-mail henrytakano@earthlink.net

神々の遊ぶ庭

ヨセミテ国立公園

Yosemite N.P.

DATA

入場者数▶約375万人（2011年。国立公園中第3位）
面積▶3045km²（東京都の1.5倍）
標高▶最高3998m
国立公園指定▶1919年
世界遺産登録▶1984年
時間帯▶パシフィック・タイムゾーン ➡P.631

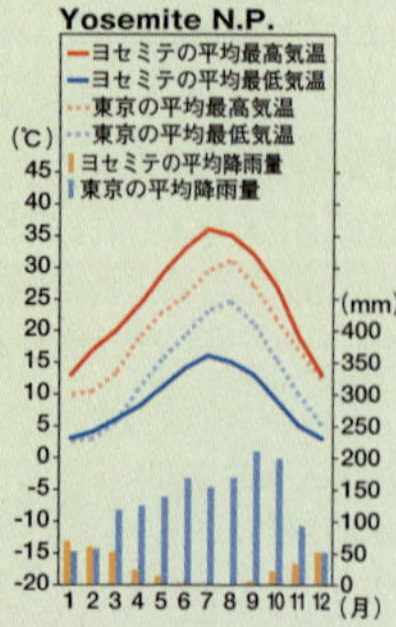

※ 公園内は広く、気温差が激しいので注意

ハイキングのほかにラフティングなどを楽しめる

アメリカ最大の見どころが、日本にはない大自然だ。壮大な自然との出合いは、自然の偉大さ、美しさ、神秘性を教えてくれるだろう。アメリカならではの大自然に触れてみたいと思っている人は、ぜひヨセミテに行ってほしい。昔から多くの人々を魅了してきた伝説の谷は、訪れる人の期待を決して裏切ることはない。その神々しさ、スケールの大きさには、ただ言葉を失うのみ。

人間の想像も及ばないような年月の間に造り上げられた大自然。トレイルを歩けば、それまでのざわめきはどこに行ったのかと思えるほど静かな世界が広がり、聞こえてくるのは川のせせらぎと鳥の声だけ。風が吹くと、どこからか滝の落ちる音も聞こえてくる。荒々しい姿とは対照的に、訪れる人は皆穏やかな気持ちになれる。

ヨセミテバレーの中心、ヨセミテビレッジにビジターセンターがある

GUIDE BOOK 地球の歩き方B02アメリカ西海岸編（1700円＋税）、B04サンフランシスコ編（1700円＋税）、B13アメリカの国立公園編（1800円＋税）でもヨセミテ国立公園を紹介していますので、ご活用ください。

ヨセミテ国立公園への行き方 Getting There

公園の西口、Arch Rock Entranceから約60マイル（約95km）のところにある**マーセドMerced**は、ヨセミテ国立公園への拠点となっている小さな町。世界中からの観光客が、バスやレンタカー、飛行機で、この町に集まってくる。マーセドへのアプローチで一番安上がりで便利なのは、グレイハウンドを利用する方法（サンフランシスコから所要約3時間35～45分）。グレイハウンドでマーセドに着いたら、マーセドのバスディーポからは**YARTSバス**が公園のカリービレッジ、ヨセミテロッジまで年中運行されている。このほかアムトラック、飛行機、また、時間のない人はサンフランシスコ発の観光バスを利用する手段もある。各自の日程や興味に合わせて交通機関を選ぶようにしよう。

なお、YARTSバスは、2012年5月現在の夏便はマーセド発6:00、7:00、9:00、10:45、17:40だが、冬期は減便する。ヨセミテバレーではカリービレッジ、アワニーホテル、ビジターセンターを経由し、ヨセミテロッジまで所要約2時間40～55分。季節によって時刻表が変わるので、必ず出発前に電話かウエブサイトで最新情報を確認しよう。

ツアー案内 …………………… Sightseeing Tours

サンフランシスコからヨセミテへの観光バスは2社ある。

グレイライン
Gray Line of San Francisco

●**Yosemite in a Day by Motorcoach**
所要約14時間の日帰り。夏期は毎日7:00発、冬期は特定の曜日のみ（料$139）。バスでヨセミテまで行き、ヨセミテビレッジを中心に、エルキャピタン、ヨセミテ滝などを回る➡P.69。

カリフォルニア・パーラー・カー・ツアーズ
California Parlor Car Tours

●**Yosemite N.P. One Day Tour**　所要約13時間。毎日（11～4月は火、木、土曜）6:15～6:45発。料$140、5～17歳$98。日帰り。ヨセミテバレー内でのツアーも含まれる。

●**Yosemite N.P. Two Days Tour**　所要2日間。5～10月は毎日6:15～6:45発。料$296～528（1～4人1部屋利用）。ヨセミテロッジに1泊する。ヨセミテバレー内のツアーあり。

●**Yosemite N.P. Three Days Tour**　所要3日間。毎日6:15～6:45発。料$380～848（1～4人1部屋利用）。Two Days Tourに1泊追加されたタイプ。

●**Yosemite Bus Transportation**　ヨセミテ国立公園内のポイントとサンフランシスコの主要ホテル間の往復のみ。宿が決まっている人には便利。毎日7:00発。13:45頃にヨセミテロッジ到着。サンフランシスコへ戻る便は15:45にヨセミテを出発。料往復$160、片道$75～85（入園料含む）、5～17歳$95。

ヨセミテ国立公園
住P.O. Box 577, Yosemite N.P., CA
☎(209) 372-0200
URL www.nps.gov/yose
※ゲートは一部を除いて年中24時間オープン
料車1台$20、自転車または徒歩1人$10（7日間有効、出入り自由）

グレイハウンド
Free (1-800) 231-2222
URL www.greyhound.com
料サンフランシスコから片道$37～48

YARTSバス
☎(209) 388-9589
Free (1-877) 989-2787
URL www.yarts.com
料マーセド～ヨセミテ往復$25（入園料込み）

レンタカーを利用するなら
レンタカーを借りるならフレズノ経由が何かと便利。フレズノ・ヨセミテ国際空港付近に営業所がある
●Alamo
☎(559) 251-5577
●Avis
☎(559) 454-5030
●Budget
☎(559) 253-4100
●Dollar
☎(559) 458-7237
●Hertz
☎(559) 251-5055

グレイライン
Free (1-888) 428-6937
URL www.sanfranciscosightseeing.com

カリフォルニア・パーラー・カー・ツアーズ
住500 Sutter St., San Francisco
☎(415) 474-7500
Free (1-800) 227-4250
URL www.calpartours.com
コースによりホテルへピックアップあり。また、オフシーズンはバスではなく小型バンやアムトラックで催行する。
ヨセミテ国立公園内のアワニーホテルやヨセミテロッジに宿泊するものもある

グレイシャーポイントより見たハーフドーム

旅のアドバイス　アメリカのみならず世界中から▶ヨセミテ国立公園へは人々が詰めかける。狭いビレッジには車があふれ、ロッジはどこも満室……。夏に行くならまず、宿の確保から始めよう。

観光案内所 ……………… Visitors Information

ヨセミテバレーに到着したら、まずは**ビジターセンター Valley Visitor Center**へ行こう。地図や本などの資料が豊富に揃っている。また、センター内ではオリエンテーションフィルムも上映している。

ビジターセンター
開 毎日9:00〜17:00(夏期は〜19:00)
☎ (209) 372-0299
行 ヨセミテバレー・シャトルに乗って#5、9で下車

ヨセミテの見どころを回るバレーフロア・ツアー

園内の交通機関 ……………… Transportation

ヨセミテバレー・シャトル・システム
Yosemite Valley Shuttle System

ヨセミテバレー内の各ポイントを結んで3つのルートの無料シャトルバスが循環している（Valley Shuttleは通年、そのほかの2ルートは夏期のみ運行）。マイカーで来ても、車を駐車場に置いて、このバスを利用しよう。ドライバーはガイド役も兼ねているので、オリエンテーションのつもりで、まずは一周してみよう。

ヨセミテバレー・シャトル・システム
運行／毎日7:00〜22:00の30分間隔
料 無料
※季節により運行時間、ルート変更もあるのでビジターセンターで入手できる“Yosemite Today”で新しい情報を確認すること

ヨセミテ国立公園ツアーバス
Yosemite National Park Tour Bus

シャトルバスで行けないポイントへは、シーズン中、ツアーバスが運行している。早めに予約をしよう。各ツアーとも、ヨセミテロッジ、カリービレッジ、アワニーホテルでピックアップしてくれる。

ヨセミテ国立公園ツアーバス
☎ (209) 372-4386(予約)
URL www.yosemiteparktours.com

園内のツアーバス

(2012年5月現在)

ツアー名	出発時間	所要時間	おもな観光ポイント	運行期間	料金
バレーフロア・ツアー	10:00、11:00、13:00、14:00（冬期は1日2便）	約2時間	ヨセミテ滝、エルキャピタン、ブライダルベール滝、トンネルビュー、ハーフドームなど	通年	$25 ($13)
グレイシャーポイント・ツアー	8:30、10:00、13:30	約4時間	自然の展望台グレイシャーポイントから、渓谷やハーフドームを一望する。途中、エルキャピタンやブライダルベール滝の前をとおる	5月下旬〜10月下旬	片道$25($15) 往復$41($23)
グランドツアー	8:45	約8時間	巨大セコイアの森、マリポサグローブを巡るビッグツリー・トラムツアーとグレイシャーポイント・ツアーを一緒にしたツアー。ランチ付きのツアー($92、子供$56)もある	5月下旬〜11月初旬	$82 ($46)

( ) 内は子供料金 (5歳以上)

レンタルバイク
Rental Bike

ヨセミテバレー内を自由に散策するのなら、自転車（バイク）を借りるといい。自転車専用道路も整備されているので、安全で快適なサイクリングが楽しめる。自転車は、4月から10月まで、**ヨセミテロッジYosemite Lodge**と**カリービレッジCurry Village**で借りられる。子供用も完備。デポジットにIDとクレジットカードが必要。なお、ヨセミテバレーには計12マイル（約19km）のサイクリングロードが整備されている。

サイクリングも大自然のなかで楽しめる

レンタルバイク
●Yosemite Lodge
☎ (209) 372-1208
開 毎日10:00〜17:30（貸し出しは16:15まで、返却は17:15まで）
料 1時間$10、1日$28
●Curry Village Recreation
☎ (209) 372-8319
●Yosemite Lodge at the Falls
☎ (209) 372-1208

投稿 宿泊について

私はマーセドに2泊したが、ヨセミテに1泊すればよかったと思った。1日でヨセミテ滝とハーフドームを回るのは難しい。宿泊し、朝から観光するといいだろう。
(三重県　なべ吉　'08) ['12]

投稿 **写真を撮るなら▶**センチネル橋の南側にかわいい礼拝堂がポツンと建っていて、ここからポストカードなどに使われているハーフドームを背景とした構図の写真撮影が可能。(文京区　浅野貴雄　'07) ['12]

おもな見どころ Sightseeing

公園内のおもな観光ポイントは、ほとんど**ヨセミテバレー Yosemite Valley**と呼ばれる谷と、その周辺に集中している。また、バレー内のポイントを結ぶ、バレー・シャトルが循環している。

見逃せないのは、まずヨセミテのシンボルともいえる**ハーフドーム Half Dome**。その名のとおり、真ん丸のドームを縦半分に切り落としたような形をしており、氷河に削られた岩肌には2万年の風雪に耐えてきた貫禄と存在感があふれている。花こう岩としては世界最大の一枚岩といわれているのは、バレー入口の**エルキャピタン El Capitan**。1095mの高さで垂直にそびえているため、ロッククライマーたちの憧れの的にもなっている。

また、これはあまり知られていないことだが、世界の"落差の大きい滝ベストテン"のうち3つの滝が、ここヨセミテに位置している。**ヨセミテ滝 Yosemite Falls**、**センチネル滝 Sentinel Fall**、**リボン滝 Ribbon Fall**がその3つで、このほかにもたくさんの滝があり、それぞれの表情を見比べるのもなかなかおもしろい。このほか、自然が造った大パノラマ展望台**グレイシャーポイント Glacier Point**や、ヨセミテの大自然をモノクロで撮影、世界的に有名な写真家アンセル・アダムスの作品にもたびたび登場する、ヨセミテで最も有名な景色を眺望できる**トンネルビュー Tunnel View**など、見逃せない見どころが多い。

ヨセミテの宿対策
アメリカでの国立公園の人気は、日本人が想像する以上に高い。夏期のシーズンなら半年以上前に、ウエブサイトを通じて申し込むのがいいだろう。日本の旅行会社でも国立公園の宿の申し込みができるところもあるので、問い合わせてみるといい。または、宿泊付きのツアーバスに乗るのもひとつの方法

夜空も見逃せない
人工の光がほとんどないヨセミテでは、無数の星が瞬く夜空にも注目を。街灯がないので携帯できる懐中電灯があると便利

世界最大のジャイアントセコイアの森
現在ではヨセミテとセコイア＆キングスキャニオン国立公園でしか見られない貴重なもの。ツアーバスを利用してぜひ行ってみよう

夕暮れのハーフドームを望む

ヨセミテおすすめトレイル

旅のアドバイス

大自然を楽しむ、一番簡単で、誰にでもおすすめできる方法が"ハイキング"だ。ヨセミテにはバラエティに富んだハイキングトレイルがあるので、時間があるならぜひとも歩いてほしい。

●バーナル滝 Vernal Falls とネバダ滝 Nevada Falls へのトレイル（中級）
シャトルバスで#16のハッピーアイル Happy Islesまで行き、ここからマーセド川に沿って歩く。バーナル滝を左に見ながらの急な登りは、足場があまりよくないうえに、滝のしぶきでビショビショに。距離も難度も適度。バーナル滝まで往復4.8km、3～4時間、ネバダ滝まで往復11km、5～6時間。

●アッパーヨセミテ滝 Upper Yosemite Falls までのトレイル（上級）
3段合わせて700m以上の落差をもつヨセミテ滝の上まで登る。サニーサイドキャンプ場から、つづら折りの道をひたすら登る。往復約12km、6～8時間。

●ロウアーヨセミテ滝 Lower Yosemite Fall までのトレイル（初級）
ヨセミテであまり時間がない人にもおすすめできるトレイル。ヨセミテバレーのビジターセンターからヨセミテ滝の下まで往復約1.6km、約30分。もっと時間がないのなら、シャトルバスで#6ロウアーヨセミテ滝 Lower Yosemite Fallまで行けば、そこから約0.42km、往復20分。

●ミラーレイク Mirror Lake のトレイル（初級）
シャトルバスで# 17 ミラーレイク・トレイルヘッド Mirror Lake Trailhead へ行き、そこのトレイルヘッドからミラーレイクまで往復 3.2km で約 1 時間。湖を一周すると約 8km で約 2 時間のコース。湖へは Tenaya Creek の西側に沿って、ゆるやかな登り。一周コースは Teneya Creek に架かる橋を渡り、レイクの東側に沿って戻ってくる。冬は凍結に注意。

投稿 **早朝ウオーキング▶**園内に宿泊したら、早朝のウオーキングがおすすめ。日中は込むLower Yosemite Fall Trailで、静寂のなか大自然をひとり占めできた。
（文京区　浅野貴雄　'07）['12]

ヨセミテ国立公園付近のホテル事情

旅のアドバイス

ヨセミテ国立公園内

ヨセミテ国立公園の宿泊施設は、すべてDNC Parks & Resorts at Yosemite, Inc.によって管理運営され、366日前から予約を受け付けている（キャンプ場は予約したい月から起算して5ヵ月前にあたる月の15日から可能）。一流ホテルからテントキャビンまでいろいろあるが、夏は非常に込むので必ず予約を。特に午後になってからの宿探しは不可能に近い。なお、冬の時期なら、宿泊施設によってはディスカウント料金を提示しているところもある。

DNC Parks & Resorts at Yosemite, Inc.
☎(801)559-4884（ホテル予約） Free(1-877)444-6777（キャンプ場予約） URL www.yosemitepark.com
受付時間：毎日7:00〜20:00（土・日〜19:00）
AJMV

ほとんどのホテル＆キャビンの料金は、ひとりでもふたりでも同じ。以下は2012年5月現在の料金。室料は部屋のタイプ、時期や曜日などによって異なる。

●アワニーホテル　The Ahwahnee Hotel
アメリカでも屈指のリゾートホテル。ロケーションも折り紙付き。ⓈⒹⓉ$471〜670。123室。（'12）

●カリービレッジ　Curry Village
3月下旬〜11月下旬、12月の一部の期間オープン。静かな林の中に木造キャビンとテントキャビンが建ち並ぶ。少数ながらホテル形式の部屋もある。毛布、シーツあり。鍵を見せるとシャワーが無料で利用できる。テントキャビン$40〜148、キャビン$128〜196、ホテルルーム$128〜215。18室、610棟。（'12）

●ヨセミテロッジ・アット・ザ・フォールズ　Yosemite Lodge at the Falls
ヨセミテ滝に近くて便利。園内で最大の収容人数をもつロッジで、設備はホテルと変わらない。スタンダード、ロッジルーム$126〜220。245室。（'12）

滝や谷など、大迫力の自然にあふれたヨセミテ。できれば、宿泊してゆっくりと楽しむのが理想的

大自然を満喫できるアワニーホテル。人気のリゾートなので予約は早めに

●ハウスキーピングキャンプ　Housekeeping Camp
キャンプ場に準ずる施設で、ヨセミテで最も安く泊まれるところ。ひとつのテントに4人までOKで$60〜99。夏のみのオープン。ただし質素なものなので、雨がしのげればいいという人向け。貸し毛布＆シーツあり。266棟。（'12）

●ワウォナホテル　Wawona Hotel
園内最古の白いビクトリア調の木造ホテル。公園南口そばのマリポサグローブの入口にある。ゴルフ場もある。バス付き50室ⓈⒹⓉ$211〜246、バスなし54室ⓈⒹⓉ$121〜173。（'12）

●トゥオルミ・メドウ・ロッジ　Tuolumne Meadows Lodge
タイオガパスや公園東口に近く、6月上旬〜9月上旬のみオープンする。テントキャビン$107〜120。69テント。（'12）

マーセド

●アメリカズ・ベスト・バリュー・イン　Americas Best Value Inn
住 1213 V St., Merced, CA 95340
☎(209)723-3711 Free(1-877)424-6423
FAX(209)722-8551
URL www.americasbestvalueinn.com
ⓈⒹⓉ$46〜60　ADJMV
プールあり。朝食付き、市内通話と高速インターネットの接続は無料。ヨセミテ国立公園まで約83マイル（約134km）。95室。（'12）

●ベストウエスタン・プラス・イン　Best Western Plus Inn
住 1033 Motel Dr., Merced, CA 95340
☎(209)723-2163 FAX(209)384-7272
URL www.bestwestern.com
ⓈⒹⓉ$72〜90　ADJMV
電子レンジ、冷蔵庫付き、プールあり。朝食付き、市内通話は30分無料。ヨセミテ国立公園まで約80マイル（約129km）。42室。（'12）

●ラマダ・マーセド　Ramada Merced
住 2010 E. Childs Ave., Merced, CA 95340
☎(209)723-3121 FAX(209)723-0127
URL www.ramada.com
ⓈⒹⓉ$79〜164　ADJMV
バス、プール、朝食付き、駐車場無料。高速インターネットの接続は無料。ヨセミテ国立公園まで約75マイル（約121km）。113室。（'12）

投稿 **Wawona Hotel**▶バルコニー付きの客室に泊まった。ホテル自体が持つ独特の重厚な雰囲気やレストランはもちろんよかったが、バルコニーのイスにもたれて眺める満天の星空は最高だった。
（文京区　浅野貴雄　'07）['12]

興味深い建物が多いロスアンゼルスで建築巡りをしてみるのもいい
（ウォルト・ディズニー・コンサートホール）

太陽が輝くセレブの町

ロスアンゼルス
Los Angeles

ニューヨークなら摩天楼と自由の女神、サンフランシスコなら霧と坂の町と、町にはその町なりのイメージがある。では、ロスアンゼルスという町のイメージは何だろうか。ハリウッドなら映画の都、ビバリーヒルズでは高級ブランドショップや高級住宅地、またはカリフォルニアで一番有名なビーチであるサンタモニカを思い浮かべる人もいるだろう。ロスアンゼルスには、"これこそは"といったイメージがない。唯一共通しているのは、明るい太陽の下にそれぞれが存在しているということだ。ひとりずつ、イメージするものも、求めるものも違うのがロスアンゼルス。この町の魅力は、そんなたくさんのイメージすべてに、それぞれの楽しみ方を提供できること。

南カリフォルニアの中心地ロスアンゼルスは、スペイン語で天使の町という意味。ロスアンゼルスに住む天使に、あなたの願いを託してみてはいかがだろう。

ハリウッドのチャイニーズシアターは見逃せない

GUIDE BOOK 地球の歩き方B02アメリカ西海岸編（1700円＋税）、B03ロスアンゼルス編（1700円＋税）、地球の歩き方リゾート315テーマパークinロスアンゼルス（1640円＋税）でもロスアンゼルスを紹介していますので、ご活用ください。

DATA

人口▶約379万2600人
面積▶約1214km²
標高▶約101m
TAX▶セールスタックス　8.75%
ホテルタックス（ロスアンゼルス市14%、サンタモニカ市14.07%、アナハイム市18%など）
属する州▶カリフォルニア州 California
州のニックネーム▶黄金州 Golden State
州都▶サクラメント　Sacramento
時間帯▶パシフィック・タイムゾーン ➡P.631
繁忙期▶年間をとおして

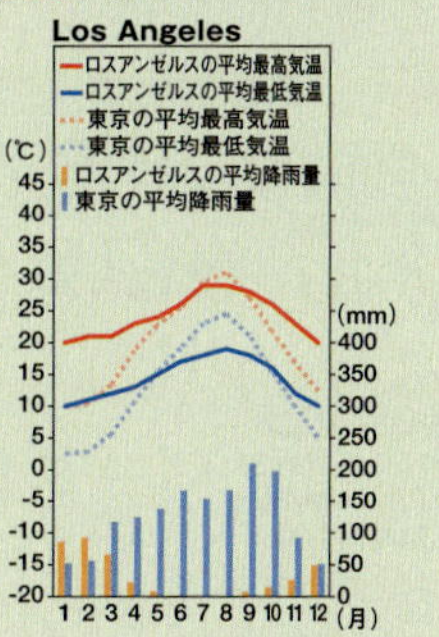

飛行機 Plane

ロスアンゼルス国際空港
Los Angeles International Airport (LAX)

西海岸最大の空港で、「ラックス LAX」という略称で呼ばれている。80社近くの航空会社が乗り入れ、成田からの直行便は8社、羽田からは2社が運航している。ターミナル1〜8、トム・ブラッドレー国際線ターミナルに分かれ、航空会社によって使用するターミナルが異なる。日本航空、全日空などアメリカ系以外の航空会社はトム・ブラッドレー国際線ターミナルを使用、デルタ航空(ターミナル 5)、アメリカン航空(ターミナル 4)、ユナイテッド航空(ターミナル 6、7)の国際線はカッコ内の各ターミナルに発着。すべてのターミナルが2層構造で、上階が出発階、下階が到着階となっている。ターミナル間の移動は、到着階を走る白地に青と黄のデザインのLAXシャトルA(料無料)を利用しよう。各交通機関はターミナルの外を走る内周道路から利用する。

ロスアンゼルス国際空港
地P.94 A-2
住1 World Way, Los Angeles
☎(310)646-5252
URL www.lawa.org/welcomeLAX.aspx
トム・ブラッドレー国際線ターミナルの到着階(1階)と2階にインフォメーション・カウンターがあり、空港案内のほか、L.A.のそれぞれのエリアへの行き方を教えてくれる

時間には余裕をもって
スーパーシャトルなどの空港シャトルは、複数の乗客を乗せ、ホテルやターミナルを順番に回る。自分があとのほうだと時間がかかるので特に空港へ行くときには注意

注意!4路線あるフライアウエイ
空港からフライアウエイに乗車するときは、行き先を必ず確認しよう。ダウンタウンにあるユニオン駅Union Stationのほか、ウエストウッドなど全4路線ある

空港から/空港へのアクセス

	種類/名称/連絡先	行き先/運行/料金	乗車場所/所要時間/備考
空港バス	フライアウエイ FlyAway Free (1-866) 435-9529 URL www.lawa.org/flyaway	行き先▶ユニオン駅ほか 運行▶毎日5:00〜翌0:30の30分間隔。それ以外の時間は1時間間隔 料金▶$7※支払いはクレジットカードのみMV	空港発▶"FlyAway Buses & Long Distance Vans"のサイン(緑)の下から乗車。4路線あるので行き先を確認すること 空港行き▶ユニオン駅のPatsaouras Transit Plazaのバス乗り場9から乗車 所要時間▶ユニオン駅まで約45分
空港バス	ディズニーランド・リゾート・エクスプレス Disneyland Resort Express ☎(714)978-8855 URL graylineanaheim.com	行き先▶ディズニーランド・リゾート、アナハイム周辺のホテル 運行▶毎日7:30〜22:30の30分〜1時間間隔 料金▶$22(往復$32)、3〜12歳$19(往復$25)	空港発▶"FlyAway Buses & Long Distance Vans"のサイン(緑)の下から乗車 空港行き▶アナハイム周辺のホテルから乗車。スケジュールの確認もかねて予約をすすめる 所要時間▶ディズニーランド・リゾートまで約40分
空港シャトルバン	スーパーシャトル SuperShuttle Free (1-800) 258-3826 URL www.supershuttle.com	行き先▶市内や周辺どこでも 運行▶24時間随時 料金▶ダウンタウンまで$16、ハリウッドまで$16〜17、サンタモニカまで$15、アナハイムまで$16〜38 ※料金は目安。同エリアでも若干異なる。3人以上なら、タクシーの利用が得	空港発▶内周道路手前、"SuperShuttle"のサインそばから乗車 空港行き▶事前に電話またはウエブサイトから予約 所要時間▶ダウンタウンまで約30分
路線バス	メトロバス# 42、42A Metro Bus #42、42A Free (1-800) 266-6883 URL www.metro.net	行き先▶ダウンタウン各所 運行▶早朝から深夜まで 料金▶$1.50	空港発▶"LAX Shuttle Airlines Connection"のサイン(青)の下からLAXシャトルCに乗車し、LAX City Bus Centerへ。メトロバス#42、42Aに乗り換える 空港行き▶市内各所からメトロバスに乗りLAX Transit Centerへ 所要時間▶ダウンタウンまで約1時間
電車	メトロレール Metro Rail Free (1-800) 266-6883 URL www.metro.net	行き先▶メトロレール各駅 運行▶早朝から深夜まで 料金▶$1.50 ※料金は乗り換えごとに初乗り料金$1.50が必要。1日券は$5	空港発▶"LAX Shuttle Airline Connection"のサイン(青)の下からLAXシャトル#Gに乗り、Aviation駅へ。グリーンラインの東方向に乗り、Imperial/Wilmington駅でブルーラインに乗り換え 空港行き▶メトロレール各駅から乗車 所要時間▶ユニオン駅まで約1時間
タクシー	インディペンデントタクシー Independent Taxi Free (1-800) 521-8294 URL www.taxi4u.com	行き先▶市内や周辺どこでも 運行▶24時間随時 料金▶ダウンタウン約$46、ハリウッド約$48、サンタモニカ約$36など(空港からは+$4)	空港発▶"Taxi"マークのサインの下から乗車 空港行き▶事前に電話予約をするか、主要ホテルから乗車 所要時間▶ダウンタウン約25分、ハリウッド約40分、サンタモニカ約20分

※それぞれの乗り物の特徴については ➡P.665

長距離バス Bus

グレイハウンド・バスターミナル
Greyhound Bus Terminal

ダウンタウン東の外れにあり、周辺は決して治安のいい地域とはいえない。ダウンタウンの中心部まで歩いて行くには遠く、メトロバスで約10分。バス停はターミナルを出て道路を渡ると右側にある。ダウンタウンへ向かう西行きに乗る。#60に乗れば7th St.経由でメトロ・レッドラインの7th St./Metro Center駅周辺などへ行ける。暗い時間帯はタクシー(中心部まで料約$10)を利用して、くれぐれも注意したい。

帰国時の注意
ロスアンゼルスは交通渋滞が深刻なので、帰国の際、空港への移動は早朝がおすすめ。
(兵庫県 K '10) ['12]

グレイハウンド・バスターミナル
地P.96 地図外
住1716 E. 7th St.
☎(213)629-8401
開24時間営業

投稿 **サンタモニカへは** ▶ 空港からサンタモニカへは $2 で行けるビッグ・ブルー・バス(#3 か Rapid3)がおすすめ。シャトルバンは $15 くらいするので、かなり得だ。荷物を持ち込んでも問題なかった。
(大阪府 rascal '07) ['12]

鉄道 …… Train

ユニオン駅
Union Station

白い壁にパームツリーが美しく映えるユニオン駅はシカゴ、ニューオリンズ、シアトルなどからの長距離列車の終着駅だ。ロスアンゼルスの公共交通機関を担うメトロの案内所もあり、メトロ・レッドライン、パープルラインとゴールドラインの始発駅でもある。

空港バスのフライアウエイのバス停もここにある。中心部まではダッシュが安い。Alameda St.を渡ったところにあるバス停からダッシュのルートB（月～金曜のみ運行）が、シティ・ナショナル・プラザやボナベンチャーホテル方面へ向かう。

メトロレールの始発駅、バスターミナルもあるユニオン駅

ユニオン駅
地P.96　B-1
住800 N. Alameda St., Los Angeles
Free (1-800) 872-7245
開24時間営業
●DASH
料50¢

ロスアンゼルスの歩き方 Getting Around

何といってもロスアンゼルス（略してL.A.＝エル・エー）の一番の特徴はその広さ。関東平野に匹敵する広さとまでいわれるが、公共交通機関を使えばなんとかエリア間を移動できる。

本書ではL.A.を、再開発が進み変革期を迎えるダウンタウン、映画の都ハリウッド、流行発信地として知られるウエストサイド、そしてビーチシティの代表サンタモニカなどのエリア別に紹介している。

ロスアンゼルスは「エル・エー」
「ロス」という略称は日本人の間でしか使われていない

タクシーを利用しにくいL. A.
流しのタクシーは少ないし、エリア間が離れているので高くつく。タクシーを拾うときは、ホテルが便利

観光案内所 …… Visitors Information

ロスアンゼルス観光局
LA Inc. The Convention and Visitors Bureau

ダウンタウン案内所
Los Angeles Visitor Information Center

Figueroa St.沿い、7th St.とWilshire Blvd.の間にある。各種資料が揃い、親切なスタッフがアドバイスをしてくれる。無料で利用できるPCもあり便利。L.A.名物のチョコレート、シーズキャンディも販売している。

ハリウッド案内所
Hollywood Visitor Information Center

ハリウッド＆ハイランドの1階。夜遅くまでオープン。パンフレットの種類が豊富で情報をたくさん集められる。

ダウンタウン案内所
地P.96　A-3
住685 S. Figueroa St., Los Angeles
☎(213) 689-8822
URL discoverlosangeles.com（英語）、www.discoverlosangeles.com/jp（日本語）
開月～金8:30～17:00　休土・日
※移転する予定あり

ハリウッド案内所
地P.98　B-1
住6801 Hollywood Blvd., Hollywood
☎(323) 467-6412
開毎日10:00～22:00（日～19:00）

市内の交通機関 …… Public Transportation

メトロバス
Metro Bus

メトロバスは、L.A.のほぼ全域をカバーしている。車体はおもに赤やオレンジでMのマークが目印だ。200近くのルートをもつ。また、車体に“**ラピッドrapid**”と書かれた急行バスが速くて観光客にたいへん便利。メトロの案内所である**メトロカスタマーセンター**でシステムマップや路線別の時刻表を入手してメトロバスを使いこなそう。窓口で行き先を告げれば、何番のバスに乗ればいいのかも教えてくれる。

メトロバス
Free (1-800) 266-6883
URL www.metro.net
料$1.50、1日券（メトロレールと共通）$5
※400、500番台のフリーウエイを走る路線は、フリーウエイに入る前にエクスプレス料金を徴収される。行く先によって額は異なり、70¢～$1.40加算される

メトロカスタマーセンター
●ユニオン駅
住800 N. Alameda St.（バスターミナル側にある）
開月～金6:00～18:30
●Wilshire Blvd.／La Brea Center
住5301 Wilshire Blvd.
開月～金9:00～17:00（13:00～14:00はクローズ）

投稿 **L.A. 観光はメトロレールで** ▶1日券を利用すれば、途中下車を楽しみながら$5で観光名所を回れる。駅も車内も清潔で乗客のマナーもいいので、おすすめだ。（名古屋市　皆吉　亨　'05）['12]

ダッシュ

ダウンタウンを5路線が走っている。リトルトーキョーと7th St./Metro Center付近を結ぶルートAとL.A.ライブ、ステープルスセンターまで行くFが利用価値の高い路線だ。ダウンタウン内の移動はこれでOK

☎(818)808-2273

URL www.ladottransit.com/dash

料50¢

※DASHのほとんどの路線は平日と土曜のみの運行

メトロバスのおもなルート

1～99	ダウンタウンを起点とする主要路線
100～299	ダウンタウンをとおらずに走る普通路線
300～399	一部のバス停にしかストップしない路線（快速）
400～599	ハイウエイを走るエクスプレスバス
600～699	イベントやスポーツの試合時に運行する臨時便
700～799	ラピッドバスと称する急行バス。快速バスよりもバス停が少ない。"rapid"の文字が目印

ダッシュ
DASH

ダッシュのおもなルート

ルート番号	おもなルート	運行時間
ルートA	7th Fig周辺からウォルト・ディズニー・コンサートホールを経てリトルトーキョーへ	月～金6:30～18:30（7分間隔）
ルートB	チャイナタウン、ユニオン駅、シビックセンター、MOCAをとおってメイシーズ・プラザへ	月～金5:50～18:30（8分間隔）
ルートD	ユニオン駅とブルーラインのGrand駅を結んで、ダウンタウンの東側を走る	月～金5:50～18:00（5分間隔） 月～金18:00～19:00（15分間隔）
ルートE	Harbor Fwy.の西側からブルーラインのSan Pedro駅周辺、ダウンタウンの南東を走る	月～金6:30～19:00（5分間隔）、土6:30～10:00（6分間隔）、日10:00～17:00（15分間隔）
ルートF	シティ・ナショナル・プラザ付近からL.A.ライブを経てエクスポジションパーク、USCへ	月～金6:30～18:30（10分間隔）、土・日10:00～17:00（20分間隔）

メトロレール

Free(1-800)266-6883

料$1.50、1日券（メトロバスと共通）$5

必ずチケット購入を

改札は無人だが、必ずチケットを購入し、所持しておくこと。また、各路線ごとに乗車料金を支払う。抜き打ちの検札がありチケットを持っていないと罰金$250を払うことになる

メトロレール
Metro Rail

レッド、ブルー、グリーン、ゴールド、シルバー、オレンジと一部レッドラインと同じ駅を走るパープル、2012年に開通したエキスポラインの8路線。ダウンタウンからはハリウッドやパサデナ、ロングビーチへ1本で行ける。地下を走る区間もあり。

メトロレールのおもなルート

ルート名	おもな行き先など
メトロ・レッドライン Metro Red Line	ダウンタウンのユニオン駅からハリウッド方面を結ぶ。ダウンタウンからユニバーサル・スタジオ・ハリウッドへも、レッドラインで約20分。
メトロ・パープルライン Metro Purple Line	ダウンタウンのユニオン駅から、ミッドウィルシャーのWilshire / Western駅の計8駅を結ぶ。レッドラインと車体も同じで、途中までレッドラインと同じ駅を走る。約13分。
メトロ・ブルーライン Metro Blue Line	ダウンタウンの7th St. / Metro Center駅からロングビーチのダウンタウンまで、22駅を約1時間で結んでいる。
メトロ・グリーンライン Metro Green Line	LAX南のレドンドビーチから、ほぼI-105（フリーウエイ）に沿って東へ、ノーウオークまで走る。ブルーライン同様のライトレールでImperial/Wilmington駅でブルーラインに乗り換えられる。Aviation/I-105駅からLAXへは"LAX Shuttle G"のシャトルバス（料無料）も走っている。
メトロ・ゴールドライン Metro Gold Line	ユニオン駅を中心にパサデナ方面、リトルトーキョー方面にアクセスできる。ユニオン駅からパサデナのDel Mar駅、Memorial Park駅までは約35分。パサデナとLittle Tokyo駅間は約40分。

スターラインツアーズ

Free(1-800)959-3131

URL www.starlinetours.com

※チケットブースはチャイニーズシアター前にある。Movie Star's Homesツアーは、チャイニーズシアター前に集合、出発。郊外のアウトレットへは、ツアーの利用がおすすめ

ツアー案内 ……………… Sightseeing Tours

どの会社でもコース、料金ともそう大きな違いはない。各テーマパークへのツアーや郊外のアウトレットへのツアーもある。

スターラインツアーズ
Starline Tours

出発場所／L.A.全域のおもなホテルへの送迎サービスあり。

ツアー名	料金	運行	所要時間	内容など
The Deluxe Grand City Tour of Los Angeles	$70	毎日午前中発	5時間30分	L.A.ライブ、ハリウッド（チャイニーズシアターほか）、ロデオドライブなど主要な見どころを回る
Movie Star's Homes	$44	毎日9:30～日没（30分おき）	2時間	トム・クルーズ、オーランド・ブルームら人気スターの豪邸のほか、スターゆかりの地を見て回る

旅のアドバイス **電子プリペイドカードtap▶** メトロでは、メトロバス、メトロレールで使用できる電子プリペイドカードを発行している。観光案内所➔P.91やメトロカスタマーセンター➔P.91などで購入できる。

おもな見どころ Sightseeing

ダウンタウン地区 Downtown

エンターテインメントの新スポット 地P.96 A-4

L.A.ライブ
L.A. Live

ダウンタウンで進められていた一大プロジェクト、L.A.ライブが2010年に完成した。L.A.ライブは、スポーツ、イベントホールのステープルスセンターの向かいに多目的ホールの**ノキアシアターNokia Theatre**、ライブやショー会場の**クラブノキアClub Nokia**、10以上のレストラン、**グラミー博物館Grammy Museum**が集結する、いわばエンターテインメントの殿堂だ。映画館の**リーガルシネマズRegal Cinemas**もある。敷地内をちょっと移動するだけで、スポーツ観戦やライブ、食事などが楽しめる。L.A.で今一番注目の最新スポットだ。

L.A.ライブの核とも呼べる施設 地P.96 A-4

グラミー博物館
Grammy Museum

音楽業界で最も栄誉ある賞と評される、グラミー賞の創設50周年を記念して建てられた。4階から展示が始まる博物館は、体験型の展示が並び、遊びながら音楽の魅力を存分に味わえる。見逃せないのが、4階入口そばの**クロスローズCross Roads**。150以上のジャンル別の音楽を聴ける。ほかに、レコーディング体験ができる**イン・ザ・スタジオIn the Studio**、グラミー賞授賞式に出席したミュージシャンたちの衣装なども展示されている。2階で上映している、グラミー賞授賞式の映像を集めた映画も必見。

L.A.音楽と演劇の中心 地P.96 A-2

ミュージックセンター
Music Center

ドロシー・チャンドラー・パビリオンDorothy Chandler Pavilion、マーク・テーパー・フォーラムMark Taper Forum、アーマンソンシアターAhmanson Theater、ウォルト・ディズニー・コンサートホールWalt Disney Concert Hallの4つの劇場からなる。ウォルト・ディズニー・コンサートホールを本拠地とするロスアンゼルス・フィルハーモニックの公演は人気があるので、チケットは早めに入手しよう。

建物のデザインにも注目 地P.96 A-2

現代美術館（MOCA）
Museum of Contemporary Art（MOCA）

日本人建築家、磯崎新によるレンガ色の建物とガラスのピラミッドがユニークな建物の美術館。現代美術を代表する作家から若手まで幅広いコレクションが楽しめる。2～3ヵ月ごとに変わる企画展がメイン。また、リトルトーキョーには、ポップアートを中心に展示する**ゲッフェン現代美術館The Geffen Contemporary at MOCA** がある。

夜もたっぷり楽しめるL.A.ライブ

L.A.ライブ
住800 W. Olympic Blvd., Los Angeles
☎(213)763-5483
Free(1-866)548-3452
URL www.lalive.com
※公演やイベントについては、上記のウエブサイトで確認できる
行ダッシュのルートF。メトロ・レッドラインの7th St.／Metro Center駅下車、南へ徒歩約10分。または、メトロ・ブルーラインのPico駅下車、西へ徒歩約2分

グラミー博物館
住L.A.ライブ内
☎(213)765-6800
URL www.grammymuseum.org
開月～金11:30～19:30、土・日10:00～19:30
料$12.95、シニア／学生$11.95、6～17歳$10.95、5歳以下無料
チケットは公式ウエブサイトのほかチケットマスターticketmaster（URL www.ticketmaster.com）でも事前に購入できる
行L.A.ライブ参照

ミュージックセンター
住135 N.Grand Ave., Los Angeles
行ダッシュのルートA、BでGrand Ave. & 1st St.の角で下車
公演についての問い合わせ
☎(213)972-7211
URL www.musiccenter.org

現代美術館（MOCA）
住250 S. Grand Ave., Los Angeles
☎(213)626-6222
URL www.moca-la.org
開木～月11:00～17:00（木～20:00、土・日～18:00）
休火・水、7/4、サンクスギビング、12/25、1/1
料$10、シニア／学生$5（現代美術館／別館と共通）、12歳以下と毎週木曜17:00～20:00は無料
行ダッシュのルートBでGrand Ave.沿いの2nd St.と3rd St.の間
●**The Geffen Contemporary at MOCA**
住152 N. Central Ave., Los Angeles
☎(213)621-6222
開、料MOCAと共通
行ダッシュのルートAでリトルトーキョーへ。1st St.からCentral Ave.を左に入って右側

旅のアドバイス シティパス(P.693) ▶4ヵ所で使え、9日間有効。対象施設の窓口で購入可能。本来ならば合計$108.95、子供$79なので、かなりお得である。URL www.citypass.com 料$59、3～11歳$39。対象施設は①スターライン・↗

↘ツアーズ・オブ・ハリウッド➡P.92 ②マダムタッソーろう人形館 ③レッドライン・ツアーズ・ハリウッド・ビハインド・ザ・シーンズ ④ドルビー・シアター・ツアー➡P.97欄外 もしくはハリウッドミュージアム

メトロレールは路線ごとに乗車料金が必要 ▶ レッドラインからゴールドラインに乗り換えたとき、レッドライン分の乗車券しか持っておらず、注意された。日本の地下鉄と異なるので注意しよう。　（足立区　C.N　'07）['12]

文化施設が充実した公園 地P.94 B-2

エクスポジションパーク
Exposition Park

1932年と'84年の2回、オリンピックの主会場となったメモリアルコロシアムを中心に、スポーツ施設、文化施設を集めた広大な公園。**カリフォルニア・サイエンス・センター California Science Center**、**自然史博物館 Natural History Museum**（2012年12月にロスアンゼルスの歴史と発展をテーマにした新しい展示がオープン予定）など見どころが多い。サイエンスセンター内にある**アイマックスシアターIMAX Theater**も見逃せない。スケジュール、上映の映画等については☎(213)744-7400へ。

進化し続けるL.A.の総合美術館 地P.94 B-1

ロスアンゼルスカウンティ美術館
Los Angeles County Museum of Art (LACMA)

ハンコック公園のなかに建つロスアンゼルスカウンティ美術館（略称ラクマLACMA）は、西海岸で最大の規模と充実したコレクションを誇る総合美術館だ。

敷地内には9つの美術館がある。最新のものは、**リンダ・アンド・スチュアート・レスニック・パビリオン Linda and Stuart Resnick Pavilion**。おもに特別展を開催している。モダンアート好きに人気の**ブロード現代美術館Broad Contemporary Art Museum（BCAM）**も必見！ジェフ・クーンズ、バスキア、アンディ・ウォーホルなど140点以上が所蔵されている。

エクスポジションパーク
行ダッシュのルートF。またはFigueroa St.を走るメトロバス#81を利用。約10分
●California Science Center
住700 Exposition Park Dr., Los Angeles
☎(323)724-3623
URL www.californiasciencecenter.org
開毎日10:00～17:00
休サンクスギビング、12/25、1/1
料$5の寄付制（アイマックスは別料金）
●Natural History Museum
住900 Exposition Blvd., Los Angeles
☎(213)763-3466
URL www.nhm.org
開毎日9:30～17:00
休7/4、サンクスギビング、12/25、1/1
料$12、シニア$9、13～17歳$8、5～12歳$5。毎月第1火曜は入場無料

ロスアンゼルスカウンティ美術館
住5905 Wilshire Blvd., Los Angeles
☎(323)857-6000
URL www.lacma.org
開木～火12:00～20:00（金～21:00、土・日11:00～）
休水、サンクスギビング、12/25
料$15、シニア／学生$10、17歳以下無料
行ダウンタウンからメトロバス＃20、720で約40分
※なお、大きな荷物のある人はチケットブースの脇のチェックルームに預けなければならない（小さいリュックサックは持ち込み可能だが、背中に背負っていると注意を受けるので、前に抱えて持つ）

新館LACMA Westは改装工事中
元デパートの建物を改装した新館ラクマウエストは、2012年5月現在、改装のため閉鎖している

ハリウッド地区 Hollywood

ロスアンゼルスと聞いてまず"HOLLYWOOD"の文字とチャイニーズシアターを思い浮かべる人も多いはずだ。数々の映画やドラマが生み出されてきたこの町は、毎年2月末か3月頃に映画界最高の名誉といわれるアカデミー賞授賞式の開催地でもある。会場であるドルビーシアター、スターの手形や足形が並ぶチャイニーズシアター、エンターテインメント＆ショッピングが楽しめる**ハリウッド&ハイランドHollywood & Highland**など、まさにエンターテインメントの宝庫。ハリウッドで映画の都を実感しよう。

ハリウッド＆ハイランドからハリウッドサインも見える

ハリウッドのにぎわいの中心地 地P.98 A、B-1

ハリウッド&ハイランド
Hollywood & Highland

エンターテインメント、ホテル、ショップ、レストランなどが集中している人気のモール。ハリウッドの顔ともいえるチャイニーズシアターに隣接して、ドルビーシアター、ハリウッドサインが絵のように見える広場、ビジネス客にも好評なルネッサンス・ハリウッド・ホテル＆スパなどが連なる。1階にロスアンゼルス観光局のハリウッド案内所➡P.91が、2階にはJCBプラザ ラウンジもある。

ハリウッドへの行き方
行ダウンタウンにある7th St./Metro Center駅からメトロ・レッドラインでHollywood/Highland駅まで約20分

ハリウッド&ハイランド
住6801 Hollywood Blvd., Hollywood
☎(323)817-0020
URL www.hollywoodandhighland.com
開毎日10:00～22:00（日～19:00）。レストランは延長
行メトロ・レッドラインHollywood/Highland駅のすぐ上

旅のアドバイス **アカデミー賞でおなじみドルビーシアターのツアー** ▶毎日10:30～14:30（6～8月は～16:00）の30分ごとに催行。シアター内部やアカデミー賞授賞式のステージを見て回る。※旧コダックシアターは2012年5月にドルビーシアターと名称を変更した。URL www.kodaktheatre.com

グローマンズ・チャイニーズシアター
住6925 Hollywood Blvd., Hollywood
☎(323) 464-8111
　時間があれば、ぜひ中で映画鑑賞を。料金は$12.75～（毎日第1回目の上映は、マチネで通常より安い）で日本に比べて安い
行Hollywood Blvd.の一番にぎやかなあたり、N. Orange Dr.とHollywood Blvd.の角

写真撮影に注意
　チャイニーズシアター周辺には、映画の登場人物の格好をしたパフォーマーたちがいる。撮影に気軽に応じてくれるが、チップが必要

ウオーク・オブ・フェイム
●Hollywood Chamber of Commerce
URL www.hollywoodchamber.net
　上記のウエブサイトでは、星形に刻まれているスターのリストが入手できる

2012年にはジェニファー・ロペスも登場予定

スターの手形、足形がある中国寺院風の建物　地P.98　A-1

グローマンズ・チャイニーズシアター
Grauman's Chinese Theatre

　新作映画の封切館であり、シアター前に大スターたちの手形、足形やサインがあることでも有名な映画館。ここには、マリリン・モンローやジョニー・デップら200人以上の名優の証が残っている。スターの手形、足形の位置は、ウエブサイト（URL www.chinesetheatres.com/forecourt-map.html）で調べられる。いつも観光客でにぎわっているので、ゆっくり見たいなら午前中がおすすめだ。

あなたのお気に入りのスターはどこ　地P.98、99　A～D-1内

ウオーク・オブ・フェイム
Walk of Fame

　ハリウッドブルバード近辺の歩道には、ショービジネス界で名を上げた人々の名前を記した星形のブロンズがはめ込まれている。星形のなかにはスターの名と、それぞれの人が活躍した4つの分野（映画、TV、ラジオ、レコード）のマークが刻まれている。現在2500人近いスターの名が並ぶ。

　なお、新しいウオーク・オブ・フェイムを埋め込むセレモニーが毎月行われているので、有名スターに会える可能性も高い。詳細は、観光局か**ハリウッド商工会議所Hollywood Chamber of Commerce**のウエブサイトで確認してみよう。

L.A. の夜景を眺めるベストスポット　地P.94　B-1

グリフィスパーク
Griffith Park

プラネタリウムも大人気のグリフィス天文台

1600ヘクタールの広大な園内には、3つのゴルフ場、テニスコート、乗馬コース、野外劇場のほか、動物園や天文台もあり、子供から大人まで楽しめる。なかでも近年リニューアルオープンした**グリフィス天文台**は、地元の人々にも人気のスポットだ。『理由なき反抗』『チャーリーズ・エンジェル』などハリウッド映画のロケ地としても知られている。天文学にまつわる展示、満天の星空を最新技術を駆使して再現したプラネタリウムの**サミュエル・オースキン・プラネタリウムSamuel Oschin Planetarium**などがある。また、夜景を楽しめるスポットとしても有名で、宝石をちりばめたかのようなL.A.の美しい町並みは一度見たら忘れられないほどだ。夜はぐっと冷え込むので、防寒対策を忘れずに。

映画撮影を記念して造られたジェームス・ディーンの像もある

グリフィスパーク
行ダウンタウンからメトロバス＃96

グリフィス天文台
住2800 E. Observatory Rd., Los Angeles
☎(213)473-0800
URL www.griffithobservatory.org
開水〜日12:00〜22:00(土・日10:00〜)
休月・火、おもな祝日
料無料。プラネタリウム$7、シニア／学生$5、5〜12歳$3
行ハリウッドからメトロラピッドバス＃780でLos Feliz Blvd.とVermont Ave.の角で下車。バス停から天文台まで徒歩で約30分。
　土・日のみレッドラインVermont/Sunset駅よりシャトルサービスあり（開10:00〜22:00、35分間隔　料50¢）

広大なグリフィスパーク
　歩いて回れないうえに、園内の交通もないので車のない人には少しつらい

グリフィス天文台の夜景
　ダウンタウンのビル群がとても美しかった。行くのも難しくないので、絶対におすすめ！
（兵庫県　ダムダム　'10）['12]

旅のアドバイス　**グリフィス天文台のオプショナルツアー**▶日系旅行会社エレファントツアー（URL www.elephanttour.com）では、毎日、夜景とショッピングモールへ行くツアーを催行。所要４時間。料$65、子供 $50

ウエストサイド地区　Westside

L.A.の高級住宅街　地P.94　A、B-1

ビバリーヒルズ
Beverly Hills

ビバリーヒルズの街路の美しさは、L.A.随一だろう。しかし、ここは基本的に住宅地で、その環境を守る条例があり、観光バスを乗り入れたりすることはできない。

お屋敷街を見るには、レンタカーを借りるか、小さなバンを利用したツアー➡P.92がおすすめ。チラッと見るだけならSanta Monica Blvd.沿いから北側に、遠まきに眺めることもできる。

L.A.の学生街　地P.94　A-1

ウエストウッド
Westwood

ウエストウッドは、西海岸の名門校カリフォルニア大学ロスアンゼルス校（UCLA）を抱える学生の町。ハリウッドとサンタモニカの中間あたりに位置し、L.A.各方面へのバス路線の中継地点になっている。

西海岸の名門大学　地P.94　A-1

カリフォルニア大学ロスアンゼルス校
University of California Los Angeles（UCLA）

UCLAの略称で知られるカリフォルニア大学ロスアンゼルス校。

構内には校舎のほかに、70点以上の20世紀彫刻が点在する**彫刻庭園Franklin D. Murphy Sculpture Garden**、**文化史博物館Fowler Museum of Cultural History**、**植物園The Mildred E. Mathias Botanical Garden**などの施設があり、一般に公開されている。1700m²という広大な敷地には緑が豊富に残されていて、新旧さまざまな建物174棟が点在している。誰でも気軽に利用できる**大学生協UCLAストアUCLA Store**は、UCLAのロゴ入りグッズがいっぱい。場所は、正門から真っすぐ15分ほど歩いた右側、**アッカーマン・スチューデント・ユニオンAckerman Student Union**内にある。

ウエストサイドには高級ブランド店が並ぶロデオドライブもある

ビバリーヒルズ
行サンタモニカからはメトロバス#4、ダウンタウンからは#20、720で。ハリウッドからは#212で、Wilshire Blvd.に交差するところで#20、720に乗り換える

投稿　豪邸巡りツアーに参加
豪邸巡りツアーでは、トム・クルーズやジェニファー・アニストンの家などを回った。豪邸を見る以外にもスターゆかりの場所を巡り、充実した内容だった。
（横浜市　みう　'09）['12]

ウエストウッド
美術書を専門に扱う古本屋、ショップ、ギャラリー、スポーツショップなど、学生街らしく気楽に立ち寄れる店が多い。比較的治安がよく、夜でも遊べる町だが、やはり油断は禁物。中心のWestwood Blvd.の近くだけのつもりでいよう

カリフォルニア大学ロスアンゼルス校
住333 De Neve Dr., Westwood（案内所）
☎(310)825-4321
URL www.ucla.edu
行サンタモニカからビッグ・ブルー・バス#1、2、3、8、12で行き先がUCLAのバスで30〜40分。ダウンタウンではBroadway、ハリウッドではSunset Blvd.からメトロバス#2を利用

●UCLA Store
☎(310)825-7711
開毎日 10:00〜17:00（土・日12:00〜）
※季節や大学の行事により変更あり

旅のアドバイス　L.A.の人気ショッピングスポット

●ロバートソンブルバード
流行発信地といえば、ウエストサイドに位置するロバートソン。Burton WayとBeverly Blvd.の間にセレブが通うセレクトショップや有名ブランドの店がある。
行ダウンタウンからメトロバス#20、720でRobertson Blvd.下車

●ウエスト・サード・ストリート
ショップやおしゃれなカフェ、レストランが並ぶ。ザ・グローブなどのショッピングモールも徒歩圏内。
行ダウンタウンからメトロバス#16、316に乗り、Fairfax Ave. & 3rd St.の角付近で下車

●メルローズアベニュー
L.A.の定番ストリート。古着店や雑貨店が並ぶ。今、注目したいのはFairfax Ave.より西側、マーク・ジェイコブスなどがあるエリア。
行ダウンタウンからメトロバス#10。ハリウッドからは#212を利用、Melrose Ave.下車

●ロデオドライブ
Santa Monica Blvd.、Wilshire Blvd.、Beverly Dr.に囲まれた三角形のエリアに、一流ブランド店やデパートが集まっている。
行ダウンタウンからメトロバス#20。Beverly Dr.下車

旅のアドバイス　**ゲッティヴィラ**▶古代ギリシャやローマの美術作品を所蔵する美術館。ローマ様式の邸宅をモデルにした優雅な建物は、一見の価値あり。チケットの予約はウエブサイト（URL www.getty.edu）から。当日はプリント↗

リチャード・マイヤーの建築も見事 地P.94 A-1

ゲッティセンター
Getty Center

J・P・ゲッティ美術館を中心に、教育機関、研究機関などの施設をもつ総合アートセンター。まず、無人運転トラムに乗ってセンターに向かおう。眼下には、はるかダウンタウンまでの眺めが広がっている。館内は5つのパビリオンとホールに分かれており、彫刻、装飾芸術、写真などを展示。絵画では、18、19世紀のレンブラント、モネなどヨーロッパ絵画が大きな割合を占める。またマリブに**ゲッティヴィラ**(➡P.100 欄外下)がある。

ゲッティセンター
住1200 Getty Center Dr., Los Angeles
☎(310)440-7300
URL www.getty.edu
開火〜日10:00〜17:30(土〜21:00)
休月、おもな祝日
料無料、駐車場代$15
行ダウンタウンからメトロバス#2に乗り、Le Conte Ave. & Westwood Blvd.でラピッドバス#761北向きに乗り換える。サンタモニカからは、4th St.でビッグ・ブルー・バス#2に乗り、Wilshire Blvd.を東へ向かい、Lindbrook Dr.でいったん下車し、メトロバス#761北向きに乗り換える。ゲッティセンター前下車

その他の地域 Other Areas

映画のテーマパークはとことん楽しい 地P.94 B-1

ユニバーサル・スタジオ・ハリウッド
Universal Studios Hollywood (USH)

ユニバーサル・スタジオ・ハリウッドはおなじみの映画のセットを見学する、特殊撮影のからくりを解き明かす、映画のワンシーンを体感するなど映画の妙技をあらゆる角度から楽しませてくれる。ここの最大の特徴は昔からある映画の撮影所がテーマパークになっていること。それだけに、ほかのどのユニバーサル・スタジオのテーマパークより"映画の雰囲気"を体感できる魅力がある。

ユニバーサル・スタジオ・ハリウッドを楽しむために

スタジオ内は、大きく**アッパーロットUpper Lot**と**ロウアーロットLower Lot**に分かれている。広さもさることながら、充実したアトラクションがいっぱい詰まっている。また、入口横のエンターテインメントゾーン、**ユニバーサル・シティウォークUniversal CityWalk**も見逃せないスポット。レストラン、ショップ、ナイトスポット、映画館などが入り、ひとつの町のようだ。

スタジオツアー Studio Tour

USHに来たなら見逃せないのが、スタジオツアーだ。4両編成のトラムに乗車、人気映画のセットを巡り、映画の舞台裏を見て回る。ゲストは45分間のツアーで映画の世界を体感する。

最大の注目はキングコング360 3-D。360度の3-Dという度肝を抜く映像世界を体験できる。ピーター・ジャクソンが監修した映像は、臨場感たっぷりの大迫力だ。ほかにも、『ジョーズ』の舞台、アミティの湖や『ワイルドスピード×3 TOKYO DRIFT』、『サイコ』、『宇宙戦争』など有名映画のセットも見て回る。映画の世界を体感できる仕掛けがいっぱいだ。

フィクションとリアリティが行き来する新型アトラクション、トランスフォーマー

ユニバーサル・スタジオ・ハリウッド
住100 Universal City Plaza, Universal City
Free (1-800)864-8377
URL www.universalstudioshollywood.com
開毎日10:00〜18:00
※開園時間はおおよその目安。シーズンや平日、週末、祝日によって細かく決められているので、確実に知りたい人はインフォメーションに電話、またはウエブサイトで確認を
料$77、子供(身長約122cm未満)$69
ほかに優先入場パスなどの特典が付いたフロント・オブ・ラインやVIPエクスペリエンスもある
行ダウンタウンからメトロ・レッドラインでUniversal City駅下車。乗車時間約30分で片道$1.50。そこからユニバーサルスタジオの無料の循環バスに乗るか、坂を登る(徒歩約8分)
USHの1日券は『地球の歩き方』のウエブサイト(URL parts.arukikata.com/themepark)でも購入できる。事前にチケットを購入しておけば、当日は入場ゲートからスムーズに入園できる

注目のアトラクション
2012年に『トランスフォーマー』の大型アトラクションが登場した

USH観光ワンポイントアドバイス
正面ゲートから入ってすぐ右のゲストリレーションズで、園内マップ(日本語あり)と一緒にショーのスケジュールを入手しよう。そして、ショーの時間を中心に、回り方を考えよう。なお、ロウアー・ロットはパーク開園時刻より1時間遅れてオープンし、1時間早くクローズするので注意

●Studio Tour
スタジオツアーの最中には、実際にテレビや映画の撮影をしている現場に出合うこともある。そのスケジュールはスタジオツアーの出発地へ向かう道の途中に表示されている

↘アウトした予約書を持参する。行ダウンタウンからはメトロバス#439に乗りWashington & Fairfaxで#534に乗り換え、サンタモニカからは#534。ゲッティヴィラ前下車。門をくぐり、インターホンで入口までのシャトルバスを呼ぶ。地P.94 A-1

暗やみの中をコースターが疾走するリベンジ・オブ・ザ・マミー・ザ・ライド

●Revenge of the Mummy - The Ride
リベンジ・オブ・ザ・マミー・ザ・ライドに乗車するときは、荷物をロッカーに預けなければならない。なおロッカーの入口付近は込んでいるので、そこは避けて奥へ回るとスムーズだ

ロッカー使用時の注意！
リベンジ・オブ・ザ・マミー・ザ・ライドのロッカーは指紋認証で、鍵がない。荷物を出すときにロッカー番号が必要になるので、絶対に番号を忘れないこと。
(埼玉県　あさこ　'08) ['12]

●Jurassic Park-The Ride
濡れたくない人は入口で売っているポンチョを買っておこう。それでも濡れてしまうが……

何度でも乗りたい、ザ・シンプソンズ・ライド

●Water World
いい席で観たいのなら、少なくともショーが始まる20〜30分前に並ぶように。プロフェッショナルなスタントが観たい人にはおすすめだ。なお、前のほうの席はSoak Zoneというエリアで、びしょ濡れになるので注意！

ロウアー・ロット　Lower Lot

ロウアー・ロットでは、ダイナミックなハリウッド映画ならではの特殊効果をアトラクションで楽しむことができる。

NBC・ユニバーサル・エクスペリエンス The NBC Universal Experience

映画で使用した衣装や、セットなどが展示されている。所蔵品は約6000点あり、展示内容は時期によって異なる。行くたびに新しい発見がある、映画ファン必見のアトラクション。

リベンジ・オブ・ザ・マミー・ザ・ライド Revenge of the Mummy - The Ride

園内で根強い人気を誇るアトラクション。映画『ハムナプトラ』と続編『ハムナプトラ2』の世界を再現した、ローラーコースター形式の絶叫ライド。予想のつかない動きをするコースターと襲いかかるミイラたちは恐怖の連続だ。

ジュラシック・パーク・ザ・ライド　Jurassic Park-The Ride

映画『ジュラシック・パーク』で大暴れした恐竜たちがよみがえる！　数々の恐竜たちと遭遇したあと、ラストは滝壺へドーンと真っ逆さま。着ている物から何からビショビショになり、全員放心状態になるので覚悟しよう。

アッパー・ロット　Upper Lot

最新アトラクション『ザ・シンプソンズ・ライド』や『ターミネーター2：3-D』など、映画の世界にたっぷりひたれるエリア。

ザ・シンプソンズ・ライド　The Simpsons Ride

大人気アニメシリーズ『ザ・シンプソンズ』をモチーフにしたライド。シンプソンズ一家と大爆笑の冒険の旅へ。笑いとスリル、ユニバーサルならではの演出が光る。人気も高いので、開園直後に乗ってしまおう。

ウォーター・ワールド　Water World

ケビン・コスナー主演の映画『ウォーター・ワールド』の世界そのままのウオーター・スタントショー。海中に浮かぶ要塞都市の中をジェットスキーが走り回る。クライマックスでは城壁を突き破って巨大戦闘機が出現！　客席へのサービスも満点だ。

シュレック　4-D　Shrek 4-D

『シュレック』の世界が4-D（！）で楽しめるアトラクション。3-Dを超えた、4-Dとは？　声優は映画と同じキャメロン・ディアスらが担当しているのもポイント。

ユニバーサルズ・ハウス・オブ・ホラー Universal's House of Horrors

ホラー映画に登場するキャラクター、オオカミ男やフランケンシュタインが勢揃いする恐怖の館。ゴシック様式の城の中から絶叫が聞こえてくる。気の弱い人は心して行こう。

スペシャル・イフェクト・ステージ　Special Effects Stages

90年以上にわたるユニバーサル映画史で実際に使われてきた、最先端の特殊効果の裏側を見ることができる。題材となる映画をもとに、特撮をわかりやすく説明してくれる。

旅のアドバイス　シティウオーク ▶ ユニバーサル・スタジオの隣のエンターテインメントエリア。ショップやレストランなど約70もの店がある。食事などで、スタジオを出てここへ来るときは、手にスタンプを押してもらうのを忘れずに。

絶叫ライドで叫びまくろう！ 地P.94 B-1外

マジックマウンテン
Six Flags Magic Mountain

荒涼たる丘の向こうに赤い鉄塔が見えてくる。絶叫マシンを徹底的に揃えたテーマパーク、マジックマウンテンだ。シックスフラッグス系列のテーマパークは全米各地にあるが、なかでもここがエキサイティングなのは、遊びをとことん追求する南カリフォルニアの土地柄かもしれない。絶叫ライドファンには絶対に見逃せない場所だ。

グリーンランタン　Green Lantern　アメリカンコミックのヒーローがモチーフ。立ったまま乗車し、最大時速スタート直後に33mの最高地点へ。垂直下降し、360度回転する過激さ200%のライド。

ロードランナー・エキスプレス　Road Runner Express
キャラクター、ロードランナーがモチーフの家族で楽しめるコースター。

スーパーマン・ジ・エスケープ・フロム・クライプトン
Superman The Escape from Krypton
スーパーマン・ジ・エスケープが2011年にリニューアルし、さらにカラフルに、そして恐怖感もアップ！　わずか7秒で時速161kmの世界へ。

エックス2　X^2　開園直後から行列ができる一番人気のライド。胸のみ固定、上にも下にもレールがないというユニークさは残したまま、急降下、360度の回転を軸に展開する。過激さもNo.1。

タツ　Tatsu　時速100kmでアップダウンも激しく、その長さは世界最長ともいわれている。呼び名は「タトゥ」が現地での発音に近い。

スクリーム　Scream　天井も床もないFloorless Coasterといわれるユニークなデザインのライド。安定感がないことに加えて、ツイスト、回転が計7回襲ってくる。

ゴラヤ　Goliath　巨人という名の3分間のライド。真っ暗なトンネルへ落下するところから始まり、約30mの急勾配も時速約137kmのスピードで駆け上がる。とことん振り回されたあと、ドカンとフリーフォールがやってくる。

バットマン・ザ・ライド　Batman The Ride　映画『バットマン』の荒れ果てた世界を駆け巡る。ぶら下がり式で、ヘアピンターン、垂直の宙返り、斜めの2回連続宙返りなど、絶叫の連続だ。

コロッサス　Colossus　世界最大級の木造ローラーコースター。最初の急降下はド迫力で、お尻が浮いてしまうほど。

タイダルウエーブ　Tidal Wave　20人乗りのボートで滝をすべり下り、川の中に突っ込んで6mもの大波をかぶるというもの。ほんの数秒のことだがズブ濡れ！　豪快さが人気を集めている。

マジックマウンテン
住26101 Magic Mountain Pkwy., Valencia
☎(661)255-4100
URL www.sixflags.com
開基本的に毎日（4～8月）、金～日（10月）、そのほかは土・日・祝日のみの営業となっている。開園時間は基本的に10:30で、閉園時間はさまざま。閉園時間については、日によって細かく設定されているので、上記のウエブサイトか電話で確認のこと
料$61.99（ウエブサイトで購入すると$36.99）、シニア／子供（身長約122cm未満）$36.99。駐車場代$15
行公共の交通機関はないので、レンタカーまたは現地参加のツアーバスを利用することになる。
ダウンタウンからI-5を北へ約50分。CA-14と分岐してしばらくするとMagic Mountain Pkwy.の出口がある。ここで降りてすぐの信号を左折。あとは直進して道なりに進めばゲートだ。ウエストサイドエリアやコースタルエリアからはI-405を北へ。I-5に合流したらあとは標識のとおり

フラッシュパス
有料のアトラクションの優先入場パス。レギュラー（料$45～）とゴールド（料$70～）などがある。利用できるアトラクションは、日によって異なるので、現地で確認を。※ひとり目の料金。ひとり増えるごとに料金が加算される。ゴールドは最大で75%の待ち時間が節約できるうえ、追加料金を支払うと、一部のアトラクションの座席を予約できる

夏に行くときは
夏期は混雑が予想されるので、時間が限られている場合は自分の乗りたい物に的を絞ること。タツ、スクリーム、エックス2、ゴラヤ、スーパーマン・ジ・エスケープ・フロム・クライプトン、バットマン・ザ・ライドなど人気のあるアトラクションは、1時間以上並ぶ覚悟が必要。上記のフラッシュパスを利用するのも手だ

●Colossus
全長1608フィート（約490m）とジェットコースターとしては長め

●Tidal Wave
濡れるなんていうものではなく、服のままプールに飛び込んだような状態になってしまう。それでも皆大喜びしている様子が楽しい

叫び声が一日中途切れることのないエックス2

メモ　ハリケーンハーバー▶マジックマウンテンの隣にあるウオーターパーク。熱帯の島をイメージした園内には、マジックマウンテンを思わせるハードなウオータースライドも多い。☎(661)255-4527

サンタモニカの名物でもある、サンタモニカピア

サンタモニカ地区
行ダウンタウンからはメトロバス#720で約55分～1時間15分。LAXからサンタモニカ・ビッグ・ブルー・バス#3、rapid3で約30～40分。ハリウッドからはHollywood Blvd.から西行きのメトロバス#212、217に乗り、Santa Monica Blvd.でメトロバス#4、704に乗り換える。約45分

サンタモニカ観光案内所（パリセードパーク内）
地P.104　B-2
住1400 Ocean Ave., Santa Monica
☎(310)393-0410
開毎日10:00～16:00

サンタモニカ観光局
地P.104　B-2
住1920 Main St., Santa Monica
☎(310)393-7593
Free(1-800)544-5319
URL www.santamonica.com
開毎日9:00～17:45

サンタモニカ地区　Santa Monica

さわやかな潮風が渡り、どこを歩いても海を感じることのできる町サンタモニカ。カリフォルニアのビーチのなかでも知名度は抜群で、リゾート地としての歴史も古い。現在のサンタモニカビーチは家族連れでにぎわう大衆的なビーチ。一方で町は若者でにぎわう。ショッピングエリアとして、また南カリフォルニアで一番のグルメシティとして人気を集めている。冬は暖かく、夏はエアコン不要なほど涼しい気候で、居住地としての質も高い。旅行者にとってもL.A.観光の拠点としてのメリットは大きい。空港に近く、治安がよく、交通もまずまず便利。ダウンタウンやハリウッドとはまったく違った、南カリフォルニアらしい開放感を味わえる。

観光案内所 ……………… Visitors Information

サンタモニカ観光局
Santa Monica Convention & Visitors Bureau

海岸沿いのパリセードパークの中にビジターセンターがある。ウオーキングマップやパンフレットなどを置いている。このほか、メインストリート沿いの観光案内所では、ビッグ・ブルー・バスBig Blue Busのルートマップなどが入手可能だ。ギフトショップがあり、周辺のアトラクションのチケットもここで購入できる。

旅のアドバイス　**ビーチ沿いでサイクリング**▶サンタモニカにアメリカ最大級のバイクステーションが2011年に完成した。自転車を借りて、バイクレーン（自転車専用道路）でサイクリングを楽しもう。URL bikeandpark.com/city/santa-monica

サンタモニカのシンボル 地P.94 A-2、P.104 B-2

サンタモニカピア
Santa Monica Pier

サンタモニカのシンボルともいえる古い木の桟橋。ピアの上には、パシフィックパークという小さな遊園地や、カフェ、レストラン、ゲームセンターもある。平日、週末を問わず、多くの人々でにぎわう。子供たちには回転木馬の人気が高い。海に沈んでゆく美しい夕日も楽しめるスポット。

夜もにぎやかなショッピング街 地P.104 B-2

サード・ストリート・プロムナード
Third Street Promenade

3rd St.のサンタモニカプレイスからWilshire Blvd.までの3ブロックは、歩行者天国になっている。道の中央のところどころに噴水やオブジェがあり、夜はそれらがライトアップされてとてもきれい。両脇はレストラン、ショップ、映画館などが並び、週末にはパフォーマーも出没する。

小粋なショッピングゾーン 地P.104、105 B、C-2

メインストリート
Main Street

サード・ストリート・プロムナードと並ぶ、サンタモニカのショッピングエリア。個性的なショップやこぢんまりとしたカフェ、レストランが建ち並んでいる。散歩がてらショッピングを楽しもう。

サンタモニカピア
行 Colorado Ave.が海に突きあたったところ

サード・ストリート・プロムナードそば、サンタモニカプレイスもリニューアルした

メインストリート
行 メトロバス#33、733。ビッグ・ブルー・バスの#1、10を利用。サンタモニカの南、ベニス寄り。東のMarine St.から西のHollister Ave.の間に店が多い

地元の人に人気のおしゃれなストリート
メインストリートをベニス方面に進んだ、アボット・キニー・ブルバード。端から端まで歩いても15分くらいの通りに、ショップやカフェが並んでいる

モンタナアベニュー▶サンタモニカからビッグ・ブルー・バスの#3で行くことができる。この通りにはアヴェダやキールズ、ジュリークなどの自然派化粧品も揃っている。スーパーもありおみやげ探しに最適。
（大阪府 rascal '07）['12]

ベニス地区 Venice

サンタモニカの南に続くビーチが**ベニスビーチ Venice Beach**。隣り合ってはいるが、その色合いはまったく異なる。どちらかというと観光地化しているサンタモニカに対し、地元の人々に人気が高いのがベニスだ。南カリフォルニアの若者文化の発信地のひとつ。ビーチ沿いのオーシャン・フロント・ウオークは、ストリートパフォーマーや露天商が多く、週末は特ににぎわう。

ベニス地区
地P.94 A-2、P.105 C、D-2
行サンタモニカからビッグ・ブルー・バス#1、メトロバス#33、733で約10分。ダウンタウンからもメトロバス#33、733利用で約1時間

西海岸らしい開放感にあふれたベニスビーチ

マリナ・デル・レイ地区 Marina del Rey

世界最大級といわれるヨットハーバー、**マリナ・デル・レイ Marina del Rey**。1万隻以上ものヨットやクルーザーが停泊し、優雅な雰囲気が漂う。ゆっくりと散策を楽しむのがおすすめ。

マリナ・デル・レイ地区
地P.94 A-2、P.105 D-2外
行ダウンタウンからはメトロバス#439に乗り、Fox Hill Mall/Transit Centerで#108に乗り換える。約1時間。サンタモニカからはビッグ・ブルー・バスrapid3、#3でLincoln Blvd.とFiji Wayの角で下車

ロングビーチ地区 Long Beach

L.A.の南にある臨海都市。豪華客船のクイーンメリー号や南カリフォルニアでも最大規模のロングビーチ水族館などの見どころがある。

ロングビーチ地区
地P.94 B-3
行ダウンタウンからは、メトロ・ブルーラインで終点Transit Mall下車。ハリウッドからは、ダウンタウン経由、ブルーラインで

パサデナ地区 Pasadena

ダウンタウンの北東、メトロ・ゴールドラインで約40分。ノートン・サイモン美術館やヨーロッパの美術作品、美しい庭園をもつハンティントンなど見どころも多い。毎月第2日曜に開催するローズボウルのフリーマーケットもこの町の名物だ。

パサデナ地区
地P.94 B-1
行ダウンタウンからメトロ・ゴールドラインのMemorial Park 駅下車。約40分。ハリウッドからはメトロバス#180、181、780を利用。1時間～1時間20分

Entertainment エンターテインメント

ロスアンゼルス・フィルハーモニック Los Angeles Philharmonic

西海岸屈指、世界的にみても有名な交響楽団で、ダウンタウンのウォルト・ディズニー・コンサートホールを本拠地として活動している。毎年夏には屋外劇場のハリウッドボウルで楽しいコンサートを3ヵ月にわたって展開する。

ロスアンゼルス・フィルハーモニック
ホームホール――ウォルト・ディズニー・コンサートホールWalt Disney Concert Hall
地P.96 A-2
住111 S. Grand Ave., Los Angeles
☎(323) 850-2000
URL www.laphil.com

Spectator Sports 観戦するスポーツ

ベースボール MLB

ロスアンゼルス・ドジャース（ナショナルリーグ西地区） Los Angeles Dodgers

当初はニューヨークに本拠を置くブルックリン・ドジャースとして発足、1958年ロスアンゼルスに移転した。土地柄からか、外国の選手を多く抱える球団で幅広い人気をもつ。野茂投手が大リーガーとしての一歩を踏み出したチームとして、日本人の間でも人気が高い。スター選手こそいないものの総合力でペナント奪還を目指す。スタンドでは「ピーナツマン」や「ドジャードッグ」といった野球以外の楽しみも満載だ。

ロスアンゼルス・ドジャース
（1890年創設）
本拠地――ドジャースタジアム Dodger Stadium（5万6000人収容）
地P.94 B-1
住1000 Elysian Park Ave., Los Angeles
Free (1-866) 363-4377（チケット）
URL losangeles.dodgers.mlb.com
行ダウンタウンからタクシーで約10分、$10前後。メトロバスの#2、4でSunset Blvd. & Elysian Ave.下車、丘のほうに歩いて約15分

この選手に注目!
クレイトン・カーショウ（投手・先発）

旅のアドバイス **無料シャトルでドジャースタジアムへ**▶'12年のシーズン中、ドジャースタジアム・エクスプレスがユニオン駅とドジャースタジアム間を走る。観戦チケットがあれば無料、ない場合は片道 $1.50 で利用可。ユニオン駅の東 Patsaouras Transit Plaza の 3 番から乗車。降車はスタジアム、センター裏の駐車場。帰りの↗

ロスアンゼルス・エンゼルス・オブ・アナハイム(アメリカンリーグ西地区)
Los Angeles Angels of Anaheim

名将ソーシア監督のもと、常に優勝を狙う強豪。2011年に続き'12年も高橋尚成投手がプレーする。左中間スタンドには火山のオブジェがあり、エンゼルスのホームランが出たときは、水が噴き出す仕掛け。

バスケットボール　NBA

ロスアンゼルス・レイカーズ(西・太平洋地区)
Los Angeles Lakers

5年連続地区優勝、プレーオフ出場どころか、ファイナルの常連でもある強豪。2010年にはライバル・セルティックスを退け、連覇を遂げるとともに17回の優勝数で肩を並べた。愛称はミネアポリス時代、湖の多いこのエリアにちなんで付けられている。チームカラーはパープル、ゴールド、ホワイト。

L.A.ダウンタウンにあるステープルスセンター

ロスアンゼルス・クリッパーズ(西・太平洋地区)
Los Angeles Clippers

ここ5シーズン、勝ち越しがなく「ドアマット・チーム」に甘んじていたが、2011-12シーズンは変貌。未踏の地区優勝に手が届きそうな好成績を刻み、勢いを感じさせる。愛称のクリッパーズはサンディエゴ時代、港町にちなんで付けられた「快速帆船」を意味する。チームカラーはレッド、ロイヤル・ブルー、ホワイト。

アイスホッケー　NHL

ロスアンゼルス・キングス(西・太平洋地区)
Los Angeles Kings

1967年にリーグ初の球団拡張で誕生。地味なチームだったが、'88年にカナダの国民的英雄ウェイン・グレツキーをトレードで獲得し全米中にその名を知らしめた。2000～08年は長らく低迷していたが、ここ3シーズンは連続でプレーオフに進出中。チケットはほぼ毎試合完売する。

アナハイム・ダックス(西・太平洋地区)
Anaheim Ducks

1993年に創設。ディズニー社が運営にかかわっていた'90年代はポップなロゴと日系カナダ人ポール・カリヤの活躍で日本でも人気のチームだった。2007年に念願のリーグ初制覇を果たしたが常勝軍団にはなれず、近年はプレーオフに出たり出なかったりを繰り返す。チケットは当日でも余裕あり。

ロスアンゼルス・エンゼルス・オブ・アナハイム
(1961年創設) 地P.95　C-3
本拠地――エンゼル・スタジアム・オブ・アナハイムAngel Stadium of Anaheim(4万5050人収容)
住2000 Gene Autry Way, Anaheim
☎(714)940-2000
URL losangeles.angels.mlb.com
行ダウンタウンのユニオン駅からアムトラックのサンディエゴ方面行きに乗り、2番目のAnaheimで降りれば目の前。ナイターのときはアナハイムに泊まること。ディズニーランド周辺からはKatella Ave.を走るOCTAバス#50で東へ約20分。タクシーで約5分。帰りのタクシーは正面入口前に待機していることが多いが、数が少ないので、タクシー会社の電話番号を控えておくこと

この選手に注目！
ジャレット・ウィーバー(投手・先発)

ロスアンゼルス・レイカーズ
(1947年創設) 地P.96　A-4
本拠地――ステープルスセンター Staples Center(1万8997人収容)
住1111 S. Figueroa St., Los Angels
☎(213)742-7340
URL www.nba.com/lakers
行ダウンタウンからはダッシュのルートFを利用。夜はタクシーを利用すること

この選手に注目！
コービー・ブライアント

ロスアンゼルス・クリッパーズ
(1967年創設) 地P.96　A-4
本拠地――ステープルスセンター Staples Center(1万8997人収容)
住1111 S. Figueroa St., Los Angels
URL www.nba.com/clippers
※電話番号と行き方はロスアンゼルス・レイカーズを参照

この選手に注目！
ブレイク・グリフィン

ロスアンゼルス・キングス
(1967年創設) 地P.96　A-4
本拠地――ステープルスセンター Staples Center(1万8118人収容)
住1111 S. Figueroa St., Los Angels
URL kings.nhl.com
※電話番号と行き方はロスアンゼルス・レイカーズを参照

この選手に注目！
アンジェ・コピター

アナハイム・ダックス
(1993年創設) 地P.95　C-3
本拠地――ホンダセンターHonda Center(1万7174人収容)
住2695 E. Katella Ave., Anaheim
☎(714)704-2500
URL ducks.nhl.com
行ディズニーランドからKatella Ave.を東へ。エンゼル・スタジアムの高速を越えた先、左側にある。L.A.からの日帰り観戦も可能だが試合開始時間によってはアナハイムに宿を取ったほうが無難

この選手に注目！
テーム・セラン

↘バスも同じ乗降場。試合開始90分前から約10分おき、試合開始後は7回まで約30分おきに走る。帰りのバスは7回から試合終了45分後まで運行する。

ナイトスポット&ショップ　Night Spots & Shops

ロック

N
大スターの登竜門
トラバドール
Troubadour

住9081 Santa Monica Blvd., West Hollywood
☎(310)276-6168　URL www.troubadour.com
開イベントにより異なる　地P.98　地図外
料チャージはイベントにより異なる　現金のみ

店内にはここのステージに立った有名なアーティストたちの写真が飾ってある。イーグルスもこの店のバーのカウンターで結成された。　('12)

バー

N
大人気、行列必至のスポット
ルーフトップ・バー
Rooftop Bar

住550 S. Flower St., Los Angeles　☎(213)892-8080
URL www.standardhotels.com
開毎日12:00〜翌1:30(ダイニングは〜23:30)
JMV　地P.96　A-3

ダウンタウンの摩天楼に囲まれたホテル、ザ・スタンダード・ダウンタウンLA➡P.113の最上階にある。毎日行列ができるほど人気。有名DJもよく出演する。　('12)

バー

N
ハリウッドのアイコン的ホテルにある
トロピカーナ・バー
Tropicana Bar

住7000 Hollywood Blvd., Los Angeles　☎(323)466-7000
URL www.thompsonhotels.com　開毎日7:00〜翌2:00(日10:00〜)　MV　地P.98　A-1、2

ハリウッド・ルーズベルト・ホテル内にあるバー。ファイヤープレイスがあちこちに置かれ、日が暮れるとプールサイドは大人びた雰囲気に包まれる。若手セレブもよく訪れるとか。　('12)

ダンス

N
ユニークなデザインが話題のクラブ
オペラ
Opera

住1650 N. Schrader Ave., Los Angeles　☎(323)960-3300
開木〜土22:00〜翌2:00　休日〜水　地P.99　C-2
料チャージはイベントにより異なる　AMV

隣には「クラブ・イン・クラブ」というコンセプトがユニークなCrimsonもある。キャメロン・ディアス、カニエ・ウエストらセレブが訪れる。　('12)

ショッピングモール

S
セレブ御用達のショッピングセンター
ビバリーセンター
Beverly Center

住8500 Beverly Blvd. (at La Cienega), Los Angeles
☎(310)854-0070　URL www.beverlycenter.com　地P.94　B-1
開月〜土10:00〜21:00(土〜20:00)、日11:00〜18:00

ウエストハリウッドとビバリーヒルズの中間にある。bloomingdale'sとMacy'sのふたつのデパート、約160の専門店、レストラン、映画館がある。　('12)

ショッピングモール

S
高級ブランドを買い揃えるなら
サウス・コースト・プラザ
South Coast Plaza

住3333 Bristol St., Costa Mesa　Free(1-800)782-8888
URL www.southcoastplaza.com　地P.95　C-3
開月〜土10:00〜21:00(土〜20:00)、日11:00〜18:30

L.A.のダウンタウンから車で約1時間、ディズニーランド・リゾートからなら20〜30分で行ける。7つのデパート、280を超えるショップ、30以上のレストランが集まっている。　('12)

ショッピングモール

S
ファーマーズマーケットに隣接したモール
ザ・グローブ
The Grove

住189 The Grove Dr., Los Angeles　☎(323)900-8080
URL www.thegrovela.com　地P.94　B-1
開月〜土10:00〜21:00(金・土〜22:00)、日11:00〜20:00

1930〜40年代のL.A.の町並みがきれいに再現され、ノスタルジックな雰囲気が漂っている。3rd St.を挟んだ向かいには自然派スーパーマーケットのWhole Foods Marketがある。　('12)

ショッピングモール

S
人気ブランドが集結した
アメリカーナ・アット・ブランド
Americana at Brand

住889 American Way, Glendale　☎(818)637-8982
URL www.americanaatbrand.com　地P.94　B-1
開月〜土10:00〜21:00(金・土〜22:00)、日11:00〜20:00

ハリウッドからメトロバス#780でアクセスできる。Anthropologie、Free People、Kate Spade、Madewellなど人気店が中心。Cheesecake Factoryもある。　('12)

投稿　Americana at Brand▶洗練されたモールでとても居心地がよい。週末に訪れたら、中庭でライブコンサートをしていた。人気ブランド店もゆっくり見られた。（新宿区　渡辺智子　'08)['12]

ショップ Shops

雑貨&ファッションなど

S ハリウッドにあるショッピングモール

スペース15トゥエンティ Space 15 Twenty

住1520 N. Cahuenga Blvd., Los Angeles
URL www.space15twenty.com 開店舗により異なる
地P.99 C-2

建築やアートの本の専門店Hennesy＋Ingalls、こだわりのグルメバーガーで人気のUmami Burgerなどが入店する複合ショップ。ハリウッド中心部からも歩いて行け、若者を中心に人気を集めている。 ('12)

雑貨

S 映画ファンは必見！

ハリウッド・ブック・アンド・ポスター・カンパニー Hollywood Book and Poster Co.

住6562 Hollywood Blvd., Hollywood ☎(323)465-8764
開月～土11:00～18:00(金・土～19:00)、日12:00～17:00
AMV 地P.99 C-1

映画に関する資料、おもにポスター、本、ブロマイドが多く並んでいる。特にポスターは古い物から新しい物まで揃っていて、値段も他店より比較的安めなのがうれしい。 ('12)

セカンドハンズ

S 古着好きなら、絶対に訪れたい

ウエイストランド Wasteland

住7428 Melrose Ave., Los Angeles ☎(323)653-3028
URL www.shopwasteland.com AMV 地P.98 地図外
開毎日11:00～20:00(金・土～21:00、日12:00～)

ノーブランドからデザイナーズブランドまで取り揃えた、幅広いセレクトが特徴。ベルトやサングラス、靴、バッグなどの小物類も充実している。ジョニー・デップが訪れたこともある有名店。 ('12)

楽器

S 観光スポットでもあるギター専門店

ギターセンター Guitar Center

住7425 Sunset Blvd., Los Angeles ☎(323)874-1060
開月～土10:00～21:00(土～20:00)、日11:00～20:00
JMV 地P.98 地図外

店内にはロックの殿堂、ロック・ウオーク・フェイムのコーナーがあり、有名ミュージシャンの手形やサインなどが展示されている。2007年にはB'zも殿堂入りした。 ('12)

CDショップ

S 日本のCDもあるほど充実のストック

アメーバ・ミュージック Amoeba Music

住6400 Sunset Blvd., Hollywood ☎(323)245-6400
URL www.amoeba.com
開月～土10:30～23:00、日11:00～21:00 JMV 地P.99 C-2

新譜と中古ともに手に入り、そのストック数は全米No.1ともいわれる。広い店内の奥にはステージがあり、週末は無料でライブやDJが楽しめる（内容はウエブサイトで確認可能）。 ('12)

セレクトショップ

S トレンドを先取りするならココ

プラネットブルー Planet Blue

住2940 Main St., Venice ☎(310)396-1767
URL shopplanetblue.com 開毎日10:30～18:30
AJMV 地P.105 C-2

洋服、バッグや靴、コスメなどあらゆるアイテムが揃う。特にデニムが充実している。L.A.で人気のセレクトショップで、流行のアイテムや次のトレンドをチェックしよう。 ('12)

セレクトショップ

S 「エコでおしゃれ」が楽しめる

ナチュラル・ハイ・ライフスタイル Natural High Lifestyle

住2400 Main St., Santa Monica ☎(310)450-5837
URL www.naturalhighlifestyle.com
開毎日10:30～19:00 MV 地P.105 C-2

麻や竹など自然派の素材で作られたアイテムが揃う。オリジナルのTシャツやストールは肌にもやさしく、着心地も抜群だ。デザインがおしゃれな小物も人気。 ('12)

セカンドハンズ

S 掘り出し物がいっぱい

アニマルハウス Animal House

住66 Windward Ave., Venice ☎(310)392-5411
URL www.animalhousevenice.com 開毎日11:00～19:00
AMV 地P.105 D-2

ビンテージのTシャツや、デニムを探すならこの店へ。所狭しと並べられたアイテムは、状態もよく、価格も手頃。人気シューズのTomsもある。 ('12)

メモ **L.A.を代表するセレクトショップ** ▶ セレブがこぞって訪れるキットソン Kitson （住115 S. Robertson Blvd. ☎(310)859-2652 開月～土10:00～19:30、日11:00～18:00)、周辺には系列店もある。

カフェ

L.A.らしい、ヘルシー料理が楽しめる
Mカフェ・ド・チャヤ
M Cafe De Chaya

住7119 Melrose Ave., Los Angeles ☎(323) 525-0588
URL www.mcafedechaya.com 開毎日9:00～22:00(日～21:00)
AJMV 地P.98 地図外

セレブの間ですっかりおなじみのマクロビオティックを気軽に楽しめるカフェ。丼もの（$8.95～）や寿司（$2.25～）など、ご飯ものも充実している。('12)

カフェ

いつも込んでいる人気店
アースカフェ
Urth Caffe

住2327 Main St., Santa Monica ☎(310) 314-7040
URL www.urthcaffe.com 開毎日6:30～23:00
ADMV 地P.105 C-2

オーガニックの自然な食材にこだわった店。看板メニューのひとつ、カフェラテ（$3.50）は、泡がふわふわで大人気。サラダやサンドイッチなどのフードも好評だ。('12)

カフェ

地元の人にも大人気
ハックルベリー・カフェ・アンド・ベーカリー
Huckleberry Cafe and Bakery

住1014 Wilshire Blvd., Santa Monica ☎(310) 451-2311
URL www.huckleberrycafe.com 地P.104 A、B-1
開火～日8:00～19:00(土・日～17:00) 休月 AMV

人気レストランのオーナー夫婦がオープンしたカフェ。パンやスイーツが充実している。開店直後から行列ができる人気店だ。オーガニック野菜のサラダ（$12.75）もおいしい。('12)

コーヒーショップ

コーヒー通が通う人気カフェ
インテリジェンシアコーヒー
Intelligentsia Coffee

住1331 Abbot Kinney Blvd., Venice ☎(310) 399-1233
URL www.intelligentsiacoffee.com AMV 地P.105 D-2
開月～金6:00～20:00(木・金～23:00)、土・日7:00～23:00(日～20:00)

バリスタが注文ごとに淹れてくれるコーヒーは、強いアロマと深煎りの奥深い味わい。たっぷりのミルクを注いだラテ（$4.25）には見事なラテアートを描いてくれる。('12)

スイーツ

人気のカップケーキ店
バニラ・ベイク・ショップ
Vanilla Bake Shop

住512 Wilshire Blvd., Santa Monica ☎(310) 458-6644
URL www.vanillabakeshop.com
開月～土9:00～19:00、日10:00～18:00 AMV 地P.104 B-1

Wilshire Blvd.沿いにある。朝から朝食代わりに買って行く人も多い。定番のカップケーキはひとつ$3.50。バニラやビタースイートのチョコレート味などがある。('12)

ファストフード

L.A.名物！セレブも並ぶホットドッグ店
ピンクス
Pink's

住709 N. La Brea Ave., Los Angeles ☎(323) 931-4223
開毎日9:30～翌2:00(金・土～翌3:00) 現金のみ
地P.98 地図外

1939年創業。看板メニューのチリドッグ（$3.45）のほか種類も豊富。行列必至の人気店だが並んで食べる価値大だ。La Brea Ave.とMelrose Ave.の角付近にある。('12)

ファストフード

アメリカのベストバーガー20に選ばれた
ザ・カウンター
The Counter

住2901 Ocean Park Blvd., Santa Monica ☎(310) 399-8383
開月～土11:00～22:00、日11:30～21:00
AMV 地P.105 地図外

ご自慢のバーガーは、パテの大きさ、チーズ、バンズ、ソースなどを自分の好みで選べること。その組み合わせは、なんと最大31万2000とおりにもなる。予算は$10～。('12)

アメリカ料理

ダウンタウンの老舗ステーキ店
オリジナル・パントリー・カフェ
Original Pantry Cafe

住877 S. Figueroa St., Los Angeles
☎(213) 972-9279 URL www.pantrycafe.com
開24時間営業 現金のみ 地P.96 A-4

"We Never Close"をモットーに、1924年の創業以来、毎日ステーキを提供し続ける。ステーキ類は$20前後と大衆的な料金で食事ができる。24時間営業。('12)

投稿 The Griddle Café▶ 朝食におすすめの店。大きなパンケーキとフレンチトーストがとてもおいしい。行列ができているが20分くらいで入店できた。 住7916 Sunset Blvd., Hollywood ☎(323) 874-0377 URL www.thegriddlecafe.com
（神奈川県 ゆいちゃん '10）['12]

レストラン Restaurants

アメリカ料理

L.A.ライブ内にある ザ・ファーム・オブ・ビバリーヒルズ The Farm of Beverly Hills

住800 W. Olympic Blvd., Los Angeles(L.A.ライブ内)
☎(213)747-4555 URL www.thefarmofbeverlyhills.com
開月～金7:30～21:30(金～23:00)、土・日8:30～23:00(日～21:30)
AMV 地P.96 A-4

ビバリーヒルズの有名店がL.A.ライブに進出。新鮮な野菜を使ったアメリカ料理が楽しめる。オムレツやパンケーキが充実した朝食（$10前後）が特におすすめ。 ('12)

アメリカ料理

1919年オープンの老舗レストラン ムッソー&フランク・グリル Musso & Frank Grill

住6667 Hollywood Blvd., Hollywood ☎(323)467-7788
開火～土11:00～23:00 休日・月 AJMV 地P.98 B-1

ハリウッドが華やかだった頃は、スターのダイニングスポットとして人気のあった老舗レストラン。フィッツジェラルドやヘミングウェイも、よくこの店を訪れたそうだ。名物のマティーニとチキンポットパイ（$23）はぜひ食べたい。 ('12)

カリフォルニア料理

L.A.のグルメに愛され続ける名店 チャヤ・ブラッスリー Chaya Brasserie

住8741 Arden Dr., Los Angeles ☎(310)859-8833
開ランチ月～金11:30～14:30、ディナー月～土18:00～22:30、日17:00～22:00 AJMV 地P.98 地図外

料理は日本の食材をフレンチ風にアレンジしたカリフォルニア料理。ディナーの目安は飲み物別でひとり$30～40。予約をすすめる。 ('12)

ビアレストラン

ビーチのあとの一杯ならぜひココへ ライブラリー・エールハウス Library Alehouse

住2911 Main St., Santa Monica ☎(310)314-4855
開毎日11:30～22:00(金・土～23:00)
ADMV 地P.105 C-2

十数種類のアメリカ各地の地ビール（1杯$7～）が生で飲めるビアレストラン。その日のビールメニューは壁のボードに書いてある。名前だけの判断では不安なら、味見もできる。 ('12)

ベジタリアン

グルメなビーガンフードの人気店 リアル・フード・デイリー Real Food Daily

住414 N. La Cienega Blvd., Los Angeles ☎(310)289-9910
URL www.realfood.com 地P.94 B-1
開毎日11:30～22:00、ブランチ日10:00～15:00 AMV

俳優のダニー・デビートのパーソナルシェフだったアンさんがオーナー兼シェフを務める人気店。どの料理も肉や魚、乳製品を一切使っていない。予算は$20前後。 ('12)

メキシコ料理

カリフォルニアらしいメキシカン ボーダーグリル Border Grill

住1445 4th St., Santa Monica ☎(310)451-1655
URL www.bordergrill.com 開毎日11:30～22:00(金・土～23:00)
ADJMV 地P.104 B-2

メキシコ系移民の多いL.A.でカリフォルニアらしい独自のメキシコ料理が味わえる。飲み物はマルガリータ、ボーダー・マルガリータ（2人分$20～）がぴったり。 ('12)

中華料理

昼間だけの飲茶が手頃でおすすめ エンプレスパビリオン Empress Pavilion

住988 N. Hill St., Los Angeles(バンブープラザ2階)
☎(213)617-9898 開ランチ月～土10:00～15:00(土9:00～)、日8:30～15:30、ディナー月～木17:00～21:00、金17:30～21:30、土・日17:00～22:00 ADJMV 地P.96 地図外

地元で人気No.1の高級中華料理店。高級店ながらも、香港スタイルの飲茶（150種類以上！）はひとり$20もあれば大満足だ。 ('12)

韓国料理

客足が絶えない韓国料理店 ホドリ Hodori

住1001 S. Vermont Ave., Suite 102, Los Angeles
☎(213)383-3554 URL www.hodorirestaurants.com
開24時間営業 MV 地P.96 地図外

地元の韓国系の人たちも通う韓国料理のレストラン。おすすめは、石焼きビビンバ、スンドゥブ。ナムルもたっぷりで満足度大だ。予算は$10程度。 ('12)

投稿 ザ・カウンター ▶ お店が組み合わせを考えたメニューもあるが、やはり自分で選ぶのが醍醐味。フレンチフライは別の注文になるが、ビックリするほどの量だった。ベストバーガー20に選ばれるのも納得の味。 (大阪府 rascal '07) ['12]

ホテル Hotels

ホステル

非会員制ホステルはロケーションもマル！
USAホステルズ・ハリウッド
USA Hostels Hollywood

住1624 Schrader Blvd., Hollywood, CA 90028 ☎(323)462-3777
Free(1-877)483-2950 URL www.usahostels.com
ドミトリー$28～41、ⓈⒹⓉ$85～110 MV 地P.99 C-2

ハリウッドの中心にも近い。部屋は6～8人のドミトリー形式で、各部屋にシャワー、トイレがある。プライベートルームもあり。無料朝食付き。154ベッド。※ドミトリーは男女混合の場合あり。('12)

ホステル

おしゃれなホステル
バナナ・バンガロー・ハリウッド
Banana Bungalow Hollywood

住5920 Hollywood Blvd., Los Angeles, CA 90028 ☎(323)469-2500
FAX(323)469-6200 URL www.bananabungalow.com
ドミトリー$20～36、ⓈⒹⓉ$67～99 MV 地P.99 地図外

メトロ・レッドラインのHollywood/Vine駅からも近い。雰囲気もよく人気。ドミトリーは男女混合のこともあるので予約時に確認を。メルローズアベニュー周辺にも同系列のホステルがある。40室。('12)

ホステル

ビーチに近い清潔なユース
ホステリング・インターナショナル・サンタモニカ
Hostelling International Santa Monica

住1436 2nd St., Santa Monica, CA 90401
☎(310)393-9913 Free(1-888)464-4872
FAX(310)393-1769 URL www.hilosangeles.org
ドミトリー$28～、個室$60～ MV 地P.104 B-2

ショップ、レストランが徒歩圏内に多く便利。バス、トイレは共同での使用。入口付近にパソコンもある。世界中から訪れる旅行者と交流できる。260ベッド。('12)

ホステル

L.A.のユースはサンペドロの海沿い
ホステリング・インターナショナル・ロスアンゼルス・サウスベイ
Hostelling International-Los Angeles South Bay

住3601 S. Gaffey St., #613, San Pedro, CA 90731-6969
☎(310)831-8109 FAX(310)831-4635 URL www.hiusa.org
ドミトリー$27～、個室$64～ MV 地P.94 B-3

L.A.の南サンペドロの突端、海に面したAngel's Gate Parkの中にある。ダウンタウンからはメトロ・シルバーラインとメトロバス#246で約2時間。2012年は6月18日～9月9日のみオープン。57ベッド。('12)

エコノミーホテル

ダウンタウンの人気モーテル
シティ・センター・ホテル
City Center Hotel

住1135 W. 7th St., Los Angeles, CA 90017 ☎(213)627-2581
FAX(213)627-8748 URL citycenterhotellosangeles.com
Ⓢ$50～65、Ⓓ$55～70、Ⓣ$55～75 AJMV 地P.96 地図外

Figueroa St.沿いにあるダウンタウンの観光案内所から西へ2ブロック。各部屋に冷蔵庫、テレビもあり、室内は広くゆったりとしていてまずまず清潔。朝食付き。42室。('12)

エコノミーホテル

ハリウッド&ハイランドの裏にある
リバティホテル
Liberty Hotel

住1770 Orchid Ave., Hollywood, CA 90028 ☎(323)962-1788
FAX(323)962-1666 URL www.hollywoodlibertyhotel.com
ⓈⒹⓉ$79～109、スイート$89～119 ADMV 地P.98 B-1

一軒家風のホテル。清潔感のある客室で、キッチン、電子レンジ付きの部屋もある。チャイニーズシアター、ハリウッド&ハイランドは徒歩圏内で便利。21室。('12)

エコノミーホテル

チャイニーズ・シアターからすぐ
ハリウッド・オーキッド・スイーツ
Hollywood Orchid Suites

住1753 Orchid Ave., Hollywood, CA 90028
☎(323)874-9678 Free(1-800)537-3052 FAX(323)874-9931
URL www.orchidsuites.com スイート$109~379
ADJMV 地P.98 B-1

ハリウッド&ハイランドのすぐ裏にあって観光に便利なホテル。設備の整ったキッチン付きのスイート。無料の朝食付き。全館禁煙。40室。('12)

エコノミーホテル

メインストリート沿い
シー・ショア・モーテル
Sea Shore Motel

住2637 Main St., Santa Moncia, CA 90405
☎(310)392-2787 FAX(310)392-5167
URL www.seashoremotel.com AJMV 地P.105 C-2
ⓈⒹ$110～160、Ⓣ$115～170、スイート$170～250

メインストリートのサンタモニカとベニスの中間に建つモーテル。付近にはおしゃれなカフェや雑貨店がたくさんあり、サンタモニカのビーチへも歩いて行ける。駐車場は無料。20室。('12)

日本からアメリカへの国際電話のかけ方 P.8～9
国際電話認識番号（001/0033/0061）＋（010）＋アメリカの国番号（1）＋市外局番＋電話番号

ホテル Hotels

エコノミーホテル

日本人スタッフがいる

ガーデナ・テラス・イン Gardena Terrace Inn

住15902 S. Western Ave., Gardena, CA 90247
☎(310)324-5756 FAX(310)538-9059
URL www.gardenaterraceinn.net
Ⓢ$79～、Ⓣ$95～ ADJMV 地P.94 B-2

I-110、I-405、CA-91のいずれからも近いので、ドライブ利用者にとって利用価値が高い。スタッフに日本人がいるのも安心だ。アットホームな雰囲気もいい。朝食付き。45室。 ('12)

中級ホテル

L.A.ライブもすぐそば

オーホテル O Hotel

住819 S. Flower St., Los Angeles, CA 90017 ☎(213)623-9904
FAX(213)614-8010 URL ohotelgroup.com 地P.96 A-4
ⓈⒹⓉ$153～195、スイート$243～ AJMV

L.A.ライブへも近く、メトロ・レッドラインの駅やメトロバスのバス停へも歩いて行ける。周辺にスーパーのRalph'sもあり、とても便利。スタイリッシュな黒の外観が目印。67室。 ('12)

中級ホテル

ウエストウッドのホテル

ロイヤル・パレス・ウエストウッド・ホテル Royal Palace Westwood Hotel

住1052 Tiverton Ave., Los Angeles, CA 90024
☎(310)208-6677 Free(1-800)631-0100 FAX(310)824-3732
URL www.royalpalacewestwood.com 地P.94 A-1
ⓈⒹⓉ$129～、スイート$159～ ADMV

高級ホテルが多いエリアにある、リーズナブルなホテル。建物自体は古いが掃除もていねいにしてくれる。部屋には冷蔵庫、電子レンジ、コーヒーメーカーあり。スタッフも親切。36室。

(東京都 YN '09)['12]

中級ホテル

ミッドウィルシャー付近でおすすめのホテル

ファーマーズ・ドーター・ホテル Farmer's Daughter Hotel

住115 S. Fairfax Ave., Los Angeles, CA 90036 ☎(323)937-3930
Free(1-800)334-1658 FAX(323)932-1608
URL www.farmersdaughterhotel.com ⓈⒹⓉ$189～249
ADMV 地P.94 B-1

インテリアのかわいいおしゃれなホテル。場所は、ファーマーズマーケットそば、Fairfax Ave.沿い。ザ・グローブも徒歩数分で行けるので便利。66室。 ('12)

中級ホテル

サンタモニカビーチの目の前

ベイサイドホテル Bayside Hotel

住2001 Ocean Ave., Santa Monica, CA 90405
☎(310)396-6000 Free(1-800)525-4447 FAX(310)396-1000
URL www.baysidehotel.com ⓈⒹⓉ$144～349
ADMV 地P.104 B-2

オーシャンアベニューに面した最高のロケーション。オーシャンビューの部屋もある。食事や、ショッピングが楽しめるメインストリートもすぐ近く。スタッフの対応もとても親切だ。45室。 ('12)

高級ホテル

第1回アカデミー賞授賞式が行われた

ハリウッド・ルーズベルト・ホテル Hollywood Roosevelt Hotel

住7000 Hollywood Blvd., Hollywood, CA 90028
☎(323)466-7000 Free(1-800)950-7667 FAX(323)462-8056
URL www.hollywoodroosevelt.com AMV
ⓈⒹⓉ$229～599、スイート$319～1500 地P.98 A-1、2

ハリウッドのランドマーク、チャイニーズシアターのほぼ向かいにある1927年開業の歴史あるホテル。300室。 ('12)

高級ホテル

ステープルスセンター、L.A.ライブの目の前

ラックス・シティ・センター・ホテル Luxe City Center Hotel

住1020 S. Figueroa St., Los Angeles, CA 90015 地P.96 A-4
☎(213)748-1291 Free(1-866)589-3411 FAX(213)748-6028
URL www.luxehotels.com/hotels/LuxeCityCenterHotel
ⓈⒹⓉ$399～ ADMV

L.A.ライブの向かいに位置し、スポーツ観戦後やライブのあとも歩いてホテルに戻れる。駐車料金1日$25。178室。 ('12)

高級ホテル

ダウンタウンのスタイリッシュなホテル

ザ・スタンダード・ダウンタウンLA The Standard, Downtown LA

住550 S. Flower St., Los Angeles, CA 90071 ☎(213)892-8080
FAX(213)892-8686 URL www.standardhotels.com 地P.96 A-3
ⓈⒹ$245～、Ⓣ$285～、スイート$1300～ ADJMV

客室はX-LARGE、Huge、Wow!などユーモラスな名の付いた遊び心のあるホテルだ。ルーフトップ・バー(→P.108)は若者に大人気のナイトスポット。207室。 ('12)

投稿 **Liberty Hotel**▶ ハリウッド&ハイランドの裏で、バスやメトロレールへのアクセスも楽。周辺にはレストランも多い。親切なスタッフにも好感がもてた。

(福岡県 かまたり '09)['12]

ディズニーランド・リゾート Disneyland Resort

ディズニーランドの元祖

ディズニーランド・リゾート
住1313 Harbor Blvd., Anaheim
☎(714)781-4565(録音テープ)、(714)781-7290(オペレーター)
URL www.disneyland.jp(日本語)
開ディズニーランド・パーク:毎日10:00〜22:00、
ディズニー・カリフォルニア・アドベンチャー・パーク:毎日10:00〜20:00
※これはおおよその目安。日によってさらに細かく決められており、変更になることもある。事前にウエブサイトか、☎(714) 781-7290に電話で確認すること
料1日券(1パークのみ有効)$87、3〜9歳$81。1日券(2パーク有効)$125、3〜9歳$119。2日券(2パーク有効)$200、3〜9歳$188

駐車場
1台につき$15。駐車場は広いので車を停めた位置を、ディズニーキャラクターと列と番号で必ず覚えておくこと

まずは情報収集!
メインゲートから入って左側にある、インフォメーションにまずは行ってみよう。おもなアトラクションの待ち時間や、ショーやパレードの上演時間など、園内の情報を提供してくれる。また、日本語版のガイドマップもここでもらえる。ぜひ利用しよう

ディズニーランドのあるアナハイム市は、ロスアンゼルスとサンディエゴに挟まれたオレンジカウンティ(OC)にある。アナハイム市は安全な観光都市、交通網もよく整備された便利な町だ。本家本元の**ディズニーランド・パーク**のゲートをくぐると、そこはもう夢と遊びのワンダーランド。隣接したカリフォルニアをテーマにした**ディズニー・カリフォルニア・アドベンチャー・パーク**と合わせて訪れたい。また、このふたつのディズニーのテーマパークとディズニー・リゾートホテルを結ぶエリアは**ダウンタウン・ディズニー**と呼ばれ、ショッピング&ダイニングゾーンとしてにぎわいを見せている。

この一大リゾートには、ディズニーの楽しさや魅力がたっぷり。ディズニーファンはもちろん、訪れるすべてのゲストをハッピーな気分で包み込んでくれる。

ディズニーランド・リゾートの楽しみ方

昼間はふたつのテーマパーク、夜はダウンタウン・ディズニーと、丸2日間フルに遊ぶことができる。また、3つのディズニー・リゾートホテルに宿泊すれば、特典がいろいろある。

元祖、夢と魔法の王国 地P.95 C-3

ディズニーランド・パーク Disneyland Park

ディズニーランド・パークの歩き方

ディズニーランド・パークは、アドベンチャーランド、ニューオーリンズ・スクエア、クリッターカントリー、フロンティアランド、ファンタジーランド、ミッキーのトゥーンタウン、トゥモローランド、メインストリートUSAの8つのテーマランドより構成されている。入場したらまず、正面ゲートまたはシティホールで、マップとその日のイベント情報を入手しておこう。特に人気が集中するのは、やはりダイナミックでスリリングなアトラクション。これらは多少並んでも午前中に見ておくことをおすすめする。また、ファストパスを上手に利用して効率よく園内を回ろう。

旅のアドバイス

ディズニーランド・リゾートへの行き方

ロスアンゼルス国際空港から

●バス

ディズニーランド・リゾート・エクスプレス〔free (1-800)828-6699〕でもディズニーランドへ直接行ける。片道 $22、往復 $32、所要約 45 分。各空港ターミナルビルを出たら、内周道路の"FlyAway Buses & Long Distance Vans"と書かれた緑のサインの下で待つ。30 分〜 1 時間に 1 本運行。

L.A.のダウンタウンから

●メトロバス

ダウンタウンの 6th St. または、Flower St. を走るナッツ・ベリー・ファーム経由のメトロバス# 460 を利用、ディズニーランド・ホテル前下車。1 時間 30 分〜 2 時間。片道 $2.90。帰りのバスの時間と場所を確認しておくのを忘れずに。周辺のホテルやモーテルに宿泊の場合は、ホテルの送迎バスを利用するとよい。

アナハイムのグレイハウンド・バスディーポから

グレイハウンドを使ってアナハイムに来た場合、ディーポからディズニーランドへは路線バスがとおっていないので、タクシーを利用するのがおすすめ。約 3km なので、だいたい $6 〜 8 で行くことができる。

旅のアドバイス **ディズニーランド・リゾートの日本語公式ウエブサイト▶** URL www.disneyland.jp では、日本語でチケットを購入することができる。チケットによってはインターネット割引料金もあるのでチェックしてみよう。

アドベンチャーランド Adventureland

ジャングルクルーズ　Jungle Cruise　探検隊の大型ボートに乗り、ジャングルの奥地へと冒険のクルーズ。

インディ・ジョーンズ・アドベンチャー　Indiana Jones Adventure★　ジープに乗り込んでインディ・ジョーンズの大冒険に出発だ。人気が高いので、長い待ち時間は覚悟。

ニューオリンズ・スクエア New Orleans Square

カリブの海賊　Pirates of the Caribbean　海賊姿のクルーと、カリブ海沿岸を暴れまくろう。ボートに乗って進むアトラクション。あのジャック・スパロウも出現!?

ホーンテッドマンション　Haunted Mansion（冬期のホリデイシーズンのみ★）　怖くて愉快な999匹の"ハッピーお化け"と一緒に冒険！　10～12月はホリデイバージョンに変身。

クリッターカントリー Critter Country

スプラッシュ・マウンテン　Splash Mountain★　ディズニーの名作"Song of the South"をモチーフにしたアトラクション。豪快な降下が1回ある。濡れるので覚悟が必要！

フロンティアランド Frontierland

ビッグサンダー・マウンテン　Big Thunder Mountain Railroad★　ゴールドラッシュにわく山を暴走するスリル満点のジェットコースターにトライ！

ゴールデン・ホースシュー・ステージ　The Golden Horseshoe Stage　古きよき時代の西部を再現した大人気のレビュー（予約制）。ショーの当日予約はディズニーランド開園後、ゴールデン・ホースシュー・ステージで受付。

ファンタジーランド Fantasyland

マッターホーン・ボブスレー　Matterhorn Bobsleds
雪男の待ち受ける氷の洞窟を走るジェットコースター。

ミッキーのトゥーンタウン Mickey's Toontown

ミッキーの家とミート・ミッキー　Mickey's House and Meet Mickey　ミッキーの家でミッキーと記念撮影を。

ミニーの家　Minnie's House　ミニーのかわいらしい家を訪れよう。裏庭の井戸では願いごとを……。

トゥモローランド Tomorrowland

キャプテンEO　Captain EO　マイケル・ジャクソンが登場する3-D映像を体験できる。

ファインディング・ニモ：サブマリン・ヴォヤッジ Finding Nemo: Submarine Voyage　潜水艦に乗って、映画『ファインディング・ニモ』の世界へ。ニモの住む世界はどんな所だろう？　人気No.1のアトラクション。

『地球の歩き方』のウエブサイト（URL www.arukikata.co.jp/themepark）では、事前にテーマパークチケットが購入できる

ファストパス
アトラクションに優先入場できる便利なパス。待ち時間が最大限節約できる。適用アトラクションは、★のマークが付いたもの。それ以外にも、順次適用されていく可能性があるので、当日インフォメーションで確認を。ホーンテッド・マンションは、冬期のホリデイシーズンのみ。ディズニー・カリフォルニア・アドベンチャー・パークについては➡P.116

ミッキーのサウンドセーショナル・パレード
2011年春にスタートした。カラフルな衣装を着たキャラクター、打楽器の力強いジャムセッション、華やかなダンスパフォーマンスが繰り広げられるパワフルなパレード。音楽はディズニーの人気映画からのラインナップ！　ミッキー型のキュートなフロートも見逃せない

●The Golden Horseshoe Stage
予約は開園15分過ぎより受付。まずはフロンティアランドの"ゴールデン・ホースシュー・ステージ"に行き、予約カードをもらう（無料）のが一番確実。すぐに満員になってしまうので注意

ディズニーランド・パークのサービス

●ロッカールーム
正面ゲートの外側、メインストリートUSAに設置されている。料$7～15

●落とし物（ロスト&ファウンド）
ディズニー・カリフォルニア・アドベンチャー・パークの正面ゲート左側（ディズニーランドとの共通）

●インフォメーション
正面ゲート左側のシティホール。日本語のガイドマップはここで手に入る

●レンタル
料ベビーカー1日$15、車イス1日$12、電動車イス$50（デポジット$20）

●その他
食べ物、飲み物の持ち込み、アトラクション内でのフラッシュ付き写真撮影は禁止

抜群の人気を誇るファインディング・ニモ：サブマリン・ヴォヤッジ

Finding Nemo Submarine Voyage is inspired by Disney・Pixar's "Finding Nemo."©Disney・Pixar

カリフォルニアと西海岸　ロスアンゼルス　CA カリフォルニア州

旅のアドバイス　ファンタズミック！▶光と水の華麗かつ迫力満点の、大人気ショー。ホリデイシーズン以外は週末（金～日）のみ。所要約22分。アメリカ河沿いであれば、どこでも観られるが、場所取りは早めに。

ファストパス利用で楽しみたい、オートピア

最新情報
ディズニー・カリフォルニア・アドベンチャー・パークに2012年夏「カーズランド」がやってくる！約4万8600m²という広大な敷地に、ラジエーター・スプリングスの町が誕生。スリルと興奮に満ちた新アトラクションが3つ登場するほか、レストラン、ショップもオープン、カーズランド公式グッズも見逃せない！

注目度大のスペクタルショー
2010年春にスタートした必見のショーがワールド・オブ・カラー。ディズニーならではの演出、スケール、音楽が揃った大スペクタクルショーは感動せずにはいられない

●Grizzly River Run
びしょ濡れになるので気を付けて。夏でも夜は冷え込むので、昼間のうちに乗っておこう

親子で楽しめるアトラクションがいっぱい

最大級のギフトショップは品揃えも豊富

バズ・ライトイヤー・アストロブラスター　Buzz Lightyear Astro Bluster　バズと一緒にスペースレンジャーとなって悪の手から宇宙を守ろう！

オートピア　Autopia★　カラフルなスポーツ・ゴーカートを運転し、ヘアピンカーブなど変化に富んだコースに挑戦。

スペース・マウンテン　Space Mountain★　スリル満点のジェットコースター。宇宙の果てまで超スピードの冒険！

カリフォルニアの魅力がつまった　地P.95　C-3

ディズニー・カリフォルニア・アドベンチャー・パーク
Disney California Adventure Park

カリフォルニアの雄大ですばらしい自然や、ハリウッドに代表される映画産業、ビーチなどが再現されている。

パラダイス・ピア　Paradise Pier

トイストーリー・マニア！　Toy Story Mania!　『トイ・ストーリー3』の新キャラクターが登場するアトラクション。

カリフォルニア・スクリーミン　California Screamin'★　スリルとスピード感を楽しめる巨大木製ローラーコースター。

グーフィーのスカイスクール　Goofy's Sky School★　グーフィーが航空学校のインストラクターに！　一緒に空の旅へ。

コンドル・フラット　Condor Flat

ソアリン・オーバー・カリフォルニア　Soarin' Over California★　カリフォルニアの名所を、ハンググライダーに乗って空から眺める感覚が味わえる大人気のアトラクション。

グリズリー・ピーク　Grizzly Peak

グリズリー・リバー・ラン　Grizzly River Run★　グリズリーピークの山頂から流れる激流を下るリバーラフティング。

バグズランド　a bug's land

イッツ・タフ・トゥ・ビー・ア・バグ！　It's Tough to be a Bug!　『バグズライフ』の昆虫が主人公の3-Dムービーアトラクション。

ハリウッドランド　Hollywoodland

トワイライトゾーン・タワー・オブ・テラー　The Twilight Zone Tower of Terror★　廃墟となったホテルのエレベーターに乗り込むと……。絶叫必至のアトラクション。

モンスターズ・インク：マイクとサリーのレスキュー　Monsters Inc. Mike & Sulley to the Rescue!　映画『モンスターズ・インク』がモチーフ。モンストロポリスで繰り広げられる波瀾万丈の救出劇。

イルミネーションもきれいな　地P.95　C-3

ダウンタウン・ディズニー
Downtown Disney

ショップ、ダイニング、映画館、ライブハウスなど約50の店舗が建ち並ぶ。夜遅くまで営業しているのもうれしい。

スヌーピーのほのぼのとしたテーマパーク 地P.95 C-3

ナッツ・ベリー・ファーム
Knott's Berry Farm

ベリー畑から始まった、世界初のテーマパークがナッツ・ベリー・ファームだ。6つのエリアとショップやレストランのあるマーケットプレイスで構成されている。

ゴーストタウン Ghost Town

1880年代のカリフォルニア西部の鉱村を再現したエリア。**ナッツ・フールズ・ゴールド・スタントKnott's Fools Gold Stunt**は、コメディタッチの人気ショー。また、**ゴーストライダー Ghost Rider**と呼ばれる木製のローラーコースターや最高時速88.5kmの**シルバーブレット Silver Bullet**もここにある。乗馬スタイルのユニークなコースター、**ポニー・エクスプレスPony Express**にもぜひ乗りたい。

インディアン・トレイル Indian Trails

ナッツ・ベリー・ファームでは、北米に住むネイティブアメリカンの文化を伝えるための運動も進めている。その運動のひとつをここで見ることができる。

フィエスタ・ビレッジ Fiesta Village

カリフォルニアにやって来たスペイン人が開いた村がイメージ。**モンテズマの逆襲Montezooma's Revenge**や1896年製の**カルーセルCarousel**がある。

キャンプ・スヌーピー Camp Snoopy

子供たちのアイドル、スヌーピーの町。スヌーピーたちのショーのほか、親子で楽しめるアトラクションも多い。

ワイルド・ウオーター・ウィルダネス Wild Water Wilderness

1900年代のカリフォルニア・リバー・ウィルダネスパークを再現しているエリア。カリフォルニア特有の地形を、300本の樹木や100種類の花、低木などで表している。ラフティングのアトラクション、**ビッグフット・ラピッズ Bigfoot Rapids**がある。

ボードウオーク Boardwalk

ここには、ウオーター系アトラクションの**ペリラスプランジ Perilous Plunge**のほか、刺激のあるアトラクションの数々が勢揃い。なかでも一番人気の絶叫ライド、**エクセレレイター Xcelerator**は、いつも行列が絶えない。

マーケットプレイス Marketplace

ナッツ名物のチキン料理が食べられる**ミセス・ナッツ・チキン・ディナー・レストラン Mrs. Knott's Chicken Dinner Restaurant**は、ナッツのルーツともいえる創業70年以上の老舗レストラン。スヌーピーのギフトショップなどもある。

スヌーピーが迎えてくれる

ナッツ・ベリー・ファーム
住8039 Beach Blvd., Buena Park
☎(714) 220-5200
URL www.knotts.com
開基本的に開園は10:00。閉園時間は18:00〜22:00の間で日によって細かく設定されている。事前にウエブサイトまたは電話で確認しておこう
休12/25
料$57.99、3〜11歳$28.99
行L.A.ダウンタウンからは、5th St.とHope St.から出ているナッツ・ベリー・ファーム経由ディズニーランド・パーク行きメトロバス#460を利用。$2.90。所要約1時間〜1時間半。
ディズニーランドからは、L.A.ダウンタウン行き#460で。所要約30分。またはKatella Ave.を走るOCTAバス#50の西行きに乗って、Beach Blvd.まで行き、#29の北向きに乗り換える。
レンタカーの場合、ダウンタウンからI-5を南下。Beach Blvd.の出口を降りて南へ進み、CA-91の下をくぐると標識が出てくる。直進すると、そのまま駐車場へ着く。駐車料金は$14

スヌーピーがメインキャラクター
開園直後にはスヌーピーが出迎えてくれる。キャンプ・スヌーピーにはキャラクターのアトラクションもあり、マーケットプレイスにはスヌーピーのギフトショップもある

最新アトラクション
2011年夏、フィエスタ・ビレッジに誕生したウィンドシーカーWindseekerが人気を集めている。32列の2人乗りブランコが約90mの高さまで上昇する、スリルいっぱいのライドで、トップからはパーク周辺の眺めも楽しめる。ドキドキと爽快感が同時に体験できる3分間の空中散歩だ

2.3秒で時速130kmに到達する、脅威のエクセレレイター

メモ **夏期限定のウオーターパーク**▶カリフォルニアのビーチをテーマにしたソークシティ・オレンジカウンティ Soak City Orange County が5月下旬から9月まで営業する。URL www.knotts.com/public/park/soakcitiy/index.cfm

デザート・イン&スイーツ
エコノミーホテル

ディズニーランド目の前で快適&お手頃

Desert Inn & Suites

住 1600 S. Harbor Blvd., Anaheim, CA 92802
☎ (714) 772-5050　Free (1-800) 433-5270　FAX (714) 778-2754
URL www.anaheimdesertinn.com　地 P.95　C-3
ⓈⒹⓉ$59～、スイート$79～219　ADJMV

その立地のよさからバケーションを楽しむ家族連れがあとを絶たない人気のモーテル。部屋の装飾はシンプルで、テレビ、電話に加えて冷蔵庫や電子レンジが付いている。無料の朝食付き。宿泊料金もお手頃とうれしい限り。146室。('12)

ジョリー・ロジャー・ホテル・アナハイム
エコノミーホテル

ディズニーランド・パークへ歩いて行ける

Jolly Roger Hotel Anaheim

住 640 W. Katella Ave., Anaheim, CA 92802
☎ (714) 782-7500　Free (1-888) 296-5986　FAX (714) 772-2308
URL www.jollyrogerhotel.com
ⓈⒹⓉ$80～　ADJMV　地 P.95　C-3

ディズニーランド・パークのエントランスまで徒歩5分ほど。Harbor Blvd.とKatella Ave.の交差点にあるホテル。開放感あふれる造りのホテルには、プールもある。Wi-Fi無料。無料の駐車場、コインランドリーも備えている。58室。('12)

サン・サンズ・モーテル
エコノミーホテル

パシフィック・コースト・ハイウエイ沿いのモーテル

Sun' N Sands Motel

住 1102 Pacific Coast Hwy., Huntington Beach, CA 92648
☎ (714) 536-2543　URL www.sunnsands.com　ADMV
ⓈⒹⓉ$129～189、スイート$229～269　地 P.95　C-4

パシフィック・コースト・ハイウエイに面しているので、レンタカー利用者に便利な立地。道を渡ると海が目の前に広がっている。ハンティントンビーチピアや町の中心へも歩いて行ける距離。徒歩約10分でメインストリートに到着する。17室。('12)

ラ・キンタ・イン・アンド・スイーツ
中級ホテル

スイートタイプのモーテル

La Quinta Inn and Suites

住 1752 Clementine St., Anaheim, CA 92802
☎ (714) 635-5000　FAX (714) 776-9073　URL www.lq.com
スイート$85～125　ADJMV　地 P.95　C-3

全室スイートの快適なモーテル。部屋のタイプは数種あり6人まで泊まれるのでファミリーやグループに最適。ディズニーランド・リゾートへは歩いても10分ほどというロケーションもよい。無料の朝食付き。129室。('12)

ナッツ・ベリー・ファーム・リゾート・ホテル
中級ホテル

スヌーピールームが大人気

Knott's Berry Farm Resort Hotel

住 7675 Crescent Ave., Buena Park, CA 90620
☎ (714) 995-1111　Free (1-866) 752-2444　FAX (714) 828-8590
URL www.knottshotel.com
ⓈⒹⓉ$109～149　ADMV　地 P.95　C-3

ナッツ・ベリー・ファームの敷地内にあるオフィシャルホテル。スヌーピーが部屋のあちこちにデザインされたスヌーピールームが人気。320室。('12)

ディズニーランド・ホテル
高級ホテル

ユニークなプールが子供に人気

Disneyland Hotel

住 1150 Magic Way, Anaheim, CA 92802　☎ (714) 778-6600
FAX (714) 956-6597　URL www.disneyland.jp　地 P.95　C-3
ⓈⒹⓉ$248～、スイート$725～　ADJMV

ディズニー・リゾートホテルのなかでも老舗のホテル。ディズニーランド・パークへはモノレールでアクセスできる。2011年に大幅リニューアルし、キッズ用プールやバー、レストランが加わった。975室。('12)

ディズニー・グランド・カリフォルニアン・ホテル&スパ
高級ホテル

全室デラックスタイプのディズニー・リゾートホテル

Disney's Grand Californian Hotel & Spa

住 1600 S. Disneyland Dr., Anaheim, CA 92802
☎ (714) 635-2300　FAX (714) 300-7300
URL www.disneyland.jp　ⓈⒹⓉ$325～、スイート$1012～
ADJMV　地 P.95　C-3

全室バルコニー付きの高級ホテル。一部の客室からはディズニー・カリフォルニア・アドベンチャー・パークを一望できる。948室。('12)

ディズニー・パラダイス・ピア・ホテル
高級ホテル

バスルームのアメニティはミッキーづくし

Disney's Paradise Pier Hotel

住 1717 S. Disneyland Dr., Anaheim, CA 92802
☎ (714) 999-0990　FAX (714) 776-5658
URL www.disneyland.jp　ADJMV　地 P.95　C-3
ⓈⒹⓉ$240～、スイート$702～

レストラン「ディズニーPCHグリル」では、ミッキーと仲間たちのキャラクターブレックファストがある。502室。('12)

日本からアメリカへの国際電話のかけ方 ➲ P.8～9
国際電話認識番号（001/0033/0061）＋（010）＋アメリカの国番号（1）＋市外局番＋電話番号

カリフォルニア発祥の地

サンディエゴ San Diego

数々の映画が撮影されたホテル・デル・コロナド

アメリカ西海岸最南端に位置するサンディエゴは、一年をとおして、雨が少なく温暖で過ごしやすい。青い空とまばゆいばかりの陽光、海と複雑な海岸線が織りなす美しい景観、メキシコ文化の影響を受けた町並みなど、南カリフォルニアのなかでもひと味違った独特の雰囲気を漂わせている。

サンディエゴは、1542年ヨーロッパ人が初めて上陸したカリフォルニア州の町として知られている。1769年にはカリフォルニアで最初の教会が建てられた。スペインやメキシコの支配下にあったことから、以後、彼らの影響を強く受けてきたのだ。米墨戦争の結果、1850年アメリカ合衆国カリフォルニア州に併合される。近代に入ってからは、アメリカ太平洋艦隊の主要基地が置かれ、軍港の町として繁栄してきた。さらに、近年は、メキシコ国境最大の都市として、合法、不法問わず多くの移民を吸収し続けている。

ロマ岬は、ヨーロッパ人が初めてカリフォルニアに到達した地点

GUIDE BOOK 地球の歩き方B02アメリカ西海岸編（1700円＋税）でもサンディエゴを紹介していますので、ご活用ください。

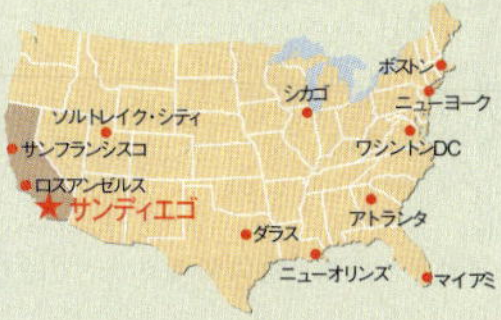

DATA

人口▶約130万7400人

面積▶840km²

標高▶最高483m　最低0m

TAX▶セールスタックス　7.75%
ホテルタックス　10.5%

属する州▶カリフォルニア州 California

州のニックネーム▶黄金州 Golden State

州都▶サクラメント Sacramento

時間帯▶パシフィック・タイムゾーン ➡P.631

繁忙期▶年間をとおして。特に7月中旬〜下旬はホテルの確保が難しい

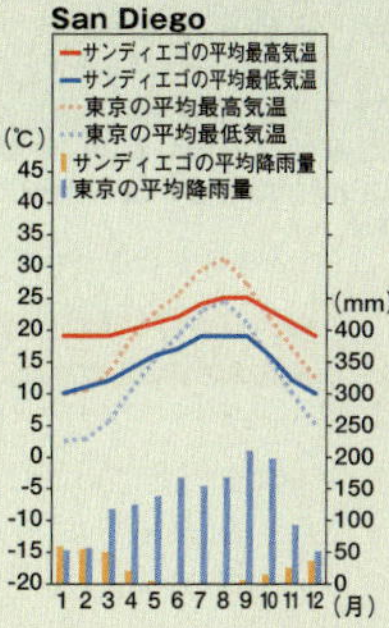

Getting There サンディエゴへの行き方

飛行機 Plane

サンディエゴ国際空港
San Diego International Airport (SAN)

サンディエゴ国際空港
地P.127　A-1、2
住3225 N. Harbor Dr.
☎(619) 400-2400
URL www.san.org

※レンタカーオフィスは空港周辺に点在している。ターミナル1と2のバゲージクレーム前にある電話で、営業所行きのシャトルバスのリクエストをすればよい

ダウンタウンの北西、約5kmに位置する便利な空港。ダウンタウンのビル群を眼下に見ながら飛行機は着陸する。ロスアンゼルスから約50分、サンフランシスコから1時間30分ほど。ターミナルは3つに分かれている。市内のホテルの多くが空港への送迎を行っているので、宿が決まっている人はホテルに問い合わせてみよう。

■ 空港から／空港へのアクセス

	種類／名称／連絡先	行き先／運行／料金	乗車場所／所要時間／備考
空港シャトルバン	クラウド・9・スーパー・シャトル Cloud 9 Super Shuttle Free (1-800) 974-8885 URL www.cloud9shuttle.com	**行き先**▶市内や周辺どこでも **運行**▶24時間随時 **料金**▶ダウンタウンまで$8、オールドタウンまで$14、コロナドまで$16、ラ・ホヤ$20	**空港発**▶ターミナルを出て中洲にあるTransportation Plazaから乗車 **空港行き**▶事前に電話、ウエブサイトで要予約 **所要時間**▶ダウンタウンまで約10分
路線バス	MTS バス #992 MTS Bus #992 ☎(619) 233-3004 Free 511	**行き先**▶ダウンタウン **運行**▶毎日5:17〜23:07（土・日5:12〜）の15〜30分間隔。各ターミナル前から順に発車する **料金**▶$2.25	**空港発**▶ターミナルを出たところのバス停から#992に乗車 **空港行き**▶ダウンタウンのBroadwayをとおる#992に乗車 **所要時間**▶ダウンタウンまで約15分
タクシー	イエローキャブ Yellow Cab ☎(619) 234-6161	**行き先**▶市内や周辺どこでも **運行**▶24時間随時 **料金**▶ダウンタウンまで約$13	**空港発**▶ターミナルを出て中洲にあるTransportation Plazaから乗車 **空港行き**▶事前に電話予約または主要ホテルから乗車 **所要時間**▶ダウンタウンまで約10分

※それぞれの乗り物の特徴については ➡P.665

長距離バス Bus

グレイハウンド・バスディーポ
Greyhound Bus Depot

グレイハウンド・バスディーポ
地P.121　B-3
住1313 National Ave.
☎(619) 515-1100
開毎日5:00〜23:59

サンディエゴ・トロリーやMTSバスの12th & Imperial Transfer Centerの目の前と、便利な場所にある。

L.A.からはエクスプレスで約2時間30分。メキシコ国境のティファナ（アメリカ側のバス停、San Ysidro）までは約35分で、どちらも便数は多い。

鉄道 Train

アムトラックサンタフェ駅
Amtrak Santa Fe Station

アムトラックサンタフェ駅
地P.121　A-2
住1050 Kettner Blvd.
Free (1-800) 872-7245
開毎日4:45〜翌1:15（チケット売り場は毎日5:15〜22:00）

青空に白壁が映えるアムトラックサンタフェ駅

Broadwayの海（西）側、Kettner Blvd.に沿って駅がある。エキゾチックな装飾で、西海岸の青い空によく映える美しい駅舎だ。サンディエゴ・トロリーの駅、Santa Fe Depotにも隣接している。

L.A.からは約2時間45分。海沿いの景色がいいルートを走る。

Getting Around サンディエゴの歩き方

見どころや遊びどころがバラエティに富んでいるサンディエゴ。市内の見どころは、有名なサンディエゴ動物園のあるバルボアパーク、シーワールドのあるミッション・ベイ・パーク、植民地時代の面影を伝えるオールドタウンなど、ダウンタウ

投稿 **ティファナのみやげ物屋**▶ほとんどの店が高い値段を言ってくるが、買わないようなそぶりを見せると、どんどん値段を下げてくれる。80ペソのネックレスが40ペソまで安くなった。また、悪質なみやげ物屋に注意しよう。↗

ンからバスで15～30分以内に数多くある。すべての見どころを訪れるなら、最低でも3～4日は時間をとりたい。

ダウンタウンの中心は**ホートンプラザ**➲P.123周辺。路線バスもここを中心に走っている。また、100以上のレストランやパブ、ショップなどが建ち並ぶ**ガスランプクオーター Gaslamp Quarter**は、19世紀末のビクトリア調の建物を残したロマンティックな通り。夜は、数メートルおきにあるガスランプに明かりが灯され、たくさんの人が食事や夜遊びへと訪れる。

そのあとは、郊外へも足を延ばしてみよう。美しい海岸線と、しゃれたブティックやギャラリーが建ち並ぶ**ラ・ホヤ**➲P.126はコンパクトで町歩きにもおすすめ。また、異国情緒を味わいにメキシコの**ティファナ**➲P.126に行くのもいい。

昼夜を問わず、多くの人でにぎわうガスランプクオーター

観光案内所 ……………… Visitors Information

サンディエゴ観光案内所
San Diego International Visitor Information Center

太平洋が見えるHarbor Dr.沿いのB St. Pierにある。市内や近郊の地図、観光案内の小冊子などが充実。そのほか、ホテルの紹介、予約もしてくれる。ここでは、周辺のおもな見どころの割引券も販売。日本語の資料あり。

市内の交通機関 ……… Public Transportation

サンディエゴ・MTSバス
San Diego Metropolitan Transit System (MTS) Bus

市内と郊外を広くカバーしている便利なバス。90近くの路線があり、ほとんどの見どころへ行くことができる。

乗り放題のRegional Day Passは1日券$5、2日券$9、3日券$12、4日券$15の4種類ある。トロリーにも使えるが、一部のエクスプレスバス（急行）には乗ることができない。Region Plus Day Pass（1日券$12）を購入するとすべて乗ることができる。パスはBroadwayと1st Ave.の角にある**トランジットストア Transit Store**や、トロリーの駅にある自動券売機で買える。

ダウンタウンではほとんどのバスがBroadwayを通過する。各路線とも本数はあまり多くないので、事前に詳しいバス路線図と時刻表をトランジットストアの案内所で入手しておきたい。

サンディエゴ・トロリー
San Diego Trolley

路線バスと同じMTS（Metropolitan Transit System）が運行するトロリー。Orange Line（ウオーターフロントからぐるりと回り、東のラ・メサ方面まで）とBlue Line（北はオールドタウンから、南はメキシコとの国境まで）、Green Line（オールドタウンから東へ）の3路線ある。

ツアー案内 ……………… Sightseeing Tours

グレイライン
Gray Line of San Diego

出発場所／市内のホテルへのピックアップ・サービスあり。

サンディエゴ観光案内所
地P.121　A-2
住1140 N. Harbor Dr.
☎(619)236-1212
URL www.sandiego.org
開毎日9:00〜17:00（10〜5月は16:00まで）

ラ・ホヤへは、MTSバス #30 で

サンディエゴ・MTSバス
☎(619)557-4555
URL www.sdmts.com
料$2.25。エクスプレスバスは$2.50〜10
●Transit Store
地P.121　A-2
住102 Broadway
☎(619)234-1060
開月〜金9:00〜17:00
休土・日、おもな祝日

トランスファー制度は廃止
バスから路線違いのバス、バスからトロリーへのトランスファー（乗り換え）はできない。何度も乗り換える予定のある人は、Day Passを購入したほうがお得

サンディエゴ・トロリー
☎(619)557-4960
料どの区間も$2.50均一
※Regional Day Passも使える

サンディエゴ・トロリーに乗車の際は、行き先に注意して

グレイライン
Free (1-800)331-5077
URL www.sandiegograyline.com

ツアー名	料金	運行	所要時間	内容など
Tijuana Tour	$40	火・木・金・土8:30、13:30発	4時間30分	国境を越えたティファナへのショッピングツアー。要パスポート
City Tour	$36	毎日8:30発	4時間	ダウンタウン、バルボアパーク、コロナド、ラ・ホヤなどを回る
San Diego Zoo Safari Park	$67	火・金・日8:30発	7時間	路線バスでは不便なサンディエゴ動物園・サファリ・パークへのツアー
LEGOLAND	$90	金・日（季節により火）8:30発	7時間	ブロックでおなじみのレゴが運営するテーマパークへのツアー

オールド・タウン・トロリー
Old Town Trolley

サンディエゴのおもな見どころを結ぶ、利用価値の高い観光用トロリーバス。サンディエゴからサンディエゴ湾を横切り、海軍基地のあるコロナド Coronadoへ渡る橋からの眺めは最高！　サンディエゴ湾が一望できる。

オールド・タウン・トロリー
☎(619)298-8687
Free (1-888)910-8687
URL www.historictours.com
出発場所／Old Town（住4010 Twiggs St. & San Diego Ave.）
運行／毎日8:50〜19:00（春・秋〜18:00、冬〜17:00）。30分間隔
休12/25
料$34、4〜12歳$17

メモ Arts Tix▶ サンディエゴで公演中の舞台や演奏会のチケット、サンディエゴ動物園、湾内クルーズなどのアトラクションのチケットを割引価格で販売している。チケットカウンターはホートンプラザ入口（3rd Ave. と Broadway の角）にある。☎(858)381-5595　開火〜日 9:30 〜 17:00（金・土 11:00 〜、日曜は夏期のみ）

ルートは①Old Town、②Harbor Cruise Ship Terminal、③Seaport Village、④Marriott Marquis & Marina、⑤Horton Plaza、⑥Gaslamp Quarter、⑦Hilton Bayfront、⑧Coronado Ferry Landing、⑨McP's Irish Pub（ホテル・デル・コロナド近く）、⑩Balboa Park、⑪Little Italy。チケット窓口は①のオールドタウンや③のシーポートビレッジ、⑤ホートンプラザなどにあるが、ウエブサイトからeチケットを購入すれば、割引を受けられ、どの停留所からも乗車できる。運行時間内なら乗り降り自由。

おもな見どころを回るオールド・タウン・トロリー

おもな見どころ Sightseeing

ここで何でもできてしまう！ 地P.121　A、B-2

ホートンプラザ（ウエストフィールド・ホートンプラザ）
Horton Plaza (Westfield Horton Plaza)

ダウンタウンのど真ん中の7ブロックを貫いて建つ巨大なショッピングモール。Broadway、1st Ave.、G St.、4th Ave.に囲まれている。なかにはノードストローム、メイシーズの2軒のデパートと約110のショップ、レストラン、フードマーケット、銀行、郵便局、コンビニエンスストアなど何でもあって、サンディエゴ滞在中は日々の飲食や食料の買い出しからおみやげまで、何度となく足を運ぶことになるだろう。映画館では常にロードショー14本が上映されている。

建物自体のデザインや配色がとにかく奇抜で、訪れる人の目を楽しませてくれる。また、最上階からはサンディエゴ湾の美しい眺めが堪能できる。

食事や買い物に、何度も足を運びたくなるホートンプラザ

ホートンプラザ（ウエストフィールド・ホートンプラザ）
住324 Horton Plaza
☎(619) 239-8180
URL www.westfield.com/hortonplaza
開月～土10:00～21:00（土～20:00）、日11:00～18:00（カフェや薬局などは早朝～深夜まで）
休店により異なるが、サンクスギビング、12/25

ノスタルジックな海辺のスポット 地P.121　A-2

シーポートビレッジ
Seaport Village

港に面したショッピングビレッジで、市民の憩いの場&デートスポット。ミュージシャンの演奏やフェイスペインター、1895年製の回転木馬がムードを盛り上げている。港を行き交う船や、凧揚げ、ジョギングに興じる人々を眺めながら、のんびりとランチでも取りたいところだ。ブティックやギフトショップ、レストランなど約70店があり、センスのよい品を見つけることができるだろう。

シーポートビレッジ
住849 W. Harbor Dr.
☎(619) 235-4014
URL www.seaportvillage.com
開毎日10:00～21:00（夏期、レストランは延長あり）
行Kettner Blvd.を南下した突きあたり。湾内クルーズの桟橋からは海沿いのHarbor Dr.を南へ5ブロック

さまざまな戦いを見てきた 地P.121　A-2

航空母艦博物館（ミッドウエイ）
USS Midway Museum

第2次世界大戦末期に造られ、クウェート解放を最後に1992年サンディエゴで就役を解いた空母ミッドウエイMidway。47年間の任務を終えたミッドウエイが、2004年に博物館として生まれ変わり一般公開されている。

館内はセルフ・オーディオ・ガイドツアー（日本語あり）に従って歩く。地下のSecond Deck、Hangar Deck、飛行甲板のFlight Deckで構成され、60を超える展示物と当時活躍した戦闘機など、ミッドウエイの歴史を語るうえで、重要かつ興味深い展示がされている。臨場感たっぷりのナレーションからは、若き船員たちの姿が目に浮かぶ。空母内すべての展示を見るには3～4時間かかるため、時間には余裕をもって訪れよう。

日本語のオーディオガイドを聞きながら回るといい

航空母艦博物館（ミッドウエイ）
住910 N. Harbor Dr.
☎(619) 544-9600
URL www.midway.org
開毎日10:00～17:00（チケット売り場は16:00まで）
休サンクスギビング、12/25
料$18、シニア／学生$15、6～17歳$10

サンディエゴ動物園は広大なので、まずガイドバスツアーに乗って回るといい

バルボアパーク
行ダウンタウンから#7のバスでVillage Pl.下車。歩道橋を渡ると、バルボアパークの中心、エルプラド通りに出る

●**Balboa Park Tram**
運行／毎日8:15～17:15（夏期は延長あり）。8～10分おきに運行

●**Balboa Park Visitors Center**
住1549 El Prado
☎(619) 239-0512
URL www.balboapark.org
開毎日9:30～16:30（夏期は延長あり）
休サンクスギビング、12/25、1/1

●**San Diego Zoo**
住2929 Zoo Dr.
☎(619) 231-1515
URL www.sandiegozoo. org
開毎日9:00～17:00（夏期は～21:00）
料$42、3～11歳$32（Guided Bus Tour、Express Bus、Skyfari Aerial Tramの料金も含む）
行ダウンタウンから＃7のバスでZoo Pl. 下車

●**Guided Bus Tour**
運行／9:30～16:00の15～20分間隔

●**Skyfari Aerial Tram**
園内の上空から楽しめるエアリアルトラム
開毎日10:00～17:00

コロナド
行ダウンタウンのBroadwayと3rd Ave.の角で海側から来るバス＃901に乗る。早朝から深夜まで、1時間に1～4本運行。ホテル前まで所要約35分

● **Hotel del Coronado**
住1500 Orange Ave., Coronado
☎(619) 435-6611
Free (1-800) 468-3533
URL www.hoteldel.com

宿泊しなくても建物の中は見る価値があるホテル・デル・コロナド

世界的に有名な動物園もある 地P.121 B-1

バルボアパーク
Balboa Park

ダウンタウンの北、約3kmに広がる小高い丘の上に造られた4.9km^{2}の面積をもつ総合公園。有名な**サンディエゴ動物園San Diego Zoo**をはじめ、**サンディエゴ自然史博物館San Diego Natural History Museum**や**サンディエゴ航空宇宙博物館San Diego Air & Space Museum**、**サンディエゴ美術館 San Diego Museum of Art**など、多数の博物館や美術館に加え、**日本庭園 Japanese Friendship Garden**もあり、サンディエゴのレクリエーションや文化活動の中心である。丸1日かけてもざっと回るのがやっと。じっくり観たいという人は、バルボアパークだけで2日は予定しておいたほうがよい。パーク内は、真っ赤な車体の**バルボアパーク・トラムBalboa Park Tram**が無料で走っているので、ぜひ利用しよう。

観光案内所　Balboa Park Visitors Center

バルボア広場から西へ延びるエルプラド通りに面したホスピタリティハウス内にある。園内の地図をはじめ、ちょっとしたおみやげや園内施設のお得なチケットを販売している。例えば**Passport to Balboa Park**は、14の美術館や博物館に入場できる1週間有効のパスポート（料$39、3～12歳$24）。前述の内容にサンディエゴ動物園を加えたパスもある（料$83、3～12歳$47）。短い滞在なら、**Stay-for-the-Day Pass**が便利。14の施設から5つ選んで入場できる1日券だ（$35）。

サンディエゴ動物園　San Diego Zoo

バルボアパークでまず訪れたいのが、世界的にその名を知られたサンディエゴ動物園。約800種、4000頭以上もの動物を飼育している世界的規模の動物園で、園内随所に配された亜熱帯植物のコレクションも有名だ。

広大な園内を効率よく見学したいのなら、**ガイドバスツアー Guided Bus Tour**がおすすめ。35分かけて園内の70%を回る。

動物園で一番人気はパンダPandaだ。2009年夏に誕生したユン・ジーYun Ziをはじめ、3頭のジャイアントパンダが生活している。

歴史ある高級リゾートホテルが有名な 地P.127 A-2

コロナド
Coronado

ダウンタウンからサンディエゴ湾の向こうに島のように見えるコロナド。ダウンタウンから左に太平洋、右にサンディエゴ湾を望みながら高架橋を渡る景観はなかなかの見ごたえだ。コロナドの中心となるホテル・デル・コロナドは、国の史跡にも指定されている。

ホテル・デル・コロナド　Hotel del Coronado

1888年に建てられて以来、世界中の政治家やロイヤルファミリーなど、著名人も宿泊する。シックなムードが漂うロビーやガス灯が立つ中庭など、いかにも古きよき時代のホテルだ。

メモ **ダウンタウンからコロナドまでフェリーで▶** サンディエゴのダウンタウン、Broadway Pier（住1050 N. Harbor Dr.）やConvention Center（住600 Convention Way）からコロナド行きフェリーが出ている。コロナドの乗り場はFerry Landing（住1201 1st St., Coronado）。運航／毎日 9:00 ～ 22:00　料片道 $4.25

海の動物たちの賢さに感心 地P.127 A-1

シーワールド・サンディエゴ
SeaWorld San Diego

シャチやイルカの曲芸と海洋生物の飼育で知られるシーワールドは、ダウンタウンの北西、ミッション・ベイ・パークにある。園内はショーやアトラクションを中心に、動物との触れ合いコーナーや展示パビリオンがあり、すべてのショーを見るつもりなら、朝から晩までたっぷりと時間を取っておこう。

ワンオーシャン One Ocean

2011年5月から始まった25分のショー。音楽にあわせてシャチがダイナミックに飛び跳ねる。シャチは海からの大使であり、その海は自然界の中心にある。このショーには、人間が住む環境について考え、守っていこうというメッセージが込められているのだ。

ブルーホライゾンズ Blue Horizons

イルカやゴンドウクジラ、オウム、トレーナーたちが繰り広げるアクロバットショー。約25分のストーリー仕立てのパフォーマンスから目が離せない。

アトランティスへの冒険 Journey To Atlantis

8人乗りの水上コースターで、さまざまな冒険ライドを体験できる。水しぶきとともに落ちた湖では、海の哺乳類のなかでも珍しいパンダ・イルカと遭遇できるだろう。

スカイタワーとベイサイドスカイライド Sky Tower & Bayside Skyride

シーワールドの中央に建つタワーで、ガラス張りのエレベーターで展望台へ昇ると、シーワールドだけでなく、太平洋もダウンタウンもすべて一望の下。また園内の一番奥のミッションベイを望む場所に、湾上を往復するスカイライドがある。

メキシコの雰囲気が感じられる 地P.127 A-1

オールドタウン歴史公園
Old Town State Historic Park

ダウンタウンから北西へ7kmのところにある歴史的な地区。1769年にスペイン人によって教会が建てられ、町が造られた、いわばサンディエゴ発祥の地だ。19世紀のメキシコ統治下にあった頃の古い住宅などが、La Plaza de las Armas広場から続くSan Diego Ave.とCalhoun St.周辺に集まっている。レストランやメキシコ風のおみやげを扱うショップなどもありにぎやかだ。

レストランやみやげ物屋が集まる

色鮮やかなショー、ブルー・ホライゾンズ

シーワールド・サンディエゴ
住500 Sea Word Dr.
☎(619)226-3901
Free(1-800)257-4268
URL www.seaworld.com/sandiego
開毎日10:00～17:00(土・日～19:30、夏期は延長あり)
※開園時間は変動的なのでウエブサイトで確認すること
料$73、3～9歳$65。駐車料金$14
行ダウンタウンからトロリーのOld Town Transit Center駅へ。そこから#9のバスで所要時間約15分、20～30分間隔の運行。帰りのバスも降りたところで待っていればいい

そのほかのアトラクション
北極の世界を再現したWild Arcitcでは、セイウチ、シロイルカ、ホッキョクグマがお出迎えしてくれる。チューブトンネルの水族館Shark Encounterでは、サメと大接近！ Shamu:Close Upでは、シャチを間近で観察できる巨大水槽プールが設置されている

ユニークな体験プログラム
入場料とは別料金。申し込みはメインゲートの近くにある予約センター、またはFree(1-800)257-4268、ウエブサイトからオンラインで予約も可能

●Behind-The-Scene Tour
一般ゲストが立ち入れない場所を含めて、シーワールドの動物たちの飼育と調教の様子を見せてくれる。所要約1時間
料$13、3～9歳$11

●Animal Spotlight Tour
イルカ、ウツボ、絶滅の恐れのあるウミガメなど、普段間近では見ることができない動物たちと触れ合う1時間
料$42、3～9歳$38

オールドタウン歴史公園
住4002 Wallace St.
☎(619)220-5422
URL www.parks.ca.gov
開毎日10:00～16:00(夏期は延長あり、レストラン、ショップは19:00まで)
休サンクスギビング、12/25、1/1
行トロリーのOld Town Transit Center駅下車。駅を降りて東側(右側)の通りを渡れば、そこはオールドタウン歴史公園の一角、そのまま進めばプラザに出る

メモ オールドタウンでの食事は ▶正統派のメキシコ料理が$15前後で食べられる、オールドタウンで一番人気のレストラン。カフェコヨーテ Cafe Coyote 住2461 San Diego Ave. ☎(619)291-4695 URL www.cafecoyoteoldtown.com 開毎日7:00～22:00

ラ・ホヤ
行 トロリーのOld Town Transit Center駅横のバス乗り場から＃30のバスで約45分。Girard Ave.からSilverado St.に右折したあたりで降りるとよい。Girard Ave.に戻って右折するとブティックやレストランが並んでいる。＃30はダウンタウンからも運行、所要約60分

ラ・ホヤ観光案内所
住 7966 Herschel Ave.　☎(619)236-1212
URL www.lajollabythesea.com
開〈夏期〉毎日10:00〜19:00、〈冬期〉木〜火10:00〜17:00

●Birch Aquarium at Scripps
地 P.127　A-1
住 2300 Expedition Way, La Jolla
☎(858)534-3474
URL aquarium.ucsd.edu
開 毎日9:00〜17:00
休 サンクスギビング、12/25、1/1
料 $14、シニア／学生$10、3〜17歳$9

ティファナ
行 トロリーのブルーラインで終点のSan Ysidro Transit Center駅まで行く。トロリーを降りたら、目の前にメキシコーチのバス乗り場がある。徒歩の場合、約20〜30分の距離。鉄の棒でできた回転ドアを押してメキシコに入国したら、道なりに進む。大きな道路を横断し、マクドナルド横のショッピング街をとおり、橋を渡る。"Centro" という看板に従って、人の波についていけばいい。

車での国境越えはすすめられない（レンタカーの場合は、ほとんどの会社が国境越えを認めていないし、盗難や事故のトラブルも多い）。車のときはI-5を南下し、国境手前の駐車場（1日料約$10）に車を停めて入国しよう。なお、グレイハウンドもサンディエゴのダウンタウンから1日20便ほど運行

ティファナ観光案内所
住 Av. Revolucion (bet. 3rd & 4th Sts.)
☎(01152-664)685-3117（アメリカから）
URL www.tijuanaonline.org
開 毎日9:00〜18:00

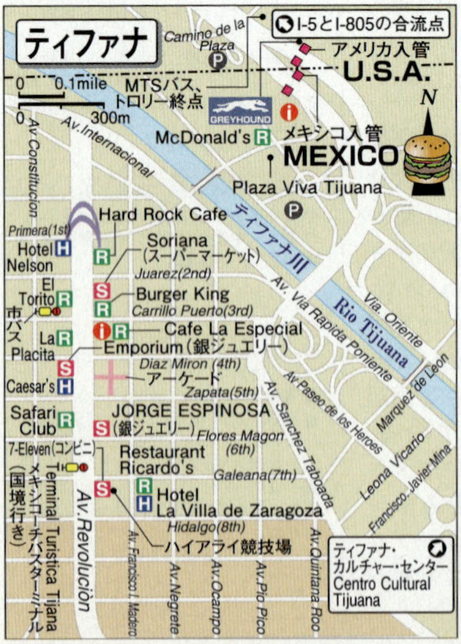

スペイン語で"宝石"を意味する町　地P.127　B-1

ラ・ホヤ
La Jolla

ダウンタウンとは対照的なリゾートタウンであるラ・ホヤ。幾重にも複雑に入り組んだ湾の景観が美しい**ラ・ホヤ・コーブLa Jolla Cove**や荒波の浸食によってできた**崖の洞窟Sunny Jim Cave**（住1325 Cave St., La Jolla　開毎日10:00〜17:00　料$4、16歳以下無料）、**海浜公園Scripps Park**など、自然美が満喫できる見どころが点在している。また、町の中心であるGirard Ave.とProspect St.には、高級ブティックやギャラリーが軒を連ね、青空の下、散策するだけでも気持ちがいい。町のランドマークであるラ・バレンシア・ホテル➲P.130、**サンディエゴ現代美術館/ラ・ホヤMuseum of Contemporary Art San Diego (MCASD) /La Jolla**は、Prospect St.沿いにある。また、**バーチ水族館Birch Aquarium at Scripps**はカリフォルニア大学サンディエゴ校の海洋研究所の付属施設。派手さはないが、海洋研究の成果を一般に広める役目を果たしている。

アザラシの群れやシーカヤックを楽しむ人も見られるラ・ホヤ・コーブ

商売熱心なメキシカンに負けるな　地P.126

ティファナ
Tijuana

サンディエゴから南へ25km、アメリカとメキシコ国境のメキシコ側の町がティファナだ。町の中心は**レボルシオン大通りAv. Revolucion**で、Primera (1st) からGaleana (7th) のあたりまでが最もにぎやか。革製品や色鮮やかな刺繍の入った衣料品、ソンブレロ、靴、工芸品、銀製品などが売られている。

国境から**セントロCentro**（ダウンタウン）へはシャトルバス（メキシコーチ）がレボルシオン大通りのバスターミナルまで運行している（開8:00〜18:00の間、1時間おき。料片道$4、往復$6）。セントロからシャトルバスで国境まで戻るときは、アメリカ入国審査場の手前で停車、ここで全員が降りることになる。なお、国境越えについては➲P.666を参照。

レボルシオン大通りで、ロバと記念撮影も

旅のアドバイス **ティファナの治安**▶観光客が多いレボルシオン大通り以外のエリア（通りの西側とOctavaより南側）は治安が悪いので立ち入らないように。特に夜間は、様変わりするので昼間の観光をすすめる。

まるでサファリのような広大さ　地P.127　A-1外

サンディエゴ動物園・サファリ・パーク
San Diego Zoo Safari Park

ダウンタウンから北へ50kmほど離れた郊外にある。バルボアパークの動物園の18倍も広い敷地（約7.3km²、1800エーカー）では、約300種、約2600頭のアジア&アフリカの珍しい動物たちを見ることができる。あまりにも広いので本当にサファリへ来たような気分！　動物たちも自然のまま、のびのびと暮らしている。

園内は25分の**トラムツアー Africa Tram Safari**で見学できる。ほかにも動物ショーやツアーが催行され、見どころいっぱいだ。

動物たちが、のんびりと生活している姿に癒される
©San Diego Zoo Safari Park

サンディエゴ動物園・サファリ・パーク
住 15500 San Pasqual Valley Rd., Escondido
☎ (760) 747-8702
URL www.sandiegozoo.org
開 毎日9:00～17:00（夏期は延長あり）
料 $42、3～11歳$32（Africa Tram Safariの料金を含む）
行 ツアー→P.122の利用をすすめる。
　レンタカーなら、ダウンタウンからI-15で北へ約30分。Exit 27、Via Rancho Pkwy.の出口を降り、標識に従って行くと約5分で着く

メモ サンディエゴ湾に細く突き出たロマ岬 Point Loma ▶1542年、スペインの探検家Cabrilloが初めてカリフォルニアに上陸した地点として国定記念公園に指定されている。コロナドや太平洋が一望でき、冬はホエールウオッチングの名所だ。URL www.nps.gov/cabr 開 毎日9:00～17:00 料 $5 行 トロリーのOld Town Transit Center駅から#28と84のバスで約40分（1時間に1本運行）。

レゴランド・カリフォルニア
住1 Legoland Dr., Carlsbad
☎(760)918-5346
URL california.legoland.com
開木～月10:00～17:00（週末や夏期は延長あり）
料レゴランド$72、シニア／3～12歳$62、ウオーターパークとのセット$87、シニア／3～12歳$77、シーライフ・アクアリウムとウオーターパークとの3施設セット$95、シニア／3～12歳$85。駐車場$12
行ツアー➡P.122の利用をすすめる。
　レンタカーなら、ダウンタウンからI-5を北へ48km（約45分）。Exit 48のカールスバッドのCannon Rd.で下り、レゴランドへの案内標識に従って進む

子供に大人気のウオーターパーク

ブロック玩具で有名なレゴ社のテーマパーク 地P.127　A-1外

レゴランド・カリフォルニア

LEGOLAND California

　デンマーク、イギリスに次いで、1999年にサンディエゴとロスアンゼルスとの間に位置する町、カールスバッドにオープン。子供だけでなく、大人にも支持されているレゴのテーマパークとあって、園内は多くのファンでにぎわっている。1日では遊び足りないほどの広大な園内では、60を超えるアトラクションやショーが楽しめ、レストランとショップがあわせて約20軒と充実している。また、サメやエイなど4000種以上の海洋生物が飼育されている水族館の**シーライフ・アクアリウムSEA LIFE Aquarium**や、夏期にオープンする**ウオーターパークWater Park**もある。

ニューヨークの町並みも見事に再現された

Spectator Sports 観戦するスポーツ

ベースボール　MLB

サンディエゴ・パドレス（ナショナルリーグ西地区）

San Diego Padres

　創設当初は6年連続最下位という屈辱にまみれたが、1984年に念願のリーグ初優勝を果たし、有名なマスコット「チキン」もファンとともに狂気乱舞した。2度目のリーグ優勝は'96年で、その後好不調の波を繰り返している。2010年よりスモールベールボールを武器にシーズンを戦う。'11年は3年ぶりの地区最下位に終わった。若手選手の活躍に期待したい。

WBC 第2ラウンドが開催された球場

サンディエゴ・パドレス
（1969年創設）
本拠地――ペトコパークPETCO Park（4万2445人収容）
地P.121　B-2、3
住100 Park Blvd.
☎(619)795-5000
URL sandiego.padres.mlb.com
行トロリーのブルー、オレンジライン12th & Imperial Transit Center駅で下車。Gaslamp Quarter駅も近い

この選手に注目!
キャメロン・メイビン（中堅手）

アメリカンフットボール　NFL

サンディエゴ・チャージャーズ（AFC 西地区）

San Diego Chargers

　8年連続で5割以上の成績をキープしているが、地区内の対戦成績がふるわず、2年連続でプレーオフ出場を逃した。1995年の第29回スーパーボウル初出場時以来の快進撃が待たれる。得点時に大砲を鳴らすのがスタジアムの名物。チームカラーはネイビー、ゴールド、パウダー・ブルー、ホワイト。

サンディエゴ・チャージャーズ
（1960年創設）
本拠地――クアルコムスタジアムQualcomm Stadium（7万1500人収容）
地P.127　B-1
住9449 Friars Rd.
Free (1-877)242-7437
URL www.chargers.com
行トロリーのグリーンラインQualcomm Stadium駅下車。目の前がスタジアム

この選手に注目!
フィリップ・リバース

ショップ&レストラン Shops & Restaurants

S アウトレット

トロリーで行けるアウトレットモール
ラス・アメリカス・プレミアム・アウトレット
Las Americas Premium Outlets

住4211 Camino de la Plaza ☎(619)934-8400
URL www.premiumoutlets.com 地P.127 B-2
開毎日10:00～21:00(日～19:00)

ビクトリアズ・シークレットやアメリカン・イーグル・アウトフィッターズ、コーチなど日本人に人気のブランドが約120店舗入る。トロリーのブルーラインSan Ysidro駅下車、西へ徒歩7分。('12)

S ショッピングモール

5つのデパートと200を超える専門店が集結
ファッションバレーモール
Fashion Valley Mall

住7007 Friars Rd. ☎(619)688-9113
URL www.simon.com
開月～土10:00～21:00、日11:00～19:00 地P.127 A-1

5つのデパートと200以上の専門店がある。ルイ・ヴィトンやグッチ、ティファニーなど高級ブランドが入店。18スクリーンの映画館もある。トロリーのグリーンラインFashion Valley Transit Center駅下車、目の前。('12)

R スイーツ

リトルイタリーにあるデザートの店
エクストローディナリーデザート
Extraordinary Desserts

住1430 Union St. ☎(619)294-7001 AMV
URL www.extraordinarydesserts.com 地P.121 A-1
開月～金8:30～23:00(金～24:00)、土・日10:00～24:00(日～23:00)

ここのデザートは見て楽しく、食べておいしい。店内外20席以上のテーブルがあり軽食やお茶ができる。ベリー類をふんだんに使ったタルトやアイスクリーム、クッキーも美味。('12)

R シーフード料理

大きな窓の向こうは青い海
アンソニーズ・フィッシュ・グロット
Anthony's Fish Grotto

住1360 N. Harbor Dr. (at Ash St.)
☎(619)232-5103 URL www.gofishanthonys.com
開毎日11:00～21:30(金・土～22:00) AMV 地P.121 A-1

近海で獲れた材料を使ったその日のスペシャルメニューがある。2軒並んだ左側の店はセルフサービス形式、右側はスタイリッシュで料理もよりグルメ風。メイン$15～40、パスタ$16～20が目安。('12)

R ブラジル料理

串刺しのブラジリアンBBQとサラダバー
レイ・ド・ガド
Rei Do Gado

住939 4th Ave. ☎(619)702-8464
URL www.reidogado.net
開毎日11:00～22:00(金・土～23:00) AMV 地P.121 B-2

BBQはビーフをはじめラム、ポークなど多種。サラダバーでは野菜類のほかに、パン、サイドディッシュ、スープ、フルーツなどがある。予算は$15～40。('12)

R メキシコ料理

ガスランプクオーターにある
フレッズ・メキシカン・カフェ
Fred's Mexican Cafe

住527 5th Ave. ☎(619)232-8226
URL www.fredsmexicancafe.com 地P.121 B-2
開毎日11:00～24:00 AMV

たくさんの人でにぎわうガスランプクオーターにあるメキシコ料理の店。火曜日のTaco-LiciousTuesdaysというイベントでは（16:00～）、タコスが$2～3で提供される。('12)

R バーベキュー料理

サンディエゴ名物レストランのひとつ
カンザスシティBBQ
Kansas City BBQ

住600 W. Harbor Dr. ☎(619)231-9680
URL www.kcbbq.net
開毎日11:00～翌2:00(食事は翌1:00まで) AMV 地P.121 A-2

映画『トップガン』のバーのシーンを撮影したレストラン&バー。店内の壁は、ペナントやポスターなどでぎっしり埋め尽くされている。トロリーのSeaport Village駅の目の前。('12)

R イタリア料理

地元でも人気のイタリアン
フィリッピーズ・ピザ・グロット
Filippi's Pizza Grotto

住1747 India St. ☎(619)232-5094
URL www.realcheesepizza.com AMV 地P.121 A-1
開毎日11:00～22:30(金・土～23:30、日・月～22:00)

リトルイタリーにあるイタリアンレストランで、いつも長蛇の列ができている。特にピザが人気で、1枚を3人で分けても充分満腹になるほどボリュームがある。('12)

投稿 **ワイン好きにはたまらない店** ▶ ワインの種類も多く、値段もとても手頃。もちろん高級なものも、数多くある。The Wine Bank Inc. 住363 5th Ave. ☎(619)234-7487 URL www.sdwinebank.com
（岡山県　パンダ　'08）['12]

ホステル

ダウンタウンのにぎやかなエリアにあるユース
ホステリング・インターナショナル・サンディエゴ・ダウンタウン
Hostelling International-San Diego Downtown

住521 Market St., San Diego, CA 92101 ☎(619)525-1531
FAX(619)338-0129 URLwww.hiusa.org 地P.121 B-2
ドミトリー$22～42、個室$61～200 MV

ポップな色使いのかわいらしい内装は、ホステルスタッフたちの手で改装されたもの。水まわりも清潔だ。ダウンタウンの中心部にあるのでどこへ行くにも便利。153ベッド。('12)

ホステル

ガスランプクオーターにある私設ユース
USAホステルズ・サンディエゴ
USA Hostels San Diego

住726 5th Ave., San Diego, CA 92101 MV 地P.121 B-2
☎(619)232-3100 Free(1-800)438-8622 FAX(619)393-0155
URLwww.usahostels.com 料ドミトリー$20～72、個室$57～82

レストランの上にあるホステルで、世界中のバックパッカーに人気。朝食はパンケーキなどを自由に作って食べることができる。23室、100ベッド。('12)

ホステル

風光明媚なロマ岬に近いユース
ホステリング・インターナショナル・サンディエゴ・ポイントロマ
Hostelling International-San Diego Point Loma

住3790 Udall St., San Diego, CA 92107 ☎(619)223-4778
FAX(619)223-1883 URLwww.hiusa.org
料ドミトリー$19～39、個室$42～66 MV 地P.127 A-1、2

ダウンタウンから北西へ約10km、オーシャンビーチに近い。#923のバスでVoltaire St. & Poinsettia Dr.（ポイントロマ図書館前）下車、徒歩1分。赤い建物が目印だ。55ベッド。('12)

エコノミーホテル

おしゃれなインテリアが魅力
500ウエストホテル
500 West Hotel

住500 W. Broadway, San Diego, CA 92101 地P.121 A-2
☎(619)234-5252 Free(1-866)500-7533 FAX(619)234-5272
URLwww.500westhotelsd.com ⓈⒹⓉ$49～139 ADJMV

トロリーのSanta Fe Depot駅から1ブロックとロケーション抜群のホテル。客室は広くはないが、スタイリッシュなインテリアが好評だ。テレビ付きの部屋もある。バス、トイレは共同。259室。('12)

エコノミーホテル

ダウンタウンの西、リトルイタリーにある
ラ・ペンショーネ・ホテル
La Pensione Hotel

住606 W. Date St., San Diego, CA 92101 ☎(619)236-8000
Free(1-800)232-4683 FAX(619)236-8088 地P.121 A-1
URLwww.lapensionehotel.com ⓈⒹ$80～100 AMV

ヨーロッパの地中海を思わせるような造りの部屋が人気。全室に冷蔵庫、ヘアドライヤー、テレビ、Wi-Fiが完備されている。フィットネスセンターや駐車場あり。68室。('12)

中級ホテル

オールドタウンの中心にある
ベストウエスタン・プラス・ハシエンダ・ホテル
Best Western Plus Hacienda Hotel

住4041 Harney St., San Diego, CA 92110 AMV 地P.127 A-1
☎(619)298-4707 Free(1-800)888-1991 FAX(619)298-4771
URLwww.haciendahotel-oldtown.com ⓈⒹⓉ$109～199

スパニッシュな建物が印象的なホテル。客室は清潔に保たれている。サンディエゴ国際空港やアムトラック駅からの送迎サービスあり。200室。('12)

中級ホテル

ホートンプラザまで徒歩7分
ベストウエスタン・プラス・ベイサイド・イン
Best Western Plus Bayside Inn

住555 W. Ash St., San Diego, CA 92101 ☎(619)233-7500
Free(1-800)341-1818 FAX(619)239-8060 ADJMV
URLwww.baysideinn.com ⓈⒹⓉ$109～200 地P.121 A-1

日本語を話すスタッフがほぼ毎日いるので安心。客室はきれいで朝食が付く。インターネット接続や空港送迎サービスも無料。122室。('12)

高級ホテル

古きよきヨーロッパを味わえる
ラ・バレンシア・ホテル
La Valencia Hotel

住1132 Prospect St., La Jolla, CA 92037 ☎(858)454-0771
Free(1-800)451-0772 FAX(858)456-3921 地P.127 B-1
URLwww.lavalencia.com
ⓈⒹ$285～695、スイート$795～ ADJMV

淡いピンクの壁が美しい優雅なホテル。シーサイドビレッジの中心に位置する。3つのレストランも高級感が漂う。112室。('12)

日本からアメリカへの国際電話のかけ方 ➡P.8～9
国際電話認識番号（001/0033/0061）＋（010）＋アメリカの国番号（1）＋市外局番＋電話番号

エメラルドシティ
シアトル
Seattle

シアトルといえば、スペースニードル

近年、日本人にとって最も浸透したアメリカの都市が、シアトルではないだろうか。日本でもすっかり、おなじみになったシアトルコーヒーやアウトドア用品の店、この町の郊外に本社を置くマイクロソフトなど……。しかし、それ以上に知名度を高めたのは、海を渡って大活躍しているMLB、シアトル・マリナーズのイチロー外野手であることは間違いない。

ところが、シアトルの魅力はそれだけではない。日本ではあまり知られていないが、シアトルは深い森、静かな海といった豊かな自然に囲まれている。郊外にはマウントレニエ、ノースカスケード、世界遺産でもあるオリンピックと3つの国立公園をもつ。また、ここから160km北上すれば、そこはもうカナダとの国境だ。思い切ってシアトルからカナダやアラスカまで足を延ばす計画を立ててもいいだろう。

セーフコフィールドでイチロー選手や新加入の川崎選手、岩隈投手の応援をしよう

GUIDE BOOK 地球の歩き方B02アメリカ西海岸編（1700円＋税）、B05シアトル&ポートランド編（1700円＋税）でもシアトルを紹介していますので、ご活用ください。

DATA

人口▶約60万8600人
面積▶約218km²
標高▶最高164m　最低0m
TAX▶セールスタックス　9.5%
ホテルタックス　15.6%＋$2
属する州▶ワシントン州
Washington
州のニックネーム▶常緑の州
Evergreen State
州都▶オリンピア　Olympia
時間帯▶パシフィック・タイムゾーン
➡P.631
繁忙期▶4月中旬～11月中旬

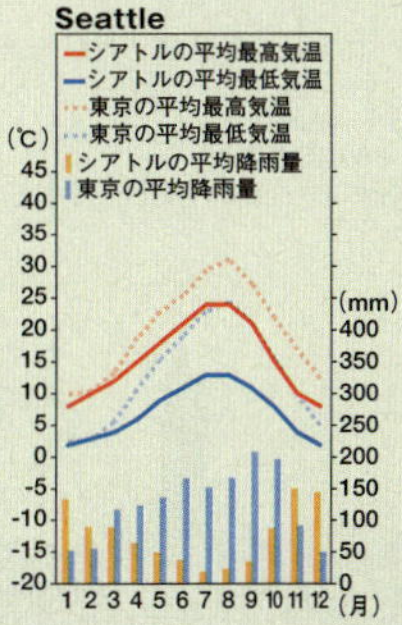

メモ 全日空の成田ーシアトル便就航▶2012年7月25日より、成田からシアトルへの直行便を全日空が毎日運航する予定。詳しくはウエブサイト（URL www.ana.co.jp）で確認すること。

Getting There シアトルへの行き方

シータック空港（シアトル・タコマ国際空港）
住17801 International Blvd.
☎(206)787-5388
Free(1-800)544-1965
URL www.portseattle.org/seatac/

シータック空港にある観光案内所

飛行機 Plane

シータック空港（シアトル・タコマ国際空港）
Sea-Tac Airport (SEA)

ダウンタウンの南約20km。デルタ航空とユナイテッド航空が日本から直行便を運航している。国際線は南サテライトに到着。このターミナルで入国審査を行い荷物を受け取る。税関を終えたら出口手前のベルトコンベアに再度荷物を預け、メインターミナルまで移動。1階のバゲージクレーム（機内預け荷物のピックアップ場所）で再び荷物を受け取る。南北両サテライトとメインターミナルの間は、トレインが連絡。

■ 空港から／空港へのアクセス

	種類／名称／連絡先	行き先／運行／料金	乗車場所／所要時間／備考
空港バス	ダウンタウン・エアポーター Downtown Airporter ☎(425)981-7000 URL downtownairporter.hudsonltd.net	行き先▶ダウンタウンにある主要ホテル 運行▶毎日4:00〜20:30の30分間隔 料金▶片道$15、往復$25	空港発▶空港駐車場3階のIsland2付近 空港行き▶ダウンタウンにある主要ホテルから運行している。ルート外のホテルへは問い合わせのこと 所要時間▶約30〜45分
空港シャトルバン	シャトルエクスプレス Shuttle Express ☎(425)981-7000 URL www.shuttleexpress.com	行き先▶市内や周辺どこでも 運行▶24時間随時 料金▶片道$32〜	空港発▶空港駐車場3階。表示に従って進み、赤いジャケットを着た係員が目印 空港行き▶事前にホテルのフロントで頼むか、電話予約 所要時間▶約30〜45分
ライトレール	サウンドトランジット・リンク・ライトレール SoundTransit Link Light Rail ☎(206)398-5000 URL www.soundtransit.org	行き先▶ダウンタウン 運行▶月〜土5:04〜翌0:10、日6:19〜23:05。8〜15分間隔 料金▶$2.75	空港発▶空港駐車場4階から北側専用通路を直進したところにあるライトレール駅から 空港行き▶ダウンタウンのライトレール駅から 所要時間▶約35分
タクシー	スティタタクシー Stita Taxi ☎(206)246-9999 URL www.stitataxi.com	行き先▶市内や周辺どこでも 運行▶24時間随時 料金▶ダウンタウンまで$50前後（チップ含む）	空港発▶空港駐車場3階から乗車 空港行き▶事前に電話予約または主要ホテルから乗車 所要時間▶約30分

※それぞれの乗り物の特徴については ➔P.665

グレイハウンド・バスディーポ
地P.137 B-1
住811 Stewart St.
☎(206)628-5526
開毎日7:00〜翌0:30

長距離バス Bus

グレイハウンド・バスディーポ
Greyhound Bus Depot

ダウンタウンのStewart St.沿い、8th Ave.と9th Ave.の間に位置する。6th Ave.まで行けばメトロバス無料ゾーンになる。オレゴン州ポートランドから約4時間。

アムトラック・キングストリート駅
地P.136 B-4
住303 S. Jackson St.
Free(1-800)872-7245
開毎日6:00〜23:00（チケットは6:15〜20:00）

トンネルバスの駅も近いキングストリート駅

鉄道 Train

アムトラック・キングストリート駅
Amtrak King Street Station

ダウンタウンの南東にあり、メトロバス ➔P.133 やサウンドトランジット・リンク・ライトレールのInternational District駅も近い。駅前のJackson St.より北側はメトロバスの無料ゾーンだ。

シカゴからエンパイアビルダー号、ロスアンゼルスからコーストスターライト号がそれぞれ毎日1便、ポートランドからカスケード号が毎日4便到着する。

投稿 **シアトル国際空港からダウンタウンまで**▶ライトレールが絶対オススメ。空港駐車場4階から駅までの道のりはすこし長いけど、平坦なので重い荷物があっても問題ない。券売機が2ヵ所あるので手前が込んでいたら少し先にあるものを利用しよう。（兵庫県　K　'11）['12]

シアトルの歩き方 Getting Around

エリオット湾に面したダウンタウンをさらに細分化すると、**シアトルセンター**、**ウオーターフロント**、**ダウンタウン**地区に分けられるが、そう広い地域ではない。おもな見どころは、ほとんどがこれらのエリアに集中しているので充分歩いて回れる。ただし、町の東側から西のエリオット湾方向の間は坂が急なため、海沿いから中心部へ歩いて行くだけでも予想以上の労力を要する。メトロバスの無料ゾーンをうまく活用しよう。また、少し離れた**ユニバーシティディストリクト**もお忘れなく。そして、夏の訪問なら、夜はシアトル・マリナーズの大リーグ観戦を！

また、3日以上シアトルに滞在できるのなら、ぜひ郊外の大自然に触れてみてほしい。車で内陸に向かうのも、船でピュージェット湾を渡るのも思いのまま。シアトルは、ワシントン州の国立公園の真ん中に位置する交通の要所なのだ。

観光案内所 …………… Visitors Information

シアトル観光案内所
Seattle Visitor Center & Concierge Services

Pike St.沿いの7th Ave.と8th Ave.の間、コンベンションセンターWashington State Convention Centerのロビーにある。コンシェルジュが旅の相談から各種チケットの手配（要手数料）まで行ってくれる。また観光、交通、ドライブなどに関する情報をはじめ、ホテル情報も充実。メトロバスの時刻表も置いてある。入口はPike St.と7th Ave.の角。

市内の交通機関 ……… Public Transportation

メトロバス
Metro Bus

シアトル市内のみならず、広くキング郡一帯を走る路線バス。なかでも観光客がよく行くダウンタウンには、無料で利用できる**ライド・フリー・エリアRide Free Area**➡P.136地図がある。無料ゾーンは北をBattery St.、南をS. Jackson St.、東を6th Ave.、西をAlaskan Wayに囲まれたエリアで、毎日6:00～19:00まで有効だ。有料ゾーンは1-Zone（シアトル市内）と2-Zone（それ以外）に分かれ、運賃はオフピーク時はゾーンに関係なく$2.25、ピーク時は1ゾーン$2.50、2ゾーンにまたがる場合は$3。トランスファー（乗り換え）は90分以内では無料だ。ただしオフピーク時に乗車し、トランスファーチケットで次のバスに乗ったときにピーク時になっていたら差額を支払うことになる。また、ダウンタウン中心部へ向かう場合は乗車時、中心部または、無料ゾーンから有料ゾーンまで乗る場合は降車時に運賃を支払う。

シティパス➡P.693
Free (1-888) 330-5008
URL www.citypass.com/seattle
料 $69、4～12歳$44
6ヵ所で使え、9日間有効だが、冬期は有効期間が延長される。対象施設の窓口で購入可能。本来ならば、合計$111.20、子供$70.70なので、かなりお得である
1. スペースニードル➡P.134
2. シアトル水族館→P.135
3. アゴシークルーズのシアトルハーバー・クルーズ→P.138
4. パシフィック・サイエンス・センター
5. EMP（エクスペリエンス・ミュージック・プロジェクト）→P.135
6. ウッドランド・パーク動物園、もしくは航空博物館➡P.140

治安について
シアトルはアメリカのなかでは治安のいい都市のひとつで、安心して歩ける。しかし、暗くなってからは、ひとりでの外出は避けるに越したことはない。特に日没後のパイオニアスクエア周辺はかなり雰囲気が悪いので注意したい

シアトル観光案内所
地 P.137 B-1
住 800 Convention Pl.
☎ (206) 461-5840
Free (1-866) 732-2695
URL www.visitseattle.org
開 毎日9:00～17:00（冬期は月～金）。建物は毎日6:00～22:00

メトロバス
☎ (206) 553-3000
URL metro.kingcounty.gov
運行／月～土5:00～翌1:00、日6:00～24:00
料 時間とゾーンにより異なる。$2.25～3、6～18歳$1.25
※ピーク時は月～金6:00～9:00、15:00～18:00

●Metro Bus Office
ウエストレイク・カスタマー・ストップ
住 メトロバスのWestlake駅
開 月～金9:00～17:30
キングストリート・センター
住 201 S. Jackson St.
開 月～金8:00～17:00

ダウンタウンには、無料で乗車できるエリアがあるので利用しよう

メモ **ストリートカー**▶ウオーターフロントのAlaskan Way沿いを走るストリートカーは廃止された。代わりに#99のバス（料 無料）がインターナショナルディストリクトへ運行している。

なお、渋滞の激しかった3rd Ave.の地下（トランジットトンネル）を、一部のメトロバス（トンネルバス）とサウンドトランジット・リンク・ライトレールが走っていて、ダウンタウン内に5つの駅がある。

シアトルストリートカー
Seattle Streetcar

最新のストリートカーで、ウエストレイクセンター裏手から北東のサウスレイクユニオンまで、Westlake Ave.に沿って北上し、ユニオン湖岸の癌センターで折り返す。

サウンドトランジット・リンク・ライトレール
SoundTransit Link Light Rail

ダウンタウンのウエストレイク駅からシータック空港までを約40分で結ぶ鉄道。7～15分間隔。

ツアー案内 …………… Sightseeing Tours

グレイライン
Gray Line of Seattle

出発場所／6th Ave.とUnion St.の角にあるシェラトンホテル（ツアーデスクは1階にある）の前（地P.137 B-2）から。

シアトルストリートカー
☎(206)553-3000
URL www.seattlestreetcar.org
運行／月～土6:00～21:00（金・土～23:00）、日10:00～19:00
料$2.50、シニア／学生75¢、5歳以下無料
※乗車は、ホームで待っていると止まる。切符はホームの券売機、もしくは、車内で購入し、下車する場合は車内のボタンを押す

サウンドトランジット・リンク・ライトレール
☎(206)398-5000
Free (1-800)201-4900
URL www.soundtransit.org
料距離により、$2～

グレイライン
Free (1-800)426-7532
URL www.graylineseattle.com

ツアー名	料金	運行	所要時間	内容など
Double Decker Hop On／Hop Off	$31	〈4/10～10/15〉毎日9:00～18:00	1周 約1時間	各エリアに散らばるポイントで自由に乗り降りできるツアー。30分ごとの運行。スペースニードル／シアトルセンター、ウオーターフロント、パイオニアスクエア、パイク・プレイス・マーケットなどを回る
Mt. Rainier Vista Tour	$95	〈5/1～9/30〉毎日8:30発	約9時間	北西部では最高峰を誇る火山、マウントレニエ国立公園への日帰りツアー。クリスタルマウンテン山頂へ行くゴンドラの乗車券付き
Future of Flight／Boeing Tour	$55	〈5/1～9/30〉日～木8:30	約4時間	旅客機でおなじみのボーイング社の工場見学ツアー。人気が高いので早めの予約を

Sightseeing おもな見どころ

シアトルセンター地区 Seattle Center

ダウンタウンの北に広がるシアトルセンターは、1962年に開かれた万国博覧会の跡地に造られた総合公園。広大な敷地には科学館、オペラハウス、劇場、アリーナなど20以上もの文化、娯楽施設が集まっている。入口にはシアトルの名物タワー、スペースニードルが建っているので、展望デッキから眺望を楽しもう。シアトルセンター地区へは、ウエストレイクセンターから**モノレールMonorail**が便利。

高さ 184m のユニークなデザインのタワー　地P.136 A-2

スペースニードル
Space Needle

地上150mに浮かぶUFOのような円盤部分は、上が展望デッキ、下が回転レストランになっており、360度のパノラマを楽しむことができる。南にダウンタウンと真っ白なマウントレニエ、東にワシントン湖、北はユニオン湖とクイーンアンの丘、そして西には船が行き交うエリオット湾とオリンピック山脈……。夜景もロマンティックだ。

シアトルセンター地区
地P.136 A-2
☎(206)684-7200
URL www.seattlecenter.com
行ダウンタウンの4th Ave. & Pine St.にあるショッピングセンター、ウエストレイクセンター（➡P.139）の3階からモノレールに乗る。大きな窓からの景色も最高
●Monorail
☎(206)905-2620
URL www.seattlemonorail.com
運行／〈夏期〉毎日7:30～23:00（土・日8:30～）、〈冬期〉月～金7:30～21:00（金～23:00）、土・日8:30～23:00（日～21:00）
料$2.25、シニア／子供$1

スペースニードル
住400 Broad St.　☎(206)905-2100
Free (1-800)937-9582（レストランの予約）
URL www.spaceneedle.com
開展望デッキ：月～木10:00～21:00、金～日9:30～22:30（日～21:30）
　レストラン：ランチ月～金11:30～14:00、ディナー毎日17:00～20:45（金・土～21:45）、ブランチ土・日10:00～14:45
料$19、シニア$17、4～12歳$12（レストランを利用する人は無料）。
1日パス$26、シニア$24、子供$17

メモ **エリオット湾からの眺望が最高** ▶ パイオニアスクエア近くの Pier 50 とダウンタウン対岸にあるシークレスト・パークを結ぶウオータータクシー。所要約 20 分。King County Water Taxi 開 月～金 5:30 ～ 19:20 料4.50、シニア $2

ロックンロールの殿堂 地P.136 A-2

EMP（エクスペリエンス・ミュージック・プロジェクト）

EMP（Experience Music Project）

エクスペリエンス・ミュージック・プロジェクトは、ロックミュージックの博物館。5th Ave.に面した1階入口から入り、階段を登るとギフトショップがある。メインフロアはアメリカンポップスの歴史を物語る展示スペース。郷土のスター、ジミ・ヘンドリックスのギャラリーもある。

3階は体験コーナーが中心の「サウンドラボ」。ギターやキーボード、コンピュータを使って作曲ができる。ボーカル収録体験のコーナーは、カラオケボックスさながら。ひとりのアーティストが新曲をリリースする手順と同じ行程を体験できるのがうれしい。

SFファン必見の博物館 地P.136 A-2

サイエンス・フィクション・ミュージアム

Science Fiction Museum（SFM）

EMP（→上記）に隣接した銀色のユニークな建物内に、空想科学 Science Fiction（SF）ファンが泣いて喜ぶ“お宝”を多数収蔵する博物館。SFの本、テレビ番組、映画の解説やグッズ、スタートレックのキャプテンのイス（オリジナル）なども展示されている。「The Jetsons」や「The Matrix」では未来都市が描かれ、「Them!」にはロボット、エイリアン、T800、ターミネーターが並ぶ。

ウオーターフロント地区 Waterfront

波静かなエリオット湾に面し、いくつもの埠頭（ピア）が並ぶウオーターフロントは、いまやシアトル随一のアミューズメントスポットとなった。南のピア48から北のピア70まで、それぞれのピアに独特の風情がある。

初夏はサケの遡上が見もの 地P.137 A-2

シアトル水族館

Seattle Aquarium

そう大きくはないがユニークな展示が並ぶ楽しい水族館。ウオーターフロントいちの見どころで、400種類以上の海洋生物が飼育されている。秋口にかけては、産卵のため川を上るサケが見学できる。ラッコも人気だが、圧巻なのは、ピュージェット湾に生息する魚が元気に泳ぎ回るドーム状の大水槽。随時行われているダイバーによる餌付けも見逃せない。

家族連れでにぎわうシアトル水族館

巨大な彫刻作品が並ぶ 地P.136 A-2

オリンピック・スカルプチャー・パーク

Olympic Sculpture Park

ピア70の先にある、巨大な彫刻作品を展示した公園。大きな消しゴム『タイプライター・イレイザー』やアレキサンダー・カルダーの赤いオブジェ『イーグル』など、ユニークな作品が20点あまり並んでいる。

ギターがタワーのように重なっているエクスペリエンス・ミュージック・プロジェクト

EMP（エクスペリエンス・ミュージック・プロジェクト）
住325 5th Ave. N.
☎(206) 770-2700
Free(1-877) 367-7361
URL www.empmuseum.org
開毎日10:00～17:00（夏期は延長あり）
休サンクスギビング、12/25
料曜日と時期により異なり、$18～20、シニア／学生$15～17、5～17歳$12～14

サイエンス・フィクション・ミュージアム
2012年夏まで、改装のため閉館。'12年秋に開館予定（データは閉館前のもので、参考用）
住325 5th Ave. N.
☎(206) 770-2700
Free(1-877) 367-7361
URL www.empsfm.org
開毎日10:00～17:00（夏期は延長あり）
休サンクスギビング、12/25

シアトル水族館
住Pier 59, 1483 Alaskan Way
☎(206) 386-4300
URL www.seattleaquarium.org
開毎日9:30～18:00
休12/25
料$19.95、4～12歳$13.95、3歳以下は無料

コンボチケット
シアトル水族館とアゴシークルーズのコンボチケット
料$35、4～12歳$21

オリンピック・スカルプチャー・パーク
住2901 Western Ave.
☎(206) 654-3100
URL www.seattleartmuseum.org
開公園：毎日 日の出30分前～日没30分後
パビリオン：〈5/1～9/3〉火～日10:00～17:00、〈9/4～4/30〉火～日10:00～16:00

旅のアドバイス **シアトル水族館**▶総工費4200万ドルをかけて数年前にオープンした「Window on Washington Waters」。ワシントン州沿岸のニアベイの岩場を再現し、大水槽のガラス越しにサケやロックフィッシュが泳ぐ様子が見られる。1日3回行われるダイビングショーも人気だ。

シアトル中心部
El Diablo Coffee Co.
How to Cook a Wolf
ユニオン湖
Lake Union
ケリーパーク
Kerry Park
クイーンアン・ヒル
Queen Anne Hill
Kenmore Air Lake Union Terminal
Silver Cloud Inn-Lake Union
The Bacon Mansion Bed & Breakfast
Hampton Inn & Suites
Coutyard Lake Union
Residence Inn
サイエンス・フィクション・ミュージアム
Science Fiction Museum (SFM) P.135
EMP（エクスペリエンス・ミュージック・プロジェクト）
EMP (Experience Music Project) P.135
キーアリーナ
Key Arena
シアトルセンター
Seattle Center
スペースニードル
Space Needle (P.134)
パシフィック・サイエンス・センター
Pacific Science Center
Best Western Plus Executive Inn
Travelodge Seattle Center
Quality Inn & Suites Seattle Center
Best Western Loyal Inn
Denny Park
Pan Pacific Seattle
REI
Broadway Market
B & O Espresso
オリンピック・スカルプチャー・パーク
Olympic Sculpture Park (P.135)
Shiro's Sushi
Macrina Bakery & Cafe
Aqua by El Gaucho
El Gaucho
Ace Hotel
Motore
ジミ・ヘンドリックスの
P.137
GREYHOUND
ビクトリア・クリッパー
Victoria Clipper (ピア69)
ピア66
Pier 66
The Edgewater
patagonia
Pacific Place
Macy's
Nordstrom
Westlake Center
Six Seven
Seattle Marriott Waterfront
Etta's
シティセンター
City Centre
パイク・プレイス・マーケット
Pike Place Market (P.138)
レーニエスクエア
Rainier Square
Sorrento
シアトル大
Seattle Univers
シアトル美術館
Seattle Art Museum
ウオーターフロントパーク
Waterfront Park
コロンビアセンター
Columbia Center
First Hill Apartments
ピア57
Pier 57
ウオーターフロント
Waterfront
ピア52 フェリー・ターミナル
Pier 52 Ferry Terminal
スミスタワー
Smith Tower (P.140)
インターナショナルディストリクト
International District
パイオニアスクエア・パーク(P.139)
Pioneer Square Park
Salumi Artisan Cured Me
F.X. McRory's Steak Chop & Oyster House
International District/Chinatown駅
Hostelling International
AMTRAK
キングストリート駅
センチュリーリンク・フィールド
CenturyLink Field
宇和島屋
エリオット湾
Elliott Bay
Pyramid Alehouse & Brewery
セーフコフィールド
Safeco Field
0
500m
カフェ
サウス・レイク・ユニオン・ストリートカ
ストリートカー（運休）
メトロバス
トンネルバス
モノレール
サウンド・トランジット・セントラル・リンク・ライトレール
メトロバス・ライド・フリー・ゾーン

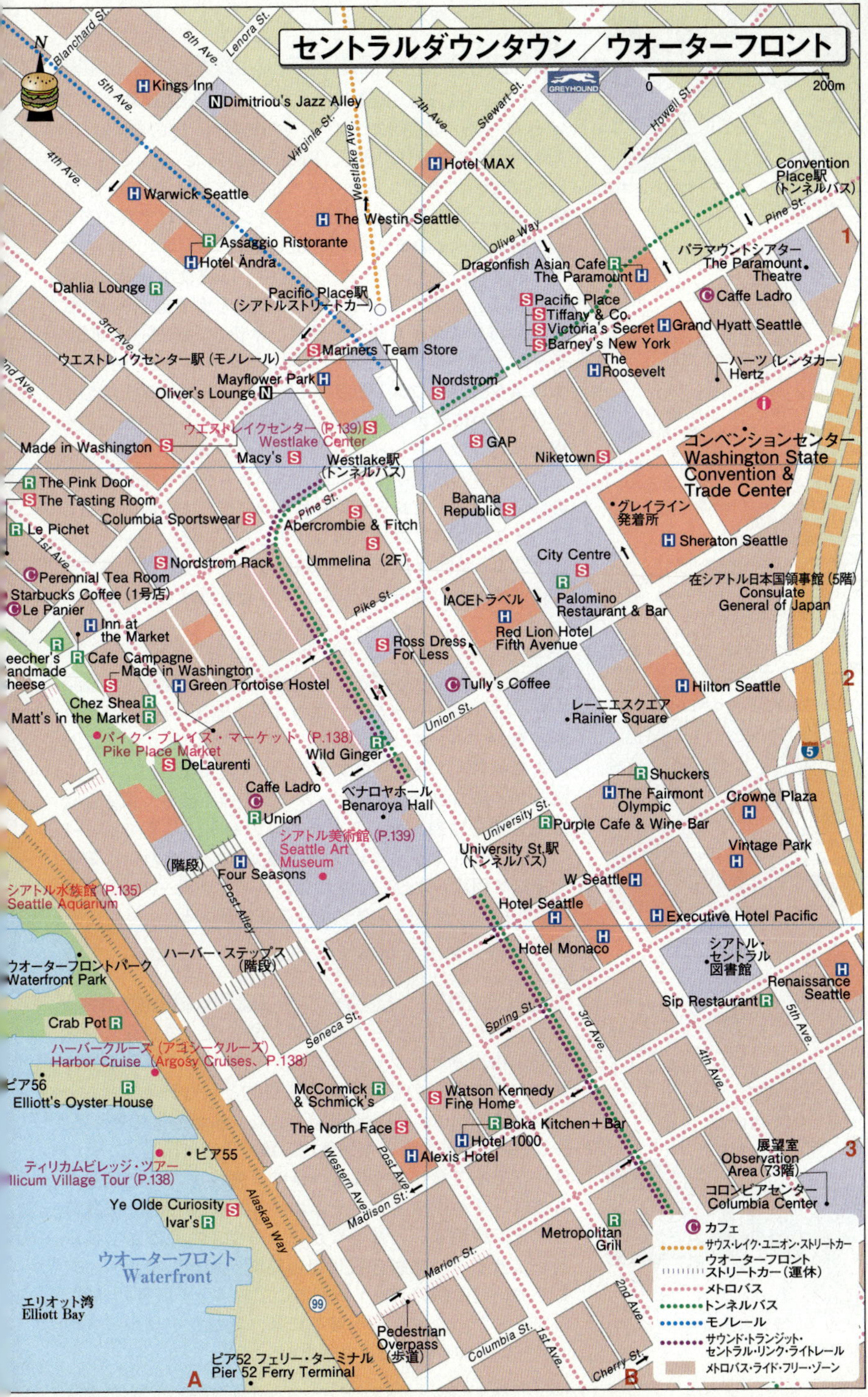

セントラルダウンタウン／ウオーターフロント
N
0
200m
GREYHOUND
Blanchard St.
6th Ave.
Lenora St.
5th Ave.
4th Ave.
3rd Ave.
2nd Ave.
1st Ave.
7th Ave.
Stewart St.
Howell St.
Virginia St.
Westlake Ave.
Olive Way
Pine St.
Pike St.
Union St.
University St.
Seneca St.
Spring St.
Madison St.
Marion St.
Columbia St.
Cherry St.
Western Ave.
Post Ave.
Post Alley
Alaskan Way
Kings Inn
Dimitriou's Jazz Alley
Hotel MAX
Warwick Seattle
The Westin Seattle
Assaggio Ristorante
Hotel Ändra
Dahlia Lounge
Pacific Place駅
(シアトルストリートカー)
Dragonfish Asian Cafe
The Paramount
パラマウントシアター
The Paramount Theatre
Convention Place駅
(トンネルバス)
Caffe Ladro
Pacific Place
Tiffany & Co.
Victoria's Secret
Barney's New York
Grand Hyatt Seattle
The Roosevelt
ハーツ(レンタカー)
Hertz
Mariners Team Store
ウエストレイクセンター駅(モノレール)
Mayflower Park
Oliver's Lounge
Nordstrom
ウエストレイクセンター(P.139)
Westlake Center
Made in Washington
Macy's
Westlake駅
(トンネルバス)
GAP
Niketown
コンベンションセンター
Washington State Convention & Trade Center
The Pink Door
The Tasting Room
Le Pichet
Columbia Sportswear
Pine St.
Abercrombie & Fitch
Banana Republic
グレイライン発着所
Sheraton Seattle
Nordstrom Rack
Ummelina (2F)
City Centre
Perennial Tea Room
Starbucks Coffee (1号店)
Le Panier
IACEトラベル
Palomino Restaurant & Bar
在シアトル日本国領事館(5階)
Consulate General of Japan
Inn at the Market
Red Lion Hotel Fifth Avenue
Ross Dress For Less
Cafe Campagne
Made in Washington
Green Tortoise Hostel
Tully's Coffee
Hilton Seattle
Chez Shea
Matt's in the Market
レーニエスクエア
Rainier Square
パイク・プレイス・マーケット(P.138)
Pike Place Market
DeLaurenti
Wild Ginger
Shuckers
The Fairmont Olympic
Crowne Plaza
Caffe Ladro
ベナロヤホール
Benaroya Hall
Union
Purple Cafe & Wine Bar
シアトル美術館(P.139)
Seattle Art Museum
University St.駅
(トンネルバス)
Vintage Park
(階段)
Four Seasons
W Seattle
シアトル水族館(P.135)
Seattle Aquarium
Hotel Seattle
Executive Hotel Pacific
Hotel Monaco
ハーバー・ステップス
(階段)
ウオーターフロントパーク
Waterfront Park
シアトル・セントラル図書館
Renaissance Seattle
Sip Restaurant
Crab Pot
ハーバークルーズ(アゴシークルーズ)
Harbor Cruise (Argosy Cruises、P.138)
ピア56
Elliott's Oyster House
McCormick & Schmick's
Watson Kennedy Fine Home
The North Face
Boka Kitchen+Bar
Hotel 1000
Alexis Hotel
展望室
Observation Area (73階)
コロンビアセンター
Columbia Center
ピア55
ティリカムビレッジ・ツアー
Tillicum Village Tour (P.138)
Ye Olde Curiosity
Ivar's
Metropolitan Grill
ウオーターフロント
Waterfront
エリオット湾
Elliott Bay
Pedestrian Overpass
(歩道)
ピア52 フェリー・ターミナル
Pier 52 Ferry Terminal
A
B
1
2
3
5
99
カフェ
サウス・レイク・ユニオン・ストリートカー
ウオーターフロント ストリートカー(運休)
メトロバス
トンネルバス
モノレール
サウンド・トランジット・セントラル・リンク・ライトレール
メトロバス・ライド・フリー・ゾーン

パイク・プレイス・マーケットには新鮮な野菜やくだものが並ぶ

パイク・プレイス・マーケット
住Pike St. & 1st Ave.
☎(206)682-7453
URL www.pikeplacemarket.org
開店により異なるが、基本的に1階：毎日10:00～18:00（日～17:00）
地階：毎日11:00～17:00
案内所：毎日10:00～18:00
休サンクスギビング、12/25、1/1
※Pike St. 突きあたりに案内所があり、各種パンフレットが置いてある

ハーバークルーズ（アゴシークルーズ）
出発場所／Pier 55/56（地P.137　A-3）
☎(206)622-8687
Free(1-888)623-1445
URL www.argosycruises.com
ツアー／〈1/1～3/16、10/15～12/31〉月～金13:30、土・日13:30、14:45、〈3/17～6/1、9/4～10/14〉毎日12:15、13:30、14:45、16:00、〈6/2～9/3〉毎日11:00、12:15、13:30、14:45、16:00、17:15
料$23.25、シニア$19.75、5～12歳$9.75

クルーズ船から眺める景色も最高

ティリカムビレッジ・ツアー
出発場所／Pier 55（地P.137　A-3）
☎(206)622-8687
Free(1-888)623-1445
URL www.tillicumvillage.com
料$79.95、シニア$72.95、5～12歳$30
ツアー／〈3/3～6/5、9/8～10/28〉土11:30、16:30、日11:30、〈6/6～7/7〉水～土11:30、16:30、日11:30、〈7/8～9/3〉月～金11:30、18:30、土11:30、16:30、18:30、日11:30、16:30
休11～2月

先住民がお出迎え

シアトル観光の一番人気はここ　地P.137　A-2

パイク・プレイス・マーケット
Pike Place Market

1907年8月17日に創設され、アメリカの公設市場の先駆けとなった、広さ9エーカー（約36400m^2）の市場。1st Ave. 西側の海寄りにあり、Pike St.、Pine St.、Stewart St.、Virginia St.がマーケットへと通じている。Pike St.を突きあたった正面にある時計とネオンサインは市場のランドマークだ。そのままPike Place通りを右（北）側に進むと、海寄りのメインアーケードを中心に建物が両側に隙間なく並ぶ。農家や職人たちが直接店を出す露店や魚屋、自家製パンや菓子を売る小売店、ホテル、地ビール工房、チーズ工房、美食で評判のレストランやカフェ、さらに、あの**スターバックス1号店**もある。終日混雑する市場の中でひときわにぎわうのが、メインアーケードの中央に店を構える**パイク・プレイス・フィッシュPike Place Fish**。店のお兄さんがサケやカニをカウンターへ放り投げる威勢のいいパフォーマンスが見られるからだ。すぐ前の通路には、メスブタのブロンズ像レイチェルがいる。マーケットのマスコット的存在で、貯金箱になっている。その脇の天井には日系人の暮らしを刻んだ切り絵も掲げられている。

シアトルのスカイラインを楽しもう　地P.137　A-3

ハーバークルーズ（アゴシークルーズ）
Harbor Cruise（Argosy Cruises）

ピア55／56から出発し、エリオット湾内を約1時間で回る遊覧ツアー。海から見たダウンタウンのビル群、スペースニードル、セーフコフィールドは実に美しい。オリンピック半島の山々やマウントレニエを遠く望み、風を受けて進む気分は最高だ。このあたりの海水温は夏でも7～8℃ほどにしか上がらないので、風はかなり冷たい。薄手の上着を用意しよう。ほかにも、レイククルーズ、ロックスクルーズ、ダイニングクルーズなどがある。

シアトル先住民の伝統文化を知る　地P.137　A-3

ティリカムビレッジ・ツアー
Tillicum Village Tour

ピア55からアゴシークルーズの船に乗って45分、州立公園に指定されたブレイク島に、シアトルに暮らす先住民族の伝統文化の普及と再現を目的とした**ティリカム・ビレッジTillicum Village**が造られた。船が桟橋に着くと、美しいローブをまとった先住民の踊り子らが出迎え、貝のスープでもてなしてくれる。島には先住民の伝統家屋であるロングハウスやトーテムポールが建てられ、伝統のサーモン料理をいただきながら、ハウス内の舞台で伝承劇を鑑賞する。観劇の後は自由時間を利用して、ベイスギがおい茂る森のトレイルを歩いてみよう。所要約4時間のツアーだ。なお、島へ渡るには、アゴシークルーズのツアーに参加しなければならない。

旅のアドバイス　**市場を味わうツアー**▶「テイスト・パイク・プレイス・フードツアー Taste Pike Place Food Tour」は地元の食材を使った料理やワインを味わえる人気のツアー。毎日12:00から催行し、所要2時間30分。事前に予約すること。☎(206)725-4483　URL www.seattlefoodtours.com　料$39　AMV

ダウンタウン地区 Downtown

ダウンタウンの中心にあるショッピングモール 地P.137 A-1

ウエストレイクセンター Westlake Center

ダウンタウンにあるおしゃれなショッピングセンター。約50店が入り、3階にはフードコートもある。週末にはストリートパフォーマーが登場し、大変な人出。3階からシアトルセンター行きのモノレールが出ているほか、地下はトンネルバス駅とつながっており、ダウンタウンの交通の拠点だ。

ネイティブアートと現代美術の競演 地P.137 A-2

シアトル美術館 Seattle Art Museum (SAM)

葛飾北斎の冨嶽36景をはじめとしたアジア美術からアメリカンアートやネイティブアメリカンアート、オセアニア&アボリジニアートなど、約2万3000点を収蔵する。美術館のシンボルであるハンマーを振り下ろす巨大な彫刻、『ハマリング・マンHammerring Man』も健在だ。

シアトルはここから始まった 地P.136 B-3、4

パイオニアスクエア・パーク Pioneer Square Park

トーテムポールが立つ三角形の広場は、1852年、入植者のひとり、ヘンリー・イエスラーが製材所を築き、白人による町造りが始まった場所。その一画に天を仰ぐ先住民の胸像が立っているが、彼こそ白人と先住民に平和の尊さを説いたドゥワミッシュ族の酋長「Sealthシアルス」である。一般にチーフ・シアトルと呼ばれているが、それは先住民の言葉を英語読みに置き換えたものだ。酋長の願いもむなしく抗争は激化したが、入植者たちは酋長の和平への努力に感謝し、町名に彼の名前「シアトル」を残したのだ。

アンダーグラウンドツアー Underground Tour

パイオニアスクエア付近の地下には、もうひとつのダウンタウンがある!? 1889年の大火災の後、汚水まみれのダウンタウン一帯を埋め立て、道路も約3mアップして地下に封じ込めてしまったのだ。この地下のゴーストタウンを探検する約90分のツアーだ。

ウエストレイクセンター
住400 Pine St.
☎(206) 467-1600
URL www.westlakecenter.com
開月〜土10:00〜20:00、日11:00〜18:00
休おもな祝日
行4th & 5th Ave.の間、Pine St.沿い。メトロバスWestlake駅下車

多くの人でにぎわうウエストレイクセンター

シアトル美術館
住1300 1st Ave.
☎(206) 654-3100
URL www.seattleartmuseum.org
開火〜日10:00〜17:00(木・金〜21:00)
休月、おもな祝日
料$15、シニア$12、13〜17歳$9(第1木曜は無料)
※特別展は別途、追加料金が必要

パイオニアスクエア・パーク
住100 Yesler Way
行ダウンタウンから徒歩15分。メトロバスやトンネルバス#21、22、26、28、118、119などでYesler Way下車

パイオニアスクエア・パークにある2代目トーテムポール

●Underground Tour
住608 1st Ave.
☎(206) 682-4646
URL www.undergroundtour.com
ツアー/月によって変則的なのでウエブサイトで確認すること
料$16、シニア/13〜17歳$13、7〜12歳$8

マウントレニエ国立公園ツアー

旅のアドバイス

シアトル郊外観光の目玉のひとつ、マウントレニエ国立公園へは車がないと行けない。ただし、行動範囲が限られてしまうが、グレイラインのツアー➡P.134でも行くことができる。

標高4392m。麓には原生林の樹海が広がり、山頂付近には25を超える氷河が残り"神々しい"という言葉がぴったりの山……。

シアトルから、マウントレニエ北側のチヌーク・シーニック・バイウエイを通り、クリスタルマウンテンを目指す。ワシントン州で最大規模を誇るスキー場のクリスタルマウンテンでは、ゴンドラに乗り頂上まで行き、ガイド付きハイキングツアーに参加。帰りには、ティプソ湖や数種の滝に立ち寄る。所要9時間で、まぶしいほどの大自然をたっぷり楽しめる。

参加するなら何が何でも晴天の日に! 天候が悪いと霧がかかってしまい、魅力が半減してしまう。ベストシーズンは7〜8月初め。

メモ **スターバックス1号店** ▶シアトル生まれのチェーンカフェ、スターバックス。その発祥となった1号店は今も営業を続けており、ここ限定のマグカップなどオリジナルグッズが売られている。パイク・プレイス・マーケットの近く。住1912 Pike Pl. ☎(206) 448-8762 開毎日6:00〜19:30(土・日6:30〜) 地P.137 A-2

鉛筆の芯のような尖塔が目印 地P.136 B-3

スミスタワー
Smith Tower

タイプライター王、L.C.スミスが1914年に建てた42階建てのビル。イタリアはベニス、サンマルコ広場にある鐘楼をイメージしてデザインされたという。35階の「チャイニーズルーム」と呼ばれる展望ルームには、中国の西太后から贈られたイスが置いてあり、独身女性が座ると1年以内に結婚できるという伝説がある。

スミスタワー
住506 2nd Ave.
☎(206)622-4004
URL www.smithtower.com/Observation.html
開〈4～10月〉毎日10:00～20:30（4、10月は～17:00、8月は～20:00、9月は～19:30）、〈11～3月〉土・日10:00～16:00
料＄7.50、シニア／学生＄6、6～12歳＄5
※ただし、プライベートなイベントなどがある場合は展望ルームに行けないことがある。電話、またはウエブサイトで確認すること

ユニバーシティディストリクト（地区） University District

学生気分を味わおう 地P.136 地図外

ワシントン大学
University of Washington

シアトルダウンタウンから北東へバスで約25分。ピュージェット湾とワシントン湖を結ぶ運河を渡るとすぐ見えてくるのがワシントン州最大の大学、ワシントン大学だ。水上スポーツのほか、フットボールやバスケットボールなどのスポーツが有名で、実力ともに評価が高い。ワシントン大学のスポーツチームはハスキーズ Huskies（シベリアンハスキーのこと）という愛称で親しまれており、ハスキー犬は大学のマスコットでもある。構内には博物館やギャラリーなど、一般観光客でも気軽に立ち寄れる施設も多い。ビジターセンターでキャンパスマップをもらい、散策してみよう。

また、ワシントン大学の西側は学生街となっていて、学生向けの安いレストラン、本屋、映画館などが集まる。

ワシントン大学ビジターセンター
住022 Odegaard
☎(206)543-9198
URL www.washington.edu
開月～金8:30～17:00
行ダウンタウンから、#70、71、72、73、74E、83などのバスで。N.E. Campus Pkwy. & 15th Ave. NEあたりで下車。約25分

全米でもトップランクに入るワシントン大学

Excursion 郊外の見どころ

昔のボーイング工場は飛行機の博物館 地P.136 地図外

航空博物館
Museum of Flight

ボーイング社発祥の地であるエリオット湾沿いに建つ航空機専門の博物館。6階建ての高さに相当するガラス張りの館内には、Boeing 80A-1型（1929）、ロッキードM-21「別名ブラックバード Blackbird」など航空史を彩る機体が約30機並んでいる。ほかにもワシントン大学の学生が作った「ライト兄弟1903年フライヤー」の復元機や航空便を運んだデハビランドが並び、ベトナム戦争で使われたマクダネル・ファントムF-4は、平和への願いを込めてこの博物館に収められている。また、空だけでなく宇宙船のコーナーもあり、アポロ宇宙計画の歴史のパネル展示もある。

航空博物館
住9404 E. Marginal Way S.
☎(206)764-5720
URL www.museumofflight.org
開毎日10:00～17:00（第1木曜～21:00）
休サンクスギビング、12/25
料$17、シニア$14、5～17歳$9、第1木曜の17:00～と4歳以下は無料
行ダウンタウンから#124のバスで約25分

ジャンボ機の製造工程をこの目で見てみよう 地P.136 地図外

フューチャー・オブ・フライト（ボーイング社の工場見学）
Future of Flight

旅客機で名高いボーイング社の工場見学は、シアトルで最も人気のある観光ポイントのひとつ。シアトルの北東約40kmにあるマカティオ市に「フューチャー・オブ・

フューチャー・オブ・フライト（ボーイング社の工場見学）
住8415 Paine Field Blvd., Mukilteo
Free (1-800)464-1476
URL www.futureofflight.org
開毎日8:30～17:30
休サンクスギビング、12/25、1/1
料$16～20、6～15歳$9～14、5歳以下無料（時期により異なる。工場見学ツアーは要事前予約）
　ギャラリー見学のみ（ツアーなし）$10、6～15歳$5。チケットは入口で当日購入可。ウエブサイトでも事前購入可
（身長122cm以下の子供は入場不可）

投稿 セーフコフィールド行き Express バス ▶ ダウンタウンからセーフコフィールドにバスで行く場合、1st Ave.を南下するメトロバス #21、22、56、57 が便利だが、#21、56 には、Local と Express がある。特に夕方は Express（急行）が多く、セーフコフィールドに止まらないものがほとんど。また、バスによっては、↗

フライトFuture of Flight」と呼ばれる体験型展示場がある。ツアーはフューチャー・オブ・フライトのシアターで、ボーイング777型機の組み立て工程を映した映画を見た後、世界最大の容積を誇る工場の見学に移る。工場の高さは11階建てのビルに匹敵し、全長は3.4km。人が豆粒のように見える場内で、ボーイング747、767、777、最新の787型機などの製造工程を見学する。ギャラリーに787型機やエンジンも展示されている。

ボーイング社工場日本語ガイド同行ツアー
Azumano International
☎(206)623-7060
URL www.azumanointernational.com
料 $130、子供$65（チップ、税込み、身長122cm以下は不可）
ツアー／7:30発、所要約4時間
※工場内では写真撮影禁止

観戦するスポーツ Spectator Sports

ベースボール MLB

シアトル・マリナーズ（アメリカンリーグ西地区）
Seattle Mariners

1977年の球団拡張で誕生したマリナーズ。15年以上連続で負け越すなど、Bクラスが定位置であったが、ランディ・ジョンソン、グリフィー親子らの活躍で'90年より急成長する。プレーオフにたびたび進むなど、優勝を狙えるチームとなった。しかし、まだリーグ優勝を達成したことはない。イチロー選手は、2011年に11年連続の200安打の記録はストップしたが、衰え知らず。本拠地は天然芝の開閉式球場だが、寒いので要注意。

シアトル・マリナーズ（1977年創設）
本拠地――セーフコフィールド SAFECO Field(4万7116人収容)
地 P.136 B-4
住 1250 1st Ave. S.
☎(206)346-4001
URL seattle.mariners.mlb.com
行 パイオニアスクエア付近から南に5分強歩く。バスなら#21、22、56、57で

この選手に注目！
イチロー（外野手）
フェリックス・ヘルナンデス（投手・先発）

アメリカンフットボール NFL

シアトル・シーホークス（NFC 西地区）
Seattle Seahawks

4シーズン連続負け越しと不振続き。なかでも2010年は負け越しにもかかわらず地区優勝し、プレーオフに出場したことで、NFL初の珍事が物議を醸した。しかし初戦で'09年チャンピオンのセインツを倒し、周囲を沈黙させた。チームカラーはカレッジ・ネイビー、アクション・グリーン、ウルフ・グレー、ホワイト。

シアトル・シーホークス（1976年創設）
本拠地――センチュリーリンクフィールド CenturyLink Field(6万7000人収容)
地 P.136 B-4
住 800 Occidental Ave. S.
free (1-888)635-4295（チケット）
URL www.seahawks.com
行 パイオニアスクエアの南

この選手に注目！
マーション・リンチ

シアトル・マリナーズのチケット購入方法 旅のアドバイス

2012年のマリナーズのホーム、セーフコフィールドでの試合は、4/6～10/3まで組まれており、マリナーズのウエブサイトで確認できる。
URL seattle.mariners.mlb.com

チケットの購入方法と売り場
当日でも入手可能。安い席のほうが盛り上がって、楽しめることもある。どうしても見たい試合があれば、ブローカーを通してチケットを購入したり、観戦パッケージツアーに参加するのも手だ。

マリナーズチケット案内
URL seattle.mariners.mlb.com
〈マリナーズチケット売り場〉
●一塁側ゲート右横
開 毎日10:00～18:00（おもな祝日を除く）

●おもなマリナーズ・チームストア
シアトルダウンタウン店、ベルビュースクエア店、サウスセンターモール店など

日本語でチケットの手配ができるブローカー
All American Tickets Inc.
free (1-888)507-3287
FAX (213)217-5135
URL www.allamerican-tkt.com

日本語の現地発観戦ツアー
Azumano International
☎(206)623-7060
FAX (206)623-9848
URL www.azumanointernational.com（日本語あり）

↘Expressと表示してないものがあるので、乗車時にExpressか運転手に確認しよう。
（千葉県　立木三郎　'08）['12]

ショップ&レストラン Shops & Restaurants

S　アウトドア

本格的アウトドアライフを追求するなら

アール・イー・アイ REI

住222 Yale Ave. N.　☎(206) 223-1944
URL www.rei.com　開月～土9:00～21:00、日10:00～19:00
AMV　地P.136　B-2

ダウンタウンから北東へ徒歩20分、I-5のハイウエイそばにある巨大なビル。登山、キャンプ、スキー、サイクリングなどのアウトドアグッズの品揃えでは右に出るものがない。('12)

S　雑貨&ギフト

ワシントン州全般のおみやげが買える店

メイド・イン・ワシントン Made In Washington

住Westlake Center, 400 Pine St., 1st Fl.　☎(206) 623-9753
URL www.madeinwashington.com　AJMV　地P.137　A-1
開月～土10:00～21:00、日11:00～18:00(冬期は短縮あり)

シアトルのみならずワシントン州全般のおみやげが買える。スモークサーモンやジャム、置物、クラフトなど、上質なものを扱っていて、グルメ派のおみやげにもよい。('12)

S　アウトドア&雑貨

イチロー選手のグッズがいっぱい

マリナーズ・チームストア Mariners Team Store

住1800 4th Ave.　☎(206) 346-4327
URL seattle.mariners.mlb.com　AJMV　地P.137　A-1
開月～土10:00～19:00、日11:00～18:00

イチロー外野手のTシャツやマリナーズのロゴ入りグッズが揃う店。マリナーズのチームストアはセーフコフィールド内にもあるが、こちらはダウンタウンの真ん中にあり、ブラリと立ち寄るのに最適だ。('12)

R　イタリア料理

評判の自家製サラミソーセージ

サルミ・アルティザン・キュアード・ミート Salumi Artisan Cured Meats

住309 3rd Ave. S.　☎(206) 621-8772
URL www.salumicuredmeats.com
開火～金11:00～16:00　MV　地P.136　B-4

サラミを挟んで食べるサンドイッチかサラミの盛り合わせなどとシンプルだが、大半の客が注文するのがサンドイッチ($7.50～)。少し厚めのパンに、好みのサラミを挟んでもらおう。('12)

R　イタリア料理

ピンク色のドアが目印のかわいらしいレストラン

ピンクドア The Pink Door

住1919 Post Alley　☎(206) 443-3241
URL www.thepinkdoor.net　開月～土11:30～22:00(金・土～23:00、バーは～翌1:00)、日16:00～22:00　AMV　地P.137　A-2

パイク・プレイス・マーケット近くで、おしゃれに食事をするならオススメのレストラン。パスタやピザ、リゾットなどが$15～。ワインは100種類以上揃っている。('12)

R　スローフード

無添加手作りチーズ工房のランチ

ビーチャーズ・ハンドメイドチーズ Beecher's Handmade Cheese

住1600 Pike Pl.　☎(206) 956-1964
URL www.beechershandmadecheese.com
開毎日9:00～18:00　AMV　地P.137　A-2

成長ホルモンを使わずに育てられた牛から搾った牛乳を使い、毎日フレッシュチーズを作っている。そのチーズとペンネをからめたMac & Cheese ($5.50～) が看板メニュー。('12)

R　シーフード料理

新鮮素材の味を堪能する

エリオット・オイスターハウス Elliott's Oyster House

住Pier 56, 1201 Alaskan Way　☎(206) 623-4340
URL www.elliottsoysterhouse.com
開毎日11:00～22:00(金・土～23:00)　AMV　地P.137　A-3

「本格的にシーフードを食べるならここ」と評判のレストラン。入口正面のカウンターにカキやカニが並び、リクエストすればむいてくれる。予算は$20～。('12)

R　シーフード料理

ファストフードで味わうシーフードなら

アイバーズ Ivar's

住Pier 54, 1001 Alaskan Way　☎(206) 624-6852
URL www.ivars.com
開毎日11:00～22:00　地P.137　A-3

レストラン隣のテイクアウトで、クラムチャウダー ($5～) やフィッシュ&チップス ($15～) を注文しよう。ガラス張りのレストエリアで、海を見ながら食事も楽しめる。('12)

メモ　ローカルに人気のビアハウスでくつろぐ▶醸造樽の見える居心地のよい店内で、ドラフトビールや季節限定のエールが楽しめる。ピラミッド・エールハウス・ブリュワリー&レストラン Pyramid Alehouse & Brewery 住1201 1st Ave. S.　☎(206) 682-3377　開 毎日 11:00～22:00 (金・土～23:00、日～21:00)

ホテル Hotels

ホステル

ライトレールの駅から徒歩3分
ホステリング・インターナショナル・シアトル
Hostelling International Seattle

住520 S. King St., Seattle, WA 98104 ☎(206) 622-5443
FAX(206) 299-4141 URLwww.hiusa.org/seattle
ドミトリー$29〜、個室$69〜 MV 地P.136 B-4

40〜50代の夫婦や家族連れも多く宿泊しているホステル。周りには、日本をはじめ中国、ベトナム料理などアジアのレストランが集まり、食事には事欠かない。294ベッド。('12)

ホステル

中心部にある便利なホステル
グリーン・トートス・ホステル
Green Tortoise Hostel

住105 Pike St., Seattle, WA 98101 ☎(206) 340-1222
URLwww.greentortoise.net ドミトリー$28〜52
MV 地P.137 A-2

シャワー室も新しく、部屋もきれいなのがうれしい。週3日無料の夕食が出る。人気があるので、予約は早めにしておいたほうがいい。（愛知県 竹内純子 '08）['12]

エコノミーホテル

学生街のランドマーク的存在
カレッジイン
The College Inn

住4000 University Way N.W., Seattle, WA 98105 ☎(206) 633-4441
FAX(206) 547-1335 URLwww.collegeinnseattle.com
〈11〜5月〉ⓈⒹ$55〜80、Ⓣ$75〜85、〈6〜10月〉ⓈⒹ$65〜90、Ⓣ$85〜95(1人追加$10) MV 地P.136 地図外

1909年に建てられた古いホテルだが、ユニバーシティディストリクトのランドマーク的存在。無料の朝食付き。バスとトイレは共同。27室。('12)

中級ホテル

最近人気のベルタウン
エースホテル
Ace Hotel

住2423 1st Ave., Seattle, WA 98121 ☎(206) 448-4721
FAX(206) 374-0745 URLwww.acehotel.com/seattle
スタンダード(共同バス)$109〜、デラックス$175〜
ADJMV 地P.136 A-2

新世紀を予感させる家具とクラシック感覚のマッチングを狙ったインテリアで、若者向きのちょっと話題の一軒。28室。('12)

中級ホテル

中心街でベストバリューのホテル
エグゼクティブ・ホテル・パシフィック
Executive Hotel Pacific

住400 Spring St., Seattle, WA 98104
☎(206) 623-3900 Free(1-888) 388-3932 FAX(206) 623-2059
URLwww.executivehotels.net/seattle
ⒹⓉ$89〜189 ADJMV 地P.137 B-2

1928年創業のホテル。クラシックな雰囲気を残しながら改装を重ねている。ビジネスセンターやフィットネスセンターも完備され、不自由しない。153室。('12)

中級ホテル

朝食付きでスイートタイプのホテル
ハンプトン・イン&スイーツ
Hampton Inn & Suites

住700 5th Ave. N., Seattle, WA 98109
☎(206) 282-7700 FAX(206) 282-0899
URLwww.hamptoninnseattle.com
ⓈⓉ$109〜249 ADJMV 地P.136 A-1

ダウンタウンまで徒歩20分、モノレールのスペースニードル駅まで徒歩5分。台所とリビング付きの客室もあるので家族連れに最適だ。198室。('12)

中級ホテル

眺望がよいビジネス街の坂の上
クラウンプラザ・ホテル・シアトル
Crowne Plaza Hotel Seattle

住1113 6th Ave., Seattle, WA 98101 ☎(206) 464-1980
FAX(206) 464-1617 URLwww.cphotelseattle.com
ⓈⒹⓉ$138〜299 ADJMV 地P.137 B-2

ダウンタウンのほぼ中心にあり、パイク・プレイス・マーケットへも徒歩10分の高級ホテル。ビジネス客の利用も多く、高層階からは夜景が楽しめる。415室。('12)

中級ホテル

ウエストレイクセンターに隣接するホテル
メイフラワー・パーク・ホテル
Mayflower Park Hotel

住405 Olive Way, Seattle, WA 98101 ☎(206) 623-8700
Free(1-800) 426-5100 FAX(206) 382-6997
URLwww.mayflowerpark.com
ⓈⒹⓉ$169〜229 ADJMV 地P.137 A-1

1927年にオープンしたホテル。その後改装を重ねているが、昔の雰囲気は美しいまま残されている。160室。('12)

投稿 おすすめのドーナツ屋さん ▶ ドーナツの味だけでなく店内の雰囲気がよかった。地元の人々にも人気のお店だそう。早朝から営業しているため朝食に利用した。Top Pot Doughnuts 住2124 5th Ave. ☎(206) 728-1966 URLwww.toppotdoughnuts.com （東京都小金井市 匿名 '11）['12]

ポートランド
Portland
自然があふれるバラの都

ポートランドはバラの都

DATA

人口▶約58万3700人
面積▶208km²
標高▶最高326m　最低0m
TAX▶セールスタックス　0%
ホテルタックス　12.5%
属する州▶オレゴン州
Oregon
州のニックネーム▶ビーバー州
Beaver State
州都▶セーラム　Salem
時間帯▶パシフィック・タイムゾーン
➲P.631
繁忙期▶3〜7月

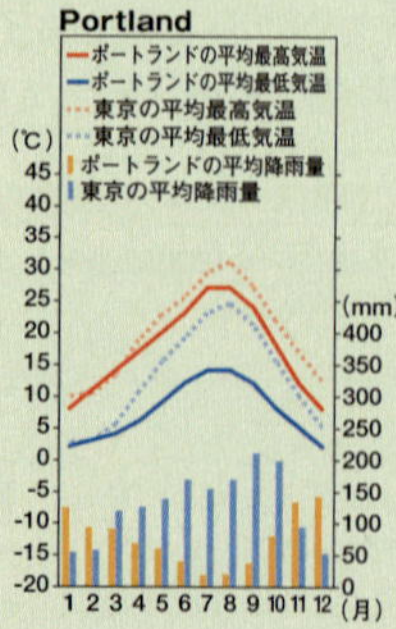

オレゴン州最大の都市ポートランドは、ウィラメット川沿いにひらけた美しい町だ。ストリートカーと呼ばれる路面電車やバス路線が整備され、ダウンタウン内の移動もラク！　ひどく治安の悪い場所もなく、こぢんまりしているせいか、快適に町歩きが楽しめる魅力的な都市なのだ。近年は地産地消に根ざした、ロハスな食の都としても注目を浴びている。

人気のスポットは、ダウンタウンの西側にそびえるノースウエストの大森林、ワシントンパーク周辺。巨木が生い茂る森のなかに、家族連れに人気の動物園などがある。町で話題のエリアは、ダウンタウンいちの繁華街パールディストリクトやノブヒル、ダウンタウンの川向こうに広がるハーソンブルバードなど。ユニークな雑貨やキュートなみやげ物が揃い、アメリカの旬を、買ったり食べたりできる。それに、オレゴン州はセールスタックスがかからないので、思う存分買い物が楽しめるのもうれしい。

時間があれば車を借りて、コロンビア峡谷やマウントフッドへ出かけよう。

オレゴン州最高峰のマウントフッド

GUIDE BOOK　地球の歩き方B02アメリカ西海岸編（1700円＋税）、B05シアトル&ポートランド編（1700円＋税）でもポートランドを紹介していますので、ご活用ください。

ポートランドへの行き方 Getting There

飛行機 Plane

ポートランド国際空港
Portland International Airport (PDX)

ダウンタウンの北東14km、コロンビア川沿いにある。ターミナルはA～Eに分かれているが、そう大きくはなく、案内表示もはっきりしていてわかりやすい。デルタ航空による日本からの直行便はコンコースDに着く。入国審査後、荷物をピックアップして税関へ進む。次に、荷物をベルトコンベアーに預け、シャトルバスでメインターミナルへ移動。ロウアーレベルのバゲージクレームで荷物を受けとる。

近代的な建物

ポートランド国際空港
地P.149 B-1外
住7000 N.E. Airport Way
☎(503) 460-4040
URL www.portofportland.com

空港から／空港へのアクセス

	種類／名称／連絡先	行き先／運行／料金	乗車場所／所要時間／備考
空港シャトルバン	ブルースター/ダウンタウン・エクスプレス・エアポート Blue Star/Downtown Express Airport ☎(503) 249-1837 URL www.bluestarbus.com	行き先▶市内や周辺どこでも 運行▶毎日4:10～翌0:30の30分間隔 料金▶ダウンタウンまで片道$14、往復$24	空港発▶バゲージクレーム（機内預け荷物のピックアップ場所）から外に出て、道路の中洲にあるScheduled Buses & Vans Pickupエリア 空港行き▶事前にホテルなどで頼むか、電話予約 所要時間▶ダウンタウンまで約20～40分
ライトレール	マックス・レッドライン MAX Red Line ☎(503) 238-7433 URL trimet.org	行き先▶ダウンタウン 運行▶毎日4:58～23:49（土・日5:04～）の15～30分間隔 料金▶$2.40	空港発▶バゲージクレーム（機内預け荷物のピックアップ場所）南側の外にある駅から乗車 空港行き▶市内各所の駅から乗車 所要時間▶ダウンタウンまで約40分 ※プラットホームには段差がほとんどないため荷物が大きくても安心
タクシー	ラジオキャブ Radio Cab ☎(503) 227-1212 URL www.radiocab.net	行き先▶市内や周辺どこでも 運行▶24時間随時 料金▶ダウンタウンまで$35前後（チップ含む）	空港発▶バゲージクレームから外に出て、道路の中洲から 空港行き▶事前に電話予約、または主要ホテルから乗車 所要時間▶ダウンタウンまで約20～30分

※それぞれの乗り物の特徴については P.665

長距離バス Bus

グレイハウンド・バスターミナル
Greyhound Bus Terminal

明るく清潔なターミナル。アムトラック駅の隣のブロックにある。ダウンタウンの中心までは歩いても15分ほど。トライメットのフリー・レイル・ゾーン内にあるので、マックス・ライトレール P.147 でダウンタウンに向かってもいい（無料）。ワシントン州シアトルから約4時間。

グレイハウンド・バスターミナル
地P.149 B-1
住550 N.W. 6th Ave.
☎(503) 243-2361
開毎日5:45～23:00

清潔なバスターミナル内

鉄道 Train

アムトラックユニオン駅
Amtrak Union Station

ダウンタウンの北東にあり、レンガ色の時計塔が目印。ダウンタウンへはマックス（無料）、もしくは徒歩で約15分。

シアトルからロスアンゼルスまで西海岸を縦断するコーストスターライト号が毎日1便停まるほか、シカゴへ向かうエンパイアビルダー号も毎日1便出ている。

駅舎には"GO BY TRAIN"と大きな看板が見える

アムトラックユニオン駅
地P.149 B-1
住800 N.W. 6th Ave.
Free (1-800) 872-7245
開毎日7:15～21:15

投稿 **昼間から多くのビールファンでにぎわうアイリッシュ・レストラン**▶月～土は、毎晩バンドの生演奏が見られる。日曜は、誰でも自由に楽器を持って、アイリッシュミュージックの演奏に参加できる。Kells Irish Restaurant & Pub 住112 S. W. 2nd Ave. ☎(503) 227-4057 （オレゴン州 ハウリー由紀子 '08）['12]

市内は、町を東西に貫くBurnside St.、南北に貫くウィラメット川を境界として、N.W.(北西)、S.W.(南西)、N.E.(北東)、S.E.(南東)の4地域に分かれているが、おもな見どころやホテルなどはS.W.のダウンタウンに集中している。

ダウンタウンの中心は**パイオニア・コートハウス・スクエア**➲P.148で、ここにトライメットバスの案内所を併設した観光案内所がある。ダウンタウン内はマックスとポートランドストリートカーの無料ゾーンに指定されている。買い物にも便利な場所なので、1日費やしてもいいだろう。

もうひとつの観光の中心は、西側の丘に広がる**ワシントンパーク**➲P.150。バラ園や動物園など家族向けの見どころが点在している。

ポートランドの魅力は、市内の美しさもさることながら、郊外の自然に容易にアクセスできることにある。**マウントフッド Mt. Hood**や**オレゴンコースト Oregon Coast**へは観光バスも出ている。ぜひ自然の懐に飛び込もう。

ポートランド観光は、4日あると基本が押さえられる。日程がきつければパイオニア・コートハウスとワシントンパークを1日で回ることも可能だ。ダウンタウンは歩いてみるのが一番おもしろい。夜間のグレイハウンド・バスターミナル周辺を除いて、全般に治安はよい。郊外の見どころへはレンタカーがないと難しいが、コロンビア川上流やマウントフッド、オレゴンコーストへは、エコツアーズ・オブ・オレゴンのツアー➲P.147が運行されているので、ぜひ足を延ばしてみよう。

観光案内所 ……………… Visitors Information

トラベル・ポートランド観光案内所
Travel Portland Visitor Information Center

町の中心パイオニア・コートハウス・スクエアにある。オレゴン州全般の情報が入手できる。劇場やイベントの割引チケットなどを扱い、トライメットバス・チケットオフィスもある。

市内の交通機関 ……… Public Transportation

トライメットバス
TriMet Bus

ポートランド市とその近郊を結び、3つのゾーンに分かれる。ダウンタウンの5th Ave.と6th Ave.はバス専用道路で、**トランジットモールTransit Mall**と呼ばれる。ポートランド発着のバスのほとんどがここをとおる。バス停には、ルート番号が表示されているのでわかりやすい。

ダウンタウンのI-405、N.W. Irving St.、ウィラメット川に囲まれたエリアとマックス・ライトレールのローズクオーターからロイドセンター駅までは**フリー・レイル・ゾーン Free Rail Zone**と呼ばれる無料ゾーン。マックスとストリートカーが無料で利用できる。

コロンビア川上流は、ポートランド周辺で人気の景勝地

トラベル・ポートランド観光案内所
地 P.147　B-1
住 701 S.W. 6th Ave.
☎ (503) 275-8355
Free (1-877) 678-5263
URL www.travelportland.com
開 月〜金8:30〜17:30、土10:00〜16:00、日10:00〜14:00(5〜10月)
休 11〜4月の日

ダウンタウンにあるので気軽に立ち寄れる観光案内所

トライメットバス
☎ (503) 238-7433
URL trimet.org
料 ゾーン1と2までの移動は$2.10。全ゾーン$2.40。トランスファー(乗り換え)は無料で、チケット上部の有効時間内なら何度でも乗り換えられる。
1日券$5

●TriMet Ticket Office
地 P.147　B-1(パイオニア・コートハウス・スクエア内)
住 701 S.W. 6th Ave.
開 月〜金8:30〜17:30
休 土・日、おもな祝日

TriMetの案内所では、時刻表、路線図(無料)が入手できるほか、1日券、1ヵ月券、10枚つづりの回数券(1〜3の各ゾーン)などが購入できる。土・日曜でも、時刻表だけは案内所の表に出してあるので手に入る

有効時間内なら乗り換え無料のトライメットバス

旅のアドバイス **エアリアルトラムAerial Tram**▶ストリートカーGibbs駅前とオレゴン医科大学OHSUとを結ぶ絶景が楽しめるロープウエイ。チケットはGibbs駅の券売機で買う。**運行**／月〜金5:30〜21:30、土9:00〜17:00、日13:00〜17:00(5/22〜9/18)の5〜10分間隔　休 9/19〜5/21の日曜、おもな祝日　料 往復$4　URL www.portlandtram.org

マックス・ライトレール

MAX (Metropolitan Area Express) Light Rail

全4路線ある。ブルーラインはポートランド西のHillsboroと東のGreshamを結ぶ。ポートランド国際空港やコンベンションセンターへ行くにはレッドラインが便利。イエローラインとグリーンラインはアムトラックユニオン駅やポートランド州立大学をとおる。チケットは駅の券売機やチケットオフィスなどで購入できる。ただし、チケットオフィスで購入したチケットは券売機横の"Validator"で日時を刻印してから乗ること。ライトレールのドアは入口近くのボタンを押して開ける。

ポートランドストリートカー

Portland Streetcar

ノースウエスト地区のノブヒルから、パールディストリクトやポートランド州立大学を経由して、エアリアルトラムのGibbs駅があるサウスウオーターフロント地区までを結ぶ。約15分間隔。

ツアー案内 …………………… Sightseeing Tours

テーマに沿って市内を歩くウオーキングツアーを主催する**ポートランド・ウオーキング・ツアーPortland Walking Tours**や、ミニバンで郊外の見どころを回る**エコツアーズ・オブ・オレゴンEco Tours of Oregon**、乗り降り自由のトロリーを運行する**グレイラインGray Line**などがある。

マックス・ライトレール
URL trimet.org
運行／早朝から深夜まで、月～土は10～30分間隔。日曜は15～45分間隔
料1&2ゾーン$2.10。全ゾーン$2.40
※フリー・レイル・ゾーン内は無料

フリー・レイル・ゾーン内は無料なのでマックスを使いこなそう

ポートランドストリートカー
URL www.portlandstreetcar.org
運行／月～金5:30～24:00、土・日7:30～23:51(日～23:00)
料1&2ゾーン$2.10。フリーレイルゾーン内はもちろん無料。マックスとの相互乗り換え可能

●**Portland Walking Tours**
☎(503)774-4522
URL www.portlandwalkingtours.com

●**Eco Tours of Oregon**
☎(503)245-1428
URL www.ecotours-of-oregon.com

●**Gray Line**
Free (1-800)472-9546
URL www.grayline.com/portland

マウントフッド&オレゴンコースト▶マウントフッドは、通年スキーが楽しめるティンバーラインなどがある山岳リゾートだ。ポートランドから車で1時間30分、US-26を西へ走る。オレゴンコーストは、オレゴン州の西海岸に沿って延びるUS-101沿いの海浜リゾート。豪快な海景色とクジラを見られる。

広場の観光案内所で情報収集しよう 地P.147 B-1

パイオニア・コートハウス・スクエア
Pioneer Courthouse Square

Yamhill、Morrison Sts.、6th Ave.、Broadwayに挟まれた、ダウンタウンの中心にある広場。観光案内所があるので、町歩きの第一歩はここから始めるといい。以前駐車場だったところを、市民がレンガのブロックを買って建設費を捻出して造ったので、足下をよーく見ると、寄付した人の名前が刻まれている。広場に降りる階段には大勢の人が腰かけ、サンドイッチをほおばったり、チェスをしたり、気ままに過ごしている。広場の周りにはNordstromやMacy'sといった有名デパートが並び、買い物も楽しめる。

パイオニア・コートハウス・スクエア
URL www.pioneercourthousesquare.org
観光案内所、トライメットバスの案内所、公衆トイレなどがある

パイオニア・コートハウス・スクエアから観光を始めるといい

珠玉の工芸品に出合える 地P.147 B-1

現代クラフト美術館
Museum of Contemporary Craft

陶磁器のギャラリーとして1937年に創設され、2007年、ダウンタウンに現代クラフト美術館として再オープンした。コレクションは1000点以上に及び、1950年代～70年代の陶磁器を中心に、ガラス、木工製品などと幅広い。ギャラリーには、日系人陶芸家ムネミツ・タグチやショージ・ハマダなどの作品も展示されている。1階のクラフトショップには粒よりのクラフトが並ぶので、ぜひ訪れてみよう。

現代クラフト美術館
住 724 N.W. Davis St.
☎ (503) 223-2654
URL www.museumofcontemporarycraft.org
開 火～土11:00～18:00(第1木曜～20:00)
休 日・月、おもな祝日
料 $4、シニア／学生$3、12歳以下無料

美術鑑賞とあわせてネイティブアメリカンの展示も見学できる 地P.147 A-1

ポートランド美術館
Portland Art Museum

古今東西の作品約4万2000点を所蔵する美術館。アメリカ絵画のコーナーには、風景画家のジョージ・イネスやアルバート・ビアスタット、印象派のフレデリック・ハッサムなどアメリカを代表する画家の作品が目白押しだ。また、ネイティブアメリカンの装飾品や陶器、木製のマスクなど貴重なものも多い。

美術館の周辺はパークブロックスと呼ばれる緑地帯になっていて、歴史協会博物館、ポートランド州立大学へと続く、散策にうってつけの文化ゾーンとなっている。

ポートランド美術館
住 1219 S.W. Park Ave.
☎ (503) 226-2811
URL www.portlandartmuseum.org
開 火～日10:00～17:00(木・金～20:00、日12:00～)
休 月、おもな祝日
料 $15、シニア／学生$12、17歳以下無料

博物館前にある現代アートもお見逃しなく

週末にポートランドを訪れるならぜひ行きたい 地P.147 B-2

サタデイマーケット
Portland Saturday Market

バーンサイド橋に近い公園で3～12月の土・日曜に開かれる全米最大規模の野外マーケット。アクセサリー、置き物、おもちゃ、衣類など250以上の露店が軒を並べ、フードコーナーでは食事もできる。

掘り出し物に出合えるかも…

サタデイマーケット
住 S.W. Ankeny St.& Naito Pkwy.
☎ (503) 241-4188
URL www.portlandsaturdaymarket.com
開 〈3/3～12/24〉 土10:00～17:00、日11:00～16:30。雨天決行
行 マックスのSkidmore Fountain駅下車

ダウンタウンの名所、本格派中国庭園 地P.149 B-1

ラン・スー・チャイニーズ・ガーデン（蘭蘇園）
Lan Su Chinese Garden (Lan Su Yuan)

中国江蘇省にある運河の町、蘇州（ポートランドと姉妹都市）の庭園様式が用いられている。白壁に囲まれた敷地はそう広くはないが、曲がりくねった回廊と太鼓橋を渡って庭園を一周する間に、さまざまな景色が見られるように工夫されている。中国様式の造形美を堪能できる静かな庭園だ。

オレゴンの大邸宅をのぞいてみよう 地P.149 A-1

ピトック邸
Pittock Mansion

オレゴン州最大の発行部数を誇る新聞『オレゴニアン』の創設者ヘンリー・ルイス・ピトックが1914年に建てた石造りの大邸宅。ポートランド市を見下ろす美しい丘の上に建ち、ルネッサンス様式の重厚さと優美さを兼ね備えている。邸内にはライブラリーやミュージックルームなど20以上の部屋があり、その内装や家具から当時の富豪たちの豪奢な暮らしが偲ばれる。キッチンの窓からは美しいダウンタウンが遠望できる。

ラン・スー・チャイニーズ・ガーデン（蘭蘇園）
住239 N.W. Everett St.
☎(503) 228-8131
URL www.lansugarden.org
開毎日10:00〜18:00（11〜3月は17:00まで）
料$9.50、シニア$8.50、6〜18歳$7
行マックスのOld Town/Chinatown駅から徒歩3分

ピトック邸
住3229 N.W. Pittock Dr.
☎(503) 823-3623
URL pittockmansion.com
開毎日11:00〜16:00（7〜8月は10:00〜17:00）
休1月、サンクスギビング、12/25
料$8.50、シニア$7.50、6〜18歳$5.50
行ダウンタウンのBurnside St.と6th Ave.の角からBurnside St.をとおるトライメットバス#20 Burnside/StarkのBeaverton Transit Center行きに乗り、ドライバーに言えば降ろしてくれる（W. Burnside Rd. & N.W. Barnes Rd.）。看板に従って坂道を10分ほど上る

左／観光に疲れたら立ち寄りたい、ラン・スー・チャイニーズ・ガーデン
右／ピトック邸は、ポートランドでも有数の大邸宅だった

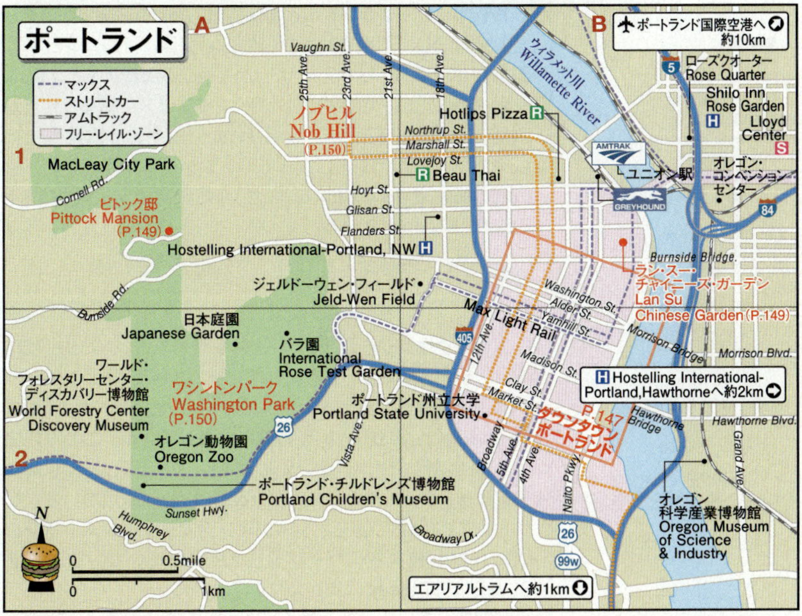

メモ **ダウンタウンにあるおしゃれなショッピングモール**▶コーチやティファニーなどの有名ショップのほか、レストランやフードコートが計70店入っている。パイオニアプレイス・モールPioneer Place Mall 住700 S.W. 5th Ave. ☎(503) 228-5800 開月〜土10:00〜20:00、日11:00〜18:00 地P.147 B-2

ワシントンパークには、本格的な日本庭園もある

動物園や日本庭園もある公園 地P.149 A-1、2

ワシントンパーク
Washington Park

ダウンタウン西方の丘の上に広がる159エーカー（約0.64km²）の広大な公園。市民の憩いの場として、また観光ポイントとしても人気のスポットだ。

バラ園
International Rose Test Garden

ダウンタウンを見下ろす丘に、700種8500株以上のバラが咲き誇る、アメリカ最古のバラ試験場。シーズンは5〜6月にかけて。バラの町ポートランドを実感できる見どころだ。

オレゴン動物園 Oregon Zoo

アメリカで最初にゾウの赤ちゃんが生まれた動物園として知られ、自然の地形を利用した園内には、観光列車も走っている。オオカミやグリズリーベアなども見られる。

ワールド・フォレスタリーセンター・ディスカバリー博物館
World Forestry Center Discovery Museum

数少ない原生林が残るオレゴン州らしい体験型博物館。オレゴンや世界の森林について遊びながら学べる仕組みとなっている。なかでも建物中央にどーんとそびえる模型の大木の根本には、動物たちのすみかが造られ、中を探検できる。ほかにもラフティング体験やシベリア鉄道に乗ってツンドラの森を旅するコーナーなどもある。

日本庭園　Japanese Garden

1958年にポートランド市と北海道札幌市が姉妹都市となったのを記念し、造園された本格的日本庭園。オレゴン日本庭園協会が計画し、日本人デザイナー戸野琢磨氏のもと、5.5エーカーの敷地に、白砂の美しい平庭やアヤメが植えられた池泉回遊式庭園、花心邸と命名された茶室がある露地庭、東屋や竹垣がアクセントになっているナチュラルガーデン、枯山水の禅庭など5つの日本庭園が、鬱蒼としたノースウエストの森の中に配されている。

大邸宅もあるオシャレなネイバーフッドを散策 地P.149 A-1

ノブヒル
Nob Hill

ダウンタウンから北西にストリートカーで15分。N.W. 23rd Ave.／Marshall St.で下車すれば、そこはもう「トレンディサード」と呼ばれるノブヒル。「ノブヒル」は、ネイバブNabob（大金持ち）という言葉に由来している。この呼び名は、1880年代、サンフランシスコからこの地に移ってきた商人によって付けられ、N.W. 21stと23rd Ave.周辺を指す。ビクトリア調の住宅街をオシャレなブティックやレストランに改装した小粋なネイバーフッドが広がっている。Burnside St.から北のRaleigh St.あたりまでは特にショップやレストランが密集しているので、気ままな散策を楽しんではいかが。

ワシントンパーク
URL www.washingtonparkpdx.org
行 マックスのWashington Park駅で下車。もしくは、マックスのJeld-Wen Field駅からトライメットバス#63（平日のみ）で

●International Rose Test Garden
住 400 S.W. Kingston Ave.
☎ (503) 823-3636
URL www.rosegardenstore.org
開 毎日7:30〜21:00（季節により変更あり）
料 無料
ツアー／〈6月〜9月中旬〉毎日13:00、火は11:30もあり　料 無料

●Oregon Zoo
住 4001 S.W. Canyon Rd.
☎ (503) 226-1561
URL www.oregonzoo.org
開 〈1〜2月〉毎日10:00〜17:00、〈3月〜5/25〉毎日9:00〜17:00、〈5/26〜9/3〉毎日9:00〜19:00、〈9/4〜12月〉9:00〜17:00
料 $10.50、シニア$9、3〜11歳$7.50（毎月第2火曜は$4）

●World Forestry Center Discovery Museum
住 4033 S.W. Canyon Rd.
☎ (503) 228-1367
URL www.worldforestry.org
開 毎日10:00〜17:00
休 サンクスギビング、12/24、12/25
料 $9、シニア$8、子供$6

●Japanese Garden
住 611 S.W. Kingston Ave.
☎ (503) 223-1321
URL www.japanesegarden.com
開 〈4〜9月〉毎日10:00〜19:00（月12:00〜）、〈10〜3月〉毎日10:00〜16:00（月12:00〜）
料 $9.50、シニア／学生$7.75、6〜17歳$6.75
ツアー／〈4〜10月〉毎日10:45、13:00、14:30（10月の月10:45発はなし）、〈11〜3月〉土・日10:45　料 無料

ノブヒル
行 ダウンタウンのS.W. 10th Ave.からストリートカーで約15分、N.W. 23rd Ave.／Marshall St.で下車

旅のアドバイス　ダウンタウンで現在、ホットなエリア▶ノブヒルとチャイナタウンの中間（南北はN.W. Irving〜N.W. Burnside Sts.、東西はN.W. 9〜13th Aves.）は、パール地区と呼ばれる。昔の倉庫街が、個性的なギャラリーやユニークなショップ、レストランに変貌中だ。行 トライメットバス#17またはポートランドストリートカーで。

観戦するスポーツ Spectator Sports

バスケットボール NBA

ポートランド・トレイル・ブレイザーズ（西・北西地区）
Portland Trail Blazers

3シーズン連続で勝ち越しを重ね、プレーオフ常連の座を占めている。しかし3年連続で2勝4敗、最近6回のプレーオフはいずれも初戦敗退、ファンは覚醒を望んでいる。愛称は一般公募で「道を切り拓く者」を意味するこの名が選ばれた。チームカラーはブラック、レッド、シルバー、ホワイト。

ポートランド・トレイル・ブレイザーズ
（1970年創設）
本拠地――ローズクオーター
Rose Quarter（2万630人収容）
地P.149　B-1
住One Center Court St.
☎(503) 797-9600（チケット）
URL www.nba.com/blazers

この選手に注目！
ラマーカス・アルドリッジ

ショップ&レストラン Shops & Restaurants

S スポーツ
コロンビア・スポーツウエア本店の風格
コロンビア・スポーツウエア・フラッグシップ・ストア
Columbia Sportswear Flagship Store

住911 S.W. Broadway　☎(503) 226-6800
URL www.columbia.com
開月～土9:30～19:00、日11:00～18:00　AMV
地P.147　A-1

ランドマーク的存在のコロンビア・スポーツウエアの本店は、明るく見やすいレイアウト。新作のカジュアルウエアからハイキング用品まで、旬のアウトドア用品がズラリと並んでいる。('12)

S 雑貨&ギフト
オレゴン州の特産品を揃える
メイド・イン・オレゴン
Made in Oregon

住340 S.W. Morrison St.（パイオニアプレイス内）
☎(503) 241-3630　URL www.madeinoregon.com
開月～土10:00～20:00、日11:00～18:00
AJMV　地P.147　B-2

サーモンなどの海産物加工品、各種ジャム、チーズ、ヘーゼルナッツ入りのチョコレートやTシャツなど、名産品が並ぶ。人気のおみやげは、スモークサーモンやチョコレート。ポートランド国際空港にも支店あり。('12)

S ブランケット&ファッション
ネイティブ柄の毛布で有名
ペンドルトン・ホーム・ストア
Pendleton Home Store

住220 N.W. Broadway　☎(503) 535-5444
URL www.pendleton-usa.com
開月～土10:00～17:30　AMV　地P.147　B-1外

5代にわたってコロンビア峡谷の自社工場で上質な毛織物を作り続ける名門ブランドの本店。ネイティブ柄の毛布はアメリカの良心と呼ばれた逸品。それを使ったバッグ類が女性に人気。('12)

R ピザ
薄焼きの生地でサクサクと香ばしい
ホットリップス・ピザ
Hotlips Pizza

住721 N.W. 9th Ave.（Ecotrustビル）　☎(503) 595-2342
URL www.hotlipspizza.com
開毎日11:00～21:00（金・土～22:00）　AMV　地P.149　B-1

ピザのペペロニは、成長ホルモンを使わずに育てた豚肉を使用した自家製。地元の有機食材にこだわり、革新的な方法でピザソースや特製ソーダなどのブランドも開発する。('12)

R アメリカ料理
アメリカのおふくろの味を楽しもう
マザーズ・ビストロ&バー
Mother's Bistro & Bar

住212 S.W. Stark St.　☎(503) 464-1122
URL www.mothersbistro.com　開火～木7:00～14:30、17:30～21:00、金7:00～14:30、17:00～22:00、土8:00～14:30、17:00～22:00、日8:00～14:30　休月　AMV　地P.147　B-2

2000年にオープンして以来、多くの地元の人々に愛されているレストラン。ミートローフのサンドイッチやパニーニ、日替わりスープなどがお手頃の値段で食べられる。('12)

R アメリカ料理
ポートランドの朝はここから
ビジューカフェ
Bijou Cafe

住132 S.W. 3rd Ave.　☎(503) 222-3187
開毎日7:00～14:00（土・日8:00～）　MV　地P.147　B-2

週末の朝は行列ができるほど人気のカフェ。朝食をとるなら絶対おすすめだ。どの店員も気さくで親切にしてくれる。新鮮な魚介類やオーガニックの野菜、コーヒー、ジュースなど、素材にもこだわっている。('12)

旅のアドバイス　**ハーソンブルバード▶**ウィラメット川を渡った南東、Hawthorne Blvd.のS.E.32nd～43rd Aves.にかけてのエリア。ユニークなレストランやカフェをはじめ、古着屋、雑貨店、ブティックなど個性的なショップが並ぶ。行ダウンタウンからトライメットバス#14で約10分。

ホステル

ノブヒル探訪に絶好のロケーション
ホステリング・インターナショナル・ポートランド・ノースウエスト
Hostelling International-Portland, NW

住425 N.W. 18th Ave., Portland, OR 97209
☎(503) 241-2783　FAX(503) 525-5910
URLwww.nwportlandhostel.com　地P.149　B-1
ドミトリー$20〜26、個室$49〜84　MV

アットホームなホステル。フロントがエスプレッソバーを兼ね、スタッフも親切だ。ダウンタウンへ徒歩約15分。29室、62ベッド。('12)

ホステル

若者でにぎわうハーソンブルバード近く
ホステリング・インターナショナル・ポートランド・ハーソン
Hostelling International-Portland, Hawthorne

住3031 S.E. Hawthorne Blvd., Portland, OR 97214
☎(503) 236-3380　Free(1-866) 447-3031　FAX(503) 236-7940
URLwww.portlandhostel.org
ドミトリー$20〜26、個室$48〜58　AMV　地P.149　B-2外

国際色豊かなホステルで、建物は終日オープンしている。ダウンタウンから#14のバスで30th St.下車。2室、34ベッド。('12)

中級ホテル

日本語が通じ、朝食も付く
マーク・スペンサー・ホテル
The Mark Spencer Hotel

住409 S.W. 11th Ave., Portland, OR 97205
☎(503) 224-3293　Free(1-800) 548-3934　FAX(503) 223-7848
URLwww.markspencer.com　地P.147　B-1
ⓈⒹⓉ$99〜199、スイート$129〜239　ADJMV

全室キッチン付き。週／月極割引があり、日本人利用者も多い。日本語の話せるオーナーは親切だ。朝食付き。102室。('12)

中級ホテル

長期滞在にお手頃ホテル
シャイロ・イン・ローズガーデン
Shilo Inn Rose Garden

住1506 N.E. 2nd Ave., Portland, OR 97232
☎(503) 736-6300　Free(1-800) 222-2244　FAX(503) 736-6316
URLwww.shiloinns.com　地P.149　B-1
ⓈⒹⓉ$79〜149　AMV

整ったアメニティに加え、無料の朝食や果物、お菓子のサービスが提供される。洗濯室があるのもうれしい。44室。('12)

中級ホテル

新感覚のブティックホテル
エース・ホテル・ポートランド
Ace Hotel Portland

住1022 S.W. Stark St., Portland, OR 97205　☎(503) 228-2277
FAX(503) 228-2297　URLwww.acehotel.com
Ⓢ$95〜250　AMV　地P.147　B-1

ダウンタウンの中心にある新感覚のブティックホテル。古い旧ホテルを全面改築した。客室はアート感覚にあふれてシンプル。20〜40代の客が多い。78室。('12)

高級ホテル

州立大学そばの憩いのホテル
ホテルモデラ
Hotel Modera

住515 S.W. Clay St., Portland, OR 97201　☎(503) 484-1084
URLwww.hotelmodera.com　Free(1-877) 484-1084
FAX(503)226-0447　ⓈⒹⓉ$109〜249　ADMV　地P.147　A-1

ローカルアーティストの作品がいたるところに展示されているブティックホテル。中心部へも徒歩5分ほど。彫刻のある中庭や落ち着いた配色の客室がモダン。174室。('12)

高級ホテル

全室がスイートルーム
エンバシースイーツ・ダウンタウン
Embassy Suites Downtown

住319 S.W. Pine St., Portland, OR 97204
☎(503) 279-9000　FAX(503) 497-9051
URLwww.embassyportland.com　地P.147　B-2
スイート$169〜329　ADJMV

中華門のすぐそばに建つホテル。マックスのS.W. 5th Ave.& Oak St.駅にも2ブロックの近さ。無料の朝食が付く。276室。('12)

高級ホテル

アートな贅沢ホテル
ヒースマンホテル
The Heathman Hotel

住1001 S.W. Broadway, Portland, OR 97205
☎(503) 241-4100　Free(1-800) 551-0011　FAX(503) 790-7110
URLportland.heathmanhotel.com　ⓈⒹⓉ$199〜359、
スイート$360〜699　ADJMV　地P.147　A-1

入口を入るとパーソナルコンシェルジュがお出迎え。重厚なロビーへと誘ってくれる。水〜土の夜はロビーでのジャズ演奏を楽しめる。150室。('12)

メモ　**スケートリンクもある巨大ショッピングモール▶**約180のショップやレストランのほか映画館も入るロイドセンターLloyd Center　住2201 Lloyd Center　☎(503) 282-2511　URLwww.lloydcenter.com　開月〜土10:00〜21:00、日11:00〜18:00　行マックス・ライトレールのLloyd Center/NE 11th駅下車、徒歩2分　地P.149　B-1

リノ Reno

世界最大の小都市

リノアーチの輝きは周辺のカジノのネオンにも引けを取らない

ラスベガスに次ぐカジノシティ、リノ。庶民的な雰囲気の漂うこの町では、普段着でギャンブルを楽しむことができ、観光客だけでなく地元のギャンブル好きもカジノに集まってくる。日が暮れるにつれ、通りにはカジノホテルのネオンが輝きを増し、町のキャッチフレーズ "The Biggest Little City In The World" も浮かびあがってきらびやかだ。通りはカジノをはしごする人やネオンを見て楽しむ人で、夜遅くまで活気にあふれている。

リノの周辺は自然が豊かで、アウトドアスポーツが盛んに行われている。郊外にあるレイクタホは、夏はウオーターアクティビティ、冬はスキーなどのウインタースポーツを楽しむ若者や家族連れでにぎわう。ホテルからスキーリゾートへのシャトルバスも出ているので、昼間は思い切り体を動かして、夜はカジノで楽しむといい。

一年をとおしてスポーツ好きが集まるレイクタホ

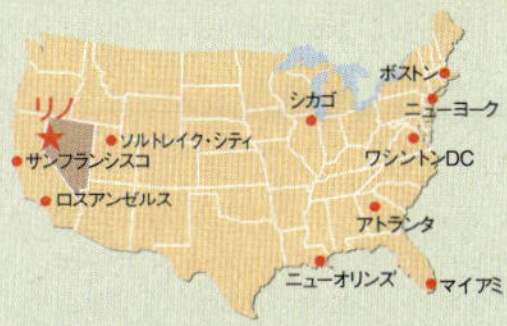

DATA

人口▶約22万5200人
面積▶約267km²
標高▶約1370m
TAX▶セールスタックス　7.725%
ホテルタックス　13.5%
属する州▶ネバダ州　Nevada
州のニックネーム▶銀の州 The Silver State
州都▶カーソンシティ　Carson City
時間帯▶パシフィック・タイムゾーン ➡P.631
繁忙期▶1～3、8、9月

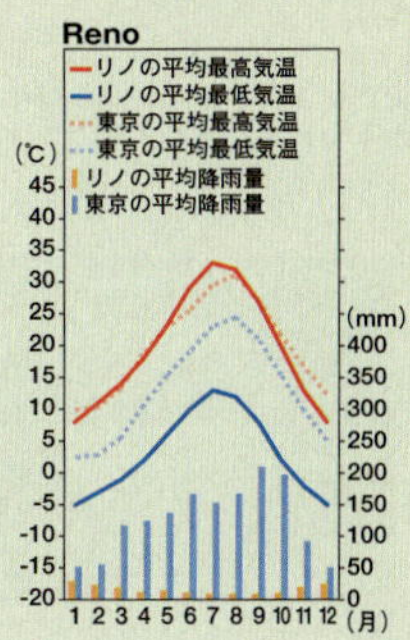

Getting There リノへの行き方

飛行機 Plane

リノ／タホ国際空港
住2001 E. Plumb Ln.
☎(775) 328-6400
URL www.renoairport.com

リノ／タホ国際空港
Reno/Tahoe International Airport (RNO)

ダウンタウンの南東6kmに位置し、6つの航空会社が乗り入れている中規模の空港。ロスアンゼルスとの間を1時間30分で結ぶ。大きなカジノホテルならダウンタウンへのシャトルバス（無料）を運行しているので、事前に確認しよう。レイクタホへのシャトルバン（有料）も出ている。

■ 空港から／空港へのアクセス

	種類／名称／連絡先	行き先／運行／料金	乗車場所／所要時間／備考
路線バス	RTC ライド# 19 RTC Ride #19 ☎(775) 348-7433 URL www.rtcwashoe.com	行き先▶ダウンタウンの4th Street Station 運行▶空港発は月～金7:11～18:11の1時間間隔。空港行きは月～金6:45～17:45の1時間間隔 料金▶$2	空港発▶ターミナルから出て、20mほど先にあるバスの看板から乗車 空港行き▶ダウンタウンのバスターミナル 4th Street Stationから乗車 所要時間▶ダウンタウンまで約30分
タクシー	イエローキャブ Yellow Cab ☎(775) 355-5555	行き先▶市内や周辺どこでも 運行▶24時間随時 料金▶ダウンタウンまで$16～18	空港発▶バゲージクレーム（機内預け荷物のピックアップ場所）を出てすぐのところから乗車 空港行き▶事前に電話予約、また主要ホテルから乗車

※それぞれの乗り物の特徴については P.665

空港まで無料のシャトルバスを走らせているおもなカジノホテル
Atlantis、Circus Circus、Eldorado、Grand Sierra Resort、John Ascuaga's Nugget、Harrah's、Peppermill、Sands Regency、Silver Legacy

長距離バス Bus

グレイハウンド・バスディーポ
地P.155 A-2
住155 Stevenson St.
☎(775) 322-2970
開毎日5:00～22:00(火～木6:00～)

グレイハウンド・バスディーポ
Greyhound Bus Depot

ダウンタウンの南西、Stevenson St.沿いの1stと2nd Sts.の間にある。日曜の午後には、サクラメント（カリフォルニア州）やサンフランシスコに帰る人でいっぱいだ。

鉄道 Train

アムトラック駅
地P.155 B-1
住280 N. Center St.
Free (1-800) 872-7245
開毎日7:30～17:00

アムトラック駅
Amtrak Station

町の中心を東西に走る。毎日1往復、シカゴとサンフランシスコを結ぶカリフォルニアゼファー号が停車する。

Getting Around リノの歩き方

町の情報
観光局がダウンタウンから離れた場所にあるためか、各ホテルのコンシェルジュデスクが充実している

ダウンタウン中心部はカジノホテルが軒を連ね、昼夜を問わずギャンブル好きがカジノに出入りしている。注目すべきは、リノアーチのたもとに2011年に登場した約50メートルの高さを誇るクライミングウオール。

旧リノアーチは現在のものに比べてシンプルなデザインだ

また、トラッキー川周辺の**リバーウオーク地区 The River Walk District**は再開発が進み、オーガニックの食材にこだわったおしゃれなレストランや地元の若者でにぎわうカフェがある。

ダウンタウンにはドラッグストアがないので、日用品が欲しいときはカジノホテル内のギフトショップやVirginia St.沿いのみやげ物屋へ。

メモ **空港からレイクタホへのシャトルバン**▶ノースショアへはNorth Lake Tahoe Expressで約1時間。Free (1-866) 216-5222 URL www.northlaketahoeexpress.com 料片道$40。サウスショアへはSouth Tahoe Expressで約1時間30分。Free (1-866) 898-2463 URL www.southtahoeexpress.com 料片道$27.50。

観光案内所 ・・・・・・・・・・・・・・ Visitors Information

リノ観光局
Reno-Sparks Convention and Visitors Authority

ダウンタウンからVirginia St.を南に約5km。ショッピングモール、**リノ・タウン・モールReno Town Mall**の2階にある。

市内の交通機関 ・・・・・・・・・ Public Transportation

RTCライド
RTC Ride

約30の路線を持つ市バスは、リノ近郊と市内を走る。4th、Lake、Plaza Sts.とEvans Ave.に囲まれた**バスターミナル4th Street Station**から発着する。

RTCシエラスピリット
RTC Sierra Spirit

ダウンタウンの北約2.5kmにあるネバダ大学とダウンタウンを結ぶ。バス停はVirginia St.沿いに1ブロックごとにあり、おもな見どころへ行くのに便利だ。黄色い車体が目印。

リノ観光局
地 P.155 B-2外
住 4001 S. Virginia St.
free (1-800) 367-7366
URL www.visitrenotahoe.com
開 月～金9:00～17:00
休 土・日、おもな祝日

RTCライド
☎ (775) 348-7433
URL www.rtcwashoe.com
料 $2、トランスファー（乗り換え）は無料で同一方向のみ、90分以内なら有効。
3回以上バスに乗るときは、1日券（24時間パス）（料 $5）を買うことをすすめる。4th Street Stationにて販売

●4th Street Station
地 P.155 B-1
住 200 E. 4th St.
開 月～金7:00～19:00、土・日8:00～17:00

RTCシエラスピリット
運行／毎日7:00～19:00の15分間隔
料 無料

おもな見どころ Sightseeing

町のシンボル 地 P.155 B-1

リノアーチ
Reno Arch

リノで絶対に見逃せないのが、リノアーチ。アムトラック駅の南、Virginia St.沿いの町一番の繁華街にかかっている。LED電球が灯り、夜になると町のキャッチフレーズ“THE BIGGEST LITTLE CITY IN THE WORLD”の文字が浮かび上がる。現在のアーチは3代目。アーチが初めてお目見えしたのは1927年、場所は自動車博物館前のLake St.沿い。

美術学校も併設している 地 P.155 B-2

ネバダ美術館
Nevada Museum of Art

シンプルでモダンな4階建ての建物をデザインしたのは、フェニックス中央図書館など多くの公共施設を手掛けるウィル・ブルーダー氏だ。ネバダのアーティストによる作品や現代美術を、絵画、写真、立体物など多岐にわたって所蔵している。

2000点以上の作品を収蔵するネバダ美術館

リノアーチ
住 N. Virginia St. & Commercial Row

ネバダ美術館
住 160 W. Liberty St.
☎ (775) 329-3333
URL www.nevadaart.org
開 水～日10:00～17:00（木～20:00）
休 月・火、おもな祝日
料 $10、シニア／学生$8、6～12歳$1

自動車博物館

住10 S. Lake St.
☎(775) 333-9300
URL www.automuseum.org
開月～土9:30～17:30、日10:00～16:00
休サンクスギビング、12/25
料$10、シニア$8、6～18歳$4

フライッシュマンプラネタリウム&サイエンスセンター

住1650 N. Virginia St.（University of Nevada）
☎(775) 784-4811
URL www.planetarium.unr.nevada.edu
開日～金13:00～16:00（日11:00～、金～20:00）、土11:00～20:00。ショーのスケジュールは現地で確認のこと
休サンクスギビング、12/25、12/31
料$6、シニア／12歳以下$4
行シエラスピリットの北行きに乗り、プラネタリウム前で下車

●Nevada Historical Society
住1650 N. Virginia St.
☎(775) 688-1190
URL museums.nevadaculture.org
開水～土10:00～17:00
休日～火、おもな祝日
料$4、17歳以下無料

ウィルバー・D・メイ・センター

住1595 N. Sierra St.（Rancho San Rafael Regional Park）
☎(775) 785-5961
URL www.washoecounty.us/parks/mc_home
開毎日日の出～日没
料無料
行シエラスピリットのLawlor Events Centerで下車後、Virginia St.を渡り、15th St.をまっすぐ進む。Hill Side Dr.に入り、北へ道なりに5分ほど行くとRancho San Rafael Regional Parkの入口がある

●Wilbur D. May Museum
開水～土10:00～16:00
休日～火、おもな祝日
料$5、シニア／子供$3.50。展示により異なる

カーマニア必見！ 地P.155 B-2

自動車博物館
National Automobile Museum (The Harrah Collection)

カジノホテル、ハラスHarrah'sの創設者ウィリアムス・F・ハラのコレクションを母体としたクラシックカーの博物館。1890年代の車をはじめ、200台以上を展示している。1908年の世界一周レースでニューヨーク～パリ間1万3341マイル（約2万1500km）を169日間で走行した"トーマス・フライヤーThomas Flyer"から、エルビス・プレスリーのキャデラックまで豊富なコレクションだ。

トーマス・フライヤーは博物館の目玉だ

リノの星座を見てみよう 地P.155 B-1外

フライッシュマンプラネタリウム&サイエンスセンター
Fleischmann Planetarium & Science Center

ネバダ大学リノ校内にあるプラネタリウムで、ドーム型のスクリーンを活かしたダイナミックな映画も一緒に楽しめる。プラネタリウムは、リノを中心に四季の星座を解説。肉眼では見えない星をクローズアップし、その色の違いまでも見せてくれる。プラネタリウムの向かいには1904年創設の**ネバダ歴史協会Nevada Historical Society**の博物館があり、ネバダ開拓と発展の歴史がわかる展示となっている。

牧場の中の博物館と樹木園 地P.155 B-1外

ウィルバー・D・メイ・センター
The Wilbur D. May Center

ウィルバー・D・メイ・センター内に、冒険家ウィルバー・メイが世界を旅した際に収集したコレクションが核となっている**博物館Wilbur D. May Museum**がある。古いものでは唐の時代（西暦618～907年）の陶器やアフリカで狩りをしたときの動物のはく製、アフリカの祭儀用のマスクや像なども陳列されている。

ショップ&レストラン Shop & Restaurant

S ショッピングモール

リノNo.1のショッピングモール

ミードウッドモール
Meadowood Mall

住5000 Meadowood Mall Cir.　☎(775) 827-8451
URL www.shopmeadowood.com　地P.155　B-2外
開月～土10:00～21:00、日11:00～18:00　行#6、9のバスで約30分

ダウンタウンから南へ約7kmのところにある。アメリカン・イーグルやビクトリアズ・シークレットなど日本でも人気のショップやレストランなど100以上の店舗が入る。

('12)

R イタリア料理

川沿いのおしゃれなレストラン

ワイルド・リバー・グリル
Wild River Grille

住17 S. Virginia St., #180　☎(775) 284-7455
URL www.wildrivergrille.com
開毎日11:00～23:00（金・土～24:00）　AMV　地P.155　B-2

近年、開発の進んでいるリバーウオーク・ディストリクトにあるレストラン。曜日によってライブが行われることも（スケジュールはウエブサイトにて要確認）。予算はランチが$10～、夕食が$25～。('12)

メモ **リノの名物ハンバーガー▶** ダウンタウンのカジノホテル、ナゲット Nugget［住1100 Nugget Ave.　☎(775) 356-3300　地P.155 B-1］の1階奥にある Rosie's Cafe で食べることができる Awful Awful Burger は、リノで知らない人はいないほど有名だ。CD ほどの大きさのハンバーガーはアメリカ人も満足のボリューム！

Casino & Hotel カジノ&ホテル

規模は小さいが、リノはカジノの町。ラスベガスに比べ賭け金が低いので、気楽にゲームに挑戦できる。また、それぞれのホテルにはテーマが設定されているので、何軒かはしごして楽しむのがいい。

大人も子供も楽しめる サーカスサーカス Circus Circus Reno

ピンクの大きなピエロが目印。サーカスがテーマのカジノホテルだ。カジノのほかにレストランや子供用にゲームコーナーなどもある。毎日行われているサーカスのショーは無料なので見逃せない。スケジュールは流動的なので、ホテルにて確認すること。1572室。 ('12)

住 500 N. Sierra St., Reno, NV 89503 ☎ (775) 329-0711 Free (1-800) 648-5010 FAX (775) 328-9652 URL www.circusreno.com ⓈⒹⓉ $29～189 ADJMV 地 P.155 A-1

全米展開の老舗カジノ ハラス Harrah's Reno Hotel & Casino

ハラスは全米展開する老舗カジノホテル。それだけにほかのカジノに比べてお客も多く、夜の22時を過ぎると特ににぎやかだ。ステーキハウスや日本食などレストランも充実し、リノのなかでも料理のクオリティが高い。928室。 ('12)

住 219 N. Center St., Reno, NV 89501 ☎ (775) 786-3232 Free (1-800) 427-7247 URL www.harrahsreno.com ⓈⒹⓉ $34～299 ADMV 地 P.155 B-1

Virginia St.沿いに建つ エルドラド・ホテル・カジノ Eldorado Hotel Casino

ダウンタウンの真ん中に位置し、1973年にキャラーノ一族がオープンしたカジノホテル。カジノ以外にも、コンサートやショーなどのエンターテインメントやナイトライフも充実している。できたての地ビールが人気のレストラン、ブリュー・ブラザーズ Brew Brothers ではビールを醸造しており、ライブバンドの演奏を楽しみながら食事をすることができる。814室。 ('12)

住 345 N. Virginia St., Reno, NV 89501
☎ (775) 786-5700
Free (1-800) 879-8879
FAX (775) 954-4001
URL www.eldoradoreno.com
ⓈⒹⓉ $44～219、スイート $94～259
AMV 地 P.155 A-1

リノからのショートトリップ～バージニアシティ&レイクタホ～ 旅のアドバイス

バージニアシティに潜む「古きよきアメリカ」

リノから南東へ約40km、車を40分走らせたところにある町、**バージニアシティVirginia City**。1860年代のゴールドラッシュの頃から金や銀の炭鉱町として発展し、一時は人口が3万人近くにまで達したという。しかしながら1920年頃には、人口が500人まで減りゴーストタウンになった。現在は、古きよきアメリカを醸し出す町並みが復元され、多くの観光客が訪れる。1時間もあれば歩いて回れる町なかは、今にもカウボーイが訪れてきそうなバーやウエスタンブーツを扱うショップなどが並ぶ。かつての採掘場を見学するツアーが人気だ。

アクセス

公共の移動手段はないのでレンタカーで。リノからはUS-395を南に約16km、Exit 57Bで降り、NV-341 (Geiger Grade Rd.) を東に約21km。約40分。

シエラネバダの深い森の中にある湖、レイクタホ

"タホブルーTahoe Blue"と称される美しく深い藍色の湖、**レイクタホLake Tahoe**。標高1900mに位置し、山にある湖ではアメリカで一番大きく、水の透明度は世界屈指を誇る。その透明度を例えれば湖に直径25cmの真っ白な皿を沈めても、23mの深さまではっきりと見えるほどだという。

レイクタホのノースショアは、静かなリゾート地となっており、セレブの別荘も多い。静穏なノースショアに比べ、サウスショアはにぎやか。多くのホテルやモーテルが建ち並び、レストランやショップもある。

アクセス

公共の移動手段はないので、レンタカーで。リノからはUS-395を南に約17km、Exit 56で降り、NV-431 (Mt. Rose Hwy.) を南西へ約40km。約1時間。

メモ **灼熱の砂漠で行われるパーティ、バーニングマン** ▶ リノから北へ約200kmの地点にある砂漠 Black Rock City で毎夏行われるレイブパーティ。環境は非常に過酷で、都会の常識が通用しない場面に出くわすことも珍しくない。パーティのクライマックスで、バーニングマンと呼ばれる巨大な人形を燃やすことでも有名だ。Burning Man URL www.burningman.com

ラスベガス
Las Vegas
エンターテインメント・キャピタル

DATA

人口▶約58万3800人
面積▶約352km²
標高▶約609m
TAX▶セールスタックス　8.10%
ホテルタックス　ストリップ12%、ダウンタウン13%
属する州▶ネバダ州 Nevada
州のニックネーム▶銀の州 Silver State
州都▶カーソンシティCarson City
時間帯▶パシフィック・タイムゾーン ➡P.631
繁忙期▶年間をとおして

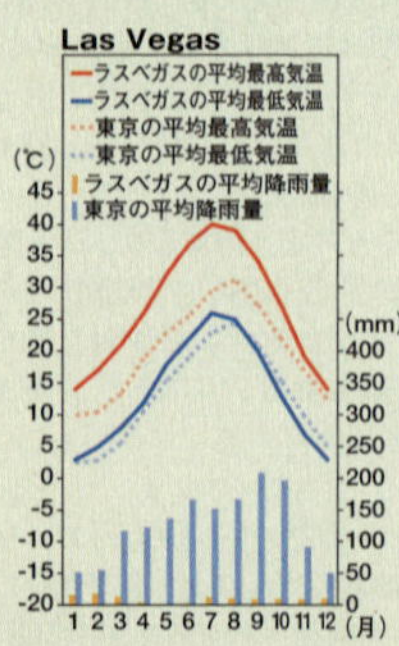

世界各地のエンターテインメントが集まった町だ

アメリカ人にとって"旅行してみたい町"の断然トップを走っているのが、ここラスベガスだ。この町はあらゆる角度から訪れる人々を楽しませてくれる。まずは大通りの両側に建ち並ぶ巨大カジノ。これらはすべてテーマをもっており、パリあり、ベネチアあり、ニューヨークあり、エジプトありとラスベガスを歩くだけで世界旅行をしている気分にさせてくれる。さらに、無料で楽しめるアトラクションも、スケールの大きさは他に類を見ない。さまざまなショーや数々のショッピングセンターなど、楽しみ方はいかようにも広がるだろう。さらに近年は、アメリカ各地の有名レストランがラスベガスに出店している。全米中の味のいいとこどりも楽しめるというわけ。

大西部の砂漠に忽然と現れるネオンの塊。世界中探しても、こんな町は見あたらない。夢の世界を楽しみたいなら、不夜城ラスベガスがいい。

ストリップは夕方になると大渋滞するので計画的に動こう

GUIDE BOOK 地球の歩き方B02アメリカ西海岸編（1700円＋税）、B09 ラスベガス編（1700円＋税）でもラスベガスを紹介していますので、ご活用ください。

ラスベガスへの行き方 Getting There

飛行機 Plane

マッカラン国際空港
McCarran International Airport（LAS）

ストリップの南端から1マイル（約1.6km）、ダウンタウンから6マイル（約10km）のところに位置する。30以上の航空会社が乗り入れ、ロスアンゼルスやニューヨーク、ダラスなどを結ぶ便が発着。空港では派手な広告とスロットマシンが乗降客を歓迎する。

なお、マッカラン国際空港のレンタカー会社は、すべて敷地外のレンタカーセンターにある。バゲージクレームから外へ出て、横断歩道を渡ったところから「McCarran Rent-A-Car Center」と表示されたシャトルバスに乗り込もう。所要約7分。ハーツ、ダラー、エイビスなど10社のレンタカー会社のカウンターがある。

空港の到着口にスロットマシンが設置されている

マッカラン国際空港
地P.161　D-2
住5757 Wayne Newton Blvd.
☎(702) 261-5211
URL www.mccarran.com

空港でホテルのチェックイン
バゲージクレーム（機内預け荷物のピックアップ場所）のカルーセル1、2付近にMGMグランドのカウンターがあり、ここでチェックインができるようになっている
開毎日9:00～18:00（木～月～22:00）

マッカラン・レンタカーセンター
住7135 Gilespie St.
☎(702) 261-6001
開24時間営業
バゲージクレームの10、11番ドアから外に出たところにレンタカーセンター行きのシャトルバス乗り場がある。5分間隔で運行

空港から／空港へのアクセス

	種類／名称／連絡先	行き先／運行／料金	乗車場所／所要時間／備考
空港シャトルバン	ベルトランス Bell Trans ☎(702) 739-7990 URL www.bell-trans.com	行き先▶ストリップやダウンタウン 運行▶24時間 料金▶ストリップまで$7（往復$13）、ダウンタウンまで$8.50（往復$16）	空港発▶バゲージクレームの9番ドアから、外に出たところにある歩道沿いから乗車 空港行き▶事前にホテルで予約するか電話予約
空港シャトルバン	エグゼクティブ・ラスベガス Executive Las Vegas ☎(702) 646-46610 URL executivelasvegas.com	行き先▶ストリップやダウンタウン 運行▶24時間 料金▶ストリップまで$6（往復$12）、ダウンタウンまで$8（往復$16）	空港発▶バゲージクレームの8番ドアから外に出たところにある歩道沿いから乗車 空港行き▶事前にホテルで予約するか、電話予約
路線バス	RTCトランジット#108、WAX RTC Transit #108, WAX ☎(702) 228-7433 URL www.rtcsnv.com	行き先▶ダウンタウン 運行▶空港発毎日4:57～翌1:30の20～30分間隔 料金▶$2	空港発▶バゲージクレーム後ろのエレベーターまたはエスカレーターで降り、ドアを出た右側から乗車 空港行き▶ダウンタウンからはParadise Rd.を経由するので路線沿いのバス停、またはサハラのモノレール駅からSouthbound南行きに乗車 所要時間▶約40分
タクシー	チェッカー／イエロー／スターキャブ Checker / Yellow / Star Cab ☎(702) 873-2000	行き先▶市内や周辺どこでも 運行▶24時間随時 料金▶ストリップまで$10～20、ダウンタウンまで約$25（基本料金は$3.30で1マイルごとに$2.60加算。空港からの乗車だとさらに$1.80加算される）	空港発▶バゲージクレームの1～4番ドアから、外に出てすぐがタクシー乗り場 空港行き▶事前に電話予約、または主要ホテルから乗車 所要時間▶ダウンタウンまで約20分、ストリップの中心まで約15分

※それぞれの乗り物の特徴については➡P.665

長距離バス Bus

グレイハウンド・バスディーポ
Greyhound Bus Depot

ダウンタウンFremont St.の突きあたり、少し南側にある（プラザカジノと棟続きで、Fremont St.から見ると突きあたりの左側）。こぢんまりとしているが、ロスアンゼルス（所要約5～7時間）やソルトレイク・シティ（所要約8時間）から多くのバスが発着している。

グレイハウンド・バスディーポ
地P.161　A-2
住200 S. Main St.
☎(702) 383-9792
開24時間営業
行ストリップへは、フリーモントストリート・エクスペリエンス➡P.166の4th St.またはLas Vegas Blvd.からデュースで

メモ **空港シャトルバス**▶往復乗車券を購入した場合、復路は宿泊ホテルでのピックアップになるが、大規模なホテルの場合、メインエントランスはタクシーやバレーパーキングの乗り場が占有していて、どこで待てばよいのか不安になる。送迎の場所は予約時に必ず確認するか、フロントで聞いておくと安心だ。

Getting Around ラスベガスの歩き方

ホテルのバフェはメニューも豊富だ

ラスベガスではこれを楽しもう

●無料アトラクション

フリーモントストリート・エクスペリエンス、ベラッジオの噴水ショー、TI: トレジャーアイランドのTIのセイレーン、ミラージュの火山の噴火、ウィンラスベガスのレイク・オブ・ドリーム、サーカスサーカスのサーカス、リオのショー・イン・ザ・スカイ

●ジェットコースター類

ニューヨーク・ニューヨークのザ・ローラーコースター、ストラトスフィアタワーのインサニティ、ビッグショット、Xスクリーム

●ショー

オー、カー、ラブ、ファントム、ミステア、ズーマニティ、ブルーマン・グループ、ル・レーヴ、クリス・エンジェル・ビリーブ

●ショッピング

ストリップの北にあるラスベガス・プレミアム・アウトレット-ノース、ストリップの南にあるラスベガス・プレミアム・アウトレット-サウス（旧ラスベガス・アウトレットセンター）、タウンスクエア、クリスタルズ、ベラッジオのヴィアベラッジオ、シーザースパレスのフォーラムショップス、プラネットハリウッドのミラクル・マイル・ショップス、ベネチアンのグランド・キャナル・ショップス、マンダレイベイのマンダレイプレイス、ストリップから東へ約3kmのブルバードモール、カリフォルニアとネバダの州境のファッションアウトレット

ストリップの南にあるラスベガスの人気サイン

ラスベガスはやはり夜が楽しい。時間が許すなら朝ゆっくりして、**バフェ（食べ放題の食事）**で遅めのブランチをとり、午後はライドで遊び、ショッピングをして夕食。無料アトラクションやショーを観たあとにカジノでひと儲けする。これが典型的な行動パターンだ。行列を避けたい人は、このパターンから時間を外して行動しよう。午前中にショッピングを済ませ、午後は部屋で昼寝、またはカジノでゲーミング。大混雑のアトラクションは、皆が夕食やショーを楽しんでいる間（または朝一番）がすいている。もちろん食事時間もずらすこと。バフェは開店と同時に入るといい。ラスベガスでは、ショップもレストランも、アトラクションさえも夜遅くまで営業している。

ラスベガスの繁華街は、Las Vegas Blvd.沿いに華やかなカジノ＆ ホテルが並ぶストリップと、より庶民的なダウンタウンに分けられる。ふたつの地区は2マイル（約3.2km）以上離れているが、路線バスで簡単にアクセスできる。

ストリップとダウンタウン　The Strip & Downtown

豪華なテーマホテル＆カジノが建ち並ぶ**ラスベガスブルバード Las Vegas Blvd.**。世界的に知られたラスベガスのメインストリートだ。そのうちSahara Ave.からTropicana Ave. の少し南あたりまでの間が**ストリップThe Strip**と呼ばれる最も華やかな地区。沿道の大型ホテルは、1階がそれぞれテーマをもったカジノで、ホテル内には一流エンターテイナーが出演する劇場やレストラン、24時間営業のショップやレストランなどがあり、1日ホテルで過ごしても飽きることはない。プールはもちろんのこと、テニスコート、最近はアカデミックな美術館のあるホテルもある。

ストリップの北約3.2km、グレイハウンドのバスターミナルや路線バス（RTCトランジット、デュース）のターミナルがあるダウンタウンは昔から栄えてきたところ。（市内の交通機関➔P.162）Fremont St.の頭上4ブロックを貫く**フリーモントストリート・エクスペリエンス Fremont Street Experience**という、映像が次々と流れるアーケードは、忘れずに見ておきたい。なお、ダウンタウンは充分歩いて回れる範囲にある。

ダウンタウンとストリップの間は距離があるので、この間はデュース、ストリップ＆ダウンタウン・エクスプレス（SDX）、またはタクシーを利用するといい。ダウンタウンのBTC（Bonneville Transit Center）がデュースとSDXの発着ポイント。デュースはここを出発し、大型カジノを左右に見ながらLas Vegas Blvd.（ストリップ）を南下、空港西のSouth Strip Transfer Terminalまで往復している。まずは、この路線でストリップをひととおり走り抜けてみよう。ストリップはSahara Ave.からマンダレイベイまで、約6.4kmにも及び、この間にテーマホテル＆カジノが点在している。一つひとつのホテルが巨大なので、隣のホテルまでは見た目以上の距離がある。また、ラスベガスではいくつかのホテル間を**モノレール**や**トラム**が走っているから、どんどん利用しよう。

旅のアドバイス　**町歩きの必須アイテム**▶ラスベガスの気候の特徴は湿度が極めて低く、春でも日中は30℃前後、夏は最高気温が40℃近くまで上昇する。乾燥でとにかく喉が渇くし、室内は冷房でガンガンに冷えている。日焼け対策はもちろん、水と上着は必ず持ってでかけよう。

距離の目安▶Las Vegas Blvd.（ストリップ）沿い、ベラッジオ付近Flamingo Rd.から南方向のエクスカリバー付近Tropicana Ave.まで約1.7km、徒歩約25分。だが、実際に歩くと歩道橋を上り下りし、工事中で迂回したり、ホテルのフロアをとおって隣へアクセスすれば迷ったりとけっこう時間がかかる。

観光案内所 …………… Visitors Information

ラスベガス観光局
Las Vegas Convention and Visitors Authority

ラスベガス・ヒルトンの斜め向かい、Convention Center Dr. とParadise Rd. との北西角。係員は親切で、資料も豊富。地図やパンフレット、アトラクション割引クーポン、エンターテインメントの情報誌などが入手できる。また、観光客用のパソコンも設置している。

ラスベガス観光局
地P.161　C-2
住3150 Paradise Rd.
☎(702) 892-7575
Free(1-877) 847-4858
URL www.visitlasvegas.com
開月～金8:00～17:00（コンベンション開催時は毎日）

市内の交通機関 ……… Public Transportation

RTCトランジット
Regional Transportation Commission of Southern Nevada (RTC)

おもにダウンタウンのBTC（Bonneville Transit Center）と空港の南側にあるSSTT（South Strip Transfer Terminal）から発着。観光に便利なのは、ストリップとダウンタウンを結ぶ2階建ての**デュースDeuce**、より広範囲を走る**ストリップ&ダウンタウン・エクスプレスSDX**（Strip & Downtown Express）などがある。あとは空港を結ぶ#108、109くらい。

RTCトランジット
☎(702) 228-7433
Free(1-800) 228-3911
URL www.rtcsouthernnevada.com
料デュースとSDXには1回限りの乗車券がない。2時間有効券$5、1日券（24時間券）$7、3日券$20のいずれかを購入することになる。その他の路線は$2。2時間券$3、1日券(24時間券)$5、5日券$20。
運行／〈デュース〉24時間、12～20分間隔。〈SDX〉毎日9:00～翌0:30の12～20分間隔
乗り方／降り方
乗車前にバス停近くの券売機で乗車券を購入（おつりは出ない。クレジットカード可）。バスに乗り込んだら、運転手横の料金受領箱にあるチケット挿入口にチケットを入れる。降りるときは赤いSTOPボタンを押して下車
●BTC
地P.161　A-2
住101 E. Bonneville Ave.
開毎日7:00～18:00
休サンクスギビング、12/25

モノレール &トラム
Monorail & Tram

ストリップのホテル間を独自のモノレールやトラムが結んでいる。サハラ(ホテルは閉鎖)—MGMグランドを走るモノレールは有料だが、各ホテル間は距離があるのでおおいに利用しよう。

●サハラ←→MGMグランド
運行／毎日7:00～翌2:00(金～日～翌3:00)の5～10分間隔
料1回$5、1日券$14

●エクスカリバー←→マンダレイベイ
運行／毎日9:00～22:30。3～7分間隔　料無料

モノレールは渋滞もないし、運行頻度も高いので便利

ストリップの夜景へリツアー
ネオンがきらめくストリップの夜景を上空から堪能できる（料$109）。飛行時間約15分。シーニック航空（催行会社はマーベリック・ヘリコプター社）から申し込むことができる。
シーニック航空
☎(702) 638-3300
Free(1-866) 235-9422
日本 無料0120-288-747（予約専用）
URL www.scenic.co.jp

ツアー案内 …………… Sightseeing Tours

グレイライン
Gray Line of Las Vegas

出発場所／ラスベガス市内のホテルへのピックアップ・サービスあり。出発時間の24時間前までに電話で要確認。

グレイライン
☎(702) 384-1234
Free(1-800) 634-6579
URL graylinelasvegas.com

ツアー名	料金	運行	所要時間	内容など
Neon Lights Tour	$55	日～金18:30発	5時間30分	ストリップのネオンや看板を見ながら、フリーモントストリート・エクスペリエンスなどを回るツアー
Mini Hoover Dam Tour	$60	毎日8:30発	4時間30分	南ネバダ一番の見どころ、フーバーダムへのツアー。発電所を見学する
Grand Canyon South Rim Tour	$135	毎日7:30発	14時間	グランドキャニオンへのツアー。ブライトエンジェル、マーザーポイント、ヤバパイを回る。昼食付き
Grand Canyon West Rim With Skywalk	$159	毎日7:30発	12時間	崖の上に架けられたガラス製の橋、スカイウオークを訪れるバスツアー。昼食付き
Colorado River Raft Tour	$135	2～11月毎日8:30発	7時間	フーバーダムからコロラド川をボートで下るツアー。昼食付き

投稿 **カジノ初心者なら**▶午前11時頃に行くのがおすすめ。ルーレットのミニマムベット（最低掛け金）が$10と安く、ハイローラー（掛け金の高い客）も少ないので自分のペースで遊べる。ディーラーが代わり、ミニマムベットが変わることがあるが、最初からいる客は$10のままで大丈夫。　（岡山県　ルーシーパパ　'07）['12]

Casino & Hotel カジノ&ホテル

ラスベガスで一番の見どころが、ストリップ沿いに点在する巨大なテーマホテル&カジノだ。それぞれがテーマをもち、外観、内装はもちろん、雰囲気や従業員のユニホームまで徹底的にそのテーマに沿っている。単にカジノというだけでなく、ホテル自体がエンターテインメントなのだ。ショーやアトラクション、ナイトクラブやショッピング、グルメなど楽しみが満載! テーマホテルをはしごして、ラスベガスを満喫しよう。

ラスベガスを変えた男の夢のホテル ウィンラスベガス Wynn Las Vegas

現在のラスベガスを築き上げた男、スティーブ・ウィンの夢が具現化したホテル&カジノ。シャネルなど高級ブランド店の入ったショッピング街、プール、ゴルフ場も完備。また、ホテル内の劇場で公演中の水中アクロバット、Le Rêve が好評。別館アンコール Encore(2034室)もある。2716室。('12)

住 3131 Las Vegas Blvd. S., Las Vegas, NV 89109 ☎(702)770-7000
Free(1-877)321-9966 FAX(702)770-1556 URL www.wynnlasvegas.com
ⓈⒹⓉ$179～529、スイート$249～ ADJMV 地P.161 C-1

テーマは南海の楽園 ミラージュ Mirage

1989年、このホテルの誕生が、新生ラスベガスの幕開けとなった。緑が生い茂り、魚やサメが泳ぎ回る。イルカやホワイトタイガーなど珍しい動物にも出合える。ビートルズのヒット曲が満載のショー『ラブ』も必見!! 夜には、ホテルの前で無料の火山噴火ショーも行われる。3044室。('12)

住 3400 Las Vegas Blvd. S., Las Vegas, NV 89109
☎(702)791-7111 Free(1-800)374-9000 FAX(702)791-7414
URL www.mirage.com ⓈⒹⓉ$89～529 ADJMV 地P.161 C-1

ベネチアンの姉妹ホテル パラッツォ Palazzo

全室スイートで、ラグジュアリーな雰囲気が漂う。バーニーズ・ニューヨークやコーチをはじめ約50店舗入ったショッピングモール The Shoppes at The Palazzo や、L.A. で有名なシェフ、ウルフギャング・パックのステーキレストラン「CUT」などもあり食も充実している。3025室。('12)

住 3325 Las Vegas Blvd. S., Las Vegas, NV 89109
☎(702)607-7777 Free(1-866)263-3001 FAX (702)414-1100
URL www.palazzo.com スイート $169～399 ADJMV 地P.161 C-1

映画『オーシャンズ11』の舞台となった ベラッジオ Bellagio

北イタリアのコモ湖を模した池では噴水ショー Fountain of Bellagio が行われる。カジノへの通路にはグッチなど高級店が並ぶ。客室は、広さ、高級感ともに二重マル。ベラッジオでは宿泊客の家族を除き、18歳未満は大人の同伴なくホテルに入ると注意されることがある。若く見られる人はパスポートを持ち歩こう。3933室。('12)

住 3600 Las Vegas Blvd. S., Las Vegas, NV 89109 ☎(702)693-7111
Free(1-888)987-6667 FAX(702)693-8585 URL www.bellagio.com
ⓈⒹⓉ$149～599、スイート $219～1399 ADJMV 地P.161 C-1

メモ **安くて便利なダウンタウンのホテル▶** ダウンタウン周辺にはストリップよりも手頃な料金で泊まれるホテルが多い。ダウンタウンとストリップを結ぶバスも夜遅くまで運行している。

半世紀ほど前のマンハッタンがテーマ　ニューヨーク・ニューヨーク　New York New York

半世紀ほど前の NY のビルや、自由の女神などを 3 分の 1 から 2 分の 1 の大きさで再現。時速 108km のザ・ローラーコースター The Roller Coaster（料$14、身長 137cm 以上）が NY の頭上を駆け抜ける。「コヨーテ・アグリー」などカジュアルなナイトスポットもある。2023 室。（'12）

住3790 Las Vegas Blvd. S., Las Vegas, NV 89109　☎(702)740-6969　Free(1-866)815-4365
URL www.newyorknewyork.com　ⓈⒹⓉ$70 〜、スイート$110 〜　ADJMV　地P.161　D-1

水の都ベネチアをテーマにしたメガリゾート　ベネチアン　Venetian

ゴンドラが水路を巡り、見上げればサンマルコ広場の鐘楼が……。ロビーの天井をフレスコ画が飾り、ヨーロッパらしい落ち着いた雰囲気が漂う。2 階のグランド・キャナル・ショップス Grand Canal Shoppes には運河が引かれ、ゴンドラライド（料$16）を楽しむことができる。4027 室。（'12）

住3355 Las Vegas Blvd. S., Las Vegas, NV 89109　☎(702)414-1000　Free(1-866)659-9643
URL www.venetian.com　スイート $169 〜 5000　ADJMV　地P.161　C-1

砂漠で楽しむパリの香り　パリス　Paris

エッフェル塔、凱旋門、世界三大美術館のルーブルと、パリをテーマにしたホテル。従業員のあいさつはもちろんフランス語だ。エッフェル塔には本家のごとく展望台があり、ここから向かいのベラッジオの噴水ショーがよく見える。客室はシンプルだが、機能的。バフェも好評。2916 室。（'12）

住3655 Las Vegas Blvd. S., Las Vegas, NV 89109　☎(702)946-7000　Free(1-877)796-2096
URL www.parislasvegas.com　ⓈⒹⓉ$64 〜、スイート $330 〜　ADMV　地P.161　D-1

テーマは南太平洋　マンダレイベイ　Mandalay Bay

空港に近い黄金色に輝くホテル。巨大なアリーナでは、ボクシングのタイトルマッチや人気アーティストのコンサートなどが行われる。レストランも充実。ブルースのテーマレストラン、ハウス・オブ・ブルース House of Blues では、ビッグネームがラインナップされる。3309 室。（'12）

住3950 Las Vegas Blvd. S., Las Vegas, NV 89119　☎(702)632-7777　Free(1-877)632-7800
URL www.mandalaybay.com　ⓈⒹⓉ$70 〜、スイート $100 〜　ADJMV　地P.161　D-1

地中海の小国モナコをモチーフにした　モンテカルロ　Monte Carlo

ストリップでも目立つ、白亜の建物が印象的なモンテカルロ。大理石を使った建物は、モナコの公営カジノ Place du Casino がイメージで高級感が漂う。ホテルのロビーとカジノが分かれていて、カジノをとおらずに客室に行ける珍しいホテル。2992 室。（'12）

住3770 Las Vegas Blvd. S., Las Vegas, NV 89109　☎(702)730-7777　Free(1-888)529-4828
URL www.montecarlo.com　ⓈⒹⓉ$47 〜、スイート $80 〜　ADJMV　地P.161　D-1

ピラミッドとスフィンクスが目印　ルクソール　Luxor

ピラミッドの頂上から放たれる光は、スペースシャトルからも見えるほどの光度。ピラミッドの床面積は 1 万坪以上とにかく広い。新館の客室は、窓も壁も斜めというユニークな造りだ。バフェは値段のわりに種類が豊富で、人気がある。ヘルシーな料理も比較的多い。4408 室。（'12）

住3900 Las Vegas Blvd. S., Las Vegas, NV 89119　☎(702)262-4102　Free(1-877)386-4658
URL www.luxor.com　ⓈⒹⓉ$35 〜、スイート $120 〜　ADJMV　地P.161　D-1

メモ　「結婚」のメッカ、ラスベガス ▶ ラスベガスには、24 時間オープンのチャペルがたくさんあり、年間 12 万組以上が結婚式を行っている。最低条件はクラーク郡の Marriage Licence をもらうこと。男女ともに 18 歳↗

古代ローマ帝国がテーマ シーザースパレス Caesars Palace

古代ローマ帝国がラスベガスに出現。荘厳な雰囲気のシーザースパレスは、ボクシングの世界タイトルマッチが開催されることでも有名。隣接するフォーラムショップス Forum Shops は、160 軒以上の店舗が入るショッピングセンター。モダンなインテリアの客室も好印象。3348 室。 ('12)

住 3570 Las Vegas Blvd. S., Las Vegas, NV 89109 ☎ (702)731-7110 Free (1-866)227-5938
URL www.caesarspalace.com ⓈⒹⓉ $87 ～ 1000 ADMV 地 P.161 C-1

無料のショー、TI のセイレーンが人気 TI: トレジャーアイランド TI: Treasure Island

もともとはスティーブンソンの小説『宝島』をモチーフにしたホテルだったが、大改装を行い、モダンでシックなホテルへと変身した。ホテルの前で毎晩 4 回行われる TI のセイレーン Sirens of TI は、セクシーな美女たちが歌と踊りを披露する無料のショー。2885 室。 ('12)

住 3300 Las Vegas Blvd. S., Las Vegas, NV 89109 ☎ (702)894-7111 Free (1-800)288-7206
URL www.treasureislandlasvegas.com ⓈⒹⓉ $54 ～ 224 ADJMV 地 P.161 C-1

シティセンターを代表するメガリゾート アリア・リゾート&カジノ Aria Resort & Casino

2009 年にシティセンターが完成し、7 つのタワーが林立するセンターの中心にそびえるのが、このアリアだ。ショッピングモールのクリスタルズへは 1 階の通路から行くことができる。エルビスシアターは 2 階。カリスマシェフが腕をふるうレストランも入店しており、ホテル内だけで丸一日楽しめる。4004 室。 ('12)

住 3730 Las Vegas Blvd., Las Vegas, NV 89109 ☎ (702)590-7111 Free (1-866)359-7111
URL www.arialasvegas.com ⓈⒹⓉ $109 ～ 699、スイート $225 ～ ADJMV 地 P.161 D-1

ラスベガスの発展はこのホテルから フラミンゴ Flamingo

現在の華やかなラスベガスの基礎となった重要なホテル。ストリップをとおれば必ず見える、大きなピンクのフラミンゴのサインが目印。中庭でマスコットのフラミンゴを飼育しており、観光客の人気を集めている。ホテルの内装もピンクが基調。ファミリーにおすすめのホテルだ。3626 室。 ('12)

住 3555 Las Vegas Blvd. S., Las Vegas, NV 89109 ☎ (702)733-3111 Free (1-800)732-2111
URL www.flamingolasvegas.com ⓈⒹⓉ $28 ～ 308 ADMV 地 P.161 C-1

ラスベガスの最新スポット、シティセンター 旅のアドバイス

ストリップの南にある大型複合施設の**シティセンターCity Center**は、ラスベガスで最もホットなエリア。マンダリン・オリエンタル、アリア、ヴェダラの3つのホテルと超高級ショッピングモール、クリスタルズとダイニングエリアで構成される。また、シティセンターのオープン後に誕生したコスモポリタンホテルは、モダンで斬新なインテリアが話題。館内を歩くだけで発見の連続だ。

必見！ シルク・ドゥ・ソレイユのショー

シティセンターの中核をなすホテル、アリアのアリアシアターAria Theatreで行われているのがビバ・エルビス Viva Elvis。エルビスの音楽、ダンスとシルク・ドゥ・ソレイユの強力タッグに注目。なお、ビバ・エルビスは2012年8月で終演予定。同年11月からマジシャンが主役のロックオペラザルカナ Zarkanaを上演予定。

●シティセンター City Center
URL www.citycenter.com 地 P.161 D-1
●アリア Aria
URL www.arialasvegas.com
●ビバ・エルビス Viva Elvis（ザルカナ Zarkana）
URL www.cirquedusoleil.com
●クリスタルズ Crystals
URL www.crystalsatcitycenter.com

一流ブランドショップが入るクリスタルズ

↘以上、年齢を証明するものを提示する。費用 $60 でクラーク郡の庁舎内にある婚姻許可局（住 201 E. Clark Ave. 開 毎日 8:00 ～ 24:00）が証明書を発行してくれる。

悲鳴に近い叫び声がアーケード中に響き渡る

フリーモントストリート・エクスペリエンス
住ダウンタウンのFremont St.のMain St.から4th St.まで
URL www.vegasexperience.com
開毎日日没後〜24:00（金・土〜翌1:00）の毎正時（季節により変更あり）
料無料
●Flightlinez
住425 Fremont St.
☎(702) 410-7999
URL flightlinezfremont.com
開毎日12:00〜24:00（金・土〜翌2:00）
料$15（〜18:00）、$20（18:00〜）
※体重27〜113kg、身長200cmまで。18歳未満は保護者の署名が必要

ストラトスフィアタワー
住2000 Las Vegas Blvd. S.（ストラトスフィア内）
Free (1-800) 998-6937
URL www.stratospherehotel.com
開毎日10:00〜翌1:00（金・土・祝日〜翌2:00）
※雷、強風による運休あり
料展望台とライド1日券$34
※身長122cm以下は乗車不可
●Top of the World
☎(702) 380-7777
URL www.topoftheworldlv.com
開毎日11:00〜22:30（金・土〜23:30）
●Sky Jump
開毎日10:00〜翌1:00（金・土〜翌2:00）
料$110

眼下に広がる景色を直視できるか!?

ザ・ローラー・コースター
住3790 Las Vegas Blvd. S.（ニューヨーク・ニューヨーク内）
URL www.newyorknewyork.com
開日〜木11:00〜23:00、金・土10:30〜24:00
料$14、1日乗り放題券$25
※身長137cm以下は乗車不可

アドベンチャードーム
住2880 Las Vegas Blvd. S.（サーカスサーカス2階奥）
☎(702) 794-3939
Free (1-866) 456-8894
URL www.adventuredome.com
開月〜木11:00〜18:00、金〜日10:00〜24:00（日〜21:00）
料入場無料。ライドによって料金は$5〜8。1日乗り放題は$26.95、身長120cm未満の子供は$16.95

アーケードのネオンショーは圧巻 地P.161 A-2

フリーモントストリート・エクスペリエンス

Fremont Street Experience

かつては、“ネオンの洪水”という言葉がふさわしかったダウンタウンのフリーモントストリートがアーチ型の屋根で覆われ、歩行者天国として生まれ変わった。毎晩行われるアーケードの天井にさまざまな映像が映し出される光の祭典は、迫力満点。また近年、**フライトラインFlightlinez**と呼ばれるワイヤーにぶら下がり滑車で滑り降りるアトラクションが登場し、人気を集めている。

世界いち高いスリルライドに挑戦しよう 地P.161 B-2

ストラトスフィアタワー

Stratosphere Tower

タワーには米国内で一番高い展望台（261m、料$16）があり、そこからはラスベガスを360度見渡すことができる。レストランの**トップ・オブ・ザ・ワールド Top of the World**は240mの高さにあり、フロアがゆっくりと回転する仕掛け。実は、このホテルの目玉は**スカイジャンプSkyJump**。ライダーは、約260mの高さから時速約65kmで垂直に落下していく。タワーからのバンジージャンプを楽しむフリーフォールアトラクションだ。そのほか、**ビッグショットBig Shot**（料$13）は、タワーの先から針のように突き出たポールに沿って、高度277mから真上に49m、時速72kmの速さで打ち上げられたあと、もとの高さまでフリーフォールするもの。270m下の世界が徐々に広がる回転ブランコのような**インサニティInsanity**（料$12）とシーソー型ライドの**Xスクリーム X-Scream**（料$12）も人気がある。

砂漠の摩天楼を走り抜ける 地P.161 D-1

ザ・ローラー・コースター

The Roller Coaster

ニューヨーク・ニューヨークにあるローラーコースター。ホテルを取り囲むように敷かれたレールを最高時速108kmで走行。普通のローラーコースターだが、建物をギリギリにとおるのでその分、スリルがある。昼間より夜景が楽しめる夜間の方が人気だ。

暑いベガスの涼しいテーマパーク 地P.161 B-1

アドベンチャードーム

Adventuredome

ホテルのサーカスサーカスの中にある巨大なドーム状の建物。全米唯一の屋内ダブル・ループ・コースター、**キャニオンブラスター Canyon Blaster**は宙返り2回にツイスト2回、かなりハードなライドだ。これを中心に、ウオーターシュートのリムランナー、回転スリルライドのカオスなど、ドーム内に鎮座する岩山を中心にエキサイティングな乗り物がいろいろ。暑いラスベガスの気候ゆえ、インドアのテーマパークは快適である。

空調の効いたドームでスリルを味わおう

カジノ　Casino

旅のアドバイス

　ラスベガスといえばやはりカジノ。どれもそれほど難しくないので気軽に参加してみよう。カジノには客が安心して遊べるように、いくつかの決まりがあるので気を付けたい。

　なお、ラスベガスでは「ギャンブル」という言葉をあまり使わない。カジノのゲームを楽しむことは**「ゲーミング gaming」**ということが多いので覚えておくといい。

●カジノに入れるのは 21 歳から。日本人はたいがい若く見られるので常に ID（パスポートなど）を携帯したほうがよい。また、スロットマシンで大当たりしたときなど、身分証明書の提示が求められる。

●客のプライバシーを守るためカジノ内の写真撮影は禁止。

●ブラックジャック、ルーレット、クラップスなど、2 列に並んでいる台の間（ディーラーの立っている側）をとおってはならない。移動するときは列の外側を回ること。

●台についてプレイをしているとき、飲み物は無料だが、運んでくれるカクテルウエートレスへのチップを忘れないこと。

●ブラックジャックで席に座れるのはプレーヤーのみ。見物人は立つ。

　その他、疑問があったら遠慮なくディーラーに聞こう。大きなカジノでは、忙しくない時間帯に無料でゲーミング講座を開催している。わからないことがある人はおおいに利用して、ここでコツを覚えてからカジノに臨もう。

代表的なゲーム

●スロットマシン　Slot Machine

　コインや紙幣を入れてボタンを押すと絵柄が回転し、止まったときにいくつ絵が合うかによって配当がもらえるという単純なゲーム。かつてはレバーを引くスタイルが多かったが、今はボタンを押すだけ。使える金種はマシンによって異なるが、普通 5¢、25¢、50¢、$1 の硬貨と $1 ～ 100 札（なかには特別なチップを使って、賭け金が最低 $100 なんてマシンもある）。マシンは合う絵柄の数によって決まった配当が得られるストレートスロットと、決まった配当のほかにジャックポットを当てると、積み立てられた賞金がもらえるプログレッシブスロットの 2 種類。ベンツなどの高級車をジャックポットの商品にしているカジノもあり、それぞれ客集めに工夫をしている。

一攫千金も夢じゃない！

思いきって挑戦してみるのもいい思い出になる

●ブラックジャック　Blackjack

　2 枚以上のカードを組み合わせた合計でディーラーと勝負するゲーム。21 を超えないでいかに 21 に近づけるかの判断、ディーラーとの駆け引きなど単純なようでなかなか難しい。ラスベガスで最も人気のあるゲームのひとつで、初心者でも比較的挑戦しやすいテーブルゲームだ。テーブルごとに最低の賭け金が決まっている。だいたい $5 くらいから。

●ルーレット　Roulette

　回転するルーレットの 1 ～ 36 までの数字に、0 と 00 を加えた 38 の数字のどこに玉が入るかに賭ける。ヨーロッパで生まれ、日本人にもおなじみのゲーム。ひとつの数字に賭けるか、4 つの数字に賭けるか、または、奇数、偶数、赤、黒などさまざまな賭け方があり、それによって配当の倍率が違ってくる。初心者にもわかりやすいのでおすすめ。

●クラップス　Craps

　ふたつのサイコロの出た目の合計で勝負するゲーム。テンポが速く、アメリカ的な最もにぎやかなゲームで、近年ラスベガスでも急速に台が増えている。ただし、相当な英語力が要求されるので日本人向きではない。

●キノ　Keno

　1 ～ 80 までの数字のうち、1 ～ 15 個好きな数字を選び、専用のチケットにマークする。その後 20 個の数字が選ばれ、そのなかに自分が選んだ数字がいくつあるかで配当が決まる。例えば、$1 賭けて、10 個の数字を選び、そのうち 6 個が当たれば $18 の配当がもらえる、という具合。$10 賭けていれば、当然配当は $180。$1 賭けて、10 個のうち 9 個が当たれば、配当は $3800 にもなる。ただし、近年、キノは衰退しつつある。

投稿　**カジノ初心者だったが**▶ブラックジャックでは英語力も必要なく安心して遊べた。ディーラーやゲームに参加しているのも女性が多かったのがよかったかも。カジノチップをおみやげに持ち帰ってきた。
（さいたま市　北原樹里　'06）['12]

Shows in Las Vegas ショーを楽しむ

ラスベガスのショーは大きく分けて3つの種類がある。まずはカジノの客寄せのための**無料観覧ショー**（ベラッジオの噴水ショー、TI:トレジャーアイランドのTIのセイレーン、ミラージュの火山の噴火）、ビッグスターのライブコンサートである**ヘッドライナーショー Headliner Shows**（セリーヌ・ディオンやエルトン・ジョンなどのコンサート）、そしてラスベガスで必見のプロダクションが運営する**プロダクションショー Production Shows**（アクロバット、マジック、レビュー、コメディなど）だ。

①現地での情報の入手

ホテルのロビーなどに置いてある“where”“What's On”などの無料の情報誌に詳細が載っている。日本から調べていくなら、URL www.lvtaizen.comがおすすめ。

②ショーの予約

英語力に問題がなければ電話やインターネットで予約ができる。その際、クレジットカードが必要で、チケットは当日その劇場のボックスオフィスで受け取る。または、直接ホテルのボックスオフィスに出向くのもいい。座席表を見ながら選ぶことができるのが利点だ。最後の方法としては、当日、ショーの始まる1～2時間前に行き、キャンセル待ちの列に並ぶ。

③ショーの当日

服装については、特に気にする必要はないが、ショーのグレードや雰囲気に合わせて選ぶといい。

チップについては、座席指定のないショーでは、チップをはずめば確かにいい席に案内される可能性はある。普通はふたりで$5～10くらいが相場。ただ、ラスベガスのショー会場はどこからでもよく見えるような構造になっているので、「どうしても!」という人以外はそれほど無理をする必要はないだろう。

人気のプロダクションショー（2012年5月現在／以下は劇場を示す）

●『ラブ LOVE』／ミラージュ

ビートルズの音楽が主役のショー。四角のステージを囲むように客席が組まれ、ビートルズの名曲に合わせ、アクロバットや芸術的な舞台、衣装などで楽しませてくれる。

●『オー O』／ベラッジオ

幻想的な水上アクロバット。舞台に設けられた大きなプールを使って、高飛び込みやシンクロナイズドスイミング、空中ブランコなど数々のアクロバットが繰り広げられる。

●『カー KA』／MGMグランド

火をテーマにしたシルク・ドゥ・ソレイユの壮大なステージ。見事なアクロバットと垂直にもなる舞台装置が見ものだ。

●『ズーマニティ Zumanity』／ニューヨーク・ニューヨーク

歪んだ愛と性をテーマに、人間の本質と獣の境を際どく表現。官能的でありながら、アクロバティックで芸術的な仕上がりはさすが。役者と観客との激しい絡みにも注目。

ショーのお値段は……
ヘッドライナーショーの料金は出演者によって$40～280

これを参考に
見たいショーを探すときに気を付けたいのは、英語力。一般的にいって、視覚的に楽しめるマジックショーは問題なし。お目当てのスターが近くで見られればよいというヘッドライナーショーもOK。英語がわからなくて惨めな思いをするのはやはりコメディ。周りが大笑いしているとき自分だけしらけているのはつらい

※LOVE～Mystèreまではシルク・ドゥ・ソレイユによるショー
URL www.cirquedusoleil.com

●LOVE
地 P.161 C-1
☎ (702) 792-7777
Free (1-800) 963-9634
料 $79、$98.50、$104、$130、$155、$180＋Tax
休 火・水

●O
地 P.161 C-1
☎ (702) 796-9999
Free (1-888) 488-7111
料 $109、$130、$155、$180＋Tax
休 月・火

●KA
地 P.161 D-1
Free (1-866) 740-7711
料 $69、$99、$130、$150、$180＋Tax
休 日・月

●Zumanity
地 P.161 D-1
Free (1-866) 606-7111
料 $69、$79、$99、$135
休 水・木※年齢制限18歳以上

ズーマニティの客層は圧倒的にカップルが多いが、ひとりでもまったく問題はない。アメリカのアダルトジョークを笑いとばせれば一人前だ

メモ **地元情報誌を活用しよう▶** “Where”“What's On”は、ショーやアトラクションをはじめ、さまざまなローカル情報を掲載している無料の観光ガイド。月刊誌なので比較的情報も新しく、上演中のショーを選ぶときはなにかと便利だ。ホテルのロビーや客室、ショッピングモールなどに置かれている。

● 『ミステア Mystère』／TI:トレジャーアイランド

究極のアクロバットはもちろん、舞台美術も一見の価値あり。エレガントさと洗練さが加味され、別世界を築いていく。

● 『ブルーマン・グループ Blue Man Group』／ベネチアン

ニューヨークのオフブロードウエイで、ロングラン上演中。無表情な青い男たちが繰り広げる抱腹絶倒のパフォーマンス。

●Mystère
地P.161　C-1
Free (1-800)392-1999
料$69、$85、$105、$119＋Tax
休木・金

●Blue Man Group
地P.161　C-1
Free (1-800) 258-3626
料$74.90、$101.85、$147.50

郊外の見どころ Excursion

西海岸電力の源　地P.161　地図外

フーバーダム
Hoover Dam

ラスベガスからUS93/95を南東へ約48km、途中ネバダ州で珍しくギャンブルが違法な町のひとつBoulder CityをとおってUS-93を約40分。岩山の間のカーブの多い道を上って行くと、高さが約221m（70階建てのビルに相当）、幅約379mという巨大なフーバーダムが現れる。

1931年に始まった工事は49ヵ月かかり、せき止められたコロラド川によって巨大な人造湖**レイクミード Lake Mead**が誕生した。現在、このダムは年間40億キロワットの電力を供給している。とにかくその大きさには驚くばかりだ。

実は人造湖　地P.161　地図外

レイクミード
Lake Mead

コロラド、バージン、マディの3つの川の流れがフーバーダムによってせき止められてできたアメリカ最大の人造湖。しかし、その複雑な湖岸線と深く青い水の色は人造湖とは思えないほど美しい。US93/95でフーバーダムへ向かう途中にある**マリーナ Lake Mead Beaches Marina**には、ビーチ、クルーズ船の波止場、レンタルのボートやギフトショップ、レストランなどがあり、のんびりしたり、アクティブに美しい湖を楽しむことができる。

地表に現れた奇妙な姿の岩たち　地P.161　地図外

バレー・オブ・ファイアー州立公園
Valley of Fire State Park

ラスベガスの北東約90km。I-15を北へ、Exit 75からValley of Fire Hwy.を東に走ると、乾ききった大地に突如、巨大なゴツゴツとした赤い岩の一帯が出現する。その名のとおり、まるで炎のような渓谷だ。赤い色はネイティブアメリカンにとっては秘密の色。この地は彼らにとって長い間隠されてきた聖地だった。できれば車から降りて少し歩いてみよう。赤い岩の表面には、約3000年前に先住民が刻んだ壁画が残っている。この壁画は地震などで地層が崩れ、その姿を現したものだ。耳を澄ませば風と砂のこすり合わさる音が聞こえてくる。

強いパワーを感じる

西部の水源フーバーダム

フーバーダム
ダムの上には小さな案内所があり、そこで約30分のツアーのチケット（料$11）を買い、列に並ぶ。ここからエレベーターに乗って下までおりて、ツアーが始まる

●Dam Powerplant Tour
☎(702) 494-2517
URL www.usbr.gov/lc/hooverdam
開毎日9:00～18:00（チケット販売は17:15まで、冬期1時間短縮あり）

レイクミードのクルーズ
☎(702) 293-6180
URL www.lakemeadcruises.com
ツアー／毎日12:00、14:00発
料$25、2～11歳$13
※ブランチ$45、ディナー$57.50のクルーズは4～10月に催行

郊外の見どころへのアクセス
車がないと行きづらい場所にあるが、ストリップ沿いのホテルまで送迎してくれるツアーも数多く催行されている。➡P.162

バレー・オブ・ファイアー州立公園
URL parks.nv.gov/parks/valley-of-fire-state-park
公園入口のビジターセンター〔開毎日8:30～16:30　☎(702) 397-2088〕では、公園を説明した展示、ネイティブアメリカンの壁画や野生動物、植物についても解説している。なお、公園に行くときは飲料水を持って歩くこと。料車での入園は1台$10

投稿　**バスツアーで郊外へ▶**ラスベガスからツアーでフーバーダムやグランドキャニオン（サウスリムまで）を回った。都会とはまた違ったアメリカを体験でき、おもしろかった。（越前市　アンユナ　'06）['12]

ショップ&レストラン&ホテル Shops & Restaurant & Hotel

S ショッピングモール

群を抜いた店舗数のモール
ファッションショー
Fashion Show

住3200 Las Vegas Blvd. S.
☎(702) 369-8382 URL www.thefashionshow.com
開月〜土10:00〜21:00、日11:00〜19:00 休不定期にあり
地P.161 C-1

6軒のデパート、250軒のショップがあり、欲しい物がたいてい入手できる。ルイ・ヴィトン、バリー、ザラなど日本人好みのブランドもある。('12)

S アウトレットモール

ストリップに近いアウトレット
ラスベガス・プレミアム・アウトレット・ノース
Las Vegas Premium Outlets North

住875 S. Grand Central Pkwy. ☎(702) 474-7500
URL www.premiumoutlets.com
開毎日10:00〜21:00(日〜20:00) 地P.161 A-2
行SDXでLV Premium Outlets-North下車

コーチ、ジューシー・クチュール、ロクシタンなど人気ブランドが目白押しだ。店舗数は約150で25〜65%オフ。('12)

R ファストフード

L.A.で超人気のホットドッグ
ピンクス
Pink's

住3663 Las Vegas Blvd. S.(ミラクルマイル・ショップス、1階)
☎(702) 405-4711 開毎日10:30〜24:00(金・土〜翌3:00)
AMV 地P.161 D-1

ハリウッドで1939年に創業。定番は、ホットドッグにマスタードとチリソース、刻んだオニオンをトッピングしたチリドッグ($5.99)。豪快なフレンチフライは、ふたりでシェアしてちょうどいい量だ。('12)

H ホステル

若者が集うラスベガスのユース
ラスベガスホステル
Las Vegas Hostel

住1322 Fremont St., Las Vegas, NV 89101
☎(702) 385-1150 Free (1-800) 550-8958 FAX (702) 543-2989
URL lasvegashostel.net
料ドミトリー$16〜25、個室$32〜50 MV 地P.161 A-2外

ダウンタウンの中心からFremont St.を東に徒歩10分。ドミトリー(4〜8人部屋)は清潔に保たれている。アウトドアプールやビリヤード台があり、バックパッカーたちの交流の場となっている。無料のWi-Fi接続、朝食あり。('12)

ラスベガスのおもなバフェ(バイキング) 2012年5月現在

ホテル名 バフェ名	営業時間 料金	土・日 ブランチ	ホテル名 バフェ名	営業時間 料金	土・日 ブランチ
Bellagio The Buffet	毎日7:00〜23:00 $15.95〜36.95	7:00〜16:00 $24.95〜29.95	**Mirage** Cravings	月〜金8:00〜22:00 $15.99〜26.99	8:00〜15:00 $24.99
Circus Circus Circus Buffet	毎日7:00〜22:00 $11.49〜14.49	—	**Paris** Le Village Buffet	月〜金7:00〜22:00 $15.99〜27.99	10:00〜15:30 $27.99
Excalibur※$32 ExcaliburBuffet	毎日7:00〜22:00 $15〜20	—	**Planet Hollywood** Spice Market Buffet	毎日7:00〜22:00 $15.99〜27.99	7:00〜16:00 $24.99
Flamingo Paradise Garden Buffet	毎日7:00〜22:00 $17.99〜23.99	10:00〜15:00 $21.99	**Rio** Carnival World Buffet	毎日8:00〜22:00 $18.99〜29.99	8:00〜15:30 $29.99
Luxor※$32 More the Buffet	毎日7:00〜22:00 $15〜20	—	**Rio** Village Seafood Buffet	毎日16:00〜22:00 (金・土15:30〜) $44.99	—
LVH The Buffet	月〜金7:00〜14:30、 17:00〜22:00 $14.99〜19.99	7:00〜14:30 $19.99	**TI:Treasure Island** The Buffet at TI	月〜金7:00〜16:00 $17.95〜19.95 毎日16:00〜22:00 $23.95〜26.95	7:00〜16:00 $23.95
Mandalay Bay Bayside Buffet	毎日7:00〜14:30、 16:45〜21:45 $15.99〜27.99	—	**Wynn Las Vegas** The Buffet	毎日8:00〜22:00 (金・土〜22:30) $18.95〜38.95	8:00〜15:30 $29.95〜36.95
MGM Grand MGM Grand Buffet	毎日7:00〜14:30、 16:30〜21:30 $17.25〜35.99	7:00〜14:30 $24.99			

Excalibur、Luxorの※印料金は、両方に終日出入り自由で食べ放題の特別料金

投稿 **ウィケッドスプーンWicked Spoon▶**コスモポリタンホテル内にあるバフェ。あらかじめ小皿に盛りつけてあり、食事もデザートも多彩なメニュー。地P.161 D-1 開毎日ブランチ8:00〜14:00(土・日〜15:00)、ディナー17:00〜21:00(金・土〜22:00) 料ブランチ$22(土・日$29)、ディナー$35 (新宿区 ひでまる '12)

大地の裂け目

グランドキャニオン国立公園
Grand Canyon N.P.

ヤバパイポイントの夜明け

　数十億年の歳月とコロラド川の急流が造り上げた大自然の驚異、宇宙から見える地上唯一の地形、大地の歴史を刻み込んだ壮大な地球史の博物館などと、さまざまな形容がされるアメリカを代表する国立公園、グランドキャニオン。しかし、実際にその渓谷の縁に立ち、足下に広がる景色を目のあたりにすると、すべての言葉が意味をもたなくなる。人間が考えつく形容詞などはるかに超越したそのスケールに言葉を失い、ただ立ちすくんでしまう。世界遺産に登録された、その壮大なスケールと美しさを自分の目で確かめるために、毎年世界中から多くの人々がここを訪れ、その数は年間400万人を超える。アメリカを代表する観光地でありながら、観光化と自然環境保護とを両立させているその状況は、アメリカ人の自然との共存の努力の結果だ。はるばるこの大陸に来たら何としても見逃せないポイントである。

パークレンジャーによるツアーも催行される

DATA

入園者数▶約429万人（2011年。国立公園中第2位）
面積▶4926km²
標高▶最高2690m
国定公園指定▶1908年
国立公園指定▶1919年
世界遺産登録▶1979年
時間帯▶マウンテン・タイムゾーン（夏時間不採用） P.631

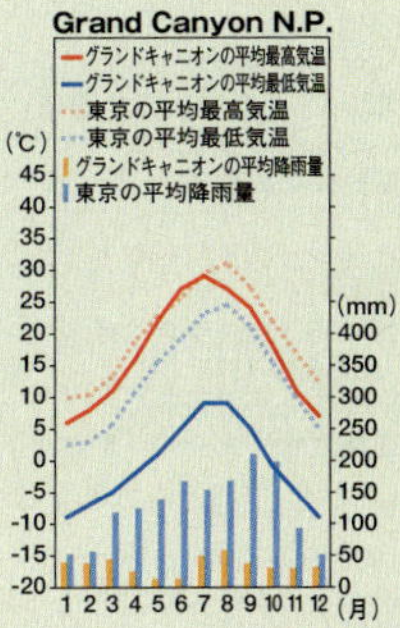

GUIDE BOOK　地球の歩き方B02アメリカ西海岸編（1700円＋税）、B09ラスベガス編（1700円＋税）、B13アメリカの国立公園編（1800円＋税）でもグランドキャニオン国立公園を紹介していますので、ご活用ください。

Getting There　グランドキャニオンへの行き方

全長446kmのグランドキャニオンのうち私たちが見られるのはごく一部。公園はコロラド川を挟んでサウスリム（南壁）とノースリム（北壁）に分かれるが、交通の便がよく、施設の整ったサウスリムが一般的だ。サウスリムのゲートは1年中オープンしているが、ノースリムは10月下旬～5月中旬はクローズする。

フラッグスタッフから

グランドキャニオンから南西約130kmに位置する**フラッグスタッフFlagstaff**（アリゾナ州）➲P.232。グレイハウンドのバスディーポはダウンタウンの南東約1kmのところにあり、フェニックス、ラスベガスからの便が走っている。フラッグスタッフからグランドキャニオンへは、**アリゾナシャトルArizona Shuttle**のバスが1日3便の運行。このバスはフラッグスタッフのアムトラック駅（グレイハウンド・バスディーポから北西へ徒歩15分）を出発し、フラッグスタッフ空港、ウィリアムズのグランドキャニオン鉄道駅に寄ってから、サウスリムのマズウィックロッジまで行く。

ウィリアムズから

ウィリアムズ Williams（アリゾナ州）はフラッグスタッフの西約56kmに位置する町。ウィリアムズからグランドキャニオンのサウスリムまで、観光用の蒸気機関車、**グランドキャニオン鉄道Grand Canyon Railway**が運行されている。季節により1～2往復。ノスタルジックな列車は、アメリカ人にも人気がある。

ラスベガスから

ラスベガスからグランドキャニオンへは小型機によるツアーが数多く行われてる。以下の会社は日本語で予約できる。

●シーニック航空　Scenic Airlines

ハイライト・エアーツアー（ラスベガスからグランドキャニオン西側まで飛行機で遊覧するツアー。地上に降りることがないため、時間のない人におすすめ料$174～）、グランド・ボイジャー（ラスベガスに近いグランドキャニオン・ウエストを遊覧飛行、ヘリでコロラド川の谷底まで下り、ボートで川を遊覧する。ランチ付き料$424～）、グランドキャニオン・サウスリム1日観光（遊覧飛行のあと、地上をバスで観光する。日本語ガイド付きで、昼食も出る料$319～）、サウスリム1泊2日（料$344～）、「スカイウオーク」と遊覧飛行をセットにしたスカイウオーク（料$299～）などがある。

●パピヨン・グランドキャニオン・ヘリコプターズ
Papillon Grand Canyon Helicopters

定番は公園内のバスツアーと飛行機での遊覧がセットになり、軽食付きのグランドキャニオン・デラックス（料$329）。ヘリの場合は、グランド・セレブレーション・ツアー（料$429）。

●ようこそラスベガス　Yokoso Las Vegas

グランドキャニオンをはじめとする、大自然へのツアーを催行。飛行機が苦手な人のためのバスツアー（サウスリム料$149～265）、飛行機の遊覧付きのグランドキャニオン・デラックスツアー（料$274）などがある。

フラッグスタッフ観光案内所
住1 E. Route 66, Flagstaff（アムトラック駅舎内）
☎(928)774-9541
Free(1-800)842-7293
URL www.flagstaffarizona.org
開月～土8:00～17:00、日9:00～16:00

グレイハウンド・バスディーポ（フラッグスタッフ）
住880 E. Butler Ave., Flagstaff
☎(928)774-4573
開毎日11:30～15:00、18:30～翌5:30

●Arizona Shuttle
Free(1-800)888-2749
URL www.arizonashuttle.com
料フラッグスタッフ～グランドキャニオン間片道$29+$6（入園料）、所要2時間

●Grand Canyon Railway
☎(303)843-8724
Free(1-800)843-8724
URL www.thetrain.com
料コーチクラス往復：$75、子供$45。ファーストクラス往復：$140、子供$110
休12/25

蒸気機関車でグランドキャニオンに行くのも人気がある

ラスベガスから出発するツアー

●シーニック航空
☎(702)638-3300
Free(1-866)235-9422
日本無料0120-288-747（予約専用）
URL www.scenic.co.jp
※別途税金が加算

●パピヨン・グランドキャニオン・ヘリコプターズ
☎(702)736-7243（ラスベガス）
Free(1-888)635-7272
URL www.papillon.com
※別途燃油サーチャージが必要

●ようこそラスベガス
Free(1-800)568-7772
URL www.yokoso.com/tour
※別途税金が加算

メモ　**セスナの揺れ▶**セスナは初夏など気候の安定しないときには揺れるが、実際に酔う人は全体の5%に満たないという。しかし、不安な人は、酔い止めを持っていったほうがいい。揺れが少ないのは比較的気流が安定している早朝だそう。

飛行機 Plane

グランドキャニオン国立公園空港
Grand Canyon National Park Airport (GCN)

空港はサウスリム・ビレッジの約4マイル（約6.4km）南のトゥシヤンTusayanの町にある。ラスベガスからはシーニック航空がフライトを運航。

グランドキャニオン国立公園空港
URL www.grandcanyonairport.org
住 Hwy. 64, Tusayan
☎ (928) 638-2446

■ 空港から／空港へのアクセス

種類／名称／連絡先		行き先／運行／料金	乗車場所／所要時間／備考
タクシー	ザンテラ・サウスリム Xanterra South Rim ☎ (928) 638-2822	行き先▶ビレッジなど 運行▶24時間随時 料金▶ビレッジまで1人$10+公園入園料$6(車1台につき)	空港発▶ターミナルを出たところから乗車 空港行き▶電話をして迎えに来てもらう 所要時間▶ビレッジまで約15分

※それぞれの乗り物の特徴については P.665

レンタカー Rent-a-Car

ラスベガスやフラッグスタッフでレンタカーが借りられる。フラッグスタッフからはUS-180を北上するだけ。約80マイル（約128km）、1時間50分ほどのドライブだ。ラスベガスからはUS-93を南へ。アリゾナ州キングマン Kingmanからl-40を東に乗り、約120マイル（約192km）でウィリアムズに到着する。AZ-64に移ればサウスリムまで一本道。ラスベガスから約5時間の道のり。

無料シャトルバス（トゥシヤンルート）
5月中旬から9月中旬まで、グランドキャニオン国立公園空港からサウスリムのグランドキャニオン・ビジターセンターまで無料のシャトルバスが運行している
運行／毎日8:00～21:30（15分間隔）
料 無料

運転に注意！ 旅のアドバイス
ウィリアムズの町から公園内のゲートまで、長い一本道が続く。スピード違反を取り締まる警察官も多く、捕まっている人をたくさん見かける。

観光案内所 Visitors Information

グランドキャニオン・ビジターセンター
Grand Canyon Visitor Center

マーザーポイントにある園内で最大のビジターセンター。シャトルバスのビレッジルートやカイバブ・リム・ルート、トゥシヤンルートが乗り入れている。

グランドキャニオン・ビジターセンター
地 P.175
開〈夏期〉8:00～19:00、〈冬期〉8:00～17:00
☎ (928) 638-7888
※センターでは『The Guide』という公園の新聞と地図を入手しよう

園内の交通機関 Public Transportation

シャトルバス
Shuttle Bus

サウスリムでは3種類の無料のシャトルバスが走っている。園内の見どころやトレイルの入口に停車するので便利。

ビレッジルート Village Route
多くの宿泊施設のあるサウスリム・ビレッジを中心に、グランドキャニオン・ビジターセンター、ブライト・エンジェル・ロッジなどを回る。一周約50分で、年中運行。

ハーミッツレスト・ルート Hermits Rest Route
サウスリム・ビレッジにあるブライト・エンジェル・ロッジの西側から出発。ウエストリムにある9つの景観ポイントを回り、ハーミッツレストまで走る。復路はピマ、モハーベ、パウエルの各ポイントにしか停車しない。一周約75分で、3～11月のみの運行。

カイバブ・リム・ルート Kaibab Rim Route
グランドキャニオン・ビジターセンターからビレッジの東側にあるヤキポイントやヤバパイ博物館まで行く。サウスカイバブ・トレイルを歩くハイカーの利用が多い。一周約50分で、年中運行。

ビジターセンターでトレイルの情報が入手できる

シャトルバス
●Village Route
運行／4:30～22:00（6～8月は～23:00、12～2月は～21:00）。朝晩は30分、日中は15分間隔
●Hermits Rest Route
運行／4:30～日没約1時間後。朝晩は30分、日中は15分間隔
●Kaibab Rim Route
運行／4:30～日没約1時間後。朝晩は30分、日中は15分間隔
※ハーミッツルートは3～11月は一般車乗り入れ禁止。ヤキポイントは一年中一般車乗り入れ禁止

投稿 **懐中電灯を持っていこう**▶朝日を見に、レンタカーでグランドキャニオンへ向かった。駐車場を離れると街灯がなく、真っ暗なので、懐中電灯があるといい。（名古屋市　けいす　'08）['12]

Getting Around グランドキャニオン国立公園の歩き方

トレイルを歩いて、いろいろな角度から眺めてみよう。その際、必ず充分な量の水を持っていくこと

グランドキャニオン国立公園
☎(928)638-7888
URL www.nps.gov/grca
開24時間
料車1台$25、そのほかの入園方法は1人$12

旅のアドバイス 歩くときは必ず水を持って!
リムの標高は2000m以上の高地だが、キャニオン内は砂漠の気候に近い。日中はかなりの高温になるので、トレイルを歩く人は必ず充分な量の水を用意しよう。

少しでも歩いてみよう!

とてつもなく大きなグランドキャニオン、そのスケールを知るには1ヵ所に留まっていてはダメ。とにかく動いてみることだ。私たちが見られる範囲は全体から見ればごく一部だが、それでもさまざまな景色を見ることにより、その大きさが実感できるだろう。できれば少しでも峡谷を下がり、見上げてみるとさらに世界が広がる。

下から見上げる大峡谷

最も一般的なのが、リムからキャニオンを見下ろす観光の方法。サウスリムでは、リムに沿ってビレッジから東西に3種類のシャトルバス➡P.173が走っており、イーストリムのヤキポイント、ウエストリムのさまざまなビューポイントに車なしで行くことができる。さらに、ビレッジ東端のヤバパイポイントからブライト・エンジェル・ロッジまでトレイルが延びているので、ぜひ歩いてみよう。高低差もあまりなく、誰でも歩けるトレイルだ。

グランドキャニオン最大の見どころ=日の出と日の入り

サウスリムのおすすめポイントはいくつもあるが、日の出を見るのに一番適しているのは**ヤバパイポイント Yavapai Point**。また、ビレッジからは離れるが、**マーザーポイント Mather Point**からの眺めもすばらしい。刻一刻と変化し、その神々しい雰囲気はキャニオンが最も神秘的に見える一瞬だ。

グランドキャニオンのハイライトは日没。太陽が西に傾くにつれ、変わっていく色の変化と、光と影が造り出すコントラストが、キャニオンをより美しくする。夕日を見るベストポイントは、ウエストリムの**ホピポイントHopi Point**や**モハーベポイント Mohave Point**。どちらもシャトルバスで行くことができる。イーストリムにはキャニオンのスケールを実感させてくれるビューポイントがたくさんあるが、**ヤキポイント**

Yaki Pointや**グランドビュー・ポイント Grand View Point**は、切り立った断崖の上にある展望台が迫力満点。最も東端にある**デザートビュー Desert View**からは、西に見える複雑な地形のキャニオンと北に広がる平坦な砂漠の対比がおもしろい。

標高が300〜600m高い対岸の**ノースリムNorth Rim**は、また違ったグランドキャニオンの顔を見せてくれる。樹木が豊富で木の葉が黄色に色づく秋は特に美しい。冬は降雪も多く10月下旬から5月中旬まで閉鎖される。サウスリムに比べ不便ではあるが、静かで落ち着いた雰囲気を味わえる。

朝日に感動

マーザーポイントで朝日を見た。日が昇るにつれて変わっていく、地表の色合いがとても幻想的だった。
（大阪府　三嶋生子　'08）['12]

マーザーポイントの夕暮れ

はるか向こうの砂漠まで見えるウオッチタワー。ビレッジから車で約 30 分

ビレッジ大改造計画進行中！

年間400万人以上の観光客が訪れるグランドキャニオンでは、車の排気ガスによる汚染が深刻化している。そこで当局は、ビレッジ全体を一般車進入禁止区域にする計画を発表した。マイカー客は公園の外にあるトゥシヤンの町で車を降り、グランドキャニオン・ビジターセンターまで路面電車で行くことだった。しかし、同時多発テロなどの影響を受け計画はストップし、白紙に戻る。

2012年4月現在、新たな計画が動き出している。トゥシヤンとビジターセンターに大きな駐車場が完成した。また、路面電車の代わりにトゥシヤンとビジターセンターを結ぶ無料のシャトルバス➡P.173を走らせている。シャトルバスは、天然ガスを使用したものなので、極力マイカーではなくシャトルバスを利用するよう、呼びかけている。

これにより、マイカーの乗り入れが減り、少しでも排気ガスの汚染を食い止めることができるのを期待したい。

行く前に確認を！▶グランドキャニオンの交通機関の運行は、非常に流動的。事前にウエブサイトなどで確認してから行きたい。

トレイルを歩いてみれば、違った景色が見られる

旅のアドバイス ツアーに申し込んだときに注意すること

ヘリコプターやセスナのツアー出発前に体重の申告とパスポートの提示を求められる。また、申し込むときに記載されている時間が飛行機の出発時間なのか、ホテルへのピックアップ時間なのか確認すること。

ヘリコプターツアーで見られる光景

●パピヨン・グランドキャニオン・ヘリコプターズ
☎(928)638-2419(グランドキャニオン)
Free (1-888)635-7272
URL www.papillon.com
①ノース・キャニオン・ツアー
料$175(別途燃油サーチャージなど$6)
②インペリアル・エアーツアー
料$246(別途燃油サーチャージなど$6)
③キャニオン・リバー・アドベンチャー
料$383(別途燃油サーチャージなど$15)

●シーニック航空
☎(702)638-3300(ラスベガス)
Free (1-866)235-9422
URL www.scenic.co.jp
①グランド・ディスカバリー・ツアー
料$139、2〜11歳$119(別途税金$6)
②コロラド川ラフティングツアー
料$189、4〜11歳$169(別途税金$10)

おすすめトレイル

1600mを超える大岩壁を見上げると、さらに違ったキャニオンの姿が見えてくる。谷底に下りるトレイルはいくつかあるが、ビレッジにトレイルヘッドがあるのは**ブライト・エンジェル・トレイル Bright Angel Trail**。コロラド川を見下ろすプラトーポイントまで往復7〜11時間、川までは10〜16時間もかかる(谷底までの日帰りの往復は決してしないこと)。帰りが登りということでかなりハードだが、2、3時間でもいいからぜひ下りてみよう。数十億年の歳月が造り上げた岩壁を見上げると、大自然の力にただただ感激する。

グランドキャニオン発のツアー

グランドキャニオンの空港や近くのトゥシヤンの町には、ヘリコプターやセスナによる遊覧飛行を行っている会社がいくつかあり、手軽に空からの観光ができる。空中でホバリング（停止飛行）したり、少し谷に入ったりできる分、ヘリコプターのほうが迫力がある。日本ではあまりヘリコプターやセスナに乗るチャンスはないので挑戦するとよい。なお、トゥシヤンからのツアーに参加するときは一度公園から出るので、入園の際のレシートを忘れずに持参すること。

また、グランドキャニオンの谷底を流れるコロラド川をラフティング（川下り）する日帰りツアーを行っている会社もある。下から見上げる景色は、また違う表情だ。自然の雄大さを実感する。

●パピヨン・グランドキャニオン・ヘリコプターズ（サウスリム発）Papillon Grand Canyon Helicopters

①ノース・キャニオン・ツアー　North Canyon Tour

ノースリムや最も谷底が深いグランドコリドー上空を飛行、巨大な岩の芸術を足下に見る25〜30分のツアー。

②インペリアル・エアーツアー　Imperial Air Tour

ビレッジ西方の複雑な地形のキャニオンから、東に広がる砂漠まで、さまざまな地形が見られる。大自然の力と美しさが楽しめる約50分のツアー。

③キャニオン・リバー・アドベンチャー　Canyon River Adventure

早朝のグランドキャニオンを眺めながら、アンテロープキャニオンを経由してグレン・キャニオン・ダムGlen Canyon Damまで移動。コロラド川で約25km、約4時間のラフティングをする。昼食付き、所要約12時間。天候などにより変更あり。

●シーニック航空（サウスリム発）Scenic Airlines

①グランド・ディスカバリー・ツアー　Grand Discovery Tour

セスナで、ズニポイントやデザートビューのサウスリムからノースリムまでを一周する約50分のツアー。

②コロラド川ラフティングツアー　Colorado River Rafting Tour

グレン・キャニオン・ダムGlen Canyon Damからコロラド川を約25km、3〜4時間のラフティングをする。昼食付きで、所要約12時間。3〜11月のみ催行される。天候などにより変更あり。

投稿 **マズウィックロッジに宿泊**▶マズウィックロッジは、清潔で備品も揃っていた。しかし、冬はとても乾燥しており、のどあめが必要。近くで野生のシカを見ることができる。（大阪府　三嶋生子　'08）['12]

グランドキャニオン国立公園付近のホテル事情

旅のアドバイス

冬を除き国立公園の宿は、非常に混雑して取りにくい。もし、行く日にちが決まっているのなら、扱っている日本の旅行会社に早めに予約を依頼するのもひとつの方法だ。

エル・トバー・ホテル前にはシカも出現する

公園内に泊まる

サウスリムの公園内にある宿泊施設は、すべてXanterra Parks & Resortsによって運営されている。ビレッジ内には6軒の宿泊施設がある。予約は13ヵ月前の1日から可能。インターネットか手紙、またはファクスで、日時、到着予定時刻、人数、希望のロッジを第2希望まで明記のうえ、連絡しよう。また、キャンセル時も必ず連絡をすること。

Xanterra Parks & Resorts
☎(303)297-2757 Free(1-888)297-2757
FAX(303)297-3175
URL www.grandcanyonlodges.com

サウスリムのビレッジ内には以下のようなロッジがある。なお、すべてバス付きとは限らない。

●ブライト・エンジェル・ロッジ&キャビン Bright Angel Lodge & Cabins
園内シャトルバスの発着所にもなっている便利なロッジ。88室。スタンダード$94、シャワー共同$83、キャビン ⓈⓉ$117～183、スイート$183～350 ADJMV ('12)

●ヤバパイロッジ Yavapai Lodge
ビジターセンターの近く、園内最大のロッジ。358室。ⓈⒹⓉ$120～166 ADJMV ('12)

●カチナロッジ Kachina Lodge
鉄筋コンクリート造りのロッジで、キャニオンが見える部屋もある。ムードより快適さを選ぶ人向き。49室。ⓈⓉ$180（ストリート側）～191（リム側） ADJMV ('12)

●マズウィックロッジ Maswik Lodge
部屋の種類が多い。リムから徒歩5分。夏期のみキャビンもある。278室。キャビン$94、サウス$92～、ノース$176～ ADJMV ('12)

●サンダーバードロッジ Thunderbird Lodge
ブライト・エンジェル・ロッジの隣にある2階建てのモダンな外観のロッジ。55室。ⓈⓉ$180（ストリート側）～191（リム側） ADJMV ('12)

●エル・トバー・ホテル El Tovar Hotel
歴史と伝統をもつリゾートホテルで、大邸宅の雰囲気が漂っている。78室。ⓈⒹ$178～281、スイート$345～440 ADJMV ('12)

※予約なしでグランドキャニオンを訪れる人は、なるべく午前中に到着しよう。着いたらすぐにロッジのフロントに直行して、部屋の空き具合を聞く。部屋がなくても毎日かなりのキャンセルが出るので、ダメだったらフラッグスタッフに戻る覚悟で、キャンセル待ちにトライしてみよう。

崖から突き出す展望台、スカイウオーク

旅のアドバイス

2007年グランドキャニオン国立公園外のワラパイ族居留地にオープンした展望台、**スカイウオーク Skywalk**。崖から突き出すU字型の橋からは、標高1200mの谷底が足元に広がる。ガラスでできており、上を歩くとまるで宙に浮いているかのような感覚だ。あまりの高さに足がすくむが、一見の価値あり。ラスベガスから、シーニック航空やパピヨン・グランドキャニオン・ヘリコプターズなどがツアーを催行している。

スカイウオーク
Free(1-888)868-9378
URL www.grandcanyonwest.com
開 毎日〈4～9月〉7:00～19:00、〈10～3月〉8:00～17:00
料 $29.95、シニア$28.84、3～11歳$24.04／〈入園料〉$45.15、シニア$40.84、3～11歳$37.64

スカイウオークは崖からU字型に突き出している。ちょっと怖いが、ぜひ訪れてほしい
© Grand Canyon West

西部劇の舞台

モニュメントバレー Monument Valley

ナバホ族の聖地であるモニュメントバレー

一度見たら忘れられない、インパクトのある景色。

映画やCMにもよく登場し、アメリカの原風景ともいわれているのがモニュメントバレーだ。ネイティブアメリカンのナバホ族の居留地で、アリゾナ州とユタ州にまたがっている。赤土の荒涼とした大地に、ユニークな形をしたいくつものビュート（残丘）がそびえ、時間によってさまざまな表情を見せる。

300mを超える巨大なビュートを前にすると、人間の小ささを知り、大自然への畏敬の念を覚えるはずだ。

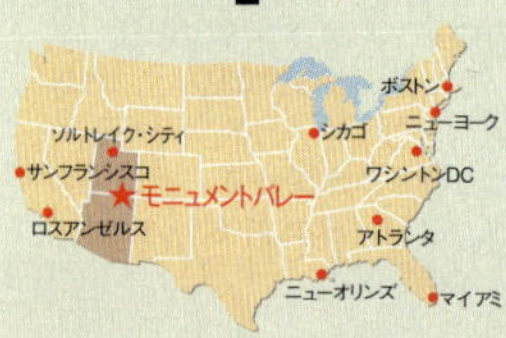

DATA

時間帯▶マウンテン・タイムゾーン（ナバホ族居留地内は夏時間採用）➡P.631
☎(435) 727-5874
開 夏期 6:00～20:30、冬期 8:00～16:30（ゲート閉鎖後は入場できない）
料 $5、9歳以下無料
※国立公園ではないのでアメリカ・ザ・ビューティフル・パスは使えない

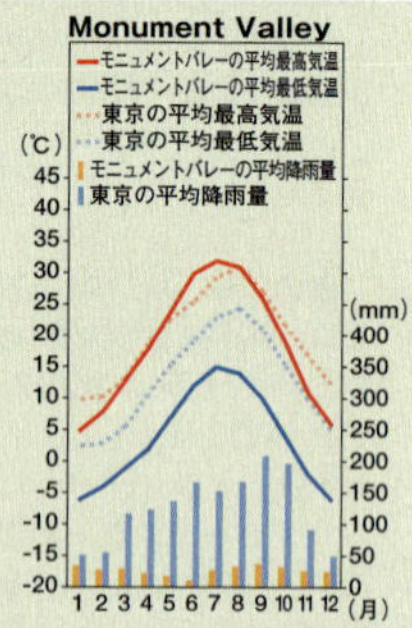

GUIDE BOOK 地球の歩き方B13アメリカの国立公園編（1800円＋税）、B14テーマで旅するアメリカ編（1700円＋税）でもモニュメントバレーを紹介していますので、ご活用ください。

Getting There & Around モニュメントバレーへの行き方&歩き方

車がある場合、フラッグスタッフ➡P.232から約290km。US-89を北へ約1時間走ってUS-160を右折。ナバホ族居留地を走り、ケイエンタKayentaの町に入ったらUS-163を左折。バレー内はビジターセンターなどから出発するバレーツアーへの参加をすすめる。車がない場合は、ラスベガスから日帰りツアーに参加しよう。

モニュメントバレー（ナバホパーク）
URL www.navajonationparks.org

シンプソンズ・トレイルハンドラー・ツアーズ
☎(702) 476-5500
Free (1-888) 723-6236
URL www.trailhandlertours.com
料 ツアーにより異なる。「ナバホ探検の旅」ツアーは$574～707
※ツアーは電話かEメールで問い合わせを（日本語可）
E-mail mvsttours@gmail.com（日本語可）
info@trailhandlertours.com

ツアー案内 ………………… Sightseeing Tours

シンプソンズ・トレイルハンドラー・ツアーズ
Simpson's Trailhandler Tours

モニュメントバレー内でバレーツアー➡P.179、ハイキングツアーなどを催行。おすすめはラスベガス発着、送迎、日本語ガイド付きの「ナバホ探検の旅」。ナバホ族の住居ホーガンまたはホテルに宿泊、ナバホ族の歌やダンスのエンターテインメントなど充実した内容。ディナー（ナバホタコスとステーキ）付き。

観光案内所 ……………… Visitors Information

US-163から園内に入って、約6km走った突きあたりに**ビジターセンターVisitor Center**がある。

●Monument Valley Navajo Tribal Park Visitor Center
開〈10～4月〉毎日8:00～17:00、〈5～9月〉毎日6:00～20:00
休 12/25、1/1

メモ **訪れる前に**▶ネイティブアメリカン（ナバホ族）にまつわる本（『アメリカ・インディアンの賢者よりも賢い言葉』エリコ・ロウ著　扶桑社）などを読んでみよう。ナバホ族の思想や文化の理解を深められる。

おもな見どころ Sightseeing

谷底からビュートを見上げる 地P.179内

バレーツアー
Valley Tour

バレー内の道路は未舗装が多いため、自家用車で進むのは難しい。レンタカーなどでビジターセンターに来たら、車を置いてバンやジープによるバレーツアーに参加したほうがいいだろう。数ヵ所のビューポイントやツアーでしか行けないビッグ・ホーガン・アーチや太陽の目へ行くことができる。

シンプソンズ・トレイルハンドラー・ツアーズ
Simpson's Trailhandler Tours

●2時間30分ツアー／ジョン・フォード・ポイントやビッグ・ホーガン・アーチなどへ行く定番のツアー。

●夕日観賞ツアー／園内を巡りながら夕日を楽しむ。所要約2時間30分。

●朝日観賞プライベートツアー／園内を巡りながら朝日を楽しむプライベートツアー。所要約2時間30分。

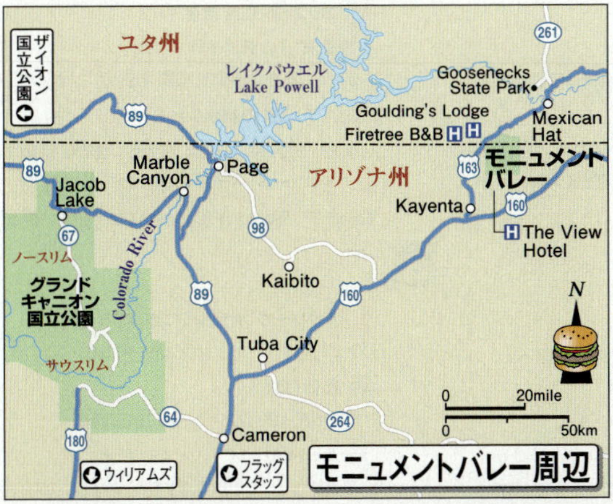

バレーツアー
●Simpson's Trailhandler Tours
P.178
料〈2時間30分ツアー〉ひとり$69、〈夕日観賞ツアー〉ひとり$75、〈朝日観賞プライベートツアー〉ひとり$200
　ツアーの出発時間は時期により異なるので、予約時に問い合わせを。
　上記ツアーのほかに、ドリームキャッチャーツアー（所要約4時間　料ひとり$120）が人気だ。夕日観賞ツアーに加え、食事（ナバホタコスとステーキ）が付き、ナバホ族のダンスも見られる。さらに、伝統衣装を着たナバホ族と写真が撮れる特典あり。
　また、ドリームキャッチャーツアーのあとホーガンに宿泊するホーガン・オーバーナイト（料$195）もおすすめ。
　ハイキングツアー（所要3時間30分　料$98～）や写真撮影ツアー（所要1時間　料$103～）、ミステリーバレーツアー（所要3時間30分料$95～）などもある。
※ツアーによって最少催行人数が設定されていることもあるので、予約時に問い合わせること

写真撮影には気をつけて
　モニュメントバレーには約300人のナバホ族が生活しているが、住民や住居にやたらとカメラを向けるのは失礼だし、トラブルの元なのでやめよう。観光客向けのデモンストレーションなど撮影OKの場合でも、チップを忘れずに

ツアーに参加すれば一般車が入れない所も回れる

ホテル Hotels

中級ホテル
モニュメントバレーの敷地内にある
ビューホテル
The View Hotel

住P.O. Box 360457, Monument Valley (Navajo Tribal Park), UT 84536　☎(435)727-5555　URL www.monumentvalleyview.com
SDT$95～239、スイート$135～319　AMV　地P.179

2008年末にオープンしたホテル。客室からモニュメントバレーの大パノラマを楽しめると好評だ。客室には、冷蔵庫、コーヒーメーカー、電子レンジがある。95室。('12)

B&B
ナバホの伝統的な住居（ホーガン）に泊まれる
ファイアーツリー・ベッド&ブレックファスト
Firetree B&B

住P.O. Box 360417, Monument Valley, UT 84536
☎(435)727-3228（留守電）　URL www.firetreeinn.com
2人まで$215～（税込み）、1人追加料金$30　AMV　地P.179

US-163からモニュメントバレー入口と反対側へ入り、北へ3.2km行くとグールディングスロッジがある。そこから奥へ約16km走り、Oljato Trading Postを過ぎると未舗装道路になり、さらに約5.3km進んだところにある。チェックインは17:00～21:00。近くにレストランはない。2棟。('12)

メモ　数々の映画が撮影された▶モニュメントバレーを有名にしたのは、西部劇の映画で知られるジョン・フォードの『駅馬車』だ。そのほか『イージーライダー』『テルマ&ルイーズ』などの映画のロケ地としても有名。

「地球の歩き方 旅スケ」で…

凛りん さんが作成された旅スケジュール

アメリカの大自然を歩く、絶景グランドサークルぐるっと一周♪

5つの国立公園の絶景を求めて、夏の女子旅

Pick Up
Travel Photo

この旅スケのURL http://tabisuke.arukikata.co.jp/schedule/46587/

旅行時期 2011/07

旅行先 【アメリカ】ラスベガス、グランドキャニオン国立公園、ペイジ
サンタモニカ、ザイオン国立公園、ロスアンゼルス
ブライスキャニオン国立公園、モニュメントバレー、カイエンタ

旅行目的 世界遺産 / 一人旅

コピーされた数 1　拍手数 6　※2012年4月3日時点でのデータによる

この旅スケジュールの予算(1人分)

移動	200,000円	観光	0円
宿泊	0円	その他	25,000円
食事	20,000円	合計	245,000円

1日目 7月22日(金)

00:00 ★ **羽田空港国際線ターミナル**
日付変更線をまたぎ、アメリカのロスへ。到着は同日の夕方。

ロスアンゼルス国際空港

19:00 **キョウト グランド ホテル アンド ガーデンズ**
旧ニューオータニ。リトル東京から近く、ホテル周辺を散策。大黒屋を発見!

19:30 **リトルトーキョー**
日本食レストランは長蛇の列!!

2日目 7月23日(土)

08:00 **キョウト グランド ホテル アンド ガーデンズ**
早朝ホテルを出発し、ラスベガスへ!

移動(車)
6時間のロングドライブ。
車窓からの景色は、どこまでもひたすら渇いた大地が続く。

16:30 **ルクソール ホテル アンド カジノ**
ピラミッドとスフィンクスがお出迎え。内装まですべてがエジプト!!そして広い!

ハーレー・ダビッドソン・カフェ
ぶらぶらとストリップ大通りを散歩。
コーラ、M&M、ハーレー面白いお店が沢山♪

ABCストア
お土産を購入。定番マグネットを大量GET(笑)

パリス ラスベガス
凱旋門とエッフェル塔↑↑カジノを抜けて展望台のチケット売り場へ。

エッフェル塔展望台
景色最高!目の前はベラッジオ!
キラキラの景色に感動☆時間を忘れてしばしうっとり☆

ベラッジオの噴水ショー
何度見ても飽きない。音楽に合わせて踊る噴水に大興奮。

ルクソール ホテル アンド カジノ
眠らない街の夜はやっぱりカジノ!といっても・・・残念な結果に。。。

3日目 7月24日(日)

ルクソール ホテル アンド カジノ
バフェで朝食後、いざグランドキャニオンへ!

移動(車)
ひたすら真っ直ぐなフリーウエイを6時間。

★ **ルート66**
ちょっと休憩。ハーレーの集団やら、観光客やら、みんながこの町で小休憩。

グランド・キャニオン国立公園
目の前の絶景に絶句。まさに、地球の年輪。

ブライト エンジェル トレイル
少し降りるだけで、ずいぶん景色は違うもの。風が心地よく、心が静まる。

移動(車)

カイエンタモニュメントバレーイン
静かで何にもないが、疲れを癒すには十分。
夕食はホテルでステーキ!

続きは旅スケで

出発前に旅スケジュールをつくって…

プリントアウトして、旅行に持参・散策…

帰ってきたら、写真を載せてみんなに自慢…

過去の旅行、空想旅行、海外・国内OK!

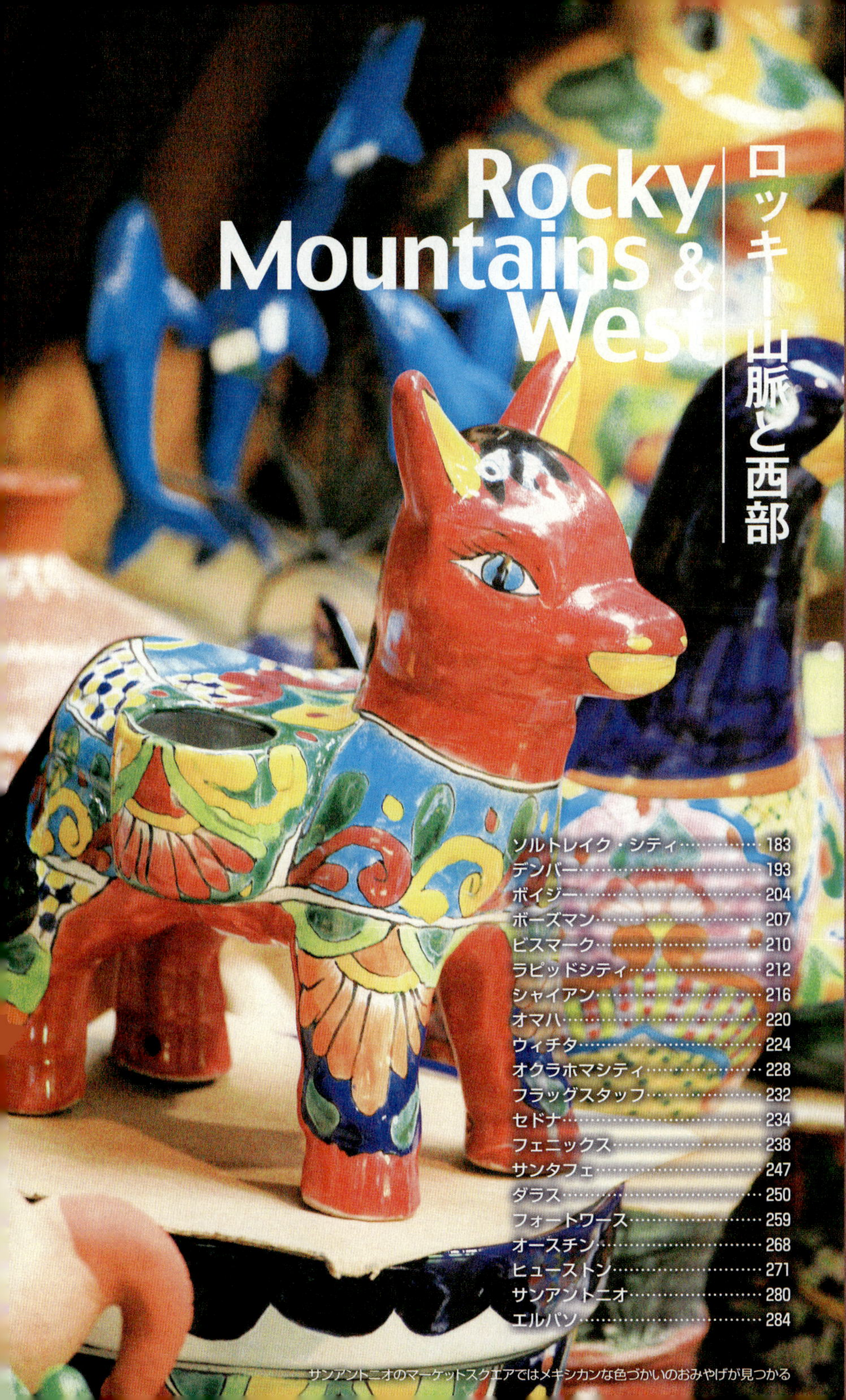

Rocky Mountains & West
ロッキー山脈と西部

サンアントニオのマーケットスクエアではメキシカンな色づかいのおみやげが見つかる

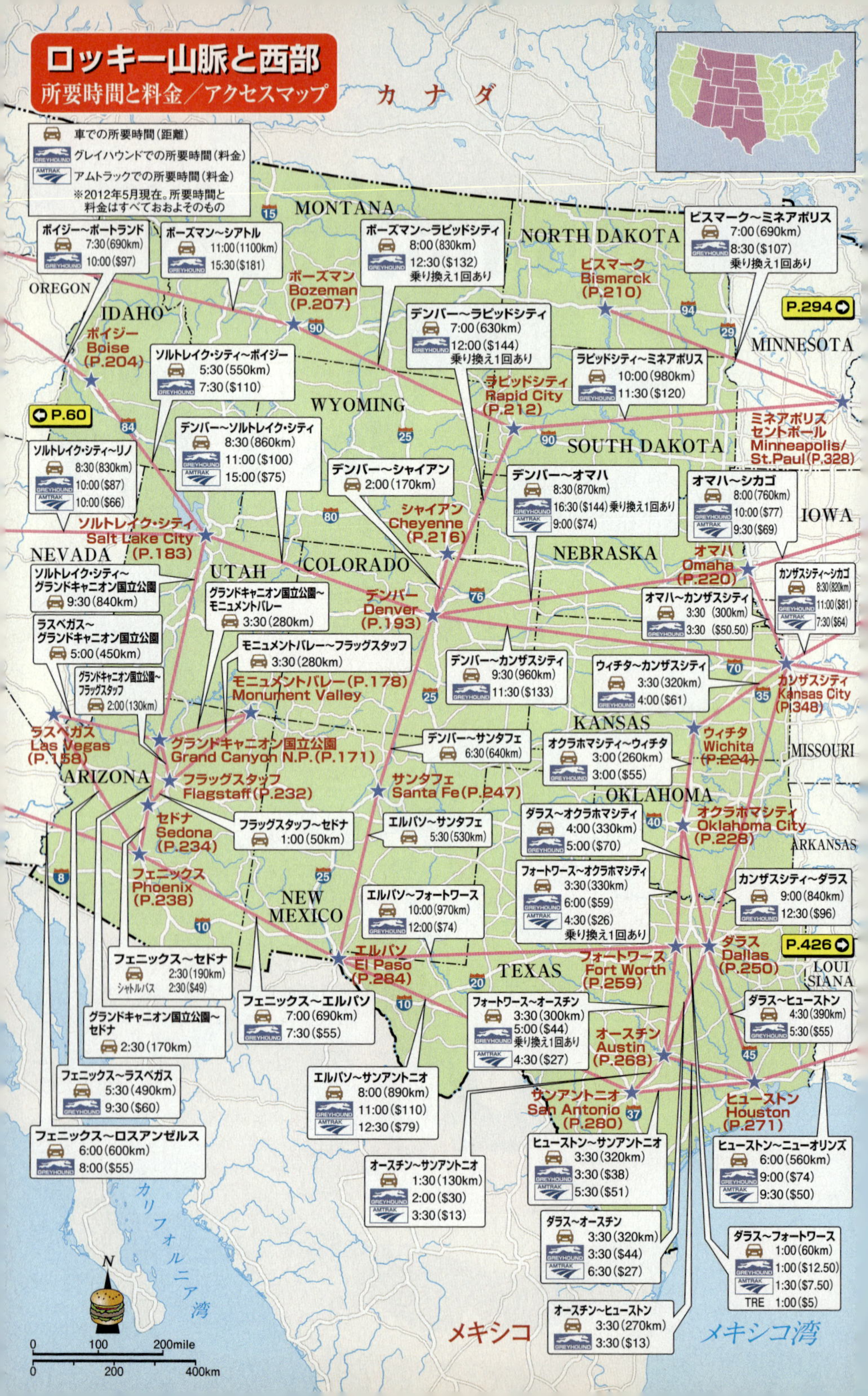

ロッキー山脈と西部
所要時間と料金／アクセスマップ
カナダ
車での所要時間（距離）
グレイハウンドでの所要時間（料金）
アムトラックでの所要時間（料金）
※2012年5月現在。所要時間と料金はすべておおよそのもの
ボイジー～ポートランド 7:30(690km) 10:00($97)
ボーズマン～シアトル 11:00(1100km) 15:30($181)
ボーズマン～ラピッドシティ 8:00(830km) 12:30($132) 乗り換え1回あり
ビスマーク～ミネアポリス 7:00(690km) 8:30($107) 乗り換え1回あり
デンバー～ラピッドシティ 7:00(630km) 12:00($144) 乗り換え1回あり
ソルトレイク・シティ～ボイジー 5:30(550km) 7:30($110)
ラピッドシティ～ミネアポリス 10:00(980km) 11:30($120)
デンバー～ソルトレイク・シティ 8:30(860km) 11:00($100) 15:00($75)
ソルトレイク・シティ～リノ 8:30(830km) 10:00($87) 10:00($66)
デンバー～シャイアン 2:00(170km)
デンバー～オマハ 8:30(870km) 16:30($144)乗り換え1回あり 9:00($74)
オマハ～シカゴ 8:00(760km) 10:00($77) 9:30($69)
ソルトレイク・シティ～グランドキャニオン国立公園 9:30(840km)
グランドキャニオン国立公園～モニュメントバレー 3:30(280km)
カンザスシティ～シカゴ 8:30(820km) 11:00($81) 7:30($64)
オマハ～カンザスシティ 3:30 (300km) 3:30 ($50.50)
ラスベガス～グランドキャニオン国立公園 5:00(450km)
モニュメントバレー～フラッグスタッフ 3:30(280km)
デンバー～カンザスシティ 9:30(960km) 11:30($133)
ウィチタ～カンザスシティ 3:30(320km) 4:00($61)
グランドキャニオン国立公園～フラッグスタッフ 2:00(130km)
デンバー～サンタフェ 6:30(640km)
オクラホマシティ～ウィチタ 3:00(260km) 3:00($55)
ダラス～オクラホマシティ 4:00(330km) 5:00($70)
フラッグスタッフ～セドナ 1:00(50km)
エルパソ～サンタフェ 5:30(530km)
フォートワース～オクラホマシティ 3:30(330km) 6:00($59) 4:30($26) 乗り換え1回あり
カンザスシティ～ダラス 9:00(840km) 12:30($96)
エルパソ～フォートワース 10:00(970km) 12:00($74)
フェニックス～セドナ 2:30(190km) シャトルバス 2:30($49)
フェニックス～エルパソ 7:00(690km) 7:30($55)
グランドキャニオン国立公園～セドナ 2:30(170km)
フォートワース～オースチン 3:30(300km) 5:00($44) 乗り換え1回あり 4:30($27)
ダラス～ヒューストン 4:30(390km) 5:30($55)
フェニックス～ラスベガス 5:30(490km) 9:30($60)
エルパソ～サンアントニオ 8:00(890km) 11:00($110) 12:30($79)
フェニックス～ロスアンゼルス 6:00(600km) 8:00($55)
オースチン～サンアントニオ 1:30(130km) 2:00($30) 3:30($13)
ヒューストン～サンアントニオ 3:30(320km) 3:30($38) 5:30($51)
ヒューストン～ニューオリンズ 6:00(560km) 9:00($74) 9:30($50)
ダラス～オースチン 3:30(320km) 3:30($44) 6:30($27)
ダラス～フォートワース 1:00(60km) 1:00($12.50) 1:30($7.50) TRE 1:00($5)
オースチン～ヒューストン 3:30(270km) 3:30($13)
MONTANA
NORTH DAKOTA
OREGON
IDAHO
WYOMING
SOUTH DAKOTA
MINNESOTA
NEVADA
UTAH
COLORADO
NEBRASKA
IOWA
KANSAS
MISSOURI
ARIZONA
OKLAHOMA
ARKANSAS
NEW MEXICO
TEXAS
LOUISIANA
ボーズマン Bozeman (P.207)
ビスマーク Bismarck (P.210)
ボイジー Boise (P.204)
ラピッドシティ Rapid City (P.212)
ミネアポリス／セントポール Minneapolis/St.Paul (P.328)
シャイアン Cheyenne (P.216)
ソルトレイク・シティ Salt Lake City (P.183)
オマハ Omaha (P.220)
デンバー Denver (P.193)
カンザスシティ Kansas City (P.348)
モニュメントバレー(P.178) Monument Valley
ラスベガス Las Vegas (P.158)
グランドキャニオン国立公園 Grand Canyon N.P. (P.171)
ウィチタ Wichita (P.224)
フラッグスタッフ Flagstaff (P.232)
サンタフェ Santa Fe (P.247)
オクラホマシティ Oklahoma City (P.228)
セドナ Sedona (P.234)
フェニックス Phoenix (P.238)
エルパソ El Paso (P.284)
ダラス Dallas (P.250)
フォートワース Fort Worth (P.259)
オースチン Austin (P.268)
サンアントニオ San Antonio (P.280)
ヒューストン Houston (P.271)
P.294
P.60
P.426
カリフォルニア湾
メキシコ
メキシコ湾
N
0 100 200mile
0 200 400km

モルモン教の本部がある
ソルトレイク・シティ
Salt Lake City

モルモン教の神殿、ソルトレイク・テンプル

2002年、冬季オリンピックが開催されたことで日本人にも馴染み深い都市であるソルトレイク・シティ。ロッキー山脈の一画、ワサッチ山脈の麓に位置する大自然に囲まれた美しいところだ。

この都市を造り上げたのは、モルモン教の人々。今から約170年前に宗教的迫害から逃れるためにイリノイ州から約2100kmを踏破し、この地にたどり着いた。ソルトレイク・シティにはモルモン教の本部があり、日本を含め世界中から信徒が訪れる。

また、郊外には雪質がすばらしいことで人気が高いスキーリゾートのパークシティがあり、俳優で映画監督のロバート・レッドフォードが始めたサンダンス映画祭の開催地としても知られる。

セレブたちの別荘地としても知られるパークシティ

DATA

人口▶約18万6400人
面積▶約288km²
標高▶約1300m
TAX▶セールスタックス　6.85%
ホテルタックス　12.72%
属する州▶ユタ州　Utah
州のニックネーム▶ビーハイブ（蜜蜂の巣箱）州　Beehive State
州都▶ソルトレイク・シティ　Salt Lake City
時間帯▶マウンテン・タイムゾーン ➲P.631
繁忙期▶6〜8月

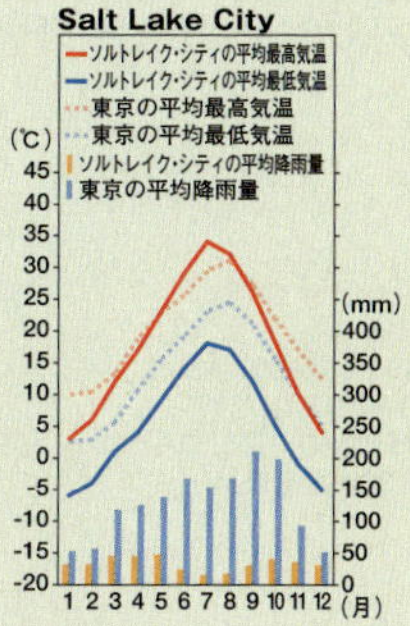

Getting There　ソルトレイク・シティへの行き方

ソルトレイク・シティ国際空港
地P.186　A-1外
住776 N. Terminal Dr.
☎(801) 575-2400
Free(1-800) 595-2442
URL www.slcairport.com
●Alta Shuttle（スキーシャトル）
☎(801) 274-0225
Free(1-866) 274-0225
URL www.altashuttle.com
料アルタ、スノーバードまで$35

飛行機 Plane

ソルトレイク・シティ国際空港
Salt Lake City International Airport（SLC）

ダウンタウンの西約10kmに位置する。デルタ航空のハブで、ロスアンゼルスやシアトル、ニューヨークからの直行便が毎日就航。9の航空会社が乗り入れる。冬期にはスキーリゾートのアルタやスノーバードなどへ空港から直行する**スキーシャトルAlta Shuttle**がある。

■ 空港から／空港へのアクセス

	種類／名称／連絡先	行き先／運行／料金	乗車場所／所要時間／備考
空港シャトルバン	**エクスプレスシャトル** Xpress Shuttle ☎(801) 596-1600 Free(1-800) 397-0773 URL www.xpressshuttleutah.com	**行き先**▶市内や周辺どこでも **運行**▶24時間随時 **料金**▶ダウンタウンまで片道$8～16	**空港発**▶バゲージクレーム（機内預け荷物のピックアップ場所）を出たところから乗車 **空港行き**▶事前に電話予約 **所要時間**▶ダウンタウンまで約15～30分 ※ダウンタウンの多くのホテルが無料送迎シャトルバスを走らせている。到着ロビーにある直通電話で予約を入れてから待つといい
路線バス	**UTA バス ＃550** UTA Bus #550 ☎(801) 743-3882 URL www.rideuta.com	**行き先**▶ダウンタウンのテンプルスクエアなど **運行**▶空港発は月～金6:43～22:24、土7:46～21:46、日8:54～17:54。空港行きは月～金6:17～20:56、土7:20～21:20、日8:30～17:30。30分～1時間間隔 **料金**▶$2.35	**空港発**▶ターミナル1、2の間にあるバス停から#550に乗車 **空港行き**▶ダウンタウンのバス停から乗車 **所要時間**▶ダウンタウンのテンプルスクエアまで25～40分
タクシー	**イエローキャブ** Yellow Cab ☎(801) 521-2100 URL www.yellowcabutah.com	**行き先**▶市内や周辺どこでも **運行**▶24時間随時 **料金**▶$25～	**空港発**▶ターミナル1のドア7とターミナル2のドア11を出たところから乗車 **空港行き**▶事前に電話予約、または主要ホテルから乗車 **所要時間**▶ダウンタウンまで約10～15分

※それぞれの乗り物の特徴については P.665

無料送迎シャトルを利用しよう
空港がダウンタウンに近いため、ダウンタウンのホテルの多くが空港とホテル間の無料送迎シャトルバスを走らせている。宿泊予定のホテルに確認してみよう

長距離バス Bus

グレイハウンド・バスディーポ
Greyhound Bus Depot

ダウンタウン西にあるアムトラック駅の向かいに位置する。待合室は広く、清潔だ。ロッカーも完備する。デンバーまで1日3便（所要約10～12時間）、ラスベガスまで2便（所要約8時間）、サンフランシスコまで2便（所要約15時間）。

アムトラック駅の向かいにあるバスターミナル

グレイハウンド・バスディーポ
地P.186　A-2
住300 South 600 West
☎(801) 355-9579
開毎日5:00～23:59（チケット売り場は毎日6:00～11:59、17:00～23:59）

鉄道 Train

アムトラック駅
Amtrak Station

ダウンタウンの西側にある小さな駅。サンフランシスコ～シカゴ間を結ぶカリフォルニアゼファーCalifornia Zephyr号が毎日1往復する。上り、下りとも深夜の発着。ちなみにソルトレイク・シティとデンバーの間は、アムトラックでも有数の景色のいい路線だ。

アムトラック駅
地P.186　A-2
住340 South 600 West
Free(1-800) 872-7245
開毎日22:00～翌5:30（チケット売り場は22:30～翌5:15）

メモ **ソルトレイク・シティの最新スポット**▶2012年3月、ダウンタウンの真ん中にショッピングモールがオープンした。Macy's、Nordstromといったデパートのほか、90店舗が入っている。City Creek Center　住50 S. Main St.　☎(801) 521-2012　URL www.shopcitycreekcenter.com　開月～土10:00～21:00（夏期は金・土～22:00）　休日

ソルトレイク・シティの歩き方 Getting Around

町の中心はモルモン教の本部、**テンプルスクエア Temple Square**。そのモルモン教徒が造り上げた町は整然としており、市内の見どころも歩いて行ける範囲にある。また、近郊の大自然にも足を延ばしてほしい。郊外を訪れるならツアーバスが便利。市内観光に1日、郊外に2〜3日ほど時間をとりたい。

観光案内所には、ギフトショップもあるのでぜひ立ち寄りたい

観光案内所 …………… Visitors Information

ソルトレイク観光局
Salt Lake Convention & Visitors Bureau

ソルトパレス・コンベンションセンターSalt Palace Convention Center内にある観光案内所。ソルトレイク・シティについての情報のほかユタ州についての地図や資料も豊富で、ギフトショップもある。

ソルトレイク観光局
地P.186　A-1
住90 S. West Temple
☎(801) 534-4900
Free (1-800) 541-4955
URL www.visitsaltlake.com
開毎日9:00〜17:00
休おもな祝日

ユタ州観光案内所
Utah Office of Tourism

州議事堂前の昔の協議会室の中にある案内所。ユタ州内の、国立公園、国有林、州立公園などに関する情報が集まる。無料のパンフ類のほか、美しい写真集、地図、書籍が揃っている。

ユタ州観光案内所
地P.186　B-1
住300 N. State St.
☎(801) 538-1030
開毎日8:00〜17:00(土・日10:00〜)

市内の交通機関 ……… Public Transportation

ユタ交通局
Utah Transit Authority (UTA)

UTAバス　UTA Bus

ダウンタウンから郊外までをカバーしているバスシステム。時刻表は観光案内所などで手に入る。トランスファー（乗り換え）は2時間以内なら無料で、トラックス・ライトレールにも乗り換え可能。冬期はスキーバス（ダウンタウンから1日券料$8）の運行も行っている。また、市内の一部の区域➡P.186地図は無料だ。路線によって日曜は運休。

トラックス・ライトレール　TRAX Light Rail

町の移動に便利。ブルー、グリーン、レッドラインの3路線あり、ダウンタウンのLibrary駅、Courthouse駅からSalt Lake Central駅までは無料乗車ゾーンである。

UTAバス
☎(801) 743-3882
Free (1-888) 743-3882
URL www.rideuta.com
料$2.35。ダウンタウンには無料乗車ゾーン➡P.186地図がある。トランスファーは無料、料金を支払うときに告げること。1日券は$5.75
運行／月〜金6:00〜24:00(土7:00〜)、日9:00〜18:00(路線により異なる)
休おもな祝日(路線により日曜も)

トラックス・ライトレール
☎(801) 743-3882
Free (1-888) 743-3882
料$2.35。1日券は$5.75
運行／月〜土5:00〜23:30、日10:00〜22:00。15〜30分間隔(路線により異なる)
休サンクスギビング、12/25、1/1

町の移動はライトレールで

ツアー案内 ……………… Sightseeing Tours

ソルトレイク・シティ・ツアーズ
Salt Lake City Tours

出発場所／滞在しているホテルまで迎えに来てくれる。ウエブサイト、または電話での予約の際、ホテル名を告げること。

ソルトレイク・シティ・ツアーズ
☎(801) 531-1001
URL www.saltlakecitytours.org

ツアー名	料金	運行	所要時間	内容など
Salt Lake City	$50	毎日9:00発	4時間	ソルトレイク・テンプルや大聖堂を含むテンプルスクエアを見学する
Kennecott's Magnificent "Copper Canyon" Mine & The Great Salt Lake	$55	毎日14:30発(時期により異なる)	4時間	ビンガムキャニオン鉱山やグレート・ソルトレイクを回る

メモ **ソルトレイク・シティ▶**この町の魅力のひとつが、うらやましいほどの大自然に囲まれているという環境。町はブライスキャニオン国立公園やアーチーズ国立公園などのグランドサークルのゲートシティであり、ここを起点に大自然を求めて旅立つ人も多い。

テンプルスクエア

住North Temple, South Temple, SW Temple and State St.に囲まれたあたり
☎(801)240-1706
URL www.visittemplesquare.com
URL www.lds.org
開毎日9:00～21:00
料無料

●North Visitors' Center
●South Visitors' Center
開毎日9:00～21:00

南側のビジターセンターは南門を入ってすぐ右側にある

モルモン教の総本山

地P.186 A-1

テンプルスクエア
Temple Square

世界160以上の国と地域に1400万人の信徒をもつ**モルモン教（末日聖徒イエス・キリスト教会 The Church of Jesus Christ of Latter-day Saints）**の教会本部がテンプルスクエア。1847年、ブリガム・ヤング率いるモルモン教徒がこの地に入植してから、町の中心として発展を見守ってきた。

ビジターセンター　Visitors' Center

まずは、モルモン教の歴史や教義などがわかりやすく解説されているビジターセンターを訪れてみよう。南北のゲートのすぐ隣にあり、案内をしてくれる宣教師（女性）が常に数名いる。日本から来ている宣教師もいて、タイミングが合えば日本語ツアーも催行。南側のビジターセンターの中央の部屋からは、絵のようなソルトレイク・テンプルを見ることができる。また、北側のビジターセンターでは、モルモン教の歴史やイエス・キリストを基にする展示を公開。キリストの再降臨を描いた“The Testaments of One Fold and One Shepherd”も上映されている。

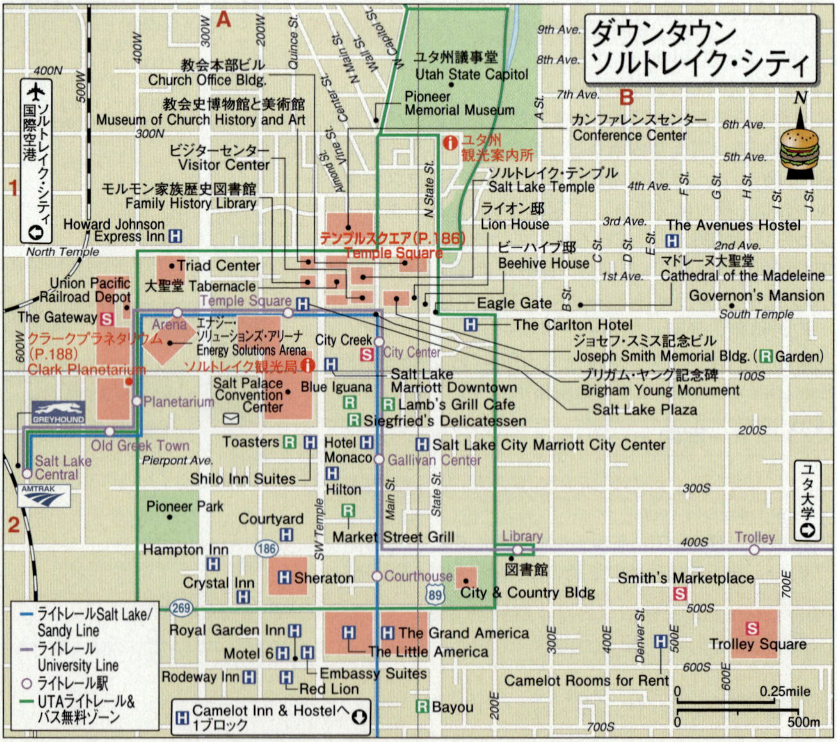

ソルトレイク・テンプル　Salt Lake Temple

6つの尖塔をもったモルモン教の神殿。教徒のバプテスマ（洗礼）や結婚式などの儀式に使われるもので、教徒しか入ることができない。内部の様子は南側のビジターセンター内にあるビデオで知ることができる。1853年から40年の歳月をかけて完成した建物は、近郊で採掘された花こう岩で造られている。

大聖堂　Tabernacle

1867年に完成した大礼拝堂。見逃せないのが、1万1623本ものパイプからなる世界最大級のパイプオルガンだ。天井を支える柱を1本も用いていない構造と、かすかな音でも隅々に響き渡る音響効果は、建築学から見ても極めて優れたもの。

パイプオルガンのリサイタルの**タバナクルオルガン Tabernacle Organ**は、時に迫力があり、時に繊細に響き渡る。日曜日なら、9:30から行われる**モルモン・タバナクル聖歌隊 Mormon Tabernacle Choir**のコンサートを聴いておきたい。コンサートの模様は、1929年からラジオやTV（NBC系）を通じて全米各地に生放送されており、9:15までに入場すれば誰でもコンサートが楽しめる。

そのほか、スクエアには、演奏家のコンサート（おおむね金曜、土曜の19:30から。夏期は他の曜日もある。無料）が行われる1882年に完成した**集会場 Assembly Hall**や、**モルモン教徒開拓民一家のモニュメント Mormon Pioneer Memorial Monument**、1848年に農作物がイナゴの害に遭って全滅しかけたときにカモメによって救われたことを記念する**カモメのモニュメント Seagull Monument**などがある。

●Tabernacle Organ
料無料
開月～土12:00（夏期は14:00もあり）、日14:00。約30分

●Mormon Tabernacle Choir
URL www.mormontabernaclechoir.org
料無料
開日9:30～10:00
※撮影不可

リハーサルも見られる
木曜の20:00～21:30はテンプルスクエアでコンサートのリハーサルが行われており、こちらも見ることができる。指揮者の指揮の様子など、リハーサルならではの楽しみも味わえる

カモメが飛んでいる
テンプルスクエア周辺だけでなく、ソルトレイク・シティでは今でもカモメの姿を見ることができる。グレート・ソルトレイクはあるものの、海はないはずなのだが、1848年以降カモメたちが生息するようになったといわれているのだ

パイプオルガンの音色と聖歌隊の歌声に心洗われる思いだ

モルモン教ってどんなもの？

メモ

1805年、バーモント州の片いなかで生まれたジョセフ・スミスは、1823年にモロナイという天使の訪れを受けた。そして、その天使から金版を授かったのである。モルモンという名はその教典を編集した予言者の名である。

普通の人には読解不可能とされているこの金版を、スミスは英語に翻訳、1830年にモルモン書を出版した。こうしてモルモン教は、アメリカで啓示を受けた最初のキリスト教の一派となったわけである。むろん、カトリックでもプロテスタントでもない。標準聖典は聖書のほかモルモン書、教義と聖約、高価な真珠がある。

スミスは住民から抵抗、迫害を受け、信者を率いてオハイオ、ミズーリと西へ西へと移っていく。イリノイではノーブーという町を建てたが、1844年にスミスは暴徒に殺されてしまう。それを引き継いだのが、現代のモーゼといわれるブリガム・ヤングである。

1万5000人の信徒、ワゴン3000台、牛3万頭を引き連れて、ヤングの一行は凍てついたミシシッピ川を渡り、ミズーリ河畔で越冬し、1年がかりで約2100kmを踏破し、ユタ州の荒涼たるグレート・ソルトレイクのほとりに到着した。

大陸横断鉄道完成の1869年頃には、計8万5000人のモルモン教徒がこの地に着いた。畑を耕し、やがて荒れ地を緑の地に変え、整然としたソルトレイク・シティを造り上げたのである。

1800年代後半、モルモン教の一部の信者の間では一夫多妻主義がとられていたが、アメリカの法律に沿って1890年に禁止され、現在は一夫一婦制をとっている。ちなみにモルモン教の正式名は末日聖徒イエス・キリスト教会で、日本の信徒数は約12万人を超える。

●Museum of Church History and Art
地P.186　A-1
住45 N. West Temple
☎(801) 240-4615
開月～金9:00～21:00、土・日・祝10:00～17:00
休イースター、サンクスギビング、12/24、12/25、1/1　料無料

●Church Office Building
地P.186　A-1
住50 E. North Temple　☎(801)240-1000
開月～金9:00～17:00(10～3月は16:30まで)
休土・日　料無料

●Joseph Smith Memorial Building
地P.186　A-1
住15 E. South Temple　☎(801)539-3130
開月～土9:00～21:00（映画の上映時間はだいたい90分おき）　料無料　休日
※チケットはスクエアのビジターセンターか劇場のチケットブースで入手する

●Family History Library
地P.186　A-1
住35 N. West Temple
☎(801) 240-2584
URL www.familysearch.org
開月～土8:00～21:00(月～17:00)
休日　料無料

●Beehive House
地P.186　B-1
住67 E. South Temple
☎(801) 240-2671
開毎日9:30～21:00（最終ツアーは20:20に出発）
料無料

●Lion House
地P.186　A-1
住63 E. South Temple
☎(801) 539-3257
開月～土11:00～20:00
休日

テンプルスクエア周辺のモルモン教ゆかりの見どころ

●教会史博物館と美術館　Museum of Church History and Art

スクエアの西側。1階はモルモン教の歴史と開拓者たちの苦労、ソルトレイク・シティの発展の様子などが展示されている。2階は19世紀、20世紀の絵画や彫刻、モルモン教の発展に尽くした人々の肖像画などがある。

●ブリガム・ヤング記念碑　Brigham Young Monument

South TempleとMain St.の交差点に立つモルモン教の英雄のモニュメント。1897年に建てられた記念碑の北側にあるブロンズのプレートには、1847年7月24日にこの地に到着したモルモン教の入植者の名前が刻まれている。1ブロック東の**イーグルゲートEagle Gate**はヤング所有地の入口のシンボル。

●教会本部ビル　Church Office Building

テンプルスクエアの東側にあるモルモン教会の事務的な仕事を行っているところ。26階にある展望台からは、眼下のテンプルスクエアからユタ大学、ワサッチの山々まですばらしい眺望が楽しめる。

●ジョセフ・スミス記念ビル　Joseph Smith Memorial Building

かつては高級ホテルであっただけにロビーの豪華さは必見だ。2階にあるレガシー劇場で上映されているのが、ジョセフ・スミスの生涯を描いた“Joseph Smith：The Prophet of the Restoration”。平凡ながらも信仰深い主人公が、14歳のときにキリストに会い、迫害を受けながらも試練に耐え忍んだというストーリー。約70分。

●モルモン家族歴史図書館　Family History Library

自分の祖先は誰か、家系図を調べることができるところ。図書館には、世界各国から収集した出入国名簿、出生・結婚、死亡記録、国勢調査、法廷記録など約30億人分のデータが収蔵されている。データ量は少ないものの、日本人の家系調査もできるそうだ。モルモン教徒以外の調査も可能。

ほかにもヤング一家の住居である**ビーハイブ邸Beehive House**（ツアーで見学可、無料）、同じくヤング一家が住み、現在はレストランになっている**ライオン邸 Lion House**もある。

モルモン教徒をこの地に率いた英雄、ブリガム・ヤングの像

3-Dのショーもあるプラネタリウム　地P.186　A-2

クラークプラネタリウム
Clark Planetarium

展示スペースやアイマックスシアターはユタ州最大規模を誇るプラネタリウム。全米屈指のドームシアターでのプラネタリウムの上映は1日数回あり、そのほかに、音楽に合わせ、光が躍るレーザーショーや大人気の3-Dレーザーショーなどがある。ソルトレイク・シティは高地にあり空気が澄んだ日が多いので昼間にプラネタリウムで見た星の実物を、夜確かめるのもおもしろい。

クラークプラネタリウム
住110 South 400 West
☎(801) 456-7827
URL www.clarkplanetarium.org
開毎日10:30～22:00（金・土～23:00）。季節や日によって変更あり
休サンクスギビング、12/25
料$8～、12歳以下$6～。展示スペースの見学だけなら無料

メモ　ジョセフ・スミス記念ビルの10階にあるレストラン▶サンドイッチをはじめ、本格的な肉・魚料理が食べられる。食事もさることながらここでのごちそうはワサッチ山脈の山並み。ゴージャスな眺めを楽しめる。予算は$20～。The Garden Restaurant　住15 E. South Temple, 10F　☎(801)539-3170　開月～土 11:00～21:00（金・土～22:00）地P.186 A-1

郊外の見どころ Excursion

夏には合宿に打ち込む選手の姿も見られる 地P.186 地図外

オリンピックパーク Olympic Park

2002年冬季オリンピック時にボブスレー、リュージュ、ジャンプなどの会場となった。ここには、博物館や合宿用施設、宿泊所、アトラクションなどがある。体験型アトラクションで人気があるのは、**ボブスレーBobsled**。1周1335mのトラックを時速約130kmで一気に滑り下りる。5Gのすさまじさは、遊園地の絶叫マシンの比ではない（インストラクター付き）。また、ジャンプは一般の人にできるものではないが、その急勾配を体験できるのが**ジップラインZip Line**。ジャンプ台隣のロープにぶら下がりながら一気に落ちていく。

太古の昔ここは海だった 地P.186 地図外

グレート・ソルトレイク Great Salt Lake

市の北西に広がる巨大な塩水湖。標高約1280mに位置し、琵琶湖の約8倍の面積をもつ。その濃度は海水よりも濃く、泳げない人でも体が浮いてしまう。遠浅の湖なので季節によっては沖まで歩いていくことができ、塩の感触が体験できる。特に夕暮れどきは幻想的だ。10あまりある島のひとつ、**アンテロープ島州立公園Antelope Island State Park**には、バッファローなど野生の動物が生息している。シャワーなどの施設をもつキャンプ場もあり、夏は特ににぎわう。

宇宙から見える大鉱山 地P.186 地図外

ビンガムキャニオン鉱山 Bingham Canyon Mine

鉱山の採掘が始まったのが1906年、以来1900万トンもの金、銀、モリブデンなどの鉱物を産出し続けてきた。採掘した広さは幅約4.5km、深さは1200mにも達する。ビジターセンターから眺めると点のようなトラックだが、センター横に展示されている直径3.4mのタイヤと比べると、その巨大さを改めて実感するだろう。

オリンピックパーク
住3419 Olympic Pkwy., Park City
☎(435)658-4200
URL utaholympiclegacy.com
開毎日10:00～18:00（火～土～20:00、ツアーは11:00～16:00）
休イースター、サンクスギビング、12/25、1/1
料無料。ボブスレー夏期$60、冬期$200、ジップライン$20
ツアー／$7、シニア／3～17歳$5
行車ならI-80、UT-224を経てPark City方面へ。ソルトレイク・シティのダウンタウンから約50km

グレート・ソルトレイク
開日の出～日の入りまで（10～3月8:00～17:00）
行車ならI-80のExit 104で降りる。ダウンタウンから約30km。もしくは、ツアーで
●Antelope Island State Park
☎(801)773-2941
URL stateparks.utah.gov
開毎日7:00～閉園時間は季節により17:30～22:00の間
休サンクスギビング、12/25
料車1台$9、自転車／徒歩$3、キャンプ$13
行車ならI-15を40km北上し、Exit 332からUT-108へ入り西へ10km。約50分。もしくは、ツアーで

実際にタイヤの前で見比べてみよう

ビンガムキャニオン鉱山
住12800 S. Hwy. 111, Bingham Canyon
☎(801)204-2025
URL www.kennecott.com
開4～10月の毎日8:00～19:00
料車1台$5
行車ならI-15を26km南下し、Exit 292からUT-175へ入り西へ20km。約50分。もしくは、ツアーで

観戦するスポーツ Spectator Sports

バスケットボール NBA

ユタ・ジャズ（西・北西地区） Utah Jazz

2010－11シーズンは負け越しを喫し、4年連続でものにしていたプレーオフ出場を逃すも、2011-12シーズンは返り咲きを果たした。愛称は誕生の地ニューオリンズにちなんで付けられたが、不振から移転。それを機に強豪へ、見事な変貌を遂げた。チームカラーはネイビー、ゴールド、ダーク・グリーン、ホワイト。

ユタ・ジャズ
（1974年創設）
本拠地――エナジー・ソリューションズ・アリーナ Energy Solutions Arena（1万9911人収容）
地P.186 A-1
住301 W. South Temple
☎(801)325-2500
URL www.nba.com/jazz

この選手に注目！
ポール・ミルサップ

旅のアドバイス エナジー・ソリューションズ・アリーナへの行き方▶ダウンタウンにある。トラックス・ライトレールArena駅下車、目の前。

ショップ&レストラン Shops & Restaurants

ショッピングモール

S 地元の若者でいつもにぎやか

ゲートウエイ The Gateway

住18 N. Rio Grande St. ☎(801)456-0000
URL www.shopthegateway.com 開月～土10:00～21:00、日12:00～18:00 地P.186 A-1

エナジー・ソリューションズ・アリーナの西側、かつてのUnion Pacific Railroad Depotの駅舎を中心として店舗が囲む屋外のショッピングモール。約130軒のおしゃれで人気の高いショップやレストランが入っている。('12)

ショッピングモール

S トロリーの車庫がモールに変身

トロリースクエア Trolley Square

住600 South 700 East ☎(801)521-9877
URL www.trolleysquare.com
開月～土10:00～21:00、日12:00～17:00 地P.186 B-2

元々はトロリーバスの車庫だった建物。ノスタルジックな建物の中にルルレモンや、ポッタリー・バーン、ウィリアムズ・ソノマ、ホールフーズなど約30店が入っている。レストランもあるので便利だ。('12)

カフェ

R 地元で人気のサンドイッチ屋

トースターズ Toasters

住151 West 200 South ☎(801)328-2928
URL www.toastersdeli.com 開月～金7:00～20:00、土10:00～18:00、日11:00～17:00 AMV 地P.186 A-2

開店と同時に地元の人が次々に訪れる人気店。店内は明るくスタッフもフレンドリーだ。サンドイッチとスープのコンボは$7.99。('12)

アメリカ料理

R 誰もが大満足のレストラン

ラムズ・グリル・カフェ Lamb's Grill Cafe

住169 S. Main St. ☎(801)364-7166
URL lambsgrill.com 開月～土7:00～21:00（土8:00～）
休日、おもな祝日 AMV 地P.186 A-2

1919年からあるアメリカンダイニング。おすすめはボリュームたっぷりの朝食のオムレツで、数種類あるなかから選ぶことができる。予算は$10前後とリーズナブルだ。('12)

ドイツ料理

R ローストビーフが絶品

ジークフリートデリカテッセン Siegfried's Delicatessen

住20 West 200 South ☎(801)355-3891
URL www.siegfriedsdelicatessen.biz 開月～土9:00～21:00（月～水～18:00） 休日 AMV 地P.186 A-2

伝統的なドイツ料理が味わえるレストラン。サンドイッチは$5程度とお手頃だ。パンはライ麦や小麦など5種類から選べる。自家製ソーセージもおすすめ。('12)

メキシコ料理

R メキシカンムード漂う色とりどりの店内

ブルーイグアナ Blue Iguana

住165 S. West Temple ☎(801)533-8900
URL www.blueiguanarestaurant.net
開日～金11:30～21:00（日16:00～、金～22:00）、土12:00～22:00 AMV 地P.186 A-2

観光案内所にも近いところにあるメキシコ料理店。メニューはそれほど多くないが、エンチラーダは量もあっておいしい。メインが$8～13。('12)

旅のアドバイス

ユタ州は大自然の宝庫

ユタ州には、アーチーズ Arches、ブライスキャニオン Bryce Canyon、キャニオンランズ Canyonlands、キャピトルリーフ Capitol Reef、ザイオン Zion の5つの国立公園がある。また、北へ向かえばグランドティトン国立公園 Grand Teton まで6～7時間、イエローストーン国立公園 Yellowstone までは7～9時間。ソルトレイク・シティを起点にツアーやレンタカーを利用しよう。

ソルトレイク・シティからのツアーを行う日系の旅行会社

●マウンテン・ウエスト・トラベル Mountain West Travel
☎(801)487-4567（日本語可）
FAX (801)487-4575 URL www.mwt.com

GUIDE BOOK 地球の歩き方B13アメリカの国立公園編（1800円＋税）でもユタ州の国立公園を紹介していますので、ご活用ください。

ホテル　Hotels

ホステル

安さだけを求めるなら
アベニューホステル
The Avenues Hostel

住 107 F St., Salt Lake City, UT 84103　☎ (801) 539-8888
URL www.saltlakehostel.com
ドミトリー$17〜18、セミ・プライベートルーム$19〜40、プライベートルーム$40〜50　MV　地 P.186　B-1

行き方はダウンタウンから#3のバスに乗り、2nd Ave. & E St.下車。そこから東へ1ブロックほど。24室。浮浪者のような人たちが住みついているという投稿あり。('12)

ゲストハウス

黄色と青の外観が目印
キャメロット・イン ＆ ホステル
Camelot Inn & Hostel

住 165 West 800 South, Salt Lake City, UT 84101
☎ (801) 688-6196　FAX (801) 931-3321
URL www.ut123.com　ドミトリー$18〜、個室$25〜50
ADMV　地 P.186　A-2外

トラックス・ライトレール駅から徒歩1分。コインランドリーやキッチン、無料のインターネット接続、自転車のレンタル($5)あり。予約なしの宿泊不可。15室。('12)

中級ホテル

見どころが徒歩圏内にある
ソルトレイク・プラザ・ホテル
Salt Lake Plaza Hotel

住 122 W. South Temple, Salt Lake City, UT 84101
☎ (801) 521-0130　Free (1-800) 366-3684　FAX (801) 322-5057
URL www.plaza-hotel.com
ⓈⒹⓉ$89〜159　AJMV　地 P.186　A-1

テンプルスクエアやショッピングモールのゲートウエイまで歩いて10分。スタッフが親切で、細かい気配りが快適な滞在を彩ってくれる。150室。('12)

中級ホテル

24時間の空港送迎サービスあり
シャイロイン・スイーツ
Shilo Inn Suites

住 206 S. West Temple, Salt Lake City, UT 84101
☎ (801) 521-9500　Free (1-800) 222-2244　FAX (801) 359-6527
URL www.shiloinns.com　ⓈⒹⓉ$59〜143
AMV　地 P.186　A-2

近くにレストランがたくさんあるので、夕食には困らない。無料の朝食や高速インターネットもあり。200室。('12)

高級ホテル

ソルトレイク・シティで一番のラグジュアリーホテル
グランドアメリカ・ホテル
The Grand America Hotel

住 555 S. Main St., Salt Lake City, UT 84111
☎ (801) 258-6000　Free (1-800) 304-8696
FAX (801) 258-6813　URL www.grandamerica.com
ⓈⒹⓉ$199〜、スイート$229〜　ADMV　地 P.186　A-2

お城のような建物で、中も優雅な雰囲気に満ちあふれている。特筆すべきはスパ！　トリートメントやボディマッサージ、ネイルサロンもある。775室。('12)

高級ホテル

エレガントで歴史がある
ホテルモナコ
Hotel Monaco

住 15 West 200 South, Salt Lake City, UT 84101
☎ (801) 595-0000　FAX (801) 532-8500
URL www.monaco-saltlakecity.com　ⓈⒹⓉ$119〜299、スイート$189〜329　ADJMV　地 P.186　A-2

シックな雰囲気にまとめられたホテル。ひとつランクが上の滞在を楽しみたい人におすすめ。225室。('12)

高級ホテル

立地条件がバツグン！
ソルトレイク・マリオット・ダウンタウン・アット・シティクリーク
Salt Lake Marriott Downtown at City Creek

住 75 S. West Temple, Salt Lake City, UT 84101
☎ (801) 531-0800　Free (1-800) 228-9290　FAX (801) 532-4127
URL www.marriott.com　ⓈⒹⓉ$99〜294　ADJMV　地 P.186　A-1

ダウンタウンの真ん中に位置する。コンベンションセンターとビジターセンターがホテルの正面にあり、2012年にオープンしたショッピングセンターCity Creekも隣にあるので仕事にも遊びにも便利。ビジネスセンターやフィットネスセンターのほか、必要なアメニティはすべて揃っている。510室。('12)

地ビールが楽しめるビアレストラン ▶ 地元の若者やビール好きが集まる人気店。常時約300種類のビールを用意している。21歳未満は入店できないので身分証を持っていくこと。Bayou　住 645 S. State St.　☎ (801) 961-8400　URL www.utahbayou.com　開 毎日11:00〜翌1:00（土・日17:00〜）　地 P.186　B-2

旅のアドバイス 西部で思う存分スキーを楽しむ
～全米からスキー、スノーボード客の訪れるソルトレイク・シティとデンバー～

ソルトレイク・シティ

ソルトレイク・シティ国際空港から約45分の町、**パークシティ Park City**。ここにはパークシティ、**ザ・キャニオン The Canyons**、**ディアバレー Deer Valley** と3つのスキー場がある。いずれもリゾートタイプのホテルが近くに建っているので、簡単にスキーを楽しむことができる。

1ヵ所だけではなく、すべてのスキー場へ行きたいという人は、パークシティのダウンタウンに滞在するのがおすすめ。各スキー場へは、無料のバス **Park City Transit** が走っているので便利だ。バスは、朝早くから夜遅くまで毎日運行しており、3つのスキー場のほか、オリンピックパークへも行くことができる。夏と冬ではスケジュールが異なるので、ウエブサイトなどで確認を。

また、ダウンタウンの中心地、ヒストリック・メイン・ストリートにはトロリー **Main Street Trolley** が走っている。ショップやレストラン、ホテルが建ち並ぶ美しい町並みだ。

パークシティの雪質は“Greatest Snow on Earth”と称されるほど　© Park City CVB、Mike Tittel

スキー場情報

● **Park City**　☎(435)649-8111
URL www.parkcitymountain.com
料 1日券 $75、半日券 $60

● **The Canyons**　☎(435)649-5400
URL www.thecanyons.com　料 1日券 $79

● **Deer Valley**
Free (1-800)424-3337　URL www.deervalley.com
料 1日券 $96、半日券 $80

アクセス

空港から／スキー場まで数社のシャトルバス会社が便を運行する（各スキー場まで $40～）。

● **All Resort Express**
Free (1-877)658-3999　URL www.allresort.com

その他、詳細はパークシティ観光案内所まで

● **Park City Visitor Information Centers**
住 528 Main St., Park City（Park City Museum内）　☎(435)649-7457

● **Park City Transit**（冬期のみ）
運行／毎日 6:10～翌 2:10

● **Main Street Trolley**（冬期のみ）
運行／毎日 10:00～23:00

デンバー

デンバー近郊で人気No.1といわれるスキー場は**ベイル Vail** だ。全米でも最大規模を誇るコースは総数193、リフト31本と日本のスキー場とは比較にならない広さ。初心者から上級者まで満喫して楽しめるのは、種類豊富なコースのおかげ。傾斜が緩やかなコースも、面くらってしまうほどのでこぼこのコースもたくさん揃っており、誰もが“おもしろい”と感じることのできるバランスのとれたゲレンデである。もうひとつの魅力がリフトの速さだ。最先端技術を施された高速リフトは滑り降りる楽しみを上回るほどの、快適な乗り心地と景色を堪能できる。町全体がスキー場となった**ブレッケンリッジ Breckenridge** は、コースがレベル分けされているため初心者と中級者に人気が高い。注目すべきはビクトリア調の建物やゴールドラッシュ時代を彷彿させる町並み。デンバーは空港からスキー場へのシャトルバンが頻繁に運行されており、“フライ・アンド・スキー”を実現できる。

スキー場情報

● **Vail**
☎(970)754-8245　URL www.vail.com
料 1日券 $85～99

● **Breckenridge**
☎(970)453-5000　URL www.breckenridge.com
料 1日券 $50～93

アクセス

空港から／デンバー国際空港からスキー場までダイレクトに行くことができる。

● **Colorado Mountain Express**
☎(970)754-7433　Free (1-800)525-6363
URL www.coloradomountainexpress.com
料 ベイルまで $92（所要約2時間30分）、ブレッケンリッジまで $64（所要約1時間45分）

ダウンタウンから／下記の旅行会社では、予算に応じた旅行の手配を日本語で行ってくれる。

● **M.E.M.TRAVEL**
☎(303)295-1300　FAX (303)295-2705
URL www.memtravel.com

上質なパウダースノーを楽しめる　© Vail Resorts

メモ **有名作品がたくさん生まれた！** ▶ 毎年1月中旬にパークシティで行われる、サンダンス映画祭 Sundance Film Festival。インディペンデント映画（自主制作映画）を対象としている。過去にコーエン兄弟のデビュー作や、衝撃的なラストで話題騒然となった『SAW』も上映された。URL www.sundance.org/festival

デンバー
Denver
マイル・ハイ・シティ

コンベンションセンターにある巨大な熊の彫像は、デンバーのランドマーク的存在

デンバーは海抜1マイル（約1600m）にあることから“マイル・ハイ・シティ The Mile High City”と呼ばれる。1年のうちの約300日は晴天という恵まれた気候、そしてアリゾナ州のフェニックスよりも低い湿度など、スポーツには好条件が揃う。

スキーやロッククライミング、サイクリング、ジョギングなどの愛好家が多く、気圧が低い理由からゴルフなどの球技では、飛距離が平地よりも10%ほど伸びるといわれている。MLBの球場“クアーズフィールド”は「全米いち打球がよく飛ぶ球場」と評判だ。スポーツばかりでなく、デンバーはアメリカ人が住みたい町の第1位に選ばれるほど、暮らしやすさにおいても人気がある。交通はほどよく整備され、文化的水準も高く、ハイテクや宇宙産業などの成長にともなって人口も増加している。

デンバーを訪れたら、ぜひとも周辺のボウルダーやコロラドスプリングスにも足を延ばしてみたい。ロッキー山脈をはじめ、アメリカの原風景ともいえる大自然が堪能できるからだ。

パイクスピークにある高原鉄道で山頂まで登ってみよう

DATA

人口▶約60万200人
面積▶約396km²
標高▶約1608m
TAX▶セールスタックス　7.72%
ホテルタックス　14.85%
属する州▶コロラド州 Colorado
州のニックネーム▶センテニアル（百年目の）州　Centennial State
州都▶デンバー　Denver
時間帯▶マウンテン・タイムゾーン ➡P.631
繁忙期▶6～8月

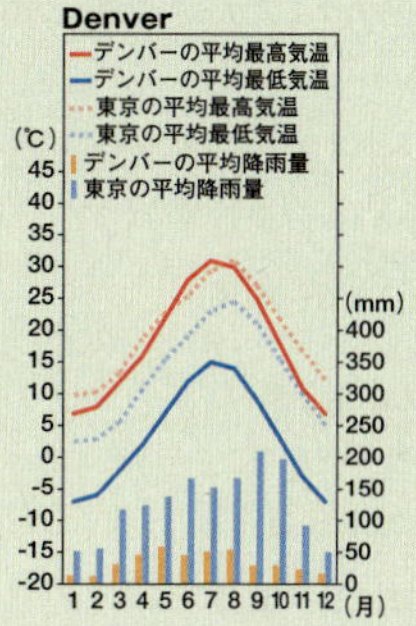

飛行機 Plane

デンバー国際空港
Denver International Airport (DIA)

デンバー国際空港
地P.199　A-1、2
住8500 Pena Blvd.
☎(303) 342-2000
Free (1-800) 247-2336
URL www.flydenver.com

ダウンタウンの北東40kmに位置し、ロスアンゼルスやソルトレイク・シティから乗り入れる。A、B、Cの3つのゲートがあり、各ゲートとターミナルビルはトレインで結ばれている。ターミナルのレベル5(地上1階に相当)には、バゲージクレーム(機内預け荷物のピックアップ場所)、市内への交通機関の乗り場、観光案内所がある。

空港から／空港へのアクセス

	種類／名称／連絡先	行き先／運行／料金	乗車場所／所要時間／備考
空港シャトルバン	スーパーシャトル SuperShuttle ☎(303) 370-1300 Free (1-888) 888-6025 URL www.supershuttle.com	行き先▶デンバー市内や周辺どこでも 運行▶24時間随時 料金▶ダウンタウンまで片道$19、往復$38	空港発▶レベル5を出たところから乗車 空港行き▶事前に電話予約をしてから乗車 所要時間▶ダウンタウンまで30〜45分
空港シャトルバン	ボウルダー・スーパーシャトル Boulder SuperShuttle ☎(303) 227-0000	行き先▶ボウルダー市内のどこでも 運行▶24時間随時 料金▶ボウルダーまで片道$27、往復$54	空港発▶レベル5を出たところから乗車 空港行き▶24時間前までに電話予約をしてから乗車 所要時間▶ボウルダーまで1時間
路線バス	RTDスカイライドバス(#AF、AB) RTD SkyRide Bus (# AF、AB) ☎(303) 299-6000 URL www.rtd-denver.com ※土・日は運行本数が減るので事前に確認しよう	行き先▶#AFはデンバーのダウンタウンやコールドスプリングス 運行▶空港発は毎日4:46〜翌0:45。空港行きは毎日3:11〜23:07の30分〜1時間間隔 料金▶$11	空港発▶レベル5を出た中洲から乗車 空港行き▶マーケット・ストリート・バスステーションやデンバー・バスターミナルから乗車 所要時間▶ダウンタウンまで約1時間
路線バス		行き先▶#ABはボウルダー 運行▶空港発は毎日6:15〜23:20。空港行きは毎日3:16〜21:50の30分〜1時間間隔 料金▶$13	空港発▶レベル5を出た中洲から乗車 空港行き▶ボウルダー・トランジットセンターから乗車 所要時間▶ボウルダーまで約1時間30分
タクシー	イエローキャブ Yellow Cab ☎(303) 777-7777 URL www.denveryellowcab.com	行き先▶市内や周辺どこでも 運行▶24時間随時 料金▶ダウンタウンまで$55〜。ボウルダーまで$88	空港発▶レベル5を出たところから乗車 空港行き▶事前に電話予約、または主要ホテルから乗車 所要時間▶ダウンタウンまで30〜40分、ボウルダーまで1時間30分〜45分

※それぞれの乗り物の特徴については ➡P.665

長距離バス Bus

さくらスクエアから1ブロックのところにあるバスセンター

グレイハウンド・バスセンター
Greyhound Bus Center

グレイハウンド・バスセンター
地P.195　B-1
住1055 19th St.
☎(303) 293-6555
開毎日6:00〜翌1:00

バスセンターは、ダウンタウンの19th St.とArapahoe St.の角にある。ダラス(所要約17時間)や、エルパソ(所要約13時間)、ソルトレイク・シティ(所要約10時間)、シカゴ(所要約22時間)などから乗り入れ、市内のRTDバスとの連絡もあり。

鉄道 Train

ユニオン駅
Union Station

ユニオン駅
(2014年まで)
地P.195　A-1
住1800 21st St.
Free (1-800) 872-7245
開毎日5:30〜20:15

カリフォルニアゼファー号が1日1往復、エメリビル(サンフランシスコ)やソルトレイク・シティ、リノ、シカゴから列車が乗り入れている。2014年にはアムトラック、ライトレール、バスなどが乗り入れる総合ターミナルとしてユニオン駅は生まれ変わる(現在は閉鎖中。詳細は下段メモ)。

メモ **ユニオン駅は工事中**▶歴史的な建物であるユニオン駅は2012年5月現在、大規模な拡張工事計画(DUDPA)で閉鎖され、仮設のアムトラック駅舎がダウンタウンから北東へ徒歩20分の20th & Wewatta Sts.にある。

デンバーの歩き方 Getting Around

ダウンタウンは**16番ストリートモール16th Street Mall**を中心に、通りが碁盤の目のように走る。しゃれたショップやレストランが集まる**ラリマースクエア**、ロードー地区、**コロラド州議事堂**や**デンバー美術館**などの人気スポットもすべて徒歩圏内だが、無料のシャトルバスの**フリー・モールライド**を乗りこなせば、さらに簡単に回れる。郊外の見どころへのアクセスは不便なので、ツアーに参加しよう。

時計台 D&F タワーは 16 番ストリートモールの目印

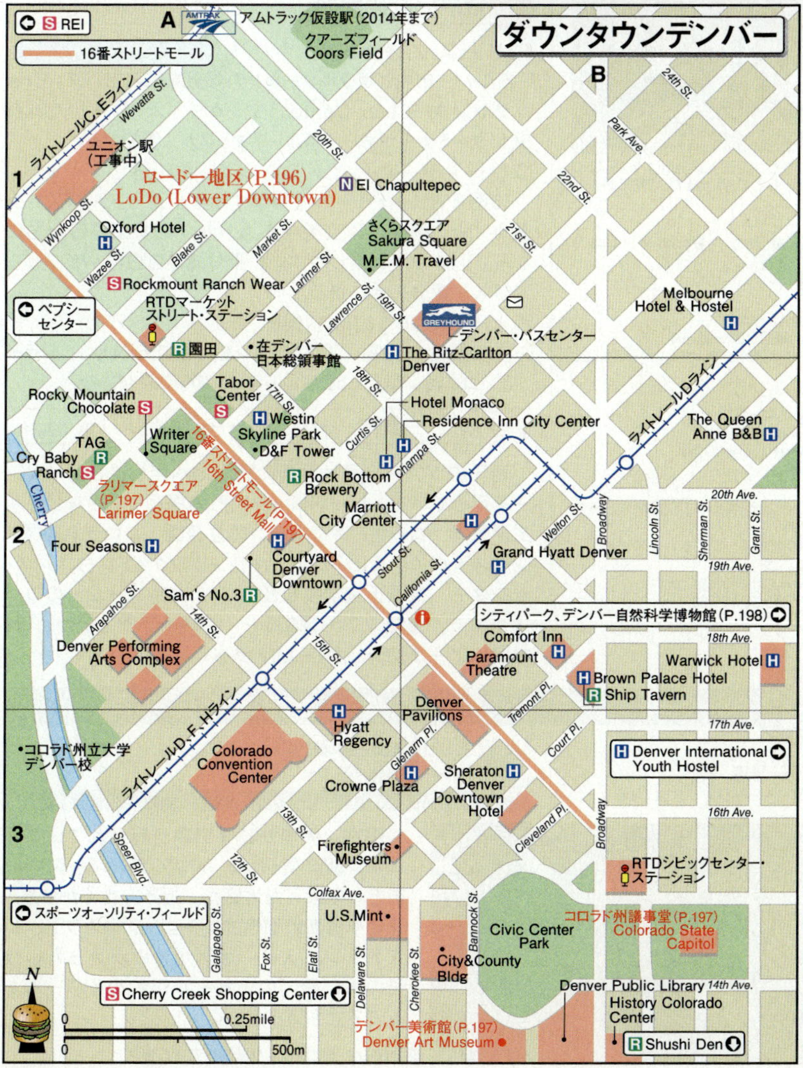

RTD のパス ▶ デンバー国際空港のメインビルには RTD のカウンターがあり、1 日券（圏$6.75）などのパスを買うことができる。デンバーのダウンタウンへ向かうスカイライドバスは、1 日券に追加の料金を払う。

デンバー観光局
地P.195　B-2
住1600 California St.
☎(303) 892-1505
Free(1-800) 233-6837
URL www.denver.org
開〈4〜10月〉月〜土9:00〜18:00（土〜17:00）、日10:00〜14:00、〈11〜3月〉月〜金9:00〜17:00

RTDバス
☎(303) 299-6000
URL www.rtd-denver.com
料$2.25（1日券$6.75）、エクスプレス$4（1日券$11.50）。トランスファー（乗り換え）は無料

ダウンタウンの観光案内所は16番ストリートモールとCalifornia St.の角にある

フリー・モールライド
運行／毎日5:00〜翌1:00（平日は数分間隔で運行）
料無料

ライトレール
運行／毎日5:00〜翌1:00
料ゾーン制だがダウンタウン内なら$2.25

グレイライン
☎(303) 394-6920
Free(1-800) 472-9546
URL www.grayline.com

M.E.M.トラベル（日本語ツアー）
地P.195　A-1
住1209 19th St.(さくらスクエア内)
☎(303) 295-1300
URL www.memtravel.com
開月〜金9:30〜18:00

観光案内所 …………… Visitors Information

デンバー観光局
Visit Denver

16番ストリートモールとCalifornia St.の角にある。RTDのパス、各種チケットの販売やコロラド州に関するパンフレット、地図なども豊富に揃う。ホテルの予約サービスも行っているので、相談してみるといい。なお、『DENVER』というオフィシャルガイド（無料）の地図は使いやすいので、ぜひ入手しておこう。デンバー国際空港メインターミナルにも案内所（開月〜土8:30〜17:00）がある。

市内の交通機関 ……… Public Transportation

RTD バス　RTD Bus
デンバー市内とボウルダーなどの郊外を結ぶ市バス。シビックセンターCivic CenterとマーケットストリートMarket St.にターミナルがあり、各ルートマップが入手できる。

フリー・モールライド　Free MallRide
16番ストリートモールを循環する無料シャトルバス。交差点ごとに停車し、交差する通りがそのまま停留所名になっているので利用しやすい。乗り降り自由のハイブリッドバスが数分おきに走る。

ライトレール　Light Rail
RTD運営の市電。ダウンタウンを東西に走るD、F、Hラインと、ユニオン駅から出るC、Eラインの5路線がある。

ツアー案内 ……………… Sightseeing Tours

地元のツアー会社は主要の観光地へ半日や日帰りツアーを行っている。レッドロック円形劇場とクアーズビール工場見学、ロッキーマウンテン国立公園、コロラドスプリングス（パイクスピークス、オリンピック・トレーニング・センター、空軍士官学校など）、ロイヤルゴージュのコースがある。英語ツアーは$35〜（グレイラインほか）、日本語ツアーは$85〜（M.E.M.トラベル）。

Sightseeing　おもな見どころ

ロードー地区
URL www.lodo.org

よみがえる歴史的な町並み　地P.195　A-1

ロードー地区
LoDo (Lower Downtown)

図書館のようにゆっくり読書ができる書店

現在、大掛かりな工事が行われているユニオン駅の周辺は、かつてデンバーの中心街として栄えた地区だ。近年、古くからある建物や倉庫に個性的なショップやカフェ、レストランが入り、活気がよみがえった。地元の人に評判の地ビールが飲めるバーもあるので立ち寄るといい。

乗り放題のシャトルがありがたい 地P.195 A-1～B-3

16番ストリートモール
16th Street Mall

デンバーはここから始まるといってもいいほどの代表的な通り。美しく四季を反映する並木と中国出身のアメリカ人建築家、I.M.ペイが設計したことでも有名だ。名所である**時計台D&Fタワー**や観光案内所もこの道に面する。フリー・モールライドのシャトルバスも頻繁に走り、その利用者数は1日5万人。ビジネスマンや観光客にとってこれほどありがたい移動手段はない。一般車両は入れないので当然、渋滞もない。

デンバーを満喫するには、思う存分『ただ乗り』しよう

16番ストリートモール
URL www.denver.com/16th-street-mall

粋なレストランとショップが集まる 地P.195 A-2

ラリマースクエア
Larimer Square

地元女性活動家、ダナ・クロフォードがデンバーの町を1858年当時に再現する計画を1971年に実施し、よみがえらせた。今ではすっかりデンバーの顔となった有名スポット。約100mの間にブティック、レストラン、カフェなどが40軒連なり、連日連夜にぎわう。安心して歩けるのもうれしい。Larimer St. 沿い、14th St. と15th St. の間。

通りには小粋なレストラン、ファッションショップが並ぶ

ラリマースクエア
住1430 Larimer St.
☎(303)534-2367
URL www.larimersquare.com

ゴールドラッシュを思い起こさせる黄金のドーム 地P.195 B-3

コロラド州議事堂
Colorado State Capitol

ダウンタウン観光の目印でもあり、金色のドームがひときわ目立つ。内部には重厚な装飾が施され、1階から3階までの吹き抜けの壁には歴代州知事の肖像画が飾られている。Colfax Ave.に面した北側入口から無料ツアーが催行され、ドームにも上ることができる。西側の階段にはマイル・ハイ（海抜1600m）を示す標識が刻まれていて、ここで記念撮影する人も多い。

ドームから眺めるロッキー山脈の景色も名物

コロラド州議事堂
住Room 029, State Capitol（ツアーデスク）
☎(303)866-2604（ツアーデスク）
ツアー／月～金10:00～15:00。所要約45分

斬新なデザインの外観 地P.195 B-3

デンバー美術館
Denver Art Museum

ネイティブアメリカン・アートのコレクションでは歴史も古く、最大級の規模を誇る。宝石、陶器、織物、バスケットの小物から、トーテムポールまで、100部族の作品が1万8000点以上ある。現代美術、アフリカ、ヨーロッパ、アジアの絵画、彫刻、テキスタイルなどのコレクションも6万8000点に達する。ビルの設計者はダニエル・リベスキンド。

デンバー美術館
住100 W. 14th Ave.
☎(720)865-5000
URL www.denverartmuseum.org
開火～日10:00～17:00（金～20:00）
休月、サンクスギビング、12/25
料$13、シニア／学生$10、6～18歳$5

鈍い輝きを放つチタンが美しい

メモ **タタード・カバー書店**▶ロードー地区のビルの2階部分を占める空間にカフェや読書スペースも用意されている。Tattered Cover Book Store 住1628 16th St. ☎(303) 436-1070 URL www.tatteredcover.com 開月～土6:30～21:00（土9:00～）、日10:00～18:00

デンバー自然科学博物館
住2001 Colorado Blvd.
☎(303)370-6000
URL www.dmns.org
開毎日9:00～17:00
休12/25
料$12、シニア$8、学生／3～18歳$6。アイマックスは$10、シニア／学生／3～18歳$8。コンビネーションチケットあり
行RTDバス＃20、32、40で、Colorado & Montview Blvds. 下車

緑豊かな市民公園にある 地P.195 B-2外

デンバー自然科学博物館
Denver Museum of Nature & Science

ダウンタウンから東へ3マイル（約5km）、シティパーク内のColorado Blvd.沿いにある。コロラド周辺に生息する動物など約90種のはく製のジオラマが人気。プラネタリウムとアイマックスシアターもあり、4階のスカイテラスから見るデンバーの町並みとロッキー山脈は格別だ。

Excursion 郊外の見どころ

ロハス発祥の地 地P.199 A-1

ボウルダー
Boulder

パールストリートにある観光案内所

ボウルダー
行デンバーからRTDバス＃BV"Boulder"で1時間弱
●Boulder Convention & Visitors Bureau
住2440 Pearl St., Boulder
☎(303)442-2911
Free (1-800)444-0447
URL www.bouldercoloradousa.com
開月～金8:30～17:00
休土・日
●HOP(バス)
運行／月～土7:00～24:00(土9:00～)、日10:00～18:00
料$2.25
●SKIP(バス)
運行／月～土5:00～24:00(土7:00～)、日7:00～23:00
料$2.25

ボウルダーはデンバーから北西50kmにある学園都市。高地トレーニングのメッカとして世界的に有名であり、アメリカでは「最も健康的な町」として知られる。数多くのトレイルやサイクリング道が整備され、市民がトレッキング、サイクリング、ジョギングする光景がいたるところで見られる。ダウンタウンの中心は**パールストリート・モールPearl Street Mall**。コロラド大学、Folsom St.を循環するホップHOP、ダウンタウンのBroadwayを南北に往復するスキップSKIPと、RTD運営の循環・往復バスが走っているので、車のない観光客でも困ることはない。レンタルバイク店もダウンタウンにあるので利用しやすい。

ボウルダー・クリークパス　Boulder Creek Path

パールストリートの南を流れる清流Boulder Creekの両側は市民の憩いの場所だ。生い茂る木立の間をくぐるように、サイクリング、ジョギング、ウオーキングコースが続き、ヘルメット姿の老若男女が色や形も異なる自転車に乗ってサイクリングを楽しんでいる。

国立気象研究所
National Center for Atmospheric Research(NCAR)

建物はアメリカを代表する中国出身の建築家I.M.ペイの設計。ロッキー山脈に流れる大気を感じる、雄大な丘陵地の頂上に建つ。アドービ風のたたずまいはどこかSF的でもあり、恐竜が闊歩した太古の気候を思い浮かばせる。ここでは異常気象や地球温暖化といった世界中で起こるさまざまな気象現象の研究や分析が行われている。

国立気象研究所（ビジターセンター）
住1850 Table Mesa Dr., Boulder
☎(303)497-1000
URL www2.ucar.edu/campus/mesa-laboratory
開月～金8:00～17:00、土・日9:00～16:00

年間300万人が訪れる 地P.199 A-1

ロッキーマウンテン国立公園
Rocky Mountain National Park

アメリカ大陸の背骨にあたるロッキー山脈にある。デンバーから北西へ車で2時間、約1000㎢の園内には大陸分水嶺や、富士山よりも高い3900～4000m級の高峰が約20座、連なり見事だ。美しい山並みが見渡せるエステスパークにはレストランや宿泊施設がある。

ロッキーマウンテン国立公園
住1000 Highway 36, Estes Park
☎(970)586-1260
URL www.nps.gov/romo
開24時間
料車1台$20。その他の入園方法は1人$10(チケットは1週間有効)
行デンバーからUS-36を北西に約80km、2時間

スポーツで有名なリゾートシティ 地P.199 A-2

コロラドスプリングス
Colorado Springs

デンバーから約120km南にあるコロラドスプリングスは古くから栄える保養地だ。コロラドスプリングス空港が完成して以来、ハイテク産業も発展。市内にはアメリカオリンピック委員会本部が置かれ、強化合宿が行われる**オリンピック・トレーニング・センターOlympic Training Center**の見学ツアーは人気だ。同じく市内にある**空軍士官学校U. S. Air Force Academy**も内部見学ができる。また、ブロードモアホテルにはアメリカを代表する名門ゴルフコースが3コースある。**ガーデン・オブ・ゴッドGarden of The Gods**をはじめ、町のどこからでも眺められる名山**パイクスピークPikes Peak**（標高4300m）とその頂上まで走る高原鉄道**Cog Railway**も見逃せない。山麓に佇む**マニトウスプリングスManitou Springs**は何種類もの源泉水が試飲でき、多くの人が訪れるリゾートである。

選び抜かれた4000人の士官候補生が学ぶ 地P.199 A-2

空軍士官学校
U.S. Air Force Academy

陸軍のウエストポイントや海軍のアナポリスと並ぶ空軍の士官学校がコロラドスプリングスの北30km、I-25沿いにある。ビジターセンターでは、学校の歴史を紹介するビデオが上映され、ギフトショップも併設されている。敷地内でひときわ目立つ**カデットチャペルCadet Chapel**はミサが行われない時間なら見学可能。厳しい規律と訓練で知られる士官学校の日常が見られる。

何億年もかかって形成された不思議な地形 地P.199 A-2

ガーデン・オブ・ゴッド
Garden of The Gods

コロラドスプリングスから西へ10km、奇形な砂岩が林立する神秘的な空間が広がる。“ガーデン・オブ・ゴッド”と呼ばれ、まさに神々の園の名にふさわしいところだ。大きい岩は100m以上の高さにも達し、ふたつとして同じ形はない。ビジターセンターでは地質学的に岩が形成された過程をビデオ（有料）で詳しく解説している。

ロッククライマーたちをひきつけるさまざまな形状の岩々

コロラドスプリングス
行デンバーからI-25を南に116km、約1時間40分

●Colorado Springs Convention & Visitors Bureau
住515 S.Cascade Ave., Colorado Springs
☎(719)635-7506
URL www.visitcos.com
開月〜金8:30〜17:00

●Colorado Springs Airport
住7770 Milton E. Proby Pkwy., Colorado Springs
☎(719)550-1972
URL www.springsgov.com/airportindex.aspx

空軍士官学校
住Academy Dr., USAF Academy
☎(719)333-2025
URL www.usafa.af.mil
開毎日9:00〜17:00
行デンバーからI-25を南へ116km、Exit 156B。約1時間15分。

ガーデン・オブ・ゴッド
開〈夏期〉毎日5:00〜23:00、〈冬期〉毎日5:00〜21:00　料無料
行デンバーからI-25を南へ115km、Exit 145。約1時間20分

●Visitor Center
住1805 N. 30th St., Colorado Springs
☎(719)634-6666
URL www.gardenofgods.com
開〈夏期〉毎日8:00〜20:00、〈冬期〉毎日9:00〜17:00

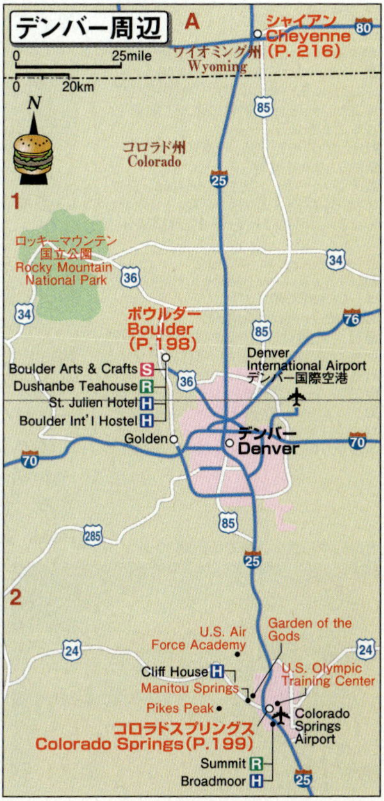

トレーニングに励む選手たちに会えるかも

オリンピック・トレーニング・センター
住1 Olympic Plaza, Colorado Springs
☎(719)866-4618
URL www.teamusa.org
開ツアー：月～土9:00～16:30、日11:00～16:00の30分ごと
行デンバーからI-25を南へ116km、Exit 143。約1時間30分。

マニトウスプリングス
行デンバーからI-25を南へ110km、Exit 141からUS-24へ入り西へ7km。約1時間30分

●**Manitou Springs Visitor Center**
住354 Manitou Ave., Manitou Springs
☎(719)685-5089
Free (1-800)642-2567
URL www.manitousprings.org
開月～金8:30～17:00、土9:00～16:00

パイクスピーク
☎(719)385-7325
URL www.pikespeakcolorado.com
開〈5/28～9/2〉毎日7:30～18:00、〈9/3～9/30〉毎日7:30～17:00、〈10/1～5/27〉毎日9:00～15:00。天候によって閉鎖されることもある
休サンクスギビング、12/25
料$10、6～15歳$4
行デンバーからI-25を南へ110km、Exit 141からUS-24へ入り西へ15km。Fountain Ave. Pikes Peak Hwy.へ。約2時間30分

●**Pikes Peak Cog Railway**
住515 Ruxton Ave., Manitou Springs
☎(719)685-5401
URL www.cograilway.com
運行／夏期は1日4～8往復。それ以外は運行本数が減り、11～3月は運休の日も多い
料$35、3～12歳$19
行デンバーからI-25を南へ110km、Exit 141からUS-24へ入り西へ7km。Manitou Ave.からRuxton Ave.へ。約1時間30分

金メダルをめざす選手たちを見よう　地P.199　A-2

オリンピック・トレーニング・センター

U.S. Olympic Training Center

コロラドスプリングスのダウンタウンにある。選手宿舎のほか、水泳、バスケットボール、体操競技などを含む総合施設が、無料の見学ツアーで見られる。**オリンピックの殿堂U.S. Olympic Hall of Fame**では、懐かしい選手の写真や本物のメダルや聖火トーチが展示されている。

湧き水を飲み比べてみよう　地P.199　A-2

マニトウスプリングス

Manitou Springs

パイクスピークの麓にあるリゾートタウン。古いホテルやレストラン、小さなギャラリーなどが集まり、おいしい水と癒しを求めて多くの観光客がやってくる。ミネラルをたくさん含んだ湧き水が自由に飲めるのがうれしい。目抜き通りから少し上ったところに高原列車コグレイルウエイの駅があり、パイクスピークの山頂までのんびりとした鉄道の旅が楽しめる。

温泉こそないが、懐しい宿場町の雰囲気が漂う

アメリカ人の愛国心を呼び起こす山　地P.199　A-2

パイクスピーク

Pikes Peak

威風堂々としたその姿を眺め、アメリカの人々は特別な思いにかられるという。第2の国歌ともいうべき『America The Beautiful』の歌詞は、作者キャサリンL.ベーツがパイクスピークの頂から見た光景を歌ったものだ。山頂へは車でパイクスピーク・ハイウエイPikes Peak Highwayを使って行くか、マニトウスプリングスから発着する、登山電車**パイクスピーク・コグレイルウェイPikes Peak Cog Railway**を利用する。もちろん、自転車や徒歩で頂上をめざすことも可能だが、酸素の薄い山道は体力のある人でないと難しい。毎年6月に開催される**パイクスピーク国際ヒルクライムPikes Peak International Hill Climb**レースは、標高2862mから4300mまでの道のりを一気に車で走り上がる過酷なレース。日本人ドライバーの田嶋信博は2011年までに改造無制限クラスで6連覇を果たしている。

パイクスピークは「アメリカの山」の名で人々に親しまれる

登山列車の旅は往復で3時間10分

観戦するスポーツ Spectator Sports

ベースボール MLB

コロラド・ロッキーズ（ナショナルリーグ西地区）
Colorado Rockies

1993年の球団拡張で、初めて山岳部時間帯に誕生したチーム。標高の高さからマイル・ハイ・スタジアム［1マイル（約1600m）の高さにある球場］の別名があり、気圧が低いため打球がよく飛ぶ。自慢は強力打線。2011年は地区4位に終わったが、'12年復活の兆しがあり、地区優勝を狙える実力がある。

コロラド・ロッキーズ
（1993年創設）
本拠地——クアーズフィールドCoors Field（5万445人収容）
地P.195　A-1
住2001 Blake St.（at 20th）
☎（303）292-0200
URL colorado.rockies.mlb.com
球場ツアー／$7、詳しくはウエブサイトで

この選手に注目!
トロイ・トゥロウィツキー（遊撃手）

アメリカンフットボール NFL

デンバー・ブロンコズ（AFC 西地区）
Denver Broncos

2010年は4勝と低迷したが新コーチ・フォックスの就任で5割の星に戻し、'05年以来のプレーオフに進出。6度のスーパーボウル出場、1998、'99年の連覇が輝かしい強豪は'12年シーズンを前にビッグネームのQBマニングを獲得、注目を集めている。チームカラーはオレンジ、ネイビー、ホワイト。

デンバー・ブロンコズ
（1960年創設）
本拠地——スポーツオーソリティ・フィールド・アット・マイルハイSports Authority Field at Mile High（7万6125人収容）
地P.195　A-3外
住1701 Bryant St.
☎（720）258-3000、258-3333（チケット）
URL www.denverbroncos.com
行ユニオン駅からライトレールCラインでスポーツオーソリティ・フィールドの前まで行ける。またマーケットストリート・ステーションから臨時バス "Broncos Ride" が試合開始2時間前から運行される。帰りは試合終了から45分間、マーケットストリート・バスステーションまで運行される

この選手に注目!
ペイトン・マニング

バスケットボール NBA

デンバー・ナゲッツ（西・北西地区）
Denver Nuggets

ここ8シーズンは連続勝ち越し、地区優勝3回と好成績を刻むがプレーオフでは2008-09シーズン以外は初戦敗退とさえない。発足時に「ロケッツ」を名乗っていたが、NBA加盟時に改称を強いられ、「金塊」を意味するこの名に変更した。チームカラーはパウダー・ブルー、ゴールド、ホワイト、ネイビー。

デンバー・ナゲッツ
（1967年創設）
本拠地——ペプシセンター Pepsi Center（1万9155人収容）
地P.195　A-1外
住1000 Chopper Circle
☎（303）405-1100
URL www.nba.com/nuggets
行ユニオン駅よりライトレールCラインでペプシセンターの前まで行ける

この選手に注目!
タイ・ローソン

アイスホッケー NHL

コロラド・アバランチ（西・北西地区）
Colorado Avalanche

1972年にカナダのケベックで創設され、'95年にデンバーに移ってきた。移転後はスター軍団を擁して10シーズン連続でプレーオフに進出し、そのうち2度もスタンレーカップを獲得するなど黄金期を迎えたが近年は世代交代がうまくいかず連続でプレーオフを逃している。チケットは当日でも余裕あり。

コロラド・アバランチ
（1972年創設）
本拠地——ペプシセンター Pepsi Center（1万8007人収容）
地P.195　A-1外
住1000 Chopper Circle
☎（303）405-1111（チケット）
URL avalanche.nhl.com
行ナゲッツ参照

この選手に注目!
ミラン・ヘイデュク

マイル・ハイ・シティでスポーツを楽しむときの心得（旅のアドバイス）

デンバーには 90 以上のゴルフコースがあり、無料でテニスができるコートが 150 近くある。空気が薄いために、飛距離がいつもよりも伸び、プレーがしやすい反面、空気の乾燥と強い日射が原因で思いもかけない体調の変化に見舞われることがある。こまめに水分の補給に努め、サングラスや日焼け止め、リップクリームなどを常備し、紫外線から肌を守る準備を欠かさないこと。運動後に飲むアルコール飲料も、低地にいるときより酔いが強く現れることにも気をつけたい。

クアーズフィールドはヒットの出やすい球場

ナイトスポット&ショップ&レストラン Night Spot & Shops & Restaurants

N ジャズ
クリントン大統領も飛び込みで演奏した
エル・チャプルテペック
El Chapultepec

住1962 Market St. ☎(303)295-9126
URL thepeclodo.com 開毎日11:00～翌1:00
現金のみ 地P.195 A-1

ニューヨークやシカゴに引けを取らない生のジャズが聴ける。クアーズフィールドから2ブロックのロードー地区にある。ハッピーアワーは$1.50でビールが飲めるとあってにぎわう。('12)

S ファッション
カウボーイシャツの代表的ブランド
ロックマウント・ランチウエア
Rockmount Ranch Wear

住1626 Wazee St. ☎(303)629-7777
URL www.rockmount.com 地P.195 A-1 MV
開月～土8:00～18:00(土10:00～)、日11:00～16:00

スナップボタンを開発した祖父の時代から3代続くカウボーイシャツのトップブランド。ロックシンガーや有名俳優が愛用する“言わずと知れた”ウエスタンファッションの名ブランド。('12)

S スポーツ
壁登りもできる店内
アール・イー・アイ
REI

住1416 Platte St. ☎(303)756-3100
URL www.rei.com 地P.195 A-1外 AMV
開毎日10:00～21:00(土～19:00、日～18:00)

ワシントン州に本部を置く、スポーツ用品チェーン。古い車両倉庫跡に作られたデンバー店は土地柄、スキー、スノボー、登山、サイクリング用品が充実。自転車の試乗コースもある。('12)

S 雑貨
地元の作家のクラフトが揃う(ボウルダー)
ボウルダー・アーツ&クラフト・コープ
Boulder Arts & Crafts COOP

住1421 Pearl St., Boulder ☎(303)443-3683
URL boulderartsandcrafts.com 地P.199 A-1 AMV
開月～土10:00～18:00(木～土～20:00)、日11:00～17:00

設立から40年を迎える、全米で最も早く作られたアーティストの生協のひとつ。ボウルダーやコロラド州出身の作家たちの絵画、彫刻、陶芸、クラフト、ジュエリー作品を展示販売する。('12)

R カフェ&レストラン
タジキスタンから移築(ボウルダー)
デゥシャンベ・ティーハウス
Dushanbe Teahouse

住1770 13th St., Boulder ☎(303)442-4993
URL www.boulderteahouse.com 地P.199 A-1
開毎日8:00～21:00

姉妹都市デゥシャンベの古い茶屋をボウルダーへ移築。美しい装飾に囲まれ、ゆっくりお茶の時間を過ごす空間として大人気。タジキスタンの家庭料理plov(ピラフのようなもの)は$14。('12)

R アメリカ料理
ワインリストがご自慢(コロラドスプリングス)
サミット
Summit

住1 Lake Ave., Colorado Springs ☎(719)577-5896
URL www.broadmoor.com 地P.199 A-2
開月～金17:00～21:30 AMV

ブロードモアホテル本館の前に建つ国際コンベンションセンター内にある。多彩なメニューはどれも旬の素材を誂えたものばかり。予算は$30前後。('12)

R 日本料理
九州から新鮮なネタを空輸
すしデン
Sushi Den

住1487 S. Pearl St. ☎(303)777-0826
URL www.sushiden.net 地P.195 B-3外
開月～金11:30～14:30、16:45～22:30(金～23:30)、土16:30～23:30、日17:00～22:30 AMV

全米でも指折りの寿司店として何度もメディアに取り上げられた。九州出身の兄弟が長年デンバーで営業を続け、地元からの人気を不動のものにしている。予算は$20～。('12)

R 無国籍料理
ラリマースクエアの新星レストラン
タグ
TAG

住1441 Larimer St. ☎(303)996-9985
URL www.tag-restaurant.com 地P.195 A-2
開ランチ月～金11:00～14:00、ディナー毎日17:00～22:00(土～23:00、日～21:00) AMV

地元の名シェフ、トロイ・ガードが料理を手がけるレストラン。ジャンルにこだわらない創作料理の数々が手頃な価格で食べられる。バルサミコ酢と味噌のソースがかかったステーキは$25。('12)

メモ **チェリークリーク&チェリークリークノース・ショッピングセンター▶**ダウンタウンから南へ5kmのところにショッピングモールがふたつある。ファッションからアップルストアまで、デパートを含む200以上の店舗と飲食店が営業。バスは#83Lが便利。住3000 E. 1st Ave. ☎(303)388-3900 URL www.shopcherrycreek.com

ホテル Hotels

ホステル

ダウンタウンにあり便利
デンバー・インターナショナル・ユースホステル
Denver International Youth Hostel

住630 E. 16th Ave., Denver, CO 80203
☎(303) 832-9996 URL www.youthhostels.com/denver
ドミトリー$15～ 地P.195 B-3外

開業以来25年以上続く私設のホステル。16番ストリートモールに近く、どこへ行くにも便利で、食事や買い物に困ることはない。7室。 ('12)

ホステル

国際色豊かなホステル（ボウルダー）
ボウルダー・インターナショナル・ホステル
Boulder International Hostel

住1107 12th St., Boulder, CO 80302 ☎(303) 442-0522
FAX (303) 442-0523 URL boulderinternationalhostel.com
ドミトリー$27～、個室$45～ AMV 地P.199 A-1

ボウルダーで50年間営業を続けるホステル。ドミトリーは最長7泊まで。それ以上は週、月単位のレートが適用される。受付は8:00～22:00までだが予約があれば、時間外でも宿泊可能。29室。 ('12)

高級ホテル

創業約120年の格式あるホテル
ブラウンパレスホテル
Brown Palace Hotel

住321 17th St., Denver, CO 80202 ☎(303) 297-3111
Free (1-800) 321-2599 FAX (303) 312-5900 地P.195 B-2
URL www.brownpalace.com ⓈⒹⓉ$149～319 ADMV

1892年の開業以来、デンバーの顔として多くのVIPを迎え、1997年のG8サミットではクリントン大統領の執務室としても使われた。アトリウムは全米で最も古いもの。241室。 ('12)

高級ホテル

ダウンタウンの最新ホテル
フォーシーズン・デンバー
Four Seasons Denver

住1111 14th St., Denver, CO 80202 ☎(303) 389-3000
FAX (303) 389-3009 URL www.fourseasons.com/denver
ⓈⒹⓉ$235～525 ADJMV 地P.195 A-2

2010年に開業したホテル。高級レジデンスが入る高層ビルの16階までがホテル部分。16番ストリートモールや劇場街、コンベンションセンターまで徒歩数分。239室。 ('12)

高級ホテル

1873年にオープンした老舗（マニトウスプリングス）
クリフハウス
Cliff House

住306 Canon Ave., Manitou Springs, CO 80829 地P.199 A-2
☎(719) 785-1000 Free (1-888) 212-7000 FAX (719) 685-3913
URL www.thecliffhouse.com ⓈⒹⓉ$85～149 ADMV

かつては保養地のホテルとして大統領など多くの名士が泊まり、客室は現在、それぞれ名士の名で呼ばれ、使われている。レストランとともに根強い人気がある歴史の感じられるホテル。54室。 ('12)

高級ホテル

ボウルダー・クリークパスに近い（ボウルダー）
セントジュリアン・ホテル
St. Julien Hotel

住900 Walnut St., Boulder, CO 80302 ☎(720) 406-9696
FAX (720) 406-9697 URL www.stjulien.com
ⓈⒹⓉ$249～389 AMV 地P.199 A-1

ボウルダーを象徴するフラットアイロンの眺めが部屋から楽しめる。会議や観光のどちらの目的にも使いやすい設備が整っている。1階のレストランJill'sは有機野菜を使ったメニューが好評。201室。 ('12)

高級ホテル

2011年全米女子オープン開催のホテル（コロラドスプリングス）
ブロードモアホテル
Broadmoor Hotel

住1 Lake Ave., Colorado Springs, CO 80906
☎(719) 577-5775 FAX (719) 577-5700
URL www.broadmoor.com
ⓈⒹⓉ$195～565 AMV 地P.199 A-2

1918年創業の名門リゾートホテル。3つのゴルフコースのほか、国際会議の行われる施設も完備され、世界中から多くの観光客、プレーヤーたちが利用する。レストランは合わせて9軒。744室。 ('12)

ボイジー Boise

全米いちのポテトの都

アイダホ州議事堂を中心としたこぢんまりとした町並み

ボイジーは、西部開拓者がとおったオレゴントレイル沿いの野営地として、1800年代前半に誕生した。1862年に近郊で金が発見されたことにより、人口は1600人まで増加する。1900年初頭には灌漑システムが整えられ、その後、農業が盛んな都市として有名になっていくのだ。現在、全米で生産されるジャガイモの1/3はアイダホ州で収穫されるという。

アイダホ州の州都であるボイジーは、ボイジー川に沿って木々が植えられ、ジョギングやサイクリングを楽しむ人でにぎわう、アウトドアスポーツが盛んな町だ。

DATA

人口▶約20万5600人
面積▶約205km²
標高▶約866m
TAX▶セールスタックス 6%
ホテルタックス 13%
属する州▶アイダホ州 Idaho
州のニックネーム▶宝石の州 Gem State
州都▶ボイジー Boise
時間帯▶マウンテン・タイムゾーン ➡P.631
繁忙期▶3〜5、10、11月

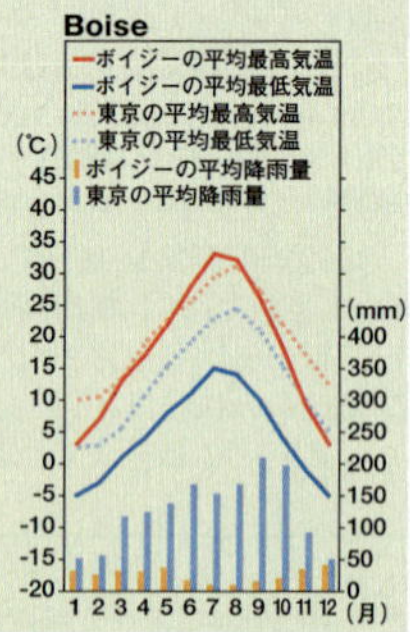

Getting There & Around ボイジーへの行き方&歩き方

シアトルやポートランド、ソルトレイク・シティなどからの便があるボイジー空港**Boise Airport**はダウンタウンの南6kmに位置する。グレイハウンドは、ソルトレイク・シティやオレゴン州ポートランドから乗り入れ、ダウンタウンの北西1kmにバスディーポがある。

ダウンタウンは通りが碁盤の目のように整っていて歩きやすい。徒歩圏内に美術館、博物館といった見どころやホテル、レストランやカフェも数多くあり、特に、6〜9th、Bannock、Front Sts.に囲まれたエリアがにぎわっている。

ボイジー空港(BOI)
地P.205 A-2外 住3201 Airport Way
☎(208)383-3110
行ダウンタウンまで市バス#3で約20分。タクシーなら15分(約$18)
●Boise City Taxi(タクシー)
☎(208)377-3333
●Valley Ride(市バス)
☎(208)345-7433
URL www.valleyride.org
料$1。トランスファー(乗り換え)は$1なので1日券$2がおトク
運行/月〜金5:15〜18:45の20分〜1時間間隔、土7:45〜18:45の1時間間隔(路線により異なる)

グレイハウンド・バスディーポ
地P.205 A-1 住1212 W. Bannock St.
☎(208)343-3681
開毎日6:00〜11:59、17:00〜23:59(チケット毎日6:00〜11:30、17:00〜23:30)

ボイジー観光案内所
地P.205 A-2
住850 W. Front St.(ボイジーセンター内)
☎(208)344-5338
URL www.boise.org
開月〜金10:00〜16:00
休土・日、おもな祝日

観光案内所 …………………… Visitors Information

ボイジー観光案内所
Boise Visitor Center

ダウンタウンの中心部、Front St.と9th St.の角に位置する**ボイジーセンターBoise Centre**内にある。ボイジー市内のみならず、アイダホ南西部の資料も豊富に揃うので立ち寄るといい。

親切なスタッフがいる

メモ **博物館や美術館の入場券がセットになった割引パス**▶バスクミュージアム&カルチュラルセンターやボイジー美術館、アイダホ州歴史博物館、旧アイダホ州刑務所など7カ所の見どころが対象。ウエブサイトやディスカバリー・センター・オブ・アイダホの窓口で購入できる。URL www.idahotickets.com 料$19、子供$9

おもな見どころ Sightseeing

ギフトショップも入る州議事堂 地P.205 B-1

アイダホ州議事堂
Idaho State Capitol

ダウンタウンの北500メートルに、上院や下院、州知事室などが入る州議事堂が鎮座する。高さ63メートルのルネサンス復古調の建物は1920年に完成した。議事堂内には、州の歴史がわかる展示やジョージ・ワシントンの銅像、ロタンダ（円形大広間）がある。

夫婦愛から生まれた公園 地P.205 B-2

ジュリア・デービス・パーク
Julia Davis Park

西部開拓時代に、西を目指した人々をもてなした**ジュリア・デービスJulia Davis**の思い出を残したいという目的で、彼女の夫がボイジー市に土地を寄付した。その43エーカー（約17万4000m^2）の場所は、現在彼女の名前がついた公園となり、アイダホ州歴史博物館やボイジー美術館、アイダホ黒人歴史博物館、ボイジー動物園、ローズガーデンなどが集まる。今では89.4エーカー（約36万1800m^2）の広さにまでなり、市民の憩いの場になっている。

アイダホ州歴史博物館
Idaho State Historical Museum

ネイティブアメリカンが住みついた頃から、現在にいたるまでのアイダホ州の変遷について紹介している博物館。開拓者たちが西へ西へと向かっていた1800年代初頭、毛皮交易が盛んだった1840年代、ゴールドラッシュなど西部が最も活気づいていた1860年頃の展示は必見だ。

ボイジー美術館　Boise Art Museum

1937年にオープンした美術館。所蔵作品は3000点ほどあり、20世紀のアメリカの現代美術作品やヨーロッパの作品を中心に展示している。

アイダホ州議事堂
住700 W. Jefferson St.
☎(208) 332-1012
URL capitolcommission.idaho.gov
開月～金6:00～18:00、土・日9:00～17:00（時期により異なる）
料無料

ジュリア・デービスの銅像が立ち、ローズガーデンもある緑豊なジュリア・デービス・パーク

ジュリア・デービス・パーク
住700 S. Capitol Blvd.
開日の出～24:00
行ダウンタウンからはCapitol Blvd.を南へ徒歩約10分

●Idaho State Historical Museum
地P.205 B-2
住610 N. Julia Davis Dr.
☎(208) 334-2120
URL history.idaho.gov
開〈5～9月〉火～日9:00～17:00（日13:00～）、〈10～4月〉火～土9:00～17:00（土11:00～）。毎月第1木曜～21:00
休月、10～4月の日、サンクスギビング、12/25、1/1
料$5、シニア$4、学生／6～12歳$3

●Boise Art Museum
地P.205 B-2
住670 Julia Davis Dr.
☎(208) 345-8330
URL www.boiseartmuseum.org
開火～日10:00～17:00（日12:00～、毎月第1木曜～21:00）
休月、イースター、サンクスギビング、サンクスギビングの翌日、12/25、1/1
料$5、シニア／大学生$3、6～18歳$1、5歳以下無料

●Zoo Boise
地P.205 B-2
住355 Julia Davis Dr.
☎(208) 384-4260
URL www.zooboise.org
開毎日10:00～17:00（夏期は9:00～）
料$7、シニア$4.50、子供$4.25

●Idaho Black History Museum
地P.205 B-2
住508 Julia Davis Dr.
☎(208) 433-0017
URL www.ibhm.org
開土・日11:00～16:00
料無料

メモ **ダウンタウンから車で約30分のところにある猛禽類保護センター▶**絶滅の危機にあるワシやタカなどを保護する目的で造られた。World Center for Birds of Prey 住5668 W. Flying Hawk Lane ☎(208) 362-3716 URL www.peregrinefund.org/world-center

アメリカでは珍しいバスク民族についての博物館

バスクミュージアム&カルチュラルセンター
住611 Grove St.
☎(208) 343-2671
URL www.basquemuseum.com
開火〜金10:00〜16:00、土11:00〜15:00
休日・月、おもな祝日
料$5、シニア／学生$4、6〜12歳$3、5歳以下無料

旧アイダホ州刑務所
住2445 Old Penitentiary Rd.
☎(208) 334-2844
URL history.idaho.gov/old-idaho-penitentiary
開毎日12:00〜17:00(夏期は10:00〜)
休おもな祝日
料$5、シニア$4、6〜12歳$3
行ダウンタウンからバス#17で約10分。住宅街を抜けた、左側にある

世界にふたつしかない、北米では唯一のバスクの博物館 地P.205 B-2

バスクミュージアム&カルチュラルセンター
The Basque Museum & Cultural Center

アメリカでひと旗揚げようと、1880年代スペインのバスク地方から多くの人々がアメリカに移住してきた。彼らは羊飼いとして忍耐強く勤労であったため、地元の人々に受けいれられ、コミュニティを作りあげるほど人口が増加していったのだった。その背景やバスク民族の文化、歴史を後世に伝えようと1985年に博物館は造られた。館内には、バスクの民族衣装や道具などが展示されている。

寂れた雰囲気が怖さを倍増させる 地P.205 B-1 外

旧アイダホ州刑務所
Old Idaho Penitentiary

1872年から1973年まで、刑務所として使用された。約100年の間に、1万3000の囚人が収監され、多いときは600人が拘留されていたという。現在は一般に開放され、独房や絞首台を見学することができる。冷暖房施設が整っていないため、夏期は建物の外よりも暑く、冬は雪が降るほど寒かったという環境で、彼らがどのような生活をしていたのかを肌で感じることだろう。

牢獄での生活の厳しさを物語る鉄格子

レストラン&ホテル
Restaurant & Hotels

R アメリカ料理

地元の人がいち押しするカジュアルレストラン

バーディネイ
Bardenay

住610 Grove St. ☎(208) 426-0538 AMV 地P.205 B-2
URL www.bardenay.com 開月〜金11:00〜21:00(火〜22:00、水・木〜23:00、金〜24:00)、土・日10:00〜24:00(日〜21:00)

バスクミュージアム&カルチュラルセンターの前にあり常ににぎわっている。サンドイッチやハンバーガーなどからサーモンのムニエルまでメニューも豊富。予算は$15〜。('12)

H エコノミーホテル

クラシックな雰囲気の漂う

オワイヒー・プラザ・ホテル
Owyhee Plaza Hotel

住1109 Main St., Boise, ID 83702 ☎(208) 343-4611
Free(1-800) 233-4611 FAX(208) 336-3860 地P.205 A-2
URL www.owyheeplaza.com ⓈⒹⓉ$69〜119 ADMV

1910年創業の老舗ホテル。暖色の照明と落ち着いたインテリアの客室が好評だ。ダウンタウンの見どころや人気のレストランにも近く、便利。空港までの無料送迎シャトルバスもある。100室。('12)

H 高級ホテル

モダンなブティックホテル

ホテル43
Hotel 43

住981 Grove St., Boise, ID 83702 ☎(208) 342-4622
Free(1-800) 243-4622 FAX(208) 344-5751
URL www.hotel43.com ⓈⒹⓉ$139〜249、スイート$299〜349 ADJMV 地P.205 A-2

赤と茶色を基調とした、スタイリッシュな印象。ホテル名は、アイダホ州が43番目に合衆国に加入したことに由来する。ダウンタウンの中心であるGrove Plazaに1ブロックと便利。ホテルのバーやレストランは、いつも地元の人でにぎわう。Wi-Fiや空港までの送迎バスは無料。112室。('12)

メモ **ボイジーのおみやげはここで**▶観光案内所の隣にあるテーターズは、Tシャツやマグネット、ポテトチップス、アイダホ産ワインなどを取り揃える。Taters 住249 S. 8th St. ☎(208) 338-1062 開月〜土10:00〜18:00(土〜17:00)、日11:00〜16:00

ボーズマン Bozeman

恐竜とアウトドアの町

アウトドア好きにはたまらない町

モンタナ州南部にあるボーズマンは、四方を大自然に囲まれアウトドアスポーツが盛んな町。夏は乗馬やフライフィッシング、冬はスキーやスノーボードを楽しむことができる。自然を愛しのんびりと時間を過ごしたい人が集まるダウンタウンは、行き交う人々もフレンドリーだ。また、温度や含有物質によって生み出された色鮮やかな温泉が集まるイエローストーン国立公園や氷河が造り出したグレイシャー国立公園も近い。ボーズマンは自然を肌で感じたい人にはもってこいの町だ。

DATA

人口▶約3万7200人
面積▶約49km²
標高▶約1461m
TAX▶セールスタックス　0%
ホテルタックス　7%＋$1
属する州▶モンタナ州　Montana
州のニックネーム▶ビッグスカイカントリー　Big Sky Country
州都▶ヘレナ　Helena
時間帯▶マウンテン・タイムゾーン ➡P.631
繁忙期▶5～9月

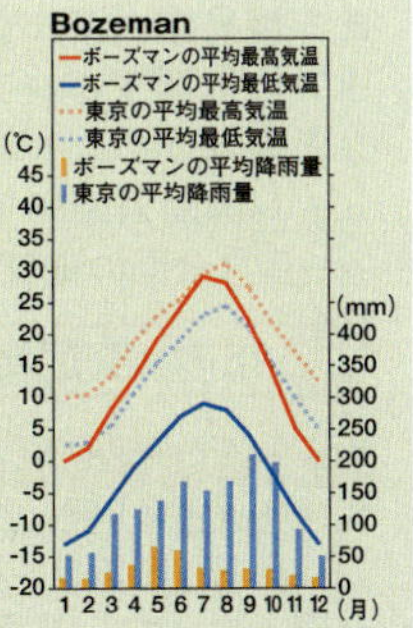

GUIDE BOOK 地球の歩き方B14テーマで旅するアメリカ編（1700円＋税）でもボーズマンを紹介していますので、ご活用ください。

ボーズマンへの行き方 Getting There

飛行機 Plane

ボーズマン・イエローストーン国際空港 Bozeman Yellowstone International Airport (BZN)

ダウンタウンの北西約16kmに位置し、1日20便ほどがデンバーやソルトレイク・シティから運航している。ダウンタウンへは、ホテルの送迎シャトルバスかタクシーで20分ほど。ウエスト・イエローストーンまでは空港シャトルKarst Stageが運行している。

長距離バス Bus

リムロック・トレイルウェイズ（グレイハウンド） Rimrock Trailways (Greyhound)

グレイハウンドと提携するリムロック・トレイルウェイズ社のバスが、モンタナ州ビリングスやミズーラから1日3便を運行。バスディーポは、ダウンタウンの東約2kmにあり、ダウンタウンまでストリームラインバスが1日12～16便（月～土）運行している。

ボーズマン・イエローストーン国際空港
地P.208　外
住850 Gallatin Field Rd., Belgrade
☎(406) 388-8321
URL www.bozemanairport.com
●Greater Valley Taxi（タクシー）
☎(406) 388-9999
URL www.greatervalleytaxi.com
料ダウンタウンまで約$30
●Karst Stage（空港シャトル）
☎(406) 556-3540
free (1-800) 287-4759
URL www.karststage.com
料ウエスト・イエローストーンまで$95（所要約2時間30分）

リムロック・トレイルウェイズ（グレイハウンド）
地P.208
住1205 E. Main St.
☎(406) 587-3110
開月～土2:45～4:30、11:00～17:00、20:00～21:00

メモ 空港のレンタカー会社▶Alamo ☎(406) 388-4457、Avis ☎(406) 388-6414、Budget ☎(406) 388-4091、Dollar ☎(406) 388-1323、Hertz ☎(406) 388-6939

Getting Around ボーズマンの歩き方

恐竜に関して国内屈指のコレクションをもつ、ロッキーズ博物館

　ダウンタウンの中心はカフェやショップが集まるMain St.沿いのWallace Ave.からGrand Ave.の7ブロック。恐竜の化石のコレクションは世界でも有数なロッキーズ博物館にはぜひ立ち寄りたい。さらに、車があるなら、イエローストーン国立公園やグレイシャー国立公園まで足を運ぼう。

観光案内所 ……………… Visitors Information

ダウンタウン・ボーズマン観光案内所
Downtown Bozeman Partnership

　ダウンタウンの中心部にある観光案内所。ダウンタウンの地図やパンフレットなどのほかに、イエローストーン国立公園やグレイシャー国立公園の資料も揃う。

郊外の情報も充実しているダウンタウンの観光案内所

ダウンタウン・ボーズマン観光案内所
地P.208
住222 E. Main St.
☎(406)586-4008
URL www.downtownbozeman.org
開月～金9:00～17:00
休土・日、おもな祝日

ボーズマン観光局
地P.208
住2000 Commerce Way
Free (1-800)228-4224
URL www.bozemancvb.com
開月～金8:00～17:00
休土・日、おもな祝日

市内の交通機関 ……… Public Transportation

ストリームラインバス
Streamline Bus

　レッド、イエロー、グリーン、ブルーの4つの路線が中心部とロッキーズ博物館やモンタナ州立大学、グレイハウンド・バスディーポなどを1日6～23便、結んでいる。

ストリームラインバス
☎(406)587-2434
URL www.streamlinebus.com
料無料
開月～金6:45～18:40、木・金19:50～翌2:50、土（イエロー、ブルーラインのみ）6:45～18:30、19:50～翌2:50
休日、おもな祝日

ボーズマンから車で約2時間30分のところにあるイエローストーン国立公園の間欠泉

メモ 郊外へのツアーなら ▶ イエローストーン・グレイシャー・アドベンチャー Yellowstone Glacier Adventures Inc.では日本語のツアーの手配ができる。基本的にオーダーメイドのため要相談。 ☎FAX(406)585-9041 URL www.national-park-tours.com

おもな見どころ Sightseeing

モンタナ州立大学内にある博物館 地P.208

ロッキーズ博物館
Museum of the Rockies

モンタナ州を南北に走るロッキー山系をテーマにした自然史博物館。このエリアの自然を、40億年前から時代を追って知ることができる。博物館の目玉である恐竜に関するコレクションは、映画『ジュラシックパーク』のスタッフが監修している。8000万年前にモンタナに生息していた恐竜の化石などの展示も見逃せない。

ロッキーズ博物館
住600 W. Kagy Blvd.
☎(406)994-2251
URL www.museumoftherockies.org
開〈夏期〉毎日8:00～20:00、〈冬期〉毎日9:00～17:00(日12:30～)
休サンクスギビング、12/25、1/1
料$13、シニア／子供$9、4歳以下無料

ショップ&レストラン&ホテル Shop & Restaurant & Hotels

S アウトドア

フライフィッシングの専門店

ボーズマン・アングラー
The Bozeman Angler

住23 E. Main St. ☎(406) 587-9111
URL www.bozemanangler.com
開〈夏期〉毎日8:00～18:00(日～16:00)、〈冬期〉月～土9:30～17:30、日10:00～15:00 MV 地P.208

フライやロッド、ルアーなどを多数揃えている。初心者から上級者までレッスンを催行し、近隣の川の情報を教えてくれるのがありがたい。('12)

R アメリカ料理

地ビールも飲めるレストラン&バー

モンタナ・エール・ワークス
Montana Ale Works

住611 E. Main St. ☎(406) 587-7700
URL www.montanaaleworks.com
開日～木16:00～22:00(バーは～23:00)、金・土16:00～23:00(バーは～24:00) AMV 地P.208

地元の人たちに人気があるレストラン。サンドイッチやパスタ、ステーキもあるが、バッファローバーガーが一番のおすすめ。予算$15～。('12)

H エコノミーホテル

お手頃な値段がうれしい

ローヤル7・バジェット・イン・モーテル
Royal 7 Budget Inn Motel

住310 N. 7th Ave., Bozeman, MT 59715 地P.208
☎(406)587-3103 FAX(406)587-3103
URL www.royal7inn.com ⓈⒹⓉ$58～90 AMV

ダウンタウンまで徒歩10分のところ。無料の朝食が付き、コーヒーメーカーや冷蔵庫、電子レンジが客室に備わっている。ロビーにはコンピューターがあって便利だ。コインランドリーもある。Wi-Fi無料。47室。('12)

H 中級ホテル

ダウンタウンまで車で5分

ホリデイイン・ボーズマン
Holiday Inn Bozeman

住5 E. Baxter Ln., Bozeman, MT 59715
☎(406) 587-4561 FAX(406) 587-4413
URL www.holidayinn.com 地P.208
ⓈⒹⓉ$99～169 ADJMV

空港とダウンタウンの間にあるホテル。ボーズマンで最大級の屋内プールをもち、インターネット接続は無料だ。空港まで無料の送迎サービスもある。179室。('12)

H 中級ホテル

ロッジ風の丸太の建物が目印

ボーズマン・コモン・イン
Bozeman C' Mon Inn

住6139 E. Valley Center Rd., Bozeman, MT 59718
☎(406)587-3555 Free(1-866)782-2717 FAX(406)522-8613
URL www.cmoninn.com
ⓈⒹⓉ$100～150、スイート$130～230 ADMV 地P.208

館内に入るとクマの剥製が出迎えてくれる中西部らしいホテル。ふたつのプールと5つのジャクージが1階にある。インターネット接続、朝食は無料。125室。('12)

H 中級ホテル

温泉プールで疲れを癒そう

チコ・ホット・スプリングス・リゾート&デイ・スパ
Chico Hot Springs Resort & Day Spa

住1 Old Chico Rd., Pray, MT 59065
☎(406)333-4933 Free(1-800)468-9232 FAX(406)333-4694
URL www.chicohotsprings.com
ⓈⒹⓉ$55～355 AMV 地P.208 地図外

温泉プールやレストラン、サルーンまであるリゾートホテル。ボーズマンからイエローストーン国立公園へ向かう途中にある。110室。('12)

メモ ボーズマンの宿泊施設 ▶ 宿泊施設は N. 7th Ave. やハイウエイ I-90 出口付近に多い。

ビスマーク Bismarck

探検家気分になれる町

ノースダコタ州議事堂はドームがないことで

ノースダコタ州の中部に位置するビスマークは、1873年にノーザン・パシフィック鉄道が開通したことによって発展してきた。ドイツから多くの移民が流入し、ドイツ帝国初代宰相を称えてビスマークと名付けられる。また、1804年には当時の大統領トーマス・ジェファソンが西部開拓を命じたルイス&クラーク探検隊が、ビスマーク近隣に1年ほど滞在した。その名残で、郊外にはルイス&クラーク・トレイルやルイス&クラーク・インタープリティブ・センターがあり、観光スポットとして人気がある。

DATA

人口▶約6万1200人
面積▶約79km²
標高▶約518m
TAX▶セールスタックス 6%
ホテルタックス 9%
属する州▶ノースダコタ州 North Dakota
州のニックネーム▶リチャードソンジリス（シマリス）州 Flickertail State
州都▶ビスマーク Bismarck
時間帯▶セントラル・タイムゾーン ➡P.631
繁忙期▶4～5、10月

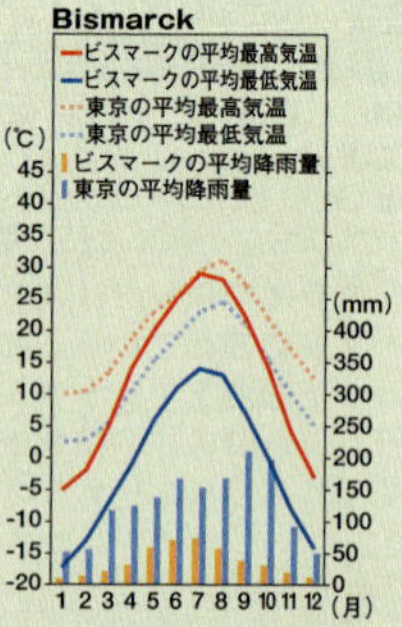

Getting There & Around ビスマークへの行き方&歩き方

ビスマーク空港（BIS）
地P.211 B-2外
住2301 University Dr. ☎(701)355-1800
URL www.bismarckairport.com
●Taxi 9000（タクシー）
☎(701)223-9000
料ダウンタウンまで約$15～20

リムロック・トレイルウェイズ（グレイハウンド）
地P.211 B-1外
住3750 E. Rosser Ave. ☎(701)223-6576
開毎日2:00～6:00、10:00～18:00

CATバス／ビス - マン・トランジット
☎(701)258-6817
料$1.25、シニア／6～18歳50¢、5歳以下無料。トランスファー（乗り換え）無料
URL www.bismantransit.com
運行／月～金6:30～18:30（路線により異なるが30分～2時間間隔）。土曜は減便。日曜は運休

ビスマーク・マンデン観光局
地P.211 A-1
住1600 Burnt Boat Dr.
☎(701)222-4308
URL www.bismarckmandancvb.com
開月～土8:00～19:00（土～17:00）、日10:00～17:00（冬期は閉館、短縮あり）

ミネアポリスやデンバーからの便があるビスマーク空港 **Bismarck Airport**は、ダウンタウンの南東約5kmのところにあり、ダウンタウンまではタクシーで15分ほど。グレイハウンドと提携するリムロック・トレイルウェイズ社のバスディーポは、ダウンタウンの東4km、タクシーでダウンタウンまで約10分のところにある。

ビスマークのダウンタウンは広く、車の交通量も多いので歩いて観光するのは難しい。時間を有効に使うためにも、カークウッドモールを起点としてダウンタウンを走るCATバス（市バス）を利用したい。

観光案内所 …………… Visitors Information

ビスマーク・マンデン観光局
Bismarck-Mandan Convention & Visitors Bureau

ダウンタウンの北西約4km、Tyler Pkwy.を北上したところにある。建物内には各種パンフレット、見どころやホテルの検索ができるタッチパネルのモニターがあり、奥はギフトショップになっている。

ギフトショップも併設する観光案内所

メモ **On-A-Slant Village**▶ビスマークから西に16km行ったフォート・エイブラハム・リンカーン州立公園 Fort Abraham Lincoln State Parkには、ネイティブアメリカン、マンデン族の住居や生活を知ることができる博物館がある。住4480 Fort Lincoln Rd., Mandan ☎(701)667-6340 URL www.fortlincoln.com 地P.211 A-2外

おもな見どころ　Sightseeing

ビスマークで一番高いビル　地P.211　B-1

ノースダコタ州議事堂
North Dakota State Capitol

1934年に建てられたノースダコタ州議事堂は、最高裁判所や上院・下院議会議事堂が入る。大恐慌時代に建設された19階建ての建物は、資金不足からドームがないことで有名だ。晴れた日には18階の展望室から50km先まで見渡せる。

ノースダコタ州議事堂
住600 E. Boulevard Ave.
☎(701) 328-2480
URL www.nd.gov
開月～金8:00～16:00（夏期は土・日9:00～）
館内ツアー／月～金8:00～11:00、13:00～16:00。夏期は土9:00～11:00、13:00～16:00、日13:00～16:00もあり
料無料

州議事堂の目の前にある博物館　地P.211　B-1

ノースダコタ・ヘリテージ・センター
North Dakota Heritage Center

ノースダコタ州の歴史を知ることができる博物館。展示は紀元前から17世紀まで、ネイティブアメリカンが住みついた18世紀前半、ヨーロッパから移民が流入した19世紀後半、そして大恐慌の1930年代の4つの時代に分かれている。さらに恐竜の化石やノースダコタに生息する鳥類について解説されたコーナーもある。併設するギフトショップには、ネイティブアメリカンやノースダコタ州に関する本や写真集、工芸品などが充実しているので立ち寄るといい。

ノースダコタ・ヘリテージ・センター
住612 E. Boulevard Ave.
☎(701) 328-2666
URL history.nd.gov
開毎日8:00～17:00（土・日10:00～）
休おもな祝日
料無料

ダウンタウンで一番の人気スポット、ノースダコタ・ヘリテージ・センター

レストラン&ホテル　Restaurant & Hotel

アメリカ料理

R 多くの地元民が通う名店

イースト40フード&ドリンク
East 40 Food & Drink

住1401 Interchange Ave.　☎(701) 258-7222
開月～土11:00～21:30（金～22:00、土15:00～）　休日
AMV　地P.211　B-1

ハンバーガーやステーキなど典型的なアメリカ料理が味わえる人気のレストラン。アンティークの調度品や暖炉に囲まれてゆっくりと食事をとることができる。　('12)

エコノミーホテル

H 観光の拠点となる立地のよさ

エクスプレスウエイイン
Expressway Inn

住200 E. Bismarck Epwy., Bismarck, ND 58504
☎FAX(701) 222-2900　Free(1-800) 456-6388
URL www.expresswayinnandsuites.com　Ⓓ①$90～120、スイート$120～160　ADMV　地P.211　B-2

無料の朝食が付き、お手頃な値段で人気のホテル。目の前には、ショッピングモールがあるので、便利だ。164室。　('12)

メモ　**ルイス&クラーク・インタープリティブ・センター** ▶ ルイス＆クラーク探検隊が滞在した１年間について詳しく解説する博物館。Lewis & Clark Interpretive Center　住2576 8th St. SW, Washburn　☎(701) 462-8535　URL www.fortmandan.com　開毎日9:00～17:00（9月中旬～5月中旬の日曜は12:00～）

ラピッドシティ Rapid City

敬愛される4人の大統領の岩山

アメリカを象徴する彫像、マウントラシュモア国定記念物

サウスダコタ州西部にあるラピッドシティは、州で2番目に大きな町だ。4人の大統領の顔が彫られた岩山“マウントラシュモア国定記念物”やネイティブアメリカンの彫像“クレイジー・ホース・メモリアル”への玄関口として繁栄してきた。1876年に金鉱を探し当てようとする開拓者によって造られたダウンタウンは、現在も町の中心として機能している。また、ダウンタウンから 50km南にあるカスター州立公園は、バッファローの生息地として知られ、バッファローバーガーは地元でも人気の食べ物だ。

DATA

人口▶6万7900人　面積▶115.7km²
標高▶約976m　TAX▶セールスタックス6%　ホテルタックス　8.5%＋$2
属する州▶サウスダコタ州　South Dakota
州のニックネーム▶マウントラシュモアの州　Mt. Rushmore State
州都▶ピア　Pierre
時間帯▶マウンテン・タイムゾーン ➡P.631
繁忙期▶7月～9月初旬

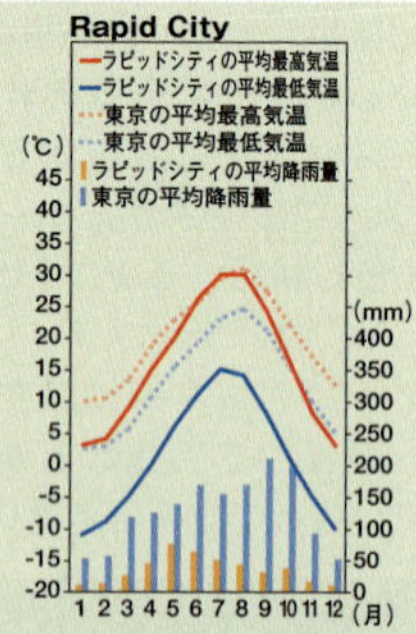

Getting There　ラピッドシティへの行き方

飛行機　Plane

ラピッドシティ空港
Rapid City Regional Airport (RAP)

デンバーやソルトレイク・シティ、ミネアポリスからの便がある。ダウンタウンの東16kmに位置し、1階のバゲージクレーム（機内預け荷物のピックアップ場所）には空港シャトルバンやレンタカーのカウンターがある。市内までは空港シャトルバンか、ホテルのシャトルバスで約25分。

長距離バス　Bus

マイロ・バーバー・トランスポーテーション・センター（グレイハウンド）
Milo Barber Transportation Center (Greyhound)

バスディーポは、ダウンタウンの6th St.沿いにある。グレイハウンドと提携するJefferson Lines社のバスが、サウスダコタ州スーフォールズやモンタナ州ビリングスから1日1便運行している。

ラピッドシティ空港
地 P.214　B-2
住 4550 Terminal Rd.
☎ (605) 393-9924
URL www.rcgov.org/Airport
●Airport Express Shuttle（空港シャトル）
☎ (605) 399-9999
URL www.rapidshuttle.com
料 ダウンタウンまで約$20。空港1階のカウンターで申し込める。空港へ向かうには前日までの予約が必要

こぢんまりとしたわかりやすい空港だ

マイロ・バーバー・トランスポーテーション・センター（グレイハウンド）
地 P.213　A-2
住 333 6th St.
☎ (605) 348-3300
開 月～金6:30～11:00、14:00～18:00、土・日6:30～7:30、16:30～18:00

メモ　空港のレンタカー会社 ▶ レンタカーは台数に限りがあるので事前に予約しておくこと。Alamo☎ (605) 393-2664、Avis☎ (605) 393-0740、Budget☎ (605) 393-0488、Enterprise☎ (605) 393-4311、Hertz☎ (605) 393-0160

ラピッドシティの歩き方 Getting Around

マウントラシュモア国定記念物など郊外の見どころに向かう公共交通はないが、レンタカーやツアーを使えば1日で回れる。レストランやショップが集まるダウンタウン（5th、Main、St. Joseph Sts.、Mt. Rushmore Rd.に囲まれたブロック）にも立ち寄りたい。

年間300万人が訪れるクレイジー・ホース・メモリアル

観光案内所 Visitors Information

ラピッドシティ観光局
Rapid City Convention & Visitors Bureau

ダウンタウンのシビックセンター1階にある。こぢんまりとしているが資料は豊富にあり、スタッフも親切だ。

ラピッドシティ観光局
地P.213　A-2
住444 Mt. Rushmore Rd. N.
Free (1-800) 487-3223
URL www.visitrapidcity.com
開月～金8:00～17:00（冬期は短縮あり）

ツアー案内 Sightseeing Tours

グレイライン
Gray Line of the Black Hills

滞在しているホテルまでバスが迎えに来てくれる。夏期のみ運行で、3日前までに予約すること。

グレイライン
住1600 E. St. Patrick St.
☎(605) 342-4461
Free (1-800) 456-4461
URL www.blackhillsgrayline.com

ツアー名	料金	運行	所要時間	内容など
Mt. Rushmore & More Tour	$69	夏期のみ（2012年は5/21～10/5の毎日※9/24、25を除く）	約9時間	マウントラシュモア国定記念物を見学したあとカスター州立公園、クレイジー・ホース・メモリアルを回る。ラピッドシティ近郊の見どころがつまったダイジェストツアーだ。ホテルのピックアップは7:00から

ジャパン・ツアーズ・ウエスト
Japan Tours West

ラピッドシティで唯一、日本語のツアーを催行している。オーダーメイドのツアーが基本。周辺の歴史を折り交ぜた解説を日本語で聞くことができる。宿泊先へのピックアップが可能で、3人以上の申し込みは割引あり。

ジャパン・ツアーズ・ウエスト
住434 E. Fairmont Blvd., #30
☎FAX (605) 348-3078（日本語可）
E-mail jtwest@hotmail.co.jp（日本語可）
※最少催行人数は2人。日本語ガイドが空いていれば直前でも予約できるが、なるべく10日前までには予約しておきたい

ツアー名	料金	運行	所要時間	内容など
マウントラシュモア観光	$75、5～12歳$65	毎日（7/3、7/4、12/25を除く）	約3時間	9:00にホテルを出発し、12:00に戻る。マウントラシュモアの滞在時間は約2時間
マウントラシュモア、クレイジー・ホース、カスター州立公園	$190、5～12歳$180	毎日(7/3、7/4、9/24～26、12/25を除く）	約7時間	9:00にホテルを出発し、16:00に戻る。それぞれ1時間30分～2時間滞在できる
ウエスタンディナー&ショーとマウントラシュモア・ライティングセレモニー	$125、5～12歳$115	5/22～8/11の毎日（7/3、7/4を除く）	約4時間	18:00にホテルを出発し、22:00に戻る。ウエスタンディナー&カウボーイショーでの夕食、マウントラシュモアのライトアップショー

※上記以外にも、ジャパン・ツアーズ・ウエストは (1) ラピッドシティ郊外にあるバッドランズ国立公園やウオールドラッグストア、(2) デビルスタワー国定公園やデッドウッドの町を観光するツアーなども催行している。(1) と (2) それぞれ料$185、5～12歳$175　**運行**／毎日（イースター、サンクスギビング、12/25、1/1を除く）　**所要時間**：約7時間

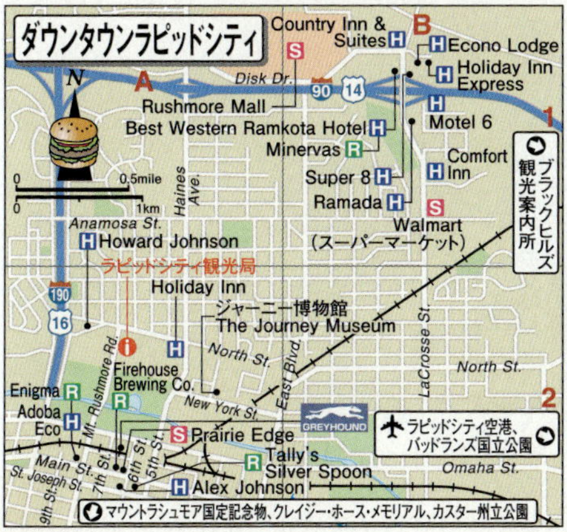

ジョン・F・ケネディ像はラディソンホテルの前にある
©Rapid City Convention & Visitors Bureau

メモ　**ザ・シティ・オブ・プレジデンツ The City of Presidents**▶ ジョン・F・ケネディやロナルド・レーガン、ビル・クリントンなど元大統領のブロンズ像が、ダウンタウンに30以上点在する。
URL www.visitrapidcity.com/whattodo/thecityofpresidents

マウントラシュモア国定記念物
住 13000 Hwy. 244, Keystone
☎ (605) 574-2523
URL www.nps.gov/moru
開 博物館とインフォメーションセンターは夏期8:00〜22:00、冬期8:00〜17:00、春秋は若干変動する。独立記念日の7/4とその前夜には、花火が打ち上げられたり（天候により中止の場合あり）、バンドが演奏したりとたいへん盛り上がる。トレイルは日没までオープン。天候によっては閉鎖される。夏期にはレンジャー引率のツアーも行われる
休 12/25（インフォメーションセンター）
料 無料。駐車は車1台$11
行 ラピッドシティの南西約40kmに位置する。キーストーンKeystoneの町からは約6km。ラピッドシティのダウンタウンからUS-16/Mt. Rushmore Rd.とSD-244を南下すると、標識があちこちに出てくるのでわかりやすい。車で約30〜40分。カーブが多い山道が続くので運転には気を付けること。車のない人は、ラピッドシティからツアーに参加しよう

博物館ではビデオも上映され、制作過程を知ることができる

アメリカを象徴する4人の大統領の彫像 地 P.214 A-2

マウントラシュモア国定記念物
Mt. Rushmore National Memorial

ラピッドシティから南西に約40km。緑豊かなブラックヒルズBlack Hillsの山に、アメリカの“誕生、発展、維持、統一 Founding, Expansion, Preservation, Unificaton”を記念した4人の大統領が彫られている。左からジョージ・ワシントン、トーマス・ジェファソン、セオドア・ルーズベルト、エイブラハム・リンカーンの4人。いずれもアメリカ合衆国の建国と発展に貢献した人物だ。

作業は彫刻家の**グーゾン・ボルグラム Gutzon Borglum**の指導のもと、途中資金不足などによる中断もあったが、1927〜41年までの間のうち実質6年半の歳月を経てできあがった。花こう岩の山に彫られた顔は、アゴから額まで18m、鼻は6m、口は5.4m、リンカーンのほくろでさえ40cmもある。

駐車場からマウントラシュモアへ歩くと、右側にインフォメーションセンターがあるので地図を入手しよう。全米50州の州旗が並ぶアベニュー・オブ・フラッグスを抜けた先の展望台がグランド・ビュー・テラス。下には博物館があり、制作過程や岩山を彫る技術などを紹介している。さらに、グランド・ビュー・テラスから始まるプレジデンシャルトレイルを歩けば、彫像の近くまで行けるのでおすすめ。一周1km弱のトレイル沿いからは、4人の大統領を違った角度から見られるので好評だ。

ラピッドシティ周辺

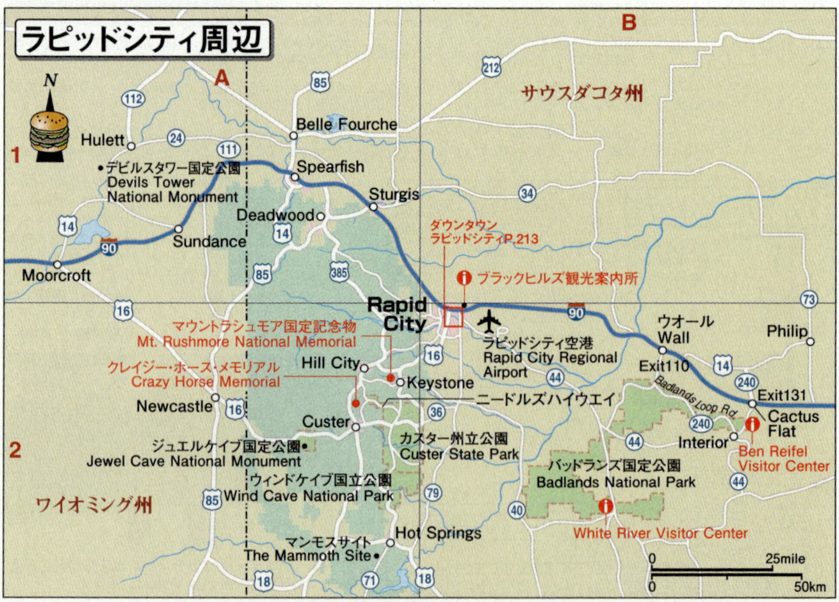

ネイティブアメリカンの英雄が彫像になった 地P.214 A-2

クレイジー・ホース・メモリアル
Crazy Horse Memorial

マウントラシュモアの南西約27kmでも、さらに巨大な人物像を制作中だ。かつて白人入植者と戦ったネイティブアメリカン、スー族の英雄クレイジー・ホースの彫像である。完成時には高さ170m、全長195mとなり、世界最大の彫像になる予定だ。1948年に制作を始めてから60年以上経つが、現在完成しているのは頭部のみ。展望台にある完成予定のレプリカ像と見比べるといい。博物館には、部族の旗や住居のティピも展示されている。

クレイジー・ホース・メモリアル
住12151 Ave. of the Chiefs, Crazy Horse
☎(605) 673-4681
URL crazyhorsememorial.org
開8:00～日没（冬期は短縮あり）。メモリアルデイ～ネイティブアメリカンデイ（10月第2月曜）の夜はレーザーショーが行われ、開館時間が延長される
料車1台$27、もしくは大人$10。自転車$5
行US-16/385沿い。マウントラシュモアからは、SD-244、US-16/385を南西に進み、約30分。ラピッドシティのダウンタウンからは、US-16/Mt.Rushmore Rd.を60km南へ、約50分

ショップ&レストラン&ホテル Shop & Restaurants & Hotels

S 雑貨&ギフト
ネイティブアメリカンのものを探しているなら
プレイリー・エッジ Prairie Edge

住606 Main St. ☎(605) 342-3086
URL www.prairieedge.com 開月～土9:00～18:00、日10:00～17:00（時期により異なる） MV 地P.213 A-2

工芸品から、洋服やジュエリー、CD、書籍までネイティブアメリカンが製作したものが多数揃っている。おみやげには手づくりのアクセサリーがいい。 ('12)

R アメリカ料理
バッファローバーガーを食べるなら
ファイアーハウス・ブリューイング・カンパニー Firehouse Brewing Co.

住610 Main St. ☎(605) 348-1915
URL www.firehousebrewing.com 開月～土11:00～22:00、日16:00～19:00（夏期は延長あり） AMV 地P.213 A-2

ハンバーガーやサンドイッチなどが食べられるレストラン。消防署を改装した建物は、ダウンタウンのランドマーク的存在だ。夏にはテラス席で食事もでき、バンドの生演奏やコメディショーが行われる。 ('12)

R アメリカ料理
アメリカの家庭の味
タリーズ・シルバー・スプーン Tally's Silver Spoon

住530 6th St. ☎(605) 342-7621
URL tallyssilverspoon.com 開毎日7:00～23:00
AMV 地P.213 A-2

ホテル・アレックス・ジョンソンの向かいにある。ハンバーガー、オムレツ、サラダ、サンドイッチなどメニューも充実し、朝食は$10～、夕食は$30前後～。 ('12)

H 中級ホテル
良心的な価格に、整った設備
ベストウエスタン・ラムコタ・ホテル Best Western Ramkota Hotel

住2111 N. LaCrosse St., Rapid City, SD 57701
☎(605) 343-8550 FAX(605) 343-9107
URL rapidcity.ramkota.com ADMV 地P.213 B-1
ⓈⒹⓉ$90～220

I-90のExit 59を下りてすぐ、ショッピングモールが目の前にあるホテル。地元で評判のレストランや市内最大級の屋内プールがある。267室。 ('12)

H 中級ホテル
重要文化財にも登録されている建物
ホテル・アレックス・ジョンソン Hotel Alex Johnson

住523 6th St., Rapid City, SD 57701 ☎(605) 342-1210
URL www.alexjohnson.com ⓈⒹ$49～349、Ⓣ99～499、スイート$99～750 ADJMV 地P.213 A-2

ダウンタウンの中心にある由緒あるホテル。80年以上の歴史をもち、今までレーガン大統領を含め6人の大統領が滞在した。ネイティブアメリカンをテーマにしたロビーは、暖炉があり温かみがある。併設するギフトショップは、ネイティブアメリカンが作ったジュエリーや陶磁器などを多数取り扱う。142室。 ('12)

シャイアン
Cheyenne
ユニークなカウボーイの町

カウボーイの町、シャイアン
©Matthew Idler

ワイオミング州南東に位置する州都のシャイアンは、“大草原の不思議な町”と呼ばれている。19世紀後半、大草原の真ん中に鉄道がとおり突然町が誕生したからだ。

ダウンタウンでは毎年夏に、世界最大級の野外ロデオのイベント、シャイアン・フロンティア・デイズが開催され、全米から約30万人が訪れる。また、町を歩けば大小さまざまなウエスタンブーツの彫刻やカウボーイハットをかぶった人を目にするだろう。シャイアンを訪れる人は、カウボーイの虜になること間違いない。

DATA

人口▶約5万9400人　面積▶約63.50km²
標高▶約1847m　TAX▶セールスタックス6%　ホテルタックス　10%
属する州▶ワイオミング州　Wyoming
州のニックネーム▶平等の州　The Equality State
州都▶シャイアン　Cheyenne
時間帯▶マウンテン・タイムゾーン ➡P.631
繁忙期▶Cheyenne Frontier Daysが開催される7月中旬～8月上旬は、ホテルの確保がとても難しい

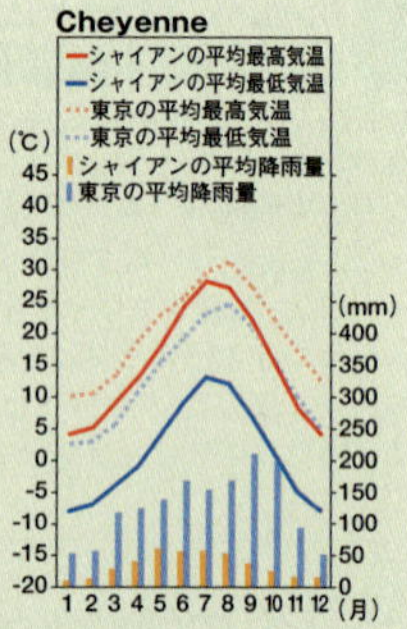

Getting There　シャイアンへの行き方

飛行機　Plane

デンバー国際空港
Denver International Airport (DEN)

デンバーの項➡P.194参照。シャイアンの南、約160kmに位置する。レベル5の中洲、Scheduled Busから**スーパーシャトル SuperShuttle**を利用する。オンラインで予約している場合でも、一度レベル5の専用カウンターへ行きシャトルの時間を確認すること。シャイアンまで所要約2時間30分。空港行きは、シャイアン・ダウンタウンのHoliday InnやMicrotel Inn & Suitesなどより乗車（要予約）。

シャイアン空港
Cheyenne Regional Airport (CYS)

ダウンタウンの北、約2kmのところにある。おもに、グレートレイクス航空Great Lakes Airlinesのデンバー発着便が毎日6～9本乗り入れている。ダウンタウンへは、シャイアントランジットCheyenne Transitのイエローライン Northwestが1時間に1本の運行で所要約40分、またはタクシーで。

スーパーシャトル
Free (1-800)258-3826
URL www.rideshamrock.com
料 $50、12歳以下$10
●Holiday Inn
地 P.217　地図外
住 204 W. Fox Farm Rd.
●Microtel Inn & Suites
地 P.217　A-2
住 1400 W. Lincolnway

シャイアン空港
地 P.217　A、B-1
住 200 E. 8th Ave.
☎ (307)634-7071
URL www.cheyenneairport.com
●Capitol City Cab (タクシー)
☎ (307)632-8294
料 ダウンタウンまで$7～10（約8分）

シャイアントランジット
☎ (307)637-6253
運行／月～金6:00～19:00、土10:00～17:00の約1時間間隔
※日曜とおもな祝日は運休
料 $1、学生75¢、5歳以下無料。トランスファー（乗り換え）は無料

旅のアドバイス　**シャイアンのタクシー事情**▶流しのタクシーはほとんどいないので、乗りたいときは、自分で電話をして呼び出す。実際に来てくれるまで時間がかかることもあるので、タクシー会社には、時間に余裕をもって連絡しよう。

長距離バス ………………………… Bus

ブラックヒルズ・ステージ・ラインズ（グレイハウンド）
Black Hills Stage Lines（Greyhound）

グレイハウンドと提携するブラックヒルズ・ステージ・ラインズ社のバスがデンバーとを毎日2往復（所要2時間50分）する。

ブラックヒルズ・ステージ・ラインズ（グレイハウンド）
地P.217　A-1
住5401 Walker Rd.（Rodeway Inn内）
☎（307）635-1327
開毎日9:00～23:00

シャイアンの歩き方 Getting Around

ダウンタウンはこぢんまりとしており、おもな見どころへは歩いて行ける。

観光案内所 ……………… Visitors Information

ダウンタウンシャイアン観光案内所
Downtown Cheyenne Visitors Center

シャイアンディーポ内にある。シャイアンのほか、ワイオミング州の見どころのパンフレットも揃う。

ダウンタウンシャイアン観光案内所
地P.217　B-2
住121 W. 15th St.（シャイアンディーポ内）
☎（307）778-3133
Free（1-800）426-5009
URL www.cheyenne.org
開月～金8:00～17:00、土9:00～15:00（夏期は延長あり）
休日

ツアー案内 ………………… Sightseeing Tours

シャイアンストリート鉄道トロリー
Cheyenne Street Railway Trolley

シャイアンディーポ前から出発するナレーション付きのトロリーツアー。ワイオミング州立博物館やワイオミング州議事堂のほか、シャイアン・フロンティア・デイズ・オールド・ウエスト博物館などを回る。乗り降り自由。

シャイアンストリート鉄道トロリー
住☎ダウンタウンシャイアン観光案内所と共通
運行／〈5～9月〉月～金10:00、11:30、13:00、14:30、16:00発（所要約1時間30分）。土10:00、13:30、日13:30発（所要約2時間）
料$10、2～12歳$5。チケットは観光案内所で購入できる

夏期限定の馬車ツアー ▶ シャイアンの見どころを回る人気のツアー（6～8月の木～月11:00～17:00）。シャイアンディーポの前から出発する。料金は寄付制。事前予約が必要。Free（1-800）426-5009

Sightseeing おもな見どころ

シャイアンディーポ博物館
住121 W. 15th St.
☎(307)632-3905
URL www.cheyennedepotmuseum.org
開月～土9:00～17:00、日11:00～16:00（夏期は延長あり）
料$5、12歳以下無料

シャイアン・フロンティア・デイズ・オールド・ウエスト博物館
住4610 Carey Ave.(フロンティアパーク内)
☎(307)778-7290
URL www.oldwestmuseum.org
開毎日9:00～17:00(土・日10:00～)。夏期は延長あり
休イースター、サンクスギビング、12/25、1/1
料$7、12歳以下無料
行ダウンタウンからCarey Ave.を北に約3km行った左側

ロデオイベントについて知るにはぜひ訪れたい博物館

テリー・バイソン・ランチ
住51 I-25 Service Rd. E.
☎(307)634-4171
URL www.terrybisonranch.com
開毎日8:00～21:00(季節によって異なる)
行I-25のExit 2を出て、東へ。突きあたりを右折し約3km進むと、テリー・バイソン・ランチの中心部、Terry Trading Post Gift Shopが見えてくる。ダウンタウンから車で約25分

トロッコ列車で、バイソンの群れを見学しよう

メインストリートにある時計台の建物 地P.217 B-2

シャイアンディーポ&シャイアンディーポ博物館
Cheyenne Depot & Cheyenne Depot Museum

ダウンタウンのランドマークであるシャイアンディーポは、1971年まで**ユニオン・パシフィック鉄道Union Pacific Railroad**の駅舎として機能していた。現在は、シャイアンディーポ博物館や観光案内所、レストランが入り重要文化財に登録されている。博物館には、鉄道が敷設されて発展したシャイアンの歴史についての展示がある。

シャイアンで一番有名なイベントを知るために 地P.217 A-1

シャイアン・フロンティア・デイズ・オールド・ウエスト博物館
Cheyenne Frontier Days Old West Museum

1897年から続くシャイアンの一大イベント、**シャイアン・フロンティア・デイズCheyenne Frontier Days**の歴史をたどる博物館。館内は、写真パネルやロデオの衣装、イベントの歴代ポスターなどが展示され、世界最大級の野外ロデオのイベントについて知ることができる。また、アメリカ国内で最大級ともいわれる荷馬車のコレクションは一見の価値あり。

ツアーでバイソンを見られる牧場 地P.217 A-2外

テリー・バイソン・ランチ
Terry Bison Ranch

約3万エーカー（約121.4km^2）の広大な敷地に、約2500頭のバイソンをはじめ、ラクダやダチョウなどが放し飼いになっている。キャンプや乗馬、釣りなどが体験できるほか、トロッコ列車に乗り、放牧しているバイソンなどの動物を間近で見られる**TRXトレインツアー TRX Train Tour**（季節により時間は異なる料大人$12、子供$6）が人気。さらに、併設するレストランでは、西部の雰囲気いっぱいのカウボーイ料理を味わえる。また、牧場内を走る列車に乗り、バイソンやラクダを見ながらバッファローバーガーが食べられる**サンデイ・ランチ・トレインSunday Lunch Train**も魅力的(5～9月の日曜12:00～、要前日までの予約)。

旅のアドバイス 世界最大級の野外ロデオイベント、Cheyenne Frontier Days

一生に一度は見たい野外ロデオのイベント

毎年夏に10日間以上にわたって行われる**シャイアン・フロンティア・デイズCheyenne Frontier Days**は、100年以上も続くシャイアンの名物イベント。メイン会場のフロンティアパークを中心に迫力たっぷりの野外ロデオのほか、有名ミュージシャンのライブ、パレード、ショーなどが開催される。世界中から大勢の人々が訪れる人気のイベントなのでチケットの入手、ホテルの予約は早めにしよう。人気のホテルは、1年前から予約でいっぱいになる。

●**Cheyenne Frontier Days**
住4610 Carey Ave.(メイン会場のフロンティアパーク)
☎(307)778-7222 Free(1-800)227-6336
URL www.cfdrodeo.com 地P.217 A-1
料イベントによって異なるが、ロデオショー$16～、ライブ$23～。チケットは、ウエブサイトでも購入できる ※2012年は7月20日～29日まで開催

©Cheyenne Area Convention & Visitors Bureau ©Matthew Idler

メモ **高さ約2.4mの巨大ウエスタンブーツ**▶シャイアンディーポの前をはじめ、ダウンタウンには巨大ウエスタンブーツの彫像がある。それぞれのブーツには地元アーティストによってシャイアンらしい絵や歴史を物語るモチーフが描かれているので必見だ。観光案内所でマップを入手し、探してみよう。

ショップ&レストラン&ホテル Shops & Restaurants & Hotels

ファッション

S カウボーイに変身できる ラングラー The Wrangler

住1518 Capitol Ave. ☎(307)634-3048
開月～土9:00～20:00、日11:00～17:00(冬期は短縮あり)
AMV 地P.217 B-2

ウエスタンブーツからカウボーイハット、ジーンズまでカウボーイになるためのものが多数揃っている。試着して自分にぴったり合うものを探そう。('12)

雑貨&ギフト

S おみやげならここで ワイオミングホーム Wyoming Home

住216 W. Lincolnway ☎(307)638-2222 開〈夏期〉月～土9:00～19:00(土～17:00)、日12:00～17:00、〈冬期〉月～土10:00～18:00(土～17:00) 休冬期の日 AMV 地P.217 B-2

マグカップや天然石のジュエリー、革小物を揃える。ハックルベリーのジャムやチョコレート、チリソースなどはおみやげにいい。('12)

アメリカ料理

R 旅気分が味わえるレストラン シャドウズ・パブ&グリル Shadows Pub & Grill

住115 W. 15th St. ☎(307)634-7625
URL www.shadowspubandgrill.com 開毎日11:00～23:00(金・土～24:00、日～20:00) AMV 地P.217 B-2

ハンバーガーやピザなどのアメリカ料理が中心のレストラン&スポーツバー。シャイアンディーポの中にあり、店内からは横を走る貨物列車も見られる。予算$10～。('12)

アメリカ料理

R 温かいもてなしが自慢のレストラン アルバニー The Albany

住1506 Capitol Ave. ☎(307)638-3507
URL www.albanycheyenne.com 開月～土11:00～14:00、17:00～21:00 休日 AMV 地P.217 B-2

約70年の歴史をもつ家族経営の老舗レストラン。地元の人々でにぎわっていて、バッファローバーガーや、サンドイッチ、ステーキなどが食べられる。予算$10～。('12)

エコノミー&中級ホテル

H アウトドアライフが楽しめる テリー・バイソン・ランチ・リゾート Terry Bison Ranch Resort

住51 I-25 Service Rd. E., Cheyenne, WY 82007 ☎(307)634-4171
FAX(307)634-9746 URL www.terrybisonranch.com
テント$17.95～、バンクハウス(2人用)$58.95～、キャビン(4人用)$89.95～ MV 地P.217 A-2外

テリー・バイソン・ランチ(P.218)の宿泊施設。バンガローやテント、バンクハウスなどがある。敷地内にレストランや、売店あり。100テント、24室。('12)

中級ホテル

H シャイアンいちの老舗ホテル プレーンズホテル The Plains Hotel

住1600 Central Ave., Cheyenne, WY 82001 地P.217 B-2
☎(307)638-3311 FAX(307)635-2022 AMV
URL www.theplainshotel.com ⓈⒹⓉ$79～、スイート$119～

西部らしい温かいもてなしが自慢のホテル。ロビーにあるコロニアル風のインテリアやステンドグラスは豪華絢爛だ。160室。('12)

B&B

H 居心地がよく、リピーターが多い ネグル・ウォーレン・マンションB&B Nagle Warren Mansion Bed & Breakfast

住222 E. 17th St., Cheyenne, WY 82001 ☎(307)637-3333
Free(1-800)811-2610 FAX(307)638-6839
URL www.naglewarrenmansion.com ⓈⒹⓉ$142～185、スイート$165～195 AMV 地P.217 B-2

築100年以上経ったビクトリア調の建物を改装して1997年にオープンした。重要文化財に登録されているB&Bの中に一歩入ると感じる豪華さ。オーク材をふんだんに使い温かみのあるリビングルームでは、優雅な時間が過ごせる。オーナーは博学で親日家でもあるので、朝食時の会話も楽しみのひとつだ。12室。('12)

オマハ Omaha

大陸横断鉄道敷設の拠点

整備されたダウンタウンにはビルが並び美術館や博物館もある

オマハはアメリカの真ん中にあり、ユニオン・パシフィック鉄道をはじめ全米有数の企業が拠点を置く。オバマ大統領の相談役にして、全米第2位の富豪ウォーレン・バフェットが現在も住み、こよなく愛する町だ。また、臓器移植の権威、ネブラスカ大学のメディカルセンターには世界中から研究や治療のために多くの人々が訪れる。トウモロコシ栽培が盛んで、良質なエサに恵まれた牛肉はオマハステーキとして有名。町には見どころも多く、ゆったりとした雰囲気は旅行者がふと足を止めたくなる魅力に満ちている。

DATA

人口▶約40万8900人　面積▶204.5km²
標高▶最高414.9m　最低277.9m
TAX▶セールスタックス　7%
ホテルタックス　18.16%
属する州▶ネブラスカ州　Nebraska
州のニックネーム▶トウモロコシの皮むきする人　Cornhusker
州都▶リンカーン　Lincoln
時間帯▶セントラル・タイムゾーン P.631
繁忙期▶4～10月

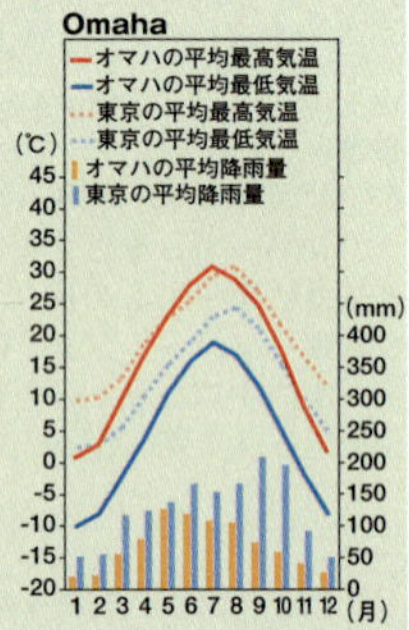

Getting There オマハへの行き方

飛行機 Plane

エプリー空港
Eppley Airfield (OMA)

ダウンタウンの北東約8kmのところ。ダラスやヒューストン、ミネアポリスからの便がある。

エプリー空港
地 P.221　B-1外
住 4501 Abbott Dr.
☎ (402) 661-8017
URL www.flyoma.com
●Safeway Cabs（タクシー）
☎ (402) 342-7474
料 ダウンタウンまで$15～（所要約10分）

長距離バス Bus

グレイハウンド・バスターミナル
Greyhound Bus Terminal

ダウンタウンの南西、オールドマーケットから徒歩約5分。シカゴやカンザスシティなどから乗り入れる。

グレイハウンド・バスターミナル
地 P.221　A-2
住 1601 Jackson St.
☎ (402) 341-1906
開 24時間営業

鉄道 Train

アムトラック駅
Amtrak Station

ダウンタウンの南東約1km、Pacific St.と9th St.の交差点を少し入ったところ。カリフォルニアゼファー号が1日1往復する。

アムトラック駅
地 P.221　B-2
住 1003 S. 9th St.
Free (1-800) 872-7245
開 毎日21:30～翌6:30

メモ　ネブラスカとは▶ネイティブアメリカンの言葉で「平らな水」という意味。オマハはアメリカのほぼ真ん中にあることから、その地の利を生かしてアメリカの通信産業、保険産業の中心となっている。

オマハの歩き方 Getting Around

ダウンタウンの中心部は歩いて回れる。中心部からやや離れたヘンリー・ドゥーリー動物園やボブ・ケリー・ペデストリアン・ブリッジなどへは市バスやホテルのシャトルバスを利用しよう。買い物や食事はレンガ造りの建物が並ぶレトロな雰囲気のエリア、オールドマーケットOld Marketへ。1〜2日あれば市内観光ができる。

観光案内所 …………… Visitors Information

オマハ観光案内所
Omaha Visitor Information Center

Farnam St.と10th St.の南西角の1階にある。自転車のレンタルも行っている（料1時間$10〜、1日$30）。Wi-Fi無料。エプリー空港（開月〜金9:00〜17:00）にもある。

市内の交通機関 ……… Public Transportation

オマハメトロ
Omaha Metro

オマハ市内と近郊で約30路線のバスを運行。中心部は**循環バス Downtown Circulator**が走る。

オマハ観光案内所
地P.221　B-2
住1001 Farnam St.
☎(402)444-4660
Free(1-866)937-6624
URL www.visitomaha.com
開〈5〜9月〉月〜金8:00〜16:30、土・日10:00〜18:00(日〜16:00)、〈10〜4月〉月〜金8:00〜16:30、土10:00〜16:00
休日(11〜4月)、おもな祝日

オマハメトロ
☎(402)341-0800
料$1.25、エクスプレス$1.50、5〜9歳50¢
●Downtown Circulator
料25¢
運行／グリーンラインは、月〜金5:30〜9:00、15:30〜19:30の5分間隔
レッドラインは、11月中旬〜3月中旬の月〜金曜ラッシュアワーのみ運行

おもな見どころ Sightseeing

旧駅舎の美しい内装にも注目　地P.221　B-2

ダーラム博物館
The Durham Museum

1930年に建てられたユニオン駅をリニューアルした博物館。待合室が再現され、クラシックな雰囲気が漂う。内部見学できる機関車や時代別の住宅などが展示されていて、楽しみながらオマハの歴史をたどることができる。アールデコ調の建物は全米有数とあって見応えも充分。昔ながらのソーダファウンテンもあり、館内にいるだけでタイムスリップしたような気分になれる。

ダーラム博物館
住801 S. 10th St.　☎(402)444-5071
URL www.durhammuseum.org
開毎日10:00〜17:00（火〜20:00、日13:00〜）　休9〜5月の月、おもな祝日
料$8、シニア$6、3〜12歳$5、2歳以下無料
行オールドマーケットの10th St.を南へ徒歩約5分

駅を改装したユニークな造り。クリスマス時のツリーも有名

メモ　オマハには世界最大級の歩行橋もある▶ミズーリ川のボブ・ケリー・ペデストリアン・ブリッジBob Kerrey Pedestrian Bridgeは3000フィート（約914m）もの長さでネブラスカとアイオワ州をまたぐ。地P.221　B-1

ジョスリン美術館
住2200 Dodge St.
☎(402)342-3300
URL www.joslyn.org
開火～日10:00～16:00（木～20:00、日12:00～）
休月、おもな祝日
料$8、シニア（62歳以上）／学生$6、5～17歳$5、4歳以下無料
行Dodge St.と24th St.の北東角。

ボーイズタウン
住137th St. & W. Dodge Rd., Boys Town
Free (1-800)625-1400
URL boystown.org/discover
開月～金8:00～17:00、土9:00～16:00、日11:00～16:00
休イースター、サンクスギビング、12/25、1/1
料無料
行ダウンタウンから車でUS-6を西へ、Boys Town方面に向かって進む。137th St.で左折して、Sheehan Dr.、Franagan Blvd.を進み、Dowd Dr.を入ったところ。約30分

さまざまな施設が集まり、立派な町を形成している

ヘンリー・ドゥーリー動物園&水族館
住3701 S. 10th St.
☎(402)733-8400
URL www.omahazoo.com
開〈3/1～10/31〉毎日9:00～17:00、〈11/1～2/28〉毎日10:00～16:00
休12/25
料$13.50、シニア（65歳以上）$12.50、3～11歳$9、2歳以下無料
行メトロバス#13で約10分。13th St.とBert Murphy Ave.の角で下車、Bert Murphy Ave.を直進すると入口が見えてくる。車ならI-80のExit 454を降りるとスタジアムが見え、その先が駐車場

ユニオン・パシフィック鉄道博物館
住200 Pearl St., Council Bluffs, IA
☎(712)329-8307
URL www.uprrmuseum.org
開火～土10:00～16:00
休日・月
料無料
行メトロバスのブルールートで4th St.とBroadwayの角で下車、約20分。車ならダウンタウンからDouglas St.、W. Broadwayを東に約5km。Pearl St.を右折する。約15分

おしどり夫婦のオマハ愛から誕生した美術館 地P.221 A-1

ジョスリン美術館
Joslyn Art Museum

オマハ活性化のために尽力した実業家ジョージ・ジョスリンの死後、その妻サラが追悼と夫の遺志を継ぐべく建設した美術館。その規模はネブラスカ州最大ともいわれ、19～20世紀のヨーロッパ、アメリカ美術を中心に充実したコレクションを誇る。ルノワールやモネ、ドガ、ポロックのほかスイス人画家カール・ボドガーの水彩画を数多く所蔵。メインエントランス前には彫刻などの作品も展示されている。ピンクの大理石が印象的な建物にも注目したい。

牧師が創った若者のための「街」 地P.221 A-1外

ボーイズタウン
Boys Town

1917年にフラナガン牧師が建てた若者のための児童自立支援施設。州で唯一、国の歴史的建築物に指定されているオマハの有名スポットだ。広い敷地内には学校や住宅はもちろん教会や野球場があり、ひとつの町を形成している。博物館やステンドグラスが美しいチャペルは、一般に開放され見学可能。また、ビジターセンター奥にはスタンプ（切手）センターがあり、ボーイズタウン名物のスタンプボールも展示されている。

世界最大級の規模を誇る動物園 地P.221 B-2外

ヘンリー・ドゥーリー動物園&水族館
Omaha's Henry Doorly Zoo & Aquarium

室内砂漠、熱帯雨林、マダガスカルのテーマエリアなど世界最大級の展示が揃ったユニークな動物園。2012年4月には水族館がリニューアルオープンし、ヒトデに触れられるタッチプールや、クラゲを集めたものなど10以上の新展示が加わった。ガラスの砂漠ドームに足を踏み入れると、南アフリカのナミブやアメリカのソノラ、オーストラリアのレッドセンター砂漠が広がり、そこに生息するめずらしい動物たちを見ることができる。地下は、夜行性動物が潜む暗闇の世界だ。そのほか、スカイファリというリフト式のライドがあり、人気を集めている。

世界いち大きい室内砂漠

世界初の大陸横断鉄道はオマハから敷設された 地P.221 B-1外

ユニオン・パシフィック鉄道博物館
Union Pacific Railroad Museum

隣接するアイオワ州にある鉄道博物館。アメリカの真ん中という立地から、かつてオマハは鉄道の中心地だった。カリフォルニア州を目指して大陸横断鉄道が敷設された背景やビデオの上映、運転手気分が味わえるゲームなどがある。ロゴ入りグッズも販売。

ショップ&レストラン&ホテル Shops & Restaurants & Hotels

S アンティーク
掘り出し物を見つけよう

セカンドチャンス・アンティークス Second Chance Antiques

住1116 Jackson St. ☎(402) 346-4930
開日～木10:00～18:00(日12:00～)、金・土11:00～21:00
AMV 地P.221 B-2

パイレックスなどの食器やインテリア雑貨が所狭しと並ぶ。地下には古着やアクセサリー、帽子などがあり、あらゆる商品を扱っている。 ('12)

S アンティーク
おもちゃも揃うアンティークショップ

フェアモント・アンティークス&マーカンタイル Fairmont Antiques & Mercantile

住1209 Jackson St. ☎(402) 346-9746 AMV
URL www.omahafairmont.com 地P.221 B-2
開日～金11:00～19:00(日～18:00、金～22:00)、土10:00～22:00

キャンディやペッツなどポップでカラフルなお菓子がいっぱい。映画のポスターなどもある。アンティークはブースごとに分かれていて、とても見やすい。 ('12)

S 雑貨&ギフト
ネブラスカみやげはココで入手

ネブラスカ・アット・ザ・マーケット Nebraska at the Market

住1215 Leavenworth St. ☎(402) 346-6975
URL www.nebraskaatthemarket.com MV
開月～土10:00～18:00、日12:00～16:00 地P.221 B-2

ネブラスカ州のおみやげを集めた店。食べ物から絵画など美術作品まで幅広い商品を取り揃える。おみやげ探しにぴったりの一軒だ。 ('12)

R カフェ
地元の人々に人気のベーカリーカフェ

ウィートフィールズ・イータリー&ベーカリー Wheat Fields Eatery & Bakery

住1202 Howard St. ☎(402) 991-0917
URL wheatfieldscatering.com 開毎日7:00～18:00
MV 地P.221 B-2

地元紙の2011年ベストブランチ店。オムレツにチェダーチーズがたっぷりのMarket Scrambler ($8.99)がおすすめ。 ('12)

R アメリカ料理
オールドタウンのステーキ専門店

オマハプライム Omaha Prime

住415 S. 11th St. ☎(407) 341-7040
URL www.omaha-prime.com 開月～土17:00～日によって異なる 休日 ADMV 地P.221 B-2

アメリカ農務省が認めた上質な肉を提供。プライムビーフ($27.95～)が有名。スープやサラダは$4.55～、前菜は$8.95～。ドレスコードはビジネスカジュアル。 ('12)

H エコノミーホテル
動物園に行くならここに泊まりたい

コンフォートイン・アット・ザ・ズー Comfort Inn at the Zoo

住2920 S. 13th Court, Omaha, NE 68108 ☎(402) 342-8000
FAX(402) 342-8069 URL www.comfortinn.com
ⓈⒹⓉ$90～ ADJMV 地P.221 B-2外

13th St.沿いに建つ。動物園まで6ブロック、徒歩10分のところにある。休日には動物園に行く家族連れでにぎわい、アットホームな雰囲気。79室。 ('12)

H 中級ホテル
温かいおもてなしに大満足

マグノリアホテル Magnolia Hotel

住1615 Howard St., Omaha, NE 68102 AMV 地P.221 A-2
☎(402) 341-2500 free(1-888) 915-1110 FAX(402) 342-2569
URL www.magnoliahotelomaha.com ⓈⒹ$134～、Ⓣ$138～、スイート$170

グレイハウンドのバスターミナルから北に1ブロック。朝食や夕方のワイン、クッキーなどが無料で頂ける。空港やおもな見どころまで、シャトルサービスあり。145室。 ('12)

H 高級ホテル
オールドマーケットの隣

エンバシースイーツ・オマハ・ダウンタウン/オールドマーケット Embassy Suites Omaha-Downtown / Old Market

住555 S. 10th St., Omaha, NE 68102 ☎(402) 346-9000
FAX(402) 346-4236 URL www.embassysuitesomaha.com
スイート$179～ ADJMV 地P.221 B-2

夜遅くまで開いている店が多いオールドマーケットに隣接しているので、食事や買い物に便利だ。客室は全室スイートタイプ。空港への無料送迎もある。249室。 ('12)

ウィチタ Wichita

オズの魔法使いの世界へ

屋外には、空軍機などが多数並ぶカンザス航空博物館

カンザス州最大の都市ウィチタは、「航空機の首都 Air Capital of the World」と呼ばれるほど、航空産業が盛んだ。1910年代にセスナ社が誕生したのを皮切りに、ボーイングやビーチ・エアクラフトなど航空機の関連会社が数多く生まれた。現在も近郊に約30社が集まり一般旅客機の70%を製造しているという。それ以外にも、ピザハットやメンソレータムなどもウィチタから始まった。

ウィチタがあるカンザス州は、メキシコ湾から吹く暖気とカナダからの寒気がぶつかる場所。そのため、雷や竜巻が頻繁に発生し、小説『オズの魔法使い』の舞台にもなった。

DATA

人口▶約38万2300人
面積▶412km²
標高▶約398m
TAX▶セールスタックス　7.3%
ホテルタックス　13.3%
属する州▶カンザス州　Kansas
州のニックネーム▶ひまわり州　Sunflower
州都▶トピカ　Topeka
時間帯▶セントラル・タイムゾーン ➡P.631
繁忙期▶4、5、7、8月

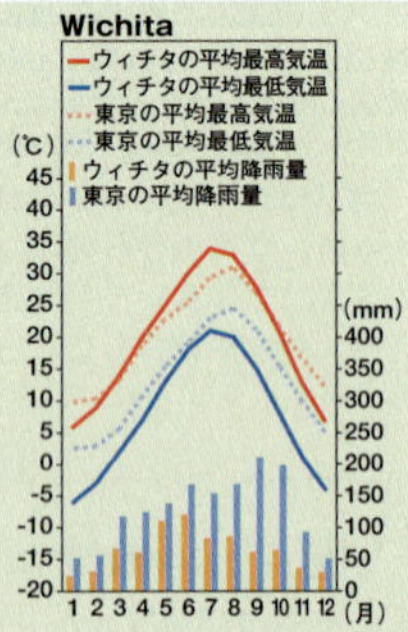

Getting There ウィチタへの行き方

飛行機 Plane

ウィチタ・ミッドコンチネント空港
Wichita Mid-Continent Airport (ICT)

ダウンタウンから南西へ約10kmのところにある。ターミナルはひとつ。おもな航空会社が乗り入れ、シカゴ、ダラス、ミネアポリスなど全米10都市以上からの便がある。ダウンタウンへは、空港シャトルバンかタクシーで。

長距離バス Bus

グレイハウンド・バスターミナル
Greyhound Bus Terminal

ダウンタウンのBroadway St.沿いにあり、トランジットセンターまで1ブロック。オクラホマシティから1日2便(所要約3時間)、カンザスシティから1日2便（所要約4時間10分)、ダラスから1日2便（所要約8時間）乗り入れる。

ウィチタ・ミッドコンチネント空港
地P.225　A-2外　住2299 Airport Rd.
☎(316)946-4700
URL www.flywichita.com
●EMU Express（空港シャトル）
☎(316)734-0100
料ダウンタウンまで$20～(25分)
●Best Cabs（タクシー）
☎(316)838-2233
料ダウンタウンまで約$25(20分)

グレイハウンド・バスターミナル
地P.225　B-2　住312 S. Broadway St.
☎(316)265-7711
開月～金2:00～3:00、10:30～18:00、土・日2:00～3:00、12:00～18:00

ダウンタウンにあるバスターミナル

メモ 航空産業▶ボーイング社のウィチタ工場は民間航空機の開発と製造の中心として機能している。

ウィチタの歩き方 Getting Around

おもな見どころはダウンタウンにあり徒歩圏内だ。郊外にあるカンザス航空博物館へもウィチタトランジットの路線バスで行くことができるので、車がなくても問題ない。ショップやレストランが集まるオールドタウン（3rd、Emporia、Washington Sts.とDouglas Ave.に囲まれたエリア）は、昼夜にぎわっていてウィチタいちの繁華街だ。

ウィチタ観光局
地P.225　A-2
住515 S. Main St., #115
☎(316)265-2800
Free(1-800)288-9424
URL www.gowichita.com
開月～金7:45～17:30
休土・日、おもな祝日

市内の交通機関 ……… Public Transportation

ウィチタトランジット
Wichita Transit

市内を走る17の路線バスとダウンタウンを循環するトロリーのQ-Lineを運営する。ほとんどのバスはダウンタウンのトランジットセンターを起点とし、毎時20分に出発。

ウィチタトランジット
URL www.wichitatransit.org
運行／月～土5:45～18:45（路線により異なる）
料$1.75、18歳以下$1.50。トランスファー（乗り換え）付き$2、18歳以下$1.75
●Downtown Transit Center
地P.225　B-1、2
住214 S. Topeka St.
☎(316)265-7221
開月～金6:00～18:30、土7:00～17:30
●Q-Line
運行／月～土18:00～22:00（金～24:00）、土12:00～24:00
料無料

ツアー案内 ………………… Sightseeing Tours

ディスカバー・ヒストリック・ウィチタ・トロリー・ツアーズ
Discover Historic Wichita Trolley Tours

デラノ地区やオールドタウンなどのダウンタウンをトロリーに乗って、見物する1時間30分のツアー。ほかに、建築家フランク・ロイド・ライトがデザインしたAllen-Lambre Houseを訪れるツアー（要予約、料$20）もある。

ディスカバー・ヒストリック・ウィチタ・トロリー・ツアーズ
地P.225　A-2
住515 S. Main St.
☎(316)773-1931（要予約）
URL rctrolley.com
運行／4～7月の金・土10:00発
料$10

メモ　竜巻（トルネード）▶カンザス州のあたりは竜巻の多発地帯。そのため多くの建物には竜巻から避難するためのシェルターが設置されている。竜巻警報が町に流れたら地元の人の指示に従って素早く避難すること。

Sightseeing おもな見どころ

19世紀後半のウィチタを再現した　地P.225　A-1

オールドカウタウン博物館
Old Cowtown Museum

当時の衣装を着たスタッフがお出迎え

1870年代のウィチタと近郊の町を再現した屋外博物館。敷地内はオールドタウン、レジデンシャル、ハンター／トレーダー、ビジネス＆インダストリアル、農場、キャンプ場などのエリアに分かれ、当時のウィチタの町がテーマ別に再現されている。スタッフはレトロな衣装を着用し、まるで西部劇の時代にタイムスリップしたかのようだ。

ネイティブアメリカンの文化に触れる　地P.225　A-1

ミッドアメリカ・オール・インディアンセンター博物館
Mid-America All Indian Center Museum

ダウンタウンの北西の**ミッドアメリカ・オール・インディアンセンターMid-America All Indian Center**内にあるこぢんまりとした博物館。おもにネイティブアメリカンが日常で使用していた道具や装飾品、彼らをモチーフにした絵画などの展示がある。屋外には1850年代のネイティブアメリカンの住居（ティピ）が再現され、暮らしを垣間見ることができる。

世界中のお宝を集めた　地P.225　B-1

ワールドトレジャー博物館
Museum of World Treasures

3つのフロアからなる博物館に、世界中から集められた貴重な品々が3000点以上収蔵されている。1階は先史時代の恐竜の化石から、高さ3.6m、横幅1.2m、重さ4.5トンのベルリンの壁までが所狭しと並ぶ。なかでも、紀元前500〜1000年頃の古代エジプト女性のミイラは必見だ。2階には、第1次・第2次世界大戦中の新聞や看板などが展示され、当時の熱気がわかる。

ウィチタの歴史を知るなら　地P.225　A-1

ウィチタ-セッジウィック・カウンティ歴史博物館
Wichita-Sedgwick County Historical Museum

1975年まで市庁舎だった建物が、ウィチタの歴史を紹介する博物館になっている。ネイティブアメリカンのウィチタ族が生活していた1800年代初頭から、カウボーイが荷馬車の手綱を引き交易した1860年代、1910年代後半から現在まで続く航空産業が盛んな時代までを3つのフロアで紹介。特に3階のウィチタコテージのコーナーには、1890年代に使用されていた食器や家具が展示されていて興味深い。

1910年代の薬局が再現されている

デラノ地区も探索してみよう

オールドタウンとはまた違った雰囲気のデラノ地区Historic Delano（地P.225 A-1、2）。こちらにもバーやレストランが建ち並ぶ。ハリウッドから注文を受けることもある帽子店、Hatman Jack's〔住601 W. Douglas Ave.　地P.225 A-2　開月〜土10:00〜17:30（木〜18:00、土〜17:00）〕など、個性的な店が集まる

オールドカウタウン博物館
住1865 W. Museum Blvd.
☎(316)219-1871
URL www.oldcowtown.org
開〈11月下旬〜4月初旬〉火〜土10:00〜16:00、〈4月中旬〜11月中旬〉水〜日9:30〜16:30（日12:00〜）
料$7.75、シニア／学生$6.50、12〜17歳$6、4〜11歳$5.50、3歳以下無料
行ダウンタウンからはDouglas Ave.を西へ。デラノ地区のSeneca St.を右折し、アーカンザス川の橋を渡ってすぐの分岐を左へ。しばらくすると左側に看板が見える。徒歩約20分

ミッドアメリカ・オール・インディアンセンター博物館
住650 N. Seneca St.
☎(316)350-3340
URL www.theindiancenter.org
開火〜土10:00〜16:00
休日・月
料$7、シニア／学生$5、6〜12歳$3、5歳以下無料
行ダウンタウンからはDouglas Ave.を西へ。デラノ地区のSeneca St.を右折し、アーカンザス川の橋を渡った右側、徒歩約15分

ワールドトレジャー博物館
住835 E. 1st St.
☎(316)263-1311
URL www.worldtreasures.org
開毎日10:00〜17:00（日12:00〜）
料$8.95、シニア$7.95、4〜12歳$6.95
休イースター、サンクスギビング、12/25
行ダウンタウンのオールドタウンにある

ウィチタ-セッジウィック・カウンティ歴史博物館
住224 S. Main St.
☎(316)265-9314
URL wichitahistory.org
開火〜金11:00〜16:00、土・日13:00〜17:00
休月、おもな祝日
料$4、子供$2

Arkansasの読み方

市内を南北に流れるArkansas River。アメリカ南部のアーカンソー州Arkansas Stateと同じスペルだが、川の発音はアーカンザスリバーとなる。アーカンソーリバーとは言わないように。

航空産業の歴史を学ぼう 地P.225 B-2外

カンザス航空博物館
Kansas Aviation Museum

1954年までウィチタ空港として機能していた建物が、'91年に航空博物館としてオープンした。航空機のエンジンが年代別に並び、時代とともに進化していった過程を学べる。また、スタッフが制作したレプリカは細部まで忠実に再現され圧巻だ。管制塔からは、隣にあるアメリカ空軍基地を離発着する空軍機やボーイング社の工場を眺められる。屋外には、ボーイング727や737-200などの一般航空機からセスナT-37Bの空軍機まで15機前後が並ぶ。

カンザス航空博物館
住3350 S. George Washington Blvd.
☎(316)683-9242
URL www.kansasaviationmuseum.org
開毎日10:00～17:00(日12:00～)
料$8、シニア$7、4～12歳$6、3歳以下無料
休イースター、サンクスギビング、12/25、1/1
行ダウンタウンのトランジットセンターからウィチタトランジット#18 S. Broadwayで George Washington Blvd. & 31th St.下車、約20分

ショップ&レストラン&ホテル Shop & Restaurant & Hotels

アウトドア
S キャンプグッズをお得に入手
コールマン・ファクトリー・アウトレット&ミュージアム
Coleman Factory Outlet and Museum

住235 N. St. Francis St. ☎(316)264-0836
URL www.coleman.com 地P.225 B-1
開月～土9:00～18:00(土～13:00) 休日 AMV

ウィチタに本拠地を置くアウトドアの老舗ブランド"コールマン"のアウトレット店。入口付近には歴代のランプやランタンなどの展示があり、コールマンの歴史を学べるようになっている。 ('12)

アメリカ料理
R 地元の人に大人気のダイナー
オールド・ミル・テイスティ・ショップ
Old Mill Tasty Shop

住604 E. Douglas Ave. ☎(316)264-6500
開月～金11:00～15:00(金～20:00)、土8:00～20:00
休日 地P.225 B-1

1932年創業のダイナーで、当時のままの内装は雰囲気もよく、居心地がよい。オリジナルのソーダやサンドイッチ、スープなどすべて手作り。昼食時は混雑しているので、並ぶのを覚悟しよう。予算$15～。 ('12)

中級ホテル
H お手頃な値段だが、不自由しない
ホリデイイン・ウィチタ・ダウンタウン
Holiday Inn Wichita Downtown

住221 E. Kellogg St., Wichita, KS 67202 ☎(316)269-2090
FAX(316)267-7786 URL www.holidayinn.com
ⓈⒹⓉ$85～125 AMV 地P.225 B-2

ダウンタウンの中心から、徒歩15分のところにある。プールやビジネスセンター、レストラン、コインランドリーを完備。無料の空港送迎もある。188室。 ('12)

中級ホテル
H オールドタウンのアットホームなホテル
ホテル・アット・オールドタウン
Hotel at Old Town

住830 E. 1st St., Wichita, KS 67202 ☎(316)267-4800
Free(1-877)265-3869 FAX(316)267-4840 地P.225 B-1
URL www.hotelatoldtown.com ⓈⒹⓉ$99～250 ADMV

Mosley St.に入口がある。オールドタウンのほかの建築物同様、赤レンガの建物は、1906年に建てられた。全部屋にキッチンの設備や冷蔵庫がある。115室。 ('12)

中級ホテル
H アル・カポネも宿泊した歴史あるホテル
ドゥルーリー・プラザ・ホテル・ブロードビュー
Drury Plaza Hotel Broadview

住400 W. Douglas Ave., Wichita, KS 67202 ☎(316)262-5000
FAX(1-855)234-9810 URL www.druryhotels.com
ⓈⒹⓉ$110～190 AMV 地P.225 A-1

創業1922年の歴史あるブロードビューホテルが、ドゥルーリー・プラザ・ホテル系列に入った。2011年に改装を終え、客室も清潔。無料の朝食が付く。200室。 ('12)

高級ホテル
H アーカンザス川を見下ろす
ハイアット・リージェンシー・ウィチタ
Hyatt Regency Wichita

住400 W. Waterman St., Wichita, KS 67202 地P.225 A-2
☎(316)293-1234 FAX(316)293-1200 URL wichita.hyatt.com
ⓈⒹⓉ$109～265、スイート$459～ ADJMV

町を南北に流れるアーカンザス川沿いに建つホテル。ビジネスセンターやプール、フィットネスセンター、シャトルバンでの無料の空港送迎もあるのでビジネスマンに人気がある。303室。 ('12)

オクラホマシティ Oklahoma City

世界最大級の牛取引市場

西部開拓とカウボーイの歴史に触れてみよう

オクラホマはアメリカのほぼ中央に位置する内陸州。もとは各地のネイティブアメリカンが政府によって移住させられた土地であった。

牧畜が盛んで、町を出ると牧草地が一面に広がる。20世紀前半に油田が発見されてからは、石油産業がオクラホマ州の経済基盤となっている。

ダウンタウンの近くには、ストックヤードシティと呼ばれる世界最大級の牛の取引市場がある。カウボーイ文化が根付いており、ロデオ用品の専門店や有名なステーキレストランが並ぶ観光名所だ。

DATA

人口▶約58万人
面積▶約1570km²
標高▶約375m
TAX▶セールスタックス　8.375%
ホテルタックス　13.875%
属する州▶オクラホマ州　Oklahoma
州のニックネーム▶早い者勝ち州　Sooner State
州都▶オクラホマシティ　Oklahoma City
時間帯▶セントラル・タイムゾーン ➡P.631
繁忙期▶4〜6月

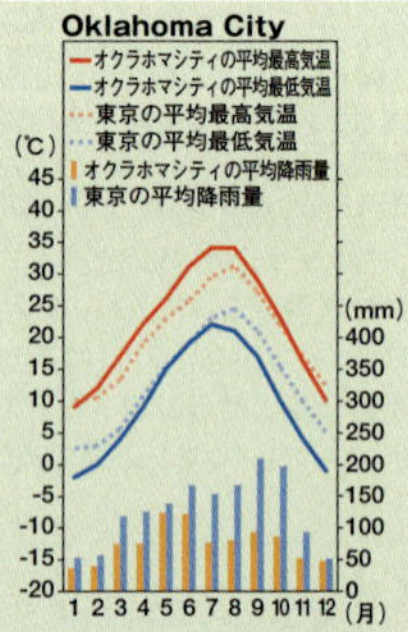

Getting There　オクラホマシティへの行き方

飛行機 Plane

ウィル・ロジャース・ワールド空港
Will Rogers World Airport(OKC)

シカゴから約2時間でアクセス可能。ターミナルはひとつで、1階が到着階、2階が出発階となっている。

ウィル・ロジャース・ワールド空港
地P.229　A-2外
住7100 Terminal Dr.
☎(405)316-3200
URL flyokc.com
行メトロトランジット#11でダウンタウンまで行けるが、平日1日3本のみの運行。レンタカーまたはタクシー（料約$30）の利用が現実的
●Yellow Cab（タクシー）
☎(405)236-5551

長距離バス Bus

ユニオン・バスステーション（グレイハウンド）
Union Bus Station(Greyhound)

ダウンタウン中心部、Sheridan Ave.とWalker Ave.の交差点にある。ダラスやウィチタなどへの直行便がある。

ユニオン・バスステーション（グレイハウンド）
地P.229　A-2
住427 W. Sheridan Ave.
☎(405)235-6425
開24時間営業

鉄道 Train

アムトラック駅
Amtrak Station

ハートランドフライヤー号がテキサス州フォートワースとオクラホマシティの間を1日1往復する。

アムトラック駅
地P.229　A-2
住100 S. E. K. Gaylord Blvd.
free (1-800)872-7245
開毎日7:30〜8:45、21:00〜23:00
※ここでチケット販売は行われていないので注意すること

オクラホマシティの歩き方 Getting Around

おもな見どころは**ブリックタウン**、**ストックヤードシティ**と市内北東部にある**カウボーイ&西部歴史博物館**。2009年にはブリックタウンに**アメリカンバンジョー博物館**がオープンした。ホテルはダウンタウンと空港周辺に多い。

観光案内所 …………… Visitors Information

オクラホマシティ観光案内所
Oklahoma City Visitor Information Center

ダウンタウンのSheridan Ave.とBroadway Ave.がぶつかるところ。コンベンションセンターの1階にある。

市内の交通機関 ……… Public Transportation

メトロトランジット
Metro Transit

5th St.とHudson Ave.の角にトランジットセンターがある。ダウンタウンの外にある見どころへ行くなら、ここで#12、#22の時刻表をもらっておこう。

オクラホマスピリット・トロリー
Oklahoma Spirit Trolley

市内を走るトロリーバス。料金は無料で、ダウンタウン内を循環する。

オクラホマシティ・ナショナル・メモリアルはダウンタウンの一角にある

オクラホマシティ観光案内所
地P.229 A-2
住58 W. Sheridan Ave.
☎(405) 602-5141
URL www.visitokc.com
開月～金9:00～18:00

メトロトランジット
地P.229 A-1
住420 N.W. 5th St.（トランジットセンター）
☎(405) 235-7433
料$1.50、エクスプレス$2.25、1日券$4

オクラホマスピリット・トロリー
☎(405) 235-7433
運行／〈5～9月〉毎日10:00～23:00（日～火～20:00）の15～30分間隔、〈10～4月〉月～土10:00～23:00（月～水～20:00）
料無料

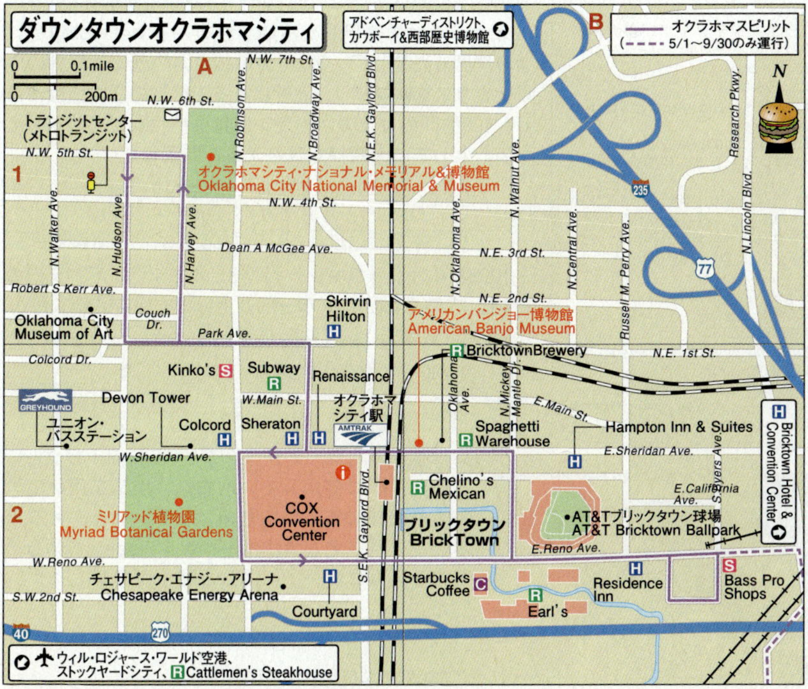

メモ **Earl's Rib Palace**▶ブリックタウンにあるレストラン。お手頃な値段でポークリブのバーベキューが食べられると人気だ。住216 Johnny Bench Dr. URL www.earlsribpalace.com 開毎日11:00～21:00 地P.229 B-2

赤レンガの町　地P.229　B-2

ブリックタウン
Bricktown

ダウンタウンの東にある赤レンガの建物が集まったエリア。レストランやバーが多く、地元の人たちでいつもにぎわっている。

ブリックタウン
住東西はE.K.Gaylord Ave.とStiles Ave.、南北はReno Ave.とMain St.に囲まれた地区を中心としたエリア
URL www.bricktownokc.com
行オクラホマスピリット・トロリーがブリックタウンに停車する

ブリックタウンの入口にオープン　地P.229　B-2

アメリカンバンジョー博物館
American Banjo Museum

バンジョーの歴史とともに300本以上のバンジョーが展示されている。装飾の凝っているものが多く、その美しさに思わず見とれてしまう。17万ドルの価値があるといわれる戦前のギブソンマスタートーン、5弦バンジョーが博物館の目玉だ。

珍しいバンジョーも数多く展示してある

アメリカンバンジョー博物館
住9 E. Sheridan Ave.
☎(405)604-2793
URL www.americanbanjomuseum.com
開火〜土11:00〜18:00、日12:00〜17:00
休月、おもな祝日
料$6、シニア／学生$5、5〜17歳$4
行ブリックタウンの入口

クリスタルブリッジは町の名所　地P.229　A-2

ミリアッド植物園
Myriad Botanical Gardens

オクラホマで発足した石油会社カー・マギーの協力により開園した植物園。約2万坪の広さの敷地に、屋外の庭園とクリスタルブリッジと呼ばれる円筒形の室内庭園があり、100種類のヤシの木やラン、食虫植物などを栽培している。2011年に大規模な改修工事が完了した。

ミリアッド植物園
住301 W. Reno Ave.
☎(405)297-3995
URL www.myriadgardens.com
開クリスタルブリッジ：月〜土9:00〜17:00、日11:00〜17:00(6〜8月〜19:00) 屋外庭園：毎日6:00〜23:00
休サンクスギビング、12/25、1/1
料$7、シニア／13〜18歳$6、4〜12歳$4

ダウンタウンの一角、歴史に刻まれた跡地　地P.229　A-1

オクラホマシティ・ナショナル・メモリアル&博物館
Oklahoma City National Memorial & Museum

1995年にオクラホマシティ連邦ビルで起きた爆弾テロの跡地。爆破されたビルの一部がそのまま保存されており、テロの悲惨さが伝わってくる。

オクラホマシティ・ナショナル・メモリアル&博物館
住620 N. Harvey Ave.
☎(405)235-3313
URL www.oklahomacitynationalmemorial.org
開毎日9:00〜18:00(日12:00〜)
休サンクスギビング、12/24、12/25、1/1
料$12、シニア$10、学生／6〜17歳$10
行メトロのダウンタウン・トランジットセンターから徒歩3分。オクラホマスピリット・トロリーも停車する

カウボーイたちの歴史を学ぶ　地P.229　B-1外

カウボーイ&西部歴史博物館
National Cowboy & Western Heritage Museum

ダウンタウンの北東、アドベンチャーディストリクトにある。実際に使用していた衣類、用具を用いて再現された1860年代の町並みは必見。また、オクラホマで一番有名なカウボーイWill Rogersをはじめとする、カウボーイに関した展示が充実した博物館だ。

カウボーイ&西部歴史博物館
住1700 N.E. 63rd St.
☎(405)478-2250
URL www.nationalcowboymuseum.org
開毎日10:00〜17:00
休サンクスギビング、12/25、1/1
料$12.50、シニア$9.75、4〜12歳$5.75
行バス#22(毎時1〜2本。ただし日・祝日は運行していない)で約35分

圧倒的な大きさに目を奪われる石膏の像

カウボーイファッションの買い物はここで 地P.229 A-2外

ストックヤードシティ
Stockyards City

全米最大級の家畜市場

せりは観光客も見学可能だが、売買の妨げをしないように。Agnew Ave.とExchange Ave.の交差点を中心にロデオ用品の専門店やカウボーイファッションの店があるので、おみやげを探しがてら散策してみよう。

ストックヤードシティ
住1305 S. Agnew Ave.
☎(405) 235-7267
URL www.stockyardscity.org
開オークション：月・火8:00〜せりが終わるまで（だいたい19:00頃まで）。取引数が多いのは春と秋
料無料
行バス#12で約15分。車の場合は、ダウンタウンのReno Ave. を西に進み、途中Exchange Ave.に進む

観戦するスポーツ Spectator Sports

バスケットボール NBA

オクラホマシティ・サンダー（西・北西地区）
Oklahoma City Thunder

移転翌年から3年連続勝ち越し、2年連続の地区優勝と強豪の一角を担う存在となった。年々、勝率を上げ、プレーオフでも毎年ステップアップ。前身は「スーパーソニックス」、移転後、この愛称に変更されている。チームカラーはライト・ブルー、オレンジ、ゴールド、ネイビー・ブルー、ホワイト。

オクラホマシティ・サンダー
（1967年創設）旧シアトル・スーパーソニックス
本拠地——チェサピーク・エナジー・アリーナ
Chesapeake Energy Arena（1万8203人収容）
地P.229 A-2
住100 W. Reno Ave.
☎(405) 602-8700
URL www.nba.com/thunder
行ダウンタウン南側・徒歩圏内

この選手に注目！
ケビン・デュラント

レストラン&ホテル Restaurant & Hotels

R アメリカ料理
ストックヤードシティにある老舗レストラン
キャットルマンズステーキハウス
Cattlemen's Steakhouse

住1309 S. Agnew Ave. ☎(405) 236-0416
URL www.cattlemensrestaurant.com AMV
開毎日6:00〜22:00（金・土〜24:00） 地P.229 A-2外

1910年にオープンして以来、牛肉関連業者たちの胃袋を満たしてきたステーキハウス。地元の人はもちろん、わざわざここにステーキを食べに来る人たちで、連日にぎわっている。 ('12)

H エコノミーホテル
リーズナブルに滞在できる
ブリックタウン・ホテル&コンベンションセンター
Bricktown Hotel & Convention Center

住2001 E. Reno Ave., Oklahoma City, OK 73117
☎(405) 235-1647 FAX(405) 605-4924
URL www.bricktown-hotel.com 地P.229 B-2外
ⓈⒹⓉ$65〜109 ADMV

ブリックタウンから約2.5kmのところにあり、ブリックタウンとの間に無料の送迎車が走る。簡単な朝食付き。188室。 ('12)

H 高級ホテル
オクラホマシティ初のデザインホテル
コルコードホテル
Colcord Hotel

住15 N. Robinson Ave., Oklahoma City, OK 73102
☎(405) 601-4300 Free(1-866) 781-3800 FAX(405) 208-4399
URL www.colcordhotel.com 地P.229 A-2
ⓈⒹⓉスイート$154〜309 ADMV

もともとオフィスビルとして100年前に建てられたダウンタウンのランドマーク的ホテル。シンプルで落ち着いた色使いの客室が好評だ。108室。 ('12)

メモ **ラングストンズ**▶ストックヤードシティ随一の品揃えを誇り、広い店内には本格的なウエスタンブーツやジーンズが並ぶ。Langston's 住2224 Exchange Ave. ☎(405) 235-9536 URL www.langstons.com 開月〜金 9:00〜20:00、土・日 12:00〜17:00 AMV

フラッグスタッフ Flagstaff

ノスタルジックな町並み

ショップやレストランが集まるダウンタウンにはルート66がとおる

アリゾナ州北部に位置するフラッグスタッフは標高2100mにある。そのため、世界中のアスリートがトレーニングを行ったり、多くの観光客が避暑地として訪れたりする。また、町全体が夜間照明を規制しているので、きれいな夜景が見られることでも有名だ。

ルート66がとおるダウンタウンは、個人経営のカフェやショップが並び、古きよき時代への郷愁を感じられる。グランドキャニオンやセドナへの玄関口でもあるので、ダウンタウンを散策したあと、郊外の大自然を堪能するといい。

DATA

人口▶約6万5800人
面積▶165.4km²
標高▶2135m
TAX▶セールスタックス　9.446%
ホテルタックス　11.458%
属する州▶アリゾナ州　Arizona
州のニックネーム▶グランドキャニオン州
The Grand Canyon State
州都▶フェニックス　Phoenix
時間帯▶マウンテン・タイムゾーン ➡P.631
繁忙期▶5〜8月

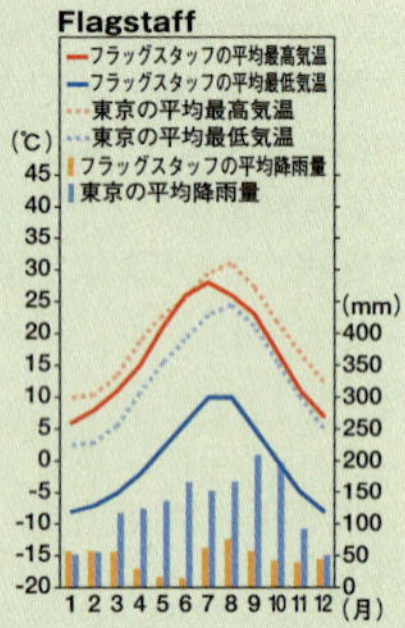

Getting There & Around　フラッグスタッフへの行き方&歩き方

フラッグスタッフ空港（FLG）
住6200 S. Pulliam Dr.
行ダウンタウンへはタクシーで15分、約$18。

グレイハウンド・バスディーポ
地P.233　外
住880 E. Butler Ave.
☎(928)774-4573
開毎日11:30〜15:00、18:30〜翌5:30

アムトラック駅
地P.233
住1 E. Route 66
Free(1-800)872-7245
開毎日4:00〜22:45

フラッグスタッフ観光案内所
地P.233
住1 E. Route 66
☎(928)774-9541
URL www.flagstaffarizona.org
開月〜土8:00〜17:00、日9:00〜16:00

マウンテンライン
市内と郊外を結ぶ路線バス。7路線あるが、ほとんどが1時間間隔で運行する
URL www.mountainline.az.gov
運行／月〜金6:15〜22:00、土・日7:15〜20:00
料$1.25、1日券$2.50

フェニックスから直行便が飛ぶ**フラッグスタッフ空港 Flagstaff Pulliam Airport**はダウンタウンの南約10kmのところにあり、ダウンタウンへはタクシーで約15分。アムトラック駅はダウンタウンの中心にあり、シカゴとロスアンゼルスを結ぶサウスウエスト・チーフス号が1日1往復する。グレイハウンドは、ラスベガス（所要約5時間40分）やフェニックス（所要約3時間）から乗り入れ、バスディーポからダウンタウンまで徒歩15分。

アムトラック駅を中心としたダウンタウンは、こぢんまりとしているが、レストランやショップが集まる繁華街だ。

観光案内所 …………… Visitors Information

フラッグスタッフ観光案内所 Flagstaff Visitor Center

ルート66沿い、アムトラック駅の中にあり、地図やパンフレットが揃う。ギフトショップやレンタカーの営業所も併設する。

メモ **おばけの住む町？**▶フラッグスタッフは幽霊屋敷が多いことでも有名。観光案内所には、ホーンテッド物件の載っている地図があり、夕方からツアーが催されることもある。ちなみに、観光案内所の建物もホーンテッド（幽霊屋敷）物件として有名だ。

おもな見どころ Sightseeing

ネイティブアメリカンの文化を学ぶ

北アリゾナ博物館
Museum of Northern Arizona

地P.233 外

ネイティブアメリカンの文化やコロラド高原について人類学、生物学、地質学の観点から知ることができる博物館。特に、ホピ族やナバホ族、ズニ族のコレクションが充実していて、彼らが造ったバスケットや人形、ジュエリー、絵画、壁画などの展示が多い。ほかに、ジュラ紀前半に北アリゾナに生息した恐竜のジオラマや植物の化石もある。

満天の星空を見に行こう

ローウェル天文台
Lowell Observatory

地P.233 外

天文学者パーシヴァル・ローウェルの私財で1894年に設立された天文台。1930年クライド・トンボーが冥王星（プルート）を発見したことで、有名になった。展示は火星や冥王星に関するものが中心。ツアーが毎日催行されているので参加したい。

古きよき時代を感じられる

ヒストリック・ルート66
Historic Route 66

地P.233

1926年から1985年までシカゴとロスアンゼルスの2448マイル（約3940km）を結んでいた旧国道66号線（ヒストリック・ルート66）。フラッグスタッフでは、ルート66の標識や看板が今でも残る。**ギャラクシーダイナーGalaxy Diner**は、ルート66の雰囲気が味わえるレストランとして有名だ。

北アリゾナ博物館
住3101 N. Fort Valley Rd.
☎(928)774-5213
URL www.musnaz.org
開毎日9:00〜17:00
休サンクスギビング、12/25、1/1
料$10、シニア$9、学生$7、10〜17歳$6
行マウンテンライン#5で約20分。博物館前で下車

ローウェル天文台
住1400 W. Mars Hill Rd.
☎(928)774-3358
URL www.lowell.edu
開〈1、2、11、12月〉毎日12:00〜21:30（火・木・日〜17:00）、〈3〜5、9、10月〉毎日9:00〜21:30（火・木・日〜17:00）、〈6〜8月〉毎日9:00〜22:00
休おもな祝日
料$11、シニア／学生$9、5〜17歳$4
行ダウンタウンからSanta Fe Ave.を西へ徒歩約30分

●Galaxy Diner
住931 W. Route 66
☎(928)774-2466
開毎日6:00〜21:00（金・土〜22:00）
行ダウンタウンからヒストリック・ルート66を南へ徒歩20分、もしくは、マウンテンライン#7で約5分

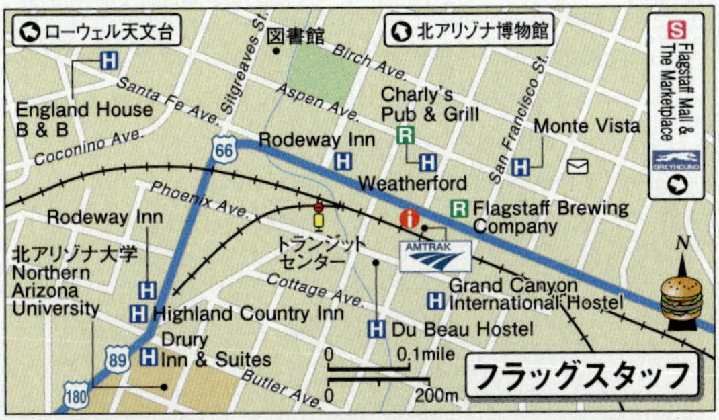

ホテル Hotels

ホステル

温かい雰囲気のホステル

グランドキャニオン・インターナショナル・ホステル
Grand Canyon International Hostel

住19 1/2 S. San Francisco St., Flagstaff, AZ 86001 ☎(928)779-9421
Free(1-888)442-2696 URL www.grandcanyonhostel.com
ドミトリー$21〜24、個室$42〜54 MV 地P.233

グランドキャニオンへの日帰りツアー（料$85）も行っている。キーデポジット$5必要。線路に近いため、人によっては音が気になるかもしれない。16ベッド、12室。 ('12)

中級ホテル

フラッグスタッフを代表する老舗ホテル

ホテル・ウェザーフォード
Hotel Weatherford

住23 N. Leroux St., Flagstaff AZ 86001 ☎(928)779-1919
FAX(928)773-8951 URL www.weatherfordhotel.com
ⓈⒹ$89〜139、$49〜79（バス共同） AMV 地P.233

100年以上前に建てられたホテルは、老舗の風格と温かみがあり人気がある。バスが共同の部屋もあるので、事前に確認すること。11室。 ('12)

メモ ショッピングモール Flagstaff Mall & The Marketplace▶ダウンタウンからマウンテンラインバス#2、3、66で行くことができるショッピングモール。所要約30分。住4650 N. Hwy. 89 ☎(928)526-4827 開月〜土10:00〜21:00、日11:00〜18:00 URL www.flagstaffmall.com

神秘のパワースポット

セドナ

Sedona

アリゾナ州北部に位置するセドナ。
そこには神々が住むと考えられ、
神聖な場所として崇められてきた。
大地のエネルギーが集まる“ボルテックス”が点在し、
近年では、地球のパワースポットや
スピリチュアルな場所として注目を浴びている。
鉄分を多く含む真っ赤な大地、小川や緑の深い森によって
作り出された自然の見事なコントラストに、
多くの現代人が癒しを求めにやってくる。

メモ **あのアトラクションのモデルです**▶セドナにある山のひとつ、サンダーマウンテンはディズニーランドでおなじみのアトラクション、ビッグサンダーマウンテンのモデルとなった山といわれている。

ハイキングするのに最適。鐘の形をしたベルロック

ボルテックスのひとつ、ホーリークロス教会

セドナへの行き方

▼フェニックスから

セドナはアリゾナ州フェニックスの北約 180km に位置する。車なら I-17 を 160km 北に向かい、Exit 298 で AZ-179 をセドナ方面に向かう。所要約 2 時間 20 分。車がなければフェニックス国際空港から、シャトルバンを利用しよう。

セドナ・フェニックス・シャトル
Sedona Phoenix Shuttle
☎(928) 282-2066
URL sedona-phoenix-shuttle.com
運行／毎日 9 往復。所要は 2 時間 30 分
休 サンクスギビング、12/25
料 片道 $49、往復 $90
乗り場／フェニックス国際空港ではバゲージクレーム（機内預け荷物のピックアップ場所）近くの "Arizona Intercity Shuttle Counter" で申し込む。セドナのバス停は、Sedona Super 8 や La Quinta Inn Sedona など

エースエクスプレス
Ace Xpress
☎(928) 649-2720
URL acexshuttle.com　料 片道 $60、往復 $99
※ セドナの希望した場所で下車できる。

セドナ・ホテル・シャトル
Sedona Hotel Shuttle
☎(928) 203-9300
URL sedonahotelshuttle.com
料 片道 $61~68、往復 $116~124（人数により異なる。子供・学生料金あり）
※ ウエストセドナやアップタウンセドナのおもなホテルに停車する。

▼フラッグスタッフから

セドナはフラッグスタッフの南約 48 km にある。車なら I-17 を 6km 南に向かい、Exit 337 で AZ-89 をセドナ方面に向かう。所要約 1 時間。車がなければフラッグスタッフのアムトラック駅から、下記のシャトルバンを利用しよう。

アリゾナ・シャトル・サービス
Arizona Shuttle Service
☎(928) 226-8060　Free (1-800) 888-2749
URL www.arizonashuttle.com
運行／3 ～ 10 月、要事前予約　休 11 ～ 2 月
料 片道 $25、往復 $50

GUIDE BOOK　地球の歩き方 B09 ラスベガス編（1700円＋税）、B14 テーマで旅するアメリカ編（1700円＋税）でもセドナを紹介していますので、ご活用ください

セドナの歩き方

癒しを求めに来た人は、まずボルテックスに行き、地球のエネルギーを感じてみよう。瞑想するのもいいが、ツアーに参加すれば、場所の意味や歴史を解説してもらえるし、ネイティブアメリカンの儀式やヒーリング体験などができる。観光の中心地となるのがアップタウン Uptown。ショップやレストラン、観光案内所、ホテルやモーテル、ツアー会社が並んでいる。車がなければ、「セドナ旅行のポイント」➡P.237を参考に計画を立てよう。最低でも 1 泊はして、日の出と日の入り時に町を囲む岩山がオレンジ色に染まる絶景を見てほしい。

観光案内所
Sedona Chamber of Commerce Uptown Visitor Center
アップタウンの中心にあり、セドナの公式ガイドブックや地図、ホテル、ツアーなどのパンフレットが置いてある。ホテルなどの情報が調べられるタッチスクリーンが屋外に設置されているので、営業時間外でも情報入手できる。
住 331 Forest Rd. (the corner of 89A & Forest Rd.)
☎(928) 282-7722　Free (1-800) 288-7336
URL www.visitsedona.com　開 月～土 8:30 ～ 17:00、日 9:00 ～ 15:00　休 サンクスギビング、12/25、1/1　地 P.236　B-1

タックス
セールスタックス　10.350 ～ 10.725%
ホテルタックス　13.350 ～ 13.737%

到着したら、観光案内所に立ち寄ろう

ボルテックスとは

"ボルテックス Vortex" とは地球の磁力の源、またはエネルギーが渦を巻いているところといわれている。セドナにはいくつものボルテックスが集中していて、世界的に見ても珍しい。科学的根拠は証明されていないが、何か "パワー" を人々に与えているのだ。

なかでも強いエネルギーをもつのが、4 大ボルテックス（エアポートメサ Airport Mesa、ボイントンキャニオン Boynton Canyon、カセドラルロック Cathedral Rock、ベルロック Bell Rock）と呼ばれる 4 つの場所。訪れた場所や人それぞれに感じ方の違いがあるので、なるべく複数のボルテックスを訪れることをすすめる。

メモ　人気のおみやげは▶ Gemstone と呼ばれるパワーストーンをはじめ、石けんやオイルなどのスパグッズ、ネイティブアメリカンの織物や焼き物など。Sedona Center（住 270 N. Hwy. 89A　地 P.236 B-1）や Hillside Sedona（住 671 Hwy. 179　地 P.236 B-1）などで入手できる。

市内の交通機関

市バス

ベルデ・リンクス　Verde Lynx

セドナと隣町のコットンウッドを結ぶ。ハートラインカフェやセーフウェイ、ヒルサイドセドナへ行くのに便利。

☎(928) 282 - 0938
URL www.verdelynx.az.gov
運行／月～土 6:00 ～ 19:00、日 7:15 ～ 18:00
料 $2

タクシー

オール・シティ・タクシー　All City Taxi

☎(928) 634-7777
料 アップタウン～ウエストセドナ　約 $10 ～ 12
アップタウン～ビレッジ・オブ・オーククリーク　約 $20
ウエストセドナ～ビレッジ・オブ・オーククリーク　約 $25

ベルデ・リンクスは、市内の移動に使おう

ショップやレストランが並ぶアップタウン

ツアー

ツアーは現地でも申し込めるが、なるべく事前に予約しておこう。

セドナトロリー　Sedona Trolley

セドナの観光ポイントをトロリーに乗って回る。ホーリークロス教会に行くツアー A とボイントンキャニオン付近まで行くツアー B がある。所要時間はそれぞれ 55 分。

住 276 N. Hwy. 89A　☎(928) 282-4211
URL www.sedonatrolley.com　料 各 $12、両方 $22
地 P.236　B-1

レッドロック・ウエスタン・ジープツアー
Red Rock Western Jeep Tours

赤いジープに乗ってセドナを回る。コースは多数あり、おすすめは Original Vortex Tour。ボルテックスの歴史や意味について詳しく説明してくれる。

住 270 N. Hwy. 89A　Free (1-800) 848-7728
URL www.redrockjeep.com　地 P.236　B-1
ボルテックスツアー／3 時間 $105、12 歳以下 $79

セドナ・ジープ&ハマー・ツアーズ
Sedona Jeep & Hummer Tours

ハマーのオープンに乗って、おもな見どころを回るハイライトツアーは 1 時間、1 時間 30 分とふたつある。ほかに、ジープツアーやヘリコプターツアーもあり。

住 273 N. Hwy. 89A, Suite C　☎(928)282-6656
URL www.sedonajeeptours.com　地 P.236　B-1
セドナハイライトツアー／1 時間 $39、1 時間 30 分 $54

ピンク・ジープツアー　Pink Jeep Tours

ピンク色のジープに乗って、急斜面の岩場を昇り降りするブロークンアローツアーが一番人気。2 時間のツアーでは、途中サブマリンロックとチキンポイントで停車する。

住 204 N. Hwy. 89A　☎(928)282-5000
ブロークンアローツアー／$79、12 歳以下 $59.25
URL pinkjeeptours.com
地 P.236　B-1

メモ　セドナでレンタカーを借りるなら▶ Hertz 住 3009 W. Hwy. 89A　☎(928)282-0878　開 月～金 8:00 ～ 17:00、土・日 9:00 ～ 16:00（日～14:00）。　Enterprise 住 2090 W. Hwy. 89A　☎(928) 282-2052 開 月～金 8:00 ～ 18:00、土 9:00 ～ 12:00

レストラン

セドナには食べておきたいご当地食材がふたつある。ひとつはアリゾナ州に多く植生しているサボテン、もうひとつはセドナを流れる川、オーククリークで獲れるニジマスだ。

カウボーイクラブ Cowboy Club
サボテン料理のほか、ハンバーガーやステーキが食べられる。珍しいものとして、ガラガラヘビを使った料理も。('12)
住 241 N. Hwy. 89A ☎ (928) 282-4200
開 毎日 11：00 ～ 22：00 URL www.cowboyclub.com
地 P.236 B-1

ハートラインカフェ Heartline Café
ニジマス料理が食べられるレストラン。隣接するデリでは、店内やパティオで朝食やランチが楽しめる。('12)
住 1600 & 1610 W. Hwy. 89A ☎ (928) 282-0785
開 毎日 17:00 ～ 22:00。デリは、毎日 8:00 ～ 16:30
URL heartlinecafe.com 地 P.236 A-1

オハカレストラン Oaxaca Restaurant
メキシコ料理がメインだが、サボテンのソテーのほか、ハンバーガーやサンドイッチなどもある。('12)
住 321 N. Hwy. 89A ☎ (928) 282-4179
開 毎日 10:30 ～ 21:00（土・日 8:00 ～）
URL www.oaxacarestaurant.com 地 P.236 B-1

チョコラトリー・オーガニック・イータリー
Chocolatree Organic Eatery
100% オーガニックをうたう、ヘルシー志向の人も満足のレストラン。ベジタリアン向けのメニューもある。('12)
住 1595 N. Hwy. 89A ☎ (928)282-2997
開 毎日 9:00 ～ 21:00
URL chocolatree.com 地 P.236 A-1

離れのコテージでは静かに過ごせる、ル・オーベルジュ・セドナ

ホテル

ハイシーズンは 3 ～ 5、9、10 月。この時期は、前もって予約をするか、早めに到着して探したい。高級リゾートからモーテルまで、さまざまな宿泊施設がある。

ラ・ビスタ・モーテル La Vista Motel
リーズナブルなモーテル。アップタウンへも徒歩で行ける距離で立地がいい。12 室。('12)
住 500 N. Hwy. 89A, Sedona, AZ 86336
URL www.lavistamotel.com
☎ (928) 282-0000 Ⓢ Ⓓ Ⓣ $66 ～ 125 地 P.236 B-1

ホワイトハウス・イン・セドナ White House Inn Sedona
ウエストセドナにあるモーテル。リゾートホテルが多いセドナにあって、安めの料金が魅力。22 室。('12)
住 2986 W. Hwy. 89A, Sedona, AZ 86336
☎ (928) 282-6680 URL www.sedonawhitehouseinn.com
Ⓢ Ⓓ Ⓣ $60 ～ 120 地 P.236 A-1

セドナスーパー 8 Sedona Super 8
フェニックス国際空港からのシャトルバンが停車するモーテル。コインランドリーもある。66 室。('12)
住 2545 W. Hwy. 89A, Sedona, AZ 86336
☎ (928) 282-1533 URL www.sedonasuper8.com
Ⓢ Ⓓ Ⓣ $79 ～ 169 地 P.236 A-1

ベストウエスタン・プラス・アロヨ・ローブレ・ホテル&クリークサイド・ビラ
Best Western Plus Arroyo Roble Hotel & Creekside Villas
アップタウンの便利な場所にありながら、部屋などから周囲の赤い岩山を眺めることができるホテル。65 室。('12)
住 400 N. Hwy. 89A, Sedona, AZ 86336
☎ (928) 282-4001 URL www.bestwesternsedona.com
Ⓢ Ⓓ Ⓣ $169 ～ 400 地 P.236 B-1

エルポータル・セドナ El Portal Sedona
インテリアはアンティークで、使い勝手がいい。テラカパキの裏側、歩いてすぐ。12 室。('12)
住 95 Portal Lane, Sedona, AZ 86336
☎ (928) 203-9405 URL www.elportalsedona.com
Ⓢ Ⓓ Ⓣ $229 ～ 399 地 P.236 B-1

ル・オーベルジュ・セドナ L' Auberge de Sedona
小川のオーククリーク沿いに建つ高級リゾートで、離れになったコテージもある。アップタウンにある。88 室。('12)
住 301 L'Auberge Lane, Sedona, AZ 86336
☎ (928) 282-1661 URL www.lauberge.com
Ⓢ Ⓓ Ⓣ $225 ～ 2500 地 P.236 B-1

車がなくても大丈夫！ セドナ旅行のポイント

自然の真っただなかにあるセドナは、公共交通機関が充実しているわけではない。車がないと観光できないと思われがちだが、アップタウンを拠点にしてツアーを利用すれば、車がなくても充分観光できる。

セドナまでの交通
フェニックス国際空港やフラッグスタッフのアムトラック駅から、シャトルバンを利用しよう。

宿泊場所
観光案内所、ツアー会社の営業所、そしてレストランやギフトショップが集まっているアップタウン周辺のホテルがおすすめ。荷物を持ちながら宿泊先を探し回るのはたいへんなので、事前に予約をしておこう。

観光
車がないと行けないところへはツアー、もしくはタクシーで。アップタウンにはいくつかのツアー会社が営業所を設けており、そこがツアーの発着所にもなっている。ほとんどの会社が送迎も行っている。

買い物&食事
アップタウンならレストランやショップが集まっているので、不自由はないだろう。

自転車
レンタルショップがビレッジ・オブ・オーククリークにあるので、自転車で町なかを移動してもいい。専用道路があるので、運転しやすい

旅のアドバイス **車利用者へ**▶交差点はロータリー式が多いので注意しよう。ロータリーの中は、どの方向から来ても反時計回りの一方通行。ロータリーの手前で、徐行、もしくは一時停止する（標識に従うこと）。ロータリーの中を走る車が途切れたら進む。また、駐車場は、アップタウンに市営のものがいくつかある。

フェニックス Phoenix

太陽の大地

フェニックスの成り立ちがわかる展示もあるアリゾナ州議事堂博物館

DATA

人口▶約144万5600人
面積▶1338.2km²
標高▶平均340.5m
TAX▶セールスタックス　9.3%
ホテルタックス　13.27%
属する州▶アリゾナ州　Arizona
州のニックネーム▶グランドキャニオン州　Grand Canyon State
州都▶フェニックス　Phoenix
時間帯▶マウンテン・タイムゾーン（夏時間は採用されないので注意）➡P.631
繁忙期▶1～4月

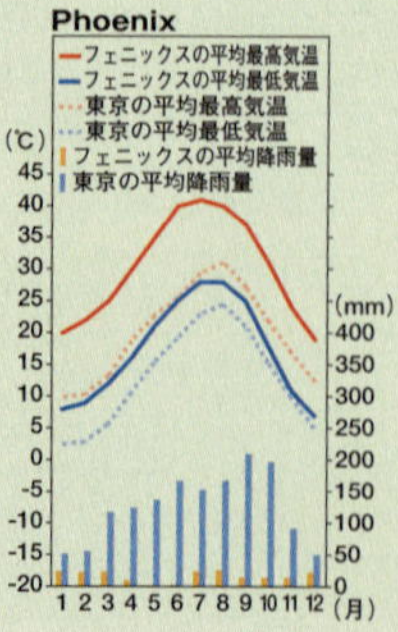

1881年にアメリカ南西部ソノラン砂漠の真ん中に誕生したフェニックス。1950年代は人口が10万人ほどであったが、現在では140万人を超える全米でも有数の巨大都市になった。冬でも温暖な気候のため、避寒地として人気があり、今後も人口が増え続けることが予想される。

フェニックスは4大プロスポーツが揃う都市でもある。1998年に創設されたMLBのダイヤモンドバックス、2009年にスーパーボウルで決勝に進出したNFLのカージナルズ、2004年に田臥勇太選手が所属したNBAのサンズ、1996年にカナダから移転してきたNHLのコヨーテスがその4つ。さらに、2月中旬からは大リーグの15球団がアリゾナ州で春季キャンプを行う。一年をとおしてさまざまなスポーツを観戦できるのも、多くの旅行者を引き付ける要素のひとつだろう。

郊外のスコッツデールにはギャラリーが集まる

フェニックスへの行き方 Getting There

飛行機 Plane

フェニックス・スカイ・ハーバー国際空港
Phoenix Sky Harbor International Airport (PHX)

ダウンタウンの東、約5kmにある。ターミナルは2～4の3つ。日本からの直行便はないが、サウスウエスト航空とUSエアウェイズのハブ空港で、サンフランシスコやロスアンゼルスなど全米を結んでいるほか、大手航空会社の路線も多い。

大手レンタカー会社の営業所は空港から約2km南西のレンタカーセンターに集まっている。各ターミナルを出て、中洲にあるバス停からレンタカーセンター行きのシャトルバス（5～10分間隔）で5分ほど。

レンタカーセンター行きのシャトルバス

フェニックス・スカイ・ハーバー国際空港
地P.240　B
住3400 E. Sky Harbor Blvd.
☎(602) 273-3300
URL skyharbor.com

空港から／空港へのアクセス

	種類／名称／連絡先	行き先／運行／料金	乗車場所／所要時間／備考
空港シャトルバン	スーパーシャトル SuperShuttle ☎(602) 244-9000 URL www.supershuttle.com	行き先▶市内や周辺どこでも 運行▶24時間随時 料金▶ダウンタウンまで片道$13～16、テンピまで片道$15～17、スコッツデールまで片道$17～22	空港発▶ターミナルを出て "Van Service" のサインに従うと係員が待っているので、目的地を告げる 空港行き▶事前に電話などで予約をしてから乗車 所要時間▶ダウンタウン、テンピまで約25～40分。スコッツデールまで約35～50分
ライトレール	ライトレール Light Rail ☎(602) 253-5000 URL www.valleymetro.org	行き先▶ダウンタウン、テンピ 運行▶毎日5:00頃～24:00頃（金・土～翌3:00）の10～20分間隔 料金▶$1.75	空港発▶各ターミナルから無料のシャトルバスでライトレール44th St./Washington駅へ向かう 空港行き▶ライトレール44th St./Washington駅で無料のシャトルバスに乗り換え、各ターミナルへ 所要時間▶ダウンタウンまで約40分
タクシー	AAA／イエローキャブ AAA / Yellow Cab ☎(480) 888-8888	行き先▶市内や周辺どこでも 運行▶24時間随時 料金▶ダウンタウン、テンピまで$15～25、スコッツデールまで$40～56	空港発▶各ターミナルを出てすぐのところから乗車 空港行き▶事前に電話予約、または主要ホテルから乗車 所要時間▶ダウンタウン、テンピまで約15～25分。スコッツデールまで約30～40分

※それぞれの乗り物の特徴については ➲P.665

長距離バス Bus

グレイハウンド・バスディーポ
Greyhound Bus Depot

国際空港のすぐ西側、24th St.とBuckeye Rd.との角にあり、ロスアンゼルスやラスベガスからの便がある。ダウンタウンまでは、バレーメトロのバスとライトレール、もしくはタクシー（所要約15分、料約$15）を利用しよう。

グレイハウンド・バスディーポ
地P.240　B
住2115 E. Buckeye Rd.
☎(602) 389-4200
開24時間営業
行ダウンタウンへはBuckeye Rd.と24th St.の角から#70のバスに乗り、24th & Washington Sts.で下りる。ライトレールに乗り換え。所要約30分

フェニックスの歩き方 Getting Around

フェニックスのベストシーズンは暑さがやわらぐ12～4月。観光ポイントが郊外にも点在しているので、移動はレンタカーが効率的だ。車がなくても、ダウンタウンを拠点にしたバレーメトロのバスやライトレールを乗りこなせば、多少時間はかかるが問題ない。急いで回れば、ダウンタウン周辺と郊外の見どころを、それぞれ1日ずつで観光できるだろう。

オフシーズンは夏
暑さが厳しいフェニックスの夏は気温が40℃を超える。日中の町歩きはなるべく避けたいところ。常に水分補給すること。気候が厳しい分、旅行者は少ない。そのため、ほとんどのホテルは割安なレートを設定するので、宿泊費を抑えられるのがメリットだ

旅のアドバイス **ダウンタウンの住所の読み方**▶東西はCentral Ave.を中心にして左右にそれぞれ1、2、3、と数字が大きくなる。Central Ave.より東はストリート（Street）、西はアベニュー（Avenue）となるので、同じ数字でも東西を間違えないようにしよう。

観光案内所 …………… Visitors Information

ダウンタウンフェニックス観光案内所
Downtown Phoenix Visitor Information Center

コンベンションセンターの一角、2nd St.に面した1階にある。タッチスクリーンの端末でも情報が得られ、フェニックス以外のアリゾナ州の情報も豊富だ。

市内の交通機関 ……… Public Transportation

バレーメトロ
Valley Metro

約80路線のバスとライトレールを運行し、フェニックスだけでなくスコッツデールやテンピ、メサなど近郊までカバーする公共の交通機関。ダウンタウンでは案内所がある**セントラルステーションCentral Station**を中心に路線が発着している。案内所ではパスを販売しているほか、すべての路線を網羅した時刻表のトランジットブックTransit Bookが入手可能だ。

ライトレール
Light Rail

券売機でチケットを買ってから乗車すること

フェニックス北西からダウンタウンをとおり、空港周辺とテンピ方面を結ぶ。フェニックス美術館やハード美術館、テンピへ行くときに使おう。

ダッシュ
DASH (Downtown Area Shuttle)

ダウンタウンにあるバレーメトロのセントラルステーションとアリゾナ州議事堂博物館を周回する無料バス。路線は(→P.242 地図)。

ダウンタウンフェニックス観光案内所
地 P.242 B
住 125 N. 2nd St., #120
Free (1-877) 225-5749
URL www.visitphoenix.com
開 月～金8:00～17:00

ハイアット・リージェンシーホテル前にある観光案内所

バレーメトロ
☎ (602) 253-5000
URL www.valleymetro.org
料 $1.75～2.75。1日券は$3.50（自動券売機や案内所で購入）、もしくは$5.25（バス乗車時に購入）
※1日券はバス乗車時にドライバーから購入できるが、割高なので案内所や自動券売機などで事前に購入しておこう

●Central Station（案内所）
地 P.242 B
住 302 N. Central Ave.
開 月～金7:00～17:00
休 土・日、おもな祝日

ライトレール
運行／毎日5:00～24:00（金・土～翌3:00）の10～30分間隔
料 $1.75

ダッシュ
運行／月～金6:30～18:30の12分間隔
料 無料

旅のアドバイス **フェニックスのおみやげ** ▶ サボテン（カクタス）グッズがフェニックスらしいおみやげ。カクタスは食べられるようにゼリー状になったものが多い。そのほか、チリソースや珍しいものではサソリのキャンディなんてものもある。アリゾナセンターや砂漠植物園のギフトショップで入手可能だ。

ツアー案内 ……………… Sightseeing Tours

サウスウエストツアーズ
Southwest Tours

出発場所／ホテルへのピックアップあり。

サウスウエストツアーズ
☎(602) 971-1381
Free (1-800) 513-1381
URL www.southwesttours.com

ツアー名	料金	運行	所要時間	内容など
City of Phoenix	$57	日・月11:30〜12:30発、火〜土7:45〜8:45発	約5時間	フェニックスのおもな見どころだけでなく、スコッツデールのオールドタウン、テンピなども回る
Sedona	$105	毎日6:45〜7:45発	約11時間	地球の磁力の源といわれるボルテックスがいくつもあり、癒しの地として人気のセドナへ行く1日ツアー
Grand Canyon	$140	毎日6:45〜7:45発	約13時間	フラッグスタッフを経由してキャメロン・トレーディング・ポストやグランドキャニオンを見学する

おもな見どころ Sightseeing

勝利の翼と銅製のドームが目印 地P.242 A

アリゾナ州議事堂博物館
Arizona Capitol Museum

アリゾナ州で最大の都市フェニックスは州都であり、州議事堂がダウンタウンの西端にある。建物はアリゾナがまだ準州だった1899〜1901年に建てられ、1912年に正式な州として承認されてから現在まで州議事堂として機能している。その一部がアリゾナ州の歴史を伝える博物館として一般に公開されているので、ぜひ見学していこう。シンボルでもある銅で覆われたドームは1970年代後半に、地元アリゾナ州の銅鉱山会社が寄付をしてお目見えしたもの。頂上に立っている彫刻は“ウイング・ビクトリー（勝利の翼）”で、右側のトーチは“自由”を意味し、左側の月桂樹の王冠は“勝利”を意味している。館内は、準州時代や初代州知事の知事室の復元、州最高裁判長や歴代の知事の肖像画、アリゾナの野生動物や先住民、鉱業に代表される産業のパネルなどが展示されている。復元された上院と下院の議会室、最高裁判所も歴史を感じさせる造りだ。

アリゾナ州議事堂博物館
住1700 W. Washington St.
☎(602) 926-3620
URL www.lib.az.us/museum
開月〜金9:00〜16:00
休土・日、おもな祝日
料無料
ツアー／月〜金9:30、10:15、11:00、11:45（要予約）
行ダウンタウンからダッシュ、または、#1のバスで。徒歩なら約20分
※日本語の解説文あり

復元された初代アリゾナ州知事室

ネイティブアメリカンに関する全米屈指の美術館 地P.240 A

ハード美術館
Heard Museum

ネイティブアメリカンのアートや歴史を紹介する美術館は各地に多いが、ハード美術館は全米で5本の指に入る美術館。地元アリゾナ、ニューメキシコ州といった南西部を中心に、北米先住民の生活用品、装飾品、絵画、工芸品といった収蔵品の合計は、4万点を超える。

館内は、北米をエリア別に分け、部族ごとに何を営み、どんな住居に住んでいるかを、その環境を再現したジオラマとともに解説している。特にホピ、サンカルロス、ピマ族など、地元20のプエブロについてが詳しい。また、電気も水も引かず数百年前からの生活を現在も踏襲するワルピWalpiの村など、知られざる先住民について取り上げて館の意欲的な姿勢が感じられる。そのほかにも、マ

ハード美術館
住2301 N. Central Ave.
☎(602) 252-8848
URL www.heard.org
開毎日9:30〜17:00（日11:00〜）
休おもな祝日
料$15、シニア$13.50、学生／6〜12歳$7.50
行ライトレールEncanto Blvd./Central Ave.駅から南に1ブロック
無料ガイドツアー／毎日12:00、14:00、15:00

美術館の目玉、カチナドール（精霊を形にした人形）の展示

リア・マルチネスの黒い陶器、ネイティブアメリカンの現代美術なども展示され、バラエティに富んだ構成だ。最後に、ミュージアムショップにも立ち寄ってほしい。販売されている工芸品はほとんどがハンドメイドで、制作者の名前も刻まれている。オリジナリティあふれるおみやげとして人気がある。

南西部のアーティストにも焦点をあてた 地P.240 A

フェニックス美術館
Phoenix Art Museum

独特の気候と風土をもつアメリカ南西部。このエリアを題材にしたアート約1万8000点を収蔵する美術館だ。ネイティブアメリカンや西部開拓者たちの生活、グランドキャニオンをテーマにした絵画は、実物以上の迫力で鑑賞者を圧倒する。ほかにもジョージア・オキーフやノーマン・ロックウェルなどの現代美術、スペイン植民地時代や建国初期の肖像画や風景画、ルネッサンス期のイタリア美術、クロード・モネやオーギュスト・ロダンなど14〜20世紀ヨーロッパの絵画、彫刻も見逃せない。

ライトレール駅から歩いてすぐのところにある

フェニックス美術館
住1625 N. Central Ave.
☎(602)257-1222
URL www.phxart.org
開水〜日10:00〜17:00（水〜21:00、日12:00〜）、第1金曜18:00〜22:00
休月・火、サンクスビギング、12/25、1/1
料$12、シニア／学生$10、6〜17歳$6、5歳以下無料。水曜15:00〜21:00と第1金曜18:00〜22:00は寄付制
行ライトレールMcDowell Rd./Central Ave.駅から北へ1ブロック
無料ガイドツアー／水〜日12:00、13:00、14:00

科学の体験とフェニックスの歴史について学ぶ 地P.242 B

ヘリテージスクエア
Heritage Square

ダウンタウン東、1890年代の名残をとどめるエリア。**アリゾナ科学センターArizona Science Center**は、科学に関する展示が300以上あり、アイマックスやプラネタリウムも併設する。1895年に建てられた**ロッソンハウス博物館Rosson House Museum**では、20世紀初頭の歴史について学べる（ツアーのみ、所要30分）。

ヘリテージスクエア
行ライトレール3rd St./ Washington St.駅から東へ1ブロック
●Arizona Science Center
住600 E. Washington St.
☎(602)716-2000
URL www.azscience.org
開毎日10:00〜17:00
休サンクスギビング、12/25
料$14、シニア$12、3〜17歳$11
●Rosson House Museum
住113 N. 6th St.
☎(602)262-5070
URL www.rossonhousemuseum.org
開水〜日10:00〜16:00（日12:00〜）
休月・火、おもな祝日
料ツアー／$7.50、シニア$6、子供$4

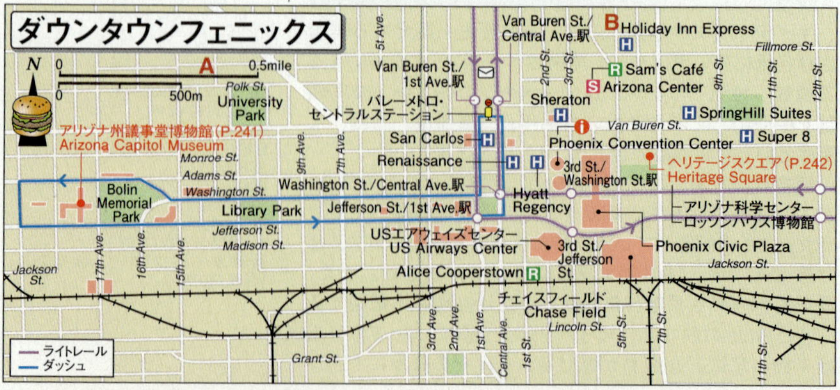

旅のアドバイス **週末のダウンタウン** ▶ビジネス街のため、週末は閉まってしまう店が多く、人けもなくなる。そんなときは郊外の見どころを回るといいだろう。ただし、週末はバスの運行本数が少ないので注意すること。

歩いて、見て、楽しむ砂漠の植物 地P.240 B

砂漠植物園
Desert Botanical Garden

最もフェニックスらしい観光スポットが、この砂漠植物園だ。地元のソノラン砂漠から中南米や中央アフリカまで、世界各地の砂漠に生息する動植物がトレイルを歩きながら見られる。砂漠の代表的な植物はサボテン。アリゾナ名物のひとつにもなっている弁慶サボテンはもちろんのこと、宝石や鉱石のような色をしたもの、トゲがまるでワタやコケのような姿のものまである。サボテンの花が美しいのは5～6月にかけて。植物園のなかでは、トカゲや野ウサギ、キツツキやハチドリに遭遇することもしばしば。

約1200頭の動物を飼育している 地P.240 B

フェニックス動物園
Phoenix Zoo

125エーカー（約0.5km^2）ある動物園は、アリゾナ、アフリカ、サバンナ、熱帯、チルドレンの5つのエリアに分かれている。地元アリゾナのエリアではヘビやトカゲといったハ虫類の種類の多さに驚かされるだろう。子供たちの人気を集めているのはサバンナのエリア。そこではキリンやシマウマ、牛が一緒に暮らしている。なかでもキリン見学用の台は、行列ができるほどの人気。園内はトラムが走っていて、動物に触らせてもらえるコーナーやメリーゴーラウンドもある。

手が届くほどの距離までキリンに接近できる

トレイルに沿って歩けば、世界各地の砂漠に生息する動植物について学べる

砂漠植物園
住1201 N. Galvin Pkwy.
☎(480) 941-1225
URL www.dbg.org
開〈10～4月〉毎日8:00～20:00、〈5～9月〉毎日7:00～20:00
休7/4、サンクスギビング、12/25
料$18、シニア$15、13～18歳$10、3～12歳$8。第2火曜13:00～20:00は無料
行ライトレールMcDowell Rd./Central Ave.駅から#17東行きのバスに乗り約40分のMcDowell Rd. & 64th St.（Galvin Pkwy.）で下車。Galvin Pkwy.（未舗装道）を南へ徒歩15分
※トレイルについては日本語のオーディオガイド($3)がある

フェニックス動物園
住455 N. Galvin Pkwy.
☎(602) 273-1341
URL www.phoenixzoo.org
開〈6～8月〉毎日7:00～14:00、〈9、10、1～5月〉毎日9:00～17:00、〈11、12月〉毎日9:00～16:00
休12/25
料$18、3～12歳$9、トラムツアー$4（25分）、キリンの餌付け$5
行ダウンタウンから#1、または#3東行きのバスで約35分。"Zoo"行きバスは動物園の駐車場まで乗り入れている。動物園まで行かない便があるので、乗車時に行き先を確かめよう

郊外の見どころ Excursion

世界各国の楽器が揃う 地P.240 B外

楽器博物館
Musical Instrument Museum

世界200以上の国と地域から集められた楽器約1万5000点を収蔵する博物館。2階は、アフリカやアジア、北米など10の地域に分けられ、各国を代表する楽器が展示されている。それぞれの楽器の前でその音色を聞くことができるのがこの博物館のウリ。日本のコーナーには、三味線や太鼓などがあり、能や文楽について知ることができる。また、ジョン・レノンが『Imagine』を作曲したときのピアノやスタインウェイ第一号ピアノの展示は見逃せない。

エリック・クラプトンが使用したギターも展示されている

楽器博物館
住4725 E. Mayo Blvd.
☎(480) 478-6000
URL www.themim.org
開毎日9:00～17:00（木・金～21:00、日10:00～）
休サンクスギビング、12/25
料大人$15、シニア$13、6～17歳$10
行ライトレール44th St./Washington St.駅から#44北行きのバスで約50分

メモ **タリアセンウエスト**▶建築家フランク・ロイド・ライトが最後の地として選んだスコッツデール。制作室と学校を兼ねた邸宅が一般公開され、大平原との調和を目指したライトの作品が堪能できる。タリアセンウエスト Taliesin West 住12621 N. Frank Lloyd Wright Blvd., Scottsdale ☎(480) 627-5340 URL www.franklloydwright.org

テンピ
行ダウンタウンからはライトレールで東へ約30分のMill Ave./3rd St.駅などで下車。Mill Ave.がメイン通り
●Tempe Visitor Center
住51 W. 3rd St., #105, Tempe
☎(480)894-8158
URL www.tempecvb.com
開月～金8:30～17:00　休土・日、おもな祝日
●J. Russell & Bonita Nelson Fine Arts Center
住Mill Ave. & 10th St.(アリゾナ州立大学内)
☎(480)965-2787
開火～土11:00～17:00(火～20:00)
休日・月、おもな祝日
●Flash & Orbit
テンピでは、無料のシャトルバス「フラッシュFlash」と「オービットOrbit」が走っている。運行時間はルートにより異なるが、月～金6:00～19:00
URL www.valleymetro.org

スコッツデール
行ライトレールVeterans Way/ College Ave.駅から#72北行きのバスで約20分、Indian School Rd.で下車
●Scottsdale Convention & Visitors Bureau
住4343 N. Scottsdale Rd., #170, Scottsdale
Free(1-800)782-1117
URL www.scottsdalecvb.com
開月～金8:00～17:00
休土・日、おもな祝日
●Scottsdale Trolley
URL www.scottsdaleaz.gov/trolley
路線／路線は4つある。旅行者がおもに利用するのは、スコッツデール・ファッション・スクエアとオールドタウンを結ぶダウンタウントロリー。まずはこれに乗って、町を一周するといい
運行／毎日11:00～18:00の15～30分間隔(路線により異なる)
料無料

アリゾナ州立大学の町　地P.240　B

テンピ
Tempe

フェニックスの南東15kmにあるテンピは、アリゾナ州立大学Arizona State University (ASU) を中心とする学生の町。ASUの広大なキャンパスの周りには、Mill Ave.を中心にショップやレストラン、カフェバーが軒を連ね、夜遅くまでにぎわっている。夜は静かなフェニックスのダウンタウンではなく、テンピを拠点にして観光するといい。

ASUのキャンパスで足を運んでほしいのが大学美術館のひとつ、**J・ラッセル&ボニータ・ネルソン・ファインアート・センター J.Rusell & Bonita Nelson Fine Arts Center**。エドワード・ホッパーやウィンスロー・ホーマーなど、入場無料とは思えないくらい充実した現代美術に出合うことができる。

ゴルフで人気の冬の高級リゾート地　地P.240　B

スコッツデール
Scottsdale

フェニックスから北東へ15kmのスコッツデールは、高級保養地として人気が高い。ゴルフコースやプールをもつ大型リゾートホテルが点在し、冬から春にかけては、寒い地域より暖かさを求めてやってくる"Snowbird"と呼ばれる人々がぐんと増える。

オールドタウン Old Town (Scottsdale、Indian School Rds.、Brown Ave.、2nd St. に囲まれたエリア) は西部の古い町を再現したような家並みが連なり、みやげ物屋やレストランなどが建ち並ぶ。5th Ave.はブティック、Main St.はギャラリーが多く、そぞろ歩きが楽しめる。

旅のアドバイス

2月中旬から3月はメジャーリーグのキャンプの季節

MLBの春季キャンプはアリゾナ州とフロリダ州で行われている。サボテン(カクタス)リーグと呼ばれるアリゾナ春季キャンプは、フェニックスを中心に15球団がキャンプをはる。練習ならタダで見学できるし、オープン戦の料金も安い。何よりもうれしいのが、サインをもらえる確率が高いこと。そのチームのグッズを身に付け、お気に入りの選手が出てきたら大声で叫んでファンであることをアピールしよう。

●アリゾナ・ダイヤモンドバックス&コロラド・ロッキーズ
Salt River Fields at Talking Stick　地P.240　地図外
住7555 N. Pima Rd., Scottsdale　行バス#81

●オークランド・アスレチックス
Phoenix Municipal Stadium　地P.240　B
住5999 E. Van Buren, Phoenix　行バス#1、3

●サンディエゴ・パドレス&シアトル・マリナーズ
Peoria Sports Complex　地P.240　A外
住16101 N. 83rd Ave., Peoria　行バス#3と67

●サンフランシスコ・ジャイアンツ
Scottsdale Stadium　地P.240　B
住7408 E. Osborn Rd., Scottsdale　行バス#72

●シカゴ・カブス　HoHoKam Park　地P.240　地図外
住1235 N. Center St., Mesa　行バス#40と112

●シカゴ・ホワイトソックス&ロスアンゼルス・ドジャース
Camelback Ranch　地P.240　地図外
住10710 W. Camelback Rd., Phoenix　行バス#41

●ミルウォーキー・ブリュワーズ
Maryvale Baseball Park　地P.240　A
住3600 N. 51st Ave., Phoenix　行バス#41

●ロスアンゼルス・エンゼルス・オブ・アナハイム
Tempe Diablo Stadium　地P.240　B
住2200 W. Alameda Dr., Tempe　行バス#48

※上記8球場へは公共交通機関で行けるが、最寄りのバス停から5～20分歩くこともある。また、下記4チームのキャンプ地はフェニックス周辺にあるが、公共の交通機関では行けない。

カンザスシティ・ロイヤルズとテキサス・レンジャースは、Surprise Stadium (住15960 N. Bullard Ave., Surprise)。クリーブランド・インディアンズとシンシナティ・レッズはGoodyear Ballpark (住1933 S. Ballpark Way, Goodyear)。

旅のアドバイス　サボテン（カクタス）リーグ▶期間中は200以上の試合が予定され、毎日野球観戦ができる。しかも安い席なら$5前後の料金なのもうれしい。URL www.cactusleague.com では試合スケジュールが検索できるので利用してみよう。

観戦するスポーツ Spectator Sports

ベースボール MLB

アリゾナ・ダイヤモンドバックス（ナショナルリーグ西地区）
Arizona Diamondbacks

1998年の誕生からわずか4シーズン目でワールドチャンピオンに輝くという快挙を成し遂げたチーム。2012年、地区連覇を狙う。

アメリカンフットボール NFL

アリゾナ・カージナルズ（NFC 西地区）
Arizona Cardinals

2010年は5勝と低迷したものの、HCワイゼンハント就任以降の5シーズンは5割以上を重ね、好調を維持。ファンはスーパーボウル初出場を遂げた'08年以上の快進撃を期待している。スタジアムの開閉式屋根は暑さから芝生を守るためのものだ。チームカラーはカージナル、ホワイト、ブラック。

バスケットボール NBA

フェニックス・サンズ（西・太平洋地区）
Phoenix Suns

2004-05シーズンから3年連続地区優勝、その後も勝ち越しを重ね、プレーオフ常連ぶりを示していた。しかしここ2シーズンは5割前後と迷走中、過渡期が訪れている。チームカラーはパープル、グレー、アリゾナ・オレンジ、ホワイト。

アイスホッケー NHL

フェニックス・コヨーテス（西・太平洋地区）
Phoenix Coyotes

1972年にカナダのウィニペグで創設され、'96年にフェニックスに移ってきた。2009年に財政破綻に陥り一時はチーム存続が危ぶまれたが、近年はチーム強化がうまくいき'11－12シーズンには移転以来初となる地区優勝を決めた。アリーナは4分の1が空席で観客動員数はNHLで最も少ない。

アリゾナ・ダイヤモンドバックス
（1998年創設） 地P.242 B
本拠地――チェイスフィールド
Chase Field（4万9033人収容）
住401 E. Jefferson St.
☎(602)514-8400（チケット）
URL arizona.diamondbacks.mlb.com
行ダウンタウンのほぼ真ん中。ライトレール3rd St.／Jefferson St.駅から徒歩3分
球場ツアー／$7。詳しくはウエブサイト、または電話で

この選手に注目！
ジャスティン・アップトン（外野手）

アリゾナ・カージナルズ
（1898年創設） 地P.240 A外
本拠地――ユニバーシティ・オブ・フェニックス・スタジアム University of Phoenix Stadium（6万3400人収容）
住One Cardinals Dr., Glendale
☎(602)379-0102 URL www.azcardinals.com
行セントラルステーションからバス#0で北上。Glendale Ave.で#70に乗り継ぎ、95th St.で下車、徒歩20分

この選手に注目！
ラリー・フィッツジェラルド

フェニックス・サンズ
（1968年創設） 地P.242 B
本拠地――USエアウェイズセンター
US Airways Center（1万8422人収容）
住201 E. Jefferson St.
☎(602)379-7867（チケット）
URL www.nba.com/suns
行ダウンタウンのほぼ真ん中。ライトレール3rd St.／Jefferson St.駅の目の前

この選手に注目！
スティーブ・ナッシュ

フェニックス・コヨーテス
（1979年創設） 地P.240 A外
本拠地――ジョビング・ドット・コム・アリーナ
Jobing.com Arena（1万7125人収容）
住9400 W. Maryland Ave., Glendale
☎(623)772-3200 URL coyotes.nhl.com
行NFLカージナルズのスタジアムと隣接

この選手に注目！
ショーン・ドーン

ショップ Shops

S ショッピングモール

ダウンタウンの食事とショッピングはここで

アリゾナセンター
Arizona Center

住400 E. Van Buren St. ☎(602)271-4000
開月～土10:00～21:00、日11:00～17:00 地P.242 B

ダウンタウンの中心部にあるショッピングモール。レストランやカフェが多いので、食事に困ったらここに足を運ぶといい。フェニックスならではのおみやげが見つかるギフトショップもある。（'12）

S ショッピングモール

高級感漂うショッピングモール

スコッツデール・ファッション・スクエア
Scottsdale Fashion Square

住7014 E. Camelback Rd., Scottsdale ☎(480)941-2140
URL www.fashionsquare.com
開月～土10:00～21:00、日11:00～18:00 地P.240 B

フェニックス近郊では最大のショッピングモールがスコッツデールにある。日本人好みのブランドも多い。ライトレールCentral Ave. / Camelback Rd.駅から、バレーメトロ#50で。（'12）

旅のアドバイス **スポーツ会場へは▶** アリゾナ・ダイヤモンドバックス（MLB）のチェイスフィールドと、フェニックス・サンズ（NBA）のUSエアウェイズセンターは、ライトレール3rd St./Washington駅と3rd St./Jefferson St.駅の目の前にある。

南西部料理

R フェニックスに来たら一度はここで食事を
サムズカフェ
Sam's Café

住455 N. 3rd St.(Arizona Center内)
☎(602)252-3545 URL www.canyoncafe.com
開毎日11:00～21:00(木～土～22:00) AMV 地P.242 B

人気があるので食事どきはたいへんな混雑になる。メキシコ料理を南西部風にアレンジした料理はどれも上品な味付け。サービスされるチップスとサルサソースも絶品だ。メインは$10前後。('12)

ホステル

H ダウンタウンへ歩いて25分ほどのホステル
ホステリング・インターナショナル・フェニックス・メトカーフ・ハウス
Hostelling International Phoenix The Metcalf House

住1026 N. 9th St., Phoenix, AZ 85006 ☎(602)254-9803
URL www.hihostels.com E-mail Phoenix@hiusa.org
ドミトリー $21～、個室$60～ 地P.240 A

ダウンタウンからバレーメトロ#10東行きに乗り、9th St.で下車し北に50m。ドミトリーは2段ベッドだが、清潔に保たれている。キッチンやランドリー、コインロッカーもあり。8月はクローズ。カード不可。18ベッド。('12)

エコノミーホテル

H フェニックス美術館から東に1ブロック
クオリティイン&スイーツ・ダウンタウン
Quality Inn & Suites Downtown

住202 E. McDowell Rd., Phoenix, AZ 85004
☎(602)528-9100 FAX(602)258-7259
URL www.qualityinn.com
Ⓢ⒟Ⓣ$79～129 ADJMV 地P.240 A

ライトレールMcDowell Rd./Central Ave.駅下車、徒歩3分。プール、コインランドリー、空港からの送迎サービスがある。朝食やインターネット接続は無料。48室。('12)

中級ホテル

H ダウンタウンの歴史あるホテル
ホテル・サンカルロス
Hotel San Carlos

住202 N. Central Ave., Phoenix, AZ 85004 地P.242 B
☎(602)253-4121 free(1-866)253-4121 FAX(602)253-6668
URL www.hotelsancarlos.com Ⓢ⒟Ⓣ$119～199 ADMV

1928年に開業した老舗ホテル。外観は歴史を感じさせるものだが、客室はしっかりと改装されている。ダウンダウン内なら徒歩で移動でき、MLBとNBAのスポーツ会場に近い。128室。('12)

中級ホテル

H 清潔、快適、朝食付き
ホリデイイン・エクスプレス・ホテル&スイーツ・フェニックス・ダウンタウン
Holiday Inn Express Hotel & Suites Phoenix Downtown

住620 N. 6th St., Phoenix, AZ 85004 ☎(602)452-2020
FAX(602)252-2909 URL www.hiexpress.com
Ⓢ⒟Ⓣ$126～252、スイート$169～279 ADJMV 地P.242 B

アリゾナセンターから北東へ1ブロック、ダウンタウンのビル群から少し外れたところにある。客室は広くて清潔、電子レンジやコーヒーメーカーもあって便利だ。無料の朝食付き。90室。('12)

中級ホテル

H おしゃれなブティックホテル
クラレンドンホテル
Clarendon Hotel

住401 W. Clarendon Ave., Phoenix, AZ 85013
☎(602)252-7363 FAX(602)274-9009
URL www.theclarendon.net Ⓢ⒟Ⓣ$99～246、スイート$149～286 ADJMV 地P.240 A

プールを囲む客室は大胆な色使いのインテリアで、アリゾナをモチーフにした絵や写真が飾られている。ライトレールIndian School Rd./Central Ave.駅から徒歩5分。106室。('12)

中級ホテル

H ライトレール駅の目の前と立地がいい
アロフト・フェニックス・エアポート・ホテル
Aloft Phoenix Airport Hotel

住4450 E. Washington St., Phoenix, AZ 85034 地P.240 B
☎(602)275-6300 FAX(602)275-6307 ADJMV
URL www.starwoodhotels.com Ⓢ⒟Ⓣ$79～210

2009年にオープンしたおしゃれなブティックホテル。スタイリッシュにまとまった客室では、インターネットに無料で接続できる。目の前に停車するライトレールでダウンタウンやテンピまで10分ほど。また、隣にはコンビニエンスストアもあるので便利だ。ビジネスセンターやプール、フィットネスセンターあり。143室。('12)

サンタフェ Santa Fe

魅惑のエスニックシティ

ネイティブアメリカンの露店が出る旧総督邸前

サンタフェは、ネイティブアメリカンとメキシコの文化が融合した町だ。ダウンタウンは古い建物と調和するように、すべてプエブロ・インディアン様式か植民地時代のスペイン風建築に統一され、町全体がエキゾチックな雰囲気を醸し出している。

また、サンタフェはアートの町としても知られる。美しい町並みと穏やかな気候を求めて多くのアーティストたちが移り住み、今では市内に250以上のギャラリーや、50を超えるネイティブアメリカンのアクセサリーを扱う店があるといわれている。

DATA

人口▶約6万7900人　**面積▶**119km²
標高▶2134m
TAX▶セールスタックス　8.1875%
ホテルタックス　15.1875%
属する州▶ニューメキシコ州　New Mexico
州のニックネーム▶魅惑の州
Land of Enchantment
州都▶サンタフェ　Santa Fe
時間帯▶マウンテン・タイムゾーン ➡P.631
繁忙期▶4～10月

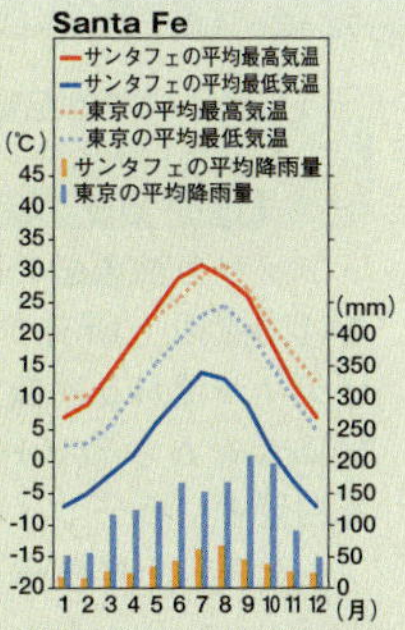

GUIDE BOOK 地球の歩き方B14テーマで旅するアメリカ編（1700円+税）でもサンタフェを紹介していますので、ご活用ください。

サンタフェへの行き方&歩き方　Getting There & Around

サンタフェから南西約100kmの**アルバカーキ国際空港 Albuquerque International Sunport**がゲートシティ。デンバーやダラス、ロスアンゼルス、シカゴなどからの便がある。空港からサンタフェまでは、シャトルバンのSandia Shuttle Express（所要約1時間10分）、もしくは、鉄道のNew Mexico Rail Runner Express（所要約2時間）、レンタカー（所要約1時間10分）で行くのが一般的だ。

プラザPlazaを中心とするダウンタウンはホテルやレストラン、ショップが多いので町歩きが楽しい。しかも約1km四方のエリアなので、1日あればほとんど回れる。

観光案内所 …………… Visitors Information

サンタフェ観光案内所
Santa Fe Visitor Center

サンタフェ・コンベンションセンター内にあり、地図やパンフレットなどが入手可能。ニューメキシコ・レイルランナー・エクスプレスのサンタフェ駅（Railyard Visitors Center）にもある。

アルバカーキ国際空港（ABQ）
住2200 Sunport Blvd. SE, Albuquerque
☎(505)244-7700
URL www.cabq.gov/airport

●**Sandia Shuttle Express（シャトルバン）**
Free (1-888)775-5696
URL www.sandiashuttle.com
料サンタフェまで片道$27、往復$47

●**New Mexico Rail Runner Express**
住410 S. Guadalupe St.（サンタフェ駅）
Free (1-866)795-7245
URL www.nmrailrunner.com
運行／月～金4:00～18:24の6～8往復、土・日9:23～16:36の2往復
料サンタフェまで片道$7

サンタフェ観光案内所
地P.248 B-1　住201 W. Marcy St.
☎(505)955-6200　URL santafe.org
開月～金8:00～17:00
休土・日、おもな祝日

●**Railyard Visitors Center**
住410 S. Guadalupe St.（ニューメキシコ・レイルランナー・エクスプレスのサンタフェ駅内）
☎(505)955-6230
開月～金8:30～17:30、土10:00～19:00
休日、おもな祝日

メモ　**アルバカーキ国際空港からニューメキシコ・レイルランナー・エクスプレスの駅まではタクシー、または、市バスで▶**タクシー：Albuquerque Cab Company　☎(505)883-4888　URL www.albuquerquecab.com
市バス：ABQ Ride　☎(505)243-7433　URL www.cabq.gov/transit

市内の交通機関 ……… Public Transportation

サンタフェトレイルズ
Santa Fe Trails

サンタフェ市内や近郊まで10ルート走る路線バスとダウンタウンを循環する無料のバス**サンタフェピックアップSanta Fe Pick Up**を運営する。

サンタフェトレイルズ
住Sheridan & Palace Aves.（トランジットセンター）
☎(505)955-2001
URL www.santafenm.gov
料$1、1日券$2
運行／月～金6:00～22:00、土8:00～20:00、日8:30～18:30(ルートにより異なる)

●Santa Fe Pick Up
サンタフェ駅やキャニオンロード、聖フランシス聖堂、市庁舎、エルドラドホテルなどを循環する
☎(505)231-2573
運行／月～金6:30～18:30、土7:30～16:30の15～20分間隔

ツアー案内 ……………… Sightseeing Tours

サンタフェ・ジャパン・コネクション
Santa Fe Japan Connection

日本人によるサンタフェのツアー会社。タオスやアビキューなど、サンタフェ郊外にある見どころへの日帰りツアーのほか、旅程を自由にアレンジできるものもある。詳細は事前に問い合わせを。

サンタフェ・ジャパン・コネクション
☎(505)471-9022
URL santafejapan.com

Sightseeing おもな見どころ

オキーフの作品数は世界いち 地P.248 A-1

ジョージア・オキーフ美術館
Georgia O'Keeffe Museum

アメリカ抽象画の開拓者、ジョージア・オキーフの作品を1100点以上所有する美術館。館内は、彼女を紹介するビデオが流れる映像室や展示スペースに分かれている。外観は昔ながらのアドービ（日干しレンガ）、内観は開放的な白亜というデザインの建物も見逃せない。ギフトショップも充実し、オキーフの絵はがきやポスターなどがある。

ジョージア・オキーフ美術館
住217 Johnson St.　☎(505)946-1000
URL www.okeeffemuseum.org
開毎日10:00～17:00(金～19:00)
休サンクスギビング、12/25、1/1
料$12、シニア/学生$10、18歳以下無料
ツアー／毎日10:30(無料)

支柱のない階段で有名だ 地P.248 B-2

ロレット・チャペル
The Loretto Chapel

1878年に完成したゴシック復古調の教会に一歩入ると、光り輝くステンドグラスに目が奪われる。ここで見逃せないのは、礼拝堂後方にある**奇跡の階段Miraculous Staircase**。33段のらせん階段は、支柱がなく、鉄の釘も使われていないというから驚きだ。

ロレットチャペル
住207 Old Santa Fe Trail
☎(505)982-0092
URL www.lorettochapel.com
開〈夏期〉月～土9:00～18:00、日10:30～17:00、〈冬期〉毎日9:00～17:00(日10:30～)
料$6

歴史とぬくもりを感じさせる家 地P.248 B-2

アメリカ最古の家
The Oldest House

13世紀初頭に、ネイティブアメリカンのアナルコ族によって建てられたアドービの建物は、アメリカ最古の家といわれている。館内には当時の調度品と写真が展示されているが、シンプルな造りに驚くかもしれない。

アメリカ最古の家
住215 E. De Vargas St.
☎(505)988-1944
開月～土9:00～17:00
休日、おもな祝日
料寄付制

メモ **車でサンタフェへ▶**アルバカーキからはハイウエイI-25が一番早くて簡単なルートだが、I-25の東側を走る州道NM-14もおすすめ。NM-14は別名ターコイズトレイルと呼ばれ、サンタフェまでは、ニューメキシコの壮大な大地がフロントガラスに流れる景勝ルートだ。別名のとおり、ターコイズが産出される。

アドービ風の存在感ある美術館 地P.248 B-1

ニューメキシコ美術館
New Mexico Museum of Art

ニューメキシコらしいアドービ風の建物

ニューメキシコ州をはじめ南西部出身・在住の画家の作品を約2万点収蔵する。おもに、ネイティブアメリカンや大西部の風景を描いたものが多く、ジョージア・オキーフのものもある。アドービ風の建物も見逃せない。

ニューメキシコ美術館
住107 W. Palace Ave.
☎(505) 476-5072
URL www.nmartmuseum.org
開火～日10:00～17:00（金～20:00）、5月下旬～9月上旬の月10:00～17:00
休サンクスギビング、12/25、1/1
料$9（金17:00～20:00は無料）
ツアー／火～日10:30、14:00（無料）

アメリカアート界の中心でもある道 地P.248 B-2外

キャニオンロード
Canyon Road

プラザから南東へ徒歩10分、サンタフェ在住の画家の作品をおもに扱うギャラリーが9ブロック、約1.6kmに並ぶ。サンタフェ近郊の自然美に魅せられた画家が1920年頃から移住し、その後、芸術家の村を作った。現在は100以上のギャラリーが集まり、全米でも有数のアートの発信地となっている。彫刻を扱ったギャラリーのほか、絵画やアクセサリーのショップも多い。おしゃれなカフェもあるので、休憩がてら立ち寄りたい。

キャニオンロード
URL www.canyonroadarts.com
行Palace Ave.を西へ300m進み、Paseo De Peraltaを右折。300m行った左側からCanyon Rd.が始まる。

そぞろ歩きにちょうどいいキャニオンロード

レストラン&ホテル Restaurant & Hotels

アメリカ料理

R お手頃の値段で気軽に食事ができる

サンフランシスコ・ストリート・バー&グリル
San Francisco Street Bar & Grill

住50 E. San Francisco St. ☎(505) 982-2044
URL www.sanfranbargrill.com
開毎日11:00～22:00 AMV 地P.248 B-1

San Francisco St.とDon Gaspar Ave.の角2階にある。ハンバーガー（$8.95～）やサンドイッチ（$9.50～）、スープとサラダのセット（$7.95）などが人気。 ('12)

エコノミーホテル

H 便利な場所にある

ギャレッツ・デザート・イン
Garrett's Desert Inn

住311 Old Santa Fe Trail, Santa Fe, NM 87501
☎(505) 982-1851 Free(1-800) 888-2145 FAX(505) 989-1647
URL www.garrettsdesertinn.com 地P.248 B-2
ⓈⒹⓉ$79～179、スイート$99～179 ADMV

プラザから南へ行き川を渡ってすぐ。客室はモーテルらしくシンプルだが、内装はサンタフェ風になっている。Wi-Fi無料。83室。 ('12)

高級ホテル

H サンタフェの象徴

イン・アンド・スパ・アット・ロレット
Inn and Spa at Loretto

住211 Old Santa Fe Trail, Santa Fe, NM 87501
☎(505) 988-5531 Free(1-800) 727-5531 FAX(505) 984-7968
URL www.innatloretto.com ⓈⒹⓉ$149～630
ADMV 地P.248 B-2

ネイティブアメリカンの家屋に使われるアドービ風の外観が目を引く、サンタフェのランドマーク的な存在のホテル。134室。 ('12)

B & B

H ニューメキシコらしいアドービの建物

イン・オン・ジ・アラメダ
Inn on the Alameda

住303 E. Alameda St., Santa Fe, NM 87501
☎(505) 984-2121 Free(1-888) 984-2121 FAX(505) 982-8756
URL www.innonthealameda.com ADMV
ⓈⒹⓉ$135～305、スイート$245～390 地P.248 B-2外

プラザとキャニオンロードの中間に位置し、プラザまで歩いて8分。白を基調にした客室は、落ち着いた雰囲気でおしゃれだ。無料の朝食、Wi-Fiあり。71室。 ('12)

メモ **旧総督邸前の露天▶**毎日8:00～夕方までネイティブアメリカンの露店が並び、ターコイズやインディアンクラフトが販売されている。実はここで買うのが最も安いといわれている。質も高いので、ターコイズ目当ての人は要チェックだ!!

ダラス Dallas

ケネディ大統領最期の地

新旧さまざまな建物が並ぶ

DATA

人口▶約119万7800人
面積▶881km²
標高▶最高228m　最低137m
TAX▶セールスタックス　8.25%
ホテルタックス　15%
属する州▶テキサス州 Texas
州のニックネーム▶ひとつ星の州 Lone Star State
州都▶オースチン　Austin
時間帯▶マウンテン・タイムゾーン ➡P.631
繁忙期▶3〜10月

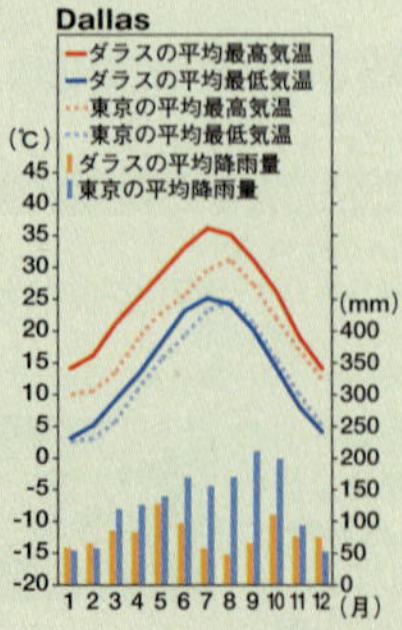

テキサス州で3番目に人口が多いダラスは、商業や経済の中枢として機能している。1900年代初頭まで、南西部最大の綿花や穀物の市場として繁栄していた。1930年代には郊外で石油が発掘され、その後、オイルビジネスの中心地として発展していったのだ。現在、近郊を含めたダラス都市圏には、エッソ・モービルやサウスウエスト航空、電話会社のAT&T、高級デパートのニーマンマーカスなどが本社を構える。また、1年をとおしてコンベンションが多く開催されることから、全米でも有数のビジネス客が多く訪れる都市でもある。

ダラスは遊説で訪れていたジョン・F・ケネディ大統領が暗殺された土地としても知られている。アメリカ人だけでなく世界中の人にとって、忘れ去ることができない出来事が起こった都市でもあるのだ。さらに、2012年、ダラスの隣町のアーリントンに本拠地を置くテキサス・レンジャースにダルビッシュ有投手が加入した。今後、日本人にとってもますますなじみのある町になりそうだ。

食事に困ったら、レストランが集まるウエストエンド歴史地区に行こう

ダラスへの行き方 Getting There

飛行機 Plane

ダラス／フォートワース国際空港
Dallas/Fort Worth International Airport (DFW)

ダウンタウンから約30km北西にあり、ロスアンゼルスやシカゴ、ニューヨークなど、おもな都市から乗り入れる。旅客ターミナルはA～Eの5つに分かれ、**スカイリンク Skylink**というトラムが各ターミナルを結ぶ巨大空港だ。アメリカン航空が成田空港から毎日直行便を運航し、国際線の発着はすべてターミナルDとなっている（'12年5月現在）。ターミナルが多く大きいため、利用する便がどのターミナルになるのか事前に確認を。

ダラス／フォートワース国際空港
住3200 E. Airfield Dr.,DFW Airport, Grapevine
☎(972) 973-8888
URL www.dfwairport.com

ターミナルを移動するときはスカイリンクを使う

■ 空港から／空港へのアクセス

	種類／名称／連絡先	行き先／運行／料金	乗車場所／所要時間／備考
空港シャトルバン	スーパーシャトル SuperShuttle Free (1-800) 258-3826 URL www.supershuttle.com	**行き先**▶市内や周辺どこでも **運行**▶24時間随時 **料金**▶ダウンタウンまで片道$17	**空港発**▶各ターミナルUpper Levelを出たところの"Share Ride"のサイン近くに係員がいる **空港行き**▶事前に電話などで予約をしてから乗車。予約は前日までにすること **所要時間**▶ダウンタウンまで約40分
空港シャトルバン	ゴー・イエローチェッカー・シャトル Go Yellow Checker Shuttle ☎(214) 841-1900 URL www.yellowcheckershuttle.com	**行き先**▶市内や周辺どこでも **運行**▶24時間随時 **料金**▶ダウンタウンまで片道約$19	
ライトレール	トリニティ・レールウエイ・エクスプレス Trinity Railway Express (TRE) ☎(817) 215-8600 URL www.trinityrailwayexpress.org	**行き先**▶ダウンタウンのユニオン駅 **運行**▶CentrePort/DFW駅発は月～金5:25～22:16の間に22本、土6:07～22:16の間に11本。空港行きは月～金5:50～23:05の間に24本、土5:49～23:07の間に12本。日は運休 **料金**▶$3.50	**空港発**▶各ターミナルから頻繁に運行されている無料バスのRemote South Parking Lot行きに乗り、空港駐車場へ。そこでCentrePort/DFW駅行きの連絡バスに乗り換え、TRE駅へ **空港行き**▶ダウンタウンのユニオン駅などから乗車する **所要時間**▶ダウンタウンまで約1時間10分
タクシー	イエローキャブ Yellow Cab ☎(214) 426-6262	**行き先**▶市内や周辺どこでも **運行**▶24時間随時 **料金**▶ダウンタウンまで約$44	**空港発**▶A、B、C、EターミナルのUpper Level、DターミナルのLower Levelを出たところの"Taxi"のサインから乗車 **空港行き**▶事前に電話予約、または主要ホテルから乗車 **所要時間**▶ダウンタウンまで30～45分

※それぞれの乗り物の特徴については P.665

長距離バス Bus

グレイハウンド・バスディーポ
Greyhound Bus Depot

ダウンタウンのLamar St.とCommerce St.の角にある。ヒューストン（所要約4時間30分）やオースチン（所要約4時間）、オクラホマシティ（所要約5時間）などからの便がある。

グレイハウンド・バスディーポ
地P.252 A-2
住205 S. Lamar St.
☎(214) 849-6831
開24時間営業

鉄道 Train

アムトラックユニオン駅
Amtrak Union Station

ダウンタウンの西側のHouston St.沿いにある。シカゴとサンアントニオを結ぶテキサスイーグル号が毎日1往復する。ユニオン駅にはダラスの近郊電車ダートレイルやフォートワースとを結ぶトリニティ・レールウエイ・エクスプレス（TRE）が乗り入れ、乗り換えも簡単だ。

アムトラックユニオン駅
地P.252 A-2
住400 S. Houston St.
Free (1-800) 872-7245
開毎日9:15～16:30（チケット売り場は毎日9:00～）

ダートレイルやTREが乗り入れ、移動も便利なユニオン駅

メモ **Dallas Love Field Airport (DAL)** ▶ダラスのもうひとつの空港。ダウンタウンの北西にあり、車で約20分。住8008 Cedar Springs Rd. ☎(214) 670-6080 URL www.dallas-lovefield.com。サウスウエスト航空（URL www.southwest.com）の本拠地で同社の路線が多い。

Getting Around ダラスの歩き方

ダラスで絶対に外せないシックスフロア

ダウンタウンは公共の交通機関が整っているので、おもな見どころへ鉄道やバスで行くことができる。ビジネス街のため、週末は人どおりが減り閑散とした印象を受けるかもしれない。1番の見どころはシックスフロア。ケネディ大統領暗殺に関する博物館で、当時の様子が映像や展示で学べる。近隣のウエストエンド歴史地区は、レストランやショップが並ぶ繁華街。1900年代初頭、倉庫として使用された赤レンガの建物が今も残る。現在開発中のアートディストリクトは、美術館や彫刻センターが集まるエリア。また、最近話題のマッキニーアベニューは、ブティックやカフェ、バーがあり地元の人でにぎわうおしゃれな通りだ。

レンジャースの本拠地があるアーリントン(→P.256)へは、タクシー、もしくはレンタカーで訪れるしかない。

観光案内所 …………… Visitors Information

ダラス観光案内所
Dallas Tourist Information Center

ダウンタウンのMain St.とHouston St.の角にある**オールド・レッド・コートハウスOld Red Courthouse**と呼ばれる昔の裁判所だった建物の1階。ダラスだけでなく、テキサス州全体の見どころのパンフレットや地図が揃う。

ダラス観光案内所
地 P.252　A-2
住 100 S. Houston St.
☎ (214)571-1300
Free (1-800)232-5527
URL www.visitdallas.com
開 毎日8:00～17:00(土・日9:00～)
休 サンクスギビング、12/24、12/25

メモ **ダウンタウンの地下街**▶ダウンタウンの主要ビルの地下には地下街が作られ、それぞれが通路でつながっている。フードコートや雑貨店などもあるので便利だ。ただし、営業時間はビジネスアワーのみ。

市内の交通機関 ・・・・・・・・ Public Transportation

ダート
DART (Dallas Area Rapid Transit)

ダウンタウンと郊外を結ぶ鉄道の**ダートレイルDART Rail**とバスの**ダートバスDART Bus**を運行する。料金はゾーン制で、LocalとSystem、Regionalに分かれ、ダラス市内はLocalかSystem、ダラス～フォートワースがRegionalとなる。

ダートレール　DART Rail

レッドとブルー、グリーン、オレンジの4路線ある。ダウンタウンでは4路線が同じルートを走るので、行き先の表示を確認してから乗り込もう。検札はほとんどないが、ホームにある券売機であらかじめ切符を購入すること。

ダートバス　DART Bus

白と黄色の路線バス。ダウンタウンを走る路線のほとんどが、ウエスト・トランスファー・センターをとおる。路線図と時刻表は、観光案内所やユニオン駅、DART Storeなどにある。

エムライン・トロリー
M-Line Trolley

ダウンタウンのダラス美術館前から北東に向かい、おしゃれなブティックやレストランが並ぶマッキニーアベニューを走る無料のトロリー。ダートレイルCityplace駅の前にも停車する。往復約40分。

トリニティ・レールウエイ・エクスプレス
Trinity Railway Express (TRE)

ダラス～フォートワース間を約1時間で結ぶ鉄道でアムトラックユニオン駅から出発する。途中、ダラス／フォートワース国際空港の最寄り駅CentrePort/DFW駅にも停車。車内は広いので、大きな荷物を持っていても大丈夫だ。乗車前に、チケットはホームの券売機で購入すること。2階建ての客車にはテキサス州のシンボル、ローンスターが描かれている。

ダート
☎(214)979-1111
URL www.dart.org
料 Local(ダートレイルとダートローカルバス)$1.75、System(ダートレイルやダートバスにTREのUnion StationとCentrePort/DFW駅間)$3.50、Regional(ダートレイルやダートバス、TREにフォートワースのティー) $5。1日券Local$4、System$7、Regional$10
●DART Rail
運行／早朝から深夜まで10～30分間隔、ラッシュアワーは約10分間隔
●DART Bus
運行／早朝から深夜まで
●DART Store
住 1401 Pacific Ave. (ダートレイルAkard駅)
開 月～金7:30～17:30

エムライン・トロリー
☎(214)855-0006
URL www.mata.org
運行／月～金7:00～22:00(金～24:00)、土・日10:00～22:00(土～24:00)の15～30分間隔
料 無料だがドライバーにチップを

トリニティ・レールウエイ・エクスプレス
☎(817)215-8600
URL www.trinityrailwayexpress.org
運行／月～土の1日11～22便
料 1ゾーン$3.50。ふたつのゾーンにまたがると(Regional)$5。1日券：1ゾーン$7、Regional$10。ダラスからフォートワースまでは2ゾーンで$5、CentrePort/DFW駅までは1ゾーンの$3.50

ローンスターが描かれた客車

ロッキー山脈と西部

ダラス TX テキサス州

売上税の払い戻し制度

旅のアドバイス

テキサス州は、売上税（日本の消費税のようなもの）の払い戻し制度を実施している。対象はパスポートと、商品を購入後 30 日以内に帰国することが証明できる航空券などを持っている外国人旅行者。同一店舗で 10 ドル以上の売上税を支払った（合計 $122 以上の品物を購入した）場合のみ適用される。この制度に加盟している店は、州内に約 4500 あり、払い戻しセンターは 10 ヵ所ある。購入した品物とレシートを払い戻しセンターへ持っていけば、支払った税金分（手数料を差し引く）を返してくれるという仕組み。払い戻しセンターによって、その場で返金してくれるか、後日マネーオーダーを送ってくれるか異なる。

場所／
・ダラス／フォートワース国際空港ターミナル D のゲート 30 そばの払い戻しセンター（開 月～金 6:00 ～ 21:00、土・日 9:00 ～ 21:00）
・ショッピングセンター Northpark Center（住 8687 N. Central Epwy.）にある Dillars 隣のマネージメントオフィス内（開 月～土 10:00 ～ 18:00、日 12:00 ～ 18:00）
URL www.taxfreetexas.com
必要書類／パスポート、米国を出発する飛行機の航空券（もしくは、行程表）、レシートの原本と購入物

メモ **テキサスはテックスメックスの本場**▶テックスメックスとはテキサスとメキシコ料理を融合したもの。エンチラーダやファヒータが有名だ。

ケネディ大統領はここから狙撃された!? 地P.252 A-2

シックスフロア

The Sixth Floor Museum

Elm St.とHouston St.の角にある、ケネディ大統領暗殺について知ることができる博物館。1963年11月21日、ケネディ大統領の命を奪った銃弾は、この建物の6階から発射されたと考えられている。当時、教科書倉庫として使用されていた建物に狙撃手が忍び込んだのだ。

館内は、1960年の大統領選挙からベトナム戦争、公民権運動、アポロ計画、キューバ危機などについてのパネルや写真が展示されている。そこを過ぎると、博物館一番の目玉である狙撃現場。ガラスで覆われているが、事件当時のままに復元されていて、段ボールが積みあがっている。隣の窓からケネディが射殺された地点をのぞいてみよう。事件当日の雰囲気を感じることができるかもしれない。

ケネディ大統領のためのメモリアル 地P.252 A-2

ディーリープラザとJ.F.K.メモリアル

Dealey Plaza & John F. Kennedy Memorial

シックスフロアの南側、Elm、Main、Commerce Sts.の3車線が合流するデルタ地帯は、ディーリープラザと呼ばれている。1963年ケネディ大統領を乗せたオープンカーは、本来ならばMain St.をとおる予定だった。しかしコースを変え、Elm St.をとおったため射殺されてしまったといういわくつきの地点だ。暗殺から30年後に国の史跡として指定され、碑が埋め込まれている。

また、ディーリープラザから1ブロック東へ行ったところには、J.F.K.メモリアルがある。1970年に完成したメモリアルは、屋根がなく白いコンクリートで空間を囲んだ記念碑だ。

夜もにぎやかなダウンタウンのスポット 地P.252 A-1

ウエストエンド歴史地区

West End Historical District

レストランやライブハウス、バーなどが20軒以上集まるダウンタウン随一の繁華街。1870年代後半に倉庫として使用されていた赤レンガの建物が今も残る。特ににぎわっているのはダートレイルWest End駅の北側でRecord St.とLamar St.に囲まれたエリア。

大作の多い美術館 地P.252 A-1

ダラス美術館

Dallas Museum of Art

ダートレイルSt. Paul駅から北東に歩いて5分のアートディストリクトにある。オキーフやウォーホル、リキテンスタインなどのアメリカ現代絵画から、ルノアールやセザンヌ、モネなどヨーロッパ印象派絵画まで大作が目白押しだ。鑑賞に疲れたら、1階のカフェで休憩するといい。天井が高く、広々とした空間でくつろぐことができる。

発砲したと考えられているエリアは、立ち入りが禁止されている

シックスフロア
住411 Elm St.
☎(214) 747-6660
URL www.jfk.org
開毎日10:00～18:00(月12:00～)
休サンクスギビング、12/25
料オーディオガイド付き$13.50、シニア(65歳以上)／6～18歳$12.50、5歳以下無料(オーディオガイド付きは$3.50)
行Elm St.とHouston St.の角にあるレンガ造りの建物

日本語のオーディオツアー
音声の案内に従ってシックスフロアを回ろう。英語以外も用意されており、日本語のものは当時の日米事情なども詳しく解説している。ゆっくり見て回ると2時間ほど

ディーリープラザ
住Elm、Commerce、Houston Sts.に囲まれたエリア
J.F.K.メモリアル
住646 Main St.

このデルタ地帯が、事件現場だ

ウエストエンド歴史地区
URL www.dallaswestend.org
行ダートレイルWest End駅下車すぐ。シックスフロアからは徒歩5分くらい

ダラス美術館
住1717 N. Harwood St.
☎(214) 922-1200
URL dallasmuseumofart.org
開火～日11:00～17:00(木～21:00)
休月、サンクスギビング、12/25、1/1、7/4
料$10、シニア$7、学生$5。第1火曜は無料
● Nasher Sculpture Center
地P.252 A-1
住2001 Flora St.
☎(214) 242-5100
URL www.nashersculpturecenter.org
開火～日11:00～17:00
休月、おもな祝日
料$10、シニア(65歳以上)$7、学生$5

また、Harwood St.を挟んだ向かいには、世界的に有名な建築家レンゾ・ピアノによって設計された**ナッシャー彫刻センターNasher Sculpture Center**がある。小さいながらもムーアやドガ、ピカソなどの彫刻作品が並び、見逃せない美術館のひとつだ。

ダラスを代表する高さ約177mのタワー 地P.252 A-2

リユニオンタワー
Reunion Tower

ユニオン駅の西にある、ダラスのシンボル的存在のタワー。先端の球状部分にあるレストラン、**ファイブ・シックスティ・バイ・ウルフギャング・パックFive Sixty by Wolfgang Puck**からは全方位を見渡せる。

おしゃれなレストラン、カフェが連なる 地P.252 A-1外

マッキニーアベニュー
McKinney Avenue

ダラス美術館前を出発するエムライントロリーが走るマッキニーアベニューは、ダラスでも随一のおしゃれな通り。**アップタウンUptown**とも呼ばれ、レストランやカフェ、高級ホテルなどが約3kmに並ぶ。St. Paul St.からHall St.あたりまでショップが多く、その先がダラスの流行発信地**ウエストビレッジWest Village**。美術館や映画館、バーなどが集まりにぎわっている。

リユニオンタワー
住300 Reunion Blvd.
☎(214) 741-5560
●Five Sixty by Wolfgang Puck
開月～土17:30～22:00（金・土～23:00）、バー:月～土17:00～23:00（金・土～24:00）
行ユニオン駅から地下道をとおる
※リユニオンタワーは2012年秋まで改装のため閉館

マッキニーアベニュー
URL www.uptowndallas.net
行エムライントロリーでダウンタウンから約10分

ショップやレストランが並ぶウエストビレッジ

ジョン・F・ケネディ大統領暗殺

メモ

1963年11月21日、第35代アメリカ合衆国大統領ジョン・F・ケネディは、翌年の次期大統領選挙に向けてテキサスへの遊説に出発した。サンアントニオ、ヒューストン、フォートワースを経てダラスに到着したのが22日の昼前。もともとこの町は保守的な土地柄で、共和党の地盤であった。非WASP（ケネディはアイルランド系のカトリック教徒）でリベラル派の民主党員であるケネディに対しては、強い反発が予想された。大統領側近の何人かはこの遊説には反対だったという。しかも当日の地元紙の朝刊には、ケネディの政策に反対する一面広告が出た。それでも彼はダラス市内をパレードする。それも屋根を取り払ったリムジンに乗って。隣にはジャクリーン夫人、前席にはジョン・コナリー・テキサス州知事夫妻。熱狂的な市民の歓迎を受け、車列はダウンタウンの西端まで来た。Main St. からHouston St. に右折。州知事夫妻は振り向いて大統領に「ダラスがあなたを愛していないなんて言わせませんよ」と言ったという。車列はさらにスピードを落としてElm St. へ入るヘアピンカーブを左折。目撃者たちが銃声を聞いたのはこのときだ。大統領が夫人のほうに倒れ込む。現場は大混乱に陥った。逃げまどう人々と走り回る警官。大統領のリムジンはスピードを上げてパークランド病院へと走り去った。

13時、ケネディの死亡が発表された。13時50分、別の警官殺しの容疑でリー・ハーベイ・オズワルドが逮捕される。ダラス警察は、教科書倉庫6階に残されていたライフルからオズワルドの指紋が検出されたとして、彼を大統領暗殺の犯人と発表した。しかし、事件はこれで終わらない。2日後の24日11時21分、オズワルドは郡刑務所に移送される途中、ダラス警察本部の地下通路でジャック・ルビーという男に至近距離から撃たれて死亡する。

ケネディの死後、ジョンソン副大統領が大統領に就任し、暗殺調査の委員会を設置。委員長の名を取ってウォレン委員会と呼ばれた。翌1964年、ウォレン委員会は暗殺事件をオズワルドの単独犯行と断定する結論を発表したが、これが疑問だらけのレポートだった。その後上院委員会などの調査が行われたが、公式にはウォレン委員会の結論はくつがえっていない。とはいえ委員会とは違った結論を出している書物は枚挙にいとまがない。CIAやFBIがからんでいるという説、マフィアによるという説、KGBによるという説、キューバ政府によるという説、そしてケネディの政敵リチャード・ニクソンによるという説。いずれにしても、多くの目撃者や関係者が次々と死んでしまったこともあって、真相はいまだヤミのなかだ。

昔のダラスの建造物が保存されている　地P.252　B-2

オールド・シティ・パーク
Old City Park

1876年ダラスで最初にできた公園は、現在**ダラス歴史村 Dallas Heritage Village**と呼ばれる野外博物館になっている。1840～1910年にダラス近郊で建てられた教会や学校、商店、銀行など38の建物が集められ復元された。それぞれの建物には、当時使用されていた家具や調度品が展示され、19世紀後半ダラスで生活していた人々の暮らしぶりを知ることができる。

なお、公園を出てHarwood St.を左折し、フリーウエイを渡ったところでは**ダラスファーマーズマーケット The Dallas Farmer's Market**が毎日開催されている。ダラス近郊の農家が新鮮な野菜や果物を販売し、週末の朝は特に活気づく。公園から北へ徒歩5分。

ダウンタウンの東にある広大な公園　地P.252　B-2外

フェアパーク
Fair Park

アメリカ最大といわれる“テキサス州のステートフェア State Fair of Texas”（州の博覧会。2012年は9月28日～10月21日）が開催される277エーカー（約1km²）の広大な公園。敷地内には博物館や水族館、コットン・ボウル・スタジアム、野外シアターなどがある。

アフリカ系アメリカ人博物館African American Museumは、黒人文化を守り、継承するために1974年にオープンした博物館。全米でも最大規模を誇る黒人による民芸品の展示がある。その奥にあるのが、**テキサス自動車博物館Texas Museum of Automotive History**。1901～84年までのレーシングカーや一般車が展示されていて、時代の変遷にともない自動車のデザインやエンジンがどのように変わっていったのかがわかる。

オールド・シティ・パーク
行 ダートレイルのレッドラインとブルーライン Cedars 駅下車、徒歩 10 分。または、ダートバス #2、35 で
● Dallas Heritage Village
住1515 S. Harwood St.
☎(214) 413-3679
URL www.dallasheritagevillage.org
開火～日10:00～16:00（日12:00～）
休1・8月、月、サンクスギビング、12/24、12/25、12/31、1/1
料$9、シニア（65歳以上）$7、3～12歳$5
●The Dallas Farmer's Market
住1010 S. Pearl Epwy.
☎(214) 670-5879
URL www.dallasfarmersmarket.org
開 毎日 8:00 ～ 18:00
休 サンクスギビング、12/25、1/1

フェアパーク
住1121 1st Ave.
URL www.fairpark.org
行ダートバス#60、110、111などで約15分。Parry Ave.かFair Parkで下車。ダートレイルのグリーンラインFair Park駅下車、目の前
●African American Museum
住3536 Grand Ave
☎(214) 565-9026
URL www.aamdallas.org
開火～土11:00～17:00（土10:00～）
休日・月、おもな祝日
●Texas Museum of Automotive History
住3550 Grand Ave.
☎(214) 223-8491
URL tmah.org
開火～日10:00～18:00
休月、おもな祝日

広大な敷地に博物館や水族館が集まるフェアパーク

旅のアドバイス

テキサス・レンジャースの本拠地、アーリントンへ

ダラスとフォートワースの中間、シックスフラッグスのある町が**アーリントンArlington**だ。シックスフラッグスの近くにあるノスタルジックな野球場が、**レンジャース・ボールパーク・イン・アーリントン Rangers Ballpark In Arlington**。単に“ザ・ボールパーク”と呼ばれることも多い。ノスタルジックといっても、球場が完成したのは1994年の4月。ただ、球場全体のムードを“古きよき時代のボールパーク”に統一している。この美しい球場を、ガイドについて見て回るツアーもあるのでぜひ参加してみよう。ツアーは一塁側ボックスオフィスから始まり、クラブハウスやダッグアウトにまで入れる！　デイゲームのある日以外は行われていることが多いが、時間はまちまちなので事前に問い合わせること〔☎(817) 273-5099〕。公共の交通機関はないので、ダラスからは、タクシー（約$30～40）、もしくは、レンタカーで（所要約30分）。
URL texas.rangers.mlb.com/tex/ballpark/tours/index.jsp
料$12、シニア／学生$10、子供$6
行ダラスからI-30を西に約25km行き、Exit 29で降りる。Ballpark Wayを南に1km。約30分。

同じアーリントンには、千葉ロッテ・マリーンズ前監督のボビー・バレンタインが以前経営に携わっていたレストランがある。典型的なスポーツバーで、料理はアメリカンらしく、ボリュームたっぷり。ハンバーガーやサンドイッチは$8から。
Bobby V's Sports Gallery Cafe
住4301 S. Bowen Rd., Arlington
☎(817) 467-9922　開毎日11:00～翌2:00
URL www.bobbyvsports.com　AMV

メモ　**シックスフラッグス**▶テキサスらしい巨大で豪快なコースターがあるテーマパーク。Six Flags Over Texas 住2201 Road to Six Flags, Arlington　☎(817) 640-8900　URL www.sixflags.com　行ダラスからタクシーで約25分。

観戦するスポーツ Spectator Sports

ベースボール MLB

テキサス・レンジャース（アメリカンリーグ西地区） Texas Rangers

1961年のア・リーグ拡張の際、エンゼルスとともに誕生。着実に成長したチームは、2010年と'11年の2年連続でワールドシリーズ進出を決める。'12年はダルビッシュ有投手の加入で、悲願のワールドチャンピオンを目指す。

アメリカンフットボール NFL

ダラス・カウボーイズ（NFC東地区） Dallas Cowboys

2011年は5割に復帰、今後に期待がかかる。スーパーボウルに8度出場し、5度の優勝、1966年から20シーズン連続の勝ち越しは圧巻。チームカラーはロイヤル・ブルー、シルバー、メタリック・シルバー・ブルー、ネイビー、ホワイト。

バスケットボール NBA

ダラス・マーベリックス（西・南西地区） Dallas Mavericks

1980年誕生の若いチームは2000年代に入ってから勝率6割以上の成績を刻み続ける強豪に成長した。2010-11シーズン、ようやくそれが実り、初のチャピオンに輝いた。2011-12は「マブス」の連覇に注目が集まる。チームカラーはライト・ロイヤル・ブルー、ネイビー・ブルー、シルバー、ホワイト。

アイスホッケー NHL

ダラス・スターズ（西・太平洋地区） Dallas Stars

1999年に球団史上初となるスタンレーカップを獲得し、翌2000年もファイナルに進出して人気・実力ともに頂点を極めた。現在は4シーズン連続でプレーオフを逃しておりどっぷりと低迷中。チケットは余裕あり。

テキサス・レンジャース（1961年創設）
本拠地――レンジャース・ボールパーク・イン・アーリントン Rangers Ballpark in Arlington（4万8194人収容）
地 P.252 地図外
住 1000 Ballpark Way, Arlington
☎ (972) 726-4377（チケット）
URL texas.rangers.mlb.com
行 ダラスからタクシーで約$30～40

この選手に注目！
ダルビッシュ有（投手）

ダラス・カウボーイズ（1960年創設）
本拠地――カウボーイズスタジアム Cowboys Stadium（8万人収容）
地 P.252 地図外
住 1 Legends Way, Arlington
☎ (817) 892-4400（チケット）
URL www.dallascowboys.com
行 スタジアムへはタクシー利用。試合開催日のスタジアムシャトルは、フォートワースのVickery Park & Rideを発着

この選手に注目！
トニー・ロモ

ダラス・マーベリックス（1980年創設）
本拠地――アメリカン・エアライン・センター American Airlines Center（2万1041人収容）
地 P.252 A-1
住 2500 Victory Ave.
☎ (214) 747-6287（チケット）
URL www.nba.com/mavericks
行 ウエストエンドから北東に徒歩10～15分。ダウンタウンからタクシーで約$10

この選手に注目！
ダーク・ノビツキー

ダラス・スターズ（1967年創設）
本拠地――アメリカン・エアライン・センター American Airlines Center（1万8532人収容）
地 P.252 A-1
住 2500 Victory Ave.
☎ (214) 467-8277（チケット）
URL stars.nhl.com 行 マーベリックス参照

この選手に注目！
マイケル・ライダー

ショップ Shops

ショッピングモール

S ほとんどのブランドが揃う超大型モール ノースパークセンター Northpark Center

住 8687 N. Central Epwy. ☎ (214) 363-7441
URL www.northparkcenter.com
開 月～土10:00～21:00、日12:00～18:00 地 P.252 地図外

ショップやレストランが200店以上入る。ダウンタウンからダートレイルRed Line北行きに乗り、Park Lane駅で下車。駅の下から20分ごとに出るシャトルバスで約5分。 ('12)

ファッション

S カウボーイファッションを入手するなら ワイルド・ビルズ・ウエスタン・ストア Wild Bill's Western Store

住 311 N. Market St. ☎ (214) 954-1050
URL www.wildbillswestern.com AMV 地 P.252 A-1
開 月～土10:00～21:00（土～22:00）、日12:00～18:00

ウエストエンド歴史地区にある、カウボーイシャツやデニム、ウエスタンブーツなどを取り揃えるショップ。全身をコーディネイトできるのでおすすめだ。 ('12)

メモ **ダラスでMLBレンジャースのグッズを入手するには**▶ダウンタウンの北約1.6kmにレンジャースのオフィシャルストアがある。Tシャツやキャップ、ユニホームなどが入手可能。Texas Rangers Team Shop-Dallas 住 2222 McKinney Ave., Suite 140 ☎ (214) 261-5200 開 月～土10:00～18:00 休 日

レストラン&ホテル　Restaurants & Hotels

アメリカ料理

R 気軽に立ち寄れる雰囲気
ホフブロウステーキ
Hoffbrau Steaks

住311 N. Market St.　☎(214)742-4663
URL www.hoffbrausteaks.com
開毎日11:00～22:00（金・土～23:00、日15:00～）
AMV　地P.252　A-2

ステーキは塩とこしょうのシンプルなものがほとんどで、純粋に肉の旨味を楽しめる。予算はランチ$10～、ディナー$25～。（'12）

アメリカ料理

R テキサスのローカルフード、バーベキュー
ソニーブライアンズ
Sonny Bryan's

住302 N. Market St.　☎(214)744-1610
URL www.sonnybryans.com
開毎日11:00～21:00（金・土～22:00）AMV　地P.252　A-2

ダートレイルの線路沿いにあり、"ダラスでバーベキューを食べるならここ"といわれる有名店。コンボプレート（$14～）は牛や豚などを3種類味わうことができる。（'12）

アメリカ料理

R 着飾って出かけたい
Y.O. ランチ・ステーキハウス
Y.O. Ranch Steakhouse

住702 Ross Ave.　☎(214)744-3287
URL www.yoranchsteakhouse.com　地P.252　A-2
開毎日11:00～22:00（金・土～23:00、日～21:00）AMV

地元紙でおいしいと称賛を浴びているステーキハウス。ワインの品揃えが豊富で、ビジネス客が多い。牧場から直接仕入れる肉は、分厚くジューシーだ。予算は$40～。（'12）

中級ホテル

H 落ち着いた歴史を感じさせるホテル
ホテル・インディゴ・ダラス・ダウンタウン
Hotel Indigo Dallas Downtown

住1933 Main St., Dallas, TX 75201　☎(214)741-7700
FAX(214)760-9755　URL www.hotelindigo.com　地P.252　B-1
ⓈⒹⓉ$100～230、スイート$160～360　ADJMV

1925年に完成した由緒ある建物。にぎやかなMain St.とHarwood St.の角にあり、上品な外観と落ち着いた内部が歴史を物語る。インターネット接続無料。170室。（'12）

中級ホテル

H ダートのWest End駅から徒歩3分
スプリングヒル・スイーツ・ダラス・ダウンタウン／ウエストエンド
SpringHill Suites Dallas Downtown/West End

住1907 N. Lamar St., Dallas, TX 75202　☎(214)999-0500
FAX(214)999-0501　URL www.marriott.com/dalwe
スイート$129～199　ADJMV　地P.252　A-1

ウエストエンド歴史地区の一角にある。観光だけでなく、ビジネスにも最適な場所だ。全室スイートタイプで、冷蔵庫や電子レンジが備わっている。無料の朝食付き。148室。（'12）

中級ホテル

H 立地が最高
クラウン・プラザ・ホテル・ダラス・ダウンタウン
Crowne Plaza Hotel Dallas Downtown

住1015 Elm St., Dallas, TX 75202　☎(214)742-5678
FAX(214)379-3577　URL www.crowneplaza.com
ⓈⒹⓉ$109～259　ADJMV　地P.252　A-2

ダートレイルWest End駅まで歩いて1分のホテル。2009年10月に改装工事を終え、きれいだ。客室では無料でインターネットに接続できる。ビジネスセンターやフィットネスセンターもあるのでビジネス客に好評。296室。（'12）

高級ホテル

H 38階建ての巨大ホテル
シェラトン・ダラス
Sheraton Dallas

住400 Olive St., Dallas, TX 75201
☎(214)922-8000　Free(1-800)325-3535　FAX(214)303-4291
URL www.sheratondallashotel.com　ⓈⒹⓉ$79～379
ADJMV　地P.252　B-1

ダートレイルPearl駅の目の前にあり、どこに行くにも便利なホテル。ミーティングルームやビジネスセンター、コンシェルジュ、レストラン、ラウンジ、フィットネスセンターなどビジネス客にとって必要なものはすべて揃っている。2009年に全面改装を終え客室も清潔だ。1階のロビーではインターネット接続が無料。1840室。（'12）

ロッキー山脈と西部
テキサス州

カウボーイスタイルが似合う町

フォートワース
Fort Worth

フォートワースに来たなら、ぜひストックヤード地区にも足を延ばそう

ダラスの西50kmにあるフォートワースは、テキサス州で5番目に人口が多い。ダウンタウンは高層ビルが建ち並び、ビジネス都市の印象を受けるが、全米でも有数の観光地として知られている。カウボーイ発祥の地であり牛追いや放牧農場の中心地として栄えたので、カウタウン（牛の町）の別名を持つ。現在でも西部開拓時代の伝統が残るなか、芸術や文化も楽しめる珍しい都市だ。

ストックヤード地区では、昔ながらのカウボーイ文化を今でも感じることができる。町を歩けば、テンガロンハットにウエスタン・ブーツを履いたカウボーイを目にすることだろう。メインストリートを牛がパレードし、ロデオショーも毎週行われる。サルーンと呼ばれるバーやダンスホールが並び、カウボーイの世界を堪能できるのだ。そのほかにも、3つの美術館とふたつの博物館が集まるカルチュラルディストリクトもおすすめ。安藤忠雄が設計した美術館もあるのでぜひ立ち寄りたい。

美術館や博物館が集まるカルチュラルディストリクト

DATA

人口▶約74万1200人
面積▶880km²
標高▶最高237m　最低158m
TAX▶セールスタックス　8.25%
ホテルタックス　15%
属する州▶テキサス州 Texas
州のニックネーム▶ひとつ星の州 Lone Star State
州都▶オースチン　Austin
時間帯▶セントラル・タイムゾーン
➡P.631
繁忙期▶3〜10月

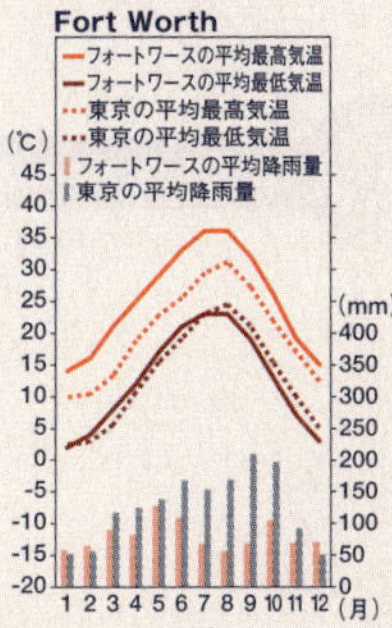

Getting There フォートワースへの行き方

飛行機 Plane

ダラス／フォートワース国際空港
Dallas/Fort Worth International Airport (DFW)

フォートワースの北東約35km。ダラスの項P.251参照。

■ 空港から／空港へのアクセス

	種類／名称／連絡先	行き先／運行／料金	乗車場所／所要時間／備考
空港シャトルバン	スーパーシャトル SuperShuttle Free (1-800) 258-3826 URL www.supershuttle.com	行き先▶市内や周辺どこでも 運行▶24時間随時 料金▶ダウンタウンまで片道$17、ストックヤードまで片道$27	空港発▶各ターミナルUpper Levelを出たところの"Share Ride"のサイン近くに係員がいる 空港行き▶事前に電話などで予約をしてから乗車。予約は前日までにすること 所要時間▶ダウンタウンまで約30分、ストックヤードまで約40分
空港シャトルバン	ゴー・イエローチェッカー・シャトル Go Yellow Checker Shuttle ☎(817) 267-5150 URL www.yellowcheckershuttle.com	行き先▶市内や周辺どこでも 運行▶24時間随時 料金▶ダウンタウンまで片道$17、ストックヤードまで片道$29	
ライトレール	トリニティ・レールウエイ・エクスプレス Trinity Railway Express (TRE) ☎(817) 215-8600 URL www.trinityrailwayexpress.org	行き先▶ITC駅（下記参照） 運行▶CentrePort/DFW駅発は月～金5:30～21:48の間に22本、土6:17～22:18の間に11本。空港行きは月～金5:02～21:51の間に17本、土5:44～21:51の間に11本。日は運休 料金▶$3.50	空港発▶各ターミナルから頻繁に運行されている無料バスのRemote South Parking Lot行きに乗り、空港駐車場へ。そこでCentrePort/DFW駅行きの連絡バスに乗り換え、TRE駅へ 空港行き▶ダウンタウンのITC駅から乗車 所要時間▶ダウンタウンまで約1時間10分
タクシー	イエローキャブ Yellow Cab ☎(817) 426-6262	行き先▶市内や周辺どこでも 運行▶24時間随時 料金▶ダウンタウンまで約$47、ストックヤードまで約$60	空港発▶A、B、C、Eターミナルのupper Level、DターミナルのLower Levelを出たところの "Taxi" のサインから乗車 空港行き▶事前に電話予約、または主要ホテルから乗車 所要時間▶ダウンタウンまで30～45分、ストックヤードまで40～50分

※それぞれの乗り物の特徴についてはP.665

長距離バスと鉄道 Bus &Train

インターモードゥル・トランスポーテーション・センター（ITC）
Intermodal Transportation Center (ITC)

グレイハウンド、アムトラック、路線バスのティー、ダラスなどを結ぶトリニティ・レールウエイ・エクスプレス（TRE）が発着する。ダウンタウンの南東約600mのところにあり、コンベンションセンターも近い。タクシー乗り場や、レンタカー会社もあるので便利。ショップやレストランの集まるサンダンススクエアまで徒歩圏内だ。

グレイハウンドは、ダラス（所要約45分）やオースチン（所要約3時間40分）、ヒューストン（所要約6時間20分）などからの便がある。アムトラックはシカゴとサンアントニオ方面を結ぶテキサスイーグル号、フォートワースとオクラホマシティを結ぶハートランドフライヤー号が毎日発着する。

インターモードゥル・トランスポーテーション・センター
地P.261 B-2
住1001 Jones St.
●Greyhound
☎(817) 429-3089
開24時間営業
●Amtrak
Free (1-800) 872-7245
開毎日8:00～18:00（チケット売り場は10:00～17:30）

Getting Around フォートワースの歩き方

見どころは大きく分けて3つ。ショップやレストランが集まるダウンタウンの**サンダンススクエアSundance Square**と昔のテキサスを感じさせる**ストックヤードStockyards**、今のテキサス文化の中心である**カルチュラルディストリクトCultural District**だ。ストックヤードもカルチュラルディストリクトも、ダウンタウンからバスで15分ぐらいの距離にある。それぞれ1日かけてゆっくり楽

投稿 **フォートワースのおすすめレストラン**▶ストックヤードステーション入口にあるTrailboss Burgersでバッファローバーガーを食べた。おいしかった！ Trailboss Burgers 住140 E. Exchange Ave. ☎(817) 625-1070 URL www.risckys.com 開毎日11:00～19:00（金～21:00、土～22:00） （広島県 加納 美穂 '10）['12]

しみたい。宿泊するならホテルが多いダウンタウンか、夜もにぎやかなストックヤードがおすすめ。

観光案内所 …………… Visitors Information

フォートワース観光局
Fort Worth Convention and Visitors Bureau

フォートワースには観光案内所が2ヵ所ある。ダウンタウンは5th St.とMain St.の角。ストックヤードの案内所はExchange Ave.沿い、家畜取引所の向かいにある。いずれの案内所も資料が充実し、市バスの時刻表まであるので便利だ。なお、観光局のウエブサイトをとおしてホテルの予約をすることもできる。

資料が揃っているので、ぜひ立ち寄ろう

フォートワース観光局
URL www.fortworth.com
●Downtown
地 P.261　A-2
住 508 Main St.
☎ (817) 698-3300
Free (1-800) 433-5747
開 月～土10:00～18:00
休 日
●Stockyards
地 P.265　B
住 130 E. Exchange Ave.
☎ (817) 624-4741
開 月～土9:00～18:00、日10:00～16:00

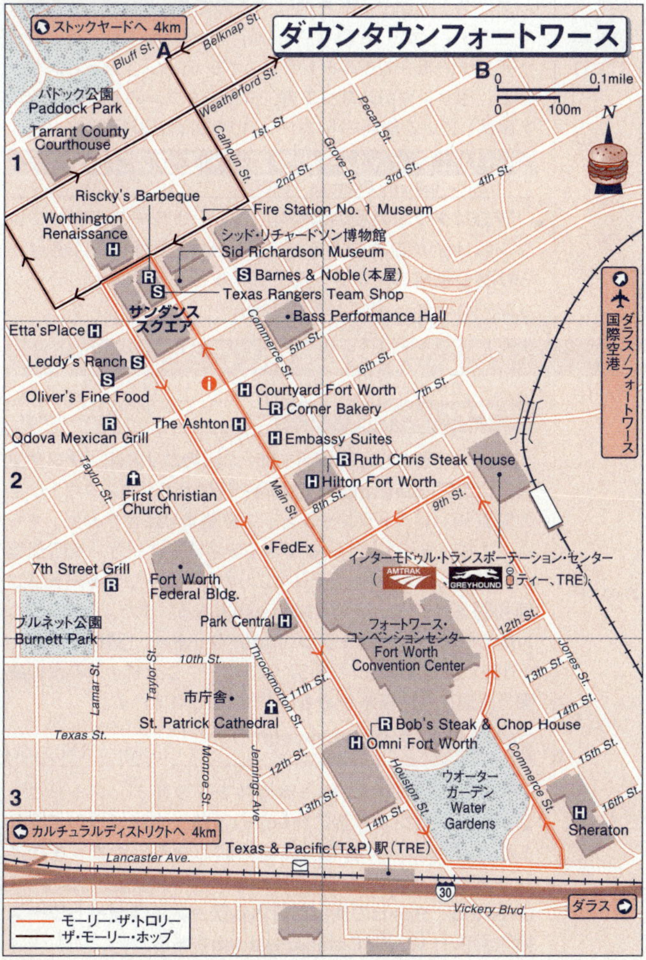

メモ **JFKが宿泊したホテル▶** ジョン・F・ケネディ大統領が暗殺される前日、宿泊していたのは“Hotel TEXAS”。現在は“Hilton Fort Worth”と名前を変えてしまったが、当時の様子を伝える写真などがホテル内に飾られている。Hilton Fort Worth　住 815 Main St.　地 P.261　A、B-2

市内の交通機関 ········ Public Transportation

ティー（路線バス）
"The T"

市内を中心に30以上の路線をもつ路線バス。ほとんどの路線は、ダウンタウンのインターモードゥル・トランスポーテーション・センター（ITC）➡P.260を発着し、Throckmorton St.とHouston St.を走る。白地に赤と青色の斜線が入った車体が目印。ダウンタウンとカルチュラルディストリクトを結ぶ#2と7、57、ストックヤードへの#1などが便利。なお、1日券や7日券はインターモードゥル・トランスポーテーション・センター内にあるCustomer Service Kiosk Salesで購入できる。

ストックヤード・ステーション・トロリー #15 Stockyards Station Trolley #15

ダウンタウンとストックヤードを結ぶ、土曜のみ運行のバス。ストックヤードを巡回するので使いやすい。

モーリー・ザ・トロリー　Molly the Trolley

インターモードゥル・トランスポーテーション・センター（ITC）やサンダンススクエア、ダウンタウンのおもなホテルを循環している無料のトロリー。10分間隔で運行している。

ティー
☎(817)215-8600
URL www.the-t.com
運行／路線により異なるが毎日5:30～23:00（日～21:00）
料 $1.50、1日券$3、7日券$15。トランスファー（乗り換え）は無料
●Customer Service Kiosk Sales
住 1001 Jones St.（Intermodal Transportation Center）
開 月～金5:00～22:00、土8:00～17:30
●Stockyards Station Trolley #15
運行／土9:42～22:12の約30分間隔。ダウンタウンはインターモードゥル・トランスポーテーション・センター、ストックヤードは観光案内所前などに停車
料 $1.50

モーリー・ザ・トロリー
☎(817)215-8600
URL www.mollythetrolley.com
開 毎日10:00～22:00
料 無料

ダウンタウンを観光するなら、モーリー・ザ・トロリーを利用しよう

トリニティ・レールウエイ・エクスプレス
Trinity Railway Express（TRE）

詳細はダラスの項の➡P.253。フォートワースのダウンタウンには駅がふたつあるが、旅行者に便利なのは終点からひとつ手前のインターモードゥル・トランスポーテーション・センター（ITC）駅➡P.260。

トリニティ・レールウエイ・エクスプレス
☎(817)215-8600
URL www.trinityrailwayexpress.org
運行／月～土の1日11～17本
料 1ゾーン$3.50、2ゾーン$5。ダラスまでは2ゾーンで$5

Sightseeing おもな見どころ

ダウンタウン地区 Downtown

Main St.を中心とした1st～5th Sts.のエリアは、**サンダンススクエア Sundance Square**と呼ばれるダウンタウンいちの繁華街。レストランやショップが集まりにぎやかだ。さらに、こぢんまりとしているがネイティブアメリカンや西部開拓、ウエスタンアートをテーマにした**シッド・リチャードソン博物館 Sid Richardson Museum**もある。また、ダウンタウン南の**ウオーターガーデン Water Gardens**〔住 Commerce & 15th Sts. 地 P.261　B-3〕はユニークなデザインの水の庭園で、池や滝、噴水がおもしろく配置されている。

ダウンタウン地区
●Sundance Square
地 P.261　A-1、2
URL www.sundancesquare.com
●Sid Richardson Museum
地 P.261　A-1
住 309 Main St.
☎(817)332-6554
URL www.sidrmuseum.org.
開 毎日9:00～17:00（金・土～20:00、日12:00～）
休 おもな祝日
料 無料

カルチュラルディストリクト（地区） Cultural District

博物館や美術館が集まるカルチュラルディストリクトはダウンタウンから西に約4kmの距離。すべて歩いて回れる距離にあり、入場無料の美術館もある。さまざまなイベントが開催される**ウィル・ロジャース記念センター**、**Livestock Barns**の南には日本庭園が入る**フォートワース植物園Fort Worth Botanic Garden**もある。

カルチュラルディストリクト（地区）
行 ティー#2や7、57で約15分
●Fort Worth Botanic Garden
住 3220 Botanic Garden Blvd.
☎(817)871-7686
URL fwbg.org
開 毎日10:00～18:00（冬期は～16:00、日本庭園は1時間早く開園し、1時間遅く閉館する）
料 植物園：$1、シニア／子供（4～12歳）50¢。日本庭園：$4～4.50、シニア$3.50～4.00、子供（4～12歳）$3（曜日によって異なる）

旅のアドバイス　TREは1日券が便利▶TREの1日券は2種類で、1ゾーン$7と2ゾーン$10がある。いずれもフォートワースではティー、ダラスではダートにも使えるので利用価値が高い。

カウガールに注目した博物館 地P.263

カウガール博物館と殿堂
National Cowgirl Museum & Hall of Fame

牧場で育った女性（カウガール）に焦点を当てた博物館。まず、1階のシアターで10分間のフィルムを見るといい。厳しい環境下でカウガールとして生き、ロデオ大会に出場するまでにいたった過程を知ることができる。彼女たちの勇敢さや独立独歩の精神がひしひしと感じられるに違いない。2階に上がると、ロデオ大会で実際に着用されたカウガール衣装や馬具などが展示されていて、その数約5000点にのぼる。

展示品はもちろん、建物も必見 地P.263

フォートワース近代美術館
Modern Art Museum of Fort Worth

1892年にフォートワース図書館&アートギャラリーとしてオープンしたテキサス州で最初の美術館。現在の建物は、2002年に建築家の安藤忠雄によって改装された。彼が日本以外で設計した建物としては初めての大規模なもの。ピカソ、ウォーホル、ジャスパー・ジョーンズ、リキテンスタインなど、世界中から集められた第2次世界大戦後の作品を2600点以上収蔵する。

アメリカンアートのみを集めた 地P.263

エイモン・カーター美術館
Amon Carter Museum

ウィンスロー・ホーマーやジョージア・オキーフを中心に19〜20世紀のアメリカ絵画や彫刻に焦点を当てた美術館。アメリカモダニズム建築の巨匠、フィリップ・ジョンソンが設計した建物はシンプルだが、エレガントで1961年に完成した。特に、ネイティブアメリカンや大西部を描いたフレデリック・レミントンとチャールズ・ラッセルの作品は400点以上を収蔵し、アメリカでも有数の所蔵数を誇る。

体験しながら学べる博物館 地P.263

フォートワース科学歴史博物館
Fort Worth Museum of Science and History

人間と地球の歴史がテーマの博物館。恐竜の化石や人体の不思議などのテーマがわかりやすく解説されている。

小さいが充実した作品が多い 地P.263

キンベル美術館
Kimbell Art Museum

レンブラントやセザンヌ、モネ、マチスなど有名な画家の作品を約350点収蔵するこぢんまりとした美術館。著名な建築家ルイス・I・カーン設計の建物もすばらしく、アメリカ建築の最高峰ともいわれている。また併設するレストランの The Buffetは美術鑑賞のひと休みに最適だ。

カウガール博物館と殿堂
住1720 Gendy St.
☎(817) 336-4475
Free (1-800) 476-3263
URL www.cowgirl.net
開火〜日10:00〜17:00（日12:00〜）
休月、サンクスギビング、12/24、12/25、1/1
料$10、シニア／3〜12歳$8

フォートワース近代美術館
住3200 Darnell St.
☎(817) 738-9215
URL www.themodern.org
開火〜日10:00〜17:00（金〜20:00、2〜4月と9〜11月の火〜19:00）
休月、おもな祝日
料$10、シニア／学生$4。水曜は半額、毎月第1日曜は無料

エイモン・カーター美術館
住3501 Camp Bowie Blvd.
☎(817) 738-1933
URL www.cartermuseum.org
開火〜日10:00〜17:00（木〜20:00、日12:00〜）
休月、おもな祝日
料無料。特別展は別途有料

フォートワース科学歴史博物館
住1600 Gendy St.
☎(817) 255-9300
URL www.fwmuseum.org
開毎日10:00〜17:00（日12:00〜）
休サンクスギビング、12/24、12/25
料博物館のみ$14、シニア／3〜12歳$10。オムニシアターやプラネタリウムは別途有料

キンベル美術館
住3333 Camp Bowie Blvd.
☎(817) 332-8451
URL www.kimbellart.org
開火〜木・土10:00〜17:00、金12:00〜20:00、日12:00〜17:00
休月、サンクスギビング、12/25、1/1、7/4
料無料。特別展は別途有料
●The Buffet
開火〜木・土11:30〜16:00、金12:00〜17:30、日12:00〜16:00
休月、サンクスギビング、12/25、1/1、7/4

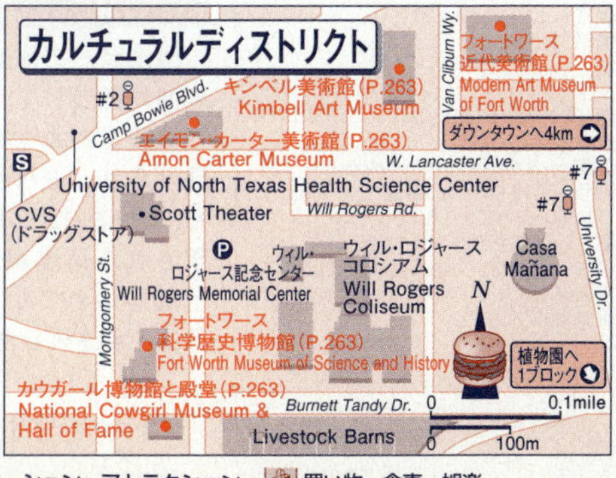

ストックヤード地区 Stockyards National Historic District

かつてはアメリカ最大級の家畜取引が行われていた場所。現在は昔の西部の面影を残す、フォートワースいちの見どころとして観光客でにぎわう。Main St.とExchange Ave.の交差点を中心とした数ブロックに、レストランやウエスタンファッションの店、みやげ物屋が集まっている。

ストックヤードでぜひ見てほしいのが、**牛のパレード The Fort Worth Herd**。毎日2回、Exchange Ave.をカウボーイに先導されて、牛がゆっくりパレードする。

ナマで見るロデオは大迫力 地P.265 B

カウタウンコロシアム
Cowtown Coliseum

世界で最初に屋内でロデオ大会が開催された競技場。現在も毎週金・土曜の20:00からロデオ大会の**ストックヤード・チャンピオンシップ・ロデオStockyards Championship Rodeo**が行われている。ロデオは約2時間のイベントで、ブルライディングやタイダウンローピング、バレルレーシングなどさまざまな競技が目白押しだ。幕あいにはマジックや歌のショーなどもあり飽きることがない。また、**テキサス・ロデオ・カウボーイの殿堂Texas Rodeo Cowboy Hall of Fame**も併設する。

家畜のオークション会場であった 地P.265 B

家畜取引所
Livestock Exchange Building

1902年に完成したアドービ（日干しレンガ）の建物は、家畜売買のオークション会場として使用されていた。現在はテレビモニターを使ったオークションに変わってしまったが、この建物からその映像が今もなお発信されている。この取引所は、1920年代から1950年代まで世界最大規模の売買を取り扱ったため「西部のウオールストリート」と呼ばれていた。また、併設する**ストックヤード博物館Stockyard Museum**には、家畜売買やストックヤードの歴史に関する展示があるので立ち寄るといい。

ロデオ大会や西部の文化について知ることができる 地P.265 B

テキサス・カウボーイの殿堂
Texas Cowboy Hall of Fame

馬やラバの家畜小屋だった建物が、カウボーイに関する博物館として2001年オープンした。歴代のロデオ大会で優勝したカウボーイが着ていたユニホームやサドルが展示され、彼らが活躍した大会の映像も流れている。また、1890～1920年頃に使用された荷馬車が60台以上展示されていて、その数に圧倒されるだろう。

ストックヤードならではの博物館

牛のパレードは必見

ストックヤード地区
地P.265
URL www.fortworthstockyards.org
行 インターモードゥル・トランスポーテーション・センター（ITC）からティー#1の“N. MAIN”と表示された北行きに乗りEllis & Exchange Aves.で下車。約20分。月～土は約15分おき、日は1時間おきの運行。土はティー#15でも行ける。約30分おきの運行

牛のパレード
開 毎日11:30と16:00（悪天候時を除く）
URL www.fortworth.com/the-herd
※パレードはExchange Ave.をストックヤードステーションからコロシアムのあたりまで

ウオーキングツアー
コロシアムや家畜取引所、ストックヤードステーションなどを約1時間30分で見学する。申し込みは、観光案内所のカウンターで
☎(817)625-9715
ツアー／土・日12:00、13:30、14:30（土は10:00もあり）
料 $6、シニア$5、子供$4

カウタウンコロシアム
住 121 E. Exchange Ave.
☎(817)625-1025
Free (1-888)269-8696
URL www.cowtowncoliseum.com
料 $15～（イベントにより異なる）
※チケットは特別な場合を除き、コロシアム前のチケット売り場で当日の夕方から販売
※ダウンタウンに宿泊しているなら、ロデオ終了後コロシアム前からタクシーを利用すること

家畜取引所
住 131 E. Exchange Ave.
●Stockyards Museum
☎(817)625-5082
開 月～土10:00～17:00
料 $2（寄付制）

テキサス・カウボーイの殿堂
住 128 E. Exchange Ave.
☎(817)626-7131
URL www.texascowboyhalloffame.org
開 月～土10:00～18:00（金・土～19:00）、日11:00～17:00
休 サンクスギビング、12/25、1/1
料 $5、シニア／学生$4、5～12歳$3、家族パッケージ（大人2人、5～12歳4人まで）$15

投稿 **ストックヤードにある、B&Bスタイルのホテル** ▶ 昔は売春宿だったという、変わった歴史をもつホテル。現在は、ベッド&ブレックファストとして、居心地のよい宿となっている。Miss Molly's Hotel 住 109 W. Exchange Ave. ☎(817)626-1522
（東京都　K.K.　'08）['12]

昔の取引所は現在ショッピングセンター＆駅 地P.265 B

ストックヤードステーション
Stockyards Station

1900年代初頭は、南西部最大の豚と羊の取引市場だった場所。この市場で1億6000万頭以上の家畜が売買された。現在は、グレープバイン鉄道駅P.265やギャラリー、ワインショップ、みやげ物屋、レストランなどが25軒以上入る。レンガの床とフェンスは当時からのもの。ショップやレストランが並ぶなか、グレープバイン鉄道が入線してくるのには驚くだろう。

おみやげ探しはここで

最も大西部らしいナイトクラブ 地P.265 B

ビリー・ボブズ・テキサス
Billy Bob's Texas

かつての家畜取引所の一部を改造した、収容人員5000人というテキサスサイズのホンキートンク（ナイトクラブ）。内部はいくつかのバーが軒を並べるほか、ダンスフロアやビリヤード台もある。また、カントリー歌手のコンサートや一流エンターテイナーのカントリー＆ウエスタンショーなども行われ、テキサススタイルの楽しみが目白押しだ。コアタイムは夜がふけてから。平日の昼間も営業こそしているものの、人はまばらでおもしろさは半減する。ナイトクラブというと身構えてしまう人もいるが、ダンスフロアのほかに食事のできるフードコートもあるので、気楽にのぞいてみてはいかが？

食事をとるだけでもいいので、のぞいてみたいビリー・ボブズ・テキサス

蒸気機関車に乗っての旅 地P.265 B

グレープバイン鉄道
Grapevine Vintage Railroad

ストックヤードステーションから、1896年製造の蒸気機関車、もしくは、1953年製造のディーゼル機関車がグレープバインP.266へ向かう。1日1便の運行で、ストックヤードを16:00に出発し、グレープバインに17:30に到着。その日のうちに折り返す便がないので、グレープバインで1泊することになる。帰りの便は13:00にグレープバインを出発。運行は季節により異なるので、乗車前にウエブサイトなどでチェックしておきたい。

ストックヤードステーション
住130 E. Exchange Ave.
☎(817)625-9715
URL www.stockyardsstation.com
開月～土10:00～18:00（金・土～19:00）、日12:00～18:00（店舗により異なる。レストランは週末23:00頃まで営業している）

ビリー・ボブズ・テキサス
住2520 Rodeo Pl.
☎(817)624-7117
URL www.billybobstexas.com
開毎日11:00～翌2:00（日12:00～）
休サンクスギビング、12/25
料$2～（曜日や時間、イベントにより異なる）

グレープバイン鉄道
住140 E. Exchange Ave.（ストックヤードステーション）
☎(817)410-8136
URL www.gvrr.com
料$10～25（コースにより異なる）
運行／2月～11月下旬の土・日、5月下旬～8月は金もあり。所要約1時間30分
料片道：$14～20、シニア$13～18、子供$7～3。往復：$20～28、シニア$18～26、子供$10～18
※グレープバインは、町の中心にあるコットン・ベルト・ディーポ（住705 S. Main St., Grapevine）に到着

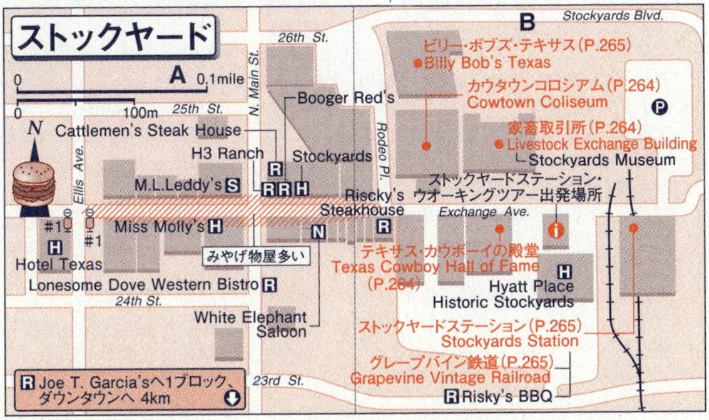

メモ **おみやげにカウボーイハットはいかが？**▶ストックヤードのMain St.やExchange Ave.沿いには観光客相手のギフトショップのほか、カウボーイグッズを扱う店も数店あり、いずれの店も選びきれないほどの種類のカウボーイハットを店頭に並べている。

N　バー&ライブハウス

ストックヤードにあるバー&ライブハウス

ホワイト・エレファント・サルーン
White Elephant Saloon

住106 E. Exchange Ave.（Stockyards）　☎(817)624-8273
URL www.whiteelephantsaloon.com　地P.265　A
開毎日12:00〜24:00（金・土〜翌2:00）　AMV

毎晩カントリー&ウエスタンのライブ演奏が聴ける。店内に飾られた何百ものカウボーイハットに注目してほしい。演奏したミュージシャンたちが記念に置いていくのだそう。　('12)

S　ファッション

カウボーイスタイルが上下一式揃う

レディーズ・ランチ・アット・サンダンス
Leddy's Ranch at Sundance

住410 Houston St.　☎(817)336-0800　URL leddys.com
開月〜土10:00〜19:00（金・土〜20:00）、日12:00〜17:00
AMV　地P.261　A-2

ウエスタンブーツやハットなどを取り扱う老舗ショップ。1922年創業以来、多くの人が手作りのブーツを求めて訪れるという。ストックヤードに本店あり。　('12)

S　スポーツ

MLBテキサス・レンジャースの正規ショップ

テキサス・レンジャース・チーム・ショップ
Texas Rangers Team Shop

住316 Main St.　☎(817)273-5128
URL texas.rangers.mlb.com　AMV　地P.261　A-1
開月〜土10:00〜20:00（金・土〜22:00）、日12:00〜18:00

ダウンタウンのサンダンススクエアにあるチームショップ。ダルビッシュ投手のTシャツからユニホームやキャップまで、おみやげに最適なものが入手できる。　('12)

R　アメリカ料理

フォートワースNo.1のリブ

リスキーズバーベキュー
Risky's Barbeque

住300 Main St.　☎(817)877-3306
URL www.riscky s.com　AMV　地P.261　A-1
開毎日11:00〜22:00（金・土〜23:00、日・月〜21:00）

約80年の歴史をもつ自家製バーベキューソースが自慢の老舗レストラン。ビーフ、ポーク、チキンなどから3品選べるコンボ（$15.50）は大人気だ。ストックヤードに支店あり。　('12)

旅のアドバイス　ワイナリーとショッピングの町“グレープバイン”

ダラス／フォートワース国際空港があるグレープバイン市Grapevineは、ブドウの産地として有名だ。ワイナリーが約10軒あり、ツアーが催行されている。また、空港の北約6kmには180以上の店舗が入るショッピングモールの**グレープバインミルズGrapevine Mills**があるので立ち寄りたい。ホリスターやコーチのアウトレットショップからレゴランドや水族館、映画館までが入る。ダウンタウンは、グレープバインミルズから車で10分。わずか6ブロックほどだが、ショップやレストランが連なりにぎわっている。アメリカのこぢんまりとしたかわいらしい町並みを感じられるだろう。そのほか、ストックヤードからグレープバインダウンタウンまでグレープバイン鉄道(➡P.265)が1日1往復しているので、それを利用するのもいい。空港からグレープバインミルズやダウンタウングレープバインへは、シャトルバスGrapevine Visitors Shuttleかタクシーで。

●グレープバイン観光案内所
Grapevine Visitor Information Center
住705 S. Main St., Grapevine（グレープバイン鉄道のコットン・ベルト・ディーポ内）
☎(817)410-8136
URL www.grapevinetexasusa.com
開毎日9:00〜17:00（日12:00〜）

●グレープバイン・ビジターズ・シャトル
Grapevine Visitors Shuttle
運行／毎日11:00〜22:00（日〜18:00）路線により異なるのでウエブサイトで確認を　料1日券$5
URL www.grapevinetexasusa.com/shuttle

●グレープバインミルズ　Grapevine Mills
住3000 Grapevine Mills Pkwy., Grapevine
☎(972)724-4910
URL www.grapevinemills.com
開月〜土10:00〜21:30、日11:00〜19:00

●フェリナズ・ワイナリー&カフェ
Farina's Winery & Cafe
住420 S. Main St., Grapevine
☎(817)442-9095
URL farinaswinery.homestead.com
開毎日11:00〜21:00（水・木〜22:00、金・土〜23:00、日〜17:00）

投稿　**グレープバインのダウンタウンで見つけた変わった見どころ▶**たまたま立ちよったガラス工房では、ガラス吹きのデモンストレーションを行っていた。希望者は、ガラスに柄を付ける作業ができる。↗

レストラン&ホテル　Restaurants & Hotels

R　アメリカ料理

テキサスサイズのステーキを食べよう

キャットルマンズ・ステーキハウス
Cattlemen's Steak House

住2458 N. Main St.（Stockyards）　☎(817)624-3945

URL www.cattlemenssteakhouse.com　AMV　地P.265　A

開月～土11:00～22:30（金・土～23:00）、日12:00～21:00

店内はカウボーイハットをかぶり、シャツはタックイン、そしてウエスタンブーツを履いたザ・テキサス・スタイルのお客でいっぱい！サンドイッチやハンバーガーもあり。ランチは$15～、ディナーは$30～。（'12）

R　アメリカ料理

中西部の雰囲気を味わえる

H3 ランチ
H3 Ranch

住105 E. Exchange Ave.（Stockyards）　☎(817)624-1246

URL www.h3ranch.com　AMV　地P.265　A

開月～金11:00～22:00（金～23:00）、土・日9:00～23:00（日～22:00）

ストックヤードホテルに隣接したステーキハウス。週末は特に込むため、早めに行くか、予約をして行こう。隣のバーBooger Red's Saloonも人気だ。予算は$35～。（'12）

R　アメリカ料理

カリスマシェフが腕を振るう

ロンサム・ダブ・ウエスタン・ビストロ
Lonesome Dove Western Bistro

住2406 N. Main St.（ストックヤード）　☎(817)740-8810

URL lonesomedovebistro.com

開ランチ火～土11:30～14:30、ディナー月～土17:00～22:00（金・土～23:00）　休日　AMV　地P.265　A

2001年にオープンして以来、多くの雑誌に取り上げられている。シェフは、TV番組『料理の鉄人』にも出演した。繊細な味付けは日本人の口に合う。ランチは$15～、ディナーは$35～。（'12）

H　エコノミーホテル

ダウンタウンで安く泊まるならここ

パークセントラル・ホテル
Park Central Hotel

住1010 Houston St., Fort Worth, TX 76102　☎(817)336-2011

Free (1-800)848-7275　FAX(817)336-0105　地P.261　A-2

URL www.parkcentralhotel.com　ⓈⒹⓉ$90～　MV

サンダンススクエアまで歩いて8分のモーテル形式のホテル。1階に駐車場とメキシコ料理レストラン、2～5階が客室になっている。プールやフィットネスセンターがあり、インターネット接続は無料。110室。（'12）

H　中級ホテル

ストックヤードにある観光案内所の裏

ハイアットプレイス・フォートワース・ヒストリック・ストックヤード
Hyatt Place Fort Worth Historic Stockyards

住132 E. Exchange Ave., Fort Worth, TX 76164

☎(817)626-6000　FAX(817)626-6018　地P.265　B

URL stockyards.place.hyatt.com

ⓈⒹⓉ$139～219、スイート$299～399　ADJMV

すべての客室に、冷蔵庫やコーヒーメーカー、ヘアドライヤーが備わっている。朝食やWi-Fiが無料なのもうれしい。101室。（'12）

H　中級ホテル

ダウンタウンの中心にある

コートヤード・フォートワース・ダウンタウン
Courtyard Fort Worth Downtown

住601 Main St., Fort Worth, TX 76102　☎(817)885-8700

FAX(817)885-8303　URL www.marriott.com　地P.261　A-2

ⓈⒹⓉ$149～249、スイート$249～　ADJMV

サンダンススクエアまで徒歩3分。モーリー・ザ・トロリーが目の前をとおる。プールやフィットネスセンター、コインランドリーがあり、1階にはパン屋も入る。Wi-Fi無料。188室。（'12）

H　高級ホテル

ビジネスマンにおすすめの格式あるホテル

オムニ・フォートワース
Omni Fort Worth

住1300 Houston St., Fort Worth, TX 76102　☎(817)535-6664

FAX(817)882-8140　URL www.omnihotels.com　地P.261　B-3

ⓈⒹⓉ$229～294、スイート$399～950　ADJMV

目の前にモーリー・ザ・トロリーが停まる。コンベンションセンターやウオーターガーデンまで徒歩1分。有名ステーキレストランのBob's Steak & Chop Houseが入り、ビジネスセンターやフィットネスセンター、プール、スパを完備する。Wi-Fi無料。614室。（'12）

↘ Vetro Glassblowing Studio & Gallery　住701 S. Main St., #103, Grapevine　☎(817)251-1668　URL vetroartglass.com
（港区　たむたむ　'11）['12]

オースチン Austin

ライブ音楽の中心地はここ

テキサス州のシンボルは「ローンスター（ひとつ星）」

2012年11月にF1開催が予定されることから注目度が高まっているテキサス州の州都オースチン。全米最大規模のテキサス大学オースチン校があることも手伝って、若い活気であふれている。

世界が注目する音楽見本市のひとつであるSXSW（サウス・バイ・サウス・ウエスト）が毎年オースチンで開催されており、日本からの参加者も含め2000近いバンドが出演する。“Live Music Capital of the World” をうたっているだけあって、毎日どこかでライブが行われている。ぜひライブハウスに足を運ぼう。

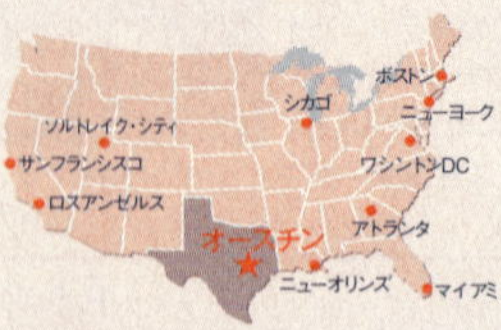

DATA

人口▶約79万400人
面積▶約772km²
標高▶約153m
TAX▶セールスタックス　8.25%
ホテルタックス　15%
属する州▶テキサス州　Texas
州のニックネーム▶ひとつ星の州 Lone Star State
州都▶オースチン　Austin
時間帯▶セントラル・タイムゾーン ➲P.631
繁忙期▶3、10月

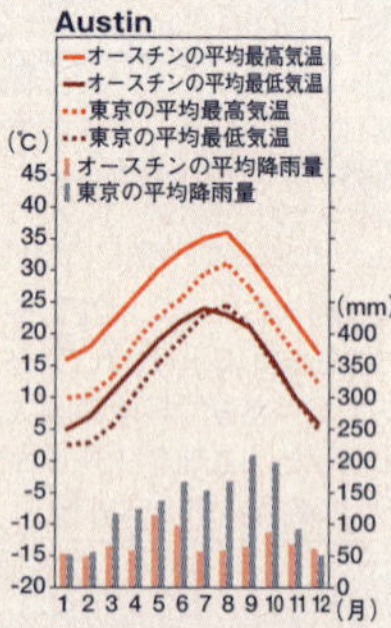

Getting There　オースチンへの行き方

飛行機 ………… Plane

オースチン-バーグストロム国際空港
Austin - Bergstrom International Airport (AUS)

ダウンタウンの南西約13kmのところ。ダウンタウンまでタクシーで約20分（料$15前後）。市バス#100なら約40分。

長距離バス ………… Bus

グレイハウンド・バスターミナル
Greyhound Bus Terminal

ダウンタウンの北西約9km、ショッピングモールHighland Mallに隣接する。ダウンタウンまで市バス#10、7で40分ほど。

鉄道 ………… Train

アムトラック駅
Amtrak Station

ダウンタウンの西約2kmにある。テキサスイーグル号が1日1往復。ダウンタウンまで市バス#3、22で10〜20分。

オースチン-バーグストロム国際空港
地P.269　B-2外
住3600 Presidential Blvd.
☎(512)530-2242
URL www.ci.austin.tx.us/austinairport
●Capital Metro（市バス）
☎(512)474-1200
●SuperShuttle（空港シャトル）
Free (1-800)258-3826
●Yellow Cab（タクシー）
☎(512)452-9999

グレイハウンド・バスターミナル
地P.269　B-1外
住916 E. Koenig Ln.
☎(512)458-4463
開24時間営業

アムトラック駅
地P.269　A-2外
住250 N. Lamar Blvd.
Free (1-800)872-7245
開毎日7:00〜20:00

メモ　**F1アメリカGPが2012年11月18日に開催予定▶**ダウンタウンの南東約25kmにあるサーキット・オブ・ジ・アメリカズ Circuit of The Americas（URL circuitoftheamericas.com）は公共の交通機関で行くことができないので、タクシーを利用すること。

オースチンの歩き方 Getting Around

ネオンが輝く観光案内所はダウンタウンの真ん中にある

ダウンタウンと州議事堂だけなら歩いて回ることができるが、地元の若者に人気のエリアはダウンタウンを中心に東西、テキサス大学周辺、湖の南側に点在しているので、バス#1、4、7、10の利用が便利だ。

観光案内所 ………… Visitors Information

オースチン観光案内所
Austin Visitor Information Center

6番通り沿いにあり、おみやげも各種揃っている。ツアーの発着もここから。

市内の交通機関 ……… Public Transportation

キャピタルメトロ
Capital Metro

オースチン市街地をカバーするバス網。電車も運行しているが、本数が少ないので観光には不向き。

オースチン観光案内所
地P.269　B-2
住209 E. 6th St.
☎(512)478-0098
Free(1-866)462-8784
URL www.austintexas.org
開毎日9:00～17:00

キャピタルメトロ
☎(512)474-1200
URL www.capmetro.org
運行／バス毎日5:00～24:00（路線により異なるが毎時2～6本）
料$1、$2.75（エクスプレス）。1日券$2、$5.50（エクスプレス）

テキサス州議事堂
住11th St. & Congress Ave.
☎(512)463-5495
URL www.tspb.state.tx.us
開月～金7:00～22:00、土・日9:00～20:00
料無料
ツアー／月～金8:30～16:30、土9:30～15:30、日12:00～15:30の15～30分おき

おもな見どころ Sightseeing

まさにビッグなテキサスサイズ 地P.269　A、B-1、2

テキサス州議事堂
Texas State Capitol

アメリカにある州議事堂のなかで一番の高さを誇る。円形ホールの壁面には、テキサスがメキシコ共和国だった頃の大統領の肖像画と、アメリカ合衆国になってからの州知事の肖像画が掛けられている。頭上にある円形ドームは4階まで吹き抜けになっており、天井にはテキサスのシンボル「ローンスター」が輝く。また、議事堂を正面に見て右側にはビジターセンターがあり、議事堂の模型や歴史年表などが展示されている。

テキサスらしい巨大な議事堂

メモ **O・ヘンリー博物館▶**日本でもおなじみの短編小説家O・ヘンリーゆかりの品が展示されている。O. Henry Museum 住409 E. 5th St.　☎(512)472-1903　URL www.austintexas.gov/department/o-henry-museum　開水～日12:00～17:00　料無料　地P.269　B-2

6番通り
毎晩どこかでライブが行われている　地P.269　A、B-2

6th Street

Congress Ave.から東側I-35までは、ライブハウスやバー、レストランが建ち並び、夜が更けるにつれて活気づく。また、I-35より東側は最新のエリアで、おしゃれなバーが建ち並び地元の若者でにぎわっている。ただし、あまり雰囲気がよくない場所もあるので注意すること。

6番通り
住E. 6th St. bet. Congress Ave. & I-35

コングレス・アベニュー・ブリッジ周辺
昼はお散歩、夕方にはコウモリ見物　地P.269　A-2

Congress Avenue Bridge

レディバード湖の上をとおるコングレス・アベニュー・ブリッジにはメキシカン・フリーテイルと呼ばれるコウモリの巣があり、その数は100万匹を超えるといわれている。4～10月の夕暮れ時にはコウモリがエサを求めていっせいに飛び立ち、その光景を見物する人で橋の周辺はにぎわう。

またこの橋より南、Nellie St.の少し手前からAnnie St.あたりまではソーコー SoCo（South Congress）と呼ばれ、個性的なショップやカフェが並ぶ。

コングレス・アベニュー・ブリッジ
住N. Congress Ave. & Lady Bird Lake

ウインドーショッピングだけでも楽しめる
©Denise Chambers

ナイトスポット&ショップ&ホテル　Night Spot & Shop & Hotels

N　ライブハウス
ブルースのライブを聴くなら
アントンズ
Antone's

住213 W. 5th St.　☎(512) 320-8424
URL www.antones.net　地P.269　A-2
開毎日20:00～翌2:00（日によって異なる）　AMV

敏腕プロモーターClifford Antoneがオープンさせたクラブ。ブルース界の大物から地元の愛好家までがステージに上がる。　('12)

S　スーパーマーケット
人気オーガニック系スーパーの本店はここ
ホール・フーズ・マーケット
Whole Foods Market

住525 N. Lamar Blvd.　☎(512) 476-1206
URL wholefoodsmarket.com
開毎日8:00～22:00　AMV　地P.269　A-2外

今や全米に300店舗以上を展開する人気のオーガニック系スーパーマーケットは、オースチン発祥。目の前で調理してくれたものをその場で食べることのできる飲食コーナーが10ヵ所以上あり、地元の人たちに好評だ。　('12)

H　ホステル
湖のほとりに建つユースホステル
ホステリング・インターナショナル・オースチン
Hostelling International Austin

住2200 S. Lakeshore Blvd., Austin, TX 78741
☎(512) 444-2294　Free(1-800) 725-2331　FAX(512) 444-2309
URL hiaustin.org　ドミトリー$22～　MV　地P.269　B-2外

市バス#7か20に乗りRiverside Dr. & Summit St.で降りたあと、S. Lakeshore Blvd.を湖沿いに15分ほど歩く。ウエブサイトではTinnin Ford Rd.をとおる行き方が紹介されているが、避けたほうがよい。47ベッド。　('12)

H　中級ホテル
ロケーション抜群！
ラディソン・ホテル&スイーツ・オースチン-ダウンタウン
Radisson Hotel & Suites Austin Downtown

住111 Cesar Chavez at Congress, Austin, TX 78701　ADMV
☎(512) 478-9611　FAX(512) 473-8399　地P.269　B-2
URL www.radisson.com　ⓈⓉⒹ$179～284、スイート$214～304

コウモリで有名なコングレス・アベニュー・ブリッジのすぐそばにある。1階にはスターバックスとT.G.I. Fridaysが入っていて便利。314室。　('12)

メモ　**1886 カフェ&ベーカリー**▶オースチン最古のホテルThe Driskill Hostelにあるカフェレストラン。1886 Cafe & Bakery　住116 6th St.　☎(512) 371-7066　URL www.1886cafeandbakery.com　開毎日6:30～22:00（金・土～24:00）　AMV　地P.269　B-2

NASAのスペースセンターは見逃せない

スペースシティ
ヒューストン
Houston

テキサス州のニックネーム“ローンスター(ひとつ星)”は、テキサス州がメキシコから共和国として独立したときに付いた名前である。合衆国へ合併され、テキサス州と名を変えてからも独立独歩を好み、他人と同じことを嫌う気質は根強く残っている。そのテキサス州最大の都市がヒューストンだ。ニューヨーク、ロスアンゼルス、シカゴに次いで全米で4番目に人口の多い都市であり、日本からの直行便が発着するなど、アクセスのよさも魅力のひとつである。

ヒューストンで一番の見どころは、郊外にあるNASAのジョンソン宇宙センターだ。別名“スペースシティ”のとおり、アポロ計画やスペースシャトル計画といった宇宙開発における重要な拠点で、宇宙への思いを馳せた人々が世界各国からやってくる。

リバー・オークス・ショッピングセンターにある映画館はオープン当時の面影を残している

DATA

人口▶約209万9500人
面積▶約1550km²
標高▶約13m
TAX▶セールスタックス　8.25%
ホテルタックス　17%
属する州▶テキサス州 Texas
州のニックネーム▶ひとつ星の州 Lone Star State
州都▶オースチン　Austin
時間帯▶セントラル・タイムゾーン ➡P.631
繁忙期▶4、5、10、11月

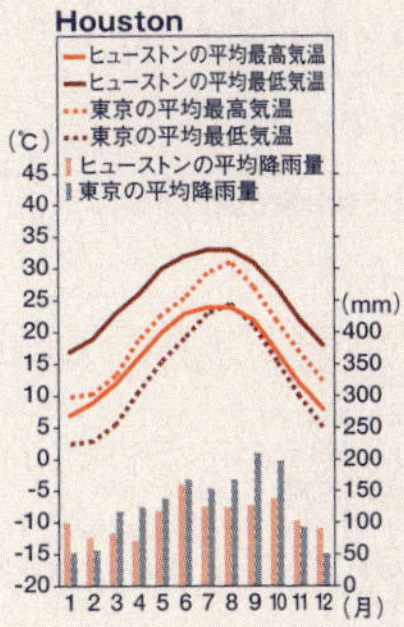

Getting There ヒューストンへの行き方

ジョージ・ブッシュ・インターコンチネンタル空港
住 2800 N. Terminal Rd.
☎ (281) 230-3100
URL www.fly2houston.com/iah

月面歩行する巨大な牛の像がお出迎え

飛行機 Plane

ジョージ・ブッシュ・インターコンチネンタル空港
George Bush Intercontinental Airport (IAH)

ダウンタウンの北約35kmにある大空港。ロスアンゼルスやサンフランシスコなど、おもな都市から乗り入れる。空港はA～Eとの5つのターミナルから構成され、B～Eはそれぞれ地下鉄（ターミナルリンク）で結ばれている。成田発コンチネンタル航空の直行便はEターミナルに到着。

■ 空港から／空港へのアクセス

	種類／名称／連絡先	行き先／運行／料金	乗車場所／所要時間／備考
空港シャトルバン	スーパーシャトル SuperShuttle Free (1-800) 258-3826 URL www.supershuttle.com	行き先▶ダウンタウンやギャレリア地区 運行▶飛行機の運航に合わせて随時 料金▶ダウンタウンまで片道$23、ギャレリア地区まで片道$24	空港発▶チケットデスクがターミナルA～Dにあり、そこで申し込んでから乗車 空港行き▶事前に電話などで予約をしてから乗車 所要時間▶ダウンタウンまで約45分
路線バス	メトロバス #102 Metro Bus #102 ☎ (713) 635-4000 URL ridemetro.org	行き先▶ダウンタウン 運行▶空港発は毎日5:40～24:00頃、空港行きは毎日5:00～23:20頃。20～50分間隔 料金▶$1.25	空港発▶ターミナルCの1階を出たところから乗車 空港行き▶ダウンタウンのTravis St.沿いなどから乗車 所要時間▶ダウンタウンまで約75分
タクシー	イエローキャブ Yellow Cab ☎ (713) 236-1111	行き先▶市内や周辺どこでも 運行▶24時間随時 料金▶ダウンタウンまで約$45、ギャレリア地区まで約$50	空港発▶ターミナルを出たところから乗車 空港行き▶事前に電話予約、または主要ホテルから乗車 所要時間▶ダウンタウン、ギャレリア地区とも約30～40分

※それぞれの乗り物の特徴については ➡P.665

ウィリアム P. ホビー空港
住 7800 Airport Blvd.
☎ (713) 640-3000
URL www.fly2houston.com/hobby

ウィリアム P. ホビー空港
William P. Hobby Airport (HOU)

国内34都市とヒューストンを結んでいる。ダウンタウンの南東約23km。サウスウエスト航空の発着が多い。

■ 空港から／空港へのアクセス

	種類／名称／連絡先	行き先／運行／料金	乗車場所／所要時間／備考
空港シャトルバン	スーパーシャトル SuperShuttle Free (1-800) 258-3826 URL www.supershuttle.com	行き先▶ダウンタウンやギャレリア地区 運行▶飛行機の運航に合わせて随時 料金▶ダウンタウンまで片道$19、ギャレリア地区まで片道$23	空港発▶ターミナル外のカーブサイドZone12から乗車 空港行き▶事前に電話などで予約をしてから乗車 所要時間▶ダウンタウンまで約45分
路線バス	メトロバス #88 Metro Bus #88 ☎ (713) 635-4000 URL ridemetro.org	行き先▶ダウンタウン 運行▶空港発は月～金5:09～23:04、土5:50～22:20。空港行きは月～金6:10～翌0:08、土6:49～23:19。15～60分間隔※日は#50で 料金▶$1.25	空港発▶ターミナル外のカーブサイドZone13のバス乗り場から#88の北行きに乗車 空港行き▶ダウンタウンのPierceとMain Sts.の角にあるバス停から乗車 所要時間▶ダウンタウンまで40分
タクシー	イエローキャブ Yellow Cab ☎ (713) 236-1111	行き先▶市内や周辺どこでも 運行▶24時間随時 料金▶ダウンタウンまで約$22、ギャレリア地区まで約$46	空港発▶ターミナル外のカーブサイドZone3から乗車 空港行き▶事前に電話予約、または主要ホテルから乗車 所要時間▶ダウンタウンまで約20分

※それぞれの乗り物の特徴については ➡P.665

グレイハウンド・バスディーポ
地 P.275 A-2
住 2121 Main St.
☎ (713) 759-6565
開 24時間営業
行 メトロレールのDowntown Transit Center駅で下車し、Main St.を南西に3ブロック

長距離バス Bus

グレイハウンド・バスディーポ
Greyhound Bus Depot

ダウンタウンの南西、ハイウエイI-45を越えてすぐのところ。メトロレールの駅が近い。ダラス（所要約4時間30分）やニューオリンズ（所要約8時間）などからの便がある。

鉄道 ・・・ Train

アムトラック駅
Amtrak Station

ロスアンゼルスとニューオリンズを結ぶサンセットリミテッド号が、週3便（西行きは月・水・金、東行きは火・金・日）停車する。

ヒューストンの歩き方 Getting Around

ヒューストンはとにかく広く、そのなかに見どころが分散しているので、行き当たりばったりの観光は時間のムダになる。事前におおまかな予定を立てておくこと。

おもな見どころは大きく3つのエリアに分かれる。ビジネスの中心でスポーツ会場もある**ダウンタウン**➲P.274、博物館や美術館が集まる**ハーマンパーク**➲P.274、そしてNASAのある**スペースセンター**➲P.277だ。買い物を楽しみたいなら**アップタウン**➲P.274にあるギャレリアや、ダウンタウンとアップタウンの間にある**リバー・オークス・ショッピングセンター**➲P.276がおすすめ。

観光案内所 ・・・ Visitors Information

ヒューストン観光局
Greater Houston Convention and Visitors Bureau

市庁舎の1階に観光案内所があり、メトロの時刻表や観光マップ、パンフレットが置いてある。また、みやげ物の種類も豊富で、スペースセンターにちなんだ宇宙ものから、テキサス名産のバーベキューソースまで揃うので、ぜひ立ち寄ろう。

市内の交通機関 ・・・ Public Transportation

メトロ
METRO（Metropolitan Transit Authority of Harris County）

ヒューストンの公共交通機関であるメトロバスとメトロレールを運行する。ダウンタウンにある**メトロ案内所Metro RideStore**では、路線図や時刻表が入手できる。

メトロバス　Metro Bus

ヒューストンからスペースセンターまでを含むハリス郡に80以上の路線がある。料金はゾーン制で、ダウンタウンからアップタウンやハーマンパークまで$1.25、スペースセンターへは$4.50。

メトロレール　METRORail

ダウンタウンからハーマンパーク、メディカルセンターをとおって、リライアントスタジアムまで約15kmを30分で走るライトレール。住民の通勤にも使われており、朝夕には通勤ラッシュもある。旅行者はハーマンパークへの足として重宝する乗り物だ。

ハーマンパークにはメトロレールで行こう

アムトラック駅
地P.275　A-1
住902 Washington Ave.
Free (1-800) 872-7245
開日～金4:00～23:00（月13:30～、日・木～13:30）
休土
行ダウンタウンからタクシーで5分

シティパス➲P.693
5ヵ所で使え、9日間有効。対象施設の窓口で購入可能。本来ならば合計$70.96、子供$53.72なので、かなりお得である
URL www.citypass.com
料$39、3～11歳$29

1.スペースセンター・ヒューストン➲P.277
2.ダウンタウン水族館➲P.274
3.ヒューストン自然科学博物館➲P.275
4.ヒューストン動物園➲P.276もしくは健康博物館
5.ヒューストン美術館➲P.274もしくはヒューストン子供博物館

ダウンタウンの地下街
ダウンタウンのビルの地下は通路でつながっていて、ファストフードやカフェ、雑貨店などが軒を連ねている
URL www.downtownhouston.org/district/downtown-tunnels

ヒューストン観光局
地P.275　A-1
住901 Bagby St.
☎ (713) 437-5556
Free (1-800) 446-8786
URL www.visithoustontexas.com
開月～土9:00～16:00
休日
※Walker St.側が入口となっている

メトロ
☎ (713) 635-4000
URL ridemetro.org
料メトロバス$1.25～4.50、メトロレール$1.25。トランスファー（乗り換え）はQカード利用者のみ無料
※運賃の支払い方法はふたとおり。ひとつは現金、もうひとつはQカードを使用して電子マネーで支払う方法。Qカードはメトロ案内所などで入手できるICカード。メトロレールにQカードで乗る場合は、ホーム上にある機械に読み込ませて料金を払っておく
●Metro RideStore
地P.275　A-2
住1900 Main St.
開月～金8:00～17:00
●Metro Bus
運行／早朝から深夜まで。日曜運休の路線あり
●METRORail
運行／月～金4:30～23:40（金～翌2:20）、土5:30～翌2:20、日5:30～23:40の6～20分間隔

メモ **世界最大級のロデオイベント** ▶ 毎年3月に、ダウンタウンの南にあるリライアントパークでロデオイベントが開催される。豪快なロデオショーや、人気アーティストによるコンサートが約1ヵ月にわたって行われる注目イベントだ。2013年は2/26～3/17に開催。 URL www.rodeohouston.com

JP モルガン・チェイスタワー前にあるミロの彫刻

ダウンタウン地区 Downtown

ダウンタウンは高層ビルが建ち並ぶビジネスの中心地。Milam & Capitol Sts.の角には、**JPモルガン・チェイス・タワーJP Morgan Chase Tower**があり、75階建てのタワー60階にある展望台Sky Lobbyへ無料で行くことができる。1階にあるスペインの芸術家ミロ作の彫像がタワーの目印だ。

タワー北には**マーケットスクエア公園 Market Square Park**があり、周辺には1850年代から1920年代の建築物が残る。もう少し北に行くとMainとCommerce Sts.の角にAllen's Landing Parkがあり、ここは1836年にニューヨーク出身のアレン兄弟が上陸したヒューストン発祥の地だ。

ダウンタウンの西側は観光案内所の入った市庁舎を中心に、復元された19世紀の建物が点在する**サム・ヒューストン公園 Sam Houston Park**や、ミュージカルやオペラなどが行われる**シアターディストリクトTheater District**がある。さらに北西に行くと**ダウンタウン水族館 Downtown Aquarium**があり、それぞれの生息地に合ったユニークな展示方法は見ていて楽しい。ほかにもサメのトンネルを走り抜ける園内列車、観覧車やメリーゴーラウンドなどがある。

またダウンタウン南東には**ディスカバリーグリーン Discovery Green**と名付けられた公園があり、芝生で覆われた公園にパブリックアートが点在する。

アップタウン地区 Uptown

ダウンタウンから西へ約15kmのところにある巨大ショッピング&ビジネスエリア。なかでもショッピングモールのギャレリアは370以上の店が集まり、買い物客であふれている。また、夜までにぎやかなギャレリアの周辺にはチェーン系ホテルが多く建ち並んでいるので、このあたりに宿を取ってもいい。

ハーマンパーク地区 Hermann Park

ダウンタウンからメトロレールで10分ほどの、メディカルセンター手前にある美しい公園は、**ミュージアムディストリクト**と呼ばれている。博物館や美術館、プラネタリウム、動物園が集まる市民の憩いの場だ。

ヒューストン美術館
The Museum of Fine Arts, Houston

本館と別館で6万点の美術品を収蔵する、アメリカでも有数の美術館。ルネッサンス期の宗教画と彫像、そして20世紀初期の印象派と後期印象派の絵画は必見だ。また、東アジアのコーナーも充実し、縄文土器や室町時代に活躍した運慶作の阿弥陀像なども陳列されている。

ダウンタウン地区
地P.275

●JP Morgan Chase Tower
地P.275 A-1
住600 Travis St.
開月～金7:00～18:00
休土・日、おもな祝日
料無料

●Market Square Park
地P.275 B-1
住Congress、Preston、Travis、Milam Sts.に囲まれたエリア

●Sam Houston Park
地P.275 A-1
住1000 Bagby St.

●Downtown Aquarium
地P.275 A-1
住410 Bagby St.
☎(713)223-3474
URL www.aquariumrestaurants.com
開毎日10:00～21:00(金・土～23:00)
料$9.25、シニア$8.25、2～12歳$6.25。アトラクションは別途有料

●Theater District
地P.275 A-1
URL www.houstontheaterdistrict.org

●Discovery Green
地P.275 B-2
住1500 McKinney St.

アップタウン地区
地P.275 地図外

●Galleria
データは➡P.279欄外
行ダウンタウンのSmith St.からメトロバス#81、82（いずれも運行本数が多い）で約35分、Westheimer Rd. & Post Oak Blvd.で下車

ハーマンパーク地区
地P.276
URL www.hermannpark.org
行メトロレールをHermann Park/Rice University駅で降りたところがハーマンパークだ。ヒューストン美術館や現代美術館へはMuseum District駅下車

●The Museum of Fine Arts, Houston
地P.276
住1001 Bissonnet St.
☎(713)639-7300
URL www.mfah.org
開火～日10:00～19:00(火・水～17:00、木～土21:00、日12:15～)
休月、サンクスギビング、12/25
料$10、シニア／6～18歳$5。木曜は無料

旅のアドバイス ハーマンパーク ▶ メトロレールの駅があるので、ダウンタウンからのアクセスがいい。メニールコレクション以外は駅から歩いて回れる距離だ。

美術館に隣接するイサム・ノグチ設計の**カレン彫刻庭園 Cullen Sculpture Garden**（開毎日9:00～22:00、料無料）は、マチスやアレクサンダー・カルダーのほか、テキサス州在住のアーティストによる彫像が並ぶ。

現代美術館　Contemporary Arts Museum

1948年に創設され、特別展のみで構成される。国内外の実験的で興味深い作品を数多く展示している。

ヒューストン自然科学博物館 Houston Museum of Natural Science

ヒューストン周辺の自然界を紹介する博物館。恐竜、動物アート、ジオラマ、ヒューストンらしい宇宙など、展示はバラエティに富んでいる。特に宝石＆鉱石の展示は、全米でも有数のコレクションを誇り、その輝きの美しさにうっとりしてしまう。

館内奥には、子供たちが真っ先に訪れる**バタフライセンターCockrell Butterfly Center**があり、熱帯の気候を再現した温室内に数百匹の蝶が放し飼いにされている。ところどころにエサ場が作ってあるので、蝶の生態を間近で観察してみるといい。

●Contemporary Arts Museum
地P.276　住5216 Montrose Blvd.
☎(713) 284-8250
URL www.camh.org
開水～日11:00～19:00（木～21:00、土・日～18:00）
休月・火、おもな祝日
料無料

●Houston Museum of Natural Science
地P.276　住5555 Hermann Park Dr.
☎(713) 639-4629
URL www.hmns.org
開毎日9:00～17:00（火～20:00）。展示内容によって開館時間が異なるのでウエブサイトで確認すること
料$15、シニア／3～11歳$10

●Cockrell Butterfly Center
料$8、シニア／3～11歳$7

マンモスの化石もある自然科学博物館

●Houston Zoo
地P.276
住6200 Hermann Park Dr.
☎(713)533-6500
URL www.houstonzoo.org
開〈夏時間〉毎日9:00～19:00、〈夏時間以外〉毎日9:00～18:00
休12/25
料$13、シニア$7、2～11歳$9
毎月第1火曜14:00～は無料

●The Japanese Garden
地P.276
住Main St.& Sunset Blvd.
開毎日10:00～17:00(春夏は～18:00)
料無料

●The Menil Collection
地P.276　外
住1533 Sul Ross St.
☎(713)525-9400
URL www.menil.org
開水～日11:00～19:00
休月・火、おもな祝日
料無料
行ダウンタウンのMilam St.を走るメトロバス#78で約20分。Alabama & Mulberry Sts.で下車

●River Oaks Shopping Center
地P.276　外
住West Gray St. and S. Shepherd Dr.
URL www.riveroaksshoppingcenter.com
開店によって異なる
行ハーマンパーク周辺からメトロバス#65に乗ってBissonnet St. & Shepherd Dr.で#27に乗り換える。約20分。ダウンタウンからは#48で約25分

ヒューストン動物園　Houston Zoo

アフリカンフォレストの目玉はチンパンジーだ

こぢんまりとした動物園だが4500匹以上の動物を飼育しており、いつも家族連れでにぎわっている。2010年には新アトラクションの**アフリカンフォレストAfrican Forest**がオープンした。エリア全体がアフリカの森のようになっていて、チンパンジー、サイ、キリンなど7種の動物が飼育されている。

日本庭園　The Japanese Garden

庭園散策で心安らぐひとときを

サム・ヒューストンの彫像の南に、アメリカと日本の友好を記念した日本庭園がある。著名な造園設計家、ケン・ナカジマ氏が設計した。庭園のなかはゆったりとした時間が流れている。

メニールコレクション　The Menil Collection

パークからは少し離れるが、閑静な住宅街にある美術館。アンディ・ウォーホルやジャスパー・ジョーンズなどの現代美術から紀元前12世紀のシリアのテラコッタまで、絵画や彫刻彫像など約1万6000点を収蔵する。公開されているのは一部だが、厳選されたコレクションが並ぶ。

リバー・オークス・ショッピングセンター River Oaks Shopping Center

パークの北約6km、高級住宅街にあるショッピングセンター。最初の店舗が1930年代にできたというテキサス州のなかで最も古いショッピングセンターのひとつだ。W. Gray St.沿いにショップやレストランが約100店並んでいる。

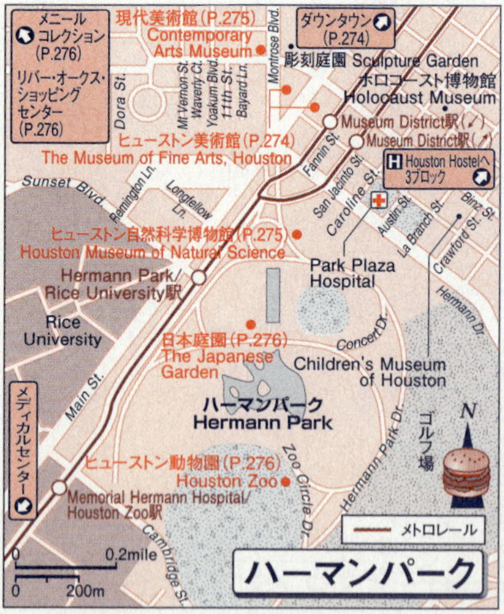

有名な作品も多く展示されているメニールコレクション

投稿 ヒューストン動物園 ▶ 広々とした公園のようで気持ちがよかった。南米の動物など、日本の動物園ではあまり見られない動物がいた。
（横浜市　火星　'06）['12]

郊外の見どころ Excursion

NASAのお宝を見学
地P.275 地図外

スペースセンター・ヒューストン
Space Center Houston

ダウンタウンの南東約40kmに位置するNASA（アメリカ航空宇宙局）のジョンソン宇宙センターは、アポロ計画、スペースシャトル計画など、NASAの主要なプロジェクトの中心となってきた。

敷地内の建物のほとんどは一般公開されていないが、一部が**スペースセンター・ヒューストンSpace Center Houston**として、観光客向けにオープンしている。見学には通常4〜6時間要するが、夏休みなどの観光シーズンは丸1日かかるので、朝一番で訪れることをすすめる。

時間がなくても必ず参加しておきたいのは、**ナサ・トラムツアー**と、**デスティニーシアター&スターシップギャラリー**だ。

●ナサ・トラムツアー　NASA Tram Tour

スペースセンターで一番人気があるアトラクション。アポロ11号月面着陸の際に使用されていたかつての管制室のほか、ロケットやシャトルの実物大の模型を見学し、最後にアポロ打ち上げに使われる予定だったサターンVロケットのあるロケットパークを見学する。所要時間は1時間30分。

間近で見るロケットは迫力満点

●スペースセンター・シアター Space Center Theater

トラムツアーに次ぐ人気のアトラクション。ビル5階分の高さがある巨大スクリーンに映し出される映像と音楽は迫力満点だ。所要時間は上映作品により異なり、25〜50分。

●デスティニーシアター&スターシップギャラリー Destiny Theater & Starship Gallery

月の石に触れることができるのが、このコーナー。初めにデスティニーシアターでアメリカの宇宙計画史ドキュメンタリーを鑑賞し、その後各自で見学。スターシップギャラリーにはアポロの回収カプセルやジェミニ、マーキュリー、スカイラブなど実際に使用された宇宙船が展示されている。所要時間は45分。

触ることのできる月の石が展示されている

宇宙計画や宇宙飛行士について学べるスペースセンター

スペースセンター・ヒューストン
住1601 NASA Pkwy.
☎(281)244-2100
URL www.spacecenter.org
開毎日10:00〜17:00(土・日〜18:00)
休12/25
料$22.95、シニア$21.95、4〜11歳$18.95
行メトロバス#246、249で約1時間10分、$4.50。ダウンタウンではMilam St.沿いの、Dallas St.との交差点などにバス停があり、終点がスペースセンター。2012年4月時点では、ダウンタウンを7:30頃〜16:30頃の1時間おきに出発し、帰りの最終バスは17:30頃にスペースセンターを出発する。
　なお、スペースセンターへ行くメトロバスは平日のみの運行なので、週末はタクシー(料約$60)を利用することになる

荷物が大きい場合は
スペースセンターの入口手前にあるロッカーを無料で貸してもらえる。利用したい旨をスタッフに伝えよう

旅のアドバイス **効率よく回るために**▶スペースセンターでは、アトラクションが30分〜1時間ごとにそれぞれ行われている。到着したら、入口でもらえるパンフレットでその日のアトラクションの時間をチェックしよう。

ハイテクを駆使した画像で解説してくれるブラスト・オフ・シアター

●Level 9 Tours
☎(281)283-4755(予約)
出発／月～金10:45と11:45（季節により変更されるのでウエブサイトで確認を）
料$89.95

●フィール・オブ・スペース　Feel of Space

宇宙飛行士が無重力のシャトルの中で、寝る、食べる、トイレに行くなどの日常生活をどのように行っているかを紹介するコーナーがあり、選ばれた観客は宇宙での生活を疑似体験できる。所要時間は25分。

●ブラスト・オフ・シアター　Blast Off Theater

ロケット発射の瞬間を疑似体験したり、現在行われている任務について解説してくれる。所要時間は30分。

●レベル・ナイン・ツアーズ　Level 9 Tours

NASAをより深く理解したい人におすすめのツアー。専門のガイドとともに、ジョンソン宇宙センターを4時間30分～5時間かけて回る。定員は1日12人で要予約。ウエブサイトから予約可。参加は14歳以上。

Spectator Sports　観戦するスポーツ

ダウンタウンの東にあるミニッツメイド・パーク

ヒューストン・アストロズ
(1962年創設)　地P.275　B-1、2
本拠地──ミニッツメイド・パーク Minute Maid Park(4万963人収容)
住501 Crawford St.
☎(713)259-8000
URL houston.astros.mlb.com
球場ツアー／$9～。詳しくはウエブサイトで
行ダウンタウンの東

この選手に注目!
ブレット・マイヤーズ(投手・押さえ)

ヒューストン・テキサンズ
(2002年創設)　地P.275　地図外
本拠地──リライアントスタジアム Reliant Stadium(7万1500人収容)
住1 Reliant Park
☎(832)667-2000
URL www.houstontexans.com
行メトロレールReliant Park駅下車

この選手に注目!
アンドレ・ジョンソン

ヒューストン・ロケッツ
(1967年創設)　地P.275　B-2
本拠地──トヨタセンター Toyota Center(1万8300人収容)
住1510 Polk St.
☎(713)758-7200
URL www.nba.com/rockets
行ダウンタウンの南

この選手に注目!
ルイス・スコラ

ベースボール　MLB

ヒューストン・アストロズ(ナショナルリーグ中地区)
Houston Astros

1962年の球団拡張時に誕生。当初はコルト45'sと名乗っていたが、'65年世界初のドーム球場“アストロドーム”のオープンとともにアストロズ（宇宙の～）に改名した。'80年代、豪腕ノーラン・ライアンが活躍した時代から徐々に力をつけ、2005年、ついにリーグ優勝を果たした。その後主力選手の引退や移籍で、芳しい成績は残せていない。本拠地はダウンタウンにある開閉式のドーム球場。球場の中を走るかわいい列車に注目。

アメリカンフットボール　NFL

ヒューストン・テキサンズ(AFC 南地区)
Houston Texans

2002年に誕生した若いチームは、'11年初の2桁勝利を上げ、初の地区優勝を飾った。未踏のプレーオフに進出すると初勝利もつかみ、ファンは初もの尽くしのシーズンに狂喜乱舞、次に目指すはスーパーボウルだ。チームカラーはディープ・スティール・ブルー、バトル・レッド、リバティ・ホワイト。

バスケットボール　NBA

ヒューストン・ロケッツ(西・南西地区)
Houston Rockets

6シーズン連続で5割以上の成績を残しているが、ここ3シーズンはいずれもプレーオフに一歩及ばず、ファンは歯がゆい思いを重ねている。愛称は軍需産業が盛んなサンディエゴ発足時に付けられたもので移転後もそのまま引き継いでいる。チームカラーはロケット・レッド、ホワイト、ブラック。

投稿　**見逃せない▶**スターシップギャラリーは、ゴダードの液体燃料ロケットから始まり、アメリカ初の人工衛星、マーキュリー計画、アポロ計画、スカイラブ、月の石など、実物が多く置かれていて見る価値がある。ここの展示物は貴重なので見逃したくない。
（横浜市　火星　'06）['12]

レストラン&ホテル Restaurants & Hotels

R カフェ

テキサスで展開するカフェチェーン

カフェエクスプレス Cafe Express

住650 Main St. ☎(713)237-9222
URL www.cafe-express.com AMV
開月～金7:00～15:00 休土・日 地P.275 B-1

メニューはサンドイッチ、サラダ、パスタなどがあり、どれも野菜をたっぷり使ったものでボリューム満点だ。基本的にセルフサービスで予算は$10ほど。ヒューストン美術館にも支店あり。('12)

R テックスメックス料理

ダウンタウンの人気レストラン

グアダラハラ Guadalajara

住1201 San Jacinto St. ☎(713)650-0101
URL www.guadalajarahacienda.com 地P.275 A-2
開毎日11:00～22:00(金・土～23:00) ADMV

ダウンタウンのDallas & San Jacinto Sts.にあるレストラン。アメリカ料理とメキシコ料理の要素を取り入れたテックスメックス料理が味わえる。人気があるのは、ファヒータ($15～)やエンチラーダで、ライムの効いたマルガリータも好評だ。('12)

R バーベキュー

人気のバーベキューレストラン

パッパスバーベキュー Pappas Bar-B-Q

住1100 Smith St. ☎(713)759-0018 地P.275 A-1
URL www.pappasbbq.com 休土・日、サンクスギビング
開月～金朝食6:30～10:00、ランチ10:30～19:00

ヒューストンを中心にチェーン展開するバーベキューレストラン。ダウンタウンにある店舗は昼どきになるとビジネスマンで大混雑する。$10前後でアメリカ人も満腹になるボリュームのバーベキューを堪能することができる。('12)

H ホステル

アットホームなユース

ヒューストン・インターナショナル・ホステル Houston International Hostel

住5302 Crawford St., Houston, TX 77004 ☎(713)523-1009
URL www.houstonhostel.com
ドミトリー$14.95 カード不可 地P.276 外

メトロレールMuseum District駅下車、徒歩10分。Oakdale St.とCrawford St.の角。チェックインは17～23時、チェックアウトは8～10時の間。現金またはT/Cのみ。20ベッド。('12)

H 中級ホテル

全野球ファンにすすめる

イン・アット・ザ・ボールパーク Inn at the Ballpark

住1520 Texas Ave., Houston, TX 77002 ☎(713)228-1520
FAX(713)228-1555 URL www.innattheballpark.com
ⓈⒹⓉ$109～289 ADMV 地P.275 B-2

MLBアストロズの本拠地、ミニッツメイド・パークの斜め向かい。客室は野球のエッセンスを取り入れたインテリアが特徴。清潔かつ使いやすいレイアウトはビジネス客にも好評だ。200室。('12)

H 高級ホテル

高層ビルが林立するダウンタウンの中心

ハイアット・リージェンシー・ヒューストン Hyatt Regency Houston

住1200 Louisiana St., Houston, TX 77002
☎(713)654-1234 FAX(713)951-0934
URL houstonregency.hyatt.com
ⓈⒹⓉ$69～334 ADJMV 地P.275 A-2

ヒューストンでも最大級のホテル。29階まで吹き抜けのロビーは、開放的でありながら落ち着いた印象。1階にはビジネスセンターがあり、パソコンやプリンタが使える。947室。('12)

H 中級ホテル

ギャレリアまで徒歩5分

ホテルインディゴ・ヒューストン・アット・ザ・ギャレリア Hotel Indigo Houston at The Galleria

住5160 Hidalgo St., Houston, TX 77056 ☎(713)621-8988
FAX(713)621-4155 URL www.houstonluxuryhotel.com
ⓈⒹⓉ$109～229 ADMV 地P.275 地図外

ダウンタウンからバスで約35分。ショッピングモール、ギャレリアの裏手にある。1階にカフェレストランがあるが、周辺にもレストランやドラッグストアなどがあり便利。ホテル全体がカラフルな色使いでセンスよくまとめられている。131室。('12)

メモ **ギャレリア Galleria** ▶ アップタウンにある巨大ショッピングモール。370以上の店舗が集まり、屋内スケートリンクまで併設している。 住5085 Westheimer Rd. ☎(713)966-3500 URL www.galleriahouston.com 開月～土10:00～21:00、日11:00～19:00(店舗により異なる) 行ダウンタウンからメトロバス#81、82で

サンアントニオ San Antonio

リメンバー ジ アラモ

アメリカ人なら誰もが知るアラモ砦

テキサス州南部に位置するサンアントニオは、州ではヒューストンに次いで2番目に人口が多い大都市。アメリカ人の間では、1836年に起こった"アラモの戦い"の舞台として誰もが知っている。メキシコからの独立を求めて勇敢に戦った189人のテキサス人は、アメリカ人に「自由の精神」を思い起こさせるのだ。

ダウンタウンは治安がよく、一年をとおして温暖なため、全米から多くの観光客が訪れる。リバーウオーク沿いを散策したあと、メキシコ料理を食べながらゆっくり過ごすといい。

GUIDE BOOK 地球の歩き方B14テーマで旅するアメリカ編（1700円＋税）でもサンアントニオを紹介していますので、ご活用ください。

DATA

人口▶約132万7400人
面積▶1193km²
標高▶198m
TAX▶セールスタックス　8.125%
ホテルタックス　16.75%
属する州▶テキサス州　Texas
州のニックネーム▶ひとつ星の州　Lone Star State
州都▶オースチン　Austin
時間帯▶セントラル・タイムゾーン ➡P.631
繁忙期▶年間をとおして

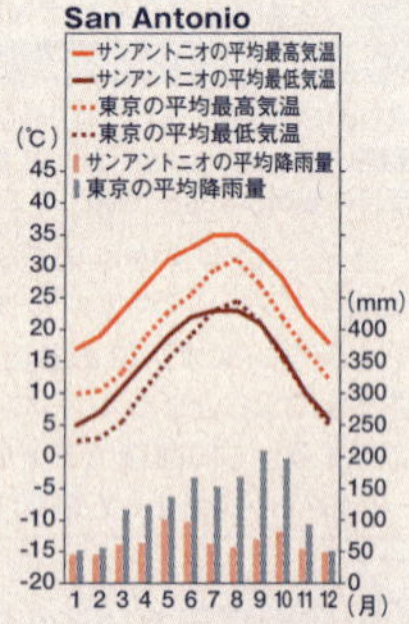

Getting There　サンアントニオへの行き方

飛行機 ……………… Plane

サンアントニオ国際空港
San Antonio International Airport (SAT)

ダウンタウンから北へ約16km、車で15分の距離に位置し、ダラスやヒューストン、デンバーなどからの便がある。ダウンタウンへは、空港シャトル、もしくは、路線バス（VIAバス#5）、タクシーで。

長距離バス ……………… Bus

バスディーポは、ダウンタウンのSt. Mary's St.とPecan St.の角にあり便利。ヒューストンから毎日10便（約4時間）、ダラスから毎日13～15便（約5時間）が乗り入れている。

鉄 道 ……………… Train

シカゴ～サンアントニオ間を結ぶテキサスイーグル号が1日1便、ニューオリンズ～ロスアンゼルス間を結ぶサンセットリミテッド号が週3便走っており（'12年5月現在）、それぞれサンアントニオに停車する。駅はダウンタウンの東1km。

サンアントニオ国際空港
住9800 Airport Blvd.
☎(210)207-3433
URL www.sanantonio.gov/aviation
●**Go Airport Shuttle（空港シャトル）**
☎(210)281-9900
URL www.saairportshuttle.com
運行／毎日7:00～翌1:30
料片道$19、往復$34
●**VIA Bus #5（路線バス）**
➡P.281
料$1.10（ダウンタウンまで約40分）
●**Yellow Cab（タクシー）**
☎(210)222-2222
料ダウンタウンまで約$30（約15分）

グレイハウンド・バスディーポ
地P.281　A-1
住500 N. St. Mary's St.
☎(210)270-5824
開24時間営業

アムトラック駅
地P.281　B-2
住350 Hoefgen St.
Free (1-800)872-7245
開毎日21:00～翌7:15

サンアントニオの歩き方 Getting Around

ダウンタウンの中心部は徒歩圏内、少し離れた見どころへはストリートカーが便利だ。まずは、アラモの砦に行ってサンアントニオの歴史を知ろう。そのあと、ショップやレストランが並ぶリバーウオーク沿いを散策。時間がない人はトロリーツアーに参加するといい。

トロリーツアーは、おもな見どころを回るので効率がいい

観光案内所 ………… Visitors Information

サンアントニオ観光案内所
San Antonio Visitor Information Center

アラモ砦の向かいにある。目の前にVIAストリートカーやVIAバスが停車するので便利だ。地図やVIAバスの時刻表など資料も豊富。

市内の交通機関 ……… Public Transportation

VIAストリートカー（バス）
VIA Streetcar

レッド、イエロー、ブルーの3つの路線がダウンタウン中心部とおもな観光ポイントを循環している。1日券は観光案内所や**ダウンタウンのVIAインフォメーションセンター**—**VIA Downtown Information Center**で販売。

VIAバス
VIA Bus

サンアントニオ市内をくまなく走っている。前記のストリートカーと運営は同じなので、1日券も使える。

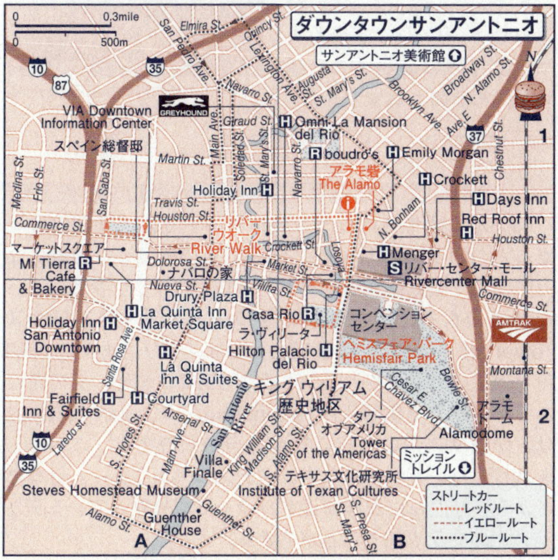

トロリーツアー

City Sightseeing San Antonio
☎(210)224-8687
URL www.city-sightseeing.com
料$17、シニア／学生$15、子供(5〜15歳)$7
運行／毎日9:30〜17:30(木〜日〜20:30)
※アラモの砦やマーケットスクエア、キングウィリアム歴史地区、アムトラック駅などを回る60分のガイド付きツアー。乗り降り自由、30分間隔で運行

Alamo Trolley
☎(210)247-0238
URL www.thealamotrolley.com
料$19.95、子供(3〜11歳)$8.95
運行／毎日9:00〜16:00
※アラモの砦やマーケットスクエア、ヘミスフェアパーク、ミッション・サンノゼなどを回る60分のガイド付きツアー。乗り降り自由、約45分間隔で運行

サンアントニオ観光案内所

地P.281 B-1
住317 Alamo Plaza
Free (1-800)447-3372
URL www.visitsanantonio.com
開毎日9:00〜17:00（夏期の金〜日は〜18:00）
休サンクスギビング、12/25、1/1

VIA交通局（ストリートカー、VIAバスを運営）

☎(210)362-2020
URL www.viainfo.net
料ストリートカー、VIAバスとも$1.10、エクスプレス$2.50、1日券$4

VIA Streetcar
運行／レッド：毎日7:00〜22:30(土・日9:00〜)
イエロー：毎日7:00〜翌0:30(土・日9:00〜)
ブルー：毎日7:00〜21:00(土・日9:00〜)

VIA Downtown Information Center
地P.281 A-1
住211 W. Commerce St.
☎(210)475-9008
開月〜金7:00〜18:00、土9:00〜14:00

ダウンタウンから歩いて10分のマーケットスクエアには、みやげ物屋やレストランが入る

投稿 **おすすめレストラン▶**アラモの砦から2ブロック西にあるバックホーン・サルーン＆カフェで食べた肉はとろけるように柔らかかった。BBQソースも日本人の口にも合うはず。しかも約$10なのでおすすめ。
Buckhorn Saloon & Cafe 住318 E. Houston St. ☎(210)247-4000
（ミズーリ州 てつ '11）['12]

Sightseeing　おもな見どころ

アメリカ人の愛国心が永遠に宿る　地P.281　B-1

アラモ砦

The Alamo

1836年、テキサスがメキシコから独立するための戦場となったところ。1720年代にミッション（伝道所）として建造され、1800年代初めからメキシコ軍の駐屯地として使用された。1935年アメリカ軍が砦である駐屯地を取り返すが、3カ月後にメキシコ軍の猛反撃にあい、189人の死者を出して陥落（アラモの戦い）。現在は、テキサスの自由を勝ち取るためにメキシコと戦ったアメリカ兵を称える記念館（アラモ砦）となっている。中央の聖堂には、当時を再現した砦のジオラマや英雄の遺品が展示され、戦いがいかに壮絶であったか実感できるだろう。アラモの戦いを深く理解するために、事前にリバーセンターモールのIMAXシアターで上演されている“Alamo The Price of Freedom”を鑑賞するといい。

サンアントニオ人気 No.1 の観光ポイント　地P.281　A-1

リバーウオーク（パセオ・デル・リオ）

River Walk (Paseo del Rio)

ダウンタウンの中心を流れるサンアントニオ川沿いにある遊歩道。リバーセンターモールから観光案内所、サンアントニオ美術館までの約8kmを結ぶ。車が通る地上から1階下のレベルにあり、都会の喧噪から逃れることができる憩いの場だ。川の両側をショップやホテル、レストラン、バーなどが並び、昼夜を問わず多くの人でにぎわう。夜はライトアップされロマンティック。また、リバーボートRiverboatに乗って、リバーウオーク沿いを歩く人や色鮮やかに装飾された建物を眺めるのもおすすめ。

リバーウオーク沿いをぶらぶらするのが、一番の過ごし方

ダウンタウンの東にある広大な公園　地P.281　B-2

ヘミスフェアパーク

Hemisfair Park

1968年に開催されたサンアントニオ万国博覧会の会場だった。現在は15エーカー（6万m^2）の緑豊かな公園になっていて、文化研究所やタワー、コンベンションセンターなどが集まる。高さ230mの**タワー・オブ・アメリカス Tower of Americas**の展望台からは、ダウンタウンを360度見渡すことができ、レストランもある。また、その東にある**テキサス文化研究所The Institute of Texan Cultures**は、テキサス州の文化に焦点を当てた博物館。スペインをはじめハンガリー、スウェーデン、ノルウェー、日本などから移り住んだ民族が混ざり合って成り立っているテキサス州の文化を知ることができる。

中央の聖堂前には、戦いの背景がわかる展示もある

アラモ砦
住300 Alamo Plaza
☎(210)225-1391
URL www.thealamo.org
開毎日9:00～17:30（日10:00～）
休12/24、12/25
料無料
●Alamo IMAX Theatre at Rivercenter Mall
住849 E. Commerce St.
☎(210)247-4629
URL www.imax-sa.com
料$11.50、子供$8.95
上映／毎日9:00～21:00の1時間間隔

リバーウオーク
☎(210)227-4262
URL www.thesanantonioriverwalk.com
●River Boat
　リバーウオーク沿いをボートに乗って一周するツアー。所要約45分
URL www.riosanantonio.com
開毎日9:00～21:00（水かさ、季節によって変更あり）
料$8.25、シニア$6、1～5歳$2。チケットオフィスはリバー・センター・モール（地P.281　B-1）などにある

ヘミスフェアパーク
住200 S. Alamo St.
●Tower of Americas
住601 Tower of the Americas Way
☎(210)223-3101
URL www.toweroftheamericas.com
開毎日10:00～22:00（金・土～23:00）
料$10.95、シニア$9.95、子供$8.95
●The Institute of Texan Cultures
住801 E. Cesar E. Chavez Blvd.
Free (1-800)776-7651
URL www.texancultures.com
開毎日9:00～17:00（日12:00～）
料$8、シニア（65歳以上）$7、子供（3～11歳）$7

ヘミスフェアパークにあるタワー・オブ・アメリカの展望台からの眺めもいい

投稿　**メキシコ風のおみやげ探しにいい**▶ダウンタウンから西に歩いて10分のマーケットスクエアは、メキシコにいる気分が味わえる巨大マーケット。レストランやみやげ物屋が集まり、ぶらぶらするだけでも楽しめた。（新宿区　アントア　'11）['12]

観戦するスポーツ Spectator Sports

バスケットボール NBA

サンアントニオ・スパーズ（西・南西地区）
San Antonio Spurs

1997-98年からコンスタントに7割前後の勝率を重ね、その間、4度のファイナル出場をすべて手中に収めた。ここ2年連続でプレーオフ1位の座を奪い、果たして5度目の栄冠を手にするか。愛称のスパーズはカウボーイ・ブーツの踵に付ける拍車に由来する。チームカラーはブラック、シルバー、ホワイト。

サンアントニオ・スパーズ
（1967年創設）
本拠地——AT&Tセンター　AT&T Center
（1万8500人収容）
地P.281　地図外
住One AT&T Center
☎(210) 444-5000、
(210) 225-8326（チケット）
URL www.nba.com/spurs
行ダウンタウンからVIAバス#2で約20分

この選手に注目!
トニー・パーカー

レストラン&ホテル Restaurant & Hotels

R　パン屋&メキシコ料理

町の名物レストラン
ミ・ティエラ・カフェ&ベイカリー
Mi Tierra Cafe & Bakery

住218 Produce Row　☎(210) 225-1262
URL mitierracafe.com
開24時間営業　MV　地P.281　A-1

ダウンタウンから歩いて10分のマーケットスクエアにある。夕食時には地元の人から観光客までが並び、1時間待ちもざらだとか。メキシコ風パンも販売している。予算$15～。　('12)

H　ホステル

安さを追求する人なら
サンアントニオ・インターナショナル・ホステル
San Antonio International Hostel

住621 Pierce Ave., San Antonio, TX 78208
☎(210) 223-9426　FAX(210) 299-1479
ドミトリー$20～　MV　地P.281　地図外

宿泊料金のほか$10のキーデポジットが必要。ダウンタウンからは＃20のVIAバスで約30分。Carson & Plametto Sts.との角で下車、Pierceを北へ2ブロック。受付は8:00～12:00、16:00～22:00の間だけオープン。B&Bも併設する。10室、60ベッド。　('12)

H　エコノミーホテル

ダウンタウンではお手頃な値段
ラ・キンタ・イン・サンアントニオ・マーケットスクエア
La Quinta Inn San Antonio Market Square

住900 Dolorosa St., San Antonio, TX 78207
☎(210) 271-0001　FAX(210) 228-0663
URL www.lq.com
ⓈⒹⓉ$85～155　ADMV　地P.281　A-1

トロリーのレッドラインが停まるマーケットスクエアの南にあるホテル。すべての客室にコーヒーメーカーやヘアドライヤーがある。朝食やWi-Fi無料。125室。　('12)

H　中級ホテル

とても便利なロケーション
ホリデイイン・サンアントニオ・リバーウオーク
Holiday Inn San Antonio Riverwalk

住217 N. St. Mary's St., San Antonio, TX 78205
☎(210)224-2500　FAX(210)223-1302　URL www.holidayinn.com
ⓈⒹⓉ$129～219　ADJMV　地P.281　A-1

ストリートカーのバス停、アラモ砦やリバーウオークも徒歩圏内。プール、レストランやビジネスセンターなどがある。313室。　('12)

H　高級ホテル

リバーウオーク沿いに建つホテル
オムニ・ラ・マンション・デル・リオ
Omni La Mansion del Rio

住112 College St., San Antonio, TX 78205
☎(210)518-1000　FAX(210)226-0389
URL www.omnihotels.com
ⓈⒹⓉ$159～329　ADJMV　地P.281　B-1

ダウンタウンの中心にありどこへ行くにも便利なホテル。スペインコロニアル風の建物は、高級感あふれ、落ち着いた雰囲気が漂う。客室にはコーヒーメーカーやヘアドライヤー、冷蔵庫などを完備。リバーウオークを見下ろせる部屋はベランダ付きで人気がある。併設するスパMokaraは評判がよく、ビジネスで訪れる男性も利用するとか。レストランやビジネスセンター、プールも併設。338室。　('12)

投稿　**洗練されたテキサス料理**▶ブゥードロス　boudro's〔住421 E. Commerce St. at River Walk　☎(210)224-8484　URL boudros.com　開毎日11:00～23:00（金・土～24:00）　地P.281　B-1〕繊細な味付けで、ビッグなテキサスのイメージからはかけ離れるが、とてもおいしかった。（大阪市　鈴木昭　'07）['12]

エルパソ El Paso

メキシコ国境の町

ダウンタウンからバスで行けるイエスタミッション

テキサス州の最西端に位置するエルパソは、アメリカにいながらメキシコを感じられる町だ。リオグランデ川を挟んで、メキシコ合衆国シウダーフアレスと接する。16世紀後半スペイン人によって開拓された地は、メキシコの占領下を経て、米墨戦争後ふたつの都市に分けられた。それが、エルパソとシウダーフアレスである。そのためメキシコ系アメリカ人が人口の大部分を占めるのに加え、毎日多くのメキシコ人が国境の橋を渡ってやってくる。ダウンタウンを歩けば、買い物にいそしむ多くのメキシコ人を見かけることだろう。

エルパソは、人口50万人以上の大都市のなかで全米で2番目に安全な町として選ばれている。しかも、1年のうち305日は晴天だという。そのせいか、住民はフレンドリーで、陽気だ。町を歩く人々のスピードもゆっくりとしている。ここでは、さんさんと輝く太陽の下、のんびりと1日を過ごすのがいい。

シーニックドライブから眺めるメキシコ

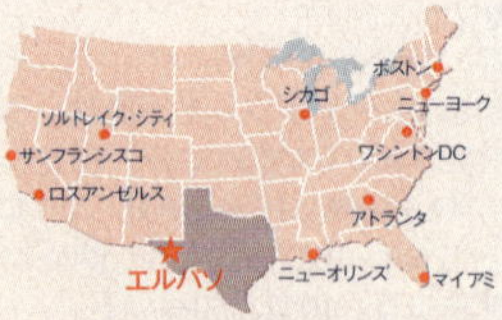

DATA

人口▶約64万9100人
面積▶661km²
標高▶1130m
TAX▶セールスタックス　8.25%
ホテルタックス　15.50%
属する州▶テキサス州 Texas
州のニックネーム▶ひとつ星の州 Lone Star State
州都▶オースチン　Austin
時間帯▶セントラル・タイムゾーン P.631
繁忙期▶7、8、11、12月

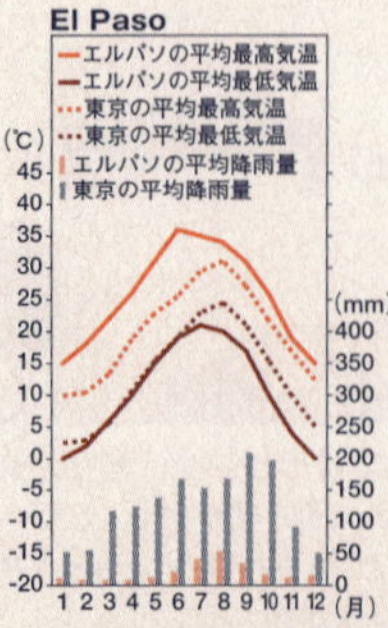

エルパソへの行き方 Getting There

飛行機 Plane

エルパソ国際空港
El Paso International Airport (ELP)

こぢんまりとした空港だ

ダウンタウンの北東約11kmにある。ヒューストンやデンバー、フェニックスなどから乗り入れ、サウスウエスト航空やユナイテッド航空のフライトが多い。

案内所とレンタカー会社のカウンターは到着階にある。

エルパソ国際空港
地P.288 B外
住6701 Convair Rd.
☎(915)780-4749
URL www.elpasointernationalairport.com

路線バスでダウンタウンまで行けるので便利だ

空港から／空港へのアクセス

	種類／名称／連絡先	行き先／運行／料金	乗車場所／所要時間／備考
空港シャトルバン	アメリカンシャトル American Shuttle Free (1-888)831-1321	行き先▶市内や周辺どこでも 運行▶24時間随時 料金▶ダウンタウンまで約$25	空港発▶空港に営業所はないので、事前に電話などで予約し、タクシー乗り場先の駐車場から乗車 空港行き▶事前に電話などで予約をしてから乗車 所要時間▶ダウンタウンまで約25分
空港シャトルバン	フアレス・エルパソ・シャトルサービス Juarez El Paso Shuttle Service ☎(915)740-4400	行き先▶市内や周辺どこでも 運行▶24時間随時 料金▶ダウンタウンまで約$25	
路線バス	サンメトロ・バス# 33 Sun Metro Bus #33 ☎(915)533-3333	行き先▶ダウンタウンなど 運行▶月～土5:15～20:00（土6:00～）、日7:00～18:00の約1時間間隔 料金▶$1.50	空港発▶正面出入口を出て、中洲にあるバス停から#33に乗車 空港行き▶バート・ウィリアムズ・ダウンタウン・サンタフェ・トランスファー・センターから乗車 所要時間▶ダウンタウンまで約45分
タクシー	サンシティキャブ Sun City Cab ☎(915)544-2211	行き先▶市内や周辺どこでも 運行▶24時間随時 料金▶ダウンタウンまで$25～35、シウダーフアレスまで$42～	空港発▶正面出入口を出て、中洲にあるタクシー乗り場から乗車 空港行き▶事前に電話予約、または主要ホテルから乗車 所要時間▶ダウンタウンまで約20分

※それぞれの乗り物の特徴については ➡P.665

長距離バス Bus

グレイハウンド・バスディーポ
Greyhound Bus Depot

ダウンタウンの中心であるサンハシント広場の南西にあり、広場へは歩いて5分ほど。カフェやコインロッカーがある。ロスアンゼルス（所要約15時間30分）やフェニックス（所要約7時間）、サンアントニオ（所要約11時間）などから毎日4～6便が乗り入れる。

ロスアンゼルスやダラスから直行便がある

グレイハウンド・バスディーポ
地P.287 A-2
住200 W. San Antonio St.
☎(915)532-5095
開24時間営業

鉄道 Train

アムトラック駅
Amtrak Station

サンセットリミテッド号とテキサスイーグル号が停車する。サンハシント広場まで歩いて約10分。サンメトロのトロリーも停車する。

アムトラック駅
地P.287 A-1
住700 San Francisco St.
Free (1-800)872-7245
開月～土6:15～17:30（月～13:30）
休日

ダウンタウンの端にある
アムトラック駅

旅のアドバイス **エルパソ国際空港**▶メキシコと国境を接する土地柄、セキュリティチェックが厳しく、出発便が重なる時間帯には長い列ができる。時間に余裕をもって空港に行ったほうがいい。

Getting Around エルパソの歩き方

エルパソの中心は、ダウンタウンの**サンハシント広場 San Jacinto Plaza**。アムトラックとグレイハウンド・バスディーポが近く、メキシコのシウダーフアレスまで歩いて行ける。ショップやレストランが並ぶ繁華街は、北はSan Antonio Ave.、東西をEl Paso St.とStanton St.、南はリオグランデ川に囲まれた**ゴールデン・ホースシュー地区 Golden Horseshoe District**。見どころは市内に点在しているので、移動に路線バスを使うなら2～3日は滞在したい。

サンハシント広場から観光を始めるといい

さらにエルパソは、世界遺産のカールスバッド洞穴群国立公園や、ホワイトサンズ国定公園を観光する拠点にもなる町。車があればぜひ足を運びたい。

サンハシント広場
地P.287　B-1
ダウンタウンのOregon、Mesa Sts.とMain Dr.、Mills Ave.に囲まれたブロックがサンハシント広場 San Jacinto Plazaで、周りにはファストフードやみやげ物屋が並んでいる。エルパソでは単に"プラザ Plaza"と呼ぶことが多い

エルパソのダウンタウン
ビジネス街のため、17～18時にはほとんどの店が閉まってしまう。土・日は休みという店も多い。観光客向けのみやげ物屋が少ないので、買うなら空港がおすすめ。
（群馬県　松村篤優　'08）['12]

観光案内所 ……………… Visitors Information

エルパソ観光局
El Paso Convention & Visitors Bureau

シビック・センター・プラザにある観光案内所。路線バスのスケジュールのほか、市内や近郊の見どころ情報を親切に教えてくれる。エルパソ国際空港にも案内所はあるので、飛行機で到着したら立ち寄っておこう。

スタッフは親切なので、ぜひ立ち寄りたい

エルパソ観光局
地P.287　A-1
住1 Civic Center Plaza
☎(915)534-0600
Free(1-800)351-6024
URL www.visitelpaso.com
開月～金8:00～17:00、土10:00～15:00
休日

市内の交通機関 ……… Public Transportation

サンメトロ・バス
Sun Metro Bus

エルパソ市とその近郊の町の公共交通を担う路線バス。ダウンタウンでは、ほとんどの路線が**バート・ウィリアムズ・ダウンタウン・サンタフェ・トランスファー・センターBert Williams Downtown Santa Fe Transfer Center**を発着し、路線図や時刻表も入手できる。

トロリー　Trolley

ダウンタウンを循環するトロリースタイルのバスが2路線走っている。#4はマゴフィンホーム、#9は国境の手前まで行くので観光にも便利だ。ちなみに、1885年に開業した当時は、ダウンタウンとシウダーフアレスを結んでいたため、"世界で唯一の国際路面電車"と呼ばれていたそうだ。

サンメトロ・バス
☎(915)533-3333
URL www.elpasotexas.gov/sunmetro
料$1.50、トランスファー（乗り換え）無料、1日券$3.50
●Bert Williams Downtown Santa Fe Transfer Center（案内所）
地P.287　A-2
住601 Santafe St.
開月～金6:00～18:00、土8:00～16:00
●Trolley
運行／#4は月～金6:15～18:15の20分間隔、土7:55～18:55の30分間隔、日7:55～19:10の45分間隔。#9は月～金6:00～18:05の25分間隔、土7:00～18:20の40分間隔、日8:00～17:20の40分間隔
料無料

ほとんどのバスが発着するバート・ウィリアムズ・ダウンタウン・サンタフェ・トランスファー・センター

エルパソ周辺で一番人気があるレストラン▶いつも地元の人々でにぎわっているメキシコ料理レストラン。Los Bandidos de Carlos & Mickey's　住1310 Magruder St.　☎(915)778-3323　開毎日11:00～22:00　行ダウンタウンからサンメトロ・バス#50で約30分、Montana Ave. & Brunner Pl.下車、徒歩10分。

おもな見どころ Sightseeing

かつての西テキサスの商人の家 地P.288 A

マゴフィンホーム
Magoffin Home State Historic Site

メキシコから渡ってきた開拓者で、政治家や商人として成功した**ジョセフ・マゴフィンJoseph Magoffin**が建てた家。1875年頃から110年以上にわたって彼の家族が住み続けた。

建築様式は、テキサス州西部からニューメキシコ州を中心としたネイティブアメリカンの家屋に使われたもの。テキサスがまだ準州だった時代の、なかでも1865～80年頃にアメリカ南西部で流行した**アドービ（日干しレンガ）**とギリシャ復古調の装飾が見られるのが特徴だ。内部の見学はガイドによるツアー（約60分）のみで、代々使われてきた家具などにも注目したい。最後に案内されるショップの天井は最も古い部分だ。

マゴフィンホーム
住1120 Magoffin Ave.
☎(915)533-5147
URL www.visitmagoffinhome.com
ツアー／火～日9:00～16:00の毎時出発
休月、おもな祝日
料$4、学生$3、5歳以下無料
行トロリー#4で約25分。サンハシント広場から徒歩で約15分

ツアーでは、エルパソの歴史も知ることができる

スペイン語もポピュラーな大学 地P.288 A

テキサス大学エルパソ校
University of Texas at El Paso（UTEP）

ダウンタウンの北西、フランクリン山脈の麓に広大なキャンパスをもつテキサス大学エルパソ校（UTEP“ユーテップ”と発音する）は1914年に創立され、2万人以上の学生が勉学に励んでいるマンモス大学。校内には、エルパソ周辺で発見された化石や鉱物の展示を中心に、この地域の人間史と自然史について高い評価を受けている**百年記念博物館＆チワワン砂漠植物園 Centennial Museum & Chihuahuan Desert Gardens**がある。モザイクをあしらった建物のデザインは、ここの風土にマッチしたもので美しい。

テキサス大学エルパソ校
住500 W. University Ave.
☎(915)747-5000
URL www.utep.edu
行サンメトロ・バス#10、11でダウンタウンから約15分のOregon St. at University Ave.、または#14、15で約10分のMesa St. at University Ave.で下車し、University Ave.を西へ徒歩5分ほど
※UTEPのあるエリアは、ほかの町の学生街とは異なり、周りにショップやレストランがあまりない

●Centennial Museum & Chihuahuan Desert Gardens
住Wiggins Rd. & University Ave.
☎(915)747-5565
URL museum.utep.edu
開火～土10:00～16:30
休日・月、大学の休暇期間
料無料

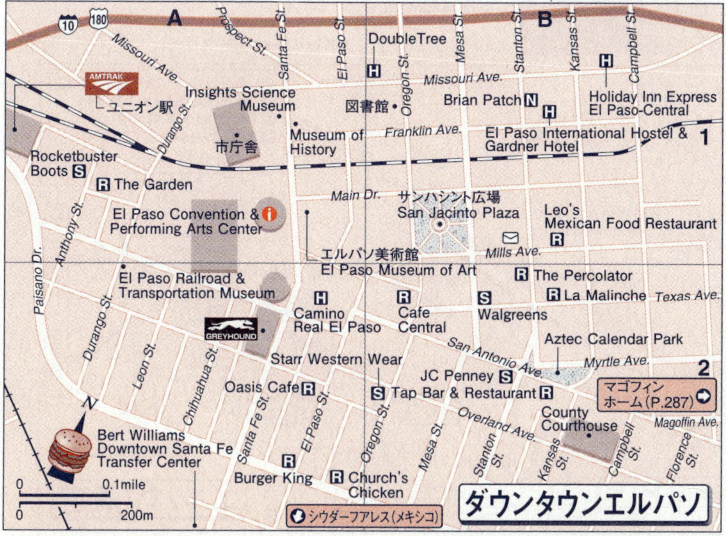

投稿 **エルパソダウンタウンで見つけた無料の博物館**▶観光案内所の斜め向かいにある歴史博物館は、入場料が無料。受付で、名前と出身国を記入できる台帳があった。自分の名前がエルパソに残せるので素敵！ El Paso Museum of History 住510 N. Santa Fe St. ☎(915)351-3588 開火～日9:00～17:00（木～21:00、日12:00～）（滋賀県 Mana '11）['12]

キリスト教はこの道をとおって広まった 地P.288 B外

ミッショントレイル
Mission Trail

9マイル（約14km）のトレイル沿いに3つのミッション（伝道所）がある。約400年前に始まったスペイン人のキリスト教布教の歴史と、テキサス開拓、ネイティブアメリカンの生活の変化など、アメリカ史の断面に触れることのできる道だ。

3つのミッションは、ダウンタウンに近いほうから**イエスタミッションYsleta Mission**（1680）、**ソコーロミッションSocorro Mission**（1682）、**サン・エリザリオ教会San Elizario Chapel**（1882）。少なくとも、ひとつは教会の内部に入ってみよう。アドービの影響が見られる小さな木造の教会内は、おごそかな雰囲気が漂い、祭壇には太陽の光が差し込んでいる。イエス・キリストや聖母、聖者たちの像からその歴史を感じとることができるだろう。これらの教会は現在もその機能を果たしており、敬けんな信者たちが祈りを捧げる姿を見ることができる。

メキシコとの国境が眺められる 地P.288 A

シーニックドライブ
Scenic Drive

ダウンタウンの北にあるフランクリン山脈は、ロッキー山脈の最南端。その山脈の南を走る道路の中腹にはふたつの国と3つの州が一度に見渡せる展望台があり、美しく迫力のある眺望が楽しめる。南を向けば、エルパソのダウンタウンのビル群、その向こうに広がるのはシウダーフアレス（メキシコ）の市街地だ。西方の十字架が立った山の向こうがニューメキシコ州である。車があればぜひ、夜訪れてみよう。シウダーフアレスの広がるような市街地にオレンジ色のライトが灯り、その美しさは格別だ。

ミッショントレイル
行ダウンタウンからI-10を東へ16km、Exit 32で降りてZaragoza Rd.を南に3km進み、Alameda Ave.と交差したところが最初のミッション（Ysleta Mission）。ここからはトレイルの標識に従って南東へ行くと、ソコーロミッションやサン・エリザリオ教会にたどり着く。
　イエスタミッションだけならサンメトロ・バス#3（約40分）、#61（約1時間）で行くことができる。Alameda Ave. at Zaragoza Rd.あたりで下車

●**El Paso Mission Trail Association**
住9065 Alameda Ave.
☎(915) 851-9997
URL www.elpasomissiontrail.com

●**Ysleta Mission**
住131 S. Zaragoza Rd.
☎(915) 859-9848
開月～金7:00～18:00

●**Socorro Mission**
住328 S. Nevarez Rd.
開月～金8:00～16:00

●**San Elizario Chapel**
住1521 San Elizario Rd., San Elizario
☎(915) 851-1682
開火～土10:00～14:00、日12:00～16:00

シーニックドライブ
行残念ながら展望台に行く路線バスはない。Mesa St.をとおるバス#14、15に乗ってKerbey Ave.（ダウンタウンから10分ほど）で降り、Kerbey Ave.を東へ2kmほど歩く。途中からRim Rd.、Scenic Dr.に変わり、その先に展望台がある。上り坂が続き距離もあるので、車で行くことをすすめる
※シーニックドライブとは、風光明媚なドライブコースのこと

エルパソからほど近くにあるドライブコース

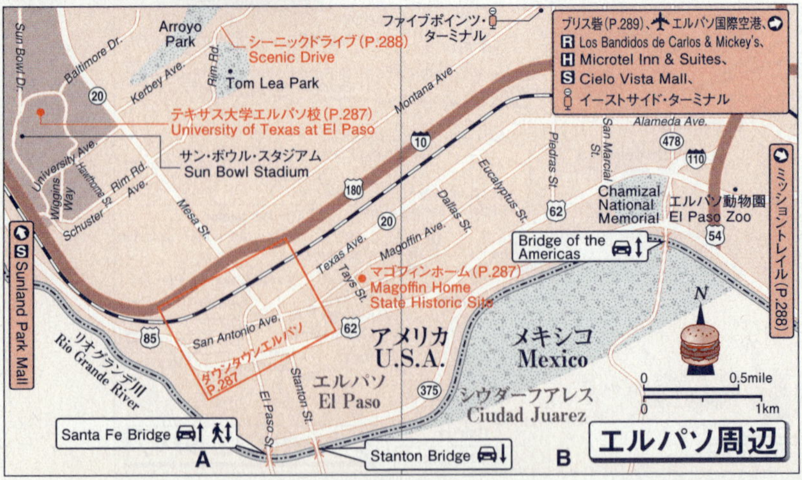

アメリカ軍の敷地にある博物館 地P.288 B外

ブリス砦
Fort Bliss

1840年代にできた辺境の小さな砦が、現在アメリカ最大級の大きさを誇る防空基地になっている。全米各地のみならず世界各国から集まった兵士が毎日訓練しているアメリカ軍基地だ。広大な駐屯地の中にはオフィスビルや訓練場のほかに、アメリカ軍の歴史や大砲などの武器が展示されたエアディフェンスとフォートブリス博物館がある。基地内をサンメトロ・バス#30が走るが、敷地に入る際に**パスポートなど顔写真付きのIDチェック**があるので、忘れずに持参しよう。

エアディフェンスとフォートブリス博物館
Air Defense Artillery & Fort Bliss Museums

大砲やミサイルのみに関するアメリカで唯一の博物館。館内には実際の戦争で使われた大砲や火器が展示されており、戦争の歴史とこれらの兵器が使われた背景について知ることができる。武器や軍服を展示したスペースもある。

ブリス砦
●Air Defense Artillery & Fort Bliss Museums
住 Building 1735, Marshall Rd., Fort Bliss
☎ (915) 568-5412
開 月～土9:00～16:00
休 日、おもな祝日
料 無料
行 ダウンタウンからサンメトロ・バス#35、50、55で約25分のファイブポインツ・ターミナルへ。そこで#30に乗り換え約30分。スーパーマーケットの前にあるバス停で降ろしてもらう。
博物館の前にある駐車場にはミサイルなどが大量に展示されている

アメリカ空軍について知ることができる博物館

シウダーフアレス（メキシコ） Ciudad Juarez(Mexico)

エルパソは、リオグランデ川を境にメキシコ・チワワ州最大の都市シウダーフアレスと接している。国境を越えるのに橋を歩いて渡るのも、日本ではできない体験だ。ただし、ここ数年でシウダーフアレスの治安は極端に悪化した。麻薬組織による殺人事件や銃撃戦、道路封鎖などが多発しており、一般人も巻き込まれている。必要がなければ絶対に訪れないこと。

国境を越えれば雰囲気や治安も様変わりするので細心の注意を払おう

国境を越えるときのアドバイス

旅のアドバイス

国境越えは徒歩で
レンタカーでメキシコへの国境越えは決してしないこと！ 車の保険が効かないのはもちろん、交通法規の違い、言葉の問題……とトラブルの可能性が大きい。車はアメリカ側にある駐車場に停めること。なお国境の橋の周辺には駐車場が少ないので、エルパソのダウンタウンに停めよう。

入国審査にかかる時間
メキシコからアメリカへの入国審査が厳しく、一時入国審査にも、とても時間がかかるようになった。しかし、日によって時間がかかったり、かからなかったりとマチマチな状態である。いずれにしても時間には余裕をもって、入国審査に臨もう。

ツーリストカードの取得
日本国籍を有する人がメキシコに入国する場合、全員ツーリストカードの取得が必要。だが、実際は日帰りでアメリカに戻るような、短時間だけメキシコに滞在する場合はツーリストカードがなくても入国できることが多い。とはいえ、正式には全員ツーリストカードが必要と発表されているので、ツーリストカードなしでメキシコに入国すると、問題が発生する可能性もある。できるだけツーリストカードは取得して行こう。

国が違えば雰囲気もがらりと変わる
エルパソからシウダーフアレスに行くと、人の多さに圧倒される。人どおりが多いところではスリに充分注意したい。そのほかの注意点は➡P.290

メモ アメリカドルとメキシコペソのレート▶$1＝13.57ペソ（2012年5月14日現在）

シウダーフアレスの治安

シウダーフアレスの治安は極端に悪化している。近年は麻薬がらみの犯罪が多発し、殺人事件も頻繁に起こっている。2012年5月現在、日本の外務省ではシウダーフアレスについて**「渡航の是非を検討してください」**の危険情報を出している。必要がない場合は訪問しないように。もし、町なかに行く場合は細心の注意が必要だ。人どおりのないところは歩かないようにし、暗くなってからの外出は控えよう。また、カメラなどの高価なものは人目につかないところにしまっておくように

屋台が出ているので本場のタコスを食べるのもいい

国境の橋から歩いて 15 分のグアダルーペカセドラル

エルパソのダウンタウンからEl Paso St.を南に歩いた道の両側に並ぶ商店は、国境を越えて買い出しにやってくるメキシコ人相手の店。決していい品物はないが、いかにもアメリカ的なデザインのシャツや帽子などの衣料品や日用品が格安で売られているので、ちょっとのぞいてみてもおもしろい。のんびり15分も歩けば国境だ。国境の川は**リオグランデ川 Rio Grande**、メキシコでは北ブラボ川Rio Bravo del Norteと呼ばれている。コロラド州のロッキー山中に水源をもち、中流域にあたるエルパソから、アメリカとメキシコの国境となり、メキシコ湾に注ぐ全長約3030kmの大河だ。橋の上には、国境を示す石碑が立ち、国境パトロールの姿を目にすることもある。

橋を渡るともうメキシコだ。武装した警察官が警備にあたり、物騒な雰囲気が漂うかもしれない。そのまま道なりに直進しよう。このAv. Benito Juarez沿いには、革製品や銀細工の店、レストランなどが並んでいる。日本語で話しかけてくるなど、商売熱心な店が多い。話しかけられるのはいいが、買い物は何軒か見てからにしたい。ドルとメキシコの通貨ペソの両替屋もたくさんあるのでレートを比較しよう。10分ほど歩くとシウダーフアレスのメインストリートである**16 de Septiembre**に突きあたる。

16 de Septiembreを西に向かうとすぐ、この町のシンボルである**グアダルーペカセドラル Cathedral of Guadalupe**が見えてくる。1957年に聖母マリアを称えて建てられた。目の前の公園Plaza de Armasには、いつも多くの人が集まりにぎわっている。付近には市場があり、チリをはじめとする多種多様な香辛料、食料品、革製品、銀細工、置き物、酒、衣料品が並ぶのでのぞいてみるといい。

国境越えの注意

日本国籍をもつ人がメキシコに入国するにはツーリストカードが必要（入国税の支払いも要）➔P.666。ほかにメキシコ入国時に75¢、出国時に50¢を支払う（車の場合は入国時$3、出国時$2.50）。アメリカ再入国時にはパスポートのチェックがあり、その際に帰国便の航空券（eチケット控え）をチェックされることもあるので、忘れずに持って行こう。なお、アメリカ国内で借りたレンタカーでメキシコに入ることはできない。必ずアメリカ側にある駐車場に停めよう。

橋の真ん中に国境がある

メモ **UFOマニア大集合！**▶ロズウェルにUFOが落ちたとされる7月上旬（2012年は7月6〜8日の予定）にはロズウェルUFOフェスティバルが開催され、UFOに関するレクチャー教室やエイリアンをテーマにした仮装大会が行われる。URL www.ufofestivalroswell.com

郊外の見どころ Excursion

世界最大級の鍾乳洞群 地P.288 地図外

カールスバッド洞穴群国立公園
Carlsbad Caverns National Park

エルパソから車で3時間30分ほど東へ走ったところに、世界遺産に登録された巨大な鍾乳洞群がある。なかでも**レチュギアケイブLechugilla Cave**は地下489m、長さ198kmに及ぶ大きさだ。内部は定められたルートを歩くほか、レンジャーによるツアーに参加して地下の世界を見学できる。注目はビッグルームと名付けられた高さ80mにもなる地下空間。さまざまな形の鍾乳石を見ることができ、神秘的な世界が広がっている。

4月中旬～10月中旬（毎年異なる）に訪れるなら、日没の頃まで待っていよう。洞穴にすみついた数十万匹のメキシカン・オヒキコウモリが、エサを求めていっせいに外へと飛び立つ姿を見ることができる。

世界でも珍しい、果てしなく続く真っ白な砂丘 地P.288 地図外

ホワイトサンズ国定公園
White Sands National Monument

エルパソの北東150km、そこには真っ白な砂が作り出す神秘の世界が広がっている。メキシコ北部から続くチワワ砂漠の北端に位置した非常に乾燥している地域だ。園内には砂の道、デューンズドライブがあるので、車で往復してみよう。また、砂丘にはマーカーに沿ってトレイルが作られている。砂に刻まれた風紋、わずかに見ることができる動植物の姿を探しながら歩いてみるといい。日中は強い日差しと照り返しがあるので注意。

昼間とは違ったホワイトサンズを見ることができる朝と夕方に訪れるのもおすすめだ。日の傾きに合わせて、純白の砂が次第にピンク色に染まり、空と大地とそこにいる自分がまるでひとつになったような感動が味わえるだろう。

カールスバッド洞穴群国立公園
住727 National Parks Hwy., Carlsbad, NM
☎(575)785-2232
URL www.nps.gov/cave
開毎日8:30～15:30（夏期～16:00）
ビジターセンター：毎日8:00～17:00（夏期～19:00）
休12/25
料$6
行エルパソダウンタウンから車でUS-180を東へ約230km。ガソリンスタンドが少ないので給油は早めにしておこう

大小さまざまの鍾乳石があるビッグルーム

ホワイトサンズ国定公園
住19955 Hwy. 70 W., Alamogordo, NM
☎(575)679-2599
URL www.nps.gov/whsa
開毎日7:00～日没（夏期～21:00）
ビジターセンター：毎日〈11～2月〉9:00～17:00、〈3～4月中旬〉9:00～18:00、〈4月下旬～9月初旬〉8:00～19:00、〈9月中旬～10月〉8:00～18:00
休12/25
料$3
行車でI-10を63km、I-25を10km北へ向かい、US-70を90km東へ

太陽の高さによって砂の色も違って見える

UFOが墜落したといわれる町、ロズウェル　旅のアドバイス

エルパソから北に向かい市街地を抜けると、まもなくニューメキシコ州に入る。そのニューメキシコ州には謎めいた不思議な場所が多いとされるが、1947年7月8日にUFOが墜落したといわれる町**ロズウェルRoswell**もそのひとつだ。

1992年にオープンした**UFO博物館International UFO Museum & Research Center**には、UFOに関する新聞記事や写真などが展示されていて、UFOの謎を解明しようと全米から多くの人が訪れる。ほかにも町なかにはエイリアン風の街灯があったりと、UFOづくしだ。時間があれば立ち寄ってみよう。

●International UFO Museum & Research Center
住114 N. Main St., Roswell, NM
☎(575)625-9495
開毎日9:00～17:00
休おもな祝日
料$5、シニア$3、5～15歳$2
行エルパソの北東約320km。US-54を155km北上し、US-70を160km東へ行く。車で約4時間

映画やドラマにもなったほどUFOで有名な町
© New Mexico Department of Tourism

投稿 ホワイトサンズへいく途中で▶エルパソからホワイトサンズへ行く途中、検問をしていて、パスポートの提示を求められた。たまたま持っていたからよかったが、ホワイトサンズに行く人は必ず持参すること。
（新潟県　大平一貴　'11）['12]

ファッション

S 全身をカウボーイスタイルで決めるなら
スター・ウエスタン・ウエア
Starr Western Wear

住112 E. Overland Ave.　☎(915)533-0113
URL www.starrwesternwear.com　地P.287　B-2
開月〜土9:00〜18:00、日10:00〜15:30　AMV

ダウンタウンでカウボーイハットやブーツ、シャツなど全身一式を揃えることができる唯一の店。カウボーイハットは自分のサイズに加工してくれるのがうれしい。('12)

靴

S ギネスにも載った世界最大のブーツがある
ロケットバスターブーツ
Rocketbuster Boots

住115 S. Anthony St.　☎(915) 541-1300
URL www.rocketbuster.com
開月〜金8:00〜16:00　AMV　地P.287　A-1

アムトラック駅近くにあるウエスタンブーツの専門店。取り扱っているブーツは$650〜5000と値ははるが、すべて手作りなので全米から多くのファンが訪れる。('12)

メキシコ料理

R 安くておいしいメキシカン
リオズ・メキシカン・フード・レストラン
Leo's Mexican Food Restaurant

住315 E. Mills Ave.　☎(915)544-1001
URL www.leosmexican.com
開月〜金8:00〜15:00(水〜金〜翌2:00)、土9:00〜13:00、18:00〜翌2:00、日9:00〜13:00　AMV　地P.287　B-1

地元でも人気の店。店構えは小さいが、内部は広く、席数は多い。おすすめは日替わりメニュー。ランチの場合は$10弱でエンチラーダなどが食べられる。('12)

ホステル&エコノミーホテル

H クラシックな雰囲気のユースホステル
エルパソ・インターナショナル・ホステル&ガードナーホテル
El Paso International Hostel & Gardner Hotel

住311 E. Franklin Ave., El Paso, TX 79901
☎(915)532-3661　FAX(915)532-0302
URL www.elpasohostel.com　地P.287　B-1
ドミトリー$24〜、個室ⓈⒹⓉ$60〜70　MV

ホステルとホテルが同じ建物に同居し、キッチン、ランドリーなどの共有スペースは自由に使える。サンハシント広場にも近い。50室。('12)

エコノミーホテル

H 早朝や深夜便の人におすすめ
マイクロテル・イン&スイーツ・エルパソ国際空港
Microtel Inn & Suites El Paso Airport

住2001 Airway Blvd., El Paso, TX 79925
☎(915)772-3650　FAX(915)298-3161
URL www.microtelinn.com　ⓈⒹⓉ$60〜110　地P.288　B外

24時間運行の無料シャトルバスで空港まで2分と便利。インターネットの接続や朝食は無料だ。客室も清潔でお手頃な値段はありがたい。77室。('12)

中級ホテル

H ビジネスとしての利用に最適
ホリデイイン・エクスプレス・エルパソ・セントラル
Holiday Inn Express El Paso-Central

住409 E. Missouri Ave., El Paso, TX 79901
☎(915)544-3333　FAX(915)533-4109　URL www.hiexpress.com
ⓈⒹⓉ$85〜135　ADJMV　地P.287　B-1

ダウンタウンでリーズナブルに、かつ快適に滞在したいならここがおすすめ。朝食には温かいシナモンロールが用意されている。コインランドリーがあり、Wi-Fi無料。112室。('12)

中級ホテル

H エルパソ随一の大きなホテル
カミノレアル・エルパソ
Camino Real El Paso

住101 S. El Paso St., El Paso, TX 79901　☎(915)534-3000
FAX(915)534-3024　URL caminoreal.com
ⓈⒹⓉ$79〜200　ADMV　地P.287　A-2

ダウンタウンの中心にあるメキシコで有名なチェーン系ホテル。ジムやプール、ビジネスセンターがあり、快適に過ごせる。1階レストランにある豪華なシャンデリアやステンドグラスが有名だ。空港への無料送迎サービスもあるので利用したい。359室。('12)

メモ **ダウンタウンからバスで行けるショッピングモール**▶アバクロやバナリパなどが入っている。ダウンタウンのトランスファーセンターからサンメトロ・バス#59で約30分のEastside Terminal向かい。シエロ・ビスタ・モールCielo Vista Mall　住8401 Gateway Blvd. W.　URL www.cielovistamall.com　開月〜土10:00〜21:00、日12:00〜18:00　地P.288　B外

Great Lakes & Midwest

五大湖と中西部

ミルウォーキーにあるハーレー・ダビッドソン博物館はパーツのコレクションも豊富だ

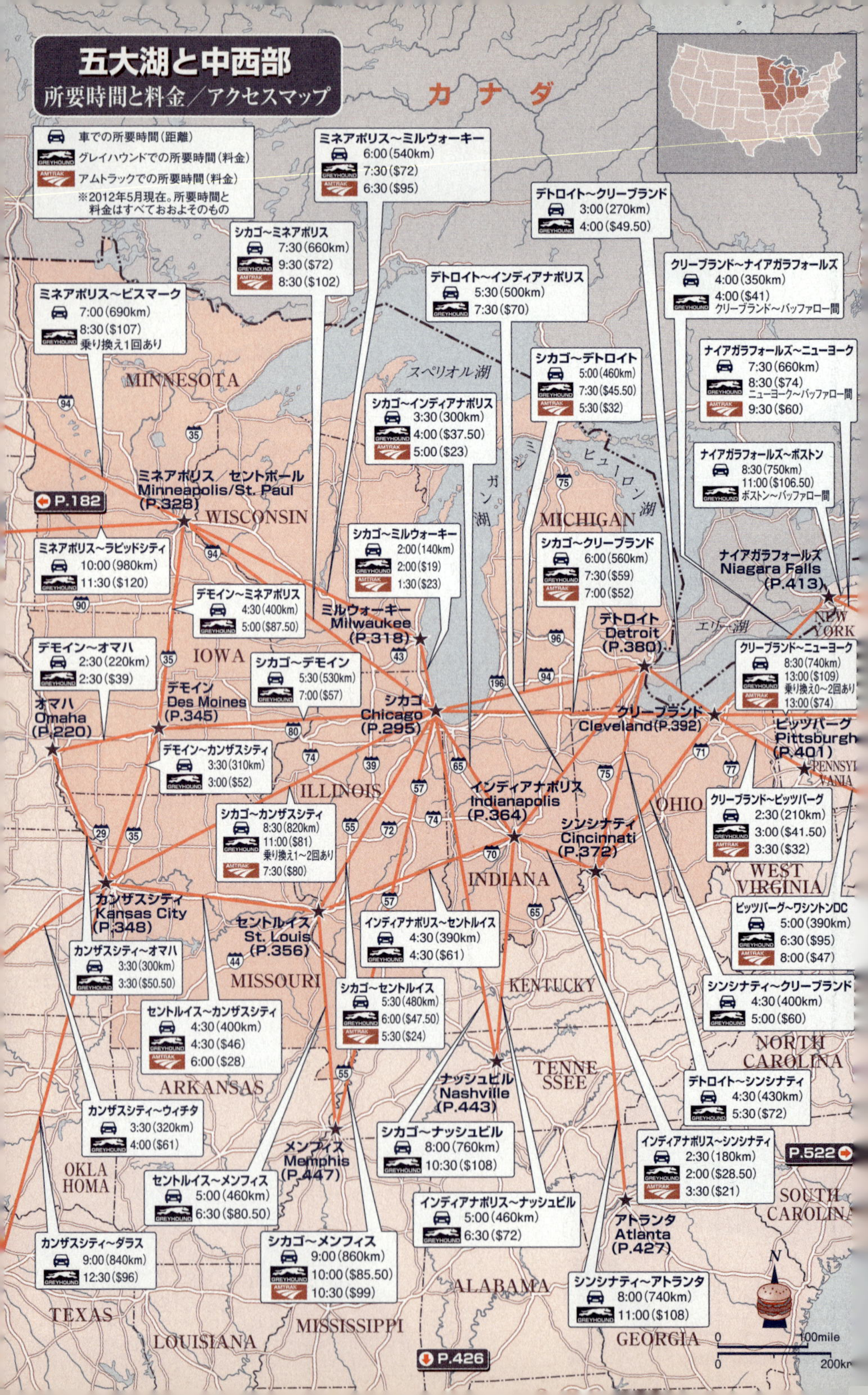

五大湖と中西部
所要時間と料金／アクセスマップ
車での所要時間（距離）
GREYHOUND グレイハウンドでの所要時間（料金）
AMTRAK アムトラックでの所要時間（料金）
※2012年5月現在。所要時間と料金はすべておおよそのもの
カナダ
ミネアポリス～ミルウォーキー 6:00(540km) 7:30($72) 6:30($95)
デトロイト～クリーブランド 3:00(270km) 4:00($49.50)
シカゴ～ミネアポリス 7:30(660km) 9:30($72) 8:30($102)
クリーブランド～ナイアガラフォールズ 4:00(350km) 4:00($41) クリーブランド～バッファロー間
ミネアポリス～ビスマーク 7:00(690km) 8:30($107) 乗り換え1回あり
デトロイト～インディアナポリス 5:30(500km) 7:30($70)
ナイアガラフォールズ～ニューヨーク 7:30(660km) 8:30($74) ニューヨーク～バッファロー間 9:30($60)
シカゴ～デトロイト 5:00(460km) 7:30($45.50) 5:30($32)
スペリオル湖
MINNESOTA
シカゴ～インディアナポリス 3:30(300km) 4:00($37.50) 5:00($23)
ナイアガラフォールズ～ボストン 8:30(750km) 11:00($106.50) ボストン～バッファロー間
ミシガン湖
ヒューロン湖
ミネアポリス／セントポール Minneapolis/St. Paul (P.328)
P.182
WISCONSIN
MICHIGAN
シカゴ～ミルウォーキー 2:00(140km) 2:00($19) 1:30($23)
シカゴ～クリーブランド 6:00(560km) 7:30($59) 7:00($52)
ナイアガラフォールズ Niagara Falls (P.413)
ミネアポリス～ラピッドシティ 10:00(980km) 11:30($120)
デモイン～ミネアポリス 4:30(400km) 5:00($87.50)
ミルウォーキー Milwaukee (P.318)
デトロイト Detroit (P.380)
エリー湖
NEW YORK
デモイン～オマハ 2:30(220km) 2:30($39)
IOWA
シカゴ～デモイン 5:30(530km) 7:00($57)
クリーブランド～ニューヨーク 8:30(740km) 13:00($109) 乗り換え0～2回あり 13:00($74)
デモイン Des Moines (P.345)
オマハ Omaha (P.220)
シカゴ Chicago (P.295)
クリーブランド Cleveland (P.392)
ピッツバーグ Pittsburgh (P.401)
デモイン～カンザスシティ 3:30(310km) 3:00($52)
PENNSYLVANIA
ILLINOIS
インディアナポリス Indianapolis (P.364)
シンシナティ Cincinnati (P.372)
OHIO
クリーブランド～ピッツバーグ 2:30(210km) 3:00($41.50) 3:30($32)
シカゴ～カンザスシティ 8:30(820km) 11:00($81) 乗り換え1～2回あり 7:30($80)
INDIANA
WEST VIRGINIA
カンザスシティ Kansas City (P.348)
セントルイス St. Louis (P.356)
インディアナポリス～セントルイス 4:30(390km) 4:30($61)
ピッツバーグ～ワシントンDC 5:00(390km) 6:30($95) 8:00($47)
カンザスシティ～オマハ 3:30(300km) 3:30($50.50)
MISSOURI
KENTUCKY
シンシナティ～クリーブランド 4:30(400km) 5:00($60)
セントルイス～カンザスシティ 4:30(400km) 4:30($46) 6:00($28)
シカゴ～セントルイス 5:30(480km) 6:00($47.50) 5:30($24)
NORTH CAROLINA
TENNESSEE
ARKANSAS
ナッシュビル Nashville (P.443)
デトロイト～シンシナティ 4:30(430km) 5:30($72)
カンザスシティ～ウィチタ 3:30(320km) 4:00($61)
シカゴ～ナッシュビル 8:00(760km) 10:30($108)
メンフィス Memphis (P.447)
インディアナポリス～シンシナティ 2:30(180km) 2:00($28.50) 3:30($21)
P.522
OKLAHOMA
セントルイス～メンフィス 5:00(460km) 6:30($80.50)
インディアナポリス～ナッシュビル 5:00(460km) 6:30($72)
アトランタ Atlanta (P.427)
SOUTH CAROLINA
カンザスシティ～ダラス 9:00(840km) 12:30($96)
シカゴ～メンフィス 9:00(860km) 10:00($85.50) 10:30($99)
ALABAMA
シンシナティ～アトランタ 8:00(740km) 11:00($108)
N
TEXAS
LOUISIANA
MISSISSIPPI
GEORGIA
0 100mile
0 200km
P.426

シカゴ Chicago

摩天楼とブルースの町

シカゴは町全体が建築博物館。
ボートに乗っての見学が人気

広大なアメリカで、最もアメリカらしいエリアが中西部だとよくいわれる。なかでもシカゴやミネアポリスは都会の要素をもちあわせながらも、古きよきアメリカが残る、心地のいい町でもある。中西部最大の都市シカゴは、ニューヨーク、ロスアンゼルスに次ぐアメリカ第三の都市。にぎやかで華やかなダウンタウンを歩くと、アメリカの活力と豊かさが感じられるだろう。

シカゴには名物もいろいろある。シカゴスタイルのピザ、悲哀を歌ったブルース、摩天楼、強い風……。そして、アメリカ初のアフリカ系大統領バラク・オバマだ。そう、第 44 代合衆国大統領である。生まれはハワイだが、社会人として、また政治家として確固たる地位を築いたのはこの町なのである。夫人のミシェルはシカゴのサウスサイドの出身。名物の風を受けながらシカゴを探索してみよう。

ブルースなどのライブハウスに気軽に入れるのもシカゴならでは

GUIDE BOOK 地球の歩き方B11シカゴ編（1700円＋税）、B14テーマで旅するアメリカ編（1700円＋税）でもシカゴを紹介していますので、ご活用ください。

DATA

人口▶約269万5500人
面積▶606km²
標高▶最高204m　最低176m
TAX▶セールスタックス　9.50%
ホテルタックス　16.40%
属する州▶イリノイ州
Illinois
州のニックネーム▶大平原州
Prairie State
州都▶スプリングフィールド
Springfield
時間帯▶セントラル・タイムゾーン
➡P.631
繁忙期▶5、6、10、11月

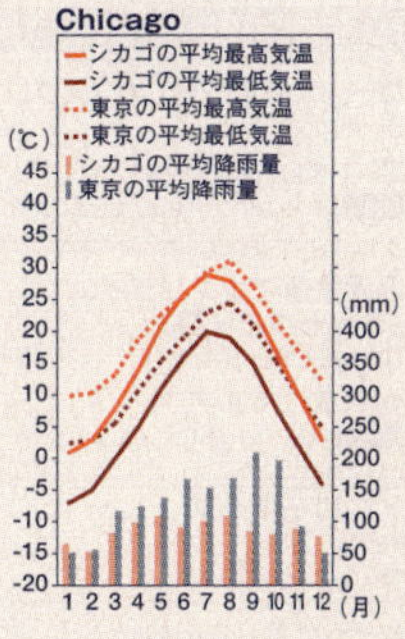

飛行機 Plane

オヘア国際空港
O'Hare International Airport (ORD)

アメリカン航空のハブでもあるオヘア国際空港

オヘア国際空港
☎(1-773) 686-2200
URL www.ohare.com

北西約17マイル（約28km）に位置する。ユナイテッド航空とアメリカン航空のハブであり、“世界で最も忙しい空港”のひとつとして知られ、目的地への乗り継ぎ空港として使われることも多い。ターミナルは1〜3のほか、国際線用のターミナル5の計4つから構成され、各ターミナル間は無人のモノレール、**ピープルムーバーPeople Mover**で結ばれている。日本からの国際線は、すべてターミナル5に到着するが、出発はそれぞれのターミナルとなる。全日空とユナイテッド航空がターミナル1、デルタ航空がターミナル2、アメリカン航空と日本航空がターミナル3となる。

■ 空港から／空港へのアクセス

	種類／名称／連絡先	行き先／運行／料金	乗車場所／所要時間／備考
空港シャトルバン	ゴー・エアポート・エクスプレス Go Airport Express Free (1-888) 284-3826 URL www.airportexpress.com	**行き先**▶市内や周辺どこでも **運行**▶空港発は毎日到着〜最終便の10〜15分間隔。空港行きは4:00〜 **料金**▶ダウンタウンまで片道$31（ふたり目から+$13）	**空港発**▶各ターミナル1階のバゲージクレーム（機内預け荷物のピックアップ場所）を出た1E、3F、2D、5Eのエリアから乗車 **空港行き**▶主要なホテル以外からは前日までに予約が必要。ウエブサイトからもできる **所要時間**▶ダウンタウンまで45〜90分
地下鉄	地下鉄ブルーライン Blue Line ☎(1-312) 836-7000 URL www.transitchicago.com	**行き先**▶ダウンタウンのブルーライン各駅 **運行**▶24時間随時。1:00〜4:00は15〜30分間隔、それ以外は7〜10分間隔 **料金**▶$2.25	**空港発**▶ターミナル2の地下にあるブルーラインO' Hare駅から乗車 **空港行き**▶最寄りのブルーライン駅からO' Hare行きに乗車 **所要時間**▶ダウンタウンまで約40分 ※ダウンタウンのエレベーターのある駅はClark/Lake
タクシー	イエローキャブ Yellow Cab ☎(1-312) 829-4222	**行き先**▶市内や周辺どこでも **運行**▶24時間随時 **料金**▶ダウンタウンまで約$40〜50	**空港発**▶各ターミナルを出たカーブサイドの“Taxi”の看板の下から乗車 **空港行き**▶事前に電話予約、または主要ホテルから乗車 **所要時間**▶ダウンタウンまで25〜75分

※それぞれの乗り物の特徴については ➡P.665

ミッドウエイ国際空港
Midway International Airport (MDW)

ミッドウエイ国際空港
住 5700 S. Cicero Ave.
☎(1-773) 838-0600
URL www.ohare.com→Midway

発着機数の多いオヘア国際空港の補助的役割をする空港。ダウンタウンの南西約16kmに位置し、ビジネス客の利用も多い。高架鉄道オレンジラインの始発駅もある。

■ 空港から／空港へのアクセス

	種類／名称／連絡先	行き先／運行／料金	乗車場所／所要時間／備考
空港シャトルバン	ゴー・エアポート・エクスプレス Go Airport Express Free (1-888) 284-3826 URL www.airportexpress.com	**行き先**▶市内や周辺どこでも **運行**▶空港発は最初の便の到着から〜22:30の15分間隔。空港行きは主要なホテルから30分間隔 **料金**▶ダウンタウンまで片道$26、往復$46	**空港発**▶バゲージクレームの向かいのドア3近くにある同社のカウンターで申し込みをし、ターミナル外から乗車 **空港行き**▶主要なホテル以外からは前日までに予約が必要 **所要時間**▶ダウンタウンまで約30分
高架鉄道	高架鉄道オレンジライン（ミッドウエイ線） Orange Line (Midway) ☎(1-312) 836-7000 URL www.transitchicago.com	**行き先**▶オレンジラインの各駅。ダウンタウンならAdams、State、Clark、LaSalle駅で下車 **運行**▶空港発は月〜土4:00〜翌1:00、日5:30〜23:30の7〜15分間隔 **料金**▶$2.25	**空港発**▶ターミナルから駐車場方面へ行き、その先にあるMidway駅から乗車 **空港行き**▶最寄りのオレンジラインの駅からMidway行きに乗り、終点Midway駅で下車 **所要時間**▶約30分 ※ダウンタウンのエレベーターのある駅はClark/Lake
タクシー	イエローキャブ Yellow Cab ☎(1-312) 829-4222	**行き先**▶市内や周辺どこでも **運行**▶24時間随時 **料金**▶ダウンタウンまで約$30〜35	**空港発**▶ターミナルの前にあるタクシー乗り場から乗車 **空港行き**▶事前に電話予約、または主要ホテルから乗車 **所要時間**▶ダウンタウンまで20〜30分

※それぞれの乗り物の特徴については ➡P.665

旅のアドバイス **シカゴの免税店は小さい**▶日本からのノンストップ便が運航するオヘア空港だが、免税店は空港の規模のわりに小さい。みやげ物は市内で購入したほうが安心。

長距離バス …………………………… Bus

グレイハウンド・バスターミナル
Greyhound Bus Terminal

世界いち大きい中央郵便局の裏、Harrison St.とJefferson St.の角にあるバスターミナル。ミネアポリスやデトロイトなどから乗り入れる。ダウンタウンの中心までは徒歩で10～20分。Harrison St.を走るCTAバス#7でも中心まで行ける。地下鉄ならブルーラインのClinton駅下車、徒歩3分（2ブロック）。

鉄 道 ……………………………… Train

ユニオン駅
Union Station

シカゴ川のすぐ西、Adams St.とCanal St.の交差するところにあるユニオン駅は、ヨーロッパの寺院を思わせる壮麗な造り。全米の旅客鉄道のハブとして、路線はシカゴを中心に放射状に延びている。近郊列車メトラMetraの乗り入れ駅でもあり、平日のラッシュアワーからはシカゴの活力が伝わってくる。

グレイハウンド・バスターミナル
地P.302　A-3
住630 W. Harrison St.
☎(1-312) 408-5821
開24時間営業

ユニオン駅
地P.302　A-3
住225 S. Canal St.
Free (1-800) 872-7245
開毎日5:30～24:00（チケット売り場は6:00～21:20）

映画『アンタッチャブル』を観ましたか？
ケビン・コスナーやショーン・コネリーが出演している映画『アンタッチャブル』のクライマックス、階段から乳母車が転げ落ちるシーンは、実際にこのユニオン駅で撮影された

シカゴの歩き方　Getting Around

ビジネスシティのイメージが強いが、意外に見どころは多い。シカゴの町が世界に誇る**摩天楼群と博物館&美術館群**は、ゆっくり見学するのなら相当な時間がかかる。ミシガン湖から望むシカゴのスカイラインも、ぜひカメラに収めたいところ。春から秋にかけてはミシガン湖クルーズも人気がある。また、シカゴは"食"の町でもあるから、シカゴ名物の**ディープ・ディッシュ・ピザ**（具がいっぱい詰まっている）にトライするのもいい。熱狂的なシカゴっ子の応援ぶりを見るだけでも楽しいスポーツ観戦も断然おすすめだ。また、近年注目を集めている**ミレニアムパーク**は中心部にある。公共交通機関が発達しているため、ほとんどの見どころはバスや地下鉄で行ける範囲内にある。各自の滞在日数や目的に合わせてポイントを絞り、計画を立てよう。必見の観光ポイントは建築関係の**ウオータータワー**、**ルッカリー**、**ウィリスタワー**、**ジョン・ハンコック・センター**など、博物館&美術館の**シカゴ美術館**や**科学産業博物館**など。

住所解読法

シカゴのダウンタウンは歩きやすいうえ、住所も簡単に読み取れるようになっている。ループ地区を南北に走るステートストリートState St.と東西に抜けるマディソンストリートMadison St.が中心で、この交差点から、それぞれ東西南北に番地の数字が増えていく。基本的には1ブロックで100番、ところによっては2～3ブロックで100番という具合になっている。南北に走る通りの東側は奇数、西側は偶数、東西に走る通りの北側は偶数、南側は奇数の番地が付いている。

シティパス ➲P.693
URL www.citypass.com/chicago
料$84、3～11歳$69
ウィリスタワー（スカイデッキ）、ジョン・ハンコック・センター展望台か科学産業博物館、フィールド博物館、アドラープラネタリウムかシカゴ美術館、シェッド水族館の5つの見どころへ入場できる。購入は対象施設のチケット売り場で

シカゴ・カブスのチケット情報
MLBカブスの本拠地、リグレーフィールドは、ボストンのフェンウェイパークと並んで球場の収容人数が少なく、平日のデイゲームでも常に満員御礼が続く。カブスを観戦するならチケットは前もって入手しておくことをおすすめしたい。日本語の通じるチケットブローカーは次のとおり
●オール・アメリカン・チケット
URL www.allamerican-tkt.com
●チープトラベルズ
URL www.cheaptravelz.com

博物館も充実している

旅のアドバイス　**シカゴの市内通話▶**シカゴはニューヨークなどの大都市同様、同じ市外局番の市内通話でも市外局番の前に"1"をダイヤルする。ほかの町と異なるので要注意。

シカゴ観光局
Free (1-877) 244-2246
URL www.explorechicago.org、
www.choosechicago.com

シカゴ・カルチュラル・センター
地 P.302　A-2
住 77 E. Randolph St.
開 月～金8:00～19:00（金～18:00）、土9:00～18:00、日・祝日10:00～16:00

シカゴ・ウオーター・ワークス
地 P.303　B-2
住 163 E. Pearson St.
開 月～金8:00～19:00（金～18:00）、土9:00～18:00、日・祝日10:00～18:00（祝日～16:00）
休 カルチュラル・センター、ウオーター・ワークスともサンクスギビング、12/25、1/1

シカゴ交通局
☎ (1-312) 836-7000
URL www.transitchicago.com
料 CTAトレイン、バスとも$2.25。シカゴカードならバスは$2となる。シカゴカードは日本のSuicaやPASMO、ICOCAのようなもので、最初に$5が必要。ビジターパスは1日用$5.75、3日用$14、7日用$23

ビジターパスの購入場所
O'Hare Airport駅（ブルーライン）、Midway Airport駅（オレンジライン）などの自動券売機やシカゴ・カルチュラル・センター1階にある売店Shop at Cultural Center、シカゴ・ウオーター・ワークス、ユニオン駅などで購入できる

CTAのトレインとバスの乗り換えについて
乗り換え（トランスファー）は、CTAトレイン同士は無料。CTAトレインとバス間、バス同士は1回目は25¢、2回目は2時間以内なら無料

エレベーターのある駅
CTAトレインは歴史があり、その分、エレベーターなどのインフラがまだ完全には整っていない。重い荷物を持って乗り換えるときは、ループ地区（ダウンタウン）のClark/Lake駅が便利。ブルー、グリーン、オレンジ、ブラウン、パープル、ピンクの線が走っている

投稿　日本語の地図
シカゴ・カルチュラル・センターにある観光案内所は、さまざまなパンフレットや地図が豊富。日本語で書かれた地図もあった。
（杉並区　M.C　'05）['12]

観光案内所 ……………… Visitors Information

シカゴ・カルチュラル・センター
Chicago Cultural Center

中心部、Randolph St.とMichigan Ave.が交差する、シカゴ・カルチュラル・センターの1階にある観光案内所。入口はRandolph St.側。テーブルとイスがあり、休けいには最適な場所。みやげ物屋も入っている。

ループ地区にある観光案内所。スタッフも親切

シカゴ・ウオーター・ワークス
Chicago Water Works

シカゴ川の北、Michigan Ave.とChicago Ave.の交差点に建つウオータータワー。ミシガンアベニューを挟んでその向かいにある建物の中。イリノイ州全体の資料も用意されている。シカゴの半額チケット売り場Hot Tixもここにある。

市内の交通機関 ……… Public Transportation

シカゴ交通局
Chicago Transit Authority (CTA)

略称CTAはシカゴ市全域と都市圏をカバーするCTAトレイン（高架鉄道と地下鉄）、バスを運営している。

CTA トレイン（高架鉄道と地下鉄）
CTA Train（Elevated Train & Subway）

シカゴ名物の高架鉄道Elevated Train（通称"L"）と地下鉄Subwayを総称して、シカゴっ子は"CTA Train"と言う。地上と地下を走る違いはあるものの、市内交通として果たしている役割はまったく同じ。路線は8つあり、ブルー、レッド、グリーン、オレンジ、ブラウン、パープル、ピンク、イエローに色分けされている。ただし、列車自体が色分けされているのではないので注意が必要だ。

ダウンタウンの中心部では、ブルーとレッドが地下を、グリーン、オレンジ、ブラウン、パープル、ピンクは高架を走っている。

乗り方は、改札の近くにある自動券売機からビジター用のパスか、一般のチケットであるシカゴカードChicago Cardを買う。パスorカードを改札機にとおし、グリーンのランプが点いたらバーを押して中に入る。出るときはバーを押すだけでチケットを改札機にとおす必要はない。

ちなみに、シカゴの高架鉄道は、サンフランシスコのケーブルカー、ニューオリンズの市電と並ぶ町の名物。一度は乗ってみて、高い位置から町の様子を見るのもおすすめだ。

名物の高架鉄道に一度は乗ってみよう

投稿 **シカゴ・カルチュラル・センター**▶観光案内所のあるシカゴ・カルチュラル・センターは、ミレニアムパークの前にある歴史的な建物。カフェがあり、タイミングがいいと昼どきに生演奏がある。
（東京都　石田成美　'09）['12]

バス　Bus

シカゴの市バス。赤、青、白の3色が目印

シカゴのバスの路線は、ダウンタウンから郊外まで広い範囲をカバーしている。この町では、ループや地下鉄よりバスの利用価値が高く、路線は南北、または東西を単純に走るものが多い。青と白の標識がバス停の印。自分の乗る路線番号を確認してからバスに乗ろう。なお、ラッシュ時はたいへんな混雑となるので、必ず時間に余裕をみておくこと。

覚えておくと便利な路線は、**#146**――Michigan Ave.、State St.（ウオータータワー、ジョン・ハンコック・センター、シカゴ美術館、グラントパーク、フィールド博物館、水族館など）、**#151**――Lake Shore Dr.、Michigan Ave.、State St.、Adams St.（ウィリスタワー、ウオータータワー、リンカーンパークなど）、**#10**――科学産業博物館、シカゴ大学など。

治安について
ダウンタウンから南へ向かうレッドラインは、治安の悪い地域を走るため、Sox-35th駅より南は人の多い車両に乗るようにしたい。また、ひとりでは夜間の利用は避けよう

CTA "Bus & Rail Map" をもらおう
シカゴは交通機関が発達していて、トレイン、バスとも本数が多い。空港駅や観光案内所で入手できるこのマップは、路線などが詳しく表示されていて、非常に便利

タクシー
Taxi

大都会だけあって流しのタクシーも多く、拾いやすい。観光客ずれしていないせいかどうかは定かではないが、ボラれることは滅多になく、観光客にもうれしい存在だ。

タクシー
料基本料金が$2.25で9分の1マイルまで。以降9分の1マイルごとに20¢加算される。ふたり以上乗る場合、ふたり目は$1、3人目以降はひとりごとに50¢加算。また、待ち時間6分ごとに$2の加算もある
●American-United Taxi
☎(1-773)248-7600
●Flash Cab
☎(1-773)561-4444
●Yellow CabとChecker Taxi
☎(1-312)829-4222

ツアー案内 ………………… Sightseeing Tours

グレイライン
Gray Line of Chicago

出発場所／Palmer House Hilton（住17 E. Monroe St.）内

グレイライン
地P.302　A-3
Free(1-800)472-9546
URL www.grayline.com
※ツアー申し込みはPalmer House Hilton 1階にある事務所でも可能
※季節によって出発時刻に変更あり

ツアー名	料金	運行	所要時間	内容など
Inside Chicago	$40	季節によって9:30、13:30の出発（夏期は3回）	4時間	ループ地区の有名な彫刻、ネイビーピア、リンカーンパーク、アドラープラネタリウムなどシカゴ市内のおもな観光ポイントを回る
Inside Chicago & Hancock Tower	$50	毎日9:30、13:30発（冬期は10:00発のみ）	5時間30分	Inside Chicagoツアーに加え、ジョン・ハンコック・センターの展望台からの眺めを楽しむ
Panoramic and Scenic North Side Tour	$25	6～9月の毎日9:30と13:30、10～5月の毎日10:00と14:00	2時間	ループ地区、マグニフィセントマイル、リンカーンパーク地区、リグレーフィールドなどを短時間で見学する。72時間前までに予約すること

ダブルデッカー観光
Double Decker Co.

ウオータータワーからアドラープラネタリウムまでカバーする観光案内のダブルデッカーバス。バスは、ダウンタウンのおもな見どころ14ヵ所に止まり、1日中乗り降り自由。そのまま乗ると一周2時間。

夏の間によく見かける2階建ての観光バス

ダブルデッカー観光
☎(1-773)648-5000
URL www.chicagotrolley.com
運行／毎日9:00～18:00（夏期～20:00）
休サンクスギビング、12/24、12/25
料$29、シニア（65歳以上）$24、3～11歳$17、3日パスは$35

旅のアドバイス **CTAのビジターパス▶**1、3、7日などがあるが、例えば1日パスは使い始めの時刻から24時間以内まで使える。つまり、購入時間によっては2日にわたって使うことができ、とてもお得。空港に到着した人は、空港のCTAブルーライン乗り場で購入するのがいい。Walgreenなどのドラッグストアでも販売している。

夏期建築クルーズは大変な人気。早めに申し込もう

シカゴ建築財団

建築センターArchiCenterがループ地区のサンタフェビルにある。ツアーの申し込みができるほか、みやげ物屋も充実している。いくつかのツアーの出発点でもある

地P.302　B-3
住Santa Fe Building, 224 S. Michigan Ave.
☎(1-312)922-3432
URL www.architecture.org
開毎日9:00〜18:30(金〜19:00)
休サンクスギビング、12/25、1/1

●Historic Downtown (South)
料$17、シニア／学生$14
●Modern Skyscrapers
料$17、シニア／学生$14
●Architecture River Cruise
料$35
※スケジュールについてはウエブサイトで
●日本語オーディオツアー
料$16

中央がジョン・ハンコック・センター。左がウオータータワー

摩天楼群　Skyscrapers

シカゴの町は高層建築のギャラリーだ

　シカゴの町を訪れたなら、ダウンタウンのいたるところに林立する摩天楼の数とそのユニークさに圧倒されるはず。未来からの贈り物かと思うようなビル、ルネッサンス時代に迷い込んでしまったかと思うようなビル、立ちくらみを起こさせるような超高層ビル、遊びごころいっぱいのビル……。バラエティに富んだ建築は、シカゴが建築の町といわれるゆえんだ。

　これらのビルの多くは、1871年のシカゴ大火のあと、シカゴ派と呼ばれる優れた建築家たちによって建設されたもの。バーナム、ルート、サリバン、ホラバード、ローチ、ミース・ファン・デル・ローエなどが個性豊かなデザインの建築を残している。加えて、シカゴは摩天楼発祥の地であり、全米で最も高い4つのビルのうち3つがこの町にあるから、ひとつでも多くのビルを見ておきたいところ。

シカゴの摩天楼を解説付きで回るシカゴ建築財団のツアー

　シカゴ建築財団Chicago Architecture Foundation (CAF)では、シカゴ名物の摩天楼を解説付きで歩きながら見て回ったり、クルーズ船に乗って見たりするツアーを数多く主催している。ウエブサイトで好みのものを選んでみよう。

ウオーキングツアー

●**Historic Downtown (South)**　シカゴ川南の歴史的な建物を見学する。〈5〜9月〉木〜火10:00と15:00、水10:00と17:30、〈10月〉木〜火10:00と15:00、水10:00、〈11〜4月〉毎日10:00

●**Modern Skyscrapers**　クルーズと建築見物ができて一石二鳥のシカゴ川沿いとシカゴ川南の新しい建物を見学する。〈5〜9月〉毎日13:00、金17:30、〈10〜4月〉毎日13:00

●**Architecture River Cruise**　シカゴで人気No.1のツアー。4月中旬〜11月中旬の運航で、ミシガンアベニュー橋のたもとから出発。

●**日本語オーディオツアー Foreign Language Tours**
日本語のHistoric Downtown (South)とModern Skyscrapersの2種類のオーディオガイド（音声）ツアーを用意している。マイペースで回れるのが魅力。約1時間30分。クレジットカード、またはパスポートなどのIDが必要。

台形のカッコイイビル　地P.303　B-2

ジョン・ハンコック・センター
John Hancock Center

　ミシガンアベニューに面したジョン・ハンコック・センターは、スキッドモア、オーイングス、メリルの設計による台

形のユニークな形をした、オフィスやアパート、ショッピングセンター、ホテル、ラジオ局の送信機材室の入った共同ビル。100階建てのビルの高さは約343m（1127フィート）で、シカゴでは第4位だ。ビルの側面はX字型の鉄骨が組まれ、台形のビル上に建っている2本のアンテナは角のように見える。ちなみに鉄骨の重さだけで4万6000トンもある。

94階は展望階となっていて、ここまで地階からエレベーターで39秒。展望階の景観は感動もので、北と東にミシガン湖と湖岸線、南と西にダウンタウンが一望できる。特に夕暮れどきが絶景。ウィリスタワーとはなにかと比較されることが多いが、景色はダンゼンこちらのほうがいい。展望レストランもあり、くつろぎながら夜景を眺める気分は最高だ。雰囲気を味わうならバーがオトク。

シカゴの大火で焼け残った 地P.303 B-2

ウオータータワー
Water Tower

1869年完成の給水塔。ミシガン湖から水を汲み上げるという役目のおかげで、1871年のシカゴの大火にも唯一焼け残った公共の建造物だ。タワーは町のシンボルで、かつてミシガンアベニュー拡張工事の際、タワーの取り壊し案が提出されたが、市民の猛反対により工事は中止、通りがここで少しカーブするはめになったという。タワーには小さなギャラリー**City Gallery at the Historic Water Tower**が入っている。

シカゴ名物のトウモロコシ型ビル 地P.303 A-4

マリーナシティ
Marina City

シカゴを舞台にした映画やTVドラマに必ず登場する、トウモロコシ型をした双子のビル。高さ168m、65階建てのコンクリート製の円筒形のビルは、ゴールドバーグの設計によるもので1963年に完成した。当時シカゴの建築物の主流を占めていたミース派に属さずに、唯一名声を上げた建築家がゴールドバーグだった。ビルは、上がアパート、下が駐車場になっている。遠くからビルを眺めると、トウモロコシの粒の下段のほうに車がミニカーのように並んでいておもしろい。現在建物にはおしゃれなデザイナーズホテルのホテルサックスHotel SAXと、人気のナイトスポット **“ハウス・オブ・ブルースHouse of Blues”** が入っている。

シカゴのスカイラインを変えた摩天楼 地P.303 B-4

トランプ・インターナショナル・ホテル&タワー
Trump International Hotel & Tower

ニューヨークの不動産王、ドナルド・トランプが建てた98階建ての高層建築。オフィス、コンドミニアム、ホテルなどから構成され、ジョン・ハンコック・センターを手がけたスキッドモア、オーイングス、メリルの設計だ。円形のカーブをもつ立方体がセットバック式に組み合わさり、高さなどを周辺のビルに合わせ、調和をとっている。

ジョン・ハンコック・センター
住875 N. Michigan Ave.
Free (1-888) 875-8439
URL jhochicago.com
開毎日9:00～23:00（チケット販売は22:30まで）
料$15、3～11歳$16

ウオータータワー
住806 N. Michigan Ave.
●**City Gallery at the Historic Water Tower**
開毎日10:00～18:30（日～17:00）

マリーナシティ
住300 N. State St.
●**House of Blues**
住329 N. Dearborn St.
☎(1-312) 923-2000
URL www.houseofblues.com
開毎日11:30～22:00（金・土～23:00、日16:00～、イベントにより異なる）

印象的な姿のマリーナシティ

トランプ・インターナショナル・ホテル&タワー
住401 N. Wabash Ave.
URL www.trumpchicagohotel.com

新しい摩天楼にはホテルも入っている

旅のアドバイス **エル（高架鉄道）パープルライン**▶パープルラインは、エバンストン市とシカゴのダウンタウンを結ぶ路線で、エバンストン市より南は急行としてスキップ運行する。

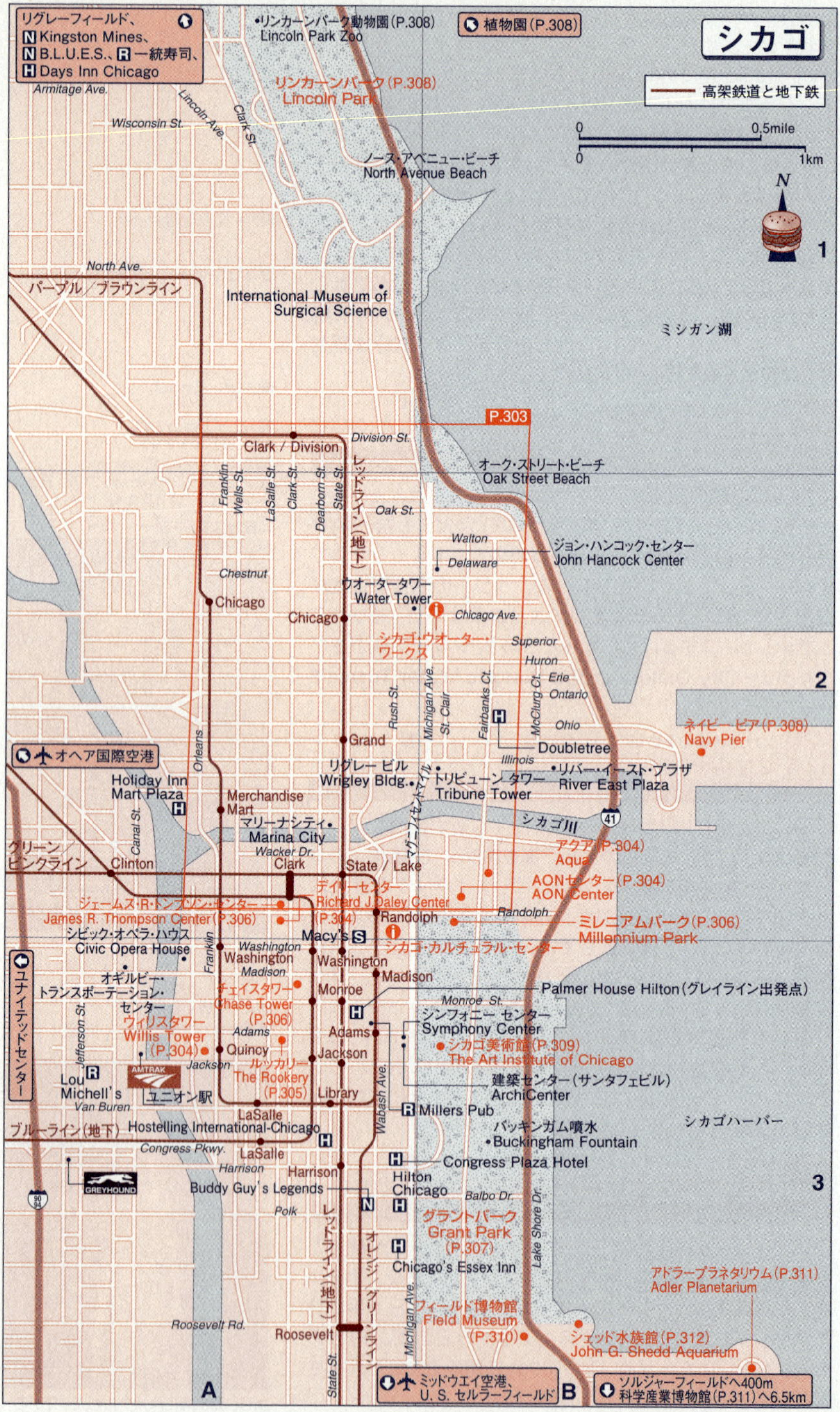

日本語で情報収集▶大阪市シカゴ事務所のウエブサイトにはシカゴについての情報が詳しく載っている。
URL www.osakacity.org/ja
（大阪府　だんじりハマー　'06）['12]

マグニフィセントマイルとループエリア

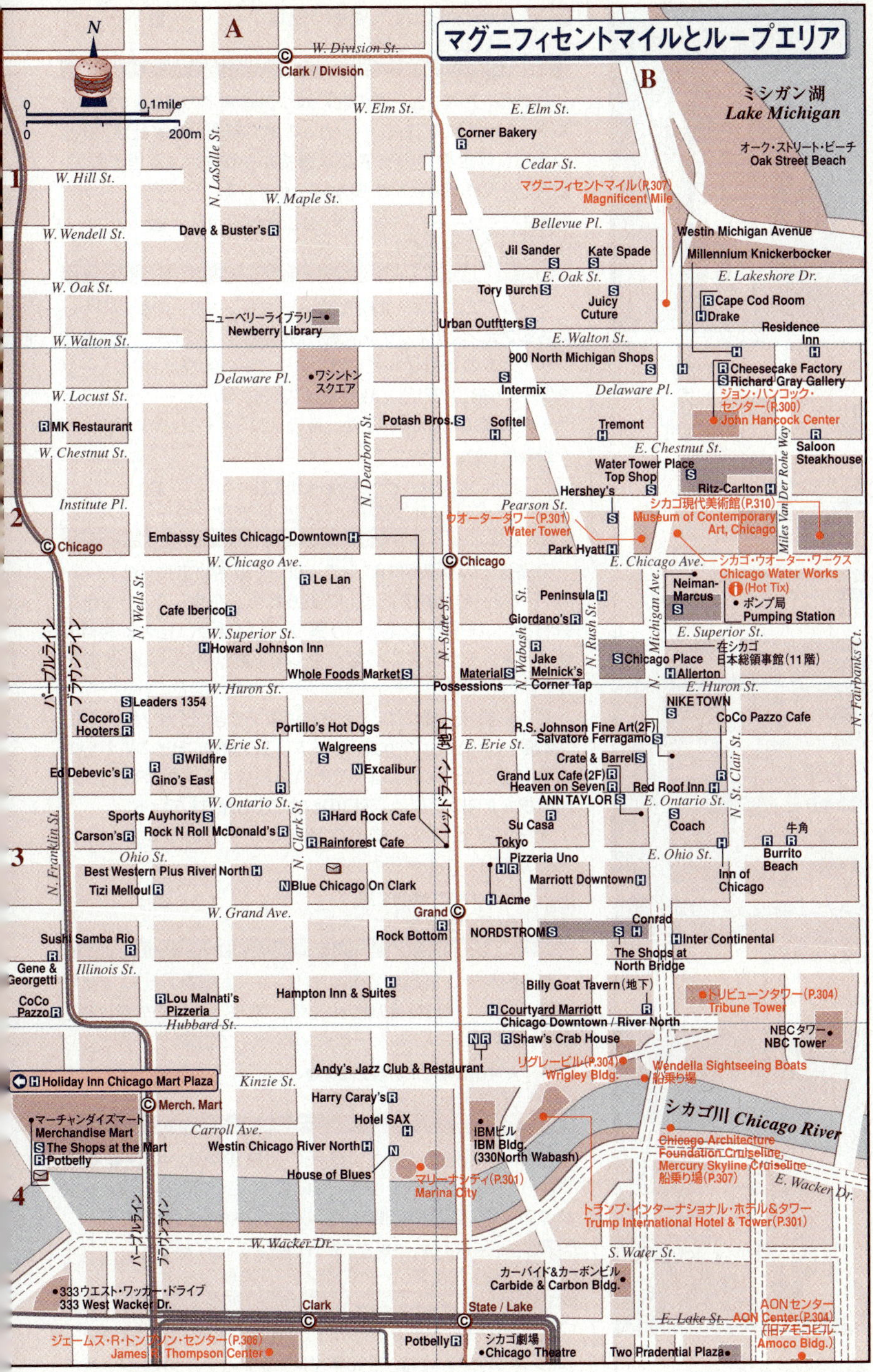

リグレービル（左）とトリビューンタワー（右）

トリビューンタワー
住435 N. Michigan Ave.
URL www.chicagotribune.com

リグレービル
住400-410 N. Michigan Ave.
URL www.thewrigleybuilding.com

デイリーセンター（シビックセンター）
住50 W. Washington St.
URL www.thedaleycenter.com
※無料のWi-Fiスポット

ピカソ作の彫像

AONセンター
住200 E. Randolph St.

スリムなAONセンター

アクア
住430 E. Wacker Dr.

有力地方紙の本社は荘厳で力強い　地P.303　B-3

トリビューンタワー
Tribune Tower

ミシガンアベニュー橋の北に建つ36階建てのゴシック調のビルが、シカゴトリビューン（シカゴの地方新聞）の本社だ。ビルの外壁には世界中の有名な建造物からの破片（万里の長城、ピラミッドのものなど）がちりばめられている。

リグレー・チューイング・ガムの本社です　地P.303　B-4

リグレービル
Wrigley Building

ミシガンアベニューを挟んでトリビューンタワーの斜め向かいにあるフランスルネッサンス風の白い建物。リグレー・チューイング・ガムの本社ビルだ。サウスタワーの完成はトリビューンタワーより前の1921年。時計塔はスペインのセビーリャにあるヒラルダの塔にそっくりだとか。夜のイルミネーションに照らされた姿も美しい。

ビルの前に立つピカソの彫像が人気　地P.302　A-2

デイリーセンター（シビックセンター）
Richard J. Daley Center (Civic Center)

31階建ての鋼鉄製のビルで、かつての名物市長リチャード・J・デイリーの功績を記念して造られた。腐食したような色の鉄骨は、コールテン鋼という錆びているように見える素材の鉄で、メンテナンスの必要がなく年を重ねるごとに色が変化していく。

ビル南側の広場にはビルと同じ鋼鉄でできた**ピカソ作の彫像『無題　Untitled』**が鎮座している。この像は、ヒヒに見えたり、女性に見えたり、人によってその印象はさまざま。Randolph St.を挟んだ向かいには**『ミロのシカゴ』**も起立している。

デイリーセンター前の広場では、平日のランチタイム（12:00）にイベントが行われる。

アメリカで3番目に高い　地P.302　B-2

AONセンター
AON Center

高さ約346m、83階建てのAONセンターは湖畔にそびえる高層建築。シカゴでは3番目の高さになる。スリムなビルの外装は花こう岩から成り、シンプルなデザインがかえって斬新。

女性建築家による初の摩天楼　地P.302　B-2

アクア
Aqua

2010年に完成したシカゴ最新の高層建築は、女性建築家ジニー・ギャングによるもの。82階建て、高さ262m。ベランダが波打っているのが特徴で、どのユニットからも眺めがいい。

全米No.1の高さを誇るアメリカを代表する摩天楼　地P.302　A-3

ウィリスタワー（旧シアーズタワー）
Willis Tower (Formely Sears Tower)

高さ約443m（1450フィート）、110階建てのウィリスタワー（旧シアーズタワー）は、1998年マレーシアのクアラルンプールに

メモ　**シカゴのファーマーズマーケット**▶エコ&グリーンブームはシカゴにも到来。中心部では、デイリーセンター➡P.304のほかに、次のところでファーマーズマーケットが開催される。↗

450mのペトロナス・ツイン・タワーが完成するまでの24年間、世界いちの高さを誇っていたビル。今もアメリカではNo.1の高さである。ビルの建設にあたっては7万6000トンの鉄、1万6000枚の窓ガラス、ピーク時の建設従業者数1万6000人、1973年の完成まで3年の歳月を要した。

地下の切符売り場から入場すると、タワーとシカゴの町を紹介するスライドが上映される。103階の展望階（スカイデッキ）へは、超高速エレベーターでたったの1分。展望階からは360度の大パノラマが楽しめる。天気のいい日には40～60マイル先のインディアナやウィスコンシン各州を見ることができるし、夕暮れどきや夜景を見るのもおすすめだ。現在 **"レッジ The Ledge"** と呼ばれる透明ガラス（アクリル）の突出部が、たいへんな話題となっている。下の道路や車がよく見えるのだ。

現代の摩天楼はこのビルから始まった 地P.302 A-3

ルッカリー
The Rookery

シカゴの大火（1871年）のあと、1888年に完成した、世界で最も古い鉄骨高層ビル。シカゴ派を代表する著名な建築家バーナムとルートの設計で、それまでの組積工法とはまったく異なったスケルトン工法（骨組み）で造られているのが最大の特徴。そのため、近代摩天楼建築の原本ともいわれている。竣工当時のロビーには、ガラスで覆われたドームがかけられていたが、1905年フランク・ロイド・ライトの手によって改造された。鉄細工とガラスの調和の美しさ、そして建物の中にあるライト設計の"光の庭"は一見の価値あり。

ウィリスタワー（旧シアーズタワー）
住 233 S. Wacker Dr.
☎ (1-312) 875-9696（スカイデッキ）
URL www.theskydeck.com
開 毎日9:00～22:00（10～3月は10:00～20:00）
料 $17.50、3～11歳$11

全米いちの高さを誇るウィリスタワー。2009年まではシアーズタワーと言った

ルッカリー
住 209 S. LaSalle St.
URL www.therookerybuilding.com

ルッカリーのロビー。中にライト関係のショップも誕生した

シカゴの野外ギャラリー

メモ

ダウンタウンのループ周辺を歩くとおもしろい姿の巨大な彫刻をよく見かける。いくつかのビルでは、ビルのデザイン以外にその特徴を出すため、競って野外彫刻を制作した。それらの彫刻は、それぞれのビルのプラザ（大広場）に鎮座していることから、総称してプラザアート **Plaza Art** と呼ばれ、高層ビルと並んでシカゴの町の自慢のひとつになっている。ぜひ見ておきたいアートは……。

ピカソがシカゴに贈った彫像 **『無題』**（Daley Center 住50 W. Washington St.）。この彫刻は女性に見えたり、犬に見えたり、納税者を食いものにする政治家に……、といろいろな説を生み出している。さあ、あなたはどう見る!?

デイリーセンターの向かい、ブランズウィックプラザ（Brunswick Plaza 住69 W. Washington St.）には **『ミロのシカゴ』** が見える。1981年にプラザアートの一員として加わった37フィート（約11m）のブロンズ、コンクリート、陶器で作られた女性像。彼女のプロポーションはシカゴでも最高という評判だ。チェイスタワーの広場（Chase Tower 住Monroe & Dearborn Sts.）には、シャガールの大モザイク壁画 **『四季』** がある。ガラス、大理石、花こう岩などのモザイクは、実際に人間の手によって細かく砕かれたもの。ディアボーンストリートを南下したフェデラルプラザ（Federal Plaza 住Adams & Dearborn Sts.）にどっしり構えているのが、**カルダー作の『フラミンゴ』**。赤いスタビール（針金、鉄板などで作られた抽象彫刻）は重さ50トン、高さは53フィート（約16m）ある。"日常生活のなかからの像"を造りたかったという **『バットコラム』**（住Madison & Jefferson Sts.）は、シカゴ育ちの**オルデンバーグ**の作品。ピカソの像と同じコールテン鋼でできた巨大な野球のバットのような像で、高さ30m、重さ20トンもある。

チェイスタワー前のシャガール作『四季』

↘●フェデラルプラザFederal Plaza 住Adams & Dearborn 開5月中旬～10月の毎週火曜7:00～15:00
●ディビジョンストリートDivision St. 住Division & Dearborn 開5月～10月初旬の毎週土曜7:00～13:00など

東京の西新宿で見たような 地P.302 A-3

チェイスタワー

Chase Tower

60階建ての末広がりのビル。1969年の完成当時、画期的なデザインはシカゴっ子をあっと驚かせたという。西新宿にある損保ジャパン本社ビルは、このビルを真似ているといわれている。

南側の広場には、**シャガール作のモザイク『四季 Four Seasons』**がある。高さ4m、長さ21m、幅3mの計4面の作品に使われているモザイクの色は約250種類。遠くからは全体の構図を眺め、近づいてはモザイクの精巧さを見学しよう。きっと作品のすばらしさに感動してしまうに違いない。

末広がりの珍しい姿のビル

チェイスタワー
住10 S. Dearborn St.

ひと休みにおすすめの 地P.302 A-2、P.303 A-4

ジェームス・R・トンプソン・センター

James R. Thompson Center

1985年に完成したトンプソンセンターは、そのデザインの奇抜さで目を引く建物だ。円筒を4等分したようなビルの上には、斜めにカットされた小さい円筒が載っており、建物全体が窓ガラスに覆われている。吹き抜けのある17階建てで、地下と1階にはファストフードのフードコートやショッピングアーケード、郵便局が入っている。地下1階の中央広場に座ってコーヒーブレイクもいい。2～15階のバルコニー部には州政府のオフィス、16階には州の立法機関がある。オフィス間を仕切る壁がないため、常に騒々しいのも特徴。ガラスのエレベーターで最上階まで昇り、見下ろすとロビーのモザイク模様が美しい。

ジェームス・R・トンプソン・センター
住100 W. Randolph St.

州政府のお役所だが、地下にはフードコートもある

摩天楼以外の見どころ Others

シカゴで人気No.1の見どころ 地P.302 B-2、3

ミレニアムパーク

Millennium Park

シカゴのミレニアムパークは一見に値するすばらしい公園だ。敷地には、著明な建築家によるデザインのオブジェや野外ギャラリー、シアターなどが点在する。

注目は長方形のタワーから表面を覆うように水が流れ落ちる**クラウンファウンテン**。タワーには人の顔が浮かび上がり、表情が変わっていく。中央にあるのが、豆の形をした銀色の巨大なオブジェ、**クラウドゲート**。北側にはフランク・ゲイリーによるデザインの野外シアター、**ジェイ・プリツカー・パビリオン**があり、夏の週末にはさまざまな無料イベントが開かれる。冬には野外アイススケートリンク（スケート靴レンタル料$10）が登場し、摩天楼を眺めながらスケートができる。

ミレニアムパーク
住Michigan Ave. bet. Randolph & Monroe Sts.
URL www.millenniumpark.org
開毎日6:00～23:00
●**Millennium Park Welcome Center**
住201 E. Randolph St.
☎(1-312) 742-1168
開毎日9:00～16:00（夏期～19:00）

クラウンファウンテンは子供たちの遊び場

旅のアドバイス **シカゴのエスニックツアー**▶大都市シカゴには、ポーランド、スウェーデン、ドイツ、アイルランド、ウクライナ、インド&パキスタン、ベトナムなど、さまざまな民族が暮らし、コミュニティを作っている。エス↗

オバマ大統領が勝利演説を行った 地P.302 B-3

グラントパーク
Grant Park

ミレニアムパークに隣接する、ミシガン湖畔に面した広い公園。これはミシガン湖を埋め立てて造られたもので、サイクリング、ジョギング専用道、テニスコート、野球などができる施設があり、休日は多くの市民でにぎわっている。

中央に位置する**バッキンガム噴水 Buckingham Memorial Fountain**は、全米で最も美しい噴水といわれ、4月～10月中旬の10:00～20:00の間のみ噴き出している。コンピュータによって制御された噴水は最高40mまで水しぶきが上がる。21:00以降約20分間はライトと音によるウオーターショーが行われるので、できれば夜も見ておきたい。

夏はバッキンガム噴水をお見逃しなく

ショッピングならココ 地P.303 B-1～4

マグニフィセントマイル
Magnificent Mile

Michigan Ave.のシカゴ川の北側、川からオークストリートの間は通称“マグニフィセントマイル（魅惑の1マイル）”と呼ばれ、ニューヨークでいえば五番街、パリでいえばシャンゼリゼ通り、東京なら銀座通りにあたる、シカゴの目抜き通りだ。

高級ホテル、高級ショップ、デパート、ショッピングモールが建ち並び、実際には1マイルにも満たない距離ながら、その豪華さはまさにMagnificent！　世界の有名店が軒を連ねる北ミシガンアベニューを歩けば、買い物好きでなくても胸が高なる。

クルーズ船からのシカゴのスカイラインは絶景！ 地P.303 B-4

ミシガン湖クルーズ
Lake Michigan Cruises

高層ビルから眺める広大なミシガン湖もすばらしいが、逆に湖上から望む摩天楼群も美しい。写真を撮るなら朝日を受ける午前中がいいが、ビル群がシルエットになる夕暮れもまたすばらしい。ミシガンアベニュー橋、グラントパークなどから、数社がクルーズ船を出している。どこの会社も昼間に1時間から2時間のクルーズで、内容はほぼ同じ。クルーズ料金は90分で$28前後。だいたい4月中旬～10月初旬ぐらいまで運航している。

ミシガン湖に面したシカゴならではのツアー

グラントパーク
住337 E. Randolph St.
☎(1-312) 742-7529
URL www.chicagoparkdistrict.com

グラントパークの有名イベント
毎年6月にブルースフェスティバル、8月にはロックファン憧れのローラパルーザ、9月のレイバーデイ近くには、世界最大のジャズフェスティバルが行われ（一部ミレニアムパーク）、世界中から一流のミュージシャンが勢揃いする

有名デパートも軒を連ねるマグニフィセントマイル

ミシガン湖クルーズ
●Wendella Sightseeing Boats
出発場所／ミシガンアベニュー橋の北側
☎(1-312) 337-1446
URL www.wendellaboats.com
●Mercury Skyline Cruiseline
出発場所／ミシガンアベニュー橋の南側
☎(1-312) 332-1353
URL www.mercuryskylinecruiseline.com
●Shoreline Sightseeing
出発場所／ネイビーピア、シェッド水族館横など
☎(1-312) 222-9328
URL www.shorelinesightseeing.com

↘ニックタウンの数は全米最大といわれている。それぞれに特徴のあるコミュニティをガイド付きで回るツアーが行われている。料$30～55、約4時間。詳しくはURL www.chicagoneighborhoodtours.com

観覧車やアイマックスなどアトラクションがいっぱい 地P.302 B-2

ネイビーピア

Navy Pier

観覧車もあって家族連れでにぎわう

シカゴ川がミシガン湖に流れ込む北側にある桟橋。かつては水上の要所として活躍した場所が、さまざまなアトラクションを含むコンプレックスとして生まれ変わった。3-Dのアイマックスシアター、子供博物館、観覧車やメリーゴーラウンド、シアター、ステンドグラス博物館、レストランやショップなどが目白押し。パフォーマーも出没し、アトラクションでお金を払わずともけっこう楽しめる。冬期は屋外へ出ずに遊べると評判もよい。

動物園も植物園もある市民の憩いの場 地P.302 A-1

リンカーンパーク

Lincoln Park

ダウンタウンの北、ミシガン湖畔にあるリンカーンパークは実に広大な公園。Lake Shore Dr.に面する公園の南北の長さは8.5km、面積は485万m^2もあるというから、歩いて回るのも容易ではない。園内には、ゴルフコース、4つのビーチ、野球場、ジョギングコース、サイクリングコースなどのスポーツ施設もある。夏期は貸しボート、貸し自転車などのレンタルもできるので、手ぶらで行っても楽しめる。

公園内で子供たちに特に人気があるのが、**動物園 Lincoln Park Zoo**。1868年ニューヨークのセントラルパークから2羽の白鳥が贈られたことが動物園の始まりで、現在35エーカーの敷地に約400種類、1200匹以上の動物が飼育されている。入園無料とは思えないほど充実している。

また、約3エーカーの面積をもつ**植物園 Lincoln Park Conservatory**。植物園には、4つの温室、そして繁殖室といくつかの庭がある。年4回行われるフラワーショーも有名。また、園内には**シカゴ歴史博物館 Chicago History Museum**やリンカーンの像もある。

時間があれば、公園北のエリアから西へ出てClark St.沿いを北へ歩いてみよう。このあたりはシカゴで最も活気のある若者の町、**レイクビュー／リグレービル Lake View/Wrigleyville**である。

ネイビーピア
住600 E. Grand Ave.
☎(1-312)595-7437
URL www.navypier.com
開〈メモリアルデイ前の金曜日～レイバーデイ〉毎日10:00～22:00（金・土～24:00）、〈11～3月〉毎日10:00～20:00（金・土～22:00、日～19:00）、〈上記以外〉毎日10:00～20:00（金・土～22:00）
休サンクスギビング、12/25
料無料。各アトラクションは有料

リンカーンパーク
住ミシガン湖沿い、南はNorth Ave.北はArdmore Ave.の間
☎(1-312)742-7529
URL www.chicagoparkdistrict.com
行Michigan Ave.を北上する#151のバスで約15分、Armitage Ave.で降りれば動物園横
●Lincoln Park Zoo
地P.302 A-1
住2001 N. Clark St.
☎(1-312)742-2000
URL www.lpzoo.com
開毎日10:00～17:00（11～3月は～16:30。メモリアルデイ～レイバーデイの週末、祝日は～18:30）
料無料
●Lincoln Park Conservatory
地P.302 B-1外
住2391 N. Stockton Dr.
☎(1-312)742-7736
開毎日9:00～17:00
料無料

寒い季節におすすめの植物園

リンカーンパークにはビーチもある

メモ **ミレニアムパーク▶**シカゴは、リチャード・デイリー前市長の施策として公園があちこちに造られ、摩天楼が林立する大都会にもかかわらず、とてもさわやかな印象を与えている。冬は、ミレニアムパークの一画に、スケートリンクが誕生し、寒い時期もにぎわっている。

ミュージアム&ギャラリー Museum & Gallery

シカゴのもうひとつの観光目玉は博物館&美術館群だ。おもなものだけでも6つ、ギャラリーは150以上もあるというから、シカゴっ子たちの文化や芸術に寄せる関心の高さがうかがえる。ミュージアム巡りが好きな人にとっては欠かせない町だ。

『グランド・ジャット島の日曜日-1884』はココでしか見られない！ 地P.302 B-3

シカゴ美術館
The Art Institute of Chicago

メトロポリタン美術館、ボストン美術館と並ぶアメリカ3大美術館のひとつ。ビクトリア調の建造物は、1893年シカゴで開催された博覧会のため1891年に建設された。拡張工事により、著名な建築家レンゾ・ピアノ設計による**現代館The Modern Wing**がオープンし、レストランやショップも増えた。丸1日過ごせる美術館だ。

シカゴ美術館のハイライト

コレクション中、人気の高い絵画は2階に多く展示されている。初期印象派、**カイユボット**の『**パリ、雨の日 Paris Street, Rainy Day**』は、石畳の光、冷たい空気を感じさせる雰囲気のある作品だ。**ルノアール**の『**フェルナンドサーカスの少女曲芸師たち Acrobats at the Cirque Fernando**』は、シカゴ美術館に大量の印象派作品を寄贈したパーマー夫人のお気に入りの一点。美術館の代表作といえるのが、**スーラ**の『**グランド・ジャット島の日曜日-1884 A Sunday on La Grande Jatte-1884**』だ。点描法によって描かれたのどかなバカンス風景は完成までに2年以上を要した。この作品は寄贈者の遺言によって門外不出、シカゴ美術館でしか見られないから必ず見ておきたい。**ゴッホ**の『**自画像 Self-Portrait**』、**セザンヌ**の『**リンゴの篭 The Basket of Apples**』はふたりの画家の作品のなかでも傑作といえるもの。**モネ**の収蔵作品はフランス国外では最大といわれている。

15〜18世紀のヨーロッパ美術では、**エル・グレコ**の大作『**聖母被昇天 The Assumption of the Virgin**』、光の魔術師**レンブラント**の『**金の首飾りの男 Old Man with a Gold Chain**』をお見逃しなく。

アメリカ美術で必見の作品は、まず**エドワード・ホッパー**の代表作『**ナイトホークス Nighthawks**』。静まり返った深夜のカフェテリアのカウンターで、コーヒーを飲んでいる人たちがガラス越しに見える。都会の孤独が見事に切り取られている作品だ。地方主義者**グラント・ウッド**の『**アメリカンゴシック American Gothic**』は、農夫とその娘の表情に頑固で偏狭な性格が鋭く表現されている。アメリカのいなか町に住む人たちの真実を綿密に描き出したアメリカ絵画の傑作中の傑作だ。

シカゴ美術館
住 111 S. Michigan Ave.
☎ (1-312) 443-3600
URL www.artic.edu/aic
開 毎日10:30〜17:00（木〜20:00）
休 サンクスギビング、12/25、1/1
料 $18、シニア／学生／子供$12、14歳未満は無料

これがあると便利
30万点以上の収蔵品を有しているシカゴ美術館は、1日もしくはそれ以上の時間を費やして鑑賞したい。もし時間が少ない場合、"Pocket guide to The Art Institute of Chicago"という小冊子（日本語版あり）を買うとよい。ガイドには美術館の所有する有名な展示品が写真入りで載っている

町の真ん中にあって行きやすいシカゴ美術館

シャガールのステンドグラスが見事によみがえった

『グランド・ジャット島の日曜日 -1884』は門外不出

旅のアドバイス **シカゴの人気みやげ**▶シカゴ美術館のグッズがおすすめ。印象派絵画のマグネットと画家のサインが書かれたTシャツ、シャガールのトートバッグが人気。なお、美術館のショップはスリが多いので注意しよう。

建物も実に近代的な美術館 地P.303 B-2

シカゴ現代美術館

Museum of Contemporary Art, Chicago

1967年に創設され、1945年以降の作品のみを集めた現代美術専門の美術館。展示スペースは2階と4階で、2階は、企画展や特別展が数ヵ月サイクルで入れ替わる。4階は収蔵品を展示するギャラリーとなっており、半年ごとに展示は変わる。コラブ、ルウィット、ブルース・ナウマン、シャーマン、ウォーホル、パシュキといった現代美術の巨匠たちから、森万里子など注目の若手まで幅広いコレクションだ。このほかにもビデオやコンピュータを使った作品にもスペースを設けていて、年代、ジャンルともに幅広く楽しめる内容となっている。

シカゴ現代美術館は若手アーティストの登竜門的存在であり、オルデンバーグやクリストなど、ここでの個展をきっかけに世界的にも認められるようになった。

シカゴ現代美術館
住220 E. Chicago Ave.
☎(1-312)280-2660
URL www.mcachicago.org
開火～日10:00～17:00(火～20:00)
休月、サンクスギビング、12/25、1/1
料$12、シニア／学生$7、12歳以下と火曜は無料
ツアー／火13:00、14:00、18:00、水～金13:00、土・日12:00、13:00、14:00、15:00。所要45分
出発場所／2階のロビー

若手アーティストの登竜門といわれる美術館

ネイティブアメリカンのコレクションが充実した 地P.302 B-3

フィールド博物館

Field Museum

フィールド博物館で一番の人気者がティラノサウルスのスー

シカゴを代表する堂々たる博物館。入館すると天井の高い広々としたホールになっており、マンモスとトーテムポール、恐竜の骨格が目を引く。恐竜の名前は"スーSue"といい、ティラノサウルス・レックスの化石で、これだけ見事に復元されたものは世界的にみても稀少。愛きょう満点で、博物館で一番人気の展示だ。2階（メインレベル）のネイティブアメリカン文明は、全米に住む先住民を地域ごとに分け、その生活様式の違いを見せている。量的にも質的にもかなりのもの。2階（メインレベル）から1階（グランドレベル）にかけての古代エジプトのコーナーでは王の墓を再現し、盗賊がたどった道をなぞって見て回る。

3階（アッパーレベル）の北側の恐竜ホールでは、恐竜出現前、恐竜時代、恐竜絶滅後と大きく3つの時代に分けて、恐竜にとどまらず、地球上の生物の進化過程を見せている。なかでも目を引くのが巨大な恐竜の復元骨格。とにかく、人類学、植物学、動物学、地質学、人類とそれを取り巻く物質、現象についての膨大な展示。収蔵品は2000万点以上というから驚きだ。

フィールド博物館
住1400 S. Lake Shore Dr.
☎(1-312)922-9410
URL fieldmuseum.org
開毎日9:00～17:00(入館は16:00まで)。祝日は早く閉館する
休12/25
料見学する展示の数によって$15～29、シニア／学生$12～24、3～11歳$10～20
行ループからはState St.をとおるバス#146で

化石類はとくに見ごたえがある
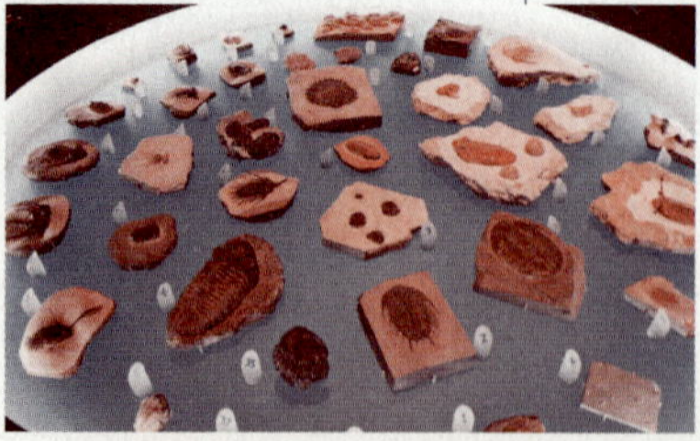

投稿 **シカゴが舞台の小説**▶おそろしくタフな女性探偵V.I.ウォーショースキーが主人公のシリーズ（早川書房）。サラ・パレツキー著。シカゴへ行く前に読むとおもしろい。　（神奈川県　細川美咲　'09）['12]

シカゴで人気No.1の博物館 地P.302 B-3 外

科学産業博物館
Museum of Science and Industry

宇宙へ行った本物のアポロ司令船

ダウンタウンの南にあるシカゴで一番人気の高い博物館。建物は1893年に開催されたコロンブス博のメイン会場であった。3万7200m^{2}のフロアに、3万5000の科学的、技術的な展示物が並んでおり、その1割が時代遅れにならないよう毎年入れ替えられる。見学者が展示品を直接作動させることによって、農業、交通、コミュニケーション、健康、医学、エネルギー、写真など各分野の仕組みを知ってもらおうというのが最大の特徴。

博物館のハイライトは、かつて大空を飛んでいたB-727機（フライトを体感できる）、第2次世界大戦で拿捕されたドイツ潜水艦U-505、月の軌道に初めて乗ったアポロ8号の本物の司令船、ヒヨコのふ化と誕生、人体の輪切り、雷などの自然現象を人工的に再現した科学の嵐など。

科学産業博物館
住57th St. & Lake Shore Dr.
☎(1-773) 684-1414
URL www.msichicago.org
開毎日9:30〜16:00（季節によって変動あり）
休12/25
料$15、65歳以上$14、3〜11歳$10。オムニマックスや特別展はプラス$8〜10、65歳以上$7〜10、3〜11歳$2〜8
行ループからはState St.をとおるバス#10 "Museum of Science & Industry" 行き（メモリアルデイ〜レイバーデイとサンクスギビング〜1/1）、または#6 "Jackson Park Express"行きで約25分。
ジャクソン公園のすぐ西には、ノーベル賞受賞者を数多く生んだ有名なシカゴ大学 University of Chicagoがある

シカゴの夜空を楽しもう 地P.302 B-3

アドラープラネタリウム
Adler Planetarium

最新機器を備えた宇宙劇場、世界最大といわれる望遠鏡のコレクション、月の石の展示、銀河系の仕組みを三次元で体験できるコーナーなど、いろいろな角度から宇宙への理解を深めることができる天文博物館兼プラネタリウム。

見どころは、**グレインジャー・スカイシアターGranger Sky Theater**のプラネタリウム。太陽系の兄弟星たちの素顔、遠い遠い銀河系や星雲への旅、ビッグバン直後の宇宙へタイムスリップするなど実際には見学できない宇宙をドームの中で楽しむことができる。また、**ディフィニティ・スペース・シアターDefiniti Space Theater**では、コンピュータグラフィックスとバーチャルリアリティの技術を使ったシミュレーションが体験できる。5億年前の宇宙から現在までを旅したり、火星体験の旅ができたり、常時2作品以上が上映されている。

プラネタリウムでは2種類のショーが楽しめる

アドラープラネタリウム
住1300 S. Lake Shore Dr.
☎(1-312) 922-7827
URL www.adlerplanetarium.org
開毎日9:30〜16:00（金・土〜16:30）
休サンクスギビング、12/25
料ふたつのスカイショーと展示が$28、3〜11歳$22
行ループからバス#146で

シカゴの大火

メモ

1871年10月8日、市の南西部にあったパトリック&ケイト・オリリーズの所有する家畜小屋の牛がカンテラをけとばした。カンテラの火はシカゴ名物の風にあおられ、またたく間に広がり、市の南西部、現在のループから北、オールドタウン、ゴールドコーストまでをほとんど焼きつくした。炎は3日間にわたってくすぶり続け、鎮火した10月10日、シカゴの町には焼け焦げたがれきの山と、男女の区別のつかない焼死体がゴロゴロ転がっていた。

この大火災によって町が受けた被害は、死者300人以上、9万4000人以上の人が焼け出され、焼失した建物1万5768棟、焼失面積は2200エーカーにも達した。被害金額は当時のお金で2億ドル、火災保険会社までもが焼けてしまったため、損害額を補償できなかったという。

その炎は、ミシガン湖の向こう岸や遠くジェノバ湖、ウィスコンシン州からも見ることができた。現在、火災が起こった地点にはシカゴ・ファイヤー・アカデミー（住558 W. Dekoven St.）が建っており、ウィーナーの彫刻『**炎の柱石 Pillar of Fire**』を大火の記念碑として見ることができる。

投稿 **科学産業博物館**▶胎児の成長は、とても興味深かった。事故などで亡くなった本物の胎児が展示され、少しずつ成長していく様子がよくわかった。
（北九州市　川崎杏奈　'11）['12]

シェッド水族館
住 1200 S. Lake Shore Dr.
☎ (1-312) 939-2438
URL www.sheddaquarium.org
開 毎日9:00〜17:00（土・日、夏期毎日〜18:00）
休 12/25
料 水族館とオーシャナリウムが含まれたチケット$28.95、3〜11歳$19.95。4-Dが加わると$32.95、3〜11歳$23.95など
行 ループからバス#146で

夏休みは大混雑

ミシガン湖沿いにある水族館、博物館、プラネタリウムは、夏休み中どこも大混雑。早めに行くことをおすすめする。市バスで帰るとき、博物館の前のバス停は混雑するので、プラネタリウムの前から乗ると座れる。
（名古屋市　大石良美　'11）['12]

イルカたちのショーも見ておきたい

癒しの海中生物"クラゲ"が人気 地 P.302　B-3

シェッド水族館
John G. Shedd Aquarium

ミシガン湖に面した全米最大の屋内水族館。魚類のほか、ラッコ、イルカ、アザラシなど1500種、3万2500匹以上の生物が見学できる。

オーシャナリウム Oceanariumはアメリカ北西部の太平洋岸の生態を屋内に再現した大がかりな展示。自然のなかで海の生物たちに出合えるようになっている。ここでは海の賢い哺乳類たちのショーが好評だ。夏休みはショーのチケットが早々に売り切れてしまうので注意。

一般展示はシカゴ川流域を中心とした淡水魚が充実。淡水魚というと地味なイメージが強いが、色も形も実にさまざまなものがいるのに驚く。中央の**カリビアンリーフ Caribbean Reef**の大水槽での1日4回ダイバーによる餌づけをお見逃しなく。最近加わった4-Dのショーは子供たちに圧倒的な人気がある。

水族館のカリビアンリーフ。餌づけが人気

Entertainment　エンターテインメント

シカゴ交響楽団
ホームホール――シンフォニーセンター Symphony Center
地 P.302　A-3
住 220 S. Michigan Ave.
☎ (1-312) 294-3000
URL cso.org
※シーズンは9月中旬〜6月中旬

シカゴ・リリック・オペラ
ホームホール――シビック・オペラ・ハウス Civic Opera House
地 P.302　A-3
住 20 N. Wacker Dr.
☎ (1-312) 332-2244
URL www.lyricopera.org
※シーズンは9月下旬〜3月まで

シカゴ交響楽団
Chicago Symphony Orchestra（CSO）

全米No.1の実力をもつ交響楽団が、シカゴ交響楽団だ。その実力はベルリンフィル、ウィーンフィルにも劣らず、素人が聴いてもその演奏のすばらしさには感激するはず。2010年のシーズンに音楽監督に就任したリカルド・ムーティのタクトによる演奏は、クラシックファンならぜひとも鑑賞したい。

シカゴ・リリック・オペラ
Lyric Opera of Chicago

アメリカ3大オペラのひとつ。リリック・オペラは一人ひとりの歌手の技術的水準が高いことはもちろん、大道具、衣装などの演出も非常に画期的で、観る側にオペラの醍醐味を堪能させてくれる。ホームホールのシビック・オペラ・ハウスは、一見古いビルだが、内部は豪華な造りで、観客も皆着飾ってきている。ホフマン物語、魔笛などの有名オペラのほか、現代オペラの上演にも取り組む。

投稿 **カブス観戦▶**試合は15:00開始のデイゲーム。気温は36℃まで上昇し暑かったが、席が2階席の真下で日陰になっていたのが幸いし、快適に観戦できた。当時カブスは最下位にあえぎ、対戦相手は首位のメッツだったが、とても最下位とは思えないファンの熱狂には驚かされた。（東京都　松崎祥久　'06）['12]

観戦するスポーツ Spectator Sports

ベースボール MLB

シカゴ・カブス（ナショナルリーグ中地区）
Chicago Cubs

1914年にオープンした球場は、ボストンのフェンウェイパークに次いで古い球場。1988年まで、オーナーの方針によりナイターが行われなかった球場としても有名だ。外野のフェンスにツタがからまり、全米いち美しい球場ともいわれている。100年以上優勝から遠ざかっているが、熱狂的ファンも多い。

リグレーフィールドは国宝ともいうべき球場

シカゴ・カブス(1876年創設)
本拠地――リグレーフィールド Wrigley Field(4万1160人収容)
地P.302　A-1外
住1060 W. Addison St.
☎(1-773) 404-2827
URL chicago.cubs.mlb.com
行地下鉄レッドラインAddison駅下車。徒歩30秒

この選手に注目!
ライアン・デンプスター（投手：先発）

シカゴ・ホワイトソックス（アメリカンリーグ中地区）
Chicago White Sox

長い歴史を誇るレッドソックスに対抗するためこの名が付けられた。味方がホームランを打つと花火が上がり、バックスクリーンの電動の風車が回って美しい。2005年、スモールベースボールが見事に功を奏し、3回目のワールドチャンピオンに輝いた。オバマ大統領も熱狂的なファン。2012年は福留孝介外野手が在籍。

シカゴ・ホワイトソックス(1901年創設)
本拠地――U.S.セルラーフィールド U.S. Cellular Field(4万615人収容)
地P.302　B-3外
住333 W. 35th St.　☎(1-312) 674-1000
URL chicago.whitesox.mlb.com
行地下鉄レッドラインSox-35th駅下車。駅の改札を出れば球場が見える。球場までの交通手段であるレッドラインは車内での犯罪発生率が高いが、試合前後は特に問題ない。タクシーならダウンタウンまで$13～16程度

この選手に注目!
ポール・コルネコ（一塁手）

アメリカンフットボール NFL

シカゴ・ベアーズ（NFC 北地区） Chicago Bears

2010年は'06年のスーパーボウル出場に続く2桁勝利を上げるも、捲土重来にはいたらなかった。'11年は5割止まり、プレーオフ出場には攻撃力の改善が課題だ。シーズン後半に吹く湖からの冷たい風が、自慢の守備以上に敵を悩ませる。チームカラーはネイビー・ブルー、バーント・オレンジ、ホワイト。

熱狂的なファンに支えられているベアーズ

シカゴ・ベアーズ(1920年創設)
本拠地――ソルジャーフィールド Soldier Field(6万1500人収容)
地P.302　B-3外
住1410 S. Museum Campus Dr.
Free (1-888) 792-3277
URL www.chicagobears.com
行地下鉄レッドライン、高架鉄道オレンジライン、グリーンラインのRoosevelt駅で下車し、#146のバスで。試合がある日はユニオン駅から#128で

この選手に注目!
ブライアン・アーラッカー

シカゴ・カブスのヤギの呪い
メモ

ボストン・レッドソックスの「バンビーノの呪い」と同じように、大リーグで語り継がれているのがカブスの「ヤギの呪い」だ。昔、居酒屋のオーナーは、ペットのヤギと一緒にカブスの試合を観戦するのを楽しみとしていた。カブスがワールドシリーズに進出し、これをいつものようにヤギと見ようとしたオーナーが、入場拒否に遭う。これを恨んだオーナーが「カブスを優勝させまい」と呪いをかけたという話だ。近年も、そのヤギの子孫に観戦させ、呪いを解こうと関係者は懸命な努力を重ねるが、現在のところ効果は出ていない。2012年は呪いから104年目。ボストンの呪いは解けたが、カブスの呪いはいつ解けることやら。遠い道のりになりそうだ。

旅のアドバイス　**球場、アリーナの荷物持ち込みについて**▶アメリカのほとんどの球場、アリーナには、大きな荷物を持って入場することはできない。ウエストポーチくらいの大きさなら問題ないが、スポーツ観戦に行くときは極力小さい荷物で行くようにしよう。

バスケットボール　NBA

シカゴ・ブルズ（東・中地区）　Chicago Bulls

2年連続で7割を越す勝率を残し、4年連続プレーオフどころか、連続でシード1位の座を確保。ファイナル出場の最有力候補へと復活を遂げた。創設時、地元で人気のNFLベアーズやMLBカブスに合わせ、「牡牛」という勇ましい獣の名が付けられた。チームカラーはレッド、ブラック、ホワイト。

シカゴ・ブルズ（1966年創設）
本拠地——ユナイテッドセンター United Center（2万1711人収容）
地P.302　A-3外
住1901 W. Madison St.
☎(1-312) 455-4000
URL www.nba.com/bulls
行試合の1時間30分前から30分前まで、10分おきに運行されるUnited Center Expressという#19のバスで。中心部ではMichigan Ave.とWashington St.をとおる

この選手に注目！
デリック・ローズ

アイスホッケー　NHL

シカゴ・ブラックホークス（西・中地区）　Chicago Blackhawks

1926年に創設された歴史あるチーム。'90年代末から10年ほどまったくプレーオフに出られない低迷期が続いたが、若手のケインやテイブズ、シャープらが揃って頭角を現し、2010年には50年振りとなるリーグ制覇を成し遂げた。現在NHLで最も観客を集めるチームで、チケットは毎試合完売する。

スピード感はほかのどのスポーツも凌駕する

シカゴ・ブラックホークス（1926年創設）
本拠地——ユナイテッドセンター United Center（1万9717人収容）
地P.302　A-3外
住1901 W. Madison St.
☎(1-312) 455-7000
URL blackhawks.nhl.com
行ブルズ参照

この選手に注目！
パトリック・ケイン

ナイトスポット　Night Spots

N　2バンド楽しめるのが魅力　キングストンマインズ　Kingston Mines
ブルース

住2548 N. Halsted St.　☎(1-773) 477-4647
URL kingstonmines.com　地P.302　A-1外
開日～金20:00～翌4:00（日18:00～、金19:00～）、土19:00～翌5:00
ライブは21:30～1時間ごとに交互のステージで始まる
料チャージ$12～15　AMV

シカゴブルースの代表的な店。最大の特色は、ふたつに分かれた店内で1日にふたつのバンドの演奏が楽しめること。閉店時間が遅いこともあって、他の店で演奏を終えたミュージシャンたちが流れてくるのも、ファンにとっては魅力。周囲には地元で人気のレストランが集まっている。観光客も多く、タクシーが常時待っているのもうれしい。('12)

N　迫力のライブを便利なロケーションで　ブルーシカゴ・オン・クラーク　Blue Chicago On Clark
ブルース

住536 N. Clark St.　☎(1-312) 661-0100
URL www.bluechicago.com
開毎日20:00～翌1:30（土～翌2:30）　地P.303　A-3
料チャージ日～木$8、金・土$10　AMV

ライブは21:00頃から。店は小さいほうだが活気にあふれていて人でいっぱい。中心部にあり、観光客も入りやすく、仕事帰りのビジネスマンも多い。ベーシックなブルースを堪能できるところだ。('12)

N　食事を取りながら演奏を！　バディ・ガイズ・レジェンズ　Buddy Guy's Legends
ブルース

住700 S. Wabash Ave.　☎(1-312) 427-1190
URL www.buddyguy.com　地P.302　A-3
開日～金17:00～翌2:00（日12:00～、水～金11:00～）、土12:00～翌3:00、ライブ21:00または21:30頃から　料チャージ$10～、週末は$15～　AMV

エリック・クラプトンが最も尊敬しているという世界的なブルースマン、バディ・ガイが経営する店。シカゴだけではなく、全米から優れたミュージシャンを出演させる。食事も充実して、言うことなし！('12)

メモ　シカゴのショッピングスポット▶ダウンタウンで最も人気のあるショッピングゾーンは、魅惑の1マイルとして知られるミシガンアベニュー。日本でも人気のあるブランド店や高級専門店、デパートが林立し、ウインドーショッピングをするだけでも楽しい。ループ地区ではステートストリートに小売店が多く、服飾のカジュアルブランドやメイシーズもある。

ナイトスポット&ショップ&レストラン Night Spots & Shops & Restaurant

N ブルース
小さな店内はファンの熱気ムンムン
ブルース B.L.U.E.S.

住2519 N. Halsted St. ☎(1-773)528-1012 地P.302 A-1外
URL www.chicagobluesbar.com 開毎日20:00〜翌2:00(土〜翌3:00)、ライブ21:30から 料チャージ$5〜12 ADJMV

魂の叫びをじかに感じさせてくれる、シカゴブルースをじっくり聴きたいならこの店。観光客も多いが地元の客も多く、とても自然な雰囲気のなか演奏が楽しめる。こぢんまりとした店なので、ミュージシャンたちの熱気がじかに伝わってくる。('12)

N ジャズ
日本人ジャズピアニストが演奏
アンディズ Andy's Jazz Club & Restaurant

住11 E. Hubbard St. ☎(1-312)642-6805
URL www.andysjazzclub.com 開毎日16:00〜翌1:00(金・土〜翌1:30) 料チャージ$8〜25 ADJMV 地P.303 B-4

シカゴジャズの名プレイヤーが常時出演している。1978年に『ジャズファイブ』と称して始められた17:00からのショーは、夕方からジャズを楽しむ社交の場として親しまれている。日本人ピアニストの野毛洋子さんが定期演奏している。寄りやすいロケーション。('12)

S ショッピングモール
おしゃれなショッピングモール
ショップス・アット・ノースブリッジ The Shops at North Bridge

住520 N. Michigan Ave. at Grand Ave. ☎(1-312)327-2300
URL www.theshopsatnorthbridge.com
開月〜土10:00〜20:00、日11:00〜18:00 地P.303 B-3

高級デパートのノードストロームをはじめとして、アルマーニ・エクスチェンジ、ルイ・ヴィトン、フォーエバー21など約70店舗が入っている。これまでのモールと異なり、天井が高く開放感にあふれ、ゆったりとショッピングが楽しめる。('12)

S ショッピングモール
人気ブランドのある便利なモール
ウオータータワー・プレイス Water Tower Place

住835 N. Michigan Ave. ☎(1-312)440-3116
URL www.shopwatertower.com 開月〜土10:00〜21:00、日11:00〜18:00 地P.303 B-2

町の名所ウオータータワーのすぐ東にある。ホリスター、アルド、トゥミ、ベッツィー・ジョンソン、ビクトリアズ・シークレットなどが入っている。('12)

S デパート
何でも揃うおなじみのデパート
メイシーズ Macy's

住111 N. State St. ☎(1-312)781-1000
開月〜土10:00〜20:00、日11:00〜18:00 時期により異なる
URL www.visitmacyschicago.com AMV 地P.302 A-2

老舗デパートのマーシャルフィールドからメイシーズに変わったが、シカゴの名物の"フランゴ Frango"というチョコレートは今でも販売されている。建物も一見の価値あり。('12)

S 家庭用品
おもしろい家庭用品がいっぱい!
クレイト&バレル Crate & Barrel

住646 N. Michigan Ave. ☎(1-312)787-5900
URL www.crateandbarrel.com AMV 地P.303 B-3
開月〜土10:00〜19:00、日11:00〜17:00

このお店は家庭用品のチェーン店。シカゴ市内にも何軒かあるが、ミシガンアベニューのこの支店が一番品数が多く、キッチンを中心にまさにアメリカ人好みの家庭用品がいっぱい。('12)

R ファストフード
発祥地で食べるマクドナルド
ロックンロール・マクドナルド Rock N Roll McDonald's

住600 N. Clark St. ☎(1-312)867-0455
開24時間営業 JMV 地P.303 A-3

マクドナルドの1号店がシカゴ近郊に誕生してから2005年で50年。それを記念した店舗。外観は1号店のオープン当時のデザインをモチーフにしたもの。店内は1階に普通のマクドナルド、2階にカフェが入り、ふつうのマクドナルドとは思えない優雅な雰囲気だ。観光バスも停まるスポットでもある。('12)

投稿 ディープ・ディッシュ・ピザ▶シカゴ名物のピザは本当においしいが、ひとり2ピースぐらいで充分。ふたりでMサイズを2枚頼んだら、1枚半ぐらい残してしまった。(東京都 海賊王S '08)['12]

ファストフード

シカゴ発のうまいサンドイッチ店

ポットベリー Potbelly

住190 N. State St. at Lake St.
☎(1-312)683-1234 URL www.potbelly.com
開月～金6:30～22:00 AMV 地P.303 A-4

温かいサンドイッチのおいしい店。シカゴにとどまらず五大湖、東海岸に支店を増やしてきた。おすすめは、"A Wreck"というサラミやハム、ローストビーフなどさまざまなものを挟んだサンド。最後にオーブンで焼いてくれる。日替わりスープも人気。予算は$5～。('12)

ピザ

通が賞賛するシカゴでNo.1のピザ

ル・マルナーティ・ピッツェリア Lou Malnati's Pizzeria

住439 N. Wells St. ☎(1-312)828-9800
URL www.loumalnatis.com AMV 地P.303 A-3
開毎日11:00～23:00(金・土～24:00、日12:00～)

シカゴの名物ディープ・ディッシュ・ピザは"やっぱりここが一番"というシカゴっ子はとても多い。ここのピザはどんなに具が入っていても、いつもカリカリ。予算は$15前後。('12)

アメリカ料理

シカゴ名物のホットドッグ

ポーティロス・ホットドッグ Portillo's Hot Dogs

住100 W. Ontario St.
☎(1-312)587-8910 URL www.portillos.com
開毎日10:00～23:00(金・土～24:00) AMV 地P.303 A-3

シカゴ郊外の小さな屋台から始まり、今では全米展開する。基本はジューシーなポーリッシュソーセージにタマネギとピクルスが付いたものが定番($3.59)。('12)

アメリカ料理

「ヤギの呪い」のオーナーの店

ビリー・ゴート・タバーン Billy Goat Tavern

住430 N. Michigan Ave.(地下) ☎(1-312)222-1525
URL www.billygoattavern.com 開日～金6:00～翌2:00(日10:00～、金～翌3:00)、土10:00～翌3:00 現金のみ 地P.303 B-3

名物のチーズバーガーより有名なのがカブスのヤギの呪い。店のオーナーはペットのヤギと野球観戦していたが、ワールドシリーズの際、入場拒否に遭う。これを呪ったという。('12)

アメリカ料理

ループ地区でリブが好評

ミラーズパブ Millers Pub

住134 S. Wabash Ave. ☎(1-312)263-4988
URL www.millerspub.com 開毎日11:00～翌2:00(日～24:00)
AMV 地P.302 A-3

パーマーハウスのすぐそばにあり、深夜まで営業しているのがありがたい。手頃な値段で、ボリューム満点のリブがおすすめ。スポーツ選手や有名人も訪れる。予算は$20～。('12)

アメリカ料理

とにかくうまい! リブなら絶対にこの店

カーソンズ Carson's

住612 N. Wells St. ☎(1-312)280-9200 URL www.ribs.com
開毎日11:30～22:00(金・土～23:00)
ADMV 地P.303 A-3

地味な店内と、リーズナブルな料金からは想像もつかないほどおいしいリブが食べられるレストラン。地元のグルメガイドなどで何回も絶賛されている。日本人ならハーフでOK。ディナーでひとり$30ほど。('12)

シーフード料理

寿司もあって大満足

ショウズ・クラブ・ハウス Shaw's Crab House

住21 E. Hubbard St. ☎(1-312)527-2722
URL www.shawscrabhouse.com 開ランチ月～金11:30～14:00、ディナー月～木17:30～22:00、金・土17:00～23:00、日17:00～22:00、ブランチ日10:30～13:30 AMV
地P.303 B-4

ビールの種類も多く、アメリカ版居酒屋といった雰囲気でいつもにぎやかだ。シーフードが充実し、特にカキがおいしい。メニューには寿司もあり、日本人にはうれしい店。ランチの予算は$15～。('12)

日本料理

リーズナブルな日本の味

香々呂(こころ) Cocoro

住668 N. Wells St. ☎(1-312)943-2220
開ランチ月～金11:30～14:15、ディナー月～土17:30～22:00
休日 ADJMV 地P.303 A-3

シカゴの中心部にある、数少ない日本人シェフのいる日本料理店。寿司、天ぷら、串揚げといった一般的なメニューのほかにラーメンがあるのもうれしい。値段もリーズナブル。ランチの予算は$15～。('12)

投稿 カーソンズ▶カーソンズに行った。今まで食べたリブのなかで一番おいしかった。サイズもビッグなので注文の際にはふたりでフルで充分。(豊島区 くまさん '10)['12]

ホテル Hotels

ホステル

安宿旅行者に朗報！
ホステリング・インターナショナル・シカゴ
Hostelling International-Chicago

住24 E. Congress Pkwy., Chicago, IL 60605 地P.302 A-3
☎(1-312) 360-0300 FAX(1-312) 360-0313
URL www.hichicago.org ドミトリー$30〜36 MV

1階がセキュリティ、2階がフロント、ロビー、食堂、3階からがドミトリー。スタッフも常駐し、各階にはシャワーやトイレ、TVルーム、Wi-Fiが完備。68室、500ベッド。
（富山県　正力俊和 '07）['12]

エコノミーホテル

このロケーションでこの料金はお得
レッドルーフ・イン
Red Roof Inn

住162 E. Ontario St., Chicago, IL 60611 地P.303 B-3
☎(1-312) 787-3580
URL www.redroof.com ⓈⒹⓉ$55〜210 ADMV

郊外の国道沿いでよく見かけるモーテルのチェーン。サービスと設備はあまり期待できないが、最低限のものは揃っており、一応清潔。ショッピング街で有名なミシガンアベニューまでわずか1ブロックだから、夜も安心して外出できる。195室。('12)

中級ホテル

CTA駅とつながり、最高のシティビュー
ホリデイイン・シカゴ・マートプラザ
Holiday Inn Chicago Mart Plaza

住350 W. Mart Plaza Dr., Chicago, IL 60654 地P.303 A-4外
☎(1-312) 836-5000 FAX(1-312) 222-9508
URL www.martplaza.com ⓈⒹⓉ$104〜430 ADJMV

シカゴ川が南北に分岐する位置に建ち、Merchandise Mart駅とつながっているので移動に便利。シティビューが自慢で、ロビー階のラウンジからがベスト。521室。('12)

中級ホテル

ナイトスポットやレストランに行くのに便利
ベストウエスタン・プラス・リバーノース
Best Western Plus River North

住125 W. Ohio St., Chicago, IL 60654 ☎(1-312) 467-0800
Free(1-800) 727-0800 FAX(1-312) 467-1665
URL www.rivernorthhotel.com
ⓈⒹⓉ$84〜295 ADJMV 地P.303 A-3

リバーノース地区にあるが、ループ地区、マーチャンダイズマートへも2ブロックというとても便利なロケーション。マクドナルド50周年記念店にも近く、ナイトライフも安心して楽しめる。150室。('12)

中級ホテル

ビジネス客に人気
コートヤード・マリオット・シカゴ・ダウンタウン/リバーノース
Courtyard Marriott Chicago Downtown/River North

住30 E. Hubbard St., Chicago, IL 60611
☎(1-312) 329-2500 FAX(1-312) 329-0293
URL www.marriott.com ⓈⒹⓉ$129〜329
ADJMV 地P.303 B-3

ショップやレストランが並ぶミシガンアベニューから3ブロック。客室には、コーヒーメーカーやヘアドライヤーが備わっている。インターネットの接続は無料。プールやフィットネスセンターも併設する。337室。('12)

中級ホテル

グラントパークの眺めがいい
シカゴ・エセックスイン
Chicago's Essex Inn

住800 S. Michigan Ave., Chicago, IL 60605 地P.302 A-3
☎(1-312) 939-2800 Free(1-800) 621-6909
FAX(1-312) 922-6153 URL www.essexinn.com
ⓈⒹⓉ$89〜299、スイート$139〜429 ADJMV

グラントパークの目の前に位置するホテル。中心部から少し離れるためか、日本の安いパックツアーのホテルにしばしば指定されている。夜は治安に注意しよう。254室。('12)

中級ホテル

リンカーンパークの北にある
デイズイン・シカゴ
Days Inn Chicago

住644 W. Diversey Pkwy., Chicago, IL 60614 地P.302 A-1外
☎(1-773) 525-7010 FAX(1-773) 525-6998
URL daysinnchicago.net ⓈⒹⓉ$91〜181

高架鉄道ブラウンラインDiversey駅からDiversey Pkwy.をHalsted St.へ向かい、その先すぐ。このあたりはおしゃれなレストランが多く町を歩く人も多いので、暗くなってからでも安心。高速インターネット無料。133室。('12)

高級ホテル

空港に直結
ヒルトン・シカゴ・オヘア・エアポート
Hilton Chicago O'Hare Airport

住O'Hare International Airport, Chicago, IL 60666
☎(1-773) 686-8000 FAX(1-773) 601-2873 ADJMV
URL www.hilton.com ⓈⒹⓉ$89〜324 地P.302 地図外

まさに空港の中にある唯一のホテル。ターミナル2の目の前に位置し、ほかのターミナルからも歩いてすぐ。全客室に防音装置が施されているので、空港のノイズも気にならない。860室。('12)

日本からアメリカへの国際電話のかけ方 P.8〜9
国際電話認識番号（001/0033/0061）＋（010）＋アメリカの国番号（1）＋市外局番＋電話番号

ミルウォーキー Milwaukee

ビールとハーレーの町

バイク乗りたちの憧れ、ハーレーはこの地で誕生した

ミルウォーキーはミシガン湖の西側に位置するウィスコンシン州最大の都市。町の名はネイティブアメリカンのアルゴンキン族語で“水辺の集会場”を意味するMillioki に由来する。

ドイツ系移民が多く移り住んだこの町は、ドイツの伝統を引き継ぐビール生産で有名だ。国内2位のミラー・クアーズ社 Miller Coors の大工場や、かつてはビア男爵 Beer Barons の名を馳せた大富豪たちの邸宅や建物がある。小規模の地ビール会社も含め、試飲が楽しいビール工場見学ツアーは見逃せないアトラクション。

イベントが目白押しの夏こそ、ミルウォーキーが最も活気にあふれる季節だ。全米で最大規模の音楽祭典であるサマーフェス Summerfest をはじめ、民族祭が次々とミシガン湖畔で行われるこの時期は観光客がダウンタウンを埋め尽くす。シカゴからは鉄道やバスで日帰りも可能で、ハーレー・ダビッドソン博物館は一年をとおして世界中からファンを呼び寄せている。

ミルウォーキー川が町の真ん中を流れる
©VISIT Milwaukee

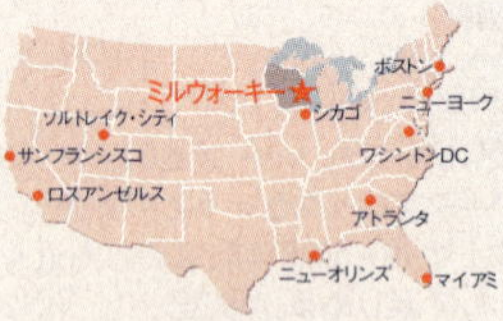

DATA

人口▶ 約59万4800人
面積▶ 約249km²
標高▶ 約193m
TAX▶ セールスタックス　5.6%
ホテルタックス　15.10%
属する州▶ ウィスコンシン州
Wisconsin
州のニックネーム▶ あなぐま州
Badger State
州都▶ マディソン　Madison
時間帯▶ セントラル・タイムゾーン P.631
繁忙期▶ 6〜9月

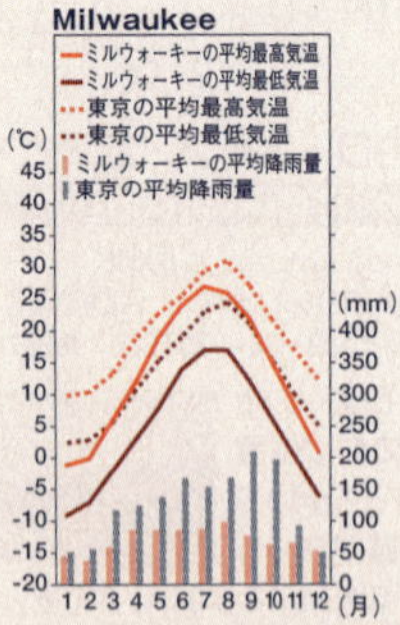

ミルウォーキーへの行き方 Getting There

飛行機 Plane

ジェネラル・ミッチェル国際空港
General Mitchell International Airport (MKE)

ダウンタウンの南約15kmにある空港。シカゴから飛行機で約1時間。「空軍の父」として知られる地元出身のウイリアム・ミッチェル少将の名に因んだ空港ターミナルには、軍用機が展示されている。C、D、Eの3コンコースとつながる2階に案内所があり、交通アクセスは1階のバゲージクレーム（機内預け荷物のピックアップ場所）の外。ゴー・ライトウエイはバゲージクレーム付近のカウンターで予約をする。出口1の外にMCTSバス、出口3外にはタクシー、アムトラックの空港駅行きシャトルは出口4外から出発する。

ジェネラル・ミッチェル国際空港
住 5300 S. Howell Ave.
☎ (414) 747-5300
URL www.mitchellairport.com

■ 空港から／空港へのアクセス

	種類／名称／連絡先	行き先／運行／料金	乗車場所／所要時間／備考
空港シャトルバン	ゴー・ライトウエイ Go Riteway ☎ (414) 769-2444 Free (1-800) 236-5450 URL www.goriteway.com	行き先▶市内や周辺どこでも 運行▶24時間随時 料金▶ダウンタウンまで片道$12.35	空港発▶バゲージクレームにある同社のカウンターでチケットを購入してから乗車 空港行き▶事前に電話などで予約をしてから乗車 所要時間▶ダウンタウンまで約25分
路線バス	MCTS バス #80 MCTS Bus #80 ☎ (414) 344-6711 URL www.ridemcts.com	行き先▶ダウンタウンの6th. St沿いにあるバス停 運行▶空港発は月～金4:53～翌0:43、土5:56～翌0:40、日5:56～翌0:48。空港行きは月～金4:57～翌0:12、土5:25～翌0:46、日5:27～翌0:46の10～40分間隔 料金▶$2.25	空港発▶バゲージクレーム出口1外の中央バス乗り場にあるバス停から#80北行きに乗車 空港行き▶ダウンタウンの6th St.とWisconsin Ave.の角などにあるバス停から乗車 所要時間▶ダウンタウンまで約30分
鉄道	アムトラック国際空港駅 Amtrak Airport Station Free (1-800) 872-7245 URL www.amtrak.com	行き先▶ダウンタウン、シカゴ 運行▶ハイワサ号:月～土1日7便、日6便 料金▶$7.50	空港発▶バゲージクレームの入口4外からアムトラック Airport 駅行きの無料シャトルバスに乗車、駅の中央口から空港ターミナル行きに乗車（15分おき運行） 所要時間▶Amtrak Airport駅からミルウォーキー駅まで約15分
タクシー	イエローキャブ Yellow Cab ☎ (414) 271-1800	行き先▶市内や周辺どこでも 運行▶24時間随時 料金▶ダウンタウンまで$25～35	空港発▶バゲージクレームを出てすぐのところから乗車 空港行き▶事前に電話予約、または主要ホテルから乗車 所要時間▶ダウンタウンまで約20分

※それぞれの乗り物の特徴については ➡P.665

長距離バスと鉄道 Bus&Train

ミルウォーキー・インターモードゥル・ステーション
Milwaukee Intermodal Station

ダウンタウンの南にある、アムトラック（鉄道）とグレイハウンド（長距離バス）の合同ターミナル。ガラス張りの建物には最新の設備が整い、快適な空間が広がる。ここからミルウォーキー美術館、ハーレー・ダビッドソン博物館、サマーフェスの会場などへは歩いて行ける距離だ。1日7往復するアムトラック・ハイワサ号はシカゴ間を1時間30分で結ぶので日帰りも可能。ハイシーズンは混み合う道路を避けて、たくさんの観光客が鉄道を利用する。

グレイハウンドもシカゴ間を1日10本前後運行しており、北西方面のミネアポリス、セントポールなどへも足を延ばすのに便利だ。

ミルウォーキー・インターモードゥル・ステーション
地 P.321 A-2
住 433 W. St. Paul Ave.
●Greyhound
☎ (414) 272-2156
開 毎日3:30～4:00、6:30～23:30
●Amtrak
Free (1-800) 872-7245
開 毎日5:30～22:00（チケット売り場は21:00まで）

シカゴからの日帰りも可能

旅のアドバイス　メガバス▶中東部の都市を結ぶ快適な2階建て長距離バス。シカゴなどへ行くには安くて便利。インターモードゥル・ステーション前が発着場所。予約は Free (1-877) 462-6342 または URL us.megabus.com から。

Getting Around ミルウォーキーの歩き方

ダウンタウンの東にある巨大彫刻は、まるで太陽の輝きを表現しているよう

リバーウオークにあるクルーズ・ツアーの発着場

ミルウォーキーのダウンタウン中心部の見どころには、旧市街として発展した地区の**オールド・ワールド・サード・ストリートOld World 3rd St.**、南北に流れるミルウォーキー川両岸に美しく整備された歩道**リバーウオークRiverwalk**、ドイツ・ネオルネッサンス様式の名建築である**市庁舎City Hall**や**パブスト劇場Pabst Theater**がある。ミシガン湖に向かって白鳥が飛びたつような躍動感のあるデザインの**ミルウォーキー美術館Milwaukee Art Museum**や**ディスカバリー・ワールドDiscovery World**、**サマーフェスSummerfest**などのイベントがたて続けに行われる**フェスティバル会場Festival Park**、アムトラックとバスターミナルのインターモードゥル駅の南に位置する**ハーレー・ダビッドソン博物館Harley-Davidson Museum**と、その東に広がる**ヒストリック・サード・ワードHistoric Third Ward**などもすべて徒歩圏にある。そのほか、ビール工場見学ツアーで人気の高い地ビール会社、**レイクフロント・ブリュワリーLakefront Brewery**やヒッピー世代に人気のある**ブレーディ通りBrady Street**はダウンタウンの北方にある。**ミラー・クアーズ工場Miller Coors**や**植物園Mitchell Park**、**パブスト邸The Captain Frederick Pabst Mansion**など市の西側に位置する見どころは市バス路線が整っているので、不便さは感じない。ドイツの町の風情を色濃く残すミルウォーキーの魅力を堪能するには、少なくとも3日をかけたい。

旧市街に残るドイツ・ネオルネッサンス様式の建築

観光案内所 ……………… Visitors Information

ビジットミルウォーキー
Visit Milwaukee

ダウンタウンの中心、Wisconsin Ave.沿いにある、近代的な設備を誇るコンベンションセンターが**フロンティア・エアラインズ・センターFrontier Airlines Center**。観光客のための案内所は1階、W. Wisconsin Ave.とN. 4th St.の角の入口から入ったすぐのところにある。ショッピングモールのショップス・オブ・グランド・アベニューの前だから気軽に立ち寄れる。パンフレットなどの資料が豊富に揃い、ツアーやホテルの手配サービスもある。

案内所はコンベンションセンターの入口すぐにある

ビジットミルウォーキー
地 P.321　A-2
住 400 W. Wisconsin Ave.
☎ (414) 273-7222
Free (1-800) 554-1448
URL www.visitmilwaukee.orge
開 月～金8:00～17:00
休 土・日、おもな祝日

ビルの名称はフロンティア・エアラインズ・センター

市内の交通機関 ……… Public Transportation

MCTSバス
MCTS Bus（Milwaukee County Transit System）

ミルウォーキー全域をカバーする市バス。路線は約60あり、観光に便利な路線も多い。市バスのほとんどがダウンタウンの中心、ショップス・オブ・グランド・アベニュー前のWisconsin Ave.を走る。バスのルート地図やパスはショップス・オブ・グランド・アベニューモールの中の案内所や、インターモードゥル・ステーション、市庁舎などで手に入る。回数券（10回綴り、$17.50）や7日券（$17.50）もここで購入することができる。

MCTS#80は空港とダウンタウンを結ぶ

リバークルーズ
River Cruises

湖と川に囲まれたミルウォーキーは、冬を除く季節はクルーズが観光の目玉でもある。ミルウォーキー川に面する遊歩道リバーウオークにおもなツアー会社の発着場所が集まっていて、ダウンタウンの観光の途中でも気軽に利用できる。見どころを巡るツアーやディナーを楽しみながら雄大なミシガン湖をクルージングする各種ツアーが用意されている。

水の都、ミルウォーキーの風物詩である川船

MCTSバス
☎(414)344-6711
URL www.ridemcts.com
運行／おもな路線は毎日5:00～翌1:00
料 $2.25。7日券（日曜5:00から翌日曜5:00まで使用可）$17.50。特別ルートを除きトランスファーは無料で、1時間以内ならどの路線でも乗ることができる

ミルウォーキー・リバークルーズライン（エーデルワイズ号）
地 P.321　A-1
住 205 W. Highland Ave.
☎(414)276-7447
URL www.edelweissboats.com
開 5～10月運航
※コース別に曜日、時間、集合場所が変わるのでウエブサイトで確認すること
料 $15～$75

ミルウォーキー・ボートライン（イロコイ号）
地 P.321　B-2
住 101 W. Michigan St.
☎(414)294-9450
URL www.mkeboat.com
開 6～8月の毎日、5月と9～10月は金・土のみ運航12:00、14:00、16:00
料 $15

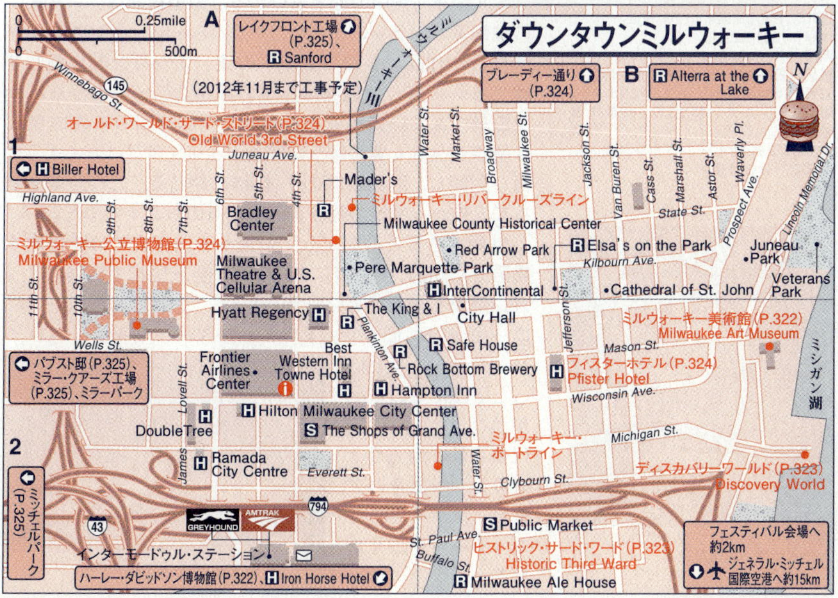

旅のアドバイス **夏期に運行されるトロリー**▶6月初旬から9月上旬まで、ダウンタウンのおもなポイントを結んでトロリーが循環している。運行は水～土 11:00～22:00の20分間隔。料 $1（往復）。詳しくは URL www.ridemcts.com

世界中のライダーたちの憧れの地 地P.321 A-2外

ハーレー・ダビッドソン博物館
Harley-Davidson Museum

ハーレー・ダビッドソン社は、1907年にウイリアム・ハーレーとダビッドソン兄弟によってミルウォーキーに設立された。今、この町で不動の人気を誇るのがこのハーレー・ダビッドソン博物館。400台あるコレクションのうち、現存する最古のモデル"シリアルナンバー1"やエルビス・プレスリーが21歳のときに購入した1956年式KHモデル、第2次世界大戦中の米軍用バイク、そして所有者が独自にエンジンを2機搭載した全長4.11mのカスタム（改造）バイク、通称"キングコング"など、約130台が展示されている。

110万人以上いる世界中のハーレーオーナーによって構成されるH.O.G.のチャプター（支部）もここで紹介され、全米に次ぐ数を誇る日本国内の支部の名も並ぶ。1912年、ハーレー初の海外輸出先が日本だったという事実も何かの縁を感じさせる。

アメリカ文化のシンボルともなった映画『イージーライダー』のハーレー

潤沢な土地を利用して建てられた博物館

ハーレー・ダビッドソン博物館
住400 Canal St.
☎(414)287-2789
Free (1-877)436-8738
URL www.harley-davidson.com
開毎日10:00～18:00(木～20:00)
料$16、シニア／学生$12、5～17歳$10
日本語オーディオガイド／$4
行MCTSバス＃80で、6th & Canal Sts.下車

日本のチャプターも見つけられる

"動く屋根"も見どころ 地P.321 B-2

ミルウォーキー美術館
Milwaukee Art Museum

ミルウォーキーの顔ともいえるこの美術館は、スペインの建築家サンティアゴ・カラトラバSantiago Calatravaが手がけた作品。ダウンタウンの東、ミシガン湖に面して建てられた美しい建物は、その独特なフォームから巨大な白鳥、あるいは船を思わせる。開館時間の午前10:00には屋根が大きく翼のように開き、正午にははばたくように再び閉開し、閉館時間の午後5時に閉じる。この時間を狙って、外から屋根の動きを観察するのもおすすめだ。

外観もさることながら、中世から現代までの美術史を網羅した約2万点のコレクションは全米屈指で圧巻。ミシガン湖から光が注ぎ込む館内には、ピサロ、ルノアール、ゴーギャン、ピカソ、ミロ、ホーマー、リキテンスタイン、ウォーホルといった巨匠たちの作品が並び、オキーフに代表される地元ウィスコンシン出身のアーティストを集めたコーナーも見応えがある。

建物は見る角度によっても表情が変わる

ミルウォーキー美術館
住700 N. Art Museum Dr.
☎(414)224-3200
URL www.mam.org
開火～日10:00～17:00(木～20:00)
休月、サンクスギビング、12/25
料$15、シニア／学生$12、12歳未満無料
行MCTSバス＃10で。ダウンタウン中心部からは徒歩圏内

美術館のロビーはクジラのおなかに入ったような不思議な空間

旅のアドバイス **レンタル・ハーレー** ▶ アイアンホース・ホテル（→P.327）内にあるWind Horseではハーレーをレンタルできる。 住500 W. Florida St. ☎(414)438-7433 Free (1-877)892-7473 URL www.windhorsemotorcyclerentals.com

学んで遊んで楽しむ場所 地P.321　B-2

ディスカバリーワールド
Discovery World

ミシガン湖に突き出るようにして建つこの複合施設は、大きな船が湖に直接接岸できるように設計されている。幼児から大人までが楽しみながら科学を学ぶために、さまざまな設備とプログラムが工夫されている。海水魚のほか、五大湖の淡水魚を紹介する水族館も併設され、最上階のデッキからはミシガン湖が一望できる。

大人も充分楽しめる場所だ
©VISIT Milwaukee

そぞろ歩きも楽しい 地P.321　B-1、A-1、A-2、B-2

リバーウオーク
RiverWalk

ダウンタウンを歩くときの近道としても利用できる

ダウンタウンを南北に流れるミルウォーキー川の両側には気持ちのよい遊歩道が続く。すべてが完成すればミシガン湖畔までの全長4.8キロを歩いて行ける。ビアホールやレストランと直結しているので、観光にも便利。

若者に愛される新名所 地P.321　B-2

ヒストリック・サード・ワード
Historic Third Ward

古い建物を改造して営業するブティックやギャラリー、レストラン、バーが建ち並ぶこの再開発エリアは夜も若者たちでにぎわう。中心にある**パブリックマーケット Milwaukee Public Market**では地元の物産が集められ、一堂に見ることができる。

ディスカバリーワールド
住500 N. Harbor Dr.
☎(414) 765-9966
URL www.discoveryworld.org
開火～金9:00～16:00、土・日10:00～17:00
休月、おもな祝日
料$16.95、シニア$14.95、学生$9.95、3～17歳$12.95

「波を起こす装置」に夢中になる子供たち

リバーウオーク
☎(414) 286-5802
URL city.milwaukee.gov/riverwalk

ヒストリック・サード・ワード
住219 N. Milwaukee St.
☎(414) 273-1173
URL www.historicthirdward.org

ギャラリーや美大もある、アートが盛んな地区

町中が祭りの熱気につつまれる、サマーフェス
旅のアドバイス

1968年に始まった毎年恒例のサマーフェスは、世界でも最大規模を誇る音楽祭。11日間の会期中、ジャズやロックなどジャンルを越える100以上のコンサートが別々の会場で催される。サマーフェスのあと、イタリアンフェス、ドイツフェス、アイリッシュフェスと一連のエスニック祭が次々とミシガン湖畔の会場で繰り広げられ、9月にはネイティブアメリカンの部族が集うパウワウやオクトーバーフェスと秋までイベントが目白押し。この時期、ダウンタウンは観光客で埋め尽くされ、町の人口が一気に増える。
住200 N. Harbor Dr.　☎(414) 273-2680

URL www.summerfest.com
開2012年6/27～7/1、7/3～8　地P.321　B-2外

熱狂的な興奮につつまれるコンサート会場
©VISIT Milwaukee

ドイツらしさが色濃く残る　地P.321　A-1

オールド・ワールド・サードストリート

Old World 3rd Street

ショップス・オブ・グランド・アベニュー正面から延びるOld World 3rd St.は、ドイツの雰囲気が漂うミルウォーキーの名物通り。通りには開業当時から変わらない店構えの**ウィスコンシン・チーズ マートWisconsin Cheese Mart**、**ユージンガー・フェーマス・ソーセージUsinger's Famous Sausage**、地元を代表するドイツ料理店**メイダーズMaders**、伝統的なドイツ風ビアホール**Old German Beer Hall**など、地元ファンに支えられて営業を続けている店が連なる。

変わらぬ味を作り続ける老舗のソーセージ店

通りには古いビアホールやレストランが残る

ミルウォーキーのランドマーク　地P.321　B-2

フィスターホテル

Pfister Hotel

歴史的建造物にも指定されているこのホテルは1893年に建てられたもの。吹き抜けもあるロビーは豪華を極め、歴代の大統領や数多くの要人が定宿とすることでも有名だ。また、創立者のチャールズ・フィスターが今でもしばしばホテルに出没するという噂もあり、名物の「お化けのチャールズ」を目当てにやってくる客もいるそう。

フィスターホテル
住424 E. Wisconsin Ave.
☎(414) 273-8222
URL www.thepfisterhotel.com

館内のビクトリア朝時代絵画のコレクションも有名

展示品は蝶から恐竜まで幅広い　地P.321　A-2

ミルウォーキー公立博物館

Milwaukee Public Museum

ネイティブアメリカンの文化、白人入植後のミルウォーキーの歴史、ミシガン湖周辺の自然がわかりやすく展示されている。1階西側にある入植当時のミルウォーキーの町並みを再現したコーナー、Streets of Old Milwaukeeも楽しい。南側の蝶園Puelicher Butterfly Gardenや、地球の歴史探検コーナーには1万年前の氷河期のマストドンなどが展示され迫力満点。

この近くで発掘されたマンモスを感慨深く見る来館者
©VISIT Milwaukee

ミルウォーキー公立博物館
住800 W. Wells St.
☎(414) 278-2728
URL www.mpm.edu
開月～土9:00～17:00（土～17:30）、日10:00～18:00
休7/4、サンクスギビング、12/25
料$14、シニア／学生$11、3～12歳$10、

ヒッピー世代が作った町　地P.321　B-1外

ブレーディ通り

Brady Street

1960年代に全米を席巻したヒッピー文化の嵐が、多くの移民が住むエスニック色豊かなこの通りにも吹き荒れた。個性豊かなカフェやギフトショップ、レストランやバーには、味や趣向にうるさいヒッピー世代ばかりでなく、ヒッピーを知らない若者たちも集まる。また、何代にもわたって営業されるイタリア系スーパーでは、本場の食材が手に入りにぎわっている。

ブレーディ通り
☎(414) 272-3978
URL bradystreet.org
行MCTCバスのグリーンラインで10分ほど行くとブレーディ通りに入り、そのままブレーディ通り沿いを走る。#10で行く場合は、Humboldt Ave. & Brady St.で下車

ゆっくりコーヒーが飲める喫茶店もすぐに見つかる

旅のアドバイス　**ビール工場見学クルーズ**▶川下りと、Lakefront Brewery、Milwaukee Ale House、Rock Bottom Breweryの3つの地ビール工場見学が同時に楽しめるSunday Brewery Tour。車の運転を気にせずにビールが飲めると人気。
☎(414) 283-9999　URL www.riverwalkboats.com　開冬場を除く毎日曜運行　料$29。

ドームの愛称で親しまれる 地P.321 A-2外

ミッチェルパーク植物園
Mitchell Park Conservatory (The Domes)

ダウンタウンの南西にあるミッチェル公園の敷地に、ガラスで覆われた巨大なドームが3つどっしり構えている。ドームは西から、季節に合わせた草花がアレンジされているShow Dome、サボテンのような砂漠の植物が集まるDesert (Arid) Dome、そして蘭やバナナの木などの熱帯植物が見られるTropical Dome。四季を通して気温が一定に保たれているので、冬場の見学は暖かく気分がほぐれる。

宇宙都市のような造りのドーム

かつての栄華を偲ばせる 地P.321 A-2外

パブスト邸
The Captain Frederick Pabst Mansion

ミルウォーキーの西、マルケット大学キャンパス近くの住宅街。ひときわ目だつ大邸宅はビール界のリーダーのひとり、ドイツ生まれの**フレデリック・パブスト Frederick Pabst**が1892年に建てた家だ。フランダース・ネオルネッサンス様式の建物は、ミルウォーキーを代表する建築のひとつでもある。ステンドグラスが光り輝くチャペル、ビクトリア調の装飾がほどこされた玄関、フランスロココ調のダイニングルームなど、見学ツアーでは回りきれないほどの部屋（全部で37室）がある。

ミッチェルパーク植物園
住524 S. Layton Blvd.
☎(414) 257-5611
URL county.milwaukee.gov
開毎日9:00〜17:00（木〜21:30、土・日〜16:00）
料$6.50、シニア／6〜17歳$5、5歳以下無料
行ダウンタウンのN. 2nd St.とWisconsin Ave.の角から南へ向かうMCTSバス#23やブルーラインで約15分、Layton Blvd.（27th St.）とNational Ave.の交差点で下車。北へ1ブロック半歩く

パブスト邸
住2000 W. Wisconsin Ave.
☎(414) 931-0808
URL www.pabstmansion.com
開毎日10:00〜16:00（日12:00〜）
休1月中旬〜2月の月、イースター、サンクスギビング、12/25、1/1
料$9、シニア／学生$8、6〜17歳$5（11月中旬〜1月中旬は$1ずつ値上がりする）、5歳以下無料
行ダウンタウンのWisconsin Ave.を走るMCTSバス#10、30で、西方向に約15分。21th St. & Wisconsin Ave.で下車

ビールで財を成したパブスト家

ハシゴしても楽しい、ミルウォーキーのビール工場見学ツアー

旅のアドバイス

ミラー・クアーズ工場
Miller Coors Brewing Company

昔のセラーは今でも一年をとおしてひんやりとする

ダウンタウンからバスで西に約20分、目に入ってくる巨大な工場群が日本でもおなじみのミラービールの工場だ。約1時間の無料見学ツアーがギフトショップの隣にある案内所から催行される。

ミラーの創設は1855年。ドイツからの移民、フレデリック・ミラー Frederick Miller がこのミルウォーキーの地に小さなビール工場を起こしてからの社の歴史が15分間のフィルムで上映され、工場見学が始まる。パッケージセンター、とてつもない広さの出荷センター、ブリューハウスではホップが発酵される Brew Kettle、そして昔の天然貯蔵庫（地下にある）も見学する。

最後はお待ちかねのビールの試飲。敷地内の Miller Inn に案内され、できたての冷たいビールをまず1杯。ソフトドリンクも用意されているので21歳以下でも参加できる。

住4251 W. State St.　☎(414) 931-2337
URL www.millercoors.com
ツアー／〈6〜8月〉毎日10:00〜18:00（日〜15:00）〈9〜5月〉月〜土10:00〜17:00
休おもな祝日、9〜5月の日曜　料無料
行MCTS バス #31 で State & 4401 下車

レイクフロント工場
Lakefront Brewery Tour

代表的な地ビールのブランド、レイクフロントのビール工場ツアーは、ガイドの説明がおもしろいことから各旅行誌で No.1 と好評だ。ミルウォーキー川沿いにあった発電所を改造して建てられた工場では、季節に合わせて約20種類のビールが醸造されている。Brew Kettle はもちろんのこと、生ビールの樽詰め作業などが目の前で見学でき、5種類のビールから好きなものを選んで試飲できる。

住1872 N. Commerce St.　☎(414) 372-8800
URL www.lakefrontbrewery.com
ツアー／スケジュールはウエブサイトで確認すること。おおよそ月〜木14:00、15:00、金14:00〜15:30、17:30〜20:00、土12:30〜15:10
休日、おもな祝日
料$7

初めて口にするような珍しいビールも見つかる

投稿　**レイクフロントのビール工場見学▶** ダウンタウンからミルウォーキー川沿いの遊歩道を北へ歩けば約20分。ミラーと違って有料だが、ビール片手に案内するノリノリの見学ツアーが楽しく、こちらのほうが込み合っていた。（杉並区　yu-ki　'12）

ベースボール MLB

ミルウォーキー・ブリュワーズ（ナショナルリーグ中地区）
Milwaukee Brewers

1969年、シアトルに創設されたパイロッツが前身。天候不順による観客動員不振で、'70年ミルウォーキーへ移転。その際、世界有数のビール産地にちなみ、この愛称を付けた。その後リーグ再編を受け、ナショナルリーグへ移動。球場で6回裏終了後に行われるソーセージレースは、大リーグ屈指のアトラクション。着ぐるみのソーセージの徒競走で、球場は大いに盛り上がる。2011年は29年ぶりに地区優勝に輝く。プリンス・フィルダー選手が移籍しチームの戦力は低下。'12年加入した青木宣親選手の活躍にかかっている。

ダウンタウンの西に位置するボールパーク

ミルウォーキー・ブリュワーズ
（1969年創設）
本拠地――ミラーパークMiller Park（4万1900人収容）
地P.321　A-2外
住1 Brewers Way
☎(414)902-4000
URL milwaukee.brewers.mlb.com
行ダウンタウンのWisconsin Ave.からMCTSの臨時バス＃90の"Miller Park"で。試合開始2時間前から10分間隔で運行
球場ツアー／$10、詳しくはウエブサイトで

この選手に注目！
ライアン・ブラウン（外野手）

バスケットボール NBA

ミルウォーキー・バックス（東・中地区）
Milwaukee Bucks

ここ6シーズンで勝ち越しは1回、5割周辺をさまよう成績でプレーオフ出場も遠い。4回連続でプレーオフ初戦敗退を喫しており、ファンには創設3年目のファイナル優勝が語り草だ。愛称の「雄鹿」は公募で決定した。チームカラーはハンター・グリーン、ナチュラル・レッド、シルバー、ホワイト。

ミルウォーキー・バックスのマスコットはBango

ミルウォーキー・バックス
（1968年創設）
本拠地――ブラッドリーセンターBradley Center（1万8717人収容）
地P.321　A-1
住1001 N. 4th St.
☎(414)227-0599
URL www.nba.com/bucks
行ダウンタウンの N.4th & W. State Sts.

この選手に注目！
ブランドン・ジェニングス

ナイトスポット&ショップ Night Spot & Shop

N バー
ミルウォーキーの名物バー！？
セイフハウス
Safe House

住779 N. Front St.　☎(414)271-2007
URL www.safe-house.com　地P.321　B-2
開毎日11:30～22:00（金・土～翌2:00、1・2月は休月）　AMV

秘密情報部員の隠れ家に見立てたバーだから表札もない。中に入るには一芸を披露しなくてはならないという、遊びごころもいっぱい。隠れ家といっても、名所だからすぐにわかる。（'12）

S マーケット
ご当地の名産物が集まる市場
パブリックマーケット
Public Market

住400 N. Water St.　☎(414)336-1111　地P.321 B-2
URL www.milwaukeepublicmarket.org　AMV
開月～金10:00～20:00、土8:00～19:00、日10:00～18:00

ヒストリック・サード・ワードの一角にある屋内市場。生鮮食料品、生花などのショップに加え、地元の食材を使った軽食や地ビールなどが味わえるレストランもある。（'12）

レストラン&ホテル Restaurants & Hotels

R カフェ

古いポンプ小屋を復元したカフェ

アルテラ・アット・ザ・レイク Alterra at the Lake

住1701 N. Lincoln Memorial Dr. ☎(414)223-4551
URL www.alterracoffee.com 地P.321 B-1外
開毎日6:30〜22:00 AMV

おいしいコーヒーを届けると地元でも有名なチェーンのなかでも、とりわけユニークなのがミシガン湖畔にあるこの店。1888年に作られた建物をそのまま残した落ち着いた空間で軽食も楽しめる。('12)

R アメリカ料理

旬な大人のレストラン

サンフォードレストラン Sanford Restaurant

住1547 N. Jackson St. ☎(414)276-9608
URL www.sanfordrestaurant.com 地P.321 A-1外 ADMV
開月〜金17:30〜21:00(金〜22:00)、土17:00〜22:00 休日

季節の野菜、地元のチーズや畜産物を巧みに使った料理は、ザガットの全米ベスト50リストに毎年名が挙がる。また、ワインリストも料理に合わせて豊富に取り揃えられている。('12)

R ドイツ料理

本場ドイツの味をミルウォーキーで

メイダーズレストラン Mader's Restaurant

住1041 N. Old World 3rd St. ☎(414)271-3377
URL www.madersrestaurant.com 地P.321 A-1
開毎日11:30〜21:00(金・土〜22:00、日11:00〜) AMV

1902年にオープンした伝統的ドイツ料理を味わえるレストラン。世界のビールが味わえ、店内もとても趣がある。ディナーは$30〜、ランチは$15〜。('12)

H 中級ホテル

立地のよさはバツグンのホテル

ベストウエスタン・イン・タウン・ホテル Best Western Inn Towne Hotel

住710 N. Old World 3rd St., Milwaukee, WI 53202
☎(414)224-8400 FAX(414)224-8696 ADJMV
URL bestwesternwisconsin.com 地P.321 A-2 SDT$80〜

どこへ出るにも便利で、料金が手頃なホテルとしてビジネス、観光どちらの目的にも合う。オールド・ワールド・サードストリートに位置し、コンベンションセンターや観光案内所はすぐ前だ。100室。('12)

H 中級ホテル

ハーレー愛好者に人気の宿

アイアンホース・ホテル Iron Horse Hotel

住500 W. Florida St., Milwaukee, WI 53204
☎(414)374-4766 Free(1-888)543-4766 FAX(414)755-0084
URL www.theironhorsehotel.com 地P.321 A-2外
AMV SDT$159〜309、スイート$199〜330

バイク置き場には洗車ホース、客室にはブーツやジャケットをしまうスペースも用意され、二輪の宿泊客には行き届いたサービスと設備が揃う。ビジネス、観光目的にも人気が高い。100室。('12)

H 中級ホテル

ダウンタウンの中心、快適

ハンプトンイン Hampton Inn

住176 W. Wisconsin Ave., Milwaukee, WI 53203
☎(414)271-4656 Free(1-888)271-4656
FAX(414)329-4656 URL www.hamptonmilwaukee.com
SDT$109〜339 ADJMV 地P.321 A-2

町の中心であるWisconsin Ave.に面し、どこへ行くにも便利。室内プール、ジムあり。周囲の治安もよく、空港への送迎(料$13)もある。138室。('12)

H 高級ホテル

ビジネスにも観光にも便利

インターコンチネンタルホテル InterContinental Hotel

住139 E. Kilbourn Ave., Milwaukee, WI 53203
☎(414)935-5943 Free(1-800)951-4667 FAX(414)276-8007
URL www.intercontinentalmilwaukee.com
SDT$129〜 ADJMV 地P.321 B-1

目の前が市庁舎、マーカスセンターという便利な立地で、わかりやすい。観光シーズンは込み合うリバーウオークやレイクサイドまでも徒歩で行けるので安心だ。221室。('12)

自然と都会の調和

ミネアポリス／セントポール Minneapolis & St. Paul

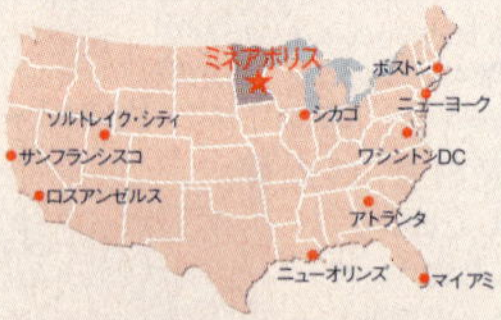

DATA

人口▶ミネアポリス—約38万2500人　セントポール—約28万500人

面積▶153km²

標高▶ミネアポリス—平均247m　セントポール—平均214m

TAX▶セールスタックス　7.775%（ミネアポリス）、7.625%（セントポール）ホテルタックス　13.40%（ミネアポリス）、13.63%（セントポール）

属する州▶ミネソタ州　Minnesota

州のニックネーム▶北極星州　The North Star State

州都▶セントポール　St. Paul

時間帯▶セントラル・タイムゾーン

➡P.631

繁忙期▶5〜10月

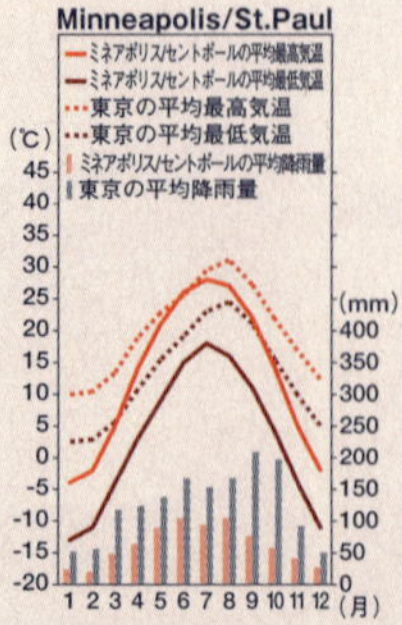

ミネアポリス随一の景色が望める彫刻庭園

アメリカを代表する川、ミシシッピ川の源はミネソタ州にある。その水源から約360km下った川沿いにふたつの都市が並ぶ。ミネアポリスとセントポールだ。隣接するこの二都市は“ツインシティズ Twin Cities（双子の町）”と呼ばれるが、まったく異なる性格をもつ。

ミネアポリスは、経済や芸術が活発な都市。近年は町全体の再開発が進み、ガスリーシアターや図書館、美術館、博物館など先鋭的な建築が次々と建てられ、建築の町としても有名になっている。一方、セントポールはミネソタ州議事堂をはじめ歴史を感じさせる落ち着いた行政の町。それぞれに特徴のある二都市は、全米で「最も安全な町」、そしてニューヨークに次いで「買い物に適した町」に選ばれている。また、ミネアポリス／セントポール国際空港の南にある全米最大のショッピングモール、モール・オブ・アメリカは、2012年8月にオープン20周年を迎える。日本から直行便が毎日運航されているツインシティズは、旅行者にとって観光のしやすい都市のひとつだ。

ミネアポリスを走る路面鉄道、ライトレール

旅のアドバイス　**ミネアポリス／セントポール国際空港で乗り継ぎに充分な時間があれば**▶空港内でオーディオガイドを借りて、ダウンタウンまでライトレールで繰り出そう。オーディオガイドは、ライトレール沿線の見どころを解説。MSP Tours URL www.msptours.com

ミネアポリス／セントポールへの行き方 Getting There

飛行機 Plane

ミネアポリス／セントポール国際空港
Minneapolis/St. Paul International Airport (MSP)

ミネアポリス、セントポール両都市から南へ15kmほどのところにあるアメリカを代表する空港のひとつ。デルタ航空のハブ空港で、成田空港からも毎日直行便が運航されている。入国審査やバゲージクレームへの案内も日本語で表示され、日本人にはわかりやすい。

ミネアポリス／セントポール国際空港
地P.333　B-2外
☎(612)726-5555
URL www.mspairport.com

●市内への各交通機関
Lindbergh Terminal(メインターミナル)に隣接するTransit Centerに集約されている。Transit Centerへは、Lindbergh Terminal地下1階からトラムが随時運行している

■ 空港から／空港へのアクセス

	種類／名称／連絡先	行き先／運行／料金	乗車場所／所要時間／備考
空港シャトルバン	スーパーシャトル SuperShuttle ☎(612)827-7777 Free(1-800)258-3826 URL www.supershuttle.com	**行き先**▶市内や周辺どこでも **運行**▶24時間随時 **料金**▶ミネアポリスエリアまで片道約$16。セントポールエリアまで片道約$14	**空港発**▶Transit Centerのフロア奥のYellow 1からエスカレーターを上がって、出口を出たところに乗り場がある。空港にカウンターあり **空港行き**▶事前に電話、またはウエブサイトで予約をしてから乗車 **所要時間**▶15～25分
ライトレール	ハイアワサライン Hiawatha Line ☎(612)373-3333 URL www.metrotransit.org	**行き先**▶ダウンタウンミネアポリス、モール・オブ・アメリカなど **運行**▶ダウンタウン行きは毎日4:25～翌2:19。モール・オブ・アメリカ行きは毎日3:47～翌1:41（金・土～翌2:41）。ともに7～15分間隔 **料金**▶$1.75（ラッシュアワー時は$2.25）	**空港発**▶空港地下のライトレール駅から乗車 **空港行き**▶近くのライトレール駅から乗車 **所要時間**▶ダウンタウンミネアポリスまで約25分、モール・オブ・アメリカまで約12分 ※セントポール方面へは路線バス、タクシーなどで
路線バス	メトロトランジット ＃54 Metro Transit #54 ☎(612)373-3333 URL www.metrotransit.org	**行き先**▶ダウンタウンセントポール **運行**▶月～金4:35～翌0:48、土4:36～翌0:20、日4:31～翌0:27。15～30分間隔 **料金**▶$1.75（ラッシュアワー時は$2.25）	**空港発**▶表示に従いバス停に向かい乗車 **空港行き**▶それぞれのバス停から乗車 **所要時間**▶ダウンタウンセントポールまで約25分
タクシー	レインボータクシー Rainbow Taxi ☎(612)332-1615	**行き先**▶市内や周辺どこでも **運行**▶24時間随時 **料金**▶ミネアポリスまで約$38～49、セントポールまで約$30～37　※空港から利用する場合、空港サーチャージとして$4.25加算される	**空港発**▶Ground Transportation Atriumから乗車 **空港行き**▶事前に電話予約、または主要ホテルから乗車 **所要時間**▶ミネアポリスまで約25分、セントポールまでそれぞれ約20分

※それぞれの乗り物の特徴については P.665

長距離バス Bus

グレイハウンド・バスターミナル
Greyhound Bus Terminal

ミネアポリスのバスターミナル、ホーソン・トランスポーテーション・センターは、全米有数の美しさ。シカゴ（所要約9時間）やミルウォーキー（所要約6時間30分）、デモイン（所要4時間30分）、カンザスシティ（所要約9時間）などから乗り入れる。ダウンタウンの中心なので、移動にも便利だ。

セントポールのバスディーポはダウンタウンから北西に徒歩15分のところにある。

グレイハウンド・バスターミナル
●Minneapolis
地P.333　A-3
住950 Hawthorne Ave. (Hawthorne Transportation Center), Minneapolis
☎(612)371-3325
開毎日5:00～翌1:30
●St. Paul
地P.337　A-1外
住166 W. University Ave., St. Paul
☎(651)222-0507
開毎日6:00～20:00

鉄道 Train

アムトラックミッドウエイ駅
Amtrak Midway Station

セントポールから車で約10分、ミネアポリスから車で約15分。エンパイアビルダー号が1日1往復する。駅構内には、レンタカーのオフィスもある。

アムトラックミッドウエイ駅
地P.337　A-1外
住730 Transfer Rd., St. Paul
Free(1-800)872-7245
開毎日6:00～23:45（チケット売り場は毎日6:30～23:30）
行ミネアポリス、セントポールから＃16、50のバスで約20～30分

メモ **空港にはターミナルがふたつあるので注意**▶ミネアポリス／セントポール国際空港には大手航空会社が発着するリンドバーグターミナルLindbergh Terminalと、おもにローカル航空会社が発着するハンフリーターミナルHumphrey Terminalがある。日本に乗り入れている航空会社はすべてLindbergh Terminalを使用。

Getting Around ミネアポリス／セントポールの歩き方

ビルとビルを結ぶスカイウエイとニコレットモール

ミネアポリスからセントポールへ
ミネアポリスからセントポールへはメトロトランジットのバスが2〜3系統運行されている。なかでもハイウエイ経由のエクスプレスバス＃94が一番便利。約30分でお互いの町へ行くことができる。ほかの系統だとローカル運行のため1時間以上かかることもある

ミネアポリス／セントポール名物『スカイウエイ』
寒い土地柄ゆえに発達したのがこのスカイウエイSkyway。外を歩かなくてもビル間を移動できる。ミネアポリスでは80ブロックあまりを結んでおり、ここを歩くだけで、町歩きができる。両市とも、寒い時期はスカイウエイを歩く人が圧倒的に多く、ショップやレストランも有名店は1階ではなく、2階に位置している。そのため、ショッピングを楽しむにも最適というわけだ

ミネアポリス観光局
住250 Marquette Ave. S., Suite 1300, Minneapolis
☎(612)767-8000
Free(1-888)676-6757
URL www.minneapolis.org、japanese.minneapolis.org（日本語）
●Visitor Information Center
地P.333　A-4
住1301 2nd Ave. S., Minneapolis (Minneapolis Convention Center内)
開毎日8:00〜16:30

セントポール観光局
Free(1-800)627-6101
URL www.visitstpaul.com
●Landmark Center
地P.337　A-2
住75 W. 5th St., St. Paul
☎(651)292-3225
開毎日10:00〜16:00(日12:00〜)

ミシシッピ川観光案内所
地P.337　A-2
住120 Kellogg Blvd. W., St. Paul
☎(651)293-0200
開毎日9:30〜17:00(金・土〜21:00)

ミネソタ州政府観光局
URL www.exploreminnesota.com

ミネアポリス／セントポールで、一番外せないポイントは、国際空港からハイアワサラインや路線バスで約10分のところにあるショッピングモール、**モール・オブ・アメリカ Mall of America**（M.O.A.）➲P.338だ。ミネアポリスに直行便で着いたなら、時差ボケ解消のためにも、その日のうちにモール・オブ・アメリカを訪れよう。520店を超える全米最大のショッピングモールには、デパートやレストラン、ショップ以外にも、遊園地や水族館まであり、家族連れで訪れても楽しいエンターテインメントスポットだ。建物内にすべてが入っているので、冬でも快適に遊べ、周囲に点在するホテルからモールへは無料のシャトルバスも運行されている。

モール観光のあとは、ミネアポリスとセントポール、ふたつの町に繰り出そう。両都市とも、アメリカのなかでも驚くほど治安がよく、町も中規模なので歩きやすい。ミネアポリスではダウンタウンをハイアワサラインがとおっているので、車がなくても楽に観光できる。ダウンタウンミネアポリスの**ニコレットモール Nicollet Mall**は、一般車両の乗り入れが禁止されている町のメインストリート。レストランやカフェが並ぶ、グルメ通りでもある。町歩きの最初はここから始めるといい。一方、セントポールでは、町の中心にあるランドマークプラザから観光を始めたい。なお、両都市とも**スカイウエイ Skyway**と呼ばれるビル同士を結ぶ高架陸橋が整備され、ダウンタウンのほとんどのビルへ、屋外を通らずに移動できる。寒い冬に備えた、ありがたい施設だ。

観光案内所 ・・・・・・・・・・・・・・・・ Visitors Information

ミネアポリス観光局
Meet Minneapolis, Official Convention + Visitors Association

ミネアポリスの観光案内所は、コンベンションセンター1階のメインロビーにある。見どころやホテルのパンフレットをはじめ、市バスの時刻表もあるので、もらっておこう。さらに、無料でインターネット（Wi-Fi）に接続できるのはうれしい。日本で事前に情報収集するなら観光局のウエブサイトも利用したい。日本語も開設されているので、大変便利だ。

セントポール観光局
St. Paul Convention & Visitors Authority

セントポールの観光案内所は、中心部のランドマークセンターLandmark Center内にあり、パンフレットや地図の入手が可能だ。また、ミネソタ科学博物館➲P.336には**ミシシッピ川観光案内所Mississippi River Visitor Center**が設けられている。

旅のアドバイス **ミネアポリスやセントポールで自転車を借りよう**▶市内に約100あるキオスク（駐輪場）から、自転車を借りてサイクリングを楽しもう。借り出しに必要なものは、クレジットカードのみ。支払機で借り出しの手続きをして出発。どこのキオスクに返却してもいいので便利だ。Nice Ride URL www.niceridemn.org 料24時間↗

市内の交通機関 ……… Public Transportation

メトロトランジット
Metro Transit

ミネアポリスとセントポール両都市のダウンタウンと、その周辺を走る路線バス。料金は高速を使うエクスプレスと使わないローカルが、それぞれラッシュアワーとラッシュアワー外に分かれている。また、ミネアポリスとセントポールのダウンタウンは**ダウンタウンゾーン Downtown Zone**と呼ばれ、料金が50¢になる。1日乗り放題の1日券が$6。6時間乗り放題のチケットは平日が$4、週末が$3.50だ。

ミネアポリス、セントポール間の移動は、エクスプレスバス#94が便利（約30分）だ。

ハイアワサライン（ライトレール）
Hiawatha Line（Light Rail）

モール・オブ・アメリカ➲P.338からミネアポリス／セントポール国際空港を経由し、ミネアポリスダウンタウンのターゲットフィールド駅までを結ぶライトレール。所要時間はミネアポリス／セントポール国際空港から、ミネアポリスダウンタウンのウェアハウスディストリクトまでが約25分、モール・オブ・アメリカまでが約12分だ。

ツアー案内 ……………… Sightseeing Tours

メトロコネクションズ
Metro Connections

出発場所／モール・オブ・アメリカ➲P.338やミネアポリスのダウンタウンにあるホテルなど。ツアーによって異なるので、予約時に確認を。

メトロトランジット
☎(612)373-3333
URL www.metrotransit.org
料 $1.75、ラッシュアワーは$2.25、エクスプレスは$2.25、ラッシュアワーは$3（2時間30分以内乗り降り自由、ライトレールと乗り換え可能）。1日券（料$6）は、ライトレールの券売機やバス乗車時（バスドライバーから）、ウエブサイトなどで購入できる
※ラッシュアワーは月～金6:00～9:00と15:00～18:30

●**Metro Transit Store（ダウンタウンミネアポリス）**
地 P.333　C
住 719 Marquette Ave., Minneapolis
開 月～金7:30～17:30

●**Metro Transit Store（ダウンタウンセントポール）**
地 P.337　B-2
住 Skyway, U.S. Bank Center, 101 E. 5th St., St. Paul
開 月～金8:30～17:30

ハイアワサライン
☎(612)373-3333
URL www.metrotransit.org
運行／毎日4:00～翌2:30頃。ラッシュアワー時は7～10分間隔、日中は10分間隔、夜は15分間隔（土・日は10～15分おき）
料 $1.75、ラッシュアワー時は$2.25
※ラッシュアワーは月～金6:00～9:00と15:00～18:30

メトロコネクションズ
住 1650 W. 82nd St.,Suite 125, Minneapolis
☎(612)929-8687
Free (1-800)747-8687
URL www.metroconnections.com
※メトロコネクションズは、12月の土曜（2012年12/8、15、22）、クリスマスデコレーションされた町並みや住宅街を回るホリデイ・ライト・ツアーも催行する

ツアー名	料金	運行	所要時間	内容など
Twin Cities Highlights Tour	$35、シニア$32、13～21歳$28、6～12歳$25	〈3月初旬～11月中旬のおもに週末のみ、夏期は毎日〉9:30～10:30発	3時間	ミネアポリスとセントポールの見どころを凝縮して見て回るツアー。両方の町だけでなく、その間に位置するミネソタの自然も堪能できる
Stillwater Tour & River Cruise	$59、シニア$55、13～21歳$46、6～12歳$43	〈7月〉金10:00発	6時間30分	ミネソタの自然と歴史が楽しめるスティルウオーター➲P.339を満喫しよう
Minneapolis Tour& Mississippi River Cruise	$45、シニア$43、13～21歳$38、6～12歳$35	〈6月中旬～8月中旬〉木10:30発	6時間	ミネアポリスの町を回ったあと、ミシシッピ川クルーズを楽しむ

セグウエイ・マジカル・ヒストリー・ツアー
Segway Magical History Tour

セグウエイ（電動モーター式の二輪車）に乗って、ミシシッピ川流域の歴史を辿るツアーが人気を集めている。川の周りの観光スポットは広域に点在するため、ツアーの“足”としてセグウエイが採用された。出発前にレクチャーがあり、ヘルメットを着用して乗車するので安心。ミネアポリスとセントポールの両都市から出発する。参加できるのは13～80歳で、体重約127kg以下の人。18歳以下は親同伴のこと。

セグウエイ・マジカル・ヒストリー・ツアー
●**Mobile Entertainment**
地 P.333　B-1
住 St. Anthony Main, 125 Main St. SE, Minneapolis（ミネアポリス）
742 Grand Ave., St. Paul（セントポール）
☎(952)888-9200
URL www.magicalhistorytour.com
出発／〈3/15～11/15〉毎日9:30、14:30
料 $80

↘の基本料金$6と時間料金。時間料金は、30分以内無料、31～60分$1.50、61～90分$4.50、90分以降は30分ごとに$6加算される。MV

Sightseeing おもな見どころ

ミネアポリス市 Minneapolis

大河ミシシッピで唯一の滝 地P.333 A、B-1

セントアンソニー滝とリバーフロントディストリクト
St. Anthony Falls & Riverfront District

かつてダウンタウン北側のミシシッピ川沿いは交通の要所として栄えたところだった。現在、ミシシッピ川に架かる**ヘネピンアベニュー橋Hennepin Avenue Bridge**と**ストーンアーチ橋Stone Arch Bridge**、その間にあるセントアンソニー滝は、ミネアポリスのランドマーク的存在だ。セントアンソニー滝は、かつて製材や製粉の動力源として使われたが、今は電力の供給に役立っている。ちなみに、この滝は約3780kmを流れるミシシッピ川のなかで唯一の自然の滝。北岸沿いは**ヒストリック・メイン・ストリートHistoric Main St.**と呼ばれ、レストランやカフェが並び、ショッピングが楽しめるエリアだ。

南岸のかつて製粉工場や倉庫が集まっていた地区は、再開発が進みレストランや音楽学校、**ミルシティ博物館Mill City Museum**、**ガスリーシアターGuthrie Theater**などに生まれ変わった。また、ミルシティ博物館とガスリーシアター付近では春から秋にかけて週1日**ファーマーズマーケットMill City Farmers Market**も開かれる。その近くには、1971年まで利用されていた鉄道駅を改築した**ディーポThe Depot**があり、ホテルやスケートリンクを備えた複合コンプレックスとなった。

中洲にある**ニコレットアイランドNicollet Island**には、1860～90年代に建てられた建物が今でも残る。なかでも、いく度かの改装を経て高級ホテルとして現在営業している**ニコレットアイランド・インNicollet Island Inn**は、ミネアポリスでも指折りのレストランが入っていることで名高い。

セントアンソニー滝とリバーフロントディストリクト
URL stanthonymain.com
行 ミネアポリスの中心部から徒歩15分。セントポールからはバス＃94で

●Mill City Farmers Market
地 P.333 B-1
住 2nd St. & Chicago Ave., Minneapolis
☎ (612) 341-7580
URL www.millcityfarmersmarket.org
開 5/12～10/27の土8:00～13:00

●The Depot
地 P.333 B-2
住 225 3rd Ave. S., Minneapolis
☎ (612) 375-1700
URL www.thedepotminneapolis.com

●Nicollet Island Inn
地 P.333 A-1
住 95 Merriam St., Minneapolis
☎ (612) 331-1800
URL www.nicolletislandinn.com

ミシシッピ川に架かるストーンアーチ橋とセントアンソニー滝

ミネアポリスを象徴する劇場 地P.333 B-1

ガスリーシアター
Guthrie Theater

名作や実験的な作品を上演することで有名な権威ある劇場。斬新な建物はプリッカー賞を受賞したフランス人建築家、ジャン・ヌーベルの設計だ。館内は自由に見学でき、ミシシッピ川に向かって突き出ている展望デッキEndless Bridgeからは、美しい川景色を堪能できる。また、地元の人に人気のレストランやカフェもあるので、食事をとりに立ち寄ってもいい。チャールズ・ディケンズ作の『クリスマス・キャロル』をはじめとして、ジョー・ダウリング芸術監督のもとガスリーシアターが制作するミュージカルは数々の成功を収めている。そのような劇の舞台裏やリハーサルルーム、小道具や衣装の制作現場などが見られるバックステージツアーも人気だ。

ガスリーシアター
住 818 S. 2nd St., Minneapolis
☎ (612) 377-2224 (チケット)
URL www.guthrietheater.org
開 毎日8:00～23:00（月～20:00）、日によって異なる
バックステージツアー／金～日10:00発、所要45分
料 $12、シニア／学生$7
建築ツアー／第1土曜9:00発、所要75分
料 大人＄17、学生＄12

突起部分の展望デッキからの眺めがいい

旅のアドバイス **ガスリーシアターのオーディオガイド**▶セルフオーディオガイド（英語）がiTunesから無料でダウンロードできる。カウンターでiPodを借りることもできるが、$5かかるので事前に自分のMP3プレーヤーにダウンロードしたほうがおトク。

廃墟寸前の建物が博物館に生まれ変わった 地P.333 B-1

ミルシティ博物館
Mill City Museum

かつて世界最大といわれた製粉所、**ワッシュバーンA製粉所Washburn A Mill**を改築して2003年にオープンした博物館。1880年代から50年間ミルシティ（製粉の町）として栄えたミネアポリスの歴史を知ることができる。エレベーターに乗って、製粉業に関する展示を見るツアーはユニークで好評だ。また、ギフトショップには、かわいらしいスプーンや計量器などの料理道具も揃っている。

ミルシティ博物館
住704 S. 2nd St., Minneapolis
☎(612) 341-7555
URL www.millcitymuseum.org
開火～日10:00～17:00（日12:00～）
休月、おもな祝日
料$11、シニア／学生$9、6～17歳$6

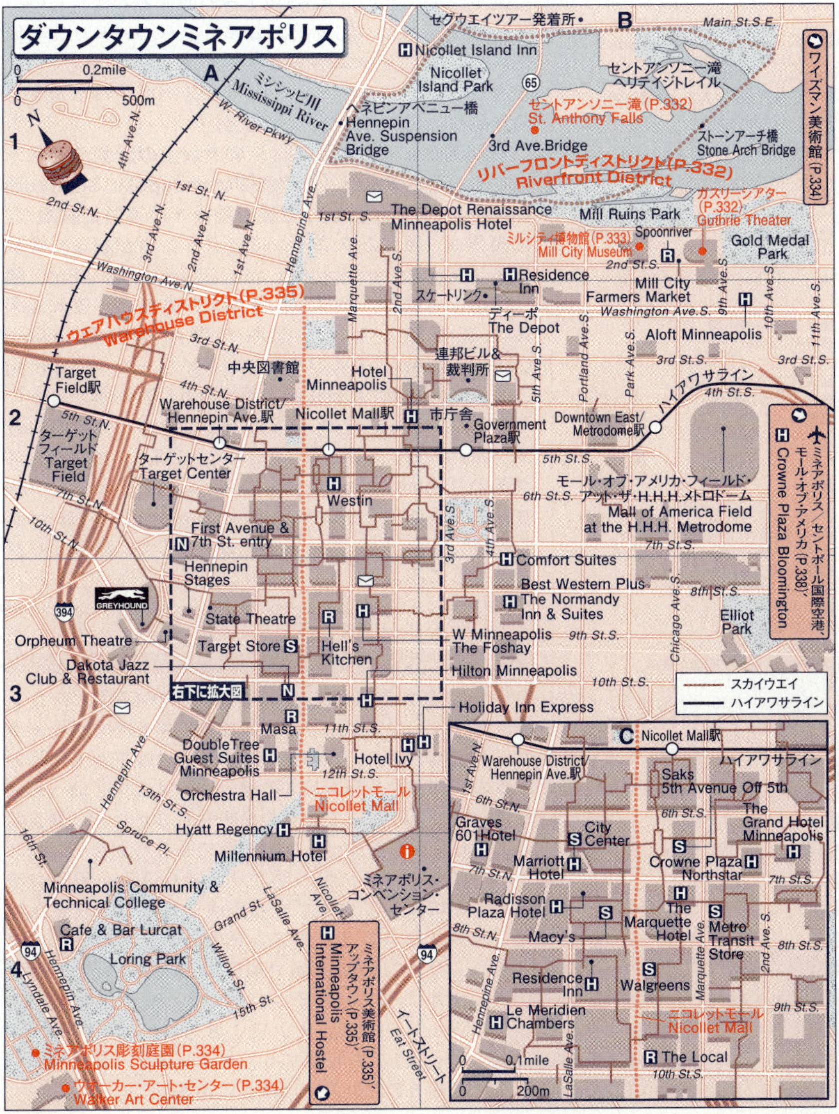

 セントアンソニー滝ヘリテイジトレイル▶ヘネピンアベニュー橋を渡りニコレットアイランド、ヒストリック・メイン・ストリートをとおり、ストーンアーチ橋でミシシッピ川を渡る約3kmのトレイルは地元の人もおすすめの散歩道。

ウオーカー・アート・センターとミネアポリス彫刻庭園

彫刻庭園で疲れを癒そう 地P.333 A-4

Walker Art Center & Minneapolis Sculpture Garden

トーマス・バーロウ・ウオーカー氏のコレクションを元に1879年にオープン。1927年に現在の場所に移り、2005年の拡張工事を経て、再オープンした。

全米でも野心的な美術館として知られ、その展示方法はミュージアムの枠に収まらないほど斬新だ。美術館の役割以上にさまざまな分野、例えばダンス、音楽など、広い意味での芸術というものをとらえている。絵画や彫刻など1万1000点以上を収蔵するなか、自慢のコレクションは、20世紀のヨーロッパ、アメリカ美術だ。ロスコ、ジャコメッティ、カルダー、ホッパー、オキーフ、スチュアート・デイビス、ウォーホルなどの作品が陳列され、見ごたえ充分。

美術館から通りを渡ると、40点以上の彫刻や彫像が点在する**ミネアポリス彫刻庭園Minneapolis Sculpture Garden**がある。全米でも最大規模を誇る彫刻庭園だ。代表作は、巨大なスプーンにサクランボが載った噴水のオブジェ『Spoonbridge and Cherry』。高さ8m、幅は15mにも達し、サクランボの茎の先端から流れる水はとても涼しげだ。園内の**屋内植物園Cowles Conservatory**にあるフランク・ゲイリーの『Standing Glass Fish』は、キラキラと輝くきれいな彫刻。ほかにもヘンリー・ムーアの『Reclining Mother and Child』や『Standing Figure: Knife Edge』に加え、イサム・ノグチの『Theater Set Piece From Judith』、ミネソタ州在住の日系アーティスト、Kinji Akagawa氏の『Garden Seating, Reading, Thinking』もあるので、散策しながら鑑賞してみよう。

ミネアポリス彫刻庭園にあるヘンリー・ムーアの「Reclining Mother and Child」

ウオーカー・アート・センター
住1750 Hennepin Ave., Minneapolis
☎(612)375-7600
URL www.walkerart.org
開火〜日11:00〜17:00(木〜21:00)
休月、おもな祝日
料$10、シニア$8、学生$6、12歳以下無料。木17:00〜21:00と第1土曜は無料
ツアー／木〜日14:00発。無料
行ダウンタウンの南西、徒歩25分ぐらい。バス#4、6、12でLyndale Ave./Vineland Pl.、#25でHennepin Access/Groveland Terrace下車

ミネアポリス彫刻庭園
開毎日6:00〜24:00
料無料
●Cowles Conservatory
開火〜日10:00〜17:00
休月、おもな祝日
料無料

ワイズマン美術館

フランク・ゲイリーが建築デザインをした 地P.333 B-1外

Weisman Art Museum

ミネソタ大学内にある美術館。2011年9月、フランク・ゲイリーのデザインによる拡張工事を終え、ギャラリーが増築された。建物そのものが巨大なアート作品のよう。いびつなステンレスの積み木の集合体といった様相で、中がどうなっているのか想像もつかない。見る角度により印象が異なり、建物表面に張られたステンレスに空や夕日、町の明かりが映り込み、天気や時間によってさまざまな表情を見せる。収蔵品はアメリカンモダニズムを中心に、ネイティブアメリカンの陶芸品や韓国の工芸品などを展示。ほかにも、リキテンスタインの『World's Fair Mural』やジョージア・オキーフの『Oriental Poppies』も収蔵する。ギフトショップも併設してあるのでおみやげ探しに最適だ。

ワイズマン美術館
住333 E. River Rd., Minneapolis
☎(612)625-9494
URL www.weisman.umn.edu
開火〜日10:00〜17:00(水〜20:00、土・日11:00〜)
休月、おもな祝日
料無料
ツアー／土・日13:00発。無料
行バス#16、50でミネアポリスとセントポールから約15〜30分。ミネアポリスからはミシシッピ川を渡る橋に入ったら(セントポールからはミネソタ大学の敷地に入り、University Ave.を左折したら)下りる合図を。Pleasant St. & Eddy Hallで下車

フランク・ゲイリーによる斬新な建物

メモ **ディンキータウン**▶ミネソタ大学の一角にある数ブロックは、レストランやカフェ、バー、本屋などが50軒ほど集まる学生街。ボブ・ディランは大学時代、この界隈のライブハウスで演奏をしていた。URL www.dinkytownminneapolis.com 行ミネアポリスダウンタウンからバス#3、6で約10分。

入場無料なのがうれしい 地P.333　A-4外

ミネアポリス美術館
Minneapolis Institute of Arts

　ファインアートと装飾美術で世界的に有名な美術館。約5000年にわたる人類の美術遺産、約8万点以上が収蔵され、入場無料とは思えない充実ぶりだ。日本人建築家の丹下健三氏が1974年に増築した建物の脇に、2006年6月ターゲットウイングがオープンし、展示スペースが1.4倍に拡大した。エンタシスが美しい本館のデザインを引き継ぎ、大理石としっくい、木の風合いがマッチした優美な建物だ。設計は高名な建築家、マイケル・グレイブス氏。3階には、ゴッホやドガなど19世紀のヨーロッパ絵画が並ぶ。そのなかには、**レンブラントRembrandt**が1666年に描き上げた2作目の『ルクレチアLucretia』がある。実は同じモチーフで1作目が描かれ、それはワシントンDCのナショナルギャラリーが所蔵している。右手に短刀を握りしめ、腹を血で染めながら、愁いを帯びた瞳で何かを訴えるルクレチアは、気高く無垢な美しさをたたえている。2階の日本ギャラリーには、貴重な肉筆浮世絵をはじめ、京都の安井工務店によって忠実に再現された17世紀の書院や、京都の大徳寺の塔頭のひとつ、玉林寺の茶室・蓑庵（1742年、非公開）を模した茶室禅心庵がある。アメリカで出合える本格的な日本美術だ。

ミネアポリス美術館
住2400 3rd Ave. S., Minneapolis
☎(612)870-3000
Free(1-888)642-2787
URL www.artsmia.org
開火～日10:00～17:00（木～21:00、日11:00～）
休月、7/4、サンクスギビング、12/24、12/25
料無料。特別展は有料
ツアー／毎日13:00発
オーディオガイド／$5、シニア／子供$4
行ミネアポリスから＃11、18のバスで約15分

無料とは思えないほどの充実ぶりで、1日ではものたりない

趣のあるナイトスポット 地P.333　A-1、2

ウェアハウスディストリクト
Warehouse District

　1st Ave. N.沿いの1st St.から9th St.まではウェアハウスディストリクトと呼ばれ、ミシシッピ川の水運が盛んだった頃には倉庫街だった場所。現在は内部を改装して、建物の上部はアパートやオフィスに、下はバーやレストラン、アンティークショップ、スポーツバー、ギャラリーになっている。その数は80を超え、週末になると夜遅くまでにぎわうエリアだ。

ウェアハウスディストリクト
●Warehouse District Business Association
住322 1st Ave. N., Minneapolis
☎(612)334-3131
URL www.mplswarehouse.com
行ミネアポリスから徒歩約15分。セントポールからはバス＃94で約50分

おしゃれなカフェやショップがあるアップタウン

ツインシティズのトレンド発信基地 地P.333　A-4外

アップタウン
Uptown

　ダウンタウンから約6km南のLake St.沿い、Hennepin Ave.の交差点を中心に東西数ブロックが、学生や若者でにぎわうアップタウン。深夜まで営業しているレストランやカフェも多い。近年、アップルストアやノースフェイスなどのショップもオープンした。毎年8月に開催される**Uptown Art Fair**は世界各国の芸術家の作品が展示されるイベントだ。Lake St.から１本北のLagoon Ave.にある**ラグーンシネマ Lagoon Cinema**は、インディペンデント系映画のオープニングに使われることが多く、この映画館での結果が、その後の全米展開に影響するという。

アップタウン
●Uptown Association
住1406 W. Lake St., Minneapolis
☎(612)823-4581
URL www.uptownminneapolis.com
行ミネアポリスからバス＃6、12、17で約15分。セントポールからはバス＃21、53で約50分
●Uptown Art Fair
URL uptownartfair.com
※2012年は8/3～5
●Lagoon Cinema
住1320 Lagoon Ave., Minneapolis
☎(612)392-0402
料$9、シニア／子供$7

メモ **ミネアポリス美術館の書院を飾る襖絵**▶1647年、狩野派の絵師、狩野山雪が描いた襖絵『Taoist Immortals道教の神々』。京都市右京区にある妙心寺天祥院の襖を飾っていたものの一部だったものだ。

セントポール市　St. Paul

築100年以上の州議事堂　地P.337　B-1

ミネソタ州議事堂
Minnesota State Capitol

ダウンタウンの北端にある巨大なドームをもつ大理石の大建築。最初の州議事堂は1853年に完成したが、'81年に火災で焼失する。現在の姿になったのは1905年。建物の横幅132m、奥行き70m、ドームのてっぺんまでの高さは68mもある。荘厳な造りの議事堂は、21種類の大理石と25種類の石材で造られ、まるで寺院のようだ。支柱のない大理石のドームとしては世界最大規模。ロタンダ（円形大広間）、州知事レセプションルーム、上院・下院会議室、州最高裁判所などがあり、議会がないときは一般の人も見学できる。

ミネソタ州議事堂
住75 Rev. Dr. Martin Luther King Jr. Blvd., St. Paul
☎(651)296-2881
URL www.mnhs.org/places/sites/msc
開月～金8:30～17:00、土10:00～15:00、日13:00～16:00
休おもな祝日
ツアー／月～土10:00～14:00、日13:00～15:00の毎時、ガイド付き
料無料
行ミネアポリスからバス＃94で約30分
※インフォメーションブースで日本語の解説文をもらえる

政治の中心であるセントポールを代表する建物、ミネソタ州議事堂

ミシシッピ川とともに栄えたミネソタの歴史がわかる　地P.337　A-1

ミネソタ歴史センター
Minnesota History Center

豊かな森と湖に囲まれ、ミシシッピ川の最初の一滴が始まるミネソタ州。その大自然の恵みを受け、製材業や製粉業が繁栄し、現在は、ビジネスと観光の町へと変貌したミネソタ州の歴史が一望できる。1階にあるミュージアムストアは、地元の人がプレゼントを買いに来るほどの品揃え。1階のCafe Minnesotaでは、ピザやサンドイッチ、ミネソタ名物のワイルドライスが味わえる。

ミネソタ歴史センター
住345 W. Kellogg Blvd., St. Paul
☎(651)259-3000
URL www.mnhs.org/historycenter
開火～日10:00～17:00（火～20:00、日12:00～）
休月、サンクスギビング、12/24、12/25、1/1
料$11、シニア／学生$9、6～17歳$6。火曜の17:00～20:00は無料
行ミネアポリスからバス＃94で約30分

最新技術に触れることのできる博物館　地P.337　A-2

ミネソタ科学博物館
Science Museum of Minnesota

映像の最新技術が導入されている全米有数の博物館。アイマックスシアターの巨大スクリーンとオムニマックスシアターのドーム型スクリーンの両方を完備する。ぜひ、迫力満点の巨大映像を堪能してほしい。アイマックスシアターのスクリーンは高さ約21m、幅約27m、オムニマックスシアターのドーム型スクリーンは直径約27m、高さは9階建ての建物に匹敵する。そのほかに、恐竜や化石、ミシシッピ川、人体についてのギャラリーもあり、子供から大人まで楽しめる博物館として家族連れでにぎわっている。

ミネソタ科学博物館
住120 W. Kellogg Blvd., St. Paul
☎(651)221-9444
URL www.smm.org
開火～日9:30～17:00（木～土～21:30、日～18:00）
休月、おもな祝日
料展示室のみ$13、シニア／4～12歳$10、オムニシアターをプラスすると$19、シニア／4～12歳$16

メモ　チャーリー・ブラウンたちのブロンズ像がセントポールに登場

世界中で今も愛され続けている、スヌーピーが登場する漫画『ピーナッツ』。その人気キャラクターであるチャーリー・ブラウンやルーシーのブロンズ像が、セントポールダウンタウンのランドマークセンター（5th & Market Sts.）前などに設置されている。実は、スヌーピーの生みの親、チャールズ・M・シュルツ（1922～2000年）氏はミネアポリス生まれ、セントポール育ちの漫画家。第2次世界大戦後、漫画家としての第一歩を刻んだのが、ここセントポールなのである。彼の功績は、世界中に笑いと幸せの種をふりまいたことだ。

ブロンズ像はいくつかあるので探してみよう

メモ　**The Schubert Club Museum**▶Landmark Center 2階にあるシューベルトクラブ博物館は、チャイコフスキーやモーツァルトなど著名な作曲家の手紙や楽譜を100あまり収蔵している。住75 W. 5th St., St. Paul（Landmark Center）☎(651)292-3267 URL www.schubert.org 開日～金12:00～16:00 地P.337 A-2

セントポールの夜はここへ直行！ 地P.337　A-2外

グランドアベニュー
Grand Avenue

　セントポールのダウンタウンはオフィス街のため、夜になるとひっそりしてしまう。セントポールに宿泊して「ちょっと一杯飲みに行きたい」ときは、ダウンタウン南西のグランドアベニュー沿いのショッピング&ダイニングエリアへ。Dale St. からLexington Pkwy.へと続く8ブロックにレストランやカフェ、バー、ショップが連なり、地元の若者たちでにぎわっている。セントポール大聖堂からは歩ける距離だが、夜はタクシーで移動しよう。

荘厳な大聖堂 地P.337　A-1

セントポール大聖堂
Cathedral of St. Paul

　バチカン市国のサンピエトロ寺院を模して造った大聖堂。1915年の完成まで、約10年の歳月を要した。ドームまでの高さは53mだが、実際に近づいてみると、もっと大きく感じられるだろう。礼拝堂に入ると、信者ならずとも厳かな気分になってくる。3000人も座れる全米でも有数の大きな内陣。これだけ巨大な聖堂はアメリカでも少ないので、ぜひ訪れてほしい。'62年10月7日には、かのジョン・F・ケネディがこの教会を訪れ、前方右側の前から5列目のベンチに座ったという。ベンチの脇には彼の名前が刻印されている。

グランドアベニュー
●Grand Avenue Business Association
☎(651)699-0029
URL www.grandave.com
行 セントポールからバス#63で約10分。ミネアポリスからはバス#94でセントポールに出て#63に乗り換える。夜はタクシーを利用すること

約100年の歴史をもつセントポール大聖堂

セントポール大聖堂
住 239 Selby Ave., St. Paul
☎(651)228-1766
URL www.cathedralsaintpaul.org
開 毎日7:00〜19:00(土〜21:00)
料 無料
ツアー／月〜金の13:00(寄付制)
行 Summit Ave.とSelby Ave.の角。セントポールから徒歩20分ほど。またはバス#21、65。ミネアポリスからは#94でセントポールに行き、#21、65に乗り換え

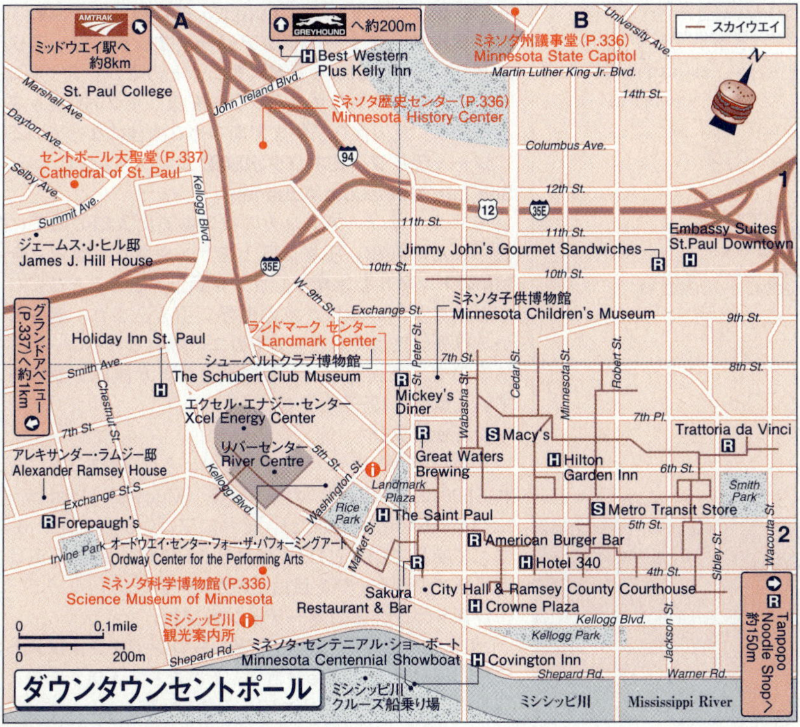

メモ セントポール大聖堂▶地元の音楽家による無料コンサートやゴスペルコンサートが不定期で開催されているので、ウエブサイトでスケジュールを確認してみよう。

アメリカで一番大きな総合モール 地P.333 B-2外

モール・オブ・アメリカ(M.O.A.)

Mall of America (M.O.A.)

ミネアポリス/セントポール国際空港から約1km南にあるアメリカNo.1の超巨大複合ショッピングモール。どれだけ大きいかというと、総面積39万m²、東京ドーム8つが丸々入る。デパート4店、店舗数520以上のうちレストラン約50、5つのアトラクションエリア、映画館のスクリーン数14。10分ずつ全店舗を見ると3日かかるという巨大さだ。これらすべてがひとつの建物の中に入っている。あまりにも巨大なため、中央のアミューズメントパークのニコロデオンユニバースを囲む四隅にデパートを配し、東西南北を結び、East Broadway、West Market、South Avenue、North Gardenと名付けられた通りを設け、迷わずに歩き回れる設計だ。ショッピングや食事を楽しみ、遊園地で遊び、映画も見てと、子供から大人まで一日中ここで過ごせる。

●ニコロデオンユニバース　Nickelodeon Universe®

モール・オブ・アメリカ中央の巨大な吹き抜けにある、全米いちのインドアテーマパーク。約25種類のアトラクションがある。4人乗りのカヌーに乗って最後は急流を落ちる**ログシュートLog Chute**や、乗り物自体が回転するローラーコースターの**フェアリー・オッド・コースター Fairy Odd Coaster**などが人気だ。そのほか、フードコートやニコロデオンのキャラクターを扱うギフトショップなどがあり、大人から子供まで楽しめる内容になっている。

●シー・ライフ・ミネソタ水族館 Sea Life Minnesota Aquarium

モール・オブ・アメリカの東にある出入口の地下に併設された水族館。圧巻は頭上をサメや魚たちが泳ぐ全長91mのトンネル型水槽だ。サメが頭上をとおるたびにひやっとするが、いつしか水の世界に引き込まれ、癒されている自分に気付く。ヒトデやカニに触れられるコーナーもあるので、家族連れはぜひ訪れたい。水族館で飼育されている魚類は1万匹以上という。

●ショッピング

ニコロデオンユニバースを囲むように、4フロアに分かれて500以上の店と4つのデパート(Macy's、Nordstrom、Sears、Bloomingdale's)、それにワゴンショップがある。すべてを見て回ると1日では足りないので、地図を広げてお目当てのショップを目指すのがいい。

●レストラン、エンターテインメント

1階には、全米に多くの支店をもつ**レインフォレストカフェ Rainforest Cafe**があり、子供たちに人気がある。ちなみにレインフォレストカフェの第1号店はここ。2階には、

モール・オブ・アメリカ(M.O.A.)
住60 E. Broadway, Bloomington
☎(952)883-8800(インフォメーション)
URL www.mallofamerica.com、moa-jp.com(日本語)
開月〜土10:00〜21:30、日11:00〜19:00
休イースター、サンクスギビング、12/25
行ミネアポリスからライトレールで約35分、セントポールからはバス#54で約30分。メトロバスとライトレールのターミナルは地下に連結している。また、M.O.A.周辺のホテルの多くがシャトルバスを出している。M.O.A.内の発着場所は北側出口

●Nickelodeon Universe®
☎(952)883-8600
URL www.nickelodeonuniverse.com
開月〜土10:00〜21:30(金・土〜22:00)、日10:30〜19:30
休12/25
料入場無料。アトラクションは乗り放題$29.99。そのほかポイント制で1ポイント$1から購入できる

結婚式も挙げられる
モール内のChapel of Loveでは、過去15年の間に5500組ものカップルが結婚式を挙げた
☎(952)854-4656
URL www.chapeloflove.com
開月〜土10:00〜21:30、日11:00〜19:00
休イースター、サンクスギビング、12/25

●Sea Life Minnesota Aquarium
☎(952)883-0202
URL www.visitsealife.com/Minnesota
開日〜金10:00〜19:30(日〜18:30、金〜20:30)、土9:30〜20:30
料$22.04、3〜12歳$17.63

トンネル型水槽がある水族館

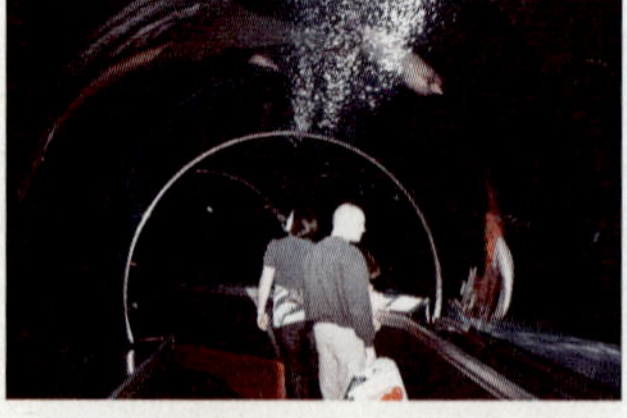

メモ **全米最大級の屋内ウオーターパーク▶** 10階建ての高さから滑り落ちるウオータースライダーや流れるプール、波のプールなどがある。Water Park of America 住1700 American Blvd. E., Bloomington (Radisson Hotel Bloomington内) ☎(952)229-5753 URL www.waterparkofamerica.com

カリフォルニア産をはじめ100種類以上のワインが揃っている**ナパバレーグリルNapa Valley Grille**がある。3階には、北と南のFood Courtにファストフードやレストランが並ぶ。4階には、レストランのフーターズやコメディ劇場、14スクリーンの映画館まである。

雰囲気も抜群のナパバレーグリル

エンターテインメント Entertainment

ミネソタ管弦楽団 Minnesota Orchestra

かつて音楽監督を大植英次氏が務めたことで、日本での知名度も一躍アップした。音楽監督はオスモ・ヴァンスカOsmo Vänskä。夏には無料の野外コンサートも催される。2012〜13年度シーズンは、オーケストラホール改築工事のため、コンベンションセンターのオーディトリアムでコンサートは行われる。

ミネソタ管弦楽団
本拠地――オーケストラホール Orchestra Hall
[2012年6月〜2013年は工事のため、閉館。コンベンションセンター（住1301. 2nd Ave., Minneapolice）に移る]
地P.333　A-3
住1111 Nicollet Mall, Minneapolis
☎(612)371-5656（チケット）
Free(1-800)292-4141（チケット）
URL www.minnesotaorchestra.org

ミネソタ発祥の地〜スティルウオーターとセントクロイ川〜 旅のアドバイス

セントポールから高速道路I-94に乗り30分ほど東に行くと、中央をセントクロイ川St. Croix Riverが流れる州立公園がある。その中心にある町がスティルウオーター Stillwaterだ。川を挟んで向かいはウィスコンシン州、ミネソタで一番最初に開拓者が入植した場所。峡谷の美しさと、昔ながらの景観がそのまま残された町には、開拓当時の古い家屋や倉庫を改装したレストランやショップ、骨董店などが軒を連ね、ウィンドーショッピングが楽しめる。小さなダウンタウンは、2〜3時間あれば充分に歩いて回れるだろう。

ダウンタウンでおすすめは、老舗ホテルのローウェルイン Lowell Inn。今も1848年の創業当時の調度品や食器を用いて（建物は1920年代に改装）営業している。宿泊はしなくても、レストランでの食事を楽しんでほしい。ビクトリア調のインテリアの中で伝統のアメリカ料理を食べていると、ふと1800年代にタイムスリップしたような気分になる。

また、ミネソタ南東部のワイナリー、ノーザンビンヤード・ワイナリー Northern Vineyards Wineryでワインのテイスティングを楽しむのも一興。ここでしか入手できない限定ワインもある。ワインは1本$7〜30で、ミネソタの野草をデザインしたワインラベルがおしゃれ（テイスティング$5）。5〜9月の日曜夕方は生バンドの演奏も楽しめる。

散策に疲れたら、ツイン・シティズ・エリアのベストデザートに選ばれたセイバリーズ Savoriesのケーキやアイスクリームでひと息入れるのもいい。もうひとつのおすすめは、セントクロイ川に面したドックカフェ Dock Cafe。美しい眺望とベストアペタイザーに選ばれた人気のレストランだ。

アトラクションでは、St. Croix Boat & Packet Companyがクルーズ船を運航している。

ミネソタの自然の美しさと歴史の奥深さを味わえるStillwaterは、ツインシティズ・エリアからも日帰り観光が可能なうえに、おしゃれなB&Bや大手のチェーンホテルが経営するコテージなど、宿泊施設も多い。

行 ミネアポリスから約50分（I-35WからMN-36経由）、セントポールから約30分（I-94 E、I-694W、MN-5経由）

メトロコネクションズのツアー P.331 もある。

●**Lowell Inn**
住102 2nd St. N., Stillwater　☎(651)439-1100
URL www.lowellinn.com
開毎日8:00〜20:00（土・日〜21:00）

●**Northern Vineyards Winery**
住223 Main St. N., Stillwater　☎(651)430-1032
URL www.northernvineyards.com
開毎日10:00〜18:00（夏期は延長あり）

●**Savories**
住108 Main St. N., Stillwater　☎(651)430-0702
URL www.savoriesbistro.com　開 火〜日11:00〜15:00（土・日8:00〜）、17:00〜21:00

●**Dock Cafe**
住425 E. Nelson St., Stillwater　☎(651)430-3770
URL www.dockcafe.com
開 毎日11:00〜20:00（金・土〜22:00）

●**St. Croix Boat & Packet Company**
住525 Main St. S., Stillwater　☎(651)430-1234
運航／ランチ・バフェ・クルーズ：月〜土11:30発（所要約2時間）　料$17.95、6〜12歳$13.95
URL www.stillwaterriverboats.com

多目 **セントポール・セインツ** ▶ アメリカ独立リーグに所属する野球チームで、2008年4月には日本の独立リーグに所属する茨城ゴールデンゴールズのアメリカ遠征時に試合を行った。球場はミネアポリスとセントポールの中間にある。試合のスケジュールはウエブサイトで確認を。URL www.saintsbaseball.com

Spectator Sports 観戦するスポーツ

ミネソタ・ツインズ
(1894年創設)
本拠地――ターゲットフィールドTarget Field(3万9504人収容)
地P.333　A-2
住1 Twins Way, Minneapolis
Free(1-800)338-9467
URL minnesota.twins.mlb.com
行ミネアポリスの中心部から西に徒歩7分。ライトレールのTarget Field駅下車

この選手に注目!
ベン・リビア（左翼手）

ミネソタ・バイキングス
(1961年創設)
本拠地――モール・オブ・アメリカ・フィールド・アット・ザ・H.H.H.メトロドームMall of America Field at The H. H.H. Metrodome(6万4111人収容)
地P.333　B-2
住900 S. 5th St., Minneapolis
☎(612)338-4537(チケット)
URL www.vikings.com
行ミネアポリスの中心部から東に徒歩15分。Chicago Ave.沿いの4th～6th Sts.の間。ライトレールDowntown East/Metrodome駅下車

この選手に注目!
エイドリアン・ピーターソン

ミネソタ・ティンバーウルブズ
(1989年創設)
本拠地――ターゲットセンター Target Center(2万500人収容)
地P.333　A-2
住600 1st Ave. N., Minneapolis
☎(612)673-1600
URL www.nba.com/timberwolves
行ミネアポリスの中心部から西に徒歩5分。ライトレールWarehouse District/Hennepin Ave.駅下車

この選手に注目!
ケビン・ラブ

ベースボール　MLB

ミネソタ・ツインズ（アメリカンリーグ中地区）
Minnesota Twins

旧ワシントン・セネターズが前身。移転の際ミネアポリス市とセントポール市の“ツインシティズ”にちなんでこの名が付けられた。1987年のワールドシリーズ制覇から「ホーマーハンキー」という白いハンカチを振り回す応援が定着している。若手の台頭も著しく、優勝の期待も大きい。2010年にダウンタウンに完成したターゲットフィールドでプレーする。チケットの入手が困難なので前もって手配したい。

アメリカンフットボール　NFL

ミネソタ・バイキングス（NFC 北地区）
Minnesota Vikings

2009年、12勝で連続地区優勝。しかしプレーオフ決勝、チャンピオンとなったセインツに延長で敗れ、そこから暗転が始まる。翌年12月、豪雪でドームの屋根が崩落、本拠地開催ができず、勝利数は半減。'11年はさらに半減の3勝と迷走が続く。チームカラーはパープル、ゴールド、ホワイト。

バスケットボール　NBA

ミネソタ・ティンバーウルブズ（西・北西地区）
Minnesota Timberwolves

7シーズン連続負け越し、近年は20勝前後と低迷している。同期誕生のヒート、ホーネッツ、マジックに大きく水をあけられており、チーム改革が必要だ。「ウルブズ」と略される愛称は地域に生息する「森林狼」から。チームカラーはスレイト・ブルー、ブラック、シルバー、ホワイト、グリーン。

旅のアドバイス

ミネソタ・ツインズの球場見学ツアー

ミネソタ・ツインズの本拠地であるターゲットフィールドでは、4～12月に球場見学ツアーを催行している。記者席やクラブハウス、ダッグアウトなど普段訪れることができない場所をガイドの説明付きで見学できるものだ。ミネソタ・ツインズやミネソタ州の野球に関する歴史も同時に学べるのでお得。試合がある日は、クラブハウスなど見学できない場所もある。当日の試合の有無によってツアー開始時間が異なるので、事前にウエブサイトなどで確認すること。また、特別なイベントが開催される日は、ツアーは催行されないので注意しよう。所要1時間30分。チケットは、電話、ウエブサイト、ターゲットフィールド・ボックスオフィス（住7th St.のゲート29そば）で購入できる。人気があるのでチケットは事前に購入しておきたい。

●Target Field Public Tours
地P.333 A-2　☎(612)338-9467
Free(1-800)338-9467
URL minnesota.twins.mlb.com
ツアー／7th St.沿いにあるゲート29（1塁側外野席）そばのボックスオフィスから出発。
〈4～9月〉18時以降から開始される試合がある日：月～土10:00、12:00発。試合がない日：火～土10:00、11:00、13:00、14:00、15:00、日11:00、13:00発。〈3、10～11月〉木～土10:00、14:00、16:00、日11:00、13:00発、〈12月〉木～日16:00発
料$17、シニア（55歳以上）$14、学生$12、子供（6～14歳）$8

2010年に完成したターゲットフィールド

メモ **セントポール室内管弦楽団** ▶ セントポールダウンタウンのOrdway Center for the Performing Artsで9～6月のシーズンをとおして定期的に演奏会を行っている。The St. Paul Chamber Orchestra　URL www.thespco.org

アイスホッケー　NHL

ミネソタ・ワイルド（西・北西地区）Minnesota Wild

2000年に創設されたNHLで最も新しいチーム。他の4大スポーツが集まるミネアポリスではなく隣接するセントポールを本拠地としている。'11年のシーズンオフにサンノゼからチームの顔としてヒートリーとセトグチを迎え入れ攻撃力の強化を図ったが4シーズン連続でプレーオフ進出を逃してしまった。

ミネソタ・ワイルド
（2000年創設）　地P.337　A-2
本拠地――エクセル・エナジー・センター Xcel Energy Center（1万8064人収容）
住175 W. Kellogg Blvd., St. Paul
☎(651) 222-9453（チケット）
Free (1-800) 745-3000
URL wild.nhl.com
行セントポールの中心部から徒歩3分ほど

この選手に注目！
デヴィン・セキグチ

ボブ・ディランを生み育てたミネソタの小さな町、ヒビング　旅のアドバイス

ボブ・ディラン Bob Dylan は、現代のポピュラーミュージック界において比類のない偉大なアーティスト。ロック 50 年を記念して実施された歴史上重要な曲のランキングでは『ライク・ア・ローリングストーン Like a Rolling Stone』が No.1 に選出されたことからも、その存在感の大きさをあらためて感じさせる。生きていながらすでに伝説化されたミュージシャンといっても、異論を唱える人はいないだろう。

ボブ・ディランは、1941 年 5 月 24 日にミネソタ州ダルース Duluth に生まれた。本名は、ロバート・ジンマーマン Robert Zimmerman。五大湖のひとつスペリオル湖のほとりにある鉄鉱石積出港として栄えた港町で、彼は 5 歳まで過ごした。その生家は、住519 N. 3rd Ave. E., Duluth に存在している。

多感な少年期を過ごしたヒビングの町

ジンマーマン一家は、父のエイブが病気にかかり失職したことを機に、親戚の助けを求めて母ビーティの実家があるヒビング Hibbing の町へ移った。ヒビングはダルースの北西約 120km に位置する鉱山町。世界最大級の埋蔵量を誇るメサビ鉄山から鉄鉱石を掘り出すために年々、人口が増加して繁栄していた。スケールの大きな鉱坑は、赤い表土の景色が「人工の北のグランドキャニオン」として、訪れる人たちの目を見張らせる。

ボブ・ディランが 5 歳から高校卒業まで暮らしたヒビングの家は、7th Ave. と 25th St. のコーナーにある（住2425 7th Ave. E.）。とても小さな一軒家で、現在も（ジンマーマン一家とは関係ない）住宅として使用されている。

町のランドマークであるアンドロイホテルからハワードストリートを 1 ブロック下ったところに"ズィミーズ Zimmy's"というボブ・ディランをテーマにしたバー&レストランがある。店内には、ボブ・ディラン関係のパネルやポスター、楽器、レコードジャケットが飾られ、ディランの音楽が流れている。かつてディランのお母さん（2000 年に死去）が店を訪れてお礼を言われた、と女主人が語ってくれた。

ボブ・ディランが通ったヒビング・ハイスクールは、ヒビングの 21st St. にある（ジンマーマン家から 2 ブロック 住800 E. 21th St.）。1920 年に建設された壮大な建築で、オーディトリアムは、ニューヨークのキャピトルシアターを模して建てられた。高校時代にロックバンド「ゴールデン・エコーズ」を結成し、ヒビング・ハイスクールのオーディトリアムで演奏を行ったという。ボブ・ディランの演奏活動の出発点ともいえるところだ。

ハイスクールを卒業したボブ・ディランは、ミネアポリスに出て、ミネソタ大学に入学。中退してニューヨークに行くまで、16 ヵ月間を過ごした学生街ディンキータウン Dinkytown は、デビュー前のボブ・ディランの世界を築く場所として記憶されている。

● **Zimmy's Restaurant**
住531 E. Howard St., Hibbing
☎(218) 262-6145　URL www.zimmys.com
開毎日11:00〜翌1:00（金・土〜翌2:00）

毎年 5 月に「ディランデイズ Dylan Days」というイベントが行われる。2012 年は 5 月 24 〜 27 日。期間中は、コンサートやシンガーソングライターのコンテストなどが催される。URL www.dylandays.org

ヒビングは長距離バス・グレイハウンドの発祥地

全米をネットワークする長距離バス、グレイハウンド Greyhound は、ヒビングの町からスタートした。鉱夫を町から発掘現場まで運ぶ交通機関として 1914 年にヒビングとアリス間に就航。その歴史的な場所にグレイハウンドバス博物館がある。多くの資料、模型、過去に活躍したバスの実物車両を集めてリニューアルしたコレクションの数々……アメリカの歴史の一端をバスという乗り物を通じて理解できる。

● **Greyhound Bus Museum**
住1201 Greyhound Blvd., Hibbing
☎(218)263-5814　URL greyhoundbusmuseum.org
開〈5月中旬〜9月〉毎日9:00〜17:00（日13:00〜）
料$5、シニア$4、学生$2、6〜12歳$1

アクセス

グレイハウンドの生まれたところであるにもかかわらず、グレイハウンドのバスは走っていないので、飛行機かレンタカーで。

飛行機なら

ミネアポリス／セントポール国際空港からデルタ航空が毎日 1 〜 2 便運航している。所要約 1 時間。

● **Chisholm / Hibbing Airport (HIB)**
住11038 Hwy. 37, Hibbing　☎(218)262-3451

レンタカーなら

ミネアポリスまたは、セントポールから I-35 に乗り、130 マイル（約 208km）。Exit237 で MN-33 N. へ。50 マイル（約 80km）行って、MN-37 に入り、西へ 20 マイル（32km）。

メモ　**Red Wing Shoes** ▶ミネアポリスから南東 90km に位置する町レッドウィング Red Wing に、日本人に大人気の靴メーカー、レッドウィングの本社がある。靴の販売はもちろんのこと、2 階は 100 年以上ある会社の歴史を知ることができる展示室となっている。住315 Main St., Red Wing　☎(651) 388-6233　URL www.redwingshoes.com

ナイトスポット&ショップ&レストラン Night Spot & Shop & Restaurants

N　ジャズ&レストラン

料理もおいしいジャズクラブ

ダコタ・ジャズクラブ&レストラン
Dakota Jazz Club & Restaurant

住1010 Nicollet Mall, Minneapolis ☎(612) 332-1010
URL www.dakotacooks.com 開ランチ月～金11:30～14:00、ディナー月～水16:00～21:00、木～日17:30～21:00（金・土～24:00） AMV 地P.333 A-3

上原ヒロミをはじめ、世界のトップミュージシャンが演奏するジャズクラブ&レストラン。繊細な味つけの料理は評判がいい。予算はランチ$15～、ディナー$25～。 ('12)

S　アウトレット

ブランド品をお手頃の価格で

サックス・フィフス・アベニュー・オフ・フィフス
Saks Fifth Avenue Off Fifth

住655 Nicollet Mall, Minneapolis
☎(612) 333-7200 URL www.off5th.com
開月～土10:00～20:00（土～19:00）、日12:00～18:00
AMV 地P.333 C

ニコレットモールにある高級デパートのアウトレット店。男女ともに品揃えは豊富で、上質なものが20～50%引きで入手できる。観光の合間にぜひ立ち寄りたい店だ。 ('12)

R　アイリッシュパブ&アメリカ料理

フィッシュ＆チップスを食べたい

ローカル
The Local

住931 Nicollet Mall, Minneapolis
☎(612) 904-1000 URL www.the-local.com
開毎日11:00～翌2:00（土・日9:00～） AMV 地P.333 C

アイリッシュウイスキーのジェムソンを世界で一番売り上げるというパブ&レストラン。サンドイッチやハンバーガーも食べることができる。カウンター席もあるので、お酒を飲むだけに利用してもいい。予算は$10～。 ('12)

R　アメリカ料理など

日本人好みのおいしさ

スプーンリバー
Spoonriver

住750 S. 2nd St., Minneapolis
☎(612) 436-2236 URL spoonriver.com
開火～木11:30～22:00、金11:30～23:00、土10:00～23:00（夏期は8:00～）、日10:00～22:00 MV 休月 地P.333 B-1

日本料理が大好きというブレンダさんが作る料理は、無農薬の地元産野菜や鶏肉を使ったヘルシーな料理。素材の持ち味を活かした一皿はどれも絶品だ。予算は$15～。 ('12)

R　アメリカ料理

映画にも使われたダイニングカー

ミッキーズダイナー
Mickey's Diner

住36 7th St. W., St. Paul
☎(651) 698-0259 URL www.mickeysdiningcar.com
開24時間営業 MV 地P.337 A、B-2

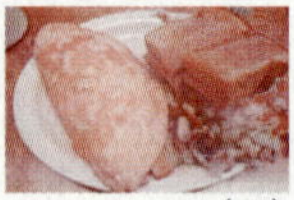

1939年に開業して以来、一度も店を閉めたことがないというセントポールで有名なダイナー。数多くの映画に登場し、アメリカの雰囲気を楽しめる。予算は$10～。 ('12)

R　日本料理

セントポールでそば、うどんを味わう

たんぽぽ（そば・うどん）
Tanpopo Noodle Shop

住308 Prince St. #140, St. Paul ☎(651) 209-6527
URL tanpoporestaurant.com
開月～土17:00～21:00（金・土～22:00） AMV
地P.337 B-2外

そばやうどんのほかに、日替わり定食も食べられる。食材はすべて地元のオーガニックしか使わない、というこだわり。予算は$15～。 ('12)

旅のアドバイス　お手頃な値段でおいしい料理が食べられるイートストリート

ミネアポリスの Hyatt Regency（地P.333 A-3）から Nicollet Ave. を 13 ブロックほど南のエリアは、**イートストリート Eat Street** と呼ばれ、リーズナブルな多国籍レストランやカフェが並ぶ。

イートストリートのおすすめレストラン

●ペニンシュラ・マレーシア・クイジーン Peninsula Malaysian Cuisine

住2608 Nicollet Ave. S. ☎(612) 871-8282
URL peninsulamalaysiancuisine.com
開毎日11:00～22:00（金・土～23:00）

マレーシアを中心とした東南アジア料理が$10から食べられる。オープンキッチンなのでシェフの調理が見られるのがいい。

●クアングレストランQuang Restaurant

住2719 Nicollet Ave. S. ☎(612) 870-4739
URL www.quangrestaurant.com 開月・水～金11:00～21:00、土・日10:00～21:00（日～20:30）

生春巻きやフォーなどベトナム料理が$10以下で食べられる。おすすめは、ライスプレートのレモン・グラス・チキンやパッタイ。

メモ　アップタウンにある古着屋▶メリル・ストリープやリンジー・ローハンも訪れたという隠れた名店。古着を中心に男女とも品揃えは豊富だ。お気に入りの一着が見つかるはず。Ragstock 住1433 W. Lake St., Minneapolis ☎(612) 823-6690 開月～土10:00～21:00、日12:00～19:00

ホテル Hotels

ホステル

美術館近くの小さな宿
ミネアポリス・インターナショナル・ホステル
Minneapolis International Hostel

住2400 Stevens Ave. S., Minneapolis, MN 55404
☎(612) 874-0407 URL www.minneapolishostel.com
ドミトリー$28〜33、ⓈⒹ$38〜135
MV 地P.333 A-4外

ミネアポリス美術館の近くにある。ダウンタウンからは#17、18のバスで24th St. & Nicollet Ave.の角で降り、2ブロック東へ。22:00までにチェックインすること。12室。 ('12)

中級ホテル

話題のデザインホテル
アロフト・ミネアポリス
Aloft Minneapolis

住900 Washington Ave. S., Minneapolis, MN 55415
☎(612) 455-8400 FAX (612) 455-8410
URL www.starwoodhotels.com
ⓈⒹⓉ$119〜349 ADJMV 地P.333 B-2

若者に人気のロフト風デザインホテル。スタイリッシュにまとめられた客室ではインターネットに無料で接続できる。Bliss Spaのアメニティも好評。155室。 ('12)

中級ホテル

スカイウエイでつながっている
クラウンプラザ・ノーススター
Crowne Plaza Northstar

住618 2nd Ave. S., Minneapolis, MN 55402
☎(612) 338-2288 FAX (612) 673-1157
URL www.cpminneapolis.com ADJMV
ⓈⒹⓉ$135〜274 地P.333 C

ミネアポリスの中心に建つホテル。ビジネスセンターやフィットネスセンターが完備され便利だ。客室には、コーヒーメーカーやヘアドライヤーも完備。222室。 ('12)

中級ホテル

キッチン付きの部屋もある
エンバシースイーツ・セントポール・ダウンタウン
Embassy Suites St. Paul Downtown

住175 E. 10th St., St. Paul, MN 55101
☎(651) 224-5400 FAX (651) 224-0957
URL embassysuites.hilton.com
スイート$119〜189 ADJMV 地P.337 B-1

全室スイートタイプのホテル。ホテル内にはレストラン＆パブがあり、朝食が無料なのはうれしい。プールやフィットネスセンターなどの施設やアメニティも充実。208室。 ('12)

高級ホテル

ニコレットモールまで1ブロック
ダブルツリー・ゲスト・スイーツ・ミネアポリス
DoubleTree Guest Suites Minneapolis

住1101 LaSalle Ave., Minneapolis, MN 55403
☎(612) 332-6800 FAX (612) 332-8246
URL www.minneapolisdoubletree.com
スイート$119〜299 ADJMV 地P.333 A-3

全室スイートタイプのホテル。客室内には冷蔵庫や電子レンジもあり、アイロンやヘアドライヤーなどのアメニティも充実している。チェックイン時に渡される定番の焼き立てクッキーがうれしい。1階にはスターバックスも入っている。230室。 ('12)

ミシシッピ川クルーズはいかが? 旅のアドバイス

●Minneapolis Queen（ミネアポリス側）

5月中旬〜10月下旬、ダウンタウン北側のBoom Island Park（住700 Sibley St. NE, Minneapolis）から出航。所要1時間30分。
☎(952) 474-8058 Free(1-888) 559-8058
URL www.twincitiescruises.com
運航／〈5月中旬〜5月下旬〉土・日12:00、14:00発、〈6〜8月〉毎日12:00発（木〜日は14:00発もあり）、〈9月〜10月下旬〉月・水・金12:00、土・日12:00、14:00発
料$18、2〜12歳$10

●Padelford Riverboats（セントポール側）

5月中旬〜9月上旬、ダウンタウン南のHarriet Island Regional Park（住200 Dr. Justus Ohage Blvd., St. Paul）を発着。所要1時間30分。
☎(651) 227-1100 Free(1-800) 543-3908
URL www.riverrides.com
運航／〈5月中旬〉土・日14:00発、〈5月下旬〜9月上旬〉毎日12:00、14:00発
料$16、3〜12歳$8

メモ **ミネアポリスのクラブ情報▶**ミネアポリス出身の歌手、プリンスPrinceが『パープルレイン』のミュージックビデオを撮影したクラブがFirst Avenue & 7th St. entry。現在も有名歌手が出演するので、毎夜長蛇の列ができる。住701 N. First Ave., Minneapolis ☎(612) 332-1775 URL www.first-avenue.com 地P.333 A-2

B&B

船上からダウンタウンを望む

コヴィントンイン The Covington Inn

住100 Harriet Island Rd. B3, St. Paul, MN 55107
☎(651)292-1411 URL www.covingtoninn.com
スイート$140～235 AMV 地P.337 B-2

1946年製のタグボートをホテルに改装、チャーミングな客室が好評だ。セントポールのダウンタウンからほど近いミシシッピ川のHarriet Islandに停留。客室の料金は2名と4名までの利用で異なる。全室スイート、4室。('12)

中級ホテル

女性専用のフロアもある

クラウンプラザ・ホテル・ブルーミントン Crowne Plaza Hotel Bloomington

住5401 Green Valley Dr., Bloomington, MN 55437
☎(952)831-8000 FAX(952)831-8426
URL www.cpmsp.com 地P.333 B-2外
ⓈⒹⓉ$99～209、スイート$149～239 ADJMV

客室には42型フラットテレビやコーヒーメーカー、ヘアドライヤーが備わっているので便利。モール・オブ・アメリカや空港まで無料のシャトルバスが出ている。256室。('12)

高級ホテル

セントポールのランドマーク

ザ・セントポール・ホテル The Saint Paul Hotel

住350 Market St., St. Paul, MN 55102
☎(651)292-9292 Free(1-800)292-9292 FAX(651)228-9506
URL www.stpaulhotel.com 地P.337 A-2
ⓈⒹⓉ$159～299、スイート$269～ ADMV

数々の賞に輝く名門ホテル。1910年建造の外観が、町並みに調和している。室内も外観に違わず落ち着いた雰囲気。ビジネスセンターやバー、フィットネスセンターがあり、ビジネス客にも大好評だ。254室。('12)

旅のアドバイス

ミネアポリス／セントポール郊外の冬を満喫しよう

ブルーミントン Bloomington

ツインシティズから車でわずか数十分の距離にあるブルーミントンへ足を運んでみたい。モール・オブ・アメリカから東に約3km行ったところには、**ミネソタ・バレー国立野生生物保護区Minnesota Valley National Wildlife Refuge**がある。ビジターセンターから始まる約5kmのトレイル沿いは、七面鳥やリスなどの野生動物が集まる自然の宝庫。

Minnesota Valley National Wildlife Refuge
住3815 American Blvd. E., Bloomington
☎(952)854-5900
URL www.fws.gov/midwest/minnesotavalley
行ハイアワサラインのAmerican Blvd.駅下車、徒歩5分

●ブルーミントン観光局
Bloomington Convention & Visitors Bureau
住7900 International Dr., #990, Bloomington
☎(952)858-8500 Free(1-800)346-4289
URL www.bloomingtonmn.org

ミネソタ・バレー国立野生生物保護区は、都会とは思えないほど野生動物が集まる

ダルース Duluth

ツインシティズから北東へ約240kmのところにあるダルース。車ならI-35を北へ約2時間40分の距離だ。ミネアポリス／セントポール国際空港からダルース国際空港へのフライト（所要約50分）が頻繁に出ていて、グレイハウンド（所要約3時間）も乗り入れている。

ここは自然と親しむアクティビティが一年中楽しめるのが魅力。例えば、春には自転車をレンタルしてサイクリング、夏はカヌーやカヤック、そして冬にはスキーリゾートでのウインタースポーツが人気だ。また、町がスペリオル湖に面しているので、湖のクルーズなんていうのも楽しいだろう。

●ダルース観光局 Visit Duluth
住21 W. Superior St., Duluth
☎(218)722-4011 Free(1-800)438-5884
URL www.visitduluth.com

イーガン Eagan

ブルーミントンの南東に隣接するイーガンでは、スノーシューやクロスカントリースキーがおすすめ。

●イーガン観光局
Eagan Convention & Visitors Bureau
住1501 Central Pkwy., Eagan
☎(651)675-5546 URL www.eaganmn.com

メモ セールスタックス▶ミネソタ州では洋服や靴、医薬品、食料品に税金がかからない。それ以外のものは、市によって異なる。

デモイン Des Moines

農業州の中心都市

ダウンタウンから歩いて10分のアイオワ州議事堂

トウモロコシや大豆の生産量が全米1位であるアイオワ州。州最大の都市デモインは、高層ビルが建ち並ぶビジネス街だが、ダウンタウンの西側には公園、デモイン川沿いには植物園があり緑豊か。その公園John & Mary Pappajohn Sculpture Parkには、奈良美智の作品も置かれている。

ダウンタウンのビルは、"スカイウオークSkywalk"と呼ばれる連絡通路でつながっていて、冬の寒さをしのぐことができる。そのため、ショップやレストランは2階に集まり、歩道を歩く人はあまりいない。

DATA

人口▶約20万3400人
面積▶209.4km²
標高▶約292m
TAX▶セールスタックス　6%
ホテルタックス　12%
属する州▶アイオワ州　Iowa
州のニックネーム▶ホークアイ（鷹の目）州 Hawkeye State
州都▶デモイン　Des Moines
時間帯▶セントラル・タイムゾーン ➡P.631
繁忙期▶4〜6月

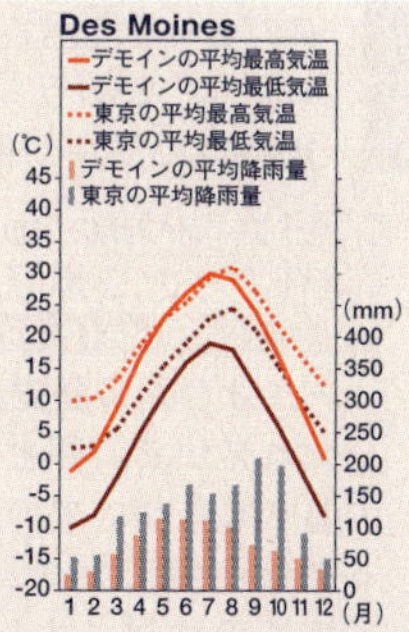

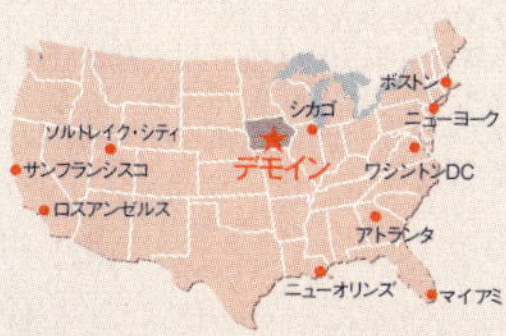

デモインへの行き方&歩き方 Getting There & Around

シカゴやミネアポリスからの便があるデモイン国際空港Des Moines International Airportは、ダウンタウンの南西7kmにある。ダウンタウンのおもなホテルは送迎バスを運行しているので、バゲージクレーム（機内預け荷物のピックアップ場所）近くにある観光案内所で聞いてみよう。もしくは、タクシーで約15分。グレイハウンドはシカゴ（所要約7時間）やミネアポリス（所要約4時間30分）などから乗り入れる。グレイハウンド・バスディーポからダウンタウンまで歩いて15分ほど。

おもな見どころは徒歩圏内にあるが、移動には、無料のトロリーD-Line Shuttleを利用してもいい。

デモイン国際空港（DSM）
住5800 Fleur Dr.
☎(515)256-5050
URL www.dsmairport.com
●Yellow Cab Company（タクシー）
☎(515)243-1111
料ダウンタウンまで$17〜(約15分)

グレイハウンド・バスディーポ
地P.346　A-1
住1107 Keosauqua Way
☎(515)243-1773
開毎日5:00〜23:59

観光案内所 Visitors Information

デモイン観光局
Greater Des Moines Convention & Visitors Bureau

Locust St.と4th St.の角のCapital Squareビル2階にある。地図やパンフレットなどが揃い、スタッフも常駐するので便利だ。

デモイン観光局
地P.346　A、B-2
住400 Locust St., Suite 265
Free (1-800)451-2625
URL www.seedesmoines.com
開月〜金8:30〜17:00

メモ **旧州知事邸が一般に公開されている**▶1860年代、デモインで指折りの富豪であったベンジャミン・フランクリン・アレンが1869年に建てた家。その後1999年まで州知事邸として使用された。Terrace Hill　住2300 Grand Ave.　☎(515)281-7205　URL www.terracehilliowa.org　開〈3〜12月〉火〜土10:30〜13:30　料$5、子供（6〜12歳）$2

ダート
☎(515)283-8100
URL www.ridedart.com
料 $1.75～2（路線により異なる、乗り換え無料）
●**D-Line Shuttle**
運行／月～金7:00～18:00、10分間隔。アイオワ州歴史博物館前のE. 6th St.から17th St.までGrand Ave.とLocust St.沿いを走る
料 無料

市内の交通機関 ………Public Transportation

ダート
DART（Des Moines Area Regional Transit Authority）

デモイン市内や近郊まで約20路線もつDARTバスやダウンタウンを循環する無料シャトルバスの**Dライン・シャトルD-Line Shuttle**を運営する。

Sightseeing おもな見どころ

議会が開かれていないときは、議場を見学できる

19世紀の建築を代表する建物 地 P.346 B-1

アイオワ州議事堂
The Iowa State Capitol

1886年に当時の価格で約$280万ドルかけて建設された州議事堂には、州知事室や上院・下院、最高裁判所などが入る。館内は29種類の大理石が使用され、議事堂内にかけられている真ちゅう製のシャンデリアは昔ガス灯として利用されていたもの。また、中央に建つドームには、23カラットの金箔が使用されているという。1時間のツアーが催行されているので参加するといい。

アイオワ州議事堂
住 1107 E. Grand Ave.
☎(515)281-5591
URL www.legis.state.ia.us/Pubinfo/Tour
開 月～金8:00～16:30、土9:00～16:00
ツアー／月～土9:30～14:30の1時間ごと
料 無料

アイオワ州の成り立ちを学べる博物館 地 P.346 B-1

アイオワ州歴史博物館
The State Historical Museum

アイオワ州の歴史が学べる博物館は、6つのコーナーに分かれている。州として制定された1830年代以前の人々の暮らしについての展示から、大統領選のために開かれる党員集会についてのものやアイオワ州に生息する動物についてのものまである。

アメリカ大統領選の熱気が伝わってくる展示だ

アイオワ州歴史博物館
住 600 E. Locust St.
☎(515)281-5111
URL www.iowahistory.org
開 毎日9:00～16:30（日12:00～）
休 おもな祝日
料 無料

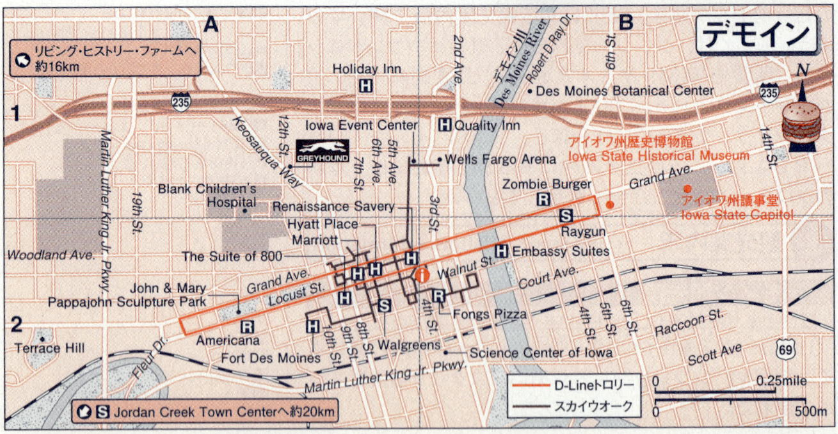

ダウンタウンのショップやレストランの営業時間に注意▶スカイウオークでつながるビルに入るショップやレストランは、ほとんどが17時に閉店する。また、土日は営業していないところが多いので注意すること。

郊外の見どころ Excursion

18～20世紀の町並みが復元された博物館 地P.346 A-1外

リビング・ヒストリー・ファーム
Living History Farms

中西部の農業の成り立ちや人々の暮らしがわかる屋外博物館。500エーカー（約$2km^2$）の広大な敷地は、5つの時代に分かれている。1700年代のインディアン農場や1850年代のログキャビン生活、1900年代の馬が登場した農耕生活、1875年ごろのワォルナットヒルの町が再現されている。さらに、ヘンリー・ウォラス・展示センターでは、20世紀以降の農場生活がどのように変化していったかをパネルやビデオをとおして学べる。見学には最低でも3時間、できれば半日かけて回りたい。公共の交通機関はないので、レンタカー、もしくはタクシー（料$30～）で。

19世紀の町並みが再現されたワォルナットヒル

©Courtesy of the Greater Des Moines Convention & Visitors Bureau

リビング・ヒストリー・ファーム
住11121 Hickman Rd., Urbandale
☎(515) 278-5286
URL www.lhf.org
開〈5/1～8/19〉毎日9:00～17:00（日12:00～）、〈8/20～10/14〉水～日9:00～17:00（日12:00～）
料$12.50、シニア$11.50、子供$7
行I-35と80のExit 125を降りてすぐ。ダウンタウンから約20分

レストラン&ホテル Restaurant & Hotels

R アメリカ料理

深夜まで地元の人でにぎわっている

ゾンビバーガー
Zombie Burger

住300 E. Grand Ave.　☎(515) 244-9292
URL zombieburgerdm.com
開毎日11:00～24:00　AMV　地P.346 B-1

20種類以上あるハンバーガーが看板メニューだが、ナチョスやサラダ、スープもあり小腹がすいたときでも利用できる。ビールやカクテルなどお酒もあり。予算$10～。('12)

H 中級ホテル

アイオワ・イベントセンターまで徒歩1分

クオリティイン&スイーツ・イベントセンター
Quality Inn & Suites Event Center

住929 3rd St., Des Moines, IA 50309　☎(515) 282-5251
FAX (515) 282-6871　URL www.qualityinn.com　地P.346 B-1
ⓈⒹⓉ$95～170、スイート$150～220　ADJMV

インターネット接続、朝食が無料。ダウンタウン中心部まで歩いて5分と立地がいい。無料で駐車場が利用できるのは、レンタカー利用者にありがたい。155室。('12)

H 中級ホテル

どこに行くにも便利な、ダウンタウンの中心にある

ルネッサンス・デモイン・セーバリ・ホテル
Renaissance Des Moines Savery Hotel

住401 Locust St., Des Moines, IA 50309
☎(515) 244-2151　Free (1-800) 514-4706　FAX (515) 244-1408
URL www.renaissancesavery.com　ADJMV
ⓈⒹⓉ$129～209、スイート$199～315　地P.346 A-2

プールやフィットネスセンター、レストラン、空港への送迎サービスがある。観光局が入る隣のビルとはスカイウオークでつながっているので便利だ。インターネット接続無料。無料のDライン・シャトルも目の前をとおる。211室。('12)

メモ **約160店舗入るショッピングモール** ▶ ダウンタウンからDARTバス#11で行けるジョーダン・クリーク・タウン・センター。Jordan Creek Town Center　住101 Jordan Creek Pkwy., W. Des Moines　☎(515) 224-500　URL www.jordancreektowncenter.com　開月～土10:00～21:00、日11:00～18:00

カンザスシティ
Kansas City

ハート・オブ・アメリカ

カンザスシティを訪れたら第1次世界大戦博物館にぜひ足を運んでほしい

アメリカのほぼ真ん中にあり、“Heart of America”というニックネームをもつ町、それがカンザスシティだ。隣接するカンザス州にも同じ名前の町があるが、ミズーリ州にあるこちらのほうが見どころも多く、都会的な雰囲気をもっている。

この町を訪れたら、ジャズは外せない。モダンジャズの起源ともいわれるビバップの発展に一役買ったサックス奏者、チャーリー・パーカーはカンザスシティで育ち、ジャズミュージシャンとしてのキャリアを築いた。

また、忘れてはならないのが、カンザスシティバーベキューだ。アメリカの真ん中にあることから、さまざまな習慣や文化が混ざり合ってカンザスシティ独特のスタイルができあがった。市内には100以上のバーベキューレストランがあり、じっくりと焼いた肉のおいしさを、それぞれの店のオリジナルソースで味わうことができる。

アメリカンジャズ博物館は18番&ヴァインジャズ歴史地区にある

DATA

人口▶約45万9800人
面積▶約816km²　**標高**▶約269m
TAX▶セールスタックス　7.85%
ホテルタックス　15.23%～（地域によって異なる）
属する州▶ミズーリ州　Missouri
州のニックネーム▶ショウ・ミー（私に証拠を見せなさい）州 Show Me State
州都▶ジェファソンシティ Jefferson City
時間帯▶セントラル・タイムゾーン ➡P.631
繁忙期▶5～9月

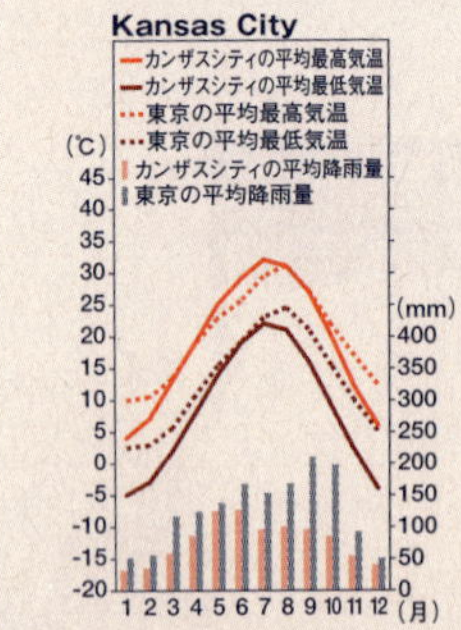

投稿 **ハートウオーミングな町カンザスシティ**▶The Heart of America というだけあって心あたたまる町。カフェの店員もバスの運転手も丁寧に接してくれた。もたもたしていても、まったくイライラされなかった。
（三重県　こどりえ　'11）['12]

カンザスシティへの行き方 Getting There

飛行機 Plane

カンザスシティ国際空港
Kansas City International Airport (MCI)

ダウンタウンの北西約30km、シカゴから直行便（約1時間30分）が乗り入れている空港。A～Cの3つのターミナルがあり、各ターミナル間は無料の赤いシャトルバスRed Bus（約15分おきに運行）が結ぶ。

ターミナルAはUSエアウェイズ、ユナイテッド航空、ターミナルBはデルタ航空とサウスウエスト航空、ターミナルCはおもにアメリカン航空とコンチネンタル航空が発着している。

カンザスシティ国際空港
住1 International Sq.
☎(816)243-5237
URL www.flykci.com

■ 空港から／空港へのアクセス

	種類／名称／連絡先	行き先／運行／料金	乗車場所／所要時間／備考
空港シャトルバン	スーパーシャトル SuperShuttle ☎(816)243-5000 Free(1-800)258-3826 URL www.supershuttle.com	行き先▶市内のおもなホテルなど 運行▶24時間随時 料金▶ダウンタウンとクラウンセンター周辺まで片道$18、カントリー・クラブ・プラザまで片道$19	空港発▶各ターミナルのバゲージクレーム（機内預け荷物のピックアップ場所）にある同社のカウンターでチケットを購入してから乗車 空港行き▶事前に電話などで予約をしてから乗車 所要時間▶ダウンタウンまで約30～45分
路線バス	メトロ ＃129 Express METRO #129 Express ☎(816)221-0660 URL www.kcata.org	行き先▶ダウンタウンの10th & Main Transit Plaza 運行▶空港発は月～金5:32～18:53、空港行きは月～金6:14～18:02の30分～1時間間隔 料金▶$1.50	空港発▶ターミナルC、ゲート78を出てすぐの中州にバス停がある 空港行き▶ダウンタウンの10th & Main Transit Plazaのバス停などから乗車 所要時間▶ダウンタウンまで約50分～1時間
タクシー	チェッカー　キャブ Checker Cab ☎(816)444-4444 URL www.checkerkc.com	行き先▶市内や周辺どこでも 運行▶24時間随時 料金▶$40～50	空港発▶各ターミナルを出たところから乗車 空港行き▶主要ホテルから乗車 所要時間▶ダウンタウンまで約30分

※それぞれの乗り物の特徴については ➡P.665

長距離バス Bus

グレイハウンド・バスターミナル
Greyhound Bus Terminal

ダウンタウンの東にある。周辺は人通りが少ないので気をつけること。ウィチタやセントルイスなどへ行くのに便利だ。

ダウンタウンの東にあるグレイハウンドのバスターミナル

グレイハウンド・バスターミナル
地P.352　B-1
住1101 Troost Ave.
☎(816)221-2835
開毎日5:00～翌3:30
行メトロ＃25でダウンタウンまですぐ。歩いても中心まで15分ほど

鉄道 Train

ユニオン駅
Union Station

クラウンセンターに近いユニオン駅。アムトラックのチケットカウンターと待合室がある。昔の写真や、鉄道の模型が展示され、ノスタルジックな雰囲気をもつ駅だ。駅の中には科学を遊びながら学べる**サイエンスシティScience City**もある。ショップやレストランも多く、駅でありながら、見どころのひとつにもなっている。

ユニオン駅はカンザスシティのランドマーク的存在だ

ユニオン駅
地P.352　A-3
住30 W. Pershing Rd.
Free(1-800)872-7245
開毎日6:30～23:00（チケット売り場は毎日6:30～22:45）
●Science City
URL www.unionstation.org
開火～土9:30～16:00（土～17:00）、日11:00～17:00（冬期の月～水は休み）
料$10

メモ **大学バスケットボールの殿堂College Basketball Experience**▶スプリントセンターSprint Centers内にあり、体験型の展示が多い。住1401 Grand Blvd.　URL www.collegebasketballexperience.com　開水～日 10:00～18:00（日 11:00～）　料$12、6～17歳 $9　地P.352　A-2

Getting Around カンザスシティの歩き方

ユニオン駅内にある観光案内所。スタッフが常駐しているのでわからないことは聞いてみよう

カンザスシティ市内の観光ポイントを大きく分けると、**ダウンタウン**と**クラウンセンター周辺**、そして**カントリー・クラブ・プラザ周辺**の3ヵ所。これらは離れていて歩くには遠いので、この3ヵ所を結んで走るメトロバスの**マックスMax**を利用しよう。

カントリー・クラブ・プラザは、ヨーロッパのような町並みで、夜もにぎわっているので、ぜひ足を延ばしてみよう。ダウンタウンの東に位置する**18番＆ヴァインジャズ歴史地区**にあるアメリカンジャズ博物館も見逃せない。

カンザスシティ観光局
地P.352　A-1
住City Center Square, 22nd Fl., 1100 Main St.
☎(816) 221-5242
Free(1-800) 767-7700
URL www.visitkc.com
開月～金8:30～17:00
●Union Station Visitor Information Center
地P.352　A-3
住Main St. & Pershing Rd.（ユニオン駅内のGrand Hall西側）
開火～日9:00～17:00。季節により変更あり

メトロ
☎(816) 221-0660
URL www.kcata.org
料$1.50。エクスプレス$3。1日券Day Passは$3で、バス乗車時に買える。トランスファー（乗り換え）は2時間以内、1回のみ無料

観光案内所 ……………… Visitors Information

カンザスシティ観光局
Kansas City Convention & Visitors Association

Main & 11th Sts.の角、シティ・センター・スクエアの22階に観光局があり、ここでパンフレットや地図を入手することができる。ユニオン駅内に**ユニオン駅観光案内所Union Station Visitor Information Center**もあるので便利。観光の合間に気軽に立ち寄ってみよう。フレンドリーなスタッフが親切に応対してくれる。

市内の交通機関 ……… Public Transportation

メトロ
The METRO（Kansas City Area Transportation Authority）

カンザスシティを中心に、カンザス州のカンザスシティやインディペンデンス市などをカバーする。ルート数もバスの本数も多い。ダウンタウンの北にあるリバーマーケットからカントリー・クラブ・プラザの間をMain St.沿いに走る路線、**マックスMax**は観光の強い味方だ。おもな見どころへはほとんどマックスで行くことができる。車内には、次の停留所を知らせる電光案内板もあり、利用しやすい。

マックスと１日券を活用して観光を楽しもう

メモ　噴水の町、カンザスシティ

ダウンタウンや郊外を含めて、カンザスシティには200以上の噴水があり、その数は世界第2位を誇る（1位はイタリアのローマ）。アメリカの乾燥した大地を潤すように水しぶきが上がる様子を、町のあちこちで目にすることだろう。ただし、冬は噴水に水が流れていないこともある。観光案内所に噴水のマップ付きパンフレットが置いてあるので、手に取って歩いてみよう。

カントリー・クラブ・プラザにある噴水。市民の憩いの場だ

メモ　**クロスロードアート地区**▶ダウンタウンとクラウンセンターの間にクロスロードアート地区Crossroads Arts Districtと呼ばれる地区があり、小さなギャラリーが集まっている。URL www.kccrossroads.org

おもな見どころ Sightseeing

ダウンタウン Downtown

夜になると輝きを増す 地P.352 A-1、2

パワー&ライト地区
Power & Light District

13th St.とGrand Blvd.の周辺、9つのブロックにわたってショップやレストラン、映画館、劇場、ボウリング場などが並ぶ。

週末は早起きしてファーマーズマーケットへ 地P.352 A、B-1外

リバーマーケット
River Market

シティマーケット City Market

リバーマーケットの中心にある、1857年にできた昔ながらの市場。新鮮な野菜や果物、生活雑貨などを手頃な値段で買える。土・日はファーマーズマーケットが開催され、レストランやカフェもにぎわう。

アラビアスチームボート博物館
Arabia Steamboat Museum

19世紀後半にミズーリ川を航行していた大型の蒸気船アラビア号は、1856年に200トンもの物資を積んだまま事故でミズーリ川に沈没してしまった。その後132年を経て、Hawley一家によって発見された。船内には、宝石などの高価なものよりも、衣類や銀食器、陶器などを中心に、当時の生活を知るうえで貴重な品々が数多く載せられていた。川底に沈む船の捜索から、船内に残された貴重な品々を引き揚げるまでの壮大なドラマを、映像や展示をとおして知ることができる。見学はツアーで行われ、約90分。

クラウンセンター周辺 Crown Center

グリーティングカードのホールマークが造った 地P.352 A、B-3

クラウンセンター
Crown Center

1968年にホールマークHallmark社の社長Joyce C. Hallとその息子Donald J. Hallが造ったセンター。ショッピングセンターのCrown Center Shopsにはホールマーク社の店が入っていて品揃えも豊富なので、おみやげ探しにちょうどいい。ほかにはレストラン、劇場、ホテル、そしてHallmark社の本社がある。

ホールマーク・ビジターセンター
Hallmark Visitors Center

王冠マークで知られる世界最大のグリーティングカード会社、ホールマーク社。クラウンセンター内の一角にビジターセンターがあり、1910年の会社創立からの歴史や、カード製作の工程を14のコーナーから知ることができる。

パワー&ライト地区
住13th St. & Grand Blvd.
URL www.powerandlightdistrict.com

リバーマーケット
●City Market
地P.352 A-1外
住20 E. 5th St.
☎(816)842-1271
URL www.thecitymarket.org
開毎日10:00〜17:00(店舗により異なる)
ファーマーズマーケットは土・日8:00〜15:00(土7:00〜)。季節により変更あり
●Arabia Steamboat Museum
地P.352 A-1外
住400 Grand Blvd.
☎(816)471-4030
URL www.1856.com
開月〜土10:00〜17:30(最終ツアーは16:00発)、日12:00〜17:00(最終ツアーは15:30発)。1〜3月最終ツアー15:00発
休イースター、サンクスギビング、12/24、12/25、1/1
料$14.50、シニア$13.50、4〜12歳$5.50、3歳以下無料

当時の生活を知ることができる貴重な資料が数多く展示されている

クラウンセンター
住2450 Grand Blvd.
☎(816)274-8444
URL www.crowncenter.com
行ダウンタウンからマックスで約15分
●Crown Center Shops
地P.352 A-3
開月〜土10:00〜18:00(木・金〜21:00)、日12:00〜17:00(店により多少異なる)
休イースター、サンクスギビング、12/25、1/1
●Hallmark Visitors Center
地P.352 A-3
☎(816)274-3613
URL www.hallmarkvisitorscenter.com
開月〜土10:00〜16:30(土9:30〜)
休日、おもな祝日
※祝日を含む週末は休みになることが多いので要確認
料無料

カードに込められた愛情が伝わってくる

第1次世界大戦博物館
住100 W. 26th St.
☎(816)784-1918
URL www.theworldwar.org
開火〜日10:00〜17:00(6〜8月は毎日)
休9〜5月の月、サンクスギビング、12/24、12/25、1/1
料$12、シニア$10、6〜17歳$6

ユニオン駅の前にある 地P.352 A-3

第1次世界大戦博物館
The National World War I Museum

アメリカで唯一の第1次世界大戦をテーマにした博物館。国のために戦った、兵士たちの勇気や愛国心を称えている。博物館を訪れる人々に、展示や映像などをとおして、戦争の残酷さをあらためて知り、平和について考えるきっかけを与えるような内容になっている。戦死者たちの名を刻んだ記念碑のほか、「第1次世界大戦」という事実を、理解しやすいように工夫したユニークで斬新な展示が多い。ガラス張りのエントランスの床下には、ひとつが1000人分を表す、9000もの赤い造花のポピーが並べられており、戦死した兵士たちを悼んでいる。

ホライズンシアターHorizon Theaterでは、大型スクリーンの手前に戦士の人形を並べ、当時の戦場を臨場感たっぷりに再現、ダイナミックな音や光とともに戦場を描写した映像が見られる。

展示を見たあとは、建物の中央に建つ**リバティメモリアル・タワーThe Liberty Memorial Tower**へ行ってみよう。最上階に展望室があり、カンザスシティの景色を楽しめる。建物の左右にある、ふたつのスフィンクスは、それぞれFuture（未来）とMemory（記憶、記念）を意味している。階段もあり整備されているが、博物館は小高い丘の上にあるので、歩きやすい靴で行くこと。また、天候が悪いときは、展望室のあるタワーが閉鎖されることもある。

データや年表に加え、実際に使用していたものが数多く展示されている

メモ **ウエストポート地区 Westport**▶おしゃれでユニークな店が軒を連ねている。若者が多く、昼間からカフェやショップがにぎわっている。URL www.westportkc.com 行 ダウンタウンからマックスで約15分。Main at 39th で降りて5分ほど歩く。

カントリー・クラブ・プラザ周辺　The Country Club Plaza

アメリカ最古のショッピングセンター　地P.352　A-5

カントリー・クラブ・プラザ
The Country Club Plaza

アメリカで最も古い郊外型ショッピングセンターがカンザスシティにあると聞くと、意外に思う人が多いだろう。1922年に造られたカントリー・クラブ・プラザ（"The Plaza"と呼ばれる）はカンザスシティのみならず、アメリカ国内でも美しいショッピングエリアのひとつだ。55エーカー（約22万2600m^2）の広さに姉妹都市であるスペインのセビーリャの町のような、スペイン建築で統一された約150のショップやレストランが並ぶ。プラザのいたるところに彫刻や噴水があり、花を添え、絵のように美しい町並みが広がっている。バーバリーやティファニーなどのブランドショップだけでなく、人気のアウトドア用品の店や、大型の書店などもあり、ウインドーショッピングだけでも充分に楽しめる。

スペイン建築が美しいショッピングエリア

カントリー・クラブ・プラザ
住4750 Broadway（カスタマーサービス）
☎(816)753-0100
URL www.countryclubplaza.com
開月～土9:00～21:00（土10:00～）、日12:00～18:00（店により異なる）
行ダウンタウンからマックスで約25分

東アジアのコレクションが充実した　地P.352　A-5

ネルソン・アトキンズ美術館
The Nelson-Atkins Museum of Art

カンザスシティの地方紙Kansas City Starの創設者William R. Nelsonと、美術館のために自らの土地を提供したMary M. Atkinsの協力により1933年に完成した。アジア、特に中国、朝鮮、日本の美術品のコレクション約２万点は、アメリカでも非常に高い評価を受けている。もちろん、西洋絵画や彫刻の部門も選りすぐりの作品が集められており、モネなどヨーロッパの印象派の絵画などを所蔵している。ヘンリー・ムーアの彫刻のコレクションも、必見だ。また、現代美術を中心に展示する**ブロスビルディングBloch Building**が隣接しており、おもに現代美術作品やアフリカンアート、ホールマークの写真コレクションなどを展示している。

アジアのコレクションが高い評価を受けている

ネルソン・アトキンズ美術館
住4525 Oak St.
☎(816)751-1278
URL www.nelson-atkins.org
開水～土10:00～16:00（木・金～21:00、土～17:00）、日12:00～17:00
休月・火、7/4、サンクスギビング、12/24、12/25、1/1
料無料
行ダウンタウンからマックスで約20分。Art Museum下車

現代美術が好きな人におすすめ　地P.352　A-5

ケンパー現代美術館
Kemper Museum of Contemporary Art

ネルソン・アトキンズ美術館の近くにある現代美術館。屋外に展示されている立体作品がユニークで目を引く。1910年代に描かれた絵画から、プロジェクターを使用したインスタレーション作品まで、幅広いコレクションと企画展を無料で鑑賞することができる。

ケンパー現代美術館
住4420 Warwick Blvd.
☎(816)753-5784
URL www.kemperart.org
開火～土10:00～16:00（金・土～21:00）、日11:00～17:00
休月
料無料

巨大なクモの彫刻が目を引く

メモ **blanc burgers + bottles**▶ カントリー・クラブ・プラザにあるおしゃれなハンバーガーレストラン。住4710 Jefferson St.　URL www.blancburgers.com　開毎日 11:00～22:00（金・土～23:00）　地P.352　A-5外

18番&ヴァイン ジャズ歴史地区 18th & Vine Historic Jazz District

アメリカ生まれの音楽のルーツを知る 地P.352 B-2

アメリカンジャズ博物館
American Jazz Museum

ニューオリンズで生まれたジャズはシカゴやニューヨーク、カンザスシティへと広まった。当時は禁酒法があったにもかかわらず、政治家トム・ペンダーガストのおかげで、18番 & ヴァイン周辺に数多くあったジャズクラブでは、毎晩ジャムセッションが行われていた。この博物館では、実際に音楽を聴くことで、ジャズがスイングからビッグバンド、ビバップへと変化した様子を学ぶことができる。また、レコードのアートワークに注目した展示も興味深い。近年改装し、1920年代〜1970年代に収録されたパフォーマンスの映像を観ることもできる。館内にあるジャズクラブ、**ブルールームThe Blue Room**は、ジャズライブ（月・木19:00〜、金・土20:30〜）を楽しめる人気スポット。

黒人だけの野球のリーグがあった 地P.352 B-2

ニグロリーグ野球博物館
Negro Leagues Baseball Museum

1920年に発足したNegro National Leagueは、まだ黒人がメジャーリーグへの参加を禁止されていた時代のリーグである。1947年にジャッキー・ロビンソンJackie Robinsonがブルックリン・ドジャースに入団するまで、この垣根が取り払われることはなかった。展示はその歴史から、数々の名選手の成績、写真、ユニホームなど。また、ありし日の映像なども上映されていて、現在にいたるまでの苦節の道のりを知ることができる。球場を模したところには名選手のブロンズ像がある。

アメリカンジャズ博物館
住1616 E. 18th St.
☎(816)474-8463
URL www.americanjazzmuseum.org
開火〜日9:00〜18:00（日12:00〜）
休月
料$8、12歳以下$3
ニグロリーグ野球博物館とのコンビネーションチケットは大人$10、12歳以下$5
行ダウンタウンなどから、メトロ#108や25で
※博物館の中は写真撮影禁止。チケットカウンターでカメラを預けること。ニグロリーグ野球博物館も同様
●The Blue Room
開月・木17:00〜23:00、金・土17:00〜翌1:00（土19:00〜）
料金・土はカバーチャージ$10

アメリカンジャズ博物館の裏にあるチャーリー・パーカーの像

ニグロリーグ野球博物館
住1616 E. 18th St.
☎(816)221-1920
URL www.nlbm.com
開火〜日9:00〜18:00（日12:00〜）
休月
料$8、6〜12歳$3、5歳以下無料
行アメリカンジャズ博物館と同じ

Spectator Sports 観戦するスポーツ

ベースボール MLB

カンザスシティ・ロイヤルズ（アメリカンリーグ中地区）
Kansas City Royals

8年連続負け越しが続くロイヤルズは1969年の誕生。新設チームとしては屈指の成績を収め、'85年に初のワールドシリーズ制覇を成し遂げた。育成には定評があり、巣立ったスター選手も数多い。球場には噴水が配され、美しいデザインも一見の価値あり。2012年のオールスターゲームが開催される。

カンザスシティ・ロイヤルズ
（1969年創設） 地P.352 地図外
本拠地——カウフマンスタジアム
Kauffman Stadium（3万7903人収容）
住1 Royal Way
Free (1-800)676-9257
URL kansascity.royals.mlb.com
行ダウンタウンからメトロ#28でHwy. 40とStadium Dr.まで約30分。Stadium Dr.を南に25分ほど歩く。本数が少ないので注意。帰りはタクシーのみ
球場ツアー／$15、詳しくはウエブサイトで

この選手に注目!
ホアキム・ソリア（投手・押さえ）

アメリカンフットボール NFL

カンザスシティ・チーフス（AFC 西地区）
Kansas City Chiefs

2010年は2桁勝利を上げ、地区優勝と周囲を驚かせたが6回連続でプレーオフ初戦敗退の憂き目が続いている。'11年は5割を切り、ここ4年で3度目の最下位に沈んだ。ファンは輝かしい1990年代を振り返るばかりで、スターの登場を待ち望んでいる。チームカラーはレッド、ゴールド、ホワイト。

カンザスシティ・チーフス
（1960年創設） 地P.352 地図外
本拠地——アローヘッドスタジアム
Arrowhead Stadium（7万6416人収容）
住1 Arrowhead Dr.
☎(816)920-9400（チケット）
URL www.kcchiefs.com
行ロイヤルズのカウフマンスタジアムの隣

この選手に注目!
マット・キャセル

投稿 **カウフマンスタジアム情報▶** 外野に噴水のある美しいスタジアムなのでぜひ行ってほしい。風が吹くと噴水の水が外野席に降ってくるので注意。ロイヤルズのベンチは1塁側にあるが、ブルペンはレフト側にある。投球練習したボールをくれることが多いのでブルペン付近の席もおすすめ。 （三重県 杉本正直 '11）['12]

ショップ&レストラン&ホテル Shop & Restaurant & Hotels

雑貨

S カンザスシティを訪れた記念に ザ・カンザスシティ・ストア The Kansas City Store

住30 W. Persing Rd.（ユニオン駅内） 地P.352 A-3
☎(816) 283-8282 URL www.thekansascitystore.com
開毎日8:30～17:00（土10:00～、日11:00～） AMV

ポストカードやTシャツなどのほかにもBBQソース、ジャズのCDなど、カンザスシティのおみやげが揃う。プラザの中にも姉妹店がある。 ('12)

アメリカ料理

R BBQはもちろんサイドメニューも充実 フィオーラズ・ジャック・スタック・バーベキュー Fiorella's Jack Stack Barbecue

住101 W. 22nd St. AMV 地P.352 A-2
☎(816) 472-7427 URL www.jackstackbbq.com
開毎日11:00～22:00（金・土～22:30、日～21:00）

いつもにぎわっている、大人気のレストラン。量もほどよく、値段も手頃なランチ（$7.95～13.95）が特におすすめ。カントリー・クラブ・プラザにも支店あり。 ('12)

エコノミーホテル

H ダウンタウンの北に位置する コンフォートイン&スイーツダウンタウン Comfort Inn & Suites Downtown

住770 Admiral Blvd., Kansas City, MO 64106 地P.352 B-1
☎(816) 472-8808 Free(1-800) 942-4233 FAX(816) 472-8809
URL www.comfortinn.com ⓈⒹ$80～140 ADMV

簡素だが清潔で、冷蔵庫や電子レンジが付いていて便利。インターネット無料。朝食付き。夜は周辺の人通りが少ないので注意。111室。 ('12)

中級ホテル

H 球場が近く、野球観戦者におすすめ ドゥルーリー・イン&スイーツ・スタジアム Drury Inn & Suites Stadium

住3830 Blue Ridge Cutoff, Kansas City, MO 64133
☎(816) 923-3000 URL www.druryhotels.com ADMV
ⓈⒹⓉ$95～150、スイート$130～150 地P.352 B-3、4外

ロイヤルズファンにおすすめしたいホテル。カウフマンスタジアムまで約400mと近く便利。シンプルかつ清潔な客室も好評だ。メトロ#28で約30分、Blue Ridge Cutoffで下車、徒歩約10分。無料朝食付き。123室。 ('12)

中級ホテル

H ネルソン・アトキンズ美術館まで歩ける ベストウエスタン・プラス・セヴィル・プラザ・ホテル Best Western Plus Seville Plaza Hotel

住4309 Main St., Kansas City, MO 64111 ☎(816) 561-9600
Free(1-866) 447-5292 FAX(816) 561-4677 地P.352 A-5
URL www.bestwestern.com ⓈⒹⓉ$80～180 ADMV

カントリー・クラブ・プラザやネルソン・アトキンズ美術館に近い。Main St.沿いにあり、マックスの停留所近く、ダウンタウンへも気軽に行ける。高速インターネットや、無料の朝食あり。77室。 ('12)

中級ホテル

H おしゃれな雰囲気のエコなホテル キュー・ホテル+スパ Q Hotel + Spa

住560 Westport Rd., Kansas City, MO 64111
☎(816) 931-0001 Free(1-800) 942-4233 地P.352 A-4、5外
URL www.theqhotel.com ⓈⒹ$100～188 AMV

アメニティにはアヴェダを使用し、自転車レンタルも行う、エコ意識の高いホテル。洗練されたインテリアも好評。夜もにぎやかなウエストポート地区にある。123室。 ('12)

高級ホテル

H ビジネス客にも人気がある ホテルフィリップス Hotel Phillips

住106 W. 12th St., Kansas City, MO 64105 地P.352 A-1
☎(816) 221-7000 Free(1-877) 704-5341 FAX(816) 221-3477
URL www.hotelphillips.com ADMV
ⓈⒹⓉ$149～229、スイート$199～249（1人追加料金$15）

カンザスシティのランドマーク的建造物で、優雅で洗練されたシンプルな客室が好評だ。217室。 ('12)

高級ホテル

H カントリー・クラブ・プラザを満喫 インターコンチネンタル・カンザスシティ・アット・ザ・プラザ InterContinental Kansas City at the Plaza

住401 Ward Pkwy., Kansas City, MO 64112 地P.352 A-5外
☎(816) 756-1500 Free(1-866) 856-9717 FAX(816) 756-1635
URL www.kansascityic.com
ⓈⒹⓉ$189～279、スイート$249～369 ADJMV

プラザ側の客室は、プラザの美しい夜景も楽しめる。ちょっと贅沢に滞在したいときにおすすめのホテル。366室。 ('12)

投稿 ダウンタウンのスーパー Cosentino's Market▶ 毎日6:00～22:00まで営業しているので便利。デリを併設しているので、店内でも食事ができる。住10 E. 13th St. ☎(816) 595-0050 URL cosentinos.com
（三重県 杉本正直 '11）['12]

開拓精神が今も息づく

セントルイス St. Louis

家族で楽しめるバドワイザーの工場見学

DATA

人口▶約31万9200人
面積▶160.3km²
標高▶約142m
TAX▶セールスタックス　8.491%
ホテルタックス　15.741%
属する州▶ミズーリ州
Missouri
州のニックネーム▶ショウ・ミー（私に証拠を見せなさい）州
Show Me State
州都▶ジェファソンシティ
Jefferson City
時間帯▶セントラル・タイムゾーン ➲P.631
繁忙期▶4～10月

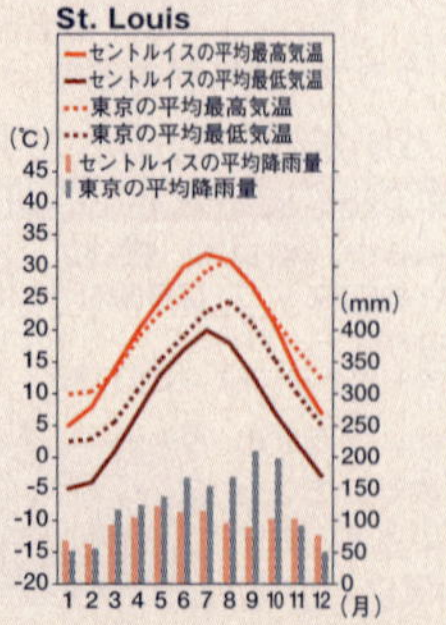

1764年に毛皮の取引所として誕生したセントルイスは、中西部有数の工業都市として発展してきた。19世紀初頭、大統領トーマス・ジェファソンが当時フランス領だった現在のセントルイスを買収したことによって、アメリカ人は西を目指すようになる。このことからセントルイスは、西部への玄関口“The Gateway to the West”といわれるようになった。さらに、1904年全米で初となるオリンピック大会や万国博覧会が開催され、アメリカだけでなく世界中から注目を浴びた。近年では、田口壮選手が所属した大リーグのセントルイス・カージナルスが、2006年に優勝したこともあって日本人にもなじみのある都市となりつつある。

セントルイスには、シンボルであるゲートウエイアーチだけでなく、「バドワイザー」を製造するアンハイザー・ブッシュの工場見学もある。ビール好きはぜひとも訪れたい。また、ダウンタウンにはカジノもあるので一攫千金を狙うのもいい。

セントルイスのシンボルである
ゲートウエイアーチと旧裁判所

セントルイスへの行き方 Getting There

飛行機 Plane

ランバート・セントルイス国際空港
Lambert-St. Louis International Airport (STL)

ダウンタウンの北西約20kmに位置し、シカゴやダラスなどからの便がある。ターミナルはふたつあり、ターミナル1は、おもにデルタ航空、ユナイテッド航空が、ターミナル2はサウスウエスト航空などが発着。ちなみにこの空港の設計は、著名な日系人建築家、ミノル・ヤマサキだ。

ランバート・セントルイス国際空港
地P.360 A-1外
住10701 Lambert International Blvd.
☎(314)426-8000
URL www.lambert-stlouis.com

■ 空港から／空港へのアクセス

	種類／名称／連絡先	行き先／運行／料金	乗車場所／所要時間／備考
シャトルバン	ゴー・ベスト・エクスプレス Go Best Express Free (1-877)785-4682	行き先▶市内や周辺どこでも 運行▶毎日6:00〜22:00の15〜30分間隔 料金▶ダウンタウンまで片道$22、往復$39	空港発▶ターミナル出口のExit 12を出たところから乗車 空港行き▶事前に電話などで予約をしてから乗車 所要時間▶ダウンタウンまで約30分
ライトレール	メトロリンク(レッドライン) MetroLink (Red Line) ☎(314)231-2345 URL www.metrostlouis.org	行き先▶ダウンタウンのUnion StationやCivic Centerなどの駅 運行▶空港発は毎日4:21〜翌0:57(土・日5:08〜)。空港行きは毎日4:26〜翌0:23(土・日4:30〜)の10〜30分間隔 料金▶$3.75(2時間乗り放題。トランスファー付き)	空港発▶ターミナル1の2階東側にある駅、もしくは、ターミナル2を出て駐車場の先にある駅から乗車 空港行き▶最寄り駅から乗車。ダウンタウンの一部では地下を走る 所要時間▶ダウンタウンまで約30分
タクシー	エアポートタクシー Airport Taxi ☎(314)249-7419	行き先▶市内や周辺どこでも 運行▶24時間随時 料金▶ダウンタウンまで約$40(複数人乗車の場合は、2人目以降$1ずつ追加)	空港発▶ターミナル1のExit 14先にある駐車場のYellow Levelやターミナル2のExit 12前から乗車 空港行き▶事前に電話予約、または主要ホテルから乗車 所要時間▶ダウンタウンまで約30分

※それぞれの乗り物の特徴については ➔P.665

長距離バスと鉄道 Bus & Train

セントルイス・ゲートウエイ・ステーション
St. Louis Gateway Station

ダウンタウンの南にあるセントルイス・ゲートウエイ・ステーションには、グレイハウンドのバスディーポとアムトラックの駅がある。待合室は24時間開いているので便利。中心部へは、目の前にあるCivic Center駅からメトロリンクに乗ることができる。

セントルイス・ゲートウエイ・ステーション
地P.360 A-2
住430 S. 15th St.
●Greyhound
☎(314)231-4485
開24時間営業
●Amtrak
Free (1-800)872-7245
開24時間営業(チケットは毎日3:30〜23:30)

セントルイスの歩き方 Getting Around

大西部への入口の象徴であるゲートウエイアーチ➔P.359は、セントルイス最大の見どころ。アーチの下にはゲートウエイアーチ完成までのドキュメンタリー映画を上映するシアターや博物館もある。次に足を運びたいのが、アンハイザー・ブッシュのビール工場。見学ツアーは試飲付きで無料だ。時間に余裕があれば歴史博物館や美術館、動物園のあるフォレストパークへ行こう。公園内の施設がすべて無料なのはうれしい。また、ミズーリ州立植物園には北米最大の日本庭園があり、メトロリンクや路線バスを利用すれば簡単に行くことができる。

加えて、セントルイスからエイブラハム・リンカーン元大統領の故郷であるイリノイ州の**スプリングフィールド Springfield**へのドライブもおすすめ。

ランバート・セントルイス国際空港のレンタカー会社
●Alamo ☎(314)428-1405
●Avis ☎(314)426-7766
●Budget ☎(314)423-7497
●Enterprise ☎(314)427-7757
●Hertz ☎(314)426-7555

スプリングフィールド観光局 Springfield Convention & Visitors Bureau
住109 N. 7th St., Springfield, IL 62701
☎(217)789-2360
Free (1-800)545-7300
URL www.visit-springfieldillinois.com
行セントルイスからI-55を約160km北上、Exit 98Aで下りる。車で約2時間

メモ **セントルイスのダウンタウン周辺にはカジノが2軒ある**▶2000台のスロットマシーンに45台のポーカーテーブルをもつルミエアー・プレイス・カジノ＆ホテルとスロットマシーンでジャックポットの確率が高いとうわさのカジノ・クイーン。Lumiere Place Casino & Hotels 住999 N. 2nd St. Casino Queen 住200 S. Front St., E. St. Louis, IL

観光案内所 …………… Visitors Information

セントルイス観光案内所
St. Louis Visitor Centers

ダウンタウンのコンベンションセンターAmerica's Center内や旧裁判所向かいのKiener Plaza、フォレストパークP.361内の歴史博物館の東側に案内所がある。また、ランバート・セントルイス国際空港のターミナル1と2の到着階バゲージクレーム（機内預け荷物のピックアップ場所）にもブースがあり、各所でパンフレットや地図、観光情報を得ることができる。

メトロの案内所が奥にあるコンベンションセンター内の観光案内所

セントルイス観光案内所
URL www.explorestlouis.com
☎ (314) 421-1023
Free (1-800) 916-8938
●America's Center
地 P.360　B-1
住 7th St. & Washington Ave.
開 月～土8:30～17:00（土9:00～）
●Kiener Plaza
地 P.360　B-2
住 6th & Chestnut Sts.
開 月～金9:00～17:00
●Forest Park
地 P.360　地図外
住 5595 Grand Dr.
開 毎日9:00～17:00

市内の交通機関 ……… Public Transportation

メトロ
Metro

ミシシッピ川を挟んでミズーリ、イリノイのふたつの州にまたがって、ライトレールの**メトロリンク**と**バス**を運行している。交通局の**案内所Metro Ride Store**はAmerica's Centerの観光案内所奥にあり、時刻表が入手できるほか、1日券などのパスも購入できる。

メトロリンク　MetroLink

ランバート・セントルイス国際空港と、ミシシッピ川対岸のイリノイ州シロー／スコットを結ぶ鉄道（ライトレール）で、中心部では地下を、郊外では地上を走る。チケットやパスはホーム入口の自動券売機や交通局の案内所などで買い、最初の乗車前に券売機近くにあるValidatorと書かれた赤い機械で必ず時刻を刻印すること。改札はないが、セキュリティがホームまたは車内で、チケットを確認することがある。ユニオンステーション、フォレストパークやランバート・セントルイス国際空港へ行くのに便利。

メトロバス　Metro Bus

バスは路線によっては運行本数が少ない。事前に案内所で時刻表を入手しておこう。乗り換えをするときは、トランスファー（乗り換え）付きのチケットを購入すると便利。

メトロ
☎ (314) 231-2345
URL www.metrostlouis.org
料 メトロリンクとメトロバスに乗り放題の2時間券$2.75（ランバート・セントルイス国際空港からは$3.75）、1日券$7.50、1週間券$23.50
●Metro Ride Store
地 P.360　B-1
住 701 Convention Pl.（America's Center内）
☎ (314) 982-1495
開 月～金8:30～17:00
●MetroLink
運行／毎日4:30前後～翌0:30前後（土・日5:00前後～24:00前後）
料 $2.25
●Metro Bus
運行／毎日4:00～24:00（路線によって異なる）
料 $2。トランスファー付き$2.75

空港へ行くときにも便利なメトロリンク

ツアー案内 ……………… Sightseeing Tours

セントルイス・ツアーズ
St. Louis Tours

セントルイス・ツアーズ
Free (1-888) 321-3632
URL www.stlouistours.net

ツアー名	料金	運行	所要時間	内容など
St. Louis Architecture Tour by SUV	$92.66	毎日 9:00～10:00発	3～4時間	ラクリーズ・ランディングやゲートウエイアーチ・リバーボート、セントルイス・ユニオンステーション、フォレストパークなどを車窓から見学
Gateway Arch Dinner Cruise	$65.95	〈3～10月〉毎日19:30発	約2時間	ゲートウエイアーチを横目に、ディキシーランド・ジャズを聞きながら、夕食をとるリバークルーズ

メモ **モート博物館** ▶ セントルイス郊外にあるモート博物館The Moto Museumには、20ヵ国以上から集められたオートバイや歴史の展示がある。 住 3441 Olive Blvd. ☎ (314) 446-1805 URL www.themotomuseum.com 開 月～金 11:00～16:00 料 無料（寄付制）

おもな見どころ　Sightseeing

セントルイスNo.1の観光スポット　地P.360　B-1、2

ジェファソン・ナショナル・エクスパンション・メモリアル
Jefferson National Expansion Memorial

1804年、大統領トーマス·ジェファソンは、フランス領だったミシシッピ川以西の地域を、時の皇帝ナポレオンから購入した。その結果、合衆国の領土は一気に2倍になり、合衆国の西端の町だったセントルイスは、大西部の入口として繁栄し始めたのだ。現在の公園は、当時ダウンタウンだったところ。観光の目玉であるゲートウエイアーチや西部開拓博物館、教会、隣接してレンガ造りの昔の町並みをそのまま残した**ラクリーズランディング Laclede's Landing**などがある。

ゲートウエイアーチ　Gateway Arch

過去、数えきれないほどの人たちがそれぞれの夢を描いて、この東部と西部の境目であるセントルイスから大陸の西部に向かい、この国を築いた。そんな彼らの功績を称えるために、1963年から2年半の年月をかけて、'65年に完成したのがこのゲートウエイアーチだ。630フィート（約192m）の高さは、ビルの60階に相当する。とはいっても町の風景に溶け込んでいるのは、シンプルなデザインのためだろうか。小さなトラムに乗って、アーチの最上部にある展望室の小窓からセントルイスの全景を楽しもう。

アーチの地下には、チケット売り場、観光案内所、ギフトショップなどに加え、映画館や西部開拓博物館がある。**タッカーシアターTucker Theater**ではゲートウエイアーチができるまでの記録映画『Monument to the Dream』を上映している。アーチに上る前にぜひ見ておこう。もうひとつは**オデッセイシアターOdyssey Theatre**。巨大なスクリーンでは、アメリカ西部に関する映画を楽しむことができる。

西部開拓博物館　Museum of Westward Expansion

ゲートウエイアーチの地下にある博物館。内部は、ちょうど当時の人々が西部に広がっていったように、入口から扇状に広がっている。バッファローや狼、コヨーテといった動物、ネイティブアメリカンの住居や風俗、開拓民たちが使っていた生活用具や測量機器など、西部開拓の歴史全般にわたっての展示がある。

旧裁判所　Old Courthouse

1862年に建てられたこの建物は、ゲートウエイアーチと並んでセントルイスのランドマーク的存在。現在は博物館になっており、セントルイスの町の変遷を、パネルやフィルムをとおして知ることができる。レンジャーによるツアーもある。

旧教会　Old Cathedral

セントルイスで最も古く由緒ある教会。法王ヨハネ・パウロにより特別な教会としての地位を与えられ、ケネディ大統領によって国の史跡に指定された。

ジェファソン・ナショナル・エクスパンション・メモリアル
住11 N. 4th St.
☎(314)655-1700
URL www.nps.gov/jeff
開〈夏期〉毎日8:00～22:00、〈冬期〉毎日9:00～18:00
休サンクスギビング、12/25、1/1

●**Laclede's Landing**
URL www.lacledeslanding.com

●**Gateway Arch**
地P.360　B-2
住The Gateway Arch Riverfront
Free (1-877)982-1410
URL www.gatewayarch.com
トラムの運行／〈夏期〉毎日8:15～21:10、〈冬期〉毎日9:50～16:50。10分間隔
休サンクスギビング、12/25、1/1
料$10、3～15歳$5
※トラムと『Monument to the Dream』のコンボチケットは$14、3～15歳$7.50
※展望室まで運んでくれるトラムは観覧車のようなものだが、1台1台はとても小さく、5人乗りのためかなり窮屈。閉所恐怖症気味の人にはおすすめできない。展望室までは約5分

効率よく回るために
人気のスポットなので、混雑が予想されるが、いっそのこと全部のアトラクションを見てしまおう。チケット売り場で、それぞれのアトラクションを効率よく回れるように時間設定をしたチケットを発行してくれる。また、ウエブサイトからもチケットを購入できる

●**Monument to the Dream**
上映／〈夏期〉毎日10:00～20:00、〈冬期〉毎日10:00～17:00。所要約30分
料$7、3～15歳$2.50

●**Museum of Westward Expansion**
地P.360　B-2
開〈夏期〉毎日8:00～22:00、〈冬期〉毎日9:00～18:00
休サンクスギビング、12/25、1/1
料無料

●**Old Courthouse**
地P.360　B-2
住11 N. 4th St.
☎(314)655-1600
開毎日8:00～16:30
休サンクスギビング、12/25、1/1
料無料

●**Old Cathedral**
地P.360　B-2
住209 Walnut St.
☎(314)231-3250
開月～土7:00～17:00、日8:00～17:30
料無料

19～20世紀の歴史がわかる西部開拓博物館

トム・ソーヤも漂流した？ 地P.360 B-2

ゲートウエイアーチ・リバーボート
Gateway Arch Riverboats

1891年にできた、ミシシッピ川沿いで最も古い遊覧船会社。『トム・ソーヤの冒険』の作者、マーク・トウェインは、若かりし頃、蒸気船の水先案内人をしていたという。彼を思いながらミシシッピ川の上からゲートウエイアーチを眺めたら、地上からとは異なる印象が得られるに違いない。

ゲートウエイアーチ・リバーボート
Free (1-877) 982-1410
URL www.gatewayarch.com
出発／毎日12:00、13:30、15:00（季節により異なるので現地またはウエブサイトで確認を）
料$14、3～15歳$8

最近話題のスポット 地P.360 A-2外

デルマーループ
Delmar Loop

Delmar Blvd.沿いの6ブロックには、レストランやショップ、カフェ、ライブハウスなどが70軒ほど並び、多くの人でにぎわっている。なかでも、1972年創業のレストラン、**ブルーベリーヒルBlueberry Hill**はセントルイスで一番おいしいハンバーガーを食べられることで有名だ。

デルマーループ
URL visittheloop.com
行メトロリンクDelmar駅を南東に1ブロック行ったDelmar Blvd.沿い
●Blueberry Hill
住6504 Delmar Blvd.
☎(314) 727-4444
URL www.blueberryhill.com
開毎日11:00～翌1:30（日～24:00）

約120年の歴史をもつ建物 地P.360 A-2

セントルイス・ユニオンステーション
St. Louis Union Station

かつてはアメリカで最も忙しい鉄道駅だったユニオンステーションを改造して造られたショッピングモール。国の歴史的建造物にも指定されている。30近くのショップやレストラン、マリオットホテルなどが入り、観光客にも人気が高い。セントルイス・カージナルスのギフトショップもある。

セントルイス・ユニオンステーション
住1820 Market St.（bet. 18th & 20th Sts.）
☎(314) 421-6655
URL www.stlouisunionstation.com
開毎日11:00～19:00（日～18:00）。店舗により異なる
行メトロリンクUnion Station駅下車

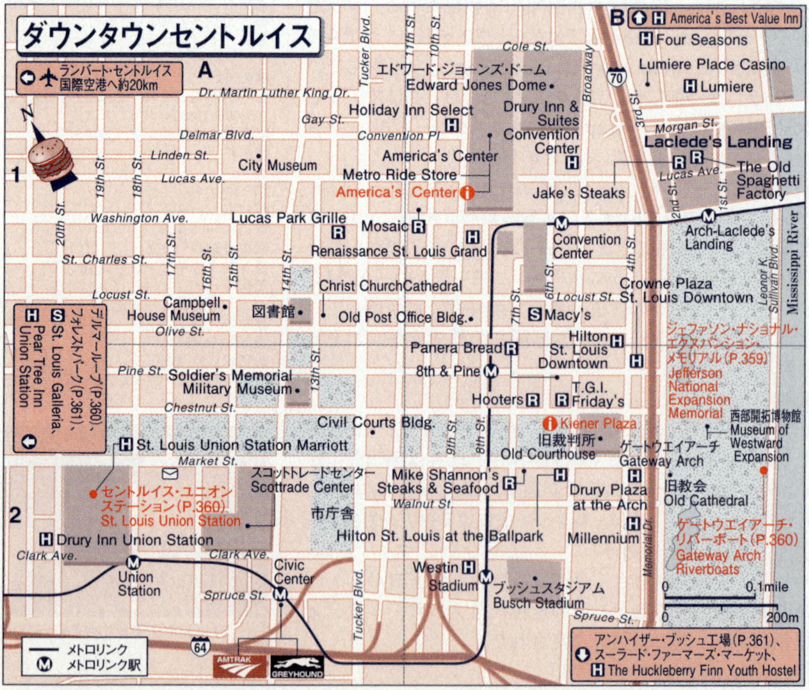

メモ **ダウンタウンにあるCity Museum**▶ユニークなアスレチックや水族館などがある博物館。想像力に富んだ体験型の展示は、子供だけでなく大人も童心に返って楽しめるので人気がある。住701 N. 15th St. ☎(314) 231-2489 URL www.citymuseum.org

生産量全米No.1のビール工場 地P.360 B-2外

アンハイザー・ブッシュ工場見学ツアー

Anheuser-Busch Brewery Tours

バドワイザーBudweiserを作る、全米最大のビール会社の工場。工場見学からビールの試飲まですべて無料のお得なツアーを催行する。所要時間は約1時間。

まず入口のカウンターで何時のツアーに参加できるかを確認しよう。フレンドリーなガイドが会社の成り立ちや歴史、製造工程を楽しく解説してくれる。バドワイザーの宣伝も兼ねたビデオやホップの香り漂う巨大なタンク、ビン詰めの工程（ラインが稼働しているとき）などを見学する。ツアーの最後に、21歳以上の参加者はアンハイザー・ブッシュ社の数種類のビールや新作ビールのなかから好みのものを試飲できる。ソフトドリンクもあるので、未成年者も参加できるのがうれしい。

時間があれば、ダウンタウンからアンハイザー・ブッシュ工場へ行く途中にある**スーラード・ファーマーズ・マーケット Soulard Farmer's Market**をのぞいてみよう。1779年開業のミシシッピ川以西で最も古い市場だ。2ブロックのエリアに約150の売店があり、新鮮な果物、野菜、焼きたてのパンなどが威勢のいいかけ声とともに売られている。完全に地元の人たちの生活の場といった感じのところだが、日本では見られない野菜や果物などもあり、見るだけでも楽しい。土曜が最もにぎわう。

市民の憩いの場 地P.360 A-2外

フォレストパーク

Forest Park

ダウンタウンの西約7kmに位置する1371エーカー（約5.5km^2）の広さをもつ公園。1904年のセントルイス万国博覧会の会場であった敷地は、ニューヨークのセントラルパークよりも広い。

セントルイス美術館 St. Louis Art Museumをはじめ、**ミズーリ歴史博物館 Missouri History Museum**、**セントルイス動物園 St. Louis Zoo**、野外劇場などの文化施設、ゴルフコース、テニスコート、スケートリンクなどのスポーツ施設が園内に点在しており、まさにセントルイス市民の憩いの場となっている。

公園東側の**セントラル・ウエスト・エンド地区 Central West End Area**に建つ**セントルイス大聖堂 Cathedral Basilica of St. Louis**はモザイクの壁画が世界的に有名だ。高さ約69m、外観はロマネスク様式、内装がビザンチン様式の堂内は、80年をかけて完成した。地下に**モザイク博物館Mosaic Museum**がある。

日本庭園もあるビッグな植物園 地P.360 地図外

ミズーリ州立植物園

Missouri Botanical Garden

1859年にオープンした全米で有数の古い植物園で、国の史跡に指定されている。広大な園内はいくつかの見ど

アンハイザー・ブッシュ工場
住12th & Lynch Sts.
☎(314)577-2626
URL www.budweisertours. com
ツアー／〈9～5月〉毎日10:00～16:00（日11:30～）、〈6～8月〉毎日9:00～17:00（日11:30～）
休おもな祝日　料無料
行メトロリンクCivic Center駅からメトロバス#30で約10分。もしくは、Convention Center駅からメトロバス#40で約15分。前方に「Budweiser」の大きな看板が見えてくる。Lynch St.で下車。Lynch St.を2.5ブロックほど西へ歩くと駐車場の奥にツアーがスタートするビルが見えてくる
※ギフトショップは最終ツアー終了の90分後まで開いている

●**Soulard Farmer's Market**
地P.360 B-2外
住730 Carroll St.
☎(314)622-4180
URL www.soulardmarket.com
開水～金8:00～17:00（金7:00～）、土7:00～17:30

「バドワイザー」の工場見学ツアーでは、製造現場を回る

フォレストパーク
住Kingshighway & Lindell & Skinker Blvds. & I-64
開毎日6:00～22:00
料無料
行メトロリンクForest Park駅で下車

●**St. Louis Art Museum**
住1 Fine Arts Dr.
☎(314)721-0072
URL www.slam.org
開火～日10:00～17:00（金～21:00）
休月、サンクスギビング、12/25
料無料。特別展は有料

●**Missouri History Museum**
住5700 Lindell Blvd.
☎(314)746-4599
URL www.mohistory.org
開毎日10:00～17:00（火～20:00）
料無料。特別展は有料

●**St. Louis Zoo**
住1 Government Dr.
☎(314)781-0900
URL www.stlzoo.org
開毎日9:00～17:00
料無料

●**Cathedral Basilica of St. Louis**
住4431 Lindell Blvd.
☎(314)373-8200
URL www.cathedralstl.org
開毎日7:00～18:00
料無料
行メトロリンクCivic Center駅からメトロバス#10で約20分。もしくは、メトロリンクCentral West End駅下車、徒歩20分

●**Mosaic Museum**
開毎日10:00～16:00（日13:00～）
料$1

メモ **メトロリンク Central West End 駅の周辺には** ▶ 駅から北に5分ほど歩くと、おしゃれなカフェやレストランが集まっている。散歩がてら歩くのにちょうどいい。フォレストパークやセントルイス大聖堂へ行くついでに、立ち寄ってみるといい。

ミズーリ州立植物園
住4344 Shaw Blvd.
☎(314)577-5100
URL www.mobot.org
開毎日9:00〜17:00
休12/25
料$8、12歳以下は無料
行メトロリンクCentral West End駅よりメトロバス#80でTower Grove Ave.とShaw Blvd.で下車、所要約10分

ころに分かれているが、円形の巨大な温室に熱帯雨林が再現されている**クライマトロン Climatron**は見逃せない。また、北米で最大規模の日本庭園は、江戸末期をイメージして造られた。中央の池にはコイが泳ぎ、八つ橋が架かっている。松や桜、石と白砂によって山水の風景を表現した枯山水、その枯山水のバランスを取る御影石、竹の音が心に響くししおどしなどを眺めていると、アメリカにいることすら忘れてしまう。そのほか、花壇やローズガーデンなどもありバラエティに富む植物園だ。

Entertainment エンターテインメント

セントルイス交響楽団
ホームホール——パウエル・シンフォニー・ホール Powell Symphony Hall
地P.360　地図外
住718 N. Grand Blvd.
☎(314)534-1700
URL www.stlsymphony.org
行メトロリンクCivic Center駅よりメトロバス#90で約20分

セントルイス交響楽団 St. Louis Symphony Orchestra

1880年創設の全米で2番目に古い歴史をもつオーケストラ。レナード・スラトキンが率いていた1983年にはCDのセールス数が全米2位に達するなど、レベルも全米屈指だ。過去には日本公演を果たしたこともある。現在の音楽監督はデイビッド・ロバートソン。チケットは$20〜。また、セントルイスを中心にチャリティ公演も行っている。

Spectator Sports 観戦するスポーツ

セントルイス・カージナルス
(1882年創設) 地P.360　B-2
本拠地——ブッシュスタジアム　Busch Stadium(4万6861人収容)
住700 Clark Ave.
☎(314)345-9500(チケット)
URL stlouis.cardinals.mlb.com
行メトロリンクStadium駅下車。目の前
球場ツアー／$10、シニア$8、4〜15歳$6。詳しくはウエブサイトで

この選手に注目!
マット・ホリデイ(左翼手)

ベースボール MLB

セントルイス・カージナルス(ナショナルリーグ中地区) St. Louis Cardinals

2011年、5年振りにワールドチャンピオンに輝いた。監督は現役最年少のマイク・マシーニに変わったが戦力は劣らず。ここでの名物は熱狂的なファンたち。真っ赤な服装で常に球場を埋めつくし、愛のこもった応援ぶりで有名だ。球場のセンター後方にはゲートウエイアーチが望める。打撃以上に投手力もすばらしく、'12年も優勝候補のひとつ。

セントルイス・ラムズ
(1937年創設) 地P.360　B-1
本拠地——エドワード・ジョーンズ・ドーム Edward Jones Dome(7万人収容)
住701 Convention Pl.
☎(314)726-7849(チケット)
URL www.stlouisrams.com
行メトロリンクConvention Center駅下車

この選手に注目!
スティーブン・ジャクソン

アメリカンフットボール NFL

セントルイス・ラムズ(NFC 西地区) St. Louis Rams

2011年は2勝、ここ5シーズンでわずか15勝しか上げておらず、4度は最下位に甘んじている。'04年からプレーオフ出場がなく、長い低迷期が続くなか、移転の噂が出ては消え、という状況が繰り返されている。チームカラーはミレニアム・ブルー、ニュー・センチュリー・ゴールド、ホワイト。

セントルイス・ブルース
(1967年創設) 地P.360　A-2
本拠地——スコットトレードセンター Scottrade Center(1万9150人収容)
住1401 Clark Ave.
☎(314)622-2583(チケット)
URL blues.nhl.com
行メトロリンクCivic Center駅下車

この選手に注目!
デイビッド・バッカス

アイスホッケー NHL

セントルイス・ブルース(西・中地区) St. Louis Blues

1967年にリーグ初の球団拡張で誕生したエクスパンション6のひとつ。ルイ・アームストロングの名演でも知られるジャズのスタンダード曲をそのままチーム名にしていることで知られる。近年は低迷していたが2012年に突如覚醒し、全30チーム中一番乗りでプレーオフ進出を決めた。

メモ **セントルイス郊外にある世界遺産、カホキア墳丘群州立史跡 Cahokia Mounds State Historic Site**▶ネイティブアメリカン、カホキア族（Cahokia）の遺跡。メトロリンク 5th & Missouri 駅から MCT（Madison County Transit）バス #18 で Black Lane/Fairmont Ave. 下車、徒歩約 15 分。

ショップ&レストラン&ホテル　Shop & Restaurants & Hotels

ショッピングモール

S メトロリンクの駅から徒歩5分

セントルイス・ギャレリア
St. Louis Galleria

住1155 St. Louis Galleria
☎(314) 863-5500　URL www.saintlouisgalleria.com
開月～土10:00～21:00、日11:00～18:00
地P.360　A-2外

3つのデパートとショップやレストラン、映画館などが約140軒入っている。メトロリンクのRichmond Heights駅で下車、Galleria Pkwy.を西へ200m進んだ目の前。　('12)

アメリカ料理

R カージナルスファンならここへ

マイク・シャノン・ステーキ&シーフード
Mike Shannon's Steaks & Seafood

住620 Market St.　☎(314) 421-1540
URL www.shannonsteak.com
開毎日11:00～23:00(土・日17:00～)　AMV　地P.360　B-2

1960年代のセントルイス・カージナルスの英雄、マイク・シャノンの名の付いたレストラン。ディナーの予算は$50～と高めだが、ランチなら$20前後で食べられる。　('12)

アメリカ料理

R ランチにはハンバーガーがおすすめ

ジェイクスステーキ
Jake's Steaks

住708 N. 2nd St.
☎(314) 621-8184　URL www.jakessteaks.com
開毎日11:00～22:00(金・土～23:00、日14:00～)
ADM　地P.360　B-1

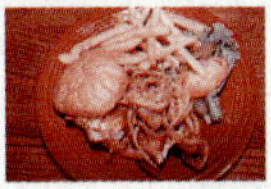

ゲートウエイアーチに近いラクリーズランディング内にあるカジュアルなレストラン。ボリュームたっぷりのステーキやバーベキューもいい。予算は$15～。　('12)

ホステル

H ダウンタウンの南にあるフレンドリーなユース

ハックルベリー・フィン・ユースホステル
The Huckleberry Finn Youth Hostel

住1904 - 1906 S. 12th St. (Tucker Blvd.), St. Louis, MO 63104
☎(314) 498-4841　URL www.huckfinnhostel.com
ドミトリー$25～、3人部屋$75～
カード不可　地P.360　B-2外

キッチンや コモンルームがある。ダウンタウンからメトロバス#8、もしくは#73で、12th & Russell Blvd.下車、北へ1ブロック。混む時期は7～10月。30ベッド。　('12)

エコノミーホテル

H エドワード・ジョーンズ・ドームからも近い

アメリカズ・ベスト・バリュー・イン
America's Best Value Inn St. Louis

住1100 N. 3rd St., St. Louis, MO 63102
☎(314) 421-6556　FAX(314) 588-8480
URL www.americasbestvalueinn.com
ⓈⒹⓉ$70～130　AMV　地P.360　B-1外

ミシシッピ川に近く、ゲートウエイアーチやダウンタウンへも徒歩で行ける便利なホテル。朝食やWi-Fiが無料。48室。　('12)

中級ホテル

H モールのユニオンステーションの近く

ペアー・ツリー・イン・ユニオンステーション
Pear Tree Inn Union Station

住2211 Market St., St Louis, MO 63103
☎(314) 241-3200　FAX(1-800) 354-8203
URL druryhotels.com　AMV　地P.360　A-2外
ⓈⒹⓉ$90～135、スイート$120～165

ユニオンステーションから徒歩約5分。屋内プールやコインランドリー、フィットネスセンターがあり、Wi-Fiが無料だ。無料の朝食付き。239室。　('12)

中級ホテル

H エドワード・ジョーンズ・ドームの隣

ドゥルーリー・イン&スイーツ・コンベンションセンター
Drury Inn & Suites Convention Center

住711 N. Broadway, St. Louis, MO 63102
☎(314) 231-8100　FAX(1-888) 302-4142
URL druryhotels.com
ⓈⒹⓉ$100～184、スイート$120～　AMV　地P.360　B-1

Convention Center駅から北東へ2ブロックという便利な場所にある。朝食やWi-Fiが無料。178室。　('12)

高級ホテル

H ユニオンステーションの中にある

セントルイス・ユニオンステーション・マリオット
St. Louis Union Station Marriott

住1820 Market St., St. Louis, MO 63103
☎(314) 621-5262　Free(1-800) 410-9914　FAX(314) 923-3970
URL www.unionstationmarriott.com
ⓈⒹⓉ$149～259　ADMV　地P.360　A-2

ショップやレストランもすぐ近くと立地がいいエレガントなホテル。クラシックな館内はセキュリティも万全だ。539室。　('12)

インディ500開催地

インディアナポリス
Indianapolis

DATA

人口▶約82万400人
面積▶約936km²
標高▶約219m
TAX▶セールスタックス　7%
ホテルタックス　10%
属する州▶インディアナ州
Indiana
州のニックネーム▶フージャー（いなか者）州　Hoosier State
州都▶インディアナポリス
Indianapolis
時間帯▶イースタン・タイムゾーン
➡P.631
繁忙期▶5〜9月

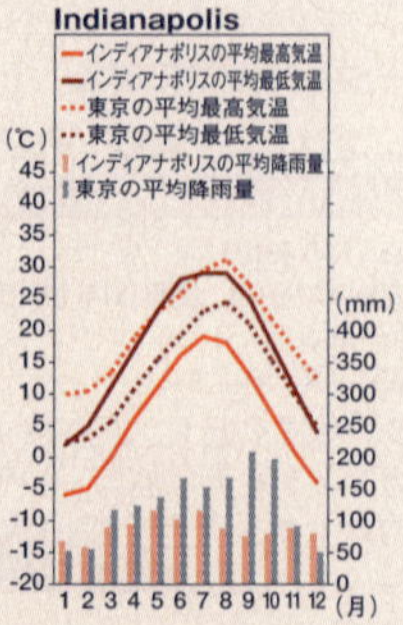

ニューヨークや新宿などにあるオブジェ「LOVE」の作者ロバート・インディアナはインディアナ州出身だ

インディアナ州の人々は、古く南北戦争前から『フージャー』という愛称で呼ばれてきた。歴史色豊かな町、州都インディアナポリスの中心にあるモニュメントサークルはどこかヨーロッパの広場を彷彿させる。

この町を最も有名にしているのは毎年5月のメモリアルデイに開催されるインディ500モーターレース。30万人もが観戦する単独では世界最大のスポーツイベントは2011年、開催100周年を迎えた。モータースポーツ以外にも、多くのスポーツがこの町の産業を牽引する。熱狂的バスケット愛好者として知られるフージャー（インディアナ州民）たちの地に全米大学競技協会NCAA本部が置かれ、プロスポーツと人気を二分する大学スポーツ大会が数多く開催される。

車で1時間南下すれば数多くのモダン建築に出合える町コロンバスがある。農畜産業が盛んな州らしく、この町にはおいしい食材を使ったレストランも多い。

コロンバスでは独創的なデザインの建物が多数見られる

インディアナポリスへの行き方 Getting There

飛行機 Plane

インディアナポリス国際空港
Indianapolis International Airport (IND)

ダウンタウンの南西20kmに位置し、シカゴからは約1時間。機能的で美しいターミナルにはアートの展示や本格的レストランが出店し、サービスも充実。ダウンタウンへの交通機関はすべてGround Transportation Centerに集まる。公共バスのインディゴーのグリーンラインIndyGo Airport Express (Green Line) は20分おきに走り、ダウンタウンまで15分。時間は倍以上かかるが、インディゴーIndyGoのローカルバス#8も運行。

インディアナポリス国際空港
住7800 Col. H. Weir Cook Memorial Dr.
☎(317) 487-7243
URL www.indianapolisairport.com

空の玄関には利用者の目を楽しませる公共美術があふれている

■ 空港から／空港へのアクセス

	種類／名称／連絡先	行き先／運行／料金	乗車場所／所要時間／備考
路線バス	インディゴー・グリーンライン IndyGo Green Line ☎(317) 635-3344 URL www.indygo.net	行き先▶ダウンタウンのバス停 運行▶毎日5:00～21:00の20分間隔 料金▶$7	空港発▶空港Ground Transportation CenterのIndyGoバス乗り場から乗車。ダウンタウンのCircle Center MallやConvention Centerなど11ヵ所に停車する 空港行き▶ダウンタウン内のバス停から乗車。空港は終点 所要時間▶ダウンタウンまで約15分
タクシー	イエローキャブ Yellow Cab ☎(317) 487-7777	行き先▶市内や周辺どこでも 運行▶24時間随時 料金▶ダウンタウンまで約$30	空港発▶バゲージクレーム（機内預け荷物のピックアップ場所）を出てすぐのところから乗車 空港行き▶事前に電話予約、または主要ホテルから乗車 所要時間▶ダウンタウンまで約15分

※それぞれの乗り物の特徴については P.665

長距離バスと鉄道 Bus & Train

ユニオン駅
Union Station

アムトラックの駅とグレイハウンドのバスターミナルを兼ねる複合ビル。アムトラックはシカゴ間を結ぶ便が1日1往復、グレイハウンドはシカゴ、シンシナティ、セントルイスなどへ行くのに便利だ。場所はダウンタウンの中心。地元NFLチーム、インディアナポリス・コルツの試合が行われるルーカス・オイル・スタジアムの前にある。郵便局、コンベンションセンター、サークルセンターや多くのホテルへ行くにも、とても便がいい。

待合室は売店などの設備もあり、安全だ

ユニオン駅
地P.366 B-2
住350 S. Illinois St.

●Greyhound
☎(317) 267-3074
開24時間営業

●Amtrak
Free (1-800) 872-7245
開24時間営業（チケット売り場は月～水23:00～翌14:15、木23:00～翌12:00、金23:00～翌11:30、土23:00～翌8:00、日23:00～翌6:30）

インディアナポリスの歩き方 Getting Around

ダウンタウンはモニュメントサークルを核に放射線状、碁盤の目のように道路が走る。コンベンションセンターや商業娯楽施設のサークルセンター、ユニオン駅、ルーカス・オイル・スタジアム、ホワイトリバー州立公園などは徒歩圏内だ。インディ500のレース会場、モータースピードウエイ、子供博物館、美術館へはIndiGoバスで移動しよう。若者が集まるブロード・リップル・ビレッジや、食事や買い物が楽しめるマサチューセッツ通りへも同じくIndiGoバスで。

ダウンタウンの西に位置する州立公園には多くの市民が集う

旅のアドバイス **空港からダウンタウンまで**▶一番安く行くならインディゴー#8を利用しよう。空港からWashington St.をとおってダウンタウンまで約40分かかるが、片道たったの$1.75だ。

アーツガーデン観光案内所は交差点の上にある

アーツガーデン観光案内所
地P.366　A-2
住100 W. Washington St.
☎(317)631-3301
URL www.indyarts.org
開月～土9:00～21:30、日12:00～18:30

ホワイトリバー州立公園案内所
地P.366　A-2
住801 W. Washington St.
☎(317)233-2434
URL visitindy.com
開〈5月下旬～9月上旬〉 毎日9:00～19:00(日11:00～)
〈9月上旬～5月下旬〉毎日9:00～17:00(日11:00～)

インディゴー
☎(317)635-3344
URL www.indygo.net
料$1.75、1日券$4.00
●営業所
地P.366　B-2
住34 N. Delaware St.
☎(317)635-3344
開月～金8:00～18:00、土9:00～12:00
休日、おもな祝日

観光案内所 …………… Visitors Information

インディアナポリス観光案内所
Indianapolis Visitor Center

アーツガーデン観光案内所
Artsgarden Visitor Center

Washington & Illinois Sts.の交差点上にかかる円形の建物アーツガーデン内にある。地図や見どころ、ツアーの資料はほとんどがここで揃う。アーツガーデンはコンベンションセンター、サークルセンターや主要ホテルにもつながっている。

ホワイトリバー州立公園案内所
White River State Park Visitor Center

年間350万人が訪れるホワイトリバー州立公園の敷地にある観光案内所。公園内のアイテルジョーグ美術館、インディアナ州立博物館、NCAA本部、動物園、季節ごとのイベント、運河やアウトドア活動一般に関する情報が手に入る。

ギフトショップでは新しい発見がありそう

市内の交通機関 ……… Public Transportation

インディゴー
IndyGo

ダウンタウンと空港を結ぶIndyGo Airport Express (Green Line) のほかに、市民の生活の足である多くのバス路線が走る。路線図、時間表、パスなどを営業所で手に入れよう。

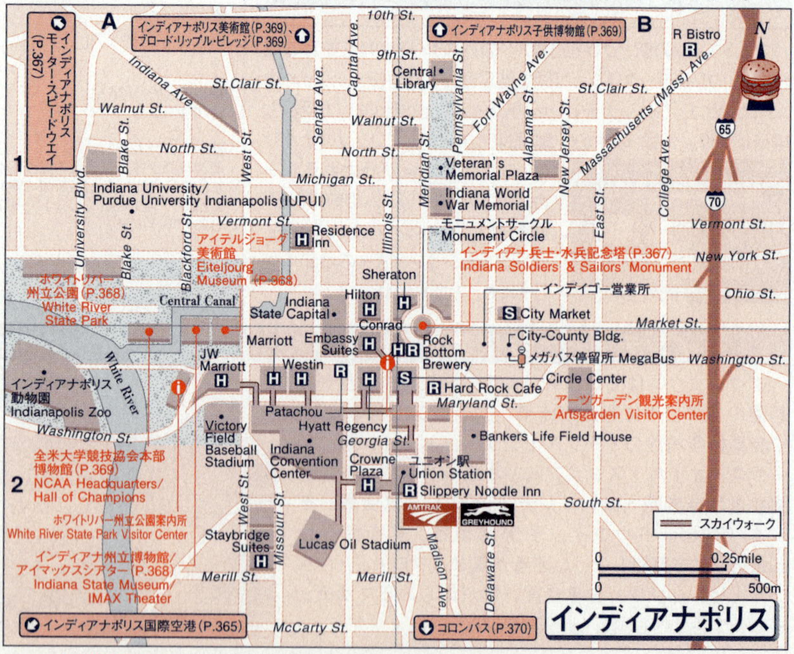

旅のアドバイス **メガバス** ▶ 中東部の都市を結ぶ快適な2階建て長距離バスMegaBusは人気上昇中。シカゴ、シンシナティ、オハイオ州コロンバスなどへ行くのに便利。Washington St.の市庁舎前が発着場所（地P.366　B-2）。予約は Free (1-877)462-6342 または URL us.megabus.com から。

おもな見どころ Sightseeing

単独では世界最大のスポーツイベント 地P.366 A-1外

インディアナポリス・モーター・スピードウエイ
Indianapolis Motor Speedway

1909年、数社の自動車会社が共同で荒れ地にテストコースを作ったのが始まり。2.5マイルのコースを200周する500マイルレース"インディ500 Indy500"は、1911年に誕生した。2011年に開催100周年を迎えたインディ500は、世界でも由緒あるレースのひとつに数えられる。

初回優勝車 Marmon "WASP"

はじめは砂利で固めただけのコースだったが、300万個のレンガが敷き詰められると、レースの耐久性は格段に向上した。ブリックヤード（レンガの庭）という名前はここに由来する。その後、モルタルが何層もレンガに盛られ、今はスタート&フィニッシュラインの1ヤード分（90cm）だけに、当時の名残のレンガが敷かれている。見学ツアーでは実際にコースの上を歩くことができる。

インディ500は毎年5月のメモリアルデイに開催されるが、7月にはNASCARブリックヤード400レース、そして2008年から恒例となった2輪オートレースのレッドブル・インディアナポリスGPが8月に開催される。また、'02～'07年にはF1レースがここで行われたりと、インディアナポリス・モーター・スピードウエイはまさにモータースポーツのひのき舞台だ。

レース開催日以外は、**博物館Indianapolis Motor Speedway Hall of Fame Museum**を訪れたい。展示されているのは、第1回大会の優勝車をはじめとする30台以上の歴代ウィニングカーと貴重なレース資料。コース内を見学するツアー**Track Tour**もここで受付する。広い敷地には、かつてPGAツアーが行われた18ホールのゴルフコースもあり、現在も活用されているから驚きだ。

ツアー参加者はスタート&フィニッシュラインをまたぐことができる

影像には勇者たちの物語が刻まれている 地P.366 B-1

インディアナ兵士・水兵記念塔
Indiana Soldiers' & Sailors' Monument

モニュメントサークルの真ん中にひときわ高くそびえ立つのが高さ87mのインディアナ兵士・水兵記念塔だ。1902年に建立された塔をエレベーター（有料）か階段で上ることができる。塔の地階には南北戦争の資料を集めた**南北戦争博物館Colonel Eli Lily Civil War Museum**（入場無料）がある。

この一角はヨーロッパの町並みを思わせる重厚な雰囲気が漂う

インディアナポリス・モーター・スピードウエイ
住4790 W.16th St.
☎(317)492-8500
URL www.indianapolismotorspeedway.com
行ダウンタウンからインディゴー#25で約30分。スピードウエイ前のバス停で下車。日・祝日は運休

2012年のレース開催日
- インディ500　5/27
- ブリックヤード400　7/26～29
- レッドブル・インディアナポリスGP（二輪）　8/19

パゴダと名づけられた建物はレースの管制塔

トラックツアー
☎(317)492-6784
開〈3～10月〉毎日9:00～17:00、〈11～2月〉毎日10:00～16:00
休イベント開催日、サンクスギビング、12/25
料$5、6～15歳$3

グラウンドツアー
（ガイド付き1時間30分）
☎(317)492-6747
ツアー／3～11月の数日（ウエブサイトまたは☎で確認すること）9:30、11:15、13:15、15:00
料$25、6～15歳$10

25万席あるスタンドは圧倒されるスケールだ

インディアナ兵士・水兵記念塔
住1 Monument Cir.
☎(317)232-7615
開水～日10:30～17:30（時期により異なる）
休月・火、おもな祝日
料無料

モーターレースに次ぐ人気アトラクション 地P.366 A-1、2

ホワイトリバー州立公園
White River State Park

ホワイトリバー州立公園はコンベンションセンターの西に位置する市民の憩いの場。広大な敷地には**アイテルジョーグミュージアムEiteljorg Museum of American Indians and Western Art**、**インディアナ州立博物館Indiana State Museum**、**全米大学競技協会博物館NCAA Hall of Champions**、**インディアナポリス動物園と庭園Indianapolis Zoo and White River Gardens**、**マイナーリーグ球場Victory Field**など多くの文化レクリエーション施設が集中する。運河沿いは整備され、ジョギングやサイクリング、散歩を楽しむ人々が行き交う。

ギフトショップもある観光案内所

“先住民の地”にふさわしい美術館 地P.366 A-2

アイテルジョーグ美術館
Eiteljorg Museum of American Indians and Western Art

ネイティブアメリカンを描いた絵画は見応えがある

アメリカ先住民と西部開拓をテーマにしたユニークな美術館。開拓時代をしのばせる絵画やネイティブアメリカンの創造した独特のアートに焦点を当てて、これまでと違った視点でアメリカ史を語っている。建築外観はアドービ風の色彩、太い梁を活かした落ち着いた内装デザインの中を、ゆったりとした気分で絵画や作品を鑑賞することができる。

運河と芝生に囲まれた豊かな空間 地P.366 A-2

インディアナ州立博物館
Indiana State Museum

南北戦争では奴隷解放の立場を貫き、多くの戦死者を出したインディアナだが、独立戦争、米墨戦争、第1次、第2次世界大戦と、いくつもの戦いの歴史をもつ。産業は自動車や機械など重要な企業も多いが、豊かな土壌に恵まれ、トウモロコシを中心とした農業も盛んだ。インディ500ばかりではない、この州の多面的な顔を興味深い切り口で紹介するミュージアム。また、最新3-D作品を上映するアイマックスシアターも併設され、施設は充実している。

運河沿いは散策を楽しむには絶好の場所だ

ホワイトリバー州立公園
住801 W. Washington St.
Free(1-800)665-9056
URL inwhiteriver.org

家族連れに人気があるレンタルバイク

アイテルジョーグ美術館
住500 W. Washington St.
☎(317)636-9378
URL www.eiteljorg.org
開毎日10:00〜17:00(日12:00〜)
休サンクスギビング、12/25、1/1
料$8、シニア$7、学生$5、4歳以下無料

インディアナ州立博物館
住650 W. Washington St.
☎(317)232-1637
URL www.indianamuseum.org
開毎日9:00〜17:00(日11:00〜)
休サンクスギビング、12/25
料$7、シニア$6.50、3〜12歳$4。アイマックス：$9.50、シニア$7.50、3〜12歳$6

歴史の歩みが興味深く語られる「フージャーとは？」のコーナー

チャンピオンたちの学生時代の勇姿を見る 地P.366 A-2

全米大学競技協会本部博物館
NCAA Hall of Champions

MLB、NBA、NFL、NHLのプロスポーツに並ぶ人気を誇るのがNCAA。本部がここに置かれたのも、バスケットボールに熱狂する土地柄（インディアナフィーバー）だからだろう。博物館では23種類のスポーツの展示が催され、シミュレーターなどさまざまな体験プログラムにも参加できる。

プロスポーツの予備軍でもあるNCAA

緑に囲まれ、美術を鑑賞する贅沢 地P.366 A-1外

インディアナポリス美術館
Indianapolis Museum of Art

ダウンタウンの北8kmにあるインディアナポリス美術館は広大な緑地に建つ。市立美術館の建築としては全米でも最大級であり、古典から現代までを含むアフリカ、アジア、ヨーロッパの絵画、彫刻、版画、テキスタイルのコレクションの規模や内容は国内有数である。しかも入場が無料なのは、旅行者にはうれしい。敷地内には広さ40万㎡の**野外美術館Virginia B. Fairbanks Art & Nature Park**がある。自然のなかで芸術作品と一体となって遊んだり、ピクニックを楽しむための市民の大切な憩いの場だ。

子供たちのはじける笑顔がうれしい 地P.366 B-1外

インディアナポリス子供博物館
Indianapolis Children's Museum

世界で最大規模を誇る子供博物館がダウンタウンから北5kmにある。恐竜が首を突っ込む建物自体がすでに奇想天外。中へ入る前から子供たちはわくわくしている。化石の発掘や蒸気機関車、プラネタリウムなどさまざまな企画の展示、参加型プログラムが周期的に行われ、子供たちはくたくたになるまで1日中遊んでいられる。

遊びごころいっぱいの建物外観

どこか懐かしさの残る通り 地P.366 A-1外

ブロード・リップル・ビレッジ
Broad Ripple Village

長寿テレビ番組『レイトショー』の人気ホスト、デビッド・レターマンはインディアナポリス出身。彼が育ったブロード・リップル地区はダウンタウンの北約15kmに位置し、学生や若者の集まる気さくな町だ。クラブやバー、エスニックレストランや個性的な店が軒を連ねる。

全米大学競技協会本部博物館
住700 W. Washington St.
☎(317) 917-6451
URL www.ncaahallofchampions.org
開火～日10:00～17:00（日12:00～）
休月、イースター、サンクスギビング、12/24、12/25、1/1
料$5、子供$3

インディアナポリス美術館
住4000 Michigan Rd.
☎(317) 923-1331
URL www.imamuseum.org
開火～日11:00～17:00（木・金～21:00、日12:00～）
休月、サンクスギビング、クリスマス、1/1
料無料
行ダウンタウンからインディゴー#34、38で

市立美術館としてはコレクションの水準が高い

インディアナポリス子供博物館
住3000 N. Meridian St.
☎(317) 334-3322
URL www.childrensmuseum.org
開毎日10:00～17:00
休月（9～2月）、イースター、サンクスギビング、12/25
料$17.50、シニア$16.50、2～17歳$12.50
行ダウンタウンからインディゴー#18、28、38で約15分。30th St.のあたりで下車

ブロード・リップル・ビレッジ
行インディゴー#17で約30分

気の置けない仲間と楽しく時間を過ごすにはいいところ

Excursion 郊外の見どころ

ミッドセンチュリーデザインの宝庫 地P.366 B-2外

コロンバス
Columbus, Indiana

インディアナポリスから南へ70km。人口わずか4万人の小さな町にモダン建築、公共芸術、ランドスケープの逸品が70も集中する。ディーゼルエンジンで有名なカミングス社の社長アーウィン・ミラーが提唱し、設立した基金によってエーロ・サーリネンはじめ、I.M.ペイ、リチャード・マイヤーなど名だたる建築家が次々と市の教会や学校を設計した。また、ミッドセンチュリーデザインの代表的住宅であり、3大個人邸宅のひとつとして数えられるミラー邸（エーロ・サーリネン作）は、インディアナポリス美術館に寄贈され、2011年に一般公開が実現した。建築や彫刻が好きな人にはぜひ足を延ばしてほしい町だ。

公開されているミラー邸
©Columbus Area Visitors Center

ツアーはコロンバス観光案内所から出発する

I.M.ペイ設計の図書館とヘンリー・ムーアの彫刻

エーロ・サーリネンが手がけた教会

コロンバス
行インディアナポリスからI-65を南へ約60km、Exit 76AからUS-31に入り南へ約10km。1時間

コロンバス観光案内所
住506 5th St., Columbus
free (1-800)468-6564
URL www.columbus.in.us

●建築ツアー
ツアー／〈3～11月〉月～土10:00（土10:00と14:00）、日15:00。〈12～2月〉土10:00と14:00
料$20、学生$10

●ミラー邸ツアー
ツアー／〈3～11月〉火～日13:00と15:00（日13:00のみ）。〈12～2月〉土13:00と15:00
休月、おもな祝日
料$20、学生$10

Spectator Sports 観戦するスポーツ

アメリカンフットボール NFL

インディアナポリス・コルツ（AFC南地区）
Indianapolis Colts

2011年はスターQBマニングをケガで失うと13連敗と脆弱さが露呈した。'07年のスーパーボウル優勝を含む9年連続2桁勝利と連続プレーオフ出場の好成績に幕を引くと彼はチームを去り、ドラフト1位のQBラックが新時代を担うことになる。チームカラーはスタンピード・ブルー、ホワイト。

インディアナポリス・コルツ
（1953年創設）
本拠地――ルーカス・オイル・スタジアム
Lucas Oil Stadium（6万3000人収容）
地P.366 A-2
住500 S. Capitol Ave.
☎(317)297-7000（チケット）
URL www.colts.com

この選手に注目！
アンドリュー・ラック

バスケットボール NBA

インディアナ・ペイサーズ（東・中地区）
Indiana Pacers

5シーズン連続負け越しを重ねていたが、2010-11シーズン、プレーオフ最後の席を手にしたのを機に、2011-12シーズンは6割を越す勝率を上げ、プレーオフも期待がかかる。愛称は世界的レース、インディ500の「ペースカー」や競馬の「ペースメーカー」から付けられた。チームカラーはブルーとゴールド。

インディアナ・ペイサーズ
（1967創設）
地P.366 B-2
本拠地――バンカーズ・ライフ・フィールドハウス
Bankers Life Fieldhouse（1万8165人収容）
住125 S. Pennsylvania St.
☎(317)917-2727（チケット）
URL www.nba.com/pacers

この選手に注目！
ダニー・グランジャー

投稿 ダウンタウンのおすすめスーパー Marsh▶中西部を中心に展開するスーパーマーケットのチェーン店。店内は広くないが品揃え豊富で、食べ物やアルコール類などがあってダウンタウン滞在なら便利。周辺には遊歩道があり公園のようになっているので、休憩もできる。住320 N. New Jersey St. ☎(317)262-4888 （豊島区 Lonestar '11）['12]

ショップ&レストラン&ホテル Shops & Restaurants & Hotels

S ショッピングモール
便利なショッピングモール
サークルセンター
Circle Center

住49 W. Maryland St. ☎(317)681-5615 地P.366 B-2
URL www.simon.com
開月〜土10:00〜21:00、日12:00〜18:00

コルツ・プロショップやデパート、ブランドショップ、レストランが100以上集まるショッピングセンター。2階部分はアーツガーデンやホテルとスカイウオークでつながる。('12)

S ミュージアムショップ
地元クリエーターの作品が買える
インディアナポリス美術館ストア
Museum Store IMA

住4000 Michigan Rd. ☎(317)923-1331
URL www.imamuseum.org/shop 地P.366 A-1外 AMV
開火〜日11:00〜17:00(木・金〜21:00、日12:00〜)

美術館で展示されている作品の複製や地元アーティストのクラフト、美術書から一品もののジュエリーまでが揃うミュージアムショップ。気の利いたおみやげが見つかるところだ。('12)

R カフェ
厳選された素材を使用
パタチョウ
Patachou

住225 W. Washington St. ☎(317)632-0765
URL www.cafepatachou.com 地P.366 A-2
開月〜金7:00〜15:00、土・日8:00〜14:00 AMV

厳選された素材のみを使ったオムレツ、サラダ、サンドイッチに定評がある。市内にはフレンチ、ピザ店などの姉妹店もあり、グルテンを含まないパンやパイ生地は健康志向の客に人気だ。('12)

R アメリカ料理
オーナーシェフはあの"シェパニース"で修業
アールビストロ
R Bistro

住888 Massachusetts Ave. ☎(317)423-0312
URL www.rbistro.com 地P.366 B-1 AMV
開ランチ火〜金11:00〜14:30、ディナー水〜土17:00〜22:00

世界中を旅し、カリフォルニアのバークレー、シェパニーズでも修業を積んだ女性オーナーシェフはインディアナ産の食材を活かした独自のメニューを開発。ダウンタウンから少し外れているが、インディゴー#10、17などで行ける。('12)

H 高級ホテル
JWマリオットで最大級のホテル
JWマリオット・インディアナポリス
JW Marriott Indianapolis

住10 S. West St., Indianapolis, IN 46204 ☎(317)860-5800
FAX(317)822-8464 URL jwmarriottindy.com 地P.366 A-2
ⓈⓉⒹ$169〜374 ADMV

ホワイトリバー州立公園に隣接し、コンベンションセンターに直結。ビジネスに必要なものはすべて揃っている。33階建ては市内いちの高さだ。1005室。('12)

H 高級ホテル
稀少な老舗ホテルの魅力を体験
コンラッド・インディアナポリス
Conrad Indianapolis

住50 W. Washington St., Indianapolis, IN 46204 ☎(317)713-5000
FAX(317)638-3687 URL conradhotels1.hilton.com
地P.366 B-2 ⓈⓉⒹ$206〜379 ADMV

サークルセンターに直結し、コンベンションセンターに雨に濡れずに行ける。レストランやフィットネスセンター、会議室などがあり便利だ。241室。('12)

H 中級ホテル
気の休まる全室キッチン付きスイート
ステイブリッジ・スイーツ・インディアナポリス
Staybridge Suites Indianapolis City Centre

住535 S. West St., Indianapolis, IN 46225 ☎(317)536-7500
FAX(317)536-7550 URL www.ichotelsgroup.com
地P.366 A-2 スイート$140〜315 ADJMV

全室キッチン付きのリビングと完全に独立する寝室のスイート。ルーカス・オイル・スタジアムが見える立地で、コンベンションセンター、バスと鉄道のユニオン駅、郵便局、ダウンタウンへも徒歩圏内。空港へのインディゴー・グリーンラインバスのルート上にある。113室。('12)

メモ **インディアナ州最古のバー Slippery Noodle Inn▶** ほぼ毎日ブルースの生演奏を楽しむことができる。フードメニューも充実しており、ハンバーガーなどが$10以下で食べられる。地P.366 B-2

シンシナティ Cincinnati

穏やかで落ち着いた町

シンシナティの顔、ローブリング橋はオハイオ川の両岸をつなぐ

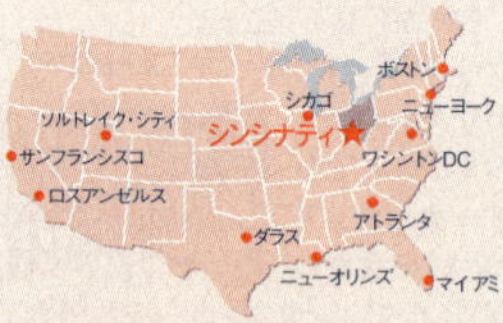

DATA

人口▶約29万6900人
面積▶約202km²
標高▶約208m
TAX▶セールスタックス　6.5%
（ケンタッキー州は6%）
ホテルタックス　17%
（ケンタッキー州は11.3%）
属する州▶オハイオ州 Ohio
州のニックネーム▶トチノキ州
Buckeye State
州都▶コロンバス　Columbus
時間帯▶イースタン・タイムゾーン
P.631
繁忙期▶6～11月上旬

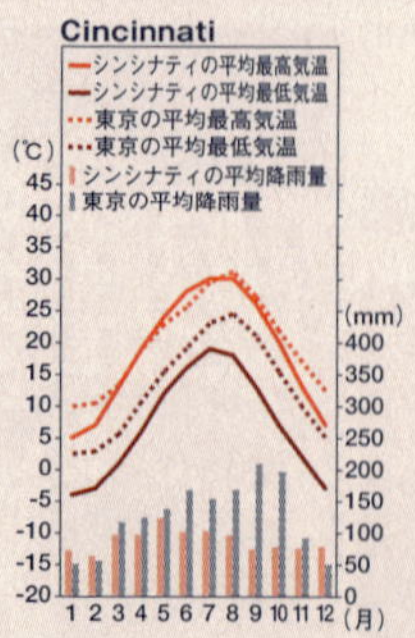

シンシナティの町はオハイオ川を抜きにしては語れない。川を挟んだ北側のオハイオ州シンシナティ、南側のケンタッキー州コビントン、そしてニューポートをも含む川の両側をシンシナティと呼ぶ。

オハイオ川は歴史的にも重要な役割を果たしてきた。南北戦争までは、北部の自由州と南部の奴隷州を隔てた境界線であったことから、多くの奴隷が自由を求めてこの川を渡って北へ逃れた。アメリカの歴史を動かしたといわれる小説『アンクルトムの小屋』は、シンシナティで暮らしたハリエット・ビーチャー・ストウの作品だ。

水運の重要拠点として発展したこの町では養豚業や重化学工業が栄え、かつてはシカゴやニューヨークと並ぶ時代をリードする都市でもあった。現在、リバーフロントでは再開発が進められ、オハイオ川の水面には車が行き交うスカイラインが美しく映える。

ダウンタウン東の高台にあるマウントアダムズは落ち着いた雰囲気の人気スポット

シンシナティへの行き方 Getting There

飛行機 Plane

シンシナティ／北ケンタッキー国際空港
Cincinnati-Northern Kentucky International Airport(CVG)

ダウンタウンの南西約20kmのケンタッキー州にあり、デルタ航空のハブ空港でもある（シカゴから所要約1時間20分）。ターミナルは、2と3のふたつあり、3に案内所が置かれている。レストランやショップなどの施設も充実し、各ターミナルには大壁画『シンシナティミューラル』14枚が飾られている。

シンシナティ／北ケンタッキー国際空港
住2939 Terminal Drive, Hebron, KY
☎(859) 767-3151
URL www.cvgairport.com

効率よく空港ターミナルとダウンタウンを結ぶシャトル

■ 空港から／空港へのアクセス

	種類／名称／連絡先	行き先／運行／料金	乗車場所／所要時間／備考
空港シャトルバン	エアポート・エグゼクティブ・シャトル Airport Executive Shuttle ☎(859) 261-8841 Free (1-800) 990-8841 URL www.executivetransportation.org	**行き先**▶市内や周辺どこでも **運行**▶24時間随時 **料金**▶ダウンタウンまで片道$22	**空港発**▶バゲージクレーム（機内預け荷物のピックアップ場所）にある同社のカウンターで申し込んでから乗車 **空港行き**▶事前に電話などで予約をしてから乗車 **所要時間**▶ダウンタウンまで約20分
路線バス	タンク #2X Tank #2X ☎(859) 331-8265 URL www.tankbus.org	**行き先**▶Main St.と4th St.の角（ダウンタウン） **運行**▶月～金の5:00頃～24:00頃の約30分間隔（土・日は約1時間30分間隔） **料金**▶$2	**空港発**▶ターミナル3の建物を出たタンクのバス乗り場から乗車 **空港行き**▶Main St.と4th St.の角（ダウンタウン）から乗車 **所要時間**▶ダウンタウンまで約30分
タクシー	CVG・タクシー・キャブ・サービス CVG Taxi Cab Service ☎(859) 767-3260	**行き先**▶市内や周辺どこでも **運行**▶24時間随時 **料金**▶ダウンタウンまで約$30	**空港発**▶ターミナル3のタクシーデスクで申し込んで乗車。ターミナル2では電話で予約する **空港行き**▶事前に電話予約、または主要ホテルから乗車 **所要時間**▶ダウンタウンまで約20分

※それぞれの乗り物の特徴については P.665

長距離バス Bus

グレイハウンド・バスディーポ
Greyhound Bus Depot

ダウンタウンの北東に位置し、軽食が食べられるスペースなどもある。ファウンテンスクエアから徒歩20分程度の距離だが、ひとけの少ないさびれた場所にあるので夜はタクシーを利用すること。

タクシーは24時間待機している

グレイハウンド・バスディーポ
地P.374 B-1
住1005 Gilbert Ave.
☎(513) 352-6012
開24時間営業
行中心部までメトロ＃11で。タクシーならダウンタウンまで約$7～10

鉄道 Train

ユニオンターミナル（アムトラック）駅
Union Terminal (Amtrak) Station

1933年に建設されたアールデコ様式のターミナル建物はかつては1日に3万人の乗客が乗り降りする忙しい駅だった。現在、ニューヨークからワシントンを経由してシカゴを結ぶアムトラックのカーディナル号が週3便停車する。駅舎に文化複合施設ミュージアムセンター P.376 が作られ、人気のアトラクションでもある。

ユニオンターミナル（アムトラック）駅
地P.374 A-1外
住1301 Western Ave.
Free (1-800) 872-7245
開月0:00～6:30、火23:00～24:00、水～日23:00～翌6:30
行メトロ＃1で約20分

駅には多くの見学者が利用するミュージアムセンターがある

旅のアドバイス **メガバス**▶中東部の都市を結ぶ快適な2階建て長距離バス。シカゴ、インディアナポリス、コロンバスなどへは便利。4th & Race Sts. が発着場所。予約は Free (1-877) 462-6342 または URL us.megabus.com から。

Getting Around シンシナティの歩き方

ファウンテンスクエアと最上階には展望台があるカリュータワー

シンシナティUSA観光案内所
地P.374　A-1
住 511 Walnut St.
Free (1-800) 543-2613
URL www.cincyusa.com/visitors
開木～日11:00～17:00

　ダウンタウンの中心はファウンテンスクエア。カリュータワーやコンベンションセンター、多くのホテルが近くに集中する。オハイオ川に面して建てられたポールブラウン・スタジアム、**ナショナル・アンダーグラウンド・レイルロード・フリーダムセンター**、グレート・アメリカン・ボールパークは歩ける距離。山の手にある**マウントアダムズ**へはバスを利用し、**美術館**などがある緑豊かな**エデンパーク**を散策するコースはおすすめ。鉄道駅も兼ねる**ミュージアムセンター**や**動物園**へはバスが便利だ。対岸のケンタッキー州側の**ニューポート**やドイツ風の町並みが続く**コビントン**へはサウスバンク・シャトルを利用するのがいい。

観光案内所 ……………… Visitors Information

シンシナティUSA観光案内所
Cincinnati USA Visitor Center

　観光案内所はダウンタウン、ファウンテンスクエアにあるが、週4日しか営業していない。あらかじめ空港や駅、ホテルなどで資料を集めておくといい。

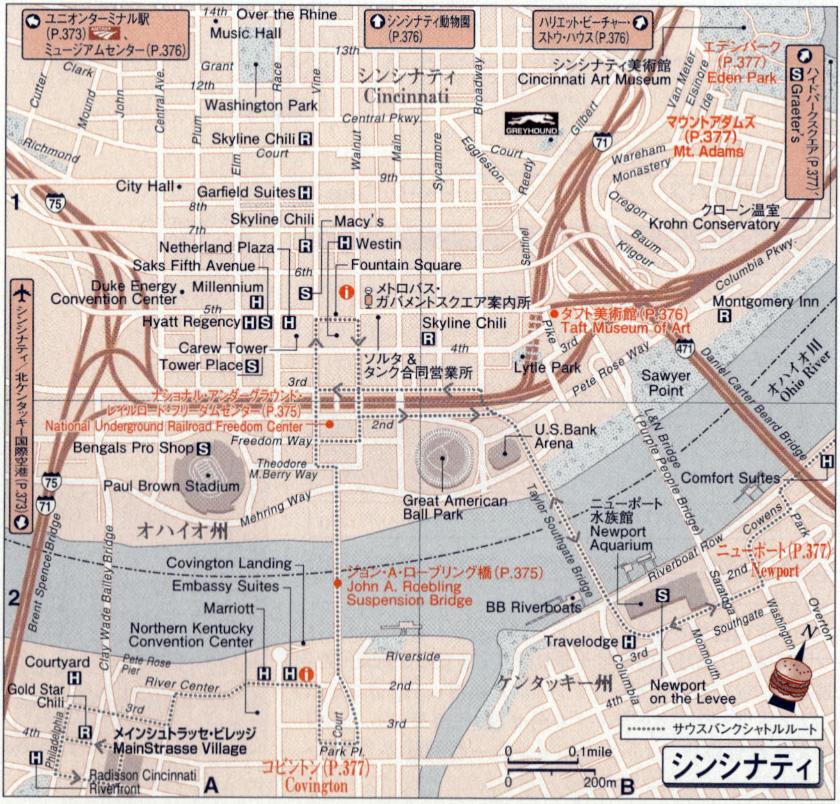

旅のアドバイス **オハイオ川クルーズ** ▶ケンタッキー州側からオハイオ川のクルーズ船が出ている。シンシナティを川から眺められるのが魅力。ゆっくり進むクルーズはなんとも落ち着いた気分を与えてくれるだろう。夏はほぼ毎日出航している。出航場所は BB Riverboats 地P.374　B-2、詳しくは URL www.bbriverboats.com

市内の交通機関 ········ Public Transportation

メトロ（ソルタ）
Metro (SORTA)

SORTA (Southwest Ohio Regional Transit Authority) によって運営され、シンシナティのダウンタウンとその周辺をカバーする。バスは白地に黄緑と青の文字、花のようなマークが目印。ガバメントスクエア前に総合発着所と案内所があり、営業所は向かいのMercantileビル内にある。

ガバメントスクエア前にある SORTA/Metro 案内所

タンク
TANK

ケンタッキー州を運行する路線バス。ダウンタウンとケンタッキー州のコビントン、ニューポートを結ぶサウスバンク・シャトルや、空港へ行くTANK#2Xがある。メインシュトラッセ・ビレッジや水族館などへ行く際に利用する。営業所はメトロバスと同じくMercantileビル内にある。

メトロ（ソルタ）
運行／毎日5:00～24:00(日6:00～)（路線により異なる）
料ゾーン制でシンシナティ市内は$1.75。郊外は$2.65～4.25。トランスファー（乗り換え）は50¢

●ソルタ＆タンク合同営業所
地P.374　A-1
住120 E. 4th St., Mercantile Bldg.
☎(513) 621-4455
URL www.go-metro.com
開月～金7:00～17:30

タンク
☎(859) 331-8265
URL www.tankbus.org
運行／毎日5:00～23:00（路線により異なる）
料$1.50

タンクのサウスバンク・シャトルはトロリー型のバスのほかに一般バスも走る

おもな見どころ Sightseeing

シンシナティ側 Cincinnati

ふたつとない博物館　地P.374　A-2

ナショナル・アンダーグラウンド・レイルロード・フリーダムセンター
National Underground Railroad Freedom Center

南北戦争は、オハイオ川より北の自由州と南の奴隷州との間で起きた戦いだったが、シンシナティはその地理ゆえに歴史的な役割を果たした。黒人奴隷を北部に逃がす**アンダーグラウンド・レイルロードUnderground Railroad**という地下組織の運動がこの地で広まったことは、今もシンシナティの人々にとっては大きな誇りであり、次世代へ語り継ぐ町の遺産でもある。「自由」というテーマで奴隷解放の歴史と世界で今も行われている人身売買などのさまざまな人権問題を取り上げた博物館は必見。

ナショナル・アンダーグラウンド・レイルロード・フリーダムセンター
住50 E. Freedom Way
☎(513) 333-7500
URL www.freedomcenter.org
開火～土11:00～17:00
休日・月
料$12、シニア／学生$10、6～12歳$8

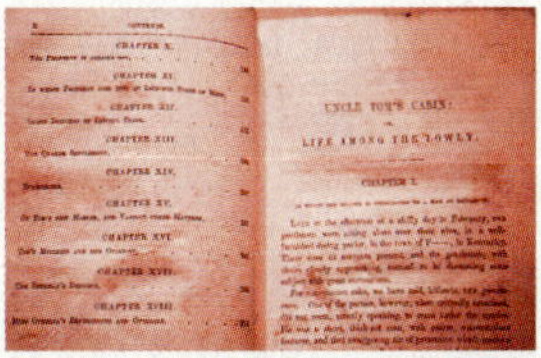

『アンクルトムの小屋』の初版本の展示
Courtesy of the National Underground Railroad Freedom Center

ニューヨークのブルックリン橋よりも古い　地P.374　A-2

ジョン・A・ローブリング橋
John A. Roebling Suspension Bridge

シンシナティを象徴する建造物のひとつがこの橋だ。両岸を行き来するためには船しかなかった時代、ドイツ人土木技師ジョン・A・ローブリングによって、長さ322mの吊り橋が設計された。1856年に着工したものの、南北戦争で工事は余儀なく中断、橋は10年後の1866年にようやく開通した。シンシナティとケンタッキー州をつなぐ、なくてはならない橋として、今でも立派に"現役"を果たしている。

サウスバンク・シャトルバスがとおる

メモ **ジョン・A・ローブリング**▶シンシナティから遅れて20年近く、ニューヨークではジョン・ローブリング設計によるブルックリン橋が開通した。惜しくもジョンはその完成を見ずして死去、息子のワシントン・ローブリングが完成させた。

来館者は年間 100 万人以上

地P.374 A-1外

ミュージアムセンター
Museum Center

半ドーム形をしたアールデコ調の巨大な鉄道駅がそのまま、ミュージアムの複合体として生まれ変わった。**自然科学博物館Museum of Natural History & Science**、**シンシナティ歴史博物館 Cincinnati History Museum**、**子供博物館 Duke Energy Children's Museum**、**オムニマックスシアター Omnimax Theater**は、一年中親子連れでにぎわう。

駅舎は当時のまま利用されている

ミュージアムセンター
住1301 Western Ave.
☎(513) 287-7000
Free (1-800) 733-2077
URL www.cincymuseum.org
開月～土10:00～17:00、日11:00～18:00
料博物館：$12.50、シニア$11.50、3～12歳$8.50。ふたつ以上の博物館やアイマックスシアターを見る場合はコンビネーションチケットあり
行メトロ#1"Museum Center"行きで約15分、終点で下車。ダウンタウンでは、5thとWalnut Sts.の交差点にバス停がある

『アンクルトムの小屋』のルーツはここ

地P.374 B-1外

ハリエット・ビーチャー・ストウ・ハウス
Harriet Beecher Stowe House

「この大きな戦争を引き起こした一冊の本、その著者である小さなご婦人とはあなたのことですね」、リンカーン大統領は初対面のストウにこう声をかけたという。『アンクルトムの小屋』はまさしく歴史を揺るがした名著。奴隷制反対論者の父ライマン・ビーチャーは、シンシナティで教職を続けるために一家を連れて東部からこの町に移住した。当時の住居はそのまま保存され、見学ができる。ストウ自身もアンダーグラウンド・レイルロード運動に加わり、ここで直接見聞きしたことをもとに、結婚後に移り住んだメイン州で小説を執筆した。

静かなたたずまいのハリエット・ビーチャー・ストウ・ハウス

ハリエット・ビーチャー・ストウ・ハウス
住2950 Gilbert Ave.
☎(513) 751-0651
Free (1-800) 847-6075
URL stowehousecincy.org
開〈5～8月〉火～木・土10:00～14:00、〈9～11月〉火・水・土10:00～14:00、〈12～4月〉水10:00～12:00、土10:00～14:00
※見学には予約が必要
行メトロ#4で約20分

動物たちといっしょにのんびりする場所

地P.374 A-1外

シンシナティ動物園
Cincinnati Zoo

1875年にオープンした歴史ある動物園。ホワイトタイガー、スマトラサイなど500種類以上の動物が飼育され、水族館には絶滅危惧種のマナティもいる。園内は植物園の役割も果たすほど多くの樹々に覆われ、酸素をたっぷり吸いながら、珍しい植物や動物たちに囲まれて歩くのは気分がいい。

巨大なライオンのオブジェがお出迎え

シンシナティ動物園
住3400 Vine St.
☎(513) 281-4700
URL cincinnatizoo.org
開毎日9:00～17:00（時期により異なる）
休12/25
料$15、シニア／2～12歳$10
行メトロ#46、78で約30分、終点のCincinnati Zooで下車。入口はVine St.にある

美術館は名門一族の旧邸宅

地P.374 B-1

タフト美術館
Taft Museum of Art

1932年に開館し、全米で最も有名な"小さな"美術館としても知られる。最後の家主だったチャールズ.P.タフト夫妻が、建物ごと市に寄贈した。レンブラント、ゲインズボロ、ホイッスラー、ターナー、コローの絵画や清王朝の陶器など幅広いコレクションが楽しめる。

間取りはタフト家が住んでいた頃のまま

タフト美術館
住316 Pike St.
☎(513) 241-0343
URL www.taftmuseum.org
開水～日11:00～16:00（土・日～17:00）
休月・火、おもな祝日
料$10、シニア／学生$8、12～17歳$4
日曜は入場無料
行徒歩15分。メトロで行く場合は#49で約10分。4th&Pike Sts.で下車

高台に広がる市民の憩いの場 地P.374 B-1

マウントアダムズ／エデンパーク
Mt. Adams/Eden Park

美しいシンシナティの町を見下ろす丘は古くからザ・ヒルと呼ばれ、洗練されたおしゃれな店やレストランが集まるマウントアダムズは人気スポット。その先へ続く緑豊かな丘陵地は市民の大切な憩いの場、エデンパークだ。**シンシナティ美術館**や**クローン温室**など一級の文化施設が点在し、とりわけ入場無料の美術館のコレクションは目を見張るばかりだ。

公園にひっそりたたずむ美術館

シンシナティの奥座敷 地P.374 B-1外

ハイドパーク・スクエア
Hyde Park Square

ダウンタウンから北東へ10kmのところにニューヨークのハイドパークをまねて作られたハイドパーク・スクエアがある。古くから続く老舗レストランや高級ブティックなどがErie Ave.、Edward Rd.とMichigan Ave.に170軒以上集まる。地元ファンに絶大な支持を得ている名物アイスクリームショップ、**グレーターズGraeter's**もここに本店を置く。

北ケンタッキー地区 Northern Kentucky

ビールとドイツ料理が楽しめる 地P.374 A-2

コビントン
Covington

19世紀のドイツ風の町並みが残る**メインシュトラッセ・ビレッジ MainStrasse Village**が一番の見どころ。趣のあるレストラン、ショップが集まるこの地区は夜、昼となく人が絶えない。コンベンションセンターや大型ホテルがオハイオ川近くに建ち、オハイオ州側よりもホテルタックスの低いケンタッキー州のコビントンの宿を選ぶビジネス客や旅行者が多い。

水族館とショッピングを楽しむ 地P.374 B-2

ニューポート
Newport

橋のない時代、ニューポートは船着き場にできた歓楽街として栄えた。現在のニューポートはサメの展示で有名な**ニューポート水族館Newport Aquarium**とショッピングモールの**ニューポート・オン・ザ・レヴィNewport on the Levee**➡P.379が人気。

サメやクラゲの展示が評判

マウントアダムズ／エデンパーク
URL mtadamstoday.com
行 メトロ#1でIda Pl. & Monastery St.下車

●シンシナティ美術館
地 P.374 B-1
住 953 Eden Park Dr.
☎ (513) 721-2787
URL www.cincinnatiartmuseum.org
開 火～日11:00～17:00
休 月、おもな祝日
料 無料
行 メトロ#1で約15分。美術館前のバス停で下車。赤い大きなオブジェが見えてきたら降りる準備を

●クローン温室
地 P.374 B-1
住 1501 Eden Park Dr.
☎ (513) 421-5707
開 毎日10:00～17:00
料 任意の寄付制
行 メトロ#1。ドライバーに言って近くで降ろしてもらおう。美術館からは約1.8km離れている

カフェやこだわりのショップがたくさん

ハイドパーク・スクエア
URL www.hydeparksquare.org
行 メトロ#11、51のErie Ave.& Edwards Rd.下車

ドイツの風情が色濃く残るコビントン

コビントン
行 コビントンへ向かうタンクまたはサウスバンクシャトルに乗る。サウスバンク・シャトルはコビントンを巡回して再びシンシナティに戻るので使いやすい

●MainStrasse Village
地 P.374 A-2
URL www.mainstrasse.org

ニューポート
行 ニューポートへ向かうタンク、またはサウスバンク・シャトルに乗り、オハイオ川を渡ってすぐの停留所で下車

●Newport Aquarium
地 P.374 B-2
住 One Aquarium Way, Newport, KY
☎ (859) 261-7444
URL www.newportaquarium.com
開 毎日10:00～18:00(夏期は延長あり)
料 $23、2～12歳$15

旅のアドバイス **エデンパークのセグウエイツアー Segway of Cincinnati**▶ 園内14ヵ所をセグウエイに乗って見学するツアー。90分コース$60。最低2人から。予約は☎(513)225-1583

Entertainment エンターテインメント

ミュージックホールは町のランドマーク

シンシナティ交響楽団
ホームホール――ミュージックホール
Music Hall
地P.374　A-1
住1241 Elm St.
☎(513) 381-3300（チケット）
URL www.cincinnatisymphony.org
行メトロ#21、64で約10分

シンシナティ交響楽団とポップス・オーケストラ
Cincinnati Symphony(CSO) & Pops Orchestra

オーバーザラインOver the Rhine地区は古くからシンシナティの文化の中心として発展してきた。ミュージックホールはそのなかでひときわ目を引く。音楽に開かれた町で生まれ、育まれた名門楽団がシンシナティ交響楽団。2009年にパーヴォ・ヤルヴィに率いられて来日したが、'11年9月に10年ぶりとなる新しい首席指揮者、ジョン・M・ラッセルが着任した。クラシック音楽と気軽に聴けるシンシナティポップスの演目が入れ替わり、一年中、楽しめる。

シャンデリアの輝きも演奏をひき立たせる

Spectator Sports 観戦するスポーツ

シンシナティ・レッズ
（1890年創設）　地P.374　B-2
本拠地――グレート・アメリカン・ボールパーク The Great American Ball Park（4万2271人収容）
住100 Joe Nuxhall Way
☎(513) 381-7337（チケット）
URL cincinnati.reds.mlb.com
行ファウンテンスクエアから南に徒歩15分
球場ツアー／$15、詳しくはウエブサイトで

この選手に注目!
ジョーイ・ボットー（一塁手）

シンシナティ・ベンガルズ
（1968年創設）　地P.374　A-2
本拠地――ポール・ブラウン・スタジアム Paul Brown Stadium（6万5535人収容）
住1 Paul Brown Stadium
☎(513) 621-8383
URL www.bengals.com
行バス#85で15分。もしくは徒歩20分

この選手に注目!
セドリック・ベンソン

ベースボール　MLB

シンシナティ・レッズ（ナショナルリーグ中地区）
Cincinnati Reds

2011年は地区3位に終わったが、シーズン終了後に大がかりな補強にのり出した。投手陣が充実し、2年ぶりの地区優勝を目指す。最古のチームとして全球団に先駆け開幕戦（トラディショナルオープナー）が行われる。

アメリカンフットボール　NFL

シンシナティ・ベンガルズ（AFC 北地区）
Cincinnati Bengals

2011年は勝ち越しを決め、地区3位ながらプレーオフ最後のシートに滑り込んだ。QBパーマー、WRオチョシンコといった主力放出のチーム刷新策が功を奏した形だ。3連続で初戦敗退となったプレーオフを勝ち上がる成長を遂げられるか見守りたい。チームカラーはブラック、オレンジ、ホワイト。

メモ
シンシナティはチリの町

挽き肉、タマネギ、豆をチリソースで煮込んだ料理のチリは、アメリカのどこにでもある料理だが、シンシナティ・チリはタマネギと豆は入れずに独特なギリシャ風スパイスで作られる。シンシナティでチリを食べない人はモグリといわれるほど、町中にチリがあふれている。スパゲティのBowlやホットドッグのConey、ブリトーズ Burritos などとお好みで組み合わせる。細く切ったチーズがたっぷり盛られてくるのが 3way だが、チーズ抜きの 2way もある。4way、5way はタマネギ、豆などのトッピングが増える。必ずクラッカーが付いてくるのもチリの特徴だ。ゴールドスターチリ Gold Star Chili、スカイラインチリ Skyline Chili の 2 大チェーンレストランが有名だ。

スパゲティ「ボールのスリーウエイ」

市内を走るバスもチリの広告塔

メモ **世界クワイヤゲームズ** ▶『合唱のオリンピック』として知られるこの大会は 2 年に一度開催される。2012 年 7 月 4 〜 14 日の期間中、シンシナティでは 11 日間にわたる合唱の熱い戦いが繰り広げられ、日本からも多くの参加者が集う。URL www.2012worldchoirgames.com

ショップ&レストラン&ホテル Shops & Restaurants & Hotels

S デパート
ティファニーが一角を占めるデパート
メイシーズ
Macy's

住505 Vine St.　☎(513)361-4200　URL www.macys.com
開月～土10:00～18:00(木・金～20:00)、日12:00～17:00
AMV　地P.374　A-1

おなじみアメリカを代表するデパートだが、ニューヨークのほかにもシンシナティに本社がある。ファウンテンスクエアに面する立地はダウンタウンのどこからも便利だ。　('12)

S ショッピングモール
オハイオ川を渡ってすぐ
ニューポート・オン・ザ・レヴィ
Newport on the Levee

住1 Levee Way, Newport, KY　Free(1-866)538-3359
URL www.newportonthelevee.com　地P.374　B-2
開月～土11:00～21:00(金・土～22:00)、日12:00～18:00

ニューポート水族館の隣にあるショッピングモール。本屋のバーンズ&ノーブルのほか、レストランが多いので食事に困ったらここに来るといい。映画館は20スクリーンもある。　('12)

R カフェ
フランス式製法のアイスクリーム
グレーターズ
Graeter's

住2704 Erie Ave.　☎(513)321-6221　URL www.graeters.com
開毎日7:00～22:30(金・土～23:00、日9:00～)
AMV　地P.374　B-1外

創立者の妻、レジーナ・グレーターズが1922年に開店した場所にある。オリジナルの製法を守るアイスクリームはオハイオ州を中心に人気。ダウンタウンに支店あり。　('12)

R ファストフード
ご当地グルメを試すなら
スカイラインチリ
Skyline Chili

住254 E. 4th St.　☎(513)241-4848
URL www.skylinechili.com　地P.374　B-1
開毎日10:30～20:00(土～16:00、日～15:00)　AMV

シンシナティ・チリを一度試すならここがおすすめ。ギリシャから移住したニコラス・ランブリニデスが1949年に開業したチェーンだ。食べ方は➡P.378 メモを参照。　('12)

R アメリカ料理
ここは外せない、リブの店
モントゴメリーイン
Montgomery Inn

住925 Riverside Dr.　☎(513)721-7427　地P.374　B-1
URL www.montgomeryinn.com
開ランチ月～金11:00～15:00、ディナー毎日15:00～22:00
(金・土～23:00、日～21:00)　ADMV

川辺の景色を楽しみながらゆっくりと食事できるのがうれしい。バスはメトロ#28があるが便数は少ない。リブが有名。　('12)

H エコノミーホテル
ニューポート水族館の斜め向かい
トラベロッジ・リバーフロント/ニューポート
Travelodge Riverfront/Newport

住222 York St., Newport, KY 41071　☎(859)291-4434
FAX(859)261-5116　URL www.travelodge.com　ADJMV
ⓈⒹⓉ$55～125、スイート$130～160　地P.374　B-2

ケンタッキー州側なので、シンシナティのホテルと比べると値段が安め。近くをサウスバンク・シャトルが頻繁にとおる。シンシナティやコビントンへ行くにも不便はない。104室。('12)

H 中級ホテル
コビントンのコンベンションセンターの前
エンバシースイーツ
Embassy Suites

住10 E. Rivercenter Blvd., Covington, KY 41011　地P.374　A-2
☎(859)261-8400　Free(1-800)362-2779　FAX(859)261-8486
URL www.embassysuites.com　スイート$89～229　ADMV

対岸のシンシナティが窓から見られる。キッチン付きの居間と独立型ベッドルームのスイートは、旅に安らぎをもたらしてくれる。観光にもビジネスにも使いやすい。277室。　('12)

H 高級ホテル
ダウンタウンの名門ホテル
ネザーランドプラザ
Netherland Plaza

住35 W. 5th St., Cincinnati, OH 45205
☎(513)421-9100　Free(1-888)750-9224　FAX(513)421-4291
URL www.cincinnatinetherlandplaza.hilton.com
ⓈⒹⓉ$109～259　ADJMV　地P.374　A-1

カリュータワーの一角を占める老舗ホテル。パームコートにある『オーチャード』は最高レストラン賞を受賞。561室。　('12)

モータータウン

デトロイト
Detroit

治安はあまりよくないが、車産業や黒人文化に興味のある人には魅力的な町だ

自動車産業のお膝元デトロイトは、フォード、クライスラー、ゼネラルモーターズのビッグスリーが本社を置く企業城下町。車産業の生みの親、ヘンリー・フォードゆかりの地ディアボーン、GMが本拠を置くルネッサンスセンター、そしてアーバンヒルズのクライスラー博物館は車好きにとっては、いくら時間があっても足りない場所だろう。

車以外でもデトロイトの町は見どころに欠くということがない。1960年代のヒットチャートを席巻したレーベル「モータウン」のスタジオ、アメリカでは珍しいアラブ系アメリカ人博物館、そして所蔵品の数と内容では屈指のデトロイト美術館は見逃せない見どころだ。

またデトロイトは、テクノ・ミュージック発祥の地。黎明期を支えたデリック・メイ、ケヴィン・サンダーソン、ホアン・アトキンスらが現在も第一線で活躍している。毎年5月には大規模なエレクトロニック・ミュージック（電子音楽）のフェスティバルも開催され大にぎわいだ。デトロイト・テクノが生まれた環境を肌で感じてみるのもいい。

デトロイトの郊外にあるフォード社の本拠地で工場見学に参加してみよう

DATA

人口▶約71万3800人
面積▶359km²
標高▶183m
TAX▶セールスタックス　6%
ホテルタックス　14%
属する州▶ミシガン州
Michigan
州のニックネーム▶グレート・レイクス州　Great Lakes State
州都▶ランシング　Lansing
時間帯▶イースタン・タイムゾーン
繁忙期▶4～9月 ➡P.631

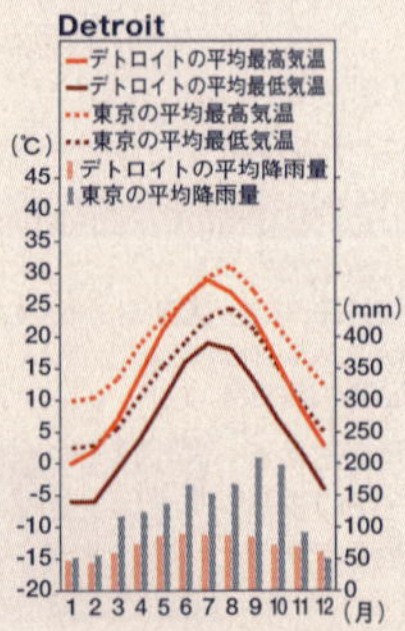

メモ **デトロイトで行われるエレクトロニック・ミュージック・フェスティバル**▶世界各国から100人近いミュージシャンが集まる。会場はダウンタウンにあり、2013年は5/25～27に開催される予定だ。Movement Electronic Music Festival URL www.movement.us

デトロイトへの行き方 Getting There

飛行機 Plane

デトロイト・メトロ空港
Detroit Metro Airport (DTW)

ダウンタウンの南西約35km。成田空港と羽田（東京国際）空港から直行便が到着する。国内線に乗り継ぐ場合は、入国審査を済ませ一度荷物を受け取り、乗り継ぎ用の荷物預け場所で再び荷物を預けること。ダウンタウンまでは空港シャトルバンがないので、路線バスかタクシーでの移動となる。

ターミナルはふたつ。マクナマラターミナルは全長1.6kmもある横長の構造で、A～Cのコンコースがあり、トラムで移動する。一方ノースターミナルはコンコースDのみで、アメリカン航空、ユナイテッド航空、コンチネンタル航空などが使っている。

デトロイト・メトロ空港
地P.387　A外
☎(734)247-7678
URL www.metroairport.com

サービスが充実しているマクナマラターミナル
©Wayne Country Airport Authority/Vito Palmisimo

空港からダウンタウンへの移動
スマートバスを使えばわずか$2でダウンタウンまで行くことができるが、運行本数が少なくダウンタウンのバス停付近の治安もよくない。タクシー利用をすすめる

■ 空港から／空港へのアクセス

	種類／名称／連絡先	行き先／運行／料金	乗車場所／所要時間／備考
路線バス	スマートバス #125 SMART Bus #125 Free (1-866)962-5515 URL www.smartbus.org	**行き先▶**ダウンタウンのMichigan Ave.& Griswold St.にバス停がある **運行▶**平日5:00前後～23:00前後の約1時間間隔、週末7:00前後～20:00前後の約1時間30分間隔 **料金▶**$2	**空港発▶**マクナマラ、ノースの両ターミナル、それぞれ1階を出たところにバス停がある **空港行き▶**マクナマラ、ノースの両ターミナル行きが交互に運行される。利用ターミナルを確認してから乗車する **所要時間▶**ダウンタウンまで約1時間30分
タクシー	メトロ・キャブ Metro Cab ☎(734)997-6500	**行き先▶**市内や周辺どこでも **運行▶**24時間随時 **料金▶**ダウンタウンまで$43、ディアボーンまで$33	**空港発▶**バゲージクレーム（機内預け荷物のピックアップ場所）を出て"Taxi"のサインに従う。係員がいることもあるので従う **空港行き▶**事前に電話予約、または主要ホテルから乗車 **所要時間▶**ダウンタウンまで30分

※それぞれの乗り物の特徴については ➡P.665

長距離バス Bus

グレイハウンド・バスディーポ
Greyhound Bus Depot

ダウンタウンの西約2kmに位置する。入口はHoward St.側で、規模は小さい。シカゴ、クリーブランドなどへの便がある。ルネッサンスセンターまで歩いて約30分だが、タクシーなら約5分で、$10以内。

グレイハウンド・バスディーポ
地P.383　A-4
住1001 Howard St.
☎(313)961-8011
開毎日5:30～翌1:30
行Lafayette Blvd.を西へ。フリーウエイを越えてすぐ右側

鉄道 Train

アムトラック駅
Amtrak Station

デトロイト駅

ダウンタウンの北西、Woodward Ave.沿い。1日3便Wolverine号がシカゴとポンティアック間を走る。ダウンタウンへはDDOTバス#16かスマートバス#450、460などで。

ディアボーン駅

ディアボーン・シビック・センターの近く。Michigan Ave.をとおるスマートバス#200でデトロイト、ディアボーン両方へ行ける。

アムトラック駅
Free (1-800)872-7245

●Detroit駅
地P.383　A-1
住11 W. Baltimore Ave., Detroit
開毎日6:00～翌1:00（チケット売り場は閉鎖時間あり）

駅はかつてビジネスの中心だった場所にある

●Dearborn駅
地P.387　A
住16121 Michigan Ave., Dearborn
開毎日6:00～翌0:30（チケット売り場は閉鎖時間あり）

旅のアドバイス **広いデトロイト空港の移動方法▶** マクナマラターミナルは搭乗ゲートが120もある。日本行きの便も発着するコンコースAは横に長い構造。搭乗ゲートが遠い場合は、ターミナルの上を走る無人トラムも利用しよう。

Getting Around デトロイトの歩き方

デトロイト観光局
Free (1-800) 338-7648
URL www.visitdetroit.com

●ローザパークストランジットセンター
地 P.383　A-4
住 Cass & Michigan Aves.
開 24時間営業

数社のバスが相互乗り入れするトランジットセンター

DDOTバス
☎ (313) 933-1300
Free (1-888) 336-8287
URL www.detroitmi.gov
料 $1.50、トランスファー（乗り換え）は25¢
※紙幣が使えないバスがあるのでコインを用意すること

スマートバス
Free (1-866) 962-5515
URL www.smartbus.org
運行／毎日5:00頃～翌1:00頃
料 $2、郊外へは$4。トランスファーは25¢
※紙幣が使える
●スマートバス案内所
地 P.383　A-4
住 535 Griswold St.
開 月～金8:30～17:00

ピープルムーバー
Free (1-800) 541-7245
URL www.thepeoplemover.com
運行／月～金6:30～24:00（金～翌2:00）、土9:00～翌2:00、日12:00～24:00
料 75¢

無人電車ピープルムーバーが走るダウンタウンは、スポーツ観戦以外の見どころが少ないので、バスで行く文化センター地区や郊外のディアボーンを優先して回ろう。ふたつのバスシステムが市内と郊外を走っているが、観光地をとおる路線が少ないのが悩みだ。自動車産業で成り立っている土地のせいか、車での移動が基本となっている。また、町には観光案内所がないので、旅行の情報を入手するならデトロイト観光局のウエブサイトを使おう。アーバンヒルズなど、見どころが広範囲に分散しているので、これらに行くにはレンタカーかタクシーしかない。

市内の交通機関 ……… Public Transportation

ダウンタウンのCass & Michigan Aves.に、バスシステムとピープルムーバーの乗り換えができるバスディーポRosa Parks Transit Centerが完成した（Rosa Parksは差別撤廃を訴えてバスに座り込みを続けた黒人女性の名。公民権運動のきっかけともなった）。

DDOTバス
Detroit Department of Transportation（DDOT）

デトロイト市の交通局が運行する路線バス。黄色と緑のラインが入った車体が目印だ。中心部に案内所がないので、ルートや時刻表はウエブサイト、あるいは自動音声で24時間対応のフリーダイヤルサービスを利用する。

スマートバス
Suburban Mobility Authority for Regional Transportation（SMART）

上記のDDOTバスよりも広い範囲のミシガン州南東部をカバーする路線バスで、ディアボーン方面#200や空港へ#125のルートがある。車体は赤とオレンジのラインが入ったもの。スマートバス案内所はダウンタウンのBuhl Bldg.の1階にある。

ディアボーン地区とを結ぶスマートバス#200

ピープルムーバー
Detroit People Mover（DPM）

ダウンタウンの環状路線を走る無人電車。ルネッサンスセンターやグリークタウン、スポーツ会場への足となる。約15分で一周できるので、デトロイト観光の初めにひと回りするのもいい。駅は全部で13駅。料金は75¢でトークンと呼ばれるコインか、硬貨（5¢、10¢、25¢）で。

高架なので眺めがいい

旅のアドバイス　ピープルムーバー運賃の払い方 ▶ 日本の鉄道のような切符を購入するのではなく、改札機に75¢を直接入れるシステムだ。使えるのは5¢、10¢、25¢硬貨。ほかに、ひとつ75¢のトークンと呼ばれるコインを改札機に入れる方法もある。トークンは改札付近にある自動券売機で購入可能。

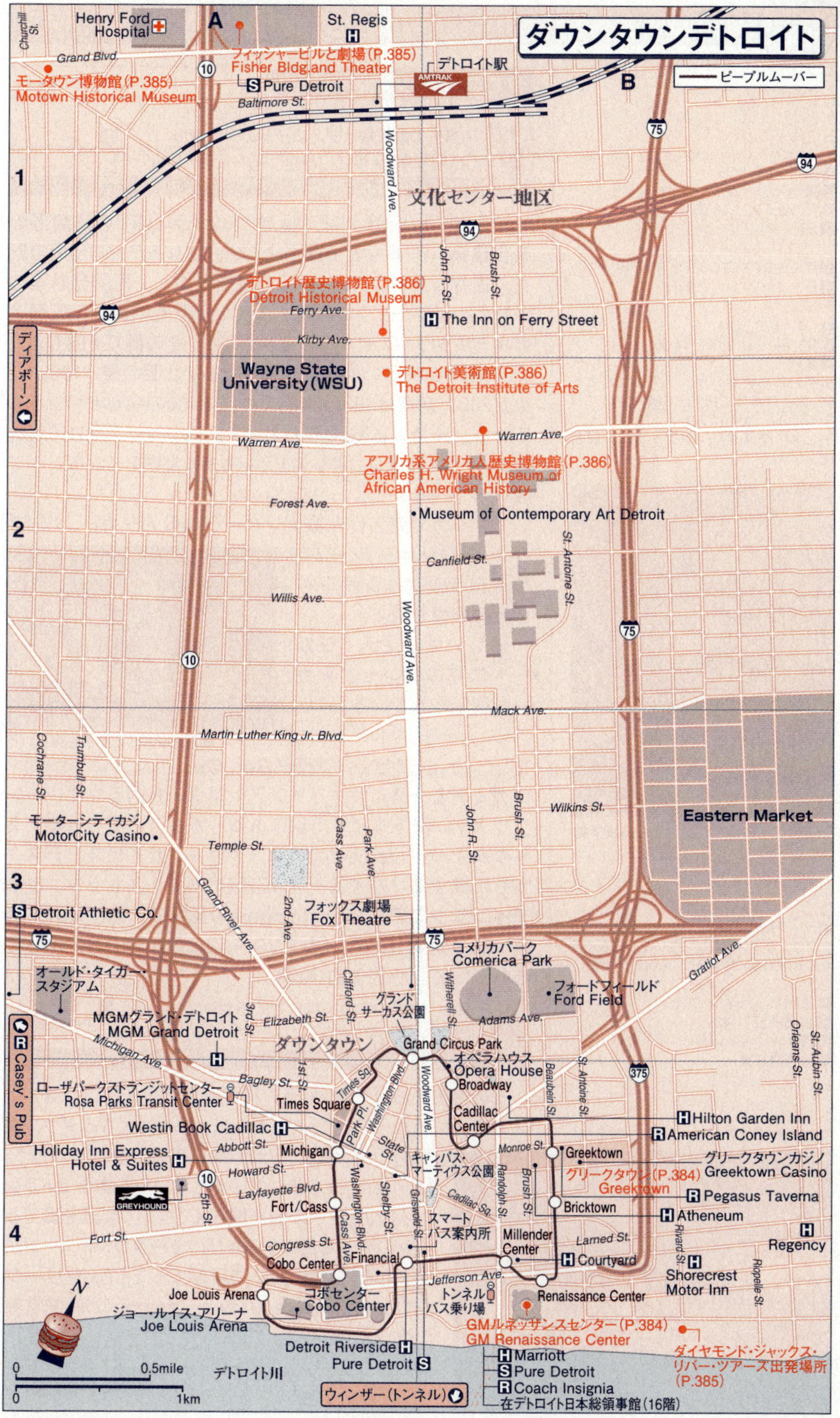

旅のアドバイス **デトロイトのホテル** ▶ ダウンタウンのホテルは数えるほどしかない。車があれば自由に動けるが、車がない場合は荷物を持ってホテルを探し回るのは時間のムダなので事前に決めておこう。場合によってはグリークタウンやMGMなど、カジノ併設のホテルに泊まるのもいい。

ダウンタウン地区 Downtown

円筒形の摩天楼はデトロイトのシンボル 地P.383 B-4

GMルネッサンスセンター
GM Renaissance Center

デトロイト川沿いにそびえ建つ、ガラス張りの円筒形の集合建築。写真などで最もよく紹介されるデトロイトの顔だ。通称**レンセンRen Cen**の名で呼ばれ、再開発計画のシンボルとして1977年に建てられた。中央にある73階建てのホテルタワーにはマリオットが入り、その周りを囲むように39階建てのビルが4棟連なる。そして北西の棟は100、北東が200、南東は300、南西の棟には400の名称がつけられている。一角には映画館も入り、人気ショップや1110席あるフードコートをはじめレストランも多く営業している。

GM ショールーム　GM Showroom

アメリカで売上げ台数ナンバーワンのメーカー、GMブランドのショールーム。キャデラック、シボレーなどの車種が並ぶ。

珍しいヴィンテージカーや未来のコンセプトカーも展示されている。

新旧モデル、どちらも見られる

ツアー・レンセン　Tour Ren Cen

ガイドと一緒にルネッサンスセンターを回るウオーキングツアー。デトロイト川側にある、ガラスで覆われたアトリウムGM Wintergardenのカスタマー・サービス・デスクから出発する。ハイライトは72階にあるレストラン、**コーチインシグニアCoach Insignia**の見学で、遠くカナダ側まで眺望が楽しめる。見学ツアーにはGM Showroomも含まれていて、所要は約1時間。

GMルネッサンスセンター
●Customer Service Desk
☎(313)567-3126
URL www.gmrencen.com
開 月～土9:00～18:00(土10:00～)
休 日
●GM Showroom
開 月～土9:00～18:00(土～17:00)
休 日、イベントのある日
●Tour Ren Cen
☎(313)568-5624
出発／月～金12:00、14:00
料 無料
※予約は必要ないが、ツアーが始まる5分ほど前までにPURE DETROIT / GM Collection Storeにあるカスタマー・サービス・デスクで、ツアー参加の記名をしておく

円筒形の GM 本社ビルは未来的建築物

ダウンタウンで唯一夜までにぎやか 地P.383 B-4

グリークタウン
Greektown

その名のとおりギリシャ系の移民が定住した地域。オフィスアワーが終わってしまうとたんに人影がなくなるダウンタウンだが、ここだけは唯一夜遅くまでにぎわう。Monroe St.を歩いていると、いたる場所でトランペットやギターの音が聞こえてきて、楽器を奏でる人々の光景を目にするたび、モータウンレコードが生まれた町であることを実感するだろう。**グリークタウンカジノ Greektown Casino**は24時間営業のカジノホテルで、2009年にオープンした30階建ての新タワーからはデトロイト川越しにカナダを眺めることができる。

グリークタウン
行 ピープルムーバーGreektown駅がグリークタウンカジノに直結している。にぎやかなのはMonroe St.を東に100mほどの間だ
●Greektown Casino
住 555 E. Lafayette Blvd.
Free (1-888)771-4386
URL www.greektowncasino.com
開 24時間営業

夜遅くまで営業するレストランも多い

国を隔てている川をクルージングしよう 地P.383 B-4

ダイヤモンド・ジャックス・リバー・ツアーズ
Diamond Jack's River Tours

　レンセンから東へ2ブロックにあるリバードプラザを出発し、ベル・アイル・ビレッジとアンバサダービレッジの間を回る2時間のクルーズ。船内にはスナックなどの軽食が用意されている。ベル・アイル公園やウインザーのダウンタウンなどの観光もあり。

カナダとアメリカのどちらの町並みも楽しめる

ダイヤモンド・ジャックス・リバー・ツアーズ
☎(313)843-9376
URL www.diamondjack.com
出発時間／〈6月中旬～9月上旬〉木～日 13:00、15:30
出発場所／Rivard Plaza
料$17、60歳以上$15、6～16歳$13

文化センター地区 Cultural Center

ブラック・ミュージック・ファンは必見！ 地P.383 A-1

モータウン博物館
Motown Historical Museum

　スティービー・ワンダー、テンプテーションズ、シュープリームス、マービン・ゲイ、スモーキー・ロビンソン、ダイアナ・ロス、そしてマイケル・ジャクソン。アメリカ音楽史を飾るミュージシャンたちが、ここデトロイトの小さなスタジオから数多くのヒット曲を生み出し、世界のスターダムを駆け上っていった。創立者バリー・ゴーディJr.は購入した家の地下室をレコーディングスタジオに改造し、1959年にモータウンレコードを設立。現在はモータウンの歴史、そしてアメリカ音楽史を語る博物館として公開されている。

ピアノも当時のままの位置に置かれている
©Courtesy of the Motown Museum

　2階ではモータウンの歴史、展示スペースではゴールドとプラチナディスク、シュープリームス、テンプテーションズの衣装、"King of Pop" マイケル・ジャクソンの帽子と白い手袋など見逃せない逸品などについて、解説が聞ける。さらに階下では当時のままのスタジオAが見学できるのでお見逃しなく。

　1階のギフトショップはビデオ、CD、書籍、Tシャツなどモータウングッズが充実している。

住宅街も当時のままあまり変わっていない

モータウン博物館
住2648 W. Grand Blvd.
☎(313)875-2264
URL www.motownmuseum.com
開火～土10:00～18:00
休日・月（夏期は日曜のみ休み）
料$10、シニア／12歳以下$8
行DDOTバス＃16で約30分

デトロイトの黄金時代を物語る 地P.383 A-1

フィッシャービルと劇場
Fisher Building and Theater

　デトロイトを代表する建築家アルベルト・カーンが1928年に建てた、アールデコ様式の高層建築。W. Grand Blvd.を挟んだキャデラックプレイス（旧GM本社ビル、現在は州庁舎）もカーンが手がけた作品であり、ともに歴史的建造物として指定されている。ビル完成時から続く伝統あるフィッシャー劇場では、人気ミュージカルなどの公演が行われる。

フィッシャービルと劇場
住3011 W. Grand Blvd.
☎(313)872-1000　（チケット）
URL www.broadwayindetroit.com
行スマートバス#450/460、もしくはDDOTバス#23

エントランスは舞台芸術の場らしい華やかな造り

投稿 ダイヤモンド・ジャックス・リバー・ツアーズ▶発着場で早く並べば、船のへさきに座れる。ただし、紫外線が強いので対策が必要。また、AAAカードを見せると$2のディスカウントがある。
（神奈川県　ビッグバード'09）['12]

アフリカの国々の国旗が掲げられる中央円形ロビー

アフリカ系アメリカ人歴史博物館
住315 E. Warren Ave.
☎(313)494-5800
URL www.thewright.org
開火～日9:00～17:00(日13:00～)
休月
料$8、62歳以上／3～12歳$5
行Woodward Ave.を走るスマートバス#450/460、610/615、もしくはDDOTバス#53に乗り、Warren Ave.で下車。約25分

デトロイト美術館
住5200 Woodward Ave.
☎(313)833-7900
URL www.dia.org
開水～日10:00～16:00(金～22:00、土・日～17:00)
休月・火
料$8、シニア$6、6～17歳$4
行Woodward Ave.を走るスマートバス#450/460、610/615、もしくはDDOTバス#53に乗り、Warren Ave.で下車。約20分

デトロイト歴史博物館
住5401 Woodward Ave.
☎(313)833-7935
URL www.detroithistorical.org
開水～金9:30～15:00、土10:00～17:00、日12:00～17:00
休月・火
料$6、シニア／5～17歳$4、4歳以下無料
行Woodward Ave.を走るスマートバス#450/460、610/615、もしくはDDOTバス#53で約20分

デトロイトは自動車以外にも重要な役割を果たしていた

アフリカ系アメリカ人の苦難の歴史がわかる 地P.383 B-2

アフリカ系アメリカ人歴史博物館

Charles H. Wright Museum of African American History

アフリカ系アメリカ人博物館としては最大規模であり、公民権運動の起きた1965年に創立された。圧巻は常設展示の"And Still We Rise"。20のジオラマから構成され、有史前のアフリカ大陸に始まり、強制的に連れてこられた先祖の理不尽な歴史をたどり、今日のアフリカ系アメリカ人社会の成り立ちまでを時系列で解説している。

全米有数の美術館 地P.383 A-2

デトロイト美術館

The Detroit Institute of Arts (DIA)

博物館などが多く集まる文化地区の中心にあり、6万点の作品を所蔵するアメリカでも指折りの規模を誇る美術館。1885年に創立され、地元ではDIAの愛称で親しまれる。ゴッホ、モネ、ルノアールの印象派の作品が並ぶヨーロッパ美術セクションをはじめ、日本や中国を含むアジア・イスラムセクションやアフリカ・オセアニアのセクションも充実。なかでも中庭のコートに、四方の壁を使って描かれた**ディエゴ・リベラDiego Rivera**の壁画"デトロイトの産業Detroit Industry"は、1930年代に工業の隆盛を迎えたデトロイトを描いた大作で、デトロイト観光では外せないもの。このメキシコ人画家は芸術とは大衆のためのものと、誰もが公の場所で鑑賞できる壁画というメディアにこだわった。産業と技術こそがデトロイトの誇れる文化、とでも語っているかのように、リベラの鋭い眼をとおして描かれた27のパネルは見る側に多くの問題を投げかける。

"デトロイトの産業Detroit Industry"の南面壁画部分

モータータウンの歴史を知ろう 地P.383 A-1

デトロイト歴史博物館

Detroit Historical Museum

自動車だけではないデトロイトの歴史がここに来れば見られる。例えば、南北戦争前のUnderground Railroadはカナダ側、奴隷制度のない州へと何万という奴隷を逃亡させた地下組織。デトロイトには大きなUnderground Railroadのルートがあったという史実が残されている。地階では、時代ごとに昔のデトロイトをそっくり再現した"The Streets of Old Detroit"が人気を呼んでいる。もちろん、世界で最初に舗装道路と高速道路ができた町など、車にかかわる歴史も紹介されている。

メモ **Old Car Festival**▶ヘンリー・フォードでは毎年Old Car Festivalが開催される。1890～1932年に製造されたクラシックカーのオーナーたちが全国から集まり、Greenfield Villageでパレードを行う。2012年は9月8、9日に行われる予定。

郊外の見どころ Excursion

ディアボーン市 Dearborn

外せないデトロイトの人気観光スポット 地P.387 A

ヘンリー・フォード
The Henry Ford

ダウンタウンの西約15マイル（約24km）にあるディアボーン市には、デトロイト観光の最大の目玉、**ヘンリー・フォードThe Henry Ford**がある。博物館と昔の村をまるごと再現したグリーンフィールドビレッジ、そして1914年から稼働しているフォードのルージュ工場見学ツアーなどをまとめてヘンリー・フォードThe Henry Fordと呼ぶ。

ヘンリー・フォード博物館
Henry Ford Museum

ヘンリー・フォードの中核となる博物館。総合案内の受付では日本語のパンフレットも用意されているので、チケット購入の際に入手しよう。

メインはアメリカの自動車の歴史。T型フォード、フォードマスタングの生産1号車をはじめとするクラシックカーが年代順に展示されている。また、歴代大統領が使用したリンカーンのリムジンカーも圧巻。ケネディ大統領がダラスで暗殺されたときに乗車していたリムジンも、屋根をつけた状態で展示されている。公民権運動のきっかけとなったローザ・パークスがたったひとりで座り込みを続けた実物のバスも一角に置かれ、同じ席に座ってみることができるのが印象深い。リンカーン大統領が1865年4月14日にワシントンDCの劇場で暗殺されたときに座っていたイスなど、車のほかにも、機関車、飛行機、住宅、農機具と、幅広く展示されアメリカ文明史そのものが見られる。

創業当時の建物を４分の１の大きさで再現

ヘンリー・フォード
住 20900 Oakwood Blvd., Dearborn
☎ (313) 982-6001
URL www.hfmgv.org
休 サンクスギビング、クリスマス
行 スマートバス＃200でFairlane Town Centerで#140に乗り換えてGreenfield Village下車

●Henry Ford Museum
開 毎日9:30〜17:00
料 $17、62歳以上$15、5〜12歳$12.50

公民権運動のきっかけともなった「モントゴメリー・バス・ボイコット事件」のバス

リンカーンの血痕が今も残る揺りイス

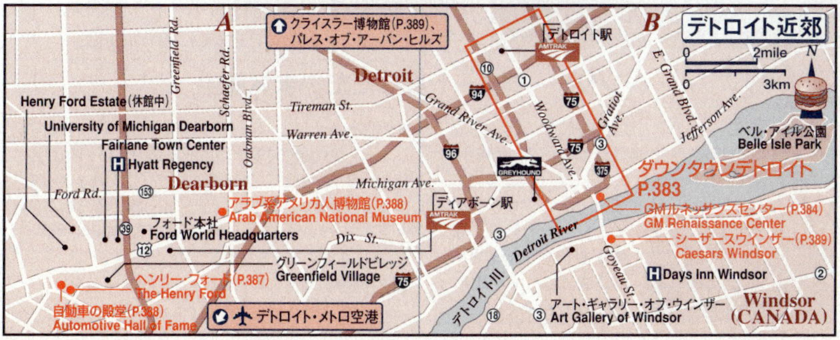

メモ ヘンリー・フォード▶博物館は自動車博物館ではなく、アメリカの風俗博物館で、飛行機、列車、服飾、家庭の様子などを見ることができる。入場料を払う際には、無料で日本語のパンフレットがもらえた。（神奈川県　しずかな猫　'05）['12]

●Greenfield Village
開〈4/12～10/30〉毎日9:30～17:00、〈11月〉金～日9:30～17:00、〈12月〉Holiday Nightsの開催時のみ
休1～4月中旬
料$24、シニア$22、5～12歳$17.50

●Rouge Factory Tour
ツアー／月～土9:30～17:00の約20分間隔。ツアーの最終便は15:00出発
料$15、シニア$14、5～12歳$11
※コンビネーションチケットあり

地道な努力を続ける日本企業の姿を改めて知る

自動車の殿堂
住21400 Oakwood Blvd., Dearborn
☎(313) 240-4000
URL automotivehalloffame.org
開水～日9:00～17:00(夏期は毎日)
休月・火、おもな祝日
料$8、シニア／13～18歳$6、5～12歳$4
行ヘンリー・フォードから西に歩いて3分ほど。駐車場の先にある

アラブ系アメリカ人博物館
住13624 Michigan Ave.
☎(313) 582-2266
URL www.arabamericanmuseum.org
開水～土10:00～18:00、日12:00～17:00
休月・火、サンクスギビング、12/25、1/1
料$6、シニア／子供(6～12歳)$3
行スマートバス#200、もしくはDDOTバス#37で30分

グリーンフィールドビレッジ　Greenfield Village

博物館の隣、広大な敷地内に開拓時代の村が再現されている。エジソンの研究室や人類初飛行に成功したライト兄弟の自転車店などが移築された敷地には、T型フォードが走り、しばし昔のアメリカにタイムトリップできる。

ルージュ工場ツアー　Rouge Factory Tour

博物館前から出発する循環バスで約10分のところにある、フォードの車工場を見学するツアー。組み立てられているのは、フォードの主力モデルのピックアップトラックF-150。なお、工場の写真撮影は禁止されている。

自動車産業を支えた偉人たち　地P.387 A

自動車の殿堂
Automotive Hall of Fame

ヘンリー・フォードから数分のところに自動車の殿堂がある。自動車産業に貢献した人々を称えるために設立されたこの殿堂にはガソリンエンジンの発明家、ニコラウス・オットーや、世界初の自動車を製作したカール・ベンツ、フォードの創始者ヘンリー・フォードなどの名が連なる。日本からは本田宗一郎、豊田英二、田口玄一、片山豊、梁瀬次郎、石橋正二郎、豊田章一郎が殿堂入りを果たしている。

世界的ブランドになった日本車

今こそアラブ系移民について学ぼう　地P.387 A

アラブ系アメリカ人博物館
Arab American National Museum

アラブ系アメリカ人、そしてアラブ民族と文化がテーマのアメリカ初の博物館。スミソニアン協会の分室でもある。デトロイト周辺にはL. A. に次ぐ多くのアラブ系移民が住み、コミュニティの歴史も長い。建物は美しいモザイクタイルの床や噴水などをあしらった伝統的な中庭を再現。多くの分野で活躍する有名なアラブ系アメリカ人、アラブ民族の伝統や文化を紹介している。

テーマはマイノリティとしてのアラブ系アメリカ人の歴史

メモ

ヘンリー・フォード邸はただいま休館中

ディアボーンのもうひとつの名所、ヘンリー・フォード邸は2012年春現在、全館改修のために休館中。1914年に建てられた邸宅はフォードが亡くなる1947年まで、エジソンバラ公やフーバー大統領の来客をもてなした歴史的な建物でもあり、毎年、世界中から多くの見学者が訪れた。

フォード生誕150周年にあたる2013年に一部が公開される予定だが、全館再開までにはまだしばらく待たなければならない。フォード一族の暮らしぶりを見学したい人には、代わりにデトロイト西北25kmにあるフォードハウスがおすすめ。

➡P.388欄外メモ

メモ　**フォードハウス▶**ヘンリーフォードのひとり息子のエドセルが夫人エレノアと暮らした家　住1100 Lake Shore Rd., Grosse Pointe Shores　☎(313) 884-4222　URL www.fordhouse.org　開〈4～12月〉火～日10:00～16:00（日12:00～）、〈1～3月〉火～日12:00～13:30（土・日～16:00）。冬期は時間が変動するので必ず確認　休月　料$12

アーバンヒルズ　Auburn Hills

ビッグスリーのすべてを見よう　地P.387　A-1外

クライスラー博物館
Walter P. Chrysler Museum

デトロイトの北48kmにあるアーバンヒルズAuburn Hills市のクライスラー本社敷地内にある。クライスラーがこれまで世に出した数々の銘柄、車種が一堂に集められている。1階は創立から1950年までに登場したDeSoto、Hudson、Nashなどのヴィンテージカーが展示され、2階には1951年発表のHEMI®やJeep®をはじめ、斬新なデザインが評判を生んだクライスラーやDodgeシリーズなど、全館で65台以上のコレクションが楽しめる。

クライスラー博物館
住1 Chrysler Dr., Auburn Hills
☎(248)944-0001
Free(1-888)456-1924
URL wpchryslermuseum.org
開火～日10:00～17:00(日12:00～)
休月、おもな祝日
料$8 、62歳以上 $7、6～12歳 $4
行I-75をExit 78 (Chrysler Dr.) で降り、Featherstone & Squirrelの交差点へ

博物館は本社敷地内に建てられている

ウインザー（カナダ）　Windsor (Canada)

デトロイトのダウンタウンから、バスでトンネルを抜けて川の向こうへ渡れば、そこはもうカナダ。たった15分、たった川1本でアメリカとは違ったカナダの雰囲気が楽しめる。パスポートを忘れずに。

ウインザー
地P.387　B
●Tunnel Bus
☎(519)944-4111
URL www.citywindsor.ca
運行／月～土5:30～翌0:30、日8:00～24:00。日中は20～30分間隔
料デトロイトからは$4、ウインザーからはCA$4.50
乗り場／デトロイトからは、ローザ・パークス・トランジット・センターから乗車する

国境を越えてカジノを楽しみに行こう！　地P.387　B

シーザースウインザー
Caesars Windsor

デトロイトもカジノがたくさんあるが、対岸のウインザーに渡る人の多くが、ここのカジノを目指しているといっても大げさではない。ルーレット、ブラックジャック、バカラのほか、ずらりと並んだスロットマシンでカジノに興じるのもいいし、5000席ある劇場コロセウムで行われる有名アーティストのコンサートに行くのもいい。

シーザースウインザー
住377 Riverside Dr. E., Windsor
☎(519)258-7878
URL www.caesarswindsor.com
開24時間営業
行Goyeau St.をデトロイト川方向に行き、Riverside Dr.を右へ2ブロック

観戦するスポーツ　Spectator Sports

ベースボール　MLB

デトロイト・タイガース（アメリカンリーグ中地区）
Detroit Tigers

アメリカンリーグとともに誕生。タイトルを総なめにした球聖タイ・カッブも在籍した。ワールドシリーズ制覇4回、リーグ優勝10回を達成した名門で、2006年はワイルドカードからワールドシリーズに進出したが、惜しくも優勝を逃した。近年は好不調の波が激しい。

デトロイト・タイガース
(1894年創設)　地P.383　B-3
本拠地――コメリカパークComerica Park(4万1782人収容)
住2100 Woodward Ave.
☎(313)962-4000
URL detroit.tigers.mlb.com
行ピープルムーバーのGrand Circus Park駅、またはBroadway駅下車。徒歩3分

この選手に注目！
ミゲル・カブレラ（一塁手）

アメリカンフットボール　NFL

デトロイト・ライオンズ（NFC 北地区）　Detroit Lions

2011年は1995年以来の2桁勝利を上げ、12年ぶりにプレーオフに進出、'08年に記録したシーズン全敗の悪夢を払拭した。新進気鋭のチームが勝ち越しを堅持し、20年以上縁がないプレーオフの勝利を手にできるか、注目したい。チームカラーはホノルル・ブルー、シルバー、ブラック、ホワイト。

デトロイト・ライオンズ
(1930年創設)　地P.383　B-3
本拠地――フォードフィールド Ford Field(6万5000人収容)
住2000 Brush St.
☎(313)262-2009(チケット)
URL www.detroitlions.com
行ピープルムーバーBroadway駅下車。徒歩5分

この選手に注目！
マシュー・スタフォード

メモ　アメリカドルとカナダドルのレート▶$1＝CA$1.00（2012年5月11日現在）

バスケットボール　NBA

デトロイト・ピストンズ（東・中地区）
Detroit Pistons

2003-04年ファイナルでレイカーズを一蹴、3度目の優勝を飾ると同時にこの頃、8年連続のプレーオフ常連であった。しかしここ3シーズンは不振が続いている。愛称は創設時のオーナー所有の工場にちなみ、その名が付けられた。チームカラーはロイヤル・ブルー、クリムゾン・レッド、ホワイト。

アーバンヒルズはダウンタウンデトロイトから車で約45分

デトロイト・ピストンズ
（1941年創設）
地P.387　A外
本拠地――パレス・オブ・アーバンヒルズ
Palace of Auburn Hills（2万2076人収容）
住6 Championship Dr., Auburn Hills
☎（248）377-0100（チケット）
URL www.nba.com/pistons
行公共の交通機関はない。デトロイトから車でI-75を北へ約40分のアーバンヒルズ市にある

この選手に注目！
グレッグ・モンロー

アイスホッケー　NHL

デトロイト・レッド・ウイングス（西・中地区）
Detroit Red Wings

1926年に創設されたオリジナル6のひとつ。近代NHLで最も成功した最強チーム。現在21シーズン連続でプレーオフに進出しており、その間に4度もスタンレーカップを獲得している。スウェーデン出身のゼッターバーグとロシア出身のダツークが攻撃の要。チケットは毎試合完売する。

デトロイト・レッド・ウイングス
（1926年創設）
地P.383　A-4
本拠地――ジョー・ルイス・アリーナ
Joe Louis Arena（2万66人収容）
住19 Steve Yzerman Dr.
☎（313）396-7444（チケット）
URL redwings.nhl.com
行ピープルムーバーJoe Louis Arena駅を下車してすぐ

この選手に注目！
ニクラス・リドストロム

ショップ&レストラン　Shops & Restaurants

S　雑貨
"Detroit"ロゴのグッズが揃う
ピュアデトロイト
Pure Detroit

住Fisher Bldg. Lobby, 3011 W. Grand Blvd.　地P.383　A-1
☎（313）873-7873　URL www.puredetroit.com
開月～土10:30～18:00、日12:00～17:00

"Detroit"とプリントされたTシャツ、帽子などが揃う。自動車の町らしく、車をモチーフにしたおみやげが見つかる。GMルネッサンスセンターにも支店（地P.383　B-4）あり。（'12）

S　スポーツ
懐かしさの残る老舗スポーツ店
デトロイト・アスレチック・カンパニー
Detroit Athletic Co.

住1744 Michigan Ave.　Free（1-877）604-4490
URL www.detroitathletic.com
開月～土10:00～17:00　休日　地P.383　A-3

地元のチームのグッズは何でも揃う、マニアにとっては必見の店。デトロイトのスポーツファンで知らないものはない。取り壊された旧タイガー球場の隣。（'12）

R　ファストフード
熱々のホットドッグをほおばりたい！
アメリカン・コニーアイランド
American Coney Island

住114 W. Lafayette Blvd.　☎（313）961-7758
URL www.americanconeyisland.com
開24時間営業　カード不可　地P.383　A-4

1970年代の雰囲気が漂う店内には、かわいらしいカラフルな家具が並ぶ。ニューヨークのコニーアイランドで生まれた人気のホットドッグ（$2.35）は、ここでもおすすめの一品。ジューシーな味を堪能しよう。（'12）

R　パブ&レストラン
ジューシーなハンバーグを食べたくなったら
ケーシーズ・パブ
Casey's Pub

住1830 Michigan Ave.　☎（313）963-2440
開月～土9:00～翌2:00（土11:00～）、日12:00～21:00※日によって早く閉店することがある　MV　地P.383　A-3、4外

タイガー球場がなくなった今も、昔なじみのお客が集まる気さくなパブ。分厚いハンバーガーは1枚ずつ焼いてくれる。予算は$10～。（'12）

メモ　世界中にあるピザチェーン▶デトロイトの郊外にはテイクアウトピザのチェーンLittle Ceasarsの本部がある。

レストラン&ホテル Restaurants & Hotels

R アメリカ料理
72階からの眺めは昼も夜も最高
コーチインシグニア
Coach Insignia

住71st & 72nd Fl., 100 Renaissance Center ☎(313) 567-2622
URL www.mattprenticerg.com/coachinsignia.html
開月〜土17:00〜22:00(金・土〜23:00) 休日 地P.383 B-4

ルネッサンスセンターの最上階にあり、カナダ側まで一望できる眺めはここだけのもの。肉とシーフードのコンボSurf & Turf Trioは$42。 ('12)

R ギリシャ料理
グリークタウンの食事はここで
ペガサスタベルナ
Pegasus Taverna

住558 Monroe St. ☎(313) 964-6800 地P.383 B-4
URL pegasustavernas.com
開毎日11:00〜翌1:00(金・土〜翌3:00、日〜24:00) AMV

グリークタウンのメインストリート、Monroe St.沿いにあるレストラン。ギリシャ料理のムサカ($11.95)などが食べられる。 ('12)

H エコノミーホテル
ルネッサンスセンターから東へ2ブロック
ショークレスト・モーターイン
Shorecrest Motor Inn

住1316 E. Jefferson Ave., Detroit, MI 48207 ☎(313) 568-3000
FAX (313) 568-3002 URL www.shorecrestmi.com
ⓈⒹⓉ$62〜82、スイート$111〜161 ADMV 地P.383 B-4

ルネッサンスセンターからJefferson Ave.を東へ2ブロック。高級ホテルが多いダウンタウンのなかで低価格で泊まることができるモーテルだ。宿泊客の評判もいい。54室。 ('12)

H 中級ホテル
MLB、NFL観戦におすすめ
ヒルトン・ガーデンイン・デトロイト・ダウンタウン
Hilton Garden Inn Detroit Downtown

住351 Gratiot Ave., Detroit, MI 48226 ☎(313) 967-0900
FAX (313) 967-0908 URL www.hiltongardeninn.com
ⓈⒹⓉ$139〜299 ADJMV 地P.383 B-4

ピープルムーバーのCadillac Center駅、Greektown駅にいずれも徒歩5分で、コメリカパークとフォードフィールドにも近い。198室。 ('12)

H 中級ホテル
ショッピングセンターに隣接
ハイアット・リージェンシー・ディアボーン
Hyatt Regency Dearborn

住600 Town Center Dr., Dearborn, MI 48126
☎(313) 593-1234 FAX (313) 593-3366
URL dearborn.hyatt.com ⓈⒹⓉ$129〜264
ADJMV 地P.387 A

Macy'sやSearsなどのデパートに加え、映画館も入ったフェアレーン・タウン・センターに隣接しているので食事や買い物を思い切り楽しむことができる。ビジネスセンターも完備。773室。 ('12)

H 高級ホテル
文教地区のど真ん中にある宿
イン・オン・フェリーストリート
The Inn on Ferry Street

住84 E. Ferry St., Detroit, MI 48202 ☎(313) 871-6000
FAX (313) 871-1473 URL www.innonferrystreet.com
ⓈⒹⓉ$149〜339 ADMV 地P.383 B-1

デトロイト美術館近くの歴史的住宅地区にあるホテル。6軒の住宅を改造して営業。朝食と5km以内のシャトルサービスは無料。40室。 ('12)

H 高級ホテル
ビジネスにも観光にも最適な立地
マリオット・ルネッサンス・センター
Marriott at the Renaissance Center

住Renaissance Center, 400 Renaissance Dr., Detroit, MI 48243
☎(313) 568-8000 FAX (313) 568-8146 URL www.marriott.com
ⓈⒹⓉ$159〜249 ADJMV 地P.383 B-4

無人電車ピープルムーバーの駅と直結する、ルネッサンスセンター(レンセン)のホテル。ホテル内レストランのほかにレンセンには手頃な価格で食べられるところが多く、不自由ない。ビジネスセンターや会議室など、サポートも充実。1246室。 ('12)

クリーブランド Cleveland

エリー湖畔の観光都市

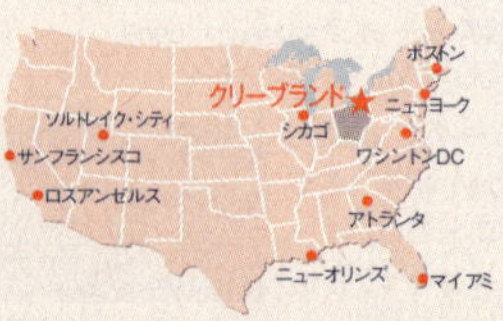

DATA

人口▶ 約 39万6800人
面積▶ 約201km²
標高▶ 約210m
TAX▶ セールスタックス　7.75%
ホテルタックス　16.25%
属する州▶ オハイオ州　Ohio
州のニックネーム▶ トチノキ州
Buckeye State
州都▶ コロンバス　Columbus
時間帯▶ イースタン・タイムゾーン
➡P.631
繁忙期▶ 5〜9月

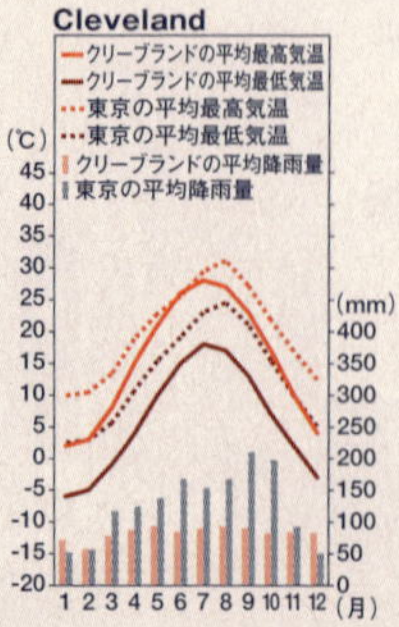

ロックンロール博物館は見逃せない見どころのひとつ

クリーブランドは古くからエリー湖とカヤホガ川の水運を利用して五大湖工業地帯の中核都市として発展した。重工業の衰退とともに近年は医療や観光などへの転換政策が打ち出され、産業再生が図られた。20世紀初頭に建てられたターミナルタワーは、その高さや重厚な建築様式においてこの町のかつての栄華を物語る。東部に位置する文教地区ユニバーシティサークルには世界屈指のクリーブランド管弦楽団が本拠地を構え、ダウンタウンの劇場地域とともにクリーブランドの芸術文化の水準の高さを誇っている。

この町はまた、ロックという偉大な文化の足跡を残している。1951年、ひとりのラジオDJによって“ロックンロール”という音楽の新ジャンルがここから発信され、瞬く間に世界中の若者文化を席巻した。ロックンロールの殿堂・博物館はクリーブランドの最も人気のある見どころだ。

移民の歴史が織りなす豊かな食文化も町のもうひとつの魅力である。

サベイランスホールでオーケストラを鑑賞するのもいい

クリーブランドへの行き方 Getting There

飛行機 Plane

クリーブランド・ホプキンス国際空港
Cleveland Hopkins International Airport（CLE）

ダウンタウンの南西約20kmにある空港。規模はあまり大きくないが、コンチネンタル航空のハブでシカゴやワシントンDCを約1時間30分で結ぶ。地下にはRTAラピッドトランジットのレッドラインが乗り入れている。

クリーブランド・ホプキンス国際空港
住5300 Riverside Dr.
☎(216)265-6000
URL www.clevelandairport.com

■ 空港から／空港へのアクセス

	種類／名称／連絡先	行き先／運行／料金	乗車場所／所要時間／備考
鉄道	RTA ラピッドトランジットレッドライン RTA Rapid Transit Red Line ☎(216)621-9500 URL www.riderta.com	行き先▶ダウンタウンのTower City駅、ユニバーシティサークルのUniversity Circle駅など ※Tower City駅はほかの路線やバスへ乗り換えるのに便利な場所 運行▶毎日4:30前後～翌1:00前後の約15～20分間隔 料金▶$2.25	空港発▶バゲージクレーム（機内預け荷物のピックアップ場所）の下の階に駅があるので、そこから乗車。ダウンタウンならTower City駅で下車 空港行き▶最寄りのレッドラインの駅から乗車 空港行き▶ダウンタウンまで約25分、ユニバーシティサークルまで約40分
タクシー	エースタクシー Ace Taxi ☎(216)361-4700 URL www.acetaxi.com	行き先▶市内や周辺どこでも 運行▶24時間随時 料金▶ダウンタウンまで約$35	空港発▶バゲージクレームを出た南側から乗車 空港行き▶事前に電話予約、または主要ホテルから乗車 所要時間▶ダウンタウンまで約20分

※それぞれの乗り物の特徴については ➲P.665

長距離バス Bus

グレイハウンド・バスターミナル
Greyhound Bus Terminal

ダウンタウンの東端にある。オハイオ州都のコロンバスやシンシナティのほか、シカゴ、デトロイト、ピッツバーグなどからのバスが発着。売店にはイスとテーブルがある。ダウンタウンの中心パブリックスクエアへは徒歩約15分。

グレイハウンド・バスターミナル
地P.395 B-1
住1465 Chester Ave.
☎(216)781-0520
開24時間営業

鉄道 Train

アムトラック駅
Amtrak Station

シカゴとニューヨーク、ボストン、ワシントンDCを結ぶ列車が毎日停車するが、発着時間は深夜と早朝のみ。

アムトラック駅
地P.395 A-1
住200 Cleveland Memorial Shoreway
Free(1-800)872-7245
開毎日21:30～翌13:00

ノースコーストにあるアムトラック駅

クリーブランドの歩き方 Getting Around

エリー湖に面した名所、ロックンロールの殿堂やフットボールスタジアム、そして野球やバスケットのプロスポーツの会場はすべてダウンタウンの徒歩圏内にある。RTAバスも縦横に走っているので気軽に利用しよう。ユニバーシティサークルへは、ヘルスラインで15分。全米を代表するクリーブランド管弦楽団のコンサートや、歴史のあるプレイハウススクエアで芝居やミュージカルもぜひ経験したい。カヤホガ川の対岸に渡り、再開発のフラット地区、オハイオシティやトレモント地区では何世代へも伝承されたクリーブランドの豊かな食を試すのもいい。

ダウンタウンE.4th St.はレストランやバーが集中する

旅のアドバイス　**レンタカーを借りる場合**▶空港の各社営業所は、ターミナル外のレンタカーセンター Rental Car Center に集まっている。ターミナルとレンタカーセンターの間は24時間運行のシャトルバスで5～7分ほど。

観光案内所 ……………… Visitors Information

クリーブランド観光案内所
Convention & Visitors Bureau of Greater Cleveland

クリーブランドの観光案内所は、ダウンタウンの中心にある広場、パブリックスクエアから東へ1ブロックのところにある。観光を始める前に立ち寄ってみよう。

クリーブランド観光案内所
地 P.395 A-2
住 334 Euclid Ave.
☎ (216) 875-6680
Free (1-800) 321-1001
URL www.positivelycleveland.com
開 月～金9:00～17:00、夏期のみ土10:00～16:00も
休 日

市内の交通機関 ……… Public Transportation

クリーブランド地域交通局（RTA）
Greater Cleveland Regional Transit Authority (RTA)

クリーブランド郊外までをカバーする公共交通システム。鉄道（RTAラピッドトランジット）とバスルート（RTAバス）、そして平日のダウンタウンを循環するトロリー（RTAトロリー）を運行している。案内所Customer Service CenterはRTAラインTower City駅の上にあるので、そこでまず時刻表や路線図を手に入れよう。

RTA の W. 25-Ohio City 駅

ユニバーシティサークルへ行くヘルスライン

RTA ラピッドトランジット　RTA Rapid Transit

路線はレッド、ブルー、グリーン、ウオーターフロントの4つで、すべてターミナルタワーの地下にあるTower City駅をとおる。空港からダウンタウンを結ぶレッドラインと、ノースコースト地区へ行くウオーターフロントラインは観光に便利。ウオーターフロントラインは、グリーンラインとブルーラインの一部列車が直接乗り入れている。

RTA ヘルスライン　RTA HealthLine

パブリックスクエアとレッドライン終点のLouis Stokes駅を結ぶバスルート。2両バスが医療機関や大学病院の集まるEuclid Ave.を日中5～15分間隔で走る。ユニバーシティサークルの見どころを巡るにはとても便利だ。

RTA バス　RTA Bus

灰色の車体の上部に赤と青のラインが入ったバス。100近くのルートがダウンタウンと郊外を結んでいる。

RTA トロリー　RTA Trolley

ダウンタウンを循環するトロリーバスで路線はふたつ。W. 6th St.→Superior Ave.→Euclid Ave.をとおるBライン、パブリックスクエア周辺を囲んで反時計回りに巡回するEライン。平日のみ7:00～19:00を10分おきに運行。トロリーの車体の絵が書かれた停留所から乗車する。運賃は無料。

クリーブランド地域交通局（RTA）
☎ (216) 621-9500
URL www.riderta.com
運行／路線により異なるが、RTAラピッドトランジット、RTAバスのいずれも早朝から深夜まで運行している
料 RTAラピッドトランジットとRTAバスは$2.25、RTAトロリー無料。1日券$5
●Customer Service Center（Tower City駅）
地 P.395 A-2
☎ (216) 566-5148
開 月～金7:00～18:00

ツアー案内 ……………… Sightseeing Tours

ローリー・ザ・トロリー
Lolly the Trolley

トロリーバスに乗って、クリーブランドのおもなアトラクションを車上から見学する約1時間のツアー。ザ・フラットにあるパワーハウスの前が発着地。ウエアハウス、ザ・フラット、ロックンロールの殿堂と博物館のあるノースコーストなどを、ドライバーの説明を聞きながら回る。要予約。

ローリー・ザ・トロリー
地 P.395 A-2
☎ (216) 771-4484
Free (1-800) 848-0173
URL www.lollytrolley.com
出発時間／〈5～10月〉月～土12:30（6～8月の金・土は17:00の回も）、日15:30、〈11～4月〉金・土12:30
料 1時間ツアー／$11、シニア$10、17歳以下$8
出発場所／フラット地区のPowerhouse (Elm St. & Winslow Ave.)
※2時間ツアーもあり

メモ **フラット地区の再開発▶** カヤホガ川河口のフラット地区イーストバンクは2013年春に再開発計画の一部が終了し、ショップ、レストランやホテルがオープンする予定だ。

おもな見どころ Sightseeing

タワーシティ地区 Tower City District

RTAラインのすべてがとおるTower City駅。地上52階の**ターミナルタワーTerminal Tower**ビルは1928年に開業した。当時としては珍しい高層建築で、威風堂々としたその姿はクリーブランドのシンボルである。観光案内所はビルの一角にあるのでぜひ立ち寄ってみよう。RTA バスの起・終点である**パブリックスクエアPublic Square**はすぐ前にあり、乗り換えに便利。東へ1ブロック行けば飲食店などが並ぶナイトスポットとして人気のある**イーストフォース通りE. 4th St**がある。

ターミナルタワーは鉄道とバスを使う人の拠点

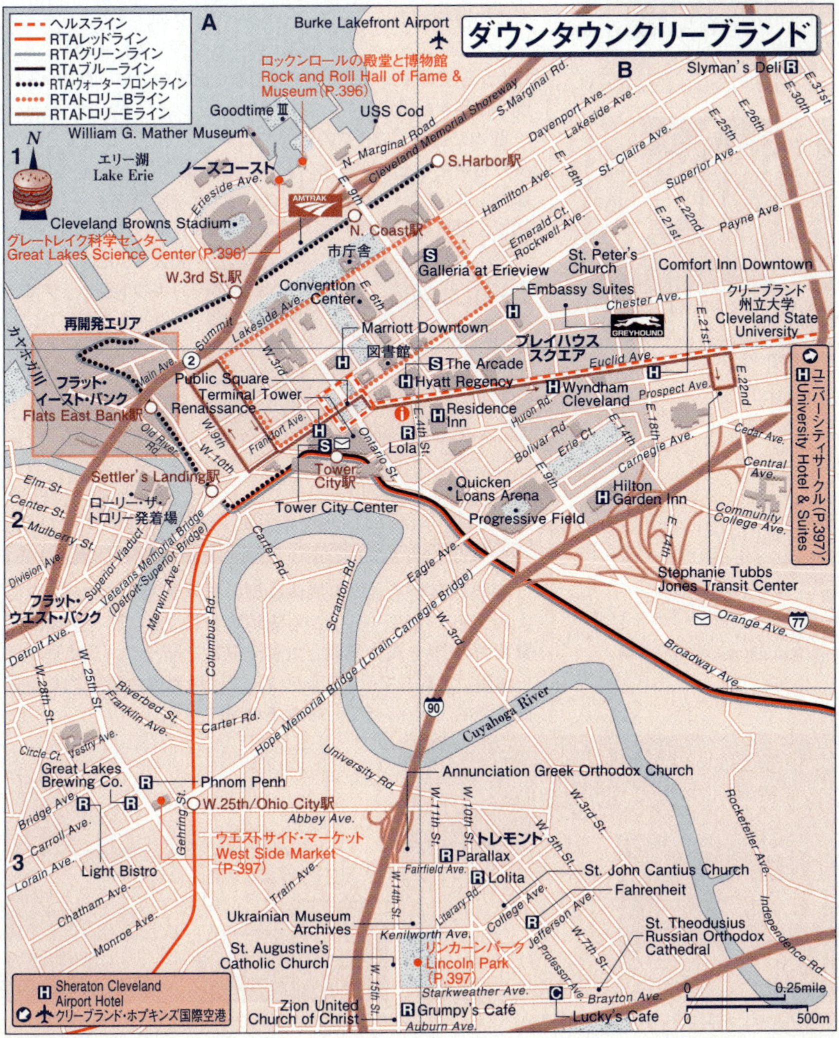

ノースコースト地区 North Coast

ダウンタウン北側のエリー湖畔がノースコースト地区。クリーブランドで一番人気の観光スポットがロックンロールの殿堂と博物館だ。隣接するのは子供も楽しめるグレートレイク科学センター。その先には、NFLブラウンズの巨大なスタジアムがそびえ立つ。

ロックンロールの殿堂と博物館は必見だ

ロックンロール・マニアは必ず行くべし 地P.395 A-1

ロックンロールの殿堂と博物館
Rock and Roll Hall of Fame & Museum

“Rock'n Roll”という言葉を世に送り出したクリーブランドのラジオDJ、アラン・フリードは伝説のヒーローとして地元っ子の誇りだ。アメリカ文化ともいえる“ロック”を取り上げたこの博物館では、ジミー・ヘンドリックス、プレスリー、チャック・ベリー、ビートルズ、ローリング・ストーンズ、メタリカからU2まで、アメリカだけでなく世界中のロックスターに関する品々を展示している。

館内にある“ロックの殿堂”コーナーでは、これまで殿堂入りを果たしたアーティストの記録を紹介している。2012年はガンズ・アンド・ローゼズ、レッド・ホット・チリペッパーズ、ドノヴァンなどが仲間入りした。

個性的なデザインを施したストラットがロビーに並べられている

ギフトショップにはギターをモチーフにしたキーホルダーやアクセサリー、Tシャツなど、ロックテイストたっぷりのグッズが揃っている。

ロックンロールの殿堂と博物館
住1100 Rock and Roll Blvd.
☎(216) 781-7625
URL rockhall.com
開毎日10:00～17:30（水～21:00）。メモリアルデイ～レイバーデイの土曜は21:00まで延長
休サンクスギビング、12/25
料$22、シニア$17、9～12歳$13、8歳以下無料
※館内はロビーを除いて撮影禁止。カメラはクロークで預けることになる

殿堂入りするには25年以上のキャリアが求められる
© Rock and Roll Hall of Fame & Museum

体験型博物館 地P.395 A-1

グレートレイク科学センター
Great Lakes Science Center

実験観察ができる参加体験型の展示が主体。スタッフによるデモンストレーションも随時行われ、センター全体の消費電力の6%を風力発電と太陽光発電で賄っている様子が見られる。オムニマックスシアターでは世界最大の迫力ある画面で科学アドベンチャー映画を体験できる。

グレートレイク科学センター
住601 Erieside Ave.
☎(216) 694-2000
URL www.glsc.org
開毎日10:00～17:00
休サンクスギビング、12/25
料$14、2～18歳$12（オムニマックスは別料金）
※18歳以下は大人の同伴が必要

宇宙のコーナーはたっぷり時間をかけて見たい

ガラス張りの外観はノースコースト駅舎と同じ基調だ

投稿 ロックンロールの殿堂と博物館▶ビートルズのグッズや、ジョン・レノンのパスポート（訪日時を含む）、成績表なども展示されており、ロックンロールがわからなくても楽しめる。（広島市　たけ　'06）['12]

オハイオシティ／トレモント地区 Ohio City/Tremont District

ダウンタウンからカヤホガ川を挟んだ南西にオハイオシティ、南の高台にトレモントと歴史のある地域が続く。RTAバス#79A/B、81などを利用。

ヨーロッパのようなマルシェがここにある 地P.395 A-3
ウエストサイド・マーケット West Side Market

ドイツ、アイルランド、ポーランド、スロバキア、ロシア、ウクライナ、ギリシャなど多くの民族がトレモントに住み始めて2世紀近くになる。それぞれの胃袋に応えるべく、ウエストサイド・マーケットはまさに巨大な食のデパートとして欠かせない役割を果たしてきた。2012年はマーケットが始まってから100周年を迎えることから、さまざまなイベントが催される予定。

ウエストサイド・マーケット
住 W.25th St. & Lorain Ave.
☎ (216) 664-3387
URL www.westsidemarket.org
開 月・水7:00～16:00、金・土7:00～18:00
行 RTAレッドライン、W.25th – Ohio City駅下車徒歩3分

食材を見ているだけで食欲が促される

多民族がともに暮らす町 地P.395 A、B-3
トレモント／リンカーンパーク Tremont/Lincoln Park

トレモントは全米でも珍しい教会の密集地区。庶民の暮らしを多様な宗教が支えてきた様子がうかがえる。映画『ディアハンター』（1978年）の撮影にも使われた**聖テオドシオスロシア正教寺院St.Theodosius Orthodox Cathedral**や**レムコホールLemko Hall**はトレモントの中心にある広場、リンカーンパークの近くにある。質素な労働者階級の家々が並ぶこの一帯に近年レストランやショップが進出し、観光スポットとなった。

キューポラの屋根が特徴のロシア正教寺院

公園の周りにはいくつもの教会がある

トレモント/リンカーンパーク
住 W.14th St. & Starkweather Ave.
URL www.tremontwest.org
行 RTAバス#81でStarkweather Ave. & W. 11th St.またはW.14th St.で下車

ユニバーシティサークル地区 University Circle

ダウンタウンの東約9kmにある。ケース・ウエスタン・リザーブ大学や大学病院、博物館や美術館、植物園やコンサートホールなどが集まった文教エリア。見どころは歩いて回れるが、エリア内には**サークルリンクCircle Link**（運行／月～土6:15～17:30、日12:00～17:30の23～35分間隔）という無料バスも走っているので利用しよう。

ユニバーシティサークル地区
行 パブリックスクエアからRTAヘルスラインに乗車し、約15分

"グリーニー" の愛称で呼ばれるサークルリンク

16～19世紀のヨーロッパ絵画が見られる"インドア・ガーデン"

クリーブランド美術館
住11150 East Blvd.
☎(216) 421-7350
URL www.clevelandart.org
開火～日10:00～17:00(水・金～21:00)
休月、7/4、サンクスギビング、12/25、1/1
料無料。特別展は別途有料

クリーブランド自然史博物館
住1 Wade Oval Dr.
Free (1-800) 317-9155
URL www.cmnh.org
開毎日10:00～17:00(水～22:00、日12:00～)
休おもな祝日
料$10、シニア／7～18歳$8、3～6歳$7。プラネタリウムは別途$4

歴史博物館／クロウフォード自動車・航空機博物館
住10825 East Blvd.
☎(216) 721-5722
URL www.wrhs.org
開火～土10:00～17:00、日12:00～17:00
休月
料$8.50、シニア$7.50、17歳以下$5
※クロウフォード自動車・航空機博物館は改装工事のため2012年秋まで閉鎖の予定

1916年創設の美術館 地P.398

クリーブランド美術館
The Cleveland Museum of Art

ユニバーシティサークルで何としても見逃せないのがクリーブランド美術館だ。コレクション（約4万点以上）の充実ぶりには目を見張るものがある。1916年に開館した本館に、東棟、北棟などを増築する大がかりな拡張工事が行われていて、増築は西棟の完成をもって2013年に終了する。東棟にある印象派コレクションではルノアール、モネ、マネ、セザンヌ、ゴーギャン、ゴッホ、近代・現代美術コレクションではピカソ、モディリアーニ、ウォーホルなどの数々の名作が無料で見られるのはありがたい。

目玉は「ルーシー」の模型 地P.398

クリーブランド自然史博物館
Cleveland Museum of Natural History

恐竜や剥製にまじり、一番の見どころといえば、**"ルーシーーLucy"**と名付けられた人類の祖先アウストラロ・アファレンシスの骨格模型。これだけ完全な形で発掘された化石は他に類を見ないという。ルーシーは、1974年にクリーブランド自然史博物館の探索隊によってエチオピアで発掘され、原物はエチオピア国立博物館に所蔵されている。ほかには、オハイオ州に生息する動植物を育てているWildlife Center & Woods Gardenがある。

ノスタルジックな展示がほのぼのとさせてくれる 地P.398

歴史博物館／クロウフォード自動車・航空機博物館
History Museum/Crawford Auto-Aviation Museum

ふたつの博物館が共通の入場券で見学できる。ひとつは200台以上の珍しいクラシックカー、飛行機、オートバイが集められたクロウフォード自動車・航空機博物館。そして歴史博物館は、クリーブランドの人々の歴史にまつわる資料が集められ、とりわけ国のファーストレディたちが身につけたパーティドレスなどが展示されている服飾棟は見応えがある。

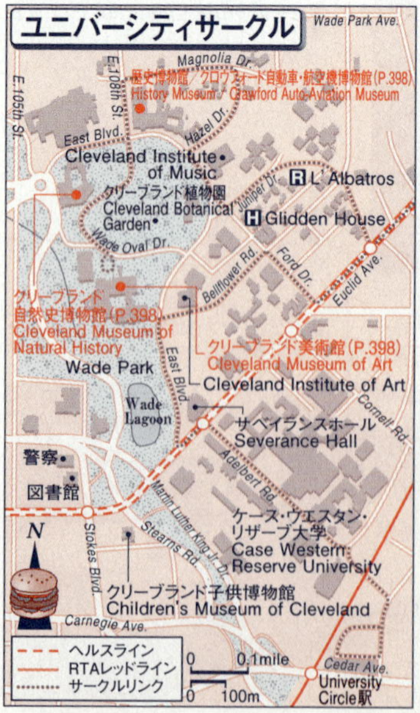

1982 March C2 Indy Racer もコレクションのひとつ

メモ 自然史博物館の"ルーシー"の名の由来は、発見当時に探検隊のキャンプで流されていた音楽がビートルズの『Lucy in the Sky with Diamonds』であったことからだといわれる。

エンターテインメント Entertainment

クリーブランド管弦楽団　Cleveland Orchestra

1918年創立。ジョージ・セルに率いられていた1946～70年、世界のトップクラスに上り詰めたオーケストラ。その後、'90年代後半にC・ドホナーニが第2の黄金時代を築いた。

プレイハウススクエア Playhouse Square

ダウンタウンのプレイハウススクエアを中心としたエリアは1920年代に造られた劇場などが改装され、全米でも有数の劇場街となっている。クリーブランドの夜は芝居、ミュージカル、オペラなどさまざまなパフォーミングアートを楽しみたい。

クリーブランド管弦楽団
ホームホール――サベイランスホール Severance Hall
地P.398
住11001 Euclid Ave.
☎(216)231-1111(チケット)
URL www.clevelandorch.com

プレイハウススクエア
地P.395　B-1
住Euclid Ave. bet. E. 14th～17th Sts.
※イベントスケジュールはウエブサイト（URL www.playhousesquare.org）で調べることができる

観戦するスポーツ Spectator Sports

ベースボール MLB

クリーブランド・インディアンズ（アメリカンリーグ中地区） Cleveland Indians

スタジアムへはターミナルタワーから歩ける

2011年前半は周囲の予想を上回る成績を残しプレーオフ進出を狙ったが、後半負け越して地区2位に終った。'12年、投手陣は充実しているので打撃陣が奮起すれば、プレーオフ進出も可能だ。かつての弱小球団の代名詞は、映画『メジャーリーグ』のヒットとともに払拭され、大躍進を遂げた。

アメリカンフットボール NFL

クリーブランド・ブラウンズ（AFC 北地区） Cleveland Browns

1995年のチーム消失騒動後、'99年に特別措置を受け、復興したが、勝ち越し2回、プレーオフ1回というお寒い状況が続いている。ここ4シーズンは2桁敗戦を重ねており、新コーチの就任だけでなく、経営陣の刷新が必須だ。チームカラーはシール・ブラウン、バーント・オレンジ、ホワイト。

バスケットボール NBA

クリーブランド・キャバリアーズ（東・中地区） Cleveland Cavaliers

5年連続プレーオフ、2006-07シーズンにチーム初のファイナル出場、2008-09には8割を越す勝率を刻んだ強豪もエース・レブロンがヒートに去り、2年連続20勝前後と低迷状態。通称「キャブス」には次世代の「騎士」の出現が望まれる。チームカラーはワイン、ゴールド、ホワイト、ネイビー。

クリーブランド・インディアンズ
(1901年創設)
本拠地――プログレッシブフィールド Progressive Field(4万3545人収容)
地P.395　B-2
住2401 Ontario St.
☎(216)420-4487(チケット)
URL cleveland.indians.mlb.com
行ダウンタウンの真ん中でクイックンローンズ・アリーナのすぐ隣。タワー・シティ・センターから歩いて行くことができる

この選手に注目!
カルロス・サンタナ（捕手）

クリーブランド・ブラウンズ
(1946年創設)
本拠地――クリーブランド・ブラウンズ・スタジアム　Cleveland Browns Stadium (7万3300人収容)
地P.395　A-1
住1085 W. 3rd St.
☎(440)824-3434(チケット)
URL www.clevelandbrowns.com
行タワー・シティ・センターから歩いて行くことができる

この選手に注目!
コルト・マッコイ

エリー湖畔にあるブラウンズ・スタジアム

クリーブランド・キャバリアーズ
(1970年創設)
本拠地――クイックンローンズ・アリーナ Quicken Loans Arena(2万562人収容)
地P.395　B-2
住One Center Court
Free (1-888)894-9424
URL www.nba.com/cavaliers
行タワー・シティ・センターから歩いて行くことができる

この選手に注目!
アントワン・ジェイミソン

S　ショッピングモール
由緒ある商業施設
ジ・アーケード
The Arcade

住401 Euclid Ave.　☎(216)696-1408
URL theclevelendarcade.com
開月〜土10:00〜18:00　(レストランは別)　地P.395　A-2

1890年に建てられた全米で最も古い全天候型商業施設。屋根のガラスから差し込む光が5階建分の吹き抜けに注がれる。1〜2階はフードコート、レストランやショップが入る。('12)

R　アメリカ料理
老舗の地ビールレストラン
グレートレイクス・ブリューイング・カンパニー
Great Lakes Brewing Co.

住2516 Market Ave.　☎(216)771-4404
URL www.greatlakesbrewing.com　AMV
開月〜土11:30〜22:30(金・土〜23:30)　休日　地P.395　A-3

工場に隣接するレストランとバーでは各種の地ビールを料理と一緒に楽しめる。おすすめはご当地食、お焼きのようなプローギー(pierogies)とブラートヴルスト(bratwurst)のセット($14)。('12)

R　アメリカ料理
"料理の鉄人"チャンピオンの店
ローラ
Lola

住2058 E. 4th St.　☎(216)621-5652
URL lolabistro.com　AMV　地P.395　A-2
開ランチ月〜金11:30〜14:30、ディナー月〜土17:00〜22:00(金・土〜23:00)　休日

鉄人シェフ、マイケル・サイモンが腕をふるい、地元の食材を活かした新アメリカ料理を提供する。人気メニューはスモークポーク($28)。('12)

H　中級ホテル
ユニバーシティサークルに行きやすい
ユニバーシティ・ホテル & スイーツ
University Hotel & Suites

住3614 Euclid Ave., Cleveland, OH 44115
☎(216)361-8969　FAX(216)881-7427
URL universityhotelcleveland.com
ⓈⒹⓉ$60〜120　ADMV　地P.395　B-2外

文教地区や大学病院、ダウンタウンのスポーツ観戦にも便利な場所にある。無線LAN、朝食無料サービス付き。('12)

H　中級ホテル
ダウンタウンで安く抑えるならここ
コンフォートイン・ダウンタウン
Comfort Inn Downtown

住1800 Euclid Ave., Cleveland, OH 44115　☎(216)861-0001
FAX(216)619-4779　URL www.comfortinn.com
ⓈⒹⓉ$100〜145　ADJMV　地P.395　B-2

Euclid Ave.と18th St.の角にあり、タワー・シティ・センターまで徒歩約15分。グレイハウンド・バスターミナルなら5分ほどだ。建物は古さが目立つが、立地を考えたらお得な値段。130室。('12)

H　高級ホテル
ゴージャス+交通の便がよい
ルネッサンス・クリーブランド・ホテル
Renaissance Cleveland Hotel

住24 Public Sq., Cleveland, OH 44113　☎(216)696-5600
FAX(216)696-0432　URL www.marriott.com
ⓈⒹⓉ$139〜399
ADJMV　地P.395　A-2

パブリックスクエアに面して建つ、歴史的な趣のあるホテル。タワー・シティ・センターに隣接し、便利な立地だ。491室。('12)

H　高級ホテル
空港敷地内に建つホテル
シェラトン・クリーブランド・エアポートホテル
Sheraton Cleveland Airport Hotel

住5300 Riverside Dr., Cleveland, OH 44135　☎(216)267-1500
FAX(216)265-3177　URL www.clevelandairportsheraton.com
ⓈⒹⓉ$99〜250　ADJMV　地P.395　A-3外

クリーブランド・ホプキンス国際空港の敷地内に建つ唯一のホテルだ。早朝深夜のフライト利用客にとってはこのうえなく便利。RTAレッドラインを利用すればダウンタウンに30分で行けるので観光にも足回りがいい。242室。('12)

日本からアメリカへの国際電話のかけ方 ➡P.8〜9
国際電話認識番号(001/0033/0061)+(010)+アメリカの国番号(1)+市外局番+電話番号

インクラインに乗ってピッツバーグの町を眺めてみよう

快適な住環境が魅力

ピッツバーグ Pittsburgh

ピッツバーグはアパラチア山脈の西に広がる丘陵地帯にあり、ペンシルバニア州ではフィラデルフィアに次ぐ第2の都市。ゴールデントライアングルGolden Triangleと呼ばれるダウンタウン中心部は、北を流れるアルゲイニー川と、南のマノンガヘイラ川が合流するオハイオ川の3つの川Three Riversに囲まれている。マノンガヘイラ川南岸には高い崖が迫り、崖上と下を結ぶインクラインは、サンフランシスコのケーブルカーと並び、人気のある観光アトラクション。

鉄鋼業をはじめとする製造業に支えられて発展したこの町も産業転換を行い、地域経済の再生を図っている。ピッツバーグが輩出した大実業家たちが遺したインフラは、確実に医療やナノテクといった新しい学術産業を生み出している。

ほかにも町を歩けば、オークランドの文教地区、劇場が並ぶカルチャースクエア、アンディ・ウォーホル美術館など、豊かな文化が楽しめる。

「ナショナリティルームズ」のひとつ、ジャパニーズルーム

DATA

人口▶約30万5700人
面積▶143km²
標高▶約235m
TAX▶セールスタックス　7%（生鮮食料品と衣料品は0%）ホテルタックス　14%
属する州▶ペンシルバニア州 Pennsylvania
州のニックネーム▶キーストーン（「かなめ」のこと）州 Keystone State
州都▶ハリスバーグ　Harrisburg
時間帯▶イースタン・タイムゾーン P.631
繁忙期▶3〜5、9〜11月

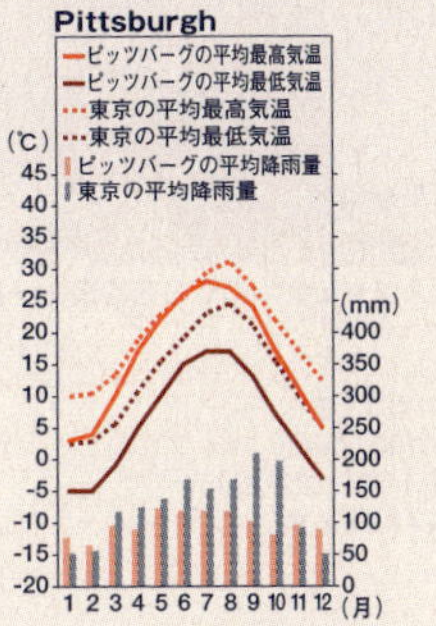

Getting There ピッツバーグへの行き方

ターミナルへはピープルムーバーで移動

ピッツバーグ国際空港
☎(412)472-3525(案内所)
URL www.flypittsburgh.com

飛行機 Plane

ピッツバーグ国際空港
Pittsburgh International Airport (PIT)

ダウンタウンの西約30kmに位置する、全米でも有数の近代的な空港(ワシントンDCから所要約1時間)。空港最大の特徴は**エアモール Airmall**と呼ばれるショッピングモールだ。バゲージクレーム(機内預け荷物のピックアップ場所)とチェックイン・カウンターがあるランドサイドターミナル、4つのコンコースとエアモールのあるエアサイドターミナルの間は、ピープルムーバーと呼ばれる地下鉄でつながっている。バゲージクレームに観光案内所があるので立ち寄ろう。

■ 空港から/空港へのアクセス

	種類/名称/連絡先	行き先/運行/料金	乗車場所/所要時間/備考
空港シャトルバン	スーパーシャトル SuperShuttle Free (1-800)258-3826 URL www.supershuttle.com	行き先▶市内や周辺どこでも 運行▶随時運行。空港行きは予約時に時間指定される 料金▶ダウンタウンまで片道$22、オークランド地区まで片道$25	空港発▶バゲージクレームにある同社のカウンターで申し込んでから乗車 空港行き▶主要ホテルから乗車する。予約が必要な場合もあるので、確認しておきたい
路線バス	# 28X エアポートフライヤー #28X Airport Flyer ☎(412)442-2000 URL www.portauthority.org/paac	行き先▶ダウンタウン、オークランド地区 運行▶月～金5:20頃～24:00頃の約20～30分間隔、土・日5:20頃～24:00頃の約30分間隔 料金▶$3.25	空港発▶バゲージクレームを出たバス停から乗車 空港行き▶ヒルトン前などにあるバス停から乗車 所要時間▶ダウンタウンまで約40分、オークランド地区まで約55分
タクシー	イエローキャブ Yellow Cab ☎(412)321-8100	行き先▶市内や周辺どこでも 運行▶24時間随時 料金▶ダウンタウンまで約$40、オークランド地区まで約$50	空港発▶バゲージクレームを出てすぐから乗車 空港行き▶事前に電話予約、または主要ホテルから乗車 所要時間▶ダウンタウンまで約30分、オークランド地区まで約40分

※それぞれの乗り物の特徴については P.665

グレイハウンド・バスターミナル
地 P.403 B-1
住 55 11th St.
☎(412)392-6526
開 24時間営業
行 中心部までは歩いて10分ほど。バスなら#6、86、87、P1、P2など

バスターミナルの広さも設備も一級

アムトラックペンシルバニア駅
地 P.403 B-1
住 1100 Liberty Ave.
Free (1-800)872-7245
開 24時間営業

長距離バス Bus

グレイハウンド・バスターミナル
Greyhound Bus Terminal

ダウンタウンに位置し、Liberty Ave.を挟んだ向かいにはアムトラックのペンシルバニア駅がある。改築工事を終えた巨大なターミナルには最新設備が整っている。

鉄道 Train

アムトラックペンシルバニア駅
Amtrak Pennsylvania Station

ホーム、チケットカウンター、待合室は建物の2階。ペンシルバニアン号(ニューヨーク方面)、キャピトルリミテッド号(シカゴ、ワシントンDC方面)がそれぞれ1日1往復している。歴史のあるペン駅舎と隣接する。

ダウンタウンの東にある

旅のアドバイス **#28X エアポートフライヤー**▶大きな荷物を持って路線バスに乗るのはちゅうちょするかもしれないが、ピッツバーグ国際空港とダウンタウンを結ぶ#28Xに使われる車両には、荷物置き場が設けられているので安心。しかも、ダウンタウンとの間はバス専用道をとおるので、遅れることが少ない。

ピッツバーグの歩き方 Getting Around

ゴールデントライアングルGolden Triangleと呼ばれるダウンタウンは、限られた土地にビルが密集する地区だ。アルゲイニー川を渡った北側の**ノースショアNorth Shore**には、**アンディ・ウォーホル美術館Andy Warhol Museum**、**カーネギー科学センターCarnegie Science Center**やスポーツ会場がある。サウスサイドSouth Sideと呼ばれるマノンガヘイラ川の南側では、インクラインや川沿いに並ぶショップ、レストラン、リバークルーズが楽しめる。ほとんど徒歩で回れるが、ゴールデントライアングル内に限り運賃無料（バスは19:00まで）のありがたい公営交通システムを利用しない手はない。

ダウンタウンからバスで15分のオークランド地区には**カーネギー博物館Carnegie Museums**や**ナショナリティルームズNationality Rooms**など、見逃せない見どころが集まる。

見どころへ行くためには橋を渡ることも多い

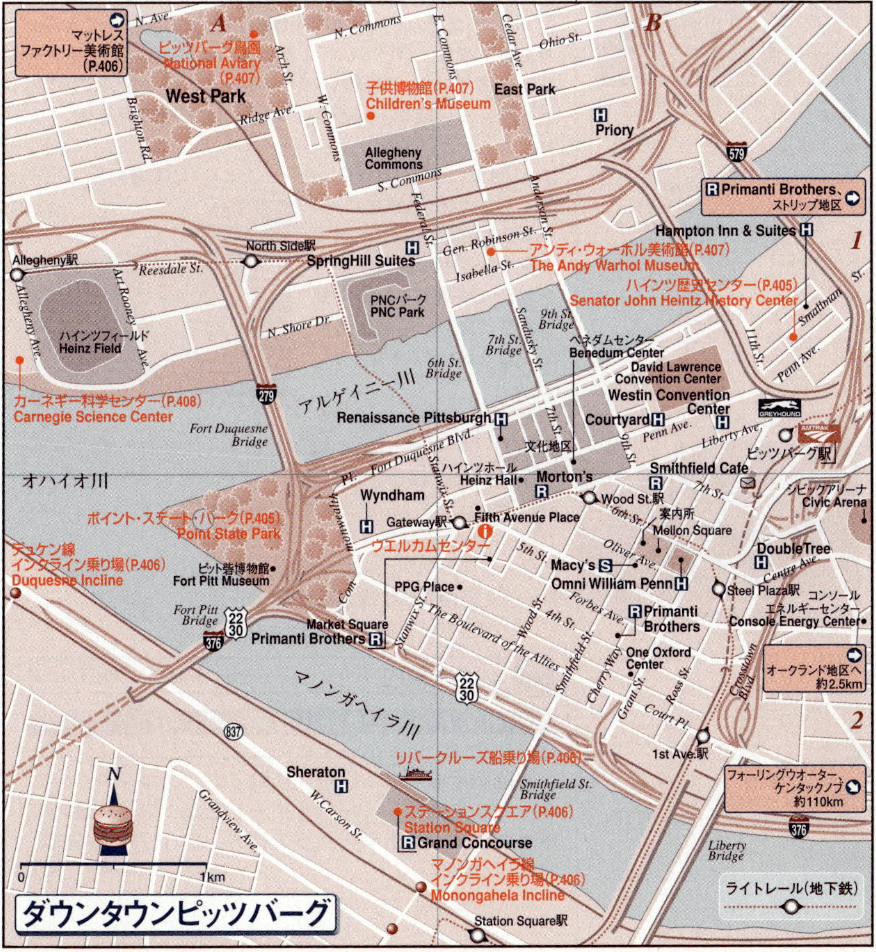

観光案内所 …………… Visitors Information

ピッツバーグ観光案内所
Visit Pittsburgh Information Center

ダウンタウンの中心に位置する商業施設フィフス・アベニュー・プレイス　Fifth Avenue Placeの1階にある。広々とした案内所には地図やバスの路線図のほか、ギフトショップも併設されている。

ピッツバーグ観光案内所
地P.403　B-2
住120 5th Ave.
☎(412)281-7711
Free(1-800)359-0758
URL www.visitpittsburgh.com
開月～土10:00～18:00(土～16:00)

市内の交通機関 ……… Public Transportation

アルゲイニー郡港湾交通局
Port Authority of Allegheny County

ピッツバーグ市を中心にアルゲイニー郡全域でライトレール“T”、バス、インクラインを運行させている機関。運行本数や頻度が高く、どこへ行くにも利用しやすい。ダウンタウンのSmithfield St.沿いのOliver Ave. & 6th St.の間（メロンスクエアの下）に**案内所Downtown Service Center**がある。また、ライトレール駅にもバスの時刻表が置いてある。運賃はゾーン制で、ライトレール“T”とバスの相互乗り換えも可能だ。トランスファーは$1で3時間有効。なお、マノンガヘイラ川、アルゲイニー川、11th St.、Ross St.に囲まれたフリーゾーンFree Zone内は運賃無料（ただし、バスは19:00まで）だ。それ以外のゾーンでは料金はダウンタウン行きに乗った場合は乗車時に払い、郊外行きに乗った場合は降車時に払うシステムとなっている。

2012年にノースショアコネクターが開通した「T」

ライトレール　The “T”
通称“T”と呼ばれ、郊外では地上を走り、ダウンタウンでは地下鉄となる。ブルーラインとレッドラインの2路線があるが、ダウンタウン内は同じ駅に停車する。

バス　Bus
オークランド地区へは、ダウンタウンからForbes Ave.や5th St.を経由する路線#28X、61A～D、67、69、71A～D。

インクライン　Incline ➡P.406

アルゲイニー郡港湾交通局
☎(412)442-2000
URL www.portauthority.org/paac
●Downtown Service Center
地P.403　B-2
住534 Smithfield St.
☎(412)255-1356
開月～金8:00～17:00
休土・日、おもな祝日

すべてのバス路線図が自由に手に入る案内所

●Light Rail “T”
料フリーゾーン内のGateway駅、Wood St.駅、Steel Plaza駅間は無料。ダウンタウンからStation Square駅まで$2.25。月～金6:00～9:00にダウンタウン着、16:00～18:30にダウンタウン発は75¢の追加料金あり
●Bus
料フリーゾーン内は4:00～19:00は無料（それ以外の時間は$2.25）。ダウンタウンからオークランドまで$2.25

無料で利用できる時間をうまく活用しよう

ツアー案内 …………… Sightseeing Tours

ジャスト・ダッキー・ツアーズ
Just Ducky Tours

水陸両用車“ダック号”に乗って、ダウンタウンのストリップ地区、ノースサイドを巡るツアー。最大の魅力は陸上、水上両方からの観光。4～10月のみ運航。所要約1時間。

ジャスト・ダッキー・ツアーズ
地P.403　A、B-2
住125 W. Station Sq. Dr.
☎(412)402-3825
URL www.justduckytours.com
出発場所／ステーションスクエア➡P.406のハードロックカフェ隣
運行／〈4～10月〉毎日（11月は土・日のみ）10:30、12:00、13:30、15:00、16:00（月～金）、16:30（土・日）、18:00発
6/26～9/6の土・日は便数増加あり
料$21、3～12歳$15、2歳以下$5

メモ **ピッツバーグが舞台の映画▶**3つの川との中洲に発展してきたピッツバーグは、数々の映画の舞台になった絵になる町。『フラッシュダンス』（1983年公開）もそのひとつで、ピッツバーグの町並み、インクラインや郊外の製鉄所などが続々と登場する。

おもな見どころ Sightseeing

ダウンタウン地区 Downtown

西部ペンシルバニアの歴史をたどる 地P.403 B-1

ハインツ歴史センター
Senator John Heintz History Center

アメリカの国民的調味料、ケチャップで有名なハインツ社はピッツバーグを代表する企業。この歴史センターは、アメリカ上院議員在職中に不慮の事故で亡くなったジョン・ハインツ3世の遺志により創設された。6階にわたるスペースには建国前のフレンチ＆インディアン戦争で初陣を飾ったショージ・ワシントンのパイプや、アメリカ初の高速道路ペンシルバニア・ターンパイクの建設写真など、ピッツバーグゆかりの歴史資料を豊富に展示。併設の**スポーツ博物館West Pennsylvania Sports Museum**は1960年のワールドシリーズでサヨナラホーマーを放ってパイレーツを優勝に導いたBill Mazeroskiの映像や品々をはじめ、あらゆるスポーツを巧みに取り上げて、その歴史を楽しく見せている。

古い消防車が置かれた1階の展示会場

活気に満ちた庶民の通り 地P.403 B-1外

ストリップ地区
The Strip

コンベンションセンターからさらに東へ5ブロック進むと、生活のにおいがあふれるストリップ地区The Stripに入る。チーズ専門店や海産物などの生鮮食料品店、気の利いた家庭用品や衣料品を売る店が並ぶ。気安く入れるレストランやパブも営業していて、夜遅くまでにぎわう。

買い物をする庶民の姿はどこも同じ

噴水が美しい都会の公園 地P.403 A-2

ポイント・ステート・パーク
Point State Park

ゴールデントライアングルの先端に位置する公園。もともとデュケン砦とピット砦があったところで、ピット砦は北米大陸でイギリス軍最大の砦だった。園内の**ピット砦博物館 Fort Pitt Museum**では、アメリカ建国前のピッツバーグをジオラマで表現している。公園最西端にある噴水、ポイント・ステート・パーク・ファウンテンはピッツバーグの名所。2012年中に修復工事が完了する予定。

ハインツ歴史センター
住1212 Smallman St.
☎(412) 454-6000
URL www.heinzhistorycenter.org
開毎日10:00～17:00
休イースター、サンクスギビング、12/25、1/1
料$10 、シニア$9 、学生・子供(6～18歳)$5

ストリップ地区
住16th St.、Smallman St.、31st St.、Penn Ave. に囲まれたあたり
行バス#86、87、88など

ポイント・ステート・パーク
●Fort Pitt Museum
住101 Commonwealth Pl.
☎(412) 281-9284
開毎日10:00～17:00
休1/1、イースター、サンクスギビング、12/25
料$5、シニア$4、学生、子供(4～17歳) $3

ピット砦博物館はハインツ歴史センターの分館

サウスサイド地区　South Side

急勾配を一気に上がるケーブルカー　地P.403　A-2

インクライン
Incline

マノンガヘイラ川南岸の急斜面を上り下りするケーブルカー。崖上の住民の足としてかつては15路線もあったインクラインだが、今はマノンガヘイラ線 Monongahela Inclineと、デュケン線 Duquesne Inclineのふたつだけ。丘の頂上から一望する町の景色は格別だ。

マノンガヘイラ線 Monongahela Incline

1870年に初めて運行されたインクライン。丘を登りきったところのGrandview Ave.沿いには見晴らしのいい展望台がいくつか設けられ、ダウンタウンがよく見渡せる。乗り場はステーションスクエアの目の前だ。

デュケン線 Duquesne Incline

3つの川とそれらが交わるポイント・ステート・パークを見下ろす。丘の上からも、木のぬくもりが残る車中からもすばらしい絶景が楽しめる。開業は1877年。

インクライン
☎(412)442-2000
料片道$2.25

マノンガヘイラ線
地P.403　A-2
運行／月〜土5:30〜翌0:45、日・祝日8:45〜24:00
行"T"のステーションスクエア駅からすぐ

デュケン線
地P.403　A-2
☎(412)381-1665
運行／月〜土5:30〜翌0:45、日・祝日7:00〜翌0:45
行バス#G2、31など

急斜面を上るにつれて町が小さく見える

ショッピング&レストランスポット　地P.403　A、B-2

ステーションスクエア
Station Square

"T"のステーションスクエア駅から道路を隔てた川沿いに、古い駅舎を改造した複合施設がある。鉄道駅としてはもう機能していないが、ショップとレストランが約30軒入り、ナイトスポットとして人気が高い。

ステーションスクエア
住125 W. Station Sq. Dr.
Free(1-800)859-8959
URL www.stationsquare.com
開月〜土10:00〜21:00、日12:00〜17:00(レストランは延長あり)
行ライトレール Station Square駅下車、徒歩1分

3つの川が楽しめる　地P.403　A-2

リバークルーズ
River Cruises

3つの川が合流する町、ピッツバーグほどリバークルーズが似合うところはない。最もポピュラーな1時間クルーズから、予約が必要なディナークルーズ、ランチクルーズまでコースはいくつもある。新旧さまざまな橋の下を一つひとつ潜りながら、水上からゆっくりピッツバーグの町並みを楽しむのもまた一興。

リバークルーズ
●Gateway Clipper Fleet
☎(412)355-7980
URL www.gatewayclipper.com
運航／クルーズの種類によって運航日、出航時間が異なる。人気のある観光クルーズ(1時間)は土・日は便数が多く、月〜金は季節によっては運航しない
料観光クルーズ(1時間)大人$15、子供(3〜12歳)$10。クルーズの種類により変動あり
出発場所／ステーションスクエア
行ステーションスクエア("T" Station Square駅下車)の北西側より出発

ノースショア地区　North Shore

新鋭芸術家たちのかなり斬新な作品が揃う　地P.403　A-1外

マットレスファクトリー美術館
Mattress Factory Art Museum

名前のとおり、マットレスの工場を改造した美術館だ。部屋やフロア全体をひとつのキャンバスに見立てたインスタレーションアート(その場限りの芸術作品)が主体だが、1年ほどで内容が入れ替わるから、訪れるたびに新鮮な印象を受ける。

常設展示に日本人インスタレーションアーティスト、草間彌生 Yayoi Kusamaの鏡を使った作品『Repetitive Vision』と『Infinity Dots Mirrored Room』がある。歩いて2分のところには別館も。

マットレスファクトリー美術館
住500 Sampsonia Way
☎(412)231-3169
URL www.mattress.org
開火〜日10:00〜17:00(日13:00〜)
休月、おもな祝日
料$12、シニア$10、学生$9、6歳以下無料
行バス#16で約20分、Liberty Ave. at 6th St.で下車

投稿　**ケチャップ味のポテトチップ**▶ピッツバーグはHeinzケチャップの生産地として有名だが、その味のポテトチップ"Herr's Heinz Ketchup Potato Chips"はおすすめ。どこにでも売っているというわけではないが、ピッツバーグではRite Aidというドラッグストアでよく売っていた。　(鳥取県　山村香奈　'07)['12]

生まれ故郷にあるウォーホルの美術館 地P.403 B-1

アンディ・ウォーホル美術館
The Andy Warhol Museum

ピッツバーグが生んだ最も有名なアーティストといえば、アメリカンポップアートの旗手、アンディ・ウォーホルだろう。1928年に東欧から移住した両親の3男として誕生、オークランド地区で育った。17歳でカーネギー技術研究所（現在のカーネギー・メロン大学）に入学、卒業と同時にニューヨークに移り、その後の彼の活躍ぶりは周知のとおりだ。

7階建ての美術館には、まだ学生であった時代の作品から1987年に亡くなるまでの約1万2000点が集められ、うち約500点が展示されている。ひとりのアーティストの作品を集めた美術館としては全米で最大規模だ。シルクスクリーン、素描、彫像、オブジェ、フィルムなど、ジャンルを超えたウォーホルの作品群の中でも、『11人のエルビス』、『エリザベス・テイラー』、『マリリン』など、代表作といわれる複写のシルクスクリーンには見る者を圧倒する迫力がある。このほか、家族のポートレート、ウォーホル個人のコレクション、彼宛てのレター、手がけた雑誌『インタビュー』の表紙など、十二分に見ごたえのある内容。

ポップアートの代表作品は台所用洗剤入りパッド『ブリロ・ボックス』
Andy Warhol, Brillo Box, 1964 ©AWF

壁中に牛をあしらった部屋は必見
Andy Warhol, Cow, 1966 ©AWF

アンディ・ウォーホル美術館
住117 Sandusky St.
☎(412) 237-8300
URL www.warhol.org
開火〜日10:00〜17:00（金〜22:00）
休月、おもな祝日
料$20、学生／3〜18歳$10。金曜の17:00〜22:00は半額
行アルゲイニー川の向こう側。徒歩約20分。バス#4、13、16などで約10分。Sandusky St. at Isabella St.で下車

世界中の鳥が集められた 地P.403 A-1

ピッツバーグ鳥園
National Aviary

ウエストパークの中にある鳥園。世界中から集められた200種以上、約500羽の鳥が飼育されている。熱帯雨林のインコから、寒冷地に住むペンギンまで、園内に設けられた別々の生息区域の大切に保たれた環境の中で、鳥たちを観察できる。

アメリカの国鳥である白頭ワシ

ピッツバーグ鳥園
住700 Arch St.
☎(412) 323-7235
URL www.aviary.org
開毎日10:00〜17:00
休サンクスギビング、12/24、12/25
料$13、シニア$12、2〜12歳$11
行バス＃13、16で約20分、North Ave. at Arch St.で下車

子供の想像力をかきたてる遊びの館 地P.403 A-1

子供博物館
Children's Museum

アルゲイニーコモンズは1867年に造られた由緒ある公園。その一角に子供のための博物館がある。お絵かきや大工仕事、芝居、泥んこ遊びなど、テーマごとに活動プログラムが作られ、自由に子供たちを参加させる。こうした体験を通して、生きた知識と技術を身に付けさせるというのがこの博物館の考え方だ。

子供博物館
住10 Children's Way
☎(412) 322-5058
URL www.pittsburghkids.org
開毎日10:00〜17:00（日12:00〜）
休おもな祝日
料$12、シニア／子供（2〜18歳）$11
行バス#16で20分。N.Commons at W.Commonsで下車

メモ **ビッグマック博物館▶**マクドナルドの人気商品ビッグマックはピッツバーグ郊外生まれ。誕生から40年経った2007年に、マクドナルドの店舗も兼ねたビッグマック博物館Big Mac Museumがオープンした。入口近くには世界いち大きなビッグマックのオブジェが飾られている。URL www.bigmacmuseum.com

別館スポーツワークスと合わせて回ろう

カーネギー科学センター
住1 Allegheny Ave.
☎(412) 237-3400
URL www.carnegiesciencecenter.org
開毎日10:00～17:00（土～19:00）
料$17.95、シニア／3～12歳$11.95。オムニマックスシアターは別途有料
行ライトレール Allegheny駅下車
●SportsWorks
料カーネギー科学センターの入館料に含まれる

実際に触れて試してみよう 地P.403 A-1

カーネギー科学センター
Carnegie Science Center

見る、聴く、触るなど、人間の五感を通して科学に親しむ。その理念から生まれた博物館がこのカーネギー科学センター。球速測定機、紙ロケットを飛ばすエクスプロレイションステーションなど、体験ブースはすべて列ができるほどの人気。そしてマニアにたまらないのが大型鉄道模型だ。製鉄工場、川を航行する船からインクラインまで、ピッツバーグの町が驚くほど緻密に再現されている。3-Dオムニマックスシアター、第2次世界大戦中に活躍した潜水艦レクイン号 USS Requin、高解像度の設備を備えたプラネタリウムもぜひ見ておきたい。

センターの隣には斬新な企画で脚光を浴びる、**スポーツワークスSportsWorks**が開館。より身近にスポーツを楽しんでもらおうと、新しい企画がいくつも折り込まれている。アトラクションを通して、物理の法則や人体について楽しく学ぶ、まさにスポーツを"科学"するところ。

オークランド地区 Oakland

ピッツバーグ大学、カーネギー・メロン大学、ミュージアムなどの観光スポットが集まる地区。

ザ・フリック
住7227 Reynolds St.
☎(412) 371-0600（ツアー予約）
URL frickart.org
開火～日10:00～17:00
休月
料入場無料。クレイトンの見学$12、シニア／学生$10、16歳以下$6
※クレイトンの見学ツアーは要予約
行バス＃P1で30分

かつての実業家の邸宅とコレクション 地P.408 外

ザ・フリック
The Frick Art & Historical Center

アンドリュー・カーネギーと並び、ピッツバーク出身の実業家として必ず名を挙げられるのがヘンリー・クレイ・フリック。大富豪として知られる彼は美術愛好家としてもその名を残し、ニューヨークのフリックコレクション➡P.536は、転居先の5番

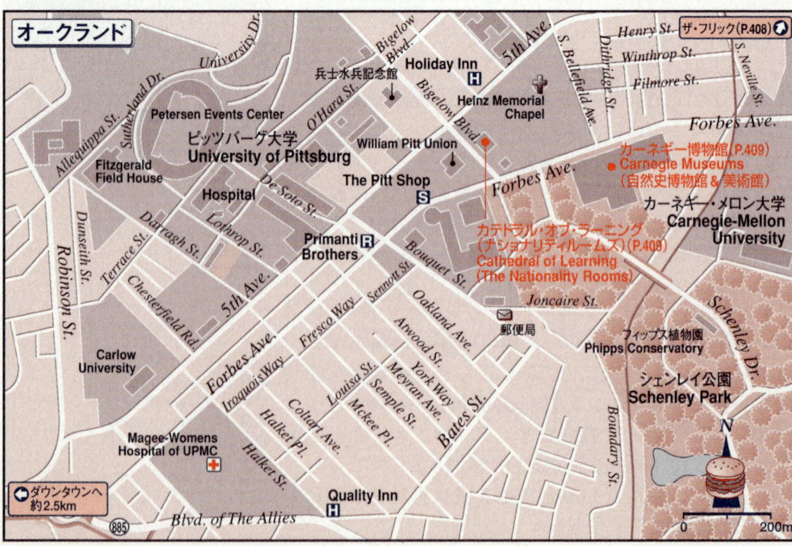

メモ **橋が多い町▶**オハイオ川、アルゲイニー川、マノンガヘイラ川と3つの川が流れるピッツバーグは橋が多い町。その数はイタリアのベニスに次いで、なんと世界で2番目に多いという。

街の邸宅跡に公開されている所蔵コレクションである。ここオークランドのザ・フリックには一家が暮らした邸宅**クレイトン Clayton**を中心に、一級のヨーロッパ絵画や彫刻が展示されている美術館、博物館や植物園などがある。1914年のロールス・ロイス・シルバー・ゴーストや馬車をはじめ、希少価値の高い品々が展示されている。

博物館と美術館の両方が楽しめる 地P.408

カーネギー博物館
Carnegie Museums

カーネギー博物館は、自然史博物館と美術館、図書館、音楽ホールから構成される。1895年にアンドリュー・カーネギーによって図書館棟が建設され、続いて1907年には自然史博物館棟、さらに東側に近代的な美術館棟が建てられたのは1975年である。一番古い図書館、音楽ホール棟を除いて内部の行き来は自由で、美術と自然史が一度に見学できる。

カーネギー自然史博物館
Carnegie Museum of Natural History

鉱宝石、北アメリカ・アフリカの野生生物、古代エジプトなど、見応えのあるコーナーが続く。恐竜コーナーにあるパレオラボPaleoLABでは恐竜の骨格や化石などを復元する作業現場がガラス越しに見られる。

カーネギー美術館　Carnegie Museum of Art

16世紀以降近代までのヨーロッパ・アメリカ美術のコレクションが有名。そして全米屈指の現代美術のコレクションはカーネギー自身が提唱した国際展International Exhibitionの功績が大きいといわれている。当時珍しかった“コンテンポラリー（現代）アート”を推奨した展覧会では有望な芸術家の作品を紹介し、コレクションに加えた。また、美術館の一角を占める北米最大の彫刻・影像コーナーではミロのビーナス、サモトラケのニケなど、140を超える世界の影像が見られる。遠くまで本物を見に行く機会のない人でも優れた芸術に接することができる貴重な場所。

世界各国の建築様式が一度に見られる 地P.408

ナショナリティルームズ
The Nationality Rooms

ピッツバーグ大学キャンパスのなかでひときわ目を引く、ゴシック調の壮麗な高層建築が**カテドラル・オブ・ラーニング Cathedral of Learning**（学習の大聖堂）。42階建て（約162m）の学舎の中にはナショナリティルームズと呼ばれる、それぞれに国名が付けられた27の教室があり、そのうち25の教室は今も大学の授業に使われている。地域社会を支える多くの民族の文化を紹介しあう目的で、1938年にスコットランドルーム、ロシアルーム、ドイツルーム、スウェーデンルームが造られた。民家を模したジャパンルームもある。見学は授業のない日に行われ、テープの貸し出しによるオーディオツアーもある。

フリックの所蔵コレクションを展示するために建てられた美術館

カーネギー博物館
住4400 Forbes Ave.
☎(412)622-3131
開火～日10:00～17:00（木～20:00、日12:00～）
休月、おもな祝日
料〈自然史博物館と美術館共通〉$17.95、シニア$14.95、学生／3～18歳$11.95
行バス＃61A～DがForbes Ave.に面した入口前のバス停に停車する
●Carnegie Museum of Natural History
URL www.carnegiemnh.org
●Carnegie Museum of Art
URL www.cmoa.org

恐竜のフロアでは復元作業をするラボも見学できる

ナショナリティルームズ
住1209 Cathedral of Learning(5th Ave.)
☎(412)624-6000
URL www.pitt.edu/~natrooms
開毎日9:00～14:30（日11:00～）
休サンクスギビング、12/24～12/26、1/1
料$3、8～18歳$1
行案内所とギフトショップはカテドラル・オブ・ラーニングの1階。教室は1階と3階にある
オーディオツアー／〈5～8月下旬〉毎日、〈5～8月下旬以外〉週末のみ

3階まで吹き抜けの「学習の大聖堂」では多くの学生が自習している

メモ **カーネギー▶**製鉄王として知られるアンドリュー・カーネギーは財産の多くを慈善事業に費やし、生まれ故郷のスコットランドをはじめ、アメリカ全土に図書館や教育、文化施設を設立した。なかでもニューヨークのカーネギー・ホールは有名。

Excursion 郊外の見どころ

四季それぞれに異なる趣を見せる

旧帝国ホテルの設計者として日本人にとってはなじみの深いフランク・ロイド・ライトFrank Lloyd Wright。アメリカを代表するこの建築家は、ニューヨークのグッゲンハイム美術館➡P.536をはじめ、国内各地に作品を多く遺している。ピッツバーグ郊外の丘陵地にも2軒の住宅を手がけ、どちらもピッツバーグから車で約1時間半の距離にある。交通手段はレンタカーかタクシーしかないが、足を延ばすだけの価値は充分ある。見学するにはウエブサイトあるいは電話で予約申し込みが必要。

世界で最も有名な住宅建築 地P.403 B-2外

フォーリングウオーター
The Falling Water

落水荘と名づけられたこの家ほど、世界中から注目された住宅はない。ピッツバーグのデパート王、カウフマンが家族と過ごす週末用の別荘としてライトに設計を依頼し、1935年に完成した。流れる滝の真上に建てられた大胆な構造は、家が周囲の自然に溶け込むように設計されている。浮世絵をはじめ、居住空間の随所にライトが日本滞在で集積した和の感性が反映されている。近代住宅の原点ともいえる名建築を見に、完成から77年経った今も、世界中から観光客が絶えない。

フォーリングウオーター
住1491 Mill Run Rd, Mill Run
☎(724) 329-8501(予約)
URL www.fallingwater.org
開3/12～11/30の毎日、12月の金～日
ツアー／10:00～16:00(冬は11:30～15:00)
休水、おもな祝日
料Regular Tour: $20、6～12歳$14。(日本語音声ガイド無料貸出あり)
行ダウンタウンピッツバーグからI-376を東へ23km。Exit 85からI-76Eに乗り換え30km南下。Exit 75からPA-66を経由してUS-119Sを25km南下し、PA-711 (W.Grawford Ave.)を左折後15km東へ。そのままPA-381を11km南下すると、右側に"Falling Water"の看板が見える

ライトによるもうひとつの別荘 地P.403 地図外

ケンタックノブ
Kentuck Knob

フォーリングウオーターから南西に11km行った美しい山稜地に、ライトが1950年代に考案したユーソニアンハウス（住み心地のいい家）の一例である家がある。六角形と三角形の面が特徴のデザインは、当時では珍しい床暖房が使われ、小回りの利く使い勝手のよい台所など、その居住性は高い。

むだを省き、予算を抑えたユーソニアンハウスをライトは晩年に提唱した

ケンタックノブ
住723 Kentuck Rd., Chalk Hill
☎(724) 329-1901
URL www.kentuckknob.com
ツアー／〈3月中旬～12月中旬〉毎日10:00～16:00
料$20、6～12歳$14
行Falling WaterからPA-381をさらに南へ6km、Ohiopyle Rd.でKentuck Rd.を右へ。道なりに3kmほど丘を上ると左側に見える

Entertainment エンターテインメント

ピッツバーグ交響楽団
Pittsburgh Symphony Orchestra

1905年創立のピッツバーグ交響楽団は、歴史ある全米屈指の交響楽団。過去6度の来日を果たしている。人気は高く、客演者も超一流が顔を揃える。音楽監督はオーストリア生まれのマンフレッド・ホネック。ハインツホールHeintz Hallが本拠地である。

ピッツバーグ交響楽団
ホームホール──ハインツホール Heinz Hall
地P.403 B-2
住600 Penn Ave.
☎(412) 392-4900
URL www.pittsburghsymphony.org

ピッツバーグオペラ & ピッツバーグバレエ
Pittsburgh Opera & Pittsburgh Ballet

文化地区を代表する劇場はハインツ・ホールと**ベネダムセンターBenedum Center**。1928年のこけら落としから1987年まで、Stanley Theaterの名前で市民に親しまれた。オーケストラピットのあるこの本格的なオペラ劇場は、1939年設立のピッツバーグ・オペラPittsburgh Operaのホームホール。ピッツバークバレエ団Pittsburgh Ballet Theatre、ピッツバーグCLO Pittsburgh Civic Light Operaの定期公演もここで行われる。

ピッツバーグオペラ&ピッツバーグバレエ
ホームホール――ベネダムセンター
地P.403 B1
住237 7th St.
☎(412)471-6070
☎(412)456-6666(チケット)
URL www.pgharts.org/events
(文化地区すべての公演案内)

観戦するスポーツ Spectator Sports

ベースボール MLB

ピッツバーグ・パイレーツ(ナショナルリーグ中地区)
Pittsburgh Pirates

1992年の地区優勝以来、勝利の美酒からかなり遠ざかっている。1882年創設の名門で、ワールドシリーズ制覇5回の実績をもつ。1979年にはアメリカンフットボールのスティーラーズとともにチャンピオンに輝いた。スタジアムから外野越しに見えるダウンタウンのスカイラインが美しい。

ピッツバーグ・パイレーツ
(1882年創設)
本拠地――PNCパーク PNC Park (3万8362人収容)
地P.403 A、B-1
住115 Federal St.
☎(412)321-2827
URL pittsburgh.pirates.mlb.com
行ダウンタウンの中心から6th St. Bridgeを渡って徒歩15分。ゲームのある日は試合開始の2時間前からステーションスクエアからシャトルボートが15～30分間隔で運航される。往復$10
☎(412)355-7980

この選手に注目!
ニール・ウォーカー(二塁手)

アメリカンフットボール NFL

ピッツバーグ・スティーラーズ(AFC 北地区)
Pittsburgh Steelers

8年連続5割以上の成績を重ね、6回のプレーオフ、3度のスーパーボウル出場、2度の優勝、と常に本命レースに登場する強豪だ。片側だけにあるヘルメットロゴは鉄鋼協会のもので試しに付けたところ、好成績を残したため、そのまま使われた。チームカラーはブラック、ゴールド、ホワイト。

本拠地のハインツフィールド

ピッツバーグ・スティーラーズ
(1933年創設)
本拠地――ハインツフィールド Heinz Field(6万5050人収容)
地P.403 A-1
住100 Art Rooney Ave.
☎(412)323-1200(チケット)
URL www.steelers.com
行ライトレールNorth Side駅下車

この選手に注目!
ベン・ロスリスバーガー

アイスホッケー NHL

ピッツバーグ・ペンギンズ(東・大西洋地区)
Pittsburgh Penguins

カナダ代表のクロズビーとロシア代表のマルキンという奇跡の2枚看板を擁する攻撃陣はリーグNo.1。2008、'09年と2年連続でスタンレーカップ・ファイナルに進出し、'09年にはチーム史上3度目のリーグ制覇。チケットは毎試合完売し、現在、人気・実力ともに全盛期を迎えている。

ピッツバーグ・ペンギンズ
(1967年創設)
本拠地――コンソールエネルギーセンターConsol Energy Center(1万8387人収容)
地P.403 B-2
住1005 5th Ave.
☎(412)642-1842
URL penguins.nhl.com
行ダウンタウンの東、バス#61A、71Dで約7分

この選手に注目!
シドニー・クロズビー

旅のアドバイス **ピッツバーグではこれを食べよう!** ▶ピッツバーグには名物料理がふたつある。ひとつは大盛りの具が詰まったサンドイッチ。もうひとつは野菜とポテトフライとオニオンリング、そしてステーキを載せたピッツバーグサラダだ。いずれもP.412で紹介しているレストランで食べられるのでトライしてみよう。

S　ショッピングモール

ご当地グッズをお探しなら
ステーションスクエア
Station Square

住125 W. Station Square Dr.　Free(1-800)859-8959
URL stationsquare.com　地P.403　A-2
開月〜土10:00〜21:00、日12:00〜17:00

かつてのターミナル駅舎に約30軒の個性的な店が集まる。ピッツバーグのスポーツチームのグッズや珍しい地元の物産が1ヵ所で手に入る。　('12)

S　デパート

土地っ子の待ち合わせ場所でもある
メイシーズ
Macy's

住400 5th Ave.　☎(412)232-2000　URL www.macys.com
開月〜土10:00〜19:00(土〜18:00)、日12:00〜17:00
地P.403　B-2　AMV

1871年創業の老舗デパート、カウフマン本店が2006年にメーシーズと名が変わった。長年、土地の人々から"待ち合わせ"場所として親しまれ続けている名物時計はSmithfield St.と5th Ave.角にある。　('12)

R　ファストフード

名物サンドイッチ
プリマンティブラザーズ
Primanti Brothers

住46 18th St.　☎(412)263-2142　地P.403　B-1外
URL www.primantibros.com　開24時間営業

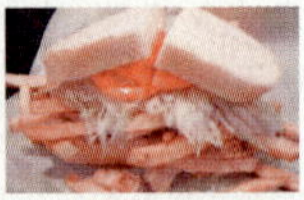

ここのサンドイッチは味もさることながら、具の充実度、ユニーク度、どれを取っても文句なし!!　サンドイッチが包まれた紙を広げ、中に挟まれたポテトを抜きながら食べるのが通の食べ方。市内に8店舗ある。予算は$6前後。　('12)

R　アメリカ料理

マノンガヘイラ川向かいの夜景を見ながら
グランドコンコース
Grand Concourse

住100 W. Station Square Dr.　☎(412)261-1717
URL www.muer.com　開月〜金11:00〜22:00(金〜23:00)、土11:30〜23:00、日10:00〜21:00　ADMV　地P.403　A-2

ステーションスクエア内にあるレストラン。魚介類を季節ごとの一番ベストな調理法で食べることができる。予算は$30〜50。　('12)

H　中級ホテル

オークランドの大学と博物館に近い
クオリティイン・ユニバーシティ・センター
Quality Inn University Center

住3401 Blvd. of the Allies, Pittsburgh, PA 15213
☎(412)683-6100　FAX(412)683-6101　URL www.qualityinn.com
SDT$100〜180　ADJMV　地P.408

大学と周辺の美術館、博物館の見学に便利な宿。大学病院へのシャトルを利用することもできる。手頃でおいしいレストランが集まるForbes Ave.にも近い。119室。　('12)

H　高級ホテル

ダウンタウンのヘソに位置するホテル
オムニ・ウィリアム・ペン・ホテル
Omni William Penn Hotel

住530 William Penn Pl., Pittsburgh, PA 15219　地P.403　B-2
☎(412)281-7100　FAX(412)553-5252　URL www.omnihotels.com
SDT$189〜349、スイート$399〜499　ADJMV

優雅な外観をもち、ダウンタウンのランドマークとしての顔ももつ。室内はマホガニーの家具で統一され、シックな雰囲気にまとめられている、格式の高い名門ホテルだ。596室。　('12)

H　高級ホテル

PNCパークとハインツフィールドに近い
スプリングヒルスイーツ・ピッツバーグ・ノースショア
Springhill Suites Pittsburgh North Shore

住223 Federal St., Pittsburgh, PA 15212　☎(412)323-9005
FAX(412)323-9555　URL www.marriott.com
料スイート$149〜239　ADJMV　地P.403　A-1

パイレーツのホームグラウンド、PNCパークの目の前にある。ウォーホル美術館へ徒歩5分、川を隔てた劇場街やストリップ地区へも徒歩で行ける。朝食付き。198室。　('12)

H　高級ホテル

ビジネスもスポーツ観戦にも便利
ダブルツリーホテル・シティセンター
DoubleTree Hotel City Center

住1 Bigelow Sq., Pittsburgh, PA 15219
☎(412)281-5800　FAX(412)642-2231
URL www.pittsburghcitycenter.doubletree.com
SDT$129〜134　AMV　地P.403　B-2

シビックアリーナとUS Steelタワーの中間にある。フィットネスセンターやプール、24時間対応のビジネスセンター、大型会議場、コンビニなどの施設を完備。308室。　('12)

日本からアメリカへの国際電話のかけ方➡ P.8〜9
国際電話認識番号(001/0033/0061)+(010)+アメリカの国番号(1)+市外局番+電話番号

流れ落ちる水の勢いと轟音は行った人にしか体験できない

世界いち有名な滝
ナイアガラフォールズ
Niagara Falls

南米のイグアスの滝、アフリカのビクトリア滝とともに世界三大瀑布と称されるナイアガラフォールズは、アメリカとカナダ国境を流れるナイアガラ川の中流にある。世界中の人が一度は訪れたいと思う北米有数の景勝地であり、今でも新婚旅行の名所として人気が高い。滝はナイアガラ川の段差で生まれた落差54mと幅323mのアメリカ滝と、落差57m、幅670mのカナダ滝（Horseshoe Falls）のふたつから成る。

閑静なナイアガラ州立公園の自然のなかを歩いて、横から滝を見るアメリカ側と、ホテルや娯楽施設が建ち並ぶダウンタウンでふたつの滝を正面から眺めるカナダ側の観光があり、どちらも甲乙つけがたい。また、歩いて国境を渡るという珍しい体験ができるところもある。それはアメリカ、カナダの国境に架かるレインボーブリッジだ。橋の上から両方の滝を見渡す大パノラマはまさに圧巻。

カナダ側には観覧車もある

GUIDE BOOK 地球の歩き方B16カナダ編（1700円＋税）、B18カナダ東部編（1600円＋税）でもナイアガラフォールズを紹介していますので、ご活用ください。

DATA

人口▶ 約5万200人（アメリカ）、約8万3000人（カナダ）
標高▶ 約188m
TAX▶ セールスタックス／アメリカ側　8%　カナダ側　13%　ホテルタックス／アメリカ側　13%　カナダ側 13%
属する州▶ ニューヨーク州（アメリカ側）、オンタリオ州（カナダ側）
州のニックネーム▶ 帝国州 Empire State（ニューヨーク州）
州都▶ オールバニ　Albany
時間帯▶ イースタン・タイムゾーン ➡P.631

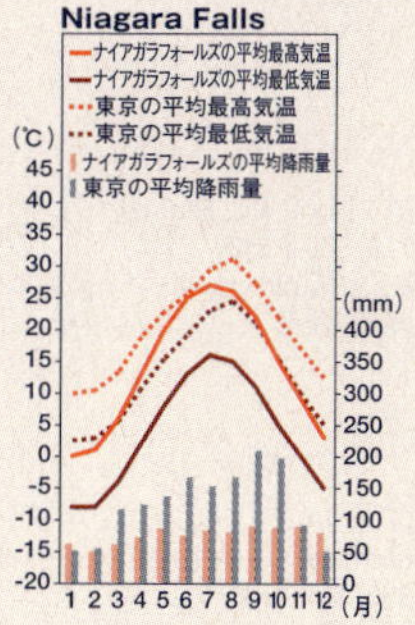

飛行機 Plane

バッファロー・ナイアガラ国際空港（アメリカ側）

Buffalo Niagara International Airport (BNIA)

国際空港と名前は付いているが、規模は小さい。1日約110便が発着している。ユナイテッド航空、コンチネンタル航空、デルタ航空、サウスウエスト航空、ジェットブルー航空などの航空会社の国内線が乗り入れている。ボストン、シカゴなど23ヵ所をノンストップで結ぶ。

通貨の単位に注意
$／米ドル
CA$／カナダドル

バッファロー・ナイアガラ国際空港（アメリカ側）
住4200 Genesee St., Cheektowaga
☎(716) 630-6000
URL www.buffaloairport.com

■ 空港から／空港へのアクセス

	種類／名称／連絡先	行き先／運行／料金	乗車場所／所要時間／備考
空港シャトルバン	エアポートタクシーSVC Airport Taxi SVC ☎(716) 633-8294 Free (1-800) 551-9369 URL www.buffaloairporttaxi.com	行き先▶ナイアガラフォールズの主要ホテル 運行▶空港発、空港行きともに24時間随時 料金▶アメリカ側$45、カナダ側$55	空港発▶到着階のバゲージクレーム（機内預け荷物のピックアップ場所）の近くにあるカウンターでチケットを購入し、外にある看板の前から乗車 空港行き▶事前に電話などで予約をしてから乗車（1時間前までの予約が必要）
空港シャトルバン	ナイアガラ・エアバス Niagara Airbus ☎(905) 374-8111 Free (1-800) 268-8111 URL www.niagaraairbus.com	行き先▶カナダ側ナイアガラフォールズにある主要ホテル 運行▶空港発、空港行きともに24時間随時 料金▶片道CA$85、往復CA$140	空港発▶バゲージクレームにある案内所で申し込んでから乗車 空港行き▶事前にインターネット、電話などで予約をしてから乗車
路線バス	メトロバス #24、204 バッファローで乗り換えて #40、60 Metro Bus #24、204 transfer at Buffalo to #40、60 ☎(716) 855-7300 URL metro.nfta.com	行き先▶アメリカ側ナイアガラフォールズ（バッファローで乗り換え） 運行▶#24は月～金の1日36本、#204は30分おき。#40は1日13～18本の運行。#60は1日2本、平日のみ運行 ※休日は運行本数が減るので注意 料金▶$1.75	空港発▶空港からは#24、#204のバスで、まずバッファローのダウンタウンにあるトランスポーテーションセンターまで行き、そこで#40、60に乗り換える。 空港行き▶ナイアガラフォールズにあるバス停から#40、60に乗車し、バッファローに行きそこから#24の空港行きに乗り換える。
タクシー	エアポートタクシー Airport Taxi ☎(716) 633-8294	行き先▶市内や周辺どこでも 運行▶24時間随時 料金▶アメリカ側まで約$80、カナダ側まで約$90	空港発▶ターミナル外から乗車 空港行き▶事前に電話などで予約をしてから乗車 所要時間▶アメリカ側へは約30分、カナダ側へは約45分

※それぞれの乗り物の特徴については P.665

トロント・ピアソン国際空港（カナダ側）

Toronto Pearson Airport (YYZ)

国際線が乗り入れているためにゲートシティとして人気があるが、ナイアガラフォールズから125km離れている。ナイアガラフォールズへの足はシャトルが最も便利で、そのほかは路線バスや地下鉄、鉄道を乗り継ぐしかない。

トロント・ピアソン国際空港（カナダ側）
住3111 Convair Dr., Toronto AMF, Ontario L5P 1B2, Canada
☎(416) 776-9892
URL www.gtaa.com

長距離バス Bus

メトロ・トランスポーテーション・センター（アメリカ側）

Metro Transportation Center (Greyhound)

グレイハウンド利用者は、まずバッファローまで行き、バッファローのトランスポーテーションセンターからメトロバスでナイアガラフォールズへ向かうのが賢明だ。ここからナイアガラフォールズへは#40、60のメトロバスで。

メトロ・トランスポーテーション・センター（アメリカ側）
住181 Ellicott St., Buffalo
☎(716) 855-7533
URL metro.nfta.com
開24時間営業

ナイアガラ・トランジット・ターミナル（カナダ側）

Niagara Transit Terminal

ナイアガラのバスターミナルは、滝から離れたダウンタウ

ナイアガラ・トランジット・ターミナル（カナダ側）
地P.417 A-2
住4555 Erie Ave., Niagara Falls, ON
☎(905) 357-2133
開毎日7:00～22:30

メモ アメリカドルとカナダドルのレート ▶$1＝CA$1.00（2012年5月14日現在）

ンにあり、滝までは路線バスかタクシーを利用するといい。

カナダ側ナイアガラフォールズへは、トロントTorontoからグレイハウンド（CA$18）と、コーチカナダ（CA$17）のバスが1日6～15便、GOトランジットのバスと鉄道が12便走っている。所要約1時間20分～2時間20分。

鉄道 …………………………………… Train

毎日運行されているのはニューヨーク発トロント行きのメープルリーフ号。途中、アメリカ側とカナダ側のナイアガラフォールズ駅に停車する。ニューヨークからは約9時間、トロントからは約4時間15分。

ナイアガラ・アムトラック駅（アメリカ側）
Niagara Amtrak Station

町の中心から北東約3マイル（約5km）のところに位置する。滝へ行くにはタクシーの利用が便利だ。バスで行く場合は、メトロバス#52で約15分。運行はほぼ1時間に1本、土曜は8:19～14:57の間に5本、日曜は運休。Hyde Park Blvd. & Lockport Rd.から乗車しMain St. & Pine Ave.で下車後、Main St.を南へ1kmほど歩く。

ナイアガラフォールズ・VIA駅（カナダ側）
Niagara Falls VIA Station

カナダ側の駅は、バスターミナル同様、滝から離れたダウンタウンにあるので、滝までは路線バス、またはタクシー（料CA$7～10）の利用となる、約10分。滝まで歩いて40分ほど。

ナイアガラ・アムトラック駅(アメリカ側)
地P.417　A-2外
住27th St. & Lockport Rd., Niagara Falls, NY
Free (1-800) 872-7245
開毎日6:15～16:45

アメリカ側ナイアガラフォールズ駅は町外れにある

ナイアガラフォールズ・VIA駅(カナダ側)
地P.417　A-2
住4267 Bridge St., Niagara Falls, ON
Free (1-888) 842-7245
開月～金6:00～11:00、15:30～18:00、土・日9:30～14:30、16:00～20:15

バスターミナルとは道を挟んだ場所にある

アメリカ側の歩き方 Getting Around

着いたらまず、州立公園内の**プロスペクトポイントProspect Point**を目指そう。途中ビジターセンターでマップや資料を手に入れれば迷うことはない。しばし滝を鑑賞したら次はゴート島の**テラピンポイント Terrapin Point**へ。ここは右側にアメリカ滝、左側にカナダ滝と、ナイアガラフォールズの全貌を見渡すことができる、アメリカ側で最も眺めのいい場所だ。自然の造り出した芸術ともいえるこの滝を体験するには、ぜひこのふたつのポイントから滝を見てほしい。船で滝壺に接近したり、風の洞窟ツアーに参加したり観光方法はいくつもあるが、1日あればほとんどの見どころを回ることができる。また、シーニック・トロリーを利用すれば、半日で観光することも可能だ。

アメリカ側のテラピンポイントは必見

市内の交通機関 ……… Public Transportation

ナイアガラ・シーニック・トロリー
Niagara Scenic Trolley

アメリカ側のおもな見どころを結んでいる便利な循環バス。プロスペクトポイント近くの停留所を出発し、ゴート島を一周し、風の洞窟、三姉妹島、水族館などの地点で乗り降りが自由。

ナイアガラ・シーニック・トロリー
運行／毎日9:00～18:00(夏期は延長あり)
料$2、6～12歳$1

緑豊かなナイアガラ州立公園内を走るトロリー

旅のアドバイス **ニューヨークから日帰り**▶格安航空会社のJetBlueはニューヨークのJFK空港とバッファローを毎日6往復以上（2012年5月現在）している。ニューヨークを早朝に出発すればナイアガラフォールズ日帰り観光も可能。

グレイライン
☎(716)285-2113
URL www.graylineniagarafalls.com
Adventure Tour
料$84.95、5〜12歳$49.95
運行／5〜10月の毎日。朝、昼、夜発
所要時間／4時間
内容など／アメリカ側のナイアガラフォールズのほとんどの見どころを回る

グレイラインはコースが多く、カナダ側を見るツアーもある

オーバーザフォールズツアー
Over the Falls Tour
住1246 Pine Ave.
☎(716)283-8900
Free(1-877)783-8900
URL www.overthefallstoursniagara.com
All American Tour
料$79.95、5〜12歳$49.95
運行／5〜10月の毎日午前と午後発
所要時間／4〜5時間
内容など／アメリカ側のナイアガラフォールズのほとんどの見どころを回る

フレンドリーなガイドによるオールアメリカンツアー

ヘリコプターツアー
Rainbow Air, Inc.
地P.417 B-2
住454 Main St.
☎(716)284-2800
URL www.rainbowairinc.com
料$85
運行／5〜10月毎日9:00〜18:00（3〜4月、11〜12月は週末のみ）
休1〜2月
所要時間／10分

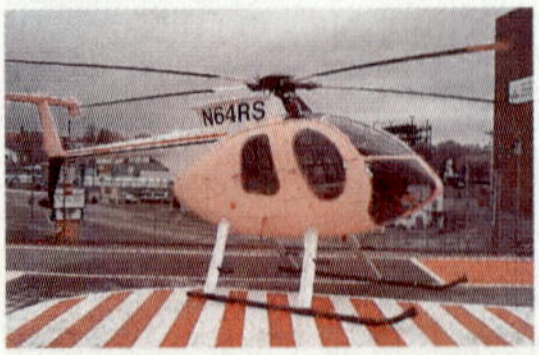

ヘリコプターツアーはナイアガラを俯瞰する体験ができる

ツアー案内 ………………… Sightseeing Tours

グレイライン（アメリカ側）
Gray Line of Niagara Falls

出発場所／カナダ側やアメリカ側のナイアガラフォールズ、またはバッファローダウンタウンのおもなホテルへのピックアップサービスあり。

持っていくと便利な物▶ナイアガラを訪れるならレインコートや折り畳み傘など、滝しぶきを避けられるグッズがあると重宝する。滝壺だけでなくナイアガラ川沿いの道でもとき折、豪快なしぶきがかかることがあるからだ。

観光案内所 ……………… Visitors Information

ナイアガラ州立公園ビジターセンター
Niagara Falls State Park Visitor Center

滝のすぐ近くのナイアガラ州立公園内にある。館内のア**ドベンチャーシアター Adventure Theater**では3-Dの映画を上映している。ナイアガラUSAの観光案内所は数ブロック離れたダウンタウンにあり、こちらでも資料が手に入る。

ナイアガラ州立公園ビジターセンター
地P.416　B-1
☎(716) 278-1796
URL www.niagarafallsstatepark.com
開〈5/1～6/24、9/7～10/11〉毎日8:00～18:00(金・土～21:00)、〈6/25～9/6〉毎日8:00～21:00(金・土～22:00)、〈10/12～4/30〉毎日8:00～18:00

●Adventure Theater
開〈5/1～6/26、9/5～10/31〉毎日9:00～18:00、〈6/27～9/4〉毎日9:00～20:00、〈11/1～12/31〉毎日10:00～16:00の毎正時ごとに上映
料$11、6～12歳$7.50

公園内にある総合案内所

ナイアガラUSA観光案内所
地P.417 B-2
住10 Rainbow Blvd.
☎(716) 282-8992
URL www.niagara-usa.com
開〈9/16～5/31〉毎日9:00～17:00、〈6/1～9/15〉毎日9:00～19:00

お得なパス Niagara USA Discovery Pass
☎(716) 278-1796
ナイアガラフォールズ州立公園のビジターセンターで販売
〈5～10月〉
霧の乙女号、風の洞窟、アドベンチャーシアター3-D映画、ディスカバリー・センター、水族館の5つの見どころやアトラクションとナイアガラ・シーニック・トロリーのフリーライド込みのお得な周遊券
料$33、6～12歳$26

霧の乙女号
住151 Buffalo Ave.
☎(716)284-8897
URL www.maidofthemist.com
運航／〈4～10月〉基本的に毎日10:00～17:00（土・日～18:00）の30分間隔。季節によって変更あり
休11～3月
料$13.50、6～12歳$7.85、5歳以下無料
行プロスペクトポイント展望タワーの入口から乗船

古くからあるアトラクションです
今でこそディーゼルエンジンの白い立派な船だが、1846年の就航当時は木製の蒸気船だったとか

すれすれまで滝に接近する船

展望タワー
☎(716)278-1796
開毎日9:00～20:00（夏期は延長、冬期は短縮あり）
料$1（冬期は無料）、5歳未満は無料
行観光案内所のそば。高くそびえるタワーが目印

風の洞窟ツアー
☎(716)278-1730
開〈5/1～6/23〉毎日9:00～17:00（金・土～21:00）、〈6/24～9/4〉毎日9:00～21:00（金・土～22:00）、〈9/5～10/9〉毎日9:00～19:00（金・土～21:00）〈10/10～23〉毎日9:00～17:00
休11～4月
料$11、6～12歳$8（身長106cm以上）

轟音はしばらく耳から離れない

ナイアガラに来たら必ずトライしよう 地P.416 B-1

霧の乙女号
Maid of the Mist

ナイアガラフォールズで最も人気の高いアトラクション。船に乗ってカナダ滝の滝壺ギリギリまで接近する、迫力満点のツアーだ。カナダ側から出発する船も同じコースで、乗船時間は約30分。カナダかアメリカで必ず体験しておきたい。

落下してくる水の勢いで船がグラグラ揺れ、カナダ滝の手前で停止するクライマックスでは、目をあけていられないくらいすごい勢いで水しぶきが襲いかかってくる。レインコートを着ていても、かなり濡れてしまうほど。カメラなどを持っている人は注意が必要だ。滝シャワーの洗礼を受けてさらにリフレッシュしたいという人は、濡れついでに乗り場の左側にある展望スペースへも足を運ぼう。ここには岩場を登る小さな木の階段があり、真上からものすごい滝の水しぶきが落下してくる。展望スペース見学の際、乗船のときにもらったレインコートが役立つ。

カメラも防水ならば心配はない

アメリカ滝とカナダ滝を同時に眺めよう 地P.416 B-1

展望タワー
The Observation Tower

眺めの悪いアメリカ側から突き出るようにして造られたタワー。おかげでアメリカ滝とカナダ滝を同時に、斜め前方から見ることができる。

滝を体験する!? 地P.416 B-1

風の洞窟ツアー
Cave of the Winds Trip

霧の乙女号と並んで、アメリカ側を見学するならぜひ体験してほしい究極のアトラクション。アメリカ滝の支流、**ブライダル・ベール・フォールズBridal Veil Falls**の真下を歩いて渡るツアーだ。

分厚い黄色のレインコートを着て、足元は革製のスリッパのような靴に履きかえ、いざ出発。案内役の人についてエレベーターを降り、洞窟を抜けると岩場に出る。ここから歩いて木の橋が組まれている滝の真下（といっても支流）まで行くのだ。

見上げると、水が塊になって降ってくる。見物するなんて生やさしいものではない。まさに滝を“体験”するアトラクションだ。

旅のアドバイス **観光ポイントは▶**アメリカ側、カナダ側に分かれている。ふたつの滝が正面に見られるカナダ側のほうが景色はよく、ほとんどの人がカナダ側にしか行かないようだが、少し時間を割いてアメリカ側にも行ってみよう。

すぐそこに滝があるとは信じられないくらいのどか 地P.416、417 B-1～2

ゴート島
Goat Island

1時間もあれば一周でき、美しい木々に囲まれているゴート島。島の北東にある**テラピンポイント Terrapin Point**は、カナダ滝を最も近くで見られる、アメリカ側で一番眺めのよい場所だ。この島から望むナイアガラ川は、滝とは対照的にゆったりしていて心和む。ゴート島の南にある**三姉妹島 Three Sisters Islands**は、小さな島が3つ並んでいることから、こう名付けられた。

ゴート島はかつて個人が所有していた

国境越え Passing Across the Border

滝から一番近くの**レインボーブリッジ Rainbow Bridge**を渡ってアメリカとカナダを自由に行き来することができる（年中無休、24時間通行可）。ただし、国境を越えるわけだからパスポートは絶対必要。

アメリカからカナダへ

アメリカ出国はノーチェック。イミグレーションオフィス脇の回転扉をとおってレインボーブリッジの歩道へ出る。テクテク歩いて行けば数分で国境を越えてしまう。カナダ側のイミグレーションオフィスにはゲートがあるので、アメリカドルまたはカナダドルどちらか50¢を払ってとおる。係官にパスポートを見せ、スタンプを押してもらえば入国完了。車の場合、アメリカドル$3.25、CA$3.25。

カナダからアメリカへ

行程はアメリカからカナダへの場合の逆。日本から直接カナダに入り、過去3ヵ月以内にアメリカに入国していない人は入出国カード（I-94W）の記入とアメリカドルで手数料$6が必要になる。アメリカ側からカナダ側へ一時出国し、再入国する人は、カナダ側へ行った理由、滞在時間などを尋ねられるので、準備しておくこと。また、車でアメリカ入国の際には手続きに時間がかかるので、余裕をみておくこと。

アメリカ入国管理
☎(716)284-5174
URL www.cbp.gov

カナダ入国管理
Free (1-800)461-9999
URL www.cbsa.gc.ca

レインボーブリッジ
Niagara Falls Bridge Commission
アメリカ側
☎(716)285-6322
URL niagarafallsbridges.com
カナダ側
Free (905)354-5641
URL niagarafallsbridges.com

ESTAの申請
陸路でカナダからアメリカへ入国する場合、事前にESTAによる渡航認証の申請・取得は不要。I-94Wを提出する。
ESTA ➡P.646

橋を渡る歩行者は回転式ドアをくぐる

国境を越えるときに注意したいこと

旅のアドバイス

ナイアガラフォールズはアメリカとカナダの国境にあり、簡単に橋で両国を行き来できるが、それぞれの入国管理官による入国手続きが行われる。徒歩、自転車、自動車のいずれでも、国境を渡るときは通行料金とパスポート、ビザを持っていればビザ、運転免許証などの必要な書類を事前に用意しておくこと。

車ではあっという間に対岸に着く

旅のアドバイス **カナダドルへの両替▶**ナイアガラフォールズのカナダ側にはカジノがある。アメリカからカナダへ渡って、カナダドルが必要になったらカジノで両替という方法も可能。

真正面からナイアガラ大瀑布を眺められるのがカナダ側だ。ホテル、ショップ、レストラン、そしてカジノなどの娯楽施設が集中するのもカナダ側。タワーに昇ってアングルや時間ごとに表情を変える滝を存分に観賞したり、クリフトンヒルでナイトライフを楽しむのも人それぞれ。

ピープルムーバーやシャトルを利用して下流にあるホワイト・ウオーター・ウオークの急流を散策したり、大きな渦が巻く上をワールプール・エアロ・カーに乗って渓谷を渡るのもいい。

パークウエイ通りにバス停が集まる

ツアー案内 Sightseeing Tours

グレイライン（カナダ側）
Gray Line of Niagara Falls

カナダ側ナイアガラのほとんどの見どころを回る。予約はアメリカ側にある営業所でする。

ナイアガラヘリコプターズ
Niagara Helicopters

発着場は滝から離れたワールプール・エアロ・カーの近くだが、空中からアメリカ滝とカナダ滝の醍醐味を味わうことができる。飛行時間約10分。冬期も運航。

観光案内所 Visitors Information

ナイアガラフォールズ（カナダ）観光局
Niagara Falls Tourism

Robinson St.沿いにある観光案内所。このほかテーブルロックなどにも案内所がある。

市内の交通機関 Public Transportation

ピープルムーバー
People Mover

4～10月の間ナイアガラ川沿いを運行する2両連結バス。テーブルロックからクイーンストンハイツを循環。アドベンチャーパスを買えば、連続した2日間乗り放題となる。

ウィーゴー
WEGO

2012年8月に開始する予定の新しいバスシステム。テーブルロックへ行くパークス、レッド（Fallsview Blvd.周辺）、ブルー（Victoria Ave.からダウンタウン中心部）の3路線。

グレイライン
☎(716)285-2113
URL www.graylineniagarafalls.com
●Rainbow Tour
料$84.95、5～12歳$49.95
運行／5～10月の毎日朝、昼、夜発
所要時間／4時間
内容など／カナダ側のナイアガラのほとんどの見どころを回る

ナイアガラヘリコプターズ
地P.416 A-1外
住3731 Victoria Ave., Niagara Falls, ON
☎(905)357-5672
URL www.niagarahelicopters.com
運航／好天時9:00～日没
料CA$132、3～11歳CA$82

ナイアガラフォールズ（カナダ）観光局
地P.416 B-1
住5400 Robinson St., Niagara Falls, ON
☎(905)356-6061
free (1-800)563-2557
URL www.niagarafallstourism.com
開月～金8:30～17:00、夏期のみ土・日10:00～16:00も

アイマックスシアターの近くにある案内所ではパスも売っている

お得なパス
Adventure Pass
〈4～10月〉
ジャーニー・ビハインド・ザ・フォールズ、ホワイト・ウオーター・ウオーク、霧の乙女号、ナイアガラズフュアリの4つの見どころが含まれている
料CA$50.80、6～12歳CA$38.60
Winter Magic Pass
〈11～3月(冬期)〉
ジャーニー・ビハインド・ザ・フォールズ、バタフライガーデン、ナイアガラズフュアリの3つが含まれる
料CA$36.50、6～12歳CA$16.95

ピープルムーバー
運行／〈4/12～10/24〉毎日10:00～17:00の20分間隔。週末や夏期は延長あり。詳しくはURL www.niagaraparks.comで
休10/25～4月中旬
料1日券（連続した2日間有効）CA$10、6～12歳CA$7

ウィーゴー
URL www.niagarafallstourism.com
料1日券（連続した2日間有効）CA$10

おもな見どころ Sightseeing

滝を裏側から眺める 地P.416 B-1

テーブルロック
Table Rock

カナダ滝のすぐ西側にある建物。ここで体験してほしいのが、**ナイアガラズフュアリNiagara's Fury**。テクノロジーを駆使した"4-D"の体験型アトラクションだ。また、**ジャーニー・ビハインド・ザ・フォールズ Journey Behind the Falls**（滝の裏側ツアー）も必見。このツアーは地下に掘られたトンネルから滝の裏側をのぞくというもの。滝は水しぶきがすごく、流れ落ちる水の轟音が響くだけ。

また、建物内にはショップやレストランがあり、ひと休みしたいときに便利だ。子供やお年寄りが滝まで歩くのがたいへんな場合は、建物の南側に隣接する有料駐車場Falls Parkingに車を停めよう。建物の中からは、濡れずに滝を見ることができる。

滝の裏側をのぞこうと最初に思いついた人はすごい

2階にあるレストラン『エレメンツ・オン・ザ・フォールズ』では、すぐ前で滝が落ちるのを眺めながら食事ができるという珍しい体験が味わえるのでおすすめ。

テーブルロック
住6650 Niagara Pkwy.,Niagara Falls,ON
URL www.niagaraparks.com
開24時間営業
休12/25
●Niagara's Fury
開毎日10:30〜17:00（季節により変更あり。詳細はウエブサイトで確認を）、30分おき
料CA$12.95、6〜12歳CA$8.25
●Journey Behind the Falls
開毎日9:00〜19:00（夏期は延長、冬期は短縮あり）
料CA$14.95、6〜12歳CA$9.95（冬期料金CA$11.25、6〜12歳CA$6.95）
※歩いて滝まで行くため、濡れてもかまわない服装で参加しよう

大迫力で滝の水が落ちる瞬間を見ることができる

ナイアガラの全体を見てみよう 地P.416 B-1

スカイロンタワー
Skylon Tower

ナイアガラフォールズで一番高い展望台で、その高さは775フィート（約236m）。ナイアガラ全体の眺望を楽しめる。展望台の1階下はバフェ（食べ放題の食事）のレストラン**Summit Suite**、さらに下（2階下）は回転レストラン**Revolving** ➡P.423になっている。

この高さから見る滝はダイナミック

スカイロンタワー
住5200 Robinson St., Niagara Falls, ON
☎(905) 356-2651
URL www.skylon.com
開〈夏期〉毎日8:00〜24:00、〈冬期〉毎日11:00〜21:00
料CA$13.91、2〜12歳$8.11
行ピープルムーバーのQueen Victoria Place下車、Murray St. の坂を上って右側

ナイアガラについてもっと知りたいのなら 地P.416 B-1

アイマックスシアター・ナイアガラフォールズ
IMAX Theatre Niagara Falls

スカイロンタワーに隣接するピラミッド型のアイマックスシアターでは、『Niagara:Legends & Daredevils』が上映されている。巨大スクリーンで見るナイアガラの迫力もなかなか。日本語のイヤホンサービスも行っているので、チケット売り場で遠慮なく尋ねてみよう。

アイマックスシアター・ナイアガラフォールズ
住6170 Fallsview Blvd., Niagara Falls, ON
☎(905) 358-3611
URL www.imaxniagara.com
開毎日10:00〜20:00の毎正時（冬期は短縮あり）
料CA$14.50、4〜12歳CA$10.44
行Niagara Pkwy.からは、スカイロンタワー方向へMurray St. の坂を上りきって右折。大きな駐車場の中にある

スカイロンタワーからは坂を上ったところにあるアイマックスシアター

投稿 **テーブルロックのジャーニー・ビハインド・ザ・フォールズ**▶ツアーの時間が指定されるので、以後の予定が詰まっている人はなるべく早めにチケットを買いたい。（名古屋市 丹羽順子 '06）['12]

カナダ側にもあります　地P.416　B-1

霧の乙女号
Maid of the Mist

アメリカ側とカナダ側では出発地点が違う以外、まったく同じ。プラザの中央にチケット売り場がある。カナダ側のほうは込んでいるから、アメリカ側のほうが早くておすすめ。

霧の乙女号
住5920 River Rd., Niagara Falls, ON
☎(905) 358-5781
URL www.maidofthemist.com
運航／〈4～10月〉毎日9:45～16:45（土・日～17:45）の15分間隔。季節によって変更あり
休11～3月
料CA$19.75、6～12歳CA$12.50、5歳以下無料
行ピープルムーバーMaid of the Mist下車

夜もにぎやかな繁華街　地P.416　B-1

クリフトンヒル
Clifton Hill

Niagara Pkwy.に交差するクリフトンヒルは、ナイアガラフォールズの繁華街だ。ホテルやショッピングセンター、アミューズメント施設、カジノ、みやげ物屋、レストランなどが建ち並ぶ。一周10分の**観覧車Niagara SkyWheel**では、地上約53mの高さから滝を眺めることができる。また、ナイトクラブやディナーショーを行う劇場などもあり、大人から子供まで楽しめ、1日中にぎわっている。

夜でもにぎやかな通り

ファストフード店も多く集まるエリア

クリフトンヒル
● Niagara SkyWheel
住4950 Clifton Hill, Niagara Falls, ON
☎(905) 358-4793
料CA$9.99、12歳以下CA$6.99

上から渦を眺める　地P.417　A-2外

ワールプール・エアロ・カー
The Whirlpool Aero Car

オンタリオ湖に向かう途中にナイアガラ川が急なカーブを描く淵があり、流れが大きな渦潮となっている。渦の上76mの高さを渡るワールプール・エアロ・カーというロープウエイに乗って真上から見物できる。

滝から流れた水が作る巨大な渦

ワールプール・エアロ・カー
住3850 Niagara Pkwy., Niagara Falls, ON
Free (1-877) 642-7275
運航／〈3月下旬～11月上旬〉毎日10:00～17:00（土・日、夏期は延長あり）。15分間隔で運航
休11月中旬～3月中旬
料CA$12.95、6～12歳CA$8.25、5歳以下無料
行ピープルムーバー Whirlpool Aero Car下車

激流は大迫力　地P.417　A-2外

ホワイト・ウオーター・ウオーク
White Water Walk

滝を流れ落ちたものすごい量の水は、いったいどうなっているのだろう……。その水の激流を見せてくれるのがここ。みやげ物屋の中のエレベーターで地下に降りて、トンネルを進むと、滝を流れ落ちたナイアガラ川の激流を目の前で見ることができる。

その名のとおり水は白く渦を巻いて流れる

ホワイト・ウオーター・ウオーク
住4330 Niagara Pkwy., Niagara Falls, ON
Free (1-877) 642-7275
開〈4/9～10/24〉毎日9:00～17:00、ただし週末など変則的。必ず事前に確認すること
休10/25～4月上旬
料CA$9.95、6～12歳CA$6.50
行ピープルムーバー White Water Walk下車

投稿 **ナイアガラフォールズ（カナダ側）のおすすめインド料理店**▶インド人が作る本場のカレーとナン、サラダ、デザートがおいしかった。食べ放題でCA $14.99、ワンドリンクはCA $1.99～。Passage To India　住5546 Robinson St., Niagara Falls, ON ☎(905) 371-3444　URL www.passage2india.ca　（新潟県　大平 和孝　'11）['12]

ショップ&レストラン　Shops & Restaurants

ギフト&雑貨

S 三姉妹が経営する個性的なみやげ物屋〈アメリカ側〉

スリー・シスターズ・トレーディング・ポスト
Three Sisters Trading Post

住454 Main St.　☎(716) 284-3689
URL www.threesisterstradingpost.com
開〈6～9月〉毎日8:00～20:00、〈10～5月〉毎日9:00～17:00
ADMV　地P.417　B-2

玄関正面に"お話し"する壁掛けのムースが出迎えてくれる。アメリカンインディアンの人形や彫り物、宝石コーナーがあり、珍しいTシャツも見つかる。('12)

ギフト&雑貨

S 珍しいダイヤモンドも置いてある〈カナダ側〉

カナディアン・トレジャーズ
Canadian Treasures

住6650 Niagara Pkwy., Niagara Falls, ON　☎(905) 358-3268
URL www.niagaraparks.com/shopping
開毎日9:00～18:00(夏期延長あり)　休12/25
ADJMV　地P.416　B-1

カナダでしか採れないレアなダイヤモンドがここで手に入る。地元ナイアガラのガラス工芸作家のコレクションも見もの。州立公園が経営するお店なので安心。('12)

パン&焼き菓子

S 創業90年のベーカリー〈アメリカ側〉

デカミロ・ベーカリー
DiCamillo Bakery

住811 Linwood Ave.　☎(716) 282-2341
URL www.dicamillobakery.com
開毎日6:00～19:00　AMV　地P.417　A-2

イタリア移民の創業者は11人の子供と朝早くから地元の人にできたてのパンを馬車で配達した。現在は市内に5店舗を経営、おいしいパンや菓子を作り続けている。('12)

ギフト

S カナダ王室騎馬警察のショップ〈カナダ側〉

マウンテッド・ポリス・トレーディング・ポスト
Mounted Police Trading Post

住5685 Falls Ave., Niagara Falls, ON　Free(1-800) 372-0472
URL www.mountedpolicetradepost.com
開毎日10:00～18:00(夏期～23:00)　AJMV　地P.416　B-1

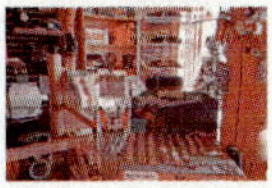

カナダ側のナイアガラフォールズを見守っているカナダ王室騎馬警察(RCMP)認可のギフトショップ。ひと味違ったものが見つかる。('12)

アメリカ料理

R 州立公園に隣接〈アメリカ側〉

ハードロック・カフェ
Hard Rock Cafe

住333 Prospect St.　☎(716) 282-0007
URL www.hardrock.com
開毎日11:00～22:00(金・土～23:00)　AJMV　地P.417　B-2

アメリカ側のアトラクションを回るにはうれしい立地。店内はロックファン大喜びの珍しい展示品が飾られている。おすすめは350gのニューヨーク・ストリップ・ステーキ($22.95)。併設するギフトショップにはオリジナルグッズもある。('12)

アメリカ料理

R 滝に最も近いレストラン〈カナダ側〉

エレメンツ・オン・ザ・フォールズ
Elements on the Falls

住6650 Niagara Pkwy., Niagara Falls, ON　☎(905) 354-3631
開〈夏期〉毎日11:30～22:00、〈冬期〉毎日11:30～20:00
料ランチCA$16～、ディナーCA$30～　AMV　地P.416　B-1

カナダ滝の観光の中心ともいえるテーブルロックの2階にある。滝を眺めながら食事を楽しめる。目玉メニューは900gのエレメンツ・トマホーク・ステーキ(CA$49.95)。('12)

アメリカ料理

R 老舗のレストラン〈アメリカ側〉

レッドコーチイン
Red Coach Inn

住2 Buffalo Ave.　☎(716) 282-1459　地P.417　B-2
URL www.redcoach.com　AMV　開〈夏期〉毎日7:30～21:30(金・土～22:30)、〈冬期〉毎日7:30～21:00(金・土～22:00)

ゴートアイランドに最も近く、歴史のあるB&Bにあるレストラン。朝食からディナーまで宿泊客以外も利用することができる。ディナーの予算は$30ほど。('12)

アメリカ料理

R 最高所から滝を眺める〈カナダ側〉

レヴォルヴィング
Revolving

住5200 Robinson St., Niagara Falls, ON　☎(905) 356-2651
Free(1-877) 475-9566
URL www.skylon.com　開毎日11:30～15:00、16:30～23:00
ADJMV　地P.416　B-1

スカイロンタワーの上にあるエレガントなレストランで、1時間かけて一周する回転ダイニング。グリルしたサーモンのソースがけは$42.95。('12)

ホステル

アメリカ側のユース
ナイアガラフォールズ・ホステル
Niagara Falls Hostel

住1101 Ferry Ave., Niagara Falls, NY 14301 地P.417 B-2
☎(716) 282-3700 URL www.hihostels.com
ドミトリー$22～ MV
チェックイン16:00～22:00、チェックアウト8:00～10:00

アムトラック駅からはタクシーで10分。バッファローからバスなら、Pine Ave.のメディカルセンターで下車し2ブロック歩く。滝までは徒歩20分。38ベッド。 ('12)

ホステル

カナダ側のユース
ホステリング・インターナショナル・ナイアガラフォールズ
Hostelling International Niagara Falls

住4549 Cataract Ave., Niagara Falls, ON, Canada L2E 3M2
☎(905) 357-0770 Free(1-888) 749-0058
URL www.hostellingniagara.com ドミトリーCA$21～25、個室CA$49～79 AMV 地P.417 A-2

VIA駅、バスディーポのすぐ近くにある。カナダ滝へは徒歩で45分。#4のバスがあるが、ほかのバスは途中までしか行かないので注意。レンタル自転車あり。88ベッド。 ('12)

エコノミーホテル

アメリカ滝に一番近いホテル〈アメリカ側〉
コンフォートイン・ザ・ポイント
Comfort Inn The Pointe

住1 Prospect Pointe, Niagara Falls, NY 14303
☎(716) 284-6835 FAX(716) 284-5177
URL www.comfortinn.com
ⓈⒹⓉ$69～174 ADJMV 地P.417 B-2

プロスペクトポイントに近く、滝のしぶきが感じられるほど。目前にはニューヨーク州立公園の緑が広がる。無料の朝食がうれしい。117室。 ('12)

ホステル

滝に近い私設ホステル〈カナダ側〉
ACBBホステル・ナイアガラ
ACBB Hostel Niagara

住5741 McGrail Ave., Niagara Falls, ON, Canada L2G 3R4
☎(905) 359-4815 URL www.hostelniagara.ca
ドミトリーCA$25～、個室CA$32～
MV 地P.416 B-1

レインボーブリッジまで徒歩10分、滝にも近い。Wi-Fiや駐車場も無料。無料の朝食は毎日8:00～9:30。70ベッド。 ('12)

中級ホテル

カナダ滝に歩いて行ける〈アメリカ側〉
ハワード・ジョンソン・クローゼスト・トゥー・ザ・フォールズ・アンド・カジノ
Howard Johnson Closest to the Falls and Casino

住454 Main St., Niagara Falls, NY 14301 地P.417 B-2
☎(716) 285-5261 Free(1-800) 221-5801 FAX(716) 285-8536
URL www.hojoniagarafalls.com ⓈⒹⓉ$79～240 ADJMV

アメリカ側の見どころに近く、レインボーブリッジを渡ってカナダ側へ歩いて行くこともできる。無料の朝食、温水プールとサウナ付き。無線LAN使い放題。80室。 ('12)

高級ホテル

滝の眺めはまさに絶景〈カナダ側〉
シェラトン・オン・ザ・フォールズ
Sheraton on the Falls

住5875 Falls Ave., Niagara Falls, ON, Canada L2G 3K7
☎(905) 374-4445 Free(1-888) 229-9961 FAX(905) 371-0157
URL www.sheratononthefalls.com
ⓈⒹⓉCA$99～369 AMV 地P.416 B-1

ホテルの部屋からもじっくり滝を眺めたい、そんな人にぜひおすすめしたいホテル。夜のイルミネーションも充分に堪能できる。669室。 ('12)

高級ホテル

落ち着いた安心の宿〈アメリカ側〉
シェラトン・アット・ザ・フォールズ
Sheraton At The Falls

住300 3rd St., Niagara Falls, NY 14303
☎(716) 285-3361 FAX(716) 285-3900
URL sheratonatthefalls.com
ⓈⒹⓉ$99～249 ADMV 地P.417 B-2

アメリカ側で最も規模の大きなホテル。観光にもビジネスでも安心して泊まれる。プール、フィットネスセンター、ビジネスセンターなど設備は整っている。391室。 ('12)

B&B

シンプルに泊まるB&B〈カナダ側〉
グレン・モール・ゲストハウス
Glen Mhor Guesthouse

住5381 River Rd., Niagara Falls, ON, Canada L2E 3H1
☎(905) 354-2600 FAX(905) 354-3325
URL www.glenmhor.com ⓈⒹⓉCA$80～120
MV 地P.416 A-1

River Rd.とEastwood Cir.の角。滝とダウンタウンの中間といった位置だ。バスディーポ、VIA駅から無料の送迎サービスあり。朝食付き。4室。 ('12)

Florida & South
フロリダと南部

マイアミとキーウエストを結ぶ州道の途中にあるセブン・マイル・ブリッジ

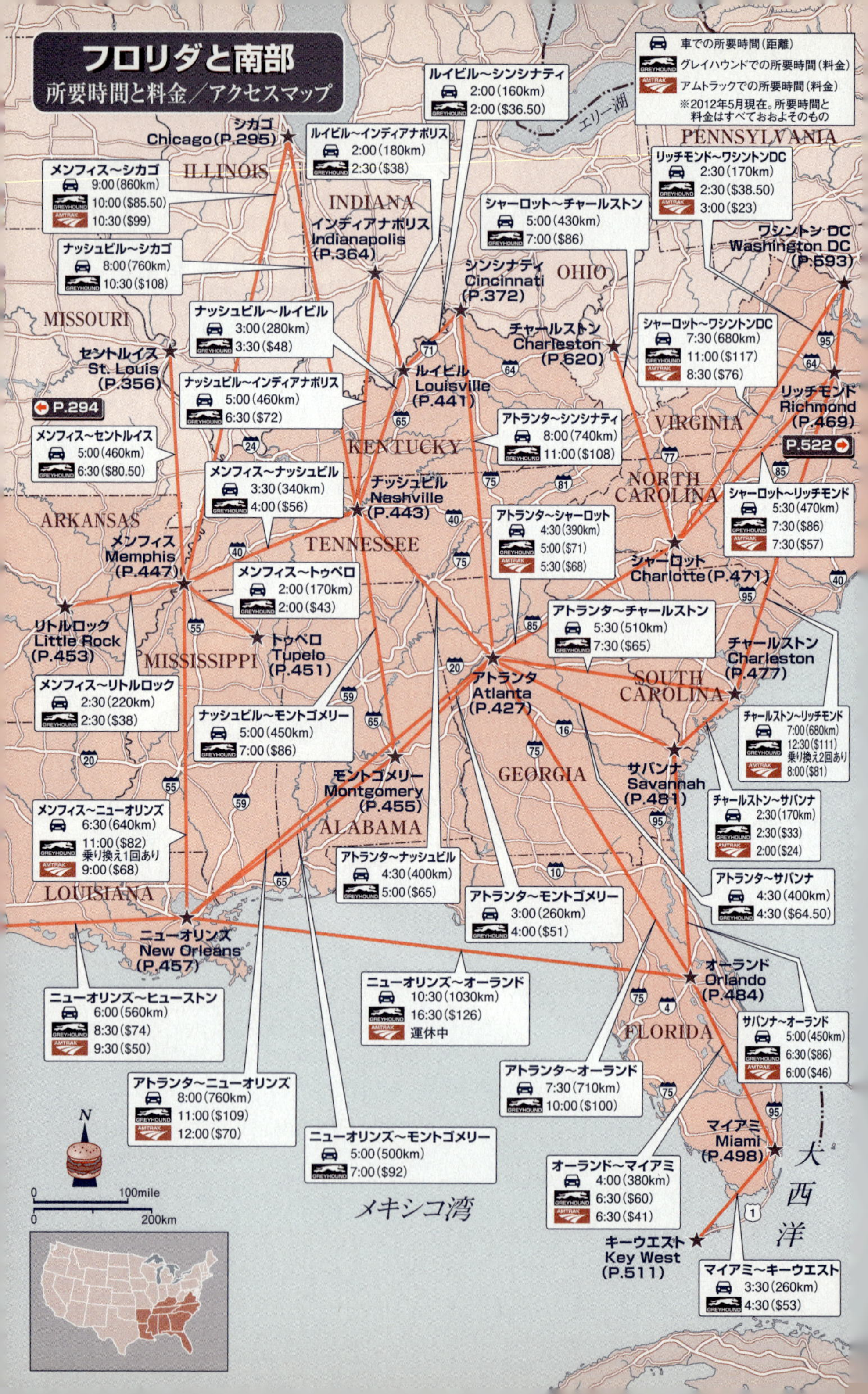
フロリダと南部
所要時間と料金／アクセスマップ
車での所要時間（距離）
グレイハウンドでの所要時間（料金）
アムトラックでの所要時間（料金）
※2012年5月現在。所要時間と料金はすべておおよそのもの
ルイビル～シンシナティ 2:00(160km) 2:00($36.50)
ルイビル～インディアナポリス 2:00(180km) 2:30($38)
メンフィス～シカゴ 9:00(860km) 10:00($85.50) 10:30($99)
ナッシュビル～シカゴ 8:00(760km) 10:30($108)
ナッシュビル～ルイビル 3:00(280km) 3:30($48)
ナッシュビル～インディアナポリス 5:00(460km) 6:30($72)
メンフィス～セントルイス 5:00(460km) 6:30($80.50)
メンフィス～ナッシュビル 3:30(340km) 4:00($56)
メンフィス～トゥペロ 2:00(170km) 2:00($43)
メンフィス～リトルロック 2:30(220km) 2:30($38)
ナッシュビル～モントゴメリー 5:00(450km) 7:00($86)
メンフィス～ニューオリンズ 6:30(640km) 11:00($82) 乗り換え1回あり 9:00($68)
ニューオリンズ～ヒューストン 6:00(560km) 8:30($74) 9:30($50)
アトランタ～ニューオリンズ 8:00(760km) 11:00($109) 12:00($70)
ニューオリンズ～モントゴメリー 5:00(500km) 7:00($92)
アトランタ～ナッシュビル 4:30(400km) 5:00($65)
アトランタ～モントゴメリー 3:00(260km) 4:00($51)
ニューオリンズ～オーランド 10:30(1030km) 16:30($126) 運休中
アトランタ～オーランド 7:30(710km) 10:00($100)
オーランド～マイアミ 4:00(380km) 6:30($60) 6:30($41)
マイアミ～キーウエスト 3:30(260km) 4:30($53)
サバンナ～オーランド 5:00(450km) 6:30($86) 6:00($46)
アトランタ～サバンナ 4:30(400km) 4:30($64.50)
チャールストン～サバンナ 2:30(170km) 2:30($33) 2:00($24)
チャールストン～リッチモンド 7:00(680km) 12:30($111) 乗り換え2回あり 8:00($81)
アトランタ～チャールストン 5:30(510km) 7:30($65)
アトランタ～シャーロット 4:30(390km) 5:00($71) 5:30($68)
シャーロット～リッチモンド 5:30(470km) 7:30($86) 7:30($57)
アトランタ～シンシナティ 8:00(740km) 11:00($108)
シャーロット～ワシントンDC 7:30(680km) 11:00($117) 8:30($76)
シャーロット～チャールストン 5:00(430km) 7:00($86)
リッチモンド～ワシントンDC 2:30(170km) 2:30($38.50) 3:00($23)
シカゴ Chicago (P.295)
インディアナポリス Indianapolis (P.364)
シンシナティ Cincinnati (P.372)
チャールストン Charleston (P.620)
ワシントンDC Washington DC (P.593)
リッチモンド Richmond (P.469)
セントルイス St. Louis (P.356)
ルイビル Louisville (P.441)
ナッシュビル Nashville (P.443)
メンフィス Memphis (P.447)
リトルロック Little Rock (P.453)
トゥペロ Tupelo (P.451)
アトランタ Atlanta (P.427)
シャーロット Charlotte (P.471)
チャールストン Charleston (P.477)
サバンナ Savannah (P.481)
モントゴメリー Montgomery (P.455)
ニューオリンズ New Orleans (P.457)
オーランド Orlando (P.484)
マイアミ Miami (P.498)
キーウエスト Key West (P.511)
P.294
P.522
ILLINOIS
INDIANA
OHIO
PENNSYLVANIA
MISSOURI
KENTUCKY
VIRGINIA
NORTH CAROLINA
TENNESSEE
ARKANSAS
MISSISSIPPI
SOUTH CAROLINA
GEORGIA
ALABAMA
LOUISIANA
FLORIDA
エリー湖
メキシコ湾
大西洋
N
100mile
200km

ケーブルテレビのニュース専門チャンネル、CNNの本部ビル

アトランタ
Atlanta
南部最大の商業都市

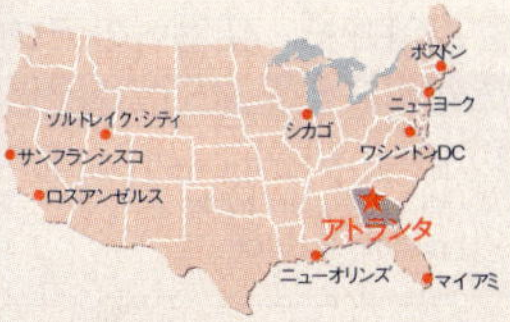

1996 年には夏季オリンピックが開催され、『風と共に去りぬ』が生まれた町アトランタは、南部を代表する大都市だ。しかし、南部のほかの地方の人々は「アトランタは南部ではない」と言う。確かに、“南部”という言葉から連想される、大農園、黒人奴隷、豪邸での舞踏会などの面影は、アトランタの周辺では見受けられない。世界 No.1 の発着数を誇る巨大空港をもつ交通の要衝、多くの大企業が本社を構える産業の中心、そして、一大コンベンション都市でもあり、高層ビルが林立する近代都市が現在のアトランタなのである。

しかし、この町は南部の心を失ってはいない。道端でぼんやりしていると、“Hi-yo！”と気軽に声をかけてくれる。この思いやりこそが“サザンホスピタリティ”なのだ。南部最大の商業都市でありながらも、人々にはおおらかさが残る町である。

『風と共に去りぬ』の作者もアトランタ出身。彼女の家

GUIDE BOOK 地球の歩き方B12アメリカ南部編（1800円＋税）、B14テーマで旅するアメリカ編（1700円＋税）でもアトランタを紹介していますので、ご活用ください。

DATA

人口▶約42万人
面積▶344.9km²
標高▶最高320m　最低286m
TAX▶セールスタックス　8%
ホテルタックス　14〜16%
属する州▶ジョージア州　Georgia
州のニックネーム▶南部の帝国州　Empire State of South、モモの州　Peach State
州都▶アトランタ　Atlanta
時間帯▶イースタン・タイムゾーン ➡P.631
繁忙期▶1〜3、6〜8月

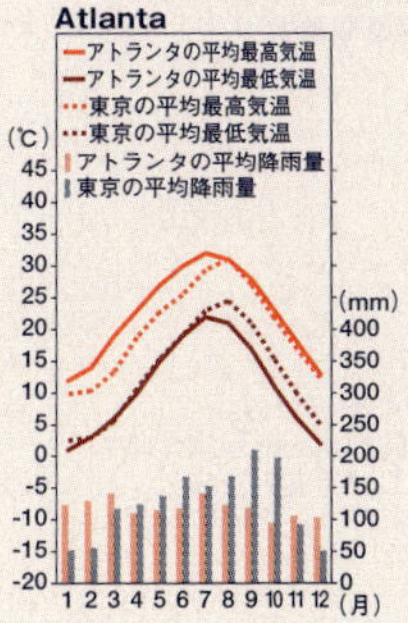

Getting There アトランタへの行き方

ハーツフィールド・ジャクソン・アトランタ国際空港
地P.435　D-1外
Free (1-800) 897-1910
URL www.atlanta-airport.com

巨大な空港だが案内がいたるところにある

飛行機 …… Plane

ハーツフィールド・ジャクソン・アトランタ国際空港
Hartsfield-Jackson Atlanta International Airport (ATL)

ダウンタウンの南西約16kmに位置する世界最大級の空港だ。発着する航空会社は30社以上、1日の乗降客は約24万人。成田空港からは、デルタ航空が直行便を毎日運航。現在滑走路は5本あり、航空機が次々と離発着する。コンコースT、A～F（色分けされている）とバゲージクレーム（機内預け荷物のピックアップ場所）に分かれており、それぞれを無人の地下鉄が結んでいる（2分ごとの運行）。バゲージクレームは航空会社によって北と南に分かれており、その間にレストランやギフトショップなどが並ぶ。空港内の案内のサインにはほとんど日本語訳が書いてあるので安心だ。

■ 空港から／空港へのアクセス

	種類／名称／連絡先	行き先／運行／料金	乗車場所／所要時間／備考
空港シャトルバン	アトランタ・エアポート・シャトル Atlanta Airport Shuttle ☎ (404) 941-3440	**行き先**▶市内の各ホテル **運行**▶フライトがある時間帯 **料金**▶ダウンタウンまで片道$16.50、バックヘッドまで片道$20.50	**空港発**▶バゲージクレームの西の端から乗車 **空港行き**▶事前にホテルのフロントや自分で予約してから乗車 **所要時間**▶ダウンタウンまで約20～30分
地下鉄	マルタレイル MARTA Rail ☎ (404) 848-5000 URL www.itsmarta.com	**行き先**▶MARTA各駅。ダウンタウンならFive Points駅またはPeachtree Center駅 **運行**▶月～金4:45～翌1:12の20分間隔（6:00～19:00は15分間隔）、土・日・祝日5:50～翌1:00の20分間隔 **料金**▶$2.50＋ブリーズカード代$1	**空港発**▶バゲージクレームの西にあるマルタ・レッド&ゴールドライン Airport駅から乗車 **空港行き**▶最寄りの地下鉄駅から乗車 **所要時間**▶Five Points駅まで約16分
タクシー	チェッカーキャブ Checker Cab ☎ (404) 351-1111 URL www.atlantacheckercab.com	**行き先**▶市内や周辺どこでも **運行**▶24時間随時 **料金**▶ダウンタウンまでひとり$30、バックヘッドまでひとり$40。以降ひとり増えるごとに$2ずつ加算	**空港発**▶バゲージクレームを出たところから乗車 **空港行き**▶事前に電話予約、または主要ホテルから乗車 **所要時間**▶ダウンタウンまで約20分

※それぞれの乗り物の特徴については ➔P.665

グレイハウンド・バスターミナル
地P.432　A-3
住232 Forsyth St.
☎ (404) 584-1728
開24時間営業

長距離バス …… Bus

グレイハウンド・バスターミナル
Greyhound Bus Terminal

マルタレイルGarnett駅を西側に出てすぐのところにあり、駅のホームから大きな看板が見える。入口前にはタクシーが常時待機。ナッシュビル（所要約5時間）やオーランド（所要約8時間）などから乗り入れる。

アムトラックブルックウッド駅
地P.435　A-1外
住1688 Peachtree St. NW
Free (1-800) 872-7245
開毎日7:00～21:30

鉄 道 …… Train

アムトラックブルックウッド駅
Amtrak Brookwood Station

中心部の北約4.5kmに位置する。Arts Center駅よりマルタバス#110で約7分。ニューヨーク～ワシントンDC～ニューオリンズ間を走るクレセント号が1日1往復する。

旅のアドバイス　**道路名に注意！**▶アトランタには“ピーチツリー”という名の付く、St.、Ave. などの道路が100以上あるので混乱しないように。

アトランタの歩き方 Getting Around

アトランタは広い町で、見どころも分散している。しかし、思いのほか歩きやすいのは、交通機関が整備されているため。地下鉄と路線バスを使えば、ほとんどの見どころへ行ける。

人気の観光ポイントは、世界最大級の水族館であるジョージア水族館、世界で最も飲まれているソフトドリンク、コカ・コーラの博物館ワールド・オブ・コカ・コーラ、1996年夏季オリンピックを記念したセンテニアルオリンピック公園など。『風と共に去りぬ』の面影を訪ねるなら、マーガレット・ミッチェル・ハウス記念館がおすすめ。

観光案内所 …………… Visitors Information

アトランタ観光局
Atlanta Convention and Visitors Bureau (ACVB)

アトランタ観光局は、ダウンタウンの中心にあるショッピングモール、アンダーグラウンド・アトランタに案内所を設けている。マルタレイルFive Points駅より徒歩2分ほど。そのほかにも空港（開月～金9:00～21:00、土9:00～18:00、日12:00～18:00）や、ジョージア・ワールド・コングレス・センター（大きなコンベンションが開催時のみオープン）にも観光案内所がある。

市内の交通機関 ……… Public Transportation

アトランタ首都圏交通局（マルタ）
Metropolitan Atlanta Rapid Transit Authority (MARTA)

東西、南北の**地下鉄MARTA Rail** 4路線と**バスMARTA Bus**90路線余りを運行。アトランタ周辺の観光スポットは、これでほとんどカバーできる。

MARTAの料金は$2.50均一。地下鉄に乗る際は、ブリーズカードBreeze Cardというプリペイドカードを購入しなくてはならない。ブリーズカードは、日本のSuicaやIcocaカードと同じようなもので、初回購入時に$1の料金がかかる。券売機にて、初回購入はBuy、次回からのチャージ（入金）はReload、残高確認はCheck Balanceを押す。バスは現金でも乗ることができるが、ブリーズカードで乗車の場合のみ乗り換え無料。また、1日に4回以上乗車する場合はビジターパス（1、2、3、4、7日券）がお得だ。

シティパス ➡P.693
Free (1-888) 330-5008
URL www.citypass.com
料 $69、3～12歳$49
5ヵ所で使え、9日間有効。下記1～3しか訪れない場合はあまりお得とはいえない。購入は対象施設の窓口で
1. ワールド・オブ・コカ・コーラ ➡P.430
2. ジョージア水族館 ➡P.432
3. CNNスタジオツアー ➡P.431
4. アトランタ歴史センター ➡P.436、またはアトランタ動物園
5. ファーンバンク自然史博物館、またはハイ美術館 ➡P.434

アトランタ観光局
●ACVB Visitor Center - Underground Atlanta
地 P.432 B-2、3
住 65 Upper Alabama St.
☎ (404) 577-2148
Free (1-800) 285-2682
URL www.atlanta.net
開 毎日10:00～18:00（日12:00～）

アトランタ首都圏交通局（マルタ）
☎ (404) 848-5000
URL www.itsmarta.com
料 $2.50（ただし、ブリーズカード購入時には$1が追加でかかる）。ビジターパス1日券$9、2日券$14、3日券$16、4日券$19、7日券$23.75

観光スポットへの移動も便利なマルタバス

空港へもマルタレイルでアクセスできる

マルタレイル　MARTA Rail

マルタレイルは4路線あり、色分けされている。南北に走るレッドラインRed Line、ほぼレッドラインと同じ線路を走り途中から北東に分岐するゴールドラインGold Line、東西に走るブルーラインBlue Lineと、ほぼブルーラインと同じ線路を走り途中から北西部に分岐するグリーンラインGreen Lineで、中心部では地下を走る。なお、マルタレイルの駅からマルタバスへの乗り継ぎは、とても効率的にできていて、駅からは標識のとおり進めば、バス停に出る仕組み。

●MARTA Rail
運行／毎日5:00〜翌1:00頃の15〜20分間隔

マルタバス　MARTA Bus

白地に青、黄、オレンジのラインが目印。地下鉄の駅を起点に走る路線が多いので、乗り換えがとても便利だ。料金は現金で支払うこともできる。

●MARTA Bus
運行／毎日5:00〜翌1:30頃（土・日・祝日は短くなる）
※バスからバスへのトランスファー（乗り換え）はできない。マルタレイルからバスへの乗り換えは無料。ブリーズカードを機械にとおすが、料金は引き落とされない

ツアー案内 ……………… Sightseeing Tours

アメリカン・サイトシーイング・アトランタ
American Sightseeing Atlanta

ミニバスによるツアー。おもなホテルまで送迎あり。

●リッチ・イン・ヒストリー　Rich in History

キング牧師国立歴史地区、サイクロラマ、アトランタ歴史センターなどを訪れる。途中、アンダーグラウンド、州議事堂、フォックス劇場、ハイ美術館、マーガレット・ミッチェル・ハウス記念館をバスの中から見学。料金には入場料が含まれる。

アメリカン・サイトシーイング・アトランタ
☎(404)233-9140
Free (1-800)572-3050
URL www.americansightseeingatl.com
● Rich in History
運行／毎日14:00〜18:00
料$43、3〜11歳$40

Sightseeing　おもな見どころ

ダウンタウン中心部　Central Downtown

コカ・コーラのことなら何でもわかる　地P.435　B-1

ワールド・オブ・コカ・コーラ
World of Coca-Cola

コカ・コーラの発祥の地は、ここアトランタだ。1886年アンダーグラウンド・アトランタにほど近い薬局でコカ・コーラが売り出されてから、現在世界約200ヵ国で飲まれているという。コカ・コーラのことならなんでもわかるパビリオンはアトランタNo.1の人気ポイント。

館内では、歴代のポスターや看板、グッズ、製造法の解説、世界のテレビ広告を集めたフィルムなどがある。世界のコカ・コーラ社製造の飲み物の試飲も人気。

コカ・コーラ生みの親、ジョン・ペンバートン像

ワールド・オブ・コカ・コーラ
住121 Baker St.
☎(404)676-5151
Free (1-800)676-2653
URL www.worldofcoca-cola.com
開〈夏期〉毎日9:00〜20:30、〈冬期〉毎日10:00〜18:30。季節によって変更あり
休サンクスギビング、12/25
料$16、シニア$14、3〜12歳$12
行Peachtree Center駅下車。Baker St.を西へ歩いて5分ほど

カーター元大統領も働いていた！ 地P.432 B、C-3

ジョージア州議事堂
Georgia State Capitol

ダウンタウンに輝く金色のドームがジョージア州議事堂だ。1889年の完成で、ドームの高さは238フィート（約73m）。頂上には右側にトーチ、左側に聖書を持つ女神像が立つ。ドームの金箔は北ジョージアから採掘された物。マーガレット・ミッチェル、キング牧師、カーター元大統領など、ジョージア州出身の著名人の肖像も並んでいる。また、4階はジョージア州議事堂博物館になっている。

24時間ニュース専門局の舞台裏がわかる 地P.432 A-1

CNNセンター
CNN Center

日本でもケーブルを通じて放映され、アメリカ国内でもCBS、NBC、ABC、FOXに次ぐメジャーTV局のひとつとなったCNN（Cable News Network）の本部ビルだ。1976年に完成、2000人以上の人々が働いているこのビルには、ホテル、CNN本社のほか、CNNグッズを売るCNNストア、野球のブレーブスのショップ、フードコートなどが入っている。

ここの目玉はなんといってもCNNスタジオツアーだ。24時間、世界中のニュースだけを報道し続ける有線テレビ放送局。その内部をツアーでのぞいてみよう。生放送中のスタジオをガラス越しに見学したり、天気予報でよく目にする予報士と天気図の撮影方法のトリックの仕組み（体験モデルに選ばれるために青い服を着て行こう！）も説明してくれる。約50分のツアーだ。

オリンピック100周年を記念した公園 地P.432 A-1

センテニアルオリンピック公園
Centennial Olympic Park

1996年、近代オリンピック100周年記念大会が、ここアトランタの地で開催されたことをご記憶の方は多いと思う。開催を記念して、ピーチツリーセンターの西側に広がる21エーカー（約8万4990m²）の広大な敷地が公園になった。オリンピックのハイライトを思い出しながら散策してみよう。ぜひ見学しておきたいのが、五輪の輪をイメージした幅25mの噴水のショーだ。ショーは1日4回行われる。

単にオリンピックを記念した公園というだけでなく、公園内の野外劇場などでは無料コンサートやパフォーマンス、フェスティバルなどがしばしば催されている。

オリンピックでは体操競技の会場だった 地P.435 C-1

ジョージアドーム
Georgia Dome

NFLアトランタ・ファルコンズ➡P.438の本拠地であり、しばしばスーパーボウル開催スタジアムにもなるジョージアドーム。2億1400万ドルの工費をかけ、1992年に完成した。高さ84m、天井の大きさは9エーカー弱（約3万6400m²）、テフロンでコーティングされた天井の重量は68トンにも達する。客席は7万1250席で、一部は可動式だ。ツアーでは、展望室やVIPラウンジなどを訪れる。

ジョージア州議事堂
住214 State Capitol
☎(404)463-4536
URL www.sos.ga.gov
開月～金8:00～17:00（17時までに館外へ）
州議事堂内はセルフガイドツアーも可能（予約不要）
休土・日、おもな祝日
料無料
行Georgia State駅から南西へ1ブロック。アンダーグラウンドから歩いても5分ほど

CNNセンター
住190 Marietta St. & Techwood Dr.
☎(404)827-2300
Free (1-877)426-6867（スタジオツアー予約）
URL edition.cnn.com/tour/
スタジオツアー／毎日9:00～17:00の20分間隔、チケットは8:30から売り出す
休イースター、サンクスギビング、12/25
料$15、シニア／学生$14、4～12歳$12
行Dome/GWCC/Philip Arena/CNN Center駅下車。出口のエスカレーターを上がったら右に進む。アンダーグラウンド・アトランタから歩いても15分ほど
※金属探知機、手荷物検査あり
※日本語の解説書あり（ツアー終了後に返却すること）

ケーブルTV局のひとつ

センテニアルオリンピック公園
住265 Park Ave. W.
☎(404)222-7275
URL www.centennialpark.com
開毎日7:00～23:00
行Peachtree Center駅からInternational Blvd.を西へ
噴水ショー／毎日12:30、15:30、18:30、21:00

1996年のオリンピック大会が開催された敷地が、現在公園になっている

ジョージアドーム
住1 Georgia Dome Dr.
☎(404)223-4636
URL www.gadome.com
行Dome/GWCC/Philips Arena/CNN Center駅下車。西側の出口を出てドームに向かって右側の階段を下りる
ツアー／月・水・金10:00～14:00
料$6、シニア／学生$5、12歳以下$4
※イベント開催日はツアーは催行されない

全米最大の水族館

地P.435 B-1

ジョージア水族館

Georgia Aquarium

水槽のトンネルも圧巻
©Georgia Department of Economic Development

アメリカで最大の大きさを誇るジョージア水族館は、アトランタの人気アトラクションのひとつ。週末ともなると、家族連れで大変な混雑となる。

6つのコーナーに分かれているが、まずはOcean Voyagerへ向かおう。約10万匹の魚が泳ぐなかで、人気は4匹のジンベイザメWhale Shark。成長すると12m以上にもなる。ジョージア州の沖

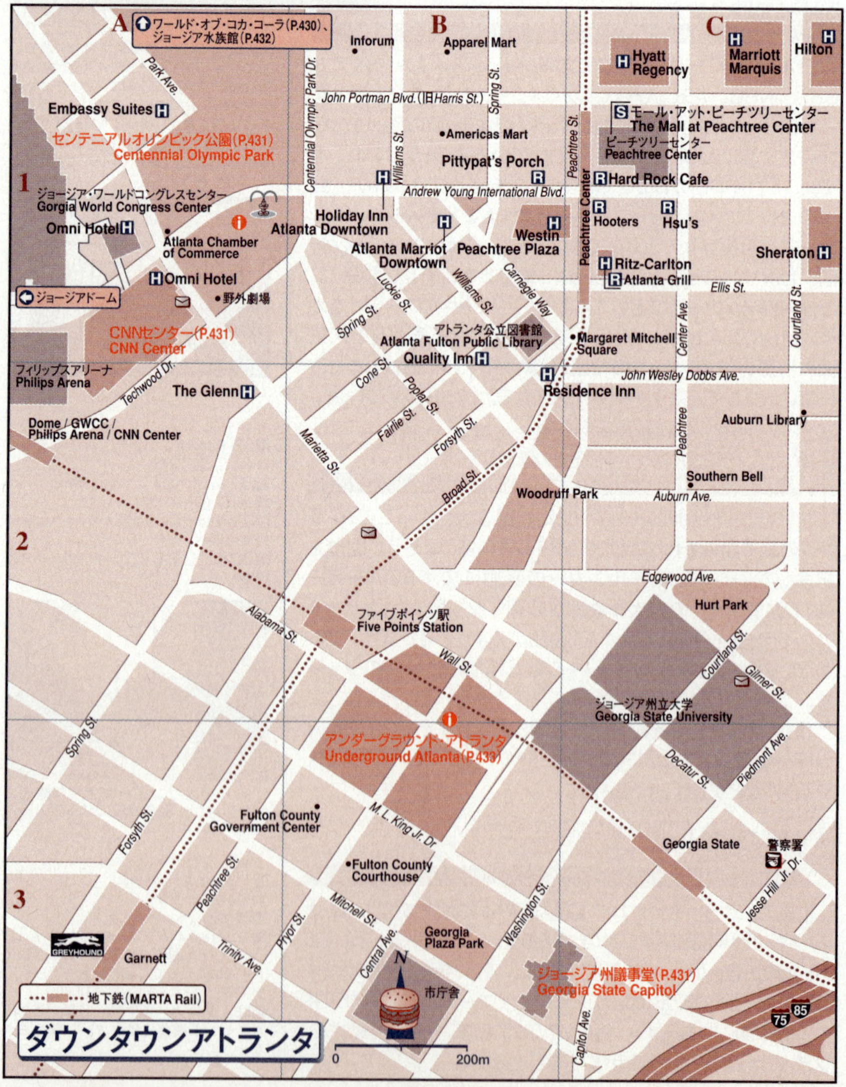

メモ **ジョン・ペンバートン** ▶ コカ・コーラの創業者である彼は、アトランタの薬剤師だった。コカの葉などを使った甘い香りのシロップに炭酸水を混ぜたのがコカ・コーラ誕生のきっかけ。

の海をテーマにしたGeorgia Explorerでは、日本では天然記念物のカブトガニに触ることもできるし、4-D Theaterも体験してみたい。2011年4月にはイルカの新展示、Dolphin Talesがオープンした。

エンターテインメント＆ショッピングスポット 地P.432 B-2、3

アンダーグラウンド・アトランタ
Underground Atlanta

アトランタがまだ小さな町だった1836年、テネシー州チャタヌーガChattanoogaまでつなぐ138マイル（約221km）の鉄道が開通した。“ターミナス”と呼ばれたこの町は、鉄道網の拡大とともに発達し、アトランタとなった。やがて、その鉄道をまたいで陸橋ができ、その上に店が並び始めると、下になった鉄道は“アンダーグラウンド”と改めて呼ばれるようになった。鉄道網は車の発達につれ衰退していったため、1989年6月、1億4200万ドルの工費をかけて、アンダーグラウンド・アトランタはショッピングモールとしてオープンした。レストラン、ファストフード、ショップなど、約70の店舗の大部分が、その名のとおり地下に連なっている。モールは鉄道全盛期の面影を残し、ぶらぶら歩くだけでも楽しい。

公民権運動の偉大なリーダーはアトランタ出身 地P.435 C-2

マーチン・ルーサー・キング・ジュニア牧師国立歴史地区
Martin Luther King, Jr. National Historic Site

公民権運動最大の指導者マーチン・ルーサー・キング・ジュニア(以下キング牧師とする)は、ここアトランタで生まれ育った。その生家や周囲の町並みを保存してあるのがこの地区だ。ここは自由と平等を愛する人々にとって心の寄りどころ。キング牧師の生きた激動の時代と、それとはおよそ似つかわしくない彼の温和な人柄を偲び、公民権運動の意味を考え直してみよう。

ビジターセンターでは写真パネルやビデオでキング牧師の生前の活動ぶりを紹介。Auburn Ave.を渡って左側にあるフリーダムホールには、キング牧師の遺品や牧師の功績について展示されている。そして、その建物前の人工池の中央に横たわる棺がキング牧師の墓だ。隣には2006年1月に亡くなったコレット夫人の柩も安置されている。西隣のエベニザー・バプテスト教会は彼が牧師として歩み始めたところ。**キング牧師の生家Birth Home**はツアーでしか入れない。ツアーチケットはフリーダムホールで入手できる。キング牧師が生まれ、12歳になるまで暮らした家は、当時のままの内装だ。のちにノーベル平和賞を受賞し、暗殺されてこの世を去る人物が、キッチンで隠れて物を食べるのが好きだったとか、ピアノレッスンが大嫌いだったという話を聞いていると、親近感すら覚える。

ジョージア水族館
住225 Baker St.
☎(404)581-4000
URL www.georgiaaquarium.org
開日～金10:00～17:00、土9:00～18:00（夏期は変更あり）
料$34.95、シニア$30.95、3～12歳$28.95。冬期平日割引あり
行Peachtree Center駅を北に出て、Baker St.へ左折して4ブロック

町の中心にあるモールだ

アンダーグラウンド・アトランタ
住50 Upper Alabama St.
☎(404)523-2311
URL www.underground-atlanta.com
開毎日10:00～20:00(金・土～21:00)、日12:00～18:00（レストランやクラブにより異なる。冬期は短縮あり）
行Five Points駅に地下で接続

半額チケット売り場 AtlanTIX
アンダーグラウンド・アトランタ地上階の観光案内所内にあり、コンサート、ミュージカル、バレエなどの当日券を半額で購入できる ☎(404)588-9890
URL www.atlantaperforms.com
開火～土11:00～18:00、日12:00～16:00
休月

マーチン・ルーサー・キング・ジュニア牧師国立歴史地区
住450 Auburn Ave.
☎(404)331-5190
URL www.nps.gov/malu
開毎日9:00～17:00(夏期は～18:00)
休サンクスギビング、12/25、1/1
料無料
行Five Points駅から東行き#3のバスで約8分。Jackson St. 下車
●Birth Home
住501 Auburn Ave.
ツアー／〈夏期〉毎日9:30～17:30の30分間隔、〈冬期〉10:00～17:00の60分間隔
休サンクスギビング、12/25、1/1
※生家ツアーは人気。早めに行ってチケットを入手しよう

ノーベル平和賞を受賞したキング牧師の生家も公開されている

旅のアドバイス **マーチン・ルーサー・キング・ジュニア牧師国立歴史地区**▶人どおりの少ないこの付近は治安があまりよくないので安全には気をつけよう。少人数でダウンタウンやKing Memorial駅から決して歩いて行かないように。バスまたはタクシーで。

ミッドタウン地区 Midtown

町のなかの新しいコミュニティ　地P.435 A-1

アトランティックステーション
Atlantic Station

マルタレイルArts Center駅の西、I-75の国道を越えたところに、ひとつの巨大ニュータウンが誕生した。ここには、ショップやレストランが入ったショッピングモール、16スクリーンのシネマコンプレックス、ギャラリー、ホテルなどがあり、高級住宅やコンドミニアムなども隣接する。17th St.の西に、高さ25mの**ミレニアムゲートMillennium Gate**がそびえ、内部はアトランタ&ジョージア州の歴史博物館になっている。

『風と共に去りぬ』の生まれた家　地P.435 A-2

マーガレット・ミッチェル・ハウス記念館
Margaret Mitchell House & Museum

アトランタの名前を一躍有名にした小説が、世界No.2のベストセラーといわれる『風と共に去りぬThe Gone with the Wind』(No.1は『聖書』)。作者のミッチェルは、1925年から7年間、ミッドタウンのこぢんまりとしたアパートに住み、そこでこの長編小説を書き上げた。アパート自体はその後、老朽化が進み、1994年の放火を機に修復が進められたが、'96年に再び放火されるという数奇な運命をたどる。しかし、'97年に再度復元され、記念館としてオープンした。

見学は、約30分のガイドツアーで行われる。まず、記念館横のビジターセンターでミッチェルの生涯を振り返るフィルムや、彼女の肖像画、写真などを見てから記念館へ。フロントポーチを入って階段を下りると、彼女の住んでいた1号室があり、暮らしていた頃の様子を再現している。あの大作がここで生み出されたとは思えないほど小さい。そのほかの部屋は展示室になっている。何といってもここの目玉は、彼女が死ぬまで愛用していたというタイプライター。夫のジョンから贈られたものだ。中庭を隔てた向かいには、映画についてのギャラリーがある。

落ち着いて見学できる美術館　地P.435 A-1

ハイ美術館
High Museum of Art

ウッドラフ芸術センターWoodruff Arts Center内にある白亜の美術館。リチャード・マイヤーによる設計で、太陽の明るさを充分に利用した吹き抜けのある館内、各階を結ぶゆるやかなスロープなど、リラックスして見学できるよう配慮されている。2005年の増築部の設計を行ったのはレンゾ・ピアノ。

見学は4階までエレベーターで昇り、上から下へ見学していくといい。4階はおもに特別展のコーナー。3階と2階は、美術館収蔵品のなかから、ある特定のテーマに沿ってセレクトした作品が並ぶ。また、2階には19〜20世紀のアメリカ美術や中世ヨーロッパ美術、アフリカ美術などの常設展示もある。

アトランティックステーション
☎(404)733-1221
URL www.atlanticstation.com
行 Arts Center駅のバス停から無料シャトルが運行されている。毎日5:00〜翌1:00の15〜30分間隔

古代ローマの凱旋門を再現したミレニアムゲート

マーガレット・ミッチェル・ハウス記念館
住 990 Peachtree St.
☎(404)249-7015
URL www.gwtw.org
開 毎日10:00〜17:30(日・祝日12:00〜)
ツアー／月〜土10:30〜16:30の30分間隔、日12:30〜16:30の30分間隔
休 サンクスギビング、12/24、12/25、1/1
料 $13、シニア／学生$10、4〜12歳$8.50
行 Midtown駅下車、10th St.を東へ進み、Peachtree St.の角にある

マーガレット・ミッチェルの家が記念館になっている

ハイ美術館
住 1280 Peachtree St.
☎(404)733-4400
URL www.high.org
開 火〜日10:00〜17:00（木〜20:00、日12:00〜）
休 月、おもな祝日
料 $18、シニア／学生$15、6〜17歳$11
行 N5 Arts Center駅下車、徒歩3分

美術館の建物自体もひとつの芸術品だ

メモ **ハイ美術館 2012年特別展の目玉** ▶20世紀のモダンアートをテーマに、ニューヨーク現代美術館（モマ）のコレクションを集めた展覧会が2012年10月13日〜2013年1月20日まで行われる。

アトランタ
地下鉄（MARTA Rail）
鉄道（貨物）
バックヘッド、アムトラックブルックウッド駅
Beverly Rd.
Home Park
Ansley Park
ハイ美術館（P.434）
High Museum of Art
アトランタ植物園
Atlanta Botanical Garden
ミレニアムゲート
Arts Center
ウッドラフ芸術センター
Woodruff Arts Center
Symphony Hall
Amsterdam Ave.
14th St.
ピードモント公園
Piedmont Park
アトランティックステーション
Atlantic Station
（P.434、439）
この辺りに流行のクラブや
レストランが集中している
The Flying Biscuit Café
Virginia Highland
10th St.
Midtown
Virginia Ave.
マーガレット・ミッチェル・ハウス記念館（P.434）
Margaret Mitchell House & Museum
ジョージア工科大学
Georgia Tech
W. Peachtree St.
Peachtree St.
Shellmont Inn
Charles Allen Dr.
N. Highland Ave.
5th St.
フォックス劇場
Fox Theatre
Georgian Terrace
ストーン・マウンテン・パーク（P.437）
Mary Mac's Tea Room
Ponce de Leon Ave.
The Varsity
North Ave.
Marietta St.
Atlanta International Hostel
Luckie St.
Inn at Peachtrees
Piedmont Ave.
Parkway Dr.
Boulevard Dr.
Bedford Pine
ワールド・オブ・コカ・コーラ
World of Coca-Cola
（P.430）
Civic Center
Pine St.
ジミー・カーター・ライブラリー（P.436）
The Jimmy Carter Library & Museum
ジョージア水族館
Georgia Aquarium
（P.432）
Williams St.
Hyatt Place
Max Lager's
Ralph McGill Blvd.
Freedom Pkwy.
Motel 6
Baker St.
センテニアルオリンピック公園
Centennial Olympic Park
World Cogress Center
ピーチツリーセンター
Peachtree Center
Courtland St.
Highland Ave.
Inman Park
Sweet Auburn
Irwin St.
Inman Park / Reynoldstown
CNNセンター
CNN Center
Downtown
John Wesley Dobbs Ave.
マーチン・ルーサー・キング・ジュニア牧師国立歴史地区（P.433）
Martin Luther King Jr. National Historic Site
Dome / GWCC / Philips Arena / CNN Center
ファイブポインツ駅
Five Points Station
Auburn Ave.
Edgewood Ave.
Jackson St.
ジョージアドーム
Georgia Dome
（P.431）
アンダーグラウンド・アトランタ（P.433）
Underground Atlanta
Martin Luther King Jr. Dr.
Mitchell St.
Cabbagetown
Georgia State
Trinity Ave.
King Memorial
オークランド墓地
Oakland Cemetery
GREYHOUND
Garnett
ダウンタウン地図
P.432
Memorial Dr.
ジョージア州議事堂
Georgia State Capitol
シックスフラッグス・オーバー・ジョージア（P.437）
Glenwood Ave.
Fulton St.
Summer Hill
グラント公園
Grant Park
Georgia Ave.
ターナーフィールド
Turner Field
サイクロラマ（P.437）
Cyclorama
Boulevard Dr.
Country Inn & Suites
アトランタ動物園
Atlanta Zoo
Atlanta Ave.
N
0.5mile
1km
ハーツフィールド・ジャクソン・アトランタ国際空港

バックヘッド地区 Buckhead

南北戦争を含めたアトランタの歴史がわかる 地P.436

アトランタ歴史センター
Atlanta History Center

町の貴重な遺産を保存管理している協会がアトランタ歴史センターだ。13万m^2の敷地内に、緑あふれる庭園や、散歩道のほか、3つの見どころがある。南北戦争時のアトランタの戦い（1861～65年）で使われた武器や軍服などを展示する**アトランタ歴史博物館Atlanta History Museum**、1928年に建てられたアトランタの裕福な家族の大邸宅、**スワンハウスSwan House**などがある。また、南北戦争前、1840年代に農業を営んでいた典型的な中流家庭の家**スミス・ファミリー農場Smith Family Farm**も当時のまま再現されている。

州知事の家が一般公開されている 地P.436 外

ジョージア州知事邸
Georgia State Governor's Mansion

ギリシャ復古調様式を取り入れた建物は、1967年に建築家トーマス・ブラッドバリーによりデザインされた。南北戦争時代のアンティーク家具のコレクションは必見。カーター元大統領も州知事時代に住んでいた。歴史センターから知事邸への道には、現代の高級住宅が建ち並んでいる。

その他の地域 Other Area

カーター元大統領の温かい人柄が伝わってくる 地P.435 B-3

ジミー・カーター・ライブラリー
The Jimmy Carter Library & Museum

ピーナッツ畑の農園主から合衆国大統領へ――このサクセスストーリーを極めた人物が、ジョージア州の生んだジミー・カーターだ。カーターは第39代大統領として、特に平和外交に努め、2002年にはノーベル平和賞を受賞した。

アトランタ歴史センター
住130 W. Paces Ferry Rd.
☎(404)814-4000
URL www.atlantahistorycenter.com
料$16.50、シニア／13歳以上$13、4～12歳$11
行Buckhead駅より南行き#110のバスで約5分、Roswell Rd.とWest Paces Ferry Rd.の五差路で下車。West Paces Ferry Rd.を西へ徒歩約8分

●Atlanta History Museum
開毎日10:00～17:30（日・祝日12:00～、庭園は17:15まで）
休サンクスギビング、12/24、12/25、1/1
●Swan House、Smith Family Farm
ツアー／毎日11:00～16:00（日13:00～）

レストランにも寄ろう
センター内のスワン・コーチ・ハウスSwan Coach Houseは南部料理のおいしいレストラン。ショップなどもある
☎(404)261-0636
URL www.swancoachhouse.com
開月～土10:00～16:00

ジョージア州知事邸
住391 W. Paces Ferry Rd.
☎(404)261-1776
URL mansion.georgia.gov
開火～木10:00～11:30
料無料
行アトランタ歴史センターの西、W. Paces Ferry Rd.を西に徒歩15分ほど

ジミー・カーター・ライブラリー
住441 Freedom Pkwy.
☎(404)865-7100
URL www.jimmycarterlibrary.gov
開毎日9:00～16:45（日12:00～）
料$8、シニア／学生$6、16歳以下無料
行Five Points駅より＃16 "Noble" のバスで約20分。帰りはセンターの反対側のバス停から

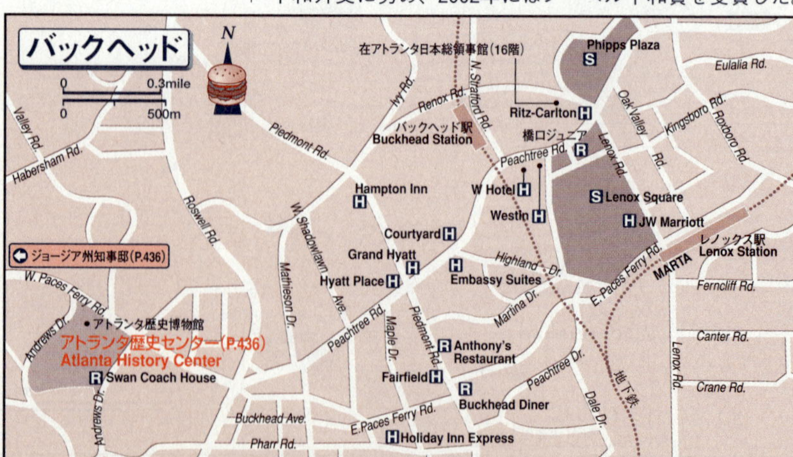

ライブラリーは2700万枚の文書を有し、カーター元大統領の写真パネル、再現された大統領執務室などが公開されている。

アトランタの戦いを紹介するアトラクション 地P.435 D-2

サイクロラマ
Cyclorama

アトランタの歴史を語るうえで欠かせないのが、1864年7月22日の南北戦争時、アトランタの鉄道を中心に繰り広げられた壮絶な**アトランタの戦い The Battle of Atlanta**。そのアトランタの戦いが描かれた、360度立体パノラマ画に囲まれた座席が自転し、戦いの様子を見ることができるという変わったアトラクションがこのサイクロラマだ。バックの絵とジオラマの家や戦場、人間や馬たちが、照明や音響、ナレーションの効果によってまるで演技しているかのように、真実味を帯びてくるから不思議。パノラマ画の高さは13m、円周109m、ここで展開されたアトランタの戦いを約15分かけて詳しく解説していく。日本語解説のイヤホン（無料、チケット購入時に借りる）もあり、英語の苦手な人はこれを利用すれば大丈夫。

カーター元大統領のノーベル賞のメダルが展示されているジミー・カーター・ライブラリー

サイクロラマ
住800 Cherokee Ave.
☎(404) 658-7625
URL www.atlantacyclorama.org
開火〜土9:15〜16:30。毎時30分（12:30を除く）に開演
休日・月、おもな祝日
料$10、シニア$8、4〜12歳$8
行Five Points駅から南行きのマルタバス＃32でZoo Atlanta下車

郊外の見どころ Excursion

公共の交通機関で行ける絶叫ライドのパーク 地P.435 D-1外

シックスフラッグス・オーバー・ジョージア
Six Flags Over Georgia

アトランタの西20kmにある絶叫マシンの遊園地。絶叫マシン、ズブ濡れマシンが数々ある。2011年5月には、約31mの高さから垂直降下するデア・デビル・ダイブDare Devil Diveがオープン。スリリングなスタントショーをはじめ園内各所で行われるショーや、ぬいぐるみが景品のゲームコーナーも楽しい。

シックスフラッグス・オーバー・ジョージア
住275 Riverside Pkwy. SW, Austell
☎(770) 948-9290
URL www.sixflags.com
開5月下旬〜8月初旬以外は週末のみの開園。時間は10:00〜18:00から22:00とまちまちなので確認しよう。11〜2月は休園
料$54.99、身長約122cm以下$39.99
行Hamilton E.Holmes駅から＃201 "Six Flags Over Georgia Shuttle"で約10分。40分ごと

できれば１日かけて訪れたい 地P.435 B-3外

ストーン・マウンテン・パーク
Stone Mountain Park

アトランタ周辺は豊かな緑で覆われているが、ダウンタウンの東25kmのところに、まるで緑の絨毯からコブのように突然とび出た灰色の山がある。世界最大級の花こう岩から成るこの山がストーン・マウンテンだ。この山は側面に彫られた南軍の英雄(向かって左から)、デービス将軍、リー将軍、ジャクソン将軍の3人の騎馬像のレリーフで知られる。レリーフの大きさは横58m、縦27mにも達する。

さらに、周囲は広大な公園になっていて、さまざまな施設が集中している。19世紀のジョージアを再現したテーマパークの**クロスロード Crossroads**は、多くの人でにぎわう。人気があるのは目、耳に加え鼻や肌で体感できる4-Dシアターだ。そのほか当時のコスチュームを着た人々がキャンディやキャンドル、ガラス作りのデモンストレーションを行っている。**ミスケイティズMiss Katie's**のレストランは、おもしろおかしく南部料理を楽しみたい人におすすめ。開拓時代の汽車、ハイキングトレイル、18世紀の邸宅、ボートクルーズ、南北戦争以前の南部生活を偲ばせるものが目白押しだ。

ストーン・マウンテン・パーク
住US-78, Exit 8, Stone Mountain
☎(770) 498-5690
Free (1-800) 401-2407
URL www.stonemountainpark.com
開季節によって変わるがおおむね夏期10:00〜21:00、冬期10:30〜17:00
料車1台$10。1日アトラクションパスは$37
行I-285のExit 39BでUS-78へ入り、Exit 8で下りる。ダウンタウンから約40分。車がない場合は日帰りバスツアーを利用することになる

●**Miss Katie's**
住クロスロード内
☎(770) 413-5389
開Parkの開園時間に準ずる

南部の英雄たちがレリーフになっている

Entertainment エンターテインメント

アトランタ交響楽団
ホームホール――ウッドラフ芸術センター・シンフォニーホール　Symphony Hall
地P.435　A-1、2
住1280 Peachtree St., bet.15th & 16th Sts.
☎(404)733-5000(チケット)
URL www.atlantasymphony.org
行Arts Center駅下車

アトランタ交響楽団　Atlanta Symphony Orchestra

アトランタ交響楽団は9月から翌5月にかけて、ウッドラフ芸術センター内のシンフォニーホールを舞台に活躍している。2012年に創設67周年を迎えた。精力的な活動ぶりからグラミー賞の受賞も多い。また、夏期にはポップス歌手を招いてのジョイントコンサートも開き、人気を博している。

Spectator Sports 観戦するスポーツ

ベースボール　MLB

アトランタ・ブレーブス
(1876年創設)　地P.435　D-1
本拠地――ターナーフィールド Turner Field(5万96人収容)
住755 Hank Aaron Dr. at Georgia Ave.
Free(1-800)745-3000(チケット)
URL atlanta.braves.mlb.com
行開催日にはマルタFive Points駅に隣接するアンダーグラウンド東側の広場から"Braves Field Shuttle"を往復させている。試合開始90分前から。ブリーズカードに往復$5のチャージが必要

この選手に注目!
ティム・ハドソン(投手・先発)

アトランタ・ブレーブス（ナショナルリーグ東地区）
Atlanta Braves

2011年は、最後の最後にプレーオフ進出を逃したブレーブス。強力な投手陣を有し、'12年はプレーオフ進出を狙う。創設は1871年。当時の本拠地はボストンだった。アトランタ独自の応援方法は、チャンスになると始まるうなり声をあげてのトマホークチョップ。

球場見学ツアーも催行しているターナーフィールド

アメリカンフットボール　NFL

アトランタ・ファルコンズ
(1966年創設)　地P.435　C-1
本拠地――ジョージアドーム Georgia Dome(7万1250人収容)
住1 Georgia Dome Dr.
☎(404)223-8444(チケット)
URL www.atlantafalcons.com
行マルタDome駅下車

この選手に注目!
マット・ライアン

アトランタ・ファルコンズ（NFC 南地区）
Atlanta Falcons

2011年は10勝を上げ、HCマイク・スミス就任以降、4シーズン連続の勝ち越し、3回のプレーオフ出場と好調を維持している。しかし初戦でいずれもその年のチャンピオンに当たる不運さでポスト・シーズンの戦い方に課題を残している。チームカラーはレッド、ブラック、シルバー、ホワイト。

バスケットボール　NBA

アトランタ・ホークス
(1946年創設)　地P.432　A-1、2
本拠地――フィリップスアリーナ Philips Arena(1万8729人収容)
住1 Phillips Dr.
Free(1-800)745-3000(チケット)
URL www.nba.com/hawks
行マルタDome駅を出て目の前

この選手に注目!
ジョシュ・スミス

アトランタ・ホークス（東・南東地区）
Atlanta Hawks

2000年代前半は低迷を続けたが、2007-08シーズンのプレーオフ出場を機に変貌、ここ5年はプレーオフに連続出場し、安定した強さを誇示する。愛称は勇敢な「ブラックホーク酋長」にあやかり付けられたが、その後、現在の名称に変更された。チームカラーはネイビー、レッド、シルバー、ホワイト。

ショップ&レストラン Shops & Restaurants

ショッピングモール

1日中楽しめる レノックススクエア Lenox Square

住3393 Peachtree Rd. ☎(404)233-6767
URL www.simon.com 開月〜土10:00〜21:00、日12:00〜18:00 行マルタ Lenox駅前 地P.436

バックヘッドの中心となる大型ショッピングモールで、約250軒と規模も大きい。ホリスターやアバークロンビー&フィッチからカルティエ、ニーマン・マーカスとさまざまな客層に応えられるようになっている。('12)

ショッピングモール

高級ショッピングモール フィップスプラザ Phipps Plaza

住3500 Peachtree Rd. ☎(404)261-7910
URL www.simon.com 開月〜土10:00〜21:00、日12:00〜17:30(店により多少異なる) 行マルタLenox駅下車 地P.436

Peachtree Rd.を挟んだレノックススクエアの斜め前に位置する。エレガントでゆったりとした雰囲気のモール。サックス・フィフス・アベニュー、ノードストロームなどデパートが3軒、ベルサーチ、グッチ、ティファニーなどの高級ブランド約100軒に加えて映画館も入っている。('12)

ショッピングモール

新しい町の新しいモール アトランティックステーション Atlantic Station

住1380 Atlantic Dr. ☎(404)733-1221
URL www.atlanticstation.com
開月〜土10:00〜21:00、日12:00〜19:00 地P.435 A-1

ミッドタウンの再開発地区に誕生したアトランティックステーション。デパート、H&M、ビクトリアズシークレット、IKEA、Target、スーパーなどが入っている。Arts Center駅から無料のシャトルあり。('12)

ファストフード

世界最大のドライブインでチリドッグを! ヴァーシティ The Varsity(ダウンタウン店)

住61 North Ave. ☎(404)881-1706
URL www.thevarsity.com
開毎日10:00〜23:30(金・土〜翌0:30) MV 地P.435 B-1
行マルタ North Ave.駅からNorth Ave.を西へ徒歩5分

1928年から続いている有名店で、座席数約800、1日平均1万4000個のチリドッグが消費される。名物のホットドッグ($1.44〜2.61)とピーチパイ($1.69)をどうぞ。('12)

ブリュワリー

作り立てのビールがキリッとおいしい マックスラガー Max Lager's

住320 Peachtree St. ☎(404)525-4400
URL www.maxlagers.com ADMV
開毎日11:30〜22:30(日16:00〜) 地P.435 B-1

アトランタの有名店。レストランの中にビールの醸造所があり、作り立てのビールの味は格別だ。ビールは6種類で、おすすめはピルスナーのMax Gold。料理は一般的なアメリカ料理、雰囲気もいたってカジュアル。予算$10〜。('12)

南部料理

南部の家庭料理が味わえる気取らない店 メアリー・マックス・ティールーム Mary Mac's Tea Room

住224 Ponce de Leon Ave. ☎(404)876-1800
URL www.marymacs.com 開毎日11:00〜21:00
行マルタNorth Ave.駅下車 AMV 地P.435 B-2

1940年代から営業している店で、カーター元大統領もファンだったとか。ブラック・アイド・ピー(目玉模様の豆の煮物)、ターニップグリーン(かぶの葉の煮物)などメニューは南部のお袋の味ばかり。値段も$6〜21と庶民的。('12)

南部料理

南部料理に挑戦するならここへ ピティパッツポーチ Pittypat's Porch

住25 Andrew Young International Blvd. ☎(404)525-8228
URL www.pittypatsrestaurant.com 開毎日17:00〜21:00
料ディナー$30〜40 ADJMV 地P.432 B-1

伝統的な南部料理が温かそうな湯気をたて、香ばしさを振りまいて目の前に運ばれてくるときの充実感! 店名のピッティパッツは『風と共に去りぬ』に登場するピティパットおばさんのこと。予算は$20〜。('12)

南部料理&カフェ

オーガニックの南部料理 フライング・ビスケット・カフェ The Flying Biscuit Café

住1001 Piedmont Ave. ☎(404)874-8887
URL www.flyingbiscuit.com
開毎日7:00〜22:00 AMV 地P.435 A-2

早朝から営業している雰囲気のいいカフェで、オーガニックの野菜を使った料理が楽しめる。ミートローフやステーキ、シーフードなどメニューも豊富。ランチ$10以下、ディナーは$15前後と値段も良心的。('12)

ホテル Hotels

ホステル

環境のよい場所にあるユース
アトランタ・インターナショナル・ホステル
Atlanta International Hostel

住223 Ponce de Leon Ave. NE, Atlanta, GA 30308
☎(404) 875-9449 Free(1-800) 473-9449
URL www.atlantahostel.com ドミトリー$26.95 MV
地P.435 B-2 行North Ave. 駅から徒歩10分。駅を北へ出て、Ponce de Leon Ave.を東へ4ブロック。Mytle St.角の右側

朝はドーナツとコーヒーが出る。キッチン、ランドリーあり。ドミトリーは男性用1室、女性用2室、混合1室がある。正面に人気のレストランMary Mac'sがある。30ベッド。('12)

エコノミーホテル

実用的でおトクなホテル
モーテルシックス
Motel 6

住311 Courtland St. NE, Atlanta, GA 30303
☎(404) 659-4545 Free(1-800) 466-8356
FAX(404) 659-5934 URL www.motel6.com
ⓈⒹⓉ$51～69 ADMV 地P.435 B-2

Peachtree Center駅から北へ3ブロック。何の飾り気もないが、設備はしっかりしている。市内通話とWi-Fiは無料で、プールもある。71室。('12)

エコノミーホテル

空港近くの便利なホテル
ウェレズリーイン・アトランタ・エアポート
Wellesley Inn Atlanta Airport

住1377 Virginia Ave., Atlanta, GA 30344 ☎(404) 762-5111
FAX(404) 762-1277 URL www.wellesleyinnatlanta.com
ⓈⒹ$66～99 ADMV 地P.435 地図外

空港からは無料シャトルバスで約5分。バゲージクレーム（機内預け荷物のピックアップ場所）横のホテルバン用のターミナルから出発している。ホテル内にはレストラン、コインランドリーがあり便利だ。冷蔵庫、電子レンジ付き。全館禁煙。191室。('12)

中級ホテル

ベストウエスタン系列のホテル
イン・アット・ザ・ピーチツリー
Inn at the Peachtrees

住330 W. Peachtree St. NW, Atlanta, GA 30308
☎(404) 577-6970 Free(1-800) 242-4642 FAX(404) 659-3244
URL www.innatthepeachtrees.com ⓈⒹⓉ$99～159
ADJMV 地P.435 B-1

Peachtree Center駅 とCivic Center駅の両方から徒歩7分と便利。Wi-Fiが無料で、冷蔵庫、朝食付き。全館禁煙。110室。('12)

中級ホテル

全室スイートタイプのホテル
ハイアットプレイス・アトランタ・ダウンタウン
Hyatt Place Atlanta Downtown

住330 Peachtree St. NE, Atlanta, GA 30308
☎(404) 577-1980 Free(1-800) 993-4751 FAX(404) 688-3706
URL atlantadowntown.place.hyatt.com
ⓈⒹⓉ$129～159 ADJMV 地P.435 B-1

ピーチツリーセンターから徒歩約7分。朝食とWi-Fiが無料だ。ホテルから3マイルまでは無料のシャトルを運行している。全館禁煙。94室。('12)

中級ホテル

センテニアルオリンピック公園に隣接する
ホリデイイン・アトランタ・ダウンタウン
Holiday Inn Atlanta Downtown

住101 Anderw Young International Blvd. NW, Atlanta, GA 30303
☎(404) 524-5555 Free(1-800) 465-4329
FAX(404) 221-0702 URL www.ichotelsgroup.com
ⓈⒹⓉ$139～206 ADJMV 地P.432 B-1

ピーチツリーセンターのモールやピティパッツポーチなどが1～2ブロック、オリンピック記念公園に隣接。260室。('12)

高級ホテル

ピーチツリーセンターに隣接
ハイアット・リージェンシー・アトランタ
Hyatt Regency Atlanta

住265 Peachtree St. NE, Atlanta, GA 30303
☎(404) 577-1234 Free(1-888) 591-1234 FAX(404) 588-4137
URL www.hyatt.jp ⓈⒹⓉ$159～209 ADJMV
地P.432 C-1

1967年にできた当時、23階までの吹き抜けは珍しく地元の話題をさらったというホテル。2010年にはロビーを改装した。1260室。('12)

B&B

愛らしいB&Bで古きよき日を
シェルモントイン
Shellmont Inn

住821 Piedmont Ave. NE, Atlanta, GA 30308 ☎(404) 872-9290
AMV URL www.shellmont.com
ⓈⒹ$175～250、スイート$245～350 地P.435 B-2

静かなミッドタウンに建つビクトリア様式の家で、市の史跡に指定されている。おいしい朝食付きで、オーナー夫妻はとても温かい人柄だ。金・土の宿泊は2泊以上。6室。('12)

競馬ファンは見逃せない

ルイビル
Louisville

メジャーリーガーが使用するバットの博物館、ルイビル・スラッガー博物館

町を離れると見渡す限りブルーグラス（牧草の一種）の緑の絨毯が広がるケンタッキー州。そのブルーグラスが、強い競走馬を育てるのに適したことから、競馬レースが盛んに行われている。なかでも毎年5月の第1土曜日に開催される、ケンタッキーダービーは世界中からたくさんの人が訪れる一大イベントだ。3歳馬世界いちを決定するこの2000mのレースは「スポーツの世界で最も偉大な2分間」といわれるほど特別なもの。場内の華やかな雰囲気は世界最高峰のレースにふさわしい。

DATA

人口▶約74万1000人
面積▶160.8km²
標高▶約141m
TAX▶セールスタックス　6%
ホテルタックス　15.01%
属する州▶ケンタッキー州　Kentucky
州のニックネーム▶ブルーグラス州
Bluegrass State
州都▶フランクフォート　Frankfort
時間帯▶イースタン・タイムゾーン ➡P.631
繁忙期▶5月初旬、9月中旬～10月

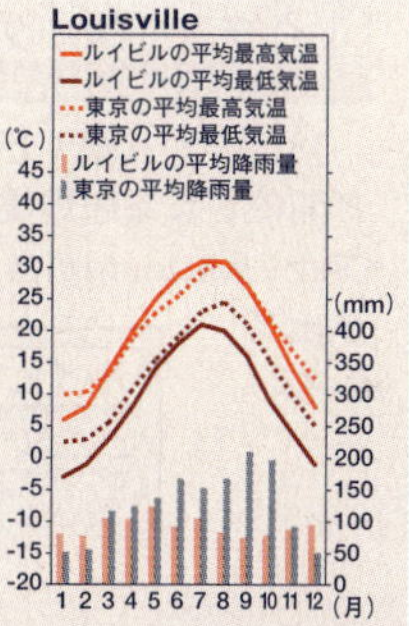

GUIDE BOOK 地球の歩き方B12アメリカ南部編（1800円+税）でもルイビルを紹介していますので、ご活用ください。

ルイビルへの行き方&歩き方　Getting There & Around

シカゴやダラスなどからの便があるルイビル国際空港 **Louisville International Airport**はダウンタウンの南約8km。

町の中心は「4th Street Live!」というショッピングモール。おもな見どころや観光案内所、ホテルはこの周辺に集まっている。

観光案内所 ……………… Visitors Information

ルイビル観光案内所
Louisville Visitors Center

4th St.とJefferson St.の角にあり、コンベンションセンターは目の前。館内にケンタッキーバーボンやケンタッキーフライドチキンに関するミニ博物館を併設している。

市内の交通機関 ……… Public Transportation

タークバス／トロリー
TARC Bus／Trolley

市内と郊外に路線をもつ市バス。ダウンタウンを走るトロリーは無料で、東西に往復するMain St. Trolley（東行きはMarket St.をとおる）と、南北に往復する4th St. Trolleyがある。

ルイビル国際空港（SDF）
住600 Terminal Dr.
☎(502) 367-4636
URL www.flylouisville.com
行ダウンタウンへは、タークバス#2で30分（料$1.50）、空港シャトルバスで20分（料1人$18、2人$20）、タクシーで15分（料$20）

グレイハウンド・バスディーポ
地P.442
住720 W. Muhammad Ali Blvd.
☎(502) 561-2805
開毎日12:30～19:30、22:30～翌10:00

ルイビル観光案内所
地P.442　住301 S. 4th St.
☎(502) 379-6109
URL www.gotolouisville.com
開月～土10:00～17:00（4～10月は～18:00）、日12:00～17:00
休イースター、サンクスギビング、12/25、1/1

タークバス／トロリー
☎(502) 585-1234
URL www.ridetarc.org
運行／Main St. Trolley：月～金6:00～20:00、土10:00～18:00の10～15分間隔。4th St. Trolley：月～金8:00～19:00、土10:00～18:00の7～20分間隔。
（いずれも日曜運休）
料$1.50。トロリーは無料

メモ **ルイビル国際空港からダウンタウンへ**▶タクシー：Ready Cab ☎(502) 451-4114 URL www.readycab.com、Yellow Cab ☎(502) 636-5511 URL www.yellowcablouisville.com。空港シャトルバス：☎(502) 897-2835 URL www.louisvilletransport.com

Sightseeing おもな見どころ

ルイビル・スラッガー博物館
住800 W. Main St.
Free (1-877) 775-8443
URL www.sluggermuseum.org
開毎日9:00～17:00（日12:00～、7/1～8/12は～18:00）。最終の工場見学ツアーは閉館の1時間前に出発。なお夕方、週末などは製造ラインが止まっていることもある
休サンクスギビング、12/25
料＄11、60歳以上＄10、6～12歳＄6

モハメド・アリ・センター
住144 N. 6th St.
☎(502) 584-9254
URL www.alicenter.org
開火～日9:30～17:00（日12:00～）
休月、おもな祝日
料＄9、シニア＄8、学生＄5、6～12歳＄4

チャーチルダウン競馬場
住700 Central Ave.
☎(502) 636-4400
URL www.churchilldowns.com
開レースはおもに4月下旬～7月上旬、10月下旬～11月下旬の水～日に開催
●Kentucky Derby Museum
開月～土8:00～17:00（冬期は9:00～）、日11:00～17:00
休ダービー開催日＆前日、サンクスギビング、12/24、12/25
料＄14、シニア＄13、学生＄11、5～12歳＄5（ツアー料金を含む）
行ダウンタウンの4th St.を南へ向かうバス＃4で約20分。Central Ave.で降りて徒歩5分

野球のバット工場見学が大人気！ 地P.442

ルイビル・スラッガー博物館
Louisville Slugger Museum

メジャーリーガーのほとんどが使っているというバットの製造工場がダウンタウンにあり、見学ツアーはルイビルで一番の人気アトラクション。併設の博物館とギフトショップも充実していて、バットに名前を刻印してもらうこともできる。

ボクシングに興味のない人も必見 地P.442

モハメド・アリ・センター
Muhammad Ali Center

ルイビル出身で、世界で最も偉大なボクサーといわれるモハメド・アリの博物館。輝かしい栄光の軌跡、人種差別やパーキンソン病との闘いなど、波瀾に満ちた半生について知ろう。

世界最高の馬がここで生まれる 地P.442 外

チャーチルダウン競馬場
Churchill Downs

1875年から続く伝統のレース、ケンタッキーダービーが開催される競馬場。入口ゲートの隣に博物館Kentucky Derby Museumがあり、ここから競馬場を見学するツアーが出ている。

世界的に有名なケンタッキーダービーの開催地

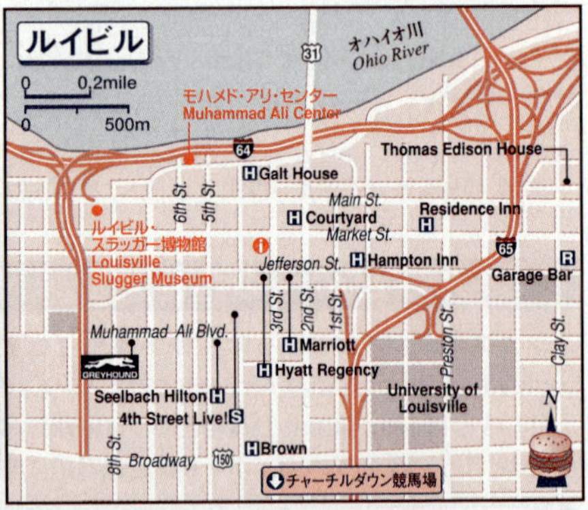

ホテル Hotels

中級ホテル
ダービー優勝騎手の手形がロビーに並ぶ

ゴルトハウス
Galt House

住140 N. 4th St. Louisville, KY 40202 ☎(502) 589-5200
FAX (502) 585-4266 URL www.galthouse.com
SDT＄125～195、スイート＄225～595 AMV 地P.442

オハイオ川を見下ろすクラシックな高層ホテル。レストラン6軒、スパ、宴会場などがあり、ビジネスセンターも本格的。Wi-Fi無料。1290室の約半数がスイートルーム。('12)

高級ホテル
ダウンタウンの中心でどこへ行くにも便利

ハイアットリージェンシー
Hyatt Regency

住320 W. Jefferson St., Louisville, KY 40202 地P.442
☎(502) 581-1234 FAX (502) 581-0133
URL louisville.hyatt.com SDT＄109～264 ADJMV

コンベンションセンターに接続しているためビジネスマンの利用が多い。「4th Street Live!」というショッピングモールともつながっている。客室の寝具やカーペットからアレルギー物質を徹底的に排除した部屋も好評。393室。('12)

旅のアドバイス **ケンタッキーダービーの時期** ▶ ダービーが開催される5月上旬は、アメリカをはじめ世界中から多くの人が訪れるので、市内のホテルは非常に混雑する。予約は早めに。

ナッシュビル Nashville

カントリー音楽の聖地

「カントリー音楽の殿堂と博物館」にはぜひ訪れたい

ナッシュビルはアメリカ人の心である「カントリー音楽」の中心地だ。年齢、性別を問わず、アメリカ中からファンが集まってくる。最盛期には、カントリー音楽の90%以上がナッシュビルのスタジオで録音されていた。一年をとおして盛んにライブが行われていて、中心部のバーでは若手のミュージシャンがステージで演奏する姿を昼間から観ることができる。夕方になると通りには人があふれ、町中のライブハウスから歌声が漏れてくる。ふらりと立ち寄って、アメリカの心に触れてみよう。

DATA

人口▶約60万1200人
面積▶約1230km²
標高▶約134m
TAX▶セールスタックス　9.25%
ホテルタックス　15.25%
属する州▶テネシー州　Tennessee
州のニックネーム▶ボランティア州
Volunteer State
州都▶ナッシュビル　Nashville
時間帯▶セントラル・タイムゾーン ➲P.631
繁忙期▶5～10月

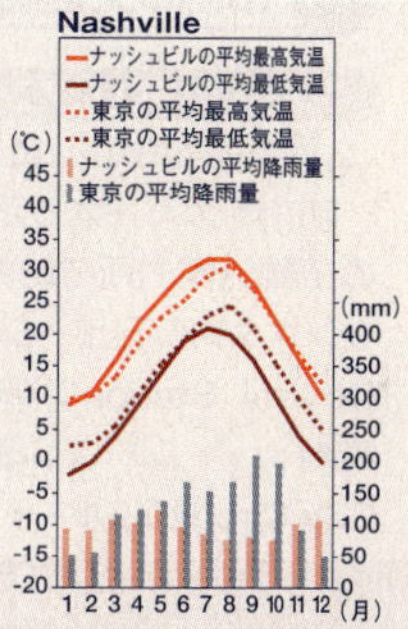

GUIDE BOOK　地球の歩き方B12アメリカ南部編（1800円+税）、B14テーマで旅するアメリカ編（1700円+税）でもナッシュビルを紹介していますので、ご活用ください。

ナッシュビルへの行き方 Getting There

飛行機 Plane

ナッシュビル国際空港
Nashville International Airport (BNA)

ダウンタウンの南東約15kmに位置し、シカゴやワシントンDCをノンストップで結ぶ。市内へはMTAバス＃18がダウンタウンまで行く（料$1.70、エクスプレス$2.25）が、運行本数が少ないので不便。空港とホテル、ダウンタウンを結ぶシャトルバンのグレイライン・エアポート・エクスプレス・シャトルや、ミュージックバレーにあるゲイロード・オープリーランド・リゾートへ空港から直通のシャトルバスが運行されている。またはタクシーで。

長距離バス Bus

グレイハウンド・バスディーポ
Greyhound Bus Depot

ブリヂストンアリーナから5ブロック南東に位置する。メンフィス、ニューオリンズ、シカゴ方面などへの路線がある。

ナッシュビル国際空港
☎(615)275-1675
URL www.nashintl.com

●Gray Line Airport Express Shuttle（空港シャトル）
☎(615)275-1180
URL graylinetn.com
運行／毎日4:00～23:00
料ダウンタウンまで片道$14（約20分）、往復$25

●Gaylord Opryland Shuttle
☎(615)883-2211
URL www.gaylordhotels.com
運行／毎日5:00～23:00
料片道$30（約25分）、往復$40

●Yellow Cab（タクシー）
☎(615)256-0101
料ダウンタウン、ミュージックバレーまで一律$25

グレイハウンド・バスディーポ
地P.444　外
住709 5th Ave. S.
☎(615)255-3556
開24時間営業

Getting Around ナッシュビルの歩き方

おもな見どころはダウンタウンとミュージックバレーに集中していて、ふたつのエリアはMTAバスが結ぶ。ダウンタウンだけなら充分歩いて回ることができる。

観光案内所 …………… Visitors Information

ナッシュビル観光案内所
Nashville Visitors Information Center

観光案内所はタワーの1階にある

ブリヂストンアリーナセンター（アリーナ）内とUSバンク・ビルディング内の2ヵ所にある。

ナッシュビル観光案内所
☎(615)259-4730
Free (1-800)657-6910
URL www.visitmusiccity.com
●5th Ave. South & Broadway
地P.444
住ブリヂストンアリーナ内
開月～土8:00～17:30、日10:00～17:00
●4th Ave. North & Commerce
地P.444
住USバンク・ビルディング内
☎(615)259-4730
開月～金8:00～17:00

市内の交通機関 ……… Public Transportation

メトロポリタン交通局
Metropolitan Transit Authority (MTA)

市内をカバーする路線バス。ルートは多いが本数が少ないので観光案内所で時刻表を入手しておこう。おもな路線はダウンタウンの**ミュージックシティ・セントラル駅Music City Central Station**に発着する。また、ダウンタウンを巡回する無料シャトルバス、**ミュージックシティ・サーキットMusic City Circuit**が3ルートあり、10～30分おきに運行している。

メトロポリタン交通局
☎(615)862-5950
URL www.nashvillemta.org
料$1.70、エクスプレス$2.25
●MTA Music City Central Station
地P.444
住Charlotte & 5th Aves.
開月～金5:15～23:15、土・日・祝日6:00～21:15(土～22:15)
●Music City Circuit
運行／Green：月～土6:30～23:00（土11:00～）、Blue：月～土6:30～18:00（土11:00～）、Purple：月～金11:00～14:00

Sightseeing おもな見どころ

ダウンタウン地区 Downtown

"南部のカーネギーホール" 地P.444

ライマン公会堂
Ryman Auditorium

1925年から続く、世界最長のラジオ番組『グランド・オール・オープリー』の収録会場。1943年から1974年までここで収録されていた。現在は郊外の収録会場へ移ってしまったが、11～1月の金・土曜は今もここで収録している。

舞台設営の様子も見学することができる

ライマン公会堂
住116 5th Ave. N.
☎(615)889-3060
URL www.ryman.com
開毎日9:00～16:00
料ツアー$13、4～11歳$6.50

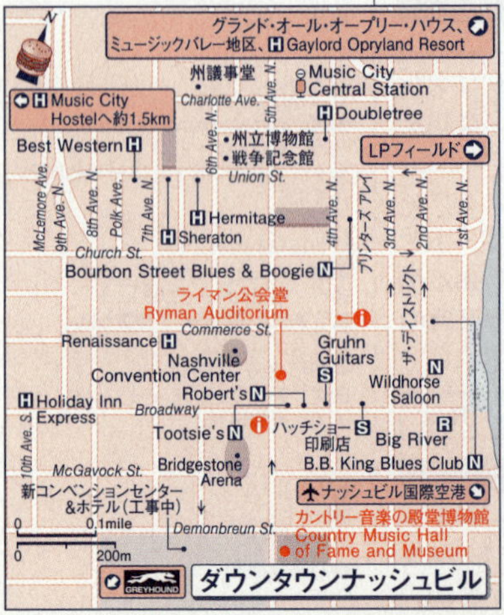

カントリー音楽の都ならではの博物館 地P.444

カントリー音楽の殿堂と博物館
Country Music Hall of Fame and Museum

ピアノの鍵盤をイメージした巨大な窓のある建物は、空から見ると"ヘ音記号"の形をしている。音と映像をふんだんに使った展示が人気だ。楽譜、レコードなど貴重なコレクションを保存する公文書館としての役割も担う。カントリー界のスターの楽器や衣装などが陳列されている。

壁一面に飾られたゴールドディスクは圧巻

カントリー音楽の殿堂と博物館
住222 5th Ave. S.
☎(615)416-2001
URL countrymusichalloffame.com
開毎日9:00〜17:00
休サンクスギビング、12/25、1/1
料$20、6〜17歳$12

ミュージックバレー地区 Music Valley

ダウンタウンから北東へ17kmのところにあるエリア。

このエリアは2010年に起こった洪水の被害が大きかったが、現在は復旧が進み、ショッピングモールなど多くのアトラクションが再開。にぎわいが戻りつつある。

ミュージックバレー地区
行MTAバス#34で35〜60分

宿泊しなくても一見の価値あり 地P.444 外

ゲイロード・オープリーランド・リゾート
Gaylord Opryland Resort

ホテル全体がガラスのドームに覆われている大型ホテル。ここを訪れる人の半数以上が宿泊客ではない。つまりわざわざ見に来る人が多いのだ。4つのエリアに分かれ、なかでも川が流れるデルタ地区は見逃せない。一周15分のボートツアーで、南部の湿原の雰囲気を感じよう。

季節や天候を気にせずのんびり楽しめる

ゲイロード・オープリーランド・リゾート
住2800 Opryland Dr.
☎(615)889-1000
URL www.gaylordhotels.com
ボートツアー／$9、子供$7

世界最長寿のラジオ番組の舞台 地P.444 外

グランド・オール・オープリー・ハウス
Grand Ole Opry House

1974年からアメリカ最古のラジオ番組『グランド・オール・オープリー』の収録が行われている。

2〜10月は毎日バックステージツアーが行われており、衣装部屋の見学やステージで記念撮影をすることができる。またショーがある日にはVIPツアーも催行。

全米最長寿のラジオ番組の収録はここで行われる

グランド・オール・オープリー・ハウス
住2804 Opryland Dr.
☎(615)871-6779
Free (1-800)733-6779
URL www.opry.com
開ショーは金19:00、土19:00と21:30、3〜12月中旬のみ火19:00もあり。なお11〜1月はダウンタウンのライマン公会堂で収録される
料メインフロア$34〜44
ツアー／〈2〜10月〉毎日10:00〜16:00の15〜30分おき（イベント時は休みが多い）
料$17.50、子供（4〜11歳）$12.50。チケットは2週間前からウエブサイトまたはFree (1-800)733-6779で予約可能。ボックスオフィスで購入することもできる

メモ グランド・オール・オープリー・ハウスのVIPツアー ▶ ショーが始まる直前に舞台裏でスタッフが働く様子や控え室などを見学。ステージの内側から幕が上がる瞬間も体験できる。開ショーがある日の18:30、18:35、21:00、21:05（日によって変更あり） 料$75 ※参加はそのショーのチケットを所有している12歳以上

Spectator Sports 観戦するスポーツ

アメリカンフットボール NFL

テネシー・タイタンズ（AFC 南地区）
Tennessee Titans

スーパーボウルまで導いたHCフィッシャー時代に幕を引き、2011年にHCマンチャックが就任。9勝を上げ、1年目としては上出来だ。核のQBをベテランの獲得で賄っている状況が続き、ファンは生え抜きの選手の活躍を待望している。チームカラーはタイタンズ・ブルー、ネイビー、ホワイト。

テネシー・タイタンズ
(1960年創設)
本拠地――LPフィールド LP Field（6万8798人収容）
地P.444 外
住1 Titans Way
☎(615) 565-4200
URL www.titansonline.com
行カンバーランド川を挟んでダウンタウンの対岸にある。歩いて行くことができる

この選手に注目！
クリス・ジョンソン

アイスホッケー NHL

ナッシュビル・プレデターズ（西・中地区）
Nashville Predators

NHLの南下政策により1998年に新設。最初の5シーズンは新興チームの宿命から逃れられず低迷したが、2004年に初めてプレーオフ進出を決めると以降はプレーオフの常連となり毎シーズン安定した成績を残す隠れた強豪チーム。チケットは対戦相手にもよるがほぼ完売する。

ナッシュビル・プレデターズ
(1998年創設)
本拠地――ブリヂストンアリーナ Bridgestone Arena（1万7113人収容）
地P.444
住501 Broadway
☎(615) 770-2355
URL predators.nhl.com
行ダウンタウンの真ん中にある

この選手に注目！
マーティン・イーラット

ナイトスポット&ホテル Night Spots & Hotels

N カントリー
ナッシュビル随一の名物ラウンジ
トッツィーズ・オーキッド・ラウンジ
Tootsie's Orchid Lounge

住422 Broadway ☎(615) 726-0463
URL www.tootsies.net
開毎日10:00～翌2:00（日によって延長あり） AMV 地P.444

ブロードウエイに面した古ぼけたバー。恵まれない歌手の面倒を見続けたTootsieおばさんが経営していた店で、今もカントリーファンに支えられている。 ('12)

N ダンスホール
老若男女に人気
ワイルドホースサルーン
Wildhorse Saloon

住120 2nd Ave. N. ☎(615) 902-8200
URL wildhorsesaloon.com 開毎日11:00～22:00（月16:30～、金・土～翌2:00） ADMV 地P.444

広々としたダンスホールは、ライブバンドをバックに踊る人であふれ返っている。カバーチャージは18時まで無料、18時以降は日～木$3、金・土$6。 ('12)

H ホステル
音楽好きが集まる
ミュージックシティ・ホステル
Music City Hostel

住1809 Patterson St., Nashville, TN 37203
☎(615) 692-1277
URL www.musiccityhostel.com
ドミトリー$25～、個室$70～ MV 地P.444 外

少し歩くとショップやレストランがあって便利だ。ダウンタウンまでバス＃10か＃3で約10分。60ベッド。 ('12)

H 中級ホテル
ダウンタウンの中心部にある
ホリデイイン・エクスプレス・ダウンタウン
Holiday Inn Express Downtown

住920 Broadway, Nashville, TN 37203
☎(615) 244-0150 FAX(615) 244-0445
URL www.hiexpress.com 地P.444
ⓈⒹⓉ$159～374、スイート$299～509 ADJMV

Wi-Fiやビジネスセンター、コインランドリーなどの設備が充実しているホテル。287室。('12)

メモ ハッチショー印刷店 Hatch Show Print▶ 昔ながらの印刷工程で長年 Grand Ole Opry のポスターを刷ってきた印刷屋。 住316 Broadway ☎(615) 256-2805 開月～土 9:00～17:00（土 10:00～） 休日 地P.444

ブルースが生まれたビール通り

ブルースのふるさと メンフィス Memphis

綿花畑で過酷な労働を強いられた黒人たち。彼らが生んだ、叫びにも近いリズムはメンフィスでブルースになった。子供の頃から黒人音楽に親しんだエルビス・プレスリーは、ここで成功への切符を手にする。黒人音楽と白人音楽の融合を体現したのがエルビスなのだ。彼はメンフィスに住み、この町をこよなく愛した。

また、ここは黒人解放運動に尽力したキング牧師が凶弾に倒れた地でもある。国立公民権博物館では彼の遺志が今も受け継がれている。さまざまな時代と文化が息づくメンフィスは、ブルースのように奥深い。

DATA

人口▶約64万6800人
面積▶816km² **標高**▶100m
TAX▶セールスタックス 9.25%
ホテルタックス 15.25%
属する州▶テネシー州 Tennessee
州のニックネーム▶ボランティア州 Volunteer State
州都▶ナッシュビル Nashville
時間帯▶セントラル・タイムゾーン ➡P.631
繁忙期▶4、6、11月

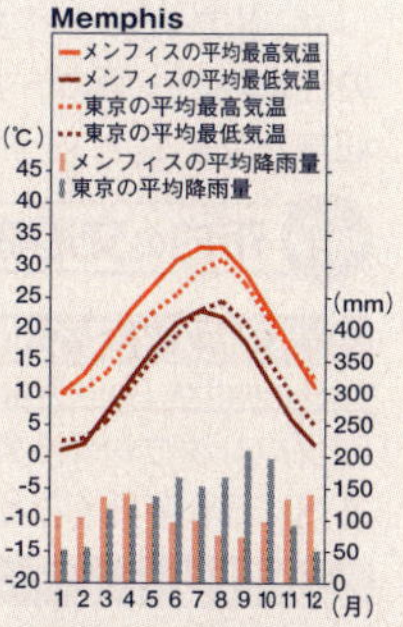

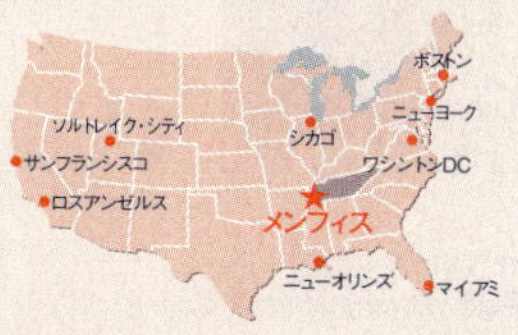

GUIDE BOOK 地球の歩き方B12アメリカ南部編（1800円＋税）、B14テーマで旅するアメリカ編（1700円＋税）でもメンフィスを紹介していますので、ご活用ください。

メンフィスへの行き方 Getting There

飛行機 Plane

メンフィス国際空港
Memphis International Airport（MEM）

南部屈指の大空港。デルタ航空のハブとしてサンフランシスコやロスアンゼルス、シカゴなどおもな都市から乗り入れる。空港はダウンタウンの南東約15kmにあり、ダウンタウンまで車で約15分と近い。ホテルまでの移動はシャトルが便利。

メンフィス国際空港
地 P.448 外
住 2491 Winchester Rd.
☎ (901) 922-8000
URL www.mscaa.com
行 MATAバス#2、32が走っている。ただし#2は、中心部まで行くにはトロリーへの乗り換えが必要。#32は途中で#50などに乗り換えなくてはならない。いずれも30～80分に1本のみなのでシャトルの利用が現実的だ
●Blue City Tours（空港シャトル）
☎ (901) 522-9229
料 片道$25（往復$40）
●Yellow Cab（タクシー）
☎ (901) 577-7777
料 約$30（15分）

長距離バス Bus

グレイハウンド・バスディーポ
Greyhound Bus Depot

ダウンタウンの南東15km、メンフィス国際空港の北西1kmに位置する。セントルイス（所要約6時間）やナッシュビル（所要約4時間）などから乗り入れる。ダウンタウンまでは、MATAバス、もしくは、タクシーで。ただし、MATAバスは土曜には運行本数が減るので要注意。また、日曜は路線が短縮されるのでタクシーを利用しよう。

グレイハウンド・バスディーポ
地 P.448 外
住 3033 Airways Blvd.
☎ (901) 523-9253
開 24時間営業
行 ダウンタウンへは、MATAバス#2で終点のNorth End Terminalまで行き、トロリーに乗り換え。約1時間20分。タクシーなら約15分（$30～）

旅のアドバイス **治安について**▶2011年メンフィス市の犯罪発生率は、全米405都市中ワースト17位と治安が悪い。観光客でにぎわっている場所なら夜に出歩いても問題ないが、人どおりが少ない場所は昼間でも近寄らないこと。

鉄道 Train

アムトラック駅
Amtrak Station

シカゴとニューオリンズを結ぶシティ・オブ・ニューオリンズ号がメンフィスに毎日1便停車する。発着時間が6:50と22:00なので、ホテルまではタクシーで移動すること。

アムトラック駅
地 P.448
住 545 S. Main St.
Free (1-800)872-7245
開 毎日5:45～23:15

Getting Around メンフィスの歩き方

見どころはダウンタウンと郊外にあり、ほとんど市バスやトロリー、サンスタジオ・シャトルで行くことができる。夜はビール通りのライブハウスでブルースを！

観光案内所 Visitors Information

テネシー州ウエルカムセンター
Tennessee State Welcome Center

マッドアイランド行きモノレール駅の北側、ミシシッピ川沿いの駐車場の一画にテネシー州ウエルカムセンターがあり、情報収集ができる。

テネシー州ウエルカムセンター
地 P.448
住 119 N. Riverside Dr.
☎ (901)543-5333
URL www.memphistravel.com
開 毎日9:00～17:00(4～9月は～18:00)

案内所内にはエルビスの銅像も立っている

市内の交通機関 Public Transportation

メンフィス交通局
Memphis Area Transit Authority (MATA)

ダウンタウンから郊外へ走る便利な市バス。おもな見どころへはこれで行くことができる。

メンフィス交通局
☎ (901)274-6282
URL www.matatransit.com
料 $1.75

トロリー
Trolley

アンティークな雰囲気のトロリーは乗るだけでも楽しい

メインストリート・トロリー、リバーフロント・ループとマディソンアベニュー・トロリーの3つの路線がある。Main St.を走る**メインストリート・トロリー**は、北はOverton Ave.周辺から南はButler Ave.周辺まで折り返し運転している。**リバーフロント・ループ**は、Riverside Dr.を走るトロリー。ザ・ピラミッド(アリーナ)、マッドアイランド行きモノレール乗り場、観光案内所などを通る。Madison Ave.を走る**マディソンアベニュー・トロリー**は、Main St.～Cleveland St.間のMadison Ave.沿いを走る。

トロリー
☎ URL メンフィス交通局と同じ
●Main Street Trolley, Riverfront Loop & Madison Avenue Trolley
料 $1、2ライド・トロリーパス$1.50、1日券は$3.50、3日券は$9

サンスタジオ・シャトル
Sun Studio Shuttle

ハートブレイクホテル、グレースランド、サンスタジオ、メンフィス・ロックンソウル博物館の4ヵ所を結ぶ無料のシャトルバス。運行スケジュールは流動的なので要確認。

グレースランドなどへ行くのに便利

サンスタジオ・シャトル
☎ (901)521-0664
運行／毎日9:55～18:30
ハートブレイクホテル毎時55分発
グレースランド毎正時発
サンスタジオ毎時15分発
メンフィス・ロックンソウル博物館毎時30分発

メモ **メンフィスの名誉市民のミュージシャン▶**メンフィスでレコーディングをしたり、アルバム『Memphis』を発表した故忌野清志郎、プロモーションビデオ撮影などを行った中島美嘉はその称号を授与されている。

おもな見どころ Sightseeing

ブルース発祥の地といわれる 地P.448

ビール通り
Beale Street

メンフィスきっての観光スポット、ビール通りは禁酒法の時代、もぐりの賭博場で悪名をはせたところ。現在は、ブルースの大御所、B.B.キングが所有するB.B.キング・ブルースクラブ➔P.450など約30のライブハウスがある。日が暮れると、周辺のライブハウスからパワフルな演奏が聞こえてくる。

通りの東、4th St.を左折したところにあるのが**W.C.ハンディ・ホーム博物館W.C. Handy Home & Museum**。ブルースの父と呼ばれるW.C. Handyが住んでいた小さな家が保存され、楽器、楽譜、写真などが展示されている。

メンフィスの夜の楽しみといえばライブだ

ビール通り
住ダウンタウンの東西を走る通りがBeale St.

●W.C. Handy Home & Museum
住352 Beale St.
☎(901)527-3427
開〈6～8月〉火～土10:00～17:00、〈9～5月〉火～土11:00～16:00
料$4、子供$3

治安に注意！
治安があまり良くないのが実情だ。観光客の多い都市なので、にぎやかな場所なら夜に出歩いても問題ないが、人どおりの少ない場所は昼間でも近寄らないように。スーパーの駐車場、郊外のガスステーションなども注意

キング牧師最期の地 地P.448

国立公民権博物館（ロレインモーテル）
National Civil Rights Museum (The Lorraine Motel)

黒人解放運動に尽力したマーチン・ルーサー・キング牧師。彼は、メンフィスを遊説中の1968年4月4日、ロレインモーテル306号室で何者かに暗殺される。志半ばでこの世を去った彼の遺志を引き継ぐべくこの博物館が誕生した。なかでも事件当時のキング牧師の部屋を復元した展示は臨場感あふれ見逃せない。

モーテルは博物館になり、一般に公開されている

国立公民権博物館（ロレインモーテル）
住450 Mulberry St.
☎(901)521-9699
URL www.civilrightsmuseum.org
開水～月9:00～17:00（日13:00～、6～8月は18:00まで）
休火、イースター、サンクスギビング、12/24、12/25、1/1
料$13、シニア／学生$11、4～17歳$9.50、3歳以下無料
行メインストリート・トロリーでButler Ave.下車、東へ1ブロック歩く

郊外の見どころ Excursion

ロックンロールが誕生した伝説のスタジオ 地P.448

サンスタジオ
Sun Studio

才能はあるが資金のないミュージシャンのために開設され、数多くのミュージシャンがここから羽ばたいていった。誰よりもここを有名にしたのは、エルビス・プレスリー。今もこのスタジオに憧れる有名ミュージシャンが後を絶たない。日本人ミュージシャンもレコーディングしているほど。約1時間のツアーではエルビスのデビュー秘話を聞いたり、いろいろな伝説が残るスタジオを見学できる。

エルビスファンならぜひ訪れたいスポット

サンスタジオ
住706 Union Ave.
Free (1-800)441-6249
URL www.sunstudio.com
開毎日10:00～18:00
ツアー／10:30～17:30の30分おき
料$12、5～11歳無料、5歳以下入場禁止
行サンスタジオ・シャトルか、MATAバス #20、34、43で 約10分。Marshall Ave.角で下車

サンスタジオのギフトショップ
レコードをモチーフにしたロゴ入りグッズが豊富。黒と黄色のデザインで人気がある。キャップ、Tシャツ、キーホルダー、エコバッグやマグネットなど。おみやげにもぴったりだ

投稿 **Blues City Cafe**▶たくさん食べても、まだ食べたいと思うほどおいしかった。夜遅くまで営業しているのも魅力的。
住138 Beale St. ☎(901)526-3637 URL www.bluescitycafe.com 地P.448 （愛知県 love_and_peace312 '07）['12]

グレースランド
住3734 Elvis Presley Blvd.
☎(901) 332-3322
Free (1-800) 238-2000
URL www.elvis.com/graceland
開〈3/1～5/20、9/3～10/31〉月～土9:00～17:00、日10:00～16:00、〈5/21～9/2〉毎日9:00～17:00（日～16:00）、〈11月〉毎日10:00～16:00、〈12～2月〉水～月10:00～16:00。日によって細かく設定されているのでウエブサイトで確認を
休12～2月の火、サンクスギビング、12/25
料邸宅のみ$32、すべてのアトラクションを含むプラチナチケット$36
行サンスタジオ・シャトルもしくはMATAバス＃43でグレースランド前下車

キング・オブ・ロックンロールが眠る 地P.448 外

グレースランド
Graceland

メンフィスをどの町よりも愛したエルビス。グレースランドは彼の豪華な邸宅、衣装や愛車などの秘蔵品、自家用ジェットなどを公開するエルビスのテーマパークだ。邸宅見学ツアーの解説には日本語もある。2012年は没後35周年で、エルビスの生涯、足跡、遺産をテーマにした期間限定の展示が登場する。

邸宅内も見学できる

Spectator Sports 観戦するスポーツ

メンフィス・グリズリーズ
（1995年創設）
本拠地――フェデックス・フォーラム FedEx Forum（2万1165人収容）
地P.448
住191 Beale St.
☎(901) 888-4667（チケット）
URL www.nba.com/grizzlies

この選手に注目！
マーク・ガソール

バスケットボール NBA

メンフィス・グリズリーズ（西・南西地区）
Memphis Grizzlies

2010-11年は念願のプレーオフ初勝利を上げ、その勢いで初戦突破も果たした。2011-12年は6割越えの好成績、「灰色熊」はプレーオフ4位と快進撃が続く。チームカラーはメンフィス・ミッドナイト・ブルー、ビールストリート・ブルー、スモーク・ブルー、グリズリーズ・ゴールド、ホワイト。

ナイトスポット＆レストラン＆ホテル Night Spot & Restaurant & Hotels

N ライブハウス
B.B.キングが経営する
B.B.キング・ブルースクラブ
B.B. King's Blues Club

住143 Beale St. ☎(901) 524-5464 AMV 地P.448
URL memphis.bbkingclubs.com 開毎日11:00～24:00（金・土～翌2:00）

ビール通りを代表するライブハウス。ブルースに限らず、R&Bやカントリーウエスタンなど昼間からライブが行われる。夜のライブには一流ミュージシャンが出演し、混雑している。チャージは日によって異なる。('12)

R アメリカ料理
地元でも大人気
ランデブー
Rendezvous

住52 S. 2nd St. ☎(901) 523-2746 URL www.hogsfly.com
開月～木16:30～22:30、金11:00～23:00、土11:30～23:00
AMV 地P.448

バーベキューが有名なメンフィスで一番人気の店。さっぱりとしたスパイスが効いたポークリブがおすすめ。フルオーダー$18.75だが、スモールオーダー$14.95でも満腹だ。('12)

H 中級ホテル
ダウンタウンの真ん中で便利
スリープイン・アット・コートスクエア
Sleep Inn at Court Square

住40 N. Front St., Memphis, TN 38103
☎(901) 522-9700 FAX(901) 522-9710 ⓈⒹⓉ$109～169
URL www.sleepinn.com ADJMV 地P.448

シンプルだがくつろげる客室。ベーグル、ワッフルなどの無料朝食が付く。ホテル前にトロリー駅があり、ビール通りをはじめダウンタウンの見どころにも近い。観光もしやすく便利。全館禁煙。118室。('12)

H 高級ホテル
メンフィスの有名老舗ホテル
ピーボディホテル
The Peabody Hotel

住149 Union Ave., Memphis, TN 38103
☎(901) 529-4000 FAX(901) 529-3600
URL www.peabodymemphis.com
ⓈⒹⓉ$209～415 ADJMV 地P.448

ホテルの屋上にいるマガモがシンボルで、毎日11:00と17:00にダックマーチが行われる。140年以上も営業しているメンフィスを代表する老舗ホテルだ。464室。('12)

トゥペロ Tupelo

エルビスの生まれた町

エルビス・プレスリーの生家。とても小さな家だ

メンフィスから車で南東へ約2時間。トゥペロはロックンロールの帝王、エルビス・プレスリーの生家がある町だ。エルビスの通ったロウホン小学校や、母親にギターを買ってもらった店トゥペロ・ハードウエア・カンパニーなど、エルビスゆかりの地が点在する。人口約3万4500人の小さい町だが、コンベンション施設があり、ホテルの総客室数も1800以上ある。2011年秋にはトヨタがトゥペロ郊外のブルースプリングスに工場を稼働させた。今後も、日本人訪問者が増えることが予想される。

DATA

人口▶約3万4500人
面積▶132.4km²
標高▶最高132.1m　最低88m
TAX▶セールスタックス　7.25%
ホテルタックス　9.25%
属する州▶ミシシッピ州 Mississippi
州のニックネーム▶マグノリア（花の一種）州　Magnolia State
州都▶ジャクソン　Jackson
時間帯▶セントラル・タイムゾーン ➡P.631
繁忙期▶1〜3、5、6月

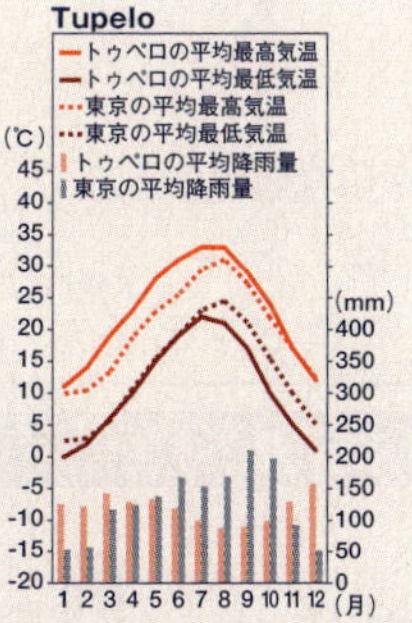

GUIDE BOOK　地球の歩き方B12アメリカ南部編（1800円+税）でもミシシッピ州の見どころを紹介していますので、ご活用ください。

トゥペロへの行き方　Getting There

トゥペロ空港Tupelo Regional Airportは、ダウンタウンの西、約6kmにあり、デルタ航空がメンフィスから1日1〜3便乗り入れている。バジェットとハーツのレンタカー会社があり、市バスなどの公共交通機関がないトゥペロでは、レンタカーを利用したい。空港からダウンタウンまではタクシーのみが足。約$13。

グレイハウンドなら、メンフィスから1日1〜3便（所要約1時間40分）、アラバマ州バーミンガムから1日2〜3便（所要約2時間30分）が運行されている。

トゥペロ空港（TUP）
地P.452　外
住2704 W. Jackson St.
☎(662) 841-6570
URL www.flytupelo.com
●Tupelo Cab Company（タクシー）
☎(662)-842-1133

グレイハウンド・バスディーポ
地P.452
住201 Commerce St.
☎(662) 842-4557
開毎日7:00〜17:30

トゥペロの歩き方　Getting Around

トゥペロを訪れる観光客のほぼ全員が、エルビス・プレスリーの生家を目指す。ダウンタウンから生家までは約2.5kmの距離だ。公共の交通機関が運行されていないため、車のない人は歩くしかない。しかし、小さなダウンタウンには観光案内所、グレイハウンドのバスディーポ、レストランやショップなどが集まっているので、観光に困ることはない。車があれば、町の北西（MS-145沿い）に集中するチェーン系モーテルも利用できる。

トゥペロ観光局
地P.452
住399 E. Main St.
☎(662) 841-6521
Free (1-800) 533-0611
URL www.tupelo.net
開月〜金8:00〜17:00

メモ　**トゥペロ空港にあるレンタカー会社**▶Hertz☎(662) 680-9482　開月〜金 8:00〜20:30、土 10:00〜18:00、日 12:00〜17:00、19:30〜20:30。Budget☎(662) 840-3710　開月〜金 8:00〜20:30、土 8:00〜12:00、日 12:00〜17:00、19:30〜20:30

Sightseeing おもな見どころ

エルビス・プレスリーの生家と博物館
住306 Elvis Presley Dr.
☎(662)841-1245
URL www.elvispresleybirthplace.com
開毎日9:00〜17:00(日13:00〜、5〜9月の月〜土は17:30まで)
休サンクスギビング、12/25
料生家と博物館：$12、子供$6
生家のみ：$5、子供$2.50
行ダウンタウンからメインストリートを東に徒歩35分。車なら3分程度

教会のステンドグラス

アメリカの人間国宝的人物が生まれた家 地P.452

エルビス・プレスリーの生家と博物館
Elvis Presley Birthplace and Museum

音楽界に革命を起こし、今でも世界中に熱狂的なファンをもつエルビス・プレスリー。彼が生まれたのは深南部ミシシッピ州のトゥペロという小さな町。"ショットガンハウスShotgun House"と呼ばれる家は、弾丸が突き抜けてしまうほど小さい。その生家が一般公開されている。

隣には信心深い母に連れられて通った**教会Church**もある。ここで耳にした賛美歌は後のエルビスに大きな影響を与えた。時間があれば、エルビスゆかりの品が展示されている**博物館Museum**にも寄りたい。生家から400mほど南へ行った所には、彼が通った**ロウホン小学校Lawhon Elementary School**もある。

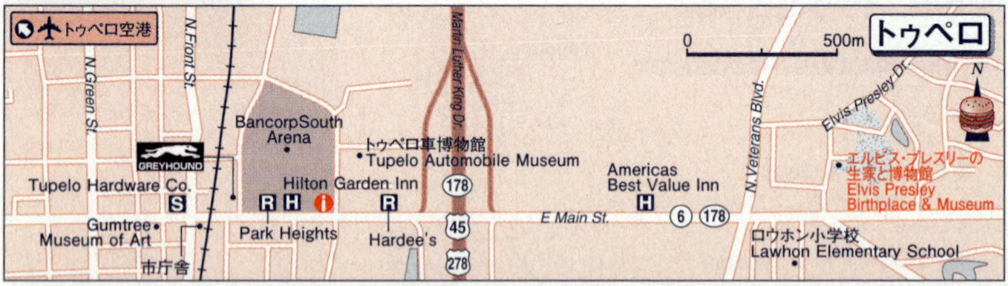

ショップ&レストラン&ホテル Shop & Restaurant & Hotels

S 雑貨

エルビスがギターを買ってもらった

トゥペロ・ハードウエア・カンパニー
Tupelo Hardware Co.

住114 W. Main St. ☎(662)842-4637
URL www.tupelohardware.com
開月〜土7:00〜17:30(土〜12:00) 休日 地P.452

エルビスが誕生日プレゼントに母親からギターを買ってもらった店。当初エルビスは銃を欲しがったという。店先には「エルビスが最初のギターを手にした店」と記されたプレートが見られる。('12)

R アメリカ料理

町一番のエレガントなレストラン

パーク・ハイツ・レストラン
Park Heights Restaurant

住335 E. Main St. ☎(662)842-5665
URL www.eatwithus.com/parkheights 開月〜金11:00〜14:00、17:30〜21:30、土17:30〜21:30 AMV 地P.452

ダウンタウン中心部にある雰囲気のいい店。春から夏の間は屋上にスペースを設け、夜景を見ながら夕食が楽しめる。メニューは南部が加味されたアメリカ料理だが、ボリュームたっぷり。おすすめはエビのグリッツ。デザートには南部らしいブレッドプディングがおすすめ。予算は$15〜。('12)

H エコノミーホテル

ダウンタウンとエルビスの生家の間にある

アメリカズ・ベスト・バリュー・イン・トゥペロ
Americas Best Value Inn Tupelo

住767 E. Main St., Tupelo, MS 38804 ☎(662)844-5610
FAX(662)844-8546 URL www.americasbestvalueinn.com
SDT $50〜58 ADMV 地P.452

2階建てのとてもシンプルなイン。客室は広く、コーヒーメーカー、電子レンジが付き、簡単な朝食、Wi-Fiと市内通話は無料だ。テレビのチャンネルも多い。ダウンタウンとエルビスの生家にも歩ける距離。目の前には中国料理店もある。62室。('12)

H 中級ホテル

町の中心にある

ヒルトン・ガーデンイン・トゥペロ
Hilton Garden Inn Tupelo

住363 E. Main St., Tupelo, MS 38804 ☎FAX(662)718-5500
URL www.hiltongardeninn.com
SDT $119〜139、スイート$139〜199 ADMV 地P.452

過剰なサービスと装飾を省いた、ヒルトン系のお手頃チェーン。観光案内所もすぐのところにあり、周囲にはレストランやショップも多い。客室には電子レンジも備えられており、ホテルにはコインランドリーやプールもあって便利。グレイハウンド・バスディーポも徒歩圏内だ。157室。('12)

リトルロック Little Rock

全米いちのコメどころ

飢えをなくすために尽力するヘファーインターナショナルの本部がリトルロックにある

第42代合衆国大統領ビル・クリントンが州知事を務めた町が、アーカンソー州の州都リトルロックだ。官公庁の建物などが建ち並ぶビジネスシティだが、リトルロックの名を全米の人々の胸に刻むことになった事件がある。それは公民権運動の初期、黒人生徒の公立高校編入を阻止せんと事件が起こった『リトルロック危機』である。現在のリトルロックは、かつての緊張を感じさせない穏やかな町。飢餓撲滅を目指すヘファーインターナショナルの本部もある。人気のモール、リバーマーケットから歩いてみよう。

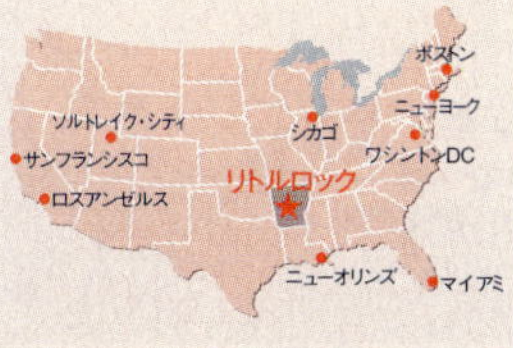

DATA

人口▶約19万3500人
面積▶308.7km²
標高▶最高366.4m　最低76.6m
TAX▶セールスタックス　8.5%
ホテルタックス　12.5%
属する州▶アーカンソー州　Arkansas
州のニックネーム▶大自然州
Natural State
州都▶リトルロック　Little Rock
時間帯▶セントラル・タイムゾーン ➡P.631
繁忙期▶10、11月

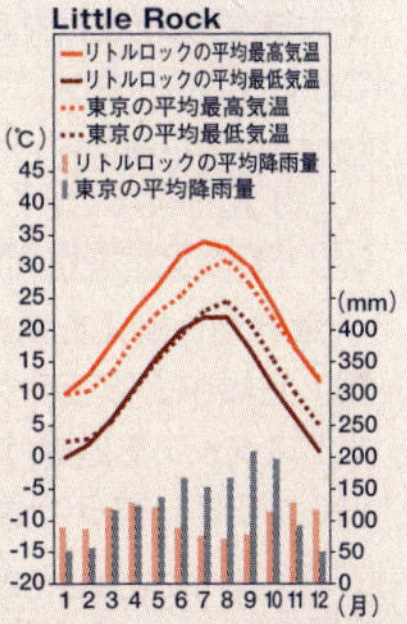

GUIDE BOOK　地球の歩き方B12アメリカ南部編（1800円+税）でもリトルロックを紹介していますので、ご活用ください。

リトルロックへの行き方 Getting There

リトルロック・ナショナル空港Little Rock National Airportはダウンタウンの南東約6kmに位置し、アメリカン航空とデルタ航空が、ダラスやシカゴ、デトロイト、アトランタなどから乗り入れている。

アムトラックの駅はダウンタウンの西端にあり、シカゴとサンア

リトルロック・ナショナル空港（LIT）
住1 Airport Dr.　☎(501)372-3439
URL www.fly-lit.com
行ダウンタウンまで、路線バスCAT#12（約20分、料$1.35）か、タクシー（10分、料約$15）で
●**Yellow Cab（タクシー）**
☎(501)570-9999

グレイハウンド・バスディーポ
住118 E. Washington Ave., N. Little Rock
☎(501)372-3007
開毎日4:30〜21:00
行ダウンタウンまで路線バスCAT#18で約5分、歩いても15分程度

アムトラック駅
住1400 W. Markham St.
開毎日22:30〜翌8:00（月〜翌18:00）
行ダウンタウンまで徒歩約20分

リバーマーケット。買い物も食事も楽しめる

メモ **クリスタルを採掘してみよう**▶リトルロックから車で南西へ160km（約2時間）のウエグナー水晶鉱山Wegner Quartz Crystal Minesではクリスタルが採れる。詳しくはURL www.wegnercrystalmines.com

観光案内所
住 Curran Hall, 615 E. Capitol Ave.
☎ (501) 337-0076 URL www.littlerock.com
開 毎日9:00～17:00（日13:00～）
休 サンクスギビング、12/25、1/1

ントニオを結ぶテキサスイーグル号が1日1往復する。グレイハウンドのバスディーポはアーカンソー川の対岸。メンフィスから1日7便（所要約2時間30分）、ダラスから5便（所要約6時間）、オクラホマシティから2便（所要約5時間45分）が走っている。

Getting Around リトルロックの歩き方

CATバス Central Arkansas Transit Authority
☎ (501) 375-6717 URL www.cat.org 料 $1.35
週末の終バスの時間が早いので、要注意

ダウンタウンは歩ける範囲にある。中心部と対岸のノース・リトルロックへは市電（開 月～土10:00～18:00、料 $1）も運行され、一部は大統領センターやヘファーインターナショナルへも行く。

Sightseeing おもな見どころ

クリントン大統領センター
住 1200 President Clinton Ave.
☎ (501) 374-4242
URL www.clintonpresidentialcenter.org
開 毎日9:00～17:00（日13:00～）
休 サンクスギビング、12/25、1/1
料 $7、シニア／学生$5、6～17歳$3

大統領執務室も復元されたクリントン大統領センター

ヘファーインターナショナル
住 1 World Ave.
Free (1-800) 422-0474
URL www.heifer.org
開 毎日9:00～17:00（日12:00～）
休 おもな祝日
料 無料

セントラル高校国立歴史地区
住 2120 W. Daisy L. Gatson Bates Dr.
☎ (501) 374-1957
URL www.nps.gov/chsc
開 毎日9:00～16:30
休 サンクスギビング、12/25、1/1
料 無料

人気の大統領クリントン氏の功績を知る 地 P.453

クリントン大統領センター
Clinton Presidential Center

第42代大統領ビル・クリントンの博物館兼公文書館。選挙戦や、大統領時代の業績が輝かしく展示されている。復元された大統領執務室は見応えあり。退任後も平和外交に努めていることや、ヒラリー夫人についても紹介されている。

飢えに苦しむ人の撲滅を目指す 地 P.453

ヘファーインターナショナル
Heifer International

世界から飢えを根絶し、人々の自立を目指して、発展途上国に妊娠中の家畜や果樹、それに合わせて飼育・栽培を指導するスタッフを派遣する非営利団体。“エコ”な建物のHeifer Villageでは、彼らの活動の様子が紹介されている。

全米に波及した高校生の公民権運動 地 P.453

セントラル高校国立歴史地区
Central High School National Historic Site

リトルロックのセントラル高校は、公民権運動のなかで重要な舞台となったところ。1957年、9人の黒人生徒がこの高校に通学しようとした際、猛烈な妨害に遭った。連邦政府は空挺部隊1200人を出動させて9人を護衛、最終的には勇気ある4人が卒業までこぎ着けることができた。ビジターセンターは歴史を伝える博物館となっている。

ホテル Hotels

エコノミーホテル
リーズナブルに泊まるなら

コンフォートイン&スイーツ・ダウンタウン
Comfort Inn & Suites Downtown

住 707 I-30, Little Rock, AR 72202 ☎ (501) 687-7700
FAX (714) 388-3422 URL www.comfortinnlittlerock.com
SDT $90～200 ADJMV 地 P.453

中心部から少し離れるため、ダウンタウンへは無料のシャトルを運行させている。客室はシンプルだが、清潔で使いやすい。Wi-Fiと種類の豊富な朝食が無料。コインランドリーもある。150室。 ('12)

高級ホテル
町を代表するホテル

ピーボディ・リトルロック
The Peabody Little Rock

住 3 Statehouse Plaza, Little Rock, AR 72201 地 P.453
☎ (501) 906-4000 FAX (501) 375-4721
URL www.peabodylittlerock.com SDT $119～229 ADJMV

コンベンションセンターに直結する、町の中心にある有名ホテル。サービスのすばらしさ、高級感あふれる客室以外にも、ダックパレード（マガモの行進）が有名だ。毎日11:00と17:00に行われるので、宿泊客でなくても見ておきたい。北側の客室からの眺めも美しい。418室。 ('12)

メモ **リトルロックの名物ステーキ店** ▶Doe's Eat Place 住 1023 W. Markham St. URL www.doeseatplace.net 開 ランチ月～金 11:00～14:00、ディナー月～土 17:30～21:30（土～22:00） ステーキもおいしいがHot Tamalesが名物。

サザンホスピタリティあふれる モントゴメリー Montgomery

ローザ・パークスは、公民権運動の母といわれている

アメリカ南部の中央に位置するアラバマ州の州都、モントゴメリー。この町は、アメリカ近現代史に大きな影響を与えたいくつかのできごとの舞台であった。

ひとつは、南北戦争時に南部同盟最初の首都であったこと。わずか4ヵ月後に首都はバージニア州リッチモンドへ移ることになったが、南北戦争時には重要な役割を果たした。もうひとつは、黒人市民によるバスボイコット運動が起こったこと。この騒動が公民権運動拡大の発端となったのだ。

DATA

人口▶約20万5700人
面積▶413.2km²
標高▶約76m
TAX▶セールスタックス　10%
ホテルタックス　12.5%+1泊$1.50
属する州▶アラバマ州　Alabama
州のニックネーム▶イエローハマー（キオアジという鳥）州　Yellowhammer State
州都▶モントゴメリー　Montgomery
時間帯▶セントラル・タイムゾーン ➡P.631
繁忙期▶2～4、8～10月

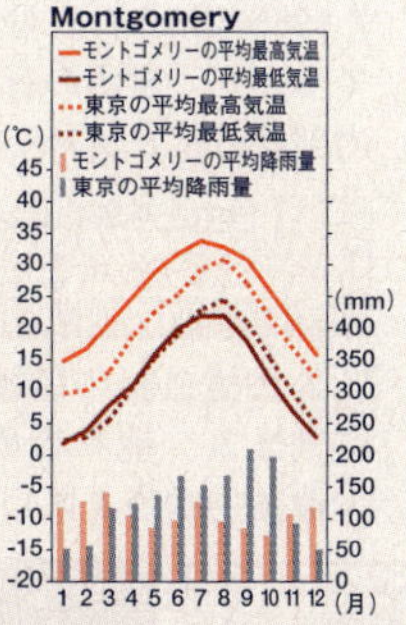

GUIDE BOOK 地球の歩き方B12アメリカ南部編（1800円+税）でもモントゴメリーを紹介していますので、ご活用ください。

モントゴメリーへの行き方＆歩き方 Getting There & Around

モントゴメリー空港Montgomery Regional Airportは、ダウンタウンの南西18km、グレイハウンド・バスディーポは南東6kmにある。おもな見どころはダウンタウンに集まっているので、歩いて回ることができる。ただし夜間や休日は極端に人通りが少なくなるので、短い距離でもタクシーを利用したほうが無難だ。

観光案内所 …………… Visitors Information

モントゴメリー・エリア観光案内所
Montgomery Area Visitor Center

ダウンタウンの西端、アラバマ川沿いにある。旧ユニオン駅を改装したもので、MATSトロリーの発着点にもなっている。

市内の交通機関 …… Public Transportation

MATSトロリー（ライトニングルート）
MATS Trolley (Lightning Route)

ダウンタウンを循環するトロリーバス。ルートは2本あり、ゴールドルートはアラバマ州議事堂や公民権メモリアル、グリーンルートはローザ・パークス博物館などをとおる。

モントゴメリー空港（MGM）
住 4445 Selma Hwy.
☎ (334) 281-5040
URL iflymontgomery.com
行 ダウンタウンへはタクシーで約20分（$25前後）

グレイハウンド・バスディーポ
住 950 W. South Blvd.
☎ (334) 286-0658
開 24時間
行 ダウンタウンへはタクシーで約10分（$15前後）

モントゴメリー・エリア観光案内所
地 P.456
住 300 Water St.
☎ (334) 262-0013
URL www.visitingmontgomery.com
開 月～土8:30～17:00

MATSトロリー（ライトニングルート）
※2012年5月現在、一時的に運休中。再開時期未定
☎ (334) 240-4012
URL www.montgomerytransit.com
運行／月～土9:00～18:00、20分ごと、観光案内所から発着する
休 日、サンクスギビング、12/25
料 $1

旅のアドバイス モントゴメリーのタクシー会社▶Checker & Deluxe, Inc. ☎(334) 613-0600 URL www.checkerdeluxecab.com

Sightseeing おもな見どころ

ローザ・パークス博物館
住252 Montgomery St.
☎(334) 241-8615
URL montgomery.troy.edu/rosaparks/museum
開月～土9:00～17:00(土～15:00)
休日、おもな祝日
料$7.50、12歳以下$5.50

アラバマ州議事堂
住600 Dexter Ave.
☎(334) 242-3935
URL www.preserveala.org
開月～土9:00～16:00(土～15:00)
休日、おもな祝日
料無料
ツアー／土9:00、11:00、13:00、15:00

アラバマの歴史を知ることができるアラバマ州議事堂

公民権メモリアル
住400 Washington Ave.
☎(334) 956-8200
URL www.splcenter.org/civil-rights-memorial

勇気ある女性の行動が社会を変えた　地P.456

ローザ・パークス博物館 Rosa Parks Museum

1955年、市バスに乗っていた黒人女性ローザ・パークスは、「白人客に席を譲らなかった」との理由で逮捕された。この不条理に抗議して、黒人市民が約1年間市バスに乗らず、歩いて通勤通学したのが「バスボイコット運動」。それを先導したのがキング牧師だ。博物館ではこの運動の推移と、当時の人種差別社会を知ることができる。

町を見下ろす白亜のドーム　地P.456

アラバマ州議事堂 Alabama State Capitol

ダウンタウンの中心にそびえるギリシア復古調の建物。南北戦争の初期、南部同盟の議会がここで開かれた。また1965年、キング牧師を先頭に約3000人が公民権を求めて歩んだ「自由の行進」の終着点としても知られている。内部はガイドツアーでも見学できる。

自由と平等を求めた人々に思いを馳せる　地P.456

公民権メモリアル Civil Rights Memorial

公民権運動の犠牲になった40人の名前が黒い花こう岩に刻まれ、魂を鎮めるように清らかな水が流れ落ちる。人種差別撤廃を進める団体の本部前にある。

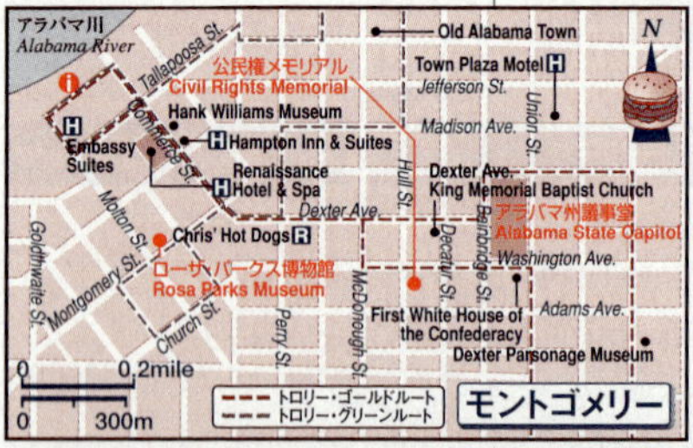

公民権メモリアルには、公民権運動の犠牲になった人の名前が刻まれている

レストラン&ホテル Restaurant & Hotel

R アメリカ料理

プレスリーも訪れた名物レストラン

クリス・ホットドッグ Chris' Hot Dogs

住138 Dexter Ave.　☎(334) 265-6850
URL www.chrishotdogs.com　地P.456
開月～土10:00～19:00(金～20:00)　休日　カード不可

モントゴメリーで最も有名なレストランで1917年から営業している。一番の人気メニューはホットドッグ。キャベツ、タマネギ、チリソースがたっぷりかかって$2.25だ。入口が小さくてわかりにくいが、緑&白のストライプの日除けが目印。('12)

H 中～高級ホテル

観光案内所の目の前

エンバシースイーツ Embassy Suites

住300 Tallapoosa St., Montgomery, AL 36104　ADJMV
☎(334) 269-5055　free (1-800) 362-2779　FAX (334) 269-0360
URL www.embassysuites.com
スイート$124～500(朝食込み)　地P.456

全室スイートで電子レンジと冷蔵庫付き。バフェ形式のフルブレックファストも好評だ。空港送迎あり。237室。('12)

旅のアドバイス **モントゴメリーに滞在** ▶ ダウンタウンにはホテルが少ないが、郊外のハイウエイ I-85 Exit 6 付近にモーテルが集まっているので、車がある人はここで探すといい。

エキゾチックな音楽の都

ニューオリンズ
New Orleans

町の中心であるジャクソン広場から観光を始めるといい

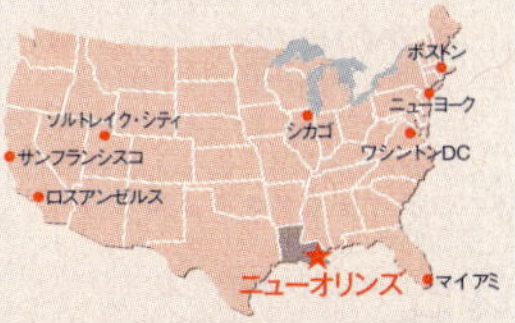

半開きのドアから漏れてくるジャズやブルースの旋律。路地裏で歓声を上げる若者たちと、それをバルコニーから眺める観光客……。夜のバーボンストリートは、アメリカでもヨーロッパでもない独特の空気が漂うところだ。狭い道に、バーやライブハウス、アダルトショップなどが軒を連ね、いつものアメリカとはまったく違う表情を見せてくれる。

2005年8月、南部を襲ったハリケーンカトリーナの被害は確かに甚大であった。しかし、フレンチクオーターの被害は少なく、観光客も思いのほか早く戻った。全米最大のお祭りといわれる“マルディグラ”も以前と変わらず盛大に行われている。

水害に何度も遭遇してきた町は、今も笑顔でよそ者を温かく迎えてくれる。アメリカ文化の多様性を知るためにも、ぜひ訪れてほしい町。それがニューオリンズだ。

生演奏のジャズを楽しまなきゃ、ニューオリンズを訪れたことにはならない

GUIDE BOOK 地球の歩き方B12アメリカ南部編（1800円＋税）、B14テーマで旅するアメリカ編（1700円＋税）でもニューオリンズを紹介していますので、ご活用ください。

DATA

人口▶約34万3800人
面積▶438km²
標高▶最高8.4m　最低1.2m
TAX▶セールスタックス　9%（外国人旅行者のための売上税払い戻し制あり）　ホテルタックス　13%＋1泊$1〜3（ホテルの規模による）
属する州▶ルイジアナ州　Louisiana
州のニックネーム▶ペリカン州 Pelican State
州都▶バトンルージュ Baton Rouge
時間帯▶セントラル・タイムゾーン ➡P.631
繁忙期▶春と秋

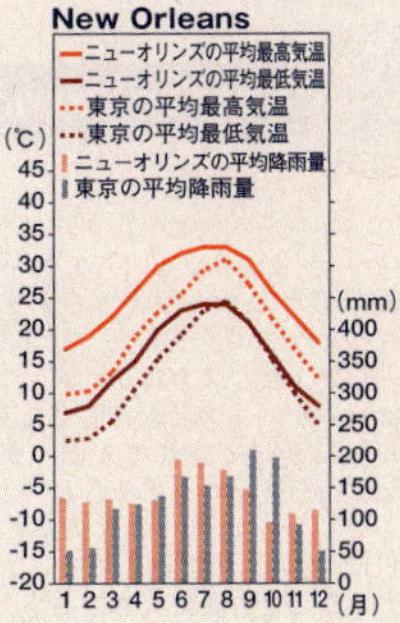

Getting There ニューオリンズへの行き方

ルイ・アームストロング・ニューオリンズ国際空港
地P.460　A-1外
住900 Airline Dr., Kenner
☎(504)303-7500
URL www.flymsy.com

飛行機 ……… Plane

ルイ・アームストロング・ニューオリンズ国際空港
Louis Armstrong New Orleans International Airport（MSY）

ダウンタウンの西約34kmに位置し、ターミナルは4つに分かれている（Aは改装工事中）。コンコースBにUSエアウェイズ、CにアメリカンAir航空とユナイテッド航空、Dにデルタ航空が乗り入れている。アメリカン航空カウンター向かいに、売上税払い戻しのカウンターがある（→P.465）。

■ 空港から／空港へのアクセス

	種類／名称／連絡先	行き先／運行／料金	乗車場所／所要時間／備考
空港シャトルバン	エアポートシャトル Airport Shuttle ☎(504) 522-3500 URL www.airportshuttleneworleans.com	行き先▶市内のホテル 運行▶毎日7:00〜翌1:00 料金▶片道$20、往復$38	空港発▶バゲージクレーム（機内預け荷物のピックアップ場所）を出たGround Transportationでチケットを購入し、出口外側から乗車 空港行き▶24時間前に電話などで予約をしてから乗車 所要時間▶フレンチクオーターまで約30〜50分
路線バス	ジェファソントランジット #E-2 Jefferson Transit (Jet) #E-2 ☎(504) 818-1077 URL www.jeffersontransit.org	行き先▶セントラル・ビジネス地区（CBD）のエルクプレイス（Tulane Ave.とLoyola Ave.の角） 運行▶月〜金5:37〜18:14の15〜50分間隔 料金▶$2	空港発▶出発階の7番出口外側から乗車 空港行き▶セントラル・ビジネス地区（CBD）のエルクプレイス（Tulane Ave.とLoyola Ave.の角）から乗車 ※CBDのエルクプレイスは周囲の治安があまりよくないので、旅行者が荷物を持って移動するのはすすめられない
タクシー	ユナイテッドキャブズ United Cabs ☎(504) 522-9771 URL www.unitedcabs.com	行き先▶市内や周辺どこでも 運行▶24時間随時 料金▶フレンチクオーターまで2人まで$33、3人以上は1人あたり$14。1台につき、燃料費$1加算	空港発▶到着階の出口外側から乗車 空港行き▶事前に電話予約、または主要ホテルから乗車 所要時間▶フレンチクオーターまで約25〜30分

※それぞれの乗り物の特徴については→P.665

ユニオン・パッセンジャー・ターミナル
地P.460　A-1
住1001 Loyola & Howard Aves.
●Greyhound
☎(504)525-6075
開毎日5:15〜20:30（チケット売り場は毎日5:15〜10:30、11:00〜13:00、14:30〜20:30）
●Amtrak
Free (1-800)872-7245
開毎日5:00〜22:00
行ターミナル正面玄関からHoward Ave.を4ブロック歩くと、セント・チャールズ・ストリートカーの停留所がある。そこからストリートカー、またはタクシー（料$7〜10くらい）で約5分、フレンチクオーターに行くことができる

長距離バスと鉄道 ……… Bus & Train

ユニオン・パッセンジャー・ターミナル
Union Passenger Terminal

メルセデス・ベンツ・スーパードーム近くにある、グレイハウンドバスとアムトラックの合同ターミナル。Loyola Ave.側から入ると正面にアムトラック、左にグレイハウンドのチケットカウンターがあり、それぞれの奥が乗り場になっている。タクシー乗り場はLoyola Ave.側。

ユニオン・パッセンジャー・ターミナルとフレンチクオーターをつなぐ市電を敷設中。開通は2012年夏頃の予定

Getting Around ニューオリンズの歩き方

ハリケーン襲来時は要注意
2005年のハリケーンカトリーナに代表されるようにルイジアナ、アラバマ、ジョージア、サウスカロライナ、フロリダ州はハリケーンのとおり道でもある。夏から秋にかけて訪れる人は、気象情報を必ず毎日チェックすること。もし、接近していたらホテルの人の指示を仰ぐようにしよう。場合によっては観光を中止することも頭に入れておきたい

ニューオリンズNo.1の観光ポイントはフレンチクオーター。いつものアメリカとはまったく異なる、狭い路地に19世紀の町並みが残るエキゾチックな旧市街だ。

ニューオリンズの一番の観光の仕方は、フレンチクオーターをぶらぶら歩くこと。そして、名物の市電に乗ってガーデンディストリクトへ行ってみよう。時間があったらプランテーションツアーやミシシッピ川クルーズにも参加して、南部の空気を満喫するのがいい。

旅のアドバイス　**空港からフレンチクオーターまでは**▶3人以上集まればエアポートシャトルよりタクシーのほうが割安だ。ふたりの場合でも同じ金額なので、早さを考えるとタクシーがおすすめ。

なお、ニューオリンズで道を表すときには、ほかのアメリカの都市のように「東へ何ブロック」、「南西の角」などという言い方はしないので注意。ミシシッピ川の流れと、ポンチャトレイン湖を基準にして、ダウンリバー(下流へ)、アップリバー(上流へ)、リバーサイド(川側へ)、レイクサイド(湖側へ)と言う。

観光案内所 ……………… Visitors Information

ルイジアナ観光局ウエルカムセンター
Louisiana Office of Tourism Welcome Center

フレンチクオーター内、ジャクソン広場に面したところにある観光案内所。地図やパンフ類が豊富に揃っているほか、いくつかのホテルへの予約のための無料電話（ホットライン）が設置されており、宿泊ディスカウントクーポンも入手できる。

市内の交通機関 ……… Public Transportation

ニューオリンズ地域交通局
New Orleans Regional Transit Authority（RTA）

リバーフロントストリートカー
 # 2 Riverfront Streetcar

ミシシッピ川沿いにフレンチマーケット側のEsplanade Ave.からコンベンションセンター（Thalia St.）まで走る電車。

キャナルストリート・ストリートカー
 # 47、48 Canal St. Streetcar

Esplanade Ave.からフレンチクオーターとセントラル・ビジネス地区Central Business District（CBD）を分けるCanal St.を抜ける。#48は"Museum"、#47は墓地"Cemeteries"行きとなる。

セント・チャールズ・ストリートカー（市電）
 # 12 St. Charles Streetcar

ニューオリンズ名物の市電。St. Charles St.をアップリバー方面へ。ガーデンディストリクトをとおり抜け、オーデュボン公園、アップタウンまで走る。バーボンストリートからキャナルストリートを渡ったCarondelet St.角から出発。帰りは、リーサークルを抜けるとSt. Charles Ave.より1本レイクサイドのCarondelet St.を走る。

ツアー案内 ……………… Sightseeing Tours

グレイライン
Gray Line of New Orleans

出発場所／フレンチクオーター、ミシシッピ川沿いのチケットオフィス"Lighthouse"（地P.461 C-2）より。

ツアー名	料金	運行	所要時間	内容など
Super City Tour	$43	毎日9:00、14:00発（季節により異なる）	約2時間	市内の歴史的建造物や墓地を見て回るバスツアー。一部、歩きとなる
Oak Alley Plantation	$58	毎日12:00発（季節により異なる）	約4時間30分	樹齢250年以上のカシの木の並木が美しいプランテーション。テレビや映画のロケ地としても知られる屋敷を訪れる

ミシシッピクルーズでひと味違った観光が楽しめる

ニューオリンズの気候
亜熱帯に近い気候のニューオリンズ。高温多湿は大変なもの。暑さとうまく付き合って旅をしよう

ルイジアナ観光局ウエルカムセンター
地P.461　C、D-2
住529 St. Ann St.
☎(504)568-5661
Free(1-800)672-6124
URL www.neworleanscvb.com
開毎日9:00～17:00
休イースター、サンクスギビング、12/25、1/1

ニューオリンズ地域交通局
☎(504)248-3900
URL www.norta.com
料$1.25、トランスファー(乗り換え)25¢
●Jazzy Pass
市電や市バスに期間内乗り放題のパス
料1日券($3)はドライバーから購入できるが、3日券($9)はキャナルストリートの市電駅にある自動券売機などであらかじめ購入しておくこと
●Riverfront Streetcar
運行／月～金7:00～22:30、土・日8:30～22:00
●Canal St. Streetcar
運行／Museum行きは毎日7:41～翌1:26
●St. Charles Streetcar
運行／24時間

戯曲にも登場したニューオリンズの市電

グレイライン
☎(504)569-1401
Free(1-800)233-2628
URL www.graylineneworleans.com

注意！
夜のフレンチクオーターは、通りを1本入っただけでガラリと雰囲気が変わる。キャナルストリート寄りのバーボンストリート＆ロイヤルストリート以外は、人どおりも少ないので、短距離でもタクシーを利用しよう

フレンチクオーター地区 French Quarter

ニューオリンズの旧市街地 地P.460-461 B、C、D-1、2

フレンチクオーター
French Quarter

ニューオリンズ観光の中心であり、町の旧市街。ヴ・カレVieux Carréともいう。ミシシッピ川、ランパートストリート

Rampart St.、キャナルストリートCanal St.、エスプラナードアベニューEsplanade Ave.に囲まれたエリアで、ポイントはミシシッピ川寄りの約半分に集まる。

フレンチクオーターという名前ではあるが、実際の家々はスペイン人によって建てられた。フランス人が築いた建物は1788、'94年の大火によって焼失。このときに町を統治していたスペイン人によって、通りに張り出した2階のバルコニーと鉄レース細工を施したフェンス、"パティオ" と呼ばれる中庭などが広められ、現在の町並みが築かれた。

フレンチクオーターへは昼と夜の２回行ってみるとおもしろい

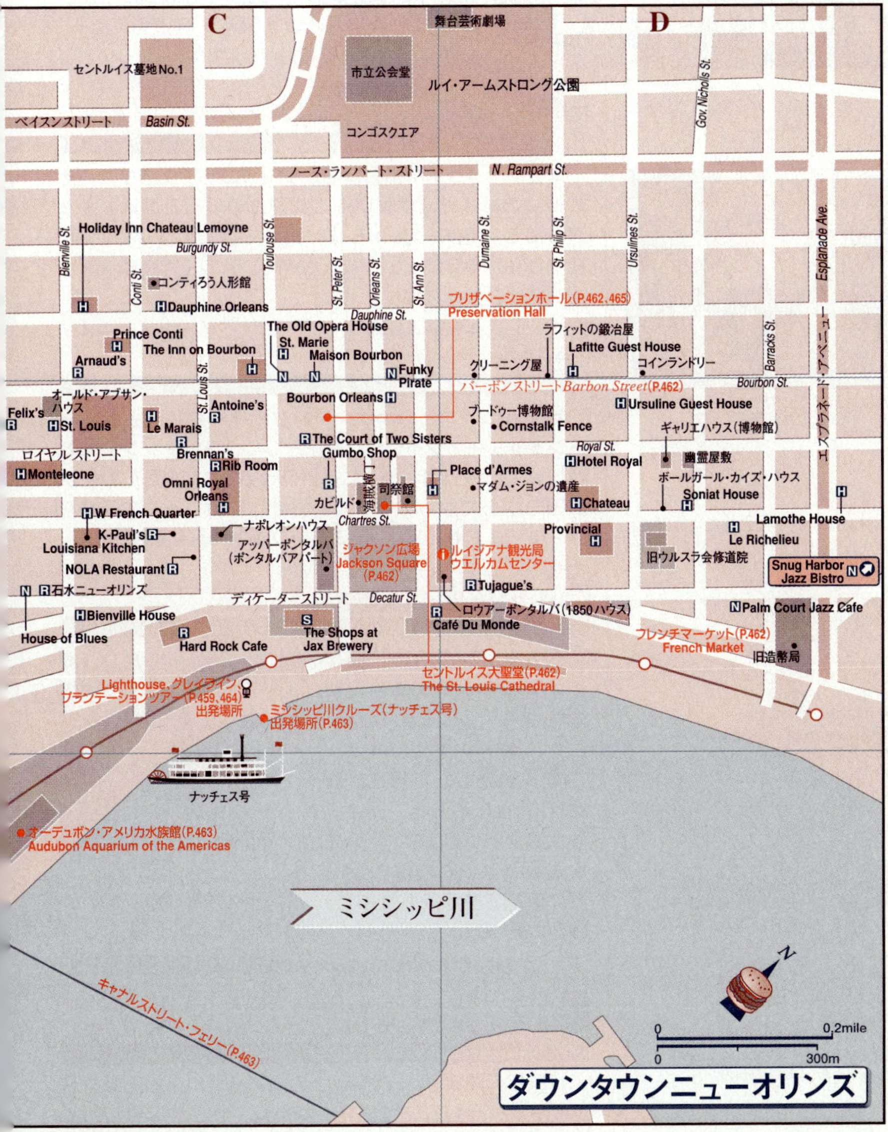

メモ **ロイヤルストリート** ▶ バーボンストリートより１本川寄りの通りで、アンティークショップとギャラリーが多く並ぶ。915 番地の「コーンストークフェンス」の細工に注目しよう。

ほかのアメリカの都市とはまったく違う雰囲気をもつ通りだ

昼間は見落としてしまいそうな店々だが、夜は大変な活気

フレンチクオーターでの昼と夜の過ごし方

昼間はジャクソン広場周辺の由緒ある建物をのぞいたり、ロイヤルストリートのアンティークショップをひやかしたりして過ごし、あたりが暗くなってからバーボンストリートへ。これがノーマルかつベストなパターンだ

プリザベーションホール
住726 St. Peter St.
☎(504)522-2841
URL www.preservationhall.com
開毎日20:00〜23:00
料チャージ$15

ジャクソン広場
URL www.jackson-square.com
開毎日8:00〜日没(夜間は閉鎖される)
ジャクソンとは、20ドル札に描かれている人物

セントルイス大聖堂
住Jackson Sq.
☎(504)525-9585
URL www.stlouiscathedral.org
開毎日7:30〜16:00(日9:00〜)

夜になると活気づく名物ストリート 地P.461 C、D-2

バーボンストリート
Bourbon Street

フレンチクオーターの中央をミシシッピ川と平行に貫く、ニューオリンズ一番の名物通り。ライブハウス、ニューオリンズ料理やオイスターバーのレストラン、かなり目を引くアダルトショップ、町角に立つジャズマンのタマゴや大道芸人……。ライブハウスは昼から開いている店も多く、昼間でもあちこちからジャズやブルースのリズムが聴こえてくる。しかし、やはりこの通りは夜がおもしろい。

ジャズファンはここを目指す 地P.461 C-2

プリザベーションホール
Preservation Hall

ニューオリンズで最も有名なジャズのライブハウス。その渋味のあるたたずまいや鉄鋼細工の看板と扉は、さながらセピア色の写真から抜け出してきたような雰囲気。建物は1817年完成という年代ものだ。詳しくはナイトスポットの項(➡P.465)参照。

フレンチクオーターのヘソ 地P.461 C-2

ジャクソン広場
Jackson Square

1856年に、ニューオリンズの激戦で一躍英雄となったアンドリュー・ジャクソンを記念して、ジャクソン広場と呼ばれている公園。のちに第7代大統領になった彼の像が公園の中心に立っている。公園では年間を通じて画家らアーティストやストリートミュージシャンたちが集まる。

ニューオリンズのランドマーク 地P.461 C-2

セントルイス大聖堂
The St. Louis Cathedral

ジャクソン広場の正面にそびえるスペイン風の大聖堂である。1722年のハリケーン、'88年の大火で壊れ、'94年に再建した。現在の建物は3代目にあたり、現存する大聖堂としてはアメリカ最古といわれる。内部の壁画やステンドグラスも見事だ。静かに見学しよう。

町のシンボルである大聖堂だ

ニューオリンズ市民の生活をかいま見られる 地P.461 D-2

フレンチマーケット
French Market

1791年に開業し、200年以上の歴史をもつ市場。野菜やフルーツ、その日に陸揚げされたカキなどが店頭に所狭

メモ **ルイジアナ州立博物館 ▶** フレンチクオーターのカビルド The Cabildo 住701 Chartres St. と旧造幣局 Old U.S. Mint 住400 Esplanade Ave. はルイジアナ州立博物館 Louisiana State Museum の一部。↗

しと並べられている。観光客目当てのギフトショップもあり値段も安い。クレオールやケイジャン料理用のスパイスミックスも売られている。

そして、ここへ来たら決して素どおりできないカフェが**カフェ・デュ・モンドCafé Du Monde**➲P.466。軽い口あたりのドーナツ、ベニエとカフェオレは、辛党の人でも一度は食べなければならない、ニューオリンズの味だ。

ニューオリンズらしいおみやげを探しているなら立ち寄りたいフレンチマーケット

フレンチマーケット
住800〜1300 Decatur St.
☎(504) 522-2621
URL www.frenchmarket.org
開毎日7:00〜17:00（店によりかなり異なる）

セントラル・ビジネス地区 Central Business District(CBD)

全米でベスト５に入る水族館 地P.460-461 B、C-3

オーデュボン・アメリカ水族館 Audubon Aquarium of the Americas

南北アメリカ大陸にテーマを絞った水族館で、2層構造の館内には400種、約1万匹の海洋生物が生息している。なかでもカリブ海の海底を再現したコーナーが圧巻。アマゾンの熱帯雨林を再現したコーナーでは、極彩色の鳥や巨大なヘビ、ピラニアなどを見ることができる。ほかにもタツノオトシゴ、クラゲ、ラッコのコーナーなども人気を集めている。

オーデュボン・アメリカ水族館
住1 Canal St.
Free (1-800) 774-7394
URL www.audubоninstitute.org
開毎日10:00〜17:00
休冬期の月、サンクスギビング、12/25、マルディグラ
料$21、65歳以上$17、2〜12歳$14。アイマックスや昆虫館とのコンビネーションチケットあり

アメリカの大動脈をクルーズしよう 地P.461 C-2

ミシシッピ川クルーズ Mississippi River Cruise

ミシシッピ川を優雅に航行する外輪船はかつての重要な交通機関。現在は観光クルーズ船としてお目見えしている。**ナッチェス号Natchez**は、ムーンウオークの隣、ジャックスブリュワリーの近くから出航している最もポピュラーなクルーズ。ガイドの解説を聞きながらの**Harbor Cruise**とジャズを聴きながらの**Dinner/Jazz Cruise**がある。運航日が流動的なので必ず確認すること。

ナッチェス号
☎(504) 586-8777
Free (1-800) 365-2628
URL www.steamboatnatchez.com
休サンクスギビング、12/25、マルディグラ
●Harbor Cruise
運航／毎日11:30、14:30
料$25、6〜12歳$12.25。ランチ付き$36、6〜12歳$20.25
●Dinner/Jazz Cruise
運航／毎日19:00（冬期は金・土のみ）
料$41、6〜12歳$20.50。ディナー付き$68、6〜12歳$34

タダでクルーズ気分が味わえる 地P.461 C-3

キャナルストリート・フェリー Canal Street Ferry

キャナルストリートの突きあたりにフェリー乗り場がある。ミシシッピ川を横切り、対岸のアルジェAlgiersとを結ぶフェリーだ。ちょっとしたリバークルーズの気分が味わえる。アルジェは観光ポイントもなく、治安もあまりよくないので、ひと休みしたら帰ろう。

キャナルストリート・フェリー
運航／毎日6:15から毎時15、45分ニューオリンズ側発。帰りは毎正時と毎時30分アルジェ側発で、最終は翌0:15
料無料、車だと$1

リオのカーニバルに負けないマルディグラ Mardi Gras　メモ

マルディグラとはフランス語で「肉食の火曜日」の意味で、カーニバル（謝肉祭）の最終日のこと。世界３大カーニバルのひとつともいわれる盛大な祭りだ。期間は年によって異なる（2013年２月12日、2014年３月４日）が、マルディグラの11日前の週末から市内各所でパレードが行われる。とにかくすごい人出、すごい騒ぎ。パレードには約60のグループが参加し、高さが家の３階にも達する巨大なフロート（山車）の上から、ビーズのネックレスやコインを沿道の見物客に投げる。コインをキャッチできると幸運が訪れるといわれており、これ欲しさに皆「ミスター！」などと声を限りに叫ぶのだ。パレードはセントラル・ビジネス地区を中心に行われる。特にマルディグラ・デイ３日前からは混雑がひどく、ホテルは半年以上前から予約で満杯になる。

↘カビルドはフランスとアメリカの間でルイジアナ買収の締結がされたところだ。入場料は共通で$6。詳細は URL lsm.crt.state.la.us

Excursion 郊外の見どころ

プランテーションツアー
●Gray Line Oak Alley Plantation Tour
➡P.459

オークアレイ
住3645 LA Hwy.18, Vacherie
☎(225) 265-2151
Free(1-800) 442-5539
URL www.oakalleyplantation.com
開毎日9:00〜17:00（邸宅ツアーは9:30〜）
休サンクスギビング、12/25、1/1、マルディグラ
料$18、13〜18歳$7.50、6〜12歳$4.50
行グレイラインなどのツアーに参加するか、自分で行く場合は車のみ。ニューオリンズから I-10を西へ走り、Exit 194でLA-641を南へ。橋を渡ってすぐのところでハイウェイを下り、LA-18を西へ約11km。ダウンタウンから約1時間

南部の面影を残す大邸宅見学　地P.460　C-2、地図外

プランテーションツアー
Plantation Tour

ニューオリンズから北西の州都バトンルージュ Baton Rougeにかけて、ミシシッピ川に沿って広がる地域を“リバーロード”と呼ぶ。ここにはかつて、サトウキビ栽培で財を成した地主たちの豪邸が並んでいた。そのうちのいくつかは現在も残り、往年の南部の栄華を今に伝えている。Houmas House、Laura、San Franciscoなど約10家屋が、一般またはツアーで公開されているが、最も人気が高いのが**オークアレイOak Alley**。樹齢250年を超えるカシの木の並木が約400mのトンネルを造り、南部の栄華を伝えている。邸宅は1837年から2年かけて建設されたもので、四方にあるベランダは奥行きが4mもあり、直射日光を避けるなど真夏の暑さと湿気対策が施されている。

オークアレイ・プランテーション。ニューオリンズからツアーが出ている

Spectator Sports 観戦するスポーツ

ニューオリンズ・セインツ
（1967年創設）
本拠地――メルセデス・ベンツ・スーパードーム
Mercedes-Benz Superdome（7万2003人収容）
地P.460　A-1
住1500 Sugar Bowl Dr.
☎(504) 587-3822（チケット）
URL www.neworleanssaints.com
行Canal St.からバス＃16で正面まで行く

この選手に注目!
ドリュー・ブリーズ

アメリカンフットボール　NFL

ニューオリンズ・セインツ（NFC南地区）
New Orleans Saints

2010年、スーパーボウル初出場で栄冠を手にした勢いそのまま、2桁勝利を重ねる好調ぶりだったが'12年、タックル懸賞金問題が露呈、リーグを衝撃が襲った。首脳陣と主力選手には重い制裁が加えられ、汚名を背負ったシーズンとなる。チームカラーはブラック、オールドゴールド、ホワイト。

2010年のスーパーボウルを制覇
©NFL JAPAN.COM

ニューオリンズ・ホーネッツ
（1988年創設）
本拠地――ニューオリンズアリーナ
New Orleans Arena（1万8000人収容）
地P.460　A-1
住1501 Girod St.
☎(504) 525-4667（チケット）
URL www.nba.com/hornets
行メルセデス・ベンツ・スーパードームの西隣

この選手に注目!
マルコ・ベリネリ

バスケットボール　NBA

ニューオリンズ・ホーネッツ（西・南西地区）
New Orleans Hornets

ここ4シーズンでプレーオフ出場3回と好調を維持していたが、2011-12年は地区最下位に沈んだ。2002年、ノースカロライナ州シャーロットから移転、州のシンボル「スズメバチ」はそのまま愛称に残された。チームカラーはクレオール・ブルー、ダーク・パープル、マルディグラ・ゴールド、ホワイト。

メモ　ニューオリンズの名物レストラン① ▶ アントワンズ Antoine's　住713 St. Louis St.　URL www.antoines.com　地P.461　C-2　エレガントなクレオール料理。オイスターロックフェラー発祥の地。

ナイトスポット　Night Spots

ジャズ

伝統的ニューオリンズジャズを聴くならここ
プリザベーションホール
Preservation Hall

住726 St. Peter St.　☎(504)522-2841
URL www.preservationhall.com　地P.461　C-2
開毎日20:00〜23:00

伝統的ニューオリンズジャズを保存することを目的に開業したジャズホール。知名度は抜群。チャージ（入場料）$15。演奏中の撮影、録音は禁止だ。　('12)

ジャズ

本格的なディキシーランドジャズなら
メゾンバーボン
Maison Bourbon

住641 Bourbon St.　☎(504)522-8818　地P.461　C-1
開日〜木19:30〜翌0:15、金・土15:30〜翌1:15　AMV

観光客で、この店の演奏を聴かない人はいないはず。バーボンストリートの中心ともいうべき St. Peter St.の角で、大きく開け放たれた窓には、常に数人の"観客"がへばりついている。カバーチャージなし。　('12)

ジャズ

クレオール料理も楽しめるナイトクラブ
スナッグ・ハーバー・ジャズ・ビストロ
Snug Harbor Jazz Bistro

住626 Frenchmen St.　☎(504)949-0696　URL www.snugjazz.com
開毎日17:00〜22:45(金・土〜23:45)　AMV　地P.461　D-2外

モダンジャズとブルースで知られる一流のクラブ。地元出身の大物アーティストでマルサリス親子やシャメイン・ネビルなどがレギュラー出演する。旧合衆国造幣局からフレンチクオーターの外へ1ブロック行ったところ。夜はタクシーを利用しよう。カバーチャージは$15〜30。ショーは20:00と22:00の2回。　('12)

ザイデコ

ニューオリンズらしい音楽ならここ
オールド・オペラ・ハウス
The Old Opera House

住601 Bourbon St.　☎(504)522-3265
URL www.oldoperahouse.com
開月〜金17:00〜、土・日14:00〜
AMV　地P.461　C-1

ザイデコ（➡下段の旅のアドバイス）が楽しめる有名なライブハウス。ラブボードと呼ばれる洗濯板のような楽器にアコーディオンが特徴だ。ビッグネームも登場する。Toulouse St.の角にある。　('12)

ニューオリンズはこう楽しむ！〜音楽&買い物編〜　旅のアドバイス

ケイジャンとザイデコってなに？

フレンチクオーターを歩いていると、アコーディオンを中心にした軽快な音楽が聴こえてくる。

かつて、カナダからやってきたフランス系住民は自らをアケーディアンAcadienと呼んだが、それが転じて**ケイジャンCajun**となった。彼らが持ち込んだ文化や料理にケイジャンの名が付けられたが、音楽もそのひとつ。アコーディオンとフィドル（バイオリン）、そしてブリキの洗濯板を首から吊るしスプーンでこすってリズムを取るのが原形になったラブボードという楽器を使った音楽がケイジャン音楽Cajun Musicと呼ばれた。

そのケイジャン音楽に、ブルースやR&B、そしてカリブ音楽といった黒人音楽の要素が加わって発展したのが**ザイデコZydeco**（発音はズェコウに近い）だ。バンドの中心はアコーディオンとラブボード。軽快でダンサブルなものが多いが、ブルースっぽいものや、なかにはカントリーに近い歌もある。

ナイトライフを楽しまなきゃ

ニューオリンズといえば、まず思い浮かぶのがジャズだが、最近ではR&Bやブルースなどの演奏を聴かせる店も増えてきている。特にバーボンストリートはライブハウスが並び、さまざまなジャンルの音楽が路上に流れ出てくる。21時を過ぎた頃から通りはいっそう活気づく。ブラブラと歩きながら気に入ったバーをのぞくというのがこの町の流儀だ。

売上税の払い戻し制度について

ルイジアナ州は、外国人旅行者のための売上税（日本の消費税のようなもの）払い戻し制度を実施している。対象はパスポートと90日以内に帰国するチケットを持っている外国人旅行者。この制度に加盟している店は州内に約900あり、これらの店で買い物をしたら支払いの際にパスポートを呈示すれば、税金の領収書（バウチャー）がもらえる。これをニューオリンズ国際空港の**払い戻しセンターTax Free Refund Center**（開月〜金8:30〜16:30、土・日9:00〜13:00）へ持って行けば、払った税金分を返してくれるという仕組み。郵送もOKだが、その際航空券のコピー、領収書、パスポートのパスポート番号、氏名、アメリカ入国のスタンプのコピー、郵送になった理由が必要だ。ルイジアナ州はもともと売上税が高いので、高額の買い物をする人にはうれしい制度。金額に応じた手数料がかかる。

宛先／Louisiana Tax Free Shopping Refund Center
住P.O. Box 20125, New Orleans, LA 70141
☎(504)467-0723　URL www.louisianataxfree.com

メモ　スナッグ・ハーバー・ジャズ・ビストロ▶食事をしながら音楽が聴けると思われがちだが、ダイニングとショーは別々になっており、ショーを見ながらの食事はできない。なお、演奏中の撮影、録音は禁止。

S　ショッピングモール

ケイジャン料理の材料も揃う

リバーウオークマーケットプレイス

Riverwalk Marketplace

住500 Port of New Orleans Pl.　☎(504)522-1555
URL www.riverwalkmarketplace.com
開月～土10:00～19:00、日12:00～18:00(レストラン、カフェは延長あり)　地P.460　B-3

ミシシッピ川沿い、コンベンションセンターの手前のショッピングモール。120以上の専門店とレストラン、バーが入っている。おみやげを探すには最適。アルド、ナインウエスト、ギャップ、クロックスなどのテナントがある。　('12)

S　ショッピングモール

ニューオリンズでブランドショッピングなら

キャナルプレイス

The Shops at Canal Place

住333 Canal St.　☎(504)522-9200
URL www.theshopsatcanalplace.com
開月～土10:00～19:00、日12:00～18:00　地P.460　B-3

高級デパートのサックス・フィフス・アベニューを中心に約30店舗入っており、バナナリパブリック、ブルックス・ブラザース、コーチ、ロクシタンなどのブランド店が多い。しゃれたカフェやレストランもあり、ウェスティンホテルは同じ建物。　('12)

R　カフェ

ニューオリンズを代表するカフェ

カフェ・デュ・モンド

Café Du Monde

住800 Decatur St.　☎(504)525-4544
開24時間営業(クリスマスを除く)　カード不可
URL www.cafedumonde.com　地P.461　C、D-2

ジャクソン広場の南東の角。ベニエはサクッとした軽い舌触りの四角いドーナツで、粉砂糖をかけて食べる。カフェオレとのセットがニューオリンズの味だ。　('12)

R　南部料理

カジュアルなレストランでジャンバラヤを

ガンボショップ

Gumbo Shop

住630 St. Peter St.　☎(504)525-1486
開毎日11:00～23:00　ADMV　地P.461　C-2

伝統的なクレオール料理をおいしく手頃な値段で食べられる。ガンボはもちろん、ジャンバラヤ、シュリンプクレオール、レッドビーンズの3種を一度に味わえるコンビネーションプレート（Combination Plate）$13.99も人気だ。同じSt. Peter St.に、紛らわしい名前や、よく似た看板のレストランがあるので間違えないように。　('12)

R　南部料理

ニューオリンズを代表する料理店

ザ・コート・オブ・トゥ・シスターズ

The Court of Two Sisters

住613 Royal St.　☎(504)522-7261
URL www.courtoftwosisters.com　ADMV　地P.461　C-2
開ジャズブランチ毎日9:00～15:00、ディナー毎日17:30～22:00

ロイヤルストリートからバーボンストリートまでを貫いていて、双方の通りに入口がある。情報誌“where”でベストダイニングに選ばれた料理を楽しめる。　('12)

R　南部料理

ケイジャン料理を広めたシェフのレストラン

ケイ・ポールズ・ルイジアナ・キッチン

K-Paul's Louisiana Kitchen

住416 Chartres St.　☎(504)596-2530
URL www.kpauls.com　ADMV　地P.461　C-2
開ランチ火～土11:00～14:00、ディナー毎日17:30～22:00

シェフはケイジャン料理を全米に広めたといわれる有名人で、店は常に満席。メニューは日替わりで比較的辛い料理が多い。オリジナル調味料がレストラン隣のみやげ物屋で販売されている。ディナーは$40～。要予約、あまりラフすぎないように。　('12)

R　南部料理

カフェスタイルでニューオリンズの家庭料理を

マザーズレストラン

Mother's Restaurant

住401 Poydras St.　☎(504)523-9656
URL www.mothersrestaurant.net
開毎日7:00～22:00　AMV　地P.460　B-2

ボリューム、味ともに満点のニューオリンズ家庭料理が味わえるカフェテリア。この店の名物は、70年の伝統を誇る自家製ハムを使ったポーボーイ、ガンボなど。朝食時は観光客より地元の人が行列を作る。予算は$10～15。ブラックハムが有名。　('12)

R　日本料理

アメリカンな日本食はいかが

石水ニューオリンズ

Sekisui New Orleans

住239 Decatur St.　☎(504)525-9595
URL www.sekisuiusa.com　AMV　地P.461　C-2
開日～木11:30～22:00、金・土～22:30

フレンチクオーターにある日本料理店で、変わり種の寿司が楽しめる。サーモンとアボカドの巻き寿司Mardi Gras、スパイシーなソフトシェルクラブとザリガニの巻き寿司New Orleansなど、日本ではお目にかかれないメニューをお試しあれ。　('12)

メモ　ニューオリンズの名物レストラン②▶ノーラ NOLA　住534 St. Louis St.　URL www.emerils.com　地P.461 C-2　堅苦しくなく若者に人気のクレオールが楽しめる、カリスマシェフ、エメリルの店。

ホテル Hotels

ホステル

ストリートカーの停留所に近い
インディア・ハウス・ホステル India House Hostel

住124 S. Lopez St., New Orleans, LA 70119
☎(504) 821-1904 URL www.indiahousehostel.com
ドミトリー$17〜20、個室Ⓓ$45〜 MV 地P.460 B-1外

ボヘミアンな雰囲気の受付が迎える、私設ホステル。アメリカのユースのなかで高評価を受けている。住宅街にあり、中庭にはプールや野外キッチンがある。キャナルストリート・ストリートカーでフレンチクオーターまで約10分。Wi-Fi無料。98ベッド。('12)

ホステル

無料送迎のあるホステル
バーボン・ハウス・ホステル Bourbon House Hostel

住1660 Annunciation St., New Orleans, LA 70130
☎(504) 644-2199 URL bourbon.aaeworldhotels.com
ドミトリー$22〜、個室$50〜 ADJMV 地P.460 A-2外

ガーデンディストリクトにあり、セント・チャールズの市電でフレンチクオーターまで約15分。また、ユニオン・パッセンジャー・ターミナルから無料の送迎（要電話）があるので便利だ。パティオではバーベキューパーティも催される。朝食とWi-Fi無料。96ベッド、25室。('12)

中級ホテル

やしの木のある中庭でくつろぎたい
ダフィーン・オーリンズ Dauphine Orleans

住415 Dauphine St., New Orleans, LA 70112
☎(504) 586-1800 Free (1-800) 521-7111 FAX (504) 586-1409
URL www.dauphineorleans.com
ⓈⒹ$99〜189 ADMV 地P.461 C-1

バーボンストリートの中心まで南東へ1ブロック、Conti St.との角に建つ小粋なホテル。全室無料Wi-Fiでコーヒーメーカーがある。朝食付き。スポーツジム、プール、駐車場あり。111室。('12)

中級ホテル

これ以上のロケーションは望めない！
ホテル・セントマリー Hotel St. Marie

住827 Toulouse St., New Orleans, LA 70112
☎(504) 561-8951 Free (1-800) 366-2743
URL www.hotelstmarie.com
ⓈⒹⓉ$69〜359 AMV 地P.461 C-1

バーボンストリートから北西へ2ブロック、プリザベーションホールへも1ブロック南東と便利。夜遅くまで遊んでも帰るのが怖くない。部屋は静かなパティオ側がいい。Wi-Fi無料。99室。('12)

中級ホテル

ジャクソン広場近くの中庭が自慢のホテル
プラスダーム・ホテル Place d'Armes Hotel

住624 St. Ann St., New Orleans, LA 70116 地P.461 C-2
☎(504) 524-4531 Free (1-800) 366-2743
URL www.placedarmes.com ⒹⓉ$95〜359 AMV

ジャクソン広場の斜め前にあり、よく手入れされた美しいパティオと大きなプールが自慢。家庭的で落ち着けるホテルだが、なかには窓のない部屋があるので予約、チェックイン時に、ぜひ窓のある部屋にしてもらおう。朝食付き、Wi-Fi無料。84室。('12)

中級ホテル

バーボンストリートへは半ブロック南へ
プリンス・コンティ・ホテル Prince Conti Hotel

住830 Conti St., New Orleans, LA 70112
☎(504) 529-4172 Free (1-800) 366-2743
URL www.princecontihotel.com
ⓈⒹⓉ$89〜332 AMV 地P.461 C-1

バーボンストリートで夜遅くまで遊び歩いていても、帰りの心配がまったくいらない。半ブロック先のにぎわいが嘘のような落ち着いたホテル。部屋は狭いが美しい。Wi-FI無料。76室。('12)

中級ホテル

フレンチクオーターでは格安
シャトー Chateau

住1001 Chartres St., New Orleans, LA 70116
☎(504) 524-9636 FAX (504) 525-2989
URL www.chateauhotel.com 地P.461 D-2
Ⓢ$79〜119、Ⓓ$99〜169 ADMV

ジャクソン広場から2ブロック。インテリアは古く、バスルームも狭いが、ホテル全体の雰囲気がいい。スタッフもフレンドリー。料金には朝食も含まれているので、中心部に位置するわりには格安だ。45室。('12)

中級ホテル

ビクトリア調のゲストハウス
ラモスハウス Lamothe House

住621 Esplanade Ave., New Orleans, LA 70116
Free (1-800) 367-5858 FAX (504) 943-6536
URL www.lamothehouse.com
ⓈⒹⓉ$69〜299 AMV 地P.461 D-2

チャータースストリートとロイヤルストリートの間にあり、Esplanade Ave.の並木道を渡ったところ。150年以上前に建てられたビクトリア調のタウンハウスで、家具はアンティーク。朝食付き。20室。('12)

旅のアドバイス **フレンチクオーターのホテルの予約** ▶ Big Easy.com（ホテル／ツアー予約）URL www.bigeasy.com や French Quarter Hotels（ホテル予約）URL www.frenchquarterhotels.com 観光局のウエブサイトからもホテルの予約ができる。

旅のアドバイス ニューオリンズはこう楽しむ！～食べ物編～

アメリカの町はどこへ行っても似たような飲食店が並び、毎度おなじみの味に出くわすことが多いが、ニューオリンズは例外中の例外。歴史的にみれば、フランス、スペインの植民地時代の宗主国の影響に加え、黒人の強制移住はスパイスやアフリカ料理の要素をもたらした。地理的にみても、メキシコ湾、ミシシッピ川でとれる魚介類、そして野菜や果物調達の容易さがある。ニューオリンズの味は、町の変遷や民族の調和、肥沃な土壌と海産物の豊かさに象徴される独特なものだ。

ニューオリンズの代表料理、ケイジャンとクレオール

●クレオール料理

バターなどを使ったルウをベースとした都会派の料理。スパイスのほかにハーブも多く使われ、ソースと一緒に魚介類が多く出てくる。代表的なものは、オイスターロックフェラー Oyster Rockefeller（カキにホウレンソウのピューレとバターをのせたオーブン焼き）、レッド・ビーンズ・アンド・ライス Red Beans and Rice（インゲン豆やハムをよく煮込んだスープをご飯にかけたもの）など。

●ケイジャン料理

香辛料の効いたいなか風の濃い味付け。ブラウンソースがベースとなっている。代表的な料理として、クローフィッシュビスク Crawfish Bisqu（ザリガニの濃厚なスープ）、クローフィッシュエトゥフェ Crawfish Etouff（ザリガニのスパイシーシチュー）、アンドゥイユ Andouille（豚肉の腸詰め）など。

実のところこのふたつの料理は明確に分けられているわけではない。

食べ逃したら後悔する！ ニューオリンズならではの名物料理

●ジャンバラヤ　Jambalaya

カントリーの名曲『ジャンバラヤ』。このジャンバラヤとはニューオリンズを代表する名物料理の名前だ。米を肉汁で煮てチキンやシーフード、ときにはナマズなどを混ぜ、香辛料を効かせたルイジアナ風炊き込みご飯といったところ。$10前後でメインディッシュとして食べられる。

●ガンボスープ　Gumbo Soup

どろりとした、トマトをベースにしたスパイシーでホットなスープ。エビやカキ、チキンなどの種類があるが、必ずオクラが入っているのが特徴。ボウル$4～8で頼めばランチになるし、オードブルならカップ$2～5で充分。

●生ガキ　Raw Oyster

ミシシッピ河口でとれるカキは新鮮でデッカクてウマイ！　そのうえ1ダース食べても$14ほどと日本と比べて安いのがうれしい！　おすすめはオイスターバーの看板が出ている店のカウンター席。目の前で次々と殻を開けてくれるカキに、レモンやケチャップ、ホースラディッシュ（西洋わさび）をつけて食べる。カキは1年中食べられるが、やはり月の名前にRが付く頃（9～4月）、特に冬が一番おいしい。

●オイスターロックフェラー Oyster Rockefeller

フレンチクオーターの中にある最高級レストラン、アントワンズ（1840年創業）で、最初に作られたメニュー。

カキの上にホウレンソウのソースをのせ、オーブン焼きにした料理。

●オイスタービエンビル　Oyster Bienville

カキの上にチーズとクリームソースをのせてオーブンで焼いた料理。アーノーズが元祖だが、一気にニューオリンズ中に広がった人気メニューだ。

●ポーボーイ　Po-Boy's

フランスパンの中にエビ、カキ、ナマズ、ソーセージなど好みの具と野菜を挟み、タバスコをかけて食べるサンドイッチ。$5～でレストランやマーケット、デリなどで食べられる。

●ナマズ CatfishとザリガニCrawfish

ナマズは切り身をフライにしてビールのおつまみやサンドイッチに。ザリガニはスープ、フライ、パスタソース、ジャンバラヤなど使い道もいろいろで、どこのレストランのメニューにも必ず登場する。

●ハリケーンカクテル　Hurricane Cocktail

レモンとラムを効かせたカクテル。バーボンストリートあたりのバーの入口で、紙コップで売られている物は、甘くてアルコールも少なめ。

●ベニエ　Beignet

フランス語で揚げ物の意味だが、ここでは粉砂糖をかけた四角いドーナツのこと。軽い口あたりなので男性にもファンが多い。あちこちのカフェにあるが、やはり元祖カフェ・デュ・モンド➲P.466で試してみたい。

ザリガニなどを用い、濃厚なソースで味付けしているのが、ニューオリンズらしい

日本からアメリカへの国際電話のかけ方➲P.8～9
国際電話認識番号（001/0033/0061）＋（010）＋アメリカの国番号（1）＋市外局番＋電話番号

リッチモンド Richmond

南北戦争を経て発展したビジネスシティ

トーマス・ジェファソン設計のバージニア州議事堂

タバコや綿花輸送の中継地として、大きく発展を遂げたリッチモンド。南北戦争時は、南部同盟の首都として、南部諸州の中心地であった。しかし、南軍は戦いに敗れ、リッチモンドは焼け野原となってしまう。

バージニア州の州都リッチモンドは現在、近代的なビルが建ち並ぶビジネスシティだ。貿易や金融関係をはじめ、ハイテク産業も多く進出し、東海岸有数の産業都市となっている。苦悩の歴史を秘めたこの町は、歩くだけでさまざまな時代を感じさせてくれるだろう。

DATA

人口▶約20万4200人
面積▶155.4km²
標高▶約58m
TAX▶セールスタックス　5%
ホテルタックス　13%
属する州▶バージニア州　Virginia
州のニックネーム▶大統領の母国
Mother of Presidents
州都▶リッチモンド　Richmond
時間帯▶イースタン・タイムゾーン ➲P.631
繁忙期▶1、4、6、10月

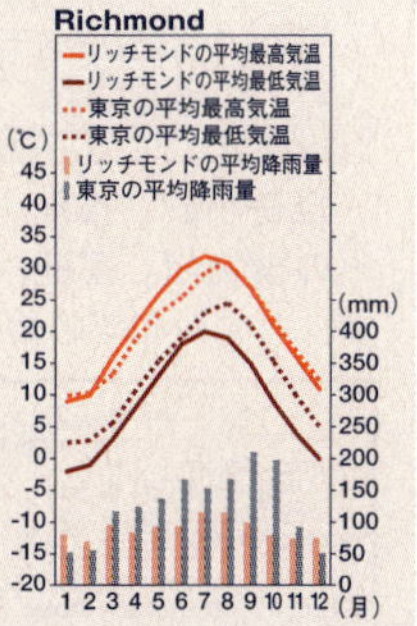

GUIDE BOOK 地球の歩き方B12アメリカ南部編（1800円+税）でもリッチモンドを紹介していますので、ご活用ください。

リッチモンドへの行き方&歩き方 Getting There & Around

シカゴやデトロイトからの便があるリッチモンド国際空港は、ダウンタウンの東約10kmにあり、タクシーで15分ほど。

碁盤の目状に整備されたダウンタウンは川に向かって緩やかに下っている。おもな観光ポイントは州議事堂周辺にある。

観光案内所 …………… Visitors Information

リッチモンド観光案内所
Richmond Visitor Center

ダウンタウンのコンベンションセンターの1階（Marshall St.角）にあり、フレンドリーなスタッフがホテルの紹介からツアーの手配までやってくれる。館内のギフトショップにはリッチモンドのロゴグッズが並んでいて、おみやげにぴったり。

市内の交通機関 ……… Public Transportation

GRTCバス
GRTC Transit System

リッチモンド市内に多くの路線をもつ市バス。ダウンタウンのおもな見どころは歩いて回れるが、#1などは便利だ。

リッチモンド国際空港（RIC）
地P.470　外
住1 Richard E. Byrd Terminal Dr.
☎(804) 226-3000
URL www.flyrichmond.com
行ダウンタウンへは空港シャトルで約15分。片道1人＄24、2人＄26.50

グレイハウンド・バスディーポ
地P.470　外　住2910 N. Blvd.
☎(804) 254-5910　開24時間
行ダウンタウンへはN. Blvd.を南へ走るGRTCバス＃24で約30分

アムトラック駅
地P.470　住1500 E. Main St.
☎(804) 644-2393
開月～金9:30～18:30（金～21:00）、土・日8:30～20:30

リッチモンド観光案内所
地P.470　住401 N. 3rd St.
☎(804) 783-7450
Free (1-888) 742-4666
URL www.visitrichmondva.com
開毎日9:00～17:00

GRTCバス
☎(804) 358-4782
URL www.ridegrtc.com
運行／毎日6:00～24:00（ルートにより異なる）
料＄1.50

メモ 同名の町に注意▶リッチモンドという地名は全米に多数ある。切符などを買うときは州名も必ず伝えよう。

Sightseeing おもな見どころ

州議事堂ではガイドツアーも催行されている

バージニア州議事堂
住1000 Bank St.
☎(804) 698-1788
URL www.virginiacapitol.gov
開毎日8:00～17:00（日13:00～）
休サンクスギビング、12/25、1/1
料無料

南部同盟博物館
住1201 E. Clay St.
☎(804) 649-1861
URL www.moc.org
開毎日10:00～17:00。12/24は14:00まで
休サンクスギビング、12/25、1/1
料$15、シニア$13、7～13歳$8

ポー博物館
住1914 E. Main St.
☎(804) 648-5523
URL www.poemuseum.org
開火～日10:00～17:00（日11:00～）
休月
料$6、シニア／学生$5

リッチモンドで過ごした時間が一番長いといわれているポーの博物館

トーマス・ジェファソンが設計した 地P.470

バージニア州議事堂 Virginia State Capitol

ダウンタウンの中央に鎮座する白亜の殿堂。1785年、建築家でもあった第3代大統領トーマス・ジェファソンがギリシア神殿を模して設計した。ジョージ・ワシントン像が立つ中央ロビーは特にエレガント。約1時間のガイドツアー（月～土9:00～16:00、日13:00～16:00）もある。

南部同盟のホワイトハウスだった 地P.470

南部同盟博物館 Museum of the Confederacy

南北戦争で使われた武器、馬具、軍旗などの資料と、南部の暮らしを伝える衣装や調度品のコレクションが豊富。隣に建つ南部同盟の大統領官邸も見学できる。

19世紀のミステリー作家の生涯をたどる 地P.470

ポー博物館 Poe Museum

怪奇小説、推理小説で知られるエドガー・アラン・ポーの博物館。書簡、初版本、日用品などのコレクションで、わずか40年の彼の生涯に思いを馳せよう。

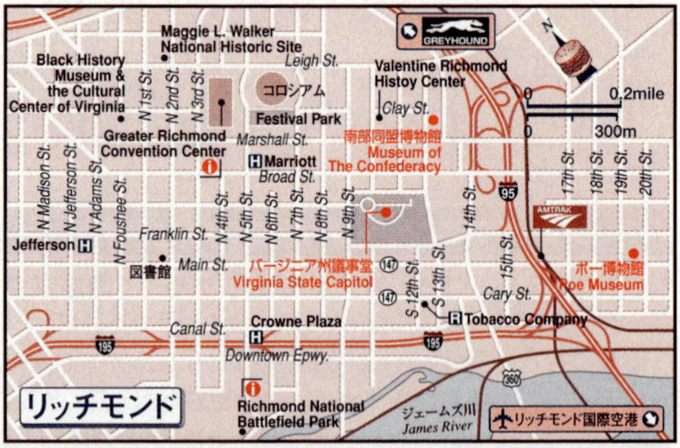

ホテル Hotels

中級ホテル

観光にもビジネスにも便利

クラウンプラザ Crowne Plaza

住555 E. Canal St., Richmond, VA 23219 地P.470
☎(804) 788-0900 FAX (804) 788-0791
URL www.crowneplaza.com
ⓈⒹⓉ$110～250、スイート$280～370 ADJMV

16階建てのホテルで、北側の部屋はダウンタウンのスカイライン、南側は川と郊外の眺望がよい。Wi-Fi無料。298室。（'12）

高級ホテル

見るだけでも価値がある最高級ホテル

ジェファソン Jefferson

住101 W. Franklin St., Richmond, VA 23220 地P.470
☎(804) 649-4750 free (1-888) 918-1895 FAX (804) 225-0334
URL www.jeffersonhotel.com
ⒹⓉ$235～465、スイート$435～795 ADMV

歴代大統領が12人も宿泊したという歴史的ホテル。ロビーの階段や客室の豪華さで他を圧倒している。Wi-Fi無料。262室。（'12）

メモ リッチモンド国際空港からダウンタウンへ▶空港シャトルバス：Groome Transportation ☎(804) 222-7222 URL www.groometransportation.com

シャーロット Charlotte

ニューヨークに次ぐ金融都市

ダウンタウンの中心、Trade St.とTryon St.の交差点

ノースカロライナ州最大の都市シャーロット。ノースカロライナ州はノース（北）という言葉からアメリカ北部にあると思われがちだが、実はアメリカ南部にあり、シャーロットは同州の南に位置する。

町のニックネームは“クイーンシティ”。これは、18世紀後半のイギリスの王妃シャーロットに由来する。名前にふさわしく町中が花や緑であふれ、いたるところで女性らしさが漂う。その一方、シャーロットは金融都市としても知られている。中心部のセンターシティには全米最大規模の銀行“バンク・オブ・アメリカ”が本部を置く。その規模は、ウォール街を抱えるニューヨークに次いで、アメリカでも2番目といわれる。そのため、平日のダウンタウンはビジネスマンやビジネスウーマンで活気づく。

一番の見どころといわれるレビン・ニューサウス博物館

DATA

人口▶約73万1400人
面積▶771km²
標高▶229m
TAX▶セールスタックス　7.25%　ホテルタックス　15.25%
属する州▶ノースカロライナ州 North Carolina
州のニックネーム▶タールヒール州（タールが州の産物だったことによる） Tar Heel State
州都▶ローリー　Raleigh
時間帯▶イースタン・タイムゾーン ➡P.631
繁忙期▶6、7、10月

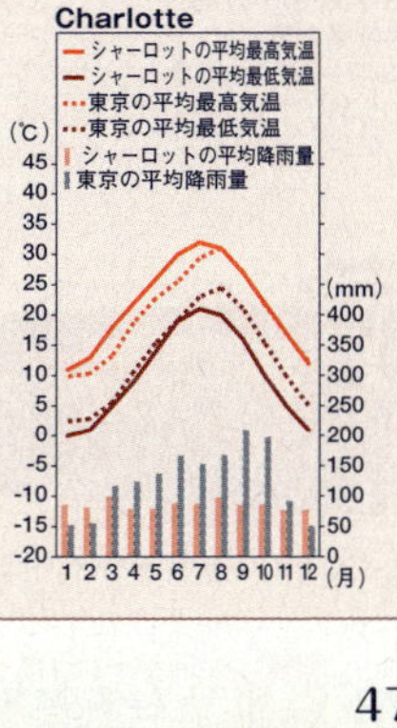

Getting There シャーロットへの行き方

飛行機 …… Plane

シャーロット・ダグラス国際空港
Charlotte Douglas International Airport (CLT)

センターシティの西約9kmのところにある。ターミナルはひとつでコンコースはA～Eの5つ。USエアウェイズのハブ空港のひとつだ。またユナイテッド航空、デルタ航空やアメリカン航空が、シカゴやヒューストン、ワシントンDCなどから乗り入れている。到着階（1階）の中央には**ウエルカムセンターWelcome Center**がある。ターミナル内にはファストフード類が充実したフードコートあり。Wi-Fiが無料。

シャーロット・ダグラス国際空港
地P.474　A-1外
住5501 Josh Birmingham Pkwy.
☎(704) 359-4013
URL www.charlotteairport.com
●Welcome Cetner
開毎日7:45～23:00

■ 空港から／空港へのアクセス

	種類／名称／連絡先	行き先／運行／料金	乗車場所／所要時間／備考
路線バス	CATS バス #5 "スプリンター" CATS Bus #5"Sprinter" ☎(704) 336-7433 URL www.ridetransit.org	**行き先**▶センターシティのシャーロット・トランスポーテーション・センター **運行**▶空港発は月～金5:50～翌0:02、土・日6:00～翌1:00。空港行きは月～金5:20～23:30、土・日6:30～翌0:30 **料金**▶$1.75	**空港発**▶ターミナル1階（到着階）を出て右側に行ったところにあるバス停から乗車 **空港行き**▶センターシティのシャーロット・トランスポーテーション・センターから乗車 **所要時間**▶センターシティまで約25分
タクシー	クラウンキャブ Crown Cab ☎(704) 334-6666 URL www.crowncabinc.com	**行き先**▶市内や周辺どこでも **運行**▶24時間随時 **料金**▶センターシティまで約$25（2人まで）	**空港発**▶1階（到着階）を出て目の前にあるタクシー乗り場から乗車。6:45～翌0:15まではタクシー乗り場に係員がいるので、彼らに従う **空港行き**▶事前に電話予約、または主要ホテルから乗車 **所要時間**▶センターシティまで約15分（朝や夕方は渋滞が激しいので30分はみておきたい）

※それぞれの乗り物の特徴については➡P.665

長距離バス …… Bus

グレイハウンド・バスターミナル
Greyhound Bus Terminal

Trade St.沿い、センターシティの北約1kmのところ。アトランタ（所要約5時間）やウエストバージニア州チャールストン（所要約7時間）、リッチモンド（所要約8時間）から乗り入れる。シャーロットの中心であるTrade & Tryon Sts.へはゴールドラッシュ➡P.473のレッドラインやCATSバス#7、タクシーで5分、徒歩なら15分。早朝や深夜に利用するときは、タクシーで。

グレイハウンド・バスターミナル
地P.474　A-1
住601 W. Trade St.
☎(704) 375-3332
開24時間営業
行バスターミナル前にCATSバス#7やゴールドラッシュのレッドラインのバス停がある。または、中心部からタクシーで$6前後

鉄道 …… Train

アムトラック駅
Amtrak Station

センターシティからTryon St.を北東方向へ約3kmのところ。ニューヨークとシャーロットを結ぶカロライニアン号、ニューヨークとニューオリンズを結ぶクレセント号が毎日1往復ずつ発着する。

アムトラック駅
地P.474　B-1外
住1914 N. Tryon St.
Free (1-800) 872-7245
開24時間営業
行CATSバス#11に乗り、ダウンタウンから約10分のTryon & 23rd Sts.で下車、徒歩1分

ダウンタウンの郊外にあるアムトラック駅

メモ **ナスカーの拠点**▶アメリカで人気のカーレース、ナスカー。シャーロットは郊外にレース場があり、多くのチームが拠点を置くナスカーの中心地だ。センターシティでは「ナスカーの殿堂博物館」が人気を集めている。Nascar Hall of Fame　住400 E. Martin Luther King Blvd.

シャーロットの歩き方 Getting Around

シャーロットの中心部はI-77とI-277に囲まれたエリアで、**センターシティCenter City**と呼ばれている。センターシティは高層ビルが建ち並ぶビジネス街だが、観光案内所や博物館、市バスのトランジットセンターもある。センターシティのTryon & Trade Sts.の交差点がシャーロットの町の中心。この交差点を起点として東西南北に住所の数字が増えていく。まずはここから歩き始めよう。

観光案内所 ・・・・・・・・・・・・・・・・・ Visitors Information

シャーロット観光案内所
Charlotte Visitor Center

2nd St. & Martin Luther King Jr. Blvd.の角、ビルの1階にある。市内や周辺エリアにある見どころのパンフレット、地図などを手に入れることが可能。ギフトショップも兼ねている。

市内の交通機関 ・・・・・・・・ Public Transportation

CATS（シャーロット交通局）
CATS (Charlotte Area Transit System)

シャーロット市内と郊外を結ぶ市バスを運行している。ほとんどのバス路線の起点はセンターシティにある**シャーロット・トランスポーテーション・センター（CTC）**。20以上の乗り場があるほか、交通案内所、ファストフードの店舗がある巨大なバスターミナルだ。

ゴールドラッシュ
Gold Rush

センターシティ内を巡回する無料のトロリーバス。路線はレッド、オレンジのふたつで、平日のみ、12～15分間隔で運行する。停留所の間隔も近いので気軽に利用したい。

リンクス・ブルーライン
LYNX Blue Line

シャーロットで初めて運行されるライトレール。アップタウンと市内南西部約15kmを結び、15の駅がある。

センターシティとアップタウン
地元の人は、センターシティのことをアップタウンと呼ぶこともある

歴史を感じるサウスエンドエリア
センターシティの南にあるエリア、サウスエンドにはアンティークショップや歴史を感じさせる大邸宅が多い
行リンクスでBland St.駅、またはEast／West Blvd.駅下車

シャーロット観光案内所
地P.474　A-1
住330 S. Tryon St.
Free (1-800) 231-4636
URL www.charlottesgotalot.com
開月～金8:30～17:00、土9:00～15:00、日12:00～16:00

CATS（シャーロット交通局）
☎ (704) 336-7433
URL www.ridetransit.org
料$1.75、エクスプレス$2.40～3.50（路線により異なる）
運行／毎日5:00～翌1:00（路線により異なる）
●Charlotte Transportation Center (CTC)
地P.474　B-2
住310 E. Trade St.
開月～金5:30～22:00、土・日7:00～12:00、13:00～16:00

ゴールドラッシュ
運行／レッドライン月～金6:41～18:11（15分間隔）、オレンジライン月～金6:56～18:05（12分間隔）
料無料

リンクス・ブルーライン
運行／月～土5:00～翌1:00（土5:45～）、日6:00～24:00
料$1.75

シャーロットのタクシー
シャーロットにはタクシー会社がいくつかある。Crown CabとKing Cabなどは比較的、目にすることが多い
●Crown Cab
☎ (704) 334-6666

おもな見どころ Sightseeing

コットン栽培が盛んだったニューサウスの歴史を知る 地P.474　B-1

レビン・ニューサウス博物館
Levine Museum of the New South

南北戦争のあと、シャーロット周辺のエリアのことをニューサウスと呼ぶようになった。ここは、ニューサウスの歴史や人々の生活を学べる博物館である。

1階は、常設展示の「Cotton Fields to Skyscrapers」。1860年代頃の綿花畑での農作業の様子や南部における初期の黒人専用の病院から、シャーロットがアメリカ第2の金融都市になるまでの歴史などが、写真パネルを使い

レビン・ニューサウス博物館
住200 E. 7th St.
☎ (704) 333-1887
URL www.museumofthenewsouth.org
開毎日10:00～17:00（日12:00～）
休おもな祝日
料$8、シニア（62歳以上）$6、6～18歳$5

わかりやすく解説されている。2階は期間限定の特別展示が催され、ナスカーの歴史や、かつてのアフリカ系学校の紹介、ノースカロライナをテーマにした写真展など毎回興味深い展示内容だ。

工芸品と美術品が一度に鑑賞できる 地P.474 A-2

ミント美術館アップタウン
Mint Museum Uptown

1936年ノースカロライナ州初の美術館として誕生。アメリカ美術を中心に、装飾美術、工芸品、現代美術などを収蔵し、ダウンタウンのアップタウン館Uptownと郊外のランドルフ館Randolphの2館から構成されている。アメリカ初期の肖像画家コープリーやギルバート・スチュアートの作品群、祭礼用具など南北アメリカ大陸の約2500年にわたる先住民美術の幅広いコレクションが自慢。

ミント美術館アップタウン
住500 S. Tryon St.
☎(704) 337-2000
URL www.mintmuseum.org
開火～土10:00～18:00(火～21:00)、日13:00～17:00
休月、おもな祝日
料$10、シニア／学生$8、5～17歳$5。火曜17:00以降は入場無料

子供におすすめの科学博物館 地P.474 B-1

ディスカバリープレイス
Discovery Place

センターシティのTryon St.沿いにある科学博物館。2010年に大掛かりな改修を終え、KidScienceとDiscovery 3-D Theatreが加わった。KidScienceは0～7歳の子供たちに科学の楽しさを体験させるユニークなコーナー。200席あるDiscovery 3-D Theatreでは最新設備で制作された立体映像作品を楽しむことができる。アイマックスシアターもあり。

家族で楽しめる展示が多いディスカバリープレイス

ディスカバリープレイス
住301 N. Tryon St.
☎(704) 372-6261
URL www.discoveryplace.org
開月～金9:00～17:00、土10:00～18:00、日12:00～17:00
休サンクスギビング、12／24、12／25
料$12、シニア／2～13歳$9。アイマックスシアター、特別展は別途有料

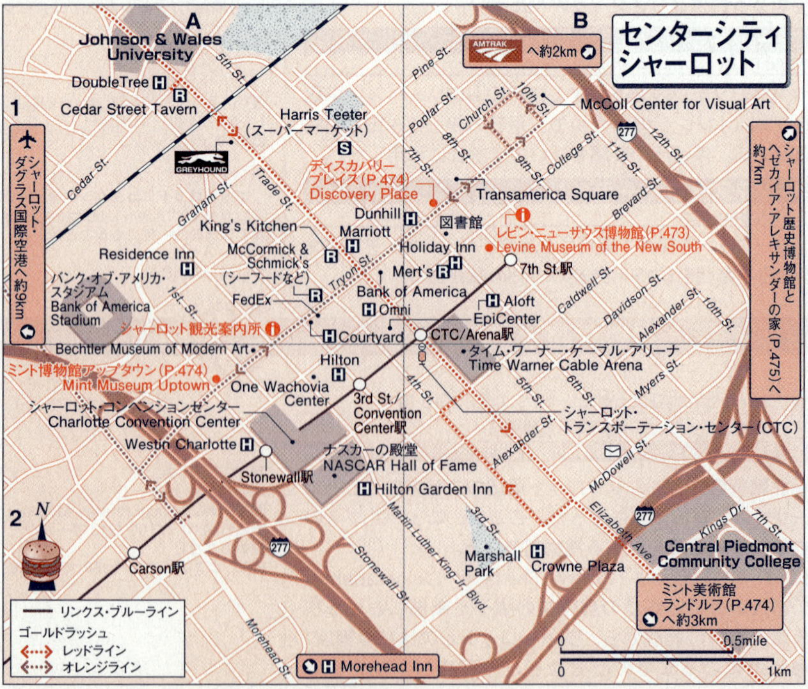

シャーロットの歴史を学ぶ 地P.474 B-1外

シャーロット歴史博物館とヘゼカイア・アレキサンダーの家
The Charlotte Museum of History and Hezekiah Alexander Homesite

センターシティの東約7kmに位置する博物館は、これまでなじみの薄かったノースカロライナ州やシャーロットの町を身近なものにしてくれるところだ。1階はシャーロットの歴史を時代ごとに解説する。18世紀の部屋では、町が形成され始めた頃をミニチュアで再現。19世紀の部屋ではシャーロットに鉄道が開通した様子や南北戦争へと向かっていく時代がパネルで説明されている。20世紀の部屋では、銀行の窓口が再現され、金融業の発展について学べる。世界初の動力飛行に成功したノースカロライナ州にゆかりのあるライト兄弟についての展示会が開催されたこともある。

建物の裏口を出てすぐの石造りの建物が、博物館一番の見どころであるヘゼカイア・アレキサンダーの家。ヘゼカイア・アレキサンダーとは、18世紀のシャーロットの実業家である。1774年に建てられたこの家は、シャーロット周辺では最も古い石造りの建物で、石で造られた重みのある外観に歴史を感じる。内部は、ウオーキングツアー（所要1～1時間30分）に参加すれば見学可能。18世紀当時の衣装を着た係員が実演も混じえながら、当時の家のインテリアや住民の暮らしぶりを紹介してくれる。

シャーロット歴史博物館とヘゼカイア・アレキサンダーの家
住3500 Shamrock Dr.
☎(704)568-1774
URL www.charlottemuseum.org
開火～日10:00～17:00(土・日13:00～)
休月、おもな祝日
料$6、シニア／学生$5、6～12歳$3
ヘゼカイア・アレキサンダーの家のツアー／火～日13:15と15:15。火～金は11:30もあり
行シャーロット・トランスポーテーション・センターから#23のバスに乗り約25分。歴史博物館前のShamrock Dr.沿いにバス停があり、徒歩3分

ヘゼカイア・アレキサンダーの家は、18世紀のスタイルをした係員が解説してくれる

観戦するスポーツ Spectator Sports

アメリカンフットボール NFL

カロライナ・パンサーズ（NFC南地区）
Carolina Panthers

2011年、HCリベラの就任1年目は6勝。変貌中のチームはまず2桁敗戦の返上が課題だ。鍵を握るのは同年のドラフト全体1番目に指名されたQBキャム・ニュートン、新星が'04年以来のスーパーボウル出場を成し遂げるか。チームカラーはブラック、パンサー・ブルー、シルバー、ホワイト。

カロライナ・パンサーズ
(1993年創設)
本拠地――バンク・オブ・アメリカ・スタジアム Bank of America Stadium（7万3778人収容）
地P.474 A-1
住800 S. Mint St.
☎(704)358-7800(チケット)
URL www.panthers.com
行センターシティの中心部

この選手に注目！
スティーブ・スミス

バスケットボール NBA

シャーロット・ボブキャッツ（東・南東地区）
Charlotte Bobcats

2004年に誕生した新鋭は2009-10年に初の5割を越え、プレーオフに進むも完敗。その後は再び不振にあえぎ、2011-12年はわずか7勝に終わっている。愛称の「山猫」はNFLパンサーズや創設時のオーナー・ボブに合わせて選ばれた。チームカラーはブルー、オレンジ、シルバー、ホワイト。

シャーロット・ボブキャッツ
(2004年創設)
本拠地――タイム・ワーナー・ケーブル・アリーナ Time Warner Cable Arena（1万9026人収容）
地P.474 B-1、2
住333 E. Trade St.
☎(704)262-2287
Free(1-800)495-2295(チケット)
URL www.nba.com/bobcats
行シャーロット・トランスポーテーション・センターの向かい

この選手に注目！
デリック・ブラウン

メモ シャーロット・ボブキャッツ(NBA)▶オレンジ色の山猫「ルーファス・リンクス」がチームのマスコットだ。

レストラン&ホテル Restaurants & Hotels

南部料理

シャーロットで地産地消の南部料理を
キングスキッチン King's Kitchen

住129 W. Trade St.　☎(704) 375-1990
URL www.kingskitchen.org　開ランチ月～金11:00～14:30、ディナー月～土17:00～22:00前後　AMV　地P.474　A-1

注目度No.1の地産地消レストラン。コーンブレッド、フライドチキンなど一般的な南部料理がフレッシュに登場。日本のものより素材の味は濃いが、脂分を抑えてヘルシーだ。有機野菜を使っているのもうれしい。デザートのバナナプディングも美味。予算$15～。　('12)

南部料理

南部料理を体験
マーツ Mert's

住214 N. College St.　☎(704) 342-4222
開毎日11:00～21:00（土・日9:00～）
URL www.mertsuptown.com　ADMV　地P.474　B-1

気軽に入れるアメリカ南部料理の店。フライドチキンやバーベキュー、コーンブレッドなどを食べることができる。また、ハンバーガーやサンドイッチもおすすめ。予算はランチが$10以下、ディナーでも$20。　('12)

中級ホテル

ボブキャッツファンなら
ホリデイイン・センターシティ Holiday Inn Center City

住230 N. College St., Charlotte, NC 28202
☎(704) 335-5400　FAX(704) 376-4921
URL www.hicharlotte.com　ⓈⒹⓉ$109～220、スイート$250～
ADJMV　地P.474　B-1

センターシティのほぼ真ん中に建つ、15階建てのホテル。どこへ行くにも便利な場所で、周囲にはレストランも多数ある。294室。　('12)

中級ホテル

センターシティから南へ歩いて10分
クラウンプラザ・シャーロット・アップタウン Crowne Plaza Charlotte Uptown

住201 S. Mcdowell St., Charlotte, NC 28204
☎(704) 372-7550　FAX(704) 333-6737
URL www.ichotelsgroup.com　ⓈⒹⓉ$128～191
ADJMV　地P.474　B-2

ビジネスセンターやプール、フィットネスセンターなどを完備する。客室には、ヘアドライヤーやコーヒーメーカーがあり便利だ。Wi-Fi無料。193室。　('12)

高級ホテル

センターシティでひときわ目立つ
ウェスティンシャーロット Westin Charlotte

住601 S. College St., Charlotte, NC 28202　☎(704) 375-2600
FAX(704) 375-2623　URL www.westincharlottehotel.com
ⓈⒹⓉ$162～429　ADMV　地P.474　A-2

横幅のある25階建ての建物。コンベンションセンターからは通りを挟んだ向かいにあるため、ビジネス客の利用が多い。客室には広めの机とインターネット接続の設備が整っている。寝具も快適。700室。　('12)

B&B

1917年に建てられた邸宅に泊まる
モアヘッドイン Morehead Inn

住1122 E. Morehead St., Charlotte, NC 28204　☎(704) 376-3357
Free(1-888) 667-3432　FAX(704) 335-1110　地P.474　A-2外
URL www.moreheadinn.com　ⓈⒹⓉ$129～249　AMV

センターシティまで徒歩約20分のところ。客室のベッドは大きめで、旅の疲れが癒せる。リクエストすれば、南部の朝食として有名なトウモロコシでできたお粥、グリッツも食べられる。12室。　('12)

旅のアドバイス

アメリカ南部は甘いもの好き

アメリカ南部では、一般的に思われているアメリカとは違った、独自の文化を感じることがある。そのひとつが、南部のレストランでアイスティーを注文したときに聞かれるこの質問だ。「Sweet（甘い）or Un-Sweetened（甘くない）?」つまり甘いか甘くないものかを聞かれるのだ。Sweetには砂糖がたくさん入っており、Un-Sweetenedは無糖である。甘いアイスティーも独自の食文化のひとつだ。アメリカ南部の夏は気温が高いうえに、湿気も多く、猛烈に暑く感じる。そんな途中で疲れが出てきたら、あま～い紅茶を飲んで元気を回復しよう。

南部料理のひとつ、チキンウィングとアイスティー

チャールストン Charleston

南部情緒満点のかぐわしき都

石畳に美しい建物が並ぶ歴史地区

建国以前から貿易港として栄え、ヨーロッパ人入植時の教会や財を成した人の豪邸の数々があり、観光資源に事欠かない。アメリカ人の間では不変の人気を誇る観光地だ。

町の歴史は、1670年、イギリスからの入植者160名のサウスカロライナ上陸に始まる。その後、南北戦争では敗北したものの、海運業で発展し“南部で最も輝かしい町”と賛辞を受けることとなった。いにしえのロマンティックな町並みは、今もなお守り続けられている。

DATA

人口▶約12万人
面積▶282.2km²
標高▶約2.4m
TAX▶セールスタックス　7.5%
ホテルタックス　13.5%＋1泊$1
属する州▶サウスカロライナ州　South Carolina
州のニックネーム▶パルメット（パルメットヤシという樹木）州　Palmetto State
州都▶コロンビア　Columbia
時間帯▶イースタン・タイムゾーン ➲P.631
繁忙期▶2〜6月

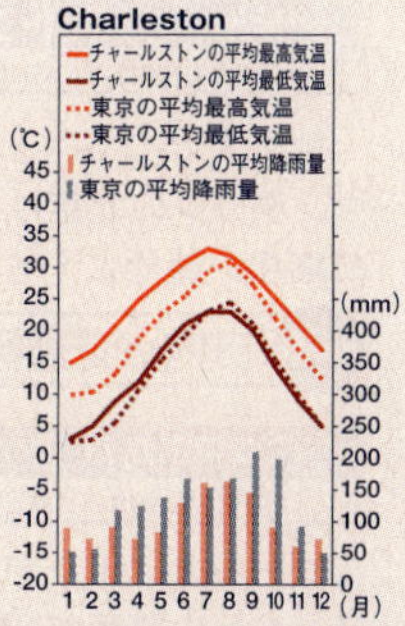

GUIDE BOOK 地球の歩き方B12アメリカ南部編（1800円＋税）でもチャールストンを紹介していますので、ご活用ください。

チャールストンへの行き方 Getting There

飛行機 Plane

チャールストン国際空港
Charleston International Airport (CHS)

ダウンタウンの北西18kmにあり、アトランタ、ワシントンDC、シカゴなどから数多くのフライトがある。

チャールストン国際空港
住 5500 International Blvd.
☎ (843) 767-7007
URL www.chs-airport.com
行 ダウンタウンへは空港シャトルで約20分、1人＄12
●Charleston Black Cab Company（タクシー）
☎ (843) 216-2627
料 ＄25〜30

長距離バス Bus

グレイハウンド・バスディーポ
Greyhound Bus Depot

空港とダウンタウンの中間にある。ジョージア州サバンナから毎日1便、アトランタから4便が走っている。

グレイハウンド・バスディーポ
住 3610 Dorchester Rd.
☎ (843) 744-4247
開 毎日7:30〜22:10
行 ダウンタウンへはタクシーで約10分、＄20〜30

鉄道 Train

アムトラック駅
Amtrak Station

ニューヨークとマイアミの間を往復する列車が毎日2便停車する。駅は空港とグレイハウンド・バスディーポの中間にある。

アムトラック駅
住 4565 Gaynor Ave.
☎ (843) 744-8263
開 金〜火4:05〜12:00、15:00〜22:30、水・木4:05〜22:30
行 ダウンタウンへはタクシーで約15分、＄20〜30

Getting Around チャールストンの歩き方

疲れたら、ウォーターフロント公園で休憩しよう

チャールストンのダウンタウンはふたつの川の河口に面し、丸1日かけて歩くのにちょうどいい大きさ。18～19世紀の教会と邸宅が集まるエリアは歴史地区になっていて、高層ビルはひとつもない。繊細な装飾を施したフェンスに手入れの行き届いた庭、見事な花を付けた街路樹など、南部らしい風情をゆっくりと楽しもう。特に町の南端にあるBattery St.周辺は美しいのでお見逃しなく。

沖に浮かぶサムター砦は南北戦争開戦の場所。ダウンタウンからクルーズツアーで訪れる。郊外のプランテーションを訪れるなら車か日帰りツアーを利用しよう。

チャールストン観光案内所
地P.478
住375 Meeting St.
☎(843) 853-8000
URL www.charlestoncvb.com
開毎日8:30～17:00
休サンクスギビング、12/25、1/1

CARTAバス／ダッシュトロリー
☎(843) 724-7420
URL www.ridecarta.com
運行／#211毎日7:20～20:30（土・日8:20～）。#210毎日6:30～21:30（土・日8:00～）
料$1.75。ダッシュトロリーは無料

無料のダッシュトロリーを活用してダウンタウンをひと回りするといい

馬車に乗って、観光するのもいい

観光案内所 …………… Visitors Information

チャールストン観光案内所
Charleston Visitor Center

観光都市にふさわしい充実した観光案内所。場所はダウンタウンの北寄りで、鉄道の車庫だったというレンガ色の細長い建物に入っている。

市内の交通機関 …….. Public Transportation

CARTAバス／ダッシュトロリー
CARTA Bus／DASH Trolley

チャールストン市内と郊外に約20の路線をもつ市バス。ほとんどの路線が観光案内所の前をとおる。ダウンタウンを走る3ルートのトロリーは無料で乗れるので、歩き疲れたら利用したい。#211のダッシュトロリーはショップやホテルの多いKing St.を南下して歴史地区まで行く（北へ戻るときにはMeeting St.を走る）。また#210のトロリーはサウスカロライナ水族館＆サムター要塞へ行くときに便利。

メモ **馬車に乗ろう▶** チャールストンは馬車がよく似合う町だ。シティマーケット（Market St. & Church St.）の前から出ている1時間の歴史地区ツアーは1人$21と手軽なので、ぜひ一度乗ってみたい。プライベートツアー（2人$135～）はハネムーナーに人気。

おもな見どころ Sightseeing

チャールストンを代表する屋敷 地P.478
エドモンズトン・オルストン邸
Edmondston-Alston House

クーパー川に面して建つクラシックな邸宅で、1825年に地元の貿易商が建てたもの。大きなバルコニーからは沖に浮かぶサムター砦まで一望できる。あたりは歴史地区のなかでも特に絵になる一角で、川沿いに並ぶヤシの木とともにチャールストンで一番の写真スポットになっている。

チャールストンでも有数の豪邸

エドモンズトン・オルストン邸
住21 E. Battery St.
☎(843) 722-7171
URL www.edmondstonalston.com
開毎日10:00〜16:30(日・月13:00〜)
料$10

アメリカ史の汚点を正面から扱った 地P.478
旧奴隷市場博物館
Old Slave Mart Museum

歴史地区のなかほど、教会とギャラリーが多い静かな場所に、多くのアメリカ人にとって思い出したくない歴史を伝える建物がある。17〜19世紀、アフリカから連れて来られた黒人奴隷は、アメリカに上陸すると家畜のごとくせりにかけられ、プランテーションへ売られて行った。その市場の建物が負の遺産として保存され、悲惨な歴史と黒人文化を伝える博物館になっている。

旧奴隷市場博物館
住6 Chalmers St.
☎(843) 958-6467
URL www.charlestoncity.info
開月〜土9:00〜17:00
休日、サンクスギビング、12/25、1/1
料$7、6〜12歳$5

黒人文化について学ぼう

真っ白いワニもお見逃しなく 地P.478
サウスカロライナ水族館
South Carolina Aquarium

サウスカロライナ沖の海や南部の沼地の様子を再現した水族館。2階まで吹き抜けの巨大な水槽が圧巻だ。メガネをかけて楽しむ立体映像のシアターでは、座席の仕掛けでも楽しませてくれる4-Dフィルムが2種類上映されている。

サウスカロライナ水族館
住100 Aquarium Wharf
☎(843) 720-1990
URL www.scaquarium.org
開〈3〜8月〉毎日9:00〜17:00、〈9〜2月〉毎日9:00〜16:00(12/24は12:00で閉館)
休サンクスギビング、12/25
料$19.95、シニア$18.95、2〜11歳$12.95

郊外の見どころ Excursion

南北戦争の火ぶたが切られた 地P.478 地図外
サムター要塞
Fort Sumter

アメリカ人観光客が必ず訪れる重要な場所。1861年4月12日、チャールストン沖の小島にあった砦を南軍が攻撃。これをきっかけにしてアメリカは4年に及ぶ南北戦争に突入した。ダウンタウンから出ている約2時間のクルーズツアーで訪れる。大人気なので朝のうちに参加しよう。

南北戦争の経緯が学べる博物館がある

サムター要塞(クルーズ)
☎(843) 722-2628
URL www.spiritlinecruises.com
開3月〜8月下旬と12/26〜12/31は9:30、12:00、14:30に出航。そのほかは11:00、14:30に出航。クルーズは片道30分、要塞での見学は約1時間
休サンクスギビング、12/25、1/1
料$17、6〜11歳$10
行クルーズ乗り場はサウスカロライナ水族館の南隣、Aquarium Wharf

ブーンホール・プランテーション
住1235 Long Point Rd., Mt. Pleasant
☎(843) 884-4371
URL boonehallplantation.com
開〈3/12～9/3〉月～土8:30～18:30、日12:00～17:00、〈9/4～12/31〉月～土9:00～17:00、日12:00～17:00、〈1/1～3/11〉毎日9:00～17:00(日12:00～)
休サンクスギビング、12/25
料$19.50、6～12歳$9.50
行ダウンタウンから車でUS-17を東へ走って約15分

古き良き南部の面影を残す 地P.478 地図外

ブーンホール・プランテーション
Boone Hall Plantation

邸宅まで続く樫の並木と奴隷小屋

南北戦争前、南部各地に数多くあった綿花の大農園のひとつ。豪邸と奴隷小屋も必見だが、なんといっても全長1.5kmにわたってズラリと並んだ樫の巨木が壮観。

ショップ&レストラン&ホテル Shop & Restaurants & Hotels

S 工芸品&食料品
観光ポイントとしても人気
シティマーケット
City Market

住Market St.のMeeting St.～E. Bay St. ☎(843) 937-0920
URL thecharlestoncitymarket.com 地P.478
開店によって異なるが9:30～16:00くらい

1804年から営業している屋内市場。生鮮食品&手工芸の店が多く、いつも混雑している。スイートグラスという植物を編んだ手作りバスケットは観光客に人気だ。('12)

R シーフード料理
ひとりでも気軽に入れる
A.W.シャック
A. W. Shuck's

住35 S. Market St. ☎(843) 723-1151 AMV 地P.478
URL www.a-w-shucks.com
開毎日11:00～22:00(金・土～23:00)

ディナーでも$20以下で食べられるカジュアルな店。新鮮な魚介類を使ったスパイシーな南部料理も楽しめる。State St.とシティマーケット前の両方から入れる。('12)

R 南部料理
上品な南部料理なら
マグノリアズ
Magnolias

住185 E. Bay St. ☎(843) 577-7771 地P.478
URL magnolias-blossom-cypress.com
開毎日11:30～21:45(金・土～22:45、日10:00～) AMV

1990年の創業以来、地元の人々でにぎわっている名店。典型的な南部料理を現代風にアレンジしたシェフのドナルド氏は、この分野でのパイオニアとして有名だ。雰囲気はおしゃれだが、値段は手頃なのがうれしい。('12)

H ホステル
1840年代の建築の歴史ある建物
ノットソー・ホステル
NotSo Hostel

住156 Spring St., Charleston, SC 29403 ☎(843) 722-8383
URL notsohostel.com
ドミトリー$23、個室$60～ AMV 地P.478

ダウンタウンから徒歩10分ほどの閑静な住宅街にある。Wi-Fiと朝食無料。チェックインは17:00～22:00のみで、遅れる場合は、電話すること。32ベッド。10室。('12)

H 中級ホテル
観光にもショッピングにも便利な
ベストウエスタン・キングチャールズ・イン
Best Western King Charles Inn

住237 Meeting St., Charleston, SC 29401 ☎(843) 723-7451
free(1-866) 546-4700 FAX(843) 722-4082
URL www.bestwestern.com ADMV 地P.478
SDT$161～379

シティマーケットから北へ2ブロックで、どこへ行くにも便利なロケーション。町の雰囲気に合わせて寝室もバスルームもエレガントな造りだ。室内に冷蔵庫あり。Wi-Fi無料。91室。('12)

H B&B
アンティーク家具にも注目したいB&B
ジョン・ラトリッジ・ハウス・イン
John Rutledge House Inn

住116 Broad St., Charleston, SC 29401 ☎(843) 723-7999
free(1-800) 476-9741 FAX(843) 720-2615
URL www.johnrutledgehouseinn.com ADMV 地P.478
SDT$299～395、スイート$359～435

1763年に完成した邸宅で、なんとジョージ・ワシントンも滞在したことがあるという。無料の朝食が付く。Wi-Fi無料。19室。('12)

メモ **チャールストン随一の高級ホテル**▶ダウンタウンにあるCharleston Place Hotelは、客室フロアにもシャンデリアがあるほど豪華さを誇る。ショッピングアーケードやプール、スパなどが完備されている。
住205 Meeting St. ☎(843) 722-4900 URL www.charlestonplace.com 地P.478

麗しきガーデンシティ
サバンナ Savannah

旧ジョージア州知事邸の跡地にあるテルフェア美術館

全米屈指の美しさを誇る小都市。誕生は1733年と古く、コロニアル時代には州都として栄えた。当時の姿を今に伝える建物は1100を超え、一部の豪邸は美術館や博物館に、タウンハウスはエレガントなB&Bとなって観光客を集めている。国立歴史地区に指定された中心部にはスクエアと呼ばれる小さな広場が22もあり、大木の枝から垂れ下がるスパニッシュモスが南部情緒を醸し出す。木陰のベンチで世間話に興じる老人たち。その横を観光馬車が通り過ぎる。映画『フォレスト・ガンプ／一期一会』の冒頭シーンは、この町で撮影された。

DATA

人口▶約13万6200人
面積▶約267km²
標高▶15m
TAX▶セールスタックス　7%
ホテルタックス　13%＋1泊$1
属する州▶ジョージア州　Georgia
州のニックネーム▶南部の帝国州　Empire State of South、モモの州 Peach State
州都▶アトランタ　Atlanta
時間帯▶イースタン・タイムゾーン ➡P.631
繁忙期▶2、4〜7月

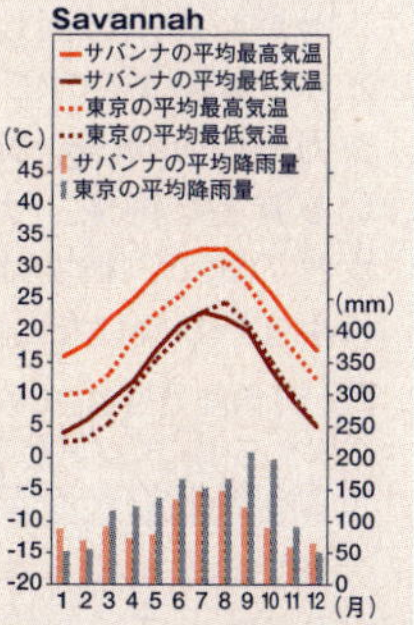

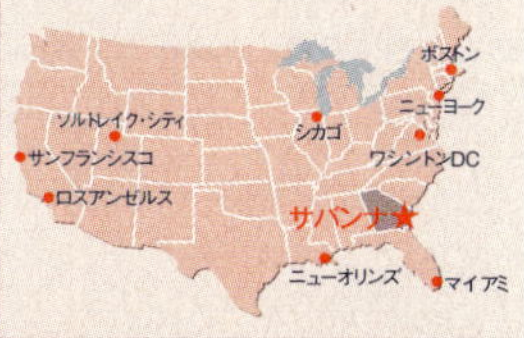

GUIDE BOOK 地球の歩き方B12 アメリカ南部編（1800円＋税）でもサバンナを紹介していますので、ご活用ください。

サバンナへの行き方&歩き方　Getting There & Around

サバンナへは、飛行機やグレイハウンド、アムトラックでアクセスできる。

サバンナ最大の見どころは町並みそのもの。数ブロックごとに配置されたスクエアで休憩しながら、丸1日かけてのんびりと歩くのが楽しい。疲れたら無料シャトルバスに飛び乗ればいい。

観光案内所 ……………… Visitors Information

サバンナ観光案内所
Savannah Visitors Center

ダウンタウン歴史地区の西端にあるレンガ造りの建物で、歴史博物館を併設している。DOTシャトルやツアーバスも発着する。なお、リバー通りやフォーサイス公園にも小さな案内所がある。

市内の交通機関 ……… Public Transportation

DOTシャトル
DOT Shuttle

歴史地区のおもな見どころ11ヵ所をつないで走る無料のシャトルバス。20分ごとに反時計回りに巡回する。

サバンナ／ヒルトンヘッド空港(SAV)
住 400 Airways Ave.
☎ (912) 964-0514
URL www.savannahairport.com
行 ダウンタウンへはタクシーで約15分、$28

グレイハウンド・バスディーポ
地 P.482
住 610 W. Oglethorpe Ave.
☎ (912) 232-2135　開 24時間
行 ダウンタウンまで徒歩10分

アムトラック駅
住 2611 Seaboard Coastline Dr.
Free (1-800) 872-7245
開 毎日16:15〜翌13:30
行 ダウンタウンまでタクシーで約10分、$15ほど

サバンナ観光案内所
地 P.482
住 301 M.L. King Blvd.
☎ (912) 944-0455
URL www.savannahvisit.com
開 毎日8:30〜17:00（土・日9:00〜）

DOTシャトル
☎ (912) 233-5767
URL www.catchacat.org　料 無料
運行／毎日11:00〜21:00

旅のアドバイス **サバンナ／ヒルトンヘッド空港からダウンタウンまで安くすませるなら**▶市バスDOTバス＃2で約45分、$1.50。ただし、月〜土曜は1日10便、日曜とおもな祝日は5便の運行なので、ウエブサイトで時刻を確認するように。 URL www.catchacat.org

石畳のショッピングストリート 地P.482

リバー通り
River Street

高台にある歴史地区から1段下がった川沿いの小路。約4kmにわたって石畳が続き、外輪船が浮かぶサバンナ川に面してクラフトショップ、ギャラリー、レストランなどが軒を並べる。川面に明かりが揺らめく夜は特にロマンティック。

石畳が敷かれた、風情あるリバー通りは散策にもってこいだ

リバー通り
URL www.riverstreetsavannah.com
開 多くのショップは10:00〜18:00、レストランは11:00〜23:00くらい

有名な女性像がある 地P.482

エメット公園
Emmet Park

サバンナ川に面した小さな公園。行き来する船を眺めながら休憩するのにちょうどいい。ここに立つ**ウエイビングガールWaving Girl**は、町のシンボルのひとつになっている有名な銅像。サバンナ沖の小島で灯台守をしていた女性の像で、彼女は50年間にわたって島の近くを通る船に手を振り続けたという。

エメット公園
住 River St.の東端、Lincoln St.〜Broad St.の間

南部で最も古い美術館 地P.482

テルフェア美術館
Telfair Museum of Art

1818年に建てられた大邸宅を改装し、1886年に美術館としてオープンした。コレクションは19〜20世紀のアメリカ＆ヨーロッパ絵画や彫刻が中心。

テルフェア美術館
住 121 Barnard St.
☎ (912) 790-8800
URL www.telfair.org
開 毎日10:00〜17:00（月12:00〜、日13:00〜）
休 おもな祝日
料 $20

花に囲まれたフランス風の噴水は必見 地P.482

フォーサイス公園
Forsyth Park

歴史地区の南に広がる大きな公園。中央の白い噴水はパリのコンコルド広場にある噴水を模したといわれ、今日ではサバンナのシンボルになっている。

フォーサイス公園
住 Gaston、Drayton、Whitaker Sts.、Park Ave.に囲まれたエリア

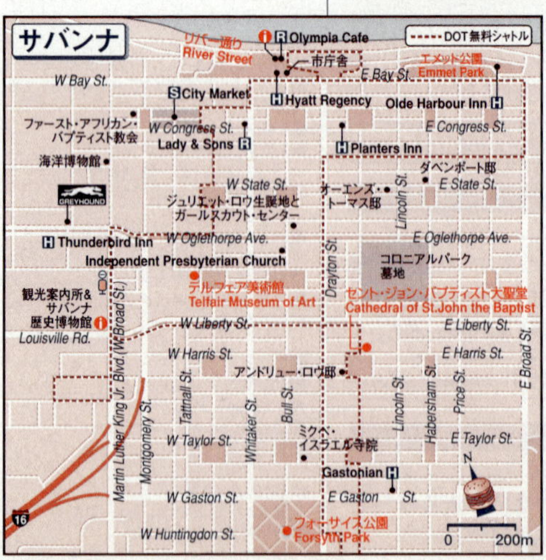

映画『真夜中のサバンナ』にも登場したフォーサイス公園

 旅のアドバイス サバンナのタクシー会社 ▶Yellow Cab ☎(912) 236-1133 URL www.yellowcabofsavannah.com

荘厳なステンドグラスにも注目 地P.482

セント・ジョン・バプティスト大聖堂
Cathedral of St. John the Baptist

アメリカ南部で最も美しいと称えられる大聖堂。18世紀末にフランス人によって作られ、19世紀末に現在のような威容になった。インスブルック製のステンドグラスも見ごたえがある。

ダウンタウンから徒歩10分のところにある

セント・ジョン・バプティスト大聖堂
住222 E. Harris St.
☎(912)233-4709
URL www.savannahcathedral.org
開毎日7:30〜17:00(土12:00〜)
料無料

レストラン&ホテル Restaurants & Hotels

R アメリカ料理
南部家庭料理の名店
レディ&サンズ
Lady & Sons

住102 W. Congress St. ☎(912)233-2600 FAX(912)233-8283
URL www.ladyandsons.com ADMV 地P.482
開月〜土11:00〜15:00、17:00〜23:00、日11:00〜17:00

料理番組に出演するなど人気のシェフ、ポーラおばさんが、ふたりの息子とともに切り盛りするレストラン。南部の家庭料理がいろいろ味わえるランチバフェ$15.99が特に人気だ。味のよさはもちろん、接客のていねいさにも定評がある。('12)

R シーフード&ギリシャ料理
安くてボリュームたっぷり
オリンピアカフェ
Olympia Cafe

住5 E. River St. ☎(912)233-3131
URL olympiacafe.us
開毎日11:00〜23:00 AMV 地P.482

リバー通りの観光案内所のすぐ隣にある、いつもにぎやかなカジュアルレストラン。ランチ$10前後、ディナーでも$20以内でたっぷり食べられる。('12)

H 中級ホテル
グレイハウンド利用者におすすめ
サンダーバード・イン
Thunderbird Inn

住611 W. Oglethorpe Ave., Savannah, GA 31401
☎(912)232-2661 Free(1-866)324-2661 FAX(912)233-5551
URL thethunderbirdinn.com ADJMV
ⒹⓉ$85〜175 地P.482

グレイハウンドのバスディーポの目の前にあるモーテル。歴史地区の見どころまで歩いて10分ほど。室内に冷蔵庫あり。朝はドーナツのサービスあり。Wi-Fi無料。42室。('12)

H 中級ホテル
どこへ行くにも便利なロケーション
プランターズイン
Planters Inn

住29 Abercorn St., Savannah, GA 31401
☎(912)232-5678 Free(1-800)554-1187 FAX(912)232-8893
URL www.plantersinnsavannah.com AMV
ⒹⓉ$134〜354 地P.482

歴史地区の真ん中にあるロマンティックなホテル。室内金庫あり。朝食込み。Wi-Fi無料。60室。('12)

H 中級ホテル
リバー通りに面した
オールド・ハーバー・イン
Olde Harbour Inn

住508 E. Factors Walk, Savannah, GA 31401
☎(912)234-4100 Free(1-800)553-6533 FAX(912)233-5979
URL www.oldeharbourinn.com ADMV
全室スイート$139〜269 地P.482

1892年に建てられた川沿いの倉庫を改装したホテル。客室は広くキッチン付き。朝食込み。Wi-Fi無料。全館禁煙。24室。

('12)

H B&B
サバンナ屈指の美しさを誇るB&B
ガストニアン
Gastonian

住220 E. Gaston St., Savannah, GA 31401
☎(912)232-2869 Free(1-800)322-6603 FAX(912)232-0710
URL www.gastonian.com AMV 地P.482
ⒹⓉ$159〜375、スイート$335〜415(朝食込み)

ゲストルームもバスルームも優雅なB&Bで、ハネムーナーにおすすめ。南部風の豪華な朝食やアフタヌーンティーも格別。17室。('12)

オーランド Orlando

世界いちのテーマパークシティ

とても1日では見て回れない、広大なディズニー・ワールド　© Disney

1971年、中央フロリダの湿地帯に忽然と、きらびやかな城が姿を現した。それは、“テーマパーク”という新しい分野を成功させた、ウォルト・ディズニーの描いた理想郷の誕生であった。以来、オーランドは世界に冠たるテーマパーク王国として急成長を遂げ、世界中の人々が憧れる人気観光地として、隆盛を極めている。

現在、オーランド市を中心とするエリアには、4つのテーマパークを有するウォルト・ディズニー・ワールド(WDW)、映画のテーマパークであるユニバーサル・オーランド、海の生物たちと触れ合えるシーワールドに加え、有名ゴルフコース、高級リゾートホテルなどが建ち並び、ほかのアメリカの町とは様相を異にする。近年はコンベンションシティとしての注目も高い。

訪れるたびに新しい楽しみに出合える。それが、この町最大の魅力だろう。

郊外にあるケネディ宇宙センターにもぜひ足を延ばしてみよう

GUIDE BOOK　地球の歩き方B10フロリダ編（1700円＋税）、地球の歩き方リゾート304テーマパークinオーランド編（1800円＋税）でもオーランドを紹介していますので、ご活用ください。

DATA

人口▶約23万8300人
面積▶約265km²
標高▶約30m
TAX▶セールスタックス　6.5%
ホテルタックス　12.5%
属する州▶フロリダ州
Florida
州のニックネーム▶サンシャイン州　Sunshine State
州都▶タラハシー　Tallahassee
時間帯▶イースタン・タイムゾーン ➡P.631
繁忙期▶10～3月

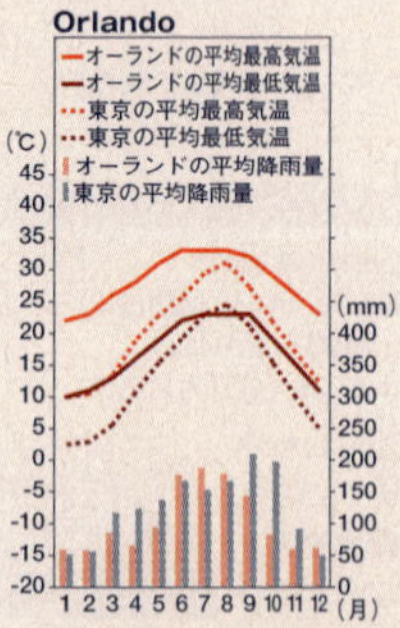

オーランドへの行き方 Getting There

飛行機 Plane

オーランド国際空港
Orlando International Airport (MCO)

オーランドの中心インターナショナルドライブの東約20kmに位置する、バケーション王国の玄関口にふさわしい近代的な空港。ワシントンDCやロスアンゼルスなどへの直行便がある。ターミナルはA（Gates 1〜29、100〜129）とB（Gates 30〜99）のふたつに分かれており、ゲートターミナルと空港ビルとの間にシャトルトレインが走っている。シャトルを降りたところは空港ビル3階のコンコース。

メインフロアは3階となっていて、ディズニー・ワールド、ユニバーサルスタジオ、シーワールドのギフトショップがあり、2階はバゲージクレーム、1階にトランスポーテーションエリアが設けられ、そこから各交通機関が利用できる。

オーランド国際空港
地P.488　B-2
住1 Jeff Fuqua Blvd.
☎(407) 825-2001
URL www.orlandoairports.net

WDW直営ホテル滞在者なら
オーランド国際空港からDisney Magical Expressのバスで直営ホテルへ行ける。要予約、無料。1階のB42〜47から出発

空港から／空港へのアクセス

	種類／名称／連絡先	行き先／運行／料金	乗車場所／所要時間／備考
空港シャトルバン	ミアーズ・モーター・シャトル Mears Motor Shuttle ☎(407) 423-5566 URL www.mearstransportation.com	行き先▶市内や周辺どこでも 運行▶24時間随時 料金▶インターナショナルドライブ片道$19、WDW片道$21	空港発▶メインターミナル1階にあるカウンター（9:00〜24:00）で申し込んでから乗車 空港行き▶事前に電話などで予約をしてから乗車
路線バス	リンクス #42、111 Lynx #42、111 ☎(407) 841-5969 URL www.golynx.com	行き先▶#42はインターナショナルドライブ、#111はWDWのトランスポーテーションセンター 運行▶#42は月〜土5:40〜22:10の30分間隔、日6:30〜21:30の1時間間隔。#111は毎日5:00〜22:00の30分間隔 料金▶$2	空港発▶メインターミナル1階を外に出たところのA38〜41乗り場にあるバス停から乗車 空港行き▶最寄りのバス停から乗車 所要時間▶インターナショナルドライブまで約1時間、WDWまで約1時間15分
タクシー	ダイヤモンドキャブ Diamond Cab Co. ☎(407) 523-3333 イエロー／シティ・キャブ Yellow/City Cab ☎(407) 422-2222	行き先▶市内や周辺どこでも 運行▶24時間随時 料金▶インターナショナルドライブ約$30、ダウンタウン約$40、レイク・ブエナ・ビスタ約$50、WDW約$60	空港発▶ターミナル1階のA5〜8、22〜25、B5〜8、30〜34から乗車 空港行き▶事前に電話予約、または主要ホテルから乗車 所要時間▶インターナショナルドライブ、ダウンタウン、レイク・ブエナ・ビスタまで約30〜40分、WDWまで約40〜50分

※それぞれの乗り物の特徴については P.665

テーマパークを効率よく回るために〜どこに泊まり、どう動くか〜（旅のアドバイス）

●インターナショナルドライブに泊まる
オーランドで一番にぎやかで安全な場所である。ホテルやモーテルも多く、テーマパークにもアクセスしやすい。リンクス（市バス）やアイライドを乗り継げばWDWへのアクセスも難しくない。

●WDW内に泊まる
オーランドではWDWだけを楽しむ！という人は、WDW内に泊まるのがいい。WDW内は誰でも無料で利用できる独自の交通網が整っている。ひとりでも安全だ。ほかのエリアに比べて料金は高いが、それを上回るものがある。

●レイク・ブエナ・ビスタに泊まる
WDWのちょっと東側にあるホテルエリア。中級から高級ホテルが多く、ホテルとしては充実したところが多い。ホテルによってはWDWへ無料送迎してくれるが、そうでない場合は送迎シャトルバン（有料）を利用することになる。

●キシミー（US-192沿い）に泊まる
お金を節約したいレンタカー旅行者に一番人気のエリアがココ。WDWに近いUS-192沿いには比較的安いモーテルがズラリと並ぶ。

●ダウンタウンに泊まる
テーマパーク観光が目的なら、ダウンタウン滞在はすすめられない。各パークへのアクセスも悪く、完全にビジネスの町である。もし、グレイハウンドやアムトラックでオーランドに着いたなら、タクシーでホテルまで行くか、安くあげたいならリンクス（市バス）でダウンタウンのセントラルステーションへ行き、そこから目的地までアクセスするといい。

旅のアドバイス **タクシーも一考**▶空港シャトルとしておなじみのミアーズは、アトラクションとホテル間もシャトルを走らせている。しかし、時間どおり来ない、態度が悪いなど、評判がよくない。ある程度人数が集まれば、タクシーも考えよう。旅先での「時間」は貴重だ。

長距離バス …… Bus

グレイハウンド・バスディーポ
Greyhound Bus Depot

ダウンタウンの西の外れにあるディーポ。マイアミやアトランタ、サバンナなどへ乗り継ぎなしで行ける。タクシーはほとんどの時間、待機しているので、急いでいるときも困らないだろう。

インターナショナルドライブやWDW周辺へはここからバスのリンクスを使って行くこともできるが、一度ダウンタウンのリンクス・セントラル・ステーションまで戻らなければならない。日曜は本数が少ないので、タクシーを利用するのが現実的。

グレイハウンド・バスディーポ
地P.488　B-1
住555 N. John Young Pkwy.
☎(407) 292-3424
開24時間営業
行ダウンタウンへはリンクス＃25で約15分。月～土は30分間隔の運行だが、日・祝日は1時間に1本程度

バスディーポは町の外れにある。テーマパークへはタクシーの利用が便利

鉄道 …… Train

アムトラック駅
Amtrak Station

ニューヨーク～マイアミを結ぶシルバースター、シルバーミーティア号がそれぞれ1日1往復している。駅はダウンタウンの南。

アムトラック駅
地P.488　B-1
住1400 Sligh Blvd.
Free (1-800) 872-7245
開毎日7:30～20:15
行ダウンタウンへはリンクス＃40で約10分。毎日1時間に1本の運行

Getting Around オーランドの歩き方

観光案内所 …… Visitors Information

オーランド観光局
Orlando Convention & Visitors Bureau, Official Visitor Center

オーランド周辺のアトラクション、ホテルなどの情報を仕入れるならまずここへ。オーランド観光の中心、International Dr.沿いにある。ここに置いてある**マジカード "MAGICARD"**は、テーマパークの入場料、ホテル代などの割引が得られる無料のカードだ。ウエブサイト（URL www.visitorlando.com/magicard）からダウンロードもできる。ほかにもテーマパークなどのディスカウントチケットも販売。

レストランや見どころの資料が豊富な観光案内所

オーランド観光局
地P.488　A-2
住8723 International Dr., ＃101
☎(407) 363-5872
Free (1-800) 972-3304
URL www.visitorlando.com/JA-GL
開毎日8:30～18:30
休12/25

マジカード "MAGICARD"
オーランド観光局が発行するマジカードは、テーマパークの入場券の割引や、ショッピングモールでクーポン券がもらえたり、提携している50軒以上のホテルの料金が通常より$10～70も安くなるという、とてもお得なカード

市内の交通機関 …… Public Transportation

リンクス
Lynx

ダウンタウンを起点に市内とその周辺を走るバス。路線によっては、夜間や週末の運行をしていなかったりするので、ダウンタウンの**リンクス・セントラル・ステーション Lynx Central Station**やウエブサイトでタイムテーブルを入手しておきたい。ちなみに、ダウンタウンからインターナショナルドライブを経由してWDWのマジックキングダム・パーク（トランスポーテーションセンター）へ行くのは＃50（毎日30分に1

リンクス
☎(407) 841-5969
URL www.golynx.com
料$2、トランスファー（乗り換え）は90分以内ならば無料。1日券$4.50、7日券$16
●Lynx Central Station
住455 N.Garland Ave.

交通費を安くあげたいなら、リンクスを乗りこなそう

メモ **オーランドのエリア分け**▶オーランドはインターナショナルドライブを中心に考えるとわかりやすい。北東にダウンタウンとオーランド国際空港、やや北西にユニバーサル・オーランド・リゾート、南東に安いモーテルがたくさんあるキシミー、南西にはWDWなどがあるレイク・ブエナ・ビスタがある。

本)、ユニバーサル・オーランド・リゾートに行くのは#21(月～土は30分に1本、日曜は1時間間隔)、#40(毎日1時間間隔)だ。

ダウンタウンからインターナショナルドライブへ行く路線(#8、38)は運行本数(15～30分に1本)も多い。

アイライドトロリー
I-Ride Trolley

観光の中心インターナショナルドライブInternational Dr.を南北に走るトロリーバス。路線はふたつで、**レッドラインRed Line**と**グリーンラインGreen Line**だ。レッドラインは、北はプレミアム・アウトレット・インターナショナルドライブから、南はプレミアム・アウトレット・バインランドアベニューまで。グリーンラインは、International Dr.と平行に走るUniversal Blvd.をメインに走る。シーワールドや周辺のホテルもとおり、食事やショッピングなどにも気軽に行くことができてとても便利。

インターナショナルドライブのとても便利な足

ミアーズ・モーター・シャトル
Mears Motor Shuttle

空港からのシャトルと同じく、バンを使った送迎サービスで、ホテル～アトラクション間をDoor-to-doorで結ぶ。エリアや時間帯にもよるが、おもなテーマパークには30分～1時間に1本くらいの割合で、開園・閉園時間前後1時間くらいの間、運行している。ホテルのフロントか、電話で予約を入れておけば迎えに来てくれる。ただし、夜遅くの帰りの便が少ないので注意が必要。ピックアップ予定時間が遅れることもあり、時間に余裕のあるときの利用が望ましい。

レンタカー
Rent-a-Car

アトラクションが広域に点在し、公共の交通機関の発達していないオーランドでは、レンタカーが威力を発揮する。何人か集まれば料金も安い。大手のレンタカー会社は空港のほかにも、オーランド市内やキシミーにオフィスをもっている。自分の行きたい場所に合わせて安いモーテルを移動すれば意外と経済的だ。混雑する日中はモーテルへ帰って昼寝をして、夜は遅くまで遊ぶということもできる。

オーランド国際空港からWDWまでは約22マイル(約35km)。オーランドの中心を走るI-4を南へ走れば標識がそれぞれの目的地まで案内してくれる。シーワールドはExit 71、アニマルキングダム&エプコット&ハリウッドスタジオはExit 65、ユニバーサル・オーランド・リゾートはExit 74Bか75Aを利用するとよい。

車があるとないとでは、旅程も変わってくる

アイライドトロリー
☎(407)354-5656
URL www.iridetrolley.com
運行／毎日8:00～22:30の20～30分間隔
料 $1.25、1日券$4、3日券$6、5日券$8

私設の観光案内所に注意
インターナショナルドライブ沿いには、私設の案内所がたくさんあり、ディスカウントチケットを売っているが、条件の怪しげなチケットもあるので要注意

ミアーズ・モーター・シャトル
☎(407)423-5566
URL www.mearstransportation.com
料 インターナショナルドライブ～WDW$19、ユニバーサル・オーランド・リゾート$16、ケネディ宇宙センター(月・水・金のみ)$35

空港だけでなく、アトラクション～ホテル間も運行されているミアーズのバン

レンタカー
料 小型車ならば1日約$60前後～(保険&税込み、ガソリン代別)、1週間$200前後。日本から予約した場合、割引料金もある。レンタカーについてはP.678

空港のおもなレンタカー会社
●Alamo
Free (1-877)222-9075
●Avis
Free (1-800)230-4898
●Budget
Free (1-800)527-0700
●Dollar
Free (1-800)800-3665
●Hertz
Free (1-800)654-3131

メモ 「アイドライブ」って何?▶オーランドにいると地元の人が「アイドライブ」と言うのを耳にするだろう。これは "International Drive" の略のこと。

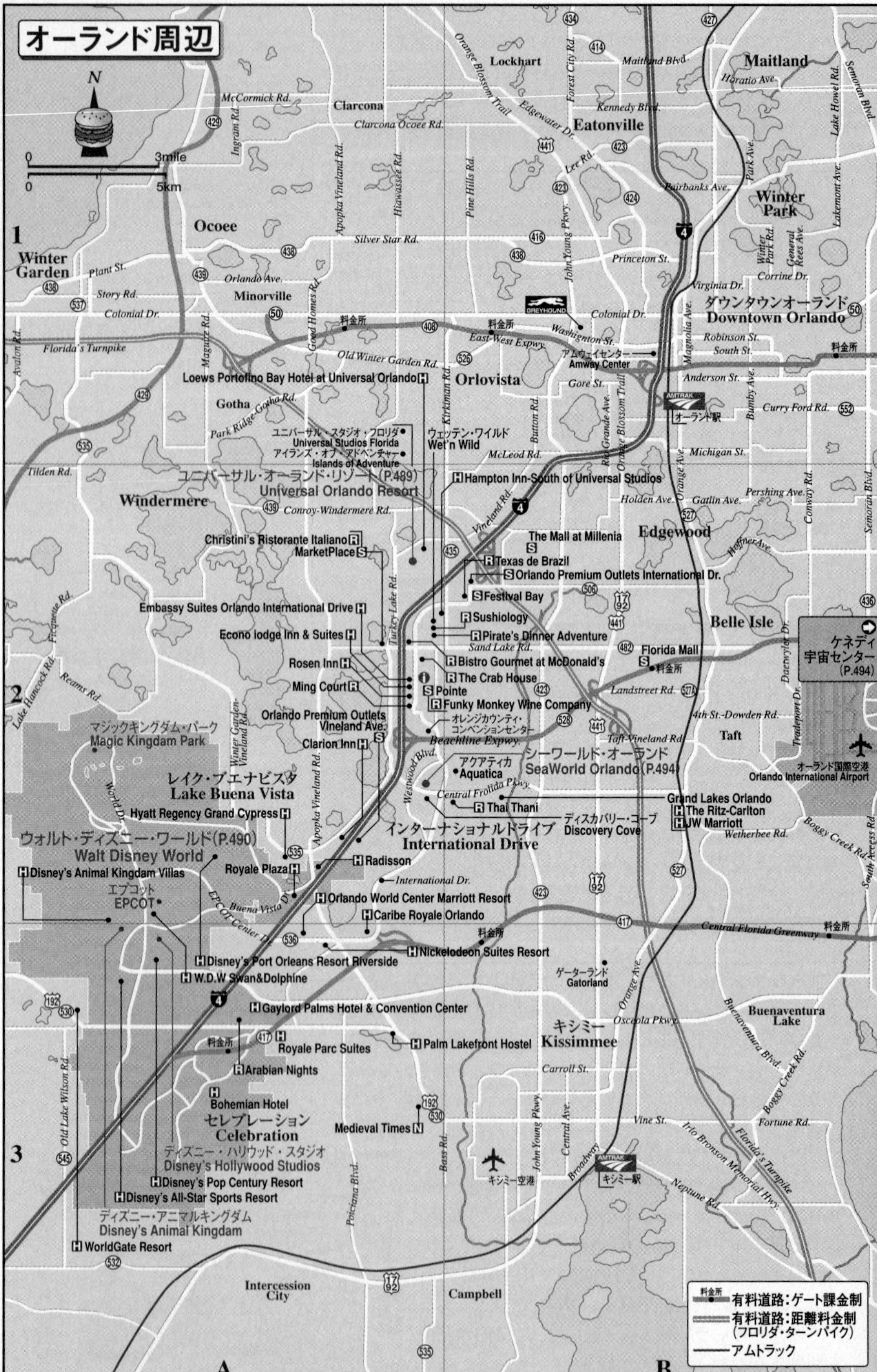

メモ 空港内のレンタカー会社▶ターミナルA、Bの1階にレンタカー会社が揃っている。

おもな見どころ Sightseeing

発展を続ける映画の巨大テーマパーク 地P.488 A-2

ユニバーサル・オーランド・リゾート
Universal Orlando Resort

映画の製作スタジオのテーマパークから始まったフロリダのユニバーサルは、いまや"ユニバーサル・オーランド・リゾート"という巨大エンターテインメントコンプレックスとして君臨している。その主軸はふたつ。映画のアトラクションとホンモノの映画・テレビ制作スタジオを兼ねた**ユニバーサル・スタジオ・フロリダ Universal Studios Florida**と、映画心いっぱいのライド系アトラクションで満ちあふれている**アイランズ・オブ・アドベンチャー Islands of Adventure**。ほかにも食事やダンス、映画、ショッピングなどが深夜まで楽しめる**ユニバーサル・シティウォーク Universal CityWalk**、そして特典がいろいろとある3軒のユニバーサル・オンサイト・ホテルなどもある。

ユニバーサル・スタジオ・フロリダ Universal Studios Florida

映画の世界をアトラクションとして体感できるのが、ユニバーサル・スタジオ・フロリダだ。ユニバーサルならではのアトラクションが揃い、とても1日では回りきれない。

最新かつ人気屈指のライドが、**ハリウッド・リップ・ライド・ロケットHollywood Rip Ride Rocket**だ。このコースターは、自分の好きな音楽を聴きながら猛スピードが体感できるというもの。**ザ・シンプソンズ・ライドThe Simpsons Ride**にも挑戦しよう。アメリカの長寿アニメ番組『シンプソンズ』をもとにしたシミュレーションライド。シニカルでありながら夢心いっぱいで、しかもおもしろい。

絶叫マシン愛好家にぜひとも乗ってほしいのが**リベンジ・オブ・ザ・マミーRevenge of the Mummy**だ。映画『ハムナプトラー』をもとにした絶叫ライドで、真っ暗やみの中どちらに進むかわからないスリルと、ミイラや黄金虫の逆襲などいつものコースターとは違った絶叫にくたくたになるはず。

そのほかユニバーサルならではのショー、**ホラー・メイクアップ・ショーHorror Makeup Show**では、特殊メイクがどのように行われているのか知ることができる。

ユニバーサル・オーランド・リゾート
住 1000 Universal Studios Plaza, Orlando
☎ (407) 363-8000
URL www.universalorlando.com
開 毎日9:00〜19:00(夏期は延長し、季節によって変動がある。上記の電話番号、またはウエブサイトで問い合わせること)
料 1日券(2パーク)$120、3〜9歳$114、1日券(1パーク)$85、3〜9歳$79、2日券(2パーク)$135.99、3〜9歳$125.99
行 ダウンタウンからはリンクス#21、40で、所要約1時間。インターナショナルドライブからはアイライドトロリーのグリーンラインでG4のバス停下車。車ならオーランド市の中心から南西に約16km。I-4のExit 74Bまたは75Aで降りる

ユニバーサル・オーランド・リゾートを満喫したいなら
ユニバーサル・オーランド・リゾートは、ふたつのテーマパーク、シティウォークのエンターテインメントエリア、3つのオンサイトホテルから構成されている。オンサイトホテルの宿泊者には、混雑期も並ばずにアトラクションに乗ることができる特典がある。ユニバーサルを充分堪能したい人は、オンサイトホテルの滞在を考えるといい

ユニバーサル・スタジオ・フロリダそのほかの人気アトラクション
● **メン・イン・ブラック Men In Black**
サングラスをかけたふたりの男が、宇宙外生物と戦うコメディ映画『メン・イン・ブラック』。エイリアンをやっつける体験ができる。このアトラクションはフロリダにしかない
● **E.T.アドベンチャー E. T. Adventure**
不朽の名作といわれるスピルバーグの映画『E.T.』。映画のストーリーとその後の世界が描かれている。最後に、E.T.がみんなに友情の印として名前を呼んでくれる

ユニバーサル・スタジオで1、2を争う人気のザ・シンプソンズ・ライド

公共の交通機関を使ってテーマパークを回ろう　旅のアドバイス

WDW だけでなく、各テーマパークを徹底的に安く回りたいのなら、インターナショナルドライブ沿いの格安モーテルに泊まり、アイライドトロリーを利用して観光するといい。ユニバーサルスタジオへはアイライドのグリーンライン(バス停 #G4)、シーワールドへはアイライドのレッド & グリーン(#33) が走っている。WDW へはアイライドでシーワールドそばのルネッサンスオーランド(#32、G13) へ。ホテルの前の道が Central Florida Pkwy. で、ここからリンクスバスの #50 "Magic Kingdom" 行きに乗車すると、終点は WDW の TTC (チケット & トランスポーテーションセンター) だ。

TTC は WDW 交通の中心。ここから 4 大テーマパークへモノレールやバスが走っていて、簡単にアクセスできる WDW の交通機関はすべて無料。WDW 内は道がわかりにくいので、レンタカー利用者も TTC 前の駐車場に停めて、WDW の交通機関を使うほうが効率的だ。

アイランズ・オブ・アドベンチャー Islands of Adventure

映画色の濃いユニバーサル・スタジオ・フロリダに対して、絶叫マシンなどのライド類が盛りだくさんなのが、アイランズ・オブ・アドベンチャーだ。

『ハリー・ポッター』のテーマエリアが2010年夏にオープン。一番人気の**ハリー・ポッターと禁じられた旅Harry Potter & the Forbidden Journey**は、ハリーと一緒にドラゴンに追いかけられたり、クィデッチの試合を体験するライドだ。

30年以上前の深夜番組で日本でも大人気となった『超人ハルク』。彼が暴れ出した**インクレディブル・ハルク・コースターIncredible Hulk Coaster**は思いっきり振り回されるコースター。「さすがユニバーサル!」とうならせるのが**アメイジング・アドベンチャーズ・オブ・スパイダーマンThe Amazing Adventures of Spider-Man**。3-Dの映像に特殊効果が加わったリアルな世界に、感心することしきり。

あつーいフロリダだからこそ乗りたいのが、**ジュラシック・パーク・リバー・アドベンチャーJurassic Park River Adventure**だ。恐竜たちがいる森の中をボートで進むと、突然緊急事態発生。ボートは一気に滝壺へ。

そのほかにも、ちょっとスリルがあって空中散歩を楽しめるような**プテラノドン・フライヤーズPteranodon Flyers**、フリーフォール形式の**ドクター・ドゥームス・フィアフォールDoctor Doom's Fearfall**などがある。

夢と魔法の巨大王国 地P.488 A-2

ウォルト・ディズニー・ワールド
Walt Disney World (WDW)

誕生以来、世界のテーマパークをリードし続けているのが、ウォルト・ディズニー・ワールド(Walt Disney World、通称“WDW”)だ。ディズニーファンならずとも一度は訪れたい場所だろう。山手線の1.5倍の広さに、4つのテーマパーク、ふたつのウオーターパーク、20を超える直営ホテル、ショッピングや食事、ショーも楽しめるエンターテインメントエリアなどから成り立ち、1週間いても遊び尽くせないほど広い。

ここでは、滞在日数が一番の問題になってくる。4大テーマパークは、それぞれに1日はかけたい(半日で回ることも可能だが)から、それだけでも4日かかる。できれば、前日までにウエブサイトで各パークの開閉園時間やパレードの時間をチェックして、当日は計画的に動くこと。早め早めの行動が効率的に回るコツ。

絶叫マシンが揃うアイランズ・オブ・アドベンチャー

早め早めの行動を

夏期など、人気のアトラクションはどこも長蛇の列。そんなときにうまく回る秘訣がある。それは、早め早めに行動することだ。アメリカ人は、意外にのんびりしていて、朝はそれほど早くない。開門と同時に人気のアトラクションを次々制覇していければ、思った以上にスムーズにいく

アイランズ・オブ・アドベンチャーそのほかのアトラクション

●ザ・キャット・イン・ザ・ハット The Cat in the Hat

日本人にはあまりなじみがないかもしれないが、アメリカでは子供たちがみんな知っているスース博士の世界。夢心いっぱいのカラフルでかわいらしいライド類に大人もついつい微笑んでしまうはず

ウォルト・ディズニー・ワールド

☎(407)939-1289
URL disneyworld.jp(日本語)
disneyworld.disney.go.com

ディズニーワールドの開園時間

基本的に9:00~19:00だが、夏期は22:00頃まで開園している(アニマルキングダムは早く閉園)。季節によりかなりの変動があるため現地で必ず確認しよう

WDWの入園料(税別)

●Magic Your Way Base Ticket

マジックキングダム・パーク、エプコット、ディズニー・ハリウッドスタジオ、ディズニー・アニマルキングダムの4つのテーマパークのうち、1日につきどれかひとつに入園できる

料1日券$85、3~9歳$79、2日券$168、3~9歳$155、3日券$232、3~9歳$214

●Park Hopper Option

料$55(10日間有効)

※そのほかにもウオーターパークやESPNワイドワールド・オブ・スポーツコンプレックスなどに入場できるオプションもある

旅のアドバイス

ブルーマン・グループのショーがオーランドでも観られる!

ニューヨークでのハチャメチャぶりが評判を呼び、ボストン、ラスベガスでもロングランを続けるブルーマン・グループBlue Man Group。彼らのショーがユニバーサル・オーランド・シティウォーク内で観られるようになった。テーマパーク王国でのショーは、ひと工夫があるのがすごい。詳しくはウエブサイトで。

URL www.blueman.com

©Blue Man Group/Universal Orlando Resorts

入場チケットについて

4大テーマパークの入場チケットのことを**マジック・ユア・ウエイ・ベースチケット Magic Your Way Base Ticket**という。いずれかひとつに入場可能なチケットだが、時間の限られた旅行者なら、これに**パークホッパー・オプション Park Hopper Option**を加えることをすすめる。ホッパーを付ければ、WDW内の4大テーマパークに自由に入退場できる。なおチケットはウエブサイトからでも購入できる。

いつ訪れるのがベスト？

特にクリスマス前後、イースター（3月下旬～4月中旬）、サンクスギビング（11月下旬）の混雑ぶりはひどく、どのアトラクションも30分から1時間以上待たされる。反対にすいているのは1月下旬～2月中旬で、1週間のなかでは金曜と日曜が比較的人が少ないそうだ。

マジックキングダム・パーク　Magic Kingdom Park

基本的にカリフォルニアのディズニーランドパークと同じ構成だが、フロリダならではのアトラクションもある。見逃せないのが、ディズニーキャラクターが総登場する**ミッキーのフィルハーマジック Mickey's PhilharMagic**。大きなスクリーンに、ミッキーやドナルド、ディズニーの仲間たちが贈る「3-Dシンファニー」。シンファニーとは、シンフォニーとファニー（おかしいという意味の英語）を組み合わせた言葉。小さな子供も乗ることのできる**アラジンのマジックカーペット The Magic Carpets of Aladdin**は、2001年にウォルト・ディズニー生誕100周年を記念して始まったライド。"空飛ぶダンボ"の"魔法の絨毯"版だ。**スティッチのグレート・エスケープ!Stitch's Great Escape!**はスティッチが暗闇の中でゲストにいたずら三昧。また、**スペースマンウテン Space Mountain**はタテ1列に並ぶコースターなので、スピードを体いっぱいに体感できる。

フロリダは意外に寒い

WDWは冬でも暖かいが、朝晩は冷え込むので厚手の上着を持って行こう。夏に訪れる場合、日差しの強さ、蒸し暑さには覚悟を

現地で入手しよう、マップとタイムガイド

WDWを回るための必需品が、現地で入手できるマップとタイムガイドだ。マップは各パークのゲストリレーションに行けば、日本語のものも用意されている。タイムガイドには、パレードやショーの時間、アトラクションやレストランなどの営業している時間が記載され、とても便利。計画を練るうえで、欠かせない

マジックキングダム・パークのパレード&ショー

● **セレブレート・ア・ドリーム・カム・トゥルー・パレード**
毎日午後に行われるパレードで、ウォルト・ディズニーの生誕100周年を祝賀する。キャラクターが勢揃いし、アップビートの音楽にのって練り歩く

● **メインストリート・エレクトリカル・パレード**
イルミネーションに彩られたフロートやキャラクターが、夜のパークによく映える。曜日、時間についてはタイムガイドで確認を

● **ウィッシュズ**
シンデレラ城を中心に展開される、花火と光、音楽の演出が夢のような12分間のショー。時間、曜日についてはタイムガイドで確認を

● **ドリーム・アロング・ウィズ・ミッキー**
白雪姫やシンデレラなどのさまざまな物語を舞台に、ミッキーやプリンセスたちが繰り広げるショー。時間、曜日についてはタイムガイドで確認を

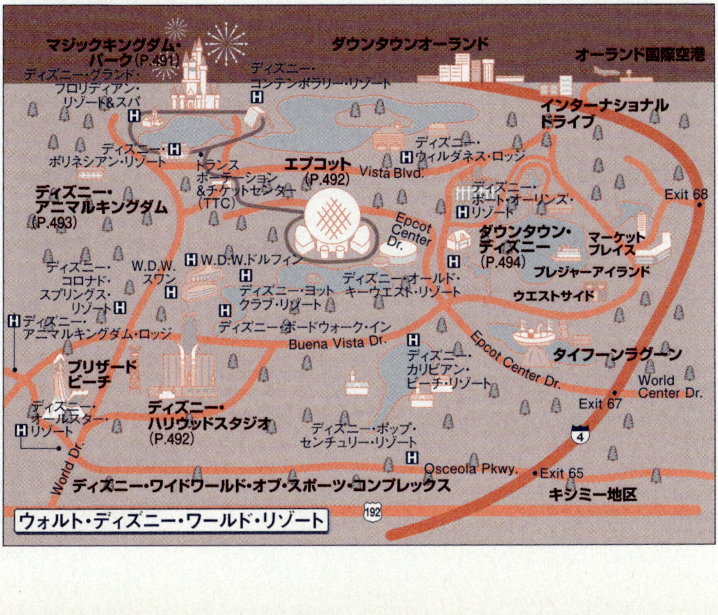

エプコット EPCOT

"Experimental Prototype Community of Tomorrow──未来社会の実験的なモデル"の頭文字から名付けられたEPCOT。フューチャーワールド（未来の世界）とワールドショーケースのふたつのエリアから構成され、ディズニーだけでなく、アメリカのトップ企業の最先端技術が結集されていることが、テーマパークらしからぬ特徴。

なかでも1、2を争う人気の**テストトラック Test Track**は、GM（ゼネラルモーターズ）社提供の新車開発のためのテストトラックをイメージしたアトラクション。6人乗りのテスト車が寒さ、暑さ、霧のなかを突っ走る。ディズニーらしい夢のあるアトラクションが**ソアリン Soarin'**だ。巨大スクリーンでカリフォルニアの映像を見ながら優雅に空中散歩を楽しむライド。空を飛んでいるかのような感覚が味わえる。ほかにも、フューチャーワールド・イノベンションズ・イースト館にある**サム・オブ・オール・スリル Sum of All Thrills**では、ローラーコースターやボブスレー、ジェット機などから好きな乗り物を選び、シミュレーターライドで体感できる。これがけっこうな迫力と評判だ。

エプコットのパレード&ショー

● イルミネーションズ：リフレクション・オブ・アース

毎晩ワールドショーケース中央のラグーンをステージに、レーザー光線と花火、映像が舞い踊る。WDWでNo.1といわれるショー

近未来を予想させるテーマパークがエプコットだ

ディズニー・ハリウッドスタジオ Disney's Hollywood Studios

アニメーション映画の制作からスタートしたディズニー。パークではおなじみのディズニーキャラクターだけでなく、インディ・ジョーンズやスターウォーズなど映画のヒーロー、ヒロインに会えてしまう。実は、ここは本物の映画撮影のスタジオで、映画の制作過程をアトラクションとして見せているのだ。ゲストが見られるのは、スタジオのわずか3分の1に過ぎないというから、その規模には驚くのみ。

スコール対策にはポンチョがおすすめ

夏のオーランドで絶対に欠かせないのがスコール対策。ほとんど毎日のように、夕方になるとすごいシャワーが降る。でもたいていは短時間なので、傘よりもポンチョをおすすめする。活動しやすいし、雨が止んだら小さくたためるので便利。テーマパークで調達すれば、いい記念になる

旅のアドバイス WDW知っておくとトクする情報

●ミッキーやミニーに会える場所

マジックキングダム──タウンスクエアのエクスポジション・ホール

エプコット──ワールド・ショーケース・プラザ

ハリウッドスタジオ──ハリウッド・ブルバード

ただし、必ずしもいつもこれらの場所にいるわけではないことをお忘れなく。

●必勝作戦"ディズニー・ファストパス Disney's FASTPASS"

ディズニー・ファストパスは誰でも利用できる優先入場システム。アトラクションの入口で予定入場時間の指定パスをもらい、時間になったら専用の入口から入場できる。ただし、同時にいくつものアトラクションのファストパスはもらえない。また、すべてのアトラクションが対象ではない。

●ディズニー・トランスレーター

WDWのいくつかのアトラクションは、ヘッドホンを借りれば日本語の解説を聞くことができる。使用料は無料だが、保証金$100が必要。各パークのゲストリレーションで貸し出している。

マジックキングダム──ジャングルクルーズ、ホーンテッドマンション、魅惑のチキルーム、ホール・オブ・プレジデンツ、WDW鉄道

エプコット──ジャーニー・イントゥ・イマジネーション・ウィズ・フィグメント、キャプテンEO、オ・カナダ館、スペースシップ・アース、テストトラック、カナダ館、エレンズ・エネジー・アドベンチャー、リビング・ウィズ・ザ・ランド、イノベンション館

ハリウッドスタジオ──スタジオ・バックロット・ツアー、ウォルト・ディズニー：ワン・マンズ・ドリーム、マジック・オブ・ディズニー・アニメーション、グレート・ムービー・ライド、マペット・ビジョン3-D、トワイライト・ゾーン・タワー・オブ・テラー

アニマルキングダム──キリマンジャロ・サファリ、ダイナソー、イッツ・タフ・トゥ・ビー・ア・バグ!、ワイルドライフ・エクスプレス・トレイン

これを借りれば日本語で楽しめる

たたき落とされるタイミングが絶妙な**トワイライト・ゾーン・タワー・オブ・テラー The Twilight Zone Tower of Terror**はフリーフォール式のライドだが、そこはディズニー、映画の要素たっぷりに恐怖の体験をお試しあれ。映画のテーマをじっくり味わわせてくれるのが、**グレート・ムービー・ライド The Great Movie Ride**と**スタジオ・バックロット・ツアー Studio Backlot Tour**。前者はチャイニーズシアターの中を乗り物に乗って、『カサブランカ』『オズの魔法使い』『エイリアン』など、昔懐かしい名画の旅に出る。後者は、トラムに乗ってニューヨーク郊外の高級住宅街を抜け、衣装や小道具の工場の中をとおる。地震、洪水、火災があなたの身にふりかかる！　**ロックンローラー・コースター Rock'n Roller Coaster**は、世界的ロックアーティスト、エアロスミスが演出するローラーコースター。スタートから、わずか3秒で時速97kmに達する。ロックが響くなか絶叫の世界へ。3-D眼鏡をかけながら、敵をシューティングして突き進む、最新アトラクション**トイ・ストーリー・マニア! Toy Story Mania!**も体験しておきたい。

最新アトラクションのトイ・ストーリー・マニア
Toy Story Mania! is inspired by Disney・Pixar's "Toy Story" films. ©Disney・Pixar

ディズニー・アニマルキングダム Disney's Animal Kingdom

WDW4つ目のテーマパークは、実在の動物だけでなく空想上や、あるいは絶滅してしまった動物たちと遭遇できるのが大きな特徴。７つのエリアに分かれたパーク内には、熱帯雨林、ヒマラヤなどが再現され、1700匹以上の動物たちが暮らす、まさに動物たちの王国なのである。

人気の高いアトラクションが、**エクスペディション・エベレスト Expedition Everest**。世界で最も高い山であるエベレストがモチーフのコースターで、途中、伝説の雪男イエティに襲われるなど、迫力満点だ。また、このパークらしいのが、**キリマンジャロサファリ Kilimanjaro Safaris**で、何百もの動物たちが自由に暮らす40万m^2を超えるエリアを、オープンタイプのサファリトラックに乗って見学する。**ダイナソー Dinosaur**は、恐竜の発掘現場を再現したエリア"ディノランドUSA"にあるライド。6500万年前にタイムスリップし、巨大隕石から恐竜を救うという、スリリングな冒険が味わえる。ほかにも、ブロードウエイに勝るとも劣らないミュージカル、**フェスティバル・オブ・ザ・ライオンキング Festival of the Lion King**、日本でも大ヒットした映画がミュージカルとなった**ファインディング・ニモ・ザ・ミュージカル Finding Nemo-The Musical**などもお見逃しなく。

ハリウッドスタジオのパレード&ショー

●ピクサー・パルズ・カウントダウン・トゥ・ファン！
毎日午後に行われる『トイ・ストーリー』、『モンスターズ・インク』、『バグズ・ライフ』のキャラクターたちが歌い踊る楽しいストリートショー。目の前でトランポリンなどを披露し、とても見応えがある

●美女と野獣ーライブ・オン・ステージ
アニメ『美女と野獣』がブロードウエイ・ミュージカルとして登場。本格的な歌や踊りが目の前で繰り広げられる

●ファンタズミック！
光と映像、花火を使ったスペクタクルショーで、大人も大感激。魔法使いに扮したミッキーが悪の力と対決する。キャラクターの勢揃いも見応えあり。ハリウッドスタジオの特設会場で行われ、弁当持参で早めに席を取りたい

アニマルキングダムのパレード

●ミッキー・ジャミン・ジャングル・パレード
毎日午後開催。アフリカの陽気なリズムに乗ってサファリルックのキャラクターたちが、森の仲間たちとジープ調のフロートに乗ってパレードする

アニマルキングダムの一番人気、エクスペディション・エベレスト

WDW内の直営ホテル宿泊とその特典 （旅のアドバイス）

・エキストラ・マジック・アワー……各パークや日にちによるが、直営ホテル宿泊者は一般より１時間早く入場できたり、閉園時間より３時間長く滞在できる
・オーランド国際空港から、直営ホテルまで直行のエクスプレスバス（無料）が利用できる（要予約）
・ワールド内で購入したおみやげをホテルまでデリバリーしてくれる（出発の前日は利用できない）

直営ホテル、入場チケットの予約先などは、
URL disneyworld.disney.go.com（英語）

旅のアドバイス　**レンタカー利用者のおすすめ宿泊エリア**▶キシミー（US-192沿い）やダウンタウンのホテルに泊まると、安くあげられる。

ダウンタウン・ディズニー Downtown Disney

ダウンタウン・ディズニーはWDW東端の玄関口にあり、テーマパークを楽しんだあとに寄りたいところ。おみやげ探し、食事、エンターテインメントなどが楽しめ夜遅くまで営業している。

マーケットプレイス Marketplaceは、コテージ風の建物が湖畔に連なり、20軒以上のショップとレストランが集う。おすすめは、世界最大のディズニーショップとおいしいアイルランドの料理とダンスや音楽も堪能できる**ラグランロードRaglan Road Irish Pub & Restaurant**。

ウエストサイド West Sideは、個性的なショップと、エンターテインメントの施設が盛りだくさんのエリア。シルク・ドゥ・ソレイユの幻想的なアクロバットが上演される劇場や、24のスクリーンをもつAMC24シアターコンプレックスなどが集まっている。

ダウンタウン・ディズニーへはWDWの各ホテルからバスでアクセスできる

海の生物のショーが見事 地P.488 A-2

シーワールド・オーランド
SeaWorld Orlando

シャチやイルカのアクロバットなショーが楽しめ、海の動物たちと触れ合えるアトラクションのある、世界最大規模のマリンパーク。近年、絶叫ライドやウオーターライドなども増設され、ますます充実したテーマパークとなっている。見逃せないのが、シャムー（シャチ）のショー。驚くほど質が高く、まさに感動ものだ。特に夜のショーは幻想的な雰囲気が漂う。ほかにもペンギンに合えたり、イルカにエサをやったり、サメの水槽の中にあるトンネルを歩いたり。動物好きは、間違いなく満足するはずだ。ライド系では**クラーケン Kraken**という、宙ぶらりん状態のローラーコースターがおすすめ。最新のライドは**マンタ Manta**。フロリダ周辺の海域に多く生息するエイの一種であるマンタを想像させるような絶叫マシンだ。胸を固定して、海に飛び込んだかと思えば、次の瞬間には空高く上がっていく、そう快なライド。

シーワールドの向かいにイルカや熱帯魚など海の生物たちと人間が直接触れ合うことのできる**ディスカバリーコーブ Discovery Cove**がある。なかでも“イルカと泳ぐ”は癒しの効果を体験できる。なお、ディスカバリーコーブの入場には、予約が必要。

新しいタイプのウオーターパークである**アクアティカ Aquatica**も評判が高い。浮き輪に乗りながら熱帯魚が群れる水槽を眺めたり、イルカが泳ぐ中を滑り抜けるウオータースライドなど、シーワールドらしい工夫も凝らされている。

シーワールド・オーランド
住7007 SeaWorld Dr., Orlando
Free(1-888)800-5447
URL seaworldparks.com
開毎日9:00～19:00（季節により22:00まで延長あり）
料$81.99、3～9歳$73.99
※ほかにもアクアティカやユニバーサル・オーランド・リゾートとのコンボチケットも販売されている。詳しくはウエブサイトで
行ダウンタウンからリンクス#8がシーワールドをとおっている。インターナショナルドライブからはアイライドトロリー#33のバス停で下車

●**Discovery Cove**
住シーワールドの向かい。6000 Discovery Cove Way
Free(1-877)557-7404
URL www.discoverycove.com
開毎日9:00～17:30（予約制）
料$129～359

●**Aquatica**
住シーワールドの向かい。5800 Water Play Way
☎(407)351-3600
Free(1-888)800-5447
URL www.aquaticabyseaworld.com
開毎日9:00～18:00（季節によって変動あり）
料$49.99、3～9歳$44.99

イルカやクジラの曲芸的なパフォーマンスが人気のブルーホライゾンズ
©2012 SeaWorld Parks & Entertainment

Excursion 郊外の見どころ

スペースシャトルの発射基地は宇宙のテーマパーク 地P.488 B-2外

ケネディ宇宙センター
Kennedy Space Center

フロリダの湿原が大西洋に出合う広大な土地に、“宇宙の窓口”、ケネディ宇宙センターはある。スペースシャトルの発射基

地として知られているとおり、現役のNASAの施設なのだが、その一部が"KSC Visitor Complex"として観光客向けのテーマパークとなっている。宇宙とスペースシャトル開発に関係したさまざまな展示が集まる楽しいスポットだ。

スペースシャトル計画が2011年に終了したことから、ツアーや展示内容が変わる可能性があるので、ウエブサイトで確認すること。最後のミッションを終え帰還したアトランティス号は2013年夏から展示される予定だ。

ケネディ宇宙センターツアー（バスツアー）
Kennedy Space Center Tour

広大な敷地に建つ施設の一部を見学することができる。バスは**アポロ／サターン5センターApollo / Saturn V Center**と**シャトル発射台展望ガントリーLC-39 Observation Gantry**に停まる。セルフガイドのツアーなので、それぞれのポイントでゆっくりと時間をとって見学することができる。スペースシャトルの打ち上げ準備から発射までの過程や歴史を学べる。また、アポロの実物も展示されているので、見逃さないように。

アイマックスシアター　IMAX Theater

シアターは2館あり、常時2本の映画を上映している。2012年5月現在観られるのはハッブル望遠鏡が映し出す宇宙を見せる"Hubble 3-D"と、トム・クルーズがナレーションを担当し、国際宇宙ステーション計画を描いた"Space Station 3-D"。宇宙への夢をかき立ててくれる作品だ。

宇宙飛行士体験トレーニング
Astronaut Training Experience（ATX）

無重力状態を体感できる宇宙飛行トレーニングや、シャトル内でのシミュレーションなどを通じて、実際の宇宙飛行士たちが日々行っている訓練の一端を、4時間かけて体験するプログラム。

スペースシャトル発射体験
Shuttle Launch Experience

宇宙へと飛び立つスペースシャトルの発射が体験できるアトラクション。発射時に全身に加わる重力は想像以上だ。

オーランドからケープカナベラルに入る手前には、アメリカの宇宙飛行士の功績を称えた**宇宙飛行士の殿堂U.S. Astronaut Hall of Fame**がある。実際に宇宙を飛んだ宇宙船などもあり、ぜひ見ておきたい。

ケネディ宇宙センター
住FL-405, Kennedy Space Center
Free (1-866) 737-5235
URL www.kennedyspacecenter.com
開毎日9:00～18:00（季節によって変動あり）
休12/25、シャトル打ち上げ日
料$43、3～11歳$33（バスツアー、アイマックスシアター、宇宙飛行士の殿堂の入場料込み）
行公共の交通機関では行けない。オーランドからツアーに参加するかレンタカーで。車の場合FL (SR) -50を東へ進み、FL (SR)-405との交差地点でSR-405東行きへ曲がる。Kennedy Space Centerの標識に従って行くと、KSC Visitor Complexが右に見える。約1時間30分

オーランドからケネディ宇宙センターへの日本語ツアーを催行する日系の旅行会社
キャラバン・セライ・オーランド
URL caravanline.com

●Bus Tour
開毎日10:00～14:45（季節により変動あり）の約15分ごとに出発する。所要約2時間。早い出発のバスから次々にチケットが売り切れるので、早めに申し込んでおきたい

●Astronaut Training Experience (ATX)
Free (1-866) 737-5235
開8:30集合
料$145
※14歳以上の年齢制限あり。18歳未満の参加は大人の付き添いが必要。なお、シミュレーターによっては体重、身長制限があるものもある。軽装が望ましく、スカート着用不可。ウエブサイトからも予約可能

●U.S. Astronaut Hall of Fame
住6225 Vectorspace Blvd., Titusville
開毎日12:00～18:00
料$20、3～11歳$16

宇宙への入口、ケネディ宇宙センター

観戦するスポーツ　Spectator Sports

バスケットボール　NBA

オーランド・マジック（東・南東地区）　Orlando Magic

6年連続プレーオフ出場の好成績を重ね、2000年代前半の低迷は払拭した。2008-09年は2度目のファイナルに進出、あとは最後の勝利をつかみたい。愛称はディズニー・ワールドのキャッチコピーにちなんで付けられた。チームカラーはライト・ロイヤル・ブルー、ブラック、シルバー、ホワイト。

オーランド・マジック（1989年創設）
本拠地――アムウェイセンター Amway Center（1万7248人収容）地P.488 B-1
住400 W. Church St.
☎(407) 896-2442（チケット）
URL www.nba.com/magic
行ダウンタウンの西端。徒歩約10分

この選手に注目!
ドワイト・ハワード

メモ　ケネディ宇宙センターへの日本語ツアー▶日系の旅行会社アクト・アメリカでケネディ宇宙センターへのツアーを行っている。詳しくはURL www.orlandokanko.com

S　ショッピングモール

日本人好みのブランドが集まる

モール・アット・ミレニア

The Mall at Millenia

住4200 Conroy Rd.　☎(407) 363-3555
URL www.mallatmillenia.com
開月～土10:00～21:00、日11:00～19:00　地P.488　B-2

　インターナショナルドライブの北東に、3軒のデパート、150軒以上のショップが入った巨大なショッピングモールがある。ルイ・ヴィトン、グッチ、ティファニーなどが入り、高級感あふれる。ユニバーサルスタジオとダウンタウンを結ぶリンクスのバス#40で行ける。('12)

S　アウトレットモール

半オープンエアの気持ちのいいアウトレットモール

オーランド・プレミアム・アウトレット・バインランド・アベニュー

Orlando Premium Outlets Vineland Ave.

住8200 Vineland Ave.　☎(407) 238-7787　地P.488　A-2
URL www.premiumoutlets.com　開毎日10:00～23:00(日～21:00)

　人気ブランドのアウトレットが多いことで有名なプレミアム・アウトレットのオーランド店。コーチ、バーバリー、ラルフ・ローレンなど約150ブランドが集まっている。アイライドトロリーも乗り入れるなどアクセスもよく、営業時間も長い。('12)

S　アウトレットモール

うれしいお店のアウトレットが勢揃い

オーランド・プレミアム・アウトレット・インターナショナル・ドライブ

Orlando Premium Outlets International Dr.

住4951 International Dr.　☎(407) 352-9600
URL www.premiumoutlets.com
開毎日10:00～23:00(日～21:00)　地P.488　B-2

　オーランドのプライムアウトレットが華麗な変身を遂げた。日本人好みの店がグンと増え、とてもおしゃれになったのだ。ロクシタン、ジューシー・クチュール、フォーエバー21、トミー・ヒルフィガーなどが入る。ディズニーのアウトレットもあるのでおみやげのまとめ買いによい。('12)

R　ファストフード

世界最大級の遊び場があるマクドナルド

ビストロ・グルメ・アット・マクドナルド

Bistro Gourmet at McDonald's

住6875 Sand Lake Rd.
☎(407) 351-2185　URL www.mcfun.com/bistro
開24時間営業　AMV　地P.488　A-2

　フライドポテトのイラストが描かれた外観。通常のマクドナルドをグレードアップしたメニューで、本格志向のハンバーガー、ピザ、パスタ、ケーキなどとにかく種類が多い。予算は$10。('12)

R　アメリカ料理

洗練された味付けが評判

ファンキー・モンキー・ワイン・カンパニー

Funky Monkey Wine Company

住9101 International Dr.　☎(407) 418-9463　URL www.funkymonkeywine.com　開月～土12:00～16:00、17:00～23:00(金・土～24:00)、日17:00～23:00　地P.488　A-2　ADJMV

　ハンバーガーからステーキやシーフード、寿司までメニューが豊富。また、ワインはソノマやナパを中心に常時100種類以上揃えている。おしゃれな雰囲気は、ビジネスマンから若者まで評判がいい。コンベンションセンター近くのショッピングモールPointe Orlandoにある。予算は$30～。('12)

R　日本料理

リーズナブルで手軽なお寿司

スシオロジー

Sushiology

住6400 International Dr., #130　☎(407) 345-0245
URL www.sushiology.net　開毎日11:00～23:00(金・土～23:30)　地P.488　A-2　MV

　海外に行くとどうしても恋しくなる日本食。フルーツをたっぷり使ったカラフルで楽しいお寿司をリーズナブルな料金で食べられるのがここ。持ち帰りもOK。アボカドやサーモン、マンゴーを使ったパラダイスロールは1人前$8.50。('12)

R　中華料理

コンベンションセンターから歩いて5分

ミンコート

Ming Court

住9188 International Dr.　☎(407) 351-9988
URL www.ming-court.com　開ランチ毎日11:00～15:00、ディナー毎日16:30～23:00　AMV　地P.488　A-2

　オーランドの中華といえばここ。コンベンションセンターから歩いて5分もかからないところにあり、特に人気はランチの飲茶（1品$2.95～）。少人数で行っても安心だ。期待を裏切らない味付けが、本当にうれしい。('12)

R　タイ料理

シーワールド近く、行列のできるタイ料理

タイタニ

Thai Thani

住11025 International Dr.　☎(407) 239-9733
URL www.thaithani.net　開毎日ランチ11:00～14:30、ディナー17:00～23:00　AMV　地P.488　B-2

　アメリカ料理に飽きた人には特におすすめ。トムヤムクンが$5など、値段もリーズナブルなため、地元っ子の姿もよく目にする。できれば大人数で行きたい。('12)

日本からアメリカへの国際電話のかけ方 ➡ P.8～9
国際電話認識番号 (001/0033/0061) + (010) +アメリカの国番号 (1) +市外局番+電話番号

ホテル Hotels

ホステル

キシミーにあるホステル

パーム・レイクフロント・ホステル
Palm Lakefront Hostel

住4840 W. Irlo Bronson Hwy. 192, Kissimmee, FL 34746
☎(407) 396-1759 FAX(407) 396-1598
URL orlandohostels.com
ドミトリー$19～ MV 地P.488 A-3

オーランド国際空港から車で約30分のところにある。WDWへはリンクス#56で約30分、シーワールドへ行く場合も一度WDWのトランスポーテーションセンターまで行ってからバスを乗り継ぐ。190ベッド。 ('12)

エコノミーホテル

コンベンションセンターのすぐ近く

ローゼン・イン・アット・ポイント・オーランド
Rosen Inn at Pointe Orlando

住9000 International Dr., Orlando, FL 32819
☎(407) 996-8585 Free(1-800) 999-8585 FAX(407) 996-6839
URL www.roseninn9000.com
ⓈⒹⓉ$60～140 ADJMV 地P.488 A-2

ショッピングモールが近く、夕食やショッピングにも安心して外出できる。冷蔵庫や電子レンジがあって便利。1020室。 ('12)

エコノミーホテル

WDWのパークまで無料送迎あり

クラリオン・イン・レイク・ブエナビスタ
Clarion Inn Lake Buena Vista

住8442 Palm Pkwy., Lake Buena Vista, FL 32836
☎(407) 996-7300 FAX(407) 996-1475
URL www.clarionhotel.com
ⓈⒹⓉ＄60～96 ADJMV 地P.488 A-2

WDWのテーマパーク、ユニバーサル、シーワールドへは予約不要の無料シャトルバスが定期運行。売店にはおいしいサンドイッチ、カップラーメンや、電子レンジで簡単に食べられるものが揃っている。640室。 ('12)

中級ホテル

近年改装されてきれい

ハンプトンイン・サウス・オブ・ユニバーサルスタジオ
Hampton Inn-South of Universal Studios

住7110 S. Kirkman Rd., Orlando, FL 32819
☎(407) 345-1112 FAX(407) 352-6591
URL hamptoninn1.hilton.com
ⓈⒹⓉ$92～129 AMV 地P.488 A-2

ユニバーサル・オーランドにも近く、ホテルの周りには各種レストランがあって食事の面でも便利。部屋に冷蔵庫、電子レンジもある。ディズニーワールドまで無料の送迎あり。朝食付き。170室。 ('12)

中級ホテル

20世紀を彩ったポップカルチャーがテーマ

ディズニー・ポップ・センチュリー・リゾート
Disney's Pop Century Resort

住1050 Century Dr., Lake Buena Vista, FL 32830
☎(407) 938-4000 FAX(407) 938-4040 地P.488 A-3
ⓈⒹⓉ$89～189(料金はシーズンにより異なる) ADJMV

WDWの直営ホテル。テーマに沿った演出。1950年代を彷彿させる演出のジュークボックスに懐かしく感じる大人たち、「これは何？」と新鮮に思う子供たち。親子の会話も弾むリゾートだ。2880室。 ('12)

中級ホテル

ファミリーに大人気！

ディズニー・オールスター・スポーツ・リゾート
Disney's All-Star Sports Resort

住1701 W. Buena Vista Dr., Lake Buena Vista, FL 32830
☎(407) 939-5000 FAX(407) 939-7333 地P.488 A-3
ⓈⒹⓉ$84～184(料金はシーズンにより異なる) ADJMV

WDWの直営ホテル。スポーツ、ミュージック、ムービーのテーマに分かれたホテルのひとつ。客室内の設備は一般のモーテルのようにシンプルだが、テーマごとの個性が楽しいリゾートだ。1920室。 ('12)

高級ホテル

日本人利用客の人気が高い

ウォルト・ディズニー・ワールド・スワン&ドルフィン
Walt Disney World Swan & Dolphin

住1200(スワン)、1500(ドルフィン) Epcot Resorts Blvd., Lake Buena Vista, FL 32830 地P.488 A-2
☎(407) 934-3000(スワン)、4000(ドルフィン)
FAX(407) 934-1600(スワン)、4884(ドルフィン)
URL www.swandolphin.com ⓈⒹⓉ$159～ ADJMV

屋上の白鳥とイルカが目印のペアホテル。レストランやショップが集まるボードウォークは徒歩圏内だ。スワン756室、ドルフィン1509室。 ('12)

高級ホテル

ユニバーサルの敷地内にあるオンサイトホテル

ロウズ・ポートフィーノベイ・ホテル・アット・ユニバーサル・オーランド
Loews Portofino Bay Hotel at Universal Orlando

住5601 Universal Blvd., Orlando, FL 32819
☎(407) 503-1000 Free(1-888) 430-4999 FAX(407) 503-1010
URL www.loewshotels.com
ⓈⒹⓉ$195～579 ADJMV 地P.488 A-2

ユニバーサルを楽しみたい人には、便利なホテル。ホテル内から専用の船でシティウォークに到着できる。750室。 ('12)

メモ ウォルト・ディズニー・ワールド・スワン＆ドルフィン▶エプコット、ハリウッドスタジオまで無料のウォータータクシーとシャトルのサービスが利用できるので便利だ。

太陽が選んだリゾート

マイアミ

Miami

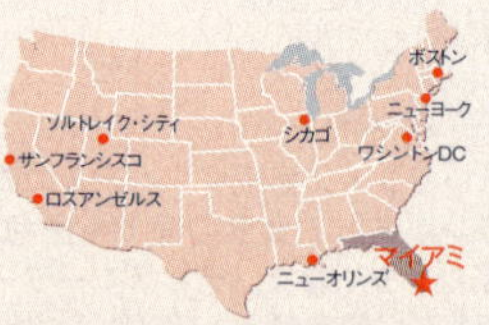

DATA

人口▶ マイアミ市 約39万9500人
マイアミビーチ市 約8万7800人
面積▶ 約93km²
標高▶ 約3m
TAX▶ セールスタックス　7%
ホテルタックス　マイアミ市13%、マイアミビーチ市13%
属する州▶ フロリダ州　Florida
州のニックネーム▶ サンシャイン州 Sunshine State
州都▶ タラハシー　Tallahassee
時間帯▶ イースタン・タイムゾーン ➡P.631
繁忙期▶ 10〜4月

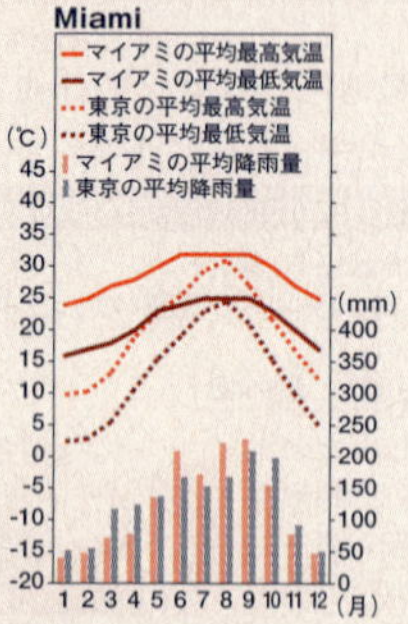

マイアミビーチは全米に限らず世界中から人々が集まるトップリゾートだ

温暖な気候と美しいビーチ、パームツリーにアールデコ調の建物。マイアミは全米随一の避寒地だ。多くのシニアが余生を過ごす地でもある。一方で中南米への玄関口でもあり、市内にはスペイン語があふれている。中南米経済にとってマイアミは、表裏両面で重要なことから、『マイアミは中南米の首都だ』とする識者もいるほどだ。

リゾートとしてのマイアミを楽しみたいなら、マイアミビーチやココナッツグローブを歩いてみよう。亜熱帯のまぶしい日差しを全身に浴び、エメラルドブルーの水平線を見つめ、コーラルピンクの町でウインドーショッピングを……。中南米の首都としてのマイアミを感じるなら、ダウンタウンやリトルハバナをのぞいてみるのもいい。自分の興味のある過ごし方を楽しめるのは、幅広い魅力を備えたマイアミならでは。いずれにしても、日常から離れるにはもってこいの町ということだ。

アメリカ最大といわれる個人邸宅
ビスカヤは一見の価値あり

GUIDE BOOK 地球の歩き方B10フロリダ編（1700円＋税）でもマイアミを紹介していますので、ご活用ください。

マイアミへの行き方 Getting There

飛行機 Plane

マイアミ国際空港
Miami International Airport (MIA)

ダウンタウンの西約10kmにある国際空港。オーランド、ロスアンゼルスなどから直行便が乗り入れている。中央と南の2ターミナルに加え、3つ目となる北ターミナルが2011年に完成した。北ターミナルは、アメリカン航空の中南米・カリブ海地区のハブ空港として多くの旅行客が利用する。また、南ターミナルには現在、ユナイテッド航空、デルタ航空、コンチネンタル航空などが発着。全ターミナルの出発フロアは2階で、国内線到着便と中央ターミナルに到着する国際線のバゲージクレームは1階だ。ただし、南ターミナルに到着する国際線のバゲージクレームは3階になる。タクシー、スーパーシャトルは1階から乗車。ホテルのシャトルサービスは2階。RCC（レンタカーセンター）へは、3階からモノレールのMIAムーバーMIA Moverで。

マイアミ国際空港
地 P.505
住 2100 NW 42nd Ave.
☎ (305) 876-7000
URL www.miami-airport.com

●Information（コンコースE）
2階のターミナルD、E、H、Jに観光案内カウンターが設置されている。メインカウンターはターミナルEのホテル近く
開 毎日6:00～22:00

最新の設備を備えた北ターミナル

■ 空港から／空港へのアクセス

	種類／名称／連絡先	行き先／運行／料金	乗車場所／所要時間／備考
空港シャトルバン	スーパーシャトル SuperShuttle ☎ (305) 871-2000 URL www.supershuttle.com	行き先▶市内や周辺どこでも 運行▶24時間随時 料金▶ダウンタウンまで片道$16、マイアミビーチまで片道$21（サウスビーチ）	空港発▶バゲージクレームを出たところにいる、同社の係員に手配してもらい乗車 空港行き▶事前に電話などで予約をしてから乗車。乗車の24時間前までに予約が必要 所要時間▶ダウンタウンまで約20分、マイアミビーチまで約30分
路線バス＋メトロレール	メトロバス　#150 Metro Bus #150 ☎ (305) 891-3131 URL www.miamidade.gov/transit メトロレール Metrorail ☎ (305) 891-3131 URL www.miamidade.gov/transit	行き先▶ダウンタウン（Earlington Heights駅でメトロレールへ乗り換え） 運行▶Airport Flyer（#150） 空港発▶Airport Flyer（#150）毎日6:00～23:10（土・日～23：00）の30分～1時間間隔、メトロレール毎日5:00頃～24:00頃の10～30分間隔 空港行き▶メトロレール毎日5:00頃～24:00頃の10～30分間隔、Airport Flyer（#150）月～金6:47～23:26、土・日6:17～23：17の30分～1時間間隔 料金▶Airport Flyer（#150）$2.50、メトロレール$2。乗り換え時にトランスファー料金あり	空港発▶コンコースEのバゲージクレームを出て、横断歩道を渡ったバス停 空港行き▶ダウンタウンのメトロレール駅から乗車、Earlington Heights駅でAirport Flyer（#150）に乗り換え 所要時間▶約40分
路線バス	メトロバス Metro Bus ☎ (305) 891-3131 URL www.miamidade.gov/transit Airport Flyer（#150）▶メトロレールのEarlington Heights駅を経由、マイアミビーチへ。#37、#42▶メトロレールのDouglas Rd.駅、South Miami Memorial駅へ。#110(J)▶マイアミビーチへ	行き先▶ダウンタウン行きの直行バスはない 運行▶Airport Flyer（#150） 空港発▶毎日6:00～23:10（土・日は23:00まで）の30分～1時間間隔 空港行き▶毎日6:23～23:03（土・日は5:53～20:54）の30分～1時間間隔 料金▶Airport Flyer（#150）$2.35、メトロバス$2	空港発▶コンコースEのバゲージクレームを出て、横断歩道を渡ったバス停 空港行き▶最寄りのバス停から乗車 所要時間▶Airport Flyer（#150）でマイアミビーチまで40分
タクシー	イエローキャブ Yellow Cab ☎ (305) 444-4444	行き先▶市内や周辺どこでも 運行▶24時間随時 料金▶ダウンタウンまで$20～25、マイアミビーチまで$32 ※空港からダウンタウンへ行く場合、空港税$2が加算	空港発▶各ターミナルを出たところから乗車 空港行き▶事前に電話予約、または主要ホテルから乗車 所要時間▶ダウンタウンまで10～15分、マイアミビーチまで15～25分

※それぞれの乗り物の特徴については ➡P.665

長距離バス Bus

グレイハウンド・バスディーポ
Greyhound Bus Depot

マイアミ（国際空港近く）とマイアミ・ノースのふたつのディーポがある。マイアミノースはTri-RailのGolden Glades駅近くにあり、ダウンタウンへはメトロバス#77で行く。

グレイハウンド・バスディーポ

●Miami
地 P.505
住 4111 NW 27th St.
☎ (305) 871-1810
開 24時間営業

●Miami North
地 P.505
住 16000 NW 7th Ave.
☎ (305) 688-7277
開 毎日5:00～翌1:00

旅のアドバイス **マイアミのシーズン**▶観光シーズンは冬なので、夏は暑さが厳しい代わりにビーチ沿いの高級ホテルにもかなり安く泊まれる。南国ビーチシティで快適ステイを楽しみたい。

鉄道 Train

アムトラック駅
Amtrak Station

ダウンタウンの北約10kmに位置する。ニューヨークとマイアミを結ぶシルバースター、シルバーミーティアがそれぞれ1日1往復している。ダウンタウンへは、メトロバス#42やLでメトロレールNorthside駅まで行き、目的地まで行くバスやメトロレールに乗り換える。マイアミビーチへは、#Lで約1時間。実は、アクセスがよくないのでタクシーで移動するのがベスト。

アムトラック駅
地P.505
住8303 NW 37th Ave.
free (1-800)872-7245
開毎日5:30〜21:00
行メトロバス#Lがとおる。アムトラック駅へ行く際は、行き先が"Amtrak Station"の便で

Getting Around マイアミの歩き方

マイアミは、**ダウンタウンのある本土側のマイアミ市と、ビスケーン湾を挟んで南北に細長く延びた島マイアミビーチ市に分かれる**。両市はいくつもの橋や堤道で結ばれている。この両市と周辺の地域を合わせて、グレーターマイアミと呼ぶ。見どころは、グレーターマイアミに点在しており、ここもあそこもと欲張るのはかなりきつい。ポイントを絞り、メトロバスやメトロレール、メトロムーバーを駆使して回ろう。広いマイアミではレンタカーが一番威力を発揮するが、レンタカー利用者をターゲットにした犯罪もあるので、夜間はなるべくフリーウエイ(フロリダではエクスプレスウエイ)以外の一般道をとおらないように。夜間、空港近くのレンタカー会社から車をチェックアウトしたら、一番近い入口からフリーウエイに乗ってしまうことをおすすめする(必ずトールロード料金を用意しておくこと!)。

一番ふさわしいマイアミの観光方法というと、ビーチでの日光浴か海水浴だろう。どこまでも続く白い砂浜は、とても気持ちがいい。また、**アールデコ地区**➡P.506のビーチ沿い、オーシャンドライブ Ocean Dr.は、夜まで若者でにぎやかなエリアだ。人どおりの少ないところを歩かないよう注意して、このあたりをぶらつくのも楽しい。ビーチの**リンカーン・ロード・モール地区**➡P.507のあたりも人気がある。特にアトラクションがあるわけではないが、流行のレストランやカフェが並び夜までにぎわっている。ダウンタウンの見どころは**ベイサイドマーケットプレイス**➡P.503くらいで、場所によっては治安も悪い。ベイサイドを除き、ダウンタウンを歩くのは平日の日中だけにしよう。ホテルもダウンタウンではベイサイド沿いにするか、または、マイアミビーチで探すことをすすめる。安ホテルから高級ホテルまで、質、数ともに豊富に揃っている。

なお、マイアミ市の住所表示はFlagler St.とMiami Ave.の角を起点として、北東(NE)、北西(NW)、南東(SE)、南西(SW)の4エリアに分かれている。東西の通りはストリート、南北の通りはアベニューだ。マイアミビーチ市では南から1st St.、2nd St.……と数が増えてゆく。

レンタカー利用者へ
フリーウエイまでの道順はレンタカー会社の係員に充分に確認するように

マイアミとマイアミビーチの移動は市バスのメトロバスが便利

夜のオーシャンドライブ

湾内クルーズでは、ビスケーン湾の島に建つセレブのお屋敷を見ることができる

旅のアドバイス **アムトラック駅周辺の治安** ▶ あまりよくないので、車で移動する人は迷わないように注意しよう。

観光案内所 ……………… Visitors Information

グレーターマイアミ観光局
Greater Miami Convention & Visitors Bureau

マイアミ市側にある観光局。マイアミのダウンタウンや近郊の見どころについての情報を揃えている。

マイアミビーチ観光局
Miami Beach Chamber of Commerce

マイアミビーチ市にある観光案内所。コンベンションセンターのホールCの南側にある。各種資料や地図、割引クーポンが豊富に揃っているほか、おみやげも売っている。

市内の交通機関 ……… Public Transportation

マイアミ・デード・トランジット
Miami-Dade Transit

メトロバスやメトロレール、メトロムーバーを運営するマイアミ・デード・トランジットMiami-Dade Transit。

料金は、バスとレールが共通で$2（1日券$5、7日券$26）。ムーバーは無料だ。**イージーチケットEasy Ticket**または**イージーカードEasy Card**というプリペイドカードを購入しなければ、乗車できない。しかし、バスだけは現金でも乗ることができる。購入やチャージは駅の券売機にて。

メトロバス　Metrobus

ルート数、運行本数ともに多くて便利。ダウンタウンのFlagler St.とSE 1st St.の間、SE 1st Ave.にターミナルがあり、マイアミビーチ方面など多くのバスがここから出ている。メトロレールのGovernment Center駅か観光局で路線図や時刻表が入手できるので、ぜひ利用しよう。なお、ルート番号でアルファベットが付いている路線はマイアミビーチへ行くので覚えておくといい。

メトロレール　Metrorail

ダウンタウンを縦断し、おもに通勤に利用されている高架鉄道だ。ダウンタウンの駅はGovernment Center駅。南へ2駅目のVizcaya駅で降りると、ビスカヤミュージアム＆ガーデンやマイアミ科学博物館などへ行ける。

メトロムーバー　Metromover

無料のモノレール。南方面と北方面に走る2本のルートとダウンタウンのみを走るルートがあり、3ルートともダウンタウン内は環状に走る。Adrienne Arsht Center駅やGovernment Center駅はメトロバス発着の拠点なので、乗り継ぎが便利だ。

ホームも車内も清潔に保たれているメトロムーバー。マイアミらしいさわやかなデザイン

グレーターマイアミ観光局
地 P.505
住 701 Brickell Ave., #2700
☎ (305) 539-3000
Free (1-800) 933-8448
URL www.miamiandbeaches.com
開 月～金8:30～18:00
休 土・日、おもな祝日

マイアミビーチ観光局
地 P.507　B
住 1901 Convention Center Dr., Miami Beach
☎ (786) 276-2763
URL www.miamibeachguest.com
開 月～土10:00～16:00
休 日、おもな祝日

マイアミ・デード・トランジット
☎ (305) 891-3131
URL www.miamidade.gov/transit

● **Transit Service Center**
時刻表やイージーカードなどが入手できるトランジット・サービスセンターは、Government Center駅の2階にある
住 111 NW 1st St.
開 月～金7:00～18:00
休 土・日、おもな祝日

● **Metrobus**
運行／毎日5:00～24:00（ルートにより24時間のものもある）
料 $2。トランスファー（乗り換え）は現金払いの場合はなし、イージーカード使用の場合は50¢。メトロレールへのトランスファーは、"Rail Transfer, please."と言って50¢払う。メトロムーバーへのトランスファーは無料

● **Metrorail**
運行／毎日5:00～24:00
料 $2、バスへのトランスファーは50¢

● **Metromover**
運行／毎日5:30～24:00
料 無料。メトロレールへのトランスファーは$2

旅のアドバイス **新しくトランスポーテーションセンターができる予定**▶マイアミ国際空港レンタカーセンターの東側に2012年秋から2013年にかけて、アムトラック、メトロレイル、グレイハウンド、メトロバスが乗り入れるセントラルステーションが完成予定。

キーウエストにあるUS-1の終点サイン

キーウエストへのツアー会社

●Miami Nice Tours
住17070 Collins Ave., Sunny Isles Beach
☎(305) 949-9180
URL www.miami-nice.com
1 Day Key West
ツアー／6:20〜7:00ホテルにピックアップ
料$85

●Island Queen Cruises
住401 Biscayne Blvd. (Bayside Marketplace内)
☎(305) 379-5119
URL www.islandqueencruises.com
Transportation to Key West By Bus
ツアー／毎日6:15〜7:30ホテルにピックアップ
料$79

ツアー案内 …………………… Sightseeing Tours

マイアミからキーウエストへの日帰りツアー
One Day Tours from Miami to Key West

「キーウエストへ行ってみたいけれど、あまり時間がない」という人も多いだろう。1日だけ時間が取れるのなら、マイアミ発の日帰りツアーに参加するのがおすすめだ。キーウエストへの日帰りツアーは、マイアミの旅行会社ならほとんどが扱っている。ホテルのフロントに相談するのもいい。

申し込みは、直接旅行会社に出向いてもいいし、多少の英語力があれば電話1本、またはインターネットでできる。ただし、電話の場合は支払い方法など、事前にしっかり確認しておくこと。また、大きなホテルなら入口まで直接迎えに来てくれるが、小さなホテルの場合は近くの大きなホテルをピックアップ場所に指定されることが多い。

ツアーは、7時頃いろいろな場所で客をピックアップし、小型バンで向かう。途中、トイレ休憩や食事の休憩もあるので、食べ物に困ることはないが、念のため水を持っていくといいだろう。また、風光明媚なところで停車して、写真撮影の時間を取ってくれるのもツアーならでは。ただし、セブン・マイル・ブリッジ➲P.516は法律によって途中で車を停めることはできない。キーウエスト到着後はほとんど自由行動となるから、集合場所と時間を確認しておくように。最後にガイドのサービスがよかったら、チップを渡そう。

よほど混雑するシーズンでない限り、前日に申し込んでも問題ない。

旅のアドバイス　レンタカーを利用してマイアミ周辺を満喫！

自然の宝庫、エバーグレーズ国立公園へ

マイアミからUS-1を南下、Homesteadから標識に従って走る。マイアミからゲートまで約1時間の行程だ。**エバーグレーズ国立公園 Everglades National Park**のメインエントランス近くにあるビジターセンターは、9:00〜17:00（冬期は8:00〜）のオープン。ここで園内の地図を入手しよう。短いトレイルもあるのでぜひ歩いてみたい。ただし、想像を絶するほど蚊が多いので（特に夏期）、服装や虫除けスプレーなど、充分な準備を忘れずに。

低い雲が移動し、太陽光線をさえぎる。遠くに雨のかたまりが落ちているのが見える。またたく間に黒い雲が空を覆い、強烈な雨が地面をたたく。湿原の植物たちは、身じろぎもせず淡々と雨に打たれている。そんな大自然のドラマを特大の劇場で眺めてみよう！

●**Everglades National Park**
住40001 State Rd. 9336, Homestead
☎(305)242-7700
URL www.nps.gov/ever
料車1台$10、それ以外の方法は1人$5(7日間有効)

マイアミでのレンタカー利用の注意

マイアミでは、レンタカーがらみの犯罪が多い。まず、レンタカーのオフィスで危険な地域を確認し、安全な道を教えてもらうようにしよう。そして、むやみな夜間の走行も避けるように。

もっとも、ほとんどの観光地はフリーウエイ（エクスプレスウエイ）で間近まで行ける。必要以上に下の道を走って、路地やダウンタウンに迷い込まない限り、そうそう危険な目に遭うものではない。最大限に注意したいのは、夜間、空港近くのレンタカー会社からチェックアウトしてフリーウエイ（有料）に乗ってしまうまでの暗い道だ。

野生動物が多く生息する世界遺産でもあるエバーグレーズ

おもな見どころ Sightseeing

マイアミ市 Miami

南国らしいショッピングモール 地P.503

ベイサイドマーケットプレイス
Bayside Marketplace

ビスケーン湾のヨットハーバーに面した、明るいショッピングモール。屋根があってアーケード状になってはいるが、オープンモールに近い構造で、南国の日差しにあふれている。店も明るい原色を用いたレイアウトで、いかにもマイアミらしい。モール内のメインエントランスには観光案内所がある。

中央のハーバーに面した広場では、夜になると無料コンサートが開かれる。ダイキリでも飲みながら、ポップなリズムに耳を傾けるのもいい。

南棟の2階に国際色豊かなフードコートがあり、同じエリアにはハードロック・カフェ、北棟にフーターズもあり、にぎやかな雰囲気だ。

ベイサイドマーケットプレイス
住401 Biscayne Blvd.
☎(305)577-3344
URL www.baysidemarketplace.com
開月～土10:00～22:00(金・土～23:00)、日11:00～21:00(レストランは延長)
行メトロムーバーCollege/Bayside駅下車。東へ1ブロック

ベイサイドマーケットプレイスには南国らしい植物がたくさん息づいている

まずは手近なクルーズで気分を盛り上げよう 地P.503

湾内クルーズ
Island Cruises

ベイサイドマーケットプレイスから出航しているクルーズツアーは、マイアミに到着したら真っ先に乗っておきたいアトラクション。

海沿いに建ち並ぶのは、グロリア・エステファン、オプラ・ウィンフリー、フリオ・イグレシアス……たちの豪邸！　ブラジルのテレビプロデューサー、ヨーロッパで展開しているレストランチェーンの社長など、世界中の成功者たちの豪邸や、アル・カポネの元お屋敷なんていうのもある。それぞれ「なるほど！」と思わせる個性的な邸宅だ。時々どこかのお屋敷で、映画の撮影が行われていることも。映画やCMの撮影に使われた邸宅については、ガイドがエピソードを話してくれる。

前述の豪邸を巡るMillionaire's Row Cruisesほか、ビスケーン湾をボートで巡るBayside Blasterなど多様なクルーズツアーを行っている**アイランド・クイーン・クルーズ Island Queen Cruises**。キーウエストやエバーグレーズへのツアーもあるのでマイアミ観光の選択の幅が広がるはずだ。

湾内クルーズ
●Island Queen Cruises
☎(305)379-5119
URL www.islandqueencruises.com
Millionaire's Row Cruises
運航／毎日10:30、11:00～19:00の1時間間隔
Bayside Blaster
運航／土・日11:30～17:30の2時間間隔
料ともに$27、4～12歳$19(90分)

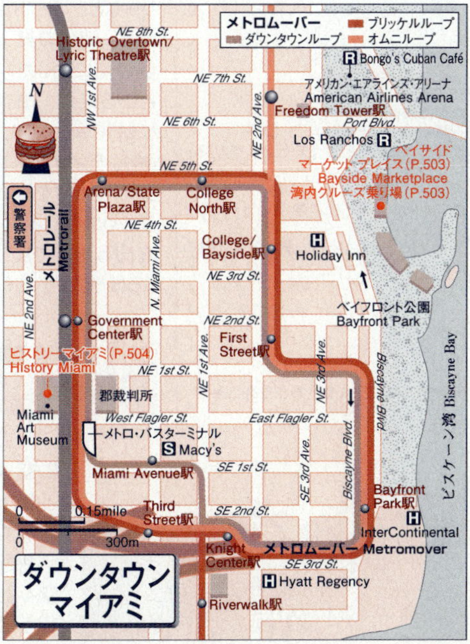

リゾート地としてのマイアミ市の歴史も興味深い

南フロリダの歴史がわかる 地P.503

ヒストリーマイアミ
History Miami

ダウンタウンの中心、Government Center駅の目の前にあるコーラルピンクの建物。隣にあるマイアミ美術館と図書館を含めて、カルチャーセンターと呼ばれている。

先史時代のネイティブアメリカン文化、スペイン人などの侵入、リゾート開発といったフロリダの歴史から、沈没船の宝物探しや海洋生物まで、幅広い展示が自慢だ。入口横のギフトショップには、フロリダの歴史と自然に関する本が揃っており、絵ハガキやアクセサリーも多く、充実している。

ヒストリーマイアミ
住101 W. Flagler St.
☎(305) 375-1492
URL www.historymiami.org
開火～日10:00～17:00(土・日12:00～)
休月、おもな祝日
料$8、シニア／学生$7、6～12歳$5
行メトロレイルGovernment Center駅前

これが個人宅？ 地P.505

ビスカヤミュージアム & ガーデン
Vizcaya Museum & Gardens

個人の邸宅としてはアメリカ最大といわれるのが、ここビスカヤだ。"ビスカヤ"はバスク地方の言葉で"高潔な場所"の意味。この家はかつての億万長者、インターナショナル・ハーベスター社の副社長ジェームス・ディアリングが、マイアミで冬を過ごすために造ったもので、3人の設計者と1000人の職人、労働者を使い、2年の月日をかけて造った豪邸として知られている。ちなみに、当時のマイアミ市の人口は1万人だから、その1割を動員したことになる。完成は1916年。彼は完成後から死ぬまでの約9年間、毎冬をここで過ごしていた。

庭園に建つイタリア・ルネッサンス・スタイルの豪邸は、3階建てで70部屋。ヨーロッパのアンティークを収納できるように設計されているだけあって、どの部屋にも絵画や置き物、タペストリーなど、15～19世紀初めの美術品や骨董品が美しく飾られている。建物の東側の海に面したところには、飾り船(Barge)があり、ディアリングの豊かさをあらためて感じる。庭園は迷ってしまうほど広い。

どの部屋もゴージャスでため息が出る

ビスカヤミュージアム&ガーデン
住3251 S. Miami Ave.
☎(305) 250-9133
URL www.vizcayamuseum.org
開水～月9:30～16:30
休火、サンクスギビング、12/25
料$15、シニア／学生$10、6～12歳$6
行メトロレイルVizcaya駅からUS-1にかかる歩道橋を渡り、南へ5分歩く

体験できる博物館 地P.505

マイアミ科学博物館
Miami Science Museam

大人も子供も楽しめる体験型博物館。人工的に造った虹や、光と水を使った幻想的なシーンなどのコーナーもある。見て、触って、聞いて遊べるバラエティに富んだ博物館だ。

併設のプラネタリウムでは、その日のマイアミの空を上映。猛禽類の生態学的な研究やリハビリを行うワイルドライフ・センターにも入場できる。

マイアミ科学博物館
住3280 S. Miami Ave.
☎(305) 646-4200
URL www.miamisci.org
開毎日10:00～18:00（チケット売り場は17:30まで）
休サンクスギビング、12/25
料$14.95、シニア／学生／3～12歳$10.95
行メトロレイルVizcaya駅から南へ徒歩10分

豊富なプログラムをとおして楽しみながら科学を学べる

投稿 **夜のダウンタウンは運転に注意▶**運転者はいうまでもなくナビゲーターがしっかり地図を理解していないと危険な地区に迷い込む。マイアミ空港周辺は朝、渋滞するので余裕をもって。
（大阪市　森脇信吉　'06）['12]

キューバの雰囲気が漂うエリア 地P.505

リトルハバナ
Little Havana

今から約45年前、カストロ首相の台頭とともにマイアミへ移ってきた大勢のキューバ人がコミュニティを造ったのがこの地域。現在、マイアミ周辺には約50万人のキューバ系の人々が住んでいる。

ここは別名**ラテンクオーター　Latin Quarter**ともいわれている。中心街は**カレ・オチョ Calle Ocho**（スペイン語で8番街の意）と呼ばれるSW 8th St.のI-95から西、Douglas Rd.（SW 37th Ave.）あたりまでの間だ。店の看板はすべてスペイン語。レストランの従業員も英語の通じない人が多い。カフェでキューバンコーヒーを楽しんだり葉巻屋さんをのぞいたり、のんびり散歩してみよう。

市民の憩いの場ゴメスパークは通称ドミノパークと呼ばれている

リトルハバナ
行メトロレイルBrickell駅からメトロバス#6、8で

日差しがまぶしいショッピングゾーン 地P.505

ココナッツグローブ
Coconut Grove

ダウンタウンの南西8kmほどにある、おしゃれなショッピングゾーン。パステル調の店に南国の明るい日差しがまぶしく映える。テナントは100を超え、ブティックやテラスのあるレストランが多い。

ココウオーク Coco Walkというオープンモールもあり、コーラルピンクの珊瑚石でできた階段や手すりがココナッツグローブらしい。おなじみのカジュアル服ギャップのほかに、サーフ系ショップのマウイニックス、モノクロをテーマにしたシックなファッションを展開するホワイトハウス・ブラックマーケットなど個性的な店が並ぶ。映画館や、夜遅くまで営業しているバーやクラブ、レストランもある。このあたりには地元の若者が多い。

ココナッツグローブ
URL www.coconutgrove.com
行メトロレイルならダウンタウンから約8分のCoconut Grove駅から#249 Coconut Grove Circulatorで

●Coco Walk
住3015 Grand Ave., Coconut Grove
☎(305)444-0777
URL www.cocowalk.net
開毎日10:00～22:00（金・土～23:00）。レストランは延長あり

ワゴンタイプのお店もあるのでのぞいてみよう

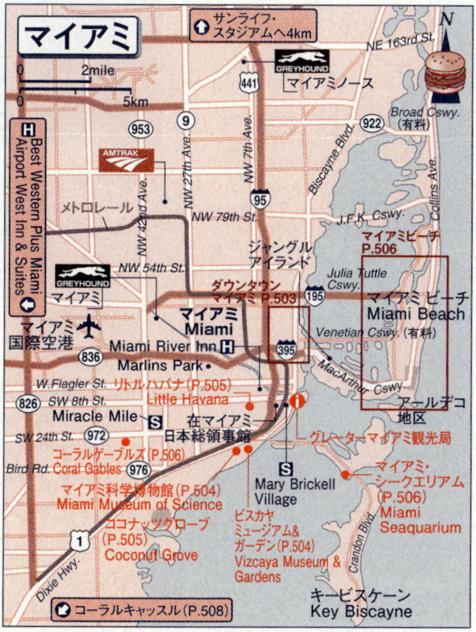

ミュージアムパークがオープン予定 ▶ アメリカン・エアラインズ・アリーナの北、Biscayne Blvd.沿いに2013年ミュージアムパークがオープンする。ヒストリーマイアミ、マイアミ美術館、マイアミ科学博物館が移転する予定。

マイアミの高級住宅街 地P.505

コーラルゲーブルズ
Coral Gables

ロスアンゼルスにビバリーヒルズがあるように、マイアミにはコーラルゲーブルズがある。広い道路、緑濃い街路樹、地中海スタイルの大邸宅……。南国の高級住宅地は一風変わった雰囲気を醸し出している。道行く人も、観光客より地元のおしゃれな若者が多い。

珊瑚石の石切場跡を利用して造った**ベネチアンプール Venetian Pool**は公共のプール。その美しさは一見の価値がある。もうひとつの見どころは、スペイン風タワーが美しい**ビルトモアホテル Biltmore Hotel**。外観もさることながら内装も豪華だ。

人魚のモデルとご対面 地P.505

マイアミ・シークエリアム
Miami Seaquarium

ビスケーン湾に浮かぶバージニアキーにある。「水族館」のイメージとはまったく違うユニークな展示が人気だ。熱帯の木々が茂っている。その周りを水路が走り、ウミガメ、エイ、サメやその他さまざまな魚が泳ぐ。ここはまた、ショーが充実している。シャチ、イルカ、アザラシ、サメなど多くのショーが園内のあちこちで行われる。何も芸はしないが、人魚のモデルといわれるマナティの不思議な姿を見ることもできる。最終回のショーは14:30から。

さまざまなショーのスケジュールは水族館入口でもらえる

マイアミビーチ Miami Beach

南国とよく調和する建築様式 地P.507 B

アールデコ地区
Art Deco District

ビーチの南端、Dade Blvd.から南の6th St.のあたりまでは、もともとアールデコ調の凝った建物が多かったエリア。近年これらの建物を修繕して町の美観を整えようと、おもな建物やホテルの外壁がパステルカラーに統一された。コーラルピンクやペパーミントグリーンがかわいい町並みは、ヤシの木やエメラルドの海によく似合う。特に10th St.の突きあたり付近のビーチからの眺めは絵ハガキのようだ。また、最近この地区の**オーシャンドライブ Ocean Dr.**沿いに、おしゃれなカフェやレストランが並び、マイアミの若者に人気のスポットとなっている。

1923年に造られた公共プールはマイアミの歴史的な名所でもある

コーラルゲーブルズ

●Venetian Pool
住 2701 De Soto Blvd., Coral Gables
☎ (305) 460-5306
URL www.coralgablesvenetianpool.com
開 火～金11:00～17:30、土・日10:00～16:30（メモリアルデイ～レイバーデイは毎日、2～4月初旬10:00～16:30）
休 2～5月の月、おもな祝日
料 $11
行 メトロバス#24で約40分。SW 24th St. at Toledo St.で下車

●Biltmore Hotel
住 1200 Anastasia Ave.
☎ (305) 445-1926
URL www.biltmorehotel.com
行 メトロバス#24で約40分。SW 24th St. at Columbus Rd.で下車、南へ8ブロック歩く

マイアミ・シークエリアム
住 4400 Rickenbacker Cswy.
☎ (305) 361-5705
URL www.miamiseaquarium.com
開 毎日9:30～18:00（チケット売り場は16:30まで）
料 $39.95、3～9歳$29.95
行 メトロレイルBrickell駅からメトロバス#102Bで約20分。シークエリアムの駐車場で下車

アールデコ地区
行 メトロバス#120など"Miami Beach"へ行くメトロバスに乗り約30分。ウェルカムセンターへ行く場合はWashington Ave. at 9th St.で下車

アールデコ・ウェルカムセンター
地 P.507 B
住 1001 Ocean Dr.
☎ (305) 763-8026
URL www.mdpl.org
開 毎日9:00～17:00
休 おもな祝日

アールデコ地区にある人気ホテルブレイクウォーター

メモ **アールデコ地区のウオーキングツアー**▶ウェルカムセンターにあるギフトショップから出発するウオーキングツアーが毎日行われている。ツアーは毎日10:30出発（木のみ18:30もあり）。所要時間90分。予約不要だが、出発時間の15分前までにウェルカムセンターへ行きチケットを購入しよう。料 $20

ヤシの木が常夏のマイアミを演出　地P.507　B

リンカーン・ロード・モール
Lincoln Road Mall

Washington Ave.の西、16th St.を1本北に入ると、一般車両立ち入り禁止の遊歩道になっているのがリンカーン・ロード・モール地区だ。道の両側には小粋なブティックや、評判の料理を食べさせてくれるレストラン、ショップ、クラブなど約160軒が連なっている。店やレストランの営業時間も長く、夜遅くまでにぎやか。日曜の午後は、オープンカフェでお茶をしよう。Meridian Ave.から西にはショップが、東にはレストランが多くある。

ショッピングも食事も両方楽しめる、女性にはちょっとうれしい通り

リンカーン・ロード・モール
住16th St.と17th St.の間に位置する。Lincoln Rd.のCollins Ave.からBay Rd.の間
行メトロバス#103C、112L、113M、119SでLincoln Rd.で下車

モール沿いに建つマイアミビーチ・コミュニティ教会

犠牲になった人々のための慰霊碑　地P.507　B

ホロコーストメモリアル
Holocaust Memorial

フロリダの抜けるような青空に向かって、救いを求めるように差し上げられた大きな手。第2次世界大戦中、ナチスによって大虐殺された600万人のユダヤ人のための慰霊碑である。1990年2月に完成した約13mの高さをもつ迫力のブロンズ像だ。周囲の大理石には、犠牲者の名前がびっしりと書き連ねられており、パネル写真はホロコースト（大虐殺）の残酷さを強烈に伝えている。

ホロコーストメモリアル
住1933-1945 Meridian Ave.
☎(305)538-1663
URL www.holocaustmmb.org
開毎日9:00〜日没
料無料
行メトロバス#123SBで19th St.下車

訪れる人はみな沈痛な面持ち。平和について考えてみよう

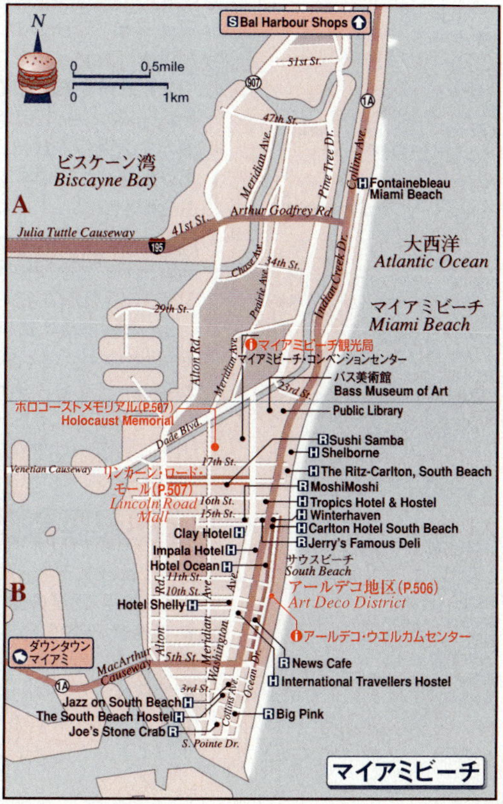

Excursion　郊外の見どころ

芸術か狂気か、一見の価値はある

コーラルキャッスル
住28655 S. Dixie Hwy.
☎(305) 248-6345
URL coralcastle.com
開毎日8:00〜18:00（金・土〜20:00）
料$15、7〜12歳$7
行公共の交通機関はない。I-95からUS-1に入り南下。SW. 157th Ave.を左折した左側。マイアミから60分

こんなものをひとりの人間が造ったとは！ 地P.505　外

コーラルキャッスル
Coral Castle

人間の恋心とは、ときにはとんでもないことをしでかす。結婚を1日後に控えて婚約者にふられたEdward Leedskaininという男は、28年間ひとり黙々と珊瑚石を使って世にも不思議な空間を造り続けた。ロッキングチェア、日時計、ハート型のテーブル、回転扉といったオブジェから寝室にいたるまで、すべてが珊瑚石で築き上げられている。これらは、彼をふった女性との甘い生活を夢見て造ったものだという。エドが64歳で孤独のうちに死んだのはもう60年以上も前の1951年。コーラルキャッスルは、恋によって一生を狂わされたひとりの男の悲哀を物語っている。

Spectator Sports　観戦するスポーツ

マイアミ・マーリンズ
（1993年創設）
本拠地——マーリンズ・パーク
Marlins Park（3万7000人収容）
地P.505
住501 Marlins Way
Free (1-877) 627-5467
URL miami.marlins.mlb.com
行メトロバス#17で約15分

この選手に注目！
ギャビー・サンチェス（一塁手）

ベースボール　MLB

マイアミ・マーリンズ（ナショナルリーグ東地区）
Miami Marlins

常に意外な展開を見せてくれるのがマーリンズだ。創設から5シーズン目の1997年には初のワールドシリーズに輝くが、翌年主力選手を放出。2003年に2度目の優勝を飾るものの、再び低迷した。'12年、マイアミ西に本拠地が移り、チーム名も改称された。

マイアミ・ドルフィンズ
（1966年創設）
本拠地——サンライフ・スタジアム
Sun Life Stadium（7万5192人収容）
地P.505　外
住2269 Dan Marino Blvd.
☎(305) 623-6100（スタジアム）
Free (1-800) 745-3000（チケット）
URL www.miamidolphins.com
行ダウンタウンの北約23km。タクシーで約30分（料約$35）

この選手に注目！
ブランドン・マーシャル

アメリカンフットボール　NFL

マイアミ・ドルフィンズ（AFC 東地区）　Miami Dolphins

3年連続で負け越し、ここ10年でプレーオフ出場はわずか1回という低迷状態。この間、ほぼ毎年、先発QBが入れ替わっており、それが成績に反映されている。2012年、MLBマーリンズが転出、1992年以来の専用球場となった。チームカラーはアクア・グリーン、オレンジ、ネイビー、ホワイト。

マイアミ・ヒート
（1988年創設）
本拠地——アメリカン・エアラインズ・アリーナ　American Airlines Arena（1万9600人収容）
地P.503
住601 Biscayne Blvd.
☎(786) 777-1000
URL www.nba.com/heat
行メトロムーバーFreedom Tower駅下車

この選手に注目！
レブロン・ジェイムス

バスケットボール　NBA

マイアミ・ヒート（東・南東地区）　Miami Heat

ここ9年で8度の勝ち越しとプレーオフ出場を果たしている強豪。2010-11年はファイナル初優勝の2005-06年以来の頂点に手が届くも、マーベリックスに借りを返される形で終わった。リーグ屈指の「スリー・キングス」がチームを牽引。チームカラーはブラック、ディープ・レッド、ホワイト、オレンジ。

ショップ&レストラン Shops & Restaurants

ショッピングモール

S リッチなお買い物はここでしよう
バル・ハーバー・ショップス
Bal Harbour Shops

住9700 Collins Ave., Miami Beach ☎(305)866-0311
URL www.balharbourshops.com 地P.507 A外
開月～土10:00～21:00、日12:00～18:00

マイアミビーチの北に位置するバル・ハーバー・ショップスは、とてもファッショナブルで高級なショッピングビル。レストランやカフェテリアもある。マイアミビーチから北行きのバス#120に乗り、96th St.で降りると目の前。('12)

ショッピングストリート

S 地元の若者が集まる
ミラクルマイル
Miracle Mile

住220 Miracle Mile, Coral Gables ☎(305)569-0311
URL shopcoralgables.com 地P.505 開店舗によって異なる

マイアミ随一の高級住宅街のすぐ近くに位置するショッピング通り。ジュエリー、ブティック、本屋などが通りに沿って軒を連ねる。メトロレイルDouglas Rd.駅からメトロバス#42で約10～15分。('12)

カフェ

R 24時間オープンの名物カフェ
ニュースカフェ
News Cafe

住800 Ocean Dr., Miami Beach ☎(305)538-6397
URL www.newscafe.com 開24時間営業 AMV 地P.507 B

チェアにゆったり腰をかけて新聞でも読みながら、あるいは大西洋を眺めながらコーヒーを飲む、そんなことが似合う店だ。バラエティに富んだコーヒー$9～9.75がおいしい。朝食セット$7.75～、メイン$7.75～。('12)

アメリカ料理

R ビーチでハンバーガーといえばココ！
ビッグピンク
Big Pink

住157 Collins Ave. at 2nd St., Miami Beach
☎(305)532-4700 URL www.bigpinkrestaurant.com
開毎日8:00～24:00(木～翌2:00、金・土～翌5:00)
MV 地P.507 B

マイアミビーチ南部、サウスビーチにあるハンバーガー店。ボリュームのあるハンバーガーが$7.75～12.25で食べられる。そのほかステーキは肉の種類によって$13.50～22.25。営業時間が長いのも心強い。('12)

アメリカ料理

R ステーキがおいしいと評判
ロス・ランチョス
Los Ranchos

住401 Biscayne Blvd. 地P.503
☎(305)375-8188 URL www.beststeakinmiami.com AMV
開月～金11:30～21:45、土・日12:00～23:00

ココナッツグローブの中心地、ココウオーク内にある。雑誌で“Best Steaks”と賞されたことも。人気のメニューは炭火で焼いたテンダーロインステーキChurrasco Los Ranchos $21。ほかにマイアミ市内に2店舗ある。('12)

シーフード料理

R 並んででも絶対食べたい人気のストーンクラブ
ジョーズ・ストーン・クラブ
Joe's Stone Crab

住11 Washington Ave., Miami Beach ☎(305)673-0365
URL www.joesstonecrab.com 地P.507 B
開〈10月中旬～5月中旬〉ランチ火～土11:30～14:00、ディナー毎日17:00～22:00(金・土～23:00)、〈5月下旬～7月下旬〉毎日18:00～22:00(金・土～23:00) 休8月～10月上旬 AMV

1913年創業。ここのストーンクラブというカニは、本当においしい！　ストーンクラブはサイズによって値段が違うが、とにかく量が多いので大人数で行くことをすすめる。営業日に注意。('12)

キューバ料理

R スポーツ観戦前にいかが？
ボンゴズ・キューバン・カフェ
Bongo's Cuban Café

住601 Biscayne Blvd.(アメリカン・エアラインズ・アリーナ内)
☎(786)777-2100 URL www.bongoscubancafe.com
開水～日17:00～22:00(土・日10:30～)、ナイトクラブ金・土22:00～ AJMV 地P.503

アメリカン・エアラインズ・アリーナにあるキューバ料理レストラン。オーナーはグロリア・エステファン。金・土の22:00からは、ナイトクラブもオープンし、ラテン音楽のライブ演奏なども行われる。ガーリックとモホソースで味付けしたステーキは$16。('12)

フュージョン料理

R おしゃれな店内が食欲をそそる
スシ サンバ
Sushi Samba

住600 Lincoln Rd., Miami Beach ☎(305)673-5337
開月～土12:00～24:00(火～翌0:30、水・木～翌1:00、金・土～翌2:00)、日11:30～翌1:00 AMV 地P.507 B

中南米と日本料理をミックスさせたフュージョン料理の店。サンバ・ドロモ・ロールはボリュームたっぷりの巻き物（$17）で、アメリカ人にも人気だ。お寿司のほか味噌汁や天ぷらもある。ちょっと高めではあるが、おしゃれな日本料理を楽しみたいならおすすめ。('12)

ホステル

ビーチに近い快適ユース
マイアミビーチ・インターナショナル・トラベラーズ・ホステル
Miami Beach Int'l Travellers Hostel

住236 9th St., Miami Beach, FL 33139　☎(305)534-0268
FAX(305)534-5862　URL www.hostelmiamibeach.com
ドミトリー$21～、個室$23～　JMV　地P.507　B

ビーチまで西へ2ブロック、歩いて2分のホステル。全室バス、トイレ、エアコン付き。スタッフはとても親切で、どこも掃除が行き届いていてきれいだ。自由に使えるキッチンと冷蔵庫があり、近くにスーパーマーケットもある。3食無料提供。('12)

ホステル

アールデコ地区にある
ジャズ・オン・サウスビーチ・ホステル
Jazz on South Beach Hostel

住321 Collins Ave., Miami Beach, FL 33139
☎(305)672-2137　URL www.jazzhostels.com
ドミトリー$20～、個室$85～　MV　地P.507　B

ニューヨークに何軒かある私設ホステルの系列。キッチン、コインランドリーあり。朝食やロビーでのWi-Fiは無料だ。ドミトリーは4～12人部屋。26室。('12)

ホステル

リンカーン・ロード・モールに近い
トロピックス・ホテル・アンド・ホステル
Tropics Hotel and Hostel

住1550 Collins Ave., Miami Beach, FL 33139
☎(305)531-0361　FAX(305)531-8676
URL tropicshotel.com
ドミトリー$16～40、個室$69～210　MV　地P.507　B

ビーチに近く、ショップやレストランが建ち並ぶリンカーン・ロード・モールも数ブロックの距離にある。昼はビーチ、夜はナイトライフを思い切り楽しめる。70室。('12)

ホステル

バーを併設したホステル
サウスビーチ・ホステル
The South Beach Hostel

住235 Washington Ave., Miami Beach, FL 33139
☎(305)534-6669　FAX(305)672-5495
URL www.southbeachhostel.com
ドミトリー$19.95～　JMV　地P.507　B

Washington Ave.沿いにある私設ホステル。空港への送迎あり（1日2回）。毎日18:00～20:00の間のハッピーアワーには、$1.50でビールを飲むことができ、朝食無料。ドミトリーは4～8人部屋。('12)

中級ホテル

ビーチまで1分、安くて安全なホテル
カールトンホテル・サウスビーチ
Carlton Hotel South Beach

住1433 Collins Ave., Miami Beach, FL 33139
☎(305)672-5858　FAX(305)534-6855
URL www.carltonsouthbeach.com
ⓈⒹⓉ$89～384　ADJMV　地P.507　B

一度泊まった人は必ずリピーターになると、評判のホテルだ。バス、トイレ、冷蔵庫、テレビ、エアコン付き。ビーチまで徒歩1分以内だから、水着でも行ける。ビーチ用のタオルとイスは無料で貸してくれる。67室。('12)

中級ホテル

空港送迎あり
ベストウエスタン・プラス・マイアミ・エアポート・ウエスト・イン&スイーツ
Best Western Plus Miami Airport West Inn & Suites

住3875 NW 107th Ave., Miami, FL 33178
☎(305)463-7195　FAX(305)463-7154
URL www.bestwestern.com
ⓈⒹⓉ$100～180
ADMV　地P.505　外

マイアミ空港から西に車で約15分。外装、内装ともにきれい。空港への送迎あり。部屋には冷蔵庫や電子レンジがあり、無料の朝食付き。103室。('12)

高級ホテル

お金持ちの気分を味わいに行こう！
フォンテンブロー・マイアミビーチ
Fontainebleau Miami Beach

住4441 Collins Ave., Miami Beach, FL 33140
☎(305)538-2000　URL www.fontainebleau.com　地P.507　A
ⓈⒹⓉ$329～909　ADJMV

ロビーがすばらしく、観光客用のデスクでは親切に応対してくれる。プールサイドに設けられた個室を借りてリッチな気分でバケーションを楽しむこともできる。1504室。('12)

高級ホテル

ワンランク上のリゾートステイを楽しむなら
リッツ・カールトン・サウスビーチ
The Ritz-Carlton, South Beach

住1 Lincoln Rd., Miami Beach, FL 33139
☎(786)276-4000　FAX(786)276-4100
URL www.ritzcarlton.com　地P.507　B
ⒹⓉ$329～1699、スイート$529～6000　ADJMV

建物は1953年に造られたマイアミ・モダンスタイルのディリドーホテルを改装したもの。バルコニー付きの部屋に泊まれば、窓の外に広がる大西洋と白い砂浜を存分に堪能することができる。375室。('12)

日本からアメリカへの国際電話のかけ方 ➡P.8～9
国際電話認識番号（001/0033/0061）＋（010）＋アメリカの国番号（1）＋市外局番＋電話番号

キーウエスト
Key West

陽気な南の海の始まり

キーウエストでは、海辺でのんびり過ごすのがいい

アメリカ合衆国本土の最南端キーウエストは、東西約5.5km、南北約2.5kmという小さな島だ。マイアミよりも、キューバの首都ハバナに近いという地理条件のため、かつて軍事戦略上の重要な基地だったが、現在はリゾート地としてにぎわっている。

抜けるような青空、スコールに洗われた輝く緑、赤や黄色の鮮やかな花々。南国の強烈な色彩が美しい。この島に住む人々は「コンク」と呼ばれる。物事にこだわらず、自由なこの島を愛するアメリカ人は多い。『老人と海』『武器よさらば』『誰がために鐘は鳴る』などで有名な作家アーネスト・ヘミングウェイが住んでいたことはよく知られている。葉巻きを持って、犬を連れ、大きくだぼっとしたTシャツを着て闊歩する……。いつかは住みたい町としてアメリカ人に人気の秘密は、そんな開放的でのんびりとしたところにあるのかもしれない。

新鮮なシーフードも堪能できる

GUIDE BOOK 地球の歩き方B10フロリダ編（1700円＋税）、B14テーマで旅するアメリカ編（1700円＋税）でもキーウエストを紹介していますので、ご活用ください。

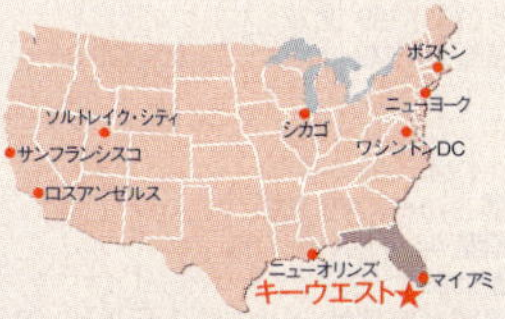

DATA

人口▶約2万4600人
面積▶14.4km²
標高▶最高6.7m
TAX▶セールスタックス　7.5%
ホテルタックス　12.5%
属する州▶フロリダ州
Florida
州のニックネーム▶サンシャイン州　Sunshine State
州都▶タラハシー　Tallahassee
時間帯▶イースタン・タイムゾーン P.631
繁忙期▶1～4月

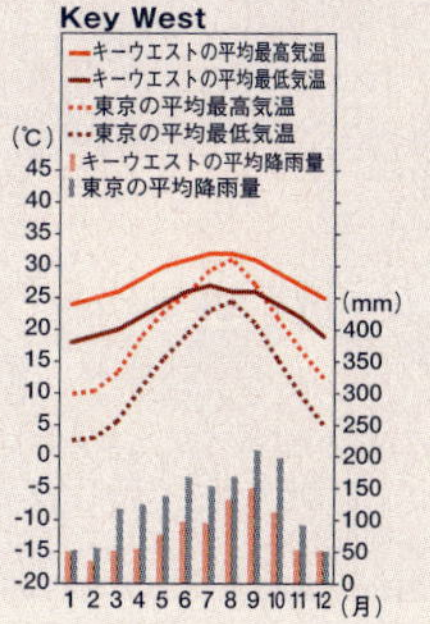

Getting There キーウエストへの行き方

飛行機 Plane

キーウエスト国際空港
Key West International Airport (EYW)

マイアミ、オーランドなどから直行便が飛んでいる。小型機ばかりの小さな空港だ。キーウエストのダウンタウンは島の西側にあるが、空港は島の南東側。ダウンタウンへは市バスも走ってはいるが、あまりにも運行間隔が長いので、ここはタクシーをすすめる。

キーウエスト国際空港
地P.515　C、D-2
住3491 S.Roosevelt Blvd.
☎(305)809-5200
URL www.keywestinternationalairport.com

■ 空港から／空港へのアクセス

	種類／名称／連絡先	行き先／運行／料金	乗車場所／所要時間／備考
タクシー	キーウエストキャブ Key West Cab ☎(305)293-6860	行き先▶市内や周辺どこでも 運行▶24時間随時 料金▶ダウンタウンまで約$15	空港発▶空港を出たところから乗車 空港行き▶事前に電話予約、または主要ホテルから乗車 所要時間▶ダウンタウンまで約15分

※それぞれの乗り物の特徴については P.665

長距離バス Bus

グレイハウンド・バスディーポ
Greyhound Bus Depot

マイアミのバスディーポからマイアミ国際空港を経由して約4時間30分（料$34)、1日2便の運行。キーウエストのバスディーポはキーウエスト国際空港の前にある。ダウンタウンまでタクシーで15分、約$15。

キーズシャトル
Keys Shuttle

マイアミ国際空港から5つの島を経由してキーウエストまでを4時間で結ぶシャトルバス。白い車体に赤いラインが入ったバスが目印だ。

グレイハウンド・バスディーポ
地P.515　D-2
住3535 S. Roosevelt Blvd.
☎(305)296-9072
開毎日7:30〜11:00、15:00〜18:00

キーズシャトル
☎(305)289-9997
Free(1-888)765-9997
URL www.keysshuttle.com
料$90
運行／毎日〈キーウエスト行き〉11:00、13:00、15:00、17:00、19:00、21:00発、〈マイアミ国際空港行き〉2:30、5:30、7:30、9:30、11:30、13:30発
※季節によって変更あり
※マイアミ国際空港1階の中洲にある"Public Bus Terminal"から乗車

Getting Around キーウエストの歩き方

見どころは、ほとんど歩いて行くことができる範囲にあるが、滞在時間が短い場合はレンタサイクルなどを利用しよう。ここを訪れたなら、ビーチでのんびりと過ごしたり、夕焼けや夜遊びも楽しみたい。**マロリースクエアMallory Square**では、きれいな夕日を見ることができ、みやげ物屋やカフェもたくさんある。また、**デュバルストリートDuval St.**を中心に、ほかのアメリカの町では考えられないほど、夜も非常ににぎやか。ただしアメリカであることを忘れず、治安に注意しながら遊ぶように。見どころを回るだけなら、1日で充分だが、町を知るためにも2〜3日は滞在したい。また、島内を巡るだけでなく、海にも出てみよう。

デュバルストリート周辺は夜もにぎやかだ

観光案内所 ……………… Visitors Information

キーウエスト商工会議所
Key West Chamber of Commerce

スラッピー・ジョーズ・バーSloppy Joe's Barから、Greene St.を東へ50m行った右側にあり、各種資料やクーポン券がもらえる。また、ホテルの紹介もしてくれるので利用しよう。ダウンタウンのイラストマップをもらっておくといい。

市内の交通機関 ……… Public Transportation

キーウエスト市バス
City of Key West Transit

キーウエストとフロリダキーズのマラソンを結ぶ路線バスと、キーウエストの島内を循環するバスを運行している。島内はグリーン、ブルー、オレンジ、レッドの4路線。オレンジとレッドは島の北側を通ってダウンタウンへ、グリーンとブルーは空港を経由して島を一周する。観光案内所で時刻表を必ず入手したい。

レンタサイクル、レンタルバイク
Rental Cycle, Rental Bike

キーウエストは自転車やスクーターで走るのにちょうどよい大きさの島。市バスは不便だし、観光用のバスは料金が高い。これらの利用をすすめる。

モペッドホスピタル　The Moped Hospital

Truman Ave.とSimonton St.の角。少々高めだが、デポジットはクレジットカード番号を控えるだけ。パンクなどは無料で修理してくれるし、トラブルのときは電話するとその場に来てくれるのでありがたい。

ツアー案内 ……………… Sightseeing Tours

コンク・ツアー・トレイン
Conch Tour Train

島内のおもな見どころを約1時間30分かけて回るガイドツアー。蒸気機関車の形をしたかわいらしい列車は、キーウエストではすっかりおなじみ。陽気な運転手が楽しいおしゃべりで車内を盛り上げてくれる。停車はマロリースクエア前、Front St. とDuval St.の角、Truman Ave.とDuval St.の角、Caroline St.とMargaret St.との角の4ヵ所。チケットは上記4ヵ所とウエブサイトで販売している。

オールドタウン・トロリーツアー
Old Town Trolley Tours

こちらのガイドツアーも島内を約1時間30分で回る。特徴は、途中ヘミングウェイの家やサザンモストポイントなど12ヵ所の乗車ポイントでの乗り降りが自由ということ。下車してゆっくり見学し、後続のトロリーに再乗車するなど、自分のペースで観光できるので便利。交通機関としても使える。チケットはマロリースクエアのブースやウエブサイトで販売。

キーウエスト商工会議所
地P.514　A-1
住510 Greene St., 1F
☎(305) 294-2587
URL www.keywestchamber.org
開毎日8:30～18:00

キーウエスト市バス
☎(305) 809-3910
URL www.kwtransit.com
運行／毎日6:00～18:00（グリーン～22:00、ブルー～20:00）
料$2（島内）。$4（キーウエスト～マラソン間）

白い車体にピンクとブルーのラインが入った市バス

貸出条件
ほとんどのレンタルショップでは利用する際、デポジットを必要とする。クレジットカードや現金、パスポートなど店によってかなり違うので充分検討してから借りよう

●The Moped Hospital
地P.514　A-2
住601 Truman Ave.
Free(1-866) 296-1625
URL www.mopedhospital.com
開毎日9:00～17:00（日10:00～）
料自転車1日レンタル$12、1週間$40。スクーター1日レンタル$35

コンク・ツアー・トレイン
☎(305) 294-5161
Free(1-888) 916-8687
URL www.conchtourtrain.com
運行／毎日9:00～16:30の30分間隔
料$29、12歳未満無料
休10月の最終土曜日

オールドタウン・トロリーツアー
☎(305) 296-6688
Free(1-800) 910-8687
URL www.trolleytours.com
運行／毎日9:00～16:30の30分間隔
料$29、12歳未満無料
休10月の最終土曜日

乗り降り自由なのがうれしい

フロリダと南部

キーウエスト FL フロリダ州

メモ **陽気で開放的な島** ▶Key West とは、スペイン語で“骨の島”という意味。キーウエストの自由な空気は、多くのアーティストに愛されてきた。また、近年は同性愛者にフレンドリーな町としても知られている。ゲイ専用のホテルもあるほどだ。

島一番の人気観光!? 地P.514 A-1

サンセットセレブレーション
Sunset Celebration

サンセットセレブレーション
住Mallory Square
URL www.sunsetcelebration.org

夕暮れどきには多くの人が集まってくるマロリースクエア

とても陽気な雰囲気のこの島では、夕日を見ることも“観光”になってしまう。日が沈む頃になると、**マロリースクエアMallory Square**にはみやげ物屋が増え、観光客が集い、夕日を見るベストポジションはいつの間にか占領されてしまう。さすがに南の島らしく、太陽の光線も鮮やかで、海に沈む夕日はとてもロマンティックだ。じっくり夕日を眺めるチャンスなんてそうそうないので、この機会に楽しもう。おおよその日没時間はウエブサイトで確認できる。事前にチェックしておこう。少し早めに行って絶好ポイントを確保したい。

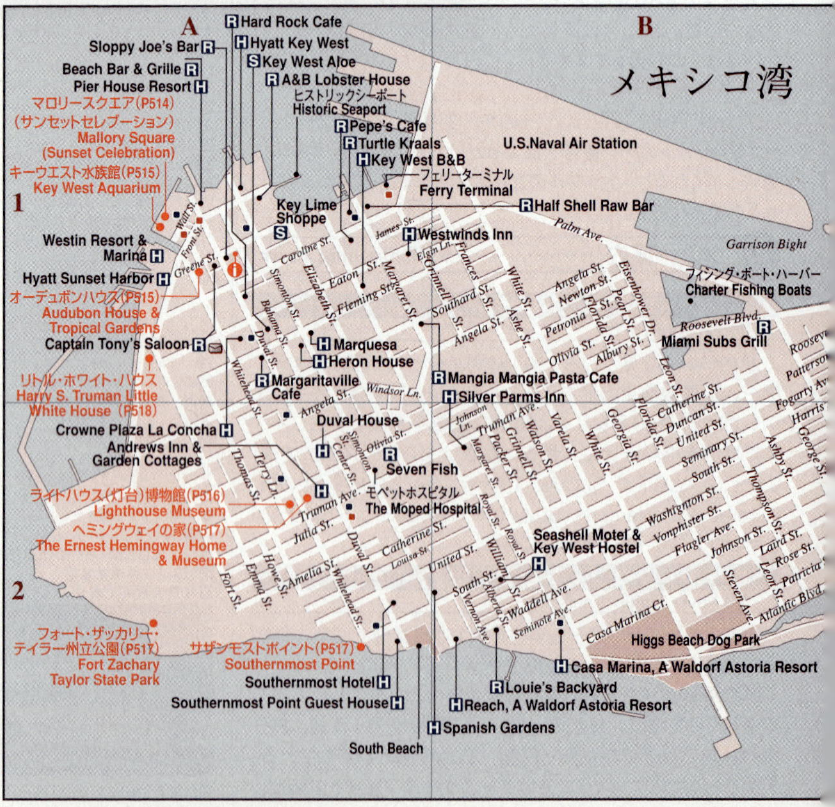

サメに触ることができる 地P.514 A-1

キーウエスト水族館
Key West Aquarium

マロリースクエアの奥にある素朴な水族館。特にサメの数と種類が多く、ガイドツアー（30～45分）に参加すれば、最後にサメに触らせてくれる。ほかにも各種の熱帯魚を見ることができるので、ダイビングに挑戦しようという人はここで予習しておくとよい。

キーウエスト水族館
住1 Whitehead St.
Free (1-888) 544-5927
URL www.keywestaquarium.com
開毎日10:00～18:00
料$15.05、4～12歳$6.45
ガイドツアー／11:00、13:00、15:00、16:30

鳥類を愛した学者の家 地P.514 A-1

オーデュボンハウス
Audubon House & Tropical Gardens

19世紀の中頃、水先案内人のジョン・H・ガイガーという男性が建てた木造の白い家。有名な鳥類学者のジョン・J・オーデュボンが滞在していたことから、現在は彼を記念した博物館として公開されている。オーデュボンは自然、特に鳥類を愛し、実に緻密な鳥のスケッチを多数残した。邸内には、そのうち数点を展示。繊細な線を用いた絵で、しかも表情や動きがあり、その細やかな観察力には驚かされる。また、深い緑に包まれた庭も一見の価値がある。

オーデュボンのスケッチは鳥類研究で高い評価を得ている

オーデュボンハウス
住205 Whitehead St.
☎(305) 294-2116
Free (1-877) 294-2470
URL www.audubonhouse.com
開毎日9:30～17:00
料$12、学生$7.50、6歳未満無料
行マロリースクエアからWhitehead St.を南に進み、Greene St.を過ぎた左側

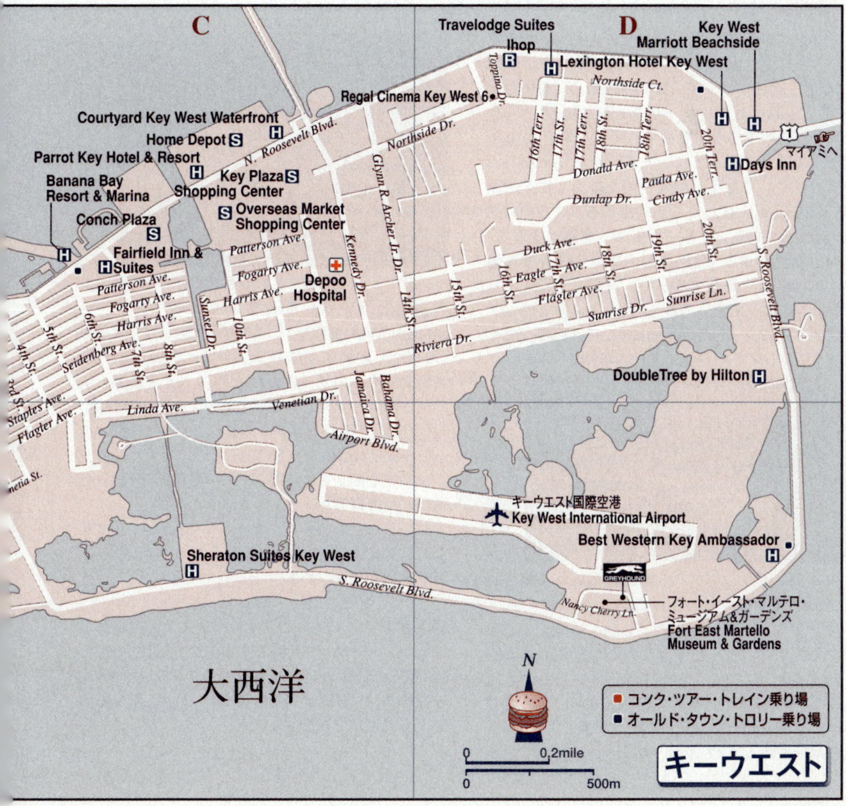

キーウエストの灯台 地P.514 A-2

ライトハウス（灯台）博物館
Lighthouse Museum

ライトハウス（灯台）博物館
住938 Whitehead St.
☎(305)295-6616
URL www.kwahs.com/lighthouse.htm
開毎日9:30〜16:30
休12/25
料$10、シニア$9、学生$5、6歳未満無料
行マロリースクエアからWhitehead St.を南へ徒歩10分。Olivia St.を過ぎたら右側にある

ライトハウス博物館からは、キーウエストの町を上から見ることができる

1847年に建造され、100年以上船乗りの道しるべとなった灯台だが、1969年にその役目を終え、現在は博物館として保存されている。高さ26mの塔の部分は'88年に修復を受け、まばゆいほどに白く輝いている。内部には、ライト部分に使われた直径3m以上のレンズや、第2次世界大戦中の日本の小型潜水艦に関する資料など、興味深い展示物がある。メキシコ湾が望める灯台のバルコニーにはぜひ上ってみよう。

また、灯台とは別棟に灯台の監視官が住んでいた家があり、その中が博物館になっている。

浅瀬の多いキーウエストは船がよく座礁した

旅のアドバイス マイアミからキーウエストへ

フロリダ半島の地図を開いてみると、その先端からさらに先、海の上を1本の道が走っているのに気付く。「オーバーシーズハイウエイ（海を越える道）」と呼ばれるUS-1がそれだ。約50の小さな島々が点在するフロリダキーズを、長短42もの橋で結びキーウエストにいたる「世界いち美しいハイウエイ」である。刻々と色を変えてゆく珊瑚礁の海を両側に見ながら走り抜ける。ここでしか味わえない快感だ。キーウエストを訪れるなら、往路か復路の少なくともどちらかは、飛行機を使わずにUS-1を走ってほしい。運転できる人ならぜひレンタカーで走ってみたいし、グレイハウンドバスとキーズシャトルも運行している。時間がなくとも1泊はして、キーウエストの町も楽しみたい。

マリーナから出航するボート。マラソンにて

マイアミ〜キーウエスト間は約160マイル（約250km）。車なら片道約3時間30分の道のりだ。

マイアミからUS-1を南下し約1時間。どこまでが沼地でどこからが海なのかわからない大湿原を越えると、フロリダキーズのうちで最も大きいKey Largoに入る。時間のある人なら、この島でダイビングなどのマリンスポーツを楽しむといい。この島を抜けると42の橋の始まりだ。やがてマラソンという小さな町をとおり過ぎると、このルートの白眉ともいうべき**セブンマイル・ブリッジSeven Mile Bridge**にかかる。全長6.79マイル（10.93km）の橋は、海を突き抜けてはるかに延びる。右側はメキシコ湾、左側は大西洋、広大な海と空に抱かれて、走るというより滑っていくそう快感。TVや映画で観た人も多いだろうが、この感覚は走ってみなければわからない。

真っすぐキーウエストへ延びるセブンマイル・ブリッジ

マイアミを出て3時間30分、天国を走り抜けた道は、西の果てキーウエストにいたる。

グレイハウンドバスにせよ、キーズシャトルにせよ、バスに乗るならなるべく前方の座席がよい。海が大迫力で楽しめる。

※

編集室より／マイアミ〜キーウエスト往復のグレイハウンドチケットを購入する場合、帰路の日付、時間の指定をしないと、適当に入れられてしまうとの投稿あり。また時刻表は季節によって異なるので、必ず現地で確認すること。

投稿 **キーウエストで見つけた博物館**▶オーデュボンハウスの近くにあるメル・フィッシャー海運博物館は、ロマンをかき立てられた。1860年にキーウエストにたどり着いた奴隷船や1700年代に沈没したとされる船から↗

ノーベル賞作家の家 地P.514 A-2

ヘミングウェイの家
The Ernest Hemingway Home & Museum

『老人と海』などで有名な文豪アーネスト・ヘミングウェイが、1931年からの10年間を過ごした家。1851年建造のスパニッシュコロニアル風の家の内外には、猫好きだった彼が飼っていた猫の子孫が、今でもたくさんうろついている。この家には、破天荒な生涯を送った彼らしい逸話が残っている。当時、2万ドルの巨額を投じてキーウエスト初の真水プールを造った彼は、プールが完成した際に「最後の1セントまで使い果たしてしまった」とジョークを飛ばし、1セントコインをまだ乾ききっていないセメントに押しつけたという。この家から生み出された『持つと持たぬと』といった名作は、彼の作家としての名声を不動のものとした。邸内は、書斎やリビングルームなどが当時のまま残されている。見学はツアーのみ。

作品を読んだことがなくても、訪れたい

ヘミングウェイの家
住907 Whitehead St.
☎(305) 294-1575
URL www.hemingwayhome.com
開毎日9:00〜17:00
料$12.50、子供$6、5歳未満無料
行マロリースクエアからWhitehead St.を南へ徒歩約10分。Olivia St.を過ぎたら左側にある

子猫の名前
ハリケーンのフランシスがフロリダを襲った2004年9月に生まれた子猫3匹は、それぞれのハリケーンの名前からとって「チャーリー」、「フランシス」、「アイバン」と付けられた。普通は有名人の名前から付けられるらしいが……

ヘミングウェイの愛した猫たちの子孫がいる

アメリカ最南端の地 地P.514 A-2

サザンモストポイント
Southernmost Point

Whitehead St.を南下して海に突きあたったところに、アメリカ合衆国最南端地点の碑が立っている。いつも記念写真を撮る観光客でにぎわい、周辺にはコンク貝などを売る露店が出ている。

ただし、本当の最南端地点は隣接する海軍基地内にある。

サザンモストポイント
URL southernmostpointusa.com
行マロリースクエアからWhitehead St.を歩いて約20分

海の向こうには……、と誰もが思いをはせる場所

静かに楽しむ海水浴 地P.514 A-2

フォート・ザッカリー・テイラー州立公園
Fort Zachary Taylor State Park

キーウエストで一番美しいといわれるビーチ。珊瑚が砕けてできた砂は、日が当たると目がくらむほど白く輝く。有料なだけあって、シャワー、トイレ、売店などの施設は充実しているので、丸1日遊んでいく人も少なくない。隣の砦について解説するツアーも行われている。

有料なだけに人もまばらで静かなビーチ

フォート・ザッカリー・テイラー州立公園
入口／End of Southard St. on Truman Annex
☎(305) 295-0037
URL www.fortzacharytaylor.com
開毎日8:00〜日没まで
料$2.50（徒歩、自転車）。車の場合は人数に応じて1人$4.50、2人$7、以降1人増につき50¢追加
行マロリースクエアからはWhitehead St.を進み、Southard St.を右折。検問所のようなところがあるがそのままとおれる。2番目のゲートが料金所だ（South St.あたりのモーテル街から行くときもSouthard St.まで行かなくては入れないので注意）。徒歩だと約25分。自転車で行くのにちょうどいい距離だ

↘引き上げられた財宝などが展示されていた。The Mel Fisher Maritime Museum 住200 Greene St. ☎(305) 294-2633 URL www.melfisher.org 開毎日8:30〜1700（土・日9:30〜）料$12.50、学生$10.50、子供$6.25
（ミズーリ州 てつ '11）['12]

第33代トルーマン大統領の別荘が博物館に　地P.514 A-1

リトル・ホワイト・ハウス
Harry S. Truman Little White House

マロリースクエアの近くにある瀟洒で洗練された邸宅で、1890年に建設されたもの。1946～52年にかけて、トルーマン合衆国第33代大統領が、家族やスタッフを連れて、たびたびここに滞在したため"リトル・ホワイト・ハウス"と呼ばれるようになった。

そう、ポツダム会談、広島と長崎への原爆投下、トルーマン・ドクトリンなどで知られる、あのH.S.トルーマンだ。ソビエトとの冷戦時代に突入していった頃、この穏やかな島で彼がどんな日々を過ごしたのか想像しながらのぞいてみよう。博物館は彼が使用した当時そのままに再現され、休暇中の大統領の素顔をとらえた秘蔵フィルムも上映されている。

やはり海はクルーズで楽しもう　地P.514 A-1

クルーズ
Cruise

キーウエストの一番の魅力はやはり海。美しい海と海面下の魚たち、そして海に沈む雄大な夕日……。これらを充分に堪能するひとつの方法がクルーズ船だ。船底に付いた窓から魚たちを見る**グラスボトム・ボート Glass Bottom Boat**から**サンセットクルーズ Sunset Cruise**、**ディナークルーズ Dinner Cruise**まで、数社がさまざまなクルーズを行っている。

時期や時間帯、天候などの条件が重なるとすばらしいサンセットを見ることができる。事前にチェックして貴重な体験をしよう。ちなみに、美しいサンセットがよく見えるのは1～2月の冷期。

リトル・ホワイト・ハウス
住111 Front St.
☎(305) 294-9911
URL www.trumanlittlewhitehouse.com
開毎日9:00～16:30。20分ごとにツアーで邸宅内を回る。ガーデンツアーは7:00～18:00に催行
料$16.13、5～12歳$5.38
行マロリースクエアからFront St.を南下し、Eaton St.とのT字路

クルーズ
出発／ウェスティン・リゾート&マリーナ Westin Resort & Marina、ヒストリックシーポート Historic Seaportなど
●Fury Water Adventures
Free (1-877) 994-8898
URL www.furycat.com
運航／サンセットクルーズ：夏期は18:00～20:00、冬期は17:00～19:00（時期により異なる）
料サンセットクルーズ$37、6～12歳$18.50（スナック、飲み物付き）
●Sebago Key West
住205 Elizabeth St.
☎(305) 294-5687
URL www.keywestsebago.com
料Catamaron Sunset Cruise:$39、子供$19.5

船の上から見る夕日もすばらしい

Excursion 郊外の見どころ

海生哺乳類の研究所　地P.515 地図外

ドルフィン・リサーチ・センター
Dolphin Research Center

マイアミ～キーウエスト間のマラソンという町の郊外にある。イルカやアザラシなど、海生哺乳類の生態を調査する目的で設立された非営利機関だが、一般の人々にも一部施設を開放している。ここのイルカは、マリンワールドなどの水槽とは違った、自然の環礁に低い網を張っただけの環境で飼育されている。そのせいか、ボランティアの研究者たちとの交流がとても自然で、まるで友達同士がふざけて遊んでいるような、楽しそうな顔をする。この機関では、一般の人々にイルカの生態をより理解してもらうために、8種類前後のプログラムを用意している。代表的なものが**Dolphin Encounter**（イルカとの出合い）。何人かのグループでイルカと一緒に泳ぎながら交流し、最後にその体験を話し合うというプログラムで、心に病をもつ人の治療にも用いられ、高い効果を上げているそうだ。ただし、このプログラムに参加するには、正確に英語を理解する能力が要求されるので、英語に自信のある人にだけおすすめ。

ドルフィン・リサーチ・センター
住58901 Overseas Highway, Grassy Key
☎(305) 289-1121
URL www.dolphins.org
開毎日9:00～16:30
休おもな祝日
料入場料$20、4～12歳$15。プログラムにより料金が異なる
行公共の交通機関はない。US-1のマイルマーカー59、大きなイルカの像が目印
●Dolphin Encounter
☎(305) 289-0002（予約）
料$189

身近で見るイルカは本当にかわいい

ショップ&レストラン Shops & Restaurants

コスメ

おみやげにも人気

キーウエストアロエ Key West Aloe

住419 Duval St. ☎(305) 293-1885
URL www.keywestaloe.com 地P.514 A-1
開毎日9:00〜22:00 AMV

日本でも"医者いらず"として知られるアロエを使ったスキンケア製品と香水の専門店。300種類もの商品は、すべて島内の工場で生産されている。アロエは日焼けにもとてもいい。ボディローションやキャンドルが人気。男性用の製品もある。('12)

食料品

名物のキーライムパイがおすすめ

キーライム・ショップ Key Lime Shoppe

住200A Elizabeth St. ☎(305) 296-0806
URL www.keylimeshop.com
開毎日9:00〜21:00 AMV 地P.514 A-1

同じ"Key"という文字が付くのにひっかけた、キーライムの専門店。キーライムを使ったクッキー、キャンディ、バス用品、お茶、ジュース、サルサなどが販売されている。('12)

アメリカ料理

お手頃な値段でシーフードを

ペペズカフェ Pepe's Cafe

住806 Caroline St. (bet. William St. & Roberto. Ln.)
☎(305) 294-7192 URL www.pepescafe.net
開毎日6:30〜23:00 MV 地P.514 A-1

創業1909年のキーウエストで一番古いレストラン。ホームメイドのメニューは土地の料理を楽しみたい人にはおすすめだ。ここでは、ステーキ(約$25)よりもフィッシュサンドイッチ(約$11)や魚料理を食べたい。('12)

アメリカ料理

心地よい音楽を聴きながら

マルガリータビルカフェ Margaritaville Cafe

住500 Duval St. ☎(305) 292-1435
URL www.margaritavillekeywest.com
開毎日10:00〜翌1:00
AMV 地P.514 A-1

キーウエストを拠点に活動するカントリー歌手ジミー・バフェットがオーナー。彼の1977年の大ヒット曲の名を冠したレストラン。$10〜15でおなかいっぱい食べられるカジュアルな店である。('12)

イタリア料理

白亜の建物がキーウエストっぽい!

マンジヤ・マンジヤ・パスタ・カフェ Mangia Mangia Pasta Cafe

住900 Southard St.
☎(305) 294-2469
URL www.mangia-mangia.com
開毎日17:30〜22:00 AMV 地P.514 A-1

地元の人にも旅行者にも人気のイタリアン家庭料理店で、連日にぎわっている。パスタ$12〜17、グリル料理$15〜17、シーフード$17〜30など。Southard St.とMargaret St.の交差するあたりにある。('12)

シーフード料理

魚料理がおすすめの民家風レストラン

ルイズバックヤード Louie's Backyard

住700 Waddell Ave. ☎(305) 294-1061
URL www.louiesbackyard.com 地P.514 B-2
開毎日11:30〜15:00、18:00〜22:30 休12/25 AMV

食事は裏庭でするのだが、近くに海岸があり景色もよく、テーブルにはキャンドルが灯され雰囲気も最高。グルーパーやイエローテイルなどの新鮮な魚料理がおすすめ。メイン料理で$30〜50。('12)

シーフード料理

カジュアルなシーフードレストラン

ハーフシェル・ロウ・バー Half Shell Raw Bar

住231 Margaret St. ☎(305) 294-7496
URL www.halfshellrawbar.com
開毎日11:00〜22:00 AMV 地P.514 A-1

貝のコンビネーション、生ガキやガーリック風味のカキ、コンクチャウダーなどキーウエストならではの新鮮な魚介類に加え、キーライムパイなど幅広く楽しむことができる。予算$20〜。('12)

シーフード料理

カメが描かれている壁が目印

タートルクラールズ Turtle Kraals

住231 Margaret St. ☎(305) 294-2640 地P.514 A-1 AMV
URL www.turtlekraals.com 開毎日11:00〜22:00(日12:00〜)

1849年ウミガメの缶詰工場としてオープンした、Historic Seaportにある名物店。1970年代にウミガメが全面的に保護されてからカメ料理は姿を消したが、今でも気取らないシーフード店として人気がある。裏のパティオや2階からメキシコ湾を眺めながらとる食事は最高。予算$20〜。('12)

ホステル&エコノミーホテル

バックパッカーのたまり場
シーシェルモーテル&キーウエスト・ホステル
Seashell Motel & Key West Hostel

住718 South St., Key West, FL 33040　☎(305)296-5719　FAX(305)296-0672
URL www.kwssm.com　ドミトリー$44、モーテル$79〜　MV　地P.514　B-2

キーウエストらしい自由な雰囲気のユースホステルで、清潔とはいえないが、世界中から若者が集まってくる。Simonton St.を南へ歩き、South St.を左折するとやがて右側。ドミトリー30ベッド、モーテル14室。('12)

中級ホテル

リゾートタイプのホテル
レキシントンホテル・キーウエスト
Lexington Hotel Key West

住3850 N. Roosevelt Blvd., Key West, FL 33040
☎(305) 294-6681　Free(1-800) 533-5024
URL www.hotelkeywestflorida.com　地P.515　D-1
ⓈⒹⓉ$129〜299　ADJMV

オーバーシーズ・ハイウエイの島の始まりにあり、道路の向こうはすぐ海という抜群のロケーション。レストラン、洗濯機と乾燥機など必要なものは備わっている。140室。('12)

中級ホテル

大変便利な白いゲストハウス
デュバルハウス
Duval House

住815 Duval St., Key West, FL 33040
☎(305) 292-9491　Free(1-800) 223-8825　FAX(305) 292-1701
URL www.theduvalhouse.com
ⓈⒹⓉ$135〜390　MV　地P.514　A-2

南国の木々に囲まれたプールに白い木造の家。部屋も広くとても清潔。インテリアはシンプルに統一されており、開放的。朝食付き。28室。('12)

中級ホテル

アメリカ最南端のモーテル
サザンモストホテル
Southernmost Hotel

住1319 Duval St., Key West, FL 33040
☎(305) 296-6577　Free(1-800) 354-4455　FAX(305) 294-3380
URL www.southernmostresorts.com
ⓈⒹⓉ$149〜349、スイート$259〜　AMV　地P.514　A-2

Duval St.とUnited St.の角にあり、サザンモストポイントやビーチまですぐのとても便利なモーテル。中庭にあるプールは快適度満点。124室。('12)

高級ホテル

女の子向けのコテージ
アンドリュースイン&ガーデン・コテージ
Andrews Inn & Garden Cottages

住Zero Whalton Ln., Key West, FL 33040
☎(305) 294-7730　Free(1-888) 263-7393　FAX(305) 294-0021
URL www.andrewsinn.com　AMV　地P.514　A-2
ⓈⒹⓉ$130〜219、コテージ$160〜359

Duval St.の900番台のブロックに小さな看板がある。客室には、いつもハイビスカスの花が飾られている。全室エアコン、TV付き。6室。('12)

B&B

ゆっくりできるB&B
キーウエストB&B
Key West Bed & Breakfast

住415 William St., Key West, FL 33040　☎(305) 296-7274
Free(1-800) 438-6155　FAX(305) 293-0306　地P.514　A-1
URL www.keywestbandb.com　ⓈⒹⓉ$79〜285　AMV

築100年以上の歴史をもつ3階建てのB&B。便利なオールドタウンにあり、ジャクージやサウナの設備も揃っている。フレッシュなフルーツたっぷりの朝食は無料。8室。('12)

B&B

海へ2ブロック
ウエストウインズ・イン
Westwinds Inn

住914 Eaton St., Key West, FL 33040
☎(305) 296-4440　Free(1-800) 788-4150　FAX(305) 293-0931
URL www.westwindskeywest.com
ⓈⒹⓉ$115〜255、スイート$180〜285　MV　地P.514　A-1

にぎやかなDuval St.やマロリースクエアから徒歩圏内ではあるが、喧噪から離れて静かに滞在したい人におすすめのB&B。プールやパティオ、車と自転車の駐車スペースもある。22室。('12)

New York & East Coast

ニューヨークと東部

アメリカ初の星条旗はフィラデルフィアにあるベッツィ・ロスの家で縫われた

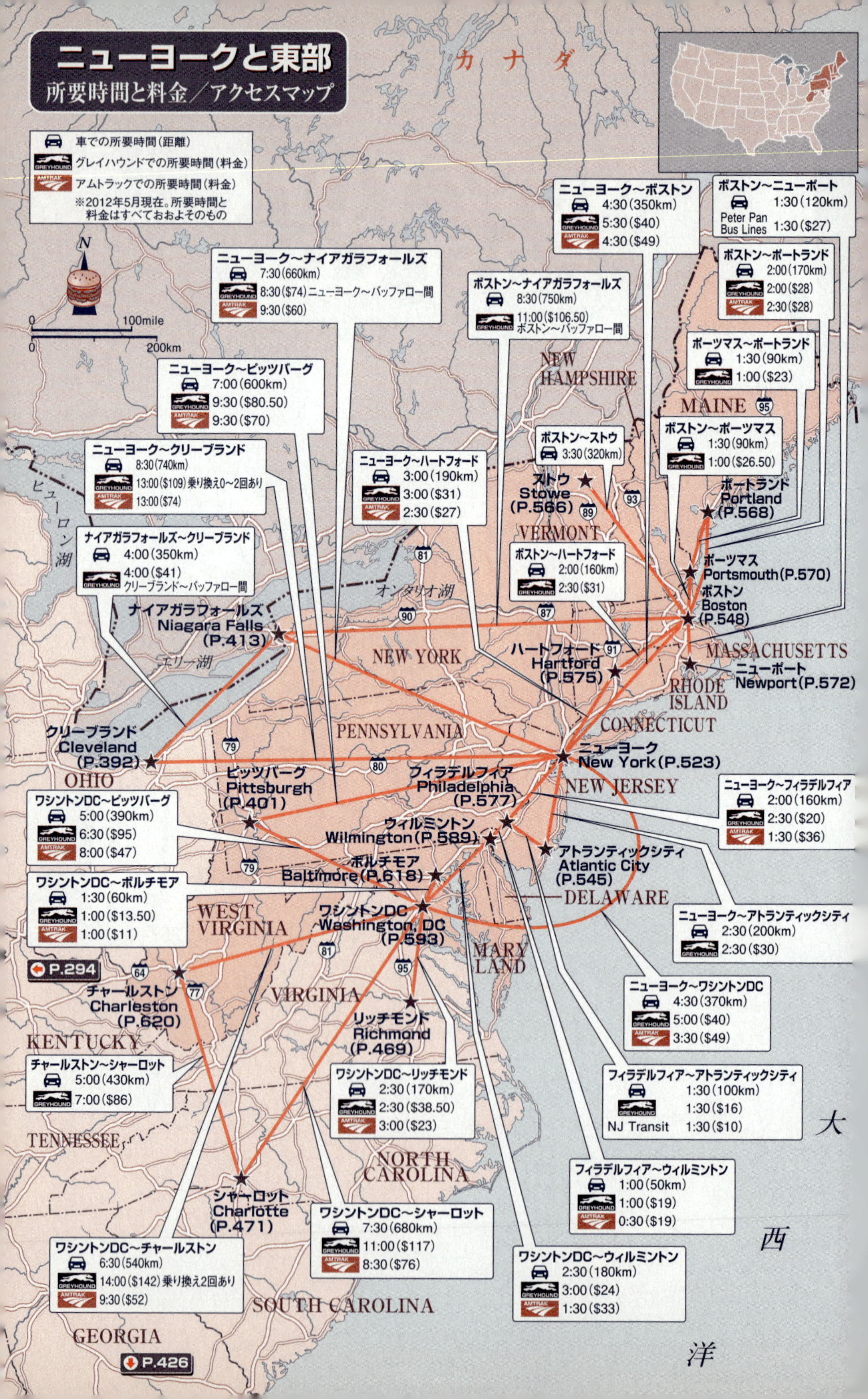

ニューヨークと東部
所要時間と料金／アクセスマップ
車での所要時間（距離）
GREYHOUND グレイハウンドでの所要時間（料金）
AMTRAK アムトラックでの所要時間（料金）
※2012年5月現在。所要時間と料金はすべておおよそのもの
N
0 100mile
0 200km
カナダ
ニューヨーク～ボストン 4:30（350km） 5:30（$40） 4:30（$49）
ボストン～ニューポート 1:30（120km） Peter Pan Bus Lines 1:30（$27）
ボストン～ポートランド 2:00（170km） 2:00（$28） 2:30（$28）
ポーツマス～ポートランド 1:30（90km） 1:00（$23）
ボストン～ポーツマス 1:30（90km） 1:00（$26.50）
ボストン～ストウ 3:30（320km）
ボストン～ナイアガラフォールズ 8:30（750km） 11:00（$106.50）ボストン～バッファロー間
ニューヨーク～ナイアガラフォールズ 7:30（660km） 8:30（$74）ニューヨーク～バッファロー間 9:30（$60）
ニューヨーク～ピッツバーグ 7:00（600km） 9:30（$80.50） 9:30（$70）
ニューヨーク～クリーブランド 8:30（740km） 13:00（$109）乗り換え0～2回あり 13:00（$74）
ニューヨーク～ハートフォード 3:00（190km） 3:00（$31） 2:30（$27）
ナイアガラフォールズ～クリーブランド 4:00（350km） 4:00（$41）クリーブランド～バッファロー間
ボストン～ハートフォード 2:00（160km） 2:30（$31）
NEW HAMPSHIRE
MAINE
VERMONT
MASSACHUSETTS
RHODE ISLAND
CONNECTICUT
NEW YORK
PENNSYLVANIA
NEW JERSEY
DELAWARE
MARYLAND
OHIO
WEST VIRGINIA
VIRGINIA
KENTUCKY
TENNESSEE
NORTH CAROLINA
SOUTH CAROLINA
GEORGIA
ヒューロン湖
オンタリオ湖
エリー湖
ストウ Stowe（P.566）
ポートランド Portland（P.568）
ポーツマス Portsmouth（P.570）
ボストン Boston（P.548）
ニューポート Newport（P.572）
ハートフォード Hartford（P.575）
ナイアガラフォールズ Niagara Falls（P.413）
ニューヨーク New York（P.523）
クリーブランド Cleveland（P.392）
ピッツバーグ Pittsburgh（P.401）
フィラデルフィア Philadelphia（P.577）
ウィルミントン Wilmington（P.589）
アトランティックシティ Atlantic City（P.545）
ボルチモア Baltimore（P.618）
ワシントンDC Washington, DC（P.593）
チャールストン Charleston（P.620）
リッチモンド Richmond（P.469）
シャーロット Charlotte（P.471）
P.294
P.426
ニューヨーク～フィラデルフィア 2:00（160km） 2:30（$20） 1:30（$36）
ワシントンDC～ピッツバーグ 5:00（390km） 6:30（$95） 8:00（$47）
ワシントンDC～ボルチモア 1:30（60km） 1:00（$13.50） 1:00（$11）
ニューヨーク～アトランティックシティ 2:30（200km） 2:30（$30）
ニューヨーク～ワシントンDC 4:30（370km） 5:00（$40） 3:30（$49）
チャールストン～シャーロット 5:00（430km） 7:00（$86）
ワシントンDC～リッチモンド 2:30（170km） 2:30（$38.50） 3:00（$23）
フィラデルフィア～アトランティックシティ 1:30（100km） 1:30（$16） NJ Transit 1:30（$10）
フィラデルフィア～ウィルミントン 1:00（50km） 1:00（$19） 0:30（$19）
ワシントンDC～シャーロット 7:30（680km） 11:00（$117） 8:30（$76）
ワシントンDC～ウィルミントン 2:30（180km） 3:00（$24） 1:30（$33）
ワシントンDC～チャールストン 6:30（540km） 14:00（$142）乗り換え2回あり 9:30（$52）
大西洋

ニューヨーク New York

世界で最も刺激的な町

世界中から人や食べ物、文化が集まるエネルギッシュな町

あらゆる人種と文化が混在する巨大都市ニューヨーク。アメリカの縮図であり、かつ最もアメリカらしくない町ともいわれる。同時にここはアメリカいち多くの旅行者が訪れる観光都市である。世界中から、すべての階層の人々をひきつけてやまない魅力がニューヨークにはあるのだ。

時代に先駆けた芸術やエンターテインメントから、グローバル経済を揺さぶる金融活動まで、世界へ向けての発信源でもあり続けるこの町には、人種や国籍を超えて一流の頭脳と才能が集まる。そしてここで暮らす人びとは、意思や目的は違っても、みな「自由」を尊重しつつ忙しく生きている。旅行者がこれほどよそ者扱いされず、放っておかれる町はほかにない。

ブロードウエイ、タイムズスクエア、5番街、グリニッチビレッジ、ソーホーなど、エネルギッシュで刺激に満ちた「生」のニューヨークに触れて、自分だけのニューヨーク素描を描いてほしい。

世界の金融の中心地ウォールストリート

GUIDE BOOK 地球の歩き方B06ニューヨーク編（1750円＋税）でもニューヨークを紹介していますので、ご活用ください。

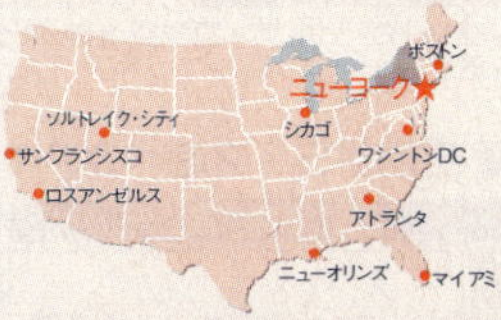

DATA

人口▶約817万5100人
面積▶784km²
標高▶最高125m　最低0m
TAX▶セールスタックス　8.875%（ニューヨーク市では$110未満の衣料品、靴などは非課税）ホテルタックス　14.75%＋1室につき1泊$3.50
属する州▶ニューヨーク州 New York
州のニックネーム▶帝国州 Empire State
州都▶オールバニー　Albany
時間帯▶イースタン・タイムゾーン ➡P.631
繁忙期▶4～6、9～11月

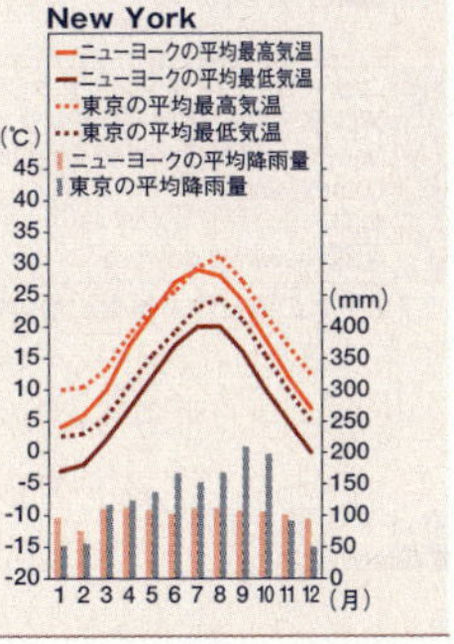

Getting There ニューヨークへの行き方

NYでの電話のかけ方

ニューヨークやシカゴなどの大都市で電話をかける際にほかの都市と異なる点がある。同じエリアコードからの電話でも、1+エリアコード（212、718、914、917、646、347）を含んだ計11ケタの番号をダイヤルすること

ジョン・F・ケネディ国際空港

☎(1-718) 244-4444
URL www.panynj.gov

ジョン・F・ケネディ国際空港の #8 ターミナル

飛行機 Plane

ニューヨークには3つの空港があり、日本からの直行便が運航されているのはジョン・F・ケネディ国際空港とニューアーク・リバティ国際空港のふたつ。ラガーディア空港はおもに国内線の離発着に利用される。

どの空港からでも利用できるスーパーシャトル

ジョン・F・ケネディ国際空港
John F. Kennedy International Airport (JFK)

ニューヨークの玄関口となる空港。国際線と国内線が離発着し、70以上の航空会社が乗り入れている。マンハッタンからは東へ約27kmの距離。

■ 空港から／空港へのアクセス

	種類／名称／連絡先	行き先／運行／料金	乗車場所／所要時間／備考
空港バス	ニューヨーク・エアポート・サービス New York Airport Service ☎(1-718) 875-8200 URL www.nyairportservice.com	行き先▶グランド・セントラル・ターミナル、ペンシルバニア駅、ポート・オーソリティ・バスターミナル 運行▶毎日6:05～23:00の30分間隔 料金▶片道$15、往復$25	空港発▶各ターミナルのExpress Bus Stopから出発。乗車し、車内でチケットを購入する 空港行き▶グランド・セントラル・ターミナル、ポート・オーソリティ・バスターミナルなどのバス停から乗車 所要時間▶グランド・セントラル・ターミナルまで約60～90分、ペンシルバニア駅まで約95～125分
空港シャトルバン	スーパーシャトル SuperShuttle Free (1-800) 258-3826 URL www.supershuttle.com	行き先▶市内や周辺どこでも 運行▶24時間随時 料金▶片道$19～（目的地により異なる）	空港発▶各ターミナルの交通案内カウンターで予約し、降車時に料金を支払う 空港行き▶事前に電話などで予約をしてから乗車 所要時間▶マンハッタンまで約45～90分
エアトレイン＋地下鉄	エアトレイン AirTrain Free (1-877) 535-2478 URL www.jfkairtrain.com 地下鉄 Subway ☎511 URL www.mta.info	行き先▶地下鉄の各駅 運行▶エアトレイン、地下鉄ともに24時間随時 料金▶$7.25（エアトレイン$5+地下鉄$2.25）	空港発▶各ターミナルからエアトレインに乗車し、地下鉄駅へ。Howard Beach-JFK駅からはAライン、Sutphin Blvd.-Archer Ave.-JFK駅からはE、J、Zの各ラインでマンハッタンへ 空港行き▶最寄りの地下鉄駅から乗車 所要時間▶マンハッタンまで約50分
バス＋地下鉄	MTA バス Q10 & 地下鉄 MTA Bus Q10 & Subway ☎511 URL www.mta.info	行き先▶地下鉄の各駅 運行▶バスは24時間随時、10～20分間隔。地下鉄は24時間随時 料金▶$2.25～4.75（バス$2.25+地下鉄$0～2.50）→下記メモ参照	空港発▶ターミナル4から乗車し、Ozone Park Lefferts Blvd.から地下鉄A、Kew Gardensから地下鉄EまたはFに乗り換え 空港行き▶最寄りの地下鉄駅から乗車 所要時間▶マンハッタンまで約100～120分
タクシー	ニューヨーク・シティ・タクシー・アンド・リムジン・コミッション New York City Taxi and Limousine Commission ☎311 URL www.nyc.gov/taxi	行き先▶市内や周辺どこでも 運行▶24時間随時 料金▶約$60（空港からマンハッタンへは$45均一＋有料道路通行料＋チップ＋税金）	空港発▶ターミナル前にある正規のタクシー乗り場（NYCタクシーの乗務員がいる）から乗車 空港行き▶マンハッタンならどこでもタクシーを拾うことができる 所要時間▶マンハッタンまで約40～60分

※それぞれの乗り物の特徴については ➡P.665

ニューアーク・リバティ国際空港

☎(1-973) 961-6000
URL www.panynj.gov

ニューアーク・リバティ国際空港
Newark Liberty International Airport (EWR)

ニュージャージー州にあり、おもに中距離と大陸横断の国内線、国際線用に使われている。コンチネンタル航空のハブでもあり、日本からの直行便も運航されている。

メモ　**バス＋地下鉄の料金**▶メトロカード使用の場合は、バスから地下鉄の乗り換えは1回無料なので、バスと地下鉄で合計$2.25。メトロカードを持っていない場合の料金は以下のいずれかになる。①バスの料金を現金で支払い（料$2.25）、地下鉄に乗り換える際にメトロカードを購入する（料$2.25）場合は合計$4.50。↗

■ 空港から／空港へのアクセス

	種類／名称／連絡先	行き先／運行／料金	乗車場所／所要時間／備考
空港バス	ニューアーク・リバティ・エアポート・エクスプレス Newark Liberty Airport Express Free (1-877) 863-9275 URL www.coachusa.com	**行き先**▶グランド・セントラル・ターミナル、ポート・オーソリティ・バスターミナル **運行**▶毎日4:00～翌1:00の15～30分間隔 **料金**▶片道$15、往復$27	**空港発**▶各ターミナルのシャトル乗り場から乗車 **空港行き**▶グランド・セントラル・ターミナル、ポート・オーソリティ・バスターミナルなどのバス停から乗車 **所要時間**▶マンハッタンまで約40～60分
空港シャトルバン	スーパーシャトル SuperShuttle Free (1-800) 258-3826 URL www.supershuttle.com	**行き先**▶市内や周辺どこでも **運行**▶24時間随時 **料金**▶片道$19～（目的地により異なる）	**空港発**▶交通案内カウンターで予約し、降車時に料金を支払う **空港行き**▶事前に電話などで予約をしてから乗車 **所要時間**▶マンハッタンまで約45～60分
エアトレイン＋鉄道	エアトレイン AirTrain Free (1-888) 397-4636 URL www.airtrainnewark.com アムトラック Amtrak Free (1-800) 872-7245 URL www.amtrak.com	**行き先**▶ペンシルバニア駅、フィラデルフィアやコネチカットなど **運行**▶エアトレインは24時間随時。アムトラックは毎日6:00～21:00頃まで **料金**▶$32～（エアトレインは無料）	**空港発**▶各ターミナルからエアトレインに乗り、終点Newark Liberty International Airport駅でアムトラックに乗り換え **空港行き**▶ペンシルバニア駅から乗車する **所要時間**▶マンハッタンまで約30～40分
エアトレイン＋鉄道	エアトレイン AirTrain Free (1-888) 397-4636 URL www.airtrainnewark.com NJ トランジット NJ Transit ☎ (1-973) 275-5555 URL www.njtransit.com	**行き先**▶ペンシルバニア駅 **運行**▶エアトレインは24時間随時。NJトランジットは早朝から深夜まで **料金**▶$12.50	**空港発**▶各ターミナルからエアトレインに乗り、終点Newark Liberty International Airport駅でNJトランジットに乗り換え **空港行き**▶ペンシルバニア駅から乗車 **所要時間**▶マンハッタンまで約40分
タクシー	シティ・オブ・ニューアーク・タクシー・アンド・リムジン・コミッション City of Newark Taxi and Limousine Commission ☎ (1-973) 733-8912	**行き先**▶市内や周辺どこでも **運行**▶24時間随時 **料金**▶$70～80＋有料道路通行料 ※ニューアーク・リバティ国際空港はニュージャージー州にあるため、料金には州外料金（$15）が含まれる	**空港発**▶ターミナル前のNJタクシーの乗務員がいる乗り場から乗車 **空港行き**▶マンハッタンならどこでもタクシーを拾うことができる **所要時間**▶マンハッタンまで約40～100分

※それぞれの乗り物の特徴については ➡P.665

ラガーディア空港
LaGuardia Airport (LGA)

マンハッタンから東へ約13kmのところにあり、中距離の国内線を中心に約20の航空会社が乗り入れている。

ラガーディア空港
☎ (1-718) 533-3400
URL www.panynj.gov

■ 空港から／空港へのアクセス

	種類／名称／連絡先	行き先／運行／料金	乗車場所／所要時間／備考
空港バス	ニューヨーク・エアポート・サービス New York Airport Service ☎ (1-718) 875-8200 URL www.nyairportservice.com	**行き先**▶グランド・セントラル・ターミナル、ペンシルバニア駅、ポート・オーソリティ・バスターミナル **運行**▶毎日7:30～23:00の20～40分間隔 **料金**▶片道$12、往復$21	**空港発**▶各ターミナルから乗車、チケットは車内にて購入 **空港行き**▶グランド・セントラル・ターミナルのバス停から乗車 **所要時間**▶マンハッタンまで約45～80分
空港シャトルバン	スーパーシャトル SuperShuttle Free (1-800) 258-3826 URL www.supershuttle.com	**行き先**▶市内や周辺どこでも **運行**▶24時間随時 **料金**▶片道$15～（目的地により異なる）	**空港発**▶各ターミナルの交通案内カウンターで予約し、降車時に支払う。またはバゲージクレーム（機内預け荷物のピックアップ場所）付近の専門デスクで申し込む **空港行き**▶事前に電話などで予約をしてから乗車 **所要時間**▶マンハッタンまで約45～60分
バス＋地下鉄	MTA バス M60 & 地下鉄 MTA Bus M60 & Subway ☎511 URL www.mta.info	**行き先**▶地下鉄の各駅 **運行**▶24時間随時、10～20分間隔の運行、バスは5:00～翌1:00 **料金**▶$4.50（バス$2.25＋地下鉄$0～2.25）➡P.524 欄外メモ参照	**空港発**▶各ターミナル前にあるMTAのバス停から乗車し、Lexington Ave. & 125 St.から地下鉄4、5、6へ、Lenox Ave. & 125 St.から地下鉄2、3へ、St. Nicholas Ave. & 125 St.から地下鉄A、B、C、Dへ **空港行き**▶地下鉄125th St.駅でバスに乗り換えて空港へ **所要時間**▶マンハッタンまで約60～90分
バス＋地下鉄	MTA バス Q33、Q48 & 地下鉄 MTA Bus Q33,Q48 & Subway	**行き先**▶地下鉄の各駅 **運行**▶MTAバスは毎日5：25～翌0:30（土・日6:30～）の10～30分間隔（土・日は30分～1時間間隔）。地下鉄は24時間随時 **料金**▶$4.50（バス$2.25＋地下鉄$0～2.25）➡P.524 欄外メモ参照	**空港発**▶マリン・エア・ターミナルからはQ48のバス、それ以外のターミナルからはQ33のバスに乗車し、地下鉄のJackson Heights駅から地下鉄E、F、M、R、7に乗り換え **空港行き**▶クイーンズにある地下鉄Jackson Heights駅でバスに乗り換え空港へ **所要時間**▶マンハッタンまで約40～60分
タクシー	ジョン・F・ケネディ国際空港の項を参照 ➡P.524	**行き先**▶市内や周辺どこでも **運行**▶24時間随時 **料金**▶$21～30＋有料道路通行料＋税	**空港発**▶各ターミナル前にあるタクシー乗り場から乗車 **空港行き**▶マンハッタンならどこでもタクシーを拾うことができる **所要時間**▶マンハッタンまで約30～40分

※それぞれの乗り物の特徴については ➡P.665

↘②バスの料金を現金で支払い、地下鉄はシングルライドチケット（1回乗車の切符、圏$2.50）を購入する場合は合計$4.75。詳しくは➡P.528 脚注参照。

長距離バス ······························ Bus

ポート・オーソリティ・バスターミナル
Port Authority Bus Terminal

中・長距離バスが約20ラインも発着する巨大バスターミナル。構内は広く、案内所でまず行き先を確認したほうがいい。

グレイハウンドGreyhoundのチケットカウンターは1階と地下1階、バスゲートは地下2～3階を占める。マンハッタンの中心にあり、空港や近郊地域へのアクセスにはとても便利。

案内所は1階8番街寄りにある

ポート・オーソリティ・バスターミナル
地P.530　B-1
住625 8th Ave.
☎(1-212)564-8484
●Greyhound
☎(1-212)971-6300
開24時間営業

1階にあるグレイハウンドの発券窓口は40th St.側

鉄 道 ······························ Train

ペンシルバニア駅
Pennsylvania Station

ミッドタウンのマディソン・スクエア・ガーデンの地下がペンシルバニア駅（通称“ペンステーション”）。駅の利用客は1日あたり60万人。アムトラック、NJトランジット、ロングアイランド鉄道などが乗り入れており、地下1階にチケットカウンター、案内所、待合室などがある。

アムトラックAmtrakのチケットを買ったら、“Train Departures”と書かれたリーフ式掲示板の下へ行き、自分の列車のゲート番号が表示されるのを待つ。出発5～15分前にホームへの（下りのエスカレーター）ゲートが開く。

ペンシルバニア駅
地P.530　B-1
住8th Ave. & 31st St.
●Amtrak
Free(1-800)872-7245
開24時間営業（チケット売り場は毎日5:10～22:00）

通称“ペン”駅の8番街側入口

Getting Around ニューヨークの歩き方

マンハッタン島は、ちょうど東京の山手線内ほどの広さだが、南北に細長く、東西は短い。道路は区画整備されているので、住所がわかれば旅行者でも探しやすい。歩いて見どころへ行くのも楽しいが、地下鉄やバスを乗り継いでの移動もしやすい町である。通りは、碁盤の目のようにきちんと配置されていて、原則的には南北を走るのがアベニュー（街）、東西を走るのがストリート（丁目）の名が付く。アベニューは東から西へと数字が大きくなり、ストリートは南から北へ数字が増える。

この決まりさえしっかり頭に入れておけば、一部のエリアを除きマンハッタンで迷子になることはない。

アベニューとストリートについて

マンハッタンの道路は14th St.以南は複雑であるが、それ以外は区画整備されていて、わかりやすい。
●アベニューAvenue(街)＝南北(縦)に走る通り
●ストリートStreet(通り)＝東西(横)に走る通り

ストリートStreet(略してSt.)は数字で示されるものを"丁目"、それ以外は、"通り"と本書では表している。例／58th St.は58丁目、Bleeker St.はブリーカー通り。また、ストリートStreetは、5番街 Fifth Avenueを境にウエストWest(W.)とイーストEast(E.)に分かれる。つまりE. 58th St.は58丁目のイーストサイドをいい、W. Houston St.はハウストン通りのウエストサイドをいう

旅のアドバイス　シティパス ➡P.693▶6ヵ所で使え、9日間有効。対象施設の窓口で購入可能。本来ならば合計$164、子供$120なので、かなりお得である。URL www.citypass.com　料$89、3～11歳$64。対象施設は①エンパイア・ステート・ビル➡P.532②アメリカ自然史博物館➡P.535③メトロポリタン美術館（メット）➡P.535↗

マンハッタンのエリアガイド

大きく分けると34丁目以南をダウンタウン Downtown、34丁目から59丁目をミッドタウン Midtown、59丁目以北をアップタウン Uptownと呼ぶことが多い。

豊かな黒人の音楽文化に触れることのできるハーレム地区

●アップタウン　Uptown

コロンビア大学に代表される**モーニングサイドハイツMorningside Heights**、アポロシアターが有名なアフリカ系アメリカ人の町の**ハーレムHarlem**、中南米からの移民が暮らす**スパニッシュハーレムSpanish Harlem**、リンカーンセンターやコロンバスサークルのある**アッパー・ウエスト・サイドUpper West Side**、ニューヨーカーたちの憩いの場である**セントラルパークCentral Park**、メトロポリタン美術館を中心にしたミュージアムマイルのある高級住宅地**アッパー・イースト・サイドUpper East Side**がある。

●ミッドタウン　Midtown

多くのショップ、劇場、レストランが軒を連ね、外国ばかりでなくアメリカ国内からの旅行者が行き交うニューヨーク観光の中心。ホテルも集中する。

●ダウンタウン　Downtown

かつては映画やファッション、近年はギャラリーが増えてアートシーンの地である**チェルシーChelsea**、閑静な住宅地区**グラマシーGramercy**、ワシントンスクエアの周辺に芸術家が住み始め、現在はレストランやブティックが集まる**グリニッチビレッジGreenwich Village**などがある。ビレッジの東側のSt. Marks Place近辺に日系のレストランやスーパーなどが集中する**イーストビレッジEast Village**、観光名所はないが倉庫街などにレストランが進出し、食の流行発信地となっている**トライベッカTribeca**、高級ブティックやカフェ、ギャラリーが点在するおしゃれで洗練された町**ソーホーとノリータSoho & Nolita**、Mulberry St.を中心にイタリアンレストランやデリが並ぶ**リトルイタリーLittle Italy**、全米で最大規模の**チャイナタウンChinatown**が観光客に人気だ。そして、ユダヤ人、プエルトリコ人はじめ多くの移民が住む町**ロウアー・イースト・サイドLower East Side**、金融街ウォールストリート、自由の女神へ行くフェリー乗り場、ワールド・トレード・センターのある**ロウアーマンハッタンLower Manhattan**がある。

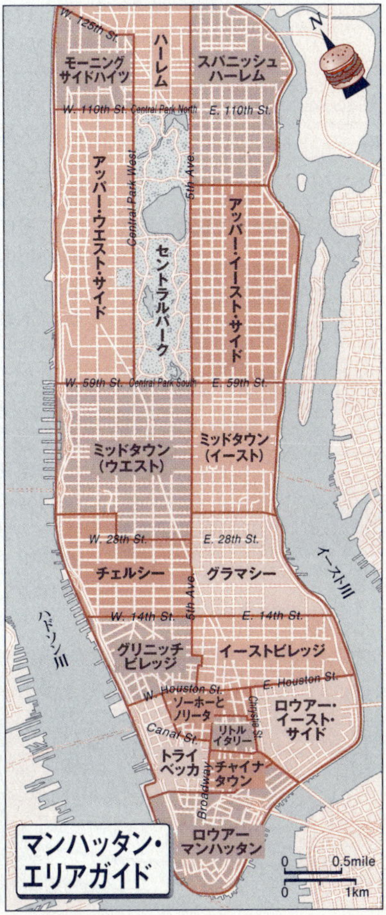

↘④ニューヨーク近代美術館（モマ）➔P.535 ⑤グッゲンハイム美術館➔P.536もしくはトップ・オブ・ザ・ロック➔P.531 ⑥自由の女神とエリス島➔P.534もしくはサークルライン・クルーズ。

ニューヨーク観光局

地P.530　A-1
住810 7th Ave.（bet. 52nd & 53rd Sts.）
☎（1-212）484-1222
URL www.nycgo.com
開月 ～ 金8:30～18:00、土・日9:00～17:00、おもな祝日9:00～15:00

●Times Square Visitor Center
地P.530　A-1
住7th Ave., bet. 46th & 47th Sts.
☎（1-212）768-1560
URL www.timessquarenyc.org
開毎日8:00～20:00（12/25、1/1を除く）

都市交通局

☎（1-718）330-1234（交通案内）、（1-212）712-4500（遺失物）、（1-212）330-1234（メトロカード）
URL www.mta.info

●Subway
料シングルライドチケット（1回乗車の切符）$2.50、メトロカードによる乗車$2.25

●MTA Bus
料$2.25（現金で支払う場合は1¢硬貨以外のコインのみ。紙幣は受け付けない。おつりが出ない）、急行バス$5.50

便利でお得なメトロカード

1回ごとに乗車料金が引かれるレギュラーRegularと乗り放題のアンリミテッドUnlimitedの2種類がある
料レギュラー$4.50～$100。アンリミテッド7日券$29、30日券$104
※2013年より、新しくメトロカードを発行するのに$1かかる予定

メトロカードは券売機でも買うことができる

バス料金は現金なら$2.25。ただし、おつりが出ないので注意

観光案内所 ……………… Visitors Information

ニューヨーク観光局
NYC's Official Visitor Information Center

地下鉄やバス路線図、各種観光パンフレット、ホテル、レストラン、演劇、スポーツ情報など必要なものがすべて入手できる。タイムズスクエアの観光案内所ではミュージカルのチケットが購入できるカウンターやATMもある。

市内の交通機関 ……… Public Transportation

都市交通局
Metropolitan Transportation Authority（MTA）

縦に細長いマンハッタンは南北の移動は地下鉄、東西の移動はバスが基本。地下鉄は$2.25～2.50（支払い方法により異なる）、バスは$2.25。

1枚持っていれば、バスも地下鉄にも使える

地下鉄に乗車の際はプリペイド式のメトロカード、もしくはシングルライドチケットが必要。バスはメトロカードかぴったりの金額の現金（コインのみ）を乗車時に支払う。乗り換えは地下鉄内は無料、バス同士の乗り換えは2時間以内1回無料。メトロカードで支払う場合のみ、地下鉄とバスの相互乗り換えが2時間以内1回無料。旅行者には地下鉄とバスの両方使えるメトロカード乗り放題パスが便利だ。

メトロカードとシングルライドチケットは地下鉄駅の自動券売機やブース、観光案内所などで購入できる。

地下鉄　Subway

路線名には数字とアルファベットがあり、アップタウン"Uptown（北行き）"とダウンタウン"Downtown（南行き）"の表示がある。改札によっては一方向だけのものもあるので、行き先の方角を確かめてから改札をくぐるように。

MTA バス　MTA Bus

マンハッタンのバスは、北上するアップタウンUptown、南下するダウンタウンDowntown、東西に走るクロスタウンCrosstownの3種類ある。バスからバスへの乗り換えは、乗車時の料金を支払う際にトランスファー（乗り換え）チケット Transfer Ticketをもらえば、2時間以内1回に限り無料。ただし、最初に乗ったのと同じ路線に乗ることはできない（同じ路線の逆方向も不可）。また、バスから地下鉄への乗り換えも不可。降車は窓枠横の黒いゴムテープを押して知らせる。

投稿　券売機▶$7分のメトロカードを購入しようとし、$20札を券売機に入れたら、「$6以上のおつりが必要なときは$10札を入れてください」と表示が出た。小額の紙幣を準備しておくほうがいい。
（江東区　のっぽ　'08）［'12］

タクシー
Taxi

ニューヨークのタクシーは黄色の車体をした通称“イエローキャブ”と呼ばれる、公認営業のもの。料金はメーター式。どこにでも流しているので、日本と同じように、手を挙げてつかまえるのが一般的。ただし、大きな駅前やホテルの前にタクシー乗り場がある場合は、そこで乗り込む。行き先は必ず「45th St. & 6th Ave., please」などとアベニューとストリートで指示すること。店やホテルの名前や住所などを告げただけでは、わからないことが多い。

ドアの開け閉めは自分でするのを忘れないように

タクシー
料最初の5分の1マイル（約320m）が$3で、5分の1マイルごとに40¢追加されていく。ただし、道路がとても込んでいるときなど時速19km以下での走行時は1分ごとに40¢ずつの加算となる。20:00～翌6:00は乗車ごとに50¢、また平日の16:00～20:00は乗車ごとに$1の追加料金が必要となる。
　チップは料金の15～20%が目安だが、最低でも$1。荷物や人数が多いときはチップも少し多めに払おう

ツアー案内 …………………… Sightseeing Tours

クルーズツアー
Cruise Tours

サークルライン　Circle Line

ハドソン川のピア83より出発する、昼は2時間または3時間、夜は2時間のマンハッタン島を回るクルーズがある。夏期は10:00～16:30の約1時間ごとに出航するが、冬期は1日1～3便（火・水曜は運休）しかないので時間を確認すること。

水上から眺める自由の女神も格別

ウオーターウエイ　NY Waterway

時間のない人にはマンハッタンの有名な景色を90分で楽しめるハーバークルーズが、おすすめ。ピア78から出航する。ミッドタウンなどからはピアまで無料のシャトルバスがある。

サークルライン
出発場所／Pier 83 (W. 42nd St. & 12th Ave)
☎(1-212) 563-3200
URL www.circleline42.com
料3時間クルーズ：$38、子供$25。2時間クルーズ：$34、子供$23

ウオーターウエイ
出発場所／Pier 78 (W. 39th St. & 12th Ave.)
Free (1-800) 533-3779
URL www.nywaterway.com
料$28、子供$17
　マンハッタンとニュージャージーを結ぶフェリーも運航している

時間のない人にはありがたいオールループツアー

グレイライン
Gray Line of New York

ダウンタウン路線はタイムズスクエア（住7th Ave., bet. 47th & 48th Sts.）、アップタウン路線は（住777 8th Ave.）から出発。

グレイライン
住1560 Broadway
☎(1-212) 445-0848
URL www.newyorksightseeing.com

ツアー名	料金	運行	所要時間	内容など
All Loops	大人$54 子供$44	アップタウン路線9:30～16:00、ダウンタウン路線8:30～17:00	約2～3時間	ダブルデッカーバスに乗り、自分の好きなところで降りて観光する。リンカーンセンター、メトロポリタン美術館、セントジョン大聖堂、ロックフェラーセンター、タイムズスクエア、エンパイア・ステート・ビル、グリニッチビレッジ、バッテリーパーク、自由の女神行きフェリー乗り場、サウス・ストリート・シーポートなど。チケットは2日間有効
Night Tour	大人$44 子供$34	タイムズスクエア出発17:30～19:30 777 8th Ave.出発18:00、18:30、19:00	約2時間	このツアーは好きなところでの乗り降りはできない。フルトンフェリー乗り場、タイムズスクエア、チャイナタウン、エンパイヤ・ステートビル、グリニッジ・ビレッジ、リトル・イタリー、ブルックリンビレッジなど

※上記以外にも、ヘリコプター、近郊の町へなど、いろいろなツアーがある。

旅のアドバイス　**タクシーでトラブルに遭ったら**▶何か問題があったら、メーターの上に掲示されている運転手登録番号を書き取り、NYC タクシーリムジン委員会☎(1-212) 692-8294 へ苦情を申し立てるとよい。

投稿 ニューアーク空港から▶マンハッタンまでは乗り換えなしのNJトランジットが便利。
（千葉県　斉田友子　'08）['12]

おもな見どころ Sightseeing

ミッドタウン地区 Midtown

ブロードウエイをはじめ、5番街の一流ブランドのブティックや高級デパート、そして摩天楼など、見どころが集中する地区がミッドタウンだ。

劇場街の中心 地P.530 A-1

タイムズスクエア
Times Square

タイムズスクエアは、ブロードウエイと7番街が交差する42丁目から47丁目の一画。劇場、ホテル、レストランが密集する劇場街である。かつて新聞社のニューヨークタイムズ本社がここにあったことから名前が付いた。

金色のプロメテウスで知られる 地P.530 A-1

ロックフェラーセンター
Rockefeller Center

5番街と6番街、48丁目と51丁目に囲まれたエリアに21のビルが林立するマンモスコンプレックス（大複合体）がロックフェラーセンター。黄金の彫刻プロメテウスが象徴的なロウアープラザは、夏はオープンカフェテリアとして色とりどりの噴水に彩られ、冬には豪華なクリスマスツリーとアイススケートリンクで有名な場所。センターの中心ともいうべき70階建てのG.E.ビル最上階は**トップ・オブ・ザ・ロックTop of the Rock**の愛称で親しまれ、昼夜を問わず見物客が絶えない名所だ。アールデコ様式の伝統ある劇場、**ラジオ・シティ・ミュージック・ホールRadio City Music Hall**はラインダンスで有名なロケッツのショーが毎年冬に行われる。見学ツアーは毎日行われている。

ゴシック様式が印象的 地P.530 A-2

セントパトリック大聖堂
St. Patrick's Cathedral

1888年に建てられたニューヨーク最大のカトリック大聖堂。ゴシック様式の壮麗な尖塔は高さが約100m。聖堂内には9300本のパイプで組まれたパイプオルガンがあり、ミサMassは一般客の入場も許される。

鉄道のもうひとつの玄関口 地P.530 A、B-2

グランド・セントラル・ターミナル
Grand Central Terminal

ペンシルバニア駅と並ぶミッドタウンの2大鉄道ターミナル駅で近・中距離列車が中心に乗り入れる。建物は地下が2層になっていて、1日の列車発本数は約660本、見学、利用者は50万人を超える。80軒近いレストランやショップをもつ大型ショッピングモールがあり、なかでも1913年の駅開設以来営業し続けるレストラン、オイスターバーOyster Bar➡P.543は有名だ。

昼間でもネオンがきらめくタイムズスクエア

タイムズスクエア
URL www.timessquarenyc.org

ロックフェラーセンター
住 48th～51st Sts. (bet. 5th & 7th Aves.)
☎ (1-212) 632-3975
URL www.rockefellercenter.com

アイススケートリンクは冬のニューヨークの風物詩

トップ・オブ・ザ・ロック
ロックフェラーセンターの展望台。入口は5th Ave.と6th Ave.の間の50th St.側にある
住 30 Rockefeller Plaza, bet. 5th & 6th Aves.
☎ (1-212) 698-2000
URL www.topoftherocknyc.com
開 毎日8:00～24:00（展望台行きエレベーターは23:00まで）
料 $25、シニア（62歳以上）$23、6～12歳$16、6歳未満無料

●Radio City Music Hall, Stage Door Tour
住 1260 6th Ave. (bet. 50th & 51st Sts.)
☎ (1-212) 465-6080
URL www.radiocity.com
ツアー／毎日11:00～15:00（出発時間は日により変わるが、ほぼ30分おき）
料 $19.25、シニア$15、12歳以下$12.50
※チケットは北隣のRadio City Sweets & Gift Shop (50th & 51st Sts.) で

セントパトリック大聖堂
住 14 E. 51st St., (bet. 50th & 51st Sts)
☎ (1-212) 753-2261
URL www.saintpatrickscathedral.org
開 毎日6:30～20:45

グランド・セントラル・ターミナル
住 42nd～45th Sts., Vanderbilt & Park Aves.
URL www.grandcentralterminal.com
開 毎日5:30～翌2:00

投稿 **トップ・オブ・ザ・ロック**▶夕方6時過ぎに行ったが、混雑もなくスムーズに昇れた。眺めはエンパイアに劣らずすばらしいもの。北側のセントラルパーク方向は邪魔する建物がなく、最高だった。風が強いので服装には注意したほうがいい。（千葉県　E.M　'06）['12]

対照的なデザインのふたつの摩天楼。左がメットライフビル、右がクライスラービル

メットライフビル
住200 Park Ave.（at 45th St.）

クライスラービル
住405 Lexington Ave.（bet. 42nd & 43rd Sts.）
※1階のロビー以外は一般客の入場不可

エンパイア・ステート・ビル
住350 5th Ave.
☎(1-212)736-3100
URL www.esbnyc.com
開毎日8:00～翌2:00。最終の昇りエレベーターは45分前まで
料$24、シニア$22、6～12歳$18。オーディオガイド(日本語あり)$8
※102階へのアクセスは大人$38、シニア$26、6～12歳$32、エクスプレス$62（2階と86階のチケット売り場で購入可）

マディソン・スクエア・ガーデン
住4 Pennsylvania Plaza（7th Ave. bet. 31st & 33rd Sts.）
☎(1-212)465-6741
URL www.thegarden.com

国連本部
住1st Ave. & 46th St.
☎(1-212)963-1234(代表)
URL www.un.org
ツアー／月～金9:45～16:45、土・日10:00～16:15のほぼ30分間隔。所要約60分
料$16、シニア／学生$11、子供$9
☎(1-212)963-7539、8687
休おもな祝日、国連総会期間中

イーストリバー沿いにそびえ立つ事務局ビル

外観だけでなく内装にも注目 地P.530 A-2

メットライフビル
MetLife Building

かつてはアメリカを代表する航空会社パンナムPANAMの本社ビルだったが、1992年にメットライフ MetLifeビルと名称が変わった。ニューヨークの摩天楼のなかでもひときわ目立つ建築であり、ランドマーク的存在でもある。

ニューヨークを代表する摩天楼 地P.530 B-2

クライスラービル
Chrysler Building

アール・デコ・スタイルのうろこ状の尖塔が特徴。1930年に完成した当時は尖塔をもつビルとして世界いちの高さを誇っていたという。尖塔は、ボルトを含め、すべてが輝きを放つステンレススチール製。

ニューヨークのシンボル 地P.530 B-1

エンパイア・ステート・ビル
Empire State Building

ワールド・トレード・センターのツインタワービル崩壊により、皮肉にも再びニューヨークいち高い建物として返り咲いた。地上381m（塔の先までは443m）の最上階は102階である。2階にあるチケット売り場で入場券を買い、まずエレベーターで80階まで上がり、再びエレベーターに乗り換えて86階（320m）の展望台に到着する。昼間の眺めはもちろん、イルミネーションで輝き出す夕暮れどきの町を楽しむのもおすすめだ。

マンハッタン島の西側を流れるハドソン川を見下ろす

スポーツアリーナや劇場の入った 地P.530 B-1

マディソン・スクエア・ガーデン
Madison Square Garden

8番街と33丁目の角に建つ大きな円柱形の建物が、スポーツとエンターテインメントの殿堂マディソン・スクエア・ガーデン。プロバスケットボールのニックスとアイスホッケーのレンジャーズの本拠地であるとともに、コンサートやプロレスなどの興行にも利用されている。地下は**ペンシルバニア駅 Pennsylvania Station**である。1879年、ここより南東に位置する実際のマディソンスクエアに建物が建てられたことが名前のゆえん。

本部は見学可能 地P.530 A、B-2

国連本部
The United Nations Headquarters

国際連合（略して国連）は第2次世界大戦が終結した1945年秋に世界の安全保障と経済・社会の発展を目指して発足した。国連本部には国連ビル、総会場、会議場、事務局、ハマーショルド図書館の4つのビルがあり、見学ツアーでは平和維持などの国連の活動ぶりが紹介される。

投稿 エンパイア・ステート・ビル▶天候が悪く、雲が低いところにあるときは展望台が早く閉まる。（江東区　のっぽ　'08）['12]

ダウンタウン地区 Downtown

特異な形の 地P.530 B-2

フラットアイアンビル
Flatiron Building

建築された1902年当時はフラービルと名付けられ、珍しかった鉄骨が用いられた。あまりの特異な形から、次第に今のFlatironビル（薄い鉄の建物）の愛称で親しまれるようになった。高さは90m、北側の狭いほうの角は2m弱しか幅がない。

見る角度によっていくつもの顔をもつビル

フラットアイアンビル
住175 5th Ave. (corner of 23rd St.)

グリニッチビレッジにある 地P.530 B-1、2

ワシントンスクエアパーク
Washington Square Park

周囲をニューヨーク大学New York Universityに囲まれ、学芸や文化活動が盛んなグリニッチビレッジにある。パリの凱旋門を模して1895年に建てられたアーチは5番街を南下してくると見える。第2次世界大戦後、政治、文学など時代の流行となったヒッピー文化が、サンフランシスコと同様にここでも盛んだった。

ワシントンスクエアパーク
住5 Ave.,Waverly Pl., W. 4th & Mac Dougal Sts.

5 番街はここを起点に北へ延びる

多くのニューヨーカーが足を運ぶ 地P.530 B-2

ユニオンスクエア
Union Square

いくつもの通りが交差することから、ユニオンスクエア（人々が集う場所）と呼ばれ、古くからニューヨーク市民の公園として親しまれている。園内は、ジョージ・ワシントンやエイブラハム・リンカーンの像が立ち並ぶ。週4日開かれるグリーンマーケット（新鮮な野菜や果物の市場）には多くの人が集まる。

ユニオンスクエア
住14th St., 17th St., Broadway, Park Ave. に囲まれた公園

ロウアーマンハッタン地区 Lower Manhattan

9.11の惨劇から立ち直るニューヨーク 地P.530 B-1

ワールド・トレード・センター
World Trade Center

ワールド・トレード・センター（以下WTC）は、2001年9月11日にアメリカで起きた同時多発テロで崩壊した。目下、その跡地では再開発が進められ、2013年に高さ541mの1WTCタワーが完成する予定だ。敷地の南に、**トリビュートWTCビジターセンターTribute WTC Visitor Center**が開館し、惨事を検証する展示スペースが設けられている。ガイドによるツアーが行われ、日本語で聞けるオーディオツアーもある。

WTC は多くの犠牲者を出した NYFD 分署（消防署）の隣にある

トリビュートWTCビジターセンター
住120 Liberty St. (bet. Church & Greenwich Sts.)
Free (1-866) 737-1184
URL www.tributewtc.org
開月～土10:00～18:00（火12:00～）、日12:00～17:00
料大人$20、12歳以下の子供は無料
ツアー／月～金11:00、12:00、13:00、14:00、15:00、土11:00、12:00、13:00、14:00、15:00、16:00
所要時間／1時間15分

世界金融の中心地 地P.530 B-2

ウォールストリート
Wall Street

ニューヨーク証券取引所 New York Stock Exchange（見学不可）、**連邦準備銀行 Federal Reserve Bank**、そして多くの銀行、証券会社が建ち並ぶ世界金融の中心地。2008年の9月、リーマンショックに端を発した金融危機もまさにここから始まった。

メモ **国連ビルから絵ハガキを出そう** ▶ ツアーの解散地点である国連本部の地下には郵便局とギフトショップがある。絵ハガキを買い、国連独自の切手を貼って出すことができる。切手は国連でしか買えないもの。

歩いて渡ることができる　地P.530　B-2

ブルックリンブリッジ
Brooklyn Bridge

1869年にマンハッタン島とブルックリンの間に最初に架けられた橋。2層に分けられた上層には木製のボードウオークの歩行者区間が設けられ、片道約30分のウオーキングが楽しめる。

ブルックリンブリッジ
行 地下鉄4・5・6のBrooklyn Bridge駅、R・WでCity Hall駅、M・ZのChambers St.駅から東へ徒歩5分

ニューヨークを代表する観光スポット

彼女に会いに行こう　地P.530　地図外

自由の女神
Statue of Liberty

自由の女神はマンハッタン島南端から約3km離れたリバティ島にあり、バッテリーパークからフェリーに乗って行く。観光客がいつも長蛇の列を作っているので、日程が決まっていれば、事前にウエブサイトでフェリーの予約をしておくことをすすめる。同一の乗船券でリバティ島と、移民博物館のあるエリス島にも上陸して見学することができる。また、自由の女神の内部を階段で上って冠の部分まで行くこともできるが、こちらもウエブサイトでの予約が必要。ただし、2012年秋まで改修工事が行われるため、内部の見学はできない。

自由の女神行きスタチュークルーズ
地 P.530　B-1
☎ (1-201) 604-2800
URL www.statuecruises.com
開 〈バッテリーパーク発〉8:30～15:30、〈自由の女神発〉9:30～15:30（ただしエリス島を見学するには14:00まで）
料 $13、シニア$10、4～12歳$5

冠部分の見学予約はずっと先の日でも難しい！
人気の高い自由の女神見学にはフェリーのチケットを電話かウエブサイトで事前に予約することをすすめる。ただし、2012年秋まで、改修工事のため像の中は見学できない

アップタウン地区　Uptown

59丁目以北のアップタウンには市民の憩いの場であるセントラルパーク、クラシックとオペラの殿堂のリンカーン・センターがあり、世界屈指の博物館や美術館が軒を並べる。

ニューヨーカーの憩いの場　地P.530　A-1

セントラルパーク
Central Park

マンハッタンの中心、東西は5番街からセントラル・パーク・ウエスト、南北は59丁目から110丁目までを占めるこの自然豊かな公園は都市設計の一環で造られた人工のもの。森の中で深呼吸をしたり、池や噴水を眺めながら、季節ごとに行われる催しものを楽しむのもいい。

献花が絶えないストロベリーフィールズのイマジン

セントラルパーク
URL www.centralpark.com

●Central Park Zoo
住 5th Ave. & 64th St.の角
☎ (1-212) 439-6500
URL www.centralparkzoo.com
開 〈4月中旬～10月〉毎日10:00～17:30、〈11～4月上旬〉毎日10:00～16:30
料 $12、シニア$9、3～12歳$7

クラシック芸術の殿堂　地P.530　A-1

リンカーンセンター
Lincoln Center

コロンバスサークルから北西へひと駅、62丁目から66丁目までの広大な敷地に**メトロポリタン・オペラ・ハウスMetropolitan Opera House**、**エイブリー・フィッシャー・ホール　Avery Fisher Hall** 、**デイビッド・H・コッホ劇場　David H. Koch Theatre**など、6つのホールが建つ。演劇、音楽、舞踊などニューヨークの舞台芸術の中核をなす総合センターだ（→P.538～539）。

リンカーンセンター
住 70 Lincoln Center Pl.（bet. 62nd～66th Sts.）
☎ (1-212) 875-5000
URL www.lincolncenter.org
行 地下鉄1で66th St. /Lincoln Center駅下車。MTAバスならM5、M7、M11、M66、M104が近くをとおる

●Lincoln Center Tour
公演の行われていないときに、劇場の内部を見学して回るガイド付きのツアーが行われている。見学するのは、エイブリー・フィッシャー・ホール、デイビッド・H・コッホ劇場、メトロポリタン・オペラ・ハウス。公演を観るチャンスがない人にとっては、劇場内に入って内装の豪華さを味わい、シートに座ってみるいい機会だ。運がよければリハーサル風景に出くわすことも……
☎ (1-212) 875-5350
ツアー／日によって変更されるが、おおむね毎日10:30～16:30の間、所要約1時間
料 $15、シニア／学生$12、6～12歳$8

投稿　**自由の女神**▶台座に上るとき、セキュリティチェックがあった。飲み物や食べ物はすべて没収される。
（滋賀県　上田真里乃　'08）['12]

ミュージアム＆ギャラリー Museum & Gallery

ニューヨーク圧巻の見どころといえば、メトロポリタン美術館。ここを中心にセントラルパークに沿った5番街は**ミュージアムマイルMuseum Mile**と呼ばれ、博物館や美術館が集中する。

3日あっても回りきれない大美術館 地P.530 A-1

メトロポリタン美術館（メット）
The Metropolitan Museum of Art (Met)

2009年5月に大改装を終えたアメリカン・ウイングをはじめ、19世紀ヨーロッパの絵画・彫刻、ギリシア・ローマ美術など20もの部門に分かれるメトロポリタン美術館。特別展や常設展を組み合わせたプログラムはいつ行っても見応えがあり、とうてい1日で見終えるのは不可能。インフォメーションのブースでは、日本語の館内見取図（Floor Plan）がもらえる。

マンハッタンの最北にある**クロイスターズ美術館 The Cloisters**はメトロポリタンの分館であり、同日なら共通入場券が使える。

NY屈指の人気ポイント 地P.530 A-1

ニューヨーク近代美術館（モマ）
The Museum of Modern Art (MoMA)

1929年、J.D. ロックフェラーJr. 夫人を含む3人の女性によって創設された。建物は日本人建築家谷口吉生のデザインによる。豊富な印象派の作品など、近代アートにコンテンポラリーアート専用ギャラリーも加えられた。マティスの『ダンス』、ダリの『記憶の固執』やピカソの『アヴィニヨンの娘たち』は必見。なお、バックパック、28×35.5cmより大きいポーチ、傘などの持ち込みは禁止されているので、1階の無料クロークで預けることになる。

恐竜のコーナーが人気！ 地P.530 A-1

アメリカ自然史博物館
American Museum of Natural History

“自然と人間との対話”をテーマに設立されたアメリカ自然史博物館は、セントラルパークから通りを渡った西側にある。3200万点以上の標本や収蔵品のうち館内に展示されているのは、わずか数％。博物館の入口は、Central Park West沿いの2階にあるので、まず1階まで下りてアメリカ先住民や海の生物から見始め、2階のアフリカの動物や民俗、さらに3階の霊長類と太平洋の人々、そして最後に当館最大の呼び物である4階の恐竜の展示を見学していくのがおすすめの道順である。

81丁目に面して建つ**ローズ宇宙センター Frederick Phineas and Sandra Priest Rose Center for Earth and Space**別館も一大エキシビジョンエリア。

メトロポリタン美術館（メット）
住1000 5th Ave., at 82nd St.
☎(1-212)535-7710
URL www.metmuseum.org
開火～日9:30～17:30（金・土～21:00）、祝日の月曜は開館
休月、サンクスギビング、12/25、1/1
料（任意）$20、シニア$15、学生$10、12歳未満大人同伴の場合無料
※同日であれば入館バッジでクロイスターズ美術館にも入館可
ツアー／ハイライト、印象派、東洋美術、エジプトなどさまざまな無料のツアーが行われている。内容やスケジュールは日によって異なるのでウエブサイトで確認すること。事前に予約をすれば日本語ツアー（火・金11:15～、木14:00～）もある。所要約1時間、無料

●The Cloisters
地P.530 地図外
住99 Margaret Corbin Dr., Fort Tryon Park
☎(1-212)923-3700
開〈3～10月〉火～日9:30～17:15、〈11～2月〉火～日9:30～16:45
休月、サンクスギビング、12/25、1/1
料メトロポリタン美術館と同じ

ニューヨーク近代美術館（モマ）
住11 W. 53rd St.
☎(1-212)708-9400
URL www.moma.org
開水～月10:30～17:30（金～20:00）
休火、サンクスギビング、12/25
料$20、シニア$16、学生$12、16歳未満大人同伴の場合無料

人々の動きさえもアートに見えてくる

アメリカ自然史博物館
住Central Park West at 79th St.
☎(1-212)769-5100
URL www.amnh.org
開毎日10:00～17:45
休サンクスギビング、12/25
料博物館のみ$16、シニア／学生$12、2～12歳$9（アイマックスやスペースショーなどを含むチケットは$20～32）

正面入口にあるバロサウルス

投稿 **MoMAは金曜夕方は入場料が無料**▶金曜日の15時頃に、ニューヨーク近代美術館に行った。1時間ほどすると人が急に増え始め、有名な絵画の前は人だかりができていた（16:00～20:00は入場無料）。ゆったりと名画を鑑賞したい人は、気を付けて欲しい。（栃木県　HIROKI-H　'10）['12]

カタツムリの中で現代美術を鑑賞　地P.530　A-2
グッゲンハイム美術館
Solomon R. Guggenheim Museum

自然光が差し込む吹き抜け

セントラルパークの東、5番街に面して建つグッゲンハイム美術館はフランク・ロイド・ライトの最後の建築。抽象画の父、カンディンスキーのほか、シャガール、ピカソ、クレー、ルソー、モジリアーニなど19世紀末からコンテンポラリーアートまでの作品が所蔵されている。来館者たちが知らぬまに美術館を一巡しているという、スパイラル構造が印象的な建築は、それ自体が美術作品。国定歴史建造物にも指定されている。

ニューヨーク派アーティストの作品が充実した　地P.530　A-2
ホイットニー美術館
Whitney Museum of American Art

1931年に設立されたこの美術館の最大の特徴は収蔵されている1万2000点の作品のほとんどが20世紀以降のアメリカ人アーティストによるものであること。デ・クーニング、ジャスパー・ジョーンズ、ウォーホル、リキテンスタインなど、特にニューヨーク派アーティストの展示品は見応えあり。

家具調度品にも注目したい　地P.530　A-2
フリックコレクション
The Frick Collection

70丁目の5番街とマディソンアベニューの高級住宅街にたたずむ美術館。もともとは鉄鋼王ヘンリー・クレイ・フリック氏の邸宅だった建物に、夫妻が収集したルネッサンス期からロココ期を中心にした絵画、彫刻など130点が展示されている。総大理石の邸宅や落ち着いた雰囲気の中庭の噴水、家具調度のすべてが鑑賞に値する。

デザインを主題にした全米で唯一の美術館　地P.530　A-2
クーパー・ヒューイット・デザイン美術館
Cooper-Hewitt National Design Museum

旧カーネギー邸に創られた美術館。デザインの歴史を包括する約25万点の絵画、テキスタイル、家具、アクセサリー、陶磁器、ガラス製品、日用雑貨などを所蔵する。館内には蔵書7万冊を超える図書館があり、予約をすれば誰でも閲覧できる。

館内のショップでは優れたプロダクトデザインの商品を揃えて販売している。ギフトを選ぶにはもってこいの場所。

日本生まれのデザインも多く紹介されている© Image by Harald T. Schreiber

グッゲンハイム美術館
住1071 5th Ave., at 89th St.
☎(1-212) 423-3500
URL www.guggenheim.org
開金〜水10:00〜17:45(土〜19:45)
休木、サンクスギビング、12/24、12/25
料$18、シニア／学生$15、12歳未満無料

ホイットニー美術館
住945 Madison Ave., at 75th St.
☎(1-212) 570-3600
URL www.whitney.org
開水・木・土・日11:00〜18:00、金13:00〜21:00
休月・火、サンクスギビング、12/25
料$18、19歳〜25歳$12、シニア／学生$12、18歳未満無料。金曜18:00〜21:00は寄付制

ゆっくりと時間が流れる中庭でひと休み

フリックコレクション
住1 E. 70th St., bet. 5th & Madison Aves.
☎(1-212) 288-0700
URL www.frick.org
開火〜土10:00〜18:00、日11:00〜17:00
休月、おもな祝日
料$18、シニア$15、学生$10、10歳未満入場禁止。日11:00〜13:00は寄付制

クーパー・ヒューイット・デザイン美術館
2013年まで改装のため閉館中（データは閉館前のもので、参考用）
住2 E. 91st St. (at 5th Ave.)
☎(1-212) 849-8400
URL www.cooperhewitt.org
開月〜木10:00〜17:00、金〜日10:00〜18:00
休サンクスギビング、12/25、1/1
料$15、シニア／学生$10、12歳未満は無料

メモ **ノリータの新しい美術館ニューミュジアムNew Museum**▶おもに現代美術品を所蔵・展示している。ユニークな建築は日本人建築家ユニットのSANAA（妹島和世＋西沢立衛）によるもの。住235 Bowery (bet. Houston & Prince Sts.)　☎(1-212) 219-1222　URL newmuseum.org

エンターテインメント Entertainment

これほど多くのミュージカル、オペラ、演劇、コンサートが昼夜を問わずいたるところで繰り広げられる町はここニューヨークだけ。趣味、予算、時間、場所など、一人ひとりの好みで演目を選んで楽しみたい。

情報の集め方

『ビレッジボイス Village Voice』、『ニューヨーカー New Yorker』、『ニューヨークタイムズ New York Times（日曜版）』などの雑誌や新聞は、エンターテインメント情報も充実しており便利。これらは書店、駅前の売店などで入手できる。また、観光情報誌『ウエア where』、『シティガイド City Guide』はミュージカル、コンサート、ライブハウス、映画などを紹介。

チケットの入手方法

各劇場のボックスオフィス

演目、座席などを確認しながら決められる一番確実な購入方法。人気のショーでも、1週間ぐらい先なら入手できることが多い。売り切れでどうしても観たいときは、当日開演2時間くらい前から売り出す当日券（枚数は日によって異なる）を求める方法もある。立見券を発売する劇場もある。

チケッツ tkts

ブロードウエイなどの残った当日券を20～50%割引で売っているチケットオフィス。前日までに売れ残ったチケットなので、大ヒット中のものは買えない場合が多い。売り場前のボードに当日売り出されるショーの名前が掲示される。窓口も増えたので、以前より待ち時間が短いと好評だ。時間があってお金のない人向き。

チケット会社

「チケットマスターTicketmaster」や「テレチャージTele-Charge」は日本でいう「チケットぴあ」のような総合チケット会社。ブロードウエイのショー、スポーツ、イベントやコンサートなど幅広く取り扱う。ウエブサイトからの予約が一般的で、支払いはクレジットカードとなる。チケットの受け取り方はそれぞれ異なるが、これなら日本でも購入できる。また、チケットマスターは、デパートのメイシーズMacy'sなどにカウンターを設け、ここでは直接購入ができる。要手数料。

ミュージカルのハシゴもここならできる

tkts
料手数料$4
A M V
●Times Square
住W. 47th St. & Broadway
開毎日15:00～20:00、（火14:00～）（夜の部）、水・土10:00～14:00、日11:00～15:00（昼の部）
●South Street Seaport
住Front & John Sts.
開月～土11:00～18:00、日～16:00（冬期は休み）
●Downtown Brooklyn
住1 Metrotech Center（Jay St. & Myrtle Ave.）
開火～土11:00～18:00（15:00～15:30は休）
South Street SeaportとDowntown Brooklynの支店はマチネ（おもに午後の公演のため安い）のチケットが前日に買える
※システム、サービス内容は同じなので、あまり待たずに済むSouth Street Seaport Downtown Brooklynの支店がおすすめ

チケットマスター
URL www.ticketmaster.com
●Macy's
住151 W. 34th St., bet. Broadway & 7th Ave.
開月～土10:00～21:30、日11:00～20:30

テレチャージ
☎(1-212)239-2959(日本語)、(1-212)239-6200
Free (1-800)432-7250
URL www.telecharge.com

ミュージカル

タイムズスクエア周辺の大劇場で行われる「ブロードウエイ」ミュージカル、ダウンタウンの劇場で上演される「オフ・ブロードウエイ」、そしてカフェやロフトなどの小劇場で行われる「オフオフ・ブロードウエイ」など、すべてがまさしく本場ニューヨークを代表するエンターテインメント。リンカーンセンターなどの大きなシアターで公演するものもある。

ショービジネスのメッカ、ブロードウエイ

投稿 **tktsでのチケット購入▶**サウス・ストリート・シーポートのtktsに行った。当日または翌日のチケットが35～50%程度で購入できる。10時くらいから購入できるチケットの種類が貼り出され、10時半から人が並び始めるよう。オープンの11時には50～100人くらいの列になるが、15～20分程度で順番が回ってくる。（横浜市　N.K　'06）['12]

ブロードウエイ&オフ・ブロードウエイの人気ミュージカル&ショー

（2012年4月現在）

作品名／URL	劇　場	上演日	料　金	上演時間	電　話
ウィキッド　Wicked	Gershwin 住222 W.51st St.	〈昼の部〉水・土・日 〈夜の部〉火～土	$26.50～146.25	2時間45分	(1-212) 307-4100
ライオン・キング　Lion King	Minskoff 住200 W.45th St.	〈昼の部〉水・土・日 〈夜の部〉火～土	$87～147	2時間45分	(1-212) 307-4747
メリー・ポピンズ　Mary Poppins	New Amsterdam 住214 W.42nd St.	〈昼の部〉水・土・日 〈夜の部〉火～日	$30.00～122.00	2時間40分	(1-212) 307-4747
ジーザス・クライスト・スーパースター Jesus Christ Superstar	Neil Simon 住250 W.52nd St.	〈昼の部〉水・土・日 〈夜の部〉火～土	$62～142	2時間30分	(1-800) 745-3000
ブルーマン・グループ Blue Man Group （オフ・ブロードウエイ） URL www.blueman.com	Astor Place Theatre 住434 Lafayette St.	〈昼の部〉水・土・日 〈夜の部〉毎日	$32～94	2時間 （休憩なし）	(1-212) 307-4100
ストンプ　Stomp （オフ・ブロードウエイ） URL www.stomponline.com	Orpheum Theater 住126 2nd Ave.	〈昼の部〉土・日 〈夜の部〉火～日	$30～72.50	1時間30分 （休憩なし）	(1-212) 307-4100

オペラとクラシックとバレエ

世界一流の芸術家たちの生のパフォーマンスを観に一度は出かけたい。公演場所はリンカーンセンターに集中する。

メトロポリタンオペラ　The Metropolitan Opera

世界屈指のメトロポリタン・オペラ（通称MET）は、オペラハウスの規模や年200回という公演回数においては世界いち。9月下旬から5月下旬がシーズン。

ニューヨーク・シティ・オペラ New York City Opera

入場料金の安さと、団員の90%がアメリカ人であることがシティオペラの自慢。ヨーロッパオペラを英語で上演したり、字幕を付けるなどわかりやすいように工夫されている。シーズンは9～11月と3～4月。

芸術文化の中核をなすリンカーンセンター

アメリカン・バレエ・シアター American Ballet Theatre

1940年創立のアメリカを代表するバレエ団。定期公演は5～7月までメトロポリタン・オペラハウスで行われ、10月の後半2週間はシティセンター（住130 W. 56th St.）でも公演が見られる。

ニューヨーク・シティ・バレエ New York City Ballet

レパートリーに古典が少なく、振付家による作品が多いのが特色。見逃せないのが、ニューヨーカーにとって風物詩でもある『くるみ割り人形　Nutcracker』。11月末から1月初めにかけて上演される。

メトロポリタンオペラ
ホームホール――メトロポリタン・オペラ・ハウス（リンカーンセンター内）Metropolitan Opera House
地P.530　A-1
住65th St., bet. Columbus & Amsterdam Aves.
☎(1-212)362-6000(チケット)
URL www.metopera.org
開チケット売り場／月～土10:00～20:00、日12:00～18:00
※立見席は$20(月～金)、$25(土・日)。開演当日の10:00に売り出される

ニューヨーク・シティ・オペラ
ホームホール――デイビッド・H・コッホ劇場（リンカーンセンター内）David H. Koch Theater
地P.530　A-1
住20 Lincoln Center
☎(1-212)870-5600
URL www.nycopera.com
料$25～145(立見$15当日のみ)

アメリカン・バレエ・シアター
ホームホール――メトロポリタン・オペラ・ハウス(リンカーンセンター内)
地P.530　A-1
住65th St., bet. Columbus & Amsterdam Aves.
☎(1-212)477-3030
URL www.abt.org

ニューヨーク・シティ・バレエ
ホームホール――デイビッド・H・コッホ劇場（リンカーンセンター内）David H. Koch Theater
地P.530　A-1
住20 Lincoln Center
☎(1-212)870-5570
URL www.nycballet.com
料$15～105(立見$15当日のみ。29歳以下の学生、学生証持参で$15当日のみ)

ニューヨークフィルハーモニック
New York Philharmonic

ゲスト指揮者、ソリストの顔ぶれも超一流という世界でも名高い交響楽団。月に2〜3回行われるオープンリハーサルでは、入場料$18で本公演のリハーサルが聴ける。

ニューヨークフィルハーモニック
ホームホール——エイブリー・フィッシャー・ホール（リンカーンセンター内）Avery Fisher Hall
地P.530　A-1
住10 Lincoln Center Plaza
☎(1-212)875-5656
URL nyphil.org

観戦するスポーツ　Spectator Sports

ベースボール　MLB

ニューヨーク・ヤンキース（アメリカンリーグ東地区）
New York Yankees

大リーグいちの金満球団と揶揄されるヤンキースだが、超一流の選手と最新設備の整った球場などを勘案すれば、ぜひとも見ておきたいチームであることは間違いない。ワールドシリーズ27回の制覇、リーグ優勝40回に比肩できるチームはなく、1901年の創設以来、ベーブ・ルース、ルー・ゲーリッグ、ジョー・ディマジオ、ミッキー・マントルなど、数々のスター選手を輩出し続けている。三塁側のモニュメントパークには先人たちがまつられており、試合前には見学者が長蛇の列をつくる。キャップのデザインはティファニー製。2012年、黒田博樹投手の加入により、ワールドシリーズ優勝も近づいた。

名門チームにふさわしい威厳を感じさせるスタジアム

ニューヨーク・ヤンキース（1901年創設）
本拠地——ヤンキースタジアム Yankee Stadium（5万2325人収容）
住One E. 161st St., Bronx
☎(1-718)293-4300
URL newyork.yankees.mlb.com
行ミッドタウンから地下鉄4・B・Dの3路線で161 St. Yankee Stadium駅で下車すれば球場は目の前。ミッドタウンから約25〜30分
球場ツアー／クラシックツアーは毎日12:00〜13:40まで20分おきに、Gate 6から出発（要確認）　料$20

この選手に注目！
ロビンソン・カノー（二塁手）
黒田博樹（投手）

ニューヨーク・メッツ（ナショナルリーグ東地区）
New York Mets

一説ではヤンキースよりファンが多いといわれるほど、ニューヨーカーに愛されているチーム。1962年の創設からしばらくは弱小球団であったが、'69年は周囲の予想を見事に裏切りワールドシリーズ制覇を達成した。この快挙から“ミラクルメッツ（奇跡のメッツ）”と呼ばれている。近年は大枚をはたいて大補強をするものの、ほとんど成功していない。2010年完成の新球場は、昔ブルックリンにあったエベッツフィールドを模していて、一見の価値がある。

ニューヨーク・メッツ（1962年創設）
本拠地——シティフィールド Citi Field（4万1800人収容）
住Citi Field, Flushing
☎(1-718)507-6387
URL newyork.mets.mlb.com
行ミッドタウンから地下鉄7でFlushing行きに乗って約20分。Mets/Willets Point駅で下車

この選手に注目！
デビッド・ライト（三塁手）

アメリカンフットボール　NFL

ニューヨーク・ジャイアンツ（NFC 東地区）
New York Giants

2012年の第46回スーパーボウル・チャンピオン。7年連続5割以上、2000〜11年では7度のプレーオフ、3度のスーパー、2度の制覇と堂々たる成績を刻んでいる。QBイーライ・マニングは2度目のMVPと栄冠を手にし、兄ペイトンを越えた。チームカラーはブルー、レッド、グレー、ホワイト。

ニューヨーク・ジャイアンツ（1925年創設）
本拠地——メットライフスタジアム MetLife Stadium（8万2500人収容）
住1 MetLife Stadium, E. Rutherford, NJ
☎(1-201)935-8111、935-8222（チケット）
URL www.giants.com
行ポート・オーソリティ・バスターミナルからメットライフ・スポーツ・コンプレックス行きの直行バス（#351）が運行されている（料片道$5、往復$10）

この選手に注目！
イーライ・マニング

ニューヨーク・ジェッツ
（1960年創設）
本拠地——メットライフスタジアム MetLife Stadium（8万2500人収容）
住1 MetLife Stadium, E. Rutherford, NJ
☎(1-201)559-1515
Free(1-800)469-5387（チケット）
URL www.newyorkjets.com
行ニューヨーク・ジャイアンツを参照

この選手に注目！
マーク・サンチェス

ニューヨーク・ジェッツ(AFC 東地区)
New York Jets
3年連続勝ち越しを重ねたが2011年は5割に留まり、プレーオフ連続出場を逃した。チーム躍進はHCレックス・ライアン就任とエースQBサンチェスの登場が原動力。新スタジアムは'14年の第48回スーパーボウルの会場、NYでは初の開催だ。チームカラーはハンター・グリーン、ホワイト。

バスケットボール NBA

ニューヨーク・ニックス(ニッカボッカーズ)(東・大西洋地区)
New York Knicks(Knickerbockers)
1970年代に2度のファイナル制覇、90年代に2度の出場を数える強豪も長く低迷。ようやくここ2シーズン、5割を越える成績でプレーオフに顔を出すまでに復調した。愛称はオランダ系移民愛用の「ニッカボッカーズ」の略称だ。チームカラーはブルー、オレンジ、シルバー、ホワイト、ブラック。

ニューヨーク・ニックス
(1946年創設)
本拠地――マディソン・スクエア・ガーデン Madison Square Garden(1万9763人収容)
地P.530 B-1
住4 Pennsylvania Plaza
☎(1-212)465-6000、465-6073(チケット)
URL www.nba.com/knicks
行マディソン・スクエア・ガーデンを参照 ➡P.532
この選手に注目!
カーメロ・アンソニー

ブルックリン・ネッツ (東・大西洋地区)
Brooklyn Nets
2011-12年のレギュラー・シーズン終了とともに電撃的な移転を発表、愛称はそのまま引き継がれ、歴史的にはNYに戻る形となった。株主の一人であるラッパー、ジェイ・Zが「B-ball」をコンセプトにロゴをデザイン、チームカラーはブラック&ホワイトに改められ、グッズは人気急上昇の予感。

ブルックリン・ネッツ
(1967年創設)
本拠地――バークレーズ・センター Barclays Center
住620 Atlantic Ave., Brooklyn
Free(1-877)772-5849
URL www.nba.com/nets
行地下鉄2、3、4、5、B、QのAtlantic Ave.駅下車
この選手に注目!
デロン・ウィリアムス

アイスホッケー NHL

ニューヨーク・レンジャース(東・大西洋地区)
New York Rangers
リーグを代表する伝統のチーム。他チームのスター選手を買い漁る派手な補強に依存してきたがあまり効果が見られず、近年はコストパフォーマンスを重視する路線に変更。その成果はすぐに成績に現れ、2012年はカンファレンス1位の好成績でプレーオフ進出を決めた。チケットは毎試合完売する。

ニューヨーク・レンジャース
(1926年創設)
本拠地――マディソン・スクエア・ガーデン Madison Square Garden(1万8200人収容)
地P.530 B-1
住4 Pennsylvania Plaza
☎(1-212)465-6000
URL rangers.nhl.com
行マディソン・スクエア・ガーデンを参照 ➡P.532
この選手に注目!
ヘンリク・ランドクイスト

ニューヨーク・アイランダーズ(東・大西洋地区)
New York Islanders
ロングアイランドを本拠地として1972年に創設。'80年からNHL史上唯一のリーグ4連覇という偉業を達成したが、'90年代以降は特筆すべき成績はなく、近年は5シーズン連続でプレーオフを逃している。

ニューヨーク・アイランダーズ
(1972年創設)
本拠地――ナッソー・ベテランズ・メモリアル・コロシアム Nassau Veterans Memorial Coliseum(1万6250人収容)
住1255 Hempstead Turnpike, Uniondale
☎(1-516)501-6700
URL islanders.nhl.com
行ペンシルバニア駅からLong Island鉄道でHempstead駅下車。駅からは#N70、N71、N72のバスで
この選手に注目!
ジョン・タバレス

ニュージャージー・デビルズ (東・大西洋地区)
New Jersey Devils
1974年にカンザスシティで創設され、デンバーを経由して'82年からニュージャージーに腰を落ち着けた。2011年に連続プレーオフ出場が13シーズンで途絶えたがその間に3度もリーグ優勝している強豪。実力のわりにはなぜか人気はイマイチでチケットは常に余裕あり。

ニュージャージー・デビルズ
(1974年創設)
本拠地――プルデンシャル・センター Prudential Center(1万7625人収容)
住165 Mulberry St., Newark, NJ
☎(973)757-6000
URL devils.nhl.com
行NJ トランジットまたはPATH トレインのニューアーク・ペン・ステーションから徒歩数ブロック
この選手に注目!
イリヤ・コヴァルチャク

メモ **ニュージャージー・ネッツがブルックリン・ネッツに改名**▶NBA加盟以来ニュージャージーを拠点としていたネッツが2012年シーズンからブルックリンに拠点を移し、名前もブルックリン・ネッツに改名した。

ナイトスポット&ショップ Night Spots & Shops

ジャズ

N 有名なジャズメンに会える!

ビレッジバンガード The Village Vanguard

住178 7th Ave. S. (near 11th St.)
☎(1-212)255-4037 URL villagevanguard.com
開毎日20:00～、ライブ毎日21:00、23:00(土は翌0:30があることも) 料$25+1ドリンク($5～16) MV

1935年に開店のジャズクラブの老舗。かつてマイルス・デイビスやジョン・コルトレーンなども出演していた。('12)

ジャズ

N 日本でもおなじみ名門ジャズクラブ

ブルーノート Blue Note

住131 W. 3rd St. (bet. 6th Ave. & MacDougal St.)
☎(1-212)475-8592 URL www.bluenote.net/newyork
開毎日18:00～翌1:00(金・土～翌3:00)。ライブ毎日20:00、22:30(金・土は翌0:30～)
料バー$20～、テーブル席$30～ ADJMV

1981年にオープン。世界中の人々が訪れる人気ジャズクラブ。予約が無難。ウエブサイトで予約可能。('12)

ジャズ

N 初心者も大丈夫なホットスポット

スモーク Smoke

住2751 Broadway (bet. 105th & 106th Sts.)
☎(1-212)864-6662 URL www.smokejazz.com
開毎日17:00～翌3:00(土・日11:30～)、ライブ20:00、22:30、23:30 料チャージ$30(出演者によって異なる) AV

ニューヨーク・マガジンのベスト・オブ・ニューヨークでベスト・ジャズ・クラブに選ばれたこともある。('12)

バー

N こだわりの生ビールが飲める

マックソーリーズ・オールド・エール・ハウス McSorley's Old Ale House

住15 E. 7th St. (bet. 2nd & 3rd Aves.)
☎(1-212)474-9148 URL www.mcsorleysnewyork.com
開毎日11:00～翌1:00(日13:00～) カード不可

1854年からあるニューヨークで最も古いバー。この店専用のビール工場があり、種類はライトとダークの2種類しかない。1オーダーが小さいジョッキで2杯。('12)

デパート

S 地元市民に愛されて1世紀

メイシーズ Macy's

住151 W. 34th St. (bet. Broadway & 7th Ave.)
☎(1-212)695-4400 URL www.macys.com
開月～土10:00～21:30、日11:00～20:30(日により異なる)
AJMV

売り場面積はマンハッタン随一。品揃えはもちろん豊富なうえ、ほかの高級デパートに比べ安心価格だ。サンクスギビングのパレードの提供も行う。('12)

デパート

S 5番街ショッピングの中心地

サックス・フィフス・アベニュー Saks Fifth Avenue

住611 5th Ave. (bet. 49th & 50th Sts.)
☎(1-212)753-4000 URL www.saksfifthavenue.com
開月～土10:00～20:00、日12:00～19:00
ADJMV

便利なロケーションと洗練された品揃えが人気。2～6階はほとんどウエアを中心とした売り場になっている。('12)

ファッションなど

S おなじみのNYブランド

アナ・スイ Anna Sui

住113 Greene St. (bet. Spring & Prince Sts.)
☎(1-212)941-8406 URL www.annasui.com ADJV
開月～土11:00～19:00、日12:00～18:00 休おもな祝日

パープルと黒で統一された店内は1970年代の独特の雰囲気が漂い、まさにアナ・スイ・ワールド。入口付近にはコスメと小物類、奥にはウエアが並ぶ。('12)

ファッション

S 地元で話題のセレクトショップ

スクープ・エヌワイシー Scoop NYC

住430 W.14th St. (near Washington St.)
☎(1-212)929-1244 URL www.scoopnyc.com ADMV
開毎日11:00～20:00(土・日～19:00) 休おもな祝日

10～30代のおしゃれ上級者が通いつめるという、有名セレクトショップ。人気デザイナーとのコラボアイテムは要チェック。('12)

日本からアメリカへの国際電話のかけ方➡P.8～9
国際電話認識番号(001/0033/0061)+(010)+アメリカの国番号(1)+市外局番+電話番号

S　雑貨

キスチョコからTシャツまで

ハーシーズ・タイムズスクエア
Hershey's Times Square

住1593 Broadway (at 48th St.)
☎(1-212)581-9100　URL www.hersheys.com
開毎日10:00～21:00(金・土～23:00、日～22:00)
AMV

タイムズスクエアのおみやげショップの名所となっている。チョコレートの甘い香りに包まれた店内は、タイムズスクエアにちなんだTシャツなどが並ぶ。('12)

S　雑貨

MUJIも人気商品

モマ・デザイン・ストア・ソーホー
MoMA Design Store, SoHo

住81 Spring St. (at Crosby St.)
☎(1-646)613-1367
開月～土10:00～20:00、日11:00～19:00
休12/25　AJMV

雑貨からテーブルウエア、書籍、家具まで厳選されたアイテムがたくさん。無印良品（MUJI）もニューヨーカーの人気を呼んでいる。('12)

S　コスメ

自然からのエッセンスが心地いい

キールズ
Kiehl's

住109 3rd Ave. (bet. 13th & 14th Sts.)
☎(1-212)677-3171　URL www.kiehls.com
開月～土10:00～20:00、日11:00～18:00　休祝日　ADJMV

自然派化粧品の老舗。宣伝広告を控え、シンプルなパッケージでコストを抑えている。ロングセラー商品に新製品が加わり、200種類以上のスキンケア製品が揃う。('12)

S　書店

1873年開業NYの老舗本屋チェーン

バーンズ&ノーブル
Barnes & Noble

住555 5th Ave. (bet. 45th & 46th Sts.)
☎(1-212)697-3048　URL www.barnesandnoble.com
開毎日9:00～21:00(土・日10:00～)　AJMV

全米50州に展開する書店。ほぼ毎日どこかの店舗でイベントが行われており、店によってソファやカフェがあってのんびりできる。マンハッタンではユニオンスクエア店が最大だが、5番街にあるこちらも連日大勢の読書好きでにぎわっている。('12)

R　ホットドッグ

ドリンクとホットドッグの組み合わせが最高!

パパイヤキング
Papaya King

住179 E. 86th St. (at 3rd Ave.)　☎(1-212)369-0648
URL www.papayaking.com
開毎日8:00～24:00(金・土～翌2:00)　カード不可、現金のみ

100%ナチュラルで添加物なしのトロピカルドリンクと、100%フレッシュビーフを使ったホットドッグの店。$5～10で小腹を満たせる。('12)

R　ハンバーガー

行列が絶えない人気店

バーガージョイント
Burger Joint

住119 W. 56th St. (bet. 6th & 7th Aves.)　☎(1-212)245-5000
URL www.parkermeridien.com/eat4.php
開毎日11:00～23:30(金・土～24:00)　カード不可、現金のみ

高級ホテルのフロント背後のカーテンで仕切られた空間にある隠れ家的バーガー店。トッピングと肉の焼き加減を指定する。予算は$10ほど。('12)

R　日本料理

縄のれんをくぐると日本のヤキトリ屋

ヤキトリ大将
Yakitori Taisho

住5 St. Marks Pl. (bet. 2nd & 3rd Aves.)
☎(1-212)228-5086
開毎日18:00～翌2:00(木～土～翌4:00)　AJMV

イーストビレッジにあるヤキトリ屋。全14種のヤキトリは1本からでもオーダーできる。一品料理も充実している。予算は$20～。('12)

R　韓国料理

絶対に食べてほしい「ソルロンタン」

ガン・ミ・オク
Gam Mee Oak

住43 W. 32nd St. (bet. 5th & 6th Aves.)
☎(1-212)695-4113　開24時間営業
AJMV

24時間いつ行っても韓国人の若者のグループが多い。一番の人気はソルロンタンという、牛の骨を煮込み米とヌードルを加えたスープ。予算は$15～。('12)

投稿　クリスマスセール▶12月26日から始まるセールはとてもお得。50～80%オフのものばかり。クリスマスグッズも店頭に並んでいた。（神奈川県　まゆぽん　'08）['12]

レストラン&ホテル Restaurants & Hotels

R ウクライナ料理

いつでもオープンしているカフェ&レストラン

ベセルカ Veselka

住144 2nd Ave. (at 9th St.)
☎(1-212) 228-9682 URL www.veselka.com
開24時間営業 AMV

老舗のウクライナ料理店。おすすめはウクライナ・ボルシチやスープ ($4.75～)。店は24時間営業なので、ランチやディナーを食べ損ねたときにも便利。 ('12)

R 中華料理

人気No.1の飲茶レストラン

ゴールデン・ユニコーン(麒麟金閣) Golden Unicorn

住18 E. Broadway (corner of Catherine St.)
☎(1-212) 941-0911 URL www.goldenunicornrestaurant.com
開毎日10:00～23:00 (土・日9:30～) ADJMV

週末ともなると、ビルの3フロアを使ったレストランの座席はみるみるうちに満席になる。飲茶タイムは平日が10:00～15:30、週末は10:00～16:00。飲茶一品$2.45～。 ('12)

R イタリア料理

イタリアの家庭ダイニングが味わえる

マックス Max

住51 Ave., B (bet. 3rd & 4th Sts.) ☎(1-212) 539-0111
URL www.max-ny.com カード不可、現金のみ
開月～土17:00～23:30 (金・土～24:00)

イタリア人の3兄弟がオープンさせた店。夜になるとイタリア家庭料理を求めて客が列を作る。スタッフもフレンドリーなのでおすすめを聞くといい。予算$20～。 ('12)

R シーフード料理

海の幸ならグランドセントラル駅地下へ

オイスターバー Oyster Bar & Restaurant

住42nd St. & Vanderbilt Ave., Grand Central Terminal B1F
☎(1-212) 490-6650 URL www.oysterbarny.com ADJMV
開月～土11:30～21:30 (土12:00～) 休日、祝日

駅の雰囲気をそのままに、1913年から営業しているレストラン。世界中から新鮮なシーフードを毎朝入荷し、その仕入れによって料理が決められる。予算$50～。 ('12)

H ホステル

バックパッカーたちと情報交換もできる

ホステリング・インターナショナル・ニューヨーク Hostelling International-New York

住891 Amsterdam Ave. (at W. 103rd St.), New York, NY 10025
☎(1-212) 932-2300 FAX (1-212) 932-2574 AMV
URL www.hinewyork.org ドミトリー$38～52

会員でなくても宿泊可能だが、18歳以上に限る。明るい雰囲気でバックパッカーらでにぎわっている。部屋は共同と個室あり。624ベッド。 ('12)

H ホステル

チープにNYを楽しみたい人に

チェルシー・インターナショナル・ホステル Chelsea International Hostel

住251 W. 20th St., New York, NY 10011 ☎(1-212) 647-0010
FAX (1-212) 727-7289 AMV
ドミトリー$34～73 (キーデポジット$10)、個室$55～195

共同キッチン&ダイニングがあり、コーヒーや紅茶はフリー。深夜営業のスーパーもあるので、節約旅行派は要チェック。350ベッド。 ('12)

H ホステル

セントラルパークまで1ブロック

ジャズ・オン・ザ・パーク・ホステル Jazz on the Park Hostel

住36 W. 106th St., New York, NY 10025 ☎(1-212) 932-1600
FAX (1-212) 932-1700 URL www.jazzhostels.com
ドミトリー$35～60、バスなし個室$100～150 MV

アッパーウエストの閑静なロケーション。地下鉄A、B、Cの103 St.駅から北へ3ブロック。こぎれいで、BBQパーティなどのイベントも行う。270ベッド。 ('12)

H ホステル&エコノミーホテル

ペン・ステーションのすぐそば

チェルシー・スター・ホテル Chelsea Star Hotel

住300 W. 30th St. (at 8th Ave.), New York, NY 10001
☎(1-212) 244-7827 Free (1-877) 827-6969 FAX (1-212) 279-9018
URL chelseastar.com AJMV ドミトリー$35～60、バス・トイレ共同Ⓢ$79～139、Ⓓ$89～169、個室$139～239、アパートタイプ$299～369

内装がひとつずつ異なり、バス付きとなしがある。マディソン・スクエア・ガーデンから1ブロック。40室。 ('12)

メモ **ニューヨークで大人気のベーグル屋▶**エッサベーグルEss-a-Bagel。15種類の中から好みでサンドイッチにしてくれる。サーモンとクリームチーズのベーグル ($3.95) は絶品。住831 3rd Ave. (bet. 50th & 51th Sts.) ☎(1-212) 980-1010 URL www.ess-a-bagel.com 開毎日6:00～21:00 (土・日～17:00)

ホステル

国連に近い“Y”
バンダービルトYMCA
Vanderbilt YMCA

住224 E. 47th St., New York, NY 10017　☎(1-212) 912-2500
FAX(1-212) 752-0210　URLwww.ymcanyc.org
Ⓢ$105、Ⓣ$139（共同バス）。個室$160　AMV

イーストサイドにある伝統のあるYMCA。設備の整った館内のスポーツジムを無料で使用できる。グランドセントラル駅も徒歩圏内。370室。（'12）

ホステル

ウエストサイドにある“Y”
ウエストサイドYMCA
West Side YMCA

住5 W 63rd St., New York, NY 10023
☎(1-917) 441-8800　FAX(1-212) 875-4291
URLwww.ymcanyc.org/west-side/guest-rooms/accommodations
Ⓢ$115、ⓉⒹ116～189（3人、4人部屋もある）　AJMV

年間4万人が宿泊する人気のYMCA。セントラルパーク、リンカーンセンターから至近距離にあり、宿泊者はフィットネスセンター、室内プールが無料で使用できる。360室。（'12）

ホステル

セントラルパークの西側
インターナショナル・スチューデント・センター
International Student Center

住38 W. 88th St.（bet. Central Park West & Columbus Ave.）, New York, NY 10024
☎(1-212) 787-7706　FAX(1-212) 580-9283
URLwww.nystudentcenter.org　ドミトリー$25～35　JMV

バックパッカー（18～35歳）のための宿泊施設。基本は男女別のドミトリーで1部屋4～18人。ロビーにはTV、地下には自由に使えるキッチンがある。予約はウエブで。鍵のデポジット$10が必要（チェックアウト時に返金）。44ベッド。（'12）

エコノミーホテル

ミッドタウンとビレッジの中間にある
チェルシー・イン
Chelsea Inn

住46 W. 17th St.（bet. 5th & 6th Aves.）, New York, NY 10011
☎(1-212) 645-8989　FAX(1-212) 645-1903　URLwww.chelseainn.com　ⓈⒹⓉ$89～199、スイート$179～299　AMV

ユニオンスクエアのそばにあり、芸術の街グリニッチ・ビレッジやソーホーにも歩いて15分ほど。客室は柔らかなベージュで統一。共同バス・トイレも清潔。32室。（'12）

エコノミーホテル

非常に簡素だが、高級マンションに囲まれた
リバーサイド・タワー・ホテル
Riverside Tower Hotel

住80 Riverside Dr.（at 80th St.）, New York, NY 10024
☎(1-212) 877-5200　FAX(1-212) 873-1400
URLwww.riversidetowerhotel.com（日本語あり）
Ⓢ$124、Ⓓ$129、スイート$139～159
AJMV

自然史博物館から西へ4ブロック、リバーサイド・パークの正面にある。全室に簡易キッチンがありコンロや食器も貸してくれる。120室。（'12）

高級ホテル

日本人向けのサービスも充実
ヒルトンニューヨーク
Hilton New York

住1335 6th Ave.（bet. 53rd & 54th Sts.）, New York, NY 10019
☎(1-212) 586-7000　FAX(1-212) 315-1374
URLwww.newyorktowers.hilton.com
ⓈⒹⓉ$240～455、スイート$425～3055　ADJMV

ショッピング、ミュージカルに便利なロケーション。忙しいビジネスマンのためにビジネスセンターが充実。1980室。（'12）

高級ホテル

7番街を挟んで向かいは観光案内所
シェラトン・ニューヨーク・ホテル&タワーズ
Sheraton New York Hotel & Towers

住811 7th Ave.（at 53rd St.）, New York, NY 10019　ADJMV
☎(1-212) 581-1000　Free(1-800) 325-3535　FAX(1-212) 262-4410
URLwww.sheraton.com/newyork　ⓈⒹⓉ$235～575

基本的な室内設備は申し分ない巨大ホテル。ビジネス目的の旅ならビジネス向けの設備が充実した「クラブ・レベル・ルーム」がおすすめ。1758室。（'12）

ゲストハウス

若者に大人気のアートな日本人宿
ムーンパレスNY
Moon Palace NY

住400 W. 53rd St. Apt # 2W, New York, NY 10019　☎(1-917) 318-5640
URLwww.moonpalace-ny.com　ドミトリー$28～（男女別部屋）
Ⓢ$75～、Ⓣ$85～　カード使用不可

「旅を続ける僕らにはいつでも帰れる家がある」をテーマに、元家具バイヤーが始めた宿。アクセスがよくとても便利。クイーンズにもあり。12室。（'12）

メモ　**船をイメージしたユニークなホテル**▶グリニッチビレッジにあるエコノミーホテル。バス・トイレ共同から完全個室まで選択可能。The Jane　住113 Jane St.（bet. Washington & 12th Sts.）, New York, NY 10014　☎(1-212) 924-6700　URLwww.thejanenyc.com　Ⓢ$99　Ⓣ$125（バス・トイレ共同）　Ⓓ$225

東海岸のカジノタウン

アトランティックシティ
Atlantic City

ビーチ沿いに巨大なカジノホテルと小さなみやげもの店が混在する

大西洋を望むアトランティックシティは大都市ニューヨーク、フィラデルフィア、ワシントンDCから近距離にあり、地の利を活かして早くからリゾート地として発展した。砂浜に続く木製の広い遊歩道のボードウオークは、今でこそ多くの海岸都市で見られるが、1870年にこの地に初めてお目見えしたもの。カジノが合法化された1976年以降はラスベガスと同様、カジノでにぎわうコンベンションの町としてコンサートやスポーツイベントが頻繁に開催されている。

DATA

人口▶約3万9600人
面積▶約28km²
標高▶約2m
TAX▶セールスタックス　7%
ホテルタックス　14%
属する州▶ニュージャージー州
New Jersey
州のニックネーム▶庭園州　Garden State
州都▶トレントン　Trenton
時間帯▶イースタン・タイムゾーン ➡P.631
繁忙期▶8～10月

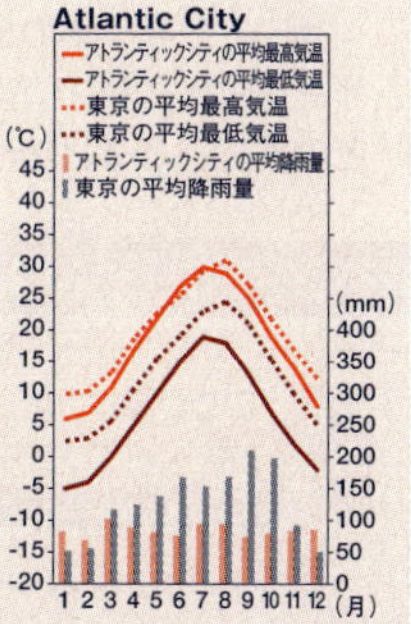

アトランティックシティへの行き方 Getting There

ニューヨークからはグレイハウンドバス（毎日15往復以上）とペン駅から週末に直行運転されるACES鉄道、フィラデルフィアからはNJトランジットバス（毎日30往復以上）と鉄道路線Atlantic City Line（毎日10往復以上）が早くて便利。**アトランティックシティ国際空港Atlantic City International Airport（ACY）**も近くにある。

グレイハウンド・バスステーション
地P.545
住1901 Atlantic Ave.
☎(609) 345-5403
Free(1-800) 231-2222
URL www.luckystreakbus.com

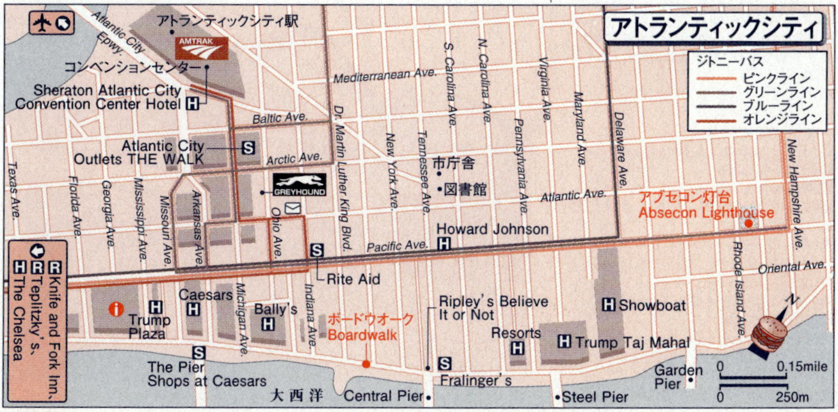

空港情報▶アトランティックシティ国際空港 Atlantic City International Airport は町の北西約 10km にあり、ボストン、フロリダからの直行便がある。☎(609) 645-7895 URL www.sjta.com

Getting Around アトランティックシティの歩き方

ボードウオークをはじめ、見どころはほとんど徒歩で移動できる。また、利用しやすい公営のミニバス、**ジトニーJitneys**（5路線）が駅やバスターミナル、主要カジノホテルの間を24時間走っている。

ジトニーは海岸と平行する Pacific Ave. をとおる

アムトラックアトランティックシティ駅
地P.545
住1 Atlantic City Exwy.
☎NJTransit (973) 275-5555

ジトニーバス
住201 Pacific Ave.
☎(609) 344-8642
URL www.jitneyac.com
開毎日24時間
料$2.25

観光案内所 ……………… Visitors Information

ボードウオークのほぼ中心にあるランドマーク、ボードウオーク・ホールの1階にある。ホテルやレストラン、ショーなどの案内、予約も行ってくれる。

観光案内所
住Boardwalk Hall at Mississippi Ave.
Free (1-888) 228-4748
URL www.atlanticcitynj.com
開毎日 9:30～17:30

Sightseeing おもな見どころ

歩き疲れたら Rolling Chairs に乗ってみるのもいい

ここが発祥の地 地P.545

ボードウオーク
Boardwalk

全長6.4kmに及ぶボードウオークは歴史が古く、幅と長さともに全米いちを誇る。巨大カジノが進出するまでは、海水浴客の宿泊するホテルや行楽客のための商店が数多く営業していた。当時の名残である**スチールピアSteel Pier**の遊園地や名物菓子店のFralinger's Salt Water Taffy、見世物小屋的なRipley's Believe It or Notなど、よき時代の片鱗を感じさせるレトロな風景が続く。当時と変わらぬ人力車Rolling Chairs（乗車は3人まで）に乗り、のんびりと海風の中で揺られるのもいい思い出になるはず。

「ボードウオーク発祥の地」らしく、どこかノスタルジック

●**Rolling Chairs**
☎(609) 347-7500
料料金は$5～、ブロック単位の距離と時間で計算。ただしチップは代金に含まれないので払うのを忘れないこと

●**Steel Pier**
Free (1-866) 386-6659
URL www.steelpier.com
開〈4月～6月中旬、9～10月〉土・日12:00～〈6月下旬～8月〉月～金15:00～、土・日12:00～
休11～3月

●**Fralinger's Salt Water Taffy**
住1325 Boardwalk & Tennessee Ave.
☎(609) 344-0758
URL www.seashoretaffy.com
開毎日10:00～18:00（季節により延長あり）
休1月

●**Ripley's Believe It or Not**
住New York Ave. & The Boardwalk
☎(609) 347-2001
URL www.ripleys.com
開月～金11:00～19:00、土・日10:00～21:00（日～19:00）
料$16

旅のアドバイス **IDが必要** ▶ カジノを利用する場合、ニュージャージー州では入場は21歳以上のみ可能で、その際パスポートなどのIDの提示が必要となるので要注意。

州で一番高い灯台 地P.545

アブセコン灯台
Absecon Lighthouse

アブセコン灯台は高さが52mあり、建てられてから150年以上経つ。州で最も高く、国内では3番目に高い灯台だ。敷地内には1857年の建設当時のフレスネルレンズが保存されている。228段の階段を上ると、アトランティックシティと大西洋が一望できて気持ちいい。

灯台守の家は復元されて小さな博物館になっている。
©Photo Courtesy of the Atlantic Convention & Visitors Bureau

アブセコン灯台
住31 S. Rhode Island Ave.
☎(609) 449-1360
URL www.abseconlighthouse.org
開〈9～6月〉木～月11:00～16:00、〈7～8月〉毎日10:00～17:00
休〈9～6月〉火・水、〈7～8月〉おもな祝日
料$7、子供(4～12歳)$4

レストラン&ホテル　Restaurants & Hotels

R　アメリカ料理
禁酒法時代から営業
ナイフ・アンド・フォーク・イン
Knife and Fork Inn

住3600 Atlantic Ave.　☎(609) 344-1133
URL www.knifeandforkinn.com　地P.545　外
開バー:毎日16:00～、レストラン:毎日17:00～21:30(予約の状況によって異なる)、ランチ金11:30～16:00

スピークイージー（不法酒場）だった建物をレストランに改造、裏には男女別々の入口が残る。時代の名残が感じられるダイニングとバー。　('12)

R　アメリカ料理
朝食メニューが評判
テプリツキーズ
Teplitzky's

住111 S. Chelsea Ave.　☎(609) 428-4550
URL thechelsea-ac.com　地P.545　外　開毎日7:00～20:00(金・土～22:00)、冬は木～日のみ　AMV

チェルシーホテル1階の気のおけないダイナー。パンケーキなどのアメリカンブレックファストや、夕方のハッピーアワーに出される豊富なカクテルが人気だ。　('12)

H　高級カジノホテル
スタッフはフレンドリーで、楽しい時間を過ごせる
シーザーズパレス
Caesar's Atlantic City

住2100 Pacific Ave., Atlantic City, NJ 08401
☎(609) 348-4411　FAX(609) 343-2405
URL www.caesarsac.com　地P.545
ⓈⒹⓉ$64～539　ADMV

ショーが行われる劇場やスパ、スポーツ施設など、余暇を過ごす方法が充実。ホテル直結のピアショップは高級ブランド店やレストランが軒を並べる。1140室。('12)

©Atlantic Convention & Visitors Bureau

H　高級ホテル
カジノの喧噪を避けたいときは
チェルシーホテル
The Chelsea Hotel

住111 S. Chelsea Ave., Atlantic City, NJ 08401
Free(1-800) 548-3030　FAX(609) 428-4388
URL thechelsea-ac.com　地P.545　外
ⓈⒹⓉ$69～409、スイート$289～749　AMV

プライベートビーチがあり、リゾートを楽しむための施設が充実。カジノを避けて、海水スパやプールでリラックスしたい人にはとてもいい。223室。　('12)

H　高級ホテル
コンベンションセンターも駅も目の前
シェラトン・アトランティックシティ・コンベンションセンター・ホテル
Sheraton Atlantic City Convention Center Hotel

住2 Convention Blvd., Atlantic City, NJ 08401
☎(609) 344-3535　FAX(609) 441-2999
URL www.sheratonatlanticcity.com
ⓈⒹⓉ$159～359　ADJMV　地P.545

駅とコンベンションセンター前に建つ便利な立地。歴代のミス・アメリカの衣装や優勝の冠などが展示されたロビーは一見の価値がある。ボードウオークまで歩いて行ける。大型アウトレットがすぐ向かいにある。502室。　('12)

日本からアメリカへの国際電話のかけ方 P.8～9
国際電話認識番号(001/0033/0061)＋(010)＋アメリカの国番号(1)＋市外局番＋電話番号

ボストン Boston

アメリカの古都

レンガの建物が美しいエーコン通り

京都市と姉妹都市のボストンは、イギリスの 13 植民地のなかで、最も早く本国イギリスへ反旗を翻し（1775 年レキシントン・コンコードの戦い）、独立戦争へと突き進んだ町である。古都だけに、ダウンタウンには古い建物も数多く残り、近代的なビルと調和して、新旧ふたつの建築群が同居する情緒豊かな町並みを作り出している。

一方、チャールズ川を挟んでボストンと向かい合うケンブリッジには、ハーバード大学やマサチューセッツ工科大学があり、世界のエリートが集まる。

また、2012 年 4 月に成田空港からボストンへ直行便が就航し、ますます日本人が訪れやすい都市となった。松坂大輔投手や田澤純一投手が所属するボストン・レッドソックス観戦もいいし、小澤征爾氏が約 30 年間音楽監督を務めたボストン交響楽団を鑑賞してもいい。

学生が行きかうハーバードスクエア

GUIDE BOOK 地球の歩き方B07ボストン編（1800円＋税）でもボストンを紹介していますので、ご活用ください。

DATA

人口▶約61万7500人
面積▶125km²
標高▶最高100m　最低0m
TAX▶セールスタックス　6.25%（靴や衣料品は1足、1着あたり$175まで無税）ホテルタックス　14.45%
属する州▶マサチューセッツ州 Massachusetts
州のニックネーム▶湾の州 Bay State
州都▶ボストン　Boston
時間帯▶イースタン・タイムゾーン ➡P.631
繁忙期▶4〜7、9〜11月

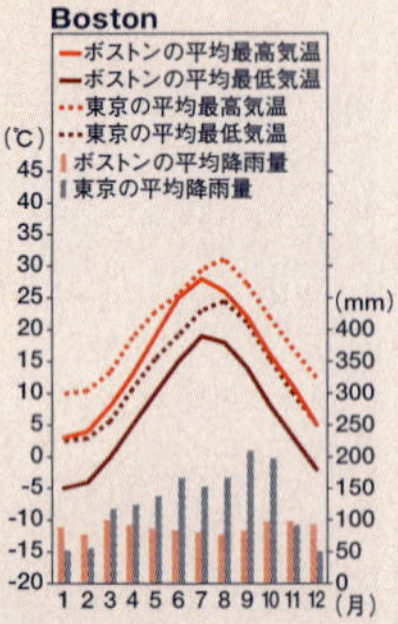

メモ **エーコン通り**▶ビーコンヒルの Mt. Vernon St. と Chestnut St. の間にあり、Charles St. からもわずか 2 ブロックのところにあるのが、エーコンストリート Acorn St.。小さくて細かい玉砂利が敷かれたこの道は、昔のボストンの面影を残していて、実にすばらしい。ボストンの絵ハガキの構図にもよく使われている。↗

ボストンへの行き方 Getting There

飛行機 Plane

ボストン・ローガン国際空港
Boston Logan International Airport (BOS)

ボストン湾を挟み、市の対岸約5kmに位置する空港。2012年4月22日から日本航空により、成田空港から週4便直行便が運航されている。ターミナルはA、B、C、Eの4つに分かれている。無料シャトルバスの**ローガンシャトルLogan Shuttle** #22、33、55が各ターミナルと地下鉄ブルーラインのAirport駅、#11が各ターミナル間を循環している。

ボストン・ローガン国際空港
地P.553　D-3外
Free (1-800) 235-6426
URL www.massport.com/logan-airport
●Logan Shuttle
・#22はターミナルA、Bと地下鉄のAirport駅(7:00〜22:00)
・#33はターミナルC、Eと地下鉄のAirport駅(7:00〜22:00)
・#55は早朝と深夜のみ運行で全ターミナルと地下鉄のAirport駅を結ぶ(4:00〜7:00、22:00〜翌1:00)
※'12年6月1日からは、成田ーボストン線は毎日1便運航の予定

■ 空港から／空港へのアクセス

	種類／名称／連絡先	行き先／運行／料金	乗車場所／所要時間／備考
空港シャトルバン	スターシャトル Star Shuttle ☎ (617) 230-6005 URL www.starshuttleboston.com	**行き先**▶ボストンやケンブリッジなど **運行**▶毎日5:30〜翌2:00 **料金**▶片道ダウンタウンまで$25〜35、ケンブリッジまで$28〜32、ブルックラインまで$35〜	**空港発**▶バゲージクレーム(機内預け荷物のピックアップ場所)を出たところから乗車。約30分間隔で運行されている **空港行き**▶事前に電話などで予約をしてから乗車
地下鉄(バス)	シルバーライン SL1 Silver Line SL1 ☎ (617) 222-3200 URL www.mbta.com ※シルバーラインの車体はバス。専用地下車線を走るため地下鉄に区分されている	**行き先**▶サウスステーション **運行**▶毎日5:30前後〜翌0:45前後の10〜15分間隔 **料金**▶サウスステーションまで$1.70〜2。サウスステーションで地下鉄レッドラインへの乗り換えは無料	**空港発**▶各ターミナルのシルバーライン乗り場から乗車 **空港行き**▶地下鉄レッドラインのサウスステーション内にある専用ホームから乗車 **所要時間**▶サウスステーションまで約20分
地下鉄	ティー T ☎ (617) 222-3200 URL www.mbta.com	**行き先**▶地下鉄の各駅 **運行**▶毎日5:00前後〜翌0:45前後の5〜13分間隔 **料金**▶ダウンタウンまで$1.70〜2	**空港発**▶各ターミナルから出ているLogan Shuttle#22、33、55のバスで地下鉄ブルーラインのAirport駅まで行き、地下鉄に乗り換える **空港行き**▶最寄りの地下鉄駅から乗車
タクシー	タクシー会社 ➔P.551 脚注	**行き先**▶市内や周辺どこでも **運行**▶24時間随時 **料金**▶ダウンタウンエリアの代表的なホテルへは$25〜40 ※12マイルまではメーター制、それ以上は定額。メーターには空港代$2.75とトンネル代$5.25が加算	**空港発**▶バゲージクレームを出たところから乗車 **空港行き**▶事前に電話予約、または主要ホテルから乗車 **所要時間**▶ダウンタウンまで約20〜45分

※それぞれの乗り物の特徴については➔P.665

長距離バス Bus

サウスステーション・トランスポーテーションセンター
South Station Transportation Center

グレイハウンド、ピーターパン、コンコードコーチ、プリマス＆ブロックトンなど、ボストン近郊の中長距離バス会社がすべて入ったバスターミナルだ。地下鉄とアムトラック駅のサウスステーションSouth Stationの南隣に位置し、フードコート側の出口を出て、目の前のAtlantic Ave.を南へ1分ほど歩いたところ。ニューヨーク(所要約4時間40分)やハートフォード(所要約2時間)などから乗り入れる。

サウスステーション・トランスポーテーションセンター
地P.553　D-2
住700 Atlantic Ave.
開24時間営業
●Greyhound
☎ (617) 526-1801
URL www.greyhound.com
●Peter Pan Bus
Free (1-800) 343-9999
URL www.peterpanbus.com

鉄道 Train

アムトラック・サウスステーション
Amtrak South Station

ワシントンDC(所要約7時間30分)やニューヨーク(所要約4時間10分)から1日11〜18便運行する。地下鉄South Stationのすぐ上。

アムトラック・サウスステーション
地P.553　D-2
住2 South Station (Summer St. & Atlantic Ave.)
URL www.south-station.net
●Amtrak
Free (1-800) 872-7245
開24時間営業(チケット売り場は月〜金4:45〜22:00、土・日5:45〜22:00)

↘2012年5月現在、私道となったため、一般の観光客の立ち入りは禁止されている。また、住宅街であるので静かに見学すること。

ショップやレストランが並ぶニューベリーストリートには、昼夜を問わず多くの人がくり出す

シティパス ➡P.693
Free (1-888) 330-5008
URL www.citypass.com
料 $46、3～11歳$29

5ヵ所で使え、9日間有効だが、冬期は有効期間が延長される。対象施設の窓口で購入可能。本来ならば合計$89.95、子供$59.95なので、かなりお得である

1. ニューイングランド水族館 ➡P.558
2. ボストン美術館 ➡P.557
3. 科学博物館
4. プルデンシャルセンター・スカイウオーク展望台 ➡P.557
5. 旧州議事堂 ➡P.555、もしくは、ハーバード自然史博物館 ➡P.561

ボストン観光局
☎ (617) 536-4100
Free (1-888) 733-2678
URL www.bostonusa.com

ボストンコモン観光案内所
地 P.553　C-2
住 148 Tremont St.
開 月～土8:30～17:00、日10:00～18:00
休 おもな祝日

プルデンシャルセンター観光案内所
地 P.552　B-3
住 800 Boylston St.
開 毎日9:00～18:00（日10:00～）
休 おもな祝日

ナショナル・ヒストリカル・パーク観光案内所
地 P.553　D-1
住 15 State St.
☎ (617) 242-5642
URL www.nps.gov/bost
開 毎日 9:00～17:00
休 サンクスギビング、12/25、1/1

地上も走る地下鉄のティー

ボストンの町はコンパクトにまとまっているうえに、地下鉄が発達しているのでおもな見どころにアクセスしやすい。さらに、**フリーダムトレイルFreedom Trail**（アメリカ建国への史跡）➡P.550 下段メモという赤いラインに沿って歩けば、歴史的な観光ポイント（16ヵ所）を網羅できる。もちろん、海外で最高峰といわれている日本美術のコレクションを有するボストン美術館や、全米屈指のオーケストラ、ボストン交響楽団（9月末～4月）など、芸術に親しむのもいい。また、日本人投手が在籍するボストン・レッドソックス観戦も忘れずに。チケット入手は至難のわざなのでチケットブローカーなどに頼もう。さらにボストンは、セールスタックスが安いうえ、**1点$175以下の衣類と靴は無税**だ。ニューベリーストリートやハーバードスクエア周辺にショップが集まっている。

観光案内所 ……………… Visitors Information

ボストンコモン観光案内所
Boston Common Visitor Information Center

ボストンの公式ガイドブックや地図（有料）など、各種情報、おみやげ類が揃う。ボストンコモン内にあり、トイレの設備も整っている。フリーダムトレイルはここからスタートする。

プルデンシャルセンター観光案内所
Prudential Center Visitor Information Center

プルデンシャルセンターのモール2階のセンターコートに、サービスカウンターがある。ボストン周辺の資料が豊富で、係員も親切に応対してくれる。

ナショナル・ヒストリカル・パーク観光案内所
National Historical Park Visitor Information Center

旧州議事堂の横にある観光案内所。資料やパンフレット、地図などが揃う。4～11月の間、パークレンジャーによる無料のフリーダムトレイル・ウオーキングツアー（約90分）が行われている。ツアーの始まる30分前からチケットを配っているので入手すること（先着30人）。曜日により時間が異なるので、事前にウエブサイトで確認しよう。

市内の交通機関 ……… Public Transportation

マサチューセッツ港湾交通局
Massachusetts Bay Transportation Authority (MBTA)

ボストンを走る地下鉄、バス、コミューターレイル、コミューターボートの管理運営を行っている。

運賃の支払い方法はおもにふたつ。入金（チャージ）することで繰り返し使える**チャーリーカード Charlie Card**（プラスチック製）と、使いきりの切符**チャーリーチケット Charlie Ticket**（紙製）がある。チャーリーカードに比べチャーリーチケットでの支払いは割高に設定されている。なお、チャーリーチケットは自動券売機で買えるが、チャー

メモ **フリーダムトレイルとは▶** ボストンコモン（地P.553　C-2）からバンカーヒル記念塔（地P.552 左上）まで約4kmの道は、赤いラインが引かれ、これをたどるとボストンの歴史にゆかりのある場所を順番に回れるようになっている。すべて歩くと約4時間の道のり。URL www.thefreedomtrail.org

リーカードは駅の係員からカードを受け取り、自動券売機でそれに料金をチャージしてから使うことになる。現金で支払うこともできるが、料金はチャーリーチケットと同じ。

地下鉄　ティー　“T”

ボストンの市内でよく見かける“T（ティー）”の標識は、地下鉄の入口だ。ボストンの地下鉄はアメリカで一番古い。

空港へ乗り入れているシルバーライン

路線は全部で5つ。ブルー、オレンジ、レッド、グリーン、シルバーラインで、車両の外観、ホームの看板などで色分けされているのでわかりやすい。ただしシルバーラインの車両はバス。地下の専用車線を走っているため、地下鉄と区分されている。

バス　Bus

ボストン市内、市内から郊外へと縦横無尽に走っている。特に、地下鉄グリーンラインのHynes Convention Center駅とレッドラインのHarvard Square駅を結ぶ#1は便利。

タクシー
Taxi

ボストンは流しのタクシーも多いので拾いやすい。夜間の移動に利用しよう。タクシースタンドがあるホテルも多い。

ツアー案内 …………………… Sightseeing Tours

ボストン・ダック・ツアーズ
Boston Duck Tours

第2次世界大戦中の水陸両用車両を改造して、観光用に活用されている。通常のボストン観光コースに加え、チャールズ川ではボートに変身して川下りも楽しませてくれる。カラフルな色にDuck（アヒル）が水に飛び込んでいるロゴマークが目印。所要は約1時間20分（ニューイングランド水族館前を出発するものは60分）。なお、1台に32人までしか乗ることができないため、早めにチケットを購入しよう。

ダックツアーに参加したら、大声で「グワッ、グワッ」と叫ぼう

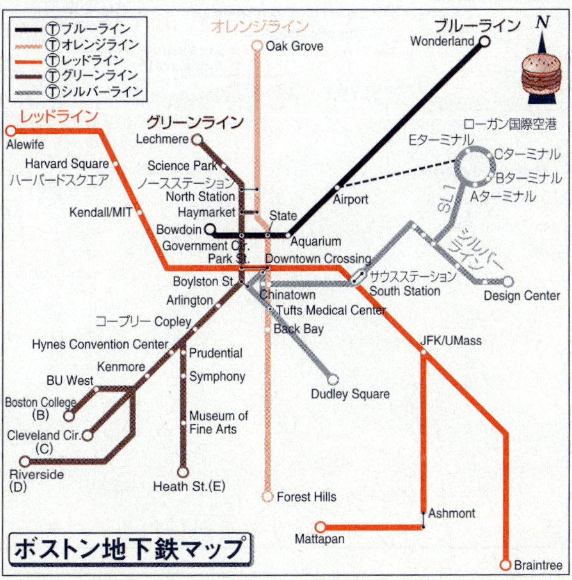

マサチューセッツ港湾交通局
☎(617) 222-3200
Free (1-800) 392-6100
URL www.mbta.com
料 1日券$9、7日券$15（地下鉄、バス、インナーハーバーフェリー乗り放題）

●T
料 チャーリーカード$1.70、チャーリーチケット／現金$2

●Bus
料 チャーリーカード$1.25（エクスプレスは$2.80～4）、チャーリーチケット／現金$1.50（エクスプレスは$3.50～5）

タクシー
●Boston Cab ☎(617) 536-5010
●City Cab ☎(617) 536-5100
●I. T. O. A. Cab ☎(617) 825-4000
料 ボストンダウンタウンのタクシーはメーター制。スタート時が$2.60で、7分の1マイル（約230m）走行するごとに40¢加算されていく
※チップは料金の15％前後。荷物の出し入れをしてもらった場合、荷物1個につき$1のチップをはずんであげよう

ボストン・ダック・ツアーズ
地 P.552　B-3、P.553　C-1、D-1
出発場所／プルデンシャルセンターのHuntington Ave.沿いと科学博物館前、ニューイングランド水族館前
☎(617) 267-3825
URL www.bostonducktours.com
料 $28.99～32.99、シニア／学生$25～27、3～11歳$19～22、2歳以下$10（出発場所により異なる）
運行／〈3/19～11/25〉毎日9:00～日没1時間前まで。30～60分間隔

投稿 **フリーダムトレイルの帰り道** ▶4kmあまりの帰路がつらい人には、インナーハーバーフェリー Inner Harbor Ferryがおすすめ。Charlestown Navy YardとLong Wharf（ニューイングランド水族館前）間を結んでいる。料 $1.70
（名古屋市　Kay 岡島　'08）['12]

投稿 ダックツアー ▶ 夏は、チケットがほとんどすぐに売り切れてしまうが、1、2人なら空きがあるようだ。売り切れでも、尋ねてみるといい。
（松戸市　カニー　'08）['12]

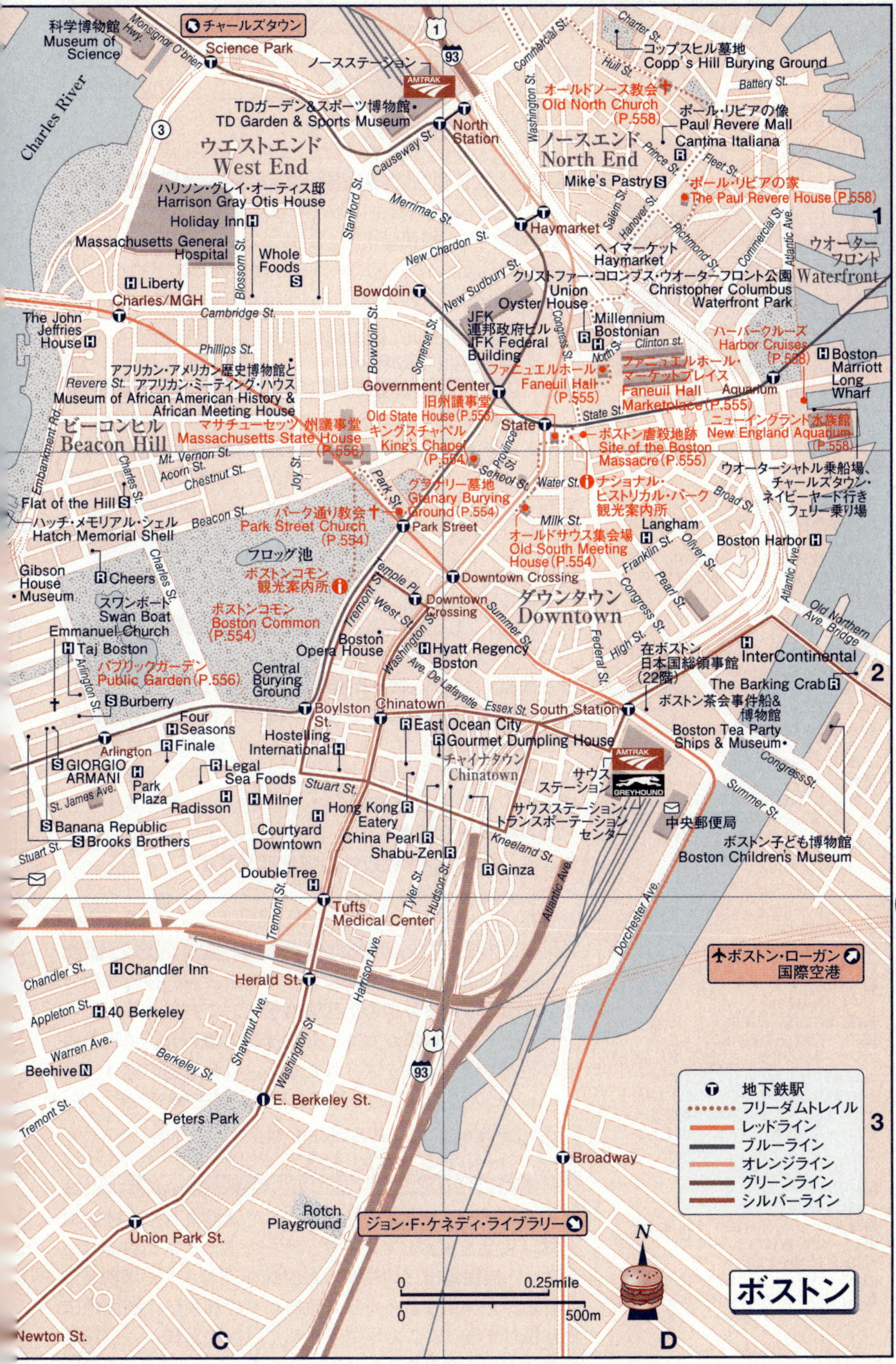

メモ **フリーダムトレイル・チケット The Freedom Trail Ticket▶** オールドサウス集会場、ポール・リビアの家、旧集会議事堂の3ヵ所の入場券がセットになった割引チケット。4～11月のみの販売。URL store.thefreedomtrail.org 料$13、6～18歳$3

ダウンタウン地区 Downtown

アメリカ最古の公園　地P.553 C-2

ボストンコモン
Boston Common

ダウンタウンの真ん中にあるアメリカ最古の公園。1634年植民地時代の、植民地市民（おもにピューリタン）のために購入された土地だった。50エーカーの敷地内には、**セントラル墓地 Central Burying Ground**や種々のメモリアルがある。

"自由 Freedom" を象徴する教会　地P.553 C-2

パーク通り教会
Park Street Church

八角形の尖塔をもつ教会は、1829年7月4日ウィリアム・ロイド・ギャリソンが、最初に奴隷制度反対演説を行った場所として知られている。1812年の戦争の際、火薬の原料である硫黄を蓄えていたことから、別名Brimstone（硫黄）Cornerとも呼ばれている。

建国の志士たちが眠る　地P.553 C-2

グラナリー墓地
Granary Burying Ground

パーク通り教会のグラナリー墓地には、アメリカの自由と独立のために戦った愛国者たちが埋葬されている。もとは穀物（グラナリー）倉庫のあったところ。墓地に眠る建国の志士たちは、ボストニアンの尊敬を受けマサチューセッツの初代知事となったジョン・ハンコックやイギリス軍の攻撃を危機一髪のところで救ったポール・リビア(→P.558)、独立戦争のリーダーのひとりサミュエル・アダムス、ボストン虐殺事件の犠牲者たちなど。

実は英国国教会だった　地P.553 D-2

キングスチャペル
King's Chapel

1688年、ボストン一帯がまだイギリス政府の統轄を受けていた頃、ボストン初の英国国教会として創設された。キングスチャペルは塔がなく、外壁は石で覆われ、建物の内部は石と木造がミックスされたもの。教会名物の鐘は、ポール・リビアの製造したもので、美しい音を奏でるそうだ。

旧州議事堂に続く２番目に古い建物　地P.553 D-2

オールドサウス集会場
Old South Meeting House

1729年ピューリタンの礼拝堂として建設された。建造物全体は教会を象徴しているが、オールドサウスは教会というより、植民地市民の白熱した討論が交わされた場所として有名。たび重なるイギリス政府からの課税に、植民地市民は憤りを感じ、この場で下された討論の結果が、1773年のボストン茶会事件を引き起こしたのだ。

ボストンコモン
住 Tremont, Boylston, Arlington, Beacon, Park Sts.
☎ (617) 536-4100
行 グリーン、レッドラインPark St.駅下車
※24:00以降は立ち入り禁止。暗くなってからの公園は危険なので、行かないこと

観光に疲れたら、芝生に横たわってひと休みできるボストンコモン

パーク通り教会
住 1 Park St.
☎ (617) 523-3383
URL www.parkstreet.org
開〈6月中旬～8月〉火～土9:30～15:30。それ以外は予約制
礼拝／〈夏期〉日10:45、17:30、〈冬期〉日8:30、11:00、16:00、18:00
料 無料

グラナリー墓地
問い合わせ先／Boston Parks and Recreation Department
住 Tremont St. Opposite To Broomfield St.
☎ (617) 635-4505
URL www.cityofboston.gov/freedomtrail/granary.asp
開 毎日9:00～17:00
料 無料
※夏期は入口脇に地図を持った人が立っている。貸してくれる地図には封筒が入っているので、その封筒にチップを入れる

キングスチャペル
住 Corner of School & Tremont Sts.
☎ (617) 523-1749
URL www.kings-chapel.org
開 毎日10:00～16:00（日13:30～）
休〈メモリアルデイ～レイバーデイ〉火・水の11:15～13:30
礼拝／水12:15、日11:00
料 $2、子供50¢の寄付制
コンサート／火12:15、日17:00。変わることもあるのでウエブサイトにて確認すること
※火曜のコンサートは$3、日曜のコンサートは大人$15、学生$10の寄付が望ましい
※10～4月の日曜のコンサートは月1回

オールドサウス集会場
住 310 Washington St.
☎ (617) 482-6439
URL www.oldsouthmeetinghouse.org
開〈4～10月〉毎日 9:30～17:00、〈11～3月〉毎日10:00～16:00
休 サンクスギビング、12/24、12/25、1/1
料 $6、シニア／学生$5、6～18歳$1

メモ **パーク通り教会やファニュエルホール** ▶ パーク通り教会やファニュエルホールなどの公共の建物は、しばしば奴隷制度廃止を唱える者たちの集会場として使われた。

ボストン最古の建築物 地P.553 D-1

旧州議事堂
Old State House

1798年1月11日ビーコンヒルに現在の州議事堂が完成し、マサチューセッツ州の機関が移転するまで、州議事堂として機能していた。

1658年に建設された旧町会集会所が1711年に焼失。1713年その焼け跡に建てられた。それから独立戦争が勃発するまでの間、イギリスの植民地政府が置かれ、1階は貿易、2階は植民地政府の会議室や地方裁判所として使われた。1776年7月18日、議事堂東側2階のバルコニーから、新マサチューセッツ市民に向かって独立宣言が読み上げられた場所としても有名。

現在は博物館となり、1階では一部がマリンミュージアム（船の博物館）、2階がボストニアン協会の展示室として、昔のボストンの写真パネルなどが陳列されている。

歴史はここで変わった 地P.553 D-1

ボストン虐殺地跡
Site of the Boston Massacre

1770年3月5日、旧州議事堂のすぐ東側で群衆を鎮めようとした9人のイギリス兵が発砲し、5人のアメリカ人が殺された。この事件（ボストン虐殺事件）を境に、独立戦争の機運が加速度的に高まった。

ケネディも演説した 地P.553 D-1

ファニュエルホール
Faneuil Hall

1742年、裕福な貿易商ピーター・ファニュエル Peter Faneuilがボストンの町に寄贈した、商業用兼町の集会場用ホール。植民地時代から現在まで自由な討論の場、アメリカ革命発祥の地として有名な建物でもある。

ファニュエルホール正面にはサミュエル・アダムスの像があるが、アダムスはこのホールのことを“自由のゆりかご Cradle of Liberty”（ゆりかごCradleには文明民族発祥の地という意味がある）と名付け、このホールでおもにアメリカ独立のための種々の演説を行った。またここでは、アメリカが独立の道をたどるまで、アダムスを中心に、イギリス本国政府に対する数々の抗議への討論が重ねられた。その後、ジョン·F·ケネディも、ここでスピーチを行っている。4階には**砲兵隊博物館 The Museum of the Ancient and Honorable Artillery Company**がある。

クインシーマーケットとも呼ばれている 地P.553 D-1

ファニュエルホール・マーケットプレイス
Faneuil Hall Marketplace

ショップやレストランがひしめき合い、朝から晩まで多くのボストニアンや観光客でごった返している。ストリートパフォーマーもおり、1日中いても決して飽きない。ボストンのエンターテインメント全般の**半額チケット売場（Bostix）**もここにある。

旧州議事堂
住206 Washington St.
☎(617) 720-1713（“1713” は旧州議事堂が完成した年）
URL www.bostonhistory.org
開毎日9:00～17:00（1月は16:00まで、7、8月は18:00まで）
休サンクスギビング、12/25、1/1
料$7.50、シニア／学生$6、6～18歳$3

ボストン虐殺地跡
住Devonshire & Court Sts.

ファニュエルホールの正面にはサミュエル・アダムスの像が立つ

ファニュエルホール
住Bet. Congress St. & Merchants Row
☎(617) 242-5675
URL www.nps.gov/bost/historyculture/fh.htm
開毎日9:00～17:00。9:30～16:30の間は30分おきにレンジャートークあり（ボストン市主催のイベント時を除く）
休サンクスギビング、12/25、1/1
料無料

●The Museum of the Ancient and Honorable Artillery Company
開月～金9:00～15:30
休土・日、おもな祝日
URL www.ahac.us.com/museum.htm

ファニュエルホール・マーケットプレイス
☎(617) 523-1300
URL www.faneuilhallmarketplace.com
開ショップ／月～土10:00～21:00、日12:00～18:00、レストランのオープンは毎日11:00頃からで、閉店時間は店によって異なる
休サンクスギビング、12/25

● Bostix
URL www.bostix.org
開火～土10:00～18:00、日11:00～16:00
休月、サンクスギビング、12/25

ショップやフードコートがあり、観光客でいつもにぎわっているファニュエルホール・マーケットプレイス

旅のアドバイス **ボストン美術館には**▶ 代表的な作品の説明を聞くことができる日本語のオーディオガイドがある。料$6、17歳以下 $4。

ビーコンヒル地区 Beacon Hill

金色に輝くドームがひときわ目立つ　地P.553　C-1、2

マサチューセッツ州議事堂
Massachusetts State House

マサチューセッツ州議事堂では、ツアーも催行されている

ランドマーク的存在で、ビーコンヒル最古の建物である。そのデザインは、新古典主義調（ジョージア王朝式とフェデラル様式のミックス）で、チャールズ・ブルフィンチの設計。柱廊は古代ギリシャ風の円柱、壁はペディメントと呼ばれる古典建築の、三角形の切妻壁だ。ドームは23金の金箔に覆われている。

マサチューセッツ州議事堂
住Bowdoin & Beacon Sts.
☎(617) 727-3676
URL www.sec.state.ma.us/trs
ツアー／月～金10:00～16:00。所要約30～45分
休土・日、おもな祝日
料無料
※資料をもらってセルフガイドツアーもできる
※入場前に手荷物のX線検査と、金属探知機のセキュリティチェックがある

バックベイ地区 Back Bay

アメリカではないような　地P.552　B-2

トリニティ教会
Trinity Church

コープリースクエア周辺は、ボストンの繁華街のひとつで、朝から晩までにぎやかだ。しかし、スクエアの東に面しているトリニティ教会に一歩踏み込むと、中世ヨーロッパの権威ある教会に紛れ込んだような荘厳な空気が漂い、訪れる人を現実世界から隔離する。暗い教会では、太陽の光を浴びたステンドグラスの輝きが、まぶしいほどだ。トリニティ教会は、アメリカ建築界のロマネスク復古調では先駆者的存在のヘンリー・ボブソン・リチャードソンにより設計、1877年に建立された。

コープリースクエア前から、トリニティ教会を眺める

トリニティ教会
住206 Clarendon & Boylston Sts., Copley Square
☎(617) 536-0944
URL www.trinitychurchboston.org
開月～土11:00～17:00（水～18:00、土9:00～）、日13:00～18:00
礼拝／日7:45、9:00、11:15、18:00、水17:45（7、8月を除く）、木12:10
ガイドツアー／日曜11:15からの礼拝のあと。不定期だが、月に数回催行されるので、ウエブサイトで確認すること
セルフガイドツアー／月～金10:00～15:30、土9:00～16:00、日13:00～17:00
料$7、学生$5、16歳以下無料（館内案内地図付き）
※セルフガイドツアーもガイドツアーと同じ料金

名物のスワンボートに乗ろう！　地P.553　C-2

パブリックガーデン
Public Garden

アメリカで初めてできた植物園。手入れの行き届いた美しい植物がきれいに植えられている。植物以外に忘れてはならない名物が、白鳥の形をした**スワンボート Swan Boat**（所要15分）。敷地内のほぼ中央にある池を行き交う。また、ガーデン内には多くの銅像が立ち、Arlington St.とCommonwealth St.が交差するゲートの近くに立っている像はジョージ・ワシントンだ。

パブリックガーデンでは、スワンボートに乗ろう

パブリックガーデン
住Bet. Charles & Arlington Sts.
☎(617) 635-4505
開毎日 日の出～22:00（暗くなってからは歩かないこと）
●Swan Boat
（2012年は4/14～9/16の運航）
☎(617) 522-1966
URL www.swanboats.com
運航／〈4/14～6/20〉毎日10:00～16:00、〈6/21～9/3〉毎日10:00～17:00、〈9/4～9/16〉毎日12:00～16:00（土・日10:00～）
料$2.75、シニア$2、2～15歳$1.50
※雨や強風、猛暑の日は運休することもある

メモ　トリニティ教会のオルガンリサイタル ▶ 金曜の12:15から無料（$10の寄付制）のパイプオルガンのコンサートが行われる。

52 階建てののっぽビル　地P.552　B-3

プルデンシャルセンター・スカイウオーク展望台
Prudential Center Skywalk Observatory

ボストンでジョン・ハンコック・タワーに次ぐ高さを誇るビルの50階は**スカイウオークSkywalk**という展望台で、ここからボストンや周辺の町を眺望することができる。1、2階には、ショッピングセンターの**ショップス・アット・プルデンシャルセンター Shops at Prudential Center**➡P.563やレストランなどが入る。

キリスト教一派の総本山　地P.552　B-3

メアリー・ベーカー・エディ・ライブラリー
The Mary Baker Eddy Library

1866年、メアリー・ベーカー・エディMary Baker Eddyによって開かれたキリスト教の一派、"クリスチャンサイエンス"の総本山。直径約9mのステンドグラスでできた地球儀のような**マッペリアムMapparium**は、必見だ。

日本美術がすばらしい　地P.552　A-3

ボストン美術館
Museum of Fine Arts

館内は、東洋美術からエジプト美術、ギリシャ・ローマ美術、ヨーロッパ・アメリカ装飾美術、染織と衣類、現代美術などまでが120以上のギャラリーに展示されている。見逃せないセクションは、歌麿、北斎、広重らの浮世絵のコレクション。さらに、尾形光琳の『松島図』や狩野永徳の『龍虎図』などの作品も収蔵する。一方、一番人気はエバンスウイング2階のモネを中心とした印象派の部屋。ミレーの『収穫者たちの小休止』と『種をまく人』、モネの『日本衣装の女』と『睡蓮』、ルノアールの『ブージバルのダンス』、セザンヌの『赤い肘かけ椅子のセザンヌ夫人』などはどれもボストン美術館を代表する傑作だ。

個人の収蔵品とは思えない　地P.552　A-3

イザベラ・スチュワート・ガードナー美術館
Isabella Stewart Gardner Museum

ボストン大富豪の未亡人、イザベラ・S・ガードナーのコレクションを展示する美術館。1～3階までがミュージアム用のフロア、4階は邸宅用で、以前ここにはガードナー未亡人が住んでいた。鑑賞用に設けられた広い壁や棚には、絵画や彫刻、工芸品、織物、楽器、家具、陶器などが展示されている。

中庭には、太陽がさんさんとふりそそぐイザベラ・スチュワート・ガードナー美術館

プルデンシャルセンター・スカイウオーク展望台
住800 Boylston St., Prudential Tower Building, 50th Floor
☎(617) 859-0648
URL www.prudentialcenter.com
開〈3/11～10/31〉毎日10:00～22:00、〈11/1～3/10〉毎日10:00～20:00。展望台への最終エレベーターはクローズ30分前発
※貸し切りイベントのため、営業時間内でも入れないこともある
料$14、シニア／学生$12、11歳以下$9
※チケットはプルデンシャルセンター入口手前のカウンター（開毎日10:00～18:00）、もしくは展望台入口で購入できる

メアリー・ベーカー・エディ・ライブラリー
住200 Massachusetts. Ave.
☎(617) 450-7000
Free (1-888) 222-3711
URL www.marybakereddylibrary.org
開火～日10:00～16:00。マッペリアムの最後のショーは16:00から
休月、おもな祝日
料$6、シニア／6～17歳$4
行グリーンライン(E) Prudential、またはSymphony駅、グリーンライン(B、C、D) Hynes Convention Center駅下車

ボストン美術館
住465 Huntington Ave.
☎(617) 267-9300（テープによる案内）
URL www.mfa.org
開毎日10:00～16:45（水～金～21:45）
休4月の第3月曜、7/4、サンクスギビング、12/25、1/1
料$22、シニア／大学生$20、7～17歳$10、6歳以下無料。水曜16:00以降は無料（寄付制）。7～17歳は月～金の15:00以降と週末は無料
※10/8は終日無料
※10日以内ならば、同じ入場券で1回だけ再入場できる
行グリーンライン (E) Museum of Fine Arts駅下車。バスなら#39で

ボストン美術館、リニューアルオープン
5年間に及ぶ拡張工事が終了し、2010年11月末にオープンした。新しくなったのは、美術館東側にある「アメリカ美術ウイング」。地下から3階まで53のギャラリーをもち、アメリカ美術に特化したセクションだ

イザベラ・スチュワート・ガードナー美術館
住280 The Fenway
☎(617) 566-1401
URL www.gardnermuseum.org
開火～日11:00～17:00（チケット売り場は16:20まで、ギャラリーは16:45、木曜は21:00まで）
休月、7/4、サンクスギビング、12/25
料$15、シニア$12、学生$5、17歳以下無料。オーディオツアー$4
行グリーンライン (E) Museum of Fine Arts駅下車

旅のアドバイス **ボストン美術館とイザベラ・スチュワート・ガードナー美術館を2日以内に訪れるなら▶**最初に訪れた美術館の入場券とレシートを保存しておこう。もう一方の美術館の入場券を購入するときに提示すると、$2の割引を受けることができる。

ウオーターフロント地区 Waterfront

水の仲間に出合える

ニューイングランド水族館

地P.553 D-1

New England Aquarium

館内は、ジャイアント・オーシャン・タンクと名付けられた大水槽が中心。4階にまで及ぶタンクは、いろいろな位置から眺められる円筒型で、周囲の長さ40フィート、深さ23フィート、容積18万ガロンの巨大なもの。そのほかには、ペンギンのプール、ペンギントレイやアメリカの川魚、考えるギャラリー、トロピカルギャラリーなどがある。また、4〜10月下旬まで催行される**ホエールウオッチWhale Watch**は、クジラが必ず見られる保証付きで好評だ。

港町ボストンを実感する

ハーバークルーズ

地P.553 D-1

Harbor Cruises

ニューイングランド水族館付近には多くの桟橋があり、さまざまなクルーズが出航している。湾内を軽くひと回りするものから、沖へ出てクジラを見に行くもの、沿岸近郊の街を巡るツアーなど多彩だ。特に人気なのが、ダウンタウンのスカイラインを眺めながら、ボストンの植民地時代からの歴史、ボストンハーバーの新旧について解説してくれる**Historic Sightseeing Cruise**と**Whale Watch**だ。

ノースエンド地区 North End

アメリカ建国の英雄の家

ポール・リビアの家

地P.553 D-1

The Paul Revere House

"真夜中の疾駆 Paul Revere's Ride" で有名な、建国のヒーロー、ポール・リビアが住んだ家。リビアは、危機一髪のところでイギリス軍の攻撃からアメリカを救った人物として知られる。木造2階建ての簡素な家は、ボストン最古の建造物でもある。1680年頃建てられ、ポール・リビアが購入したのは1770年。リビア一家は約30年間この家に住んだ。1、2階の各2部屋が、当時のままに再現され、公開されている。

ここに掲げられたランタンがアメリカを救った

オールドノース教会

地P.553 D-1

Old North Church

創設1723年、ボストン最古のキリスト教会。教会が一躍有名になったのは、1775年4月18日の晩のことだった。当時は、ボストンで一番高い建物だった教会の尖塔に、ふたつのランタンが掲げられる。この明かりを見たポール・リビアが、イギリス軍の奇襲を知らせるために、植民地軍の武器弾薬庫のあるコンコード、その中継点であるレキシ

ニューイングランド水族館
住Central Wharf
☎(617) 973-5200
URL www.neaq.org
開〈7/1〜9/3〉毎日9:00〜18:00(金・土〜19:00)、〈9/4〜6/30〉毎日9:00〜17:00(土・日・おもな祝日〜18:00)
休サンクスギビング、12/25
料$22.95、シニア$20.95、3〜11歳$15.95。アイマックスとのコンビネーションチケットあり
●Whale Watch
料$44.95、3〜11歳以下$34.95。料金には税金(City of Boston Convention Surcharge)が加算される。身長約76.2cm以下は参加できない
※燃料サーチャージがかかる場合もある
☎(617) 973-5206まで予約を入れること

ハーバークルーズ
☎(617) 227-4321
Free (1-877) 733-9425
URL www.bostonharborcruises.com
乗り場/#1 Long Wharf、一部Navy Yardより(Aquarium駅下車すぐ。ファニュエルホール・マーケットプレイスから東へ1ブロック)
●Historic Sightseeing Cruise
運航/11:00、13:00、15:00(2012年は5/12〜9/3の毎日、9/4〜9/30は週末のみ)
料$23、シニア$21、4〜12歳$19
●Whale Watch
運航/〈2012年は3/31〜11/25〉時期により出発時間が異なる。スケジュールについては問い合わせのこと
料$45、シニア$40、4〜12歳$35。8:30、17:30出発に限りファミリーパック(大人2人、子供2人)$150あり
※ホエールウオッチングに参加する際は、セーターやジャケットなどの防寒具を持参しよう

木造2階建てのポール・リビアの家

ポール・リビアの家
住19 North Sq.
☎(617) 523-2338
URL www.paulreverehouse.org
開〈4/15〜10月〉毎日9:30〜17:15、〈11月〜4/14〉毎日9:30〜16:15
休1〜3月の月曜、サンクスギビング、12/25、1/1
料$3.50、シニア/学生$3、5〜17歳$1
※公衆トイレがないので注意

旅のアドバイス **美術館での写真撮影について**▶ボストン美術館は「○○ギャラリー Gallery」と呼ばれる特別展などの展示エリア以外なら、フラッシュなしで撮影可能。「○○ギャラリー Gallery」では、ほかの美術館から借りている作品を展示している場合が多いので、著作権の関係上、撮影ができない。ガードナー美術館は写真撮影禁止。

ントンに向かった。リビアの疾駆は、イギリス軍の攻撃を未然に防ぎ、植民地軍の士気を高め、アメリカ独立のワンステップとなったのだ。白い塔をもつ教会は、植民地時代の象徴的な教会で、建物内部の箱型の座席も、教会が建てられたときのままで残っている。

チャールズタウン地区 Charlestown

歴史的な船が係留されている 地P.552 左上

チャールズタウン・ネイビーヤード
Charlestown Navy Yard

ネイビーヤードは軍用艦の造船所やドックであったが、現在は歴史公園として一般に公開されている。敷地内には、**米国船コンスティテューション号博物館USS Constitution Museum**や**米国船コンスティテューション号United States Ship Constitution（フリゲート艦）**、**米国船カシン・ヤング号USS Cassin Young（駆逐艦）**が停泊している。

米国船コンスティテューション号 United States Ship Constitution

現在も航行できる世界最古の戦艦は、"オールド・アイアン・サイド＝鉄の横腹をもつ彼女"と呼ばれる木造船。数知れないほどの敵の砲弾を浴びながらも、決して沈没することがなかった。船内はツアーで見学できるようになっている。

壮絶な戦いだった 地P.552 左上

バンカーヒル記念塔
Bunker Hill Monument

フリーダムトレイルの終点にある塔は、1775年6月17日独立戦争の最中バンカーヒル周辺で起こった**バンカーヒルの戦いThe Battle of Bunker Hill**を記念して建てられた。高さ約67mの塔の内部はエレベーターがなく、294段の階段が展望階まで通じている。

ケンブリッジ市 Cambridge

チャールズ川を挟んだボストンの対岸には、ハーバード大学やマサチューセッツ工科大学があり、カフェやレストラン、ショップをはじめ個性的な劇場が集まっている。

観光案内所 …………… Visitors Information

ジュールズ・G・チザム観光案内所
Jules G. Chisholm Visitor Information Booth

レッドラインHarvard Square駅下車。地上に出ると円筒形のブースに"Information"と書かれている。夏期はツアーもあり。

地下鉄駅の目の前にある

オールドノース教会
住193 Salem St.
☎(617) 523-6676
URL www.oldnorth.com
開〈1・2月〉火〜日10:00〜16:00、〈3〜5月〉毎日9:00〜17:00、〈6〜10月〉毎日9:00〜18:00、〈11・12月〉毎日10:00〜17:00
礼拝／木18:00、日9:00、11:00
休1・2月の月曜、サンクスギビング、12/25
料$1の寄付制
行オレンジ、グリーンラインHaymarket駅下車
※教会内は撮影禁止

チャールズタウン・ネイビーヤード
行オレンジ、グリーンラインNorth Station下車。またはバス#92、93で。もしくは、ロングワーフからインナー・ハーバー・フェリーで

●USS Constitution Museum
地P.552 左上
☎(617) 426-1812
URL www.ussconstitutionmuseum.org
開〈4〜10月〉毎日9:00〜18:00、〈11〜3月〉毎日10:00〜17:00
休サンクスギビング、12/25、1/1
料無料（寄付制）

●United States Ship Constitution
地P.552 左上
URL www.history.navy.mil/ussconstitution
開〈4〜10月〉火〜日10:00〜18:00、〈11〜3月〉木〜日10:00〜16:00
ツアー／〈4〜10月〉火〜日10:30〜16:30、〈11〜3月〉木〜日10:30〜15:30の30分間隔に出発している
料無料
※手荷物検査などのセキュリティチェックあり
※独立記念日などの特別イベントが行われるときは、航海に出て不在の場合もある

バンカーヒル記念塔
住Monument Square
☎(617) 242-5641
URL www.nps.gov/bost/historyculture/bhm.htm
開毎日9:00〜16:30（7・8月は17:30まで）
※塔の上まで登る場合、クローズする30分前までに入ること
※改装工事や天候により、クローズする日もあるので、事前に確認すること
休サンクスギビング、12/25、1/1
行オレンジ、グリーンラインNorth Station下車。または、バスなら#92、93で

ケンブリッジ市
行地下鉄レッドラインで。ハーバード大学ならHarvard Square駅下車、MIT（マサチューセッツ工科大学）ならKendall/MIT駅下車。あるいは、グリーンラインHynes Convention Center駅からMassachusetts Ave.沿いを走るバス#1で

ジュールズ・G・チザム観光案内所
地P.561 A-3
住0 Harvard Square, Cambridge
☎(617) 497-1630
URL www.cambridge-usa.org
開毎日9:00〜17:00（土〜16:00、日〜13:00）
※ただし、ボランティアベースなので、この時間に必ずしも営業しているとは限らない。夏の観光シーズン以外の時期はクローズしていることが多い

1636年に創立されたエリート校

地P.561

ハーバード大学

Harvard University

アメリカ最古の大学としての伝統と教育水準の最高峰を維持し、7人の合衆国大統領、30人以上のノーベル賞やピュリッツァー賞の受賞者が誕生している。大学は、13のCollegeやSchoolから構成され、学生や職員を含めて、ハーバード大学に携わる人々は約3万人、100ヵ国以上から集まっている。敷地内には、約90の図書館、7つの博物館や美術館、そして研究所など約460もの校舎がある。

ハーバード大学案内所
Harvard University Events & Information Center

日本語のパンフレット（料$2）や地図があり、キャンパスツアーの出発点にもなっている。

ハーバードヤード　Harvard Yard

Massachusetts Ave.を東へ行くとすぐにあるのが、**ワッズワースハウス Wadsworth House**。1726年に建てられた羽目板の住居で、9代目ハーバード大学長、ワッズワースが住んでいた。中庭には、大学の本部や寮、ハーバード最初の正式な教会**ホールデン礼拝堂 Holden Chapel**（青と白の紋章が目印）などがある。左側にある**マサチューセッツホール Massachusetts Hall**（1720年）は、現存するハーバード最古の建物。中庭を挟んで反対側にあるのは、チャールズ・ブルフィンチ設計の、みかげ石で造られた**ユニバーシティホール University Hall**（1815年）だ。このホールの前には"3つの嘘の像"として有名なフレンチ作のJohn Harvardの銅像がある。University Hallの後ろにある**記念教会 Memorial Church**は、世界大戦で亡くなったハーバード大の学生のために建てられた教会。その反対側には、世界最大級の大学図書館**ワイドナー記念図書館 Widener Memorial Library**がある。

大学付属の美術館

地P.561　C-2、3

ハーバード大学美術館

Harvard University Art Museums

ハーバード大学には3つの美術館がある。2012年5月現在、アーサー・M・サックラー美術館のみオープン。

フォッグ美術館　Fogg Art Museum

イタリア・ルネッサンス調の美しい中庭を取り囲むようにして展示室がある。館内の展示物は、中世から現代までの西欧美術が主で、イタリア・ルネッサンスの有名な作家や印象派をはじめ、後期印象派の絵画や彫刻などが飾られている。

ブッシュ・ライジンガー 美術館
Busch-Reisinger Museum

20世紀のドイツ美術を中心に、スイス、オーストリア、ロシア、スカンジナビアの作品が大部分を占める。ドイツのバウハウスデザイン学校Bauhaus School出身者のコレクションも秀逸だ。

アーサー・M・サックラー美術館
Arthur M. Sackler Museum

古代中国のヒスイ、陶器、仏閣に奉納する青銅像、仏

ハーバード大学
URL www.harvard.edu
行 レッドラインHarvard Square駅下車。駅の真上がハーバードスクエア。すぐ横に続く塀の向こうがハーバードヤードだ

ハーバード大学案内所
地 P.561　A-3
住 Holyoke Center, 1350 Massachusetts Ave., Cambridge
☎ (617) 495-1573
開 月～土9:00～17:00

キャンパスツアー
URL www.harvard.edu/visitors
ガイド付きヒストリカルツアー／2012年のスケジュールは、月～土10:00、12:00、14:00
休 日、おもな祝日、春休み（3/10～3/18）、夏休みなど、学校が休みの期間は催行されない。詳細は大学案内所で確認を

ハーバード大学出身の歴代大統領
第2代ジョン・アダムス
John Adams
第6代ジョン・クインシー・アダムス
John Quincy Adams
第19代ラザフォード・B・ヘイズ
Rutherford B. Hayes
第26代セオドア・ルーズベルト
Theodore Roosevelt
第32代フランクリン・D・ルーズベルト
Franklin D. Roosevelt
第35代ジョン・F・ケネディ
John F. Kennedy
第43代ジョージ・W・ブッシュ
George W. Bush

ハーバード大学美術館
☎ (617) 495-9400
URL www.harvardartmuseums.org
行 レッドラインHarvard Square駅下車。ハーバードヤードを東に出てすぐ
●Arthur M. Sackler Museum
地 P.561　C-2
住 485 Broadway, Cambridge
開 火～土 10:00～17:00
休 日・月、おもな祝日
料 $9、シニア$7、大学生$6、18歳以下無料
ツアー／火～金12:15、14:00にロビーから出発。所要約50分

セミティック美術館
Semitic Museum
Divinity Ave.を入り、ハーバード自然史博物館に行く途中の左側にあるひっそりと目立たない博物館。入場も無料なので、興味のある方はどうぞ。この博物館は1889年に創立され、中近東（おもにイスラエル、エジプト、ヨルダン、イラクなど）の文明を知るための考古学的なコレクション約4万点を所蔵している
住 6 Divinity Ave., Cambridge
☎ (617) 495-4631
URL www.semiticmuseum.fas.harvard.edu/icb/icb.do
開 日～金10:00～16:00（日13:00～）
休 土、おもな祝日、11/25、12/25～1/2
料 無料

旅のアドバイス **ハーバード大学アンオフィシャルツアー** ▶ ハーバード大学の学生が始めたキャンパスツアー。出発は毎日10:30～15:30に数回（時期により異なるので要確認）。ジュールズ・G・チザム観光案内所にハーバードシャツを着たガイドが待っている。ツアーは無料だが、ガイドに満足したら$10ほどのチップを。ただし、12月中旬～2月中旬は行われていない。URL www.harv.unofficialtours.com

像、墨絵などが注目の展示。鈴木春信、鳥居清長らの浮世絵を中心に、狩野派の屏風絵、江戸時代の美人画なども見学できる。コレクション類は10万点を超える。

一度に各分野が見学できる　地P.561　B-1

ハーバード自然史博物館
Harvard Museums of Natural History

地球上のあらゆる生物をひとつ屋根の下で研究したいという、スイスの自然科学者ルイス・アガシー Louis Agassiz の発想で実現した。**植物学博物館The Botanical Museum、鉱物学と地質学博物館Mineralogical and Geological Museum、比較動物学博物館Museum of Comparative Zoology（MCZ）、ピーボディ考古学と民族学博物館Peabody Museum of Archaeology and Ethnology**が入る。

ハーバード自然史博物館（4館共通）
住26 Oxford St., Cambridge
☎(617)495-3045
URL www.hmnh.harvard.edu
開毎日9:00～17:00
休サンクスギビング、12/24、12/25、1/1
料$9、シニア／大学生$7、3～18歳$6
行レッドラインHarvard Square駅下車。ハーバードヤード、科学センターを越えてオックスフォードストリート沿い。26 Oxford St.と11 Divinity Ave.の2ヵ所に入口がある

エンターテインメント Entertainment

ボストン交響楽団
Boston Symphony Orchestra（BSO）

ボストン交響楽団（BSO）は世界屈指のオーケストラ。1973年より29年にわたって音楽監督を務めた小澤征爾氏は名誉音楽監督となった。ホームホールは、クラシックの殿堂にふさわしいシンフォニーホール。シーズンは9月末から4月まで。7、8月はボストン郊外でタングルウッド音楽祭が開催される。

ボストン交響楽団とボストンポップス
ホームホール――シンフォニーホール Symphony Hall
地P.552　B-3
住301 Massachusetts Ave.
☎(617)266-1492
Free (1-888)266-1200（チケット）
URL www.bso.org
行グリーンライン(E)Symphony駅下車

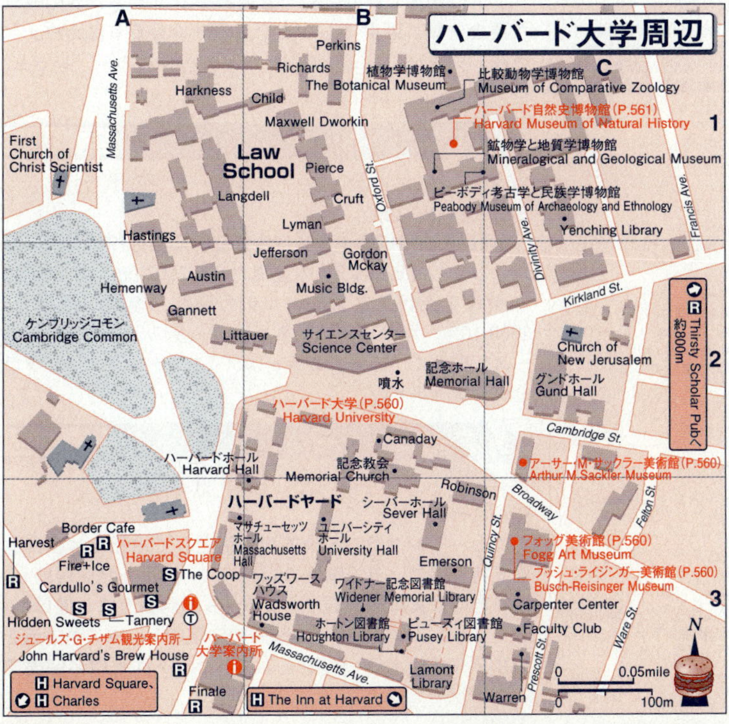

メモ　ジョン・F・ケネディ・ライブラリー▶今でも多くの人から愛されている、第35代大統領ジョン・F・ケネディの博物館。URL www.jfklibrary.org　行レッドライン JFK/U Mass 駅下車。駅からは8:00～17:00の20分おきに、ライブラリー行きの無料のシャトルバスが運行している。

ボストンポップス　Boston Pops

　ボストンポップスは、映画音楽やミュージカルナンバーを演奏するなど、クラシックをリラックスして聴けるのが魅力。指揮者は女性に人気のあるキース・ロックハート。5月〜7月初旬、シンフォニーホールとタングルウッドなどで演奏される。

Spectator Sports　観戦するスポーツ

ベースボール　MLB

ボストン・レッドソックス（アメリカンリーグ東地区）
Boston Red Sox

　最もアメリカらしい体験ができるのが大リーグ観戦だが、その最たる場所がボストンのフェンウェイパークだろう。ここには全米いちといっていいほど熱狂的なファンが集まり、人気選手への期待は、球場に身を置けばいやというほど伝わってくる。球場は2012年に100周年を迎えた。

ボストン・レッドソックス
（1901年創設）
本拠地――フェンウェイパーク Fenway Park（3万7402人収容）
地P.552　A-3　住4 Yawkey Way
Free(1-877)733-7699（チケット）
URL boston.redsox.mlb.com
行グリーンライン（B、C、D）Kenmore Square駅下車、徒歩5分
球場ツアー／毎日9:00〜16:00。所要50分。球場前のギフトショップから
☎(617)226-6666
料$12、シニア$11、3〜15歳$10

この選手に注目！
ジョン・レスター（投手・先発）

アメリカンフットボール　NFL

ニューイングランド・ペイトリオッツ（AFC 東地区）
New England Patriots

　9年連続2桁勝利のプレーオフ常連。2000年代だけでも5度のスーパーボウル出場、3度の制覇を成し遂げている。ファンにとっては'08、'12年と連続でジャイアンツに敗れた頂上決戦は悪夢でしかない。チームカラーはナウティカル・ブルー、ニューセンチュリー・シルバー、レッド、ホワイト。

ニューイングランド・ペイトリオッツ
（1960年創設）
本拠地――ジレットスタジアム Gillette Stadium（6万8756人収容）
地P.552　地図外
住1 Patriot Pl., Foxborough
Free(1-800)543-1776（チケット）
URL www.patriots.com
行South Stationから1便だけ特別列車が運行される。所要約1時間。試合開始2時間ほど前にSouth Stationを出発し、帰りは試合終了30分後に出発
料往復$15

この選手に注目！
トム・ブレイディ

バスケットボール　NBA

ボストン・セルティックス（東・大西洋地区）
Boston Celtics

　8連覇を含むファイナル17度優勝の名門も1990年代に低迷。しかし「ビッグ3」の登場から、2007-08年は8割を越す勝率を上げ、ファイナルにも勝利、復興を遂げた。2009-10年、再び頂点に挑むもあと一歩のところでレイカーズに敗れた。チームカラーはグリーン、ホワイト、ブラック、ゴールド。

ボストン・セルティックス
（1946年創設）
本拠地――TDガーデン TD Garden（1万8624人収容）
地P.553　C-1
住100 Legends Way
Free(1-866)423-5849（チケット）
URL www.nba.com/celtics
行グリーン、オレンジラインNorth Station下車。駅に隣接している

この選手に注目！
レイジョン・ロンド

アイスホッケー　NHL

ボストン・ブルーインズ（東・北東地区）
Boston Bruins

　ニューイングランド地方の象徴として地元では圧倒的な支持を得ている。直近の4シーズンで3度も地区優勝し、2011年には実に39年振りとなるリーグ制覇を成し遂げた。ディフェンスの要シャラと堅守の守護神トーマスが失点を最小限に抑える守りのチーム。チケットは毎試合完売する。

ボストン・ブルーインズ
（1924年創設）
本拠地――TDガーデン TD Garden（1万7565人収容）
地P.553　C-1
住100 Legends Way
☎(617)624-2327（チケット）
URL bruins.nhl.com
行グリーン、オレンジラインNorth Station下車。駅に隣接している

この選手に注目！
タイラー・セギン

投稿　**ファニュエルホール・マーケットプレイスにある素敵なクリスマスグッズの店**▶ツリーに飾るサンタクロースの人形や巨大なくつ下などがある。Always Christmas In New England 住Faneuil Hall Market Place（1 South St.）☎(617)248-9517 URL www.christmasinnyc.com　（福井県　TOMO　'10）['12]

ショップ Shops

スポーツ

MLBレッドソックスのグッズストア

ヨーキーウエイストア Yawkey Way Store

住19 Yawkey Way Free(1-800) 336-9299 AJMV
URL www.yawkeywaystore.com 開毎日9:00〜17:00（試合がある日は試合開始2時間前からYawkey Wayが閉鎖されるので、ゲームのチケットがないと入れない） 地P.552 A-3

Tシャツや帽子などレッドソックスグッズの品揃えは一番。グリーンラインKenmore駅から、フェンウェイパーク、ゲートAの道を渡った向かい。 ('12)

雑貨

大学グッズを手に入れよう

クープ（生協）ハーバードスクエア店 The Coop(Harvard Square Coop)

住1400 Massachusetts Ave., Cambridge ☎(617) 499-2000
URL store.thecoop.com 地P.561 A-3
開月〜土9:00〜21:00、日10:00〜19:00 AMV

ハーバード大学の生協。文房具、Tシャツ、ネクタイなどハーバード大学のロゴ入りグッズが充実。グッズはブックストアではなく、Brattle/Palmer St. のCoopへ。 ('12)

食料品

アメリカンなキャンディショップ

シュガーヘブン Sugar Heaven

住669 Boylston St. ☎(617) 266-6464
URL www.sugarheaven.us
開月〜土10:00〜19:00、日12:00〜18:00 AMV 地P.552 B-2

昔懐かしの駄菓子屋を思い出させるキャンディショップ。グミの量り売りやM&M'sのチョコレートを自分の好みでブレンドできる。 ('12)

食料品&雑貨

ハーバードスクエアから歩いて1分

ヒドゥン・スイーツ Hidden Sweets

住25 Brattle St., Cambridge ☎(617) 497-2600
URL www.hiddensweets.com AMV
開月〜土10:00〜19:00、日9:00〜18:00 地P.561 A-3

アメリカらしいお菓子からハーバード大学やレッドソックス関連のグッズまでを取り揃える。おみやげ探しに困ったら立ち寄りたい。キャンディは量り売りをしてくれる。 ('12)

雑貨

センスのいい小物が見つかる

フラット・オブ・ザ・ヒル Flat of the Hill

住60 Charles St. ☎(617) 619-9977 地P.553 C-2
URL flatofthehill.blogspot.com MV
開火〜金11:00〜18:00、土・日10:00〜17:00（日12:00〜）

ビーコンヒルのCharles St.にあるこぢんまりとした雑貨店。キャンドルやペーパーウェイト、石けんなどおみやげに最適なものが見つかる。 ('12)

スーパーマーケット

食料の買い出しに便利

ショウズプルデンシャル Shaw's Prudential

住53 Huntington Ave. ☎(617) 262-4688
URL www.shaws.com AMV
開24時間営業（祝日は要確認） 地P.552 B-3

マリオットの向かいという便利な場所にある大型スーパーマーケット。寿司、サラダバー、サンドイッチなどのテイクアウト、デリも充実。 ('12)

ショッピングモール

ひときわ印象的な高層ビルの中

ショップス・アット・プルデンシャルセンター Shops at Prudential Center

住800 Boylston St. Free(1-800) 746-7778
URL www.prudentialcenter.com
開月〜土10:00〜21:00、日11:00〜18:00 地P.552 B-3

約75店舗からなるモール。シェラトンとマリオットの間にあり、コープリープレイスにもつながっている。グリーンラインHynes Convention Center駅から徒歩2分。 ('12)

ショッピングモール

公共交通機関で行けるショッピングモール

ケンブリッジサイド・ギャレリア CambridgeSide Galleria

住100 CambridgeSide Pl., Cambridge ☎(617) 621-8666
URL www.cambridgesidegalleria.com
開月〜土10:00〜21:00、日12:00〜19:00 地P.552 B-1

120以上の専門店から構成されるショッピングセンター。グリーンラインLechmere駅から徒歩5分、レッドラインKendal/MIT駅からは無料シャトルが出ている。 ('12)

メモ **MITのTシャツやマグカップを購入するなら**▶レッドラインのKendall/MIT駅前にはマサチューセッツ工科大学（MIT）の生協（クープ）が店を構えている。MIT Coop at Kendall Sq. 住3 Cambridge Center, Cambridge ☎(617) 499-3200 URL store.thecoop.com 開月〜金9:30〜18:30、土10:00〜18:00

レストラン Restaurants

アメリカ料理

R 52階からボストンが一望できる

トップ・オブ・ザ・ハブ
Top of the Hub

住 800 Boylston St. ☎ (617) 536-1775
URL www.topofthehub.net ADJMV 地 P.552 B-3
開 毎日11:30〜翌1:00（木〜土〜翌2:00、日ブランチ11:00〜）

プルデンシャルセンターの52階にある。ディナーはワイン、食事、チップ込みで$40〜50。ラウンジでは毎日ジャズの演奏が行われ、20:00過ぎは$24以上注文しなくてはならない。 ('12)

アメリカ料理

R レストランからレッドソックスを見られる

ブリーチャー・バー
Bleacher Bar

住 82A Lansdowne St. ☎ (617) 262-2424
URL bleacherbarboston.com AMV 地 P.552 A-3
開 毎日11:00〜翌1:00（木〜土〜翌2:00）

フェンウェイ球場の外野席下にあるレストラン。スープやサラダ、サンドイッチなどが食べられる。球場が見えるテーブルには試合中、45分以上は座れない。 ('12)

シーフード料理

R クラムチャウダーが人気

リーガル・シーフード
Legal Sea Foods

住 26 Park Plaza ☎ (617) 426-4444
URL www.legalseafoods.com ADJMV 地 P.553 C-2
開 毎日11:30〜23:00（金・土〜24:00、日12:00〜）

「新鮮でなければリーガルじゃない」でおなじみのシーフードレストラン。いつも混んでいるので、予約を入れるか、早めに行くことをすすめる。予算は$20〜。ボストン市内に9店舗あり。 ('12)

シーフード料理

R 1826年創業の歴史あるレストラン

ユニオン・オイスター・ハウス
Union Oyster House

住 41 Union St. ☎ (617) 227-2750
URL www.unionoysterhouse.com AJMV 地 P.553 D-1
開 毎日11:00〜21:30（金・土〜22:00）、バーは24:00まで

ケネディ大統領もお気に入りで、2階には彼がいつも食事をしていたケネディブースと呼ばれるテーブルも。1階にはオイスターバー、ギフトショップあり。予算は$20〜。 ('12)

シーフード料理

R お寿司もあるレストラン

スキップジャックス
Skipjack's

住 199 Clarendon St. ☎ (617) 536-3500
URL www.skipjacks.com AJMV 地 P.552 B-2
開 毎日11:00〜22:00（水・木〜22:30、金・土〜23:00）

トリニティ教会の裏にあり、魚の看板が目印。カジュアルな雰囲気で気軽に楽しめる。ワインメニューも充実し、パンもおいしい。日曜の10:00〜14:00はジャズブランチあり。予算は$25〜。 ('12)

日本料理

R こだわりの和食

四季
Shiki

住 9 Babcock St., Brookline ☎ (617) 738-0200
URL www.shikibrookline.com 地 P.552 A-3外
開 ランチ火〜日12:00〜15:00、ディナー火〜土17:30〜22:00（金・土〜23:00）、日17:00〜22:00 休 月 AMV

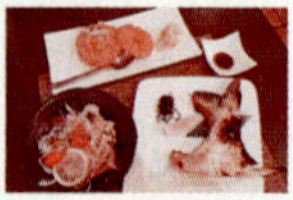

昼は会席ランチがおすすめ。ディナーは一品料理で、手のこんだ料理が楽しめる。グリーンライン(C) Coolidge Corner駅下車すぐ。予算は$15〜。 ('12)

中華料理

R いつ行っても行列ができている

グルメ・ダンプリング・ハウス（南北風味）
Gourmet Dumpling House

住 52 Beach St. ☎ (617) 338-6222
URL gourmetdumpling.com/aboutus.html
開 毎日11:00〜25:00 AM（$20以上） 地 P.553 C-2

ジューシーな小籠包（$6.50）がとてもおいしい。16時までのランチスペシャル（$7.25）では、50種類以上のメニューから選ぶことができる。どれも外れなし。 ('12)

中華料理

R おいしい飲茶（Dim Sum）なら

チャイナパール
China Pearl

住 9 Tyler St. ☎ (617) 426-4338
開 毎日8:30〜22:00（飲茶は15:00まで）
AMV 地 P.553 C-2

店内を回ってくるカートだけでなく、店の真ん中付近にあるスタンドの料理もおすすめ。デザートにはマンゴープリンや、タピオカ入りココナッツミルクはいかが。予算は$10〜。 ('12)

旅のアドバイス **3、8月のレストランウイーク** ▶ 期間中はボストンと近郊のレストラン200軒以上で格安の値段で食事を楽しめる。料 2コースランチ$15.12、3コースランチ$20.12、3コースディナー$33.12。URL www.restaurantweekboston.com

ホテル　Hotels

ホステル

読者から評判のよいユース ホステリング・インターナショナル・ボストン Hostelling International-Boston

住19 Stuart St., Boston, MA 02116　☎(617) 536-9455
FAX(617) 424-6558　URLwww.bostonhostel.org
ドミトリー$30〜56、個室$80〜130
MV　地P.553　C-2

2012年6月下旬にオープン予定。キッチン、洗濯機、乾燥機、自動販売機があり、無料の朝食が付く。夏は必ず予約を入れたほうがよい。481ベッド。('12)

ホステル

バックベイの南、サウスボストンにある 40バークレイ 40 Berkeley

住40 Berkeley St., Boston, MA 02116
☎(617) 375-2524　FAX(617) 375-2525
URLwww.40berkeley.com　Ⓢ$36〜84、Ⓣ$50〜100
AMV　地P.553　C-3

オレンジラインBack Bay駅から徒歩5分のホステル。シャワーやトイレは共同だが、個室なので安心だ。朝食とWi-Fiは無料。100室。('12)

エコノミーホテル

清潔かつ環境抜群のホテル ロングウッドイン The Longwood Inn

住123 Longwood Ave., Brookline, MA 02446
☎(617) 566-8615　FAX(617) 738-1070
URLwww.longwood-inn.com　ⓈⒹ$84〜154、Ⓣ$94〜164
AMV　地P.552　A-3外

共同キッチン、冷蔵庫、コインランドリー、駐車場がある。バスは共同になる部屋あり。周囲は住宅街で治安も申し分ない。グリーンライン (D) Longwood駅から徒歩5分。22室。('12)

エコノミーホテル

レッドソックスの試合を見に行くなら ボストン・ホテル・バックミンスター Boston Hotel Buckminster

住645 Beacon St., Boston, MA 02215
☎(617) 236-7050　FAX(617) 262-0068
URLwww.bostonhotelbuckminster.com
ⓈⒹⓉ$89〜219　ADMV　地P.552　A-2

地下鉄の駅が目の前にあり、ダウンタウンまで15分。客室には、冷蔵庫や電子レンジなど必要最低限のものは揃っている。無料の朝食付き。116室。('12)

エコノミーホテル

中心部にしては安い ミルナー・ホテル・ボストン Milner Hotel Boston

住78 Charles St. S., Boston, MA 02116
☎(617) 426-6220　Free(1-877) 645-6377　FAX(617) 350-0360
URLwww.milner-hotels.com
Ⓢ$109〜、Ⓣ$169〜　AJMV　地P.553　C-2

周囲には多くのレストランやクラブ、映画館などがある。シアターディストリクトにも近く、グリーンラインBoylston St.駅から徒歩5分。64室。('12)

中級ホテル

便利なロケーション ミッドタウンホテル The Midtown Hotel

住220 Huntington Ave., Boston, MA 02115
☎(617) 262-1000　Free(1-800) 343-1177　FAX(617) 262-8739
URLwww.midtownhotel.com　ⓈⒹⓉ$99〜289
ADJMV　地P.552　B-3

ホテル全体の内装は少し薄暗い印象だが、設備は整っている。客室内は空間に余裕があり、心地よい。地下鉄グリーンライン (E) PrudentialとSymphony駅の間。169室。('12)

中級ホテル

比較的新しくて、清潔な部屋 コープリーハウス The Copley House

住239 W. Newton St., Boston, MA 02116　☎(617) 236-8300
Free(1-800) 331-1318　FAX(617) 424-1815　地P.552　B-3
URLwww.copleyhouse.com　ⓈⒹⓉ$140〜210　AJMV

グリーンライン (E) Prudential駅から徒歩5分。長期滞在者のための家具付きアパート形式。キッチン、バス、テレビ、電話付き。21時以降に到着する場合は要連絡。50室。('12)

ゲストハウス

朝食がおいしい日本人経営のゲストハウス Tおばさんの家 TBB Boston

住10 Dummer St., Brookline, MA 02446　☎(617) 734-8714
FAX(617) 731-5201　E-mail info@tbbboston.com
URLwww.tbbboston.com
ⓈⒹⓉ$85〜179、スイート$150　カード不可　地P.552　A-2外

高級住宅街のブルックラインにあるゲストハウス。グリーンライン (B) Boston University West駅から徒歩2〜3分。11室。('12)

旅のアドバイス　気楽にイタリア料理を食べるなら ▶ 地下鉄グリーンラインのHaymarket駅を降りて徒歩5分。イタリア人街にあるデイリー・キャッチでは、お手頃の値段でとてもおいしいパスタが食べられた。
Daily Catch　住323 Hanover St.　☎(617) 523-8567　URL www.dailycatch.com　（新宿区　ただぴょん　'12）

ストウ Stowe

トラップファミリー安住の地

紅葉まっ盛りのストウビレッジを散策

バーモント州北部、カナダにもほど近いストウは、豊かな自然に囲まれた町である。なだらかな丘と山々が連なるその景観に、ヨーロッパの山間の村をイメージする人も多いそうだ。

それもそのはず、ストウは映画『サウンド・オブ・ミュージック』のモデルとなったトラップ一家が、ヨーロッパを離れてアメリカに移住し、最後にたどり着いた場所なのである。彼らは、故郷アルプスを、そして平和をイメージさせるこの地に、家を建てた。そして現在、その家はホテルとなって営業中だ。

GUIDE BOOK 地球の歩き方B07ボストン編（1800円＋税）でもストウを紹介していますので、ご活用ください。

DATA

人口▶約4300人
面積▶193.5km²
標高▶336.9m
TAX▶セールスタックス　6%
ホテルタックス　10%
属する州▶バーモント州　Vermont
州のニックネーム▶緑の山の州
Green Mountain State
州都▶モントペリエ　Montpelier
時間帯▶イースタン・タイムゾーン ➡P.631
繁忙期▶9～11月

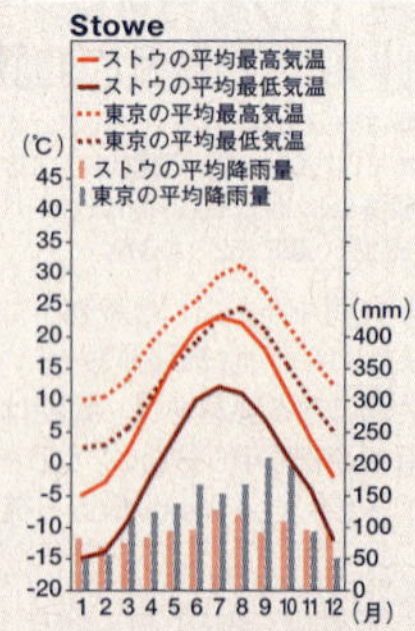

Getting There　ストウへの行き方

飛行機 Plane

バーリントン国際空港
Burlington International Airport (BTV)

最寄りの空港はストウから西に約40km。デトロイト、ニューヨークなどからデルタ航空やユナイテッド航空が乗り入れる。空港からストウまでは車（約50分）でのみアクセス可能。

バーリントン国際空港
住1200 Airport Dr., S. Burlington
☎(802) 863-2874
URL www.burlingtonintlairport.com
行ストウのダウンタウンへは、I-89を東に約32km行き、Exit10でVT-100に移る。16km北上、約50分

Getting Around　ストウの歩き方

村の中心は、ストウビレッジStowe Villageと呼ばれるエリアで、歩いて回れる大きさだ。Main St.沿いにみやげ物屋が並び、Mountain Rd.には、レストランやホテルが多い。

観光案内所 Visitors Information

ストウエリア観光案内所
Stowe Area Association

ダウンタウンのMain St.沿いにあり、パンフレットや地図などを揃える。

ストウエリア観光案内所
地P.567
住51 Main St.
☎(802) 253-7321
Free (1-877) 467-8693
URL www.gostowe.com
開月～土9:00～17:00（夏期は延長あり）

メモ バーリントン国際空港にあるおもなレンタカー会社▶Alamo☎(802) 864-7441、Avis☎(802) 864-0411、Budget☎(802) 651-6991、Hertz☎(802) 864-7409

おもな見どころ Sightseeing

町歩きとサイクリングが楽しい 地P.567

ストウビレッジ Stowe Village

ストウ観光の中心がここ。メイン通り沿いに昔ながらの雑貨屋や高くそびえる白い教会などが並び、にぎわっている。教会の裏手には、牧歌的ないなか道を整備した、ストウ・レクリエーションパスと呼ばれるトレイルが整備されている。そぞろ歩きを楽しんだら、サイクリングも楽しもう。

レクリエーションパスをサイクリング

トラップ一家が造り上げた美しい宿 地P.567

トラップ・ファミリー・ロッジ Trapp Family Lodge

ストウビレッジから車で10分ほどの山頂に建つ広大なロッジ。オーストリアアルプスを思わせる山の上に、メインロッジやスイスの山小屋風のヴィラが建ち並び、美しい風景が広がっている。ここここそ、映画『サウンド・オブ・ミュージック』に登場したトラップ一家がアメリカ亡命後、最後にたどり着いた場所。農業をしながら音楽活動を続け、1942年、ロッジをオープンさせた。四季折々に魅力的だが、紅葉の美しさは格別。また、トラップ一家の歴史がわかるツアーもあるので、参加するといい。

トラップ・ファミリー・ロッジ
住700 Trapp Hill Rd., P.O.Box 1428, Stowe, VT 05672
☎(802) 253-8511
Free (1-800) 826-7000
URL www.trappfamily.com
料ⓈⒹⓉ$190～500、スイート$290～779
カード ⒶⓂⓋ
※本館96室、ヴィラ16棟

チロル地方の山小屋風ロッジ

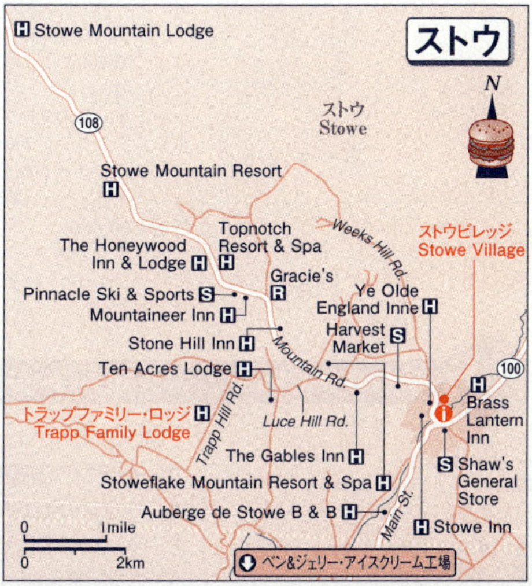

ホテル Hotels

中級ホテル

温かいもてなしと朝食が自慢のイン

中級ホテル

ストウビレッジの中心にある宿

ストウイン Stowe Inn

住123 Mountain Rd., Stowe, VT 05672 ⒶⓂⓋ 地P.567
☎(802) 253-4030 Free (1-800) 546-4030 FAX (802) 253-4031
URL www.stoweinn.com ⓈⒹⓉ$89～289、スイート$149～359

ストウビレッジの中心にあり観光に便利。美食のレストランと渋いバーもあり、朝食やWi-Fiが無料。16室。 ('12)

温かいもてなしと朝食が自慢のイン

ブラスランタン・イン Brass Lantern Inn

住717 Maple St., Stowe, VT 05672 ☎(802) 253-2229
FAX (802) 253-9384 URL www.brasslanterninn.com
ⓈⒹⓉ$105～229 ⒶⓂⓋ 地P.567

バーモント産の食材を使った手作りの朝食が評判だ。かわいらしいキルトのベッドカバーは心なごませる。ホストの人柄もよく、温かい宿。9室。 ('12)

メモ **アイスクリーム工場**▶ストウの約16km南、ウオーターバリー Waterbury にはアメリカの大手アイスクリームメーカー、ベン&ジェリー Ben & Jerry のアイスクリーム工場があり、ツアーを催行している。住1281 Waterbury-Stowe Rd., Waterbury URL www.benjerry.com ☎(802) 882-1240

大西洋を望む港 ポートランド Portland

撮影スポットのポートランド灯台

アメリカ本土で最も北東にあるメイン州。その南部に位置する港町がポートランドだ。大西洋の美しい海岸が続き、沖合に浮かぶ離島ではカヤックなどのアクティビティが体験できる。

1923年まで使われていたという町のシンボル、ポートランド展望台は、港に入ってくる船や町の人々に旗や音でサインを出す目的で作られた。時間があれば訪れたいのが、ポートランドの北約27kmにあるフリーポートFreeport。アウトレット店が建ち並び、大勢のショッピング客でにぎわう。

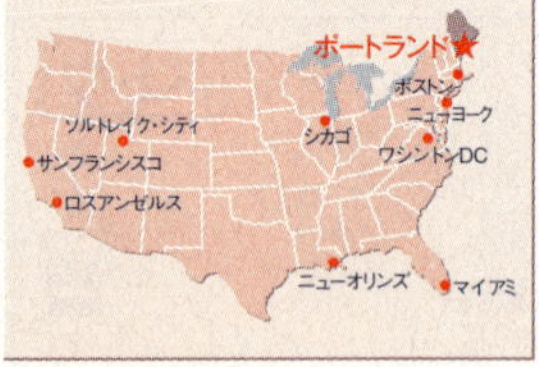

GUIDE BOOK 地球の歩き方B07ボストン編（1800円＋税）でもポートランドを紹介していますので、ご活用ください。

DATA

人口▶約6万6100人
面積▶55.2km²
標高▶41.1m
TAX▶セールスタックス　5%
ホテルタックス　7%
属する州▶メイン州　Maine
州のニックネーム▶松の木の州
Pine Tree State
州都▶オーガスタ　Augusta
時間帯▶イースタン・タイムゾーン ➡P.631
繁忙期▶8月

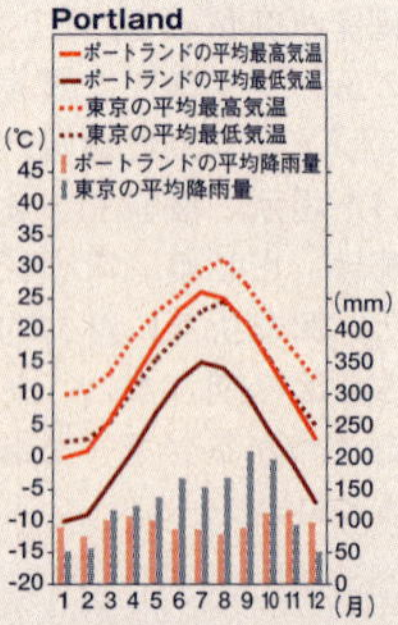

Getting There & Around ポートランドへの行き方&歩き方

ポートランド国際空港（PWM）
☎(207)874-8877
URL www.portlandjetport.org

ポートランド・トランスポーテーション・センター（アムトラック&バス）
地P.569　外　住100 Thompson's Point Rd.
Free (1-800)639-3317
URL www.concordcoachlines.com
開〈アムトラック〉毎日4:30〜翌0:15（チケット5:15〜17:00）
〈コンコード・コーチラインズ〉毎日2:45〜3:15、4:30〜翌0:15

●ABC Taxi（タクシー）
☎(207)772-8685

ポートランド観光案内所
地P.569　住14 Ocean Gateway Pier
☎(207)772-5800
URL www.visitportland.com
開〈3〜6月〉月〜金9:30〜16:30、土10:00〜15:00、〈7〜10月〉毎日9:00〜17:00（土・日〜16:00）　休11〜2月、3〜6月の日曜

●Metro（市バス）
8路線あり、ポートランド市内と郊外を結ぶ。ポートランド国際空港やポートランド・トランスポーテーション・センターからダウンタウンへは#5で30〜40分（毎日約30便）
☎(207)774-0351
URL www.gpmetrobus.com　料$1.50

ポートランドへは、飛行機や鉄道（アムラック）、バスで行ける。**ポートランド国際空港Portland International Jetport**はダウンタウンの西約5kmにあるが、市内へはタクシーで20分ほど。ボストンから行く場合、ノースステーション発アムトラック・ダウンイースター号Amtrak Downeaster（1日5便、片道約2時間30分）か、サウスステーションまたはローガン国際空港発のコンコード・コーチラインのバス（1日19便、所要約2時間30分）が手軽だ。到着するポートランド・トランスポーテーション・センターは、鉄道駅とバスターミナルを兼ねていて、ダウンタウンの西約4km。

ポートランドの中心は、港そばの**オールドポートOld Port**界隈。レンガ造りの町並みが広がっている。ポートランド展望台やポートランド灯台へも行ってみよう。

観光案内所 ………… Visitors Information

ポートランド観光案内所
Portland Tourist Information Center

ダウンタウンからCommercial St.を北東に3分ほどのオーシャン・ゲートウェイ・ターミナルにあり、地図やパンフレットなどが揃う。

メモ **港町を一望できるポートランド展望台**▶アメリカで唯一現存する海洋信号司令塔。Portland Observatory 住138 Congress St.　☎(207)774-5561　URL portlandlandmarks.org　開〈5月下旬〜10月中旬〉毎日10:00〜16:30　料$8、シニア／学生$7、子供$5　地P.569

おもな見どころ Sightseeing

レンガ造りの家並みが郷愁をそそる街角 地P.569

オールドポート
Old Port

1866年の大火災のあと、再建されたのがオールドポートに残るレンガ造りの町並みだ。古風なビクトリア調の建物が並び、くすんだ印象だが、それがまた郷愁をそそる。古い建物はショップやレストランに改装され、買い物や食事、そぞろ歩きが楽しい。港沿いには、観光案内所やフェリー乗り場、トロリーツアーの発着所などが並び、にぎやかだ。

レンガ造りの建物が並ぶ

メイン州で指折りの絶景スポット 地P.569 外

ポートランド灯台
Portland Head Light

カスコベイに突き出すエリザベス岬に建つ灯台。メイン州を代表する風景として、ポスターなどでも紹介されている。英国軍の進入を見張る目的で、18世紀末に築かれたもので、一帯はかつて砦だった場所。1989年まで灯台守が住んでいたが、今は無人。灯台の下は博物館になっていて、売店もある。岬に沿ってハイキングトレイルも整備され、散策も楽しめる。市内からポートランド・ディスカバリー社のトロリー・ツアーで行くといい。

オールドポート
URL www.portlandmaine.com

ポートランド灯台
住 1000 Shore Rd., Cape Elizabeth
☎ (207) 799-2661
URL www.portlandheadlight.com
開〈5月下旬～10月中旬〉毎日10:00～16:00、〈4月中旬～5月中旬、10月下旬～12月下旬〉土・日10:00～16:00 料$2
行 車／ダウンタウンからME-77を約3km南下し、Cottage Rd.を右折して約4km直進すると、灯台のあるFort Williams Parkに到着。約15分
ツアー／ポートランド・ディスカバリー社Portland Discoveryのポートランド・トロリー・ツアーで

●Portland Discovery
☎ (207) 774-0808
URL www.portlanddiscovery.com
ツアー／
ポートランド・トロリー・ツアー：〈5月中旬～10月下旬〉毎日11:15、13:00、14:45（夏期は増便あり） 料$21、子供$15
ライトハウス・ラバーズ・クルーズ：〈5月中旬～10月下旬〉毎日11:30、14:30（夏期は増便あり） 料$21、子供$15

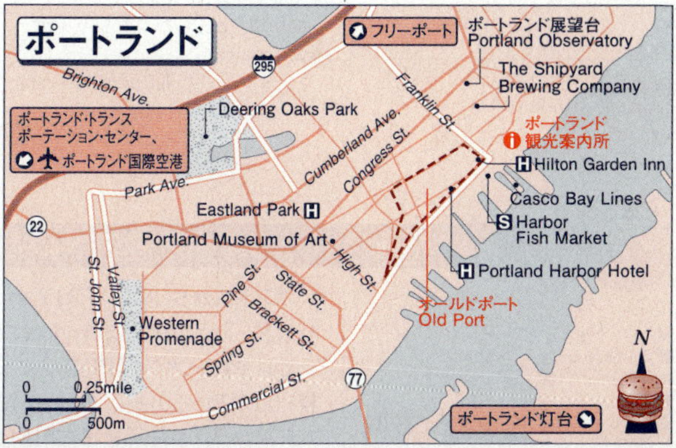

ショップ&ホテル Shop & Hotel

S 魚屋

新鮮な魚介類やロブスターが買える

ハーバー・フィッシュ・マーケット
Harbor Fish Market

住 9 Custom House Wharf　AMV　地P.569
☎ (207) 775-0251　URL www.harborfish.com
開 月～土8:30～17:30、日9:00～15:00

港の桟橋にある魚屋。ロブスターの名産地らしく新鮮な魚介類が満載。ロブスターを茹でてもらって、ホテルで味わう！なんてどう？ ('12)

H 高級ホテル

町の中心部にある高級ホテル

ポートランド・ハーバーホテル
Portland Harbor Hotel

住 468 Fore St., Portland, ME 04101
☎ (207) 775-9090　Free (1-888) 798-9090　FAX (207) 775-9990
URL www.portlandharborhotel.com
SDT$169～289、スイート$289～419　ADMV　地P.569

オールドタウンの中心にある高級ホテル。便利な場所で、客室の雰囲気も申し分ない。スパやフィットネスルームも完備。101室。('12)

メモ **ポートランド近郊の町フリーポート**▶ メインストリート沿いには、L.L.Bean をはじめポロラルフローレンなど 40 以上のアウトレットショップが並ぶ。Freeport 行 ポートランドからタクシーだと、20 分ほどで約 $50。

日本近代史に登場 ポーツマス Portsmouth

ダウンタウンの中心、マーケットスクエア

ニューハンプシャー州は、主要産業のひとつが花こう岩の採掘であったことから"花こう岩の州"とニックネームが付けられた。そのニューハンプシャー州の大西洋岸にある町がポーツマスだ。

アメリカ北東部、ニューイングランド地方の小さな漁港にすぎなかったこの町が世界中に知られるきっかけとなったのが、1905年のポーツマス会議。ニューヨークやボストンから近く、海軍基地もあったことがその舞台に選ばれた理由だという。日露戦争の戦後処理を決めることとなったこの会議の舞台を訪ねよう。

GUIDE BOOK 地球の歩き方B07ボストン編（1800円＋税）でもポーツマスを紹介していますので、ご活用ください。

DATA

人口▶約2万700人
面積▶40.5km²
標高▶15m
TAX▶セールスタックス　0%
ホテルタックス　9%
属する州▶ニューハンプシャー州
New Hampshire
州のニックネーム▶花こう岩の州 Granite State
州都▶コンコード　Concord
時間帯▶イースタン・タイムゾーン ➡P.631
繁忙期▶5〜10月

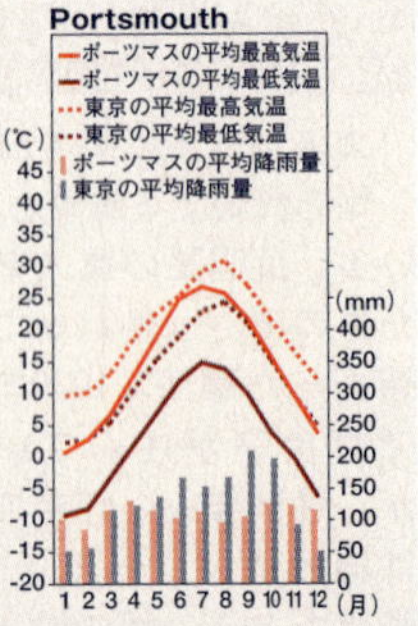

Getting There & Around ポーツマスへの行き方&歩き方

ボストンからC&J（バス）とグレイハウンドで行けるが、到着バスターミナルが異なる。C&Jでは、ボストンのサウスステーションやローガン国際空港から所要1時間35分（毎日5:00〜翌1:00の20〜30便）。グレイハウンドでは、ボストンのサウスステーションから所要1時間15分（毎日3便）。

Market St.とDaniel St.が交差するマーケットスクエア周辺がダウンタウンの中心。おもな見どころへは歩いて回れる。

観光案内所 …………… Visitors Information

ポーツマス商工会議所 Portsmouth Chamber of Commerce

ダウンタウンから北に徒歩15分、Market St.沿いにある。スタッフも親切で、市内だけでなく近郊の情報も教えてくれる。夏期は中心部のマーケットスクエアに案内所が出る。

夏期限定のマーケットスクエアに出る案内所

C&Jバスターミナル
地P.571　外
住185 Grafton Dr.
☎(603)430-1100
URL www.ridecj.com
行ダウンタウンへは、タクシーで約10分（$15〜）
●Portsmouth Taxi（タクシー）
☎(603)431-6811

グレイハウンド・バスディーポ
地P.571
住55 Hanover St.（Mainely Gourmet前）
☎(603)433-3210
URL www.greyhound.com

行車／ボストンからUS-1、I-95 N.を約90km北上し、ニューハンプシャー州の出口Exit 7で下りる。所要1時間15分

ポーツマス商工会議所
地P.571　外
住500 Market St.
☎(603)610-5510
URL www.portsmouthchamber.org/
開月〜金8:30〜17:00、（夏期は金〜19:00、土・日10:00〜17:00）

メモ **歴史的な建物を利用したレストラン**▶市内で最も有名なRockingham Houseにあるレストラン。夕食にステーキはいかが。ライブラリー・レストラン Library Restaurant 住401 State St. ☎(603)431-5202 URL www.libraryrestaurant.com 開毎日11:30〜15:00、17:00〜21:30（金・土〜22:00）

おもな見どころ Sightseeing

ポーツマス発祥の地 地P.571

ストロベリーバンク博物館
Strawbery Banke Museum

ピスカタクワ川を望むプレスコット公園前に広がる野外博物館。ポーツマスがまだストロベリーバンクと呼ばれていた、1623年当時の入植地がここ。町の中心は西側へと移ってしまったが、再開発計画が持ち上がり、取り壊される運命にあった42棟の住居を、そっくりその場所に保存したのが、この博物館だ。昔の町並みを彷彿させるたたずまいで、のんびりと散策が楽しめる。

昔の建物が並ぶ野外博物館

ストロベリーバンク博物館
住14 Hancock St.
☎(603) 433-1100
URL www.strawberybanke.org
開〈5〜10月〉毎日10:00〜17:00、ガーデンツアー毎日13:00〜。〈11月〉土・日ガイドツアーのみ10:00〜14:00、〈12/25〜30〉ガイドツアーのみ10:00〜14:00
料$15、5〜17歳$10（冬期は$10〜12、5〜17歳$7〜10）

ポーツマス条約締結の舞台裏を知る 地P.571

ジョン・ポール・ジョーンズ・ハウス／ポーツマス歴史協会
John Paul Jones House / Portsmouth Historical Society

博物館の2階に「平和への誓い An Uncommon Commitment to Peace : Portsmouth Peace Treaty 1905」展がある。それは日露戦争の戦後処理を巡り、日本とロシアが厳しく対立したポーツマス条約締結までの数日間の道のりを再検証したもの。厳しい状況下で両国が決裂しないよう、ホスト国であるポーツマス市民たちは、大使たちを野外に連れ出したり、パーティを催したり、心からもてなしたという。秘匿されてきた事実も公開された、歴史の裏舞台を知る展示物だ。

ジョン・ポール・ジョーンズ・ハウス／ポーツマス歴史協会
住43 Middle St.
☎(603) 436-8420
URL www.portsmouthhistory.org
開〈5月下旬〜10月〉毎日11:00〜17:00
料$6

ポーツマスの歴史がわかる博物館

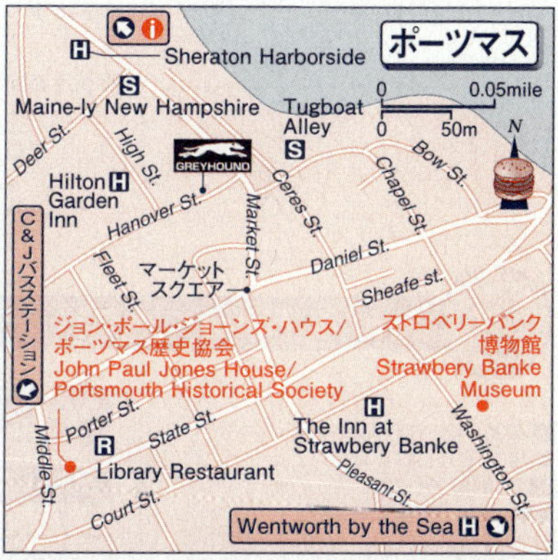

ホテル Hotels

高級ホテル

ハーバーサイドに建つホテル

シェラトン・ポーツマス・ハーバーサイド
Sheraton Portsmouth Harborside

住250 Market St., Portsmouth, NH 03801 ☎(603) 431-2300
FAX (603) 431-7805 URL www.sheratonportsmouth.com
ⓈⒹⓉ$139〜289 ADJMV 地P.571

ダウンタウンのハーバーサイドにあり、車のない旅行者には便利。客室やサービスなどは申し分ない。180室。

('12)

高級ホテル

ポーツマス条約ゆかりのホテル

ウエントワース・バイ・ザ・シー
Wentworth by the Sea

住588 Wentworth Rd., New Castle, NH 03854 地P.571 外
☎(603) 422-7322 FAX (603) 422-7329 ADJMV
URL www.wentworth.com ⓈⒹⓉ$159〜379

講和条約締結のとき、日露の全権大使一行が泊まった宿。とはいえ当時の建物は残っていない。極上のリゾートホテルだ。161室。

('12)

メモ **ポーツマスでの買い物**▶メープルシロップのキャンディや地元産のワイン、キーホルダーなどおみやげに最適なものが揃っている。Maine-ly New Hampshire 住22 Deer St. ☎(603) 422-9500 URL www.maine-lynewhampshire.com 開 月〜土 8:30〜18:00、日 10:00〜16:00

ニューポート Newport

大富豪の別荘とヨット

圧倒されるほどの広さを誇るブレイカーズ

19世紀後半から20世紀前半にかけて、鉄鋼業や鉄道業で財を成したアメリカの大富豪は、こぞってニューポートに別荘を建てた。贅を尽くした大邸宅は現在、一般に公開されていて、一番の見どころになっている。また、彼らはヨットやテニスを趣味としていたことから、その名残でヨット博物館やテニスの殿堂もある。ちなみに、ニューポートは国際ヨットレースの「アメリカズカップ」が1980年代まで、世界的に有名なジャズのイベント「ニューポート・ジャズ・フェスティバル」が毎年8月に開催される場所だ。

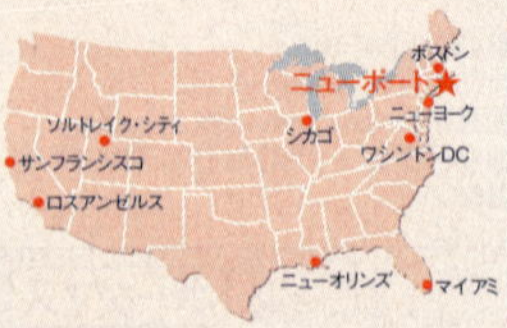

GUIDE BOOK 地球の歩き方B07ボストン編（1800円+税）でもニューポートを紹介していますので、ご活用ください。

DATA

人口▶約2万4600人
面積▶19.8km²
標高▶4.5m
TAX▶セールスタックス　7%
ホテルタックス　13%
属する州▶ロードアイランド州
Rhode Island
州のニックネーム▶海洋の州　Ocean State
州都▶プロビデンス　Providence
時間帯▶イースタン・タイムゾーン ➡P.631
繁忙期▶5月中旬〜10月中旬

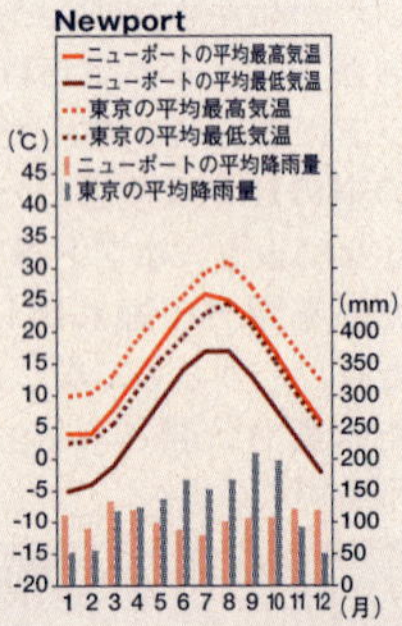

Getting There ニューポートへの行き方

飛行機 …… Plane

T・Fグリーン国際空港
T.F. Green International Airport (PVD)

ニューポートの北東約40kmに位置し、デルタ航空やユナイテッド航空がシカゴやワシントンDCなどから乗り入れる。ニューポートダウンタウンまでは、空港シャトルで約50分。

T・Fグリーン国際空港
住 2000 Post Rd., Warwick
☎ (401) 691-2471
Free (1-888) 268-7222
URL www.pvdairport.com

●**Cozy Cab（空港シャトル）**
Free (1-800) 846-1502
URL www.cozytrans.com
料 $25。毎日8〜16便

●**Airport Taxi（タクシー）**
☎ (401) 737-2868
URL www.airporttaxiri.com

長距離バス …… Bus

ニューポート・ゲートウエイ・センター
Newport Gateway Center

ピーターパンバスやボナンザバスが、ニューヨークから1日4便（所要約6時間30分）、ボストンから1日4便（所要約1時間40分）運行。バスターミナルは、町の中心にある。

ニューポート・ゲートウエイ・センター
地 P.573
住 23 America's Cup Ave.
☎ (401) 846-1820
URL www.peterpanbus.com
開 月〜水5:45〜9:00、12:01〜16:30、木・金5:15〜9:00、11:30〜15:00、土・日7:30〜9:00、12:01〜16:30

Getting Around ニューポートの歩き方

ブリック・マーケットプレイスやThames St.沿いにショップやレストランが並んでいる。

●**Brick Marketplace**
住 221 Goddard Row

メモ **ペリー提督の出身地**▶江戸時代の日本に開国を迫ったペリー提督の出身地であることから、毎年7月にBlack Ships Festivalが開かれる。2012年は7/12〜15。URL www.newportevents.com/Blackships

観光案内所 …………… Visitors Information

ニューポート観光案内所
Newport Visitors Center

ニューポート・ゲートウエイ・センターに隣接し、地図やパンフレットが入手できるほか、各種ツアーの出発地点となっている。

市内の交通機関 ……… Public Transportation

RIPTAバス
RIPTA Bus

ロードアイランド州が運営するバス路線で、ほとんどの路線が観光案内所隣のニューポート・ゲートウエイ・センターより出発。おもな見どころは、#67 Bellevue/Mansionsで行ける。

現地発のツアー …………… Sightseeing Tours

バイキングツアーズ
Viking Tours

ニューポート市内の歴史的な建物や豪邸など、おもな見どころを回るツアー。ニューポート観光案内所から出発する。

ニューポート観光案内所
地P.573
住23 America's Cup Ave.
☎(401)845-9123
Free(1-800)976-5122
URL www.gonewport.com
開毎日9:00～17:00(夏期は～18:00、冬期は～16:00)
休サンクスギビング、12/24、12/25

RIPTAバス
☎(401)781-9400
URL www.ripta.com
料$2(乗り換えは、50¢)、1日券$6

バイキングツアーズ
☎(401)847-6921
URL www.vikingtoursnewport.com
運行／〈5～6月〉毎日10:00、13:30、〈7～9月〉毎日10:00、11:00、12:30、13:30、15:00、〈10月〉毎日10:00、12:30、13:30、〈11～4月〉土11:30
料$25～、子供$15～

おもな見どころ　Sightseeing

大富豪たちが築いた豪華絢爛たる別荘群　地P.573

ニューポートマンションズ
Newport Mansions

巨万の富を築いたアメリカの大富豪たちは、19世紀末から20世紀初頭にかけて、ダウンタウンの南東に広がる大西洋岸の景勝地に、こぞって豪華絢爛な別荘を建設した。それらを総称してニューポートマンションズと呼ぶ。豪邸群のいくつかは一般公開され、館内ツアーで見学できる。なかでも必見は、ブレイカーズBreakers。ほかに、ローズクリフRosecliff、マーブルハウスMarble House、エルムズThe Elmsなどの豪邸がある。

ブレイカーズ　Breakers

海運・鉄道業で財を成したコーネリウス・ヴァンダービルドの孫、コーネリウス・ヴァンダービルド2世夫妻によって、1895年に建てられたイタリア風の宮殿。2年の年月をかけて建設され、23のバスルームを含む70もの部屋からなる。圧巻は1階中央に広がるグレートホール。

USオープンテニスの前身はこの町で開催　地P.573

国際テニスの殿堂
International Tennis Hall of Fame

国際テニスの殿堂は、1933年、1938年、1940年と3度の全米シングルス・チャンピオンに輝いたジェームズ・バン・アレンによって、ニューポートカジノがあった場所に創設された。殿堂内には博物館もあり、アンドレ・アガシなど近年活躍したテニス選手ゆかりの品も展示されている。

ニューポートマンションズ
住424 Bellevue Ave.　☎(401)847-1000
URL www.newportmansions.org
開毎日10:00～17:00(建物や時期により変動あり)
料5館見学$31.50、ブレイカーズ$19.50、ほかにコンビチケットもあり
●Breakers
住44 Ochre Point Ave.
行ニューポート・ゲートウエイ・センターからRIPTAバス#67で約15分

国際テニスの殿堂
住194 Bellevue Ave.　☎(401)849-3990
URL www.tennisfame.com
開毎日9:30～17:00　休サンクスギビング、12/25　料$12、16歳以下無料

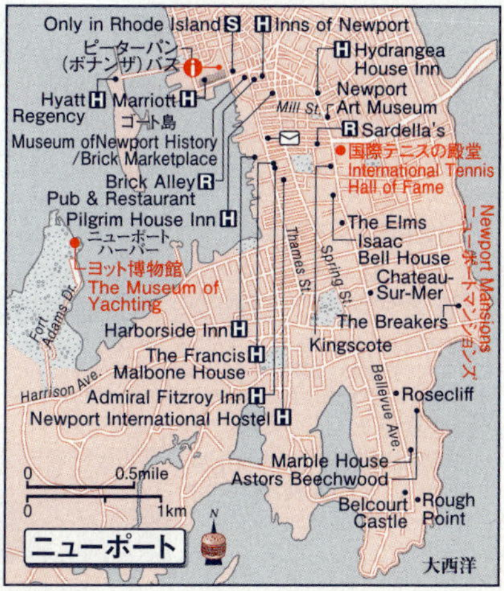

州内の名産品を扱う店 ▶ クラフトやジャム、州内で採れた貝の缶詰など、おみやげ探しに最適な店。
オンリー・イン・ロードアイランド Only in Rhode Island　住5 Long Wharf Mall　☎(401)846-5006
URL www.onlyinrhodeisland.com　開毎日10:00～19:00(夏期は延長あり)　地P.573

ヨット博物館
住Fort Adams State Park
☎(401)847-1018
URL www.moy.org
開〈5月中旬～10/1〉木～日10:00～17:00
休月～水
料$5、18歳以下無料
行ダウンタウンからタクシーで10分。もしくは、観光案内所の南にあるPerotti ParkとFort Adams State Parkを結ぶNew Port Harbor Shuttle（5月下旬～9月中旬の月～木12:00～18:00、金～日11:00～19:00の1時間ごと。料往復$6、シニア$4、子供$3）

アメリカズカップが開催されていた町 地P.573

ヨット博物館
The Museum of Yachting

1930年～83年までニューポートで、国際ヨットレースの世界最高峰、**アメリカズカップAmerica's Cup**が開催されていた。1851年から現在まで続くこのレースは、第1回優勝艇であるアメリカ号の名前からとられたのだ。そして132年間優勝し続けたのが、アメリカのヨットクラブだった。ヨットレースが盛んだったこの地らしい博物館で、アメリカズカップで優勝に輝いたヨットやそれに関する道具、写真パネルが展示されている。

レストラン&ホテル Restaurant & Hotels

R イタリア料理

イタリアンといえば、この店!
サーデラス
Sardella's

住30 Memorial Blvd. W. ☎(401)849-6312
URL www.sardellas.com AMV 地P.573
開毎日17:00～22:00（日16:00～）

1980年創業のイタリア料理の名店。ニューポートでベスト・イタリアンに選ばれたことも。味、雰囲気、サービスともによい。

('12)

H ホステル

ニューポートで唯一の私設ホステル
ニューポート・インターナショナル・ホステル
Newport International Hostel

住16 Howard St., Newport, RI 02840 AMV 地P.573
☎(401)369-0243 URL www.newporthostel.com
ドミトリー：オンシーズン$39～109、オフシーズン$25～49

ブリック・マーケットプレイスから徒歩10分。私設だがオーナーが常駐しているので、女性も安心して宿泊できる。1～3月まで閉館。7ベッド。

('12)

H エコノミーホテル

家庭的な雰囲気のイン
ピルグリム・ハウス・イン
Pilgrim House Inn

住123 Spring St., Newport, RI 02840 ☎(401)846-0040
FAX(401)848-0357 URL www.pilgrimhouseinn.com
オンシーズンⓈⒹⓉ$165～265、オフシーズンⓈⒹⓉ$105～150
AMV 地P.573

ダウンタウンにも近い高台にあり、客室はそれぞれ異なる雰囲気でステキ。1階のコモンルームはTVがある憩いの場だ。11室。

('12)

H 中級ホテル

女性好みのアットホームなイン
アドミラル・フィッツロイ・イン
Admiral Fitzroy Inn

住398 Thames St., Newport, RI 02840 ☎(401)848-8000
FAX(401)848-8006 URL www.admiralfitzroy.com
オンシーズンⒹ$155～325、オフシーズンⒹ$105～225
AMV 地P.573

ダウンタウンの中心部にあるので、とても便利。部屋は狭いが、かわいらしく整えられている。アットホームな雰囲気。週末の予約は2泊以上から。18室。

('12)

H 中級ホテル

桟橋のすぐそばにある
ハーバーサイド・イン
Harborside Inn

住Christie's Landing, Newport, RI 02840 ☎(401)846-6600
FAX(401)849-3023 URL www.newportharborsideinn.com
オンシーズンⓈⒹ$99～204、オフシーズンⓈⒹ$189～339
AMV 地P.573

内装を整えブティックホテルのようなオシャレなインに変身。町の中心にあるので便利だが、週末の予約は2泊以上から。15室。 ('12)

H 高級ホテル

橋を渡った半島にあるリゾートホテル
ハイアット・リージェンシー・ニューポート
Hyatt Regency Newport

住1 Goat Island, Newport, RI 02840 ☎(401)851-1234
FAX(401)846-7210 URL www.newport.hyatt.com
オンシーズンⓈⒹⓉ$279～561、オフシーズンⓈⒹⓉ$109～289、1人追加$25 ADJMV 地P.573

湾に突き出た半島にあるが、ダウンタウンまでシャトルバスで送迎してくれる。オシャレなリゾートの香りいっぱい。257室。 ('12)

メモ **家族連れでにぎわうカジュアルなレストラン**▶アメリカンダイナーの雰囲気を残し、シーフードやピザ、パスタまで揃う人気店。ブリック・アレー・パブ&レストラン Brick Alley Pub & Restaurant 住140 Thames St. ☎(401)849-6334 URL www.brickalley.com 開月～土11:30～22:00（土～22:30）、日10:30～22:00

ハートフォード Hartford

古さと新しさが調和した町

新旧の建物が混ざり合ったダウンタウン

1623年ヨーロッパ人がハートフォードに入植し、法律の枠組みを作ったことから、コネチカット州は憲法の州（Constitution State）というニックネームが付けられた。19世紀前半、コネチカット川を中心に英国やアジアに向けての海洋貿易が盛んになる。そのリスクを減らすために保険会社が誕生し、ハートフォードは保険業の首都（Insurance Capital of the World）と呼ばれるまでになったのだ。また、1800年代後半にマーク・トウェインやハリエット・ビーチャー・ストウが移り住んだ。現在、彼らの家は一般に公開され、一番の見どころになっている。

DATA

人口▶約12万4000人
面積▶45km²
標高▶22m
TAX▶セールスタックス　6.35%
ホテルタックス　15%
属する州▶コネチカット州　Connecticut
州のニックネーム▶憲法の州
Constitution State
州都▶ハートフォード　Hartford
時間帯▶イースタン・タイムゾーン ➡P.631
繁忙期▶6、10月

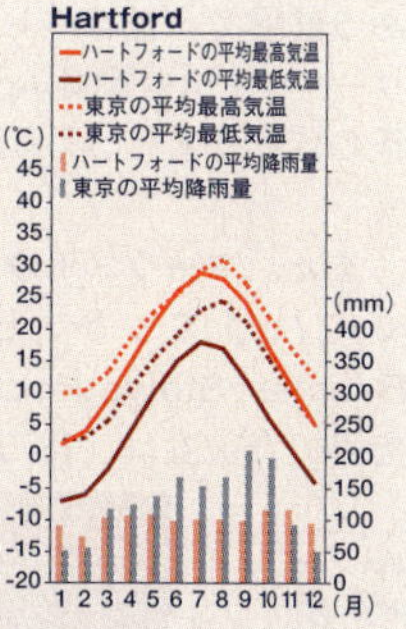

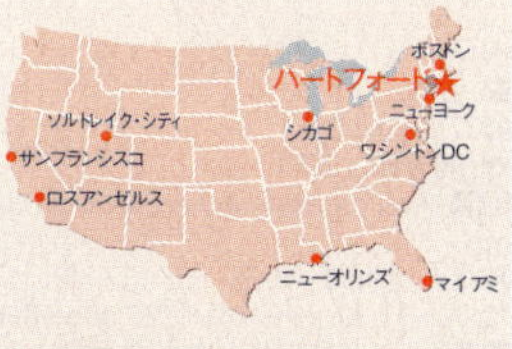

GUIDE BOOK　地球の歩き方B07ボストン編（1800円+税）、B14テーマで旅するアメリカ編（1700円+税）でもハートフォードを紹介していますので、ご活用ください。

ハートフォードへの行き方&歩き方 Getting There & Around

空路なら、ダウンタウンの約25km北にある**ブラッドレー国際空港Bradley International Airport**が玄関口。デルタ航空やユナイテッド航空、USエアウェイズなどが、ワシントンDCやシカゴ、ミネアポリスから乗り入れる。ニューヨークやボストンからならグレイハウンド、またはアムトラックを利用するのが便利（所要約2時間40分～4時間）。

おもな見どころは、市バスとハートフォード・スター・シャトルで行ける。なお、ダウンタウンはビジネス街のため、18:00以降は人気が少なくなるので注意すること。

市内の交通機関 ……… Public Transportation

CTトランジット
CT Transit

ハートフォード周辺をカバーする市バスとダウンタウンを循環する**ハートフォード・スター・シャトルHartford Star Shuttle**を運営する。ダウンタウンの旧州議事堂前（State、Market & Main Sts.に囲まれたエリア）にインフォメーションブースあり。

ブラッドレー国際空港（BDL）
☎(860) 292-2000
URL www.bradleyairport.com
行 ダウンタウンまで市バス#30で約40分、$1.30。タクシーで約30分、約$55

グレイハウンド・バスディーポ
地 P.576　住 1 Union Pl.
☎(860) 724-7080
開 毎日5:45～22:00

アムトラック駅
地 P.576
住 グレイハウンド・バスディーポと同じ
Free (1-800) 872-7245
開 24時間営業

ハートフォード観光案内所
地 P.576　住 100 Pearl St.
Free (1-800) 446-7811
URL www.enjoyhartford.com

CTトランジット
☎(860) 525-9181
URL www.cttransit.com
運行／毎日6:00～24:00
料 $1.30、子供$1.05
●**Hartford Star Shuttle**
☎ URL CTトランジットと同じ
運行／月～土7:00～23:00（土15:00～）、約15分間隔
料 無料

メモ　**ハートフォードの宿泊事情**▶ビジネス都市のため、ダウンタウンのホテルは比較的料金が高い。コネチカット川を渡って徒歩5分のイーストハートフォードにあるホテルはお手頃。Hampton Inn & Suites Hartford/East Hartford（住351 Pitkin St., E. Hartford）やHartford Plaza Hotel（住100 E. River Dr., E. Hartford）

トム・ソーヤの物語はこの家で生まれた 地P.576

マーク・トウェインの家&ミュージアム
The Mark Twain House & Museum

マーク・トウェインの家&ミュージアム
住351 Farmington Ave.
☎(860)247-0998
URL www.marktwainhouse.org
開毎日9:30～17:30(日12:00～)
休1～3月の火、おもな祝日
料大人$16、65歳以上$14、6～16歳$10、5歳以下無料。邸宅はガイドツアーでのみ見学可
行バス／ダウンタウンからCTトランジット#60、62、64、66でFarmington Ave.とWoodland St.の角で下車。約15分

作家マーク・トウェインが1874年～91年まで暮らした家。当時、ヌークファームと呼ばれていた辺り一帯は森に囲まれ、トウェインや『アンクル・トムの小屋 Uncle Tom's Cabin』の作者ハリエット・ビーチャー・ストウらが、いなか暮らしを楽しんだ場所だった。ここにトウェインは、建築家エドワード・タッカーマン・ポーターにデザインを依頼し、1874年、豪勢な邸宅を建てた。その家をガイドの案内で見学できる。トウェインは、1881年『トム・ソーヤの冒険 The Adventures of Tom Sawyer』で大成功をおさめ、予算オーバーで未完成のままだった邸宅に車寄せを造り、豪華なキッチンを足して内装を一新した。この家のビリヤード台がある部屋で、彼は『トム・ソーヤの冒険』や『ハックルベリー・フィンの冒険 Adventure of Hackleberry Finn』など、氏の代表作ともいえる7作品を書き上げたのだ。

※

また、マーク・トウェインの家&ミュージアムのすぐ近くに**ハリエット・ビーチャー・ストウの家Harriet Beecher Stowe House**がある。『アンクル・トムの小屋』を書いた彼女は、1873年～96年までここで過ごした。

ハリエット・ビーチャー・ストウの家
地P.576
住77 Forest St.
☎(860)522-9258
URL www.harrietbeecherstowecenter.org
開水～土9:30～16:30(土～17:30)、日12:00～17:30、6～10月の火9:30～16:30
休月、11～5月の火、おもな祝日
料大人$9、シニア$8、5～16歳$6

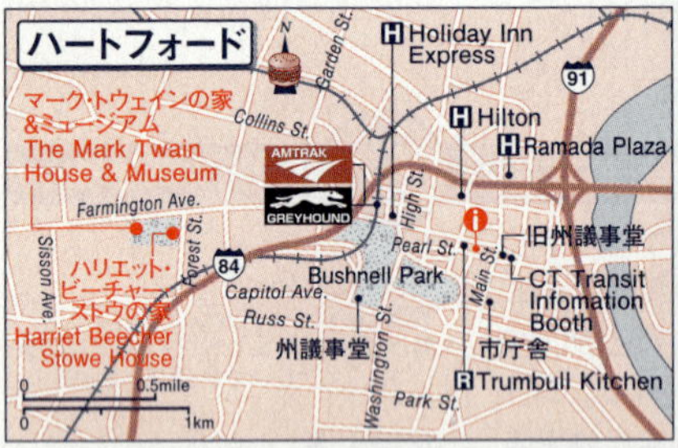

数々の名作が生まれたマーク・トウェインの家

ホテル Hotels

中級ホテル
駅そばで公園の目の前という立地
ホリデイイン・エクスプレス・ハートフォード・ダウンタウン
Holiday Inn Express Hartford Downtown

住440 Asylum St., Hartford, CT 06103 ☎(860)246-9900
FAX(860)246-1367 URL www.hiexpress.com
ⓈⒹⓉ$99～179 ADJMV 地P.576

アムトラック駅のすぐそばで、ホテルの目の前には州議事堂を見渡す公園が広がっている。客室は簡素だが清潔。無料の朝食が付く。96室。 ('12)

高級ホテル
オシャレな客室とほどよいサービス
ヒルトン・ハートフォード
Hilton Hartford

住315 Trumbull St., Hartford, CT 06103 ☎(860)728-5151
FAX(860)240-7247 URL www.hartford.hilton.com
ⓈⒹⓉ$169～269 ADMV 地P.576

内装がモダンなホテル。レストランやフィットネスルームも完備し、コンシェルジュも常駐している。サービスもよく満足できる。393室。 ('12)

メモ **夜はパブとして盛り上がる人気店** ▶ 日替わりで巻き寿司を含むさまざまなメニューが味わえる。トランブルキッチン Trumbull Kitchen 住150 Trumbull St. ☎(860)493-7417 営月～金11:30～23:00(木・金～24:00)、土12:00～24:00、日16:00～22:00 地P.576

合衆国建国の地
フィラデルフィア
Philadelphia

アメリカ独立の象徴ともいえる歴史的な鐘

ギリシャ語で“兄弟愛”を意味するフィラデルフィア。1682年、この地に町を築いたクエーカー教徒のウィリアム・ペンが付けた名前である。1776年の7月4日、植民地だったアメリカがイギリスから独立を宣言し、13州からなる新しい国家がここに誕生した。その日、町中に独立宣言の採択を知らせる自由の鐘（リバティベル）の音が高らかに響き渡ったという。

ワシントンDCの町が首府として完成するまでの間、大統領の家、上下院両議会、最高裁判所、軍本部など、今日の政府の原型がフィラデルフィアでつくられた。とりわけ憲法の制定がこの地で行われたことは、今もアメリカの国民にとっては特別な意味をもつ。

フィラデルフィアはニューヨークやワシントンDCから日帰りで行くことができる。歴史や建国に興味のある人でなくとも一度は訪ねてみたいアメリカの古都である。

郊外のランカスターにはアーミッシュのコミュニティがある

GUIDE BOOK 地球の歩き方B08ワシントンDC編（1700円＋税）でもフィラデルフィアを紹介していますので、ご活用ください。

DATA

人口▶約152万6000人
面積▶約347km²
標高▶約12m
TAX▶セールスタックス　8%（衣料品は無税）ホテルタックス 15.2%
属する州▶ペンシルバニア州 Pennsylvania
州のニックネーム▶キーストーン（「かなめ」のこと）州　Keystone State
州都▶ハリスバーグ　Harrisburg
時間帯▶イースタン・タイムゾーン ➲P.631
繁忙期▶6〜10月

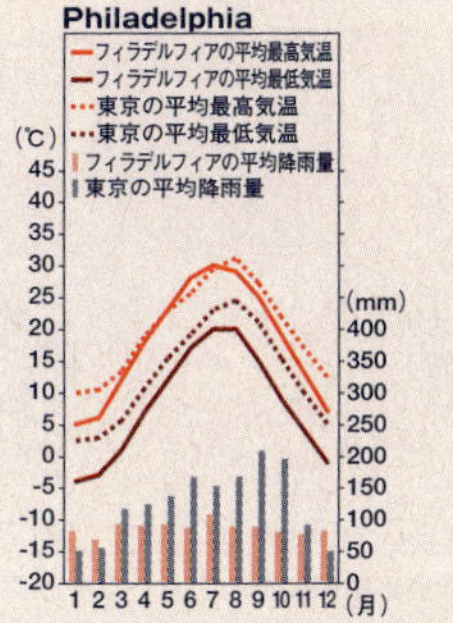

フィラデルフィア国際空港
地P.580　A-2外
住8000 Essington Ave.
☎(215)937-6937
Free(1-800)745-4283
URL www.phl.org

交通機関の案内所ではシャトルなどの予約ができる

飛行機 Plane

フィラデルフィア国際空港
Philadelphia International Airport (PHL)

ダウンタウンの南西11kmに位置する。USエアウェイズのハブのひとつで、ボストンへの直行便（1時間30分）が1日10便以上就航している。ターミナルはA（West、East）とB～Fの7つに分かれ、それぞれバゲージクレーム（機内預け荷物のピックアップ場所）とセプタ／エアポート・リージョナル・レール・ライン（近郊列車）の駅がある。

■ 空港から／空港へのアクセス

	種類／名称／連絡先	行き先／運行／料金	乗車場所／所要時間／備考
空港シャトルバン	レディ・リバティ・シャトル Lady Liberty Shuttle ☎(215)724-8888 URL www.ladylibertyshuttle.com	行き先▶市内や周辺どこでも 運行▶空港発は毎日5:30～24:00の10～15分間隔。空港行きは事前予約制 料金▶片道$10～12	空港発▶バゲージクレームを出たところのGrand Transportationのデスクで、係員に行き先を告げる。あとはその場で待っていると、ドライバーが迎えに来てくれる。係員がいない場合は、デスク上にある専用電話で予約する 空港行き▶事前に電話などで予約をしてから乗車 所要時間▶15～20分
電車	セプタ／エアポート・リージョナル・レール・ライン（近郊列車） SEPTA Airport Regional Rail Line ☎(215)580-7800 URL www.septa.org	行き先▶30th St.駅などのセプタ各駅 運行▶空港発は毎日5:09～翌0:09の30分間隔、空港行きは毎日4:18～23:19（土・日～23:18） 料金▶$7（19:00以降、週末、祝日は$6）	空港発▶各ターミナルにあるセプタの駅から乗車 空港行き▶セプタ／エアポート・リージョナル・レール・ライン（近郊列車）の30th St.駅、Market East駅などから空港行きに乗車 所要時間▶30th St.駅まで約20分
タクシー	Phl タクシー Phl Taxi ☎(215)232-2000	行き先▶市内や周辺どこでも 運行▶24時間随時 料金▶$28.50（中心部までの均一料金）	空港発▶各ターミナルを出たところから乗車 空港行き▶事前に電話予約、または主要ホテルから乗車 所要時間▶15～20分

※それぞれの乗り物の特徴については➡P.665

グレイハウンド・バスターミナル
地P.581　C-1
住1001 Filbert St.
☎(215)931-4075
開毎日5:30～翌2:00

アムトラック・サーティース・ストリート駅
地P.580　A-1、2
住2955 Market St.
Free(1-800)872-7245
開24時間営業（チケット売り場は月～金5:15～21:35、土・日6:10～21:35）

駅舎の中央にあるアムトラック案内デスク

長距離バス Bus

グレイハウンド・バスターミナル
Greyhound Bus Terminal

コンベンションセンターやレディング・ターミナルマーケット➡P.587から１ブロックのたいへん便利なところにある。セプタ（近郊列車）や地下鉄の駅にも近い。ワシントンDCまで3時間、ニューヨークへは2時間で行ける。

鉄道 Train

アムトラック・サーティース・ストリート駅
Amtrak 30th St. Station

アメリカ北東部の都市へ多く列車が走り、ワシントンDCから普通列車で2時間、アセラ特急で約1時間40分、ニューヨークまでは1時間ほど。アムトラックのほかにセプタ（地下鉄、近郊列車）、NJトランジットや中距離バスが発着する複合駅である。

旅のアドバイス　メガバス▶中東部の都市を結ぶ快適な２階建て長距離バス。ワシントンDC間を１日10～12本運行する。発着場所は30th Street駅西口外。予約はFree(1-877)462-6342またはURL us.megabus.comから。

フィラデルフィアの歩き方 Getting Around

建国初期の史跡が集まる歴史地区は、ダウンタウンの旧市街にあり、こぢんまりとしていて歩きやすい。ビジネスや行政の中心である**コンベンションセンター地区**は、美術館と博物館が並ぶ**パークウエイ・ミュージアム地区**へと続く。高級ブティックや劇場が集まる**リットンハウス広場地区**、考古学人類博物館や大学がある**ユニバーシティ・シティ地区**、商人の活気あふれる**ワシントン広場地区**、そして庶民的な**サウスフィラデルフィア地区**など、ほかにも見どころがたくさん。時間のない場合は歴史地区を中心に美術館や市庁舎タワーを巡るだけでも楽しいが、余裕があれば、サウスフィラデルフィアのスポーツ競技場へ足を延ばし、試合観戦もおすすめだ。バスと地下鉄が整備されているので、車のない個人旅行者でも困らない。

ラブパークには観光案内所もあるので立ち寄ってみよう

観光案内所 ………………… Visitors Information

インディペンデンス観光案内所
Independence Visitor Center

ギフトショップとカフェを併設した広い観光案内所。独立記念館の見学ツアーの申し込みができる。観光に関する豊富な資料が用意されており、ここで手に入る日本語の地図付きパンフレットは町歩きにとても役立つ。ウオーキングツアーや、観光ツアー会社は係員を配置しているので、手続きも可能だ。

市庁舎観光案内所
City Hall Visitor Center

市庁舎1階にあり、市庁舎タワーの見学申し込みはここで行う。月〜金曜の役所の営業時間に合わせて運営しているので、週末はタワー見学と案内所どちらも休み。ギフトショップを兼ねており、軽く立ち寄るのには便利な立地だ。

市庁舎の一部なので週末はお休み

フェアマウントパーク観光案内所
Fairmount Park Visitor Center

パークウエイ・ミュージアム地区の公園、美術館、博物館の資料が揃う。ダウンタウンのど真ん中に位置するラブパーク内にあり、土曜、日曜でもツアーなどの申し込みができる。

どこからでも便利なラブパークの一角にある

シティパス ➡P.693
Free (1-888)330-5008
URL www.citypass.com
料 $59、2〜12歳$39
6ヵ所で使え、9日間有効だが、冬期は有効期間が延長される。対象施設の窓口で購入可能。本来ならば合計$119.13、子供$81.71なので、かなりお得である。
1. フランクリン科学博物館 ➡P.584
2. アドベンチャー水族館
3. フィラデルフィア・トロリー・ワークス／ビッグバス乗り放題 ➡P.581
4. フィラデルフィア動物園
5. 国立憲法センター ➡P.582 もしくは自然科学博物館
6. 東部州立刑務所もしくはプリーズ・タッチ博物館

インディペンデンス観光案内所
地 P.581 D-2
住 6th & Market Sts.
Free (1-800) 537-7676
URL www.independencevisitorcenter.com
開 毎日8:30〜17:00(4・5・9月は18:00、6〜8月は19:00まで)
休 サンクスギビング、12/25

市庁舎観光案内所
地 P.581 C-2
住 Broad & Market Sts.
☎ (215) 686-2840
開 月〜金9:00〜16:30
休 土・日、おもな祝日

フェアマウントパーク観光案内所
地 P.580 B-2
住 16th St. & JFK Blvd.
☎ (215) 683-0246
開 毎日10:00〜17:00(日〜16:00)

セプタ
☎(215)580-7800
URL www.septa.org
料 地下鉄とバス$2、1日券$11。近郊列車$4.00～10.00（ゾーンと時間により異なる）

●SEPTA Sales Office
地 P.581　C-2
住 1234 Market St.
☎(215)580-7800
開 月～金8:00～18:00

フラッシュはおもな見どころを回るのにとても便利だ

市内の交通機関 ……… Public Transportation

市内にはセプタSEPTAの地下鉄、路線バスと近郊列車、そしてニュージャージー州間を結ぶPATCOも地下を運行。夏期限定だが、トロリー型バスのフラッシュPHLASHは観光客にとって便利な移動手段だ。

セプタ SEPTA

地下鉄は南北に走るBroad St. Line（Orange Line）、東西に走るMarket-Frankford Line（Blue Line）、そして地下を走るトロリー（Green Line）がある。リージョナル・レール（近郊列車）は16路線あり、エアポートラインは空港にも乗り入れる。バスは市内を縦横に走り、セプタ案内所やウエブサイトで時刻表や路線図が確認できる。

フラッシュ PHLASH

フィラデルフィアの観光ポイントを回るトロリー型のバス（$2）。乗り降りは美術館や市庁舎、インディペンデンス国立歴史公園など19ヵ所。ただし、5～10月のみ運行する。

ツアー案内 …………………… Sightseeing Tours

フィラデルフィア・トロリー・ワークス／ビッグバス
Philadelphia Trolley Works/Big Bus

フィラデルフィアのおもな見どころを2階建てバスBig BusまたはトロリーTrolley Worksが交互に回る。楽しい解説付きで観光ポイント約20ヵ所を巡る。好きなところで乗り降りが可能、車内やインディペンデンス観光案内所で切符を購入する。

フィラデルフィア・トロリー・ワークス／ビッグバス
☎(215) 389-8687
URL www.phillytour.com
運行／〈4～11月〉毎日9:30～17:00(7、8月の土・日～18:00)、〈12～3月〉毎日10:00～16:00
休12/25、1/1
料$27、シニア$25、4～12歳$10
出発場所／5th & Market Sts.の公園側。30分～1時間ごとに出発。チケットはトロリー、バス両方に有効

おもな見どころ Sightseeing

アメリカはここから始まった 地P.581 D-1、2

インディペンデンス国立歴史公園
Independence National Historical Park

“Birthplace of the Nation (合衆国誕生の地)”とも呼ばれるとおり、リバティ・ベル・センター、独立記念館、カーペンターズホール、フランクリンコートなどの建国にまつわる史跡がまとまって、ひとつのナショナルパークに指定されている。

インディペンデンス国立歴史公園
住143 S. 3rd St.
☎(215) 965-2305
Free (1-800) 537-7676
URL www.nps.gov/inde

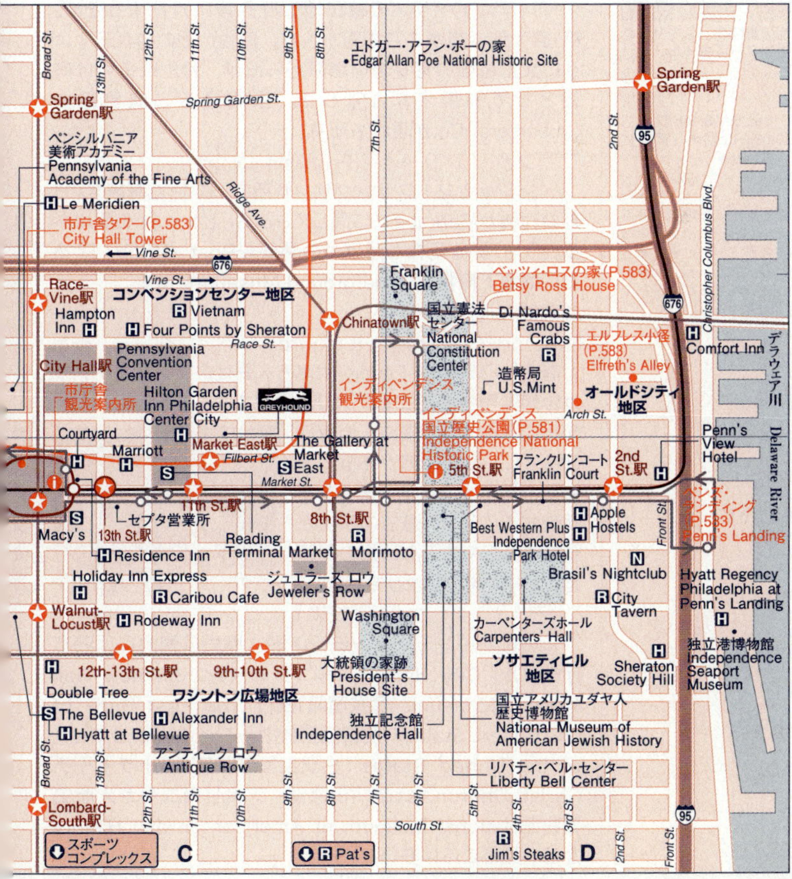

投稿 **リバティ・ベル・センター▶** ガラス張りなので、開館時間外でも外から見ることができるので閉館後も来ている人たちがいる。それでも、開館中に行き、間近で見るのが一番。 (名古屋市 西田政弘 '08) ['12]

自由の鐘をひと目見ようと多くの観光客が訪れるリバティ・ベル・センター

●Liberty Bell Center
地P.581　D-2
住Market St., bet. 5th & 6th Sts.
開毎日9:00～17:00（夏期は延長あり）
料無料

建物は今も組合の集会場として利用されているカーペンターズホール

●Independence Hall
地P.581　D-2
住Chestnut St., bet. 5th & 6th Sts.
ツアー／毎日9:00～15:30頃（夏期は16:30頃）の15～20分おき
休7/4、サンクスギビング、12/25
料無料
※ツアーに参加するには整理券が必要（1、2月は不要）。当日券はインディペンデンス観光案内所で8:30から配布されるほかURL www.nps.gov/inde/advance-ticket-information.htmで事前に予約できる（手数料料$1.50）

●Carpenters' Hall
地P.581　D-2
住320 Chestnut St.
開火～日10:00～16:00
休月・火（1・2月）、おもな祝日
料無料

●Franklin Court
地P.581　D-2
住Market St. bet. 3rd & 4th Sts.
開郵便局：月～土9:00～17:00
料無料

●National Constitution Center
地P.581 D-1
住525 Arch St.
☎(215) 409-6600
URL constitutioncenter.org
開毎日9:30～17:00（土～18:00、日12:00～）
料$14.50、4～12歳$8

リバティ・ベル・センター　Liberty Bell Center

自由の象徴であるリバティ・ベル（自由の鐘）が収められている。鐘は独立を宣言する際に鳴らされたが、その後大きな亀裂が入り、音色を聞くことはできなくなった。センターではビデオが上映され、希望すれば日本語版を見せてくれる。

独立記念館　Independence Hall

内部の見学はツアー参加者のみで、整理券と地図をインディペンデンス観光案内所で入手する。1776年7月4日、トーマス・ジェファソン起草による独立宣言がここで採択されたほか、1787年の憲法制定会議もここで行われた。レンジャーの説明を聞きながら独立記念館と隣にある国会議事堂などを回る。ツアーの所要時間は30分。

独立宣言の採択、署名が行われた会議場

カーペンターズホール　Carpenters' Hall

1774年にイギリスの植民地弾圧政策に対抗するため、第1回大陸会議がここで開かれた。建物はその名が示すように大工組合の寄り合い場所だったが、独立戦争中は病院として利用されたりした。米国最古の職業組合Carpenters' Co.が現在も所有。

フランクリンコート　Franklin Court

ベンジャミン・フランクリンが所有していた軒続きの5軒の建物がMarket St.に面して3rd St.と4th St.の間にある。うち1軒は現在も活躍中の**郵便局Post Office**。建物奥には**地下博物館Underground Museum**がある。

国立憲法センター National Constitution Center

有名な"We, the People（われら人民は）"で始まるアメリカ合衆国憲法の前文はアメリカ国民でなくとも多くの人が知っている。この憲法を全館のテーマにした博物館がある。参加型の展示やマルチメディアを駆使することで、憲法の歴史から選挙などの身近な政治の問題をわかりやすく解説している。

憲法署名の場面を再現したサイナーズホール

※

このほかインディペンデンス国立歴史公園内には**旧市庁舎 Old City Hall**、ペンタゴンの前身である**New Hall Military Museum**、**合衆国第1銀行 The First Bank of the United States**、**合衆国第2銀行 The Second Bank of the United States**、白い尖塔の**クライストチャーチ Christ Church**、大統領の家跡、**アメリカユダヤ人歴史博物館National Museum of American Jewish History**など、見どころは多い。

旅のアドバイス　**造幣局**▶インディペンデンス国立歴史公園の北側（地P.581 D-1）は、アメリカ合衆国の造幣局だ（2012年5月現在改装工事中）。所要45分の見学ツアー（月～金9:00～16:30）があるので立ち寄ってみよう。なおセキュリティの関係上、カメラやバッグを含む荷物の持ち込みはすべて禁止。ロッカーもないので手ぶらで行くこと。

星条旗のふるさと 地P.581 D-1

ベッツィ・ロスの家
Betsy Ross House

最初の星条旗を縫った女性として知られているベッツィ・ロス。家の中には裁縫道具、キッチン用具など愛用の品々が展示されており、当時の生活に思いを馳せることができる。ギフトショップもあり、おみやげに星が13個の星条旗グッズはいかが？

今も市民が住む 地P.581 D-1

エルフレス小径
Elfreth's Alley

オールドシティ地区に静かな石畳の小径がある。1720～1830年代に建設されたというアメリカ最古の住宅街だ。道の両側にかわいらしい家が32軒建ち並び、そのうちの126番地が**博物館Elfreth's Alley Museum**、124番地はギフトショップとして入ることができる。ほかのすべての家には、居住者がいて、普通の暮らしを続けている。なるべく住民の生活を邪魔しないよう、早朝や夕方以降の観光は避けよう。

実際に人が住む歴史的保護区域だ

フィラデルフィアの中心に建つ 地P.581 C-2

市庁舎タワー
City Hall Tower

フィラデルフィアの鳥瞰を楽しみ、全容を把握するために高さ167mの市庁舎タワーへ上ってみよう。タワーに立つのはフィラデルフィアの創設者、ウィリアム・ペンのブロンズ製の像で、高さ11m、重さ27トンある。ダウンタウンのほぼ中央に位置するこの市庁舎は1987年までフィラデルフィアで最も高い建造物だった。それは長い間、ペンの銅像を見下ろすことを禁じる「紳士協定」があったからだといわれている。

まずは1階の市庁舎観光案内所（121号室）でツアーチケットを購入。指定時間までに9階へ行き、小さなエレベーターで上がったところが展望台だ。

デラウエア川から町が始まった 地P.581 D-2

ペンズランディング
Penn's Landing

インディペンデンス国立歴史公園の東を流れるデラウエア川に沿って、ウオーターフロントが広がる。1682年にウィリアム・ペンが上陸したこのあたりは今、市民の憩いの場。対岸を結ぶフランクリン橋を眺めながら、イベントが行われる広場Festival Pierや、**海事博物館Seaport Museum**、停泊しているU.S.S Becuna号などを巡るコースはおすすめだ。

川辺を歩くのは気持ちがいい

ベッツィ・ロスの家
住239 Arch St.
☎(215)686-1252
URL historicphiladelphia.org/betsy-ross-house/what-to-see
開毎日10:00～17:00（12～2月は火～日）
料$4、12歳以下$3（オーディオツアーは$6）

家の間口や室内の狭さに驚かされる

エルフレス小径
住124-146 Elfreth's Alley
●Elfreth's Alley Museum
住126 Elfreth's Alley
☎(215)574-0560
URL www.elfrethsalley.org
開〈4～12月〉木～日10:00～17:00（日12:00～）、〈1～3月〉木～日11:00～17:00
料$5、6～12歳$2
行地下鉄Market-Frankford線の2nd St.駅で下車し、2nd St.を北に徒歩約5分

市庁舎を核に都市計画が行われた

市庁舎タワー
住Broad & Market Sts.
☎(215)686-2840
開月～金9:30～16:15。15分おきにツアーがある
休土・日
料$5
ツアー出発場所／市庁舎北東からエレベーターで7階へ。床の赤い線に従うとたどり着く9階のエレベーターホール

ペンズランディング
住301 S. Columbus Blvd.
☎(215)928-8801
URL www.delawareriverwaterfrontcorp.com
行#21、42のバス、または地下鉄Market-Frankford線2nd St.駅下車徒歩10分

Museum & Gallery ミュージアム&ギャラリー

フィラデルフィア美術館
住26th St. & Benjamin Franklin Pkwy.
☎(215)763-8100
URL www.philamuseum.org
開火〜日10:00〜17:00(金〜20:45)
休月、7/4、サンクスギビング、12/25
料$16、シニア$14、13〜18歳$12
ツアー／西側の案内所がツアーデスクとなっていて、当日のツアー内容がラインアップされている。
※日本語によるオーディオガイドもある(料$5)
行#7、32、38、43、48のバス、またはフラッシュ(5〜10月のみ)で

フィラデルフィア美術館の本館と別館の間をシャトルバスも走る

ロダン美術館はミュージアム通りに面する小さな美術館

ロダン美術館
2012年5月現在改装のため閉館中。'12年7月13日に開館予定(データは閉館前のもので、参考用)
住22nd St. & Benjamin Franklin Pkwy.
☎(215)568-6026
URL www.rodinmuseum.org
開火〜日10:00〜17:00
休月、おもな祝日
料$5の寄付制
行#7、32、38のバス、またはフラッシュ(5〜10月のみ)で

フランクリン科学博物館
住222 N.20th St.
☎(215)448-1200
URL www2.fi.edu
開毎日9:30〜17:00
休おもな祝日
料$16.50、3〜11歳$12.50
行#7、32、33、38、48のバス、またはフラッシュ(5〜10月のみ)で

全米屈指の規模を誇る 地P.580 A-1

フィラデルフィア美術館
Philadelphia Museum of Art

美術館のもうひとつの名所、ロッキーの足跡

フィラデルフィア美術館には200を超える展示室があり、22万5000点以上の作品が収蔵されている。全米でも有数の規模を誇る美術館だ。まず日本語のパンフレットを入手してから見学しよう。

1階北ウイングは、19世紀後半のヨーロッパ絵画のコーナー。セザンヌの『大水浴The Large Bathers』、ゴッホ初期の『ひまわりSunflowers』は美術館の代表作だ。また、マルセル・デュシャンの作品に関しては世界いちといわれ、彼の代表作とされている通称『大ガラスThe Large Glass』や、そのほかにはピカソの『3人の楽師Three Musicians』と『闘牛Bullfight』も注目の作品である。

本館から通りを越えた北側にペレルマン別館Perelman Bldg.が開館し、同じ入場券で回ることができるので、シャトルバスを利用して入館しよう。

美術館の正面にある大階段は、映画『ロッキー』で有名になった場所。ロッキーの銅像や足跡なども作られて、すっかり観光の名所として定着した。

ロダンの作品が一堂に見られる 地P.580 B-1

ロダン美術館
Rodin Museum

ロダンの彫刻コレクションでは、フランス国外で最大のもの。目印の『考える人The Thinker』が玄関前で迎えてくれる。ロダンの傑作『カレーの市民The Burghers of Calais』や『地獄の門The Gates of Hell』など、館内は力強い彫刻であふれている。

科学の天才、フランクリンを知る 地P.580 B-1

フランクリン科学博物館
The Franklin Institute

アメリカ建国の父のひとり、ベンジャミン・フランクリンは科学者としても偉業を残した。アメリカ各地に科学博物館は多いが、ここは規模、質どちらもトップクラスを誇る。子供から大人まで生物、物理、天文、科学、医学とテーマごとに楽しみながら学べるところ。

地元っ子は天才フランクリンを親しみを込めてベンと呼ぶ

メモ **バーンズ財団▶**「幻のコレクション」といわれるバーンズコレクションが2012年5月ミュージアム地区にオープンした。ルノワールの作品に代表される印象派絵画の膨大な作品群が見られる。住2025 Benjamin ↗

キャンパスの一角にある 地P.580 A-2

ペンシルバニア大学考古学人類学博物館
University of Pennsylvania Museum of Archaeology & Anthropology

名門大学が所有する世界的に有名な博物館。歴史的価値の高い発掘品を間近に鑑賞することができる。なかでもエジプト・メンフィス王国の遺跡の柱が立ち並ぶホールは圧巻。考古学や文化人類学に興味のある人はぜひ立ち寄っておこう。

1887年に創設された博物館

セプタ（近郊列車）のUniversity City駅が最寄駅

ペンシルバニア大学考古学人類学博物館
住3260 South St. ☎(215)898-4000
URL www.penn.museum
開火～日10:00～17:00(水～20:00)
休月、おもな祝日
料$10、シニア$7、6～17歳$6
行Walnut St.を走るバス#21、42、セプタ(近郊列車)のUniversity City駅下車5分

郊外の見どころ Excursion

アーミッシュの世界が広がる 地P.580 A-1、2外

ランカスター
Lancaster

親切なガイドがご案内

フィラデルフィアの西、約130kmにあるランカスター。この町の郊外にはキリスト教のメノナイト派から独立したアーミッシュのコミュニティがある。多くがオランダから来たことから**ダッチカウンティDutch County**と呼ぶ。一帯にはアーミッシュの人びとが耕す農地が広がり、サイロや大きな白い家々が点在する美しい景色が続く。酪農を中心に、農業を営む彼らが生産する自然食品は人気が高い。

電化製品などの現代文明を拒否し、移動には自動車の代わりにバギーと呼ばれる馬車を使うなど、自然とともに暮らす彼らの生活からは、現代文明の真っただ中で生活するわれわれが学ぶことも多いかもしれない。周辺には馬車で農場などを巡るツアー（**AAA Buggy Ride**ほか）も行われ、参加することができる。

アーミッシュキルトの作品を集めた**ランカスター・キルト&テキスタイル博物館Lancaster Quilt & Textile Museum**やインターコースの町にある**キルト博物館The Quilt Museum**などは、キルトに興味がある人はぜひ立ち寄りたいところ。

店舗の2階にあるキルト博物館

ランカスター
行ダウンタウンからI-76を北西へ27km。US-202、US-30を西に76km進む。約1時間40分

●**Pennsylvania Dutch CVB**
住501 Greenfield Rd., Lancaster
☎(717)299-8901
URL www.padutchcountry.com
開〈5月下旬～10月〉毎日9:00～18:00（日～16:00）、〈11月～5月中旬〉毎日10:00～16:00
休サンクスギビング、12/25、1/1

●**AAA Buggy Ride**
住3529 Old Philadelphia Pike, Intercourse
☎(717)989-2829
URL www.aaabuggyrides.com
料$14、子供(2～12歳)$7
開月～土、時間は☎またはウエブサイトで確認する

●**Lancaster Quilt & Textile Museum**
住37 N. Market St., Lancaster
☎(717)397-2970
URL quiltandtextilemuseum.com
開予約したグループ（15人以上）のみ見学可能
料ひとり$6
予約☎(717)299-6440

農場では昔ながらの4頭立て耕耘機が使われる

●**The Quilt Museum**
住3510 Old Philadelphia Pike, Intercourse
Free (1-800)828-8218
URL www.ocsquiltmuseum.com
料無料
開月～土9:00～17:00
休日、おもな祝日

↘ Franklin Pkwy. ☎(215)278-7000 URL www.barnesfoundation.org 開水～月 9:30～18:00（金～22:00） 休火 料$18、シニア$15、6～17歳$10 行#7、32、33、38、48、またはフラッシュ（5～10月のみ）で 地P.580 B-1

Spectator Sports 観戦するスポーツ

ベースボール MLB

フィラデルフィア・フィリーズ（ナショナルリーグ東地区）

Philadelphia Phillies

現在黄金期を迎えている球団。サイ・ヤング賞（最優秀投手賞）投手のハラデーを中心とした豪華な先発投手陣と、ハワード、アトリーを軸とした強力打撃陣は、他のチームの追従を許さない。ファンのヤジがきついことでも有名。

ダウンタウンから地下鉄ですぐに行ける

アメリカンフットボール NFL

フィラデルフィア・イーグルス（NFC 東地区）

Philadelphia Eagles

2000年から負け越しわずか1回、プレーオフの常連も'11年は5割に留まった。HCアンディ・リード就任で変貌を遂げたチームは14シーズン目を迎えるが、復活したQBヴィックの牽引力が今後の鍵だ。チームカラーはミッドナイト・グリーン、ブラック、チャコール、シルバー、ホワイト。

バスケットボール NBA

フィラデルフィア・セブンティシクサーズ（東・大西洋地区）

Philadelphia 76ers

11度のファイナル出場と3度の優勝を誇る強豪もここ10シーズンは5割前後の成績で迷走中、プレーオフも初戦の壁が厚い。愛称は1776年のアメリカ独立宣言時、首都であったこの地にちなみ付けられ、ファンは通常「シクサーズ」と呼ぶ。チームカラーはレッド、ロイヤル・ブルー、ホワイト。

アイスホッケー NHL

フィラデルフィア・フライヤーズ（東・大西洋地区）

Philadelphia Flyers

NHL初の球団拡張で1967年に創設。直近の16シーズンでプレーオフ進出を逃したのは2007年の一度だけというリーグ屈指のエリート軍団。'11年のオフには4シーズン振りにNHLに復帰した39歳のヤーガーと契約し、ジルー、ハートネルらとともに超攻撃的ラインを形成した。チケットは毎試合完売。

フィラデルフィア・フィリーズ
（1883年創設） 地P.581 C-2外
本拠地——シチズンズ・バンク・パーク Citizens Bank Park（4万3647人収容）
住 One Citizens Bank Way
☎ (215) 463-1000（チケット）
URL philadelphia.phillies.mlb.com
行 地下鉄Broad St. Lineの南の終点AT & T駅で下車し、徒歩約5分
球場ツアー／$10、詳しくはウエブサイトで

この選手に注目!
ロイ・ハラデー（投手・先発）

フィラデルフィア・イーグルス
（1933年創設） 地P.581 C-2外
本拠地——リンカーン・ファイナンシャル・フィールドLincoln Financial Field（6万7594人収容）
住 1 Nova Care Way
☎ (215) 463-2500
URL www.philadelphiaeagles.com
行 シチズンズ・バンク・パークの南側

この選手に注目!
マイケル・ビック

スポーツ・コンプレックスの南側に位置する

フィラデルフィア・セブンティシクサーズ
（1949年創設） 地P.581 C-2外
本拠地——ウエールスファーゴセンター Wells Fargo Center（2万1600人収容）
住 3601 S. Broad St.
☎ (215) 952-7000
URL www.nba.com/sixers
行 シチズン・バンク・パークの南西すぐ

この選手に注目!
エルトン・ブランド

フィラデルフィア・フライヤーズ
（1967年創設） 地P.581 C-2外
本拠地——ウエールスファーゴセンター Wells Fargo Center（1万9537人収容）
住 3601 S. Broad St.
☎ (215) 218-4326
URL flyers.nhl.com
行 シチズン・バンク・パークの南西すぐ

この選手に注目!
クロード・ジルー

メモ **スポーツコンプレックス** ▶ フィラデルフィアにある4大スポーツチームの本拠地は、すべてフィラデルフィア南部のスポーツコンプレックス地区にある。センターシティからは地下鉄 Broad St. Line の南の終点 AT & T駅を出てすぐ。

ショップ&レストラン Shops & Restaurants

S ファッション

人気ブランドはここで生まれた

アンソロポロジー Anthropologie

住1801 Walnut St. ☎(215) 568-2114 地P.580 B-2
URL www.anthropologie.com ADMV
開月～土10:00～20:00、日11:00～18:00

全国展開する人気のファッションブランドはここフィラデルフィアが発祥の地。リッテンハウススクエア店は格式の高い地区にあり、建物や店構えからしても見応えがある。('12)

S ショッピングモール

フードコートが充実

ザ・ショップス・アット・リバティ・プレイス The Shops at Liberty Place

住1625 Chestnut St. ☎(215) 851-9055
URL www.shopsatliberty.com 地P.580 B-2
開月～土9:30～19:00、日12:00～18:00

中央吹き抜けのロタンダ（円形広間）を中心に、洗練されたショップ、レストラン約50店舗が集まったショッピングモール。J.クルー、ナインウエストなどが入っている。('12)

S マーケット

ご当地の物産が手に入る

レディング・ターミナル・マーケット Reading Terminal Market

住12th & Arch Sts. ☎(215) 922-2317
URL www.readingterminalmarket.org 地P.581 C-2
開月～土8:00～18:00、日9:00～17:00 休おもな祝日

コンベンションセンターに直結する便利な市場。近隣のアーミッシュの人々の作った生鮮食料品やおみやげ店、軽食や地ビールなどが味わえるレストランもある。('12)

S ショッピングモール

ブランドがお買い得!

フィラデルフィア・プレミアム・アウトレット Philadelphia Premium Outlet

住18 W. Lightcap Rd., Limerick ☎(610) 495-9000
URL www.premiumoutlets.com/philadelphia 地P.580 A-1外
開月～土10:00～21:00、日10:00～19:00

おなじみのブランド品がバーゲン価格で。衣料と靴は無税だからさらに割安感がある。Bieber Tourwaysのシャトル（$28.10）が1日3往復、グレイハウンドバスターミナルから出る。('12)

R ファストフード

フィラデルフィアの味、チーズステーキ

ジムズステーキ Jim's Steaks

住400 South St. ☎(215) 928-1911
URL www.jimssteaks.com
開月～土10:00～翌1:00（金・土～翌3:00）、日11:00～2200
カード不可 地P.581 D-2

ボリューム満点の「チーズステーキ」はフィラデルフィアの名物。このお店は歴史も古く、味もフィラデルフィアNo.1と評判。値段も$10前後と手頃だ。(12)

R ファストフード

映画『ロッキー』にも登場

パッツ・キング・オブ・ステーキ Pat's King of Steaks

住1237 E. Passyunk Ave. ☎(215) 468-1546
URL www.patskingofsteaks.com
開24時間営業 休サンクスギビング、12/25
カード不可 地P.581 C-2外

ジムズステーキと並ぶ人気のチーズステーキの名店。パンに豪快に挟んだ牛肉がやみつきになる味。9th St.を南に進んで、イタリア人街を越えたところ。('12)

R アメリカ料理

イギリスの植民地時代から営業する

シティタバーン City Tavern

住138 S. 2nd St. ☎(215) 413-1443 URL www.citytavern.com
開ランチ毎日11:30～、ディナー毎日16:00～21:00頃（日15:00～）
AMV 地P.581 D-2

アメリカ建国直後から営業しているレストラン。植民地時代に食べられていた料理を楽しむことができる。スタッフの衣装も当時の雰囲気がある。予算は$40ほど。('12)

R アメリカ料理

360°の眺望が楽しめる

アール・ツー・エル R2L

住50 S.16th St., 37th Fl. 地P.580 B-2
☎(215) 564-5337 URL www.r2lrestaurant.com
開月～土17:00～22:00（金・土～23:00)、日16:00～21:00 AMV

ザ・ショップス・アット・リバティ・プレイスのTwo Liberty Placeビルの37階にある。夕暮れのフィラデルフィア、または美しい夜景を楽しみながら食事ができる人気のレストラン。5品のコースで$85。('12)

メモ **フィラデルフィアのショッピングストリート**▶South St.（地P.581 C、D-2）の2nd～7th Sts.の間は衣類、雑貨、民芸品などのショップが建ち並ぶエリア。カフェやレストランも多いので、歩き疲れても安心。

シーフード料理

安くておいしいカニレストラン
ディナルドス・フェイマス・クラブ
Di Nardo's Famous Crabs

住312 Race St.　☎(215)925-5115　URL www.dinardos.com
営月～土11:00～21:30(金・土～22:30)、日15:00～21:00
ADMV　地P.581　D-1

ベスト・シーフード・オブ・フィラデルフィアに輝いたレストラン。カニ料理が有名で、ほぐし身をハンバーグのようにしたクラブケーキ（$28.50）が絶品。（'12）

日本料理

和の鉄人が作り出すとびきりの日本料理
モリモト
Morimoto

住723 Chestnut St.　☎(215)413-9070
URL www.morimotorestaurant.com　営ランチ月～金11:30～14:00、ディナー毎日17:00～22:00(木～23:00、金・土～24:00)
ADMV　地P.581　C-2

寿司、ソバなどの単品メニューのほか、おまかせのコースもある。内装はモダンでスタイリッシュ。予算は$30～。（'12）

ホステル

観光に便利なロケーション
アップルホステルズ
Apple Hostels

住32 S. Bank St., Philadelphia, PA 19106　Free(1-877)275-1971
FAX(215)689-4555　URL www.applehostels.com
ドミトリー$31～36、個室$73～87　MV　地P.581　D-2

インディペンデンス国立公園に近い便利なロケーションのホステル。ロッカー、キッチン、ランドリーなど設備が充実している。わからないことがあればフレンドリーなスタッフに聞いてみよう。70ベッド。（'12）

ホステル

フェアモント公園内の素敵なユース
HI-フィラデルフィア・シャモニー・マンション
HI-Philadelphia, Chamounix Mansion

住3250 Chamounix Dr., Philadelphia, PA 19131
☎(215)878-3676　FAX(215)871-4313　地P.580　A-1外
URL www.philahostel.org　ドミトリー$20～23　MV

ダウンタウンの西約10km、建物は1802年完成の歴史的建築物。キッチン、ランドリーがある。チェックインは8:00～11:00、16:30～翌2:00。夜はタクシーで。80ベッド。（'12）

中級ホテル

歴史公園の近く
ベストウエスタン・プラス・インディペンデンス・パーク・ホテル
Best Western Plus Independence Park Hotel

住235 Chestnut St., Philadelphia, PA 19106　☎(215)922-4443
FAX(215)922-4487　URL www.independenceparkhotel.com
SDT$129～409　ADMV　地P.581　D-2

フィラデルフィアらしいクラシックな雰囲気のロビーで、客室もエレガント。独立記念館へは2ブロックと観光に便利な場所。小さなホテルならではの気配りがうれしい。36室。（'12）

高級ホテル

落ち着きのある名門の宿
ラディソン・プラザ・ワーウィック
Radisson Plaza Warwick Philadelphia

住220 S. 17th St., Philadelphia, PA 19103　☎(215)735-6000
FAX(215)790-7766　URL www.radisson.com
SDT$181～444　ADJMV　地P.580　B-2

ブティックやレストランが軒を並べるリットンハウス広場地区にある。ウオールナットストリートでのショッピングやブロードストリートの劇場へ行くにも便利な老舗のホテル。301室。（'12）

高級ホテル

ビジネスにも観光にも便利
ダブルツリー・バイ・ヒルトン・フィラデルフィア
DoubleTree by Hilton Philadelphia

住237 S. Board St., Philadelphia, PA 19107　☎(215)893-1600
FAX(212)893-1663　URL doubletree1.hilton.com
SDT$137～479　ADJMV　地P.581　C-2

劇場地区（アベニュー・オブ・ジ・アーツ）にあり、地下鉄の駅の真上に建つ、交通の便がいいホテル。客室の居住性を重視し、ビジネスの用途でもサービスが充実。レストランやバーも利用しやすい。432室。（'12）

日本からアメリカへの国際電話のかけ方 ➡P.8～9
国際電話認識番号(001/0033/0061)＋(010)＋アメリカの国番号(1)＋市外局番＋電話番号

ウィルミントン Wilmington

総合化学企業デュポン社のお膝元

デュポン家の邸宅があるハグリー博物館

ウィルミントンがあるデラウエア州は、隣のペンシルバニア州やワシントンDCに比べ、日本人にはなじみがないかもしれない。しかし、実は合衆国憲法を1787年に批准した"第1番目の州"という輝かしい歴史をもつ。そのため、アメリカ初期の見どころが多く、決して観光で見劣りしないのだ。ただし、面積は全米50州中2番目に小さいので、注目度は低い。

州境を越えたペンシルバニア州にまたがるブランディワインバレーBrandywine Valleyには、デュポン社の創業一族、デュポン家ゆかりの邸宅や庭園がある。

DATA

人口▶約7万800人
面積▶28.2km²　標高▶28m
TAX▶セールスタックス　0%
ホテルタックス　8%
属する州▶デラウエア州　Delaware
州のニックネーム▶一番目の州
First State
州都▶ドーバー　Dover
時間帯▶イースタン・タイムゾーン
➡P.631
繁忙期▶年間をとおして

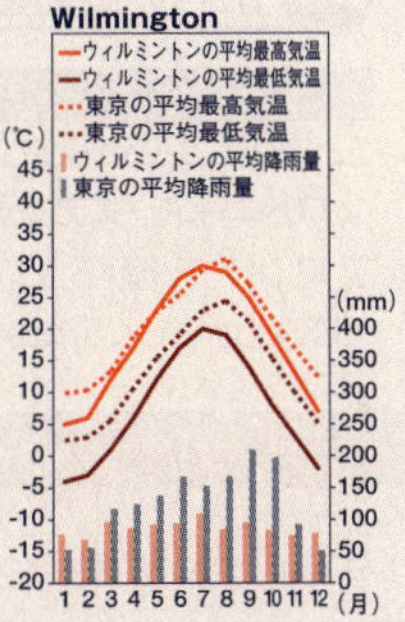

ウィルミントンへの行き方 Getting There

長距離バス ………………………… Bus

グレイハウンド・バスターミナル
Greyhound Bus Terminal

アムトラック駅の斜め向かいにある。ニューヨークから毎日8～12便（所要約3時間）、ワシントンDCから毎日7便（所要約3時間）、フィラデルフィアから毎日3便（所要約1時間）の運行。

鉄道 ………………………………… Train

アムトラック（ジョセフ・バイデン）駅
Amtrak（Joseph R. Biden, Jr. Railroad）Station

アムトラックとセプタSepta➡P.580が乗り入れる。ニューヨークやワシントンDCからはアムトラックが毎日20～38便（所要各約1時間45分）、フィラデルフィアからはセプタのリージョナルレイルWilmington/Newark Lineも毎日6～17便（所要約1時間）の運行。

飛行機なら
ウィルミントンの北東約30kmにあるフィラデルフィア国際空港➡P.578を利用する。アクセスは空港シャトルバンまたはタクシーで。空港シャトルバンはDelaware Express［☎(302) 454-7800、URL www.delexpress.com、料$40～］でダウンタウンまで所要約1時間

グレイハウンド・バスターミナル
地P.590　B-2
住101 N. French St.
☎(302) 655-6111
開毎日7:00～23:59

アムトラック（ジョセフ・バイデン）駅
地P.590　B-2　住100 S. French St.
Free(1-800) 872-7245
開毎日4:00～23:59（チケット売り場は月～金5:45～21:30、土6:00～20:45、日6:00～21:30）

●Septa
URL www.septa.org
開月～金6:00～10:00、11:00～18:00、土・日8:00～14:00

メモ **デラウエア州ではショッピング時の計算が簡単**▶セールスタックスがかからないので、商品を値札の値段のまま買うことができる。

Getting Around ウィルミントンの歩き方

ダウンタウンの中心は**ロドニースクエアRodney Square**。Market St.沿いの2nd〜10th Sts.の間に古い商店や劇場などが残る。ダートのトロリーバスで行くことができる新開発地域のリバーフロントRiverfrontもおすすめ。

広域にまたがる**ブランディワインバレーBrandywine Valley**へは、レンタカーまたはタクシーを利用することになる。

観光案内所 …………… Visitors Information

ウィルミントン観光案内所
Wilmington Downtown Visitor Information Center

ロドニースクエアから10th St.を西に2ブロック、ビルの1階にある。市内やブランディワインバレーの地図のほか、市バスの時刻表もある。日本語のパンフレットもあり。

市内の交通機関 ……… Public Transportation

ダート
DART（Delaware Transit Corporation）

ロドニースクエアを発着する公営バス。ダウンタウンとリバーフロントを結ぶトロリーバスのウィルミントントロリー#32Wilmington Trolleyが利用しやすい。ただし、日曜は運休。

ウィルミントン観光案内所
地P.590　B-1　住100 W. 10th St., #20
Free(1-800)489-6664
URL www.visitwilmingtonde.com
開月〜金9:00〜17:00

ダート
Free(1-800)652-3278
URL www.dartfirststate.com
料$1.15、1日券$2.40。郡を越える場合は追加料金が必要

デラウエア現代美術センター
地P.590　A-2
住200 S. Madison St.　☎(302)656-6466
URL www.thedcca.org
開火〜日10:00〜17:00（水・日12:00〜）
休月、おもな祝日　料無料
行ウイルミントントロリー#32でJustison St. at West St.下車

デュポン環境教育センター
地P.590　A-2外　住1400 Delmarva Ln.
☎(302)656-1490
URL www.duponteec.org
開〈3/16〜11/15〉火〜土11:00〜17:00、日12:00〜16:00、〈11/16〜3/15〉火〜土10:00〜15:00、日12:00〜16:00、敷地内の湿地帯は年中開放
休サンクスギビング、12/24、25、1/1
料無料
行ウィルミントントロリー#32でChase Center-on the Riverfront下車、徒歩7分

Sightseeing おもな見どころ

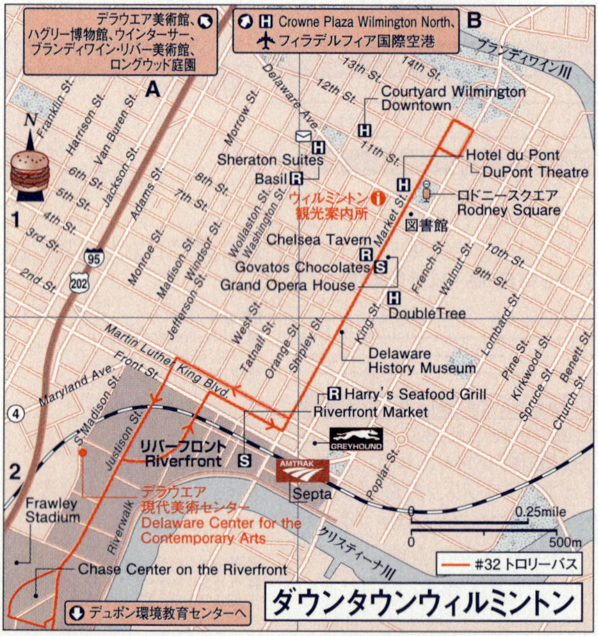

デラウエア現代美術センター Delaware Center for the Contemporary Arts

作品を所蔵せず、期間ごとの展示のみを行う新しいタイプの美術館。若い芸術家のための工房スペースや発表の場を提供している。

デュポン環境教育センター DuPont Environmental Education Center

リバーフロントにある自然保護センター。広さ212エーカー（0.85km²）の湿地帯の遊歩道を歩きながら、アオサギなどの渡り鳥から、アライグマやウミツキガメ、アシの木までさまざまな種類の動植物を観察できる。

旅のアドバイス **ウインターサーとデラウエア美術館への公共交通手段▶**アムトラック駅を出発し、ロドニースクエアをとおるバスDART#10（Kennett Park - Centreville行き）がウインターサーやデラウエア美術館へ行く。ただし、月〜金6:38〜18:15（計13便）しか運行しないために、週末はレンタカーかタクシーを利用することになる。

郊外の見どころ Excursion

デュポン社創業の地 地P.590 A-1外

ハグリー博物館 Hagley Museum and Library

世界に名立たる総合化学企業**デュポンDu Pont社**の始まりは、アメリカの会社経営の始まりともいわれる。E.I.デュポン(1771〜1834)は火薬生産を一大事業へ発展させ、莫大な財を成した。2世紀経った今も、この企業の経営理念やビジネス精神を知ろうと多くの人々が訪れる。200年以上前に建てられた創業者の家と事務所、火薬庫や水力を利用した動力機械棟などは当時のまま。ツアーでは火薬工場が実際に稼働する様子が見られる。

インテリアデザインの教本にも載る 地P.590 A-1外

ウインターサー Winterthur Museum, Garden & Library

アンティーク収集家、園芸家であったヘンリー・フランシス・デュポン(1880〜1969)の生家が博物館として、広大な庭園とともに公開されている。選りすぐりのアンティーク家具や調度品のコレクション、そしてデュポン自ら演出した時代の部屋Period Roomsも見応えがあり、室内装飾を学ぶ学生にとっては必見の場所である。庭園も一つひとつの植栽の位置から、ランドスケープにいたるまで、デュポンの意図が映し出されたすばらしい内容。

ウインターサーの庭園はガーデニングの極致 ©Jeannette Lindvig

地元からの支援で運営 地P.590 A-1外

デラウエア美術館 Delaware Art Museum

19世紀末〜20世紀初頭にイラストレーターとして活躍したハワード・パイルの作品を展示するために1912年に創設された美術館。イギリス国外では最大規模といわれるラファエル前派の絵画コレクションやジョン・スローンの作品など、ほかでは見られないものばかり。

ダンテ・ガブリエル・ロセッティの「レディ・リリス」(1866-68 作、1872-73 加筆) ©Delaware Art Museum, Samuel and Mary R. Bancroft Memorial, 1935.

アンドリュー・ワイエスのふるさと 地P.590 A-1外

ブランディワイン・リバー美術館 Brandywine River Museum

アメリカを代表する写実主義画家アンドリュー・ワイエスAndrew Wyethと父N.C.、そして息子のジェイミーとともに3代に及ぶワイエス家の画家たちの作品が展示されている。南北戦争時代に建てられた製粉場跡を改造した館内からは、川面に映える美しい木々が見渡せてとても気持ちがいい。一家の住んだ家からほど近い場所にある。

ハグリー博物館

住200 Hagley Rd.
☎(302)658-2400
URL www.hagley.lib.de.us
開毎日9:30〜16:30。ツアーは30分おきに出る(冬期の月〜金は10:30と13:30のみ)
休サンクスギビング、12/25
料$11、シニア/学生$9、6〜14歳$4
行DARTバス#10、20でKennett Pike & Dupont Rd.下車、徒歩10分。ウィルミントンダウンタウンの約7km北西。Pennsylvania Ave.からKennett Pikeを5km北上しMontchanin Rd.を右折し、すぐのBarley Mill Rd.でさらに右折すると左側にある

ウインターサー

住5105 Kennett Pike
Free(1-800)448-3883
URL www.winterthur.org
開〈3〜12月〉火〜日10:00〜17:00(チケット売り場は15:15まで)
休1〜2月、3〜12月の月曜、サンクスギビング、12/25
料$18、シニア/学生$16、2〜11歳$5
行DARTバス#10でKennett Pike & Old Kennett Rd.下車。ウィルミントンダウンタウンの約10km北西。Pennsylvania Ave.はそのままKennett Pikeに変わるので約5km北へ。約15分

デラウエア美術館

住2301 Kentmere Pkwy.
☎(302)571-9590
URL www.delart.org
開水〜日10:00〜16:00(日12:00〜)
休月・火、7/4、サンクスギビング、12/25、1/1
料$12、シニア$10、学生$6(日曜は入館無料)
行DARTバス#10でDelaware Ave. & Union St.下車。徒歩5分。ウィルミントンダウンタウンの3km北西。Delaware Ave.を進み、N.Union St.を右折、Kentmere Pkwy.を左折して500m先の右側にある

ブランディワイン・リバー美術館

住1 Hoffman's Mill Rd., Chadds Ford, PA
☎(610)388-2700
URL www.brandywinemuseum.org
開毎日9:30〜16:30(12/26〜30は〜18:00)
休12/25
料$12、シニア/学生/子供(6〜12歳)$6
行ウィルミントンダウンタウンの北約21km。ウインターサーからKennett Pikeを10km北上、Baltimore Pike(US-1)を右折して約5km行った右側

落ち着いた空間でアンドリュー・ワイエスの作品を鑑賞 ©Rick Echelmeyer

ロングウッド庭園
住1001 Longwood Rd., Kennett Square, PA
☎(610)388-1000
URL www.longwoodgardens.org
開毎日9:00〜17:00(時期により異なる)
料時期により異なり、$18〜25、シニア$15〜22、5〜18歳／学生$8〜11、4歳以下無料
行ウィルミントンダウンタウンの約20km北西。ウインターサーからKennett Pikeを10km北上し、E. Baltimore Pikeで左折する。1km西へ行き、Longwood Rd.に入ってすぐ右側

ガーデニング好きにはもってこい　地P.590　A-1外

ロングウッド庭園
Longwood Gardens

ウィルミントンの北西約20km、ペンシルバニア州に位置するこの庭園はピエール・S・デュポン（1870〜1954）が自然保護を目的に買い取り、自らも住んだ敷地にある。屋外劇場やイタリア式噴水、バラ園などがあり、広さは1077エーカー（約4.3km²）と、東京ドームの約100倍。

音楽と噴水のコラボレーションが見られる野外劇場

ショップ&レストラン&ホテル　Shop & Restaurant & Hotels

S　チョコレート
100年続くチョコレートの味
ゴバトズチョコレート
Govatos Chocolates

住800 Market St.　☎(302)652-5252
URL www.govatoschocolates.com　地P.590　B-1
開月〜金8:30〜17:00(6〜9月〜15:00)　休土・日

Market St.の商店街にある老舗菓子店。築110年以上経つ店舗の3階では創業以来変わらない方法でチョコレートが作られる。併設のレストランでは朝食や昼食が食べられる。('12)

R　シーフード料理
活きのいい刺身が食べられる
ハリーズ・シーフード・グリル
Harry's Seafood Grill

住101 S. Market St.　☎(302)777-1500　地P.590　A-2
URL www.harrys-savoy.com　AMV
開月〜土11:00〜22:00(金・土〜23:00)、日12:00〜21:00

リバーフロントマーケットにある。生ガキ、刺身をはじめとする新鮮な材料を使ったメニューは味もボリュームも満点。定番のステーキやハンバーグの肉料理もおいしい。('12)

H　中級ホテル
ダウンタウンの好立地
ダブルツリーダウンタウン
DoubleTree Downtown

住700 N. King St., Wilmington, DE 19801
☎(302)655-0400　FAX(302)655-0430
URL www.wilmingtondowntown.doubletree.com
ⓈⒹⓉ$119〜259　AMV　地P.590　B-1

目抜き通りのKing St.にあり、買い物や食事に便利な立地。屋内プール、フィットネスセンター、無料シャトルサービスがある。217室。('12)

H　高級ホテル
豪華絢爛なデュポンのホテル
ホテルデュポン
Hotel du Pont

住11th & Market Sts., Wilmington, DE 19801
☎(302)594-3100　Free(1-800)441-9019　FAX(302)594-3108
URL www.hoteldupont.com　ADJMV
ⓈⒹⓉ$159〜549、スイート$899〜1249　地P.590　B-1

ロドニースクエアの西隣にある最高級ホテル。イタリア・ルネッサンス様式の建築は誉れ高い。画家、アンドリュー・ワイエスの作品を飾った豪華な広間もある。217室。('12)

H　中級ホテル
車での移動に便利なI-95沿いの宿
クラウンプラザ・ウィルミントン・ノース
Crowne Plaza Wilmington North

住630 Naamans Rd., Claymont, DE 19703
☎(302)792-2700　FAX(302)798-6182
URL www.ichotelsgroup.com
ⓈⒹⓉ$79〜129　ADJMV　地P.590　A-1外

フィラデルフィアの空港に行きやすいI-95から少し入ったところにある。ブランディワインバレーの観光スポットやワイナリーにも出やすい。ショッピングセンターがすぐ近くにあり、食事、買い物は不自由しない。ブランディワイン・コーポレート・センターから入る。189室。('12)

日本からアメリカへの国際電話のかけ方 P.8〜9
国際電話認識番号(001/0033/0061)＋(010)＋アメリカの国番号(1)＋市外局番＋電話番号

ワシントンDC
Washington, DC
アメリカを動かす行政の中枢

首都ワシントンDCの顔、国会議事堂。2012年は大統領選の年だから、働く顔ぶれが変わる可能性もある

日本とアメリカの違いのひとつに、首都や州都が必ずしも大都市ではないことが挙げられる。日本の首都は日本最大の都市、東京だが、アメリカの首都はニューヨークではなく、ワシントンである。その正式名称は“Washington, District of Columbia”、日本語では『ワシントン・コロンビア特別行政区』という。ここは全米50州のどの州にも属さない、連邦政府直轄の地区としてできあがった町。特別行政区には連邦政府の立法、行政、司法の機能だけが存在し、住民のほとんどが公務員と弁護士といわれる。

また、ワシントンDCは地球と人類の遺産を網羅する世界最大の博物館群（18の博物館と美術館、動物園）を有する町でもある。博物館群の名はスミソニアン協会。そのほとんどの博物館の入場料は無料だが、無料であることが信じられないほど充実している。ちなみに北西部のワシントン州と混同しないように、特別行政区を『ワシントンDC』、または略して『DC』と呼ぶ。

ワシントンのナショナルギャラリーならフェルメールの鑑賞も無料

GUIDE BOOK 地球の歩き方B08ワシントンDC編（1700円＋税）でもワシントンDCを紹介していますので、ご活用ください。

DATA

人口▶約60万1700人
面積▶176km²
標高▶最高118m　最低0m
TAX▶セールスタックス　6%（バージニア州　5%、メリーランド州　6%）
ホテルタックス　14.5%（バージニア州10.25%、メリーランド州15.5～16%）
外食税　10%
時間帯▶イースタン・タイムゾーン ➲P.631
繁忙期▶3～5、9～11月

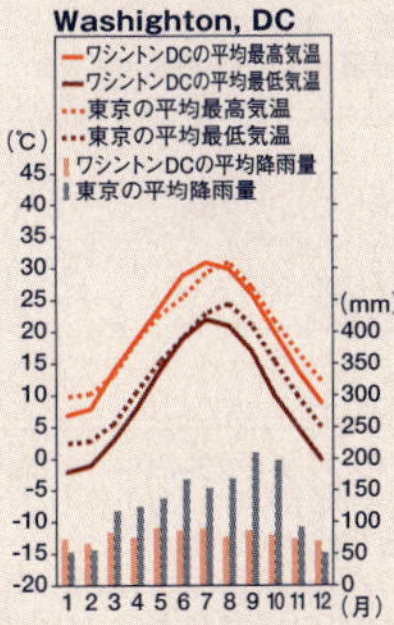

飛行機 Plane

ワシントン・ダレス国際空港
Washington Dulles International Airport (IAD)

ワシントン・ダレス国際空港
☎(703) 572-2700
URL www.metwashairports.com/dulles

DC周辺にある3つの空港のひとつで、日本から全日空とユナイテッド航空の直行便が飛んでいる。ダウンタウンの西、約43kmに位置し、有名な建築家サーリネンの設計による、ジェット機時代に対応するために造られた最初の飛行機場だ。首都の空港でありながらのんびりムードで、ショップやレストランなどの施設が大空港のわりに少なめ。ターミナル間の移動は地下を走るエアロトレインを使うが、一部モービルラウンジというバスなので注意したい。なお、2017年の完成を目指して、ダレス空港とDCを結ぶメトロレイル（地下鉄）の建設工事が進行中だ。

ダレス空港から市内のどこへでも運んでくれるスーパーシャトル。ひとりのときに便利

全日空とユナイテッド航空の直行便が発着するダレス国際空港。中心部から約1時間

空港から／空港へのアクセス

	種類／名称／連絡先	行き先／運行／料金	乗車場所／所要時間／備考
空港バス＋地下鉄（メトロレイル）	**ワシントンフライヤー＋メトロレイル** Washington Flyer + Metrorail Washington Flyer Free (1-888) 927-4359 URL www.washfly.com Metrorail ☎(202) 637-7000 URL www.wmata.com	**行き先**▶地下鉄の各駅 **運行**▶空港発は毎日5:45～22:15（土・日7:45～）。空港行きはWest Falls Church駅を毎日6:15～22:45（土・日8:15～）の30分間隔。地下鉄オレンジラインは月～金5:00～24:00（金～翌2:25）、土・日7:00～翌2:25（日～24:00）の3～20分間隔 **料金**▶ワシントンフライヤー$10＋メトロレイル$1.60～5	**空港発**▶メインターミナルのドア4付近にあるWashington Flyerのカウンターでチケットを買い、バスに乗車。地下鉄West Falls Church駅で地下鉄オレンジラインに乗り換えダウンタウンへ **空港行き**▶地下鉄の各駅からオレンジラインWest Falls Church駅へ行き、ワシントンフライヤーに乗り換える **所要時間**▶空港から地下鉄West Falls Church駅まで約25分。West Falls Church駅からMetroCenter駅まで約30分
空港シャトルバン	**スーパーシャトル** SuperShuttle Free (1-888) 258-3826 URL www.supershuttle.com	**行き先**▶市内や周辺どこでも **運行**▶24時間随時 **料金**▶片道$29（同じ行き先の場合は1人追加$10）	**空港発**▶メインターミナル外のスーパーシャトルの係員のいるところで乗車 **空港行き**▶事前に電話やホテルのフロントで予約をする。24時間前までの予約が必要 **所要時間**▶ダウンタウンまで約50～90分
路線バス	**メトロバス#5A** Metrobus #5A ☎(202) 637-7000 URL www.wmata.com	**行き先**▶ダウンタウンにある地下鉄L'Enfant Plaza駅が終点。途中Rosslyn駅にも停車する **運行**▶空港発は月～金5:50～23:40、土・日6:32～23:40。空港行きは月～金4:50～22:38、土・日5:30～22:35の約1時間間隔 **料金**▶$6	**空港発**▶メインターミナル外の2Eのメトロバス乗り場から#5Aに乗車 **空港行き**▶地下鉄L'Enfant Plaza駅、またはRosslyn駅にあるバス停から#5Aに乗車 **所要時間**▶Rosslyn駅まで約40分、L'Enfant Plaza駅まで約55分
タクシー	**ワシントン・フライヤー・タクシー** Washington Flyer Taxi ☎(703) 572-8294	**行き先**▶市内や周辺どこでも **運行**▶24時間随時 **料金**▶ダウンタウンまで$57～70	**空港発**▶メインターミナル外のタクシー乗り場から乗車。係員がいることもある **空港行き**▶事前に電話予約、または主要ホテルから乗車 **所要時間**▶ダウンタウンまで30～50分

※それぞれの乗り物の特徴については ➡P.665

ロナルド・レーガン・ワシントン・ナショナル空港
Ronald Reagan Washington National Airport (DCA)

公式には元大統領の名が付いているが、地元では「ナショナル空港」と呼ばれている。場所はポトマック川を挟んでダウンタウンの南約5km。空港ターミナルと地下鉄駅が直結しているので、ダウンタウンまで約20分ととても近い。また、ターミナルはショップやレストランが充実して、まるでショッピングモールのよう。おみやげを買い忘れても、ここで充分こと足りる。

DCの中心部に近いナショナル空港

ロナルド・レーガン・ワシントン・ナショナル空港
☎(703)417-8000
URL www.metwashairports.com/reagan

地下鉄は地上
メトロレイル(地下鉄)のナショナル空港駅は高架となっており、実際には地上にある

■ 空港から/空港へのアクセス

	種類/名称/連絡先	行き先/運行/料金	乗車場所/所要時間/備考
空港シャトルバン	スーパーシャトル SuperShuttle Free (1-888)258-3826 URL www.supershuttle.com	行き先▶市内や周辺どこでも 運行▶飛行機の発着に合わせて運行 料金▶ダウンタウンまで片道$14(同じ行き先の場合は1人追加$10)	空港発▶ターミナルを出るとスーパーシャトルの係員がいるので、そこで申し込む 空港行き▶事前に電話などで予約をしてから乗車。前日までに予約をしておくことが必要 所要時間▶ダウンタウンまで約15~40分
地下鉄	メトロレイル Metrorail ☎(202)637-7000 URL www.wmata.com	行き先▶メトロレイルの各駅 運行▶月~金5:00~24:00(金~翌2:00)、土・日7:00~翌2:00(日~24:00)の3~20分間隔 料金▶ワシントン市内まで$1.60~5	空港発▶ターミナルB、Cにつながっている地下鉄ブルー、イエローラインRonald Reagan Washington National Airport駅から乗車(駅は地上) 空港行き▶メトロレイルの各駅から乗車し、ブルー、イエローラインでRonald Reagan Washington National Airport駅へ 所要時間▶ダウンタウンのMetro Centerまで約20分
タクシー	ダイヤモンドキャブ Diamond Cab ☎(202)387-6200	行き先▶市内や周辺どこでも 運行▶24時間随時 料金▶ダウンタウンまで約$15~25	空港発▶ターミナル外のタクシー乗り場から乗車 空港行き▶事前に電話予約、または主要ホテルから乗車 所要時間▶ダウンタウンまで約10~30分

※それぞれの乗り物の特徴については ➡P.665

ボルチモア・ワシントン国際空港
Baltimore/Washington International Airport (BWI)

ワシントンDCの北東、約52km、メリーランド州ボルチモアとDCの間にある国際空港。ボルチモアのダウンタウンからはライトレールという列車で簡単にアクセスできる。

ボルチモア・ワシントン国際空港
☎(410)859-7111
Free (1-800)435-9294
URL www.bwiairport.com

■ 空港から/空港へのアクセス

	種類/名称/連絡先	行き先/運行/料金	乗車場所/所要時間/備考
空港シャトルバン	スーパーシャトル SuperShuttle Free (1-888)258-3826 URL www.supershuttle.com	行き先▶市内や周辺どこでも 運行▶飛行機の発着に合わせて運行 料金▶ダウンタウンまで$37(同じ行き先の場合は1人追加$12)	空港発▶コンコースAとCのバゲージクレーム(機内預け荷物のピックアップ場所)の向かいにあるカウンターで申し込み、名前を呼ばれたら乗車する 空港行き▶事前に電話などで予約してから乗車。前日までに予約が必要 所要時間▶ダウンタウンまで約50~90分
鉄道	アムトラック Amtrak Free (1-800)872-7245 URL www.amtrak.com	行き先▶ワシントンDCのユニオン駅 運行▶毎日6:23~23:52前後の約40~60分間隔 料金▶ユニオン駅まで$14~42	空港発▶コンコースCの1階に4ヵ所あるバス乗り場から無料のシャトルバスでBWI Airport駅へ行き、アムトラックの列車に乗車 空港行き▶ユニオン駅から乗車 所要時間▶ユニオン駅まで約25~40分
鉄道	マーク Marc ☎(410)539-5000 Free (1-866)743-3682 URL mta.maryland.gov	行き先▶ワシントンDCのユニオン駅 運行▶空港発は月~金4:48~17:50。空港行きは月~金5:50~22:30の1日約20本の運行 料金▶ユニオン駅まで$6	空港発▶上記アムトラックと同様、シャトルバスでBWI Airport駅へ行き、マークのPenn Lineに乗車 空港行き▶ワシントンDCのユニオン駅からマークのPenn Lineに乗車 所要時間▶ユニオン駅まで約25~40分 ※週末は運行していない
タクシー	BWIエアポートタクシー BWI Airport Taxi ☎(410)859-1100	行き先▶市内や周辺どこでも 運行▶24時間随時 料金▶ワシントンDCまで$90前後	空港発▶各ターミナルのUpper Levelを出たところの"Taxi"のサインから乗車 空港行き▶事前に電話予約、または主要ホテルから乗車 所要時間▶ダウンタウンまで30~45分

※それぞれの乗り物の特徴については ➡P.665

旅のアドバイス **ボルチモア・ワシントン国際空港へ地下鉄とバスを乗り継いで行く方法▶**メトロレイル、グリーンラインの北東の終点Greenbelt駅からメトロバス#B30でも行くこともできる。Greenbelt駅から空港間のバスは、所要約30分で、40分間隔の運行。

長距離バス ………………………………… Bus

グレイハウンド・バスターミナル
Greyhound Bus Terminal

グレイハウンド・バスターミナル
地P.601　D-1
住1005 1st. St. NE(at L St.)
☎(202)289-5141
営24時間営業

中心部から少し外れたところに位置するので、モール周辺やほかの場所へ行くにはユニオン駅まで歩き、そこから地下鉄に乗る。日中の移動は問題ないが、暗くなってからはタクシーを利用しよう。ユニオン駅から徒歩8～10分くらい。

鉄道 ………………………………… Train

ユニオン駅
Union Station

ユニオン駅
地P.601　D-2
住50 Massachusetts Ave. NE
Free(1-800)872-7245(アムトラック)
営24時間営業（チケット売り場は月～金4:30～22:00、土・日5:00～22:00）

ユニオン駅はまさにDCの玄関口。タクシー乗り場もある

アムトラックや地下鉄（レッドライン）、近郊列車の発着するユニオン駅は、古いデザインが活かされた壮麗かつ巨大な建物で、首都DCを代表する顔のひとつ。ショップやレストランなども入って、見どころとしても人気がある。首都だけあって、アムトラックの乗客の多くはビシッと決めたキャリア組だ。両替所、トラベラーズエイド（旅行中のトラブルに応じてくれる施設）あり。

Getting Around　ワシントンDCの歩き方

4月下旬以降は本物のシャトルがお目見えする。写真は実験機

見どころが多すぎて困るほどのこの町では、まず興味のあるものに的を絞ること。見どころを大きくふたつに分けると、①スミソニアンを中心とした博物館や美術館、②アメリカの首都としての顔、連邦政府の建物や大統領のモニュメントなどだ。地図を見て、各ポイントの位置関係と自分の興味の度合いを考えて効率的なプランを立てよう。旅行者にとってうれしいのは、観光ポイントのほとんどが入場無料ということ。本書には有料の場合のみ料金を掲載している。

DC観光はモールから

ワシントンDCの観光の中心はモール。Constitution Ave.とIndependence Ave.に挟まれた、東は国会議事堂から西はリンカーン記念館の間、東西約4kmの長方形のエリアで、緑に囲まれた大きな公園のようになっている。ここにはスミソニアン協会の博物館や美術館、ホワイトハウスや各種モニュメントが集まっている。DCではモールから観光を始めるのが一番スムーズだ。

ワシントンの観光案内所

DC住所解読法

DCは国会議事堂を中心として、NW（北西）、NE（北東）、SW（南西）、SE（南東）の4つの地域に分けられる。見どころはNWに集中する。

国会議事堂を中心として南北に走る通りには数字、東西に走る通りにはアルファベットが付けられている。また、町を斜めに走るアベニューは州の名前だ。1ブロックは100単位なので、「1550 K St. NW」といえば北西地区のKストリートで15thと16thストリートの間。

観光案内所 ……………… Visitors Information

ホワイトハウス・ビジターセンター
White House Visitor Center

ホワイトハウス南のエリプス広場の東側に商務省Department of Commerce Bldg.があるが、その北側1階が観光案内所。内務省が管轄するもので、入口はE St.側。ホワイトハウスの歴史に関する展示や、ミシェル・オバマがホワイトハウスの内部を紹介するビデオも上映している。入場の際、セキュリティチェックがある。なお、ここは町に関する観光案内所ではないので注意を。

ホワイトハウス・ビジターセンター
地P.601　C-2
住商務省内(Department of Commerce Bldg.) 1450 Pennsylvania Ave. NW, E & 15th Sts. NW
☎(202)208-1631
URL www.nps.gov/whho
開毎日7: 30～16:00
休サンクスギビング、12/25、1/1

資料や電話、ウエブサイトはこちら
●デスティネーションDC Destination DC
DCの観光局。ちょっと不便な場所にあるため、電話やウエブサイトのみの利用がベター
☎(202)789-7000
URL washington.org

市内の交通機関 ……… Public Transportation

DCサーキュレーター
DC Circulator

「地下鉄よりわかりやすくて便利」とワシントニアンに評判の高い循環バス。運賃の安さも手伝って、現在DC中心部に5路線が運行されている。赤い車体に"Circulator"の文字が目印で、バス停とともに見つけやすい。すべての路線は10分間隔の運行だが、DCの交通渋滞は全米屈指なので、時間に余裕をもつように。観光客が使いやすいのは、ジョージタウン～ユニオン駅ルート。以下はルートと運行時間。

●ジョージタウン～ユニオン駅　毎日7:00～21:00(McPherson Square駅～Whiteheaven間は日～木は24:00、金・土は翌2:00まで)
●ポトマックアベニュー～スカイランド　月～金6:00～19:00(4～9月は～21:00、土7:00～21:00)
●ユニオン駅～ネイビーヤード　月～金6:00～21:00(冬期は～19:00)
●ウッドレーパーク～アダムス・モーガン・マクファーソン　毎日7:00～24:00(金・土～翌3:30)
●デュポンサークル～ジョージタウン～ロスリン　毎日7:00～24:00(金・土～翌2:00)

DCサーキュレーター
URL www.dccirculator.com
運行／毎日7:00～21:00(ルートによって異なる)の約10分間隔
料$1、メトロレイルからのトランスファー(乗り換え)は50¢、メトロバスからは2時間無料。1日券$3

地下鉄より便利と評判のサーキュレーター

首都ワシントンDCの誕生
メモ

アメリカ合衆国の首都は、歴史上2回変更になっていて、最初がニューヨーク、2番目がフィラデルフィア、そして3番目がこのワシントンDCである。1790年、新独立国の首都をフィラデルフィアから改める際、北のニューイングランド人とデキシーこと南部人との間に衝突が生じた。そこで連邦初代大統領ワシントンの右腕、財務長官のハミルトンは、得意の外交手腕を発揮。独立戦争の戦費負債を南部諸州に肩代わりしてもらう代わりに、彼らの意見を受け入れ、バージニア州とメリーランド州の間を流れるポトマック川の河畔に新首都を設立することを決定した。新しい首都の都市計画立案の仕事は、独立戦争の参謀将校であったフランス人ランファンに任せられた。彼の計画に従い、ポトマック川にまたがる100平方マイルの地域を、メリーランド州から69.25平方マイル、バージニア州から30.75平方マイルもらって新首都は成立した。各対角線が東西南北を指す正方形で、その中心に国会議事堂が位置する計画であったが、1847年、ポトマック川西岸のバージニア州側の土地が同州の要求で返還され、今のような不規則な形になってしまった。

DCの地下鉄の車内。東京ほど混雑しない

メトロレイル（地下鉄）
☎(202)637-7000（電話応対は月～金6:00～20:30、土・日7:00～20:30）
URL www.wmata.com
運行／月～木5:00～24:00、金5:00～翌3:00前後、土7:00～翌3:00前後、日7:00～24:00の3～12分間隔
料距離と時間帯によって$1.60～5。1日券$9
現在、DCの地下鉄は以下のふたつの運賃（時間帯制）に分かれている。
普通Regular Fare：月～金の始発～9:30と15:00～19:00、週末の24:00以降
割引Reduced：普通以外の時間帯

メトロバス
☎(202)637-7000
運行／路線によって多少異なるが、ほとんどの路線が週7日の運行
料$1.70、エクスプレスは$3.85、空港行きのみ$6。記載の運賃は現金で支払った場合。そのほかICカードであるSmart Tripで支払えば現金よりも割安➡P.598 欄外下

メトロレイル（地下鉄）
Metrorail

静かで清潔、安全、しかも正確に目的地まで運んでくれるDCの地下鉄（郊外では地上を走る）。通称“メトロ”。路線は**レッド**、**ブルー**、**オレンジ**、**イエロー**、**グリーン**の5つ。地上に“M”のポールが立っていたらそこが地下鉄の入口だ。なお、メトロは東京の地下鉄のように色分けされているわけではないので、乗るときにラインや行き先の表示に注意しよう。

乗り方は、初めにチケットの自動券売機の近くにある路線図と料金表で目的地までの金額を確かめる。機械にお金を入れ自分の必要な金額を決めてボタンを押すと、カード式のチケットが出てくる仕組み。入れた金額がフェアカードに記録されるというわけ。乗り越しや精算は出口の近くの精算機で行い、半端な金額のカードは次に乗る際、必要な金額を買い足す形になる。

メトロを利用する際注意したいことは、時間帯がふたつのカテゴリーに分かれ、乗る時間によって料金が異なることと、平日と週末の始発時間が極端に違うこと。

メトロバス
Metrobus

ワシントンDC全域と、郊外のメリーランド州とバージニア州の一部をカバーしている。ダレス空港やタイソンズコーナーなど郊外のショッピングモールへ行くときに利用しよう。

旅のアドバイス **スマートトリップSmart Trip**▶メトロレイルとメトロバスの運賃の支払いに使えるICカードの名称で、現金で支払うよりも運賃が安くなる。しかし、事前に料金チャージをしたりデポジットも必要になるため、少し運賃が割高になるとしても短期旅行者なら現金での支払いやパス類が便利だろう。

タクシー
Taxi

ワシントンDCのタクシーは、最初の6分の1マイルは$3、1マイル走るごとに$2.16の加算。そのほか、乗車人数や荷物の個数に応じた加算金額が必要となる。ぼったくろうとするタクシーも多いので、乗車前に運賃を確認するなどしたい。

ツアー案内 Sightseeing Tours

ホップオン-ホップオフ・オープントップ・ダブルデッカーバス・ツアー
Washington DC Hop-On-Hop-Off Open-Top Double-Decker Bus Tour

モールを中心として、ジョージタウンやアーリントン墓地などを15〜30分間隔で循環している2階建てバス。ルートは3つで、約50ヵ所に停車する。1日券と2日券があり、ともに乗り降り自由。2日券のみ50分のハーバークルーズ（4月中旬〜10月中旬、11:00〜18:00の毎正時にワシントン・マリオット・アット・メトロセンターを出発）が付く。

レッドルート Red Route
ユニオン駅を出発して、国会議事堂、ホロコースト記念博物館、リンカーン記念館、フォード劇場やモール内のほとんどの見どころをカバーする。20ヵ所に停車。

イエロー・アップタウンルート Yellow Uptown Route
フォード劇場を出発し、ホワイトハウス、リンカーン記念館、ジョージタウンなどを循環する。23ヵ所に停車。

ブルールート Blue Route
ホロコースト記念博物館を出発して、ホワイトハウス、リンカーン記念館、アーリントン国立墓地を回る。5ヵ所に停車。

ダックツアー
DC Duck Tours

観光バスが途中からクルーズボートに化けてしまうという、一番人気のツアー。第2次世界大戦中、軍部が開発した水陸両用車両が、観光バス（?）として再び脚光を浴びているのだ。従来のバスやトロリーでのツアーに加え、ポトマック川からのDC観光も楽しめてしまうというわけ。

陸だけでなく、ポトマック川もクルーズするダックツアー

グレイライン
Gray Line of Washington, DC

出発場所／ユニオン駅3階の駐車場前のグレイラインのオフィス（地P.601 D-2）から。

ツアー名	料金	運行	所要時間	内容など
DC In A Day	$45、3〜11歳$10	毎日8:00発	9時間	ホワイトハウス・ビジターセンター、第2次世界大戦記念碑、スミソニアン博物館、キング牧師メモリアルなど市内の見どころを見学する
DC After Dark	$35、3〜11歳$10	毎日19:00発	3時間	モール内の各種モニュメントがライトアップされ、夜景も美しいDC。モールのリンカーン記念館、ジェファソン記念館などはバスから降りて見学する

タクシー
● Diamond Cab
☎(202)387-6200
● Yellow Cab
☎(202)544-1212

タクシーの加算料金
1人（6歳以上）あたり$1.50、大きな荷物1個あたり$2、運んでもらったら$1の加算。また、電話でタクシーを呼んだとき$2、待ち時間は1時間あたり$25が追加される

ホップオン-ホップオフ・オープントップ・ダブルデッカーバス・ツアー
Free (1-888)878-9870
URL www.dctours.us
運行／毎日9:00〜17:00（4〜9月は〜18:00）
料 1日券$40.50、子供(5〜15歳)$22.50、2日券$49.50、子供(5〜15歳)$27
休 12/25

ダックツアー
出発場所／ユニオン駅正面入口
Free (1-855)323-8257
URL www.dcducks.com
運行／〈4〜10月〉毎日10:00〜16:00、1時間間隔。季節によって異なる。所要約1時間30分
料 $39、4〜12歳$29
※ チケットはユニオン駅の中で

グレイライン
Free (1-800)862-1400
URL www.graylinedc.com
休 サンクスギビング、12/25、1/1

メモ **日本語のオプショナルツアー**▶ワシントンDCで日本語のオプショナルツアーを行っている日系の旅行会社がある。最低2名から。JTSツアーズ ☎(202)223-9172 URL www.jtstours.com

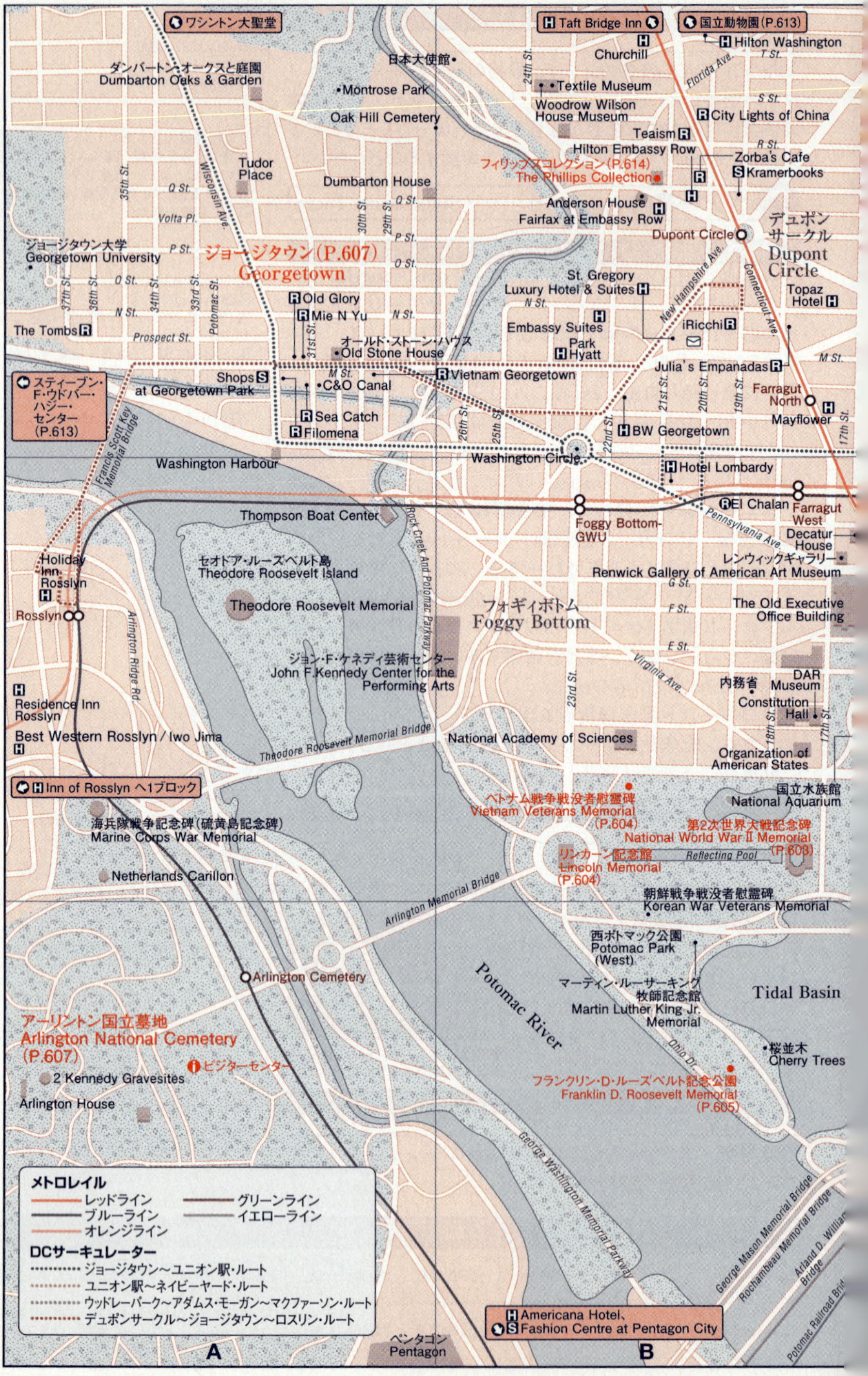

ワシントン大聖堂
Taft Bridge Inn
国立動物園(P.613)
日本大使館
ダンバートン・オークスと庭園
Dumbarton Oaks & Garden
Montrose Park
Oak Hill Cemetery
Churchill
Hilton Washington
Textile Museum
Woodrow Wilson House Museum
City Lights of China
Teaism
Hilton Embassy Row
Zorba's Cafe
Kramerbooks
フィリップスコレクション(P.614)
The Phillips Collection
Tudor Place
Dumbarton House
Anderson House
Fairfax at Embassy Row
Dupont Circle
デュポンサークル
Dupont Circle
ジョージタウン大学
Georgetown University
ジョージタウン(P.607)
Georgetown
St. Gregory Luxury Hotel & Suites
Topaz Hotel
Old Glory
Mie N Yu
Embassy Suites
iRicchi
The Tombs
Park Hyatt
オールド・ストーン・ハウス
Old Stone House
Julia's Empanadas
スティーブン・F・ウドバー・ハジー・センター(P.613)
Shops at Georgetown Park
C&O Canal
Vietnam Georgetown
Farragut North
Mayflower
Sea Catch
Filomena
BW Georgetown
Washington Harbour
Washington Circle
Hotel Lombardy
Francis Scott Key Memorial Bridge
Thompson Boat Center
El Chalan
Farragut West
Foggy Bottom-GWU
Decatur House
Holiday Inn Rosslyn
セオドア・ルーズベルト島
Theodore Roosevelt Island
レンウィックギャラリー
Renwick Gallery of American Art Museum
Rosslyn
Theodore Roosevelt Memorial
フォギィボトム
Foggy Bottom
The Old Executive Office Building
ジョン・F・ケネディ芸術センター
John F.Kennedy Center for the Performing Arts
Rock Creek And Potomac Parkway
内務省
DAR Museum
Constitution Hall
Residence Inn Rosslyn
Best Western Rosslyn / Iwo Jima
Theodore Roosevelt Memorial Bridge
National Academy of Sciences
Organization of American States
Inn of Rosslyn へ1ブロック
国立水族館
National Aquarium
ベトナム戦争戦没者慰霊碑
Vietnam Veterans Memorial
(P.604)
第2次世界大戦記念碑
National World War II Memorial
(P.603)
海兵隊戦争記念碑(硫黄島記念碑)
Marine Corps War Memorial
リンカーン記念館
Lincoln Memorial
(P.604)
Reflecting Pool
Netherlands Carillon
Arlington Memorial Bridge
朝鮮戦争戦没者慰霊碑
Korean War Veterans Memorial
西ポトマック公園
Potomac Park (West)
Arlington Cemetery
マーティン・ルーサーキング牧師記念館
Martin Luther King Jr. Memorial
Tidal Basin
Potomac River
アーリントン国立墓地
Arlington National Cemetery
(P.607)
ビジターセンター
桜並木
Cherry Trees
2 Kennedy Gravesites
フランクリン・D・ルーズベルト記念公園
Franklin D. Roosevelt Memorial
(P.605)
Arlington House
George Washington Memorial Parkway
George Mason Memorial Bridge
Rochambeau Memorial Bridge
Potomac Railroad Bridge
メトロレイル
レッドライン
ブルーライン
オレンジライン
グリーンライン
イエローライン
DCサーキュレーター
ジョージタウン～ユニオン駅・ルート
ユニオン駅～ネイビーヤード・ルート
ウッドレーパーク～アダムス・モーガン～マクファーソン・ルート
デュポンサークル～ジョージタウン～ロスリン・ルート
Americana Hotel、
Fashion Centre at Pentagon City
ペンタゴン
Pentagon
A
B

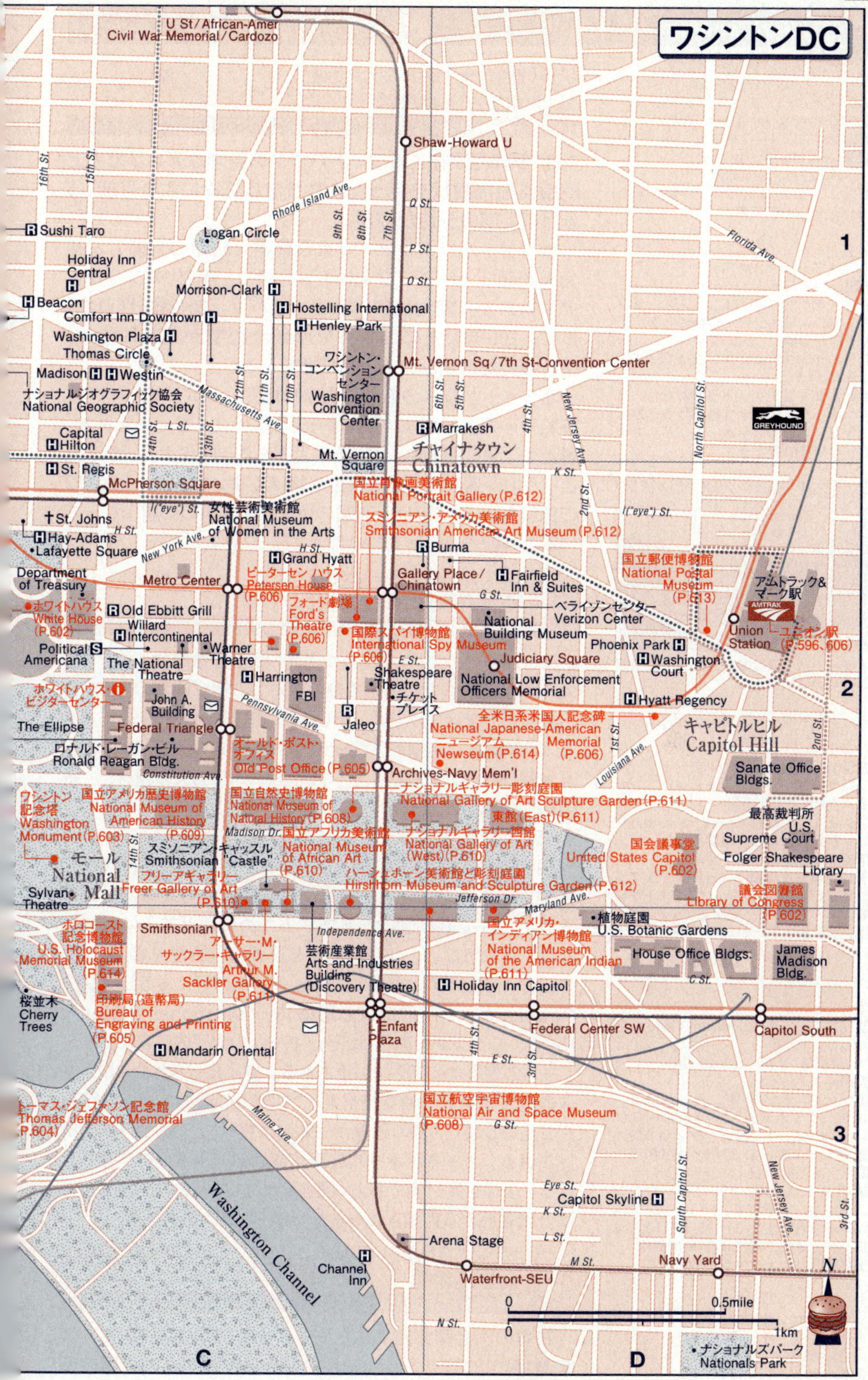
ワシントンDC
U St/African-Amer Civil War Memorial/Cardozo
Shaw-Howard U
Sushi Taro
Logan Circle
Holiday Inn Central
Morrison-Clark
Beacon
Comfort Inn Downtown
Hostelling International
Henley Park
Washington Plaza
Thomas Circle
ワシントン・コンベンションセンター Washington Convention Center
Mt. Vernon Sq/7th St-Convention Center
Madison
Westin
ナショナルジオグラフィック協会 National Geographic Society
Capital Hilton
Marrakesh
チャイナタウン Chinatown
Mt. Vernon Square
St. Regis
McPherson Square
国立肖像画美術館 National Portrait Gallery (P.612)
女性芸術美術館 National Museum of Women in the Arts
スミソニアン・アメリカ美術館 Smithsonian American Art Museum (P.612)
St. Johns
Hay-Adams
Lafayette Square
Burma
Grand Hyatt
Department of Treasury
Metro Center
ピーターセン ハウス Petersen House (P.606)
Gallery Place/Chinatown
Fairfield Inn & Suites
ベライゾンセンター Verizon Center
国立郵便博物館 National Postal Museum (P.613)
アムトラック&マーク駅
ホワイトハウス White House (P.602)
Old Ebbitt Grill
フォード劇場 Ford's Theatre (P.606)
国際スパイ博物館 International Spy Museum (P.606)
National Building Museum
Union Station
ユニオン駅 (P.596、606)
Willard Intercontinental
Political Americana
Warner Theatre
The National Theatre
Judiciary Square
Phoenix Park
Washington Court
Harrington
Shakespeare Theatre
National Low Enforcement Officers Memorial
Hyatt Regency
ホワイトハウス・ビジターセンター
FBI
John A. Building
チケットプレイス
全米日系米国人記念碑 National Japanese-American Memorial (P.606)
The Ellipse
Federal Triangle
Jaleo
ニュージアム Newseum (P.614)
キャピトルヒル Capitol Hill
ロナルド・レーガン・ビル Ronald Reagan Bldg.
オールド・ポスト・オフィス Old Post Office (P.605)
Archives-Navy Mem'l
Senate Office Bldgs.
ナショナルギャラリー彫刻庭園 National Gallery of Art Sculpture Garden (P.611)
ワシントン記念塔 Washington Monument (P.603)
国立アメリカ歴史博物館 National Museum of American History (P.609)
国立自然史博物館 National Museum of Natural History (P.608)
東館 (East) (P.611)
最高裁判所 U.S. Supreme Court
国立アフリカ美術館 National Museum of African Art (P.610)
ナショナルギャラリー西館 National Gallery of Art (West) (P.610)
国会議事堂 United States Capitol (P.602)
Folger Shakespeare Library
モール National Mall
スミソニアン・キャッスル Smithsonian "Castle" (P.609)
フリーアギャラリー Freer Gallery of Art (P.610)
ハーシュホーン美術館と彫刻庭園 Hirshhorn Museum and Sculpture Garden (P.612)
議会図書館 Library of Congress (P.602)
Sylvan Theatre
ホロコースト記念博物館 U.S. Holocaust Memorial Museum (P.614)
Smithsonian
アーサー・M・サックラー・ギャラリー Arthur M. Sackler Gallery (P.611)
芸術産業館 Arts and Industries Building (Discovery Theatre)
国立アメリカ・インディアン博物館 National Museum of the American Indian (P.611)
植物庭園 U.S. Botanic Gardens
House Office Bldgs.
James Madison Bldg.
Holiday Inn Capitol
桜並木 Cherry Trees
印刷局（造幣局） Bureau of Engraving and Printing (P.605)
L'Enfant Plaza
Federal Center SW
Capitol South
Mandarin Oriental
国立航空宇宙博物館 National Air and Space Museum (P.608)
トーマス・ジェファソン記念館 Thomas Jefferson Memorial (P.604)
Washington Channel
Capitol Skyline
Arena Stage
Channel Inn
Waterfront-SEU
Navy Yard
0.5mile
1km
ナショナルズパーク Nationals Park
GREYHOUND
AMTRAK

現在はオバマファミリーの家 地P.601 C-2

ホワイトハウス
White House

※2012年5月現在、ホワイトハウスの見学はアメリカの上院議員の推薦状を持った人なら申し込みにより可能。6ヵ月以上前の予約が必要。

ホワイトハウスはアメリカ合衆国大統領の官邸で、初代大統領ジョージ・ワシントンを除く、第2代のジョン・アダムスから現大統領バラク・オバマ（2012年5月現在）まで、200年以上にわたって歴代大統領がここに住み、数々の歴史的決断がなされてきたところだ。

ホワイトハウスの名前の由来は諸説あるが、1814年の米英戦争の際、イギリス軍によって焼かれてしまった官邸を、再建のときに壁を白く塗ったことからこう呼ぶようになったというのが通説だ。過去何度も修復工事が行われ、現在132の部屋がある。2階は大統領の住居と来客用の部屋になっている。外観だけでも見ていこう。

合衆国の国会はドームが目印 地P.601 D-2

国会議事堂（連邦議会議事堂）
United States Capitol

モールの東、大ドームをもつ白亜の巨大な建築物が、アメリカの国会議事堂だ。50州のひとつずつの州が国家のように自治権をもつアメリカでは、正しくは「連邦議会議事堂」である。議事堂は、南側が下院House of Representatives、北側が上院Senateから成り、上・下院合わせて535人の議員と、多くの職員が働いている。

国会議事堂の見学ツアー

国会議事堂の地下にビジターセンターがあり、隣接して博物館もある。ビジターセンターには誰でも入ることができるが、国会議事堂内を見学するためにはツアーに参加しなければならない。ツアーの申し込みは、脚注を参照。

ツアーで回るのはおもに2ヵ所。ドームの下にある**ロタンダRotunda**という円形広間と**彫像ホールNational Statuary Hall**だ。ロタンダの直径は29m、ドームの内壁の高さは55.8m、ドームの重量は4000トン以上もある。壁に掛けられたコロンブスの新大陸発見、独立宣言などアメリカの歴史を描いた絵画をお見逃しなく。次の彫像ホールにはちょっとおもしろい仕掛けがある。ガイドがホールの床に向かって小さな声で話しかけるとなぜか反対側でもよく聞き取れてしまうのだ。ホールには全米各州から寄贈されたふたりの著名人の像も並ぶ。

世界いち蔵書の多い図書館 地P.601 D-2、3

議会図書館
Library of Congress

日本の国会図書館にあたるアメリカの議会図書館は、蔵書数1億5180万点を超える世界最大の図書館。国会議事堂

ホワイトハウス
住1600 Pennsylvania Ave. NW
☎(202)456-7041(テープ)、208-1631
URL www.whitehouse.gov、www.nps.gov/whho
行ブルーまたはオレンジラインのFarragut West駅下車

国会議事堂（連邦議会議事堂）
住East Capitol & 1st Sts.
URL www.aoc.gov →visiting
開月～土8:30～16:30。ビジターセンターへの入場はツアーに参加しなくても予約が必要
休日、サンクスギビング、12/25、1/1
料無料
※ビジターセンター入場にあたり、バックパックなど大きな鞄の持ち込みはできない。ウエストポーチなど、できるだけ軽装で行こう

ホワイトハウスは残念ながら一般公開されていない

国会議事堂見学
URL tours.visitthecapitol.gov
見学ツアーに参加するにはウエブサイト予約が便利。上記のウエブサイトにアクセスし、"Mak A New Reservation"で、希望の日にち、時間、人数、個人情報を入力していく。予約が終了したら、予約確認証を印刷し、当日国会議事堂に持っていく。その際、パスポートが必要。キャンセルも予約画面からできる。当日券が余っていれば当日見学もできる

議会図書館
住1st St. SE, bet. Independence Ave. & E. Capitol St.
☎(202)707-8000(ビジター用)
URL www.loc.gov
開ジェファソン館：月～土8:30～16:30、アダムス館：月～土8:30～17:00（月・水・木～21:30）、マディソン記念館：月～土8:30～21:30（土～17:00）
休日、おもな祝日
行ブルーまたはオレンジラインCapitol South駅下車
ツアー／月～土10:30～15:30（12:30は除く、土は15:30なし）の1時間間隔
出発場所／ジェファソン館の入口

カフェテリアを利用しよう
マディソン館の6階にはカフェテリアがあり、月～金の8:30～10:30、14:00～15:30までの間は誰でも利用できる

メモ タイダルベイスン▶モールのすぐ南にある静かな池。上野の不忍池の4倍ほどの大きさの市民の憩いの場だ。

の東にあり、3つの建物に分かれる。

1897年に完成したイタリア・ルネッサンス様式の**ジェファソン館Thomas Jefferson Building**がメインビル。イタリア産の白い大理石で造られた大ホールに入れば、ここが"単なる図書館ではない"ことが一目瞭然だ。高さ53mの大ドームを有する中央閲覧室はお見逃しなく。シンプルなデザインでありながら威厳のある**アダムス館John Adams Building**は、1938年の開館。銅製の扉に刻まれた12人の像は、文字の考案者とされる歴史上の人物だ。1981年オープンの**マディソン記念館James Madison Memorial Building**は、増大するコレクションを収蔵するために建てられた。

議会図書館誕生のきっかけは、1814年英国の放った火により、議事堂内の小さな図書館が焼失したこと。これを悲しんだ元大統領のジェファソンが自身の蔵書6487冊の寄贈を申し出たことで、その基礎が確立された。必見は、**グーテンベルクの聖書Gutenberg Bible**、**マインツの大聖書Giant Bible of Mainz**など。再現されたジェファソンの図書室Thomas Jefferson's Libraryもぜひ寄りたい。

図書館とは思えないジェファソン館

モールの中心に建つ 地P.601 C-2

ワシントン記念塔
Washington Monument

モールの真ん中にそびえ立つ、ひときわ目立つ石柱が初代大統領ジョージ・ワシントンの偉業を称えるワシントン記念塔だ。555フィート5と8分の1インチ（169.2m）の高さは石造建築物としては世界No.1の高さを誇り、ワシントンDCでは、この記念塔がどこからでも見られるように、高い建物を建てることを禁止する条例がある。

1848年から始められた建設プロジェクトは、1855年、南北戦争と資金不足のために、高さ46.3mのところで工事が中断してしまった。工事が再開されたのは25年後の1880年。この中断のため、同じ場所から採取した石材にもかかわらず、中断前とあとでは色が違ってしまった。注意深く見ると下3分の1と上3分の2の色が微妙に違うことに気付くだろう。

塔の上の展望台には、東西南北にそれぞれ小さな窓があり、ワシントンDC全域が見渡せる。DCには高い建物がほとんどないので壮大な眺めが楽しめる。

ワシントン記念塔
住15th St. bet. Constitution & Independence Aves. NW
☎(202) 426-6841
URL www.nps.gov/wamo
2012年5月現在、地震による損傷のため閉鎖中（下記は閉鎖前のデータで参考用）
休7/4、12/25
行ブルーまたはオレンジライン Smithsonian駅下車
※修理工事が終了すれば再開予定。見学には整理券が必要。整理券は毎朝8:30（春と夏は7:00）から記念塔の東にあるキオスク(15th St.側)で配布される。整理券は前日までならウエブサイトまたはFree (1-877) 444-6777で予約することもできる。その際はクレジットカードが必要で、$1.50の手数料がかかる。
入場には、バックパックなどの大きな荷物、飲食物などの持ち込みはできない

記念塔は地震で一部損傷。閉鎖中だ

夜景もおすすめ
夏の間はモールの夜景も見ておきたい。ライトアップされたモニュメントと町の明かりが造り出すパノラマはとても美しい

日本の戦地名も刻まれている 地P.600 B-2

第2次世界大戦記念碑
National World War II Memorial

アメリカでは第2次世界大戦に1600万もが従軍し、約40万の兵士が戦死した。記念碑には"アメリカ人の魂、犠牲、名誉"が込められている。小さな公園のような敷地は、太平洋と大西洋のふたつのエリアに分かれ、マッカーサーの終戦に対する言葉や硫黄島や沖縄など戦地となった地名などが刻まれている。

第2次世界大戦記念碑
住17th St. bet. Constitution & Independence Aves. NW
☎(202) 426-6841
URL www.nps.gov/nwwm
開24時間。レンジャーによるサービスは毎日9:30～23:30 休12/25
行ブルーまたはオレンジライン Smithsonian駅下車

メモ **国会議事堂ビジターセンター**▶ビジターセンターの奥は国会の博物館があり、ほかにもギフトショップや400人以上収容可能なカフェテリアもある。

リンカーン記念館
住 Foot of 23rd St. NW
☎ (202) 426-6841
URL www.nps.gov/linc
開 24時間。レンジャーによるサービスは毎日9:30～23:30。クリスマスは休み
行 ブルーまたはオレンジラインFoggy Bottom駅下車

DCに来たからにはリンカーンに拝謁しておきたい

静かに見学すること

ベトナム戦争戦没者慰霊碑
住 Constitution Ave. bet. 21st St. & Henry Bacon Dr. NW
☎ (202) 426-6841
URL www.nps.gov/vive
開 24時間。レンジャーによるサービスは毎日9:30～23:30。クリスマスは休み
行 ブルーまたはオレンジラインFoggy Bottom駅下車

トーマス・ジェファソン記念館
住 End of 15th St. & E. Basin Dr. SW
☎ (202) 426-6841
URL www.nps.gov/thje
開 24時間。レンジャーによるサービスは毎日9:30～23:30。クリスマスは休み
行 ブルーまたはオレンジラインSmithsonian駅下車、南へ徒歩10分

ジェファソン記念館はタイダルベイスン（内湾）の南

リンカーン大統領の神殿 地 P.600 B-2

リンカーン記念館
Lincoln Memorial

モールの西端から、ワシントン記念塔と国会議事堂を真っすぐ見つめているのは第16代大統領エイブラハム・リンカーンの像だ。高さが5.8mのこの像は28個の白い大理石のブロックからできたもの。36本の大理石の円柱に支えられたギリシャ神殿風の建物は1922年に完成した。この36という数字は、リンカーンが暗殺された1865年当時、合衆国に加盟していた州の数を表している。

内部の壁面にはゲティスバーグでの演説“that government of the people, by the people, for the people”（人民の人民による人民のための政治）など、大統領の歴史的な言葉が刻まれている。夜はライトアップされて荘厳な雰囲気が漂う。

ベトナム戦争が残した傷は深い 地 P.600 B-2

ベトナム戦争戦没者慰霊碑
Vietnam Veterans Memorial

リンカーン記念館からモールに向かって左側に、黒いみかげ石でできたV字型の記念碑が見えてくる。ベトナム戦争で犠牲になった5万8272人の名前が刻まれている慰霊碑だ。長さ151mの碑には故人を偲んで常に花や飲み物が供えられ、訪れる人があとを絶たない。西向かいにある3人の兵士の像は、疲れ、うつろな表情の3人がベトナム戦争のむなしさを象徴しているようだ。アメリカ人の心に残した傷の深さを感じる慰霊碑である。静かに見学しよう。

ベトナム戦争戦没者慰霊碑のモールの反対側に、**朝鮮戦争戦没者慰霊碑 Korean War Veterans Memorial**（Daniel C French Dr. & Independence Ave. SW）が鎮座する。実物大のブロンズ像と、2400人の人の顔や姿が刻まれた碑は、戦争の悲惨さを伝えている。静かに戦没者の冥福を祈りたいところだ。

春は桜の演出が美しい 地 P.601 C-3

トーマス・ジェファソン記念館
Thomas Jefferson Memorial

第3代大統領トーマス・ジェファソンの生誕200年を記念して1943年に建てられた。中央に立つジェファソンの像は、高さ5.8mのブロンズ製。内部の壁面には、彼が起草した合衆国の独立宣言の一節をはじめ、彼の政治理念を表した言葉が刻まれている。

隣接した**ポトマック公園 Potomac Park**は、美しい桜並木で有名なところ。日本から友好の証として贈られたこの桜は、いまやワシントンDCの風物詩のひとつ。3月下旬～4月上旬には“桜祭り”も行われ、多くの人が花見に訪れる。

メモ **公民権運動の指導者、キング牧師の彫像**▶タイダルベイスン（内湾）北西のリンカーン記念館とトーマス・ジェファソン記念館の間に、キング牧師の記念碑が立てられた。2011年8月に完成した高さ約9mの彫像は、黒人を称えた ↗

アメリカを世界恐慌から救った 地P.600 B-3

フランクリン・D・ルーズベルト記念公園
Franklin Delano Roosevelt Memorial

タイダルベイスン（内湾）の西側に、大統領選4選を果たし、世界恐慌に対するニューディール政策の敢行で知られる第32代大統領フランクリン・D・ルーズベルトの公園が広がっている。大不況から国を救った大統領は、アメリカ人の間ではとても人気が高い。公園はルーズベルトの人生を水の勢いにたとえ、"ルーム"と呼ばれる4つのエリアに表現している。入口部には車イス姿のルーズベルトの像が鎮座するが、これは障害者へのメッセージ。今もファーストレディとしてダントツの人気を誇るエレノア夫人の像もあって、彼女と記念写真を撮る人でいつもにぎやかだ。

フランクリン・D・ルーズベルト記念公園
住West Potomac Park along Tidal Basin SW
☎(202) 426-6841
URL www.nps.gov/fdrm
開24時間。レンジャーによるサービスは毎日9:30〜23:30。クリスマスは休み
行ブルーまたはオレンジラインSmithsonian駅下車。ツアーモービル停車

アメリカ紙幣の製造工程を見よう 地P.601 C-3

印刷局（造幣局）
Bureau of Engraving and Printing

アメリカには、現在稼働している造幣局が4ヵ所ある。デンバーとフィラデルフィアでは硬貨を鋳造しており、紙幣が印刷されているのは、フォートワースとここワシントンの造幣局だ。ワシントンでは紙幣のほかにも、切手、財務省発行の証券、軍の証明書類、ホワイトハウスの招待状なども印刷していて、正確にいえば印刷局といえる。

$1札が印刷される工程をツアーで見学することができる。非常に人気が高く、観光シーズン（3〜8月）は整理券が必要。券はRaoul Wallenberg Pl.で配付。シーズンでなければ14th St.側の入口へ行って並べばよい。

印刷局の人気のみやげがお札を裁断したもの

印刷局（造幣局）
住14th & C Sts. SW
☎(202) 874-2330
Free (1-866) 874-2330
URL www.moneyfactory.gov
開チケットブース：月〜金8:00〜チケットがなくなるまで
ツアー／月〜金9:00〜10:45、12:30〜14:00（4〜8月は9:00〜19:00）の15分間隔
行ブルーまたはオレンジラインSmithsonian駅下車、南へ徒歩7分
※警戒レベルが一定以上になるとツアーは休止

郵便局がショッピングモールになった 地P.601 C-2

オールド・ポスト・オフィス
Old Post Office

クラシックな時計塔をもつビルは、1899年に建てられた旧郵政省の建物。老朽化のため一時閉鎖されていたが、大修復後の1983年、ショッピングモール兼オフィスビルとして生まれ変わった。9階までの吹き抜けの下にあるフードコートの前にはステージが設けられ、地元のアーティストによるパフォーマンスが楽しめる。

高さ約95mの時計塔は国の史跡に指定され、パークレンジャーの案内で塔の展望階へ上ることができる。展望階からはワシントンDCの鳥瞰図も楽しめる。下の階にはイギリスから贈られた"**国会の鐘 Bells of Congress**"が保存され、ベルは年に4〜6回演奏される。

オールド・ポスト・オフィス
住1100 Pennsylvania Ave. NW
☎(202) 606-8691（時計塔）、289-4224（パビリオン）
URL www.oldpostofficedc.com、www.nps.gov/opot
開時計塔：〈3/28〜9/3〉月〜土9:00〜20:00、日・祝日10:00〜18:00、〈9/4〜3/27〉月〜土9:00〜17:00、日・祝日10:00〜18:00。ショップなどの時間と異なるので注意
行ブルーまたはオレンジラインFederal Triangle駅下車。すぐ向かいの建物

観光、食事、買い物も楽しめるオールド・ポスト・オフィス

↘ものとしてモール内では初めて。Washington DC Martin Luther King, Jr.. National Memorial 住1964 Independence Ave. SW Free (1-888) 484-3373 URL www.mlkmemorial.org

『007』や『ミッション・インポッシブル』以上の世界 地P.601 C-2

国際スパイ博物館
International Spy Museum

スパイという秘密めいた職業を暴露(?)する、世界で唯一の博物館だ。おもしろいのが小道具の展示で、口紅にしか見えない小銃、腕時計に付いた盗撮用カメラ、靴のかかとに埋め込まれた発信器など映画や小説の世界でしか出合わなかった物が陳列されている。第2次世界大戦時の暗号解読の展示は日本人として興味深いところ。夏期は混雑するので、ウエブサイトから事前にチケットを入手しておきたい。

国際スパイ博物館
住800 F St. NW
☎(202) 393-7798
URL spymuseum.org
開基本は4～10月の毎日9:00～19:00、11～3月の毎日10:00～18:00だが、日によって異なるのでウエブサイトで確認を
休サンクスギビング、12/25、1/1
料$19.95、シニア$14.95、7～17歳$13.95（前売り券はウエブサイトで）
行レッド、イエロー、グリーンライン Gallery Pl./Chinatown駅下車。ベライゾンセンター側の出口を出て1ブロック西

リンカーン大統領が暗殺された 地P.601 C-2

フォード劇場とピーターセンハウス
Ford' s Theatre & Petersen House

1865年4月14日、第16代大統領リンカーンが、ジョン・ウィルクス・ブースによって狙撃された劇場。場内は当時のデザインのまま改装され、現在も芝居が上演されている。舞台に向かって右上、星条旗の飾られたバルコニーが暗殺現場の大統領特別席。ブースがどのように狙撃したかなどが解説されている。地下のリンカーン博物館では、暗殺当夜のリンカーンの服やオペラグラス、犯人のピストルなど、事件の物証を目のあたりにすることができる。

10th St.を挟んだ真向かいの**ピーターセンハウス Petersen House**は、傷を負ったリンカーンが運び込まれ、翌朝、息を引き取ったところ。再現された内部には枕カバーなど当時の物も展示されている。

フォード劇場
住511 10th St. NW
☎(202) 347-4833（劇場）、426-6924（博物館）
URL www.fordstheatre.org、www.nps.gov/foth
開毎日9:00～17:00（劇場への最終入場は16:30）
休マチネのある日、サンクスギビング、12/25
料入場無料だが、見学には整理券が必要。当日並ぶかウエブサイトで入手を。ウエブの手数料$2.50
行ブルー、オレンジ、レッドライン Metro Center駅下車。10th St.を南に1ブロック

リンカーンが暗殺されたときの席

鉄道の玄関口は市民の憩いの場 地P.601 D-2

ユニオン駅
Union Station

国会議事堂の北、ローマの神殿を思わせる壮麗な建築物がユニオン駅だ。地下鉄レッドライン駅のすぐ上にあり、DCの鉄道の玄関口としてだけではなく、観光スポットとしても、市民の憩いの場としても人気が高い。開放感を感じさせる建物の中に、100以上の個性的なショップ、カジュアルでおしゃれなレストラン、充実したファストフード店が揃ったフードコート、イベントスペースなどがあり、待ち時間も飽きない。また、トラベラーズエイド（旅行中の相談に応じてくれる施設）、両替所、レンタカーのブースもあり、ビジターセンターとしての利用価値も高い。

ユニオン駅
住50 Massachusetts Ave. NE
☎(202) 289-1908
URL www.unionstationdc.com
開ショップ、レストランは月～土10:00～21:00、日12:00～18:00。駅の建物は24時間営業
行レッドラインUnion Station下車

ショッピングも食事も楽しいユニオン駅

日系人強制収容の歴史を伝える 地P.601 D-2

全米日系米国人記念碑
National Japanese-American Memorial

第2次世界大戦中、アメリカ人でありながら敵国日本の一部と見なされて強制収容された日系アメリカ人の苦難と差別に対する自由を訴えた記念碑。日系芸術家、アカム制作の有刺鉄線が絡まった2羽の鶴のブロンズ像を中心に、周囲の壁には全米10ヵ所の収容所と人数、国に忠誠を誓うため戦死した約800人の日系人の名前が刻まれている。

全米日系米国人記念碑
住New Jersey & Louisiana Aves at D St. NW
☎(202) 643-8204
URL www.njamf.com
開24時間
行レッドラインUnion Station下車、Louisiana Ave.を南へ

メモ **アメリカが誇る最強の部隊"第442連隊"** ▶第2次世界大戦中、日系人は不当な扱いを受け、強制収容所に押し込められた。彼らのなかから志願して編成された第442連隊は勇猛果敢に戦い、米国軍史上最多の勲章を授与されたことで知られる。

DCの素顔を見せてくれるのがここ 地P.600 A-1

ジョージタウン Georgetown

北西に位置し、ヨーロッパ風の雰囲気が漂う通りには、それぞれ個性的な店やおしゃれなショップやレストランが並ぶ。学生の町（ジョージタウン大学がある）だけあって、若者向けの店が多い。アメリカの独立前、ここはタバコの交易で栄えた港町で、ポトマック川には何隻ものタバコ運搬船が往来していた。町の真ん中にある**オールド・ストーン・ハウス Old Stone House**は、1765年に建てられたジョージタウン唯一の、独立以前の中産階級の家。内部は18世紀の調度品が並べられ、一般に公開されている。

英霊が眠る国立墓地 地P.600 A-2、3

アーリントン国立墓地 Arlington National Cemetery

ポトマック川を渡った西のバージニア州側にある、約250万㎡の国立の墓地。国民的英雄や、アメリカ建国以来30万以上の人がここに埋葬されている。

ジョン・F・ケネディの墓 Gravesite of John Fitzgerald Kennedy

1963年、遊説中のダラスで46歳の若さで暗殺された第35代大統領ジョン･F･ケネディの墓は、墓地のほぼ中央にある。質素な墓石の後方には永遠の炎が燃え続け、隣には1994年に亡くなったジャクリーン夫人が寄りそうようにして眠っている。ロバート・ケネディ上院議員の墓は向かって左側。

無名戦士の墓 Tomb of Unknowns

アーリントンの最も高いところに鎮座する白い大理石が、第1、2次世界大戦、朝鮮戦争、ベトナム戦争で身元の確認ができなかった戦死者のための墓石 Tomb of Unknownsだ。墓は特別に訓練された陸軍の衛兵によって24時間体制で守られ、夏期（4～9月）は30分おき、冬期（10～3月）は1時間ごとに**衛兵交代のセレモニー**が見られる。

アーリントンハウス Arlington House

DCを見渡す丘の上に建つアーリントンハウスは、南北戦争で南軍の総司令官だったリー将軍の住居。戦争中リー将軍が立ち退いたあと、北軍がその家の周りに戦没者を埋葬し、戦争が終わった頃にはあたりが墓地になってしまった。邸宅は南北戦争前の姿に復元してある。また、ここから北へ10分ほど歩くと**海兵隊戦争記念碑（硫黄島記念碑）Marine Corps War Memorial—Iwo Jima Memorial**がある。ブロンズで造られたこの像は、第2次世界大戦中、激戦の末占領した硫黄島に、兵士たちが星条旗を押し立てている有名なモニュメントだ。

無名戦士の墓前では、衛兵の交代式が見られる

ジョージタウン大学を探索するなら
キャンパス中ほどのLeavey Centerにインフォメーションデスクがあるので、まずはここで校内マップを入手しよう。正門正面のHealy Hallを見るだけでも、北米最古のカトリック系大学というのがわかる

●Old Stone House
地P.600 A-1
住3051 M St. NW
☎(202) 895-6070
URL www.nps.gov/olst
開毎日12:00～17:00。庭は毎日日の出から日没まで
休7/4、サンクスギビング、12/25、1/1
行サーキュレーターでPennsylvania Ave.とM St.の突きあたりで下車。オールド・ストーン・ハウスは目の前にある

アーリントン国立墓地
住State Hwy. 110 & Memorial Dr., Arlington, VA
Free (1-877) 907-8585
URL www.arlingtoncemetery.mil
開〈4～9月〉毎日8:00～19:00、〈10～3月〉毎日8:00～17:00
行ブルーラインArlington Cemetery駅下車。墓地内のポイントへはツアーモービルが走っている

夫人と並ぶジョン・F・ケネディの墓

メモ **世界いち有名な五角形の建物▶**アメリカ国防総省の本部で“ペンタゴン”と呼ばれている建物が、バージニア州側にある。見学はツアーのみで、外国からの観光客は特別な手続きがない限り、参加できない。ただし、外観だけなら見ることはできる。場所はブルーまたはイエローラインPentagon駅下車すぐ。

スミソニアン・インフォメーションセンター(キャッスル)
住1000 Jefferson Dr. SW
開毎日8:30～17:30
休12/25
スミソニアン協会全体の情報を提供している。中ではオリエンテーションフィルムを上映。また、各ミュージアムのツアー(無料)の時間がわかる

恐竜の化石も充実している国立自然史博物館

国立自然史博物館
住10th St. & Constitution Ave. NW
☎(202)633-1000
URL www.mnh.si.edu
開毎日10:00～17:30(夏期は延長あり)
休12/25
行ブルーまたはオレンジラインFederal Triangle駅下車

国立航空宇宙博物館
住Independence Ave. at 6th St. SW
☎(202)633-2214
URL www.nasm.si.edu
開毎日10:00～17:30(夏期は延長あり)
休12/25
行ブルー、イエロー、グリーン、オレンジラインL'Enfant Plaza駅下車
ツアー/毎日10:30、13:00
●Lockheed Martin IMAX Theater
Free (1-866)868-7774
料$9

国立航空宇宙博物館には人類初の動力飛行に成功したライト兄弟の本物の航空機がある

モール内のスミソニアン Smithsonians in National Mall

ごく狭い一角に、これだけ数多くの博物館や美術館がひしめいている町は、世界中どこを探してもないだろう。それらの一つひとつが充実した内容を誇る。**スミソニアン協会**のミュージアムはすべて入場無料。自分の興味のあるものに的を絞って見学を始めよう。

テーマはずばり“地球” 地P.601 C-2

国立自然史博物館 National Museum of Natural History

地上に存在する生物から鉱物、太古の化石から現在の人間の文化まで、コレクションの数は1億2650万点! これはスミソニアン全体の実に92%を占める途方もない数だ。したがって、目の前の展示物は全体のごく一部。2009年公開のスミソニアンを舞台とした映画『ナイトミュージアム2』が公開されてから、特に入場者数が増えている。

1階東側は恐竜の化石のギャラリー。反対側は、哺乳類だが、まるでサファリにでもいるように動物たちがリアルだ。博物館で一番人気を集めているのが2階の鉱物、宝石のギャラリー。数千点以上にのぼるコレクションのなかで見逃せないのが、45.52カラットの世界最大のブルーダイヤ**“ホープダイヤモンド Hope Diamond”**。フランス王やイギリス王など数々の所有者の手を経て、スミソニアンに落ち着いた。ダイヤの周りには人垣ができ、いつも女性たちの深いため息が漏れている。

空と宇宙への夢が詰まった博物館 地P.601 C、D-2、3

国立航空宇宙博物館 National Air and Space Museum

1903年にライト兄弟が初飛行に成功してからわずか100年ほどで、長足の進歩を遂げた航空機。博物館は人類の技術革新の輝かしい足跡と成果、そして未来への夢を秘めた科学の殿堂なのだ。展示物の最大の特徴は、燃料さえ入れれば稼働すること。

モール側の入口のホールに必見の展示が並ぶ。リンドバーグの**“スピリット・オブ・セントルイスSpirit of St. Louis”**、世界初の超音速飛行を成し遂げた**ベルX-1 BellX-1**、人類初の月面着陸に成功したときの司令船など。ここには触ることのできる**月の石**があるから、ぜひその感触を確かめてみよう。ほかにも、1903年人類初の動力飛行に成功した**ライト兄弟のフライヤーWright Flyer**や、**日本のテレビ局記者の乗ったソユーズTM-10宇宙船**、**日本の零戦**をはじめとする第2次世界大戦時のエース戦闘機、月面着陸までのプロセスを細かく解説した展示など、とにかくテーマパークに匹敵するおもしろさで、知的好奇心を満たしてくれるところだ。

旅のアドバイス **セキュリティチェックあり**▶オールド・ポスト・オフィスや観光案内所、スミソニアンなど連邦政府の建物に入るときはセキュリティチェックが行われる。大きな荷物は持ち込み不可。ロッカーも使用できないことがある。荷物はX線の機械に置き、本人は金属探知機をとおる。

アメリカのお宝がここにある 地P.601 C-2

国立アメリカ歴史博物館
National Museum of American History

アメリカという大国の歩んできた歴史を、裏も表も包み隠さず公開している博物館。国のお宝ともいうべきコレクションが、年代順にテーマをもって展示されており、その幅広さから“アメリカの屋根裏部屋”とも呼ばれている。

いつも長蛇の列を作っているのが2階の**“星条旗Star-Spangled Banner”**。これは1814年の米英戦争中ボルチモアの砦に掲げられていた、本物の星条旗。これを見た弁護士キーが、アメリカ国歌となる詩を詠んだのである。**“大統領の職務American Presidency”**では、リンカーンが暗殺された日にかぶっていたシルクハット、ジェファソンが独立宣言を書いた机、クリントン愛用のサクソホンなど、その職務の重責と親しみやすさが交錯した展示となっている。女性に人気の高いのがファーストレディのドレスのコーナー。ミシェル・オバマが大統領就任式で着用したドレスも早速、公開されている。

とてもユニークな展示がいっぱいのアメリカ歴史博物館

スミソニアンのスタッフはとてもフレンドリー。英語が上手でなくても辛抱強く聞いてくれる

国立アメリカ歴史博物館
住14th St. & Constitution Ave. NW
☎(202)633-1000
URL americanhistory.si.edu
開毎日10:00～17:30(夏期は延長あり)
休12/25
行ブルーまたはオレンジラインFederal Triangle駅下車

スミソニアン協会の博物館と美術館

メモ

1846年、イギリスの科学者、ジェームス・スミソンの遺言により合衆国に寄贈された彼の私財を基に、人類の知識の普及と向上を図ることを目的とした国家機関、それがスミソニアン協会 **Smithsonian Institution** (URL www.si.edu) だ。日本では“スミソニアン博物館”と言われるが、ひとつの博物館を指しているわけではないので注意。協会に属している博物館は次のとおり。

- 国立航空宇宙博物館とウドバー・ハジー・センター National Air and Space Museum & Udvar-Hazy Center
- 国立自然史博物館 National Museum of Natural History
- 国立アメリカ歴史博物館 National Museum of American History
- 国立アメリカ・インディアン博物館 National Museum of the American Indian
- 国立郵便博物館 National Postal Museum
- フリーアギャラリー Freer Gallery of Art
- アーサー・M・サックラー・ギャラリー Arthur M. Sackler Gallery
- 国立アフリカ美術館 National Museum of African Art
- 芸術産業館（閉館中） Arts and Industries Building
- ハーシュホーン美術館と彫刻庭園 Hirshhorn Museum and Sculpture Garden
- スミソニアン・アメリカ美術館 Smithsonian American Art Museum
- 国立肖像画美術館　National Portrait Gallery
- レンウィックギャラリー　Renwick Gallery
- アナコスティアコミュニティ博物館 The Anacostia Community Museum
- クーパー・ヒューイット・デザイン美術館（ニューヨーク） Cooper-Hewitt National Design Museum
- 国立動物園　National Zoological Park
- 国立アメリカ・インディアン博物館（ニューヨーク） National Museum of the American Indian
- キャッスル　Castle (Visitor Information)

これら18の美術館や博物館には人類や動物、そして地球そのものがこの地上に残した品々が収蔵されている。そのうち私たちが目にしているのは全体のたった2%（コレクションの総数は1億3700万点）。これらの美術館、博物館を実際に見てみると、この2%でもすごい量であることがわかる。年間訪問客数は総計3000万人。2015年にはアフリカ系の人々の歴史と文化を紹介する博物館も誕生予定だ。

メモ **オバマ大統領と写真が撮れる?**▶もちろん、本物ではなく、人形。マダムタッソーろう人形館にはウリふたつといいたくなるような人形が飾られている。Madame Tussauds Washington DC 住1001 F St. NW URL www.madametussauds.com/Washington

日本の屏風絵はひんぱんに展示が変わる

フリーアギャラリー
住Jefferson Dr. & 12th St. SW
☎(202) 633-1000
URL www.asia.si.edu
開毎日10:00～17:30
休12/25

国立アフリカ美術館
住950 Independence Ave. SW
☎(202) 633-4600
URL africa.si.edu
開毎日10:00～17:30
休12/25

ナショナルギャラリーで最も有名なレオナルド・ダ・ビンチの『ジネブラ・デ・ベンチの肖像』

ナショナルギャラリー
☎(202) 737-4215
URL www.nga.gov
開月～土10:00～17:00、日11:00～18:00
休12/25、1/1
行グリーン、イエローラインArchives-Navy Memorial-Penn Quarter駅下車
※一部の作品を除き個人で楽しむための写真撮影（フラッシュ使用可）はOK。三脚使用は禁止
●West Building
地P.601　C、D-2
住6th St. & Constitution Ave.
●East Building
地P.601　D-2
住4th St. & Constitution Ave.
●National Gallery of Art Sculpture Garden
地P.601　C-2
住Constitution Ave., 7th St., Madison Dr., 9th St.に囲まれた1ブロック、西館の7th St.を挟んだ西側
開月～土10:00～17:00、日11:00～18:00

DCで東洋美術鑑賞　地P.601　C-2、3

フリーアギャラリー
Freer Gallery of Art

19世紀のアメリカ絵画と中国、韓国、中近東、日本などの東洋美術専門の美術館。航空宇宙博物館などに比べ規模も小さく、館内もぐっと落ち着いた雰囲気。日本美術に関していえば、国宝級の作品も多い。

美術館の中核をなしているのは、デトロイトの実業家チャールズ・ラング・フリーアのコレクション。フリーアは画家のホイッスラーの友人で、東洋美術を中心にふたりが収集した美術品は約7500点に及ぶ。現在のコレクションの総数は2万6000点にのぼるが、実際の展示数は、その1割にも満たない。

見逃せないのがホイッスラーの『**孔雀の間 Peacock Room**』。これは1876年にリバプールの商人の依頼を受けて造られた物で、肖像画はもちろん、孔雀の壁画などはホイッスラーによって描かれたものだ。のちにホイッスラーが手を加えた青と金色の内装が、部屋に豪華な印象を与えている。また、葛飾北斎や歌川広重の浮世絵、尾形光琳、俵屋宗達らの襖絵も圧巻。

アフリカ美術の多様性がわかる　地P.601　C-2、3

国立アフリカ美術館
National Museum of African Art

サハラ砂漠以南の数多くの民族のユニークな美術品、民族衣装、装飾品などを専門に研究している、アメリカで唯一の美術館。コレクション数は9000点以上に及ぶ。

イタリア美術、印象派が充実した　地P.601　C、D-2

ナショナルギャラリー（国立絵画館）
National Gallery of Art

イタリア美術、13～20世紀ヨーロッパとアメリカ絵画のコレクションの充実ぶりで世界的な美術館。所蔵品の総数は約11万6000点。他館への貸し出しも多い。

1941年の完成当時、大理石造りの建物としては世界最大の大きさを誇っていた西館と、I・M・ペイによるデザインで1978年に完成した東館、彫刻庭園からなり、西館と東館は地下コンコースで結ばれ、そこにカフェテリアやショップがある。

西館　West Building

西館は、13～19世紀にかけてのヨーロッパ絵画、彫刻、アメリカ美術を中心にコレクションした本館だ。ギャラリーは国別、年代別に分かれている。

●メインフロア Main Floor

13～15世紀イタリア・ルネッサンスのギャラリーには、美術館の目玉のひとつである**レオナルド・ダ・ビンチの『ジネブラ・デ・ベンチの肖像』**がある。アメリカ国内唯一のダ・

西洋美術の歴史がわかる巨大な西館

ナショナルギャラリーのすごいところ▶ナショナルギャラリーを見学していると、あることに気づくかもしれない。この館には寄贈者の名前がいっさいない。これは第一の功労者メロンが決めたもので、以来館ではこの掟が守られている。

ビンチの作品で、ジネブラの憂いのある表情が印象的。

ルネッサンス以降のイタリア、スペイン、フランドルとドイツ、オランダの美術のなかで、**エル・グレコ**の**『ラオコーン』**（トロイ戦争の神話を題材にした絵画）、光と影の詩人**レンブラント**の**『自画像』**、寡作の画家**フェルメール**の作品は**『はかりを持つ女』**をはじめ3点所蔵している。

19世紀のフランスは、誰もが知る有名な作品が集まり、いつも大盛況だ。**ミレー、コロー、マネ、ドガ、ルノアール、モネ、セザンヌ、ゴッホ、ゴーギャン**など、充実した印象派、後期印象派の作品群が人気の的となっている。

東館　East Building

20世紀の美術をコレクションした新館。**ポロック**の**『ナンバー1』**や**ウォーホル**の**『ア・ボーイ・フォー・メグ』**、**ピカソ『サルチンバンクスの家族』**や紙で造られた**マチス**の作品**『ラージ・コンポジション・ウィズ・マスク』**（公開時間に注意）、**ミロ**の**『農場』**といった注目すべき作品が見られる。

ナショナルギャラリー彫刻庭園
National Gallery of Art Sculpture Garden

ナショナルギャラリー西側にある、広さ6.1エーカー（2万4685m^2）の小さな森のような庭園。パロディを思わせる像、漫画の中から抜け出してきたような家、見学者が座ることのできるイスもあって、なかなか楽しい。中央の噴水は、冬はスケートリンク（料$8、シニア／子供$7）に変身する。

大自然と共存した先住民の生き方を学ぶ　地P.601　D-2、3

国立アメリカ・インディアン博物館
National Museum of the American Indian

ネイティブアメリカンの博物館はユニークな外観でひときわ目を引く建物だ。今では貴重となったネイティブアメリカンの工芸品、陶器、織物、彫刻彫像、絵画など約82万点のなかから約8000点を公開している。オリエンテーションフィルムで先住民の宇宙観を学んだあと、各種族の特徴が現れた展示品を見学していく。自然を崇拝した彼らの生き方は、近い将来世界中が再び学ぶことになりそうだ。

アジア美術専門の　地P.601　C-2、3

アーサー・M・サックラー・ギャラリー
Arthur M. Sackler Gallery

スミソニアン協会で、アジア美術を専門に収集・展示する美術館。ニューヨークの美術収集家アーサー・M・サックラー博士から寄贈された中国のヒスイ、青銅など約1000点を基に造られた。現在のコレクション数は約8800点。

スミソニアン協会キャッスルの裏にある美しい庭園の下に地下3階のフロアがあり、近東から中国、日本にいたるアジア全域の約6000年にわたるすばらしい美術品が鑑賞できる。常設展の写真撮影は可能だが、フラッシュは不可。

効率よく回るには
ツアーに参加するのが得策だ。西館は中央広間より、東館は1階ロビーよりスタートする。ツアーの種類とスタート時間についてはインフォメーションで確認すること。それぞれ約1時間でポイントのみを回ってくれる。日本語のオーディオツアー（$5）もあるので、これを利用するのもいい

スケールの大きな現代美術は東館で

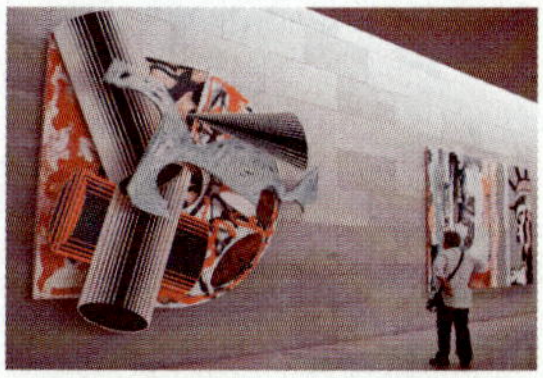

国立アメリカ・インディアン博物館
住4th St. & Independence Ave. SW
☎(202)633-1000
URL www.nmai.si.edu
開毎日10:00～17:30
休12/25

先住民の生活様式なども一目瞭然

アーサー・M・サックラー・ギャラリー
住1050 Independence Ave. SW
☎(202)633-1000
URL www.asia.si.edu
開毎日10:00～17:30
休12/25

この入口の下に展示室がある

旅のアドバイス　**スミソニアンのベスト食堂**▶国立アメリカ・インディアン博物館のカフェテリアでは、先住民の種族ごとの食事が楽しめる。味もよく、カフェの雰囲気もいいので、スミソニアンで食事をとるなら、ここがおすすめ。

スミソニアン初の現代美術館 地P.601 C-2、3

ハーシュホーン美術館と彫刻庭園
Hirshhorn Museum and Sculpture Garden

19世紀後半からの現代美術だけを集めた美術館。実業家ジョセフ・ハーシュホーンが寄贈した20世紀の絵画、彫刻が核となり、コレクション数は1万1500点を超える。直径70mの円筒形の建物だ。ゴードン・バンシャフトによるもので、ぐるっと回りながらピカソやダリ、イーキンズ、オルデンバーグ、ポロック、デ・クーニングの絵画をはじめ、現代美術史を彩るアーティストの作品が鑑賞できる。特に1940〜50年代の抽象主義・表現主義のコレクションが充実している。通りを挟んだ**彫刻庭園**ではロダンやマチスの作品を青空のもとで鑑賞できる。

スミソニアンのなかで現代美術を専門に扱うのがハーシュホーン

ハーシュホーン美術館と彫刻庭園
住7th St. & Independence Ave. SW
☎(202)633-1000
URL hirshhorn.si.edu
開毎日10:00〜17:30、庭園は毎日7:30〜日没
休12/25
行ブルー、オレンジ、イエロー、グリーンラインL'Enfant Plaza駅下車

彫刻庭園の見どころ
彫刻庭園は、本館より開館時間が長いので本館終了後も見学できる。必見は、ロダン作の"カレーの市民Les Bourgeois de Calais"。世界で12体あるうちのひとつ

モール外のスミソニアン Smithsonians out of National Mall

知った顔は何人いるかな? 地P.601 C-2

国立肖像画美術館
National Portrait Gallery

アメリカを中心に政治、文学、芸術、スポーツ界などの著名人の肖像画のみが集められている。特に多くの人でにぎわっているのが、歴代大統領のコーナー。ほかにもチャップリンやデューク・エリントン、スポーツ選手など、誰でも知っている人物が数多く登場して、単純に楽しむことのできる美術館でもある。繁華街にあり開館時間も長い。

単純に楽しめると好評の肖像画美術館

アメリカンアーティストを見たいならここ 地P.601 C-2

スミソニアン・アメリカ美術館
Smithsonian American Art Museum

アメリカ初期の政治家や市井の人の肖像画、大西部を描いた風景画、米国史上活躍した政治家の彫像、ホッパーに代表される現代美術など、アメリカ人アーティストによる作品を専門的に所蔵する美術館。都会人の孤独を描いたホッパーの作品や先住民の肖像で知られるカトリンの作品も見逃せない。

ハドソンリバー派などアメリカ美術ならこの美術館

国立肖像画美術館&スミソニアン・アメリカ美術館
住8th & F Sts. NW
国立肖像画美術館
☎(202)633-8300
URL npg.si.edu
スミソニアン・アメリカ美術館
☎(202)633-1000
URL americanart.si.edu
開毎日11:30〜19:00
休12/25
行イエロー、グリーン、レッドライン Gallery Place/Chinatown駅下車

メモ **国立肖像画美術館の新顔▶**最近加わったなかに、2011年4月に成婚した英国王室のウィリアム王子、その弟であるハリー王子の肖像画があり、王室を持たないアメリカ人の注目を集めている。

切手収集マニア必見 地P.601 D-2

国立郵便博物館
National Postal Museum

郵便に関する展示では約590万点と世界有数の規模を誇る。交通手段のあまり発達していない時代、どのように郵便物を運んだかの苦労や、駅馬車から飛行機までの郵送手段の実物の展示など、さまざまな角度から郵便の重要さを伝えている。ハイライトは切手の展示ギャラリー。日本の郵便初期の貴重な切手も充実している。世界を回ったマスコット犬、オウニーもお見逃しなく。

ユニオン駅の隣にある郵便博物館。地下が展示室

首都でのどかな気分に浸る 地P.600 B-1外

国立動物園
National Zoological Park

国立動物園は単なる動物園ではない。絶滅の危機にさらされている野生動物の研究と保護、そして一般の人々に野生環境への理解を深めてもらうための教育プログラムに熱心に取り組んでいる。現在400種2000以上の動物を飼育しているが、一番の人気者はパンダのカップル。日本のサンショウウオが見られるアジアトレイルも展示方法が凝っていて必見。

一番人気はここでもパンダ

日本の貴重な戦闘機に出合える 地P.600 A-1外

スティーブン・F・ウドバー・ハジー・センター
Steven F. Udvar-Hazy Center

2003年12月、ライト兄弟の動力飛行成功100周年とともに誕生した、航空宇宙博物館の別館。東京ドームの1.45倍の館内には、モールの本館では収容しきれなかった大型機を中心に、歴史的な航空機、戦闘機、宇宙船、スペースシャトルなど約160機が展示されている。見逃せないのが、広島に原爆を投下した**エノラ・ゲイ**や、高速偵察機**ブラックバード**、超高速旅客機**コンコルド**など。ほかにも、**日本の紫電改、晴嵐、桜花、月光**なども見ることができ、日本人ならぜひとも足を運んでほしいところ。

少し遠いが、日本人ならぜひ行きたいウドバー・ハジー・センター。日本の戦闘機も展示されている

国立郵便博物館
住Massachusetts Ave. & 1st St. NE
☎(202)633-5555
URL www.postalmuseum.si.edu
開毎日10:00〜17:30
休12/25
行レッドラインUnion Station下車、ユニオン駅の西隣

国立動物園
住3001 Connecticut Ave. NW
☎(202)633-4888
URL nationalzoo.si.edu
開〈4〜10月〉毎日6:00〜20:00、〈11〜3月〉毎日6:00〜18:00（動物舎の見学は10:00〜16:30くらい、4〜10月は延長あり）
行レッドラインWoodley Park-Zoo駅下車。Connecticut Ave.を左に曲がり、緩やかな坂を上って約10分

スティーブン・F・ウドバー・ハジー・センター
住14390 Air and Space Museum Pkwy., Chantilly, VA
☎(703)572-4118
URL www.nasm.si.edu/udvarhazy
開毎日10:00〜17:30
休12/25
行航空宇宙博物館から2ブロック南の地下鉄ランファンプラザ駅L'Enfant Plaza Station（D & 7th Sts.の角）上からメトロバスの#5A "Dulles" 行きに乗り、約1時間でダレス国際空港に到着する。空港の2Eの乗り場（空港行きのバスを降りたところ）からVirginia Regional Transportation Associationの "Dulles Air & Space Museum" 行きに乗り、約15分でスティーブン・F・ウドバー・ハジー・センターに到着。片道料金はメトロバスが$6、バージニアのシャトルが50¢。いずれも運行本数が少ないのでウエブサイトか、本館のインフォメーションの時刻表で確認すること

メモ **スペースシャトルの隠居先▶**2011年に終了したスペースシャトル計画。3機あるうちのひとつであり、日本の宇宙飛行士若田さんの乗ったディスカバリー号が、2012年4月スミソニアンに収められた。

そのほかの博物館&美術館 Other Museums

個人のコレクションとは到底思えない　地P.600　B-1

フィリップスコレクション
The Phillips Collection

有名な「舟遊びの昼食」があるのはここ

アメリカ最初の個人所有の美術館として、歴史的に大きな意味をもつこのフィリップスコレクションは、大使館街に近い閑静な住宅街にある。ルノアール、セザンヌ、ドガ、ゴッホ、ブラック、ボナール、ピカソ、クレーなど、19、20世紀のフランスやアメリカの絵画を中心に約3000点の作品を所蔵する。美術書を見ているような優れた美術品が並び、なかでも**ルノアール作『舟遊びの昼食』**は傑作中の傑作。個人宅を改装しただけあって、アットホームな雰囲気のなかでゆっくりと鑑賞できるのも大きな特徴。美術愛好家が納得するすばらしさだ。

フィリップスコレクション
住1600 21st St. NW
☎(202) 387-2151
URL www.phillipscollection.org
開火～土10:00～17:00（木～20:30）、日11:00～18:00
休月、7/4、サンクスビギング、12/24、12/25、1/1
料週末$10、シニア／学生$8（常設展だけなら平日は寄付制）
行レッドラインDupont Circle駅下車。Q St.側の出口を出て、Q St.を左に1ブロック歩くと右側

戦争の悲惨さについて考えてみよう　地P.601　C-3

ホロコースト記念博物館
U.S. Holocaust Memorial Museum

第2次世界大戦中にナチスが行った、ユダヤ人の大量虐殺をテーマに取り上げた特異な博物館だ。さまざまな資料と映像、そして実際に収容所の人々が着ていた物、使っていた物を展示することにより、人類史上に類を見ない凄惨なできごとを振り返り、戦争が作り出す人間の狂気を博物館を訪れる人たちに伝えている。収容所の内部を再現した部屋、目を覆いたくなるようなショッキングな映像、吹き抜けの壁に隙間なく掛けられた数えきれないほどの犠牲者の写真……普段は深く考えない、平和のありがたさと戦争の愚かさについて考えさせてくれる。

ホロコースト記念博物館
住100 Raoul Wallenberg Pl. SW
☎(202) 488-0400
URL www.ushmm.org
開毎日10:00～17:20（夏期は延長あり）
休ユダヤの祝日Yom Kippurの日、12/25
※3～8月は常設展の人数制限があり、博物館のウエブサイトから整理券を予約できる（要手数料）。当日でも10:00からは整理券が配付される
行ブルー、オレンジラインSmithsonian駅下車。南西へ徒歩約5分

被災しながらも発行した石巻の新聞も公開　地P.601　D-2

ニュージアム
Newseum

ケネディ大統領暗殺、スペースシャトル爆発事故、ベルリンの壁崩壊……世界中を駆け巡るニュースの数々。ニュージアムは、おもに20世紀以降、世界を揺るがしたニュースを新聞の1面記事、動画、音声などさまざまなメディアを使って紹介している。なかでも9.11のコーナーでは、高熱でグニャグニャになったアンテナと、狼狽する人々をそのまま撮影したフィルムを流すなど、その衝撃の強さを今も語っている。歴代のピュリッツァー賞受賞写真など、誰もがついつい足を止めてしまう展示も多い。また、東日本大震災で大きな被害を受けながらも手書きで発行を続けた「石巻日日新聞」をすぐに公開するなど、時代の波に即応した展示も見逃せない。

ニュージアム
住555 Pennsylvania Ave. NW
Free (1-888) 639-7386
URL www.newseum.org
開毎日9:00～17:00
休サンクスギビング、12/25、1/1
料$21.95、65歳以上$17.95、7～18歳$12.95、それぞれにTaxが加わる
行イエロー、グリーンラインArchives-Navy Memorial-Penn Quarter駅下車

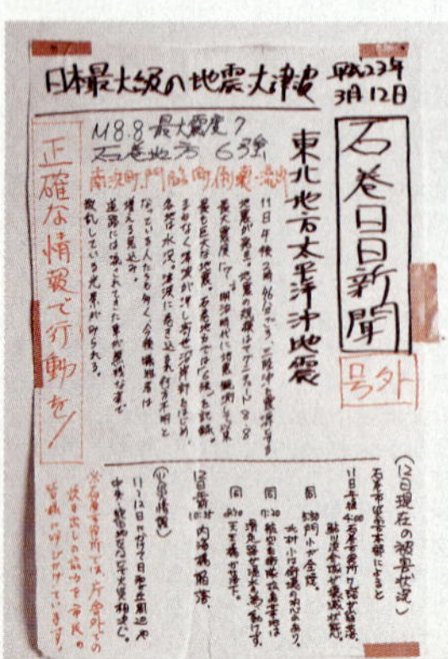

ニュージアムでは震災時手書きでも発行し続けた「石巻日日新聞」も展示されている　©Newseum

メモ　**犯罪と刑罰博物館National Museum of Crime & Punishment**▶スパイ博物館から数ブロックのところに、アメリカの凶悪犯罪や捜査活動、逮捕劇、刑罰に関する体験型の博物館が誕生した。住575 7th St. NW URL www.crimemuseum.org

観戦するスポーツ Spectator Sports

ベースボール MLB

ワシントン・ナショナルズ（ナショナルリーグ東地区）
Washington Nationals

2005年、34年ぶりにDCに帰ってきた大リーグチーム。万年Bクラスの弱小チームではあるが、ドラフトで優秀な選手を次々と獲得し、現在の注目度No.1はストラスバーグ投手だ。4回裏の攻撃前に行われる4人の大統領の徒競走は大リーグいちの人気アトラクション。球場にはワシントン名物の桜の木もある。通称"ナッツNats"。

いつも空いているのでぜひ行ってほしい球場

アメリカンフットボール NFL

ワシントン・レッドスキンズ（NFC東地区）
Washington Redskins

3年連続2桁敗戦、2011年も5勝に留まった。鳴り物入りで就任したHCマイク・シャナハンも3年目、真価が問われる年となる。QBマクナブの起用も空振り、グロスマンでは頼りなく、長きにわたるエースQBの不在がチームの最重要課題だ。チームカラーはバーガンディ、ゴールド、ホワイト。

バスケットボール NBA

ワシントン・ウィザーズ（東・南東地区）
Washington Wizards

2004-05年から4シーズン連続で勝ち越し、プレーオフの座を占めていたが、ここ4シーズンは20勝前後、復調の兆しが見えない。1977-78年、「ブレッツ」時代にファイナル優勝を手にした栄光を取り戻すには「魔法使い」の出現が必要か。チームカラーはレッド、ホワイト、ネイビー、シルバー。

アイスホッケー NHL

ワシントン・キャピタルズ（東・南東地区）
Washington Capitals

1974年の創設以来、いまだにリーグ制覇はなし。オベチキン、バックストロム、セミンらのトップスコアラーが元気なうちにカップを獲りたいところだが、2008年から続けてきた連続地区優勝が4シーズン連続で途絶え、個人成績も徐々に下降気味。一時の勢いは失われつつあるが、チケットは毎試合完売する。

ベライゾンセンターは地下鉄駅のすぐ上

ワシントン・ナショナルズ
（1969年創設）
本拠地――ナショナルズパーク Nationals Park（4万1546人収容）
地 P.601 D-3
住 1500 S. Capitol St. SE
☎ (202) 675-6287（チケット）
URL washington.nationals.mlb.com
行 グリーンラインNavy Yard駅下車

この選手に注目!
スティーブン・ストラトスバーグ（投手）

ワシントン・レッドスキンズ
（1932年創設）
本拠地――フェデックスフィールド FedEx Field（9万1704人収容）
地 P.601 地図外
住 1600 FedEx Way, Landover, MD
☎ (301) 276-6050（チケット）
URL www.redskins.com
行 ブルーラインMorgan Blvd.駅下車、北へ約1.6km

この選手に注目!
サンタナ・モス

ワシントン・ウィザーズ
（1961年創設）
本拠地――ベライゾンセンター Verizon Center（2万173人収容）
地 P.601 C-2
住 601 F St. NW
☎ (202) 661-5050
URL www.nba.com/wizards
行 レッド、イエロー、グリーンライン Gallery Pl./Chinatown駅下車

この選手に注目!
ジョン・ウォール

ワシントン・キャピタルズ
（1974年創設）
本拠地――ベライゾンセンター Verizon Center（1万8506人収容）
地 P.601 C-2
住 601 F St. NW
☎ (202) 266-2277（チケット）
URL capitals.nhl.com
行 ウィザーズ参照

この選手に注目!
アレクサンダー・オベチキン

投稿 **レッドスキンズの試合会場**▶地下鉄ブルーラインのMorgan Boulevard駅からFedEx Fieldまで徒歩15分くらいが最短ルート。（目黒区 H.K '06）['12]

ショップ&レストラン　Shops & Restaurants

ショッピングモール

S ジョージタウンの素敵なショッピングモール

ショップス・アット・ジョージタウン・パーク
Shops at Georgetown Park

住3222 M St. NW　☎(202) 342-8190
URL www.shopsatgeorgetownpark.com
開月～土10:00～20:00、日12:00～18:00　地P.600　A-1

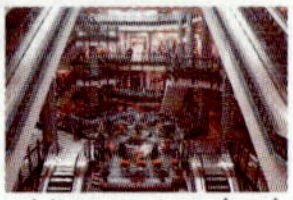

ジョージタウンのM St.とWisconsin Ave.の南西角にある、中心部から最も近いモール。インターミックス、アンソロポロジーなど、約60軒のおしゃれな店がある。('12)

ショッピングモール

S 鉄道駅がショッピングモール

ユニオン駅
Union Station

住50 Massachusetts Ave., 1st & 2nd Sts. NE
☎(202) 289-1908　URL www.unionstationdc.com
開月～土10:00～21:00、日12:00～18:00(店により異なり、屋外のマーケットは月～土の7:00から)　地P.601　D-2

DCの玄関口ユニオン駅は、鉄道の駅兼100以上のお店の集まるショッピングモールとなっている。1、2階のショップやレストランのほか、地下にはフードコートもある。('12)

ショッピングモール

S ファッションを中心に170以上の店がある

ファッションセンター・アット・ペンタゴンシティ
Fashion Centre at Pentagon City

住1100 S. Hayes St., Arlington, VA
☎(703) 415-2400　URL www.simon.com
開月～土10:00～21:30、日11:00～18:00　地P.600　B-3外
行イエロー、ブルーラインPentagon City駅の真上

DCで一番人気のモール。駅の真上にあり、アバクロ、ホリスター、アメリカン・イーグル・アウトフィッターズなど約170軒ある。バージニア州はセールスタックスが5%とお得。('12)

アメリカ料理

R DC名物レストランのひとつ

オールド・エビット・グリル
Old Ebbitt Grill

住675 15th St. NW　☎(202) 347-4800
URL www.ebbitt.com
開毎日7:30～翌1:00(土・日8:30～)、バーは延長あり
AJMV　地P.601　C-2

1856年創業のDC最古のバー。軽食を主としたレストランも経営しており、財務省の向かいという場所柄のせいか、パワーブレックファストの場として人気が高い。政府のお役人に混じって朝食を取るのも、DCらしい体験だ。F&G Sts.の間。('12)

シーフード料理

R DC名物のクラブケーキも味わえる

シーキャッチ・レストラン&ロウバー
Sea Catch Restaurant & Raw Bar

住1054 31st St. NW　☎(202) 337-8855　地P.600　A-1
URL www.seacatchrestaurant.com
開月～土11:30～15:00、17:30～22:00　休日　ADMV

古都の面影を残すジョージタウンにある雰囲気のよいシーフード店。名物のクラブケーキはいうまでもなく、シーズンにより生ガキやチェリーストーンもおすすめ。日本人の口にもよく合う味で、大人数で来ても楽しい。('12)

エスニック料理

R お茶とご飯が楽しめる

ティーイズム
Teaism

住2009 R St. NW　☎(202) 667-3827　URL www.teaism.com
開月～金8:00～20:00(金～23:00)、土・日9:00～23:00(日～22:00)
MV　地P.600　B-1

お茶と食事が楽しめ、値段もほとんどが$10以下の良心的なうれしい店。食事は日本食を中心に、タイやインド、中東などアジアの料理もメニューに並ぶ。お茶づけもある。ダウンタウンに計3店舗あり。('12)

ミャンマー料理

R 見つかりにくいのに大人気

ビルマレストラン
Burma Restaurant

住740 6th St. NW　☎(202) 638-1280
開ランチ月～金11:00～15:00、ディナー毎日18:00～22:00
AMV　地P.601　C-2

チャイナタウン外れのビルの2階にある、知る人ぞ知るミャンマー料理店。Kauswe Thoke(エビとオニオンのヌードル)など美味。できれば数人で行ってシェアしたい。('12)

中華料理

R おしゃれなチャイニーズレストラン

樂意飯店
City Lights of China

住1731 Connecticut Ave. NW　☎(202) 265-6688
URL www.citylightsofchina.com　AJMV　地P.600　B-1
開日～金11:30～22:00(日12:00～)、土12:00～22:30

ワシントンポスト紙やローカル雑誌Washingtonianのベストチャイニーズに何度も選ばれている。店は込み合っていて、19:00以降は行列ができるほど。おすすめはスチームドダンプリン(蒸し餃子)$6.95。ロナルド・レーガン・ビルのフードコートに支店がある。('12)

ホテル　Hotels

ホステル

アメリカのYHのなかでもおすすめ
ホステリング・インターナショナル-ワシントンDC
Hostelling International - Washington, DC

住1009 11th St. NW, Washington, DC 20001
☎(202) 737-2333　FAX(202) 737-1508
URLwww.hiwashingtondc.org
ドミトリー$29～45　MV　地P.601　C-1

全米各地のユースホステルのなかでも評判の高い施設のひとつ。キッチンやコインランドリーはもちろん、充分な広さの食堂にリビングルーム、コインロッカーも完備。朝食も、インターネットも無料。地下鉄Metro Center駅から徒歩7分。250ベッド。('12)

ホステル

アダムスモーガン地区にあるホステル
ワシントン・インターナショナル・スチューデント・センター
Washington International Student Center

住2451 18th St. NW, Washington, DC 20009
☎(202) 667-7681　Free(1-800) 567-4150
URLwww.dchostel.com
ドミトリー$25　カード不可　地P.601　地図外

地下鉄Woodley Park-Zoo駅から約10分。個室もある。周囲は個性的な店が並ぶアダムスモーガン。ユニオン駅、またはグレイハウンド・バスターミナルからピックアップしてくれる。男女混合のこともある。34ベッド。('12)

エコノミーホテル

DCの老舗安ホテル
ホテルハリントン
Hotel Harrington

住436 11th St. NW, Washington, DC 20004
☎(202) 628-8140　FAX(202) 393-2311
URLwww.hotel-harrington.com　ADMV　地P.601　C-2
ⓈⒹ$115～175、Ⓣ$145～179、ファミリー$175～199

ホワイトハウスに歩いて5分くらい。部屋は古くて狭いが場所はいい。地下鉄の最寄りはMetro Center駅。242室。('12)

中級ホテル

シンプルだけどリーズナブル
コンフォートイン・ダウンタウン
Comfort Inn Downtown

住1201 13th St. NW, Washington, DC 20005
☎(202) 682-5300　FAX(202) 408-0830
URLwww.comfortinn.com
ⓈⒹⓉ$109～259　ADJMV　地P.601　C-1

周囲は住宅街だが、コンベンションセンターも徒歩圏。設備はシンプルだが、掃除は行き届いている。ダウンタウンで無料の朝食付きは珍しい。インターネット接続も無料だ。最寄りはMt. Vernon Sq./7th-Convention Center駅。100室。('12)

中級ホテル

MLBナショナルズの本拠地のそば
キャピトル・スカイライン・ホテル
Capitol Skyline Hotel

住10 Eye St. SW, Washington, DC 20024
☎(202) 488-7500　FAX(202) 488-0790
URLwww.capitolskyline.com　地P.601　D-3
ⓈⒹⓉ$89～289　ADMV

大リーグ・ナショナルズの本拠地近くにあって、グリーンラインNavy Yard駅からも3ブロック。客室は広く、料金といい穴場的ホテルだ。('12)

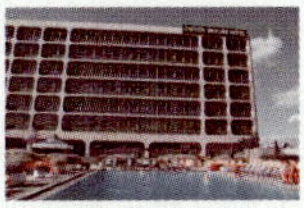

B&B

オーナーが日本人女性の心休まるB&B
タフトブリッジ・イン
Taft Bridge Inn

住2007 Wyoming Ave. NW, Washington, DC 20009
☎(202) 387-2007　FAX(202) 387-5019
URLwww.taftbridgeinn.com　バス共有Ⓢ$95～119、Ⓓ$139、バス付きⓈ$179～182、Ⓓ$199～202　MV　地P.600　B-1外

レッドラインDupont Circle駅で降り、Connecticut Ave.を北に向かいWyoming Ave.を右に入るとある。周囲は住宅街で落ち着いた雰囲気。12室。('12)

エコノミーホテル

アーリントン側のお手頃ホテル
アメリカーナホテル
Americana Hotel

住1400 Jefferson Davis Hwy., Arlington, VA 22202
☎(703) 979-3772　FAX(703) 979-0547
URLwww.americanahotel.com　地P.600　B-3外
ⓈⒹ$75～150、Ⓣ$80～150　AMV

シンプルな造りだが、清潔で、リーズナブル。しかも無料の朝食付きがうれしい。ちょっと奥まったところにあるため、6:00～23:00はPentagon City駅やナショナル空港へ無料のシャトルを運行させている。('12)

中級ホテル

DCの美しい夜景が眺望できる
ホリデイイン・ロスリン・キーブリッジ
Holiday Inn Rosslyn @ Key Bridge

住1900 N. Fort Myer Dr., Arlington, VA 22209
☎(703) 807-2000　FAX(703) 522-8864
URLwww.holidayinn.com
ⓈⒹⓉ$119～475　ADJMV　地P.600　A-2

バージニア州アーリントンにあるが、地下鉄Rosslyn駅までわずか半ブロック。ジョージタウンへも歩いて行ける。部屋も広く設備もよい。上階レストランからの眺めよし。307室。('12)

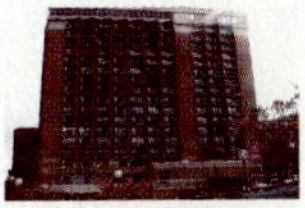

ボルチモア Baltimore

ウォーターフロント開発はこの町

ボルチモアの誕生は1797年、アメリカでは古い町のひとつである。"アメリカ大陸最初の鉄道が敷かれた町"、"国歌発祥の地"、そして"球聖ベーブ・ルース誕生の地"であるボルチモアは、アメリカ文化にさまざまな面から影響を与えてきた。

近年、観光の町としても注目を集めるボルチモア最大の見どころは、何といっても整備された美しい港だ。大西洋から深く入り込んだチェサピーク湾に造られた港にはレンガが敷きつめられ、ショッピングモール、ホテルや水族館などが並ぶ。

ボルチモアは全米屈指の港町

GUIDE BOOK 地球の歩き方B08ワシントンDC編（1700円＋税）でもボルチモアを紹介していますので、ご活用ください。

DATA

人口▶約62万人
面積▶209.8km²　**標高**▶10m
TAX▶セールスタックス　6%
ホテルタックス　15.5%
属する州▶メリーランド州　Maryland
州のニックネーム▶オールドライン州
Old Line State
州都▶アナポリス　Annapolis
時間帯▶イースタン・タイムゾーン ➡P.631
繁忙期▶8〜10月

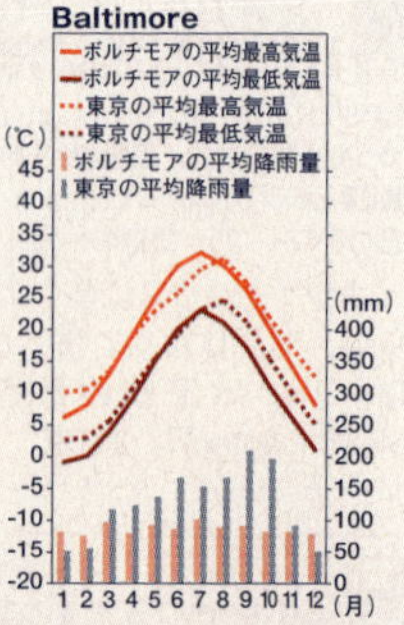

Getting There & Around ボルチモアへの行き方&歩き方

ボルチモアへはワシントンDCからのアクセスがよく、鉄道ならアムトラックのほかにマークMarc（通勤列車で平日のみの運行）のPenn LineがワシントンDCのユニオン駅を出発し、ボルチモアのペンシルバニア駅（ペン駅）に到着する。同じくマークのCamden Lineならインナーハーバーの Camden駅に着く。

ボルチモア観光の中心は観光案内所もあるインナーハーバーInner Harbor周辺。歩いて回れる範囲に見どころが多いので、ここから観光を始めよう。スポーツ観戦もお忘れなく。

市内の交通機関 ･･･････ Public Transportation

ライトレール（メリーランド州交通局） Light Rail

4路線ある。ボルチモア中心部、アムトラックとマークが発着するペンシルバニア駅、BWI空港などを結んでいる。

サーキュレーター Circulator

市内のおもなポイントを結んで循環する便利なバス。3路線あるが、使いやすいのが町を横断するオレンジルート。インナーハーバー、鉄道博物館、リトルイタリーなどを回る。

飛行機なら
ボルチモア・ワシントン国際空港(BWI) ➡P.595が約15km南西にある。中心部へはライトレールで約30分。スーパーシャトルの空港シャトルバンの運行もある

ペンシルバニア駅
住1500 N. Charles St.
行中心部へはライトレールで

グレイハウンド・バスディーポ
住2110 Haines St.
行中心部へは#27のバス、またはタクシー(料約$10〜15)

ボルチモア観光案内所
地P.619　住401 Light St.
Free (1-877)225-8466
URL www.baltimore.org
開毎日9:00〜18:00(季節により異なる変更)
休冬期の月・火、サンクスギビング、12/25
行インナーハーバーの中心、ハーバープレイスパビリオンの南側

ライトレール（メリーランド州交通局）
☎(410)539-5000
料$1.60、1日券$3.50

サーキュレーター
URL www.charmcitycirculator.com
料無料
運行／月〜金8:30〜20:00（金〜24:00)、土・日9:00〜24:00(日〜20:00)

メモ **ボルチモア交通の名物**▶海に面し、観光ポイントも多いボルチモア。それらへは海上を移動する船、ウォータータクシーWater Taxiの利用もおすすめ。乗り場はインナーハーバーの中央など。
URL www.baltimorewatertaxi.com　料1日券$12、3〜10歳$6。冬期は運休。

おもな見どころ Sightseeing

ボルチモアいちの観光エリア 地P.619

インナーハーバー Inner Harbor

港を中心に見どころやショッピングモールなどがある。

ナショナル水族館　National Aquarium in Baltimore

ボルチモア一番人気の観光ポイントで、1万6000匹以上の生き物がいる水族館。まるでジャングルのような南米の熱帯雨林が再現されている最上階のほか、オーストラリアの峡谷を再現したガラスのパビリオンや大西洋コーラルリーフは必見。

ベーブ・ルースの生家　Babe Ruth Birthplace

インナーハーバーから西へ徒歩約15分のところに、野球界の偉人ベーブ・ルースの生家がある。意外と小さな家で、当時のまま保存されている。

インナーハーバー

●National Aquarium in Baltimore
住501 E. Pratt St.　URL www.aqua.org
開毎日9:00〜17:00(季節により異なる)
料$29.95、シニア$28.95、3〜11歳$24.95

●Babe Ruth Birthplace
住216 Emory St.　☎(410)727-1539
URL www.baberuthmuseum.com
開毎日10:00〜17:00（オリオールズの試合日は19:00まで）
料$6、シニア$4、3〜12歳$3

野球ファン憧れのカムデンヤード球場がある

ボルチモアにはメジャーでも指折りの美しさのスタジアムを本拠地とするMLBのボルチモア・オリオールズと、NFLのボルチモア・レイブンズがある

ボルチモア・オリオールズ
(1901年創設)
この選手に注目!
マット・ウィーターズ（捕手）

ボルチモア・レイブンズ
(1996年創設)
この選手に注目!
レイ・ルイス

ホテル Hotels

ホステル

設備の整ったユース

ホステリング・インターナショナル・ボルチモア Hostelling International Baltimore

住17 W. Mulberry St., Baltimore, MD 21201
☎(410)576-8880　FAX(410)230-4590　地P.619
URL www.hiusa.org/baltimore　ドミトリー$25〜　MV

ライトレールのLexington Market駅から3ブロック、歴史ある建物を改装したユース。インターネット、コーヒーや紅茶、簡単な朝食などが無料。人気が高い。フロントが開いているのは8:00〜23:00。Wi-Fi無料。48ベッド。('12)

中級ホテル

インナーハーバーで最も安い

デイズイン・インナーハーバー Days Inn Inner Harbor

住100 Hopkins Pl., Baltimore, MD 21201
☎(410)576-1000　FAX(410)576-9437
URL www.daysinnerharbor.com　ⓈⒹⓉ $135〜265
ADJMV　地P.619

宿泊費の高いインナーハーバーでは、最も安いホテル。カムデンヤードから歩いて帰れる距離で、値段のわりにはサービスもよい。コロニアル調の内装。Wi-Fi無料。全室禁煙。250室。('12)

メモ **オリオールズ&レイブンズ▶**オリオールズの本拠地、カムデンヤードOriole Park at Camden Yardsへはライトレール Camden駅下車、レイブンズの本拠地、M&Tバンク・スタジアムM&T Bank Stadiumへはライトレール Hamburg St.駅下車。どちらも駅の目の前にある。

アパラチア山脈に抱かれた チャールストン Charleston

ドームの高さでは首都ワシントンの国会議事堂を1.5mしのぐ

アメリカ南北戦争時、南北両軍のちょうど境となったのがバージニア州だった。バージニア州は南軍について戦ったが、一部の地域が北軍につき独立した。それが現在のウエストバージニア州だ。カントリー歌手のジョン・デンバーが歌った名曲“カントリーロード”に出てくる故郷ウエストバージニアは、まさにここである。

州都チャールストンの歴史は1794年に始まる。州の中央からやや西寄りにあり、落ち着いた趣のある町だ。

GUIDE BOOK 地球の歩き方B08ワシントンDC編（1700円＋税）でもウエストバージニア州の見どころを紹介していますので、ぜひご活用ください。

DATA

人口▶約5万1400人　**面積**▶84.7km²
標高▶約455m
TAX▶セールスタックス　6%
ホテルタックス　12%
属する州▶ウエストバージニア州 West Virginia
州のニックネーム▶山の州　Mountain State
州都▶チャールストン　Charleston
時間帯▶イースタン・タイムゾーン ➡P.631
繁忙期▶4〜9月

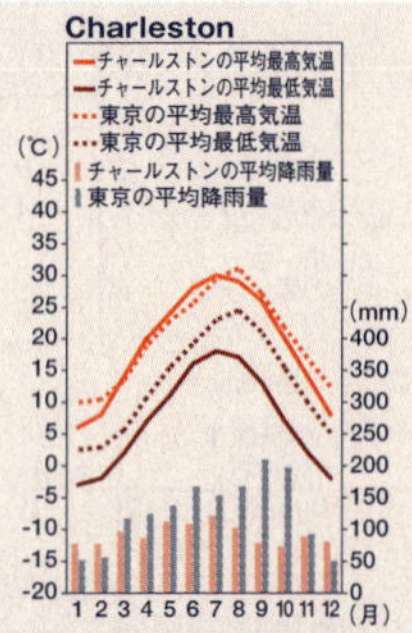

Getting There チャールストンへの行き方

飛行機 …… Plane

チャールストン・イエーガー空港
Charleston Yeager Airport (CRW)

ワシントンDCやシカゴ、デトロイトなどおもな都市からアメリカン航空やデルタ航空、ユナイテッド航空が乗り入れている。ターミナルはひとつで、コンコースはA〜C3つの小さな空港だ。チャールストンの北東約6.5kmのところにある。市内へは、ホテルの無料送迎シャトルを利用するのが一番便利。バゲージクレーム（機内預け荷物のピックアップ場所）には、チャールストン市内のホテルへつながる直通電話があるので、宿泊するホテルが決まっていれば、電話をして迎えに来てもらおう。ほかの交通手段はタクシー（市内まで所要15分、料約$20）、またはレンタカーがある。

こぢんまりとした空港だ

チャールストン・イエーガー空港
地 P.622　B-2 外
住 100 Airport Rd.
☎ (304) 344-8033
URL www.yeagerairport.com

米国ウエストバージニア州政府日本代表事務所
ウエストバージニア州は日本に事務所を開設している。観光情報なども入手可能だ
URL www.westvirginia.or.jp

アメリカ東部の屈指の高級リゾート
チャールストンから南東へ約185kmにある、グリーンブライヤー Greenbrier。敷地内にはホテル、スパ、ゴルフ場、カジノなどを完備。アムトラック駅もある
住 300 W. Main St., White Sulphur Springs
free (1-888) 598-0246
URL www.greenbrier.com

旅のアドバイス **ウエストバージニア州の四季の楽しみ方**▶ウエストバージニア州には日本のような四季があり、春は新緑のなかを、秋は木々が鮮やかに色づく紅葉のなかをハイキング、夏は谷間を流れる川でのラフティング、冬にはアメリカ東部でも屈指のスキーリゾートでスキーを楽しむことができる。

長距離バス ・・・・・・・・・・・・・・・ Bus

グレイハウンド・バスディーポ
Greyhound Bus Depot

ダウンタウンの北西、シビックセンターの隣。売店はないが、自動販売機とコインロッカーがある。シャーロットから1日2便（所要約7時間）運行。

グレイハウンド・バスディーポ
地P.622　A-1
住300 Reynolds St.
☎(304) 357-0056
開毎日6:00〜17:00、23:30〜翌1:00

鉄道 ・・・・・・・・・・・・・・・ Train

アムトラック駅
Amtrak Station

ダウンタウンの南、カナワ川に架かるSouthside Bridgeを渡ってすぐの、右側にある。ニューヨークとシカゴを結ぶカーディナル号が毎週水・金・日曜に停車。駅舎は列車の運行日しか開いていないので注意すること。

営業時間に注意したいアムトラック駅

アムトラック駅
地P.622　A-2
住350 MacCorkle Ave. S.E.
Free(1-800) 872-7245
開水・金・日7:00〜13:00、15:30〜21:00

チャールストンの歩き方　Getting Around

緑豊かな山並みに囲まれ、秋の紅葉が美しいチャールストン。見どころは、広範囲に点在している。そのため、車があったほうが便利だ。しかし、ダウンタウンは徒歩で移動ができる。Capitol St.沿いには、カフェやレストランが建ち並び、ショッピングモールもある。車のない旅行者でも、食事や買い物に困ることはない。

また、チャールストン近郊では、ラフティングやトレッキングなど、アウトドアが盛ん。郊外へ遊びに行くなら、2〜3日時間をとりたい。

チャールストンのタクシー会社
●C&H Taxi
☎(304) 344-4902

遠くメキシコ湾に注ぐ
町の南を東西に流れるカナワ川は、のちにオハイオ川そしてミシシッピ川となり、メキシコ湾に注ぐ

観光案内所 ・・・・・・・・ Visitors Information

チャールストン観光局
Charleston Convention & Visitors Bureau

ダウンタウンの西側にあるシビックセンター内1階にあり、各種パンフレットや地図などを入手することができる。

チャールストン観光局
地P.622　A-1
住200 Civic Center Dr.
☎(304) 344-5075
Free(1-800) 733-5469
URL www.charlestonwv.com
開 月〜金 8:30 〜 17:00

市内の交通機関 ・・・・・・・ Public Transportation

カナワバレー地域交通局
Kanawha Valley Regional Transportation Authority (KRT)

チャールストン市内と近郊を結ぶ路線バスやトロリーを運営する。ダウンタウンのLee St.とQuarrier St.に挟まれたLaidley St.がトランジットモールになっており、ほとんどのバスがここを発着。また、ダウンタウン内はトロリー（休日、おもな祝日）も走る。いずれも運行は1時間〜1時間30分間隔。料金は、郊外はゾーン制で、異なるゾーンへは追加料金が必要だが、チャールストン市内のほとんどの場所へは基本料金の$1で行ける。

カナワバレー地域交通局
☎(304) 343-7586
URL www.rideonkrt.com
運行／毎日 4:30 〜翌 1:00（ルートにより異なる）
休7/4、サンクスギビング、12/25、1/1
料$1、異なるゾーンへは 25¢ずつ追加。トランスファー（乗り換え）は 10¢。トロリー 75¢

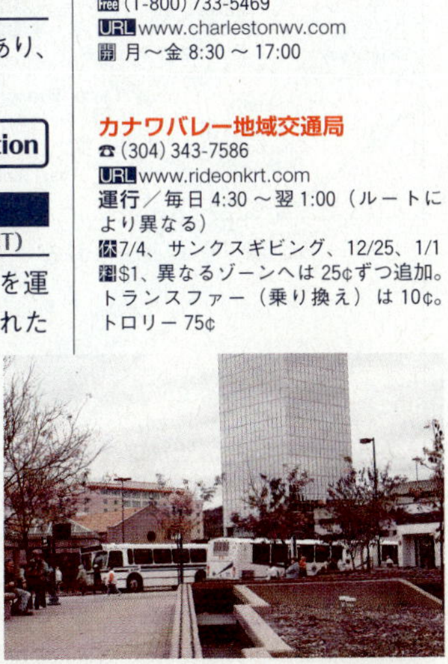
一見、ふつうの道路のようなトランジットモール

メモ　**モスマン▶**チャールストンの北西80kmにあるポイントプレザントPoint Pleasantでは蛾人間（モスマン）の目撃情報が多く、『プロフェシーThe Prophecy』という映画の題材にもなった。毎年、9月の第3の週末にはモスマンフェスティバルが開かれる。URL www.mothmanfestival.com

Sightseeing おもな見どころ

ウエストバージニア州の音楽についての展示もある

ウエストバージニア州議事堂
●West Virginia State Museum / Cultural Center
住 1900 Kanawha Blvd. E.
☎ (304) 558-0220
URL www.wvculture.org
開 火〜日 9:00 〜 17:00（日 12:00 〜）
休 月
料 無料

キャピトルマーケット
住 800 Smith St.
☎ (304) 344-1905
URL www.capitolmarket.net
開 月〜土10:00〜18:00、日12:00〜17:00
休 おもな祝日

黄金のドームは一見の価値あり 地P.622 B-2

ウエストバージニア州議事堂
West Virginia State Capitol Complex

ダウンタウンの中心部から東に約2kmにあるのが、黄金のドームが自慢のウエストバージニア州議事堂。1932年に完成した建物にはインデイアナ州の石が、ドームには23金が使用されている。その州議事堂の西隣にあるのは**ウエストバージニア州博物館／カルチュラルセンターWest Virginia State Museum / Cultural Center**。ウエストバージニア州の音楽やガラス製品など、文化に関する陳列がされている。名産品のひとつである、さまざまな柄のキルトも展示。

おみやげ探しもできる 地P.622 A-1

キャピトルマーケット
Capitol Market

ダウンタウンから歩いて約5分のところにある、もともと駅舎として使われていた建物を改装したマーケット。シーフードレストランや手作りのジャムを扱う店、ウエストバージニアで人気のHoll's Swiss Chocolatesを売る店などがある。屋外にはファーマーズマーケットが設けられ、色とりどりの野菜や花が並ぶ。1〜3月は屋内のみの営業。

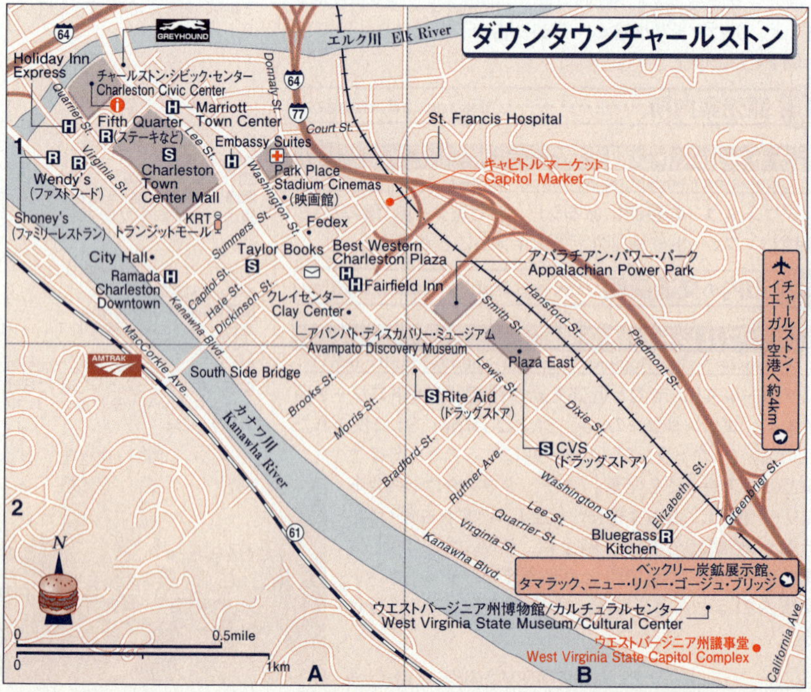

歴史・文化・その土地らしさ　公園・レクリエーション・アトラクション　買い物・食事・娯楽

郊外の見どころ Excursion

トロッコに乗り、いざ炭坑の中へ 地P.622 B-2外

ベックリー炭鉱展示館
Beckley Exhibition Coal Mine

ウエストバージニア州は、炭鉱が数多くあることで有名だ。この展示館は、1800年代後半に多く見られた家族経営の炭鉱のひとつで、フィリップ家のもの。ツアーでは、労働者を運んでいた"マンカーMan Car"というトロッコに乗り、炭坑の中へ入っていく。案内役は、実際に炭鉱に従事したベテランたちだ。どのような条件のもとで働いていたのか、危険を察知する方法、お弁当や水を他人に取られないための工夫など、当時の裏話を聞くことができる。炭坑内はひんやりと冷たく、彼らがどれだけ過酷な状況で働いていたかを体感できるだろう。

ツアーのほかに、当時の様子を再現した家や教会、炭鉱の歴史に関する展示もある。

ウエストバージニアのおみやげを買うなら 地P.622 B-2外

タマラック
Tamarack

ウエストバージニア州のおみやげが揃うモール。職人による手作りの家具やガラス製品、かわいらしい小物などが所狭しと並んでいる。特にぬくもりを感じられるキルトは、自分用のおみやげに欲しくなってしまうほど。それに、ワインやジャムなども種類が多く迷ってしまいそうだ。日本では見かけない、酸味の利いたアップルバターは、おみやげにおすすめ。

おなかがすいたら、セルフサービス方式のレストランへ。コーンブレッドやブレッドプディングなど、メニューのほとんどがウエストバージニアの家庭で食べられているもの。近隣で採れた素材がふんだんに使われている。

おみやげ探しにいい

ベテランガイドがていねいな説明で炭坑内を案内してくれる

ベックリー炭鉱展示館
住513 Ewart Ave., Beckley
☎(304) 256-1747
URL www.beckleymine.com
開〈4～11月〉毎日10:00～18:00。ツアー最終受け付けは17:30まで
休12～3月
料$20、シニア$15、4～12歳$12
行チャールストンからI-64／I-77を南東へ約87km行ったExit 44で下りて、Harper Rd.を東に3km。Ewart Ave.を左折した右側、所要約1時間20分

タマラック
住One Tamarack Park, Beckley
☎(304) 256-6843
Free (1-888) 262-7225
URL www.tamarackwv.com
開〈冬期〉毎日10:00～19:00、〈冬期以外〉毎日8:00～20:00。(サンクスギビング、12/24、1/1は17:00まで)
休12/25
行チャールストンからI-64／I-77を南東へ約85km行ったExit 45で下りて、1km直進したところ。所要約1時間20分

タマラックの印象 投稿

販売されているものは手造りの高級品が多かった。しかし、レストランは、値段も手頃で、日本人に珍しい料理もあり、おいしかった。
(大阪府 S/I '09) ['12]

ウエストバージニア州最大の祭典、ブリッジデイ 旅のアドバイス

ニュー・リバー・ゴージュ・ブリッジ ➡P.624 で毎年10月の第3土曜に開催されるお祭りが**ブリッジデイBridge Day**。祭りの目玉は、橋からパラシュートで飛び降りるダイビングだ。この日のために世界中からジャンパーたちが集まり、それぞれ趣向を凝らしたコスチュームで特技を披露する。橋の上はダイバーたちをひとめ見ようとする見物客や報道陣でいっぱいだ。食べ物や名産品を売る屋台も軒を連ね、祭り気分は高まる。
URL www.officialbridgeday.com
2012年は10月20日に行われる。

屋台も出て、多くの人でにぎわう

高さ267mから一気に川へダイブ

メモ **母の日が生まれた土地**▶毎年5月第2日曜の"母の日"は、ウエストバージニア州出身のアンナ・ジャービスが中心になって制定された。1908年に初めて母の日が祝われてから100周年の2008年には、ウエストバージニア州グラフトンGraftonにある"母の日大聖堂International Mother's Day Shrine"でイベントが開催された。

渓谷に架かるアメリカで2番目に高いアーチ橋 地P.622 B-2外

ニュー・リバー・ゴージュ・ブリッジ

New River Gorge Bridge

チャールストンの南東90km、車で約1時間30分のところにある渓谷。その渓谷に架けられた橋New River Gorge Bridgeは、US-19上にある。橋の全長は約924m、高さは267m。1977年に架けられた当時は、世界最長のアーチ橋であった。現在でも、アメリカではコロラド州にあるロイヤル・ゴージュ・ブリッジに次いで、2番目に高いところに架かる橋だ。橋を渡ったすぐのところにある**案内所Canyon Rim Visitor Center**からは、その大きなアーチを眺めることができる。

ニュー・リバー・ゴージュ・ブリッジ
行チャールストンからI-64/I-77を南東へ約60km進み、Exit 60でWV-612に乗り換える。そのまま行くとUS-19に合流し、16km北進したところ。所要約1時間30分
●Canyon Rim Visitor Center
住162 Visitor Center Rd., Lansing
☎(304)574-2115
URL www.nps.gov/neri
開毎日9:00～17:00
休サンクスギビング、12/25、1/1

ショップ&ホテル Shops & Hotels

S ショッピングモール

町なかにあり便利！

チャールストン・タウン・センター・モール
Charleston Town Center Mall

住3000 Charleston Town Center ☎(304)345-9525
URL www.charlestontowncenter.com
開月～土10:00～21:00、日12:30～18:00 地P.622 A-1

3階建てのショッピングモール。Macy'sやアバークロンビー&フィッチなど、約150のショップやレストランが入っている。郵便局あり。 ('12)

S 書店

チャールストン出身の女優も通う

テイラーブックス
Taylor Books

住226 Capitol St. ☎(304)342-1461 URL www.taylorbooks.com
開月～金7:00～20:00(金～22:00)、土・日9:00～22:00(日～15:00)
地P.622 A-1

カフェやギャラリーが併設されている書店。チャールストン育ちの女優ジェニファー・ガーナーのお気に入りの店で、帰省の際は立ち寄るとか。無料でインターネットに接続できる。 ('12)

H 中級ホテル

ダウンタウンのお手頃なホテル

ベストウエスタン・チャールストンプラザ
Best Western Charleston Plaza

住1010 Washington St. E., Charleston, WV 25301 ☎(304)345-9779
FAX(304)345-6120 URL www.charlestonplazahotel.com
ⓈⒹⓉ$76～95 ADMV 地P.622 A-1

町の中心に位置し、どこへ行くにも便利。コーヒーメーカーや冷蔵庫、ヘアドライヤーが客室にあり、インターネットと朝食は無料。160室。 ('12)

H 中級ホテル

カナワ川のほとりに建つ

ラマダ・チャールストン・ダウンタウン
Ramada Charleston Downtown

住600 Kanawha Blvd. E., Charleston, WV 25301 ☎(304)344-4092
FAX(304)345-4847 URL www.ramada.com
ⓈⒹⓉ$80～195 ADJMV 地P.622 A-1

カナワ川に沿って走るKanawha Blvd.にある12階建てのホテル。ダウンタウンなら歩いて回れる立地だ。空港からシャトルバスの送迎あり。256室。 ('12)

H 高級ホテル

ショッピングモールのすぐ隣

チャールストン・マリオット・タウン・センター
Charleston Marriott Town Center

住200 Lee St. E., Charleston, WV 25301
☎(304)345-6500 FAX(304)353-3722
URL www.charlestonmarriott.com
ⓈⒹⓉ$119～219 ADJMV 地P.622 A-1

チャールストン観光局やチャールストン・タウン・センター・モールまで1ブロック。レストランや、室内プール、フィットネスセンター、コインランドリーなどがある。空港からの送迎サービスやインターネットの接続が無料なのはうれしい。352室。 ('12)

日本からアメリカへの国際電話のかけ方 P.8～9
国際電話認識番号(001/0033/0061)+(010)+アメリカの国番号(1)+市外局番+電話番号

Travel Tips 旅の準備と技術

遠くからもよく見える、リノの 4th Street Station

旅の情報収集

日本での旅の相談は旅行会社が一番。現地の情報は、インターネットの普及で容易に入手できるようになった。特に、観光局の公式ホームページでは観光やイベント情報、ホテルやレストランなどの情報が満載でおすすめだ。また、アメリカを舞台にした映画のDVDを観るのも、アメリカの歴史や文化、ライフスタイルを知る手がかりのひとつになる。

日本での情報収集

旅を総合プロデュースする旅行会社では、パンフレットの商品以外にも航空券、レンタカー、宿の手配なども行っている。細かなリクエストにも対応できるので、まずは旅行会社で相談してみよう。

このほか、インターネットを利用して、各都市の観光局やプロスポーツ、劇場の公式ウエブサイトなどにアクセスすれば、最新の情報が入手できる。また、現地でしか入手できなかった地元の新聞や雑誌、フリーペーパーなどの紙媒体も独自のウエブサイトで閲覧できるようになっているので、現地のイベント情報を事前にキャッチするには非常に便利。また、全米の主要都市を網羅しているガイドブック『地球の歩き方』アメリカ編のほか、ロスアンゼルス編、シカゴ編、ニューヨーク編などアメリカを代表とする都市別のシリーズを参考にしてほしい。

現地での情報収集

観光案内所で資料を集めよう！

観光案内所に行くとたくさんのパンフレットが並んでおり、どれが必要なのか迷ってしまう。必ず入手したいものは、

①町の地図
②バスや地下鉄などの路線図、またはタイムテーブル（時刻表）
③町のおもな見どころが簡単に紹介されているパンフレット

とりあえずこの3つがあれば旅行プランが立てられる。

ホテルのコンシェルジュに聞いてみる

コンシェルジュとは、宿泊客のあらゆる要望に対応するホテルスタッフの一員で、ベテランホテルマンが務めている場合が多い。サービスの内容は幅広く、劇場のチケットや飛行機、列車の切符の手配、レストラン紹介や予約、ビジネスサポートなどを行う。フロントとは別にデスクを構え、一対一で対応してくれる。なお、コンシェルジュに要望したサービスの提供を受けた場合は、難易度に応じた額のチップを手渡そう。コンシェルジュがいないホテルでは、あくまでも簡単な要望や質問に限られるがフロントやゲストリレーションなどで対応してくれる。

おもなウエブサイト
●渡航関連情報、プロスポーツとエンターテインメント、アメリカのチケット代理店→P.627
●各都市の観光局→P.628

ウエブでの情報収集
ウエブサイトの更新状況は運営側の管理によりまちまちなので、最新の情報ではない場合もある。あくまでも参考程度に見ておいたほうが無難だ

現地でのプランニング
●観光のアドバイス→P.692

その町の情報だけでなく、近郊のものも揃う案内所もある

志が高く、誠意を持って顧客に対応してくれるコンシェルジュLes Clefs d'Or USAのメンバーのJoeさん／The Westin Bonaventure Hotel & Suite（写真上）
「交差する2つの金色の鍵」が組織のシンボル（写真下）

メモ **Les Clefs d'Or USA**▶宿泊客に良質なサービスを提供するために、コンシェルジュの技術と専門職意識を高める教育を行っている国際的ネットワークのアメリカ支部。コンシェルジュとして長年の激務やトレーニングを積んだ者のみが組織のメンバーに加入できる。胸に輝く「2つの金色の鍵」には、旅行者のためにどん↗

新聞、雑誌、フリーペーパーを入手する

情報源として有力なのは、滞在する都市で発行されているローカル新聞、有料の観光情報誌、タウン誌などのフリーペーパー。ローカル新聞とは、ロスアンゼルスならLos Angeles Times、ニューヨークならNew York Times、ワシントンDCならWashington Postなどの地元紙が挙げられる。エンターテインメント、スポーツ、カルチャーなどの情報を強化した日曜版は特に利用価値が高い。

ローカル新聞と同様に、スタンドや書店などで販売されている情報誌は、エンターテインメント全般の情報のほかに、ショッピングやレストランの情報も充実している。世界の代表的な都市の情報誌を発行しているタイムアウトTimeOutからは、ロスアンゼルス、サンフランシスコ、ラスベガス、ニューヨークなど全米7都市の情報誌が発売されている。また、フリーペーパーでおすすめなのが全米50都市のローカルガイドを発行しているホエアwhere。見どころ、ショップ、レストランなどタイムリーな情報が満載。観光案内所や中級以上のホテルなどで入手できる。

ローカル新聞
●ロスアンゼルス・タイムズ
URL www.latimes.com
●ニューヨークタイムズ
URL www.nytimes.com
●ワシントンポスト
URL www.washingtonpost.com
料 日刊1部50～75セント、日曜版$2～5

有料情報誌
●タイムアウト
URL www.timeout.com
料 $5前後

フリーペーパー
無料のタウン誌などは、観光案内所や通りに設置されているポストなどで入手できる
●ホエア
URL www.where.com

ワシントンDCで発行されているローカル紙、ワシントンポスト（上段左）
観光情報が満載のホエア。掲載の地図も読みやすいと好評（上段右）
ロスアンゼルスのフリーペーパー、LA WEEKLY（下段左）
町なかの通りで見かけるポスト。新聞は有料だが、無料のフリーペーパーもこのようなポストに設置されている（下段中・右）

ウエブサイト便利帳

ウエブサイト名	アドレス	言語
渡航関連情報		
外務省 海外安全ホームページ	www.anzen.mofa.go.jp	🇺🇸 🇯🇵
パスポート	www.mofa.go.jp/mofaj/toko/passport	🇯🇵
査証（ビザ）	www.mofa.go.jp/mofaj/toko/visa	🇯🇵
在外公館	www.mofa.go.jp/mofaj/annai/zaigai	🇯🇵
アメリカ大使館	japanese.japan.usembassy.gov	🇺🇸 🇯🇵
成田国際空港	www.narita-airport.jp	🇯🇵
東京国際空港（羽田空港）	www.tokyo-airport-bldg.co.jp	🇯🇵
関西国際空港	www.kansai-airport.or.jp	🇯🇵
中部国際空港	www.centrair.jp	🇯🇵

ウエブサイト名	アドレス	言語
プロスポーツとエンターテインメント		
野球（MLB）	mlb.mlb.com	🇺🇸
アメリカンフットボール（NFL）	www.nfl.com	🇺🇸
バスケットボール（NBA）	www.nba.com	🇺🇸 🇯🇵
アイスホッケー（NHL）	www.nhl.com	🇺🇸
サッカー（MLS）	www.mlssoccer.com	🇺🇸
ミュージカル、劇場検索、批評など	www.playbill.com	🇺🇸
	www.theatermania.com	🇺🇸
アメリカのチケット代理店		
オールアメリカンチケット	www.allamerican-tkt.com	🇯🇵
チケットマスター	www.ticketmaster.com	🇺🇸
テレチャージ	www.telecharge.com	🇺🇸

↘なドアも開けて差し上げましょうという意味が込められている。ウエブサイトではコンシェルジュの役割や組織の歴史についてなどを紹介している。URL www.lcdusa.org

ウエブサイト便利帳

ウエブサイト名	アドレス	言語
アメリカ総合情報		
アメリカ全体	www.discoveramerica.jp	🇺🇸🇯🇵
	byways.org	🇺🇸
アメリカの国立公園	www.nps.gov	🇺🇸
アムトラック	www.amtrak.com	🇺🇸
グレイハウンド	www.greyhound.com	🇺🇸
地球の歩き方	www.arukikata.co.jp	🇯🇵
各都市の観光局		
アトランタ観光局	www.atlanta.net	🇺🇸🇯🇵
アトランティックシティ観光局	www.atlanticcitynj.com	🇺🇸
インディアナポリス観光局	visitindy.com	🇺🇸
ウィチタ観光局	www.gowichita.com	🇺🇸
ウィルミントン観光局	www.visitwilmingtonde.com	🇺🇸
エルパソ観光局	visitelpaso.com	🇺🇸
オースチン観光局	www.austintexas.org	🇺🇸
オーランド観光局	www.orlandoinfo.com/japan	🇺🇸🇯🇵
オクラホマシティ観光局	www.visitokc.com	🇺🇸
オマハ観光局	www.visitomaha.com	🇺🇸
カンザスシティ観光局	www.visitkc.com	🇺🇸
キーウエスト商工会議所	www.keywestchamber.org	🇺🇸
クリーブランド観光局	www.positivelycleveland.com	🇺🇸
サバンナ観光局	savannahvisit.com	🇺🇸
サンアントニオ観光局	www.visitsanantonio.com	🇺🇸
サンタフェ観光局	www.santafe.org	🇺🇸
サンディエゴ観光局	www.sandiego.org	🇺🇸🇯🇵
サンフランシスコ観光協会	www.sanfrancisco.travel	🇺🇸
シアトル観光局	www.visitseattle.org	🇺🇸
シカゴ観光局	www.choosechicago.com	🇺🇸🇯🇵
シャーロット観光局	www.charlottesgotalot.com	🇺🇸
シャイアン観光局	www.cheyenne.org	🇺🇸
シンシナティ観光局	www.cincyusa.com	🇺🇸
ストウ観光局	www.gostowe.com	🇺🇸
セドナ商工会議所観光局	www.visitsedona.com	🇺🇸🇯🇵
セントポール観光局	www.visitstpaul.com	🇺🇸
セントルイス観光局	www.explorestlouis.com	🇺🇸
ソルトレイク・シティ観光局	www.visitsaltlake.com	🇺🇸
ダラス観光局	www.visitdallas.com	🇺🇸
チャールストン観光局（ウエストバージニア州）	www.charlestonwv.com	🇺🇸
チャールストン観光局(サウスカロライナ州)	www.charlestoncvb.com	🇺🇸
デトロイト観光局	www.visitdetroit.com	🇺🇸
デモイン観光局	www.seedesmoines.com	🇺🇸
デンバー観光局	www.denver.org	🇺🇸🇯🇵
トゥペロ観光局	www.tupelo.net	🇺🇸
ナイアガラ観光局	www.niagarajapan.com	🇯🇵
	www.niagara-usa.com	🇺🇸
ナッシュビル観光局	www.visitmusiccity.com	🇺🇸
ニューオリンズ観光局	www.neworleanscvb.com	🇺🇸
ニューポート観光局	www.gonewport.com	🇺🇸🇯🇵
ニューヨーク観光局	www.nycgo.com	🇺🇸🇯🇵
ハートフォード観光局	www.enjoyhartford.com	🇺🇸
ビスマーク・マンデン観光局	www.bismarckmandancvb.com	🇺🇸
ピッツバーグ観光局	www.visitpittsburgh.com	🇺🇸
ヒューストン観光局	www.visithoustontexas.com	🇺🇸
フィラデルフィア観光局	www.philadelphiausa.travel	🇺🇸🇯🇵
フェニックス観光局	www.visitphoenix.com	🇺🇸
フォートワース観光局	www.fortworth.com	🇺🇸
フラッグスタッフ観光局	www.flagstaffarizona.org	🇺🇸🇯🇵
ボイジー観光局	www.boise.org	🇺🇸
ボーズマン観光局	www.bozemancvb.com	🇺🇸
ポーツマス観光局	www.portsmouthchamber.org	🇺🇸
ポートランド観光局（オレゴン州）	www.travelportland.com	🇺🇸🇯🇵
ポートランド観光局（メイン州）	www.visitportland.com	🇺🇸
ボストン観光局	www.bostonusa.com	🇺🇸
ボルチモア観光局	baltimore.org	🇺🇸
マイアミ観光局	www.miamiandbeaches.com	🇺🇸
ミネアポリス観光局	japanese.minneapolis.org	🇯🇵
	www.minneapolis.org	🇺🇸
ミルウォーキー観光局	www.visitmilwaukee.org	🇺🇸
メンフィス観光局	www.memphistravel.com	🇺🇸🇯🇵
モントゴメリー観光局	visitingmontgomery.com	🇺🇸
ラスベガス観光局	www.visitlasvegas.com	🇺🇸
ラピッドシティ観光局	www.visitrapidcity.com	🇺🇸🇯🇵
リッチモンド観光局	www.visitrichmondva.com	🇺🇸
リトルロック観光局	www.littlerock.com	🇺🇸
リノ観光局	www.visitrenotahoe.com	🇺🇸
ルイビル観光局	www.gotolouisville.com	🇺🇸
ロスアンゼルス観光局	www.discoverlosangeles.com/jp	🇯🇵
	www.discoverlosangeles.com	🇺🇸
ワシントン DC 観光局	washington.org	🇺🇸
そのほかの観光情報		
ウエストバージニア州政府・日本代表事務所	www.westvirginia.or.jp	🇯🇵
オレゴン州駐日代表部	www.oregonjapan.org	🇯🇵
カリフォルニア州観光局	www.visitcalifornia.jp	🇯🇵🇺🇸
コロラド州観光局	www.visitcolorado.jp	🇯🇵🇺🇸
サンフランシスコ観光協会／サンフランシスコ国際空港	www.sf-japan.or.jp	🇯🇵
シアトル・ワシントン州観光事務所	www.seattlewa.jp	🇯🇵
西部5州（アリゾナ、サウスダコタ、ニューメキシコ、ユタ、ワイオミング）	www.uswest.tv	🇯🇵
テキサス州政府観光局	www.traveltex.co.jp	🇯🇵
ミシシッピ・リバー・カントリー USA 日本事務所	www.mrcusa.net	🇯🇵
ラスベガス観光局	www.visitlasvegas.jp	🇯🇵

準備 第2章

旅のスタイル

旅のスタイルは十人十色。初めに、自分はアメリカで何をしたいのか、目的やテーマをもてば旅のプランが立てやすくなる。テーマと旅行日数や予算を柱に、パッケージツアーまたは個人旅行で行くのか、滞在型か周遊型か、節約重視の旅になるのか、などなど、比較・検討を繰り返してみて、自分の希望に近いスタイルの旅を築いてみよう。

アメリカへ出発するまでのステップ

1ヵ月前までに

●旅のルート作りP.634

●航空券（eチケット）、ホテルの手配。旅行会社に相談P.648、698
※航空券（eチケット）、ホテル、アメリカ国内交通のパスP.670、673類など、旅行のパーツは同じ旅行会社で頼むのが基本

●パスポートの取得、残存期間の確認P.642、ESTAP.646
●クレジットカードの申し込み、有効期間、限度額の確認P.639
●旅行代金の残金の支払い

2週間前までに

●海外旅行保険申し込みP.645
●ユースホステル会員証P.697、国外運転免許証などの取得P.644
●旅行用品の準備P.650、レンタカーの申し込みP.678

1週間前までに

●外貨とトラベラーズチェック（T/C）の購入P.638
●荷造りの準備P.651
●空港までの交通機関の確認P.653
●航空券（eチケット）、旅程表の入手（個人旅行の場合は旅程表の作成）
●パスポートやクレジットカード番号などの重要項目と、紛失したときの連絡先などをリストアップP.715、721

前々日、前日までに

●荷物の空港宅配サービス、家族に連絡先を伝えるP.716

当日に

●新聞の一時停止、電気、ガス、戸締まりは大丈夫？
●もう一度パスポート、航空券（eチケット）、ESTA、クレジットカード、T/Cの確認とスーツケースなどの鍵を忘れないように

いざ出発！

●国際空港へP.654 ※出発の3時間前には空港へ到着するように

空港で

●個人旅行者→航空会社カウンターP.657、自動チェックイン機へP.659
●パッケージツアーの参加者→団体用のカウンターへP.657

テーマの例
・ジャズ、ブルースといった好きな音楽のライブハウスをハシゴする
・アウトレットで徹底的に安くショッピング
・お気に入りのアメリカブランドを安く買う
・テーマパークで日本にはないグッズをゲットする
・徹底的に安く旅をする
・NASAの宇宙センターを回る
・全米のNBAの本拠地に行く
・アメリカの大自然に触れる
など

スペースセンター・ヒューストン

自分が希望する内容のツアーがない
このような場合におすすめしたいのが、自分自身で旅を作り、自由に旅することだ。もし、豪華な旅をしたいのなら旅行会社に相談して、飛行機、ホテル、送迎などすべて頼むのもいいだろう。逆に安さにこだわるなら、最低限のものとして航空券だけを日本から手配し、ホテルや食事などは現地で決め、公共の交通機関を使って回るのが最もいい方法だ

旅行会社に相談しよう
旅の肉付け作業は自分でするのも楽しいが、旅のプロのアドバイスがあると、もっともっと幅が広がる。やはりプロ、と感心するはずだ。ただし、旅行会社に行く前に、これだけは決めておいてほしいことがある
・いつ頃行くのか
・どこへ行くのか
・何をしたいのか
・行きたい場所の優先順位
グループにありがちなこととして、各自の希望の行き先がバラバラということがある。旅行会社に行く前に、相談して決めておくように

準備 第3章

ひと目でわかるアメリカ

アメリカでは各州が自治権をもち、一つひとつがまるで国家のように存在している。それだけに“アメリカ”という言葉だけでは表現できないほどの奥深さをもっている国である。

ここではアメリカの基礎知識として、①アメリカの広さ、②日本からアメリカへの距離、③アメリカの時差と夏時間について知っておこう。「アメリカってこういう国なんだ！」というイメージをつかむきっかけにしてほしい。

広　さ

なんと日本の約25倍！

北米大陸の中心部、広大な国土を有するアメリカ。本土 48 州にアラスカ州、ハワイ州を加えた全 50 州、そしてワシントン特別行政区から成る。ほかにグアム、サイパンを含む北マリアナ諸島、プエルトリコなどの準州や自治領がある。

いくら車で走っても、景色が変わらないアメリカの中西部

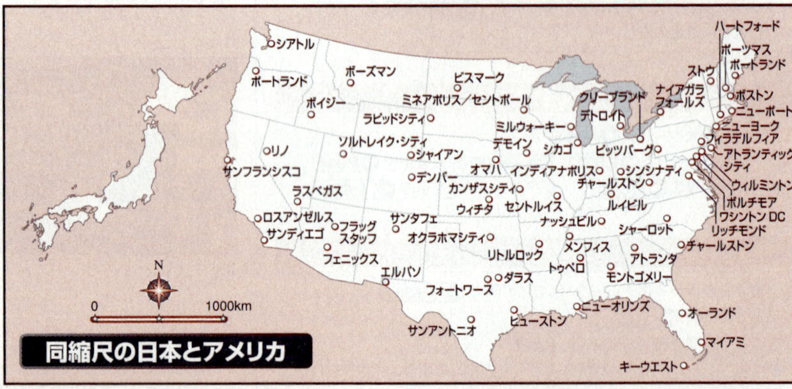

同縮尺の日本とアメリカ

日本から

一番近いのがシアトルで9時間が目安

羽田から直行便が出るサンフランシスコはぐっと身近になった

日本からアメリカ本土へは、北西部のシアトルやポートランド、西海岸のロスアンゼルスやサンフランシスコ、中西部はシカゴやダラス／フォートワース、南部のアトランタ、東部ではニューヨークなどへ直行便が就航している。

また、アメリカ国内の移動も飛行機、長距離バス、列車と選べ、どの路線も複数に発達しているので、組み合わせ次第で行けない都市はほとんどないといっていい。自分の旅のスタイルに合った交通機関を利用するとよい。

日本からのフライト時間		日本から同じ時間で行ける都市
日本▶シアトル	約 9 時間	デリー、バンクーバー
ロスアンゼルス	約 10 時間	シドニー、モスクワ
シカゴ	約11.5 時間	コペンハーゲン、フランクフルト
ニューヨーク	約 13 時間	パリ、ロンドン

時差と夏時間

国内にも時差がある

アメリカ本土には4つの時間帯がある

時差というと日本との時差ばかり考えてしまうが、アメリカ国内の時差にも注意が必要だ。違う時間帯に移動したことに気が付かず、到着時間や乗り継ぎ時間を間違えて、旅行中の貴重な時間をムダに過ごしてしまったということも、よくある話。特に、長距離バスや飛行機を利用して大陸を横断する場合などは気を付けたい。

時間帯

アメリカ本土では東から西への順に、イースタン・タイムゾーンEastern Time Zone（ET）、セントラル・タイムゾーンCentral Time Zone（CT）、マウンテン・タイムゾーンMountain Time Zone（MT）、パシフィック・タイムゾーンPacific Time Zone（PT）の4つの時間帯がある。このほか、アラスカはPT＋2時間、ハワイはPT＋3時間を採用。

MLBの選手も時差を克服して各地で試合をこなす

夏時間

アメリカは夏時間 Daylight Saving Time を採用しており、**3月の第2日曜から11月の第1日曜まで、時間が1時間早くなる。**つまり、3月の第2日曜日の朝は1時間早起きしなければならない、というわけだ。もし、時間の変わる3月第2日曜日と、11月第1日曜日の翌日にかけてアメリカ滞在をするなら覚えておきたい。

※アリゾナ州とハワイ州では夏時間が採用されていない。そのため、例えばマウンテン・タイムゾーンのアリゾナ州にあるグランドキャニオンとパシフィック・タイムゾーンにあるロスアンゼルスは、夏時間の間は同じ時間帯になる。

日本との時差

日本時間	0	1	2	3	4	5	6	7	8	9	10	11	12	13	14	15	16	17	18	19	20	21	22	23
イースタン・タイムゾーン（ET）	10	11	12	13	14	15	16	17	18	19	20	21	22	23	0	1	2	3	4	5	6	7	8	9
セントラル・タイムゾーン（CT）	9	10	11	12	13	14	15	16	17	18	19	20	21	22	23	0	1	2	3	4	5	6	7	8
マウンテン・タイムゾーン（MT）	8	9	10	11	12	13	14	15	16	17	18	19	20	21	22	23	0	1	2	3	4	5	6	7
パシフィック・タイムゾーン（PT）	7	8	9	10	11	12	13	14	15	16	17	18	19	20	21	22	23	0	1	2	3	4	5	6

※夏時間（3月第2日曜から11月第1日曜まで）は1時間早くなる。※青色の下地部分は日本時間の前日になる。

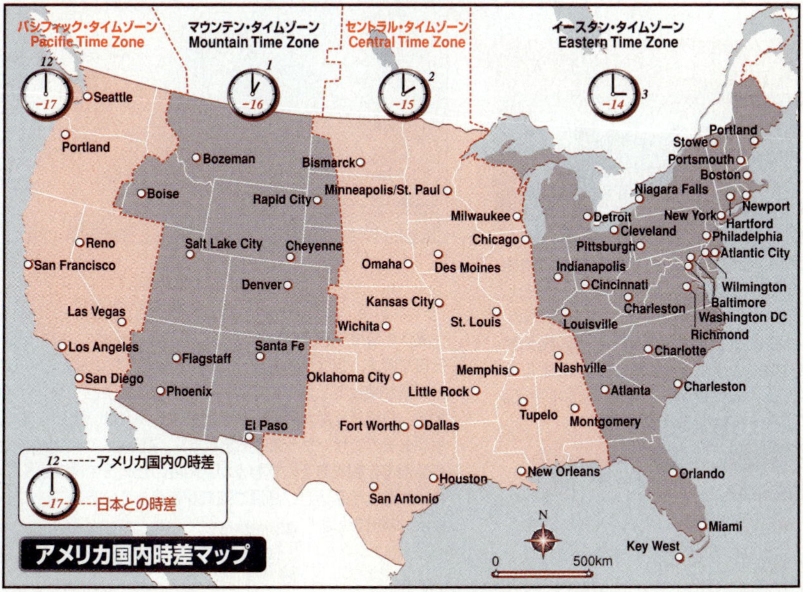

準備 第4章

アメリカのおもな気候

アメリカ本土の気候はフロリダ州南部の熱帯から五大湖周辺の亜寒帯までさまざま。訪れる場所によって観光のベストシーズンや適した服装も違ってくる。目的地の気候をしっかり理解してから、アメリカに出発しよう。

服装のアドバイス　暑い　暖かい　寒い　極寒

※場所や季節により差があるので、あくまで参考にしてください
※各都市の気象データ（気温、降水量）についてはそれぞれの都市のDATA欄をご確認ください
※参考資料／ケッペンの気候区分

西海岸北部

おもな都市▶シアトル、ポートランド

太平洋岸北部の主要都市であるシアトルやポートランドの緯度は北海道の札幌市よりも北にあるが、そのわりには寒くない。観光シーズンは気候が安定している夏で、北からやってくる海流の影響を受けて涼しく気持ちのいい陽気となる。秋〜春にかけては雨や曇りが続き、雪がちらつくこともある。にわか雨対策に、フード付きジャンパーを着ている人も多い。

服装のアドバイス　夏 [暖かい]　冬 [寒い]

西海岸南部

おもな都市▶ロスアンゼルス、サンフランシスコ

カリフォルニア州の太平洋に近いエリアは温暖な気候が特徴。1、2月は比較的雨が降るが、1年をとおして大雨となることはほとんどない。カラッとした陽気が続き大気が乾燥しているため、日が暮れると急に気温が下がる。夜の寒さ対策のために羽織るものを用意しておこう。山に近いエリアは高温になる。夏は水分補給を忘れずに！

服装のアドバイス　夏 [暑い]　冬 [寒い]

●メモ　サンフランシスコは夏でも急激に冷えることがあるので、フリースなどを1枚持っていくと便利。

西部の内陸

おもな都市▶ラスベガス、フェニックス

夏はギラギラと太陽がまぶしく、日差しが強い。40℃を超える日が続き、かなりの暑さとなる。太陽の下にいるとものの30分で肌が焼けてしまうので、外を歩くなら帽子とサングラスに加え、日焼け止めが必要。車を運転する場合は、強烈な光の反射があるのでサングラスをお忘れなく。避寒地フェニックスは、冬になると観光客でにぎわうが、内陸のため日中は暖かくても夜は急激に冷え込む。高温で空気が乾燥しているので、こまめに水分補給をしよう。

服装のアドバイス　夏 [暑い]　冬 [寒い]

ロッキー山脈の東部

おもな都市▶デンバー

ロッキー山脈から東は、「グレートプレーンズ」と呼ばれる大平原が広がり、大陸性の乾燥した気候で雨が少ない。カンザス州やオクラホマ州の4～6月はトルネード（竜巻）が多く発生する➲P.716。警報が発令されたら近くのシェルターに避難すること。周辺に山や森があまりないため、大地が地平線まで見渡せ、空がとても高く広く感じられる地域だ。

服装のアドバイス　夏　冬

五大湖から北東部

おもな都市▶ニューヨーク、シカゴ

大西洋から五大湖周辺に広がる地域の冬は厳しい。特に12～2月は積雪もあるので、厚手のコート、耳まで覆うことのできる帽子、手袋を用意したい。ベストシーズンは6～9月初旬で、抜けるような青空が広がり、雨も少ない。日中は30℃を超える日もあるが、内陸に行くほど朝晩は気温が下がり涼しくなる。

服装のアドバイス　夏　冬

南東部とフロリダ中・北部

おもな都市▶アトランタ、ニューオリンズ

日本の本州と同じく四季がはっきりしている。特にアトランタやニューオリンズなどがある南部の夏の最高気温は35℃以上となり、日本よりも蒸し暑くジトッとした日が続く。夏～秋にかけてはハリケーンの襲来もあるので注意。冬は、カナダに近い五大湖周辺ほどではないが寒くなるので、コートや手袋などを用意しておきたい。

服装のアドバイス　夏　冬

フロリダ南部

おもな都市▶マイアミ、キーウエスト

冬は暖かく気候が安定しているため、避寒地として人気が高い。雨期は5～10月で、短時間集中的に大雨が降る夕立（スコール）に備えて折り畳み傘やポンチョがあると便利。夏～秋はハリケーンが接近する➲P.716。場合によっては上陸するので、天気予報のチェックを欠かさずに。夏は暑く、気象条件が安定しない代わりに宿泊費を安く抑えられるのが魅力。

服装のアドバイス　夏　冬

旅のルート作り

では、具体的に自分の旅のルートを作ってみよう。そのためにはどんな手順で進めていけばいいのか、どんなことに注意をしたらいいのか、移動の交通機関はどれにしたらいいのか……。ガイドブックや地図、またモデルコースや体験談などを参考にしながら少しずつ自分の旅を確かなものにしていこう。あれもこれもと欲張らずに、「これは次の旅にとっておこう！」と楽しみを増やし、余裕をもった日程にすることも大切。

旅のルート作りのステップ

①旅行期間を決める

- 旅行に何日かけることができるか
- 現地で観光に使える日数は全体の日数からマイナス2～3日した日数

ワンポイントアドバイス

出発まで15日間なら現地で13泊、10日間の旅なら8泊になる。時差の関係で、東海岸なら到着が夕方になるが、西海岸なら到着が朝なので、まる1日行動できる

地図を広げ、行きたい都市をイメージしながらの計画は楽しい

②行きたい都市を選び出す／資料を入手する

- まずは日数や移動を考えずに行きたい都市を選び出し、白地図などに書き出してみる
- 日本に事務所を置いている州や都市の観光局、旅行会社などでパンフレットを収集したり、図書館やウエブサイトで情報を入手する

③行く都市を絞り込む

- 旅行の全日程数と各都市での必要な滞在日数を考えて、実現可能な数の都市を絞り込む

（P.635へ続く）

旅行に最適な時期

注：航空券とホテルの料金の流れはこのとおりではない場合もあるので、あくまでも目安に。スポーツの期間はだいたいのものであり、祝日の項の※は州によって祝日ではないことがあります。

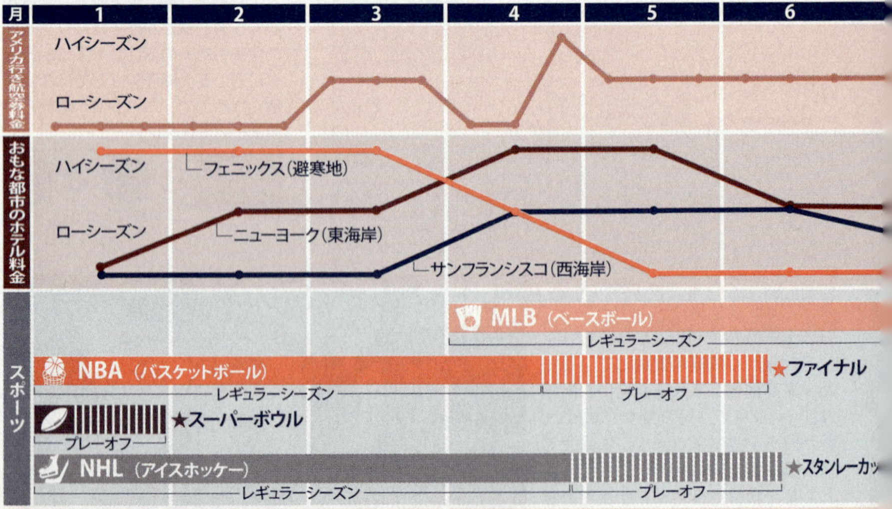

祝日

- 1月1日 ▶ New Year's Day（元日）
- 1月第3月曜 ▶ Martin Luther King, Jr's Birthday（マーチン・ルーサー・キング牧師誕生日）
- 2月第3月曜 ▶ Presidents' Day（大統領の日）
- 3月17日※ ▶ St. Patrick's Day（セント・パトリック・デイ）
- 4月第3月曜※ ▶ Patriots' Day（愛国者の日）
- 5月最終月曜 ▶ Memorial Day（戦没者追悼の日）

投稿 **イベントの時期の旅行▶**ハリウッドのアカデミー賞授与式の時期にL.A.を旅行。開催期間中は広範囲に交通規制され、バスの運行やルート、地下鉄駅の封鎖など不便な状況に。警備が強化されているので、その範囲内にあるショップやレストランにも入れない。
（新宿区　太田雅人　'11）['12]

（P.634より）

④ゲートシティを決める

●行く都市のなかから、どの都市を旅のスタート（ゲートシティ）にするか

●決定のポイントは、①日本からの直行便が運航されていること、②町が大きすぎず、小さすぎず町全体像を把握しやすいこと、③公共の交通機関が発達していて、都市内の移動に手間がかからないことなど

●この時点で、アメリカまでの航空会社がある程度絞り込める

ワンポイントアドバイス

ゲートシティは西海岸のサンフランシスコ、ロスアンゼルス、中西部のシカゴ、東海岸のニューヨークが一般的

⑤ルートと都市間の交通手段の決定

●アメリカ国内の交通手段は、飛行機、長距離バス、鉄道、レンタカーがある

●決定のポイントは、次のとおり。所要時間、料金、ルート、各交通機関から受ける旅の印象、飛行機の場合は各航空会社の路線網と太平洋路線とのつながりのよさ……など

ワンポイントアドバイス

飛行機を利用するときは、飛行時間だけでなく、ホテルと空港間の移動、搭乗手続き、機内預け荷物の引き取りに必要な時間（2～3時間）も考える

利用する交通機関によって受ける旅や町の印象は大きく変わってくる。バラエティに富んだアメリカを体験したければ、なるべくいろいろな交通機関を利用しよう

⑥具体的なスケジュールを組む

●各都市での滞在日数、各都市間の移動にかかる所要時間を考えて、行く都市とルートの最終決定

●長期間の旅行の場合、トラブルや体力的なことを考えて予備日も入れておくとよい

日本から手配が必要なもの	日本から手配しておいたほうがいいもの	現地での手配で充分なもの
①日本⇔アメリカ間の航空券 ②アメリカ国内の航空券	①現地到着日、最終日のホテル ②レンタカーの予約 ③長距離バスや鉄道のパスなど	①旅行中のホテル ②鉄道、長距離バスの予約

⑦希望に応えてくれる旅行会社を探す

●会社によって、パッケージツアーが得意、個人旅行が得意などの特徴があるが、航空券、ホテル、鉄道や長距離バスのパス類などの手配は、ひとつの会社に依頼するのが基本中の基本

●資料を集めたり、周りの人に聞いてみたり、自分で実際に旅行会社に足を運ぶなどして探してみよう

レンタカーを借りて、アメリカの広いフリーウエイを走ってみよう

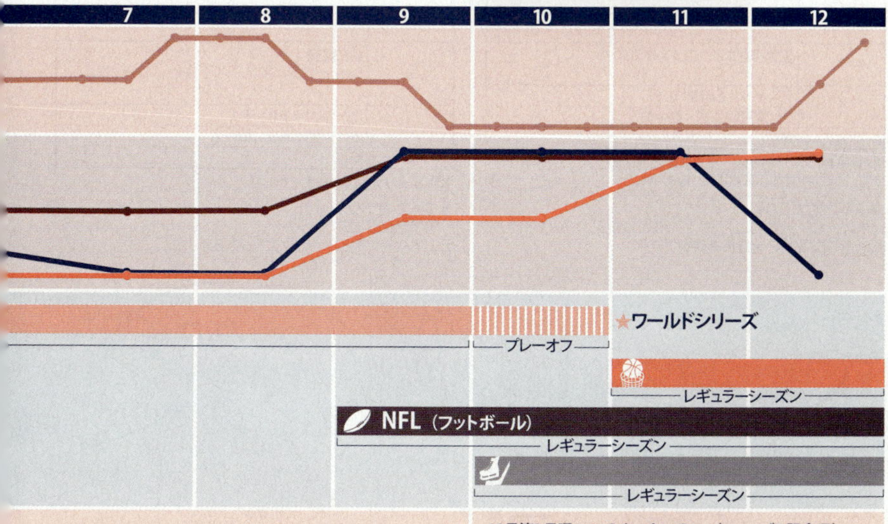

7月4日 ▶ Independence Day（独立記念日）
9月第1月曜 ▶ Labor Day（労働者の日）

10月第2月曜※ ▶ Columbus Day（コロンブス記念日）
11月11日 ▶ Veterans Day（退役軍人の日）
11月第4木曜 ▶ Thanksgiving Day（サンクスギビング）
12月25日 ▶ Christmas（クリスマス）

投稿　セント・パトリック・デイ▶NYでは5番街でパレードがあった。アイルランド本国からもたくさん参加しているとのことで、民族衣装でアイリッシュダンスを披露する学生の姿が可愛らしい。タップしながら行進はさすが！（兵庫県　苺畑nap　'11）['12]

旅のモデルルート

ここでは、日本から直行便が就航しているアメリカの都市から、各観光地を巡るベーシックな周遊の旅をご提案。目的地への移動には、どの手段が一番便利なのかを考慮して、飛行機、鉄道、レンタカー、観光ツアーなどを組み合わせて計画しよう。

★西海岸プラン A / アメリカ西海岸周遊 7 日間

日 次	ベーシックプラン A
1	日本→サンフランシスコ 日付変更線通過 サンフランシスコ　泊
2	終日市内観光　サンフランシスコ　泊
3	飛行機でロスアンゼルスへ ロスアンゼルス　泊
4	終日市内観光　ロスアンゼルス　泊
5	飛行機でラスベガスへ ラスベガス　泊
6	ラスベガスを出発 ※1 日付変更線通過・機中泊
7	帰国

※1）アメリカ国内の都市で乗り継ぎ

★西海岸プラン A

ロスアンゼルス、サンフランシスコへは成田、羽田空港から直行便が就航している。2012 年 5 月現在、成田便は日本出発同日の午前中（マレーシア航空を除く）、羽田便は深夜発、前日の夜に現地到着となる。時間を有効に使えるのがポイント。

★ A+2 泊プラン／アメリカ西海岸周遊 9 日間

日 次	ベーシックプラン A+ 延泊 2 日
6	ラスベガスからグランドキャニオン国立公園へ ※2 または、モニュメントバレーへ※2 グランドキャニオン国立公園、モニュメントバレー　泊
7	昼間移動など、夜ラスベガスへ ラスベガス　泊
8	ラスベガスを出発 ※3 日付変更線通過・機中泊
9	帰国

※2）移動にはレンタカー、または現地発着のツアーを利用
※3）アメリカ国内の都市で乗り継ぎ

★ A+2 泊プラン

ラスベガスを拠点にレンタカー、または観光ツアー（→ P.172、178）でアメリカの大自然を満喫する旅に。

★東海岸プラン B / アメリカ東海岸 8 日間

日 次	ベーシックプラン B
1	日本→ボストン 日付変更線通過 ボストン　泊
2	終日市内観光　ボストン　泊
3	飛行機、またはアムトラックでニューヨークへ ニューヨーク　泊
4	終日市内観光　ニューヨーク　泊
5	アムトラックでワシントン DC へ ワシントン DC　泊
6	終日市内観光　ワシントン DC　泊
7	ワシントン DC を出発 日付変更線通過・機中泊
8	帰国

★東海岸プラン B

ボストンへは成田から直行便が就航、日本出発同日の午前中に到着する。出国手続きもスムーズに行われ、空港からダウンタウンも近い。ボストン→ニューヨーク→ワシントン DC の移動は飛行機もいいが、アムトラックが便利。どの都市の駅もダウンタウンに位置しており、列車の運行本数も多い。

★ B+2 泊プラン／アメリカ東海岸周遊 10 日間

日 次	ベーシックプラン B+ 延泊 2 日
7	ワシントン DC からオーランドへ ウォルト・ディズニー・ワールド・リゾートなど オーランド　泊
8	終日観光 ウォルト・ディズニー・ワールド・リゾートなど オーランド　泊
9	オーランドを出発 ※1 日付変更線通過・機中泊
10	帰国

※1）アメリカ国内の都市で乗り継ぎ

★ B+2 泊プラン

町歩きが基本のベーシックプランとは対照的に、フロリダのテーマパークでとびっきりのひと時を楽しもう。

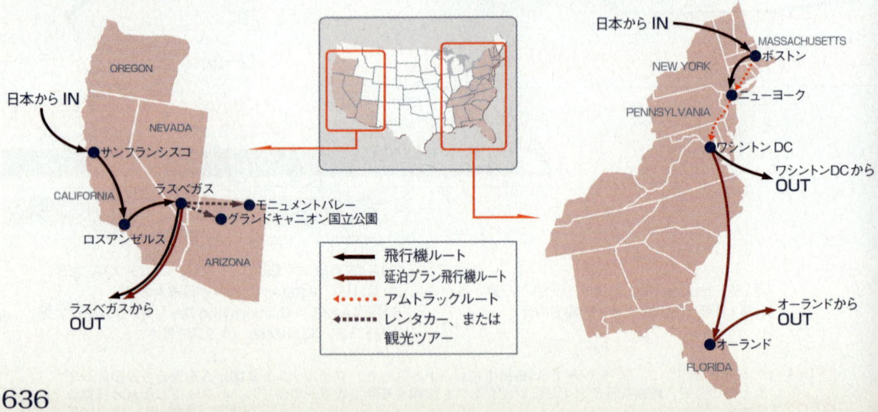

準備 第7章

旅の予算とお金

各自が計画する旅のプランの内容に応じて、支出する費用もさまざまだ。ここでは旅の基本的な費用の目安を挙げ、旅のタイプ別シミュレーションを例に解説する。アメリカの通貨であるアメリカドルは現金のほか、クレジットカードやトラベラーズチェック、マネーカードを上手に組み合わせて準備しよう。

支出項目

宿泊費 P.696

客室料は町やシーズンなどで差があるが、基本的に中級ホテルはシングル$80〜170、ツイン$90〜170くらいが目安。

食費

スーパーやデリなどで購入したものを、ホテルの部屋で食べるのが一番安上がり。外食はファストフードから、高級レストランまでさまざま。体あっての旅だから、最低、朝食に$3〜7、昼食に$10〜15、夕食に$20〜25の予算は組んでおきたい。

観光に要する費用（具体的な数字は個人差あり）

現地でツアーに参加したり、テーマパーク、美術館などの入場料、ミュージカルやコンサート、スポーツ観戦にかけるお金など。何をしたいかによって、かける金額も人さまざま。

交通費

都市間の移動は、飛行機やレンタカーなど、旅行のスタイルによりさまざま。便利な交通機関は割高だが、時間を有効に使える。町なかで頻繁に利用する地下鉄や路線バスは、1区間だいたい$1〜2程度。タクシーも市内の移動なら、ほとんど$10以内で済むだろう。ただし、飛行機をよく利用する人は、空港←→市内間の空港シャトルバンに1回$20前後を見込んでおく必要がある。

そのほかの費用

お茶やアイスクリームなどの副食費、日用品などの雑費、チップ、おみやげ代も忘れずに。

宿泊料金の高い町
観光とビジネスの町のホテル料金は特に高い。例えば、ニューヨーク、サンフランシスコ、シカゴ、ボストン、ワシントンDCなど。同じ料金だったら、他の町と比較して部屋のグレードが低いことを覚悟しておいたほうがいい。なかでも、ニューヨークの高さは異常ともいわれている

レストランの料金の目安
幹線道路沿いでよく見かけるファミリーレストランなら$8〜15、町なかのカジュアルなレストランなら$20〜30程度

観光にかかる費用も千差万別
何をするのかによって、かなりの差が出てくる。例えば、ワシントンDCでスミソニアンの博物館見学をするならすべて無料。フロリダのウォルト・ディズニー・ワールドなら1日券で$85といった具合だ

市内を数多く移動する人は
多くの町で発行している、一定期間市バスや地下鉄など公共の交通機関に乗り放題のパスを購入するといいだろう

クーポン券を利用しよう
観光案内所やホテルのカウンターのいくつかには、クーポン券が置かれている。観光名所のクーポン、レストランのクーポンなどいろいろとある。割り引かれているのはわずかな金額ではあるが、塵も積もれば山となる。利用する回数が多いと、得する額も大きくなる。特に、ナイアガラフォールズのような観光地は、クーポン券が束になっていたりする。積極的に利用しよう

タイプ別旅費シミュレーション（サンフランシスコ滞在例）　旅のアドバイス

タイプ1　やりくり上手なあなたは

宿泊費	ユースホステル	30
交通費	市バス２回、ケーブルカー１回乗車	10
入場料	フィッシャーマンズワーフ	なし
	アルトカラズ島ツアー	28
	ケーブルカー博物館	無料
食費	ランチ（ピザ１枚＋ジュース類）	5
	ディナー（韓国料理）	15
その他	ミネラルウオーターなど	3
合計		$91

タイプ2　たまには少しゴージャスに

宿泊費	中級ホテル（ツインの１人分）	135
交通費	タクシー（夜間利用）	10
入場料	ツアーでワインカントリーへ	67
食費	ランチ（イタリアン）	15
	ディナーを兼ねてジャズクラブへ	50
その他	カリフォルニアワイン購入（１本）	25
	インターネット接続料	8
合計		$310

旅のアドバイス **時間はお金に代えられない**▶市内の移動にはバスや地下鉄などの公共交通機関だけ使い、交通費を安く済ませようとすると、予想外に移動時間を取られてしまう。ときにはタクシーを利用して時間を有効に使いたい。

外貨の購入

アメリカでの“日本円”は空港の免税店など、ごく一部を除いてはまったく通用しない。また、両替にしても、空港の両替所、ホテルのキャッシャーなど限られている。アメリカへは出発前に、日本円をアメリカドルに替えて持っていくのが賢明だ。

アメリカの通貨

いわずと知れたアメリカドル（US Dollar/通称USドル）。1ドル（$）＝100セント（¢）。コインは1¢（通称ペニー Penny）、5¢（ニッケル Nickel）、10¢（ダイム Dime）、25¢（クオーター Quarter）、50¢（ハーフダラー Half Dollar）、$1（ダラーコイン Dollar Coin）の6種類。ただし、50¢のコインはほとんど見かけない。$1のコインは徐々に流通してきた。大きさは50¢、$1、25¢、5¢、10¢、1¢の順だから注意！

紙幣は$1、$2、$5、$10、$20、$50、$100の7種類ある。大きさはどれも変わらないが、2003年から色付きの新紙幣の流通が始まっている。2012年5月現在、$5、$10、$20、$50の4つが色付きとそうでないものの流通がある。また、現在のものよりも中央の人物の顔が小さい紙幣（旧紙幣）が1996年まで発行されていたため、あまり見かけることはないが、今でも流通している。2011年の新$100紙幣の発行を最後に、$5以上の紙幣の新札切り替えはこれで完了した。

クレジットカード社会のアメリカでは、高額紙幣を持ち歩く人がほとんどいないため、$50、$100札は受け取ってくれても、ニセ札じゃないかとしつこく調べられることがある。日本円から両替してもらうときは、少額紙幣も混ぜてもらうといい。

トラベラーズチェックで持って行く

現在では都市銀行をはじめ、外国為替取扱銀行、大手旅行会社の本／支店、大きな郵便局に行けば簡単に外貨を購入することができる。日本の国際空港でもアメリカドルを購入可能だ。現金との違いは、トラベラーズチェック（以下T/C＝旅行者用小切手）は再発行可能であるという点。また現金に比べ交換レートが有利だ。

トラベラーズチェック（T/C）の使い方

T/Cは金額が最初から印刷されている小切手で、サインをするところが2ヵ所あり、使用者はT/Cを購入した時点で1ヵ所（Holder's Signature）にサインをし、使用時にもう1ヵ所（Counter Signature）にサインをして、初めて有効になる。

発行時（購入時）に1～3%の手数料（販売する金融機関により異なる）がかかるが、為替レートは現金よりもよい。

T/Cはアメリカではほとんどの店、レストラン、ホテルなどで現金同様に使うことができるが、パスポートや国際学生証などID（身分証明書）の提示を求められることがある。

クレジットカードがあれば、ATMを使ってアメリカドルを入手できる

為替レートは、今いくら？
最新のアメリカドルの為替レートはインターネット『地球の歩き方』ウエブサイトで確認することができる
URL www.arukikata.co.jp/rate

現金の管理方法
アメリカでは現金は最小限だけ持ち歩きたい。その際、財布は小銭入れと札入れに分けて持ち歩くと便利。札入れには小額の紙幣から順に入れておくのがいい。$1紙幣はチップやバス代などによく使うため、手前にあったほうが取り出しやすい。高額紙幣を手前に入れておくと、偶然それを見られてしまい、スリのターゲットになってしまうこともある

投稿 $1硬貨
$1硬貨を25¢と間違える店員が多かった。使うときは注意すること。
（東京都　下重智恵　'08）['12]

トラベラーズチェック（T/C）は安心・便利
アメリカン・エキスプレスのT/Cは、購入者なら、緊急時に電話一本で日本語のサポートが受けられるので安心。さらにフライト情報や、渡航先のレストラン、ショップ、ホテル情報など、役に立つ現地情報も提供してくれる。
購入はアメリカン・エキスプレス提携の金融機関、外貨両替ショップ、ゆうちょ銀行、郵便局、空港などで
URL www.amextc.jp

安心・便利な旅のオカネ アメリカン・エキスプレスのT/C

メモ 25¢コイン▶America The Beautiful Quartersというプログラムで、2010年から国立公園のレリーフが流通、2012年も引き続き発行予定。コインの発行についてはURL www.usmint.govで確認できる。

トラベラーズチェック（T/C）購入時の注意

現金と比べ多くの利点があるT/Cだが、以下の点に注意したい。

①**大手銀行で発行しているT/Cがベター**。ビザやマスターカードといった世界的なクレジット会社と提携しているので問題なく使える。アメリカン・エキスプレス発行のT/Cは知名度が高く安心。

②通常T/Cには$20、$50、$100、$500、$1000とあるが、1回に多額の支払いを予定している人を除いて、**$500以上の高額のT/Cを持つのはすすめられない**。T/C購入前に、支払いの場所や金額、高価な買い物の有無をあらかじめ考え、使いやすい金種の組み合わせ、T/Cと現金のバランスなどを工夫しよう。

例えば旅費が$1500の場合、$20×25枚、$50×10枚、$100×5枚などと事前に考えておくと手続きもスムーズだ。また、現金とT/Cの割合だが、到着後の空港から目的地までの交通費や、食事代などに必要な分だけ（余裕をもって$70くらい）の現金を持ち、残りはすべてT/Cがよい。

T/Cのメリット&デメリット

メリット	デメリット
●レストラン、ショップ、ホテルなどで現金同様に使用できる ●高額の現金を持ち歩かなくてよい ●サインが必要なので、本人しか使えない ●盗難に遭っても再発行が可能 ●両替するときの為替レートが現金のときよりいい ●旅行の予算の管理がしやすい	●T/Cで買い物をしても、おつりで大量の現金を持ってしまったら、安全性が損なわれる ●高額のT/C、または店によっては受け取りを拒否される場合がある ●地下鉄や市バス、タクシーには使えない ●ファストフード店では使えないことが多い ●前もって現金化しておかなければならない場合がある

クレジットカード

アメリカでは、ちょっとした支払いでも個人用の小切手か、クレジットカードを用いるのが一般的だ。クレジットカードはアメリカ社会では必需品。経済的信用が付加されているからだ。海外で通用する国際クレジットカードを持って行こう。

クレジットカードを入手するには、各クレジット会社へ申し込みを行い審査を受ける必要がある。審査基準は各会社、申し込むカードのグレードにより異なる。また、カードを作る際には基本的に年会費が必要だが、これも各会社、カードのグレードによりまちまちなので確認を。

日本で加入できる国際カードはアメリカン・エキスプレス、ダイナースクラブ、JCBカード、マスターカード、ビザなどがあり、最近は日本の多くのカード会社や銀行、信販会社がマスターカード、ビザのどちらか、または両方と提携発行しているので非常に便利になっている。

通常、クレジットカードには利用限度額が設定されている。この限度額は、設定の金額に達するまで使用でき、支払いが済めばその額分再び使用可能になる。海外旅行の際は、一時的に限度額を引き上げることができるので、必要な場合は問い合わせを。

T/Cはほとんどキャッシュと同じ
商店などでキャッシャーに“NO CHECK（小切手お断り）”と表示されていることもあるが、この場合のチェックとはパーソナルチェック（地元の人が使う、銀行口座引き落とし小切手）のこと。T/Cなら受け取ってもらえることも。ただし、ファストフード店では手続きが面倒で使いづらい

使う分だけ財布に入れて
T/Cも、その日に使う分だけを切り取って財布の中に入れておくと便利。必ずしも束のまま持ち歩かなくてもいい

T/Cのサイン
T/Cのサインは日本語でも英語でも構わないが、パスポートを提示したときにトラブルを避けるため、パスポートと同じサインをすること

両替は日本でするのがお得
アメリカで日本円を両替すると、日本に比べてかなりレートが悪い。T/C、キャッシュともに日本で両替してから出かけよう

この金種が便利
T/Cの金種は$50が最も使いやすい

T/Cはどこで現金化する？
アメリカの空港の両替所でT/Cを現金に換金すると手数料を取られてしまう。両替はホテルのキャッシャーがいい。
また、T/Cは使用したら必ずその記録を残すように心がけよう

トラベラーズチェックの換金
小さな町では、現金化や利用できるところが限られている。前もって大きな都市で、使う分だけ現金化しておこう。
（東京都　A.M.'08）['12]

再両替のとき
使い残したT/Cを帰国後日本円に再両替してもらうときには、身分証明書（パスポートなど）が必要なので忘れずに

紛失・盗難などでT/Cの再発行を受けるときは
紛失・盗難に気が付いたら直ちに、T/Cの発行元へ電話をすること。そのほか、T/Cの券面（Holder's Signature）に使用者のサインがしてある、T/C購入時に受け取った発行控えがあることがおもな条件だ

カードの使い方

アメリカでは、ほとんどの店やレストランでクレジットカードを使うことができる。確かな方法としては、入口やウインドーに取り扱っているクレジットカードのステッカーが貼ってあるので、自分の持っているカードが使えるかどうかチェックしておく。店によっては"$20から"というように最低金額を定めているところもある。また、安いレストランやカフェ、屋台などでは、クレジットカードを使えないこともある。

キャッシャーで、あるいは店の人が"キャッシュ　オア　チャージ？　Cash or Charge?"と尋ねる。このChargeがクレジットカードによる支払いのことなので、"Charge, please."と答え、金額を確認をし、サインして控えは大切に保存する。なお、IC対応端末機にてICカードを利用した場合には、端末機に表示された金額を確かめてから暗証番号を入力する。暗証番号の代わりにサインが必要な場合もある。1～2ヵ月後の決済までに口座に入金しておけばよい。

クレジットカード犯罪を防ぐために

クレジットカードを財布から一時的に抜き出し、カードの磁気情報を読み取って偽造カードを作る「スキミング犯罪」が、アメリカでも多発している。暗証番号を生年月日や電話番号などに設定しているなら、すぐに変更しよう。そして財布は肌身離さず持ち歩くこと。また、会計時も絶対にカードから目を離さないこと。とくに、店員が客から離れた場所にカードを持っていってしまったときは要注意。

カードをなくしたら!?

国際クレジットカードの場合、現地にカード会社の事務所や提携の銀行があるので、できるだけ早くそこに連絡して不正使用されないようにしてもらう。連絡先は電話帳やホテルの人に教えてもらう方法がある。

手続きをするにはカードナンバー、有効期限が必要だ。紛失時の届け出連絡先と一緒にメモを取っておくのを忘れずに。パスポートと一緒にカードのコピーを取るのも一案。

クレジットカードのメリット&デメリット

メリット	デメリット
●多額の現金を持ち歩かなくてよいので安全	●支払い能力のある人でないとカードは取得できない
●旅行中、所持金が底をついたら……という心配がない	●盗難に遭った場合、通信販売などに悪用されることがあるので、ただちに使用停止の手配をしなければならない
●レンタカー、ホテルの予約。ホテルのチェックインのとき身分証明書となる	●悪徳業者は、支払い用紙に金額を多く書き込んだりすることがあるのでサインするときには、必ず支払い額のチェックを
●利用金額の写しが手元に残るので、支出額のチェックがしやすい	●利用最低額が$20といった具合に決められていることがある
●サインひとつで支払いができ、現金の授受時によくある間違いが起こらない	
●現金が必要なとき、手続きさえしておけば、キャッシングサービスを受けられる	

アメリカはカード社会

レンタカー、ホテルの予約、ホテルのチェックインの際に必要。クレジットカードには、経済的信用が付加されているため、持っていないと車を貸してもらえない、ホテルに宿泊の際多額のデポジットを要求されるなどという場合がある。また、ホテルでは前払いを要求されたり、部屋の電話を使えないことも

クレジットカードの達人

旅慣れた人は、ホテルやレンタカーの精算、高額商品やレストランの支払いをクレジットカードで済ませてしまう人が多く、現金は交通費や簡単な食事、チップなどにかかる最小限の金額しか持ち歩かないという人もいる

こんなとき便利

ニューヨークの郵便局のように支払いにT/Cを使うとき、IDを2種類見せるよう求められることがある。こんなとき、パスポートのほか、クレジットカードも充分ID代わりになる

出発する前に

・利用限度額の確認
・キャッシングの際は暗証番号が必要。その番号の確認

学生がカードを取得するには

① 親が加入のカードの家族会員になる
② 学生向けカードに加入する
※学生カードは利用限度額が一般のクレジットカードより低い設定だ。長期旅行の場合、利用額が決済（口座より引き落し）されない限り、累計されていくため限度額を超えてしまう恐れがある。

必ず日本で限度額引き上げの手続きをしておくように

学生カードでキャッシング

日本国内にあるATMでのキャッシングは、ほとんどの学生カードではできない。しかし海外のATMではキャッシングできることが多い

カードの暗証番号

カードで支払いの際、サインではなく、暗証番号を入力する機械を提示され、そこに自分で暗証番号を打ち込む場合がある。自分のカードの暗証番号がわからない人は、出発前までにカード会社に問い合わせ、確認しておこう

「クレジットカード」の請求通貨に注意

最近、海外でクレジットカードを使った際、カード決済のレシートが現地通貨ではなく、日本円というケースが増えている。

日本円換算でのカード決済自体は違法ではないのだが、不利な為替レートが設定されていることもあるので注意しよう。

支払い時に「日本円にしますか？」と店から言われる場合もあれば、何も言われずに日本円換算になっている場合もあるので、サインする前に必ず通貨を確認しよう

投稿 **クレジットカードでしか支払いできない場合も**▶便利、ということだけでなく、クレジットカードでしか支払いができないケースがあった。クレジットカードは持っていくべきだと感じた。
（さいたま市　初アメリカ　'07）['12]

海外キャッシングサービスを利用する

海外で手持ちの現金が少なくなったり、予定外の出費があったときに便利なのが、クレジットカードのキャッシングサービスだ。空港や町中のATMで、いつでも現地通貨で引き出せる。キャッシングには、ATM利用料と利息がかかり、カード代金の支払口座から引き落としされる。また、日本で発行した銀行のカードでも国際キャッシング対応のカードなら、提携のATMで現金を引き出すことができる。新生銀行やシティバンクでも取り扱っている。ATMでの引き出し方法は、クレジットカードでの場合とほぼ同じ。手数料は各銀行により異なるので、事前に確認しておきたい。

ATM機での現金の引き出し方 (機種により手順は異なる)

❶アメリカの一般的なATM機。銀行系だと“Welcome to ○○ Bank”など銀行名が表示される

❷銀行の国際キャッシュカードかクレジットカードの磁気部分をスリットさせて、機械に読み取らせる

❸引き出したいのか(WITHDRAWAL)、すぐに$40が必要なのか(FAST CASH $40)、残高を知りたいのか(BALANCE INQUIRY)など、希望のボタンを押す。日本人ならほとんどクレジットカードからおろすことになる

❹PIN (PERSONAL IDENTIFICATION NUMBER) ナンバー(暗証番号)を入力して、最後にボタンを押す

❺アメリカのATMはおろす金額が決められている場合が多い。希望の金額のボタンを押す

❻現金が出てくる。このあとレシートが必要なときはRECEIPTのボタンを押す

アメリカでカードを紛失した場合の連絡先

●アメリカン・エキスプレス
Free (1-800) 766-0106
●ダイナースクラブ
日本☎011+81-45-523-1196
(コレクトコールが利用できる)
●JCBカード
Free (1-800) 606-8871
●マスターカード
Free (1-800) 307-7309
●ビザ
Free (1-866) 670-0955
※各社、日本語で対応してくれるので、言葉の心配は不要

キャッシング時の注意

カードに関する犯罪が多いので、特に暗証番号の入力時などは手をかざして読み取られないようにしよう

二重払いをしないためにも

レシートと、カード会社からの請求書をきちんと照合することが大切。二重に引き落とされていたら、カード発行会社にすぐに連絡しよう。そのためにもやはりレシートは必ず保管しておいたほうがいい

身分証明ができるものを

クレジットカードを使用してもスーパーマーケットなどではIDの提示は求められなかった。しかし、大型ショッピングモールや旅行会社では、パスポートなど個人特定ができるものの提示を求められることがあった。
(徳島県　ごん君　'07) ['12]

ATMで使われる用語

引き出し	withdraw (ウィズドロウ)
預け入れ	deposit (ディポジット)
振り替え	transfer (トランスファー)
暗証番号	PIN (ピン) (Personal Identification Number)

海外専用プリペイドカード

海外専用プリペイドカードは、外貨両替の手間や不安を解消してくれる便利なカードのひとつだ。

多くの通貨で国内での外貨両替よりレートがよく、カード作成時に審査がない。

出発前にコンビニATMなどでの円をチャージし(預け入れ)、その範囲内で渡航先のATMで現地通貨の引き出しができるので、使い過ぎや多額の現金を持ち歩く不安もない。

2012年4月現在、発行されているのは主に下記のとおり。

- クレディセゾン発行「NEO MONEYネオマネー」
- トラベレックス発行「CASH PASSPORTキャッシュパスポート」
- JTB発行「Money T Globalマネーティーグローバル」
- リコーリース発行「リコーグローバルマネーカード」

出発までの手続き

旅立つ前に済ませておくべき手続きがある。パスポートやESTA（エスタ）、海外旅行保険の加入、場合によってはビザ（査証）も必要になる。パスポートは自分で簡単に取得できる。自分だけの旅を作るためにも、まずはパスポートの申請から始めよう。

パスポートを取ろう

パスポート（旅券）は旅行者が日本国民であることを証明し、渡航先の国に対して安全な通過や保護を要請した公文書で、国際的な身分証明書である。これがなければ日本から出国することはできないし、どの国にも入国することができない。旅行中、常に携帯しなければならない、命の次に大切なもの。

旅行会社に手続きを依頼すると申請を代行してくれるが、当然手数料がかかり、また、受領は必ず本人が行かなければならない。個人で取得するのも簡単なので、自分で各都道府県庁の旅券課やパスポートセンターに出向いてみよう。パスポートは、発行日から5年間有効なものと10年間有効なものがあり、発行手数料（旅券課窓口の近くの販売所にて印紙を買う）は5年が1万1000円（12歳未満は6000円）、10年は1万6000円。申請から取得までは約1週間（ただし、土曜、日曜、祝日を除く）。用意する書類も多いので、その日数も計算に入れて準備にかかろう。

すでにパスポートを持っている人は有効期間の確認を。アメリカの場合は、パスポートの残存期間は、アメリカに入国する日から90日以上あるのが望ましい。米国から他の国へ行く場合は、国によって入国時に一定以上の残存有効期間が必要な場合があるので、必ず確認を。また、旅行中に期限が切れる人も、新しく作り直しておくこと。

パスポートの申請から受領まで

申請手続きは、住民登録をしている居住地の各都道府県庁の旅券課やパスポートセンターで行う。別表➡P.643の必要書類を揃えて提出する。

指定された受領日以降に、申請時に渡された受領証を持って受け取りに行く。年齢に関係なく、必ず本人が出向かなければならない。その際パスポートに記載された名前のスペルや誕生日などの情報が間違っていないか確認をする。

現在の居住地に住民票がない人のパスポート申請方法

通常パスポートの申請は、居住地の各都道府県の旅券課など窓口で行う。本来、居住地＝住民票のあるところであるが、学生などの場合には郷里に住民票がある人もいるだろう。その場合の申請方法は次の3とおり。

外務省パスポート
URL www.mofa.go.jp/mofaj/toko/passport

ICパスポート
偽造や変造を抑止する目的で、ICチップが組み込まれたICパスポートが発給されている。ICチップは電子部品なので、取り扱いには要注意

未成年者のパスポート取得
申請時に20歳未満の未婚者がパスポートを取得するには、親権者である両親のいずれか一方の署名が必要（法定代理人署名欄に記入）。5年旅券のみ発給可能

顔写真は余分に！
顔写真はパスポート申請の1枚以外にも、パスポート紛失時などの予備用に2〜3枚多く焼き増しをしておくといい

パスポートの切替発給
手持ちのパスポートの残存期間が1年未満になると、新しく作り直すことができる。申請時に現在持っているパスポートも持参しよう。手続きや費用は新しく作成するときと同じだが、記載の内容に変更がなければ戸籍謄本の提出は不要。期限切れのパスポートを持ち新たに申請する場合は、各都道府県の旅券課に問い合わせること

パスポートのサインについて
パスポートの申請書は顔写真の下にある「所持人自署」の欄にしたサインが、そのままパスポートに転写される。このサインは、日本語でも英語でもかまわないが、自分がいつも書き慣れている文字で書くこと

発行手数料の印紙は？
発行手数料の印紙は、旅券課の近くやパスポートセンター内に売店があるので、そこで購入すればよい。地域によっては印紙を廃止し、現金で納める場合がある

メモ **震災特例旅券について**▶東日本大震災により自宅が滅失したり損壊するなどして、有効なパスポートを紛失などし紛失届を提出した人を対象に、紛失などしたパスポートの残存有効期間を限度とする震災特例旅券を手数料無料で発行する特例措置を行っている。詳細はURL www.mofa.go.jp/mofaj/toko/passport/tokurei1106.html↗

①郷里の家族などに住民票、戸籍謄（抄）本を取ってもらい、都道府県庁旅券課で代理申請してもらう。ただし、本人が受領しなければならないので、帰省する必要が出てくる。
②住民票を現在住んでいるところに移して申請。住民票を移すのはとても簡単。住民票のある場所にいる人（例えば家族）に、今の住所への『転出届』を出してもらい、その証明書を持って、現在住んでいるところの役所へ『転入届』を出せばよい。
③住民票を移さずに、現住所のあるところで申請できるのが居所申請という方法。ただし、東京都以外ではできない場合もあるので、各都道府県庁の旅券課などで確認すること。居所申請には、パスポート申請に必要書類のほか、『居所申請申出書』の提出と、居住が確認できる資料が必要だ。申請は本人に限る。

住基ネット
住民基本台帳ネットワークシステムに参加している自治体の窓口でパスポートを申告する場合、住民票は原則として不要

居所申請書
「居所申請書」を提出する際、住民票のほか学生は学生証や在学証明書、6ヵ月以上の単身赴任者の場合、居所証明書や居所の賃貸借契約書が必要

パスポート申請先都道府県ホームページリンク先
URL www.mofa.go.jp/mofaj/toko/passport/pass_6.html

パスポート（5年用／10年用）申請に必要な書類

2012年5月現在

必要書類	必要数	入手場所	その他・条件など
一般旅券発給申請書	1	各都道府県パスポート申請窓口	申請時にその場で記入することもできる。20歳未満の人は有効期間が5年のパスポートのみ申請することができる
戸籍謄本または抄本	1	本籍地の市町村役所	6ヵ月以内に発行されたもの。代理人が受領したり、郵送してもらうことも可能。有効期間内にパスポートを切替申請する場合で、戸籍の記載内容に変更がなければ省略することができる
住民票	1	住民登録してある市町村役所	旅券窓口で住基ネットを利用し、確認する場合は原則不要。市町村により異なるので要確認
顔写真	1		6ヵ月以内に撮影されたもの。サイズは縦4.5×横3.5cm、頭頂からアゴまでが3.4±0.2cm。無背景、無帽、正面向き、上半身、フチなし。白黒でもカラーでも可だが、スナップ写真は不可
申請者の身元を確認する書類【コピーは不可】	1〜2		パスポート（失効後6ヵ月以内のものも含む）、運転免許証など官公庁発行の写真付身分証明書ならひとつ。健康保険証、年金手帳、印鑑登録証（登録印も）、※社員証、学生証、公の機関が発行した資格証明書（※__の証明書類は写真が貼ってあるもののみ有効）などならふたつ必要。見せるだけですぐ返してくれる
前回取得した旅券			パスポートの新規申請、紛失・盗難・焼失した場合以外は必要
取得手数料（印紙）		旅券課窓口近くの販売所で	5年用は1万1000円（12歳未満6000円）、10年用は1万6000円で、パスポートを受領する際に必要（一部現金支払いの場合あり）

※申請書の訂正に押印が必要な場合があるため印鑑を持参すること

各都道府県旅券問い合わせ先

2012年5月現在

都道府県	電話	都道府県	電話	都道府県	電話
北海道	☎(011) 219-3388	石川	☎(076) 223-9109	山口	☎(083) 933-2352
青森	☎(017) 777-4499	福井	☎(0776) 28-8820	鳥取	☎(0857) 26-7080
岩手	☎(019) 606-1720	長野	☎(026) 235-7173	島根	☎(0852) 27-8686
秋田	☎(018) 860-1112	静岡	☎(054) 221-3755	徳島	☎(088) 656-3554
宮城	☎(022) 211-2278	山梨	☎(055) 222-2040	香川	☎(087) 825-5111
山形	☎(023) 647-2566	愛知	☎(052) 563-0236	愛媛	☎(089) 923-5456
福島	☎(024) 525-4032	岐阜	☎(058) 277-1000	高知	☎(088) 823-9656
茨城	☎(029) 226-5023	三重	☎(059) 222-5980	福岡	☎(092) 725-9001
栃木	☎(028) 616-1544	滋賀	☎(077) 527-3323	佐賀	☎(0952) 25-7005
群馬	☎(027) 225-1201	京都	☎(075) 352-6655	長崎	☎(095) 821-8299
埼玉	☎(048) 647-4040	大阪	☎(06) 6944-6626	熊本	☎(096) 333-2159
千葉	☎(043) 238-5711	兵庫	☎(078) 222-8700	大分	☎(097) 536-1786
東京	☎(03) 5908-0400	奈良	☎(0742) 35-8601	宮崎	☎(0985) 26-7004
神奈川	☎(045) 222-0022	和歌山	☎(073) 436-7888	鹿児島	☎(099) 221-6611
新潟	☎(025) 290-6670	岡山	☎(086) 256-1000	沖縄	☎(098) 866-2775
富山	☎(076) 445-4581	広島	☎(082) 513-5603		

パスポートの申請は時間に余裕をもって行おう。上が5年用、下が10年用

↘また、平成23年台風12号（三重県、和歌山県）による被災者への特例旅券の発行も行われている。詳細は三重県、和歌山県の旅券窓口まで問い合わせを。

※ビザ免除渡航者はESTAによる渡航認証を取得すること P.646

90日を超えて観光する人は
観光や療養用のB-2と呼ばれるビザがあるが、現状はビザ免除プログラムをすすめられ、B-2のビザを取得するのはかなり難しい。また、取得しても入国の際、所持金や目的によって入国管理官が滞在期間を制限することがある

ビザの取得をサポートする会社
●アルビスジャパンインク
住〒150-0021
東京都渋谷区恵比寿西2-2-6
エビスファイブビル
☎(03)3780-7021
FAX(03)3780-7018
URL www.albsjapan.com
上記の会社では永住権をはじめとするビザ取得のサポートをしてくれる
●地球の歩き方ビザ取得代行センター
URL www.arukikata.co.jp/visa

高校・専門学校・大学（院）留学
アメリカでの留学（正規留学、語学留学、高校生留学など）や留学準備（エッセーの書き方、ビザ手配）の問い合わせ
●地球の歩き方留学「成功する留学」
URL www.studyabroad.co.jp

アメリカ大使館
住〒107-8420
東京都港区赤坂1-10-5
☎(03)3224-5000(代表)
URL japanese.japan.usembassy.gov

アメリカ・ビザ情報サービス
電話はオペレーター対応
☎(03)6743-9732（東京）、
(06)6943-6700（大阪）、
(098)854-7050（那覇）
※米国在住者は☎(1-646)259-0526(アメリカ)
開月～金9:00～18:00
Eメールでの問い合わせ
support-japan@ustraveldocs.com
チャット、Skypeによる質問は、下記のウエブサイトの「お問い合わせ」を参照
URL www.ustraveldocs.com/jp

ビザ（査証）について

短期（90日以内）米国旅行者はビザの必要なし

ビザとはアメリカ合衆国政府が発行する入国許可証。観光、業務、留学など渡航目的に応じてビザも異なるが、90日以内の観光・商用を目的とした渡航であれば、ほとんどの場合ビザを取得する必要はない。2年間有効のESTAP.646を取得すること(渡航72時間前までにESTAの申請が推奨　※ESTAは陸路入国時は不要)。なお、アメリカ入国時に義務づけられていた査証免除用入出国カードの提出は不要。ただし、陸路入国の場合は提出しなければならない。

滞在が90日以内でもビザが必要なケースもある

第三国を経由してアメリカに入国する場合、国によってはビザが必要。必ず航空会社、旅行会社、アメリカ大使館・領事館に問い合わせてみることだ。ただし、日本からアメリカに入国したあとにカナダ、メキシコ、カリブ海周辺の国々など第三国に出国し、再びアメリカに戻ってくるといった場合は、そのアメリカ滞在の総合計日数が90日以内ならビザは不要である。

ビザの申請

非移民ビザを申請する際は、ほとんどの人は面接（予約制）が必要となる。面接の予約はアメリカ大使館のウエブサイト（URL www.ustraveldocs.com/jp）で行うことができる。

ビザに関する質問などはビザ情報サービスの電話、Eメール、チャット、Skypeで受け付けている。これらの情報サービスは無料で、通話料のみ利用者負担となる。

面接後、ほとんどの場合7～14日間でビザが発給される。再度面接が必要と判断された場合などでは4～6週間かかるケースもある。面接の予約を取るのに、数週間待たされる可能性もあるので、時間には充分余裕をもって申請しよう。

取得しておくと便利な証書類一覧

証明書類	必要書類	手数料	問い合わせ先	備考
国際学生証	①学生証のコピー、または在学証明書または休学証明書1通 ②顔写真1枚（縦3.3cm×横2.8cm） ③専用申請書	1430円（郵送の場合1700円分の「郵便定額小為替」を同封もしくは「現金書留」で送る）	（株）大学生協事業センター本社営業所宛 〒166-8532 東京都杉並区和田3-30-22大学生協会館4F ☎(03)5307-1155 URL isic.univcoop.or.jp	世界青年学生教育旅行連盟が発行する世界共通の学生証。博物館やアトラクションの入場料の割引が受けられるなどの特典があるほか、パスポート代わりの身分証明書として便利
国外（国際）運転免許証	①運転免許証 ②パスポート ③顔写真1枚（縦5cm×横4cm） ④必要事項を記入した申請用紙（窓口で入手可能） ⑤以前に取得した国外(際)免許証	2400円	各都道府県の免許センターまたは管轄の警察署 URL www.keishicho.metro.tokyo.jp/menkyo/sub_03.htm 免許センターでは即日交付の場合が多いが、警察署では後日（2週間前後）交付。申請には印鑑が必要な場合もある	免停中や違反の罰金を支払っていない場合には発行されないことがある。アメリカでのレンタカー利用には日本の免許証も必要

※ユースホテル会員証についてはP.697で詳しく紹介している。　2012年5月現在

海外旅行保険について

アメリカの医療費は非常に高く、病気や事故に遭ってケガをしたら大変。また、他人の物を壊してしまったり、盗難に遭ったりすることも起こりうる。

保険に加入する、しないは本人の意志によるが、もしものことを考えれば、入っておいたほうが安心である。

また、各クレジットカード会社の発行するカードには、取得すると自動的に海外旅行保険に加入するものもあるが、「疾病死亡保障」が保障されない、保障金額が不足したために実際には自己負担金が多かったなどのケースがあるので充分注意したい。

保険を扱っているところ

保険の加入は損保ジャパン、東京海上日動火災、AIUなどの損害保険会社が取り扱っている。大手の場合、現地連絡事務所、日本語救急サービスなどの付帯サービスも充実していて、いざというときに心強い。

保険料は長らく横並びだったが、1998年から各損保会社で独自の保険商品や保険料体系を打ち出すようになった。例えば、損保ジャパンのインターネット専用商品『off!』のように、各社趣向を凝らした商品を販売している。

保険金請求について

保険の約款は非常に細かく決められている。自分の持ち物を紛失・破損した場合の補償、携行品補償では、持ち物を盗まれたり、破損した場合、購入時期などから判断した時価が支払われる。ただし、現金、T/C、クレジットカードは適用外。支払いには、地元警察などへの届け出と被害報告書の作成、保険会社の現地や日本国内オフィスへの連絡などの条件がある。

旅行手続きと一緒に保険加入

保険加入は損保ジャパン、東京海上日動、AIUなどの損害保険会社が取り扱っているが、申し込みは旅行会社で旅行の手続きと同時に手軽にできる。空港の保険会社のカウンターで、出発直前でも加入できるが、海外旅行保険は空港と住居の往復にも適用されるので、出発前の加入が望ましい

証書と小冊子には必ず目をとおす

保険が適用にならないケース（現金、T/C、コンタクトレンズの紛失や、虫歯の治療、登山などの危険なスポーツなど）や、保険金の請求の際必要な証明書などもあるので、契約時に受け取る証書と小冊子の約款には必ず目をとおしておくこと。

またトラブルのときは、約款に書かれた緊急電話番号に連絡する場合が多い。別に番号をメモをして持って行くか、もしくは契約時に送られてきたパンフレットを持って行くようにしよう

海外旅行保険を比較検討！

旅行中の治療、入院費用や盗難などの損害を補償してくれるだけでなく、日本語での対応などが心強い海外旅行保険にはぜひ加入しておきたい。「地球の歩き方TRAVEL海外旅行保険」では損保ジャパン『off!』、AIU海外旅行保険、三井住友海上「ネットde保険@とらべる」のサービスを比較検討し、目的に一番合った保険を申し込める。実際のトラブルと支払いの事例や保険用語解説など実用情報も参考になる

URL hoken.arukikata.com

空港にも加入窓口や機械が設置されている

海外旅行保険の種類

※損害保険会社により名称や補償条件が異なる

基本契約（保険に加入する際、最低限かけなければならないもの）		
傷害	治療費用	旅行中の事故によるケガの治療費を補償
疾病	治療費用	旅行中病気になったときの治療費を補償
特約（加入者の意志によりかけることのできるもの）		
傷害	死亡・後遺障害	旅行中の事故によるケガが原因で死亡、または身体に後遺障害が生じたとき、保険金が支払われる
疾病	死亡・後遺障害	旅行中に病気が原因で死亡、または身体に後遺障害が生じたとき、保険金が支払われる
賠償責任		他人にケガを負わせたり、物を壊したりして損害を与え、法律上の賠償責任を問われたとき
携行品損害		携行品が盗難、破損、火災などの偶然の事故に遭って損害を受けたとき
救援者費用等		旅行中に遭難またはケガや病気で入院したとき。旅行中に搭乗している飛行機・船舶が行方不明になったときなど。支出した捜索援助費用、日本から現地に向かう親族の航空運賃、交通費、滞在費などが支払われる
その他		航空機寄託手荷物遅延費用、航空機遅延、緊急歯科治療費用、テロ等対応費用

旅のアドバイス **飛行機が欠航した場合▶**航空機遅延も保障するプランならば、保険の申請ができる。その場合、航空会社発行の遅延証明書"Delay Verification"が必要になるので、忘れずにもらっておきたい。

準備

第9章 ESTA（エスタ）について

ビザ免除プログラム➔P.644を利用し、ビザなしで飛行機や船でアメリカへ渡航・通過（経由）する場合、インターネット（携帯電話は不可）でESTAによる渡航認証を取得する必要がある。事前にESTAの認証を取得していない場合、航空機への搭乗や米国への入国を拒否されることがあるので注意が必要。

一度ESTAの認証を受けると2年間有効で、米国への渡航は何度でも可能（日程や訪問地は渡航のたびに更新する）。ただし、認証期間内でも、パスポートの有効期限が切れるとESTAも無効になる。また、氏名やパスポート番号の変更があった場合は、再度申請を行うこと。なお、最終的な入国許可は、初めの入国地において入国審査官が行う。

アメリカへの渡航が決まったら、早めにESTAによる渡航認証を申請・取得をしよう（出国の72時間前までを推奨）。登録料は$14。支払いはクレジットカードⒶⓙⓂⓋ、もしくはデビットカードのみ。（※JCBカードによる決済は、クレジットカード情報の入力をする際、支払いカードのプルダウン・メニューで「ディスカバーカード Discover Card」を選択し、JCBカードの情報を入力する）。

1 URL https://esta.cbp.dhs.gov にアクセス。トップページの日本語画面から、「米国への渡航認証を申請してください」に記載されている内容を読む。該当していたら、**「申請」をクリック**する。更新や状況確認をしたい人は、必要な情報を入力し、**「更新または状況確認」を選択**。

2 （1で「申請」を選択すると）免責事項の画面が表示される。内容をよく読み、問題がなければ、**「はい」を選択**し、**「次へ」をクリック**する。

3 旅行促進法が正式に法令化された旨を知らせる内容が表示。同意なら**「次へ」をクリックする。**

「*」印のある項目は必ず記入すること。

4

申請者情報

姓、**名**の欄はすべて**大文字アルファベット**で入力❶、出生国、国籍のある国、現在の居住国を選択❷、次に**生年月日**を登録する❸。**性別**にチェックを入れる❹。

パスポート情報

パスポートの**番号を入力**する❺。
パスポート発行国は、**JAPAN（JPN）**を選択❻。
パスポート**発行年月日と有効期限**を選択する❼。

（A）～（G）の各質問には**「はい」、「いいえ」を選択**する❽。

「権利の放棄」と「証明」の内容を読み、**「証明」にチェック**❾を入れる。**本人以外**が代行して入力した場合は、**「証明」の下にもチェック**❿をする。

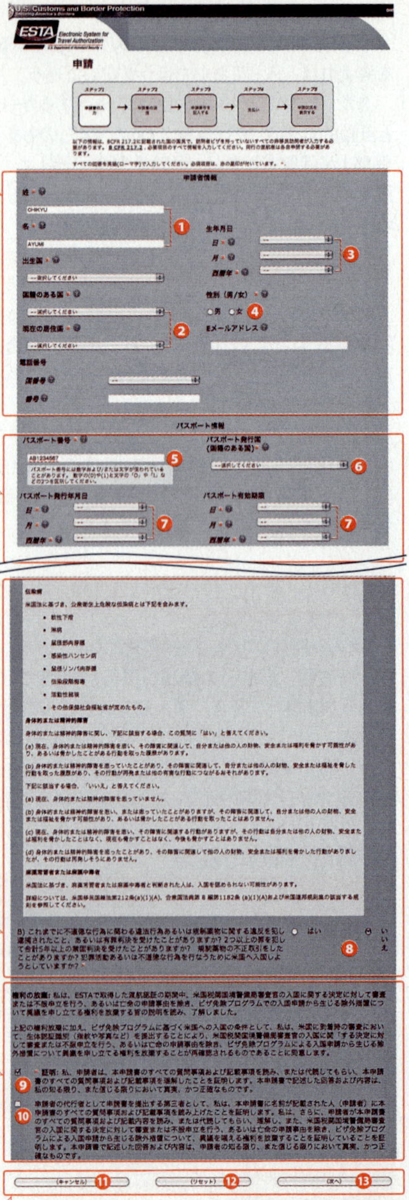

入力内容をよく確認して、間違いがなければ、**「次へ」⓭**をクリックする。最初からやり直す場合は**「リセット」⓬**を、申請を取りやめる場合は**「キャンセル」⓫**を選択。

メモ 「地球の歩き方　旅プラザハワイ」では、インターネットにアクセスできない人のため、ESTAの申請代行を有料で行っている。 無料0120-881-347

5

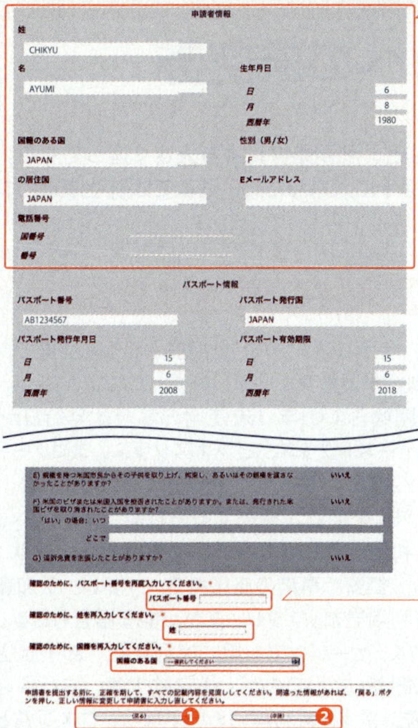

4 で記入した内容が表示される。入力が正しくない場合は、赤字でエラーメッセージが出る。名前、生年月日、性別、国籍、居住国、パスポート番号、発行国、発行年月日、有効期限日や各質問事項への**回答に間違いがないかをよく確認**しよう。性別は、男性が M、女性は F と表示される。

間違いがなければ、**「パスポート番号」、「性」、「国籍のある国」を再度入力**。

修正したいところが見つかった場合は、**「戻る」を選択❶**し、3 へ。もう一度確認し、問題がなければ**「申請」をクリック❷**。

6

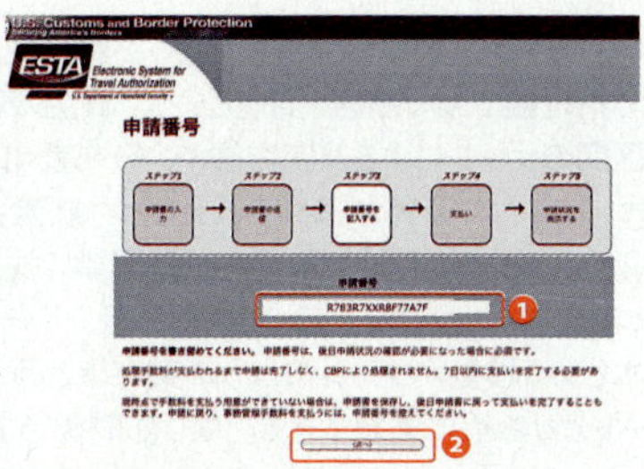

申請番号が発行❶される。申請番号は**必ず書き留める**こと。申請番号は、今後「更新または状況確認」をするときに必要だ。申請番号を書き留めたら、**「次へ」をクリック❷**する。

7

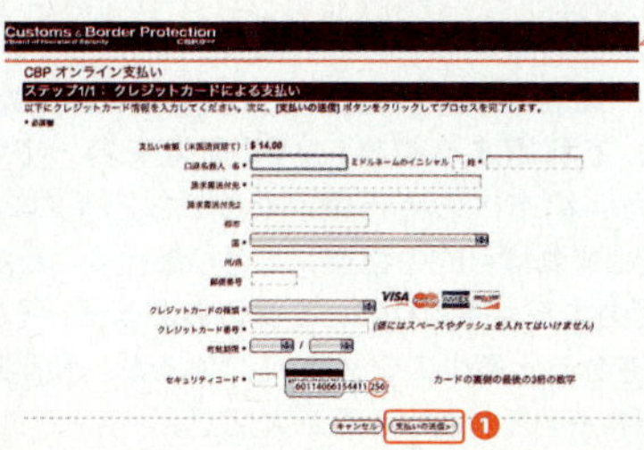

支払いに関する案内を読んだら**「支払い」をクリックし、**オンライン支払いフォームに進む。ここではカード名義人、請求書送付先の住所、クレジットカードの種類、番号、有効期限、セキュリティコードを正確に入力する。
入力の情報を再度確認したら、**「支払いの送信」をクリックする❶**。

8

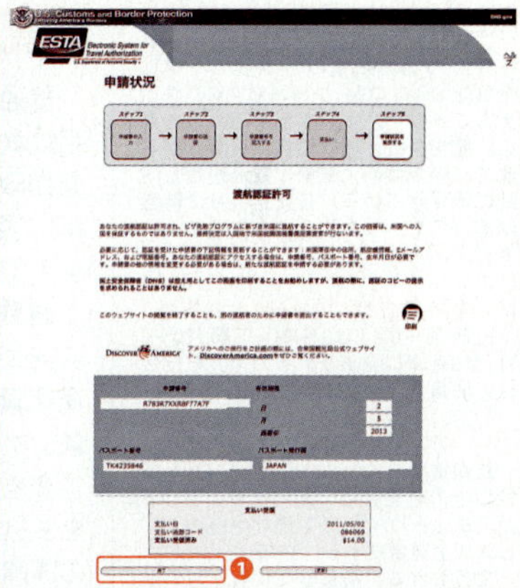

回答はほぼ即座に表示される。回答は、**「渡航認証許可」、「渡航認証保留」、「渡航認証拒否」**の3 種類。

申請番号、渡航認証許可の有効期限、申請した内容などが記載された「渡航認証許可」が表示されれば、ビザ免除プログラムでの ESTA 渡航認証がされることになる。**必ずこのページを印刷し、渡航時に持っていく**こと。航空会社によっては、「渡航認証許可」の提示が求められる。

「渡航認証保留」とは、審査中ということ。再度 ESTA のサイトにアクセスし、申請状況を確認しなければならない。回答は申請後72時間以内には確認できる。

承認されず「渡航認証拒否」となった場合、アメリカ大使館・領事館でビザの申請が必要となる。

「終了」をクリック❶すると、**ESTAの登録は完了**となる。引き続き、更新する場合は、「更新」をクリック。

メモ ESTAに関して詳しくは、アメリカ大使館・領事館のウエブサイトを参照 URL japanese.japan.usembassy.gov
地球の歩き方のウエブサイトでも、ESTA記入の方法をわかりやすく説明している URL www.arukikata.co.jp/esta

準備
第10章

アメリカへの航空券

航空運賃は、シーズンや航空会社、経由便など、利用条件により大きく違ってくる。自分の旅行に合った、納得のいく料金のチケットを手に入れるため、ここでは航空運賃について考えてみよう。

航空会社が定める正規割引運賃とは？
アメリカン航空の『アメリカンドリーム』、デルタ航空の『スカイパック』、全日空の『エコ割』、日本航空の『ダイナミックセイバー』などがそれにあたる。航空会社、旅行会社でも購入が可能で、料金体系、変更・取消規定も明確に示されている。各航空会社で特徴が違うので、ウエブサイトは要チェックだ

正規割引運賃はいつ発表されるの？
上期（4～9月）は3月頃、下期（10～3月）は9月頃に発表されるので、航空会社の情報を注意して見ておこう

コードシェアとは？
路線提携のこと。ひとつの定期便に2社以上の航空会社の便名が付いているが、チェックインの手続きや機内サービスは主導運航する1社の航空会社によって行われる。搭乗券には実運航の航空会社名が記載されるが、空港内の案内表示には複数の便名、または実運航の航空会社のみの便名で表示されるなど、ケースバイケース。予約時に必ず、実運航の航空会社を確認すること

航空券の問い合わせ
●地球の歩き方T&E
URL www.arukikata.com
●JTB
URL www.jtb.co.jp
●H.I.S.
URL www.his-j.com

eチケット
eチケットとは、航空会社のコンピュータに乗客の旅程内容が登録されるので、パスポートがあればセルフチェックイン➡P.659が可能だ

ダブルブッキングは避けよう
ダブルブッキングとは、混雑時、どこかに当たるだろうと、同一航空会社、同日程の予約を複数の旅行会社に申し込むこと。いくつかの旅行会社へ予約を入れても、ひとつの航空会社に記録が集まり、同一人物の複数予約ということで予約は保留になり、いわば逆効果。絶対に避けたい

燃油サーチャージについて
昨今の石油価格の高騰や変動などにより、航空運賃のほかに燃料費がかかる場合がある。時期や航空会社によって異なるので、航空券を購入するときに、旅行会社や航空会社で確認しておこう。2012年5月現在の欧米線の燃油サーチャージは片道1万4500～2万7000円（6月発券分より）

航空券の種類

普通運賃は、定価（ノーマル）で販売される航空券で、利用においての制約が最も少ないが、運賃はいちばん高い。有効期限は運送開始日より1年（未使用の場合は発行日から1年）。種類はファーストクラス、ビジネスクラス、エコノミークラス（Y運賃とY2運賃）の3つに分かれる。

特別運賃は、航空会社が販売する正規割引運賃（ペックスPEX運賃）。利用条件にさまざまな制約はあるものの、普通運賃よりかなり割安。事前の座席指定、マイレージ加算対象、マイレージ利用でアップグレードが可能な場合もある。

航空会社がパッケージツアー用に旅行会社へ卸す航空券をさらに個人に販売しているのが、格安航空券。旅行会社でのみ購入が可能。アメリカ路線においてはペックス運賃との差がないため、実質ペックス運賃がメインで流通している。

訪問都市の数で、航空券の形態も変わる

1都市だけに滞在できる航空券を往復航空券、2都市以上の複数都市をすべて飛行機で巡る形態を周遊という。周遊の航空運賃は希望する区間のゾーンによる算定方法や、5～6都市までの周遊は一番遠い都市への運賃が適用されるなど、航空会社により条件が異なる。ルートを作成する場合、訪問順に注意したい。例えば日本→シアトル→ニューヨーク→オーランド→ロスアンゼルス→日本という移動パターンのほうが東海岸と西海岸を行き来するルートよりお得に周遊できる。同じ訪問都市でも、日本→ニューヨーク→シアトル→オーランド→ロスアンゼルス→日本のようなルートは、前者のルートより高くなる場合があるので注意したい。飛行機の手配は旅行会社などに相談してみよう。

周遊の旅、航空会社選びはハブHUBが重要

航空会社は、乗客や貨物の効率的な輸送を図るため、運用の拠点として利用する都市にハブ空港を持っている➡P.690。行きたい都市への直行便がなくても、ハブになっている都市を経由すれば目的の都市にたどり着ける。ただし、ハブの都市を経由すると遠回りになる場合もあるが、その分のマイルも加算される。多少のデメリットはあるが、利用航空会社の路線内でルートを作成するのが大切だ。

日本から直行便がある航空会社

2012年5月現在

航空会社名	略号	日本での連絡先	アメリカでの連絡先	ウエブサイト	搭乗地	行き先	曜日	所要時間(時間)	マイレージプログラム名／提携航空会社
アメリカン航空	AA	☎(03) 3298-7677（平日のみ）	Free (1-800) 433-7300	URL www.americanairlines.jp	成田	ロスアンゼルス	毎日	10	AA アドバンテージ／アメリカンイーグル、アラスカ航空、ブリティッシュエアウエイズ、イベリア航空、フィンランド航空、キャセイパシフィック航空、日本航空、カンタス航空、ラン航空など ※1：羽田便就航にともない成田発ニューヨーク（JFK）便は6/2より運休予定
						ダラス／フォートワース	毎日	11.5	
			Free (1-800) 237-0027（日本語）			シカゴ	毎日	12	
					羽田	ニューヨーク(JFK)	6/3より毎日運航予定※1	13	
デルタ航空	DL	☎(0570) 077-733	Free (1-800) 221-1212（米国内） Free (1-800) 241-4141（国際線）	URL ja.delta.com	成田	アトランタ	毎日	12.5	スカイマイル／エールフランス、アエロメヒコ、アリタリア航空、中華航空、大韓航空、アラスカ航空、マレーシア航空など
						シアトル	毎日	9	
						ポートランド	毎日	9	
						サンフランシスコ	毎日	9.5	
						ロスアンゼルス	毎日	9.5	
						ミネアポリス／セントポール	毎日	11.5	
			Free (1-800) 327-2850（日本語）			デトロイト	毎日	12	
						ニューヨーク(JFK)	毎日	13	
					名古屋	デトロイト	6/15～9/30は毎日、それ以外は週5～7便	12	
					大阪	シアトル	毎日	9.5	
					羽田	ロスアンゼルス	毎日	10	
						デトロイト	毎日	12～13	
ユナイテッド航空	UA	☎(0570) 064-777	Free (1-800) 538-2929	URL www.unitedairlines.co.jp	成田	シアトル	毎日	8.5	マイレージ・プラス／エアカナダ、オーストリア航空、ニュージーランド航空、全日空、アシアナ航空、ルフトハンザドイツ航空、タイ国際航空、シンガポール航空、US エアウェイズなど
						サンフランシスコ	毎日	9	
						ロスアンゼルス	毎日	10	
			Free (1-800) 537-3366（日本語）			シカゴ	毎日	11.5	
						ヒューストン	毎日	12	
						ワシントンDC（ダレス）	毎日	12.5	
						ニューヨーク（ニューアーク）	毎日	12.5	
					大阪	サンフランシスコ	毎日	9.5	
日本航空	JL	☎(0570) 025-031	Free (1-800) 525-3663（日本語サービスは自動音声案内に従うこと）	URL www.jal.co.jp	成田	ロスアンゼルス	毎日	10	JAL マイレージバンク／アメリカン航空、ブリティッシュエアウエイズ、キャセイパシフィック航空、フィンランド航空など ※2：5/31まで月・水・金・日、6/1から毎日運航予定
						シカゴ	毎日	12	
						ニューヨーク(JFK)	毎日	13	
						ボストン	毎日※2	13	
					羽田	サンフランシスコ	毎日	9.5	
全日空	NH	☎(0570) 029-333	Free (1-800) 235-9262（日本語サービスは自動音声案内に従うこと）	URL www.ana.co.jp	成田	シアトル	7/25から就航予定	9.5	ANA マイレージクラブ／エアカナダ、オーストリア航空、ルフトハンザドイツ航空、シンガポール航空、タイ国際航空、アシアナ航空、中国国際、ニュージーランド航空、ユナイテッド航空、US エアウェイズなど
						サンフランシスコ	毎日	9.5	
						ロスアンゼルス	毎日	9.5	
						シカゴ	毎日	11.5	
						ワシントンDC（ダレス）	毎日	12.5	
						ニューヨーク(JFK)	毎日	13	
					羽田	ロスアンゼルス	毎日	10	
大韓航空	KE	無料 0088-21-2001	Free (1-800) 438-5000	URL www.koreanair.com	成田	ロスアンゼルス	毎日	10	スカイパス／エールフランス、アリタリア航空、デルタ航空など
シンガポール航空	SQ	☎(03) 3213-3431	Free (1-800) 742-3333	URL www.singaporeair.com	成田	ロスアンゼルス	毎日	10	クリスフライヤー／エアカナダ、全日空、タイ国際航空、ユナイテッド航空、US エアウェイズなど
マレーシア航空	MH	☎(03) 5733-2111	Free (1-800) 552-9264	URL www.mas-japan.co.jp	成田	ロスアンゼルス	月・水・金・日	10	エンリッチ／エールフランス、デルタ航空、KLM オランダ航空など
中華航空	CI	☎(03) 6378-8855	☎(1-917) 368-2003	URL www.china-airlines.co.jp	大阪	ニューヨーク(JFK)	月・木・土	13	ダイナスティ・フライヤー／デルタ航空、大韓航空など

準備 第11章

旅の持ち物と服装

小さく軽い荷物と動きやすい服装は、旅の行動範囲を広げる。自由旅行ならなおさらのこと。そして、自由旅行には汚れてもいいようなラフな服装が一番だ。しかし、ときにはT.P.O.に合わせた服装も必要になってくる。旅の身じたくは慎重に考えたいところだ。

荷物（持ち物）

基本的な持ち物

各自の旅のスタイルによって多少異なるものの、基本的な持ち物はほぼ同じ➔P.652。

初めての海外旅行では、あれもこれもと荷物の量が多くなりがちだが、悩むような物は思い切って持って行かないほうがいい。自由旅行の基本は小さくて軽い荷物。歯みがき粉やシャンプー、Tシャツなど、アメリカでも売っている物は現地調達することをすすめる。アメリカ人の生活を知るうえでもスーパーマーケットやドラッグストアに寄って、日本のそれと比較するのもおもしろいし、持ち帰っておみやげにするのもいい。

着替えはできるだけ少なくしよう

荷物の大小は着替えの量でかなり左右される。下着やくつ下、Tシャツなどは2～3組あれば充分だ。パジャマはTシャツで代用するという方法もある。洗濯はホテルの部屋でもできるし、大都市にはコインランドリーもある。毎日洗って干せば、清潔で気分もすっきりする。ただし、ホテルなどで洗濯する人は日本から粉末の洗剤を持って行ったほうがいい。ちなみに、1ヵ月くらいの旅ならカップ2杯分の洗剤と、ホテル備え付けの石けんを併用すればOK。そして、洗濯のすすぎは必ずお湯でするように。乾く時間が断然速い！　乾いたタオルと重ねて絞るのもひとつの手段。

夏の寒さに負けないように

東西はもちろん、南北への広がりも大きなアメリカでは、地域によって気候もさまざま。アメリカ北部やカナダへも足を延ばそうという人は、夏でも防寒用にセーターかジャケットを持って行くこと。また、国立公園の冷え込みは相当なもの（まるで冬！）だし、夜行バスのクーラーは驚異的だ。真夏の建物の中も日本以上に冷房が効いている。特に、ラスベガスのカジノは要注意。なお、冬のアメリカの気候も、零下になるほど寒い地域から、海水浴のできるところもあるといった具合。各都市のDATA欄の気温や降雨量のグラフを参考にして、服装プランを立てよう。

西部ならすぐ乾く
アメリカ西部は日本より空気が乾燥している。例えばロスアンゼルスでは、ひと晩でTシャツが乾いてしまう
※洗濯物をホテルの窓の外に干すのはマナー違反

ランドリーサービスもあります
高級ホテルではクリーニングを頼むことができる。もちろん有料。また、コインランドリーの付いているモーテルやホテル（中級クラス）は多いので、チェックインの際に聞いてみるといい

重ね着で調節を
夏にアメリカを旅行しようと思っている人は、気温の変化に注意。東部、中部で猛暑が続いているようなときでも、西海岸はけっこう涼しい。特にサンフランシスコに行く人は、真夏の格好で行くとカゼをひいてしまうほど夜は冷え込む。ロスアンゼルスも夜はけっこう寒い。MLBのナイターを観戦する人は要注意だ

冬の旅行は南から北へ
冬にU.S.A.レイルパスやグレイハウンドのディスカバリーパスを使ってアメリカを旅するなら、南から北へ行くことをすすめる。南から北へ移動する場合、寒くなれば服を買えばよい

列車内もかなり冷房が強いので、膝掛け代わりのタオルなどを用意しておきたい

投稿 **帰国時の荷物**▶日本に帰国した空港から自宅まで電車やバスを利用する場合は、手荷物の宅配サービスを利用するといい。荷物の重さや届ける場所にもよると思うが、成田空港から関東地方なら1個1500円ほどだった。
（埼玉県　マディソンバッグ　'06）['12]

カバンは何にするか?

頑丈なスーツケース、ソフトケース、ボストンバッグ、バックパック……、旅の荷物のスタイルもさまざまだ。移動の多い旅にはバックパックや小さなソフトケース、大都市滞在型の旅ならスーツケースの利用をすすめる。

バックパックなら両手が空いているので、いちいち荷物をおろす必要も、持っていかれる心配もない。スーツケースは、外側がハードで乱暴な扱いにもビクともせず、おまけにカギもしっかりかかるので安心だ。コロコロと転がせるので重さはほとんど気にならない。

サブバッグも必要

ガイドブック、財布、カメラなど必要最小限の物を入れるカバンも必要だ。このカバンは常に自分が一緒に持ち歩くもので、軽くてあまり大きくなく、持ち運びしやすい物がいい。

パッキングのコツ

荷作りのアイデア

荷物を要領よく詰めるには、小物入れ袋が便利だ。袋は旅行用品コーナーなどで、大中小とサイズを取り混ぜてセットで売っている。特に既製品を買わなくても、お手製の小袋やポリ袋で整理するのもいい。できれば中身がすぐわかるように袋に書くなどしておくと、より使いやすい。衣類は、のり巻き状にクルクル巻くとスペースを取らずにラクに入れられる。移動と洗濯物のことを考えると、大きなビニール袋がひとつあると便利だ。

旅行中にたまった荷物は郵便局から送り返す

ついついたまってしまう地図やパンフレット、買ってしまった本など、どんどんカバンは重くなる。そんなときは郵便局から日本へ送ってしまおう。1週間くらいで日本へ届く。一定額で箱に入るだけの荷物が送れるFlat Rate、本や地図、パンフレットなどは、印刷物 Printed Matterとして送れば料金も安くて済む➡P.709。

服　装

旅行といえば、ジーンズやチノパンにTシャツという、汚れてもいい服装が一番だ。アメリカの市バスなどは座席が汚れていることも多く、また場合によっては地面に座ることもある。どんどん洗えるものがいい。

高級レストランでの食事や、クラシック音楽を鑑賞する際、役に立つのがジャケットだ。カジュアルなレストランなら、ポロシャツのように襟の付いたものでもOKだ。ジーンズやスニーカーは避けたほうがいいこともある。女性は、ポリエステルなどシワになりにくい素材のワンピースがあると大変便利。

冬は厚手のジャケット、または高機能のウエアやインナーを組み合わせるなどして防寒の工夫をしよう。

旅慣れた人の荷物は

どうやら日本人の間には"海外旅行=スーツケース"の先入観があるようだが、旅慣れた人は意外にもスーツケースを使わない人が多い。ソフトケースを飛行機に預けても、そう乱暴に扱われることはない。また、飛行機に無料で預けられる機内預け荷物の重量に制限➡P.658があるため、カバンの重量も考慮しておきたい

これは機内持ち込みの荷物に入れない!

同時多発テロ以降セキュリティが厳しくなっている。機内持ち込みの荷物に小さなハサミ、ツメ切りなどの刃物は入れないこと。没収されてしまう

これは持って行こう

帽子とサングラスは、女性には特に必需品。日差しは想像以上に強い

雨具はどうする?

いつも悩んでしまう荷物が雨具。これは中部から東海岸にかけては必需品だから、そちら方面へ行く予定の人は持って行くようにしたい。夏場の西海岸を中心としたエリアなら、フードの付いたレインコートかウインドブレーカーでOK。防寒にも役立ち便利だ

バスタオルはどうする?

アメリカで、中級以上のホテルまたはモーテルに泊まる人は必要ないと断言できる。必ず小さい石けんとともに用意されている。それ以外のドミトリー形式のユースホステル、極端なエコノミーホテル、長期滞在用の施設などは用意されていないことが多いから、これらに泊まる予定の人は持って行こう。

また、グレイハウンドやアムトラックの車内で防寒用の膝掛け代わりに使える

オープンエアのレストランでは日が落ちると急に肌寒くなる

携行品チェックリスト

	品名	必要度	ある	カバンに入れた	備考
貴重品	パスポート（旅券）	◎			有効期間（残存期間）は充分残っているか
	トラベラーズチェック（T/C）	◎			Holder's Signatureの欄にサインはしてあるか
	現金（米ドル）	◎			ほんのわずかあればいい（交通費程度）
	現金（日本円）	◎			帰りの空港から家までの交通費も忘れずに
	航空券またはeチケットの控え	◎			紛失したときのためにeチケットの控えを何枚かコピーしておくとよい
	ESTA渡航認証のコピー	◎			ESTA渡航認証の画像を印刷しておく。※航空会社によっては提示を求められる場合がある
	海外旅行保険証	◎			保険証を忘れては加入した意味がない
	クレジットカード	◎			アメリカはカード社会。質の高いサービスを受けるには不可欠
	国外（際）運転免許証	△			レンタカーを借りる人（日本の運転免許証も）
	IDカード	△			国際学生証、ユースホステル会員証など
	メモ帳	○			パスポートやT/Cのナンバー、集合場所の住所など
衣類	シャツ類	◎			Tシャツだけでなく襟付きのものもあると便利
	下着・くつ下	◎			上下2～3組でOK
	セーター、トレーナー	○			体調に合わせて
	薄手のジャケット	○			夏でも朝晩や、強い冷房に備えて不可欠
	帽子	○			日よけ、防寒など旅ではけっこう役立つ
	パジャマ	△			かさばるのでTシャツやトレーナーで代用も可
	水着	○			ビーチなら必需品！　現地で買ってもいい
薬品・雑貨・その他	洗面・入浴用品	◎			現地でも買い足しができるので小さいもの
	ドライヤー	△			電圧（120V）は少し違うが、日本のものでも使える
	洗剤	○			洗濯用に少し、粉石けんが便利
	医薬品類	◎			胃腸薬、カゼ薬、絆創膏、虫さされ軟膏＊など常備薬
	日焼けどめ、リップスティック、目薬	○			日焼け対策、乾燥対策に役立つ
	筆記用具	○			なくしやすいが現地でも買える
	裁縫用具	○			小型携帯用のもの（糸、針＊、ハサミ＊など）
	バスタオル	○			ユースホステルに泊まる予定のある人は持って行こう
	ビニール袋	○			衣類の分類、濡れ物用に。スーパーの袋が便利
	スリッパorサンダル	○			ホテルや車内、ビーチなどであると便利
	サングラス	○			日差しの強い場所によってはけっこう役立つ
	双眼鏡	△			スポーツ観戦や観劇に便利
	カメラ（デジタルカメラ）	△			小型で軽いもの。使い慣れたもの
	フィルム、メモリーカード	△			デジカメは充電器などを忘れずに
	計算機	△			ドルと円の換算、タックスやチップの計算に
	雨具	△			折りたたみ傘、フード付きのウインドブレーカーなど
	顔写真（縦4.5×横3.5cm）	○			パスポートを紛失したときのため。3～4枚
本類	辞書（英和・和英）	○			薄いものでよい
	ガイドブック類	○			『地球の歩き方』！
	日記帳	○			毎日の記録。出費もチェック！

※ 必要度欄の表示は、◎必須、○あると便利、△使う予定の人は用意することを示している。
※ ＊の付いた物を持って行く人は、機内持ち込みの手荷物でなく搭乗手続きの際に預けるスーツケースなどの荷物に入れておくこと。なお、液状、ジェル状のものの機内持ち込みについては制限内なら可能→P.658。ライターについて→P.658

投稿 **持っていくといいもの▶**現地に行って英語を勉強したい欲求にかられる人が多いと思う。軽く勉強ができる電子辞書やパソコンを持って行くといい。長時間移動する場合の時間潰しにもなる。
（東京都　海賊王S　'08）['12]

技術 第12章

出入国の手続き

パッキングが無事終わったら、いよいよ旅立ちだ。荷物を持って家を出た瞬間からもう旅が始まる。初めての海外旅行なら、緊張と不安で胸がいっぱいだろう。そして、これから起こるさまざまなことに戸惑うかもしれないが、落ち着いて行動すれば大丈夫。まずは国際空港へ向かおう。

国際空港へ行く

日本からアメリカへの直行便が出ているのは、2012年4月現在は成田国際空港、東京国際空港（羽田空港）、関西国際空港、中部国際空港の4つ。

成田国際空港と空路で結ばれている国内空港は8つで、そのほかの地方空港は東京国際空港（羽田空港）と結ばれている。東京国際空港から成田国際空港へは、電車、リムジンバス、タクシーなどでの移動となる。

成田国際空港（略称コード“NRT”）へのアクセス

成田国際空港への公共機関を使ったアクセス方法は、JRと京成の電車、首都圏の駅やホテルなどから出発するリムジンバスのふたつがある。電車の場合、東京方面から成田国際空港へは、地下にある空港第2ビル駅（第2ターミナル）→成田空港駅（第1ターミナル）の順に停車する。下車する駅を間違えたとしても、第1と第2ターミナルを結ぶ無料シャトルバスが、7～20分おきに運行されている。バスは両ターミナルとも1階の到着階から出発する。所要約10分。

東京国際空港（羽田空港／略称コード“HND”）へのアクセス

東京国際空港（羽田空港）への公共機関を使ったアクセス方法は、京浜急行と東京モノレール、首都圏の駅やホテルなどから出発するリムジンバスがある。

関西国際空港（略称コード“KIX”）へのアクセス

日本初の24時間発着可能な海上空港である関西空港への公共機関を使ったアクセス方法は、JRと南海の電車、大阪周辺の駅やホテルなどから出発するリムジンバス、そして神戸空港からは高速船が運航している。関空へは地方空港からの便も多く、乗り継ぎも成田国際空港より楽にできる。

中部国際空港（セントレア／略称コード“NGO”）へのアクセス

2005年2月に開港した中部国際空港。空港へのアクセスは名古屋市内から車で30～40分の距離。公共の交通機関は、名古屋鉄道を利用して名古屋から約30分、中部国際空港駅に直結している。そのほか、中部の各都市から空港バス、津と松坂からは高速船が運航している。

成田国際空港
URL www.narita-airport.jp
2012年5月現在、アメリカン航空、デルタ航空、ユナイテッド航空、日本航空、全日空、大韓航空、シンガポール航空、マレーシア航空がアメリカの都市への直行便を運航

鉄道でのアクセスも便利な成田国際空港

東京シティ・エア・ターミナル（T-CAT）
URL www.tcat-hakozaki.co.jp
東京日本橋の箱崎町に東京シティ・エア・ターミナル（T-CAT、通称“ティーキャット”）があり、成田空港と羽田空港との間にそれぞれ直通のリムジンバスが走っている。

東京国際空港（羽田空港）
URL www.haneda-airport.jp
2012年5月現在、日本航空のサンフランシスコ路線、全日空とデルタ航空のロスアンゼルス路線、デルタ航空のデトロイト路線が運航している。なお、アメリカン航空のニューヨーク路線は6月3日より運航を再開予定

関西国際空港
URL www.kansai-airport.or.jp
2012年5月現在、ユナイテッド航空がサンフランシスコへ、デルタ航空がシアトルへ、中華航空がニューヨークへの直行便を運航している

中部国際空港（セントレア）
URL www.centrair.jp
2012年5月現在、デルタ航空がデトロイトへの直行便を運航

成田国際空港利用ガイド

総合案内（0476）34-8000　www.narita-airport.jp/

乗り継ぎ案内図

第1ターミナル		第2ターミナル
4階：国際線出発ホール	ターミナル間連絡バス	3階：国際線出発ホール
1階：国内線チェックインカウンター 1階：国際線到着ホール	6:30～22:30に7～20分間隔で運行。所要10分。無料。	1階：国内線チェックインカウンター 1階：国際線到着ホール
6番バス乗り場	←→	8番、18番バス乗り場

空港で利用可能なサービス

手荷物の受け取り・発送	自宅から空港に送ったスーツケースなどを受け取る宅配便会社のカウンターは各ターミナルの出発階の端に並んでいる。また、出発時にコートなどの上着を預かるサービスも行っている。到着時に荷物を発送できる宅配便会社のカウンターは国際線到着フロアの両端に並んでいる。
海外旅行保険	海外旅行保険の契約申し込みができるカウンターは第1ターミナル、第2ターミナルともに中央寄りに各社あり。出国審査後のエリアにも自動契約機がある。

旅行用品の買い忘れに便利なショップ（営業時間は概ね7:00～20:00）

薬・旅行用品	
ドラッグストアオオモリ	第1-中央4階
NAASトラベラーズショップ	第2-3階
家電製品	
オーディオスペース	第1-中央4階
カメラ太陽堂	第1-中央4階
オーディオプラザ	第2-4階
カメラのキタムラ	第2-4階

服飾・雑貨	
ユニクロ	第1-中央4階
	第2-3階
MUJI to GO	第1-中央4階
	第2-4階
ITS' DEMO	第1-中央4階
LA PAX	第1-中央4階
	第2-4階

三愛水着楽園	第2-4階
MINIPLA	第2-4階
靴下屋	第2-4階
書籍	
青山ブックセンター	第1-中央4階
TSUTAYA	第1-南4階
三省堂書店	第2-4階
改造社書店	第2-4階

待ち時間に利用できる施設

リフレッシュルーム	第1-中央3階（出国審査後）	7:00～21:00（シャワールーム～20:30、仮眠室～20:00）
	第1-南2階（出国審査前）	7:00～21:00（シャワールーム～20:30、仮眠室なし）
	第2-3階（出国審査後）	7:00～21:30（シャワールーム～21:00、仮眠室～20:30）
	第2-B1階（出国審査前）	7:00～21:00（シャワールーム～20:30、仮眠室なし）
ラフィネ（リフレクソロジー、ボディケア）	第1-中央2階・3階	11:00～20:00（中央2階は出国審査前、3階は出国審査後）
	第2-2階（出国審査前）	11:00～21:00
	第2-3階（出国審査後）	9:00～21:00
ビジネス&トラベルサポートセンター	第1-中央5階・第2-4階	7:00～21:00（最終受付20:45、第2-4階はTEIラウンジ）

無線LAN・インターネット

公衆無線LANは第1、第2ターミナルともほとんどの場所で利用可能。無料無線LANは到着ロビー出発ロビーなど一部のエリアのみ。コイン式インターネット端末（10分間100円）も空港内各所に配置されている。

公衆無線LAN（プロバイダーとの契約が必要）　接続方法はローミングするISPにより異なる	
ローミングできるISP（インターネットサービスプロバイダ）	HOT SPOT（NTTコミュニケーションズ）、docomo-WiFi（NTTドコモ）、b-mobile（日本通信）、iPass、BOINGOなど。詳細は各プロバイダに問い合わせを。
クレジットカード決済の接続サービス	NTTコミュニケーションズ1Day Passport（24時間500円）
無料無線LAN（契約不要）　SSID：narita-airport-free-wifi　WEP：なし	
利用可能エリア（出国手続き前）	第1ターミナル1階および第2ターミナル1階の到着ロビーのウェイティングエリア周辺
利用可能エリア（出国手続き後）	第1ターミナルは3階出発ロビーのウェイティングエリアの一部。第2ターミナルは3階出発ロビーのウェイティングエリアの一部とBroadband CAFÉで利用可能

空港・各種交通機関の携帯サイトQRコード

成田国際空港　空港アクセスナビ@京成　リムジンバス　JR東日本

2012年5月現在

関西国際空港利用ガイド

総合案内 (072) 455-2500　www.kansai-airport.or.jp/

空港で利用可能なサービス

手荷物の受け取り・発送	自宅から空港に送ったスーツケースなどを受け取る宅配便会社のカウンターは出発階の両端に並んでいる。また、出発時にコートなどの上着を預かるサービスも行っている。到着時に荷物を発送できる宅配便会社のカウンターは国際線到着フロアの両端に並んでいる。
海外旅行保険	海外旅行保険の契約申し込みができるカウンターは4階にある。営業時間は会社ごとに異なるが7:15～23:40まで開いている。出国審査後のエリアにも自動契約機がある。

旅行用品の買い忘れに便利なショップ（営業時間は概ね7:00～20:00）

ショップが集まるエリアは旅客ターミナルビルの3階。関西空港駅のひとつ手前のりんくうタウンにはアウトレットモールをはじめ、イオンモール、ヤマダ電機などの大型商業施設がある。

薬・旅行用品	
コクミン	国内線ゲート内
コスメティック・コクミン	3階
アイマーケット	3階
ドラッグセガミ	3階 国際線ゲート内

家電製品	
カメラの西本	3階
パナソニック大阪沖田電気	3階
服飾・雑貨	
ユニクロ	3階
MUJI to GO	3階

MINIPLA	3階
ザ・ダイソー	3階
書籍	
TSUTAYA	2階
丸善	3階 国際線ゲート内

早朝～深夜まで営業している飲食店

空港内の飲食店の営業時間は概ね7:00～22:00。2階北側のマクドナルドとエアロプラザ3階にある松屋は24時間営業。そのほか、国際線の出国審査後のエリアにはがんこ寿司とプロントがあり、24:00までオープン。

待ち時間に利用できる施設

施設	場所	営業時間
KANKU Relaxation Lounge（ネットカフェ）	2階北	24時間営業（シャワールーム、キッズルーム、グループルーム、マッサージチェアあり）
KIX REFRESH CABIN	国際線ゲート内	7:00～24:00
リラクゼーション フォレスト	3階	8:00 ～ 21:30（最終受付 21:00）
	エアロプラザ2階	12:30～21:30（最終受付21:00）
リラクゼーション&ネイルケア ナチュラルボディ	3階	8:00～20:30 （最終受付はコースにより19:45～20:00）
ビジネスセンター	4階北	7:00～20:00
KIX KIDS' ROOM	国際線ゲート内	7:00～24:00 （有人対応9:00～20:00）
ホテル日航関西空港	エアロプラザ内	6:00～23:00の間は各種ショートステイのプランあり

無線LAN・インターネット

出国審査後のエリアも含め、空港内の数ヵ所にアクセスポイントがあり、無料で利用可能。アクセスポイントにより24時間使用可能な場所と7:00～22:00、7:00～24:00に使用可能な場所がある。SSIDはkixmbl（出国審査前のエリアは場所によって若干異なる）に設定。LANケーブルが使用可能なPCデスクも数ヵ所ある。コイン式インターネット端末は空港内数ヵ所にあり、10分間100円で利用可能。こちらも端末により、使える時間帯が24時間使用可能な場所と7:00～22:00、7:00～24:00に分かれている。

空港・各種交通機関の携帯サイトQRコード

関西国際空港

おでかけネット（JR西日本）　NTTドコモ

Yahoo!ケータイ　EZweb

南海電鉄

ベイ・シャトル

リムジンバス

2012年5月現在

羽田空港利用ガイド

総合案内 (03)6428-0888　www.haneda-airport.jp/

乗り継ぎ案内図

国際線⇄国内線乗り継ぎの場合のみターミナル間の鉄道とモノレールの無料乗車券を配布（航空券、パスポートの提示が必要）

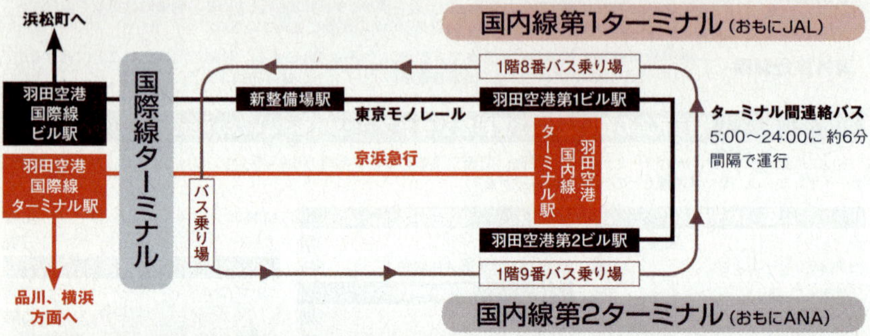

空港で利用可能なサービス

手荷物の受け取り・発送	自宅から空港に送ったスーツケースなどを受け取る宅配便会社のカウンターは3階に並んでいる。また、出発時にコートなどの上着を預かるサービスも行っている。到着時に荷物を発送できるカウンターは2階の到着フロアにある。2階の手荷物預かり所ではクリーニングも頼める。
海外旅行保険	海外旅行保険の契約申し込みができるカウンターは3階の出発フロア中央にある。出国審査後のエリアにも自動契約機がある。

旅行用品の買い忘れに便利なショップ（営業時間は概ね9:00〜22:00）

薬・旅行用品				書籍	
TRAVEL CONVENIENCE	1階	Blue Sky Premium	3階	改造社書店	4階
BOOKS & DRUGS	3階（出国審査後）	ANA FESTA	3階	BOOKS & DRUGS	3階（出国審査後）
		エアポートドラッグ	3階		

早朝〜深夜まで営業している飲食店

和洋中の各種レストランのほか、カフェやファストフードなど多彩な飲食店がある。特に4階の江戸小路の飲食店が充実しており、「Dining24 羽田食堂」「カフェ・カーディナル」「すぎのこ」などは24時間営業。ほかにも出国審査後のエリア4階にあるフードコートのほか、2階の到着ロビーにあるカフェ「Cafe & Diner pista」も24時間営業している。

待ち時間に利用できる施設

リフレッシュルーム	2階	24時間営業（休息室、シャワールームあり）
ラフィネ（ボディケア）	4階	8:00〜22:00（最終受付21:20）
スカイラウンジ	4階（出国審査後）	24時間営業（クレジットカード会社と航空会社のラウンジがあり、カード会社のラウンジは1000円で一般利用可）

無線LAN・インターネット

空港施設内のほとんどの場所で公衆無線LANサービスが利用可能。サービスは以下のISPによるローミングサービスとクレジットカード決済による一時利用がある。SSIDはTIATに設定。WEPは不要。コイン式インターネット端末（10分間100円）も空港内各所に配置されている。

ローミングできるISP（インターネットサービスプロバイダ）	docomo Wi-Fi（NTTドコモ）、フレッツ・スポット（NTT東日本）、HOT SPOT（NTTコミュニケーションズ）、BBモバイルポイント（ソフトバンクテレコム）、Wi²300（Wire & Wireless）など。詳細は各プロバイダに問い合わせを。
クレジットカード決済の接続サービス	NTTコミュニケーションズ1Day Passport（24時間500円）

空港・各種交通機関の携帯サイトQRコード

羽田空港　京浜急行　リムジンバス　京急バス

2012年5月現在。詳細情報は「地球の歩き方」ホームページの特集記事「羽田空港　新国際線旅客ターミナルの歩き方」もご参照ください。http://www.arukikata.co.jp/haneda

国際空港到着からチェックインまで

ESTA（エスタ）の申請を忘れずに！

2009年より**電子渡航認証システム（ESTA）**が導入された。ビザなしでアメリカへ渡航する場合は、陸路入国を除き、ESTAの取得が必要だ➲P.646。必ず事前に認証を取得し、取得番号の表示された画面を印刷しておこう。航空会社によっては、この番号を確認するところもある。なお、従来のアメリカ入国に際し、記入していた「I-94W査証免除用入出国カード」➲P.662は、陸路入国を除き廃止された（税関申告書は従来通り提出が必要）。

チェックイン（搭乗手続き）

空港での搭乗手続きのことをチェックイン（Check-in）といい、通常手続きは、航空会社のカウンター、または自動チェックイン機で行われる。空港へは3時間くらい前には着くようにしたい。

パッケージツアー参加者は指定された集合場所に行き、団体カウンターで、パスポート、機内預けの荷物を係員に提示すれば搭乗手続きを代行してくれる。その際搭乗券（ボーディングパス）や受託手荷物引換証（クレームタグ）などが渡される。個人旅行者で、航空券を持っている場合は、各航空会社のカウンターでチェックイン手続きを行う。航空券とパスポート、機内預け荷物を係員に渡せばよい。

現在、ほとんどの航空券はeチケットで管理されている。搭乗手続きは自動チェックイン機で、各自がチェックイン手続きを行う➲P.659。

成田国際空港を発着する航空会社のターミナル（2012年5月現在）

●第1ターミナル南ウイング
全日空、ユナイテッド航空、シンガポール航空、エア・カナダ、USエアウェイズ

●第1ターミナル北ウイング
デルタ航空、大韓航空、アエロメヒコ航空

●第2ターミナル
アメリカン航空、日本航空、マレーシア航空

上記以外の航空会社については、成田国際空港のウエブサイトで確認できる

成田空港で素早くチェックインできる、インライン・スクリーニング・システム

第1ターミナル南ウイング、北ウイング、第2ターミナルではインライン・スクリーニング・システムを導入している。従来、預ける荷物のセキュリティチェックをし、チェックインカウンターで手続き後、荷物を預けていたが、このシステムでは直接チェックインカウンターにて手荷物を預け、航空機に搭載されるまでの間に自動的に検査される。万が一、問題のある荷物があった場合、搭乗ゲートにて荷物所持者の立ち会いのもと確認することになる

チェックイン終了後から搭乗までの流れ

手荷物検査

●機内に持ち込む手荷物のX線検査と、金属探知機による身体検査を受ける
●キーホルダーやベルトなど反応しそうな物は、探知機をくぐる前に用意されているトレイに載せる

ポイント！ 機内預けの荷物は強いX線をとおるため、フィルムは機内預けの荷物に預けずに、機内持ち込みにしよう

⇩

税関手続き

●高価な外国製品を持っている人は携帯出国証明申請書に記入し、申告する

注意！ これを怠ると、帰国時に国外で購入したものとして課税されてしまうことも。明らかに新品には見えないほど使い込まれた物であれば心配はない

⇩

出国審査

●掲示に必要なものはパスポートと搭乗券の2点
●窓口に掲示すると、パスポートに出国のスタンプが押される
●特に質問はされずに、パスポートと搭乗券を返してもらって審査終了

⇩

搭乗（ボーディング）

●自分のフライトが出るゲートへ向かう
●出発の30分前くらいからファーストクラス、子供連れの乗客から搭乗が始まり、ビジネス、エコノミーの順。なお、搭乗ゲートではパスポートと搭乗券を提示すること
●エコノミーは窓側など奥のほうから順番に搭乗していく

注意！ ゲートの近くに集まると他の人の迷惑になるので、自分の座席グループの数字が呼ばれるまでゆっくり待つこと

投稿 **アメリカの空港でのセキュリティチェック▶**金属探知ゲートをくぐるが、着ているジャケット、身に付けているベルト、靴はトレイに入れ、靴下または裸足になって探知ゲートを通過した。
（奈良県　Chiho.K　'06）［'12］

機内に預ける荷物について（受託手荷物）

アメリカ同時多発テロ以降、出入国者の荷物検査が強化され、アメリカ運輸保安局（TSA）の職員がスーツケースなどを開けて厳重なチェックを行っている。機内に預ける荷物に施錠しないよう求められているのはそのためで、検査の際にカギがかかっているものに関しては、ロックを破壊して調べを進めてもよいとされている。したがって、機内預けの荷物には高価なものや貴重品は入れないこと。

受託手荷物の許容量は、クラスによって異なる。例えば国際線（北米線）エコノミークラスの場合、アメリカン航空、デルタ航空、ユナイテッド航空、全日空、日本航空では2012年5月現在、無料で預けられる荷物は2個まで。サイズについては、米国系航空会社はひとつの手荷物の3辺（縦・横・高さ）の和が157cm（62インチ）を超えないこと、日系航空会社は3辺の和が203cm（80インチ）を超えないこととされている。また、重量は1個約23kg（50ポンド）を超えないこと。それ以上の重量になると超過料金が加算される。

アメリカ国内線を利用する場合、預けられる荷物のひとつ目から有料で$25前後、ふたつ目は$35前後としている航空会社が多い。機内預け荷物については、航空会社ごとに細かい規定があるので、事前に確認するように。

機内に持ち込めるもの、持ち込めないもの

貴重品やフィルム、パソコン、携帯電話、壊れやすいものは機内持ち込みにすること。カミソリや小さなハサミなどの刃物は機内持ち込み不可。**ライターは1人につき1個までなら機内持ち込みの荷物に入れられる**（トーチライターを除く）。

2012年5月現在、日本発の国際線全線とアメリカ国内線全線について、航空機内客室への液体物持ち込みに制限がある。制限されるのは、ヘアスプレーなどのエアゾール類、化粧品や歯みがき粉などの液体類およびジェル状のもの。それぞれ100mℓ以下の容器に入れ、容量1リットル以下の無色透明ジッパー付きのビニール袋に収め、手荷物とは別に検査を受ければ機内に持ち込みできる。1人ひと袋まで。なお、出国審査後の搭乗待合いエリア内の売店や免税店で購入した、ペットボトル飲料、酒類や化粧品などは機内持ち込み可能。

TSA公認グッズ

スーツケースに施錠できないことに不安を感じる人は、TSA公認の施錠スーツケースやスーツケースベルトを使用すれば悩みは解消される。これらTSA公認グッズは、施錠してもTSA職員が特殊なツールを使用してロックの解除を行うため、カバンに損傷のおそれが少なくなる。ただ、TSA公認でも錠を破壊されたという報告もあるので注意が必要

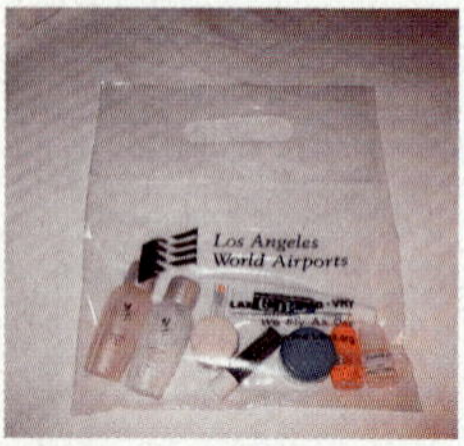

機内持ち込みの液体、ジェル類は1リットル以下（縦×横の合計が40cm以内が目安）の透明なジッパー付きの袋に入れる

機内持ち込み荷物の詳細

液体、ジェル状のものであっても母乳など例外扱いのものもある。また、出国審査後の搭乗待合いエリア内の免税店で購入した液体物であっても、海外での乗り継ぎの際に認められない場合があるので、利用の航空会社で確認をすること

国土交通省ウエブサイト

URL www.mlit.go.jp/koku/15_bf_000006.html

旅のアドバイス

出入国の自動化ゲート

出入国の手続きを簡素化・迅速化して利便性を高めるため、自動化ゲートが成田、関西、羽田、中部空港に設置された。出張などで頻繁に海外へ行く人や忙しい人には、大変便利なシステムだ。

利用希望者は、事前に個人識別情報（指紋）の登録が必要。登録するには、登録手続き場所へ行き、自動化ゲート利用希望者登録申告書とパスポートを提出し、両手の人さし指の指紋を登録する。その後、登録担当者からパスポートに登録済みのスタンプを受ければ、手続き完了。その日から自動化ゲートを利用することができる。自動化ゲートの設置場所と登録の受付場所などの詳細はURL www.moj.go.jp/nyuukokukanri/kouhou/nyukan63.html

成田☎(0476)34-2211、羽田☎(03)5708-3211

関西☎(072)455-1457、中部☎(0569)38-7413

なお、自動化ゲートを利用した場合、原則としてパスポート上に出帰国記録（スタンプ）は残らないが、希望者は自動化ゲートの通過時に職員に声をかければよい。

自動チェックイン機でチェックインしよう！

eチケットは、自分で搭乗手続きを行う“セルフチェックイン”が一般的だ。順序に従って操作すれば簡単かつスピーディ。ただし、航空会社によって多少異なる。アメリカの空港でも、日本に乗り入れている航空会社なら日本語表示がある。（協力：アメリカン航空）

1 チェックイン開始

日本語対応の案内を選択。まずは、チェックインの方法を選ぼう。

2 搭乗者のデータを読み取らせる

本人確認のため、クレジットカードやパスポートを読み込ませるなどの方法がある。パスポートなら1ページめの数字が並ぶ部分を機械のリーダーに読み込ませる。

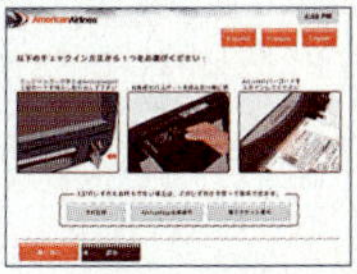

3 フライトデータの確認

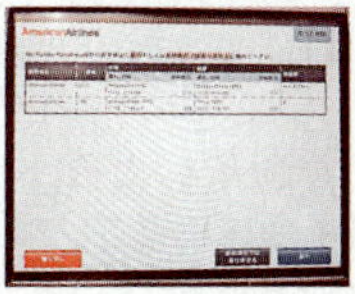

搭乗するフライトと自分の名前などのデータが表示されるので、これを確認して“続行”にタッチ。

4 機内預けの荷物に関する設問

機内預けの荷物は、通常、太平洋路線では2つまで無料（アメリカ国内線は有料の場合が多い）。「預ける荷物がある」場合は、“続行”にタッチ

5 座席を選ぶ

座席をリクエストしていない場合は、ここで座席を選ぶ。アルファベットの表示があるところが空席の意味。

6 搭乗者のデータを確認

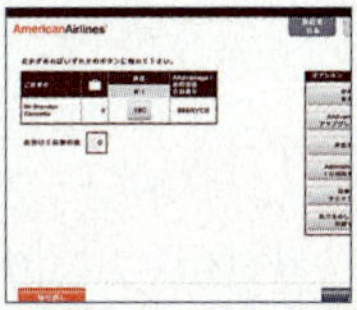

預け入れ荷物の個数を入力し、座席の変更などを行う場合は、オプションから該当のメニューを選択し手続きする。

7 搭乗ゲートの案内が表示

画面上に搭乗時刻とゲートの案内が表示されるので確認をする。機械下部より搭乗券が出てくるので忘れずに受け取ること。

8 搭乗券が発券される

預ける荷物がある場合は、印刷された搭乗券を持って、荷物預けの専用カウンターで手続きをする。

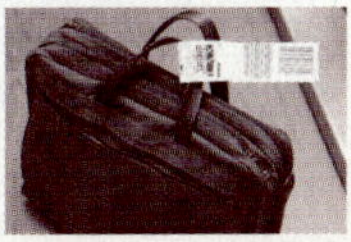

機内食も飛行機の楽しみのひとつ

冷房の調節はツマミを回す

機内は冷房がよく効いているので、毛布を確保しておこう。冷房の調節は荷物棚下のツマミで

トイレの表示はコレ！

トイレは機内に数ヵ所あって、トビラに"Occupied"とサインが出ていたら使用中、"Vacancy"だったら空いているということ

電子機器の利用は控える

携帯電話、ノート型コンピュータ、FMラジオ、ウオークマンなど電子機器の機内での利用は、飛行機の通信機器に悪影響を与えるため、離着陸時は禁止されている。決して使わないように

深部静脈血栓症（エコノミークラス症候群）に気をつけよう！

長時間、同じ姿勢でいることにより足の血管内に血の固まりができ、それが心臓に運ばれ詰まってしまい、最悪の場合は死亡するという病気だ。予防策としては、

- 足をもんだり、機内を歩くなど、足がむくまないようにする。
- トイレをがまんしない。
- 適度な水分を取る（アルコールやコーヒーは控える）。
- ゆったりとした服装をする。
- 弾性ストッキングを着用する。

など

機内での快適な過ごし方

機内の設備とサービス

機内に入ったら搭乗券に記された座席へ。座席の上部に荷物用のボックス（Overhead Bin）があるので、軽い手荷物はその中に、重たい物は前の座席の下に置く。

座席はリクライニングシートだが、離着陸時や食事のときは元の状態に戻しておくこと。ひじかけには、読書灯のスイッチ、客室乗務員の呼び出しボタン、音楽や映画の音声を聴くためのヘッドホンのジャックやチャンネルなども付いている。離陸を終え、シートベルト着用のサインが消えたら、肩の力を抜いて空の旅を楽しもう。シートベルトは、突然の揺れなどから身を守るためにも、ゆるめでいいのでできれば常時着用しておきたい。

機内での食事について

アメリカ本土行きの機内では、2度の食事が出る。時差の関係で、食事の出される時間は離陸2〜3時間後と着陸1〜1時間30分前。離陸直後には、食事前におつまみと飲み物、2度の食事の間に軽い夜食も出る。全般的にソフトドリンクは無料だがアルコール類は航空会社や利用のクラスによっては有料。機内は気圧の関係で酔いが早いので注意。飲み物は食事のとき以外でもサービスしてくれるので遠慮なく客室乗務員に頼むといい。

機内のサービスを利用しよう

長時間のフライトを快適に過ごしてもらうために各航空会社では、新聞や雑誌などを用意している。新聞は、離陸前に配られることが多く、一般紙、スポーツ紙、経済紙、英字新聞などが用意（アメリカ系の航空会社だと、日本の雑誌が少ない）され、たいていファーストクラス、ビジネスクラス、エコノミークラスの順に配られる。後ろのほうの座席だと回ってこない可能性が高い。また、雑誌はトイレの横のラックに置いてある。

旅のアドバイス

時差ぼけ対策あれこれ

海外旅行につきものといえば「時差ぼけ」。時差ぼけは、4〜5時間以上の時差がある地域を飛行機で短時間移動することによって生じる、心身の不調のこと。その症状には個人差があるが、眠れない、胃腸の調子が悪い、頭痛や吐き気などが一般的だ。

一過性の症状で病気ではないが、これが年齢を重ねるほど状態も回復も悪い。人間がもつ生活のリズムは「体内時計」によって保たれており、その体内時計と現地の時間帯とのズレが大きいほど「時差ぼけ」はひどくなる。とくに日本から時差の大きい地域、東向きであるアメリカへの旅行ではなおのことだ。

時差ぼけの対処法

●アメリカ（東向き）に旅行する場合は、渡航の2〜3日前から通常より早く寝るようにする（西向きのヨーロッパ方面の場合は遅く寝るようにする）。ただし、睡眠時間はいつもと同じに。

●水分補給を怠ると疲れがたまりやすくなるので、とくに乾燥する機内では水分補給を忘れずに。ただし、利尿作用があるアルコールやカフェインは控えたほうがいい。

●現地ではなるべく外出をすること。適度に体を動かし、日光を浴びることで「体内時計」のリズムを整えることができる。

●睡眠を整えるサプリメントなどの投薬も考えられるが、必ず医師から指示を受け、薬を処方してもらうこと。

投稿 **機内では▶**適当に時間をおいて手足のストレッチをすることで血栓予防になる。座席の前に付いているテレビなどでストレッチやエクササイズ方法が表示されていた。（奈良県　Chiho.K　'06）['12]

アメリカ入国の手続き

日本を出発してから9～14時間でアメリカ本土に到着する。まずは、空港での入国審査と税関検査を受ける。アメリカでは、乗り継ぎ便であっても、最初に到着した空港で入国審査と税関を通過しなければならない。

入国審査の傾向

新移民法施行以来、アメリカの入国審査がかなり厳しくなっている。アメリカ入国の回数が多かったり、アメリカに滞在する期間が長いとアメリカ永住の意志があるとみなされるようだ。特に対処法はないものの、少なくとも入国審査の書類の内容などに不審な点がないようにしたい。そして、入国審査のときの質問には、正直に答えること。

US-VISITプログラム ➡P.664

2004年より、ビザ取得者だけでなく、アメリカに入国するすべての訪問者に対して、インクを使わないスキャン装置による指紋採取と、デジタル写真の撮影が行われている。係官は、これらすべてのデータ、情報を参考にして旅行者の入国許可の是非を判断する。訪問者の入国プロセス全体に要する時間は、これらの手続きの強化により、以前よりかかるようになった。なお、2012年4月現在、ほとんどの空港で両手10本指の指紋採取が行われている。

アメリカ入国の手順

機内での準備

●記入の必要な書類は税関申告書➡P.663のみ。到着前までに記入しておく

注）なお、アメリカ入国に際し必要だった「I-94W査証免除用入出国カード」➡P.662は、記入提出を免除されることになった。ただし、陸路での入国の場合は提出が必要

入国審査　Passport Control/Immigration

●飛行機を降りたら"Immigration"のサインに従って進む

●"US Citizen"（アメリカ国籍を持つ人）と"Foreigner"（それ以外の国の人）の列があるので、"Foreigner"のほうへ並ぶ

●チェックされる書類はESTAの渡航認証の控え、パスポート、帰国便の航空券（eチケット）、税関申告書。これらを入国審査官に渡す

ここで質問されるのは……

①渡航目的→観光ならば"Sightseeing"と答えればよい

②滞在日数

③滞在先→到着初日の宿泊先を答えればよい

④訪問先→アメリカ国内を周遊する場合に尋ねられる場合がある。自分の予定表を見せて説明するといい

⑤所持している現金などの金額→滞在期間が長い場合や、たくさんの町を回るときに尋ねられる場合がある。現金でいくら、T/Cでいくら、クレジットカードの有無を正直に答えればよい

●簡単な英語なのでわかるはず。どうしてもわからないときには、通訳Interpreterを頼む

●そのあと、指紋採取とデジタル写真による顔の撮影が行われる（順次、両手10本指の指紋採取に移行中）

●審査が終了すると、税関申告書をパスポートに挟んで、書類を返してもらえる

ポイント！ 審査官の前に進んだら、"Hello"、"Hi"、朝ならば"Good Morning"と、まずはあいさつをしよう。また、審査が終わったら"Thank You"のひと言も忘れずに　帰国便の手配をしていないと入国を拒否されることもある！

荷物のピックアップ　Baggage Claim

●"Baggage Claim"のサインに従って、荷物の出てくるターンテーブルまで行く

●どのターンテーブルに自分のフライトの荷物が出てくるかはモニターで確認

●荷物が出てきたら、名札かチェックインのときにもらったクレームタグで自分の荷物かどうかを確認する。空港によっては係員がもう一度確認するので、タグは捨てないこと

●最後まで待っても荷物が出てこない場合や、破損していた場合には、その場で係員に申し出る

ポイント！ 荷物がなくなった場合には、自分の宿泊先にあとから送ってもらうことになる

税関　Customs

●入国審査でスタンプを押された税関申告書を提出

ここで質問されるのは……

① 申告するものがあるか、食料を持っているか

注意！　アメリカ入国の持ち込み制限

通貨は無制限だが、現金やT/Cなどを含め、1万ドル以上は要申告。酒類は、21歳以上で個人消費する場合は1L、おみやげは$100相当まで無税。タバコは200本（または、葉巻50本、刻みタバコなら2kgまで）まで無税。野菜、果物類、肉類や肉のエキスを含んだすべての食品は持ち込み禁止。

税関申告書に特記する申告物がない場合は、口頭の質問と申告書の提出で検査は終了する

国内線の乗り継ぎ

●税関を済ませたら、到着ロビー内の"Connecting Flights"と表示されている、接続便カウンターへ向かう

●国内線用のチェックインをする。すでに国内線の搭乗券を持っていれば荷物を預けるだけ

注意！ 航空会社によっては接続便カウンターで荷物だけ預け、国内線チェックインカウンターで搭乗手続きをするところもある

●空港の見取り図を確認して国内線の出発ゲートへ向かう。空港によっては、国内線ターミナルへバスや地下鉄で移動する場合もある

出口

投稿　**入国審査で**▶手荒れがひどく、指紋スキャンがうまくいかなかったため別室へ連行された。別室では旅行目的と滞在日数、目的の仕事の内容を詳しく尋ねられたが、無事入国許可が下りた。
（東京都　匿名さん　'11）['12]

アメリカ入出国に必要な書類について

アメリカ入国時に提出するもの

パスポート、eチケットの控え（または航空券）、税関申告書の3点セットを入国審査官に提示する。税関申告書は旅行会社が用意するか、アメリカ行きの機内で配られる

90日以内の旅行ならビザは不要、入出国カードの提出も免除（ESTA取得は必要）となっているが、陸路での入国の場合は引き続きI-94Wの提出が必要なことから、記入例を掲載しています。

アメリカ入出国カード（I-94W査証免除）

DEPARTMENT OF HOMELAND SECURITY
U.S. Customs and Border Protection　　OMB No. 1651-0111

アメリカ合衆国へようこそ
I-94W 非移民査証免除出入国カード記入
記入方法

この書式は、8 CFR 217に列挙される諸国中の一国の国民であり訪問者査証を保有していない非移民訪問者が各自記入するべきものです。現行の査証免除適格国リストは、航空会社から入手できます。

すべて大文字楷書体でタイプするかペンで判読できるように記入してください。**英語で記入してください。**

この書式は二つの部分から構成されています。到着記録（1から15まで）と出発記録（18から21まで）の両方を記入して下さい。この書式の裏面には、署名と日付が記されなければなりません。14歳未満の子どもの場合は、本人のカードに親/後見人が署名しなければなりません。

第9項目 - 米国に陸路で到着する場合には、この欄に「**LAND**」と記入してください。米国に船で到着する場合には、この欄に「**SEA**」と記入してください。

5 U.S.C. § 552a(e)(3) プライバシー保護の通知：この書式で集められる情報は、移民・国籍法(INA) (8 U.S.C. 1103, 1187) を含め、合衆国法典第8編、8 CFR 235.1, 264 および1235.1により義務付けられています。この収集の目的は、入国許可の条件を与え、非移民外国人の米国出入国を記録するためです。この書式で求められている情報は、法律執行のため、あるいは皆さんの入国許可決定においてDHSの助けとなるよう、他の政府機関にも利用されることがあります。米国への入国を求める全ての非移民外国人は、別途特に免除されない限り、この情報を提供しなければなりません。この情報を提供しない場合、合衆国への入国が拒否され、国外退去となる可能性があります。

入国番号
010760119 22

到着記録
査証免除

①1. 姓　CHIKYU
②2. 名　AYUMI　　3. 生年月日（日/月/西暦年）　110279③
④4. 国籍　JAPAN　　5. 性別（Male または Female）　FEMALE⑤
⑥6. 旅券発行日（日/月/西暦年）　24042010　　7. 旅券失効日（日/月/西暦年）　24042020⑦
⑧8. 旅券番号　TT1234567　　9. 航空会社名および便名　AA170⑨
⑩10. 居住国　JAPAN　　11. 搭乗地（市）　NARITA⑪
⑫12. 米国滞在中の住所（番地と通り）　EMBASSY APARTMENTS
⑬13. 米国滞在中の住所（市と州）　SANTA MONICA CA
⑭14. 連絡先となる米国内の電話番号　310-394-1279
⑮15. Eメールアドレス　chikyu@aruku.ne.jp

米国政府用
16.　17.

CBP Form I-94W (Japanese) (05/08)

OMB No. 1651-0111

出国番号
010760119 22

出国記録
査証免除

①18. 姓　CHIKYU
②19. 名　AYUMI　　20. 生年月日（日/月/西暦年）　110279③
④21. 国籍　JAPAN

CBP Form I-94W (Japanese) (05/08)

裏面をご覧ください　　**STAPLE HERE**

以下の何れかがあなたに該当しますか？（「はい」または「いいえ」で回答してください）⑯

A. あなたは伝染病、身体的もしくは精神的な症状を患っていますか？ または薬物濫用者もしくは薬物中毒者ですか？　□はい ☒いいえ

B. あなたは、規制薬物に関係した背徳的行為もしくは違反を伴う犯罪のかどで、逮捕されたこと、あるいは有罪と決定されたことがありますか？ または、合計5年以上の実刑判決を伴う複数の犯罪のかどで、逮捕されたこと、あるいは有罪と決定されたことがありますか？ または規制薬物の密輸人であったことがありますか？ または犯罪的もしくは不道徳的な活動に従事するために入国しようとしていますか？　□はい ☒いいえ

C. あなたは、スパイ行為もしくは破壊工作、あるいはテロ活動、あるいは民族大量虐殺に、過去に関与したことがありますか、または現在関与していますか？ または、1933 年から 1945 年までの間に、ナチス・ドイツまたはその同盟国に関連した迫害にいかなるかたちででも関与しましたか？　□はい ☒いいえ

D. あなたは、米国で仕事を求める予定ですか？または、国外撤去もしくは国外追放されたことがありますか？または、以前に米国から移送されたことがありますか？ または、詐欺または不実表示により米国査証の調達または米国入国をしたこと、または試みたことがありますか？　□はい ☒いいえ

E. あなたは、子どもの保護権を与えられている米国市民に対し、その子どもを拘留、維持したこと、またはその保護を保留したことがありますか？　□はい ☒いいえ

F. あなたは、これまでに米国査証または米国への入国を拒否されたことがありますか？または米国査証を取り消されたことがありますか？「はい」の場合、それはいつですか？＿＿＿＿それはどこでですか？＿＿＿＿　□はい ☒いいえ

G. あなたは、訴追の免責を主張したことがありますか？　□はい ☒いいえ

重要：上記の何れかに「はい」と回答した場合には、米国への入国を拒否される可能性がありますので、渡米前に米国大使館に連絡してください。

①CHIKYU　姓（楷書）　　②AYUMI　名
④JAPAN　国籍　　③11/02/79　生年月日

権利放棄：私は、本書式により、私の入国許可性に関する米国税関国境保護局の検査官の判断を審理もしくは上訴するあらゆる権利、または、政治的亡命申請を根拠とする以外のいかなる国外追放措置に対して異議を申し立てるあらゆる権利を放棄します。

証明：私は、本書式の質問および表明をすべて判読し理解したことを証明します。私が提出した回答は、私が知り信じる限り、真正かつ正確です。

⑰地球 歩　署名　　⑱30/06/12　日付

文書業務削減法の通知：最新の有効なOMB管理番号を提示していない限り、政府機関が、情報収集を行ったりその援助してはならず、個人は、この情報に応じる必要はありません。この情報収集のための管理番号は、1651-0111です。この申請書を書き上げるための推定平均時間は、回答者1人あたり8分です。この所要時間に関するご意見は、U.S. Customs and Border Protection, Asset Management, 1300 Pennsylvania Avenue, NW, Washington DC 20229 に書面でお知らせください。

出国記録
重要：あなたは、この許可証を所有し続け、米国を出国する時に返還しなければなりません。これを怠ると、将来の米国入国の遅延の原因となる可能性があります。
あなたには、本書式に記載された日付までの米国滞在が承認されます。この日付の後も国土安全保障省当局からの許可なしに滞在し続けると、法律違反となります。
米国を出国する時に、この許可証を以下のとおり返還してください。
- 空路または航路での場合は、航空会社／船会社に。
- カナダとの国境を越える場合は、カナダの担当役人に。
- メキシコとの国境を越える場合は、米国の担当役人に。

警告：あなたは、本プログラムの下での米国訪問中に、無資格の就職、就学、外国情報媒体の代表を行ってはなりません。あなたは、最高 90 日間まで米国に滞在することを許可されます。あなたは、1) 非移民資格の変更、2) 移民・国籍法(INA)第 201 条 (b) 項の下に適格とされる場合を除いた、一時居住者または永住者への資格調整、または3)滞在の延長を申請してはなりません。これらの条件に違反すると、国外追放の対象とされます。これまでの本プログラムの違反は、過去に本プログラムの下で適正な国土安全保障省 (DHS) の許可なしに滞在超過したことがあることを含め、いかなる場合も、結果的に、移民・国籍法 (INA) 第 217 条に概要説明されるとおり入国不可と事実認定されることになります。
出国港：
日付：
航空会社：
便名／船名：

①姓（名字）　②名　③生年月日（日月年の順：年は西暦下2ケタ）　④国籍（日本人ならJAPAN）　⑤性別（男はMALE、女はFEMALE）　⑥パスポート発行日（日月年の順：年は西暦）　⑦パスポート失効日（日月年の順：年は西暦）　⑧パスポートの番号　⑨航空機便名（アメリカ行きの航空会社とフライト番号）　⑩居住国（住んでいる国で、日本ならJAPAN）　⑪搭乗地（飛行機に乗った場所。成田ならNARITA）　⑫米国に滞在中の住所（旅行者なら最初に滞在するホテル名またはその住所、または知人宅など）　⑬市、州（住所のうち市と州名）　⑭米国内の連絡先（電話番号）　⑮Eメールアドレス　⑯質問の回答にチェック　⑰署名（パスポートと同じサイン）　⑱入国日（日月年の順：年は西暦下2ケタ）

下記のカードは、アメリカ入国時に記入して提出する税関申告書。「合衆国外で購入、または取得し、合衆国内に持ち込む物品……」などと書かれているが、これはおみやげや商用品のことで、自分で使うための旅行用品はその範疇ではない。

日本らしいおみやげは、空港内のギフトショップでも購入できる／成田空港

アメリカ税関申告書

U.S. Customs and Border Protection

税関申告書

認定書式

19 CFR 122.27, 148.12, 148.13, 148.110, 148.111, 1498; 31 CFR 5316　OMB NO. 1651-0009

到着された各行者の方、またはご家族の責任者の方には、以下の情報を提供していただく必要があります(申告書は1家族につき1枚です)。

1. 姓　CHIKYU ①
　名　AYUMU ②　ミドルネーム ③
2. 誕生日　日 1 1　月 0 2　年 7 9 ④
3. 本人と共に旅行している家族の人数　0 ⑤
4. (a) 米国内の住所：通り(ホテル名／行先)
　EMBASSY APARTMENTS ⑥
　(b) 市　SANTA MONICA ⑦　(c) 州　CA ⑧
5. 旅券発行国　JAPAN ⑨
6. 旅券番号　TT1234567 ⑩
7. 居住国　JAPAN ⑪
8. 今回の旅行で米国到着前に訪問した国 ⑫
9. 航空会社／搭乗機番号または船名　AA170 ⑬
10. 今回の旅行の主要目的はビジネスである： ⑭　はい □　いいえ ×
11. 私(私達)は以下のものを持ち込んでいる：
　(a) 果物、野菜、植物、種、食品、昆虫　はい □　いいえ ×
　(b) 精肉、動物、動物／野生動物製品　はい □　いいえ ×
　(c) 病原体、細胞培養、カタツムリ　はい □　いいえ ×
　(d) 土壌、または農場／大牧場／牧草地にいた　はい □　いいえ ×
12. 私(私達)は家畜のそばにいた(触ったり扱ったりした)：　はい □　いいえ ×
13. 私(私達)は10,000米ドルを超える、または外国通貨にてそれと等価の通貨または貨幣を携帯している：　はい □　いいえ ×
　(裏側の貨幣の定義を参照のこと)
14. 私(私達)は以下の市販用商品を携帯している：　はい □　いいえ ×
　(販売品、注文勧誘用の試供品、または 所持品とはみなされない物品)
15. 居住者 — 外国で購入または取得し(他人への贈物を含むが米国宛に郵送された品目は含まない)、今回米国に持ち込んでいる市販用商品を含む全物品の総額：　⑮ $ 30
　訪問者 — 市販用商品を含め、米国内に残される全品目の総額：　$

この書式の裏面の説明文をお読みください。申告しなければならない品目を全て列挙する欄が設けられています。

私はこの書式の裏面に記載されている重要な情報を読み、真実の申告を行いました。

X ⑯地球 歩　(署名)　　⑰ 30/06/12　日付(日／月／年)

当局使用欄

CBP Form 6059B (Japanese) (11/07)

米国税関・国境警備局(CBP)は皆様の訪米を歓迎いたします

米国税関・国境警備局は、米国を禁止品目の不法輸入から保護する責任を担っています。CBPの職員は、皆様に質問する権限、皆様および皆様の所持品を調べる権限を授けられています。皆様には、たとえ検査対象に選ばれた場合でも、礼儀正しく、威厳のある、プロフェッショナルな態度での対処が行われます。ご質問には、CBPの監督者ならびに乗客サービス担当者が応対いたします。なお、おほめの言葉あるいはフィードバックをいただくためのご意見カードもご利用いただけます。

重要な情報

米国居住者 — 海外で取得し、米国に持ち込んだ品目をすべて申告してください。

訪問者(非居住者) — 米国に残す全品目の価値を申告してください。

本申告書中にすべての品目を申告し、その価値を米ドルで表してください。贈物の場合は、小売価格を記入してください。

関税 — CBPの職員が関税額を決定します。米国居住者には通常、持ち込んだ品目のうち800ドルに免税が適用されます。訪問者(非居住者)には通常、100ドルの免税が適用されます。関税額は、免税額を超える最初の1,000ドルに対し、現行の関税率を用いて査定されます。

農産物・野生動物製品 — 危険な病害虫や輸入禁止野生動物が国内に入るのを防ぐため、果物、野菜、植物、植物製品、土壌、精肉、肉製品、鳥、カタツムリ、その他の生きた動物や動物製品の持ち込みは規制されています。これらの物品を税関・国境警備局担当官または税関・国境警備局農務担当官または魚類野生動物検査官に申告しなかった場合、罰金が科され、その物品は没収されることがあります。

規制薬物、猥褻物、および毒物は、一般に入国による持ち込みが禁止されています。農産物の入国による持ち込みは制約されています。

ありがとうございました。アメリカ合衆国にようこそ。

通貨または貨幣の持ち運びは、その金額を問わず法的に許可されています。しかし、10,000ドル(米ドルあるいはそれと等価の外国通貨、またはその両方の組み合わせ)を米国へ持ち込む場合、米国から持ち出す場合はいずれも、米国税関・国境警備局に「FinCEN105」(旧「Customs Form 4790」)による報告書を提出することが、法律により命じられています。貨幣には、硬貨、紙幣、旅行者小切手、およびパーソナル・チェック、銀行小切手、株式、債券などの持参人払式証券が含まれます。通貨あるいは貨幣をご自分に代わり他人に携帯してもらっている場合も、「FinCEN105」による報告書を提出しなければなりません。要求される報告書の提出を怠る場合、あるいは携帯する総額の報告を怠る場合には、その通貨または貨幣のすべてが差押えの対象になる可能性があり、さらに、皆様ご自身が民事罰や刑事訴追の対象とされる可能性もあります。上述の「重要な情報」を読み、真実の申告を行なった後、この書式の表側に署名してください。

品目の説明
(リスト欄が足りない場合は別の「CBP Form 6059B」に続けて記入してください。)

品目の説明	価格	CBP使用欄
⑱ HANDKERCHIEF	$30	
合計	⑲ $30	

文書業務削減法のお知らせ：文書業務削減法により、当局では、当該情報をなぜ収集するのか、どのように利用するのか、皆様に提出義務があるのかどうかを、皆様に予めお伝えしなければなりません。本書式により収集される情報は、米国の税関法、農業法、通貨法を施行するために必要とされます。CBPは、旅行者が当該法律を遵守していることを徹底するため、また、正確な金額の関税および租税を算出し徴収するために、当該情報を必要とします。皆様には回答が義務づけられています。政府機関は、有効なOMB管理番号を表示していない限り、情報収集の実施あるいは援助をしてはならず、個人の側はそれに応じる義務はありません。この情報収集にかかる所要時間は、個人の状況によって異なりますが、回答者または記録者1人当たり平均4分と見積もられています。所要時間の見積りの正確さに関するご意見および時間的負担削減に関するご提案は、〒20229 ワシントンD.C.、米国税関・国境警備局、情報サービス支部、報告書処理担当職員(U.S. Customs and Border Protection, Reports Clearance Officer, Information Services Branch, Washington, DC 20229)、および〒20503 ワシントンD.C.、米国行政管理予算局、文書業務削減プロジェクト(1651-0009)(The Office of Management and Budget, Paperwork Reduction Project (1651-0009), Washington, DC 20503)に提出してください。本書式をCBPの書式担当責任者の承認なしに複製することは禁止されています。

U.S. G.P.O.: 2008—770-089/60019　CBP Form 6059B (Japanese) (11/07)

①姓（名字）　②名　③ミドルネーム　④生年月日（日月年の順：年は西暦下2ケタ）
⑤同行している家族の人数　⑥最初に滞在する予定のホテル名、または知人宅など
⑦滞在先の市　⑧滞在先の州名　⑨パスポート発行国　⑩パスポート番号
⑪居住国　⑫アメリカ到着以前に旅行した国（ない場合は無記入）
⑬アメリカ行きの飛行機の航空会社とフライト番号（航空会社は2文字の略号→P.649で）　⑭質問の回答にチェック
⑮税関に申告するものがある場合は金額を記入（おみやげなど）　⑯署名（パスポートと同じサイン）
⑰入国日（日月年の順：年は西暦下2ケタ）　⑱課税対象がある場合は、品目と金額を書き込む　⑲「⑱」の合計金額

覚えておきたい

US-VISIT プログラム

US-VISITプログラムとは？

アメリカに入国する外国人［米国永住権（グリーンカード）保持者も含む］が対象となる。アメリカ入国者の指紋と顔写真を登録・確認する身元確認のためのプログラム。ただし、14歳未満または79歳以上の人、公用国際機関ビザ所持者はUS-VISITプログラムが免除される。各都市の空港・海港・陸路国境における入国審査場において実施の有無が異なるが、ほとんどのところでこのプログラムが実施されていると考えておこう。また、出国管理システムは一部の空港でテスト運用が実施されたが、2012年4月現在、出国管理システムは見直しのため運用はされていない。再開も未定だ。

※1）US-VISITプログラム実施当初は、左右人さし指だけの指紋採取だったが、ほとんどの空港で両手10本指の指紋採取が実施されている。

アメリカ到着時

入国管理システムの流れ

1 到着ゲートから"Arrival"の案内表示に従って
2 入国審査"Immigration"へ進む。日本人は外国人専用レーンに並ぶ（場合により職員の指示で別のレーンに案内される場合もある）。US-VISITプログラムによる入国審査は右図のとおり。

入国審査時に顔写真を撮る
©Department of Homeland Security, US-VISIT

3 入国審査終了後、機内預け荷物ピックアップ場所"Baggage Claim"で機内に預けた荷物をピックアップする。
4 税関に申告する必要のある人もない人も税関"Custom"で機内で書いておいた税関申告書を提出。
5 国内線へ乗り継ぎする人は乗り継ぎカウンターで再び荷物を預け、出発ゲートへ向かう。
6 市内への各交通機関は、ターミナル内に併設する地下鉄などの駅以外は、ターミナルの外にある。出口を出たら案内表示に従って進めばよい。

左右人さし指のみ、指紋採取を行う空港もある
©Department of Homeland Security, US-VISIT

パスポートの検査、質問（滞在目的、日数など）

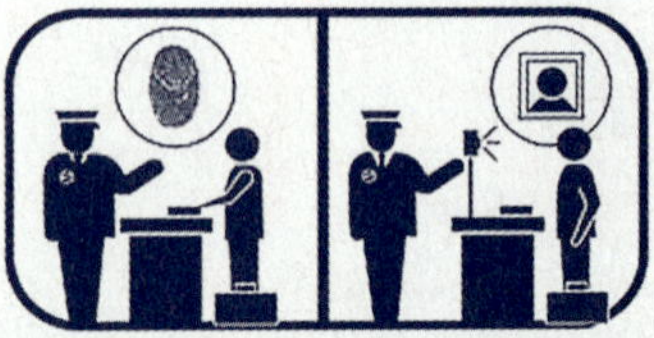

※1）指紋のスキャン

デジタルカメラによる顔写真の撮影

バゲージクレームへ

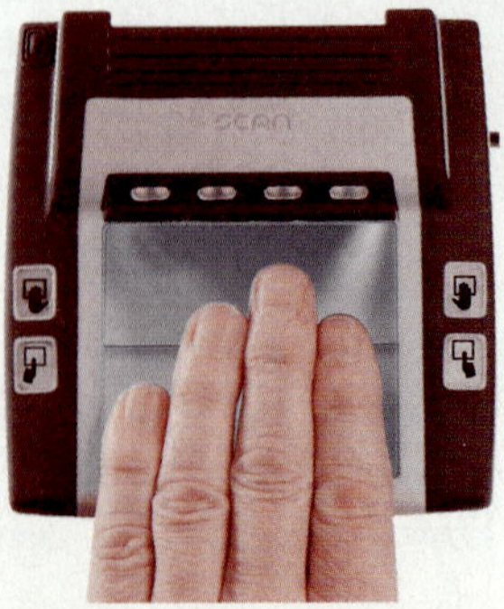

両手10本指の指紋採取

©Department of Homeland Security, US-VISIT

空港から市内へ向かう（市内へのアクセス）

入国審査、税関検査を無事に終えたら、いよいよアメリカ歩きの始まりだ。まずは市内（中心部は“ダウンタウン”と呼ばれる）へ行こう。空港から市内へは、下表のとおり数種類の交通機関がある。

それらの交通機関は、空港到着階のバゲージクレームを出たところの“Ground Transportation”と示されたエリアから出ている。この表示のあたりにはレンタカー会社のカウンター、個人宅やホテルの入口まで連れて行ってくれる空港シャトルバンやおもなホテルを定期的に結ぶ空港バスのブース、場所によっては観光案内所などがある。市内までどの交通機関がいいかを決めたら、各ブースで申し込めばいい。レンタカーを借りる人は、空港内のカウンターで手続きをするか、カウンターがない場合は、ターミナルを出て、各レンタカー会社のピックアップバスに直接乗り込めば、オフィスまで連れて行ってくれる。

路線バスやタクシーのカウンターはない
通常、路線バスや地下鉄、タクシーのカウンターは、このGround Transportationのところにはない。ターミナルを出て、指定の乗り場から乗ることになる。交通機関の料金表や乗り場などの表示がある空港もあるので、気を付けて見てみよう

サインや看板を見落とさないように進もう

空港から市内への交通機関

	特徴	メリット	デメリット	利用の際の注意点
空港バス	●ダウンタウンや大きなホテル間を定期的に結んでいる ●大都市に多い ●大型バス	●早朝から深夜まで運行している	●ダウンタウンや大きなホテルなど、行き先が限られ、ルートから外れた場所へは、大きな荷物をかかえての移動が不便	●基本的にチップは不要 ●往復で買っておくと割安
空港シャトルバン	●大中規模の空港にはほとんどある ●小型バスやバン	●希望のホテルや、エリア内で、住所さえわかれば個人の家まで行ってくれる	●乗客それぞれの行き先が違うと予想以上に時間がかかる	●$1～2のチップを渡すのが普通 ●空港へ向かう場合は、前日までにウエブサイトや電話で予約が必要になることが多い
路線バスや地下鉄	●あくまでも安く行きたい人向け	●最も安価	●時間がかかる ●荷物のサイズによっては乗れないこともある	●治安を考えると、夜間の利用は避けたい ●路線バスは初めての町での利用は難しい
タクシー	●目的地へダイレクトに行ける	●速い ●数人で利用すれば割高感は薄れる ●時間帯を気にせず利用できる	●ひとりで利用すると割高になる	●料金の15～20%のチップを忘れずに ●利用する前にドライバーに料金の確認をしておく ●無許可営業のタクシーに遭わないために、必ず指定の乗り場から乗る
空港ホテルやレンタカーのピックアップバン	●空港周辺のホテルやレンタカー会社が送迎バスを運行している	●サービスなので、もちろん無料	●そのホテルやレンタカー会社を利用する人以外乗れない	●定期的に巡回しているのか、電話で呼んで迎えに来てもらうのかの確認が必要

機内預けの荷物はバゲージクレームでピックアップ

ターミナルの外に出ると空港バスやシャトルバンのブースがある

時間を優先するならタクシー

アメリカ出国

航空会社によるが、予約の再確認（リコンファーム）が必要な場合がある。アメリカの空港はセキュリティが非常に厳しい。国際線は3時間前、国内線は2時間前までに行ったほうがよい。

2012年5月現在、出国手続きは基本的に航空会社のカウンターで、チェックインのときにパスポートを提示して終了。搭乗するターミナルへ行く前に、セキュリティチェックを通過しなければならないので早めに並ぼう。機内への搭乗が始まるのは出発の30分前頃から。

リコンファーム（予約の再確認）
基本的に必要ないが、自分のフライトの運航状況を確認する意味では、リコンファームを行っておくと安心

カナダ、メキシコへの陸路での出国

アメリカ入国後、バスなどで陸路で国境を越える場合は次の点に注意。

・カナダへ出国し、再びアメリカに戻ってくる場合はビザは不要。パスポートは必要。

・メキシコとの国境を越える場合、アメリカ合衆国発行のビザを有する外国人は、メキシコのビザを提示することなく入国を申請することができる。入国にはマルチプル入国フォーム（FMM）の提出が必要（→左脚注参照）※2012年5月現在、外務省はメキシコと米国との国境における治安悪化にともなう注意喚起を行っている。渡航・滞在を予定している場合は、外務省の海外安全ホームページの渡航情報などで治安状況を必ず確認すること。

・カナダ、メキシコ両国とも、アメリカからの出国はスムーズだが、再入国のときにパスポートや帰りの航空券（eチケット）、荷物などを詳しく調べられることがあるので注意。

日本入国

飛行機が到着し、入国審査の窓口へ。その前に「検疫」があるが、例外時を除きアメリカからの帰国者はそのまま素どおりでよい。窓口では、入国のスタンプが押されるだけ。荷物をピックアップしたら、税関の係員に「携帯品・別送品申告書」を提出する（詳細は左記参照）。係員に質問されたら正直に答える。

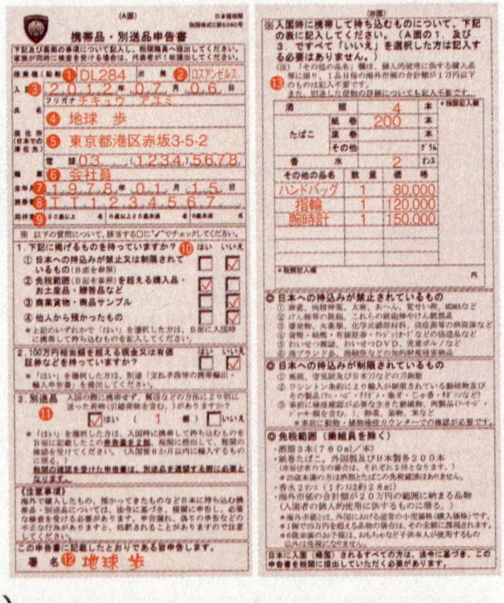

カナダもビザは不要
カナダは観光などでの入国は最高6ヵ月までの滞在ならば日本でビザを取る必要はない

メキシコに入国する場合
日本国籍の場合、180日を超えない観光、商談、30日を超えない通過目的の場合は入国フォーム（FMM）が必要。飛行機での入国は機内や空港にて、陸路の場合は国境にて取得可能

在日メキシコ大使館・領事部
住 〒100-0014
東京都千代田区永田町2-15-1
☎ (03) 3580-2961（領事部）
URL www.sre.gob.mx/japon
開 月～金 9:00～17:00（13:00～14:00は昼休み）

鉄道で国境越えをする方法
技術編第13章「アメリカ鉄道の旅」➡P.672

入国拒否……
アメリカと隣国への出入国が異常に多いと、入国拒否されてしまうこともある

外務省海外安全ホームページ
URL www.anzen.mofa.go.jp

「携帯品・別送品申告書」について
2012年5月現在、日本に入国（帰国）するすべての人は「携帯品・別送品申告書」を1通提出することになっている。別送品のある人は2通提出し、このうちの1枚に税関が確認印を押して返してくれる。こちらの申告書は別送品を受け取る際に必要なので、大切に保管しておこう

携行品・別送品申告書
①航空会社とフライト（航空会社は2文字の略号で） ②出発地 ③入国日 ④氏名 ⑤住所と電話番号 ⑥職業 ⑦生年月日 ⑧パスポート番号 ⑨同伴家族がある場合はその内訳 ⑩質問の回答にチェック ⑪別送品がある場合 ⑫署名（パスポートと同じ） ⑬携帯して持ち込むものの申告。別送品がある場合は、係員に確認を

牛肉類の日本への持込禁止
ソーセージ、ビーフジャーキーなどの牛肉加工製品については、日本への持ち込みが禁止されている。免税店で販売されているものや、検疫済みのシールが添付されているものも日本に持ち込みできない。
詳細は動植物検疫所のホームページを参照。URL www.maff.go.jp/aqs

日本への免税範囲（成年者ひとりあたり）

2012年5月現在

	品名		数量または価格	備考
1	酒類		3本	1本760mℓ程度のもの
2	タバコ	葉巻タバコ	50本（ただし、ほかのタバコがない場合）	葉巻50本または紙巻きタバコ200本をそれぞれ250gとして計算する。2種類以上持ち込むときは総重量250g以内
		紙巻きタバコ	200本（同上）※日本製、外国製を各200本	
		その他のタバコ	250g（同上）	
3	香水		2オンス	1オンスは約28mℓ
4	品名が上記1～3以外であるもの		20万円（海外市価の合計額）	合計額が20万円を超える場合は、超えた額に課税。ただし、1個で20万円を超える品物は、全額に課税される

未成年者の酒類、タバコの持ち込みは範囲内でも免税にならない
6歳未満の子供は、おもちゃなど明らかに子供本人の使用と認められるもの以外は免税にならない

技術 第13章

アメリカ鉄道の旅

日本の25倍の面積をもつアメリカ。この国では隣の町に移動するといっても、日本の感覚をはるかに超える距離だ。例えば、よく隣町のようにいわれるサンフランシスコ～ロスアンゼルス間も実際は610km以上もあり、車で6時間以上かかる。アメリカは実に広いのだ。まず、日本の感覚は捨てて、スケジュールを組もう。

意外と知られていないことだが、世界最長の鉄道王国は、実はアメリカなのである。車と飛行機が国の文化のひとつとして発達したこの国で、その事実にはピンとこない人も多いだろう。

だが最近、アメリカでは移動の時間を旅の楽しみと考える人が増えてきたようだ。車中で景色を眺めたり、食事に舌つづみを打ち、ほかの乗客との会話を楽しみたい。

鉄道での旅は優雅

20世紀前半の鉄道黄金時代、大陸横断鉄道は世界で最もデラックスな陸上交通機関であった。今もその伝統を受け継いだ列車がアメリカを走っている。座席はゆったり、展望車あり、食堂車あり、映画上映あり、充分な広さの個室寝台など鉄道の旅は、現在アメリカで最も優雅な旅のスタイルだといえる。

1971年、政府と各鉄道会社の共同出資による半官半民の国有旅客鉄道会社が設立された。これが**アムトラック Amtrak**だ。アムトラックが車両と乗務員を保有し、各私鉄の線路にその車両を走らせ、旅客部門を一手に引き受けている。したがって、アメリカ鉄道の旅といえばイコール、アムトラックの旅ということになる。

アムトラック　Amtrak
半官半民企業であるアメリカ鉄道旅客輸送公社National Railroad Passenger Corporation（NRPC）のトレードネーム。アムトラックの営業距離は約3万km以上
URL www.amtrak.com
Free (1-800) 872-7245

アムトラックで優雅な旅をしよう

GUIDE BOOK 地球の歩き方BY TRAIN 8 北米大陸鉄道の旅編（1800円＋税）にもアメリカ鉄道の旅を紹介していますので、ご活用ください。

天井までガラス窓になっていて車窓を楽しめるラウンジカー

アムトラックは目的地に着くための交通手段ではなく、列車の中でゆったりとした時間を楽しむための乗り物だ。車内には絨毯が敷かれ、座席はもちろんリクライニングシート。長距離用客車にはフットレストまで付き、寝台車、ラウンジカー（展望車）、ダイニングカー（食堂車）、スナックバー（売店）などがある。優雅なときを演出するため、車内の設備はとても贅沢だ。

アムトラック連絡バスが走っている都市例

- サンフランシスコ（オークランドのエメリビル駅から）
- ラスベガス（ロスアンゼルスのユニオン駅から）
- フェニックス（アリゾナ州のフラッグスタッフ駅から）

アムトラックが網羅する町

アムトラックは全米を走っているとはいうものの、そのネットワーク網は残念ながらグレイハウンド➲P.673のように隅々までというわけにはいかない。多くの大都市には走っているが、走っていない都市もけっこうある。しかし、ご心配なく。アムトラックでは大都市を起点とした周辺のいくつかの都市に、**アムトラック連絡バス Amtrak Thruway Bus**を運行させている。この連絡バスの運行によって、本書で紹介している都市のほとんどへ、アムトラックまたはその連絡バスを使って行くことができる。

アムトラックの人気列車

2012年5月現在

列車名	走行区間	運行本数	所要時間	ルート解説
サンセットリミテッド Sunset Limited	Los Angeles ～ New Orleans	週3便	45時間30分～48時間	大陸横断鉄道。新興のサンベルト地帯を結び、広大なコーン畑、牧場、油田などが見られ、アメリカの広さが実感できる。本来の路線はロスアンゼルス～オーランドだが、現在ニューオリンズ～オーランド間は運休中
コーストスターライト Coast Starlight	Los Angeles ～ Seattle/Portland	1日1便	35時間	太平洋岸の美しい景色の中を走る。チュムルトからユージーンまでのカスケード山脈の森林地帯を3時間かけて走る。アムトラックが力を入れて売り出している路線
サウスウエストチーフ Southwest Chief	Chicago ～ Los Angeles	1日1便	41～45時間	かつてのアメリカの大動脈旧ルート66に沿った路線で、穀倉地帯、砂漠を走る豪快なルート。グランドキャニオンの入口、フラッグスタッフに停車
カリフォルニアゼファー California Zephyr	Chicago ～ San Francisco	1日1便	50～54時間	トンネルだらけのロッキーの山越えのある、アムトラックのなかで最も人気のある路線。エメリビル（オークランド）～サンフランシスコ間は連絡バスの運行
エンパイアビルダー Empire Builder	Chicago ～ Portland/Seattle	1日1便	44～47時間	ダイナミックな最北端のルート。春夏秋は森林が生い茂った雄大な大自然、冬は一面の銀世界が広がる。車窓の景色が次第に開拓者時代の色彩を濃くして酪農地帯と小麦畑が続く。ミネアポリス、ミルウォーキーに停車
シティ・オブ・ニューオリンズ City of New Orleans	Chicago ～ New Orleans	1日1便	19時間30分	ミシシッピ川に沿ってシカゴからニューオリンズへ。ニューオリンズから出発すれば、アメリカ音楽の変遷と重なる。途中メンフィスにストップ
キャピトルリミテッド Capitol Limited	Chicago ～ Washington, DC	1日1便	16時間30分	ピッツバーグ、クリーブランドといった工業都市を経由しながら、シカゴと首都ワシントンDCを結ぶ
レイクショアリミテッド Lake Shore Limited	Chicago ～ Boston/New York	1日1便	20～24時間	シカゴと大都市ニューヨーク、またはボストンを結び、バッファローからトレドまではエリー湖岸を走る路線。いくつもの運河が圧巻
クレセント Crescent	New York ～ New Orleans	1日1便	29～30時間	フィラデルフィア、ワシントンDC、アパラチア山脈をくぐり抜け、アトランタをとおり、ニューオリンズへ
カスケード Amtrak Cascades	Vancouver ～ Eugene	行き先によってさまざま。シアトル～ポートランド間は1日4便	3時間30分	北西部のシアトルとポートランドを結ぶ路線。列車によっては、カナダのバンクーバーやオレゴン州のユージーンまで運行（一部のエリアへは、連絡バスへの乗り換えが必要）
メープルリーフ Maple Leaf	New York ～ Toronto (Canada)	1日1便	12時間30分	ニューヨークから人気景勝地のナイアガラフォールズ（アメリカ側、カナダ側の両方）にストップしてトロントへ
アセラ特急 Acela Express	Boston ～ New York ～ Washington, DC	10便(月～金)、2便(土)、5便(日)	6時間30分～6時間50分	アメリカ版新幹線。ニューヨーク～ワシントンDCの区間なら平日には10往復以上と運行頻度が高く、遅延もそれほど多くないのでビジネスマンの利用が多い

投稿 **列車は思ったほど空いていない**▶コーチを利用したが、おおむね50～70%の乗車率だった。眺めのいい席を取りたいのであれば、改札口に早めに並んでおいたほうがいい。
（大分県　黒岩史郎　'06）['12]

アムトラックの自社路線

「優雅な鉄道の旅」を演出してくれるアムトラックだが、自社路線に限り、日本の大都市圏を走るJRと同じ混雑ぶりだ。アメリカ北東部のボストン〜ニューヨーク〜ワシントンDC間はアムトラックの自社路線。この区間は電化された区間（これ以外は電化されていない）で、日本の新幹線並みに列車が走っている。時間の遅れも少ないので、ビジネスマンをはじめとする一般市民の利用が多い。ただし、運賃がとても高い区間でもある。グレイハウンドと比べると、格段の差だ。

食堂車での食事も列車の旅ならでは

車両のいろいろ

どんな車両がつながっているか

アムトラックの車両は、走行する距離によって車両の編成が異なってくる。

近距離なら**コーチ Coach**と呼ばれる一般の座席車両と、軽食や飲み物が買えるスナックバーの入った車両が連結されているだけ。長距離の場合は、列車の旅を本格的に楽しんでもらうために、コーチと**寝台車 Sleeper**のほかに**展望車 Lounge Car**、**食堂車 Dining Car**などが連結される。また、アメリカ東海岸を縦断する路線は**シングルレベル編成 Single Level Fleet**と呼ばれる1階建ての車両、それ以外は**スーパーライナー編成 Superliner Fleet**と呼ばれる2階建て車両が走っている。

コーチの座席は、前後が広々としたゆったりサイズ、リクライニングシートが後ろに35度倒れ、フットレストも高く上がるので寝台のような状態になる。テーブル、物入れ、読書灯も付いてなかなか快適だ。寒ければ毛布を買うこともできる（夏期）。トイレにはトイレットペーパーはもちろんのこと、ペーパータオル、ティッシュ、石けん、紙コップ付きでお湯も出る。

展望車は天井がドーム型のガラス張りになっていて、座席が外側に向くなど、車外に広がるダイナミックな景色を楽しめる工夫がされている。自由席なので、次に待っている人がいたら譲るよう心がけよう。

アムトラックのいいところは、どの列車にもスナックバーが付いていること。スナックバーではホットドッグやスナック菓子、温かい飲み物、冷たい飲み物が買え、それ以外にも、アムトラックグッズが売られている。また、車中泊があるような列車には食堂車が必ず連結されている。食堂車でのメニューは朝・昼食が$6〜9、夕食で$12〜22程度。なお、寝台利用客は、寝台料金のなかに食事代も含まれているので、あとは食事に応じたチップを置くだけ。

スナックバーでは、係員と世間話するのもいい

サンフランシスコ近郊を走るサンホアキンス号は2月がおすすめ（投稿）

突然、ラウンジカーの両側の窓が桜色に変わった。驚いて外を見ると、何と桜色の花が咲いていた。地平線まで続く、一面の桜色の絨毯の上を走る列車。2月中旬頃が見頃だと思う。アメリカの雄大な花見はいかが？
（北区　大根田頼尚　'05）['12]

荷物スペースもゆったり

2階建てのスーパーライナー編成は、1階に荷物置き場がある。シングルレベル編成では、窓の上に荷物を置くための棚があり、これが意外に広い

ここにもチップを

スナックバーの係員は思ったよりも重労働。しかも温かいコーヒーなどを作ってくれるのだから、気持ち程度のチップを置きたい

寝台車のチップ

寝台車には専門の乗務員が付き、ベッドメイキングをしてくれたり、新聞を運んだりと、乗客の要望にいろいろ応えてくれる。1日につき$5のチップが目安だが、部屋に食事を持って来てもらうなど、特別なことをしてもらった場合はプラスするように

隣が空いていれば横になることもできる

投稿 **コーチ▶**普通車といっても座席は大きく広い。フットレストも備えており、日本のグリーン車並みの乗り心地と考えてよい。車内の客層もよく、秩序も保たれており、へたな安宿よりもずっと快適に過ごせる。安心して利用してほしい。
（大分県　黒岩史郎　'06）['12]

車イス用の寝台もあります
スペシャル寝台と呼ばれる個室がそれ。シャワーは付いていないが、トイレと洗面台は個室の中にある

コーチと寝台車の差
寝台車利用客とコーチ利用客は、待遇に1等、2等以上の差がある。例えば、コーチ利用客は寝台車の車両に行くことができないし、寝台車のシャワーはコーチ利用者は使えない。また、寝台利用客にはコーヒーなどのサービスがある

U.S.A.レイルパス
●日本の旅行会社を通じて手配する
欧州エキスプレス
☎(03)3780-0468
URL ohshu.com
H.I.S.
☎(03)5908-2174
URL rail.his-vacation.com
●アムトラックのウエブサイトからオンラインでU.S.Aレイルパスを予約する手順
URL www.amtrak.comにアクセス→トップページの"Deals"から「Rail Passes」→「USA Rail Passes」を選択し、"Purchase your USA Rail Pass"をクリック。画面にある希望のパスの種類を選び、パスの使用開始日時とピックアップの駅と日時を入力。あとはガイダンスに従って必要な個人情報を入力する。現地では、予約確認番号とパスポートを持って、ピックアップに指定した駅でパスに引き換える

U.S.A.レイルパスはアメリカでも買える!
パスはアメリカ国内に着いてからでも買うことができる。U.S.A.レイルパスが買えるアメリカ国内の駅は以下のとおり。
Atlanta、Boston South Station、Chicago Union Station、Denver、Los Angeles Union Station、Miami、New Orleans、New York Pennsylvania Station、Seattle、Washington DC Union Stationなどを含む約50の駅

寝台車のいろいろ

現在、寝台車は東部を縦断するシルバーミーティア、シルバースター号を除き、ほとんどがスーパーライナー編成の2階建て車両。以下の寝台はスーパーライナー編成用。

ルーメット Roomette (1、2階)

大人ひとりまたはふたり用。昼は対面2シート、夜は上下のベッドになる。シャワー、トイレ、洗面台共同。

ファミリー寝台 Family Bedroom (1階)

大人ふたり、子供ふたりまで利用でき、夜には4つのベッドになる広々とした個室。シャワー、トイレ、洗面台共同。

ベッドルーム Bedroom (2階)

大人ふたり用。アムトラック自慢の豪華個室。昼はソファ、アームチェア、夜は上下2段のベッド。すべて2階にあって展望がよく、個室にはシャワー、トイレ、洗面台が付いている。

U.S.A.レイルパス

アムトラックでは旅行者に**U.S.A.レイルパスU.S.A. Rail Pass**という鉄道周遊券を販売している。これはアムトラックの全路線(主要駅から発着している連絡バスを含む)、適用期間内の利用回数分だけ乗車できる。購入にあたっての諸条件は次のとおり。
①日本出発前に日本の旅行会社を通じて、バウチャー(引換証)を購入し、指定した駅にてパスに引き換える。なお、現地の主要駅(リストはアムトラックのウエブサイトで確認できる)やアムトラックのウエブサイトからも購入可。
②予約から180日以内に使用を開始すること。
③周遊券といっても、乗り放題ではなく、15日間で8区間、30日間で12区間、45日間で18区間と利用できる区間(回数)が決められている。
④アムトラックの連絡バスAmtrak Thruway Busを利用する場合も1回にカウントされる。
⑤アメリカでの使用開始に際しては、駅か旅行会社で使用開始日と終了日を記入してもらう。このときパスポートが必要。
⑥アセラ特急とオートトレインAuto Train(バージニア州Lorton～フロリダ州Sanford)、VIA鉄道共同運行便、一部の連絡バス(番号7000～7999)には利用できない。
⑦パスで乗れるのは、コーチ(一般座席)に限られる。寝台車やファーストクラスを利用するときは、別途料金を支払う。

U.S.A. レイルパス料金

2012年5月現在

利用地域	適用期間	適用区間	大人	2～15歳
全線	15日間	8区間	4万200円	2万300円
	30日間	12区間	6万700円	3万500円
	45日間	18区間	7万7400円	3万8900円

※欧州エキスプレスやH.I.S.のウエブサイトからオンラインで購入する料金。日本出発の10日前までの予約受付

旅のアドバイス アセラ特急の乗車券手配について▶アセラ特急➡P.668の乗車券手配を地球の歩き方T&Eで行っている。アセラ特急以外の手配も可(申込みフォームのご要望・ご質問欄に希望を記入)。ウエブサイトからの申込み↗

タイムテーブル（時刻表）について

アムトラックの時刻表を入手するには

大きな駅には案内所もあり、旅の相談ができる

アムトラック主要駅のインフォメーションカウンターに用意されている全米版の時刻表“AMTRAK SYSTEM TIMETABLE”は約130ページの小冊子で、大変重宝。ウエブサイトからもダウンロード可能だが、アメリカに到着したらぜひ入手しておこう。また、アムトラックではルート、または列車ごとのタイムテーブルを数多く配布している。日本からのオーダー方法は右記を参照。

インターネットを使い、アムトラックのウエブサイト(URL www.amtrak.com)で時刻表を検索することもできる。これなら日本から出発前に調べられるので、スケジュールを組むのにとても便利。日本ではインターネットでスケジュールを立て、現地に着いたら時刻表の小冊子を入手するというのが、賢い旅行方法だ。

チケットの買い方

座席数のあまり多くない長距離列車やその寝台車、混雑が予想されるアセラなどの列車は、予約が必要といわれている。予約とは、アムトラックの予約電話番号Free(1-800) 872-7245に電話をして、特定の列車に乗ることを告げるもので、座席の確保という意味をもつ。しかし、アムトラックの場合、オンシーズンの寝台車を除けば予約で満席になるということはほとんどない。予約が必要といっている列車でも、コーチシート(普通座席)なら、当日早めに駅へ行ってチケットを買えばほとんど乗ることができる。

さて、U.S.A.レイルパスを持っている人(または日本でバウチャーを購入した人)は、まずチケットカウンターでレイルパス(バウチャーの場合は、レイルパスと交換してもらう)を提示し、使用開始日と終了日を記入してもらう。このとき、パスポートなどの写真付きIDが必要。次に、行き先を告げてチケット(乗車券)を発券してもらう。次に、乗る切符をまとめて受け取りたいのなら、スケジュールの用意をして頼めばいい。なお、アムトラックはユーレイルパス(ヨーロッパの鉄道パス)のようにパスだけでは乗ることができない。必ず駅でパスを見せて乗車券を発券してもらうこと。

改札は、発車の5〜15分前に始まり、改札の案内とともに列車の入線番号もアナウンスされるから、その番号のホームに向かう。なお、駅によっては乗る前に係員が乗車券をチェックすることもある。

アムトラックの時刻表を日本で入手する
まずアムトラックのウエブサイトを開き、トップページにある“Plan”をクリック。次のページの“Planning & Booking”→“Tickets & Reservations”を選択。左側のBROWSE TOPICSから“Order and Contact Amtrak Publications”を選択。Amtrak System Timetableを選択し、住所や名前などを記入したら“Send Request”をクリックする

U.S.A.レイルパス
サンフランシスコのアムトラックオフィスでU.S.A.レイルパスを購入。乗車予定の全チケット（1週間先の）をその場で発券してもらった。英語が苦手であれば、日本で事前にインターネットで列車のスケジュールを調べ、メモで渡してもよい。
（奈良県　tomoyasowa　'10）['12]

●アムトラックのウエブサイトからオンラインで乗車券を予約する手順
URL www.amtrak.comにアクセス→トップページの左側“Tickets”から片道・往復乗車券の購入ができる。発着場所と利用日時を入力すれば、購入可能なスケジュールと料金が表示される。ガイダンスに従って、チケットの受け取り方法と必要な個人情報を入力する。現地では、予約確認番号とクレジットカードを持って、受け取りに指定した方法で乗車券を発行する

要予約列車のマーク
時刻表にRマークのある列車は予約が必要だが、席が空いていれば当日チケットを買って乗ることもできる

使えるクレジットカード
窓口ではADMVが使える

段差に注意しよう

↘問い合わせの限定商品となっている。ヨーロッパ鉄道カウンター大阪で取扱い中
URL rail.arukikata.com/price/USA/acela_express.html

車内での過ごし方

短距離列車は好きな席に座れるが、長距離列車は乗る前に係員が座席を指示するから、指示どおりに座ろう。席に着いてからしばらくすると、車掌がチケットをチェックに来る。チケットをチェックしたら座席の上に行き先を3文字で示した紙、または色分けされた紙を挟んでいく。座席を移動するときは、これを一緒に持って行くこと。コーヒーを買うときやトイレ程度なら、持ち歩く必要はない。ゆったりするも、歩き回るもあなた次第。

アムトラック旅行の注意点

●列車はよく遅れる。長距離を走るものは距離の長い分遅れる可能性が高い。その理由は、貨物列車と同じ線路を走っているためや、単線のためなどの理由が挙げられる。アムトラックで旅行する場合は、時間に余裕をもつこと。長距離の場合、少なくとも3時間～半日の余裕を見ておきたい。しかしながら、ボストン～ニューヨーク～ワシントンDC間は、遅れが少ない。

●日本のように、駅には売店や自動販売機はあまりない。安くあげたい人は、前もって食料を買って持ち込むか、スナックバーを利用すること。

●夏の車内は冷房がかなり効いていて寒い。スナックバーで毛布も売っているが、なるべくジャケットなどを持って行こう。

●サンセットリミテッド号など、毎日運行されていない列車もある。計画を立てるときは、運行日に注意しよう。

アメリカからカナダへの国境越え

①アメリカ側の駅で、改札が始まる少し前、国境越えをする乗客は改札口前の仮設ブースで、チケットとパスポートの照合をし、国境越え用の荷物タグをもらう。

②国境越え近く(国境の約30分前)の車内で、カナダ入国のための書類が配付される。

③メープルリーフ号➲P.668でのカナダ入国審査は、国境駅のカナダ側ナイアガラフォールズ駅にて列車に乗ったまま行われる。カスケード号➲P.668は終点バンクーバー駅にて、カナダの入国審査が行われる。

④メープルリーフ号の場合、カナダの入国審査官が各車両に乗り込んでくる。全員の入国審査が終わるまで、車両のドアは閉まったままで、外に出ることはできない。

⑤一人ひとり入国審査が始まる。聞かれることは、旅行の目的、滞在日数、親戚や友人はいるか、酒やタバコなど課税対象物は持ち込んでいないか、荷物はどれかの確認。国境越えのときは、荷物は各自の近くに置いておこう。

⑥カナダ入国のスタンプがパスポートに押され、入国の許可がおりる。全員が入国審査を終えると、カナダ側を運行するVIA鉄道の乗務員が乗り込んでくる。

スモーキングストップ

長距離列車は数時間おきに"スモーキングストップ"という20分ほどの停車時間をとる。車内が禁煙なので、タバコを吸う人はこの時間にホームに降りて煙を上げる。乗客たちが車内に戻ったと思われたら、発車まで時間があってもドアを閉めてしまうので、なるべく自分の車両担当の車掌の近くにいたほうがいい。

(大分県　黒岩史郎　'06) ['12]

編集室より／
すべてのアムトラックと連絡バス、および駅舎において禁煙を実施している(オート・トレインは一部喫煙可)。

乗車前は時刻表などで発車時間を確認しておきたい

駅の自販機はこの程度だ

カナダからアメリカへの入国

アメリカ入出国カード等を記入しておく。メープルリーフ号の場合は国境駅、カスケード号の場合は始発駅バンクーバー駅にて、アメリカの入国審査を受ける。また、税関申告書は、国境で乗り込んでくる税関職員に回収される。

陸路以外での入国の場合は、ESTA➲P.646も必要

国境が近くなると、国境越えに必要な書類を車掌が配付する

投稿 **座席**▶コーチクラスの席にもコンセントが設置されており、携帯やデジカメの充電はもちろん、パソコンも使うことができる。
(奈良県　tomoyasowa　'10) ['12]

技術 第14章

アメリカ長距離バスの旅

どこまでもまっすぐ延びる道を、長距離バスの狭いシートに座り、フリーウエイの振動に揺られながら地平線に沈む夕日を眺めていると、その瞬間アメリカにいることを強烈に感じる。決して楽ではないが、アメリカ大陸の広さを体で感じ、アメリカ人の暮らしぶりをかいま見られるバスの旅は、最もアメリカを「実感」できる旅になることは間違いない。

グレイハウンドでアメリカを回ろう

現在アメリカで唯一、最大の長距離バスの会社が**グレイハウンド Greyhound**。同業他社を包括し、全米をネットする路線網を確保、その充実したネットワーク網は日本の鉄道網のようだ。

グレイハウンドでは、**ディスカバリーパスDiscovery Pass**という周遊券を発行している。これは使用開始日から適用期間内ならグレイハウンドとその提携会社の路線はすべて乗り放題。このパスを使えば、西部山岳地帯や一部の国立公園を除き、行けないところはほとんどない。ディスカバリーパスはアメリカ国内のおもなバスターミナル、またはグレイハウンドのウエブサイトからオンラインで購入できる。

スケジュールを立てるにあたって

旅程の計画にはグレイハウンドのウエブサイト（URL www.greyhound.com）がたいへん便利だ。まず初めに、都市間の所要時間を知ることが必要。飛行機と違って、バスでは直行便の大陸横断便は走っていない。必ず大きな都市で乗り換えるか、または休憩してから次の町へ向かうことになる。その間に観光することを織り混ぜ、旅行に費やせる日数がどのくらいあるかということも頭に置いて……。

1.　バスにも鈍行と急行がある

本書の所要時間（➡P.674、675）は、エクスプレス便（急行便）の所要時間を表している。エクスプレス便と、多くの町を経由する便とでは、所要時間に大幅な差があるので要注意。

2.　スケジュールの頻度

バスの運行頻度はルートによってかなり異なる。例えば、サンフランシスコとロスアンゼルスの間は1日10本以上、ニューヨークとワシントンDC間は1～2時間に1本ぐらいと、頻繁に運行している。逆に地方に行けば1日1本しかないルートもある。

3.　ディーポは24時間営業ではない

大きなバスターミナルやディーポは24時間営業が多いが、中規模以下の町では夜は閉めてしまうところもある。なるべく、深夜の到着や出発は避けたいが、やむを得ず深夜便を利用するときは、前もってそのディーポの営業時間を確認しておくこと。

グレイハウンド　Greyhound
URL www.greyhound.com

ディスカバリーパス

●アメリカ国内で購入する
アメリカ国内にあるおもなバスターミナルのチケット窓口で直接購入できる。バスターミナルの場所は、ウエブサイトで確認可能

●日本の旅行会社を通じて手配する
H.I.S.
☎(03)5908-2174
URL rail.his-vacation.com
※料金などは問い合わせのこと

●グレイハウンドのウエブサイトからオンラインで予約購入する手順
URL www.discoverypass.comにアクセス→“Buy passes”をクリックしたあと、希望するパスの“Buy Online”をクリック。パスの使用開始日時と枚数を入力してショッピングカートに入れる。あとはガイダンスに従って必要な個人情報を入力する。現地では、予約照会番号とクレジットカード、パスポートを持って指定のバスターミナルでパスに引き換える

ディスカバリーパスの料金表
2012年5月現在

期間	ドル建て
7日	$253
15日	$360
30日	$461
60日	$564

※グレイハウンドのウエブサイトからオンラインで購入する場合の料金

グレイハウンド発着所の呼び名
グレイハウンドの発着所にはいくつか呼び方がある。ニューヨークやサンフランシスコなどの都市部ではバスターミナル。エルパソやサンタフェなど中規模の都市バス発着所はバスディーポ。さらに小さな町や村にある発着所ではバスストップと呼ばれていることが多い

ドライバー
グレイハウンドのドライバーはみな厳正な資格審査をパスしている。そのため、運転技術だけでなくバスの管理、乗客のサービスなど、すべてにおいて信頼できる。車内の権限はすべて彼らに任されているので、もしバスの中でなにかあれば、ドライバーが責任をもって対処してくれるだろう

座席

座席は中央の通路を挟んで左右に2座席ずつ並び、ひとつの車両の定員は約43～55人。リクライニングシートで座席の横にあるレバーを引きながら背もたれを押せばリクライニングする。なお、最前列はお年寄りや体の不自由な人が優先的に座るようになっているので、覚えておきたい

便利なバスディーポ&バスターミナル

バスディーポには旅行者にとって便利な設備が揃っている。着いた町に泊まらないならロッカー（ディーポによって料金が異なる）に荷物を入れて、身軽に観光できる。また、売店、カフェテリア、トイレなどが完備されている。売店では、雑誌、スナック菓子、飲み物などを取り扱っているが、町なかのスーパーに比べると割高。グレイハウンド特製グッズを売っている売店もある

グレイハウンド　おもな都市間運賃表

2012年5月現在

乗車区間	片道料金	乗車区間	片道料金
シアトル～ポートランド	$41	シカゴ～バッファロー	$90
シアトル～サンフランシスコ	$132	シカゴ～セントルイス	$29
サンフランシスコ～ロスアンゼルス	$65	ヒューストン～ニューオリンズ	$74
ロスアンゼルス～サンディエゴ	$23	ニューオリンズ～アトランタ	$109
ロスアンゼルス～ラスベガス	$67.50	ニューヨーク～バッファロー	$71
ロスアンゼルス～フェニックス	$54	ニューヨーク～ボストン	$35 ※
ラスベガス～ソルトレイク・シティ	$71	ニューヨーク～ワシントンDC	$36 ※
ソルトレイク・シティ～デンバー	$100	ワシントンDC～アトランタ	$125
デンバー～シカゴ	$173	ワシントンDC～オーランド	$174
フェニックス～ヒューストン	$186	アトランタ～オーランド	$100
シカゴ～ニューヨーク	$129	オーランド～マイアミ	$60
シカゴ～ニューオリンズ	$159	マイアミ～キーウエスト	$53

上記の運賃は、払い戻し可能なチケット（Refundable Fare）の料金（※印はStandard Fare）　詳細は URL www.greyhound.com へ

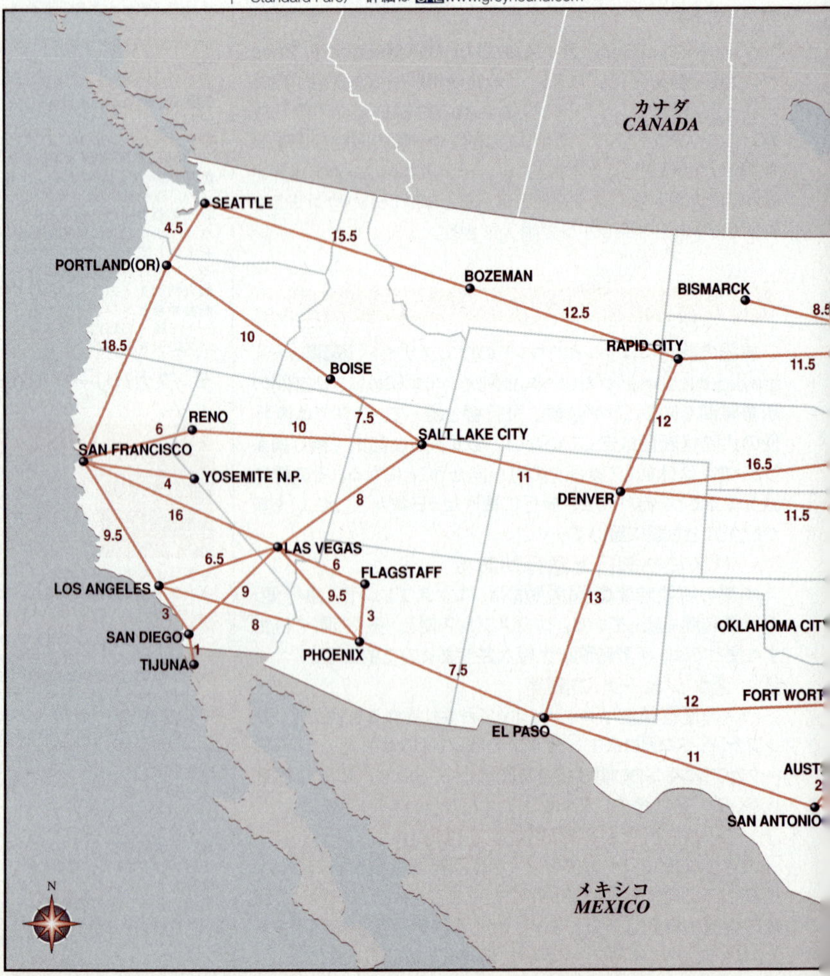

投稿　**夜行バスで▶**グレイハウンドは夜行バスでも2時間おきに停車。その都度車内の照明がつき、大音量のマイクで到着のアナウンスがされる。夜行バスを利用する人は、アイマスクと耳栓の準備をおすすめする。
（奈良県　tomoyasowa　'10）['12]

タイムテーブル（時刻表）について

タイムテーブルを調べるには次の3つの方法がある。

①インターネットのウエブサイト（URL www.greyhound.com）にアクセスする方法。都市や日にちなどを入れて検索すれば最新のタイムテーブル、料金などを知ることができる。

②大きなバスディーポでタイムテーブルをプリントアウトしてもらう方法。

③電話をかける方法。

Free (1-800) 231-2222

にかけて質問することができる。

最新のスケジュールは現地で確かめよう

休憩について

バスは2～3時間おきに15分前後の休憩レストストップRest Stopがあり、朝、昼、晩の食事時には40分前後のミールストップMeal Stopがスケジュールに組み込まれていることが多い。

しかし、急行の場合、休憩がないこともあるので注意

バスターミナル、バスディーポの営業時間

グレイハウンドのウエブサイトで調べることもできる。また専用の無料電話番号Free (1-800) 231-2222（英語またはスペイン語）にかけて確認することも可能

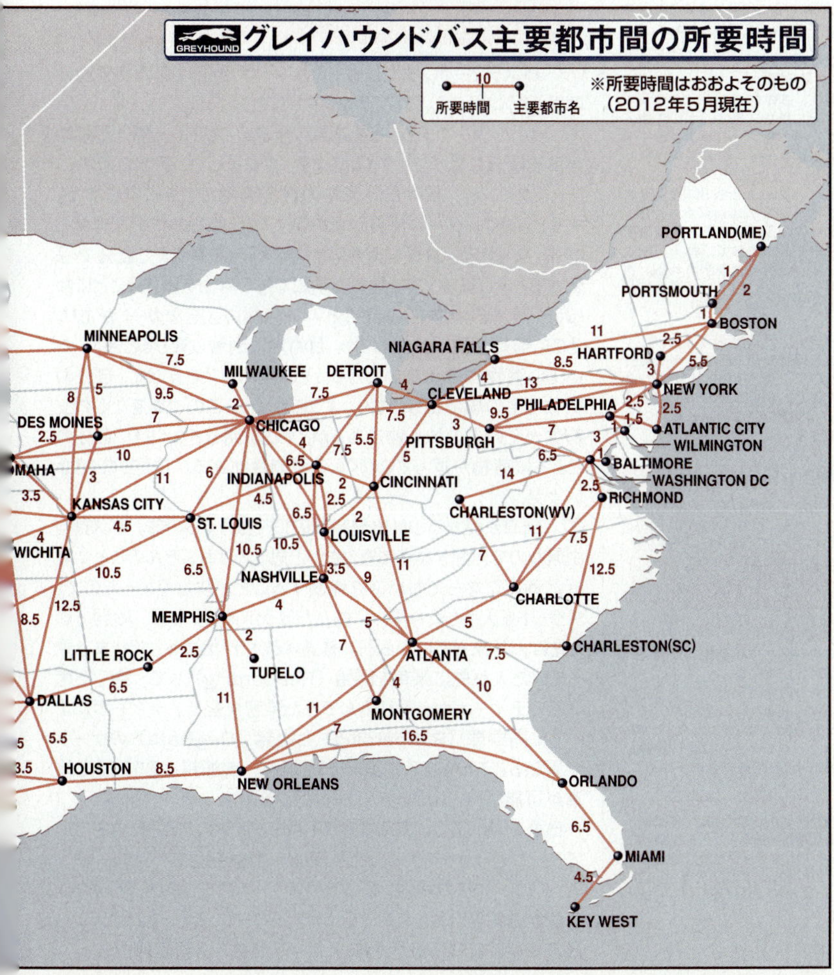

最近のグレハン▶最新のバスはレザーシートで乗り心地もよく、さらに車内にコンセントがあり、Wi-Fiも利用できる。また、バスディーポによっては携帯電話などの充電をするためのコンセントが用意されている。
（奈良県　tomoyasowa　'10）['12]

グレイハウンドの座席は先着順なので早めに並びたい

使えるクレジットカード
チケットを購入するときは、クレジットカードⒶⒹⓂⓋが使える

ディスカバリーパス利用について
カウンターで行き先を伝えると、チケットを発行してくれる場合もあるが、チケットが発行されるのは稀なこと。直接ゲートに行くように指示されることが多いので、ゲート番号を確認しておこう

●ウエブサイトからオンラインで乗車券を予約する手順
乗車券は、基本的にグレイハウンドのターミナルやバスディーポにて購入可能。グレイハウンドのウエブサイトから事前にオンラインで購入（予約）しておくのもいい。
URL www.greyhound.comにアクセス→トップページの“Tickets”から片道・往復乗車券の購入ができる。発着場所と利用日時を入力すれば、購入可能なスケジュールと料金が表示される。あとは、ガイダンスに従って必要な個人情報を入力する

グレイハウンドは余裕をもって
座席数を確認せずにチケットを発行しているので、乗ろうとしていたバスに乗れないことがたまにある。夜の便で乗れずに翌朝の便に回されることもあるので注意

投稿　荷物を預けるときは
バスに預ける荷物の扱いが雑な従業員もいる。壊れやすいものは預けないほうがいいだろう。私の場合、バッグの取っ手部分がちぎれていた。
（大阪府　山本幸　'08）['12]

荷物について
車内に持ち込める手荷物は最大25パウンド（約11kg）まで。
預けられる荷物は50パウンド（22.65kg）以下で、3辺の和の合計が62インチ（157cm）を超えないこと。ひとつめは無料で、ふたつめからは走行距離に応じて$30～40の超過料金がかかる

バスディーポでセキュリティチェック
ゲートへ並んでいるときに、係員が一人ひとりの荷物とチケット、IDを確認するセキュリティチェックを行う場合がある。サンクスギビングの帰省ラッシュの時期など、人の出入りが激しいシーズンに行うようだ

チケットの買い方

一般乗車券（区間乗車券）の場合

カウンターで行きたい町の名前と、片道なのか往復なのかをはっきり告げよう。乗車券の発券に関してはコンピュータ化されており、乗客の名前も必要となるので、自分の名前のスペルを正しく伝えなくてはならない。手続きが終わるとレシートの付いたチケットを渡してくれる。乗車30分前までには済ませておきたい。

ディスカバリーパスの場合

現地で直接購入する場合、カウンターで希望する日数のパスを伝えてその場で支払いを済ませればよい。オンライン予約➡P.673の場合は、照合番号とクレジットカード、パスポートを提示するればパスを発行してくれる。

バスの乗り方

①　バスディーポ、またはターミナルへは出発時刻の45分前には着くように行こう。そしてカウンターに並ぶ。

②　カウンターでチケットを購入し発券してもらい、預ける荷物がある場合にはチェックインしよう。グレイハウンドでの荷物のチェックインは、預けたい荷物の数を発券のときに申告する。すると、カウンターの係員がその数だけ行き先の付いたタグを配布してくれる。タグを荷物に付け、バスに乗るまで自分で保管する。そして、バスに乗る直前になって荷物を預けることになる（チケットの半券を切るドライバーの横に大きなカートがあり、そこに荷物を置くことになる）。目的地に到着し降りるときは、たいてい荷物の係員がいるから、その人にタグを見せて、自分の荷物をその場で出してもらうようにしよう。このタグをなくすと、荷物がその人の持ち物であるかどうか証明できなくなり、自分のところに荷物が返ってこなくなる可能性がある。決してなくさないように。

③　乗車が始まるのは出発時刻の10～15分ぐらい前。バスは自由席なので、好きな席に座りたいと思う人はもちろんのこと、最近は満席になってもバスを増便することが少なくなったので、チケットを入手したら早めに並んだほうがよい。ただ、始発でなく先に人が乗っていたら別。普通は改札が始まるとそれまで乗っていた人が先に乗車を**開始（Reboarding）**して、余った席にそのディーポから乗り込んできた乗客が座る。ディーポによっては**再乗車（Reboarding）**と**始発（Originate）**のゲートが異なるところもある（2012年5月現在、追加料金$5で優先乗車が可能なルートがある。下段投稿参照）。

改札が始まると、車掌兼ドライバーがドアのところに立っていて一人ひとりからチケットを受け取り、半券を返してくれる。ディスカバリーパスの場合、ここでパスポートのチェック。預けたい荷物がある場合は、このときにドライバーに伝え、指示を仰ぐ。最後にバス前方に表示されている“行き先”を再度確認を。

投稿　**早めに並ぼう** ▶1時間以上前からバスを待つ人の列ができる。特に夜の便は早めに並ぶことをおすすめする。（茨城県　小林直子　'08）['12]　編集室より／2012年5月現在、グレイハウンドでは追加料金$5を支払えば優先乗車が可能なルートがある。乗車時間の45分前までオンライン、またはターミナルで受け付けている。

④　乗客が全員乗り込むとドライバーは乗客の数を確認し、空席の状況を見るために中をひととおりチェックしてから出発する。バスが動き始めると、ドライバーは自己紹介と運行スケジュール、車内のルールなどを簡単に説明する。ドライバーはバスの管理から、乗客へのサービスなどをすべて任されているので、車内での迷惑行為や喫煙などはマイクをとおして厳重に注意される。グレイハウンドでは現在、車内、バスディーポ内は一切禁煙である。タバコを吸いたい人はレストストップの時間を利用し、ディーポの建物の外で喫煙するといい。また、ミールストップやレストストップなどの前には、どのくらい停車しているかアナウンスがある。わからなかったら遠慮なくドライバーに聞くことだ。また、数分のストップでも貴重品は必ず身に付けてバスを離れること。乗り遅れに注意しよう。

⑤　ゲートに着くと、ドライバーはバスから一番初めに降りて、乗客一人ひとりを見送る。クレームタグを見せて、係員に荷物を出してもらおう。

バス旅行のアドバイス

夏の冷房には要注意

窓の開かないバスの内部は、エアコンによって温度調整されているのだが、このエアコンの寒さが強烈。風の吹き出し口は窓のすぐ下なので、通路側に座るか、夏でも長袖を用意してバスに乗り込もう。夜行に乗る予定のある人は、フリースなど防寒になるものを持っていこう。あまりにも寒かったら「I'm freezing!」とドライバーに訴えよう。

自分のバスの番号を覚える

休憩後、駐車場に何台もグレイハウンドのバスが停まっていると自分のバスがわからなくなることがある。フロントガラスの上とドアの上、車内では正面右上に4桁の数字が書いてある。これが車両番号なので覚えておこう。

再乗車券 Reboarding Ticket

大きな町に着くと30分以上の休憩というのがよくある。乗客は降りるときにReboarding Ticketを渡される。これは休憩後に出発する際、先に乗っていた乗客が優先的にバスに乗り込めるようにするもので、新しい乗客が乗り込む前に再乗車客はドライバーにReboarding Ticketを提示しバスに乗る。

時差に注意

長距離を移動するときには時差に注意。時計を合わせるのを忘れ、乗り換えの時間を間違えたり、降りるべきところを乗り過ごしたり、などのトラブルはよくあることだ。出発前にスケジュールを確認して、タイムゾーン➲ P.631を移動するときには特に時間に注意すること。

降りるときは
バスを降りるときは、たいていドアのところにドライバーが立っているので、「Thank you!」のひと言を忘れずに!

バスディーポ周辺の環境に注意
一度倒産してしまったグレイハウンド。その再建のため、ダウンタウンの一等地にあったバスディーポやターミナルを売却し、中心部から転居することを余儀なくされた。
現在バスディーポやターミナルは土地代の安いところにあるのが現状だ。そのためかどうかは定かではないが、バスディーポやターミナル周辺の治安はよくないことが多い。特に暗くなってからは要注意だ。暗い時間帯にバスディーポへ行くときこそ、タクシーを使おう

禁煙を破ると
車内禁煙を破ると、その場で降ろされることもある。何もないところだったら、どうする?

飲み物を持ち込もう
車内はエアコンの影響でノドが乾くこともあるので、飲み物も持ち込むといい

カリフォルニア州～アリゾナ州へ行くとき、時差に注意!
スタンダードタイム(11月第1日曜の翌日から3月の第2日曜の前日まで)時のカリフォルニア州～アリゾナ州(特にグランドキャニオンに行くとき)は要注意。夏はカリフォルニア州とアリゾナ州の時間帯は同じだが、スタンダードタイム時は1時間の時差がある

バスターミナルの営業時間 投稿
真冬に7時から開くバスターミナルに、朝の4時半に到着してしまった。周りに営業している店もなく、2時間半も氷点下で待つはめに。バスターミナルの営業時間もしっかり調べておきたい。
(埼玉県　滝沢このみ　'08)['12]

長距離区間のバス利用時の注意 投稿
長距離移動のバスでは、数時間おきに15分程度の休憩をとる。ほとんどの場合、乗客が全員戻っているかを確認せず出発していた。休憩時間は英語でのアナウンスなので、出発時間を間違えないように。
(奈良県　tomoyasowa　'10)['12]

小さな町にあるバスストップは簡素なつくり

乗車券の確認 ▶ チケットを渡してから乗車する場合や、全員乗ってからチケットを確認する場合など、運転手によってチケットの回収方法がさまざまだった。 (奈良県　tomoyasowa　'10)['12]

技術 第15章

アメリカレンタカーの旅

アメリカをアメリカたらしめているものは数々あるが、車もそのひとつといえるだろう。もはやアメリカ社会は車抜きには考えられない。車は人々の生活の重要な一部などというものではなく、人々は車で移動することを基本に生活しているといっていいほどだ。だから『アメリカをドライブする』ということは、大げさにいえば現代アメリカ文明の根源に触れることでもある。

もちろん、そんな大げさに考えなくても、単純にドライブが楽しめるのがアメリカだし、公共交通機関ではアクセスが難しい国立公園などに向かうには貴重な足となる。

片側5車線のハイウエイを走り、モーテルに泊まり、地平線を目指してアクセルを踏む。アメリカの大地を自分の手ごたえとしてしっかり感じ取ろう。

走り出す前に

国外（国際）運転免許証の取得方法

アメリカで運転するには、各州発行の運転免許証が必要だ。各州の免許証を持っていない日本人旅行者は、日本の免許証のほかに国外（国際）運転免許証が必要。国外（国際）免許証は、すでに日本の免許証を所持している人ならすぐに取得できる。取得方法については➡ P.644。

貸し出しの年齢制限について

レンタカー会社によって年齢制限があり、基本的に25歳以上の人に貸し出しを許可している会社が多い。ただし、日本で予約をしていく場合に限り、21歳以上の人にレンタルを認めている会社もいくつかある。日本で予約せず現地で借りる場合は、25歳未満の人にとって気軽にレンタカードライブを楽しむには厳しい状況になっている。

ドライブの心構え

交通ルールは国によって違っても、よいとされるドライブマナーは世界共通のはず。アメリカのドライブマナーは日本よりいい。また、アメリカでは、日本よりはるかに簡単に運転免許証が取得できる。つまり運転技術がそれほど高くない人もたくさん走っているというわけ。かなりの御老体が運転している姿もよく見かける。ほかの車が自分の思っているとおりの動きをするとは限らないことを頭に入れておこう。

スピードの出し過ぎに注意

片側5車線のような広いフリーウエイや、大平原を突き抜けるハイウエイではスピード感があまりなく、ついついスピードの出し過ぎになってしまう。慣れないうちは、スピードメーターがマイル表示であることもスピード超過の一因となる。70m/h（時速70マイル）は、さほど速く感じないが、キロに直せば時速112kmだ。速度超過にはくれぐれもご注意を。

AAA（トリプルA）

日本のJAFに相当する機関。JAF会員は、そのままAAAのロードサービスを受けられるし、全米各地にある事務所でJAF会員証を提示すれば、とても便利なツアーブックとドライブ地図が無料でもらえる。AAA割引料金で泊まれるホテル、モーテルも多い

●JAF（日本自動車連盟）
総合案内サービスセンター
☎(0570)00-2811
URL www.jaf.or.jp/inter/index.htm

AAAの24時間路上救援アシスタンス

Free (1-800) 222-4357

日本の免許証を忘れずに

アメリカでの運転や車をレンタルするときは、日本の免許証も忘れずに携行すること

ハイウエイで州越えする

アメリカでは、州によってインターステート（いくつかの州をまたいでとおっているフリーウエイ）の速度制限が異なることもある。東部から中西部にかけては時速65～70マイルの州が多く、西部では多くの州が時速70マイルまたは時速75マイル。いずれにしても目立つ標識が出ているので、きちんと速度を確認しよう

昼と夜では制限速度が違うこともある

GUIDE BOOK 地球の歩き方B25アメリカ・ドライブ編（1700円＋税）でもアメリカレンタカーの旅を紹介していますので、ご活用ください。

レンタカーを借りる手続きと返却する手続き

レンタカー会社のいろいろと日本からの予約

アメリカには全国、全世界をカバーする大手から、地方の中小にいたるまで実に多くのレンタカー会社が存在している。

大手の会社としては、アラモ Alamo、エイビス Avis、バジェット Budget、ダラー Dollar、ハーツHertzなどがある。全国各地に営業所があり、所有する車の台数も多く、車種も豊富。万一のトラブルのことや、乗り捨てのことを考えると、そのスケールメリットは大きい。また、日本支社や代理店を通じ、日本から予約ができるのも大きな魅力だ（P.682）。

一方、中小の会社は、大手に対抗するため値段をかなり下げている。ただし、保険の不備などの問題があることも多いので注意が必要だ。もちろん、なかには中小ならではの格安料金もあるので、地元の人の意見を聞くなど充分に検討を。

どこで借りるか

大手レンタカー会社は、ほとんどの中～大都市では空港とダウンタウンに営業所をもっている。空港ではおおむね到着ロビーにレンタカー会社のカウンターが並んでいるし、ダウンタウンでは電話帳で探せば簡単に見つかる。大都市のダウンタウンは交通量が多く、一方通行も多いので、初めてのレンタカーなら、空港でのレンタルをおすすめする。アメリカ人は旅行、あるいは出張で**「フライ・アンド・ドライブ Fly and Drive」**（目的地まで飛行機で飛び、現地では空港で借りたレンタカーで移動する）をよく使う。そのため、これがシステムとして成熟しており、空港でのレンタルは実にスムーズに利用できる。

予約なしでカウンターに出向いてももちろん構わないが、手続きに思いのほか時間がかかる。事前に借りることが決まっているのなら日本から予約していこう。日本から予約したときにのみ適用される割引料金もあるし、何よりも安心だ。

日本から予約するときに

予約にあたっては次のことを伝えなければならない。

①借りる日時、場所　②返す日時、場所　③車のクラス
④「以上①～③」の変更の可能性があるか

これによってレンタカー会社は、その条件に合う一番安いレートを提示してくれる。空港から借りるときには、到着する便名も伝えておく。場所は都市だけでなく、空港や、ダウンタウンまで指定する。車種についてはクラス（各社によって異なる）の指定のみで、車種そのものを特定することはできない。④があるのはどの会社でも特別料金で予約を入れると、借りてしまったあとでの変更は原則できない。会社によっては、変更にともなう手数料などが発生することを、利用者が納得のうえで契約した場合は、可能になることもある。

日本語運転免許証の翻訳サービス

大手レンタカー会社では、国外（国際）免許証に代わる日本の運転免許証を英語に翻訳するサービスを有料で行っている。手数料などの条件はレンタカー会社によって異なる。

なお、一部の州ではこの翻訳フォームが使えないところがあるので確認してから依頼をすること

ナビゲーションシステム

初めて訪れた場所でレンタカーを運転するなら、オプションでナビゲーションシステムを付けることをすすめる。日本語で案内が流れるナビゲーションシステムを用意しているところもあるので事前に問い合わせておこう

空港で車を借りる

空港で借りる場合は、到着階のバゲージクレーム（機内預け荷物のピックアップ場所）を出たあたりに各レンタカー会社のカウンターがあるから、そこへ行こう。ここに係員がいない場合は、空港の外に出るとレンタカー会社のピックアップ用シャトルが、空港バスターミナルとレンタカー会社のオフィス間を往復している。指定の乗り場（表示されている）からこのシャトルに乗ってオフィスへ行こう

レンタカー会社のオフィスへ向かうシャトルバス

広い道路を運転するのもアメリカならでは

旅のアドバイス 緊急時の連絡先▶レンタカーを借りた事務所の電話番号も控えておこう。緊急の場合、そこに連絡をしたほうが手続きがスムーズにいく。

車種について

あなたが計画しているドライブの目的によって、利用すべき車種はまったく異なってくる。ただでさえ慣れない環境。ニーズに合った車を選んで快適なドライブを楽しみたい。

都市走行中心なら小回りの利く小型車がいい。長距離ドライブなら疲れの少ない中～大型車。利用する人数も考えて疲れないような車を選ぼう。

大手レンタカー会社の場合、ほとんどの車がオートマチック、パワーステアリング、パワーブレーキ、エアコン、AM／FMラジオ付きだ。また、中型以上の車には、クルーズコントロール、パワーウインドー機能も付いている。

借り出すとき、カウンターで

車を借り出すことをピックアップ（チェックアウト）、返すことをリターン（チェックイン）という。

予約をしてある場合は、カウンターで国外（国際）免許証、日本の免許証とともに予約確認書、日本でクーポンによる予約をした人はクーポンを提示すれば、係員がレンタル契約書を出してくれる。ピックアップ、リターンの日時、車種、料金など記載事項に誤りがないか、しっかりチェックしよう。これを怠るとトラブルのもとだ。

次に任意保険（後述）に加入するか否か係員が尋ねてくるので、加入したい場合はサインで同意する。

支払い方法としては、クレジットカード使用がベスト。現金やT/Cでも支払えるが、その場合でもクレジットカードの控えを取られる。カードがないと高額の保証金を置くことになるか、営業所によってはレンタルを拒否するところもある。

すべてがクリアになったら同意したということでサインする。このサインは「契約を結んだ」ことを意味する重要なもので、契約書の内容を充分理解してから行うこと。

保険について

レンタカーの基本料金には、自動車損害賠償保険PP（通常最低限の対人・対物補償）が含まれている。ただし、補償上限額は低いので、以下の任意保険（ピックアップのときに聞かれる）に加入しておいたほうが安心だ。

●LIS、SLI（追加自動車損害賠償保険）

基本料金に含まれている対人・対物補償の限度額をアップする。会社によってはALIという場合もある。

●PAI（搭乗者傷害保険）

運転者を含め、搭乗者全員を対象とした傷害保険。

●PEP（所持品盗難保険）

契約者および同行している同居家族が携行する荷物（現金などを含まない）にかかる保険。PECという場合もある。

●LDW（自動車損害補償制度）

事故の際の自車両の損害については、当人が負担

アメリカならではの車もいい
キャデラックに乗ってみたいとか、L.A.ならやっぱりコンバーチブルとかいう人は、そういう選び方もできる。アメリカならではの車をレンタルするのもいいかも

いろいろな車種がある

やっぱりクレジットカードが必要
日本で支払い済みのクーポンを出しても、身元保証のためにクレジットカードの提示を求められることがあるので、クレジットカードは必ず持っていくこと

追加ドライバーについて
契約した本人以外にも運転する人がいたら、その旨を必ず申告する。契約者以外の人が運転中に事故を起こすと、契約違反のため保険金が支払われないのだ。その人も国外(国際)免許証を所持していることが必要だが、クレジットカードは要求されない

保険ワンポイントアドバイス
PAIとPECはセットで加入することになっている。
PECはアメリカのみで有効であるほか、契約者とその家族、同居人の手荷物だけが対象になる保険。そのため、たとえ同行の友人が追加運転者として認められていても、彼らの手荷物は保険の対象にはならない

強制保険について
カリフォルニア州、テキサス州など一部の州では、強制保険(自動車損害賠償保険)がない。借りる際に、基本料金に保険が含まれるかよく確認すること。含まれない場合は、追加自動車損害賠償保険に加入することをすすめる

レンタカーを借りる際は、加入する保険の確認も忘れずに！

旅のアドバイス **有料道路について**▶東部や中西部、あるいはフロリダをドライブすると、有料道路をよく利用することになる。料金所のゲートは2種類で、"CHANGE RECEIPTS"は現金払い、"EPASS"は日本でいうETCのように自↗

義務を負うが、これを免除する制度。厳密には保険ではない。

●SLI（追加自動車損害賠償保険）

レンタカーの基本料金に含まれる自動車損害賠償保険の追加保険。テキサス州ではTARLという名称で取り扱っている。

任意保険は基本的には別料金。特別料金によってはこれらを含む場合もあるので、条件をよく理解しておこう。

レンタカーの料金

レンタカーの料金システムには①アンリミテッドマイレージまたはフリーマイレージ（走行距離無制限）、②マイレージ、③「①と②」の組み合わせの3つのタイプがある。

現在大手では①のフリーマイレージが主流となっていて、基本料金を払えば、あとは何マイル走ろうが追加料金なしというシステム。長距離を走るには断然有利。②は基本料金が安く抑えられ、1マイル走るごとにいくらという計算。③は例えば、100マイルまでは基本料金のみで、それを超えるとマイルあたりいくらの追加料金がかかるシステム。これに前記の任意保険、税金などが加算されて料金となる。なお、大手では各種任意保険や税金、返却時のガソリン代などをセットにした商品も販売している。

ピックアップ時の注意

カウンターでの契約が済むと、契約書の控えが渡され、駐車場の番号を指定される。契約書の控えはレンタル中、要保管。

車は駐車場の指定された区画に配車してあるので、自分の希望していた車か確かめ、車の機能をチェックしよう。もし不備なところがあったら必ず申し出ること。公道に出てからとまどうことのないように、ウインカー、ライト、ワイパー、ガスタンクのオープナーなどの操作方法を確認してから出発しよう。

リターン（チェックイン）の手続き

契約書で指定された日時までにレンタカー会社に戻る。ガソリンは満タンにして返すのが原則。規定の場所に車を停めたら、走行距離、ガソリンの残量、時刻をメモし、キーはイグニッションにさしたまま、ドアロックはせずにチェックインのカウンターに行く。請求金額に納得したら支払いを行い、それですべて終了だ。そのとき必ず領収書を取っておくように。あとでトラブルが発生したときに必要になる。

割引料金

各社さまざまな割引料金を出しているが、よくあるのがウイークエンド料金で、これは週末に借りると安くなるというもの。また、週単位、月単位で借りると安くなる長期割引は、時には驚くほど安くなる

駐車場内での練習

『地球の歩き方』ではかねてから「駐車場内での練習」をすすめてきたが、駐車場でさっそく事故を起こしてしまうケースもあるようだ。しかし、よく聞いてみると、走りながら計器類をいじるためのよそ見による事故が大半だとか。計器類のチェックは走り出す前に。くれぐれも準備に時間をかけて、ご注意のほどを……

オプションを付ける

カーナビや追加ドライバー、チャイルドカーシートなどのオプションを希望する場合は予約時に伝えておきたい。特にカーナビは地理に不案内な旅行者にとって強い味方になる

返却時の給油について

ガソリン満タン給油1回分をあらかじめ購入しておき、チェックイン時にあわてて給油をする手間を省く“Fuel Purchase Option”という便利なオプションもある。契約時に係員に聞いてみよう。

なお空港に返却する場合、少しでも空港から離れたところで、かつメーターの減り具合がない距離のガソリンスタンドを探そう。空港周辺のガソリンスタンドは、そういったレンタカーのチェックイン前の給油をする客を対象にしているため、ちょっと高めに設定されている

わからないことは必ず係員に聞いてみよう

ハイウエイの種類

旅のアドバイス

●インターステートハイウエイ
Interstate Highway

ハイウエイの基幹で、日本の高速道路に相当する。I-5などと表記される。南北を走るものは奇数、東西を走るものには偶数の番号が付いている

●USハイウエイ　U.S. Highway

日本の幹線国道に相当する。インターステートを補完する存在。US-101などと表記される

●ステートハイウエイ　State Highway

州道。日本の地方国道といったところ。州の略字を付してCA-60などと表記される

●セカンダリー・ステート・ハイウエイ
Secondary State Highway

●カウンティハイウエイ　County Highway

ともに日本の県道クラス

↘動的に料金が徴収されるシステムの意味。無人のブースの場合はカゴが設置されていて、そこにコインを投げ込めばよい。もし料金を払わないで通過すると、車のナンバーから追跡されるので要注意。

レンタカー会社紹介

レンタカー会社一覧

会社名	日本での連絡先	アメリカでの問い合わせ
アラモ Alamo	アラモレンタカー 無料0120-088-980 ☎(03)5962-0345 URL www.alamo.jp 開 月～金 9:30 ～ 18:00 休 土・日、祝日	Free (1-800) 222-9075 URL www.alamo.com
エイビス Avis	エイビスレンタカー日本総代理店 (株) オーバーシーズ・トラベル 無料0120-31-1911 URL www.avis-japan.com 開 月～金 9:00 ～ 18:00 休 土・日、祝日	Free (1-800) 331-1212 URL www.avis.com
バジェット Budget	バジェットレンタカー日本総代理店 (株) イデックスオート・ジャパン 無料0120-150-801 ☎(03)5776-1543 URL www.budgetrentacar.jp 開 毎日 9:00 ～ 18:30	Free (1-800) 527-0700 URL www.budget.com
ダラーレンタカー Dollar Rent A Car	ダラーレンタカー日本総代理店 (株) アクセス 無料0120-117-801 URL www.dollar.co.jp 開 月～金 9:30 ～ 17:30 休 土・日、祝日	Free (1-800) 800-4000 URL www.dollar.com
ハーツ Hertz	ハーツ・アジア・パシフィック (株) 無料0120-489882 (ヨヤクハハーツ) URL japan.hertz.com 開 月～金 9:00 ～ 18:00 休 土・日、祝日	Free (1-800) 654-3131 URL www.hertz.com

そのほかのレンタカー会社

エンタープライズ
Enterprise
Free (1-800) 261-7331 (24時間／予約)
URL www.enterprise.com

ナショナル
National
Free (1-877) 222-9058
URL www.nationalcar.com

アメリカでもチャイルドカーシートは義務

日本と同様、アメリカでも車に子供を乗せる際は、チャイルドカーシートの使用が義務付けられている。年齢や違反した場合の罰則は州によって異なるが、例えばカリフォルニア州では、6歳未満かつ体重27kg以下の子供に対してはチャイルドカーシートを使用せねばならない。大手ならばほとんどのレンタカー会社でチャイルドカーシートが借りられるので、予約の際に問い合わせてみるといい

日本で予約する特別料金

日本に支社や代理店をもつ大手レンタカー会社では、日本人旅行者向けの特別料金や日本支払いのクーポンなどの割引料金プランをもっている。それぞれに特徴があるので、条件を比較のうえ予約しよう。

また、日本で予約することにより、料金的にも安くなり、現地での手続きがスムーズになることもある。ほとんどの保険が含まれているのがメリットだ。詳細は各レンタカー会社まで。

交通法規について

基本的に守るべき 2 大原則

アメリカの交通法規のなかには、州政府によって決定された、州ごとに異なる法規が多くある。インターステートの制限速度もそのひとつで、同じ番号のインターステートを走っていても州が変わると制限速度も変わる。運転中は標識の内容を確認しながら走行しよう。

また、飲酒運転は、重罪とみなされる。飲酒運転に関する州法が最も厳しいといわれているカリフォルニア州では、たとえドライバーが飲んでいなくても、同乗者が車の中でビールを飲んでいたり、車内に飲みかけのアルコール飲料の缶などを置いてあるだけでも違反となる。アルコール飲料は、必ずトランクに収納しておくこと。

投稿 **ガソリンの給油▶**給油機でガソリン代をクレジットカード決済をしようとスキャンした後に"Zip Code(郵便番号)"の入力を求められた。このような場合は給油機でなく、カウンターにカードを渡して処理をしてもら↗

走行ルール

アメリカの道路は右側通行。これは考えているよりすぐ慣れるようだ。ただ、少し慣れてからでも、右折、左折のとき、駐車場や細い道から広い道に出るときなど、つい間違えてしまうこともある。初めのうちは『右側通行』を常に頭のなかに入れておくことが大切だ。日本と大きく違う点に赤信号時の右折がある。赤信号の交差点で一時停止した車が左右の安全を確認し、右折することができるというもの。とにかく安全運転を心がけていれば、快適なドライブが楽しめるはずだ。

アメリカは厳しい!!
駐車違反の取り締まりは日本よりはるかに厳しい。とはいっても日本の都市に比べて駐車場がかなり多く、おおむね安いので、これはあまり心配いらないだろう

この場合、赤信号時の右折は禁止だ

ガスステーション

ガソリンを入れよう

アメリカのガスステーション（G.S.）では、セルフサービスSelf Serviceがほとんどだ。これは自分でガソリンを入れることで、その分ガソリン代が安くなっている。

G.S.では、ディーゼル車用のガソリンDiesel（ディーゼル）を除いて、無鉛ガソリンを取り扱っている。単価が安い順にRegular（レギュラー）、Plus/Super（プラス/スーパー）、Premium（プレミアム）の3種類で、普通車であればレギュラーガソリンで十分。ただし、大型SUVや輸入車などはプレミアムガソリンに限定している場合が多いので必ず確認をしておこう。なお、燃費が向上しそうだからと、プレミアムガソリン（日本でいうところのハイオク）を選ぶ人もいるが、ガソリンのグレードを替えても燃費の良し悪しには関係ない。

カーナビ
レンタカーに日本語対応のカーナビもオプションで付け、いざ出発。ところが途中でカーナビが起動しない！調べてみるとケーブルの付根が半分亀裂していた。カー用品店でケーブルを購入し、返却時に文句をいったらレンタル料からケーブル代を差し引いてくれた。借りる時は車体だけでなく、備品もチェックしよう。
（札幌市　まるたま45　'11）['12]

セルフサービスの給油法

先払い、後払いの両方がある。前者の場合は、“Please Pay First”や“Pre-Pay”などと書かれている。先払いの場合は、使用したいポンプの前に車を停めて（必ずエンジンを切ってドアをロックする）、ポンプ番号を覚えておいてキャッシャーに行き、ポンプ番号と入れたい量（何ガロンまたは何ドル分）を告げて料金を支払う。そうすると初めてポンプを使える状態にしてくれるのだ。車に戻ったら給油口のフタを取り、ポンプのノズルを差し込む。いろいろな形態があるが、ほとんどがグリップを握るとガソリンが出てくる仕組み。自分が告げた分のガソリンが入ると自動的に止まるようになっている。満

セルフサービスの給油も一度やってみれば意外と簡単

ハーツのGPSナビゲーションシステム「ネバーロスト」　旅のアドバイス

ハーツでは日本語対応のナビゲーション「ネバーロスト」付きの車を貸し出している。料金は1日$12.99。英語の操作マニュアルが車内にあるが、音声案内言語を日本語に選択するとナビに内蔵されている使用説明デモストレーションを日本語で聞くことができる。また、最新のシステムとして「オンライン・トリップ・プランニング」を取り入れた。専用ウエブサイトにアクセスし、USBメモリーに目的地を事前登録できる優れものだ。

おもな特徴
- 現在地を簡単表示
- 操作方法が簡単。住所入力で目的地を簡単に探索できる
- ホテル、レストラン、観光名所に加え、全米のストリートをほぼ網羅したデータベース
- 短時間、最短距離など走行方法別にルートを選定。道を間違えても新たな位置から目的地までを案内

↘おう。（静岡県　アイアンローブ　'06）['12]　編集室より／日本で発行されたクレジットカードは受け付けない給油機もある。またZip Codeは宿泊予定地のホテルの郵便番号を入力してみるとよい。

タンになったときも自動的に止まる。初めに支払った料金が多かったら、もう一度キャッシャーへ行けばおつりがもらえる。

駐車について

有料駐車場は、前払いと後払いのものがある。前払いは、“定額Flat Rate”の駐車場が多い。車を離れる際は、見えるところにチケットを置いておくこと。後払いは、時間によって料金が異なる。“○Hour Free”などという表示があれば、その時間以内なら無料ということ。

路上駐車場は、パーキングメーターの利用が無難。いくらで何分停められるかなど、場所によって異なり、25¢、10¢、5¢が使えるものが多い。また、縁石の色によって、駐車禁止や許可のゾーンが示されているものもある。縁石のペンキの上に、何を意味しているか書かれているので注意しておこう。

係員が駐車スペースまで運んでくれるバレーパーキングは、ホテルやレストランに多い。係員にチップを忘れずに➡P.706。

トラブルのとき

あっては困ることだが、故障、事故、違反といったトラブルに、遭ってしまったらどうするか。慌てず、落ち着いて行動しよう。

故障のとき

近くのレンタカー会社の営業所に連絡する。できないときはG.S.などで修理してもらう。このとき、修理代は自己負担になることが多い。パンクの場合、スペアタイヤが必ず付いているので、スペアタイヤへの交換ぐらいは自分で行いたい。

事故のとき

まず、警察とレンタカー会社へ連絡し、指示どおりに動く。事故を起こした相手が示談にしようとすることもあるが、英語力の差はこういうときかなり不利に働く。当事者間で解決しようとは絶対しないこと。お互いの情報（名前、連絡先、運転免許証番号、車のナンバー、各保険会社）の交換も忘れずに行おう。

違反

スピード違反などで警官に停まるよう指示されたら、素直に停車し、ハンドルに両手を乗せて警官が来るのを待つ。警官にはうやうやしく接し、バカにしたような態度は決して取ってはいけない。アメリカの警官はコワいのだ。違反キップを切られてしまったら絶対に取り消されることはない。罰金は必ず払うこと。払わないと請求が帰国後も追いかけてくる。

障害者専用スペース
車イスマークのある駐車スペース“Handicap Space”には、一般車はたとえ短時間でも駐車してはならない。このスペースでの駐車違反はかなりの高額になる

パーキングメーター

警察の電話番号は“911”

事故が起きたら
たとえ軽度の接触事故の場合でも、現場で当事者間だけで解決しようとしないこと

たとえ自分が悪くても
事故を起こし、たとえ自分が悪くても“I'm Sorry”と謝らないこと。一度謝ってしまうと、自分の非を認めたことになり、その後のクレーム処理や訴訟問題で必要以上に不利な立場に立たされてしまう場合もある

罰金の支払い方法
指定された地域の裁判所などに出向いて支払う、あるいは郵便局で為替Money Orderを作って郵送する、または違反キップの封筒に印刷されている電話番号にかけ、クレジットカードで引き落としてもらうなどの方法がある。チケット自体が封筒になっているという親切さだが、現金やトラベラーズチェックの郵送は不可。帰国間際などで支払う時間がない場合は、レンタカー返却時に相談して、手続きを代行してもらうよう頼むという手もある。この場合手数料がかかることをお忘れなく

駐車違反の取り締まりは厳しい。路上駐車の際はパーキングメーターを使おう

技術 第16章

アメリカ飛行機の旅

移動する交通手段だが、期間が短く行きたい都市の数も少ないのなら、飛行機がいい。短時間に長距離を移動できるのが利点だ。日本人が新幹線や特急などを利用するような感覚で、アメリカ人は飛行機に乗り、アメリカ中を容易に移動している。ニューヨークやロスアンゼルス、シカゴなど大都市の空港では飛行機がひっきりなしに発着し、アメリカではいかに飛行機の利用者が多いのか知ることができる。また、紅葉した木々や、ロッキー山脈に降り積もった雪、そして小さないなか町まで、上空からさまざまなアメリカの景色を楽しめることも魅力のひとつだ。

利用する交通手段の決め手

どの交通機関を使ってアメリカ大陸を移動するかは、①旅に費やせる時間、②予算、③その交通機関に興味があるか、の順によって左右されるだろう。旅行の期間が短い人、長距離の移動がある人は、飛行機の利用をすすめる。アメリカ旅行は2回目以上で、ほかの交通機関を使ってみたい人や近距離を移動するなら鉄道や長距離バスもおすすめ。町によっては、飛行機より早く着くこともある。時間があって、できるだけ多くの町へ行ってみたいという人にも、鉄道か長距離バス、レンタカーをすすめる。以下のメリット&デメリットを参照してほしい。

困ったときは旅行会社へ

旅行会社の人はその道のプロ。自分の行きたい都市を告げれば、どの航空会社のどんなタイプの航空券が合っているか的確な判断を下してくれる。また、航空券やパス類の購入以外にも、旅に関するいろいろな業務を行っており、下記のような内容を扱っている旅行会社もある
・ホテルの予約
・国立公園内の宿泊施設の予約
・空港とホテルの移動交通手段（空港による）
・海外旅行保険の申し込み
・レンタカー予約
など

飛行機旅行のメリット&デメリット

メリット	デメリット
●短時間に長距離を移動できる	●普通運賃は長距離バスに比べて高い
●飲み物のサービスがある	●空港ーダウンタウン間を移動する時間とお金がかかる
●大自然の鳥瞰図が楽しめる	●町並みや雄大な景色を間近で見ることができない
●いわゆる都市という規模の町には行ける	●小さな町へ行くことはできない
	●セキュリティチェックなどに時間がかかる

アメリカ国内線の基礎知識

各航空会社の主要路線図➡P.690、691を見るとわかるが、ハブはそれぞれの航空会社の日本からのフライトが発着する空港でもある。そして、このハブからアメリカ国内各都市へと国内線が接続している。また、西海岸のある都市から、東海岸のある都市へ行く場合、このふたつを結ぶ直行便はほとんどないがハブ空港を経由すれば乗り継いで行ける➡P.648。

選んだ航空会社の路線が訪問予定都市をどうしてもカバーしきれない場合、次の都市まで飛行機に乗るほどではないときは、ほかの交通機関の利用を考えてみよう。

例えばニューヨーク～フィラデルフィア、ニューヨーク～ワシントンDC間などはバスや鉄道の利用がポピュラーだ。バスや鉄道の駅は、ほとんどが町の中心部に位置するため、空港←→ダウンタウン間の移動時間と交通費の節約にもなる。

航空券に関する専門用語

●**OPEN（オープン）**
航空券の有効期限内であれば、復路のルート変更が可能な航空券

●**FIX（フィックス）**
出発前に日程、経路、往復便の予約を行う必要がある航空券

●**オープンジョー**
複数都市を回る際、途中の移動を飛行機以外の手段（鉄道、バスなど）で行うことができる航空券

●**トランジット**
同じ飛行機で途中にほかの空港に立ち寄ること。乗り継ぎ時間は24時間以内

●**ストップオーバー**
途中降機のことで、乗り継ぎ地で24時間以上滞在すること

メモ **いろいろな航空会社を比較したいなら▶**OAG北米版のポケット・フライト・ガイドがとても便利。日本の雑誌オンライン書店で購入できる。価格は2520円（2012年5月現在）。じっくり考えたい人や小さな町へ行く予定のある人は、これを入手するといいだろう。日本の時刻表同様、見ているだけでもけっこう楽しい URL www.fujisan.co.jp

アメリカの国内線はさまざまな航空会社が運航している

路線バスや地下鉄で向かう人は注意
路線バスや地下鉄で空港へ向かう場合、空港見取図を見て航空会社のカウンターを目指そう。空港バスはターミナルごとに航空会社の名前を言うので聞き逃さないように

タグの確認を！
荷物に付けられたタグの行き先は、航空会社が使うスリー・レター・コードで表示される。各都市の空港の項、または➡P.689を参照して、自分のこれから行く都市のコードを覚えておけば、荷物の行き先が正しいかどうか自分の目で確かめられる。また、このスリー・レター・コードは時刻表にもしばしば使われる

出発便と到着便のモニター
モニターは出発便Departuresと到着便Arrivalsに分かれ、最新の運航状況が刻一刻と表示される

機内に預けられる荷物
2012年5月現在、国際線への乗り継ぎの場合を除き、アメリカ国内の国内線（アメリカン航空、デルタ航空、ユナイテッド航空など）の、機内に預けられる荷物は1個目から有料（$25前後）。2個目の料金は、$35前後。荷物については、航空会社ごとに規定があるので、事前に確認を

アメリカ国内線米国内予約電話番号と日本語による問い合わせ番号

●アメリカン航空（AA）
Free (1-800) 433-7300
Free (1-800) 237-0027(日本語)

●デルタ航空（DL）
Free (1-800) 221-1212
Free (1-800) 327-2850(日本語)

●ユナイテッド航空（UA）
Free (1-800) 864-8331
Free (1-800) 537-3366(日本語)

●USエアウェイズ（US）
Free (1-800) 428-4322

●サウスウエスト航空（WN）
Free (1-800) 435-9792

アメリカの空港ってどんな構造？

中規模以上の空港は、Upper Levelと呼ばれる2階の出発階と、Lower Levelと呼ばれる1階の到着階から構成されている。出発階には各航空会社のチェックイン・カウンター、レストランやカフェテリア、売店、そして出発ゲートなどがある。

到着階にはバゲージクレーム（機内預け荷物のピックアップ場所）、インフォメーション、レンタカーの受付デスク、空港ホテルへの無料直通電話などがあり、市内への交通機関(Ground Transportation)はここから出発する。

アメリカの大規模な空港のいくつかは、ターミナル間がかなり離れているため、空港内を無料のシャトルバスや地下鉄、モノレールが走り、各ターミナルを結んでいる。移動は時間の余裕をもってしよう。

飛行機に乗るハウツー

空港へ向かう

セキュリティチェックに時間がかかるため、空港にはフライト時間の少なくとも2時間前には着くようにしたい。

空港へはタクシー、空港シャトルバン、路線バス、地下鉄などいくつかの交通機関があるが、空港シャトルバンが便利。ホテルのフロントに頼んで予約を入れてもらうといい。ただし、途中でお客を何人かピックアップしながら行くので、予想以上に時間がかかることがある。

空港シャトルバンにしろ、タクシーにしろ、ドライバーには必ず利用航空会社を伝えておくこと。

①カーブサイドチェックインで荷物を預ける

航空会社によっては、タクシーや空港シャトルバンを降りた建物の外で、荷物だけを先にチェックインするサービス（通称カーブサイドチェックイン）を行っている。搭乗券を持っていればここから直接ゲートへ行くことができる。ただし、ここで荷物を預けたときは、荷物1個につき$2のチップを渡すのが常識。

②チェックインの手順（流れがひと目でわかる一覧）➡P.688

航空会社のチェックイン（搭乗手続き）は通常、出発の2～3時間前ぐらいから始められ、遅くても20分前には締め切られる。

1) チェックインカウンターにはeチケットの自動チェックイン機が並んでいる。この機械を使って、自分で手続きを行うことになる➡P.659。場合によっては、有人カウンターで行う場合もある。

2) 搭乗券（ボーディングパス）が発券されたら、荷物を預ける。機内預けの荷物を計量台の上に置き、行き先が記されたタグを付けてもらう。その半券（クレームタグ）は搭乗券のカバーにホチキスで留めてくれる（または、直接手渡される）。荷物は、乗り換えがあっても最終目的地まで届けられる。

3) 以上のことを済ませたら、早速ゲートへ。途中ハイジャック防止のためのX線検査を経て、コンコースに出る。コンピュータデ

旅のアドバイス **時差がある！**▶4つの時間帯があるアメリカ本土。西から東への移動は実際の飛行時間より長くなり、東から西への移動は短くなる。念のため➡P.631。時刻表に記された時間はすべて現地時間だ。

ィスプレイで自分の乗る飛行機の最新情報をもう一度確認しておこう。ゲートの変更は離陸直前までよくあること。

4) ゲート前の搭乗待合室で待っていると、出発の30分ぐらい前にボーディング(搭乗)開始を告げるアナウンスがある。「座席番号20番から30番までのお客様はご搭乗ください」といった具合に、たいてい奥の座席のほうからアナウンスが始まる。

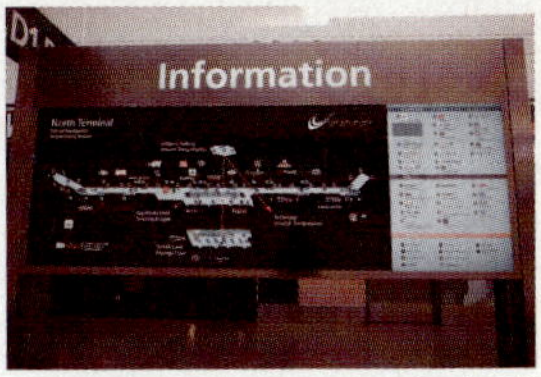

案内板を確認しながら目的の場所に進めばよい

乗り継ぎ便で目的地に行くには

大陸横断のような長距離の飛行は直行便が少なく、ほとんどがハブ➡P.648、690、691で乗り継ぐことになる。

チェックインの際、乗り換える飛行機が同じ航空会社なら乗り換えもスムーズ。チェックインすると、最終目的地までの搭乗券が渡される。そして、荷物には最終目的地のタグが付けられ、自動的に運ばれる。

乗り継ぎのとき、飛行機から出たら最初に"Departures"のモニターを探さなくてはいけない。手元に残っている搭乗券とモニターを照合して、ゲートナンバー、その便が定刻どおりかなどの最新情報を確認しよう。

同じ航空会社の乗り継ぎだと、同じターミナル内または隣り合ったターミナルで、歩いてゲートへ行くことができるので迷うことはない。しかし、違う会社の飛行機だと、トラムやバスに乗ってターミナル間を移動する必要がある。また、運賃の面や利便性を考えれば、違う航空会社で乗り継ぐのは現実的でない。

アメリカの空港は広いが、合理的に設計されていて、英語が不自由な外国人でも、そのシステムさえ理解してしまえば難しいことは何もない。

荷物とタグの照合がある空港

ニューヨークやロスアンゼルスの空港のように、荷物が本人の物であるかどうか、荷物とクレームタグを確認するところもある。クレームタグはくれぐれもなくさないように!

荷物の乗り継ぎ

同一航空会社での乗り継ぎをするとき、荷物のタグは最終目的地の物が付けられる。荷物も乗客と同じ便に乗り、乗り継ぎ都市では自動的に乗り換えが行われる。自分の荷物と対面するのは、最終目的地のバゲージクレーム(機内預け荷物のピックアップ場所)だ。乗り継ぎ都市で荷物をピックアップする必要はほとんどない。ただし、国際線を除く。

空港からの交通手段について

到着ロビーの外からはタクシーや空港シャトル、路線バスなどの交通機関(Ground Transportation)が出発している。空港からダウンタウンへの行き方については、各都市を参照すること

目的地の空港に着いたら

国内線だから当然、税関や入国審査はない。到着したら標識に従って、バゲージクレームへ進もう。自分の搭乗した便名の掲示されたバゲージエリアを探し、荷物をピックアップする。もし、自分の荷物が見つからなかったら近くのBaggage Service Officeへ行き"I can't find my luggage!"と訴えよう。クレームタグ(なくさないこと!)を見せ、所定の用紙に荷物の外観や被害金額などを記入することになる。多くの場合、ほかの目的地へ行ってしまったのであって、半日後または数日後には滞在先のホテルへ届けてくれる。

標識に従って到着ロビーに着くと、そこにはインフォメーションやレンタカーのデスクがある。

荷物をピックアップして町へ繰り出そう

投稿 **コードシェア便(共同運航)に注意!**▶コードシェア便を利用する場合、チェックインの手続きはすべてメイン運航の航空会社で行っている。コードシェア便を利用するときは、どっちの会社が運航しているのかよく確認してからターミナルに向かうようにしたい。
(東京都 Y.T. '07) ['12]

国内線利用の流れ

飛行機を使えば、アメリカを短時間で移動することができる。利用の仕方は基本的に日本での飛行機の乗り方と同じだが、モニターなどは英語で表示されている。初めてアメリカの国内線に乗る場合など、利用の仕方に不安があるときは以下の利用の流れを参考にしよう。

1 空港へ向かう

空港にはフライト時刻の2時間前には着くように心がけよう。航空会社によってターミナルが異なるため、タクシーや空港シャトルバンなどで行く場合は、ドライバーに事前に利用航空会社を伝えておくこと。降車したエリアで荷物だけ先にチェックインするサービス（カーブサイドチェックイン）を行っている航空会社もある。

2 チェックイン

“Domestic（国内線）”と表示されたカウンターで手続きを行う。eチケットならばほとんど並ばず、機械で自動チェックインができる。eチケットによる自動チェックイン機の操作手順は➡P.659。

3 ターミナルへ移動

各ターミナル前のセキュリティチェックに時間がかかる。靴を脱ぎ、ノートパソコンはカバンから取り出して、X線検査のベルトの上に載せる。チェックインを済ませたらなるべく早く、ゲートへ向かおう。機内持ち込みの荷物は持ち込める物の制限が厳しくなっているため、必ず事前にチェック➡P.658しておくこと。

4 搭　乗

ターミナル内では、出発便のモニターで搭乗ゲートの番号や出発時刻を再確認しておこう。そして、ゲートへ行き、再度ゲート前のカウンターで自分の乗る便が合っているか確認を。

5 目的地の空港に着いたら

アメリカ国内の移動なので、当然、税関や入国審査などの手続きは行われない。案内表示に従って、バゲージクレームBaggage Claim（機内預け荷物のピックアップ場所）へ進み、自分の荷物をピックアップしよう。

6 到着ロビーでは

空港によって異なるが市内への交通機関、レンタカー会社の窓口、観光案内所などがある。英語が苦手でも、案内標識を見て行動すればどうにかなるはず。案内所では旅に必要な最低限の情報が入手できる。

アメリカ都市／IATA空港コード（スリー・レター・コード）

都市	空港	コード
アトランタ	Hartsfield - Jackson Atlanta International Airport	ATL
アトランティックシティ	Atlantic City International Airport	ACY
アルバカーキ	Albuquerque International Sunport	ABQ
インディアナポリス	Indianapolis International Airport	IND
ウィチタ	Wichita Mid - Continent Airport	ICT
エルパソ	El Paso International Airport	ELP
オークランド	Oakland International Airport	OAK
オースチン	Austin - Bergstrom International Airport	AUS
オーランド	Orlando International Airport	MCO
オクラホマシティ	Will Rogers World Airport	OKC
オマハ	Eppley Airfield	OMA
カンザスシティ	Kansas City International Airport	MCI
キーウエスト	Key West International Airport	EYW
グランドキャニオン	Grand Canyon National Park Airport	GCN
クリーブランド	Cleveland Hopkins International Airport	CLE
サバンナ	Savannah / Hilton Head International Airport	SAV
サンアントニオ	San Antonio International Airport	SAT
サンディエゴ	San Diego International Airport	SAN
サンノゼ	Norman Y. Mineta San Jose International Airport	SJC
サンフランシスコ	San Francisco International Airport	SFO
シアトル（Sea-Tac）	Seattle-Tacoma International Airport	SEA
シカゴ	O'Hare International Airport	ORD
	Midway International Airport	MDW
シャーロット	Charlotte Douglas International Airport	CLT
シャイアン	Cheyenne Regional Airport	CYS
シンシナティ	Cincinnati / Northern Kentucky International Airport	CVG
セントルイス	Lambert - St. Louis International Airport	STL
ソルトイレク・シティ	Salt Lake City International Airport	SLC
ダラス／フォートワース	Dallas / Fort Worth International Airport	DFW
チャールストン（SC）	Charleston International Airport	CHS
チャールストン（WV）	Yeager Airport	CRW
デトロイト	Detroit Metropolitan Wayne County Airport	DTW
デモイン	Des Moines International Airport	DSM
デンバー	Denver International Airport	DEN
トゥペロ	Tupelo Regional Airport	TUP
ナッシュビル	Nashville International Airport	BNA
ニューオリンズ	Louis Armstrong New Orleans International Airport	MSY

都市	空港	コード
ニューヨーク	John F. Kennedy International Airport	JFK
	Newark Liberty International Airport	EWR
	LaGuardia Airport	LGA
ハートフォード	Bradley International Airport	BDL
バーリントン	Burlington International Airport	BTV
バッファロー	Buffalo Niagara International Airport	BUF
ビスマーク	Bismarck Municipal Airport	BIS
ピッツバーグ	Pittsburgh International Airport	PIT
ヒューストン	George Bush Intercontinental Airport	IAH
	William P. Hobby Airport	HOU
フィラデルフィア	Philadelphia International Airport	PHL
フェニックス	Phoenix Sky Harbor International Airport	PHX
フラッグスタッフ	Flagstaff Pulliam Airport	FLG
ボイジー	Boise Airport	BOI
ボーズマン	Bozeman Yellowstone International Airport	BZN
ポートランド（ME）	Portland International Jetport	PWM
ポートランド（OR）	Portland International Airport	PDX
ボストン	Boston Logan International Airport	BOS
ボルチモア	Baltimore / Washington International Thurgood Marshall Airport	BWI
マイアミ	Miami International Airport	MIA
ミネアポリス-セントポール	Minneapolis - St. Paul International Airport	MSP
ミルウォーキー	General Mitchell International Airport	MKE
メンフィス	Memphis International Airport	MEM
モントゴメリー	Montgomery Regional Airport	MGM
ラスベガス	McCarran International Airport	LAS
ラピッドシティ	Rapid City Regional Airport	RAP
リッチモンド	Richmond International Airport	RIC
リトルロック	Little Rock National Airport	LIT
リノ	Reno - Tahoe International Airport	RNO
ルイビル	Louisville International Airport	SDF
ロスアンゼルス	Los Angeles International Airport	LAX
ワシントンDC	Dulles International Airport	IAD
	Ronald Reagan Washington National Airport	DCA

※ 五十音順

ハブ（路線の軸となる都市）＆スポークシステム
各航空会社が意図的に、それらの都市を自社路線の中心と位置付けていることの表れで、各航空会社の路線展開の基本的な戦略なのである

大手航空会社の国内主要路線図

大手航空会社には、いくつかの軸（中心）となる都市がある。その軸となる都市、キーステーションになる都市を中心に、ルートが各都市へと放射状（スポーク）に延びている。この“軸”となる都市がハブHubだ。ハブとは「車輪の中心」という意味。

各航空会社の代表的なハブ　　2012年5月現在

航空会社名	ハブ
デルタ航空	アトランタ、ソルトレイク・シティ、ニューヨーク（ジョン・F・ケネディ）、シンシナティ、デトロイト、ミネアポリス／セントポール、メンフィス
アメリカン航空	ダラス／フォートワース、シカゴ（オヘア）、マイアミ、ニューヨーク（ジョン・F・ケネディ）
ユナイテッド航空	シカゴ（オヘア）、サンフランシスコ、ワシントンDC（ダレス）、デンバー、ロスアンゼルス、ヒューストン、ニューヨーク（ニューアーク）、クリーブランド

※デルタ航空、ユナイテッド航空はハブ空港が多いため、主要路線図は２つに分けて紹介しています

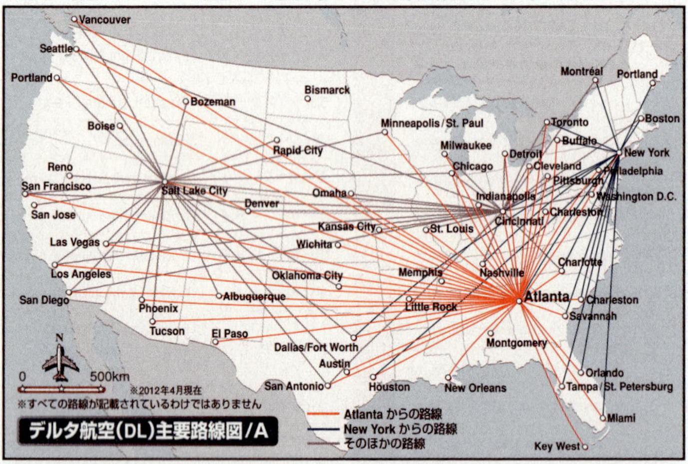

デルタ航空(DL)主要路線図/A

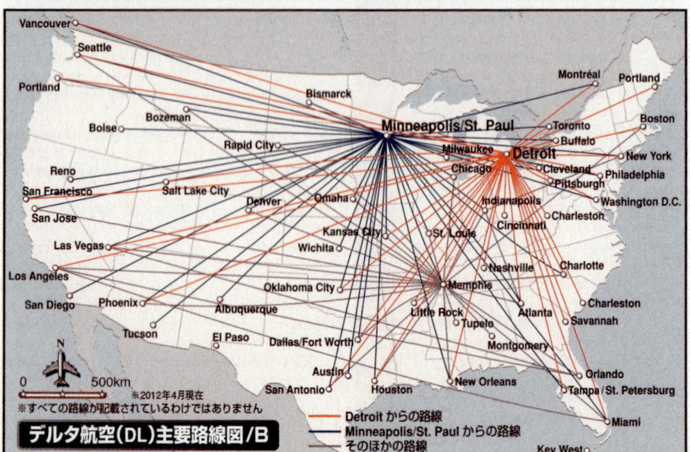

デルタ航空(DL)主要路線図/B

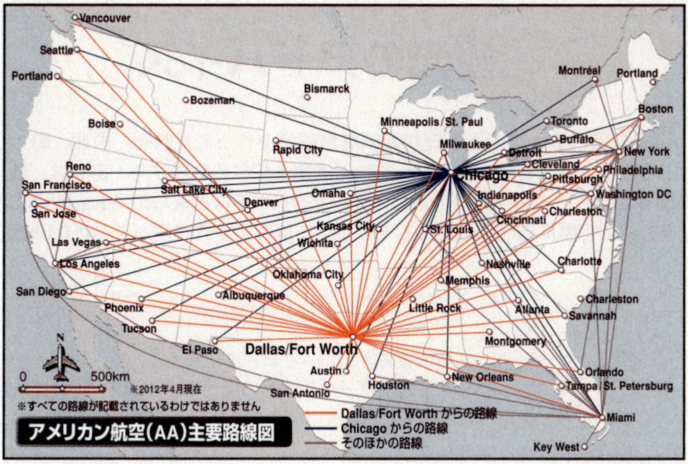

アメリカン航空(AA)主要路線図

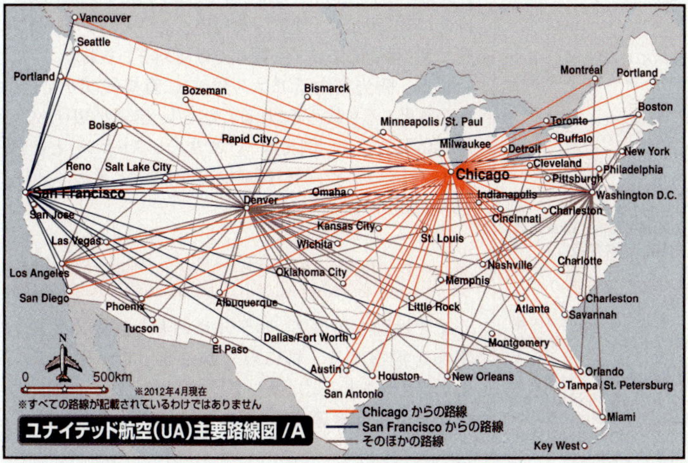

ユナイテッド航空(UA)主要路線図 /A

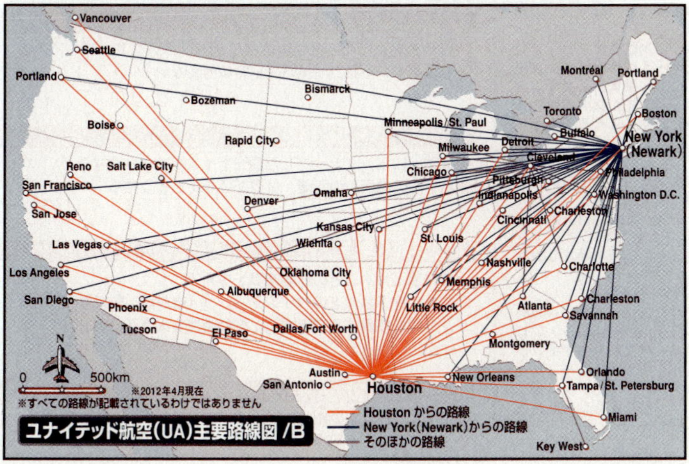

ユナイテッド航空(UA)主要路線図 /B

技術 第17章

観光のアドバイス

初めての町での第一歩、期待と不安が新鮮な緊張感を作ってくれる。早速、町へと歩き出したいところだが、目的もなく歩き回っていては迷子になるのがオチ。まずは、観光案内所で町の概略をつかむための資料を入手しよう。アメリカではどんな町でも観光案内所があり、スタッフも旅の相談に親切に対応してくれる。一度は必ず立ち寄っておきたい施設だ。

観光案内所はこんなところにある
通常、人が多く集まるダウンタウンにあることが多い。空港にブースが出ているところもあるから、ここで資料を入手しよう

宿の相談をする
観光案内所では、手頃な宿を紹介してくれることもあるので、まずは尋ねてみよう。ただし、宿を紹介してもらう場合、具体的な場所や料金を挙げて聞いたほうがよい

英語が得意でなくても
英語の不得意な人は、観光ポイントへの行き方などをメモに書いてもらうと便利

地図は常に持ち歩こう
地図は小さく折りたたんでポケットに入れ、常に持ち歩こう

観光もレンタカーの国
車社会のアメリカでは、レンタカーを使って観光するのが一般的。駐車場は大都市を除き、ほとんどは無料だ

公共の交通機関の利用方法

・路線バス、市バス
路線図を見て目的地に行くバスの番号を調べる。前から乗って、まず料金を支払う（料金箱に投入）。アメリカのバスはおつりが出ないことがほとんどなのでピッタリの金額を用意する。目的地へ近づいたかどうかは、周りの人に聞くか、地図と窓の外の通りの名前を見ながら確認するしかない

・市内鉄道（ライトレール、地下鉄）
ある程度の規模をもつ町では、路線バス、市バスのほかに、ライトレールや地下鉄などの市内鉄道がとおっている。駅構内やホームにはたいてい自動券売機があるので、乗車前に必ず切符を購入しておく。改札がない場所もあるが、車内検札が回ってくることも多い

・タクシー
料金は最も高いが、時間がないときや夜遅く移動するのに便利。ただし、流しのタクシーは一部の都市を除いてあまりないので、必要なときは大きなホテルで拾うか、電話で呼ぶしかない

・観光バスの利用
路線バスではカバーしていない郊外の見どころに行きたい、という人には解説付きのツアーバスがおすすめ。グレイライン（アメリカ版はとバス）などのツアーは、予約してホテルに迎えに来てもらうか、指定された場所に集合してから出発する

観光案内所の賢い利用方法

観光案内所には、さまざまな見どころのパンフレットはもちろん、割引クーポンなども置いてあるので、予定のあるものはもらっておこう。市内の地図や交通機関の時刻表など、観光にかかわるさまざまな資料も揃っている。宿を決めていない人はホテルリスト、おいしい食事をしたいと思っている人はレストランガイド、ツアーを利用したい人はツアー案内、というように目的に応じて必要なだけ資料をもらおう。

また、観光案内所ではスタッフに直接質問ができ、おすすめの見どころも教えてくれる。ただし、自分が知りたいことを具体的に話すこと。例えば「日本食のレストラン」とか「ミュージアムに行くにはどう行けばいいのか」などと言えば、向こうもアドバイスしやすい。

町でのプランの立て方　位置関係をつかもう

まず地図を広げて、ホテルやおもな建物の大まかな位置関係を把握する。特に自分が泊まっているホテル周辺はよく覚えておくこと。そして行きたいところを検討し、地図で場所や距離を確かめよう。

現地での観光プランの立て方ステップ

観光ポイントをピックアップ
●ガイドを見ながら行きたいポイントをピックアップしてみる。このときはポイント数、所要時間は特に考えない

↓

観光ポイントの位置を確認
●地図上にピックアップした観光ポイントをマークする
●ホテルの場所との距離、位置関係をチェックする

↓

所要時間を考える
●観光ポイントごとの所要時間を考える
●バスや地下鉄などのタイムテーブル（時刻表）を参考にしながら、ポイント間を移動する交通機関と移動時間を考える

↓

ポイントの絞り込みとルートを考える
●ホテルを起点に効率的なルートを考える
●1日で回るのが可能な数まで観光ポイントを絞り込む

投稿 フリーペーパー▶道で見かけるボックスに入っているフリーペーパーをもらおう。町の地図やクーポンが付いている。
（群馬県　華次郎　'08）['12]

シティパスを使ってお得に観光

CityPass ATTRACTIONS PASS ADMIT ONE

おもな観光名所の入場券やツアーなどがセットになっているシティパス。これらすべてを回れば、それぞれの施設でチケットを購入した場合のほぼ半額で済んでしまう。

購入は、シティパスの使える見どころのチケット窓口などで。使用開始から9日間有効（サザンカリフォルニアのみ14日間有効）。

下記の見どころは一部抜粋で記載されております。詳しくはURL www.citypass.com

サンフランシスコ

料$69、5〜12歳$39

回れる見どころと交通機関	本書掲載ページ
ミュニパスポート7日券	→P.66
サンフランシスコ近代美術館	→P.71
エクスプロラトリアム、またはデ・ヤング美術館	—— →P.77
カリフォルニア科学アカデミー	→P.77
アクアリウム・オブ・ザ・ベイ	→P.75
アルカトラズ島ツアー※シティパスだけでの乗船不可。要事前電話予約	→P.76
ブルー＆ゴールド・フリート・ベイクルーズ	P.69欄外

ハリウッド（ロスアンゼルス）

料$59、3〜11歳$39

スターラインツアー（有名人の豪邸ツアー）	→P.92
レッドラインツアー（ハリウッドツアー）	——
ドルビーシアターのガイドツアー、またはハリウッド博物館	P.97欄外
マダムタッソー・ハリウッド	——

サザンカリフォルニア（ロスアンゼルスとサンディエゴ）

料$279、3〜9歳$239

ユニバーサル・スタジオ・ハリウッド	→P.101
3Dayディズニーリゾート・パークホッパー	→P.114
シーワールド・サンディエゴ	→P.125

シアトル

料$69、4〜12歳$44

シアトル水族館	→P.135
アゴシークルーズ（ハーバークルーズ）	→P.138
EMP（エクスペリエンス・ミュージック・プロジェクト）／サイエンス・フィクション・ミュージアム	→P.135
パシフィック・サイエンス・センター	——
スペースニードル	→P.134
航空博物館、またはウッドランドパーク動物園	→P.140 ——

ヒューストン

料$39、3〜11歳$29

スペースセンター・ヒューストン	→P.277
ダウンタウン水族館	→P.274
ヒューストン自然科学博物館	→P.275
ヒューストン動物園、または健康博物館	→P.276 ——
ヒューストン美術館、またはヒューストン子供博物館	→P.274 ——

シカゴ

料$84、3〜11歳$69

ウィリスタワー（スカイデッキ）	→P.304
ジョン・ハンコック・センター（展望階）、または科学産業博物館	→P.300、311
フィールド博物館	→P.310
アドラープラネタリウム、またはシカゴ美術館	→P.311、309
シェッド水族館	→P.312

アトランタ

料$69、3〜12歳$49

ワールド・オブ・コカ・コーラ	→P.430
CNNセンター内ツアー	→P.431
ジョージア水族館	→P.432

ニューヨーク

料$89、6〜17歳$64

サークルライン観光クルーズツアー、または自由の女神・エリス島ツアー	→P.529、534
エンパイア・ステート・ビル	→P.532
メトロポリタン美術館	→P.535
ニューヨーク近代美術館	→P.535
アメリカ自然史博物館	→P.535
グッゲンハイム美術館、またはトップ・オブ・ザ・ロック	→P.536、P.531

ボストン

料$46、3〜11歳$29

ニューイングランド水族館	→P.558
スカイウオーク展望台	→P.557
ボストン美術館	→P.557
ハーバード自然史博物館、または旧州議事堂	→P.561、P.555

フィラデルフィア

料$59、2〜12歳$39

トロリー・ワークス・ツアー＆ビッグバス・ツアー	→P.581
フランクリン科学博物館	→P.584
アドベンチャー水族館	——

メモ 『地球の歩き方』のウエブサイトでも「ニューヨーク」「サンフランシスコ」「ボストン」「ハリウッド」「シアトル」のシティパスが購入できる URL parts.arukikata.com/citypass

アメリカのエンターテインメント情報
スポーツ
大リーグ(MLB)
URL mlb.mlb.com(英語)
URL mlb.mlb.com/jp(日本語)
アメリカンフットボール(NFL)
URL www.nfl.com(英語)
URL www.nfljapan.com(日本語)
バスケットボール(NBA)
URL www.nba.com(英語)
URL www.nba.co.jp(日本語)
アイスホッケー(NHL)
URL www.nhl.com(英語)
サッカー(MLS)
URL www.mlssoccer.com(英語)
ミュージカル、劇場検索、批評など
●雑誌
『シアターガイド』(日本語/月刊/420円)
『where』(英語/月刊/無料)
●ウエブサイト
URL www.playbill.com(英語)
URL www.theatermania.com(英語)

マチネを楽しもう
映画やミュージカルなどのチケットを買うときに利用したいのが、マチネ。平日の昼(15:00以前まで)の興行のことで、夜に比べて割安でチケットが手に入る。予定が合うようならぜひマチネでエンターテインメントを満喫しよう

アメリカの楽しみ方

4大スポーツの**ベースボール、アメリカンフットボール、バスケットボール、アイスホッケー**に始まり、プロテニスのトーナメントやゴルフ……。そして、ブロードウエイのミュージカルやショー、オペラ、バレエ、人気歌手によるコンサート、日本よりひと足早く観られる映画などなど。本場アメリカで楽しむエンターテインメントやスポーツ観戦は、日本で観るものとひと味もふた味も違ってエキサイティングだ。

情報収集

スポーツのスケジュールやエンターテインメントなどの情報は、日本からなら専門の雑誌やインターネットの利用が適切。

現地では、全米の都市で見かける観光ガイド「ホエア where」➲P.627は情報が豊富。Entertainmentのページにショーの紹介、各会場ごとのイベントが載っている。また、現地に着いてしまえば、コンサートが行われる劇場やスタジアムまで直接足を運ぶという方法もある。

球場、会場までの足

ミュージカルやゲームは夜に行われるものがほとんど。行きは早めに出れば、バスや地下鉄の利用もいい。しかし、帰りはなるべくタクシーを使おう。ほとんどの会場ではタクシーが拾える場所は決まっているので、係員に聞くといい。しかし、なかにはタクシーがつかまらないところもあるのであらかじめタクシー会社の電話番号をメモしておこう。

旅のアドバイス
『地球の歩き方』読者のための日本語OKのチケットブローカー

アメリカ国内でも入手が難しい人気コンサート、スポーツ、イベントなどの各種チケットが入手できるブローカー。日本から日本語で申し込むことができるので便利だ。全米どこの町のチケットでも手配可能。もちろん、シアトル・マリナーズやニューヨーク・ヤンキースといったメジャーリーグのチケットも頼める。ウエブからの利用方法は……

①Event(コンサートやスポーツ)またはアーティスト、チーム名、Venue(会場名)、Date & Time(日程と開始時間)などから検索する。 該当するものが見つかり、View をクリックすると、そのイベントのチケットが一覧で表示される。

②イベント名や会場名、日程、開始時間を確認する。その後、Seat Location(座席)、Quantity(購入する枚数)、Price(値段)を選択し、Addをクリックする。

③選択したチケットがショッピングカートに移動する。内容を確認したら、発送方法を選択しよう。アメリカ国内の発送サービスは3つの選択肢、日本へ送る場合はInternationalを選ぶ。1週間ほどで届く(郵送料アメリカ国内$20～30、日本$40)。

④Proceed to checkoutをクリックすると最終ページに進み、ここでチケットの代金、手数料(チケット代金の18%か最低$35/1枚につき)、送料が表示される。内容と金額を確認したら、支払い方法(AJMV)や自分の情報を記入し、利用規約に同意し、送信をクリックすると注文完了。※オンラインにて購入する場合、写真付き身分証明書コピーをFAX送信またはEメール(info@allamerican-tkt.com)で添付送信しなければならない。

問い合わせ先/All American Tickets, Inc.
住 340 E. 2nd St., Little Tokyo Plaza #305, Los Angeles, CA 90012
☎(213)217-5130 free(1-888)507-3287
FAX(213)217-5135 URL www.allamerican-tkt.com
開 月～金9:00～18:00(パシフィック・タイムゾーン)

投稿 NBA▶試合の始まる1時間ぐらい前に行けば、ウオーミングアップが目の前で見られる。選手からサインをもらえるチャンスもある。
(東京都　海賊王S　'08)['12]

チケットの入手方法

日本のチケット代理店をとおして電話やインターネットで予約する

ワールドプレイガイド	☎(03) 5775-5560 URL www.w-pg.com	ワールドチケットぴあ	URL www.wt-pia.jp info@wt-pia.jp（問い合わせはメールのみ）

海外のチケット代理店をとおして予約する

電話やインターネットで	チケット代理店で
①チケット代理店➡P.694、それぞれのスポーツチーム、劇場、ホールに電話をする、もしくはウエブサイトからオンライン予約をする（要クレジットカード）	①チケット代理店➡P.694の窓口が、主要都市のCDショップまたはデパートなどにあるので、そこで予約する
②電話の場合、Confirmation Number（予約番号）を聞くか、郵送で引換書を送ってもらう。オンライン予約の場合は予約番号を控えておく	②チケット引換書、もしくはチケット本券を受け取る
③当日、各会場の"Will Call（チケット窓口）"でConfirmation Numberを言うか、引換書を渡し、チケットを受け取る（要クレジットカード、パスポートなどの写真付き身分証明）	③チケット引換書がある場合は、当日、各会場の"Will Call（チケット窓口）"で引換書を渡し、チケットを受け取る

当日、現地で入手する

チケット窓口で

①当日券を何時から売り出すか、事前に各会場、劇場、ホールに電話で確認する

②当日、当日券が売り出される少し前に着くよう会場に向かい、列に並ぶ

③チケットを購入する

アメリカのチケット代理店

チケットマスター Ticketmaster	Free (1-800) 745-3000（予約） Free (1-800) 653-8000（問い合わせ） URL www.ticketmaster.com ※現地の窓口はウエブサイトの"Retail Outlets"より検索
テレチャージ Tele-Charge	Free (1-800) 432-7250 ☎(1-212) 239-2959（日本語） URL www.telecharge.com

手軽にエンターテインメントを楽しもう！

旅のアドバイス

映画 Movie

最近では、アメリカでの公開からさほどの遅れもなく、日本でもアメリカ映画が封切られるようになった。しかし同じ映画でも、観客のリアクションが大きいアメリカ人に混じって観ると、2倍楽しむことができる。気軽に映画館に行ってみよう。

●チケットの入手と座席について

チケットは前売券はなく、当日の一般チケットのみ。劇場の窓口で、映画名と上映開始時刻を言って購入する。料金は$7～10.50くらい。

●割引料金

映画館にもよるが、平日の15時以前の入場は割引となることがある（通称マチネ）。$6～8くらい。平日の客寄せのためで、これを利用しない方法はない。

●映画のランクについて

アメリカの新聞や雑誌の映画の欄を見ると必ずランク分けの表示がされている。これは、全米映画協会（MPAA）がすべての映画について定めた鑑賞基準で、詳細は次のとおり。

・G（General Audiences）
　家族連れを含め誰でも観ることができる

・PG（Parental Guidance Suggested）
　子供にはやや不向きな場面や言葉が出てくるので、親の助言が望ましい

・PG-13
　13歳未満の子供には不適当な場面や言葉が出てくるので、親の強い指導が必要

・R（Restricted）
　17歳未満は親または大人（21歳以上）の同伴が必要

・NC-17
　"成人映画"なので17歳以下は入場不可

テレビ Television

アメリカはケーブルテレビが発達していて、チャンネル数がとても多い。日本のNHKのような公共放送局はなく、民放のみが存在する。全米規模の放送局は、ABC、CBS、NBCが3大ネットワーク、最近はFOXを加えて4大ネットワークと呼ぶこともある。この4大ネットワーク以外は、ほとんどが専門局。これら、目的に沿ったものを専門的に流し続けるテレビがケーブルテレビ局だ。例えば、日本でも知名度の高いCNNがニュースの専門局、ESPNがスポーツ専門局、そのほかにも、映画、音楽、歴史、自然、国会中継、天気予報、ディズニー専門、コメディ、通信販売、旅行情報、コンサート中継、アニメなど、地域にもよるが50以上のケーブルテレビ局があり、これらを24時間楽しむことができる。

メモ　**日本での放送前に新ドラマをチェック▶**アメリカでは9月からドラマのシーズンがスタートすることが多く、テレビCMもよく放送されている。

技術 第18章

アメリカの宿泊施設

1日の疲れを取り、ゆっくり眠るスペース、つまりホテルは旅行のなかでも非常に重要な位置を占める。しかも、旅費のなかでも宿泊費の占める割合は一番大きい。旅行者にとって最大の関心事のひとつだろう。ホテルのよい悪いは、旅の印象、行程にも大きく影響してくるから、自分の納得のいくホテルを見つけよう。

宿泊料金には何が含まれる？

日本の旅館では、通常は「1泊2食付き」だが、アメリカでは食事は付かないことがほとんどだ。ただし、B&B、一部のホテルやモーテルでは簡単な朝食をサービスで出している。

部屋のタイプはⓈシングル（ベッド1つにひとり）、Ⓓダブル（ベッド1つにふたり）、Ⓣツイン（ベッド2つにふたり）、スイート（寝室と居間に分かれた部屋）などに大別できる。料金の基本は“ひとりいくら”ではなく“1部屋いくら”。しかもダブルやツインの料金は、シングルとさほど変わらないのが普通なので、ふたりで泊まれば割安になる。3人以上で利用の場合、ツインの部屋に簡易ベッドやソファベッドで対応するのがほとんどだ。

注意したいのは、“Single”や“Double”がベッドの大きさを表す場合があるということ。予約の際、あるいは部屋を見せてもらう際には、何人で泊まってベッドはいくつ必要かということをはっきり伝えること。

料金の差いろいろ

大都市と地方の料金差

ひと言でアメリカといっても、大都市と地方では宿泊料金に大きな差がある。概してニューヨーク、サンフランシスコ、ワシントンDC、ボストンなど大都市は高く、特にニューヨークは高い。1泊$80とすると、ロスアンゼルスや地方の町では中級ホテルに泊まれるが、ニューヨークではエコノミーホテルにも泊まれない状況だ。また、地方といっても、リゾート地のホテル代は高い。旅行計画を立てるときに考慮しておこう。

季節料金、平日と週末について

ホテル料金がオンシーズンとオフシーズンの料金に分かれている都市、地方がある。特にリゾート地では倍ほどの差があるところも珍しくない。例えばマイアミやフェニックスは避寒地であるため12～3月の冬がシーズン。オフの夏は半額ほどに安くなる。ニューヨーク、ワシントンDC、シカゴ、ダラスなどのビジネスシティは、月曜から木曜までの平日が混雑する。週末はビジネス客がいなくなるので料金も安く設定されているから、高級ホテルに中級ホテル並みの料金で泊まれることも。

宿泊代以外にかかるホテル料金

・ホテルタックス
各都市によって異なる。本編、各都市のDATA欄参照

・電話代
使った場合のみで、金額に応じて手数料がかかる。これがけっこう高い。トールフリー（料金受信者払い）にかけても、ホテルによっては手数料を徴収される。ただし、モーテルなどでは市内通話は何度かけても無料というところもある

・食事代
ホテル内のレストランで食事を取り、精算をホテルの部屋にツケた場合のみ。「部屋にツケてもらう」の英語は“Charge to the room”

・駐車場代
都会のホテルで徴収することが多い。モーテルは基本的に無料

・インターネット接続料
使った場合のみ。市内中心部の高級ホテルで徴収することが多いが、中級ホテルやモーテルは無料のことが多い

※アメリカの宿泊施設は料金が安くなれば、その分リスクが高くなることを覚えておくこと。料金にはサービスだけでなく“安全”ということも含まれている

キャンセルは早めに！
キャンセル料発生の時期はホテルによってまちまち。たいていは宿泊予約日の7～3日前からキャンセル料がかかる（リゾート地のホテルやB&Bが多い）場合が多いので、キャンセルするときはなるべく早めに

地球の歩き方 海外ホテル予約
URL hotel.arukikata.com

カジノタウンのホテル
ラスベガスやリノといったカジノの町は、一般の人が休む週末が書き入れどき。ビジネスシティとは逆で、週末のほうが料金が高い。また大規模なコンベンション、イベント開催時も料金がアップする

宿泊施設のいろいろ

アメリカの宿泊施設

種類	料金	立地環境	特徴
高級ホテル	シングル$170〜、ツイン$190〜	ダウンタウンの一等地。内外の治安もいい	豪華で、レストランや従業員の数が多く、フィットネスセンター、インナーショップなどの施設が整っている。日本からの予約が可能
中級ホテル	シングル$80〜170、ツイン$90〜170	ダウンタウンに位置する	飾り気はないが、機能性を重視したホテルが多い。マネージャーの方針によって雰囲気もずいぶん変わる。一部、日本からの予約が可能。全米にチェーン展開しているホテルのいくつかは、このクラスに入る
B&B	シングル$60〜180、ダブル$70〜200	個人経営なので、住宅地にあることが多い	朝食付きで、一般家庭に泊まるような温かみが魅力。家具にアンティークなどが使われ、とてもロマンティック。高級ホテル並みのB&Bもある
エコノミーホテル	シングル$40〜60、ツイン$50〜80	ダウンタウンの便利な場所に多いが、治安が悪いところもあるので要注意	個人経営によるものが多く、当たり外れが大きい。経営者によっては安くて清潔なものもある。設備は期待できない
モーテル	1部屋$30〜80	幹線道路沿いにある	自動車旅行者向けの宿で、部屋は広く清潔、シンプルだが、最低限の設備は整っている。3〜4人で泊まればかなり安い。空き部屋があるときは"Vacancy"、満室のときは"No Vacancy"のサインが出ている
YMCA、YWCA	シングル$20〜40、ダブル$30〜50	ダウンタウンの中心に位置する	キリスト教系の宿泊施設で、トイレ、シャワーは共同。スポーツ施設を併設していることが多く、宿泊者というより定住者が大部分。安全面で少々不安がある。年々この施設は少なくなっている
ユースホステル（YH）	1人1泊$15〜30	ダウンタウンの外れに位置することが多い	旅慣れた人やヨーロッパの若者の滞在が多い。ひとつの部屋に2段ベッドが4〜6台入っているドミトリー形式で、トイレ、シャワーは共同。一部、日本からの予約が可能。私設のユースは男女混合の場合もあるので注意

ユースホステルについて

ユースホステルの会員になる

世界に約4000、北米に160以上のユースホステル(略"YH")がある。世界中の人と友達になったり、情報交換ができるのはユースならでは。ただ、他人と同じ部屋で寝ることになるので、プライバシーがなく、周囲の音が気になるといった神経質な人にはすすめられない。また、所持品の保管にも気を配る必要がある。

基本的に会員制の宿泊施設のため、登録が必要となる。現地で会員になることもできるが、日本から会員になっていくのが賢明だ。19歳以上の登録会費は2500円、継続会費は2000円で1年間有効。全国に窓口があるので下記に問い合わせを。

●（財）日本ユースホステル協会

☎(03)3288-1417　URL www.jyh.or.jp

●（財）東京都ユースホステル協会

住 〒111-0052 東京都台東区柳橋2-21-4　☎(03)3851-1121

私設のユースに注意

アメリカには、上記の世界的組織のユースホステルと、私設のユースホステルの2種類がある。前者は、設備、清潔度などが基準に達したものなので心配ないが、私設の場合、不潔で、場合によってはドミトリーが男女混合のことも。私設のユースに泊まるときは、覚悟するか、確認しておくこと。

ホテルのサービス

・T/Cの両替
1日いくらと両替できる金額を設定していたり、高額は拒否されることもある

・荷物の預かり
チェックイン前、チェックアウト後でもホテルでは荷物を預かってくれるので遠慮なく頼もう

・セーフティボックスの利用
貴重品を預けて身軽になろう。ただし、エコノミーホテルでは預けないほうが正解かも

・モーニングコール
英語ではWake-up Callという。寝坊しないためにも

アメリカではシングルルームは少ない

中級以上のホテルではシングルの部屋は少ないので、ひとりで行ってもベッドふたつの部屋にとおされることがよくある

投稿 **国際交流▶**ユースホステルに泊まるのが断然オススメ！ユース内の遊技施設で卓球やビリヤードを一緒に楽しんだり、多数のパーティーや無料のディナーに招待させることも。海外の友達づくりには最適だ。
（新宿区　太田雅人　'11）['12]

バウチャーや予約番号はチェックインの際に提示しよう

ホテルでの支払い

クレジットカードを扱っているホテルなら、チェックインのときにクレジットカードを提示しよう。カードを扱っていないエコノミーホテルは、宿泊料金の前払いが基本だ。クレジットカードを提示すれば、料金の精算はチェックアウト時に行われることになる。もし、カードを提示しないと、デポジット（保証金）を要求される以外にも、客室の電話が使えないこともある

到着時間が遅れるときは必ず連絡を！

到着が18:00以降になるときは、部屋を"Hold（確保）"してもらうよう必ず電話やEメールで連絡を入れること。ホテルで使う英会話は➔P.718

ユースの予約はオンラインで

アメリカに限らず世界各地のユースの予約ができる。

なお、クレジットカードを所有していない場合は、下記の案内所でも予約可。電話での申し込みではなく、窓口受付になる

URL www.hihostels.com

●**日本ユースホステル協会（本部事務局）**
☎(03)3288-1417（電話予約可）
☎(03)3235-1107（飯田橋事務所）

●**東京都ユースホステル協会**
☎(03)3851-1121

●**大阪ユースホステル協会**
☎(06)6326-2228

●**京都ユースホステル協会**
☎(075)462-2312

日本からホテルを予約する

高級ホテルや一部の中級ホテルは、日本の旅行会社やレップ（代理店）をとおして予約することができる。クレジットカードで予約をして支払いは現地で済ませるケースと、日本で代金を支払ってバウチャー（引換証）を発行してもらうケースがある。

インターネットでの予約も一般化してきた。オンライン予約については➔P.700。

予約にはクレジットカードが必要

クレジットカードを持っていればホテルを予約するときもデポジット（保証金）を支払う必要がなく、カードの種類、番号、有効期限を告げることによって到着まで部屋を確保してくれる。この確保（保証）を予約のギャランティーという。たいてい当日の18時くらいまでギャランティーしてくれるが、事情により、到着がそれ以降になる場合は、その旨を電話で連絡しなければならない。もし、18時以降になっても宿泊客が現れず、無断でキャンセルしたと判断された場合は、カードデータによって所定のキャンセル料が口座から引き落とされる仕組みになっているので要注意。

ユースホステルの予約

アメリカの35都市のユースホステルを日本で予約することができる。予約はウエブサイト、または日本ユースホステル協会ブッキングセンターをはじめとする全国5ヵ所の窓口で、日本出発の1週間前まで受け付けている。日本ユースホステル協会以外は窓口のみの扱いとなっている。

日本で予約できるおもなホテルグループ一覧

2012年5月現在

ホテルグループ／加盟ホテル	ウエブサイト	電話番号
ベストウエスタンホテルズ ベストウエスタン	URL www.bestwestern.jp	無料 0120-42-1234
チョイスホテルズ コンフォートイン、コンフォートスイーツ、クオリティイン、クラリオンホテル、エコノロッジほか	URL www.choicehotels.com	無料 0053-161-6337
ヒルトングループ ヒルトン、コンラッドホテル、ダブルツリーホテル、エンバシースイーツ・ホテル、ハンプトンインほか	URL www.hilton.co.jp	☎(03)6679-7700 無料 0120-489-852（東京03地域以外からは無料）
ハイアット ホテルズ＆リゾーツ ハイアット、ハイアットリージェンシーなど	URL www.hyatt.com	☎(03)3288-1234 無料 0120-51-2343（東京03地域以外からは無料）
インターコンチネンタル インターコンチネンタル、クラウンプラザ、ホリデイイン、ホリデイイン・エクスプレスほか	URL www.ichotelsgroup.com	無料 0120-677-651
マリオット・インターナショナル リッツ・カールトン、マリオットホテル＆リゾート、ルネッサンスホテル＆リゾートほか	URL www.ritzcarlton.com/ja（リッツ・カールトン） URL www.marriott.co.jp（リッツ・カールトン以外）	無料 0120-853201（リッツ・カールトン） 無料 0120-142-536（リッツ・カールトン以外）
スターウッド・ホテルズ＆リゾーツ ウェスティン、シェラトン、セントレジス、ダブリューホテル、ル メリディアンほか	URL www.starwoodhotels.com	無料 0120-92-5956（ウェスティン） 無料 0120-00-3535（シェラトン） 無料 0120-92-2334（セントレジス） 無料 0120-92-5262（ダブリューホテル） 無料 0120-09-4040（ル メリディアン）

エコノミーホテルを探す

あくまでもエコノミーにこだわる人は、現地で探すのが一番現実的な方法。その探し方は、

①『地球の歩き方』で目星をつける

本誌のホテル欄から予算やエリアなどで気に入ったものをピックアップし、直接行って自分で確かめて交渉する。読者投稿の場合、本人の主観が多分に含まれていることも多いので、あくまでも参考程度に。

②観光案内所で紹介してもらう

観光案内所によっては宿を紹介してくれるところもあるので遠慮なく相談してみよう。また、紹介を行っていないところでも、ホテルリストやパンフレットが置いてあるので、ピックアップして電話をしたり直接訪ねてみよう。観光案内所が紹介する宿は、ある程度の基準に達しているものだからあまり心配はない。

③イエローページの利用

イエローページ（職業別電話帳）でホテルの項目を引き、適当なものをピックアップする。この場合、チェーンホテルか否かが目安になる。

④地元の人に尋ねる

グレイハウンドやタクシーのドライバー、いろいろな店の従業員など、信頼できそうな人に尋ねてみてもいい。

⑤バックパッカーに尋ねる

バックパッカーたちは驚くほどお金を使わない。宿は眠るだけのところと徹底している。彼らに宿のことを聞くといい。

トラブル回避！エコノミーホテルのチェックポイント

チェックインする前に遠慮なく部屋を見せてもらおう。

①ホテル周辺の環境

②ドアの鍵、チェーンロック、窓はきちんと閉まるか

③部屋の清潔さ（タオル、シーツ）、共同のバス、トイレはどうか、お湯や水はちゃんと出るか

ホテルを利用するときの注意

①一に防犯、二に防犯

内側のチェーンロックは必ずかけ、ノックされても安易にドアを開けないこと。心あたりのないノックには“Who is it?”と尋ね、チェーンロックをかけたまま話すこと。

②基本的なマナーを守ろう

ユースホステルの門限を破る、共同のシャワーを、深夜あるいは早朝使う、共同の洗面所やトイレを汚す、浴室の床をびしょびしょにしてしまう、など基本的なマナー違反には気を付けよう。

③チップは気持ちを込めて

ベルマンに荷物を運んでもらったとき、ルームサービスを頼んだときなど、気持ちを込めてさり気なくチップを渡したい。

ホテルがない

少し時間が経つだけで、安ホテルなどはつぶれたり、ホテル名が変わったり、料金が大幅に変更されたりすることも多いので、心しておこう

予約をしてくれる観光案内所もある

小さな町の案内所では、ホテルに電話して仮予約してくれるところもある

部屋を見せてもらおう

特にモーテルや安ホテルでは、ホテル側でも客が部屋を見るのが当然と思っている。遠慮する必要はまったくない

イエローページで探す際の注意

電話帳に載っているからといってよいホテルとは限らないので注意

直通電話も便利

空港などに備え付けてある無料直通電話（ディスプレイされている）を使って予約するのもひとつの方法

ホテルの備品

石けん、シャンプー、ソーイングセットなどの備品は、お客様へのサービス品だから持ち帰っても構わない。逆に持ち帰ってはいけないものが、バスローブやタオル。無断で持ち帰ると、チェックインの際に提示したクレジットカードに請求されることもある。サインをしていないのにどうして、と思うだろうが、無断で持ち帰った場合、ホテル側は請求してもいいことになっている

空港近くのホテルに泊まる

早朝の出発、夜遅くの到着に便利なのが空港周辺のホテルだ。ホテルによっては、空港とホテル間に定期的にシャトルバンを運行しているが、ちょっと安いクラスのホテルになると、電話をかけて空港にピックアップに来てもらう必要がある。予約の際に確認しておきたい。また、ダウンタウンのホテルがいっぱいで泊まれないときも、空港近くのホテルならほとんど泊まれる

ユースホステルでは、ロッカーに必ず鍵をかけること

インターネットは万能ではない
インターネットによる予約は手軽で簡単ではあるが、たまにシステムの不具合から予約が入っていないこともある。そのことを頭に入れたうえで、予約するように

ホテルのオンライン予約

インターネットが普及した現在、ほとんどのホテルがオンラインで予約できるシステムを整えている。実際の利用者も増えているようだ。ここではコンフォートインComfort Innを例に取って説明する。

1

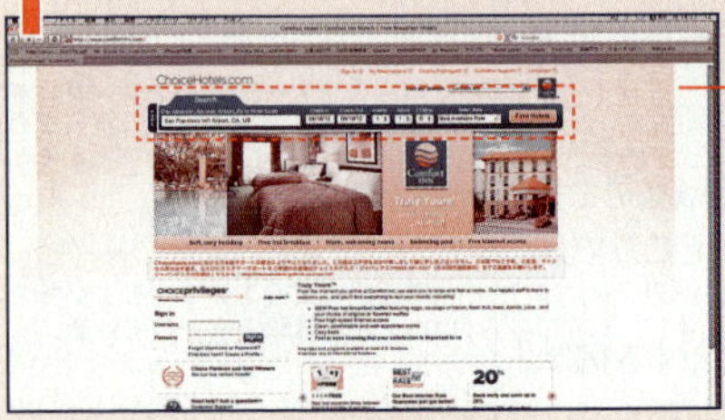

Comfort Innのウエブサイトを開く※

URL www.choicehotels.comからComfort Innを選択

※おもなチェーン系ホテルのウエブサイトでは、トップページから日本語表記の場合があり、また日本語のガイダンスを選択することで、日本語による手順で予約ができる場合もあります。

拡大

"Search"欄で都市名や住所、空港など宿泊を希望する場所の目安を入力する。次に、check-in、check-outの日にち、部屋数、人数、などを選択し、「Find Hotels」をクリックする。

拡大

入力した条件に合うホテルがリストアップされる。

2

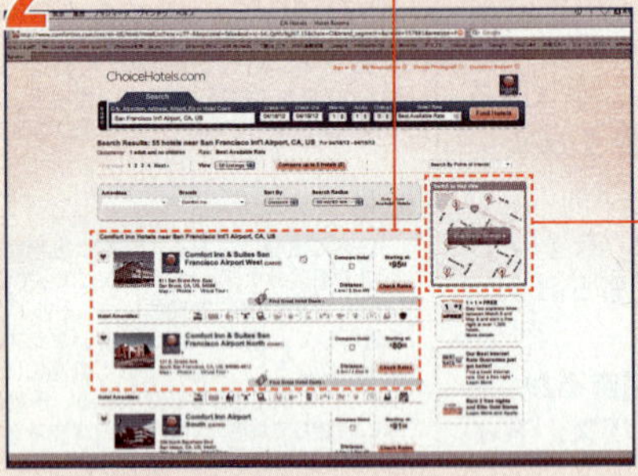

ホテルの場所を知りたいときは「View hotels map」をクリックすれば拡大地図が表示される。

そこで泊まりたいホテルを選び、「check Rates」をクリックする。

3

選択したホテルの客室の写真と料金が表示される。気にいった部屋があり、予約をする場合は「Book Room」をクリックする。

旅のアドバイス ウエブサイトでの予約システムがない

ウエブサイトからの予約が整っていないホテルは、以下の文例を参考にしてメールを送り、予約を取ろう。メールアドレスは、ホテルのウエブサイトのトップページや"Contact"をクリックするとEメールアドレスが載っていることが多い。

①宿泊料金の問い合わせ
Inquiry about room rate
To ○○ Hotel,
I am planning to stay at your hotel on August 10. I would like to ask you about the price for a single room and whether a single room is available on that day. I also want to know what type of credit

投稿 **ホテル予約に便利なウエブサイト▶**希望の都市や予算に応じて、実際に利用した人のレビューも参考にしながら、条件にあったホテルを選ぶことができる。URL www.booking.com　（ミズーリ州　てつ　'11）['12]

4

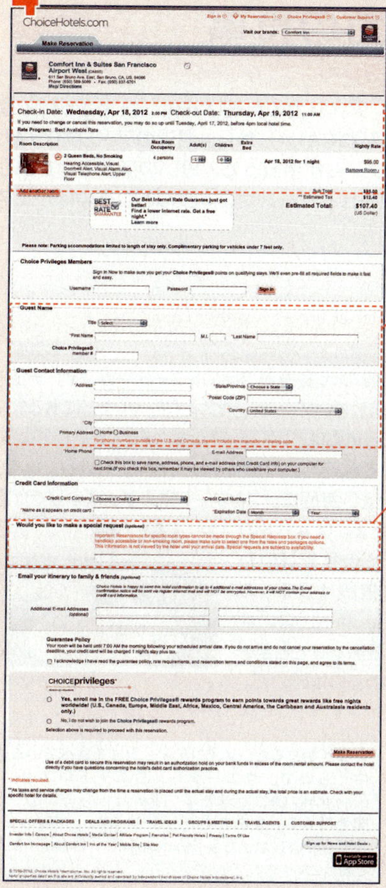

拡大1 予約する客室情報が表示される

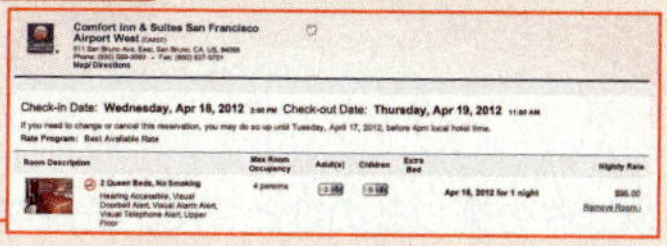

拡大2 利用者情報を入力する

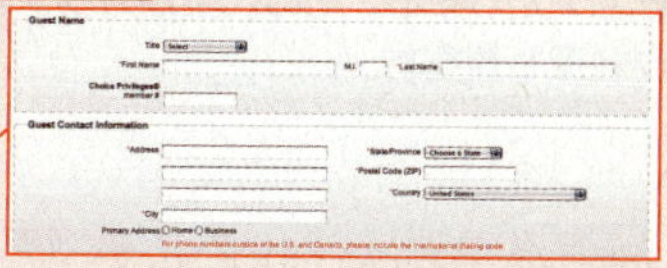

拡大3 クレジットカード情報を入力する

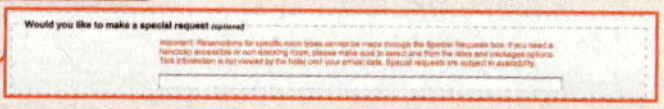

選択した内容に間違いがないか確認したら、Guest Name、Guest Contact Information（名前、住所、電話番号、メールアドレスなどの個人情報）を入力。次に、Credit Card Informationクレジットカード情報も入力する。

個人情報に誤りがないかよく確認したら、「Make Reservation」をクリックし、予約する。

5 最終的な予約確認。そこで表示される予約番号は、チェックイン時、予約のキャンセルや変更に必要になるので必ず控えておこう。その画面をプリントアウトして現地に持参すれば、英会話の不安もなく確実だ。なお、4で入力したメールアドレスにも確認メールが送られてくる。

オンラインでの予約をキャンセルする場合、ウエブサイト上にある“予約の確認”や“My account”などのページからキャンセルできる。名前、予約確認番号、予約の際に使用したクレジットカード番号が必要。直前のキャンセルには手数料もしくは1泊分の宿泊料金がクレジットカードから自動的に引き落とされる場合が多い。

cards you accept.

○○ホテル様。そちらのホテルに8月10日に宿泊したいのですが、部屋は空いていますか？　シングルルームの料金はいくらですか？　また、支払いにはどの会社のクレジットカードが使えますか？

②部屋の予約　Room reservations

I would like to make a reservation at your hotel.
These are my information.
Date of check in: Aug. 10, 2012
Date of check out: Aug. 11, 2012
Type of room: Single room
The number of room: 1 room
The number of people: 1 Adult
Type of payment: Credit Card (MasterCard)

2012年8月10日にシングルルーム、1泊でひとりの予約をお願いします。支払いはクレジットカード（マスターカード）です。

③支払いについて　Payment

Thank you for the confirmation of my room reservation.
My credit card details are as follows.
Actual name on Card: TARO CHIKYU
Type of credit card: MasterCard
Credit card number: 1234-5678-9012-3456
Expiration date: June, 2014

予約確認のメールをありがとうございます。では、私のクレジットカードの情報を伝えます。クレジットカードの名義は地球太郎。クレジットカードはマスターカード。クレジットカード番号は1234-5678-9012-3456。クレジットカードの有効期限は2014年6月です。

技術 第19章

アメリカの食事

食事は旅の楽しみのひとつだ。正直なところ、アメリカの料理は味付けが大ざっぱで脂分が多く、量も多いのでウンザリしてしまうかもしれない。しかし、最近のアメリカではカロリーが少なくヘルシーなものを求める健康食ブームが手伝って、思いのほかおいしいものに出合えたりする。その代表がカリフォルニアキュイジーヌや日本食など。そのほかエスニック料理も豊富だ。

ZAGAT Survey
アメリカではバイブルのようにうたわれている、全米主要都市のレストランガイド。年1回発行。1冊約$16程度で、味、値段、サービス、内装・店の雰囲気の4セクションを、それぞれ30点満点で評価している。このガイドに選ばれることはレストランにとって誇り。ちなみに選ばれたレストランの入口にZAGATのステッカーが貼ってある場合が多い。悩んだら参考にしよう

TPOをわきまえた服装を
少々値が張るレストランなどへ出かけるときは、服装に充分気を付けよう。レストランのドレスコードで「カジュアル」とされているところでも、くたびれたジーンズを避け、できればチノパンがいい。Tシャツではなく襟付きのもの。清潔感あふれる服装が好ましい

食文化を感じながら食事を楽しもう

手軽で安い外食の代表格がファストフードやカフェ。チェーン店が数多く出店していて、ショッピングモールなどにあるフードコートFood Courtには、国際色豊かなお店が集結している。時間のない旅行者も気軽に早く食事ができる。しかし、いくら"国民食"とはいえ、毎回ファストフードやカフェばかりでは寂しい。そこで、たまにはムードのよいダイニングでの食事はいかがだろう。多少値段は張るものの、味と雰囲気、サービスには納得するはず。素敵なひとときが旅の思い出に加わるのは確かだ。

ワインで乾杯！

アメリカのレストランでの手順

入口でメニューと料金をチェック。気に入ったら店内に入る

↓

"Hi!"と店の人にあいさつし、入口で人数、禁煙席か喫煙席か申し出る。自分で勝手に席に着いてはいけない

↓

席に案内されて、メニューが渡される

↓

初めに飲み物の注文を考える。テーブル担当のウエーター、ウエートレスがあいさつに来て、今日のスペシャルメニューなどを紹介し、最後に飲み物の注文を尋ねる
→水だけで構わなかったら、"May I have a glass of water, please?"
→注文がまだ決まっていなかったら"Take a minute."、または"Give me a minute."

↓

メニューはだいたいAppetizer（前菜）、Salad（サラダ）、Soup（スープ）、Entree（メインディッシュ）、Dessert（デザート）などに分かれている。予算と食べたい量に合わせて注文するといい

↓

食事が始まると、メインディッシュを食べている途中くらいで、ウエーター、ウエートレスが"Is everything OK?"、または"How is everything?"と聞きにくる。まあまあだったら"OK."、"Good."、とてもおいしかったら"Excellent!"、"Great!"などと言うといい

↓

メインディッシュを食べ終わると、デザートはいかがかと聞いてくる
→もういらなかったら"No dessert, thank you."
→コーヒーが飲みたかったら"May I have a cup of coffee?"
→もう精算をしたいなら"May I have a check, please?"

↓

支払いは席でする場合がほとんど。**伝票の金額をしっかりチェック**し、現金、またはクレジットカードをウエーター、ウエートレスに渡す。その際チップ（通常15～20%）も忘れずに➡P.706。チップはクレジットカードの支払いの金額に加算することもできる

↓

レストランを出る

旅のアドバイス **テイクアウト**▶ファストフード店では、オーダーするときには店内で食べるのか（for here）、持ち帰るのか（to go）をはっきり伝えよう。また、デリなどの手作りのお惣菜やさんや中華料理店での持ち帰りを利用すれ↗

〈メニューの見方〉(例)

朝食メニュー

卵料理&オムレツ

オムレツ(卵3個分)にはすべてポテトとパンが付く

定番 $6.25
卵2個分を好きな調理法で。ハム、ベーコンまたはソーセージを選ぶ

エッグベネディクト $7.25
イングリッシュマフィンにハム、ポーチドエッグをのせ、オランデーズソース(卵黄とバターなどで作る、マヨネーズに似たソース)かけ

フレンチトースト $6.75
厚切りスライスのパンをシナモンクリームに浸したフレンチトースト

オートミール $2.95
ブラウンシュガー、くるみと一緒に

ディナー

ディナーには、焼きたてのパン、パンにつけるオリーブ油、採りたて農園野菜と自家製スープまたはハウスサラダが付く

ステーキ

すべてのステーキにオーブン焼きポテトが付く

プチ・フィレミニョン $21.95
厳選された上質肉を使った当店の人気料理。6オンス(約170g)のフィレ

ポークロイン $15.95
豚ヒレ肉に ラズベリーとカシスのソース

リブ

じっくり焼き上げた最上質の牛肉(ローストビーフ)
レギュラー12オンス(約370g) $21.95
プチ8オンス(約247g) $16.95

チキン&シーフード

すべてにピラフが付く

チポトレ・チキン $12.95
炭火焼きした鶏の胸肉にハラペーニョ(メキシコ唐辛子)ソースをかけた一皿

MENU

Breakfast

Eggs & Omeletts

Three-egg omelettes. Eggs & Omelettes served with potatoes and bread

Traditional $6.25
Two eggs any style, choice of ham, bacon or sausage

Egg Benedict $7.25
English muffin topped with thin slices of ham, poached eggs and Hollandaise sauce

French Toast $6.75
Toast hand-dipped in a cinnamon cream batter

Oatmeal $2.95
Served with brown sugar and walnuts

Appetizers

Soup of the Day $2.95
Please ask your server for today's selection of homemade soup

House Salad $5.95
Blue cheese, sliced green apples, walnuts and mixed greens with a light raspberry vinaigrette

Caesar Salad $6.25
Lettuce with croutons, parmesan cheese and Caesar dressing
with Chicken $7.95
with Shrimp $10.50

Burgers & Sandwiches

Choice of French fried potatoes or Seasons legendary cabbage slaw

Chicken Sandwich $7.95
Spice-rubbed and grilled chicken breast topped with lettuce, tomato and orange chili butter served on a roll

BLT $7.25
Bacon, lettuce and tomato topped served on a roll

All American Burger $6.95
Charbroiled beef patty, lettuce, tomato, house mayonnaise served on a roll

Dinner

Dinner include fresh bread, olive oil dipping sauce, garden fresh vegetables, and choice of homemade soup or house salad

Steaks & Loins

Served with a baked potato

Petite Filet Mignon $21.95
A local favorite and our finest cut! 6 ounce filet

Pork Loin $15.95
Medallions of pork dressed with raspberry and black currant glaze

Rib

Choice of regular or petite cut slow roasted Prime Rib of Beef
Regular Cut, 12 ounce $21.95
Petite Cut, 8 ounce $16.95

Chicken & Seafood

Served with rice pilaf

Chipotle Chicken $12.95
Charbroiled breast of chicken brushed with a jalapeno sauce

Seasons Salmon $17.50
Filet of Atlantic salmon
Blackened ▸ pan seared with Cajun spiced served with fresh lemon
Grilled ▸ with a lemon dill sauce served on a bed of wilted greens
Baked ▸ served with a citrus reduction sauce

Pasta

Pasta Primavera $11.95
Angel hair pasta tossed with garden fresh seasonal vegetables and rosemary butter served with choice of Chicken or Shrimp

Fettuccine Alfredo $11.95
Fettuccine noodles tossed with a rich creamy alfredo sauce with choice of Chicken or Shrimp

前 菜

本日のスープ $2.95
日替わりの自家製スープ。本日のメニューは、従業員まで気軽にお尋ねください

ハウスサラダ $5.95
色とりどりの葉ものにブルーチーズ、リンゴスライス、クルミをまぶしたサラダ。ラズベリーのビネグレットソース

シーザーサラダ $6.25
レタスにクルトン、パルメザンチーズをまぶし、シーザードレッシングをかけたサラダ
チキンを付け合わせる $7.95
エビを付け合わせる $10.50

ハンバーガー&サンドイッチ

すべてにフライドポテト、またはコールスローが付く

チキンサンド $7.95
ロールパンに、スパイスをしみ込ませて焼いた鶏の胸肉とレタス、トマトにオレンジ・チリ・バターをのせたサンド

BLT
(ベーコン、レタス、トマトのサンド) $7.25
ロールパンにベーコン、レタス、トマトを合わせたサンド

オール・アメリカン・バーガー $6.95
ロールパンに炭焼きした牛肉パテにレタス、トマト、自家製マヨネーズで味付けされたサンド

旬のサーモン $17.50
アトランティックサーモンのフィレ
こんがり焦げ目をつける▶ケイジャンスパイス、レモンを加える
網焼き▶しんなり火をとおした葉物にサーモンをのせ、レモンディル・ソースで
オーブン焼き▶柑橘ソースで

パスタ

パスタ・プリマベーラ $11.95
エンジェルヘアパスタ(極細のスパゲティ)の季節の野菜とローズマリーバターあえ。鶏肉またはエビを選ぶ

フェットチーネ・アルフレード $11.95
クリームを使った濃厚なアルフレードソースをフェットチーネ(平たいひものような形のパスタ)にからませたパスタ。鶏肉またはエビを選ぶ

↘ば、ホテルの部屋でもおいしい食事が楽しめる。

技術 第20章

アメリカでのショッピング

アメリカでのショッピングが旅の目的なら、日本と比べてどちらが安いか、賢くショッピングをしよう。日用雑貨やアメリカ製のブランドものなら、まだ日本と比べると比較的安い。買い物の仕方は日本と変わりないが、買い物をする州や市によってセールスタックスが異なるので、目的の物をどこで購入したらよいのかも大きなポイントだ。また、旅行する時期とアメリカのバーゲン時期が一致すれば、さらにお得で楽しいショッピングができるはず。以下のアドバイスを参考に賢いショッピングを楽しんでみよう。

買い物スポットのいろいろ

デパート　Department Store

アメリカのデパートには、実はランクがある。安い物を扱っているデパートと超高級品を扱っているデパートがはっきりしている。デパートによっては、扱っていないブランドもある。

全米チェーンのデパート、メイシーズ

店舗は、ダウンタウンに単独で営業している場合や、ショッピングモールの一部に入っていたりする。日本のような高いビルではなくほとんどが3階建てくらいの建物。取り扱う商品は、婦人服、紳士服、スポーツ用品、アクセサリー、テーブルウエア、雑貨などがおもで、食料品売り場はほとんどない。日本のように、店員に声をかけられることが少ないので、ゆっくり見て回ることができる。

ファクトリーアウトレット　Factory Outlet

日本でもその名がすっかり定着している。デザイナーズブランドの在庫品や試作品、キズ物などを扱う工場直販店のことで、デパートやリテールショップ（または専門店）などの市販価格の2～8割引で買い物ができる。たくさんのブランドが集まってひとつのショッピングセンターのようになっている。安さゆえ、郊外にあるにもかかわらず週末は混雑しているので、朝早く行くのがおすすめ。アクセス方法は、現地のツアーのなかにアウトレットツアーを催行している会社があるので利用するとよい。また、入っている店舗にかなりバラつきがあるので、事前に調べて行かないと目的のブランドがないなんてことにもなりかねない。多くのアウトレットはウエブサイトをもっているので確認するとよいだろう。店内を見ていて、“irregular”と書かれたタグが付いていれば、規格外やキズ物という意味。これらのなかから選ぶときは、しっかり品定めすること。シーズン最新商品のサンプルにお目にかかることもあるので、行ってみる価値はある。

お店に入ったらあいさつを

店に入ったら店員と、まずは“Hi！”、“Hello！”くらいの軽いあいさつをしよう。日本にいるときと同じように、黙って店に入って、並べられている物を触ったりするのは避けたい

May I help you?

しばらく店内を見ていると必ずこう聞かれる。もうちょっと見ていたければ“Let me have a look first.”（とりあえず見させてください）などと言えばいい。英語の苦手な人は、“Looking, thank you.”、“Just looking.”などと言っておこう

旅の英会話➡P.718

アメリカの高級デパートチェーンのウエブサイト

●サックス・フィフス・アベニュー
URL www.saksfifthavenue.com
●ニーマン・サーカス
URL www.neimanmarcus.com
●ノードストローム
URL shop.nordstrom.com
●ブルーミングデールズ
URL www.bloomingdales.com

ブランドのコピー商品は買わない

ブランドのコピー商品は日本への持ち込みが禁止されている

手頃な値段がうれしいアウトレット。日本で大人気のブランドを格安で入手できるかも！

ショッピングモール　Shopping Mall

アメリカのショッピングの中心となっていて、デパート、専門店、映画館などが集合した郊外型の大型ショッピングスペース。週末になると、家族連れがショッピングをしたり、併設の映画館で話題の映画を見たりと、1日中楽しんでいる。また、建物の中央部には、カフェテリアやファストフードの店が並ぶフードコートと呼ばれるコーナーがあり、ショッピングの合間に食事もできる。いくつもの専門店が軒を連ねるモールには、膨大な数の車を収容できる無料の駐車場が設置されていて、まさにアメリカ人の憩いの場。

ディスカウントストア　Discount Store

全米に店舗を展開し、取り扱う商品を絞り低価格で販売しているディスカウントストアの代表的な企業は、ウォルマート、ターゲット、Kマート、ロス・ドレス・フォー・レス、ティー・ジェー・マックスなど。ウォルマート、ターゲット、Kマートは衣料品、日用品、家庭用品、家電などをおもに扱っており、食料品売り場を併設したストアも出店している。ロス・ドレス・フォー・レス、ティー・ジェー・マックスは、衣料品やファッション小物、化粧品などを扱い、比較的ブランド品が多いのでお宝探し感覚で買い物を楽しむことができる。

スリフトショップ　Thrift Shop

古着を専門に扱うのがスリフトショップ（セカンドハンズショップ）。ブランド品や豪華なドレスも、古着なら格安で買える。靴やアクセサリーなど、昔のファッションテイストを取り入れたい人にはたまらない。都市に多い。

ショッピングモール・チェーンのウエブサイト

●ウエストフィールド
URL westfield.com
●サイモン
URL www.simon.com
●メイシーズ
URL www.macys.com
●チェルシー・プレミアム・アウトレット
URL www.premiumoutlets.com

見て歩きが楽しい

左右の大きさが違う?!

アウトレットと違って、ディスカウントストアでは左右大きさが違う靴、破れた服が平然と売られているので、よくチェックしよう

アメリカ人はよく計算を間違える?

これはなぜだかよくあること。ひどい場合はひとケタ違うことも。あらかじめ、およそいくらくらいになるか概算しておくとよいだろう。気付いたら、すぐにその旨を言うことが大切

ディスカウントストアのウエブサイト

●ウォルマート
URL www.walmart.com
●ターゲット
URL www.target.com
●Kマート
URL www.kmart.com
●ロス・ドレス・フォー・レス
URL www.rossstores.com
●ティー・ジェー・マックス
URL www.tjmaxx.com

賢いショッピング方法

アメリカでは「安い物をより安く手に入れる方法」がいくつかある。以下を参考に、欲しいものをお得に入手したい。

アメリカでのお買い得な時期

アメリカのバーゲンは下記の時期が大きなものだが、小さなバーゲンは1年中行われていると思っていい。特に、デパートを中心に回る人は要チェック。

- 1月……ニューイヤーズデイ・セール
- 3月……イースターセール
- 7月……独立記念日セール
- 11月……サンクスギビングデイ・セール
- 12月……クリスマスセール

普段の日でも、目玉商品のセールワゴンが用意されたり、ひとつ買えばふたつめは半額や無料という方式で、各ショップとも呼び込みに懸命だが、バーゲンでは特に値引き合戦が激しくお買い得。

州や市によって異なる税金に注目！

アメリカは州や市によって、日本の消費税に相当するセールスタックスのパーセンテージが異なる。いくつかの都市を旅行する人は、税金の安い州で買い物をしたほうが得をするということ。ブランド品など高額な商品では、大きな違いが出てくる。

●人気観光地のセールスタックス

サンフランシスコ	8.50%
ロスアンゼルス	8.75%
シアトル	9.50%
ラスベガス	8.10%
ニューオリンズ	9%（税払い戻し制度あり）
オーランド	6.50%
シカゴ	9.50%
ニューヨーク	8.875%（$110未満の衣類、靴は無税）
ボストン	6.25%（$175以下の衣類、靴は無税）
ワシントンDC	6%

ミネソタ州、ペンシルバニア州などは衣類、靴類は無税

技術 第21章

チップとマナー

アメリカではサービスを受けたらチップを渡す習慣がある。チップの習慣がない日本人はチップを忘れがちだ。チップは労働の対価であり、これで生活している人も多いので、気持ちよくしっかりと渡すようにしよう。

チップの渡し方

誰に？	いくらぐらい？	いつ渡す？
ベルマン、ドアマン、空港のポーター	荷物1個につき$1〜2	荷物を最後まで運んでもらったあと
ベルマン、ドアマン	$1	タクシーをつかまえてくれたときは、乗車前に
ベルマン	$1	届けものを部屋まで持ってきてくれたときは、受領後に
ルームサービス	サービス料が含まれていない場合は料金の10〜15%※1	ルームサービスを運び終えたあとに
	$1	タオルや毛布など依頼に応じて持ってきてもらったら、受領後に
ルームメイド	1回につき$2	毎日の部屋の掃除に対しては、ベッドサイドのライトテーブル、もしくは枕の上に置いておく※2
コンシェルジュ	観光や滞在の相談に、その場で答えてくれるような質問ならチップは不要、チケットやレストランの手配なら難易度に応じて$10、20、30以上といった具合	アレンジしてもらったミュージカルやレストランなどの帰りに。感想も言ってあげるとスマート
ウエートレス／ウエーター	合計金額の15〜20%。ただしサービス料が金額に含まれていれば少額でOK※3	レストランで食事をしたときは、支払い時に
バーテンダー	一杯につき$1	バーカウンターでオーダーしたときは、飲み物を受け取ったあと
タクシードライバー	料金の10〜15%、料金が低くても最低$1。荷物が多い場合は、多めに払うのが常識※4	支払いのとき
空港シャトルバンのドライバー	$1〜3※5	目的地まで着いたあと
無料シャトルバスのドライバー	$1	空港からホテルまで運行している専用シャトルバスを利用したときは、降車時に
観光バスのドライバー／ツアーガイド	$2〜10	ツアー終了後に
バレーパーキングの係員	$1〜5	車を預けるときにチップは不要。再び車を出すとき、乗車時に手渡す
カーブサイドチェックインの係員	荷物1個につき$2	チェックインが終わったあと

※1サービス料が含まれていたとしても、運んでもらったことに対して$2

※2 "Don't Disturb" は構わないでほしいというサインなので、ルームメイドは部屋の中へ入ってこない。そのため、掃除やタオルの交換もされない

※3 タックス分は対象外。また、人数に関係なく合計額の15〜20%が基準

※4ドライバーがチップ相当と判断しておつりをよこさないときもあるが、おつりを返してほしいときははっきりと "●● dollars back, please." などと言おう

※5 決められたルートを回る大型バスのチップは不要。乗客一人ひとりの行き先を聞いて回る小型バンの場合は要チップ

旅の英会話➡P.718

レストランの会計伝票でのチップの記入例

税金（8.50%の場合）
売上料金（飲食代や商品代）

Merchandise/Services	40	00
Taxes	3	40
Tip/Gratuity	6	00
Total	49	40

合計金額
チップ（売上料金に対して15% 端数は切り上げる）

簡単なチップの計算法

①料金の端数を切り下げる（または切り上げ）
例）$35.21→$35.00
②チップが10%なら、小数点をひとつ左に移動
$35.00→$3.50
③20%なら2倍に
$3.50×2→$7
④チップの相当額は10〜20%（$3.50〜7）の範囲。通常チップの目安は15%なので中間の数字が相場だ。それぞれのサービスに見合った額を決めればよい

投稿 トイレ▶町なかでの観光や買い物中にトイレに行きたくなったときは、ショッピングモールやデパートを利用しよう。小さな店では、トイレがなかったり、防犯の関係上使わせてもらえなかった。また、高級ホテルの↗

基本的なマナー&常識

アメリカは、習慣、宗教、文化など、異なったバックグラウンドをもつ人々が暮らしている多民族国家。そのため、他人と接するときのアメリカ人の姿勢は実に慎重といえる。それだけに、マナーを守ることは、この国では基本中の基本。逆に見れば、訴訟社会を象徴していることになるかもしれない。アメリカのマナーを守って楽しい旅を！

町なかにて

●あいさつは人と接するときの基本。コンビニでも、航空会社のカウンターでも、人と応対するときは"Hi！"と必ず声をかける。店に入ったら店員と、まずは"Hi！"、"Hello！"くらいの軽いあいさつをしよう。黙って店に入って、並べられている物を触ったりするのは避けたい

●人にちょっとでもぶつかったら"Sorry."、"Pardon."と。混雑時に、自分が先へ進みたいときは"Excuse me."とひと言声をかける

●くしゃみや咳をしたときも、"Excuse me."のひと言を

●ビルの入口やバスなどの扉は、後ろの人のために押さえておく

●"レディファースト"。エレベーターの乗り降りなど、女性が先。特に年配の女性が一番先

●レストランでは、従業員はテーブルの担当の人が決まっている。テーブル席に座ったら、その担当の人以外は、あまり対応に当たってくれない

●トールフリーの電話番号は市内通話で利用しない

喫煙や飲酒

●喫煙は定められたところで。公共の場のほとんどは禁煙。もちろん、吸ってもいい場所でも、周りへの気配りを忘れずに

●ライブハウスやバーなど、お酒を飲むところに入るときは、ID（身分証明書）を忘れずに

●ほとんどの州で、飲酒年齢は21歳以上（21歳未満は不可）

●飲酒はレストランやバー、ライブハウスなど定められた場所のみで。公園やビーチ、歩きながらは厳禁

服装

●アメリカでは、レストランによってはドレスコードが厳しく、ラフな服装では入店できない。レストランを予約するときに確認したい。また、高級ホテルに泊まるときもラフすぎる服装は避けること

そのほか

●個人宅では、トイレ使用時以外はトイレのドアを閉めないことも

ストリートギャングふうの服装は要注意

注意したいのがストリートギャングふうの服装。ダボッとしたパンツに、フード付きのパーカーやキャップなどを目深にかぶるスタイルだ。このような服装の人を日本ではよく見かけるが、アメリカへ行ったら、本物のストリートギャングと見なされてしまう。そのような服装をしてレストランやショップ、ホテルへ入れば、入店を拒否されてもあたりまえ

公共の場での飲酒

カリフォルニア州ではお酒に関する決まりが厳しい。一年中暖かい気候ゆえ、うっかり外で飲み歩きでもしようものなら罰せられるので要注意。車内で同乗者が飲んでいるだけで罰せられる。　（新宿区　太田雅人　'11）['12]

ナイトスポットへ行く際の注意

●必ずタクシーを利用し、複数で行くこと。帰りに関しては、ライブハウスやクラブの店員に頼んで迎えにきてもらう。レンタカーの場合、ほとんどの店のすぐ近くに駐車場があるので歩く距離はそれほどではないが、周囲には充分気をつけること

●アルコールを置いている店へ行くときには写真入りのIDを忘れずに。旅行者ならばパスポートが一番よい

●クラブの入場料（カバーチャージCover Chargeと呼ばれる）は$5～15程度。ライブハウスの場合は1ドリンクチャージだったり、出演者によって前売券を発売するところもあったりといろいろ

●服装は店によって全然違う。思いっきりおしゃれをして踊りに行く店、カジュアルな店などそれぞれだ。不安なときは電話でドレスコードの確認をして行こう

●公共の建物内での喫煙を法律で禁止している州が多い。クラブやライブハウスも禁煙。だが、喫煙スペースを設けているところもある。喫煙所がない場合は、手にスタンプを押してもらい、一度建物の外に出て、タバコを吸ってから戻ってくることができる。再入場の際にはそれを見せれば大丈夫

アメリカ人宅へおじゃまするとき

もしアメリカ人の友人ができ、訪問することになったら、以下のことに気をつけてほしい。

・家の中は土足で大丈夫か

・バスルームを使用したあとは、バスタオルですべての水滴をふく

・どんな些細なことでも、お世話になった人にはThank youカードを送る

（大阪府　山本幸　'08）['12]

↘トイレは、だいたい1階にあるので、そこを利用するのもいい。　（広島市　石丸尚之　'08）['12]
編集室より／防犯上、公園や地下鉄などの公衆トイレはなるべく使用しないように。

サイズ比較表／度量衡

身長

※小数点第1位未満四捨五入

フィート／インチ（ft/inches）	4'8"	4'10"	5'0"	5'2"	5'4"	5'6"	5'8"	5'10"	6'0"	6'2"	6'4"
センチメートル（cm）	142.2	147.3	152.4	157.5	162.6	167.6	172.7	177.8	182.9	188	193

体重

※小数点第1位未満四捨五入

ポンド（lbs）	80	90	100	110	120	130	140	150	160	170	180	190	200
キログラム（kg）	36.3	40.9	45.4	50	54.5	59	63.6	68.1	72.6	77.2	81.7	86.3	90.8

紳士服標準サイズ

アメリカサイズ	Small		Medium		Large		X-Large	
首回り（inches）	14	14 1/2	15	15 1/2	16	16 1/2	17	17 1/2
日本サイズ（cm）	35.5	37	38	39	40.5	42	43	44.5
胸囲（inches）	34	36	38	40	42	44	46	48
日本サイズ（cm）	86.5	91.5	96.5	101.5	106.5	112	117	122
胴回り（inches）	28	30	32	34	36	38	40	42
日本サイズ（cm）	71	76	81	86.5	91.5	96.5	101.5	106.5
袖丈（inches）	31 1/2	33	33 1/2	34	34 1/2	35	35 1/2	36
日本サイズ（cm）	82.5	84	85	86.5	87.5	89	90	91.5

婦人服サイズ

	X-Small		Small		Medium		Large		X-Large	
アメリカサイズ	4	6	8	10	12	14	16	18
日本サイズ	7	9	11	13	15	17	19	

靴サイズ

婦人用 アメリカサイズ	4 1/2	5	5 1/2	6	6 1/2	7	7 1/2
婦人用 日本サイズ（cm）	22	22.5	23	23.5	24	24.5	25
紳士用 アメリカサイズ	6 1/2	7 1/2	8	8 1/2	9 1/2	10 1/2	11
紳士用 日本サイズ（cm）	24.5	25	25.5	26	27	28	28.5
子供用 アメリカサイズ	1	4 1/2	6 1/2	8	9	10	12
子供用 日本サイズ（cm）	7.5	10	12	14	15	16.5	18

靴の幅

AAA AA A	B C D	E EE EEE
狭い	標準	広い

ジーンズなどのサイズ

アメリカサイズ（inches）	29	30	31	32	33	34	36
股下サイズ（cm）	73.5	76	78.5	81	84	86	91.5

ボーイズサイズ

アメリカサイズ	8	9	10	11	12	14	16	18
身長（cm）	128～133～138.5～143.5～148.5～156～164～167							

ガールズサイズ

アメリカサイズ	7	8	10	12	14	16
身長（cm）	124.5～131～134.5～141～147.5～153.5～160					

幼児サイズ

アメリカサイズ	3	4	5	6	7（6X）
身長（cm）	91.5～98～105.5～113～118～123				

度量衡

距離・長さ
1インチ（inch）＝2.539cm
1cm＝0.393インチ
1フット（foot）＝12インチ＝30.47cm
1m＝3.28フィート（複数形はフィートfeet）
1ヤード（yard）＝3フィート＝91.44cm
1マイル（mile）＝1.6093km
1km＝0.6214マイル

重さ・容積
1オンス（ounce）＝28.3g
1ポンド（pound）＝453.6g
1kg＝2.204ポンド＝35.27オンス
1パイント（pint）＝473mℓ
1クオート（quart）＝950mℓ
1ガロン（gallon）＝4クオート＝3.8ℓ

温度

●華氏摂氏温度早見表
℃＝(℉－32)×5/9
℉＝℃×9/5＋32
例）78℉は、(78－32)×5/9≒25.6℃

32℉は0℃と覚えておくとよい

摂氏（℃）	-17.7	-20	-10	0	10	20	30	37.7	40	100
華氏（℉）	0	-4	14	32	50	68	86	100	104	212
				（氷点）						（沸点）

※換算は小数点第2位で切り捨てています

技術 第22章

郵便と電話

帰りを待つ家族や友達に、旅行中の感動を伝えよう。カフェやホテル、また移動中の列車の中でペンを取るのもいいし、空港や駅の公衆電話から連絡するのもいい。そのとき感じたこと、そして体験したことはアメリカから海を越えて、相手の心に旅の楽しさが届くだろう。

郵　便

旅には筆不精の人でも手紙を書く気にさせる不思議な力がある。切手の購入は、空港や郵便局の自動販売機が便利。

アメリカの郵便局から荷物を送る場合、定額制の小包を利用するとよい。また、パンフレットなどの印刷物だけの場合は"Printed Matter"、本は"Book"にすればさらに安く送れる。

国際小包の税関申告書の記入の一例

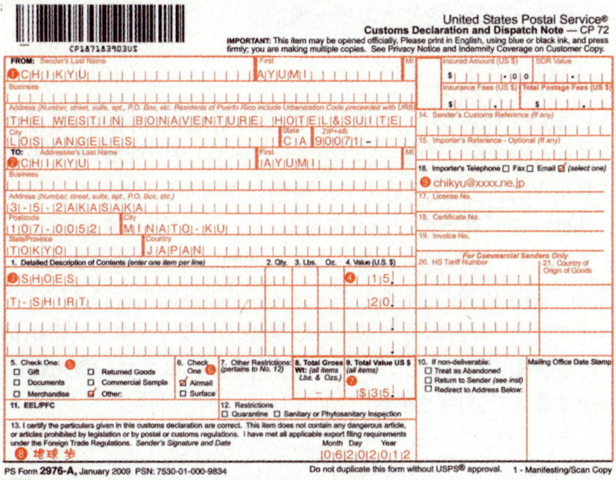
CP187183903US
United States Postal Service®
Customs Declaration and Dispatch Note — CP 72
IMPORTANT: This item may be opened officially. Please print in English, using blue or black ink, and press firmly; you are making multiple copies. See Privacy Notice and Indemnity Coverage on Customer Copy.

FROM: Sender's Last Name ❶CHIKYU　First AYUMI　MI
Business
Address (Number, street, suite, apt., P.O. Box, etc. Residents of Puerto Rico include Urbanization Code preceded with URB) THE WESTIN BONAVENTURE HOTEL&SUITE
City LOS ANGELES　State CA　ZIP+4® 90071-
TO: Addressee's Last Name ❷CHIKYU　First AYUMI　MI
Business
Address (Number, street, suite, apt., P.O. Box, etc.) 3-5-2AKASAKA
Postcode 107-0052　City MINATO-KU
State/Province TOKYO　Country JAPAN

Insured Amount (US $) $ .00　SDR Value
Insurance Fees (US $) $　Total Postage Fees (US $) $
14. Sender's Customs Reference (If any)
15. Importer's Reference - Optional (If any)
16. Importer's Telephone ☐ Fax ☐ Email ☑ (select one)　❾ chikyu@xxxx.ne.jp
17. License No.
18. Certificate No.
19. Invoice No.

1. Detailed Description of Contents (enter one item per line)　2. Qty.　3. Lbs.　Oz.　4. Value (U.S. $)
❸SHOES　❹15.
T-SHIRT　20.
For Commercial Senders Only　20. HS Tariff Number　21. Country of Origin of Goods

5. Check One: ❺ ☐ Gift ☐ Documents ☐ Merchandise ☐ Returned Goods ☐ Commercial Sample ☑ Other:
6. Check One ❻ ☑ Airmail ☐ Surface
7. Other Restrictions: (pertains to No. 12)
8. Total Gross Wt: (all items Lbs. & Ozs.) -
9. Total Value US $ (all items) ❼ $35.
10. If non-deliverable: ☐ Treat as Abandoned ☐ Return to Sender (see inst) ☐ Redirect to Address Below:
Mailing Office Date Stamp
11. EEL/PFC
12. Restrictions ☐ Quarantine ☐ Sanitary or Phytosanitary Inspection
13. I certify the particulars given in this customs declaration are correct. This item does not contain any dangerous article, or articles prohibited by legislation or by postal or customs regulations. I have met all applicable export filing requirements under the Foreign Trade Regulations. Sender's Signature and Date
❽ 地球 歩　Month Day Year 06202012

PS Form 2976-A, January 2009 PSN: 7530-01-000-9834　Do not duplicate this form without USPS® approval.　1 - Manifesting/Scan Copy

切手の購入
切手は郵便局の窓口かUS Mailのマークのある販売機であれば、額面どおりの額で買えるが、おみやげ店やホテルなどにある小さな販売機は割高だ。もし、どうしても見当たらなかったらホテルで尋ねてみるのもいい

便利な郵便局
大きな郵便局では、梱包用の箱や大きな封筒を売っているので、ペンとテープを持って行けば、その場で荷作りができる

国際小包の税関申告書
左記の税関申告書は、国際郵便を送る際に記入する最もスタンダードなタイプ。このほかにも送る内容物によって数種類の申告書類があるので、郵便局で確認を

●記入例
①FROM：差出人の氏名、住所（旅行者は滞在先のホテル名、ホテルが所在する市、州名、ジップコード）を記入
②TO:受取人の氏名、住所を記入
③Detailed Description of Contents:内容物の明細
④Value:おおよその価格
⑤Gift:贈り物、Documents:書類など当てはまる事柄にチェック
⑥送付方法のAirmailにチェック
⑦内容物の合計価格
⑧署名と署名した日時を記入
⑨Importer's Telephone,Fax,Email:輸入先への連絡手段をチェックして、連絡先を記入

日本への郵便料金

2012年5月現在

Air Mail（First Class International Mail）航空便	
封書 Letters	1オンス（28g）$1.05 ※1オンスごとに87¢加算
	最大重量3.5オンス（約99g）
ハガキ　Post Card	$1.05
小包 Parcel	1ポンド（453.6g）まで$34.50 ※以降1ポンドごとに$2.75～4.35を加算
	最大重量66ポンド（約30kg）
定額封書／定額小包 Flat Rate：Envelope／Box:Large	封書：24×38.1cmの封筒に入るだけ$16.95。最大重量4ポンド（約1.8kg）
	小包：30.5×30.5×14cmの箱に入るだけ$60.95。最大重量20ポンド（約9kg）
書籍・楽譜・印刷物（Printed Matter）エム・バッグ　M-bags	11ポンド（約5kg）まで$62.70 ※1ポンドごとに$5.70加算 ※M-bagsという郵便方法は、大きな袋に無造作に荷物を入れられ、紛失や破損に対してなんの補償もされない方法
	最大重量66ポンド（約30kg）

※小包、定額封書・定額小包はPriority Mail（配達に6～10日要する）を利用した場合

メモ　アメリカで別送品の配送サービスを行っている宅配業者▶ヤマト運輸（国際宅急便）YAMATO TRANSPORT (USA) INC　URL www.yamatoamerica.com　日本通運（海外ペリカン便）URL www.nittsu.co.jp/sky/express

アメリカ国内公衆電話のかけ方

●市内通話 Local Call

スタンダードなタイプの公衆電話

同じ市外局番（エリアコード）内の市内通話の場合、最低通話料金は50¢が一般的だ。受話器を持ち上げ、コインを入れ番号を押す。投入した金額では不足の場合、オペレーターの声で "50 cents, please." などと指示があるので、その額のコインを投入する。

●市外通話 Long Distance Call

最初に1をダイヤルしてから、市外局番、相手先番号と続ける。オペレーターが "Please deposit one dollar and 80 cents for the first one minute." などと料金を言うので、それに従いコインを入れる。指定額が入ると回線がつながる。公衆電話からかける長距離通話は意外に高いので、プリペイドカード（→下記）を使うのが一般的。

プリペイドカード

日本のテレホンカードのように直接電話機に挿入して使うシステムではなく、カードに記された各カード固有の番号をダイヤル入力することによって、通話ができるというもの。利用方法は、まず専用のアクセス番号（カードに表記されている）をプッシュ。操作案内があるので、それに従って自分のカード番号、相手先電話番号をプッシュしていけばよい。このプリペイドカードは日本やアメリカの空港、ドラッグストアのレジなどで販売されている。アメリカ国内でも日本へも、購入金額に達するまで通話できる。

アルファベットの電話番号はこう読む

アメリカでは、アルファベットの電話番号をよく見かける。例えば、ヒルトンホテルのトールフリーの番号は "HILTONS" となっている。昔のアメリカの電話番号がアルファベットであったことから、今でも電話機のダイヤルの数字の上にアルファベットが書かれている

アルファベット	数字
ABC	2
DEF	3
GHI	4
JKL	5
MNO	6
PQRS	7
TUV	8
WXYZ	9

救急	911
消防	911
警察	911
番号案内	411

トールフリーとは

トールフリーはアメリカ国内通話料無料の電話番号。(1-800)、(1-888)、(1-877)、(1-866) で始まる。なお、日本からかける場合は有料となるから要注意。

アメリカ国内で携帯電話から利用する場合も、通話料がかかる。

アメリカで利用できる日本で販売のプリペイドカード

空港などで販売している

●KDDI（スーパーワールドカード）
●NTTコミュニケーションズ（ワールドプリペイドカード）

●アメリカから日本へ電話をかける場合 ［電話番号(03)1234-5678］のとき

011	+	81	+	3	+	1234-5678
国際電話識別番号※1	+	日本の国番号	+	市外局番※2（最初の0を取る）	+	相手の電話番号

※1 公衆電話から日本にかける場合は上記のとおり。ホテルの部屋からは、外線につながる番号を頭に付ける。
※2 携帯電話などへかける場合も、「090」「080」などの最初の0を除く。

●日本からアメリカへ電話をかける場合 ［電話番号(213)123-4567］のとき

KDDI※1 001 NTTコミュニケーションズ※1 0033 ソフトバンクテレコム※1 0061 au（携帯）※2 005345 NTTドコモ（携帯）※3 009130 ソフトバンク（携帯）※4 0046	+	010	+	1	+	213	+	123-4567
国際電話会社番号	+	国際電話識別番号※2	+	アメリカの国番号	+	市外局番（エリアコード）	+	相手の電話番号

※1「マイライン」の国際区分に登録している場合は不要。詳細は URL www.myline.org
※2 auは010は不要。
※3 NTTドコモは事前登録が必要。009130をダイヤルしなくてもかけられる。
※4 ソフトバンクは0046をダイヤルしなくてもかけられる。

ホテルの部屋から電話をかける

まず外線発信番号（多くの場合8または9）を最初にダイヤルする。あとは通常のかけ方と同じだ。ただし、ホテルの部屋からの通話にはサービスチャージが加算される。トールフリー（無料電話Free）の番号でも、チャージするところが多い。また、市外通話や国際通話をかける際、たとえ相手が電話に出なくても、一定時間（あるいは回数）以上呼び出し続けていると、それだけで手数料がかかってしまうケースもある。

客室からの電話は、ホテルによってサービスチャージが異なるため通話料金にも差がある

アメリカから日本への国際電話のかけ方

●ダイヤル直通

自分で料金を払う最も基本的なもの。オペレーターを通さずに直接、日本の相手先の電話番号とつながる。国際通話の場合は前述のプリペイドカード➲P.710を使うのが一般的。

●日本語オペレーターによるサービス

オペレーターを介して通話するもので、料金は自分のカードを使って引き落とすか、あるいはコレクトコールのいずれかだ。料金は高いが、すべて日本語でこと足りるので安心。

●国際クレジットカード通話

日本語アナウンスに従ってクレジットカード番号、暗証番号、日本の電話番号をダイヤルする。支払いは自分のクレジットカードからの引き落としになる。

国際電話に関する日本での問い合わせ先

KDDI	無料局番なしの0057
NTTコミュニケーションズ	無料0120-506506
ソフトバンクテレコム	無料0120-03-0061
au	無料0077-7-111
NTTドコモ	無料0120-800-000
ソフトバンク	無料157（ソフトバンクの携帯から無料）

日本語オペレーター
サービスアクセス番号
●KDDI（ジャパンダイレクト）
Free(1-877)533-0051

国際クレジットカード通話
各社アクセス番号
●KDDI（スーパージャパンダイレクト）
Free(1-877)533-0081
●NTTコミュニケーションズ（国際クレジットカード通話）
Free(1-866)506-0033
●ソフトバンクテレコム（ホームダイヤル）
Free(1-800)381-0080

海外で携帯電話を利用するには

海外で携帯電話を利用するには、日本で使用している携帯電話を海外でそのまま利用する方法やレンタル携帯電話を利用する方法がある。おもに次の3社がサービスを提供している。利用方法やサービス内容など詳しい情報は、各携帯電話会社に問い合わせを。

●料金や通話エリアの詳細

au	URL www.au.kddi.com/
NTTドコモ	URL www.nttdocomo.co.jp/service/world/
ソフトバンク	URL mb.softbank.jp/mb/

●携帯電話を紛失した際の、アメリカからの連絡先（利用停止の手続き。全社24時間対応）

au	☎(011)+81+3+6670-6944　※1
NTTドコモ	☎(011)+81+3+6832-6600　※2
ソフトバンク	☎(011)+81+3+5351-3491（有料）

※1　auの携帯から無料、一般電話からは有料
※2　NTTドコモの携帯から無料、一般電話からは有料

技術

第23章 インターネット

インターネットの急速な普及により、海外にいても最新のニュースや情報を簡単に入手できるようになった。自分のパソコンがあれば、ホテルの部屋、カフェなどでいつでも接続できる。メールの送受信をはじめ、ウエブサイトからの情報収集など、日本と同じサービスを海外にいながら受けられることは、旅先でも行動の幅が広がる。この章では、アメリカのインターネット環境について説明しよう。

ホテルのインターネット環境

アメリカでは、よくホテルなどで“High Speed Internet”がひとつのうたい文句となっている。直訳すれば“高速インターネット”のことで、日本でいう“LAN（＝Local Area Network）”のこと。“Wireless High Speed Internet”は無線LANになり、これを“Wi-Fi（ワイファイ）”という。だいたいのホテルは有線LANか無線LANでの接続が一般的だ。

有線LANの場合、コードは客室に備え付けられている。無線LANなら日本と同じ方法でつなげばよい。なお、インターネットの接続は、市内にあるほとんどのホテルが有料、郊外のモーテルなどは無料が多い。インターネットの使用料は、1日あたり$8～15程度。ホテルによってはロビーに宿泊者専用のパソコンを設置しているところも多い。

●接続方法と支払方法

接続方法は、ホテル専用の回線に直接つなぎ、利用料金はチェックアウト時に精算されるものと、ホテル側が契約した専用業者の回線を使うものがある。やり方はインターネットをつなぎブラウザー画面を呼び出すと、その業者の申し込み画面が表示される。そこで“Buy Connection”をクリックし、クレジットカード情報を入力する。この場合、接続料金はクレジットカード会社を通して口座からの引き落としになる。

インターネットができる場所

アメリカには多くのインターネットカフェがある。一般的に後払いで、利用時間ごとに設定された料金を支払う。まずはカウンターへ行き、店員から指定された番号のパソコンを利用し、終了後に利用分の料金を支払えばよい。インターネットカフェ以外に、フェデックスキンコーズFedEx Kinko'sでも有料でパソコンの時間貸しをしており、日本語でウエブサイトやメールを見ることができる（ただし、日本語のメールは送信不可）。また、空港では自分のノートパソコンを持ち込み、接続だけをさせてもらえる店もある。

パソコンの保管

パソコンは、客室備え付けのセーフティボックス（暗証番号式のキーロック）に必ず保管しよう。ない場合はフロントに預けるか、スーツケースに入れて施錠し、さらにクローゼットに収納するなど、目立たないように工夫をすること

おすすめのブラウザー

●表示が英語のみのパソコンで

URL www.aol.com

URL www.yahoo.com

●日本語も表示できるパソコンで

URL www.yahoo.co.jp

URL jp.msn.com

・インターネット接続料

使った場合のみ。市内中心部の高級ホテルで徴収することが多いが、中級ホテルやモーテルは無料のことが多い

無料のWi-Fi（ワイファイ）スポット

アメリカの町なかで無料のWi-Fiの場所は公共図書館。マクドナルドやバーガーキングなどのファストフード、スターバックスなどのカフェでも無料でWi-Fiが利用できる。無料Wi-Fiスポットは、店の出入口などに「Free Wi-Fi」のステッカーが張ってあるのが目印

●無料Wi-Fiスポットを検索

URL www.openwifispots.comで検索できる。

スマートフォンのインターネット利用に注意

アメリカで、スマートフォンを通話ではなく、インターネット（海外ローミング）で利用したほ場合、高額となるケースがある。どのように設定するか、必ず確認をしておくこと!! 携帯電話会社の問い合わせ先など→P.711

店頭PCレンタルが気軽にできる

技術 第24章

旅のトラブルと安全対策

「快適な旅、よい旅」にするために、旅の安全を守ることは不可欠な要素だ。ひと言で『安全の確保』といっても、その意味する範囲はあまりにも広い。不可抗力もあれば、不注意で起こるトラブルもある。しかし、ほとんどの人が「自分は気を付けているから大丈夫」だと思っているはず。「自分の身は自分で守る」、もう一度、素直な気持ちで、以下の最低限の約束ごとを受け止めてほしい。

アメリカの治安と犯罪

世界でも有数の安全な国といわれている日本。この国に暮らしていると、“キケン”というものを意識する機会はあまりない。不幸なことに、この感覚が海外へ行っても抜けないため、いろいろなトラブルに巻き込まれる人が多い。まず第1に、「アメリカと日本は違う国だ」ということを常に意識してほしい。

おもにマスコミを通じて、アメリカの犯罪発生率の高さ、その凶悪さ、銃社会、麻薬問題などが報道されている。もちろん、これらは事実だが、日本に伝わってくるものは、アメリカ社会のマイナス面が圧倒的に多いということ。凶悪犯罪の多くは、一般旅行者と関係ないところで起こっていることも事実だ。

そして、2001年9月11日の米国同時多発テロ。「テロ」の恐ろしさを世界中に見せつけたが、正直なところ、テロは防ぎようがない。なぜなら、どこにでも起こる可能性があるからだ。日本でも、過去には都心部でテロが起こり、何の関係もない多くの人々が犠牲になったという事実もある。

犯罪の種類と対策

旅行者が遭いやすい犯罪はスリ、置き引き

空港、バスターミナル、観光名所、人どおりの多い通り、ショッピング街、ファストフードの店内、ホテルのロビーなどでスリや置き引きは発生する。そういう場所ではいろんなことに気を取られて、「ついうっかり」や「全然気付かぬスキに」被害に遭うことが多い。相手はプロ、用心のうえにも用心を。悪いやつらは必ずグループで犯行に及ぶ。

スリや泥棒のターゲットにならないために

スリや置き引きに遭うのはスキのある人が多い。ぼんやりしていたり、落ち着きのない人はカモにされやすい。上を見上げて歩くのは、観光客のおのぼりさんまる出しのうえ、目線の下は防御が手薄になる。特に、旅の前半より、旅やアメリカに慣れた後半の注意力が落ちたときのほうが発生率は高い。

旅慣れたように歩きたいところだが……

海外旅行に対する意識

2001年9月の米国同時多発テロは、海外旅行から日本人の足を遠のかせた。あまりにも衝撃的な事件だっただけに無理もない。2003年あたりから日本人の海外旅行数も息を吹き返している感があった。しかし、2012年現在、若者の海外旅行離れが深刻な問題となっている。安全対策を充分に把握したうえで、有意義で安全な旅行を楽しんでほしい

こんなとき、ターゲットになりやすい

日本人同士で会話に夢中になっているとき。日本語で会話をしていると、その空間は日本になりがち。特におしゃべりな人は、おしゃべりに気を取られて注意力が散漫になる。いつの間にか、スラれているかも……

デイパッグの持ち方に工夫をしたい。見物中は背後も気にかけておこう

ホテルの中ではこんなことに注意

・夜ホテルに戻るときは、フロントのある中央の出入口から入る
・公共の場所では、ホテルの部屋の鍵を見せないように。その鍵を狙われることが多い
・客室内には、現金や貴重品は置かないこと
・エレベーターに乗るときは階数の表示板の前に立つのがベスト。万一、強盗が乗ってきたら、すべての階のボタンを押すか、非常ボタンを押して、危険を回避しよう
・ホテルの従業員を装い、強盗犯が侵入することがあるので、相手を確認するまではドアを開けない

最近の手口

写真を撮ってほしいと頼み、被害者が荷物を置いた瞬間に相棒が奪い去っていくとか……

荷物は少なくまとめる

左右に抱えるほど荷物があるときは、注意力も散漫になりがち。ひったくりに狙われやすい。なるべくひとつにまとめる努力を！

市内を歩くときは

建物の陰などに引きずり込まれないように車道側を歩くこと。ただし、ひったくりも多いので車道側にバッグを持たないように注意をしよう

カバンのたすきがけにも要注意！

ショルダーやポシェットは「たすきがけ」で持ち歩くように、という指示を受けた人は多いはず。でも「たすきがけ」をしても狙われるのである。荷物を引ったくられた際、ひきずられてケガをしてしまった人もいるとのこと。アメリカの警察では「たすきがけにも注意が必要」と警告している

夜の外出はタクシーで

犯罪者は暗くなってから活動し始める。深夜は決して歩かず、近距離でもタクシーを利用しよう。また、夜間の公園内も注意したい。犯罪は警察の目の届かないところで発生する

体の前でショルダーバッグを持っているよい手本

こんな人には要注意

向こうから親しげに話しかけてくる人は、はっきりいって要注意だ。多くの場合、下心があって近づいてくる。特に、日本語で話しかけられたり、うまい話をもって近づいてくる人は、かなりの確率で注意したほうがいい。これらの人は概して身なりがよく、美男美女も多い。あまりの巧みな手口に、自分がだまされたことすら気付かずにいるほどだ。

こんなところへ足を踏み込まないように

アメリカのどこの町でもそうだが、危険なエリアと危険な時間帯がある。ホテルの従業員に聞くのもひとつの方法だ。治安のよくないエリアや時間帯に、どうしても外出する必要があるときはタクシーを利用しよう。なお、危なそうな場所を察知する力も大切だ。町を歩くときは次のようなエリアに注意。

●ゴミが散らかっている　●人どおりが少ない
●スプレーでの落書きが多い　●異臭がする
●妙に気力のなさそうな人や、行動がおかしかったり、目つきの悪い人が多い
●家や店の窓や入口に、防犯のための鉄格子が入っている
●周囲にポルノショップなどのあやしい店が多い

本当に大切なものは肌身離さず

盗まれて本当に困る物、①パスポート、②お金（T/Cやクレジットカード）、③ディスカバリーパスやU.S.A.レイルパス、場合によっては航空券などは、貴重品袋に入れて服の内側に入れ、肌身離さずに管理するか、中級以上のホテルに泊まるなら、ホテルのセーフティボックスSafety Deposit Boxに預けよう。現金は1日使う分だけを持ち歩くように。万一のため、現金やT/C、クレジットカードは分散して持ち歩きたい。旅の間は、盗まれては困るものと困らないものを区別しておき、大切なものの管理には特に神経を使おう。

サブバッグの持ち方

その日使う予定のない貴重品（T/Cなど）は、貴重品袋や体の内側にしっかり身につけておきたい。それでもサブバッグにはお金やクレジットカードを入れる必要があるわけだから、それをどのように持ち歩いたらいいのだろうか。以下を参考に。

●**ショルダーバッグ**　ファスナー、留め具部分に手を置けばスリ防止になる。なるべく体の前でバッグを持つように。

●**デイバッグ**　完全に背負ってしまうと、ファスナーを開けられてもまず気付かない。片方の肩にかけ、デイバッグ本体を前に抱えるなどの配慮を。

●**ウエストバッグ**　バッグ部をおなかの前に。背中部分の留め具が外されることが心配なので、上着を着てその下につけておくのが安全。そのまま出していると狙われる危険性あり。

トラブル対処法

盗難に遭ったら → **すぐ警察に届ける**

- 海外旅行保険の請求に必要な事故報告書を作成
- 報告書の控え、または処理番号（Complaint Number）をもらう

パスポートをなくしたら → **すぐ総領事館へ行き新規発給の手続き**

- 顔写真２枚、紛失・盗難届出証明書（地元の警察などに発行してもらう。書面が取得できない場合はpolice case number）、紛失一般旅券等届出書、旅券発給申請書（両方とも領事館の窓口にある）、戸籍謄本または抄本が必要
- 発給までに7～10日間、発給手数料は10年用なら$198、５年用なら$136（12歳未満は$74）が必要
- 旅程で7～10日間待てない場合、「帰国のための渡航書」が発行される。上記の書類のほかに渡航書発給申請書と航空券、日本国籍を証明するもの、手数料$31が必要

旅行小切手（T/C）をなくしたら → **T/C を発行している銀行や金融機関の支店に行き、再発行の手続き**

- 紛失証明書（地元の警察などに発行してもらう）、T/C発行証明書、未使用T/Cのナンバーが必要

クレジットカードをなくしたら → **大至急クレジットカード会社の緊急連絡センターに連絡** ➡P.721

- 警察に届けるより前に無効にしてもらう手続きを

荷物をなくしたら

- 航空機やバスで預けた荷物は、クレームタグClaim Tag（預かり証）を見せてその場で抗議。事後のクレームはいっさい取り合ってくれない
- 盗まれたり、置き忘れたりしたものは、まず出てこないのであきらめる
- 海外旅行保険の請求に必要な手続きはしておく

お金をすべてなくしたら

- クレジットカードでキャッシング➡P.641
- 日本国総領事館➡P.717に飛び込んで相談にのってもらう

病気になったら

- カゼや下痢程度の病気なら常備薬を飲んでゆっくり休む
- それでも回復しない、または初体験の症状があったら旅行保険会社の現地支店に相談、医者を紹介してもらう

気象の変化に備えて

ハリケーン

アメリカ南部とフロリダは、毎年6～10月(特に8～10月)にかけてがハリケーンのシーズン。この時期は、テレビやウエブサイトなどで事前に天気予報をチェックしておきたい。もし運悪くハリケーンと重なってしまったら、旅行の計画を見直す必要がある。

トルネード(竜巻)

世界で一番トルネードが発生するといわれるアメリカ。特に4～6月のロッキー山脈の東にあるアメリカ中西部はトルネードが発生しやすい。南にあるメキシコ湾からくる温かい空気と北にあるカナダからくる冷たい空気が衝突し、大気が不安定になったときトルネードが発生するという。トルネードの頻繁に発生する地域の建物(ホテルやモーテルを含む)の地下にはシェルターが作られているので、もしトルネード警報が発令されたら、すぐ近くのシェルターに避難したい。

知っておきたい天気予報用語

- Sunny、Nice、Clear　晴れ
- Mostly Sunny　晴れときどき曇り
- Rain　雨
- Shower　スコール(にわか雨)
- Thunderstorm　雷雨
- Heavy Rain　豪雨
- Rainstorm　暴風雨
- Light Rain　小雨
- Cloudy、Overcast　曇り
- Partly Cloudy　一時曇り
- Fog　霧
- Mist　もや
- Snow　雪
- Blizzard　吹雪
- Hail　雹(ひょう)

ハリケーン情報など
URL www.nhc.noaa.gov
トルネード情報など
URL www.spc.noaa.gov
アメリカの気象庁
URL www.weather.gov

トルネードの階級

階級	風速
F5	時速416～510km
F4	時速331～415km
F3	時速251～330km
F2	時速181～250km
F1	時速116～180km
F0	時速115km以下

※トルネードは数字が大きくなるほど強い勢力を持っている

ハリケーンの階級

階級	風速
カテゴリー5	時速250km(秒速69m)以上
カテゴリー4	時速210～249km(秒速59～68m)
カテゴリー3	時速178～209km(秒速49～58m)
カテゴリー2	時速154～177km(秒速43～48m)
カテゴリー1	時速119～153km(秒速33～42m)
熱帯性暴風雨	時速62～118km(秒速17～32m)
熱帯性低気圧	時速62km(秒速17m)以下

※ハリケーンは階級が大きいほど強い勢力で、カテゴリー3以上のものを大型ハリケーンと呼ぶ

旅のアドバイス　全米・カナダ邦人安否確認システム運用終了「オンライン安否照会システム」へ移行

アメリカやカナダを旅行中に、大きな災害が起きた場合、日本の家族や友人は安否を確認したくても連絡が取れないことがある。そのために2006年9月に導入されたのが「全米・カナダ邦人安否確認システム」だったが、外務省が外務省海外安全ホームページ上に「オンライン安否照会システム」を新規開設した事にともない、2012年3月末で終了となった。

新しいシステムは、海外での大規模緊急事態に際し、外務省海外安全ホームページ上で世界中の邦人の安否を確認するシステム。詳しくは下記を参照のこと。

URL www.anzen.mofa.go.jp/c_info/online.html
☎(03)3580-3311(外務省海外邦人安全課)

最後まで安全な旅が続けられますように……

在米公館リストと管轄区域

旅のアドバイス

ワシントンDC
Embassy of Japan in the United States of America
住2520 Massachusetts Ave. NW, Washington, DC 20008 ☎(202)238-6700
管轄区域（以下同）／ワシントンDC、バージニア州の一部とメリーランド州の一部

ニューヨーク
Consulate General of Japan in New York
住299 Park Ave., 18th Floor., New York, NY 10171
☎(1-212)371-8222
ニューヨーク、ペンシルバニア、ニュージャージー、デラウエア、メリーランド、ウエストバージニア、コネチカット州フェアフィールド郡の一部、プエルトリコ、バージン諸島

ボストン
Consulate General of Japan in Boston
住Federal Reserve Plaza, 22nd Floor, 600 Atlantic Ave., Boston, MA 02210
☎(617)973-9772
メイン、マサチューセッツ、ニューハンプシャー、バーモント、ロードアイランド、フェアフィールド郡の一部を除くコネチカット州

アトランタ
Consulate General of Japan in Atlanta
住Phipps Tower Suite 850, 3438 Peachtree Rd., Atlanta, GA 30326
☎(404)240-4300
バージニア、ノースカロライナ、サウスカロライナ、ジョージア、アラバマ州

マイアミ
Consulate General of Japan in Miami
住Brickell Bay View Center, Suite 3200, 80 SW 8th St., Miami, FL 33130 ☎(305)530-9090
フロリダ州

ナッシュビル
Consulate General of Japan at Nashville
住1801 West End Ave., Suite 900, Nashville, TN 37203 ☎(615)340-4300
アーカンソー、ルイジアナ、ミシシッピ、ケンタッキー、テネシー州

シカゴ
Consulate General of Japan at Chicago
住Olympia Centre#1100, 737 N. Michigan Ave., Chicago, IL 60611
☎(1-312)280-0400
イリノイ、インディアナ、ミネソタ、ウィスコンシン、アイオワ、カンザス、ミズーリ、ネブラスカ、ノースダコタ、サウスダコタ州

デトロイト
Consulate General of Japan in Detroit
住400 Renaissance Center, Suite 1600, Detroit, MI 48243 ☎(313)567-0120
ミシガン、オハイオ州

ヒューストン
Consulate General of Japan in Houston
住2 Houston Center Building, 909 Fannin St., Suite 3000, Houston, TX 77010
☎(713)652-2977
オクラホマ、テキサス州

デンバー
Consulate General of Japan at Denver
住1225 17th St., Suite 3000, Denver, CO 80202
☎(303)534-1151
ワイオミング、ユタ、ニューメキシコ、コロラド州

ロスアンゼルス
Consulate General of Japan in Los Angeles
住350 S. Grand Ave., Suite 1700, Los Angeles, CA 90071 ☎(213)617-6700
アリゾナ、カリフォルニア州中、南部

サンフランシスコ
Consulate General of Japan in San Francisco
住50 Fremont St., Suite 2300, San Francisco, CA 94105 ☎(415)777-3533
ネバダ、カリフォルニア州中、北部

ポートランド
Consulate General of Japan in Portland
住Wells Fargo Center, Suite 2700, 1300 SW 5th Ave., Portland, OR 97201
☎(503)221-1811
オレゴン、アイダホ州中、南部

シアトル
Consulate General of Japan in Seattle
住601 Union St., Suite#500, Seattle, WA 98101
☎(206)682-9107
モンタナ、アイダホ州北部、ワシントン州

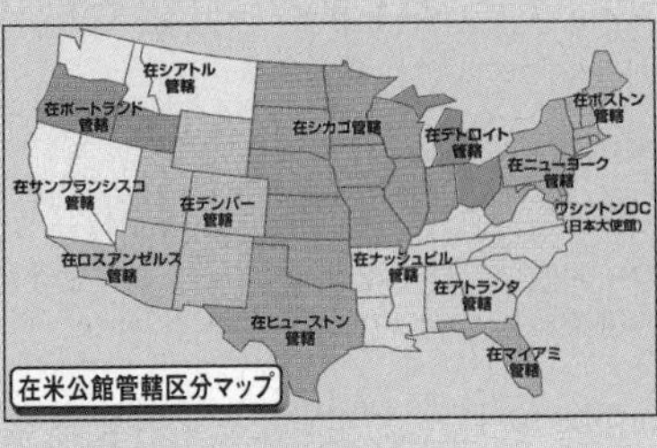

在米公館管轄区分マップ

メモ **総領事館の入館について▶**何かの事情で総領事館を訪れる場合は、身分証明書（パスポート、運転免許証、学生証など）を携帯するようにしよう。セキュリティの関係上、入館の際に身分確認を行う場合がある。

技術 第25章

旅の英会話

空港で

カバンがバゲージクレームから出てこないのですが。探していただけますか。
My baggage is not coming out yet. Could you find it?

白い、中くらいのスーツケースです。
It is a medium-sized white suitcase.

見つかったら、私のホテルまで送ってください。滞在ホテルは○○○ホテルです。
Please send my baggage to my hotel when you find it. I will be staying at ○○○ hotel.

空港から○○○ホテルへはどのようにして行けばいいでしょうか？
How can I get to ○○○ hotel from the airport?

ひとり歩き

空港までのチケットをください。
May I have a ticket to the airport?

片道（往復）切符をお願いします。
One-way (a round trip) ticket, please.

列車（バス）は何時に出発しますか？
What time does the train (bus) leave?

次のバスはいつ出発しますか？
When does the next bus leave?

○○へ行くには、どこで乗り換えればいいですか？
Where should I transfer to get to ○○?

トランスファー（乗り換え）チケットをください。
Transfer tickets, please.

これはシビックセンターへ行きますか？
Does this go to Civic Center?

どれくらいかかりますか？
How long does it take?

5番街に着いたら教えてください。
Please tell me when we get to 5th Avenue.

ユニオンスクエアで降ろしてもらえますか？
Would you drop me off at Union Square?

道を尋ねるとき

東西南北……east, west, south, north
目印（になるような建物や公園など）…landmark
交差点……crossing
信号……traffic light
角……corner
距離……distance
真っすぐ行く……go straight
右（左）に曲がる……turn right (left)
右（左）側……on the right (left)
前方……front
後方……behind
こちら側……this side
向こう側……opposite side
1ブロック先の……one block away

ホテルで

（電話）予約をしている山田です。今日の到着が午後11:00頃になりそうです。到着まで部屋をとっておいてもらえますか？
This is Yamada. I have a reservation at your hotel tonight and I will be arriving at your hotel around 11:00 p.m. Could you hold my room until my arrival?

（電話）9月25日と26日にツインルームを予約したいのですが。
I would like to make a reservation for a twin room, September 25th and 26th.

今晩、空いているシングルルームはありますか？
Do you have a single room, tonight?

チェックインをお願いします。3泊の予定です。
Check in, please. I will be staying for 3 nights.

部屋を交換してもらえますか？
Could I change to another room?

バスルームのお湯が出ません。
There is no hot water in the bathroom.

バスタオルをもう1枚持ってきてください。
Could you bring me one more bath towel?

エアコンの調子が悪いので、直してください。
The air conditioner doesn't seem to be working. Could you fix it?

明日の朝6:30にモーニングコールをお願いします。
Can I have a wake-up call tomorrow morning at 6:30?

『地球の歩き方』とECC Web Lessonと共同企画で、旅に役立つ〈英会話〉の文例が“ネイティブの発音”で聞ける！「ゆっくり」「ふつう」の再生スピードがあるので初心者でも安心。↗

チェックアウトを1時間延長してください。
Please extend my check-out time about an hour.

チェックアウトをしますので、荷物を部屋から運んでください。
I will be checking out. Would someone bring my bags to the lobby?

荷物を預かってもらえませんか？
Could you keep my luggage?

空港へのシャトルバスを予約したいと思います。11:00のフライト予定です。
I would like to make a reservation for a shuttle bus to the airport.
My flight is 11:00.

レストランで

(電話) もしもし、今晩7:30、ふたりで夕食を予約したいのですが。私の 名前は山田です。
Hello, I would like to make a reservation for 2 people at 7:30 p.m. tonight. My name is Yamada.

炭酸なしのミネラルウオーターのボトルをください。
A bottle of uncarbonated mineral water, please.

水 (無料の水道水) をください。
Can I have (get) a glass of water?

おすすめメニューを教えてください。
What do you recommend?

ピーマンは入れないでください。
Hold the green pepper, please.

カップ (=小、ボウル=大) サイズのコーンスープを3つお願いします。
Can I get three cups (bowls) of corn soup?

食事途中必ず聞かれるIs everything OK?
(具合はどうです？)
とても満足しています──Great！
なかなかいいよ(悪くないね)─Good.(O.K.)

ごちそうさま、おいしかったです。
It was a great meal. I really enjoyed it.

会計が間違えているようです。これは頼んでいません。
Is this the right amount? This is not my order.

ショッピングで

何をお探しですか？
May I help you?

見ているだけです。
I'm just looking.

Tシャツを探してます。
Yes, I'm looking for some T-shirts.

歯磨き粉は置いてますか？
Do you have toothpaste?

これください。
I'll take this one.

○○売場はどこですか？
Where is the ○○ corner (floor) ?

これを試着していいですか？
May I try this on?

大きすぎ (小さすぎ) ます。
This is too large (too small).

もう少し大きい(小さい)ものはありますか？
Do you have any larger (smaller) one?

クレジットカード (現金) でお願いします。
Charge (Cash), please.

トラブル・緊急時

動くな！
Freeze！

手を挙げろ！
Hands up！

金を出せ！
Hand it over！

これで全部です。
It's all I have.

どろぼう！ つかまえて！！
A robber！ Stop him (her) ！！

お金を盗まれた。
My money was stolen.

ケガをした。 気分が悪い。 めまいがする。
I am hurt. I feel sick. I feel dizzy.

救急車 (警察) を呼んでください！
Call an ambulance (the Police), please！

緊急時の医療会話

●ホテルで薬をもらう

具合が悪い。
アイ フィール イル
I feel ill.

下痢止めの薬はありますか。
ドゥ ユー ハヴ ア アンティダイリエル メディスン
Do you have a antidiarrheal medicine?

●病院へ行く

近くに病院はありますか。
イズ ゼア ア ホスピタル ニア ヒア
Is there a hospital near here?

日本人のお医者さんはいますか？
アー ゼア エニー ジャパニーズ ドクターズ
Are there any Japanese doctors?

病院へ連れて行ってください。
クッデュー テイク ミー トゥ ザ ホスピタル
Could you take me to the hospital?

●病院での会話

診察を予約したい。
アイドゥ ライク トゥ メ イ ク アン アポイントメント
I' d like to make an appointment.

グリーンホテルからの紹介で来ました。
グリーン ホテル イントロデュースド ユー トゥ ミー
Green Hotel introduced you to me.

私の名前が呼ばれたら教えてください。
プリーズ レッ ミー ノ ウ ウェン マイ ネイム イズ コールド
Please let me know when my name i s called.

●診察室にて

入院する必要がありますか。
ドゥ アイ ハフ トゥ アドミテッド
Do I have to be admitted?

次はいつ来ればいいですか。
ホェン シュッダイ カム ヒア ネクスト
When should I come here next?

通院する必要がありますか。
ドゥ アイ ハフトゥ ゴー トゥ ホスピタル レギュラリー
Do I have to go to hospital regularly?

ここにはあと2週間滞在する予定です。
アイル ステイ ヒ ア フォー ア ナ ザ ー トゥ ウィークス
I' ll stay here for another two weeks.

●診察を終えて

診察代はいくらですか。
ハ ウ マ ッ チ イズ イット フォー ザ ドクターズ フィー
How much is i t for the doctor' s fee?

保険が使えますか。
ダズ マイ インシュアランス カバー イット
Does my insurance cover it?

クレジットカードでの支払いができますか。
キャナイ ペイ イット ウィズ マイ クレディットカード
Can I pay it with my credit card?

保険の書類にサインをしてください。
プリーズ サイン オン ザ インシュアランス ペーパー
Please sign on the insurance papar.

※該当する症状があれば、チェックをしてお医者さんに見せよう

☐吐き気 nausea	☐悪寒 chill	☐食欲不振 poor appetite
☐めまい dizziness	☐動悸 palpitation	
☐熱 fever	☐脇の下で計った armpit	＿＿＿°C／°F
	☐口中で計った oral	＿＿＿°C／°F
☐下痢 diarrhea	☐便秘 constipation	
☐水様便 watery stool	☐軟便 loose stool	1日に　回　times a day
☐時々 sometimes	☐頻繁に frequently	絶え間なく continually
☐カゼ common cold		
☐鼻詰まり stuffy nose	☐鼻水 running nose	☐くしゃみ sneeze
☐咳 cough	☐痰 sputum	☐血痰 bloody sputum
☐耳鳴り tinnitus	☐難聴 loss of hearing	☐耳だれ ear discharge
☐目やに eye discharge	☐目の充血 eye injection	☐見えにくい visual disturbance

※下記の単語を指さしてお医者さんに必要なことを伝えましょう

●どんな状態のものを

生の raw
野生の wild
油っこい oily
よく火が通っていない uncooked
調理後時間が経った a long time after it was cooked

●ケガをした

刺された・噛まれた bitten
切った cut
転んだ fall down
打った hit
ひねった twist
落ちた fall
やけどした burn

●痛み

ヒリヒリする buming
刺すように sharp
鋭く keen
ひどく severe

●原因

蚊 mosquito
ハチ wasp
アブ gadfly
毒虫 poisonous insect
サソリ scorpion
くらげ jellyfish
毒蛇 viper
リス squirrel
（野）犬 （stray）dog

●何をしているときに

ジャングルに行った went to the jungle
ダイビングをした diving
キャンプをした went camping
登山をした went hiking (climbling)
川で水浴びをした swimming in the river

イエローページ

緊急時

●警察、消防署、救急車　☎911

パスポート紛失時などの緊急時

在米公館（管轄区域などの詳細は➲P.717）

●ワシントン DC
☎(202)238-6700*

●ニューヨーク
☎(1-212)371-8222*

●ボストン
☎(617)973-9772*

●アトランタ
☎(404)240-4300

●マイアミ
☎(305)530-9090

●ナッシュビル
☎(615)340-4300
※ 休館日、および夜間の緊急時
Free(1-800)776-3877

●シカゴ
☎(1-312)280-0400*

●デトロイト
☎(313)567-0120

●ヒューストン
☎(713)652-2977

●デンバー
☎(303)534-1151
※ 休館日、平日の夜間の緊急時
☎(303)912-4058、(303)913-0393

●ロスアンゼルス
☎(213)617-6700*

●サンフランシスコ
☎(415)777-3533*

●ポートランド
☎(503)221-1811*

●シアトル
☎(206)682-9107

*印は代表番号だが、緊急時は 24 時間受付

航空会社（アメリカ国内）

●アメリカン航空　Free(1-800)237-0027*
●デルタ航空　Free(1-800)327-2850*
●ユナイテッド航空　Free(1-800)537-3366*
●日本航空　Free(1-800)525-3663*
●全日空　Free(1-800)235-9262*
●シンガポール航空　Free(1-800)742-3333
●大韓航空　Free(1-800)438-5000
●マレーシア航空　Free(1-800)552-9264
●中華航空　☎(1-917)368-2003
●サウスウエスト航空　Free(1-800)435-9792

*は日本語対応のオペレーター

交通

●グレイハウンドバス　Free(1-800)231-2222
●アムトラック　Free(1-800)872-7245

クレジットカード会社（カード紛失・盗難時）

●アメリカン・エキスプレス　Free(1-800)766-0106
●ダイナースクラブ
☎81-45-523-1196(コレクトコールを利用)
● JCB　Free(1-800)606-8871
●マスターカード　Free(1-800)307-7309
●ビザカード　Free(1-866)670-0955

日本語を話せる医師がいる医療機関

ワシントン DC

● George Washington University Hospital
住900 23rd St., N.W., Washington D.C.
☎(202)715-4000(緊急時 24 時間)

ニューヨーク

●日本診療所 Nippon Medical Office
住130 E. 40th St., (at Lexington Ave.) New York
☎(1-212)213-3100
☎(1-917)952-7405(急患 24 時間)

アトランタ

● Emory University Hospital
住1364 Clifton Rd., Atlanta
☎(404)712-2000
※ 日本人患者には、日本語対応可能なソーシャルワーカーなどが手配される。

シカゴ

● Keio-Northwestern Clinic
住1701 E. Woodfield Rd., Suite 140, Schaumburg, IL
☎(1-847)240-5446
※ 緊急の場合、上記番号に滞在先等の電話番号などの伝言を残すと折り返し電話が入る。

ロスアンゼルス

● Nippon Medical Clinic
住1950 Sawtelle Blvd. Suite 145, Los Angeles
☎(310)575-4050(緊急)
Free(1-800)647-7661

帰国後の旅行相談窓口

●日本旅行業協会　JATA
☎(03)3592-1266
URL www.jata-net.or.jp

※ 旅行会社で購入した旅行サービスについての相談は「消費者相談室」まで。

アメリカの歴史

アメリカ歴史年表（西洋人のアメリカ到達以降）

年	できごと
1492	コロンブスがアメリカ（現在のバハマ諸島）に到達
1497	ジョン・カボットが北アメリカ大陸の海岸に到達
1607	イギリスによりバージニア植民地が建設され、ヨーロッパ人による本格的な入植が始まる
1619	黒人奴隷貿易が始まる
1620	メイフラワー号がマサチューセッツ州に到着
1636	アメリカで最初の大学であるハーバード大学が創立
1679	フランス人がミシシッピ川を下る（～1683年）
1732	アメリカ東部に13のイギリス植民地が成立
1770	ボストン虐殺事件
1773	ボストン茶会事件
1775	独立戦争（～1783年）
1776	7月4日に独立宣言書が公布される
1789	初代大統領にワシントンが就任
1800	首都がワシントンに置かれる
1803	フランスからルイジアナを購入
1804	ルイス＆クラーク探検隊が、入植者として初めて陸路で太平洋に到達する（～1806年）
1812	米英戦争（～1814年）
1819	スペインからフロリダを購入
1830	ボルチモアでアメリカ初の商業鉄道が開業
1836	アラモ砦の戦い。メキシコからテキサスが独立するきっかけとなる
1845	テキサス併合
1846	米墨戦争（～1848年）
1848	カリフォルニアなどをメキシコから獲得
1848	カリフォルニアで金鉱が見つかり、ゴールドラッシュが始まる
1860	リンカーン大統領就任
1860	南部諸州が連邦離脱し南部連合を結成
1861	南北戦争（～1865年）
1862	奴隷開放宣言によりすべての州で奴隷制が廃止に
1865	リンカーン大統領暗殺
1867	ロシアからアラスカを購入
1869	大陸横断鉄道が開通
1870	南部同盟の諸州が連邦に復帰し始める
1872	イエローストーンが国立公園に指定。世界初の国立公園となる
1877	エジソンが蓄音機を発明
1882	アパッチ族の反乱（～1886年）。ネイティブアメリカンと入植者の最後の大規模な戦いとなる
1890頃	フロンティア（未開拓地）がほぼ消滅
1898	米西戦争
1898	ハワイ併合
1903	ライト兄弟の初飛行
1919	禁酒法成立（～1931年）
1927	リンドバーグ、大西洋無着陸飛行に成功
1929	ウォール街の株価大暴落し大恐慌が始まる
1933	F・D・ルーズベルト大統領のニューディール政策（～1936年）
1939	第2次世界大戦（～1945年）
1950	朝鮮戦争（～1953年）
1955	ディズニーランド開園
1961	アメリカのベトナム介入が始まる（～1975年）
1963	マーチン・ルーサー・キング牧師がワシントンDCで「I have a dream」の有名な演説をする。人種差別撤廃に向けた動きが大きくなる
1963	ジョン・F・ケネディ大統領暗殺
1960後半	ヒッピーのムーブメントが巻き起こる
1969	アポロ11号が人類初の月面着陸に成功
1991	湾岸戦争
2001	9月11日同時多発テロ。11月アフガニスタン侵攻
2003	イラク侵攻
2008	リーマンショックによる金融危機
2009	アメリカ初の黒人大統領、バラク・オバマ氏が大統領に就任
2010	アメリカで初めてとなる医療保険改革法案を成立
2011	オバマ大統領（民主党）は、2012年
2012	の大統領選の再出馬を表明

ヨーロッパ人が到達する前

現在から約1万年前まで続いていたとされる氷河期の時代、ユーラシア大陸から氷で覆われていたベーリング海をとおって、アメリカ大陸までやって来た人々がいた。狩猟生活の彼らは、その後マンモスなどの獲物を追い、南北アメリカに散らばった。紀元前5000～3000年頃には次第に獲物が少なくなり、一部の人々が農業を始めるようになった。紀元前1000～紀元1700年頃になると、北アメリカではミシシッピ川以東を中心にマウンド（おもに墓として作られた塚のようなもの）の文化が発達、現在のメキシコに近い地域ではプエブロ（集団住居）の文化が形成されていた。

コロンブスの新大陸発見

1492年、スペイン王家の援助を受けてヨーロッパを発ったコロンブスが現在のバハマ諸島に到達。これ以降、ヨーロッパ各国が南北アメリカに侵入するようになった。17～19世紀の北アメリカは、東からイギリス（一部はオランダ）、北からフランス、南と西からスペインが侵入しそれぞれを植民地としていった。1776年には独立宣言が発布され、東部13州がアメリカ合衆国として誕生した。アメリカ合衆国は、現在の中西部あたりを指していたルイジアナをフランスから購入（1803年）、テキサス併合（1845年）などをして西へ領土を拡大、1846～48年の米墨戦争の結果、カリフォルニアやニューメキシコを獲得し、西部開拓の大きな流れが落ち着く。1861年には、南北戦争がぼっ発。そのなか1863年にリンカーン大統領が奴隷解放宣言を発表し、1865年、南部同盟が降伏し、アメリカ史上最大の戦争に終止符が打たれた。

移民の急増と産業化、工業化

1869年にアメリカ最初の大陸横断鉄道が完成すると、地域の移動が容易になり、人や物資の大量輸送が可能となる。経済活動も活発になり、次第にアメリカの産業化・工業化が進む。鉄鋼王カーネギーや石油王ロックフェラー、鉄道王バンダービルトらが誕生、工業化によって巨万の富を得る者が出始めたのもこの頃だ。また、企業は合併、買収などにより巨大化、後に海外にも目を向けた世界企業が誕生するようになる。

1850～1900年の50年間で800万人もの移民がアメリカに到着。ヨーロッパからだけでなくアジアからも移民が到着し、急激に増えた移民は工場などの労働力となり、アメリカの工業化が進んだ。1893年に開かれたシカゴ万国博覧会では電球がいたる所で使われ、アメリカの工業力の高さを世界に印象付けた。

アメリカが世界に台頭した20世紀

1900年からの10年間は移民が急増した時期。日本からアメリカ本土への移民も20世紀初頭に多かった。その後、アメリカは第1次世界大戦、第2次世界大戦、朝鮮戦争、ベトナム戦争などを経験。

1910年代になるとハリウッドに映画撮影所が作られ始めた。また、アメリカンカルチャーが世界に進出し、Tシャツにジーンズなどのファッション、ハンバーガーに代表されるファストフードなどが人々の生活を変えた。

21世紀のアメリカ

2012年4月現在、人口は3億人を超えている。特に増加が著しいのは中南米系のヒスパニックである。2010年の国勢調査によると、アメリカの人口の約16%以上を占め、アフリカ系を抜き全米最大の少数派となった。2012年1月20日で就任3周年を迎えたオバマ大統領は、次期大統領選の出馬を表明。多様な人種を抱え、移民改革が再び叫ばれるアメリカの新しいリーダーは誰が担うのだろうか。

▶ **参考資料**
アメリカ・インディアンの歴史／雄山閣
アメリカ史／山川出版社
史料で読むアメリカ文化史／東京大学出版会
世界史年表・地図／吉川弘文館
世界の歴史 23 アメリカ合衆国の膨張／中央公論社
A HISTORY OF THE AMERICAN PEOPLE／Phoenix Giant
U.S. Census Bureau

▶ **校　閲**
一橋大学　貴堂嘉之准教授

INDEX

※（ME）はメイン州、（OR）はオレゴン州、（SC）はサウスカロライナ州、（WV）はウエストバージニア州の略

※(ME)はメイン州、(OR)はオレゴン州、(SC)はサウスカロライナ州、(WV)はウエストバージニア州の略

※(ME)はメイン州、(OR)はオレゴン州、(SC)はサウスカロライナ州、(WV)はウエストバージニア州の略

※（ME）はメイン州、（OR）はオレゴン州、（SC）はサウスカロライナ州、（WV）はウエストバージニア州の略

2012年6月現在

地球の歩き方 シリーズ年度一覧

地球の歩き方ガイドブックは1～2年で改訂されます。改訂時には価格が変わることがあります。表示価格は定価(税込)です。
●最新情報は、ホームページでもご覧いただけます。URL www.diamond.co.jp/arukikata/

地球の歩き方 ガイドブック

A ヨーロッパ

No.	タイトル	年度	価格
A01	ヨーロッパ	2012～2013	¥1890
A02	イギリス	2011～2012	¥1785
A03	ロンドン	2012～2013	¥1680
A04	湖水地方＆スコットランド	2012～2013	¥1785
A05	アイルランド	2012～2013	¥1785
A06	フランス	2012～2013	¥1785
A07	パリ＆近郊の町	2012～2013	¥1785
A08	南仏プロヴァンス コート・ダジュール&モナコ	2012～2013	¥1680
A09	イタリア	2012～2013	¥1785
A10	ローマ	2012～2013	¥1680
A11	ミラノ、ヴェネツィアと湖水地方	2011～2012	¥1680
A12	フィレンツェとトスカーナ	2012～2013	¥1680
A13	南イタリアとマルタ	2011～2012	¥1785
A14	ドイツ	2012～2013	¥1785
A15	南ドイツ	2011～2012	¥1680
A17	ウィーンとオーストリア	2012～2013	¥1785
A18	スイス	2012～2013	¥1785
A19	オランダ／ベルギー／ルクセンブルク	2012～2013	¥1680
A20	スペイン	2012～2013	¥1785
A21	マドリッド&日帰りで行く世界遺産の町	2011～2012	¥1680
A22	バルセロナ&近郊の町とイビサ島・マヨルカ島	2012～2013	¥1680
A23	ポルトガル	2012～2013	¥1680
A24	ギリシアとエーゲ海の島々&キプロス	2012～2013	¥1785
A25	中欧	2011～2012	¥1890
A26	チェコ／ポーランド／スロヴァキア	2012～2013	¥1785
A27	ハンガリー	2011～2012	¥1680
A28	ブルガリア／ルーマニア	2011～2012	¥1785
A29	北欧	2012～2013	¥1785
A30	バルトの国々	2011～2012	¥1785
A31	ロシア	2012～2013	¥1995
A32	シベリア&シベリア鉄道とサハリン	2011～2012	¥1890
A34	クロアチア／スロヴェニア	2011～2012	¥1680

B 南北アメリカ

No.	タイトル	年度	価格
B01	アメリカ	2012～2013	¥1890
B02	アメリカ西海岸	2012～2013	¥1785
B03	ロスアンゼルス	2012～2013	¥1785
B04	サンフランシスコ	2011～2012	¥1785
B05	シアトル&ポートランド	2011～2012	¥1785
B06	ニューヨーク	2012～2013	¥1838
B07	ボストン	2012～2013	¥1890
B08	ワシントンD.C.	2011～2012	¥1785
B09	ラスベガス セドナ&グランドキャニオンと大西部	2012～2013	¥1785
B10	フロリダ	2011～2012	¥1785
B11	シカゴ	2012～2013	¥1785
B12	アメリカ南部	2012～2013	¥1890
B13	アメリカの国立公園	2011～2012	¥1890
B14	テーマで旅するアメリカ	2010～2011	¥1785
B15	アラスカ	2011～2012	¥1785
B16	カナダ	2011～2012	¥1785
B17	カナダ西部	2011～2012	¥1680
B18	カナダ東部	2012～2013	¥1680
B19	メキシコ	2011～2012	¥1890
B20	中米	2011～2012	¥1995
B21	ブラジル ベネズエラ	2012～2013	¥2100
B22	アルゼンチン チリ	2012～2013	¥2100
B23	ペルー ボリビア エクアドル コロンビア	2012～2013	¥2100
B24	キューバ&カリブの島々	2011～2012	¥1890
B25	アメリカ・ドライブ	2011～2012	¥1785

C 太平洋

No.	タイトル	年度	価格
C01	ハワイI オアフ島&ネイバーアイランド	2012～2013	¥1785
C02	ハワイII マウイ ハワイ カウアイ モロカイ ラナイ	2012～2013	¥1680
C03	サイパン	2012～2013	¥1470
C04	グアム	2012～2013	¥1470
C05	タヒチ／イースター島	2011～2012	¥1785
C06	フィジー／サモア／トンガ	2012～2013	¥1785
C07	ニューカレドニア／バヌアツ	2012～2013	¥1785
C08	モルディブ	2011～2012	¥1785
C09	マダガスカル／モーリシャス／セイシェル	2011～2012	¥1995
C10	ニュージーランド	2012～2013	¥1785
C11	オーストラリア	2012～2013	¥1890
C12	ゴールドコースト&ケアンズ	2012～2013	¥1785
C13	シドニー&メルボルン	2012～2013	¥1680

D アジア

No.	タイトル	年度	価格
D01	中国	2012～2013	¥1890
D02	上海 杭州・蘇州・水郷古鎮	2012～2013	¥1785
D03	北京	2011～2012	¥1680
D04	大連・瀋陽・ハルビン 中国東北地方の自然と文化	2010～2011	¥1785
D05	広州 アモイ 桂林 珠江デルタと華南地方	2011～2012	¥1785
D06	成都 九寨溝 麗江 四川 雲南 貴州の自然と民族	2012～2013	¥1785
D07	西安・敦煌・ウルムチ シルクロードと中国北西部	2011～2012	¥1785
D08	チベット	2012～2013	¥1995
D09	香港	2012～2013	¥1785
D10	台湾	2012～2013	¥1785
D11	台北	2012～2013	¥1575
D12	韓国	2012～2013	¥1785
D13	ソウル	2011～2012	¥1575
D14	モンゴル	2011～2012	¥1890
D15	中央アジア サマルカンドとシルクロードの国々	2011～2012	¥1995
D16	東南アジア	2012～2013	¥1785
D17	タイ	2012～2013	¥1785
D18	バンコク	2012～2013	¥1680
D19	マレーシア ブルネイ	2012～2013	¥1785
D20	シンガポール	2012～2013	¥1575
D21	ベトナム	2011～2012	¥1785
D22	アンコールワットとカンボジア	2012～2013	¥1785
D23	ラオス	2011～2012	¥1890
D24	ミャンマー	2011～2012	¥1995
D25	インドネシア	2012～2013	¥1785
D26	バリ島	2012～2013	¥1785
D27	フィリピン	2012～2013	¥1785
D28	インド	2012～2013	¥1890
D29	ネパールとヒマラヤトレッキング	2011～2012	¥1995
D30	スリランカ	2011～2012	¥1785
D31	ブータン	2012～2013	¥1890
D32	パキスタン	2007～2008	¥1869
D33	マカオ	2012～2013	¥1680
D34	釜山・慶州	2012～2013	¥1470
D35	バングラデシュ	2011～2012	¥1995

E 中近東 アフリカ

No.	タイトル	年度	価格
E01	ドバイとアラビア半島の国々	2012～2013	¥1995
E02	エジプト	2011～2012	¥1785
E03	イスタンブールとトルコの大地	2012～2013	¥1890
E04	ヨルダン／シリア／レバノン	2012～2013	¥1995
E05	イスラエル	2011～2012	¥1890
E06	イラン	2012～2013	¥2100
E07	モロッコ	2011～2012	¥1890
E08	チュニジア	2010～2011	¥1995
E09	東アフリカ ウガンダ・エチオピア・ケニア・タンザニア	2012～2013	¥1995
E10	南アフリカ	2012～2013	¥1995
E11	リビア	2010～2011	¥2100

女子旅応援ガイド aruco

1	パリ	¥1260
2	ソウル	¥1260
3	台北	¥1260
4	トルコ	¥1260
5	インド	¥1260
6	ロンドン	¥1260
7	香港	¥1260
8	エジプト	¥1260
9	ニューヨーク	¥1260
10	ホーチミン	¥1260
11	ホノルル	¥1260
12	バリ島	¥1260
13	上海	¥1260
14	モロッコ	¥1260
15	チェコ	¥1260
16	ベルギー	¥1260
17	ウィーン	¥1260
18	イタリア	¥1260
19	スリランカ	¥126
20	クロアチア	¥126

地球の歩き方 リゾート

- R01 ワイキキ&オアフ島 ¥1785
- R02 ハワイ島&オアフ島 ¥1785
- R03 マウイ島&オアフ島 ¥1785
- R04 カウアイ島&オアフ島 ¥1785
- R05 こどもと行くハワイ ¥1575
- R06 ハワイ ドライブ・マップ ¥1890
- R07 ハワイ バスの旅&レンタルサイクル ¥1155
- R08 グアム ¥1575
- R09 こどもと行くグアム ¥1575
- R10 パラオ ¥1680
- R11 世界のダイビング完全ガイド 地球の潜り方 ¥1995
- R12 プーケット サムイ島 ピピ島／クラビ ¥1785
- R13 ペナン・ランカウイ・クアラルンプール ¥1785
- R14 バリ島 ¥1785
- R15 セブ&ボラカイ ¥1785
- R17 カンクン リビエラ・マヤ／コスメル ¥1785
- R18 ケアンズとグレートバリアリーフ ¥1785
- 304 テーマパークinオーランド ¥1890
- 315 テーマパークinロスアンゼルス ¥1722
- 322 ゴールドコーストとシドニー ¥1785
- 324 バリアフリー・ハワイ ¥1838
- 325 フラで旅するハワイ ¥1995

地球の歩き方 BY TRAIN

- 1 ヨーロッパ鉄道の旅 ¥1785
- 2 スイス鉄道の旅 ¥1890
- 3 ドイツ&オーストリア鉄道の旅 ¥1890
- 4 フランス鉄道の旅 ¥1890
- 5 イギリス鉄道の旅 ¥1890
- 6 イタリア鉄道の旅 ¥1890
- 7 スペイン&ポルトガル鉄道の旅 ¥1890
- 8 北米大陸鉄道の旅 ¥1890
- ヨーロッパ鉄道ハンドブック ¥1260

トーマスクック・ヨーロッパ鉄道時刻表

- 年2回 6、12月 各月の中旬発行 ¥2310

地球の歩き方 トラベル会話

- 1 米語+英語 ¥1000
- 2 フランス語+英語 ¥1200
- 3 ドイツ語+英語 ¥1200
- 4 イタリア語+英語 ¥1200
- 5 スペイン語+英語 ¥1200
- 6 韓国語+英語 ¥1200
- 7 タイ語+英語 ¥1200
- 8 ヨーロッパ5ヵ国語 ¥1200
- 9 インドネシア語+英語 ¥1200
- 10 中国語+英語 ¥1200
- 11 広東語+英語 ¥1200
- 12 ポルトガル語(ブラジル語)+英語 ¥1200

地球の歩き方 成功する留学

- A アメリカ留学 ¥1995
- B イギリス・アイルランド留学 ¥1995
- D カナダ留学 ¥1575
- F フランス留学 ¥2100
- H ワーキングホリデー完ペキガイド ¥1575
- J オーストラリア・ニュージーランド留学 ¥1575
- 成功するアメリカ大学留学術 世界に飛びだそう! 目指せ!グローバル人材 ¥1500

地球の歩き方 BOOKS

●中学受験・教育関連の本

- 中学受験 お父さんが教える算数 ¥1890
- 中学受験 お母さんが教える国語 ¥1890
- 中学受験 お母さんが教える国語 ～印付けとメモ書きワークブック～ ¥1470
- 中学受験 お母さんが教える国語 親子で成績を上げる魔法のアイデア ¥1365
- こんなハズじゃなかった中学受験 ¥1575
- 小学生のための世界の国ぐにものしり学習ブック ¥1575
- 中学受験 なぜ、あの子は逆転合格できたのか? ¥1575
- 中学受験 叫ばせて! ¥1000
- 中学受験 わが子を算数嫌いにさせない家庭学習の進め方 ¥1575
- 中学受験 小6になってグンと伸びる子、ガクンと落ちる子 ¥1575

●日本を旅する本

- 大江戸東京の歩き方 三訂版 ¥2200
- 田舎の探し方 全国153自治体の「田舎暮らし体験プログラム」226 ¥2100
- 湘南アトリエ散歩 ものづくりに会いに行く ¥1260
- 鎌倉・湘南 とれたて食材レストラン60 ¥1260
- 沖縄 南の島の私の隠れ家 ¥1575
- 京都開運さんぽ道 ¥1575
- ガイド・ニッポンの世界遺産 熊野古道 中辺路ルート&田辺 ¥840
- 御朱印でめぐる鎌倉の古寺 三十三観音完全掲載版 ¥1575
- 御朱印でめぐる京都の古寺 ¥1575
- 御朱印でめぐる奈良の古寺 ¥1575
- 機関車よ、峠を越えて走れ! 思い出の昭和鉄道風景1 ¥1890
- 栄光の国鉄 花の名特急が走る 思い出の昭和鉄道風景2 ¥1890
- くらげのくに jewels in the sea ¥900
- 『Angel Ringエンジェルリング』 シロイルカからの贈りもの ¥900
- 東京23区ランキング・青版 仕事に役立つデータ編 ¥1260
- 東京23区ランキング・赤版 各区の意外な素顔編 ¥1260
- フットパス・ベストコース 北海道Ⅰ ¥1050
- フットパス・ベストコース 首都圏Ⅰ ¥1050
- ガイド・ニッポンの世界遺産 小笠原 ¥1680
- 東京23区おみやげさんぽ ¥1155
- 武智志穂の かわいい京都＊しあわせさんぽ ¥1500

●視点を変えて個性ある海外旅行を案内する本

- 世界のラッキーアイテム77 ヨーロッパ編 ¥1575
- 世界ノ夜景 ¥2625
- トロピカル・デザイン・ホテルinモルディブ ¥2625
- 世界の高速列車 ¥2625
- 世界の高速列車Ⅱ ¥2940
- 地球の歩き方 マイ・トラベル・ダイアリー ¥945
- 着こなせ! アジアン・ファッション (WE LOVE ASIAN FASHION) ¥1575
- WE LOVE エスニックファッション ストリートブック ¥1575
- へなちょこ日記 ハワイ嗚咽編 ¥1575
- キレイを呼ぶセルフ・ケアのすすめ ハワイ発 成田美和の「アロハ・ビューティーの法則」 ¥1575
- 1週間からできる海外ボランティアの旅 はじめてでもできる!本当の自分が見つかる感動体験 ¥1260
- J-WAVE発!『COLORS OF HAWAII』 ～虹色ハワイのロコ遊び ¥1575
- 海外旅行が変わるホテルの常識 ¥1575
- もっと賢く・お得に・快適に 空の旅を楽しむ100の方法 ¥1260
- 『ハワイ、花とキルトの散歩道』 ¥1575
- ブルガリアブック バラの国のすてきに出会う旅 ¥1575
- 假屋崎省吾的、地球の歩き方 花の都、パリを旅する ¥1785
- ニューヨーク おしゃべりノート ¥1260
- ハワイアンリボンレイのあるALOHA☆LIFE ¥1575
- アロハ検定 オフィシャルブック ¥2310
- ゴー☆ジャスの地球の学び方 ¥1260
- TAKAHIRO DANCE in the World ¥1890
- 絶対トクする! 海外旅行術 ¥1050
- パリの街をメトロでお散歩 ¥1575
- アパルトマンでパリジェンヌ体験 5日間から楽しめる憧れのパリ暮らし ¥1785

●話題の本

- グーグル・アドセンスの歩き方 増補改訂版 ¥2100

●地球選書

- 南米チリをサケ輸出大国に変えた日本人たち ¥1575
- 車いすがアジアの街を行く ¥1575
- 西アフリカの教育を変えた日本発の技術協力 ¥1575
- シルク大国インドに継承された日本の養蚕の技 ¥1575
- ブラジル不毛の原野「セラード」開発の奇跡 ¥1680

地球の歩き方 GEM STONE

- 001 パリの手帖 とっておきの散歩道 ¥1575
- 003 キューバ 革命と情熱の詩 ¥1575
- 004 極上ホテルからの招待状 フランスを旅する10の物語 ¥1470
- 006 風街道 シルクロードをゆく ¥1575
- 007 クロアチア 世界遺産と島めぐり ¥1575
- 011 チェンマイに溺れる ¥1575
- 014 世界のトリートメント大集合! スパへようこそ ¥1575
- 015 モナコ グレース・ケリーと地中海の休日 ¥1575
- 017 パリの手帖 とっておきのお菓子屋さん&パン屋さん ¥1575
- 018 PURE OAHU! ピュア・オアフ 写真家高砂淳二が案内するオアフの大自然 ¥1575
- 019 アイルランド 緑に包まれて、ハッピー&ラブリーを探す旅 ¥1470
- 020 田崎真也のシャンパン・ブック ¥1575
- 021 ウィーン旧市街 とっておきの散歩道 ¥1575
- 022 北京 古い建てもの見て歩き ¥1575
- 023 ヴェネツィア カフェ&バーカロでめぐる、12の迷宮路地散歩 ¥1680
- 024 ボルネオ ネイチャーアイランド ¥1470
- 025 世界遺産 マチュピチュ完全ガイド ¥1575
- 026 魅惑のモロッコ 美食と雑貨と美肌の王国 ¥1575
- 027 メキシコ デザインホテルの旅 ¥1680
- 029 イギリス人は甘いのがお好き プディング&焼き菓子がいっぱいのラブリーな生活 ¥1575
- 030 バリ島ウブド 楽園の散歩道 ¥1575
- 031 コッツウォルズ&ロンドンのマーケットめぐり ¥1575
- 032 フィレンツェ美食散歩 おいしいもの探しの四季の旅 ¥1575
- 033 フィンランド かわいいデザインと出会う街歩き ¥1680
- 034 ハワイアン・ミュージックの歩き方 アロハな音楽にであう旅 ¥1680
- 035 8つのテーマで行く パリ発、日帰り小旅行 ¥1680
- 036 グランドサークル&セドナ アメリカ驚異の大自然を五感で味わう体験ガイド ¥1680
- 037 素顔のベルリン ～過去と未来が交錯する12のエリアガイド～ ¥1575
- 038 世界遺産 イースター島完全ガイド ¥1680
- 039 アイスランド 地球の鼓動が聞こえる…… ヒーリングアイランドへ ¥1680
- 040 マラッカ ペナン 世界遺産の街を歩く ¥1680
- 041 パプアニューギニア ¥1680
- 042 イスタンブール路地裏さんぽ ¥1575
- 043 ロンドンから南へ。 日帰りで訪ねる小さな田舎町 ¥1575
- 044 南アフリカ自然紀行 野生動物とサファリの魅力 ¥1890
- 045 世界遺産 ナスカの地上絵完全ガイド ¥1680
- 046 世界遺産 ガラパゴス諸島完全ガイド ¥1785
- 047 プラハ迷宮の散歩道 ¥1680
- 048 デザインとおとぎの国 デンマーク ¥1680
- 049 スリランカ やすらぎの島で優雅に過ごす ¥1680
- 050 美しきアルジェリア 7つの世界遺産を巡る旅 ¥1995
- 051 アマルフィ&カプリ島 とっておきの散歩道 ¥1680
- 052 とっておきのポーランド 世界遺産と小さな村、古城ホテルを訪ねて ¥1680
- 056 ラダック ザンスカール トラベルガイド インドの中の小さなチベット ¥1785
- 058 スイス 歩いて楽しむアルプス絶景ルート ¥1575
- 059 天空列車 青海チベット鉄道の旅 ¥1680

地球の歩き方 MOOK (大型本)

●海外最新情報が満載されたMOOK本

- 海外1 パリの歩き方 ¥1100
- 海外2 イタリアの歩き方 ローマ・フィレンツェ・ヴェネツィア ¥1100
- 海外3 ソウルの歩き方 ¥1050
- 海外4 香港・マカオの歩き方 ¥1050
- 海外5 上海 杭州・蘇州の歩き方 ¥1100
- 海外6 台湾の歩き方 ¥1050
- 海外7 タイの歩き方 バンコク・チェンマイ・プーケット ¥1050
- 海外8 ホノルルの歩き方 ¥1050
- 海外9 ハワイの歩き方 ワイキキ完全ガイド ¥1050
- 海外10 グアムの歩き方 ¥1000
- 海外11 バリ島の歩き方 ¥1100
- 海外12 楽園トラベラー vol.1 ¥1200
- 海外15 ソウルの歩き方 韓流★トラベラー vol.1 ¥1200
- 海外15 ソウルの歩き方 韓流★トラベラー vol.2 ¥1200
- 海外15 ソウルの歩き方 韓流★トラベラー vol.3 ¥1200

●国内最新情報が掲載されたムック本

- 国内1 北海道の歩き方 ¥980
- 国内2 北海道の歩き方 札幌・小樽・富良野・美瑛・旭川 ¥960
- 国内3 沖縄の歩き方 本島&慶良間 ¥960
- 国内4 沖縄の歩き方 沖縄あそび完全ガイド ¥960
- 国内5 京都の歩き方 ¥960
- 国内7 九州の歩き方 ¥980
- 国内9 西鉄バスでGO!! 福岡&九州の歩き方 ¥980
- 国内10 東京の歩き方 ¥980
- 国内11 東京の歩き方 都バスで楽しむ東京 ¥980
- 国内15 とちぎの歩き方 ¥980
- 東京で楽しむご当地の味 全国アンテナショップめぐり ¥880

本書は『地球の歩き方』編集室の2011年夏から冬にかけての取材と、多くの方々の協力によって作られています。改訂版の編集にあたりご協力いただいた皆さま、投稿をお寄せいただいた読者の皆さま、ほかすべての皆さまに深く感謝いたします。

取材協力、写真提供

Special Thanks to／Atlanta CVB、Atlantic City Convention & Visitors Authority、Austin CVB、Bismarck-Mandan CVB、Bloomington CVB、Boise CVB、Boulder CVB、Cheyenne Area CVB、Chicago Office of Tourism、Cincinnati USA CVB、Colorado Springs at Pikes Peak CVB、Colorado Tourism Office、Columbus Indiana CVB、CVB of Greater Cleveland、Dallas CVB、Department of Homeland Security、Destination DC、Detroit Metro CVB、Detroit Metropolitan Wayne County Airport、El Paso CVB、Explore Minnesota Tourism、Flagstaff CVB、Fort Worth CVB、Grapevine CVB、Greater Boston CVB、Greater Des Moines CVB、Greater Houston CVB、Greater Miami CVB、Greater Phoenix CVB、Greater Pittsburgh CVB、Greater Wilmington CVB、Indianapolis CVA、Kansas City CVA、Little Rock CVB、Los Angeles Tourism and Convention Board、MEET Minneapolis、Memphis CVB、Mississippi Development Authority、Mississippi River Parkway Commission、Montana Office of Tourism、Nashville CVB、New Orleans Metropolitan CVB、Niagara Tourism & Convention Corporation、North Dakota Department of Commerce、NYC & Company、Oklahoma City CVB、Omaha CVB、Orlando/Orange County CVB、Park City CVB、Philadelphia CVB、Rapid City CVB、Reno-Sparks CVA、San Antonio CVB、San Diego CVB、Santa Barbara CVB、Santa Fe CVB、Sedona Chamber of Commerce、St. Louis CVC、St. Paul CVA、Travel Portland、Travel Texas、Tupelo CVB、Utah Office of Tourism、Vail Resorts、Visit Charlotte、Visit DENVER CVB、Visit Milwaukee、West Virginia Division of Tourism、Wichita CVB、Yellowstone Country Regional Tourism Commission、Mr. Alexandre G. Delarue、Universal Orlando Resort、Universal Studios Hollywood、Walt Disney Parks and Resorts
天野美穂さん、岩井加代子さん、鹿島裕子さん、小池清通さん、小城崇史さん、斎藤友紀恵さん、佐渡祥子さん、志賀一枝さん、十文字清さん、関根絵里さん、高山マミさん、瀧波真理子さん、田中 智さん、中西奈緒子さん、中野慶さん、中野雅一さん、名倉千尋さん、東田恵李さん、藤田幸さん、ふじもと たかねさん、松本光子さん、三浦憲之さん、六車健一さん、森田耕司さん、八木麻里子さん、KO UENOさん

協力／米国大使館商務部、U.S.トラベル・アソシエーション日本事務所、米国アイダホ州政府日本事務所、米国ウエストバージニア州政府日本代表事務所、アメリカ西部5州政府観光局、オーランド観光局日本事務所、米国オレゴン州政府駐日代表部、コロラド州観光局 日本事務所、サンフランシスコ観光協会／国際空港、シアトル・ワシントン州観光事務所、テキサス州政府観光局日本事務所、マサチューセッツ州政府観光局日本事務所、ミシシッピ・リバー・カントリーUSA日本事務所、モンタナ州政府駐日代表事務所、ラスベガス観光局、ロサンゼルス観光局／国際空港、ウォルト・ディズニー・ジャパン、NFL JAPAN

制作	森本 久嗣	Producers	Hisatsugu Morimoto
編集	菊地 俊哉［(有) 地球堂］	Editor	Toshiya Kikuchi (Chikyu-Do, Inc.)
	渡辺 彩子［(有) 地球堂］		Ayako Watanabe (Chikyu-Do, Inc.)
	(有) 地球堂		Chikyu-Do, Inc.
デザイン	中川 周	Design	Amane Nakagawa
	(有) エメ龍夢		EMEryumu, Inc.
レイアウト	山本 康子	Layout	Yasuko Yamamoto
表紙	日出嶋 昭男	Cover Design	Akio Hidejima
地図	アルトグラフィックス	Maps	ALTO Graphics
	冨田 富士男 [TOM]		Fujio Tonda (TOM)
	辻野 良晃		Yoshiaki Tsujino
	(有) シーマップ		Cmap
	株式会社ピーマン		P-Man
校正	エッグ舎	Proofreading	Egg-sha

読者投稿・受付デスク
〒160-0022 東京都新宿区新宿3-1-13 京王新宿追分ビル5F
株式会社 地球の歩き方T&E
地球の歩き方サービスデスク「アメリカ編」投稿係
FAX (03) 5362-7891 URL www.arukikata.co.jp/guidebook/toukou.html
『地球の歩き方ホームページ』（海外旅行の総合情報）
URL www.arukikata.co.jp/
ガイドブック『地球の歩き方』（本の検索＆購入、更新情報、オンライン投稿）
URL www.arukikata.co.jp/guidebook/

地球の歩き方 B01 アメリカ 2012～2013年版
1979年 9 月15日 初版発行
2012年 6 月29日 改訂第34版第1刷発行

Published by Diamond-Big Co.,Ltd.
3-5-2, Akasaka, Minato-ku, Tokyo, 107-0052, Japan
☎ (81-3) 3560-2117 (Editorial Section)
☎ (81-3) 3560-2113 FAX (81-3) 3584-1221 (Advertising Section)
Advertising Representative; AK Family Corporation
☎ (1-201) 681-1167 FAX (1-201) 608-6815
E-mail akfamilycorp@yahoo.co.jp

著作編集 「地球の歩き方」編集室
発行所 株式会社ダイヤモンド・ビッグ社
〒107-0052 東京都港区赤坂3-5-2 サンヨー赤坂ビル
編集部／☎ (03) 3560-2117
広告部／☎ (03) 3560-2113 FAX (03) 3584-1221
発売元 株式会社ダイヤモンド社
〒150-8409 東京都渋谷区神宮前6-12-17
販売／☎ (03) 5778-7240

DTP／印刷製本 株式会社ダイヤモンド・グラフィック社 Printed in Japan

ISBN978-4-478-04284-7